危险货物和危险化学品
进出口合规管理及风险防控

《危险货物和危险化学品进出口合规管理及风险防控》编委会 / 编著

顾问◎王 炜（海关总署原监管司司长）

主编◎王红松（全国危险化学品管理标准化技术委员会委员，原国家化学品分类与评估重点实验室主任）
　　　 吴 珂（合规化学高级法规工程师）
　　　 辛璟祯（上海市报关协会危化品专家委员会成员）
　　　 朱 荷（知名律所律师，历任海关通关、关税、法规等岗位）

团结出版社

图书在版编目（CIP）数据

危险货物和危险化学品进出口合规管理及风险防控 /
《危险货物和危险化学品进出口合规管理及风险防控》编
委会编著 . -- 北京 : 团结出版社 , 2024.4
　ISBN 978-7-5234-0936-7

　Ⅰ . ①危… Ⅱ . ①危… Ⅲ . ①危险品—进出口贸易—
风险管理—中国 Ⅳ . ① F752.657

中国国家版本馆 CIP 数据核字 (2024) 第 073536 号

出　　版：团结出版社
（北京市东城区东皇城根南街 84 号　邮编：100006）
电　　话：（010）85843626　65228880
网　　址：http://www.tjpress.com
E-mail：zb65244790@vip.163.com
经　　销：全国新华书店
印　　装：三河市华东印刷有限公司

开　　本：185mm×260mm　1/16
印　　张：70
字　　数：1100 千字
版　　次：2024 年 4 月第 1 版
印　　次：2024 年 4 月第 1 次印刷

书　　号：ISBN 978-7-5234-0936-7
定　　价：580.00 元

《危险货物和危险化学品进出口合规管理及风险防控》

编委会

主　　编：

王红松　　吴　珂　　辛璟祯　　朱　荷

编委会成员：

高　翔　　戎　霄　　李　亚　　江　帆

韩品新　　王　燕

推荐序

　　为深刻吸取事故教训，有力防范化解系统性安全风险，坚决遏制重特大事故发生，有效维护人民群众生命财产安全等，2020年2月，中共中央办公厅、国务院办公厅印发了《关于全面加强危险化学品安全生产工作的意见》，并发出通知，要求各地区各部门结合实际认真贯彻落实。该通知要求，要"强化安全监管能力"，根据《危险化学品安全管理条例》等法规，各部门分别承担危险化学品生产、贮存、使用、经营、运输、处置等环节相关安全监管责任。海关作为"国门卫士"，在危险货物和危险化学品进出口贸易、跨境运输过程中，承担着重要的监管责任。

　　近年来，随着危险化学品进出口业务量急剧增加，海关对于危险化学品的监管也不断提出更高的要求。2023年4月7日，海关总署发布了《关于进一步加强进口危险化学品检验监管的公告》，进一步加强进口危险化学品检验监管。根据总署部署，各直属海关积极推进口岸的危险品综合治理，明确监管责任，严密监管机制，形成监管合力，全面提升风险防控能力，以更好地解决危险化学品监管问题。

　　危险化学品由于具有易燃、易爆、腐蚀等固有危险性，在生产、贸易、运输环节，其操作、运输或存储稍有不当，就会酿造重大事故。为此，整个行业从业者必须时刻牢记安全底线，时刻关注其贸易合规及全流程合规。

　　由于危险货物、危险化学品进出口合规涉及的知识体系和政策性要求比较庞杂，其国际性、专业性、技术性、时效性比较强，很多从业者一时理不清头绪，难以建立适当的知识框架，更不知道去哪里系统学习和了解。为此，中国报关协会于2023年9月，在山东青岛举办了名为"危险货物、危险化学品进出口合规管理深度解读及风险防控指引"的培训班，受到了与会者的好评，堪称"解渴"。会上，一些学员希望把讲课内容进一步丰富，以工具书的形式出版，以让更多的行业从业者受益。会后，主讲老师受邀编写了这本工具书。

作为工具书，本书既有知识的普及，也有实务的指引。正文内容，总体分为三个部分：第一部分（第一章至第三章），普及基础知识为主——介绍国内外法规体系的发展和现状，危险化学品和危险货物的区别和联系；介绍危险货物的危险性分类、危险货物包装性能检验和选择使用、危险货物标记标签、标牌，以及托运单证；介绍国内外危险化学品法规体系的差异，以及欧盟、中国、美国等主要国家/地区 SDS 和 GHS 标签合规差异。第二部分（第四章），讲解实务为主——介绍进出口危险化学品检验监管的要求，以及单一窗口申报的注意事项、进出口实务操作等。第三部分（第五章），法律合规指引——结合案例，侧重事前合规准备、事中争议应对及事后违规救济等。此外，附录部分，提供各类实用查询工具，以及相关的法律法规、规范性文件等。

本书作者均具备多年的海关或原检工作经验，现在又从事各领域的专业服务工作。本书内容是其多年专业知识储备和专业服务经验的结晶。

相信广大从业者只要重视合规工作，不断加强学习，不断提升业务能力，一定能把合规提升到一个新的水平！

王炜

海关总署原监管司司长

前 言

危险化学品作为现代工业和生活中不可或缺的元素，其贸易运输量逐年上升，我国也已成为全球重要的化工贸易大国。在生产、贸易、运输环节，危险化学品由于具有易燃、易爆、腐蚀等固有危险性，操作、运输或存储稍有不当，就会酿造重大事故，为此，进出口危险化学品的贸易合规应该是整个行业从业者必须时刻牢记的安全底线。

2023 年 9 月，本书四位主编应中国报关协会的邀请，在山东青岛与近 200 位来自化工、新能源、电子机械等进出口危险品相关行业的从业人员，围绕当前国际、国内危险化学品和危险货物的贸易合规做了一次深入的学习交流。会后，大家普遍反馈收获良多。四位主编的报告，解决了大家日常工作中遇到的诸多困惑，很多与会者希望，能够把讲课内容进一步丰富，以工具书的形式出版，以让更多的行业从业者受益。于是，抱着服务行业从业者，抛砖引玉，促进行业交流的目的，我们重新组织了本书的编辑出版。

本书聚焦进出口贸易合规：第一章，重点介绍国内外危险货物和危险化学品法规体系发展和现状，危险化学品和危险货物的区别和联系；第二章，重点介绍九大类危险货物的危险性分类、危险货物包装性能检验和选择使用、危险货物标记标签、标牌，以及托运单证；第三章，介绍国内外危险化学品法规体系的差异，以及欧盟、中国、美国等主要国家 / 地区 SDS 和 GHS 标签合规差异性；第四章，介绍进出口危险化学品检验监管的要求，以及单一窗口申报的注意事项、进出口实务操作等；第五章，从法律风险角度，介绍国内有关涉及进出口危险化学品和危险货物违法行为的条款和罚则，并总结争议类型，为进出口危险品企业在进出口活动过程中的事前合规准备、事中争议应对及事后违规救济等方面提供指引；附录，为大家提供日常工作中经常使用的各类法规标准及网站的查询链接和使用方式，梳理小包装类产品如何加贴 GHS 标签，解读有限数量危险货物运输的关键要求，提供海关监管进出口危险化学品及其他行政机关监管进出口危险化学品可能涉及的法律法规、规范性文件等。

本书可以作为进出口危险化学品从业人员快速建立国内和国际化学品合规框架体系，深入了解进出口运输环节危险货物和危险化学品合规实操关键点的工具书，能够帮助从业人员更准确地理解法规要求，更容易履行合规义务。

最后，感谢所有为本书提供支持和帮助的人员，特别感谢各位专家学者和行业从业者的意见和建议。希望本书能够对广大读者有所启发和帮助，共同推动化学品贸易运输领域的发展和进步。

由于时间仓促，笔者经验、水平有限，再加上政策的不断调整和完善，本书无法涉及进出口危险化学品贸易的方方面面，其中难免存在遗漏和差错，恳请读者批评指正。

目 录

5

三、国内法规与标准体系 / 36

第二节 危险货物分类、标签与包装 / 46

一、危险货物分类 / 46

二、危险货物包装性能检验和包装标记 / 119

三、危险货物包装选择和使用 / 151

四、危险货物运输标签 / 标记和标牌 / 167

第三章

危险化学品合规管理体系

第一节 危险化学品法规体系 / 195

一、国际法规体系 / 195

二、国内法规 / 211

第二节 《危险化学品目录》解读 / 220

一、《危险化学品目录》简介 / 220

二、《危险化学品目录》使用注意事项 / 237

三、《危险化学品目录》的修订 / 248

第三节 SDS 和 GHS 标签 / 250

一、SDS 简介及合规要点分析 / 250

二、GHS 标签简介及合规要点分析 / 286

三、SDS 和 GHS 标签典型错误举例 / 301

第一章
危险货物与危险化学品简介

第一节 危险货物简介

一、危险货物的定义

"危险货物"（Dangerous Goods，简称DG）一词，在联合国、国际运输组织及各国的法律法规中多有出现，主要是指具有易燃、易爆、腐蚀等危险性，在贸易流通环节容易造成人身伤害、财产损失或者环境污染的货物。

我国国家标准《危险货物分类和品名编号》（GB 6944-2012）对危险货物做了明确定义，具体如下：具有爆炸、易燃、毒害、感染、腐蚀、放射性等危险特性，在运输、储存、生产、经营、使用和处置中，容易造成人身伤亡、财产损毁或环境污染而需要特别防护的物质和物品。

在上述定义中，危险货物主要分为物质（包括混合物）和物品两大类。其中，关于物品的定义，GB 6944-2012并没有明确给出，但可以借用欧盟REACH法规中有关"物品"（Article）的定义——物品主要是指具有特定形状、外观和设计，而且其设计或外观或形状会决定其用途。

以硫酸溶液为例，如图1-1所示，单独包装运输的硫酸溶液和含有硫酸溶液的铅酸蓄电池，前者属于混合物，而后者则属于物品。在运输环节，两者都属于危险货物。

硫酸溶液　　　　　　　　　　　　**铅酸蓄电池**

图 1-1　两种不同形式的硫酸溶液

在国际法规层面上，联合国危险货物专家委员会制定的《危险货物运输的建议书 规章范本》（简称联合国 TDG 法规）对危险货物的运输分类、包装、标记标签等作出了明确规定。

联合国 TDG 法规对于危险货物并没有专门的定义，只要符合法规确定的 9 大类危险货物分类标准（见图 1-2 所示），即属于危险货物。

类别	描述	类别	描述
第1类	爆炸品	第2类	气体
第3类	易燃液体	第4类	易燃固体、易于自燃的物质、遇水放出易燃气体的物质
第5类	氧化性物质和有机过氧化物	第6类	毒性物质和感染性物质
第7类	放射性物质	第8类	腐蚀品
第9类	杂项危险物质和物品		

图 1-2　联合国 TDG 法规中的 9 大类危险货物

联合国 TDG 法规确定的危险货物分类体系陆续被各个国际运输组织所采纳。其所制定的国际航空、海洋、公路和铁路运输法规，都采用了相同的危险货物确定标准。

在国内，我国关于危险货物管理先后出台了部门规章、国家标准以及行业标准。在此，对于比较重要的法规或标准中关于危险货物的定义，做一个简要比较和归纳。

（一）国内水路运输

2018年，《船舶载运危险货物安全监督管理规定》（交通运输部令2018年第11号，以下简称11号令）发布，对在我国管辖水域内从事船舶载运危险货物的活动做出了具体规定。

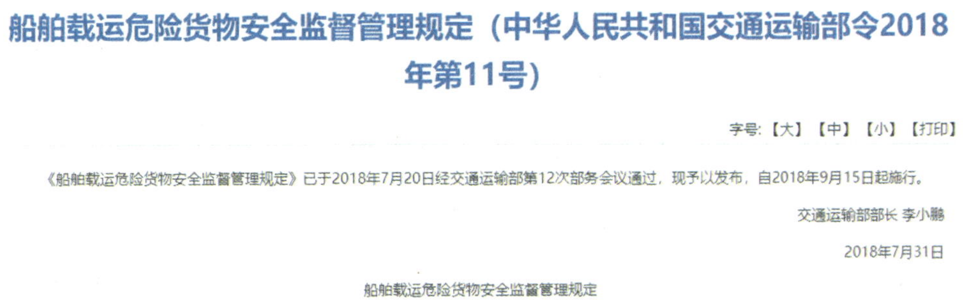

船舶载运危险货物安全监督管理规定（中华人民共和国交通运输部令2018年第11号）

字号：【大】【中】【小】【打印】

《船舶载运危险货物安全监督管理规定》已于2018年7月20日经交通运输部第12次部务会议通过，现予以发布，自2018年9月15日起施行。

交通运输部部长 李小鹏

2018年7月31日

船舶载运危险货物安全监督管理规定

图 1-3 国内水路运输 11 号令发布界面[1]

与联合国 TDG 法规类似，11 号令对水路运输的危险货物并没有做出明确定义，而是通过引用国际法规，对不同运输形式的危险货物明确了范围，具体如下。

---

[1] 11 号令全文查看链接：https://xxgk.mot.gov.cn/2020/jigou/fgs/202006/t20200623_3308041.html。

编号	危险货物范围
1	《国际海运危险货物规则》(IMDG code)第3部分危险货物一览表中列明的**包装危险货物**，以及未列明但经评估具有安全危险的其他包装货物
2	《国际海运固体散装货物规则》（IMSBC code）附录1中**B组固体散装货物**，以及经评估具有化学危险的其他固体散装货物
3	《国际防止船舶造成污染公约》（MARPOL公约）附则I附录1中列明的**散装油类**
4	《国际散装危险化学品船舶构造和设备规则》（IBC code）第17章中列明的**散装液体化学品**，以及未列明但经评估具有安全危险的其他散装液体化学品
5	《国际散装液化气体船舶构造和设备规则》（IGC code）第19章列明的**散装液化气体**，以及未列明但经评估具有安全危险的其他散装液化气体
6	我国加入或者缔结的国际条约、国家标准规定的**其他危险货物**

图1-4 国内水路运输11号令中有关危险货物的范围

如图1-4所示，11号令根据水路危险货物运输方式不同做了细分，其中包装危险货物的范围指向国际海事组织（IMO）制定的IMDG code，而IMDG code关于危险货物的分类是直接采用联合国TDG法规，因此国内水路运输包装危险货物定义与联合国TDG一致。而对于散装运输的危险货物，11号令根据货物的固、液、气状态不同做了细分，并直接引用图1-5所示的国际法规或公约。

 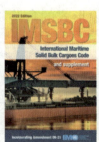 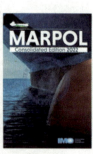  

包装　　　　散装　　　　散装　　　　散装　　　　散装
危险货物　固体危险货物　油类　　液体化学品　液化气

图1-5 11号令中危险货物分类涉及的法规

包装运输和散装运输是危险货物运输的两种常见方式。如图 1-6 所示，包装运输是指危险货物不直接接触船舶的货舱，而是先盛装在不同形式的包装（例如，组合包装、中型散装容器、散装货箱等）中，再积载在船舶舱内或舱面；散装运输是将拟运输危险货物直接装载在船舶的货舱内。因此，散装运输往往适合大宗物资，例如，散装运输的化工品、原油、液化气等。

包装运输　　散装运输　　散装运输　　散装运输
涂料　　　　固体硫磺　　甲醇　　　　液化天然气

图 1-6　不同运输方式的示意图

因此，国内水路运输 11 号令中的危险货物不仅包括了联合国 TDG 法规下的包装危险货物，还引入了散装危险货物。这也提醒相关企业在开展危险货物多式联运时，一旦进入国内水路运输，需要对货物是否属于 11 号令中的危险货物进行准确判断。

（二）国内公路运输

2019 年，《危险货物道路运输安全管理办法》（交通运输部、工业和信息化部、公安部、生态环境部、应急管理部、国家市场监督管理总局令 2019 年第 29 号，以下简称 29 号令）[1]发布，对国内道路运输危险货物要求做出了详细规定。

29 号令对于危险货物的定义，是直接引用交通运输部 2018 年发布的

[1]　交通运输部令 2019 年 29 号全文查看链接：https://xxgk.mot.gov.cn/2020/jigou/fgs/202006/t20200623_3308239.html。

行业标准《危险货物道路运输规则》（JT/T 617–2018 系列标准）。该标准技术内容来源于联合国 ADR 法规（2015 版），而 ADR 法规也采纳联合国 TDG 法规。因此，国内公路运输关于危险货物的定义与联合国 TDG 法规保持一致。

危险货物道路运输安全管理办法（中华人民共和国交通运输部 中华人民共和国工业和信息化部 中华人民共和国公安部 中华人民共和国生态环境部 中华人民共和国应急管理部 国家市场监督管理总局令2019年第29号)

字号：【大】【中】【小】【打印】

《危险货物道路运输安全管理办法》已于2019年7月10日经第15次部务会议通过，现予公布，自2020年1月1日起施行。

2019年11月10日

图 1-7 29 号令发布界面

（三）国内铁路运输

2022 年，《铁路危险货物运输安全监督管理规定》（交通运输部令 2022 年第 24 号[1]，以下简称 24 号令）发布，对我国境内危险货物铁路运输的相关要求做出了详细规定。24 号令对于危险货物的定义是直接引用了《铁路危险货物品名表》（TB/T 30006–2022）和《危险货物分类和品名编号》（GB 6944–2012）。

铁路危险货物运输安全监督管理规定（中华人民共和国交通运输部令2022年第24号)

字号：【大】【中】【小】【打印】

《铁路危险货物运输安全监督管理规定》已于2022年9月21日经第22次部务会议通过，现予公布，自2022年12月1日起施行。

部长 李小鹏
2022年9月26日

图 1-8 24 号令发布界面

---

［1］ 交通运输部令 2022 年 24 号全文查看链接：https://xxgk.mot.gov.cn/2020/jigou/fgs/202210/t20221019_3696995.html。

需要关注的是，GB 6944-2012 的技术内容来源于联合国 TDG 第 16 修订版，与联合国 TDG 第 23 修订版[1]相比，GB 6944-2012 还未引入联合国 TDG 法规后来新增的第 4.1 易燃固体中聚合物质，以及第 9 类锂电池相关产品。2023 年，修订中的 GB 6944 也对外公开征求意见，新版 GB 6944 直接与联合国 TDG 法规第 22 修订版对接。预计，随着新版 GB 6944 的发布，我国国家标准中对于危险货物的定义和分类将实现与国际法规的同步。

（四）国内航空运输

2024 年，最新版《民用航空危险品运输管理规定》（交通运输部令 2024 年第 4 号，以下简称 4 号令）发布，对我国航空管制区域的危险货物运输提出了具体管理规定。4 号令关于危险货物的定义直接引用了国际民航组织（ICAO）制定的《危险物品安全航空运输技术细则》（Doc9284 号文件，简称 ICAO-TI）。而 ICAO-TI 关于危险货物的定义和分类来源于联合国 TDG。因此，在国内航空运输领域，危险货物的概念和定义与联合国 TDG 保持一致。

民用航空危险品运输管理规定（中华人民共和国交通运输部令2024年第4号）

字号：【大】【中】【小】【打印】

《民用航空危险品运输管理规定》已于2024年1月12日经第1次部务会议通过，现予公布，自2024年7月1日起施行。

部长 李小鹏
2024年1月18日

图 1-9　4 号令[2]发布界面

如图 1-9 所示，4 号令把"危险货物"（Dangerous Goods）翻译成了"危

---

[1]　2023 年 8 月份联合国 TDG 第 23 修订版正式发布。

[2]　交通运输部令 2024 年第 4 号全文查看链接：https://xxgk.mot.gov.cn/2020/jigou/fgs/202402/t20240204_4006984.html。

险品"。因此，在国内行业交流中，危险品通常是指危险货物，而非"危险化学品"。

二、9 大类危险货物举例

如前文所述，危险货物在国内外法规/标准中的定义，基本都是与联合国 TDG 法规保持一致，是指以不同包装形式运输的 9 大类危险货物。其中，水路运输有个例外，散装运输的部分固体、液体和气体货物也被归类为危险货物。为了保持前后概念的一致，以及考虑联合国 TDG 法规被国际/国内法规标准广泛采纳，本书后续章节所讨论的危险货物一律仅限于 9 大类危险货物。

危险货物虽然有各式各样的危险性，但是其生产、加工和贸易确是国民经济不可或缺的重要组成部分。农业、医药、能源、化工以及人们的衣食住行等领域，都离不开危险货物。

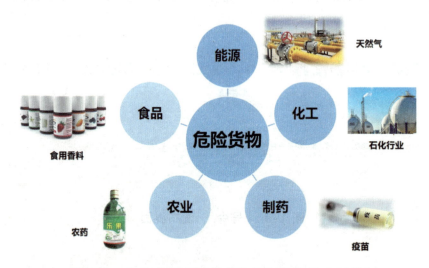

图 1-10 危险货物在国民经济不同行业的应用举例

（一）第 1 类爆炸品

爆炸品在军事领域非常常见，各类炸药、炸弹、子弹等都属于爆炸品。

在日常生活中，烟花爆竹属于常见的爆炸品。图 1-11 列举了常见的几种爆炸品。

需要注意的是，在实际运输时，为了降低运输风险，部分爆炸品会加入溶剂或惰性固体，形成液态或固态退敏爆炸品。此时该货物由于达不到爆炸品的分类标准，整体就不划入爆炸品。

苦味酸　　　　　TNT炸药　　　　　烟花爆竹

图 1-11 典型的爆炸物举例

此外，像安全气囊或散布式灭火器，由于内部含有一定量的爆炸物，以实现其设定功能。在实际运输时，需要通过特定的爆炸性试验[1]，排除爆炸性后，才可划入其他危险类别。

（二）第 2 类气体

气体类危险货物包括单纯的气体（及其混合物）以及含有气体的物品。按照运输时气体的状态不同，纯气体可以分为压缩气体、液化气体等 5 种（具体如图 1-12 所示）。

---

［1］　安全气囊如果通过联合国《试验与标准手册》第 16.6.1 节篝火试验，排除爆炸性后，可划入第 9 类杂项危险货物。

气体种类	气体特征描述
压缩气体	在-50℃下加压运输时**完全是气态的气体**，包括临界温度≤-50℃的所有气体
液化气体	在温度大于-50℃下加压运输时**部分是液态的气体**
冷冻液化气体	运输时由于其温度低而部分呈液态的气体
溶解气体	运输时加压溶于液相溶剂中的气体
吸附气体	运输时将气体吸附在固体多孔材料中，贮器内部压力在 20℃ 时 < 101.3 kPa，在 50℃ 时 < 300 kPa

图 1–12 气体运输时的 5 种常见状态

部分物品为了达到设计的功能，需要在其内部加入一定量的压力气体，从而导致整体也属于第 2 类气体，其中比较常见的有气雾剂、装有气体的小型贮器以及加压化学品，具体如图 1–13 所示。

其中，气雾剂和装有气体的小型贮器的区分标准之一是产品是否有释放装置，如果有释放装置就属于气雾剂，反之则属于装有气体的小型贮器；而加压化学品对于是否含有释放装置，是否可以重复充装都没有限制，而且体积可以超过 450L。

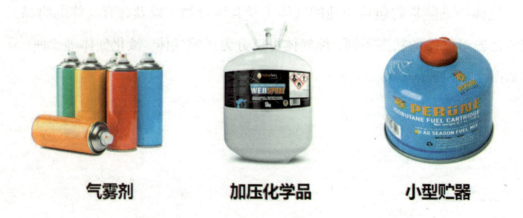

气雾剂　　　　　　　加压化学品　　　　　　　小型贮器

图 1–13 3 种常见的属于第 2 类气体的物品

（三）第 3 类易燃液体

易燃液体既包括通常意义上易于燃烧的液体（闭杯闪点 ≤ 60℃[1]），还包括液态退敏爆炸物。其中，闭杯闪点 ≤ 60℃的易燃液体在人们的日常生活中也随处可见，典型例子如图 1–14 所示。

香水　　　　　　　油漆　　　　　　　白酒

图 1–14　日常生活中常见的第 3 类易燃液体

（四）第 4 类易燃固体、易于自燃的物质，以及遇水放出易燃气体的物质

第 4 类危险货物是 9 类危险货物分类体系中最复杂的。首先根据货物危险性的不同，分为第 4.1 项易燃固体、第 4.2 项易于自燃的物质，以及第 4.3 项遇水放出易燃气体的物质。其中，第 4.1 项和第 4.2 项又根据危险性的不同，进一步细分，具体如下：

1. 第 4.1 项易燃固体细分为：易燃固体、自反应物质、固态退敏爆炸物和聚合物质；

2. 第 4.2 项易于自燃的物质细分为：自热物质和发火物质。

图 1–15 中的苯乙烯属于聚合物质，在温度较高时，单体会缓慢聚合，在实际运输时，需要添加一定浓度的抑制剂（对叔丁基邻苯二酚，简称

----

[1]　此处易于燃烧的液体还包括运输温度高于闪点的液体，以及在高温下运输，且在等于或低于最高运输温度下放出易燃蒸气的物质。

TBC）。但是由于苯乙烯还属于第 3 类易燃液体，因此，根据联合国 TDG 法规关于第 4.1 项聚合物质的分类标准，优先划入其他类别。因此，苯乙烯实际运输是按照第 3 类易燃液体，但同时需要满足聚合物质的运输要求。

图 1-15　第 4 类危险货物举例

（五）第 5 类氧化性物质和有机过氧化物

第 5 类危险货物细分为第 5.1 项氧化性物质和第 5.2 项有机过氧化物。其中，第 5.1 项氧化性物质本身不易燃，但具备可助燃的特性，根据物理状态的不同，分为氧化性液体、氧化性固体和氧化性气体[1]。

有机过氧化物是指过氧化氢（H_2O_2）的衍生物，分子结构中有"-O-O-"化学键，化学性质特别活泼，对热、撞击、摩擦等都很敏感。

---

[1]　氧化性气体的主要危险性是第 2.2 项，次要危险性是第 5.1 项氧化性。例如，氧气就属于 2.2+5.1。

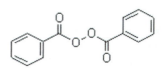

高锰酸钾	84消毒水	过氧化二苯甲酰
（第5.1项氧化性固体）	（第5.1项氧化性液体）	（第5.2项有机过氧化物）

图1-16 第5类氧化性物质和有机过氧化物举例

（六）第6类毒性物质和感染性物质

第6类危险货物细分为第6.1项毒性物质和第6.2项感染性物质。如果人体通过口服、吸入或皮肤接触第6.1项毒性物质会在短时间造成中毒或死亡。而第6.2项感染性物质则对人体或动物具有感染性，往往都是一些生物制品或活体生物，例如，疫苗、病毒等。

氰化钠	病毒	疫苗
（第6.1项毒性物质）	（第6.2项感染性物质）	（第6.2项感染性物质）

图1-17 第6类毒性和感染性物质举例

（七）第7类放射性物质

第7类危险货物是指含有放射性核素（例如，U235），且核素的活度和运输包件的辐射强度超过限定值。此类货物在军事、核工业等领域较为常见。

图 1-18 第 7 类放射性物质举例

（八）第 8 类腐蚀性物质

第 8 类危险货物是指通过化学作用，能腐蚀货物运输工具（简称金属腐蚀）或对人体 / 动物皮肤组织造成损伤（简称皮肤腐蚀）的物质。部分第 8 类危险货物同时具有金属腐蚀和皮肤腐蚀的危害，例如，盐酸、硫酸等强酸。

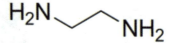

图 1-19 第 8 类腐蚀性物质举例

（九）第 9 类杂项物质和物品

第 9 类危险货物是指在运输环节具有危险性，而又无法划入第 1~8 类的危险货物。因此，第 9 类危险货物没有统一的危害分类标准，而是根据运输危险性的不同，划分为多个组别，包括：锂电池组、环境有害物质组、高温运输货物组、电容器组等。

锂离子电池

农药

电容器

图 1-20 第 9 类杂项物质和物品举例

第二节 危险化学品简介

一、危险化学品来源

"危险化学品"这个概念属于我国特有，最高层法规来源是国务院《危险化学品安全管理条例》（以下简称《条例》）。《条例》最早于 2002 年 1 月 26 日发布（国务院令第 344 号[1]），有关危险化学品的定义和范围直接引用了《危险货物品名表》（GB 12268），而 GB 12268 收录的是符合 GB 6944 定义的危险货物。因此，《条例》中确定的管理对象危险化学品，其实就是危险货物。

2011 年 3 月 2 日，国务院发布了修订后的《条例》（国务院令第 591 号[2]），对危险化学品的范围也做了重新修订。在新版《条例》中，危险化学品是指具有毒害、腐蚀、爆炸、燃烧、助燃等性质，对人体、设施、环境具有危害的剧毒化学品和其他化学品。危险化学品的确认原则和物质清单则以《危险化学品目录》（2015 版，以下简称《目录》）为准。

该《目录》由原国家安监总局联合工信部、公安部等 9 部委于 2015 年发布，取代了之前的《危险化学品名录》（2002 版）和《剧毒危险化学品目录》（2002 版）。《目录》有关危险化学品的危害分类标准是直接引用 GB 30000 系列标准——该系列标准主要技术内容来源于联合国《全球化学品统一分类和标签制度》（以下简称联合国 GHS 制度）。

因此，随着新版《条例》和《目录》的先后发布，我国关于危险化学品

---

[1] 344 号令全文查看链接：https://www.gov.cn/gongbao/content/2014/content_2695514.htm。

[2] 591 号令全文查看链接：https://www.gov.cn/gongbao/content/2011/content_1825120.htm。

的管理对象是直接对标联合国 GHS 制度，而非原来的危险货物，这也对后续企业在履行危险化学品合规义务时提出了要求。因为在我国，危险化学品和危险货物是两个不同概念，各自有明确的危害分类标准和相关合规要求。以进出口为例，企业只有准确确认其进出口的产品是属于危险化学品还是危险货物，才能履行好相应的合规义务。

二、危险化学品分类体系

我国危险化学品分类标准或确认原则是 GB 30000 系列标准。截至 2023 年 11 月，GB 30000 系列标准共计有 30 个[1]，其中 GB 30000.2~GB 30000.29 于 2013 年 10 月 10 日发布，2014 年 11 月 1 日实施。GB 30000.1 处于起草过程中，暂未发布。

GB 30000 系列标准借鉴联合国 GHS 制度，将危险化学品的危害分为物理危害、健康危害和环境危害 3 大类，其中物理危害细分为 16 类[2]，健康危害细分为 10 类，环境危害分为 2 类。

图 1-21 我国危险化学品危害分类体系示意图

---

［1］　2023 年 11 月 27 日，GB/T 30000.31《化学品分类和标签规范 第 31 部分：化学品作业场所警示性标志》正式发布，并于 2024 年 6 月 1 日实施。该标准有别于其他同系列标准，是推荐性国家标准。

［2］　在联合国 GHS 制度中，物理危害经修订后增加到 17 项，新增退敏爆炸物，而我国现行发布的 GB 30000 系列标准还未引入。

（一）物理危害

危险化学品的物理危害主要包括易燃、易爆、氧化、腐蚀等，结合化学品物理状态的不同，细分为 16 个大类，每个大类又根据危害程度的不同，细分不同小类。相关的分类标准如图 1-22 所示。

序号	标准号	标准名称
1	GB 30000.2-2013	化学品分类和标签规范 第2部分：爆炸物
2	GB 30000.3-2013	化学品分类和标签规范 第3部分：易燃气体
3	GB 30000.4-2013	化学品分类和标签规范 第4部分：气溶胶
4	GB 30000.5-2013	化学品分类和标签规范 第5部分：氧化性气体
5	GB 30000.6-2013	化学品分类和标签规范 第6部分：加压气体
6	GB 30000.7-2013	化学品分类和标签规范 第7部分：易燃液体
7	GB 30000.8-2013	化学品分类和标签规范 第8部分：易燃固体
8	GB 30000.9-2013	化学品分类和标签规范 第9部分：自反应物质和混合物
9	GB 30000.10-2013	化学品分类和标签规范 第10部分：自燃液体
10	GB 30000.11-2013	化学品分类和标签规范 第11部分：自燃固体
11	GB 30000.12-2013	化学品分类和标签规范 第12部分：自热物质和混合物
12	GB 30000.13-2013	化学品分类和标签规范 第13部分：遇水放出易燃气体的物质和混合物
13	GB 30000.14-2013	化学品分类和标签规范 第14部分：氧化性液体
14	GB 30000.15-2013	化学品分类和标签规范 第15部分：氧化性固体
15	GB 30000.16-2013	化学品分类和标签规范 第16部分：有机过氧化物
16	GB 30000.17-2013	化学品分类和标签规范 第17部分：金属腐蚀物

图 1-22 16 项物理危害分类标准

如图 1-22 所示，危险化学品的物理危害分类体系虽然有 16 项，但都可以与国际 / 国内法规标准中危险货物中的某一类或某一项对应。例如，GB 30000.14 氧化性液体对应第 5.1 项氧化性物质。

（二）健康危害

健康危害，顾名思义是表征危险化学品对于人体健康的各种危害。人体暴露于化学品后，可能在短期产生急性健康危害，例如，急性毒性、皮肤腐蚀 / 刺激、严重眼损伤 / 眼刺激等，也有可能是慢性长期危害，需要累积到一定的暴露水平，才有可能导致某种危害，例如，致癌性、生殖毒性、生殖细胞致突变性等。

如图 1-23 所示，健康危害中除了急性毒性和皮肤腐蚀两个危害，可以对应到 9 大类危险货物中的第 6.1 项和第 8 类，其余危害都不属于危险货物的分类标准。这是危险化学品与危险货物范围不同的重要原因之一，下文会做深入对比分析。

序号	标准号	标准名称
1	GB 30000.18-2013	化学品分类和标签规范 第18部分：急性毒性
2	GB 30000.19-2013	化学品分类和标签规范 第19部分：皮肤腐蚀/刺激
3	GB 30000.20-2013	化学品分类和标签规范 第20部分：严重眼损伤/眼刺激
4	GB 30000.21-2013	化学品分类和标签规范 第21部分：呼吸道或皮肤致敏
5	GB 30000.22-2013	化学品分类和标签规范 第22部分：生殖细胞致突变性
6	GB 30000.23-2013	化学品分类和标签规范 第23部分：致癌性
7	GB 30000.24-2013	化学品分类和标签规范 第24部分：生殖毒性
8	GB 30000.25-2013	化学品分类和标签规范 第25部分：特异性靶器官毒性 一次接触
9	GB 30000.26-2013	化学品分类和标签规范 第26部分：特异性靶器官毒性 反复接触
10	GB 30000.27-2013	化学品分类和标签规范 第27部分：吸入危害

图 1-23 10 项健康危害分类标准

10 项健康危害中致癌性、生殖毒性等慢性危害近年来越来越受到社会大众的广泛关注。例如，双酚 A（英文简称 BPA）是一种化工原料，可以用来生产塑料水瓶、塑料奶瓶等。近年来，科学研究发现，该物质对人体有生殖毒性，如果用含有双酚 A 的奶瓶喂养婴儿，双酚 A 会迁移到奶粉中，被婴儿吸收，导致婴儿性早熟。因此，双酚 A 现在被欧盟、美国、中国等国家或地区禁止用于生产婴儿奶瓶。

简称BPA

双酚A

图 1-24 双酚 A 生殖毒性示意图

（三）环境危害

环境危害，目前联合国 GHS 制度和我国的 GB 30000 系列标准，只考虑化学物质对水体生物和臭氧层的危害，暂未涉及对土壤及陆生植物的危害。

序号	标准号	标准名称
1	GB 30000.28-2013	化学品分类和标签规范 第28部分：对水生环境的危害
2	GB 30000.29-2013	化学品分类和标签规范 第29部分：对臭氧层的危害

图 1-25 2 项环境危害分类标准

第三节 危险货物与危险化学品差异性比对

前文对危险货物和危险化学品的定义和分类体系做了简要介绍。区分这两个概念是企业做好合规工作的前提,因此有必要对这两个概念做进一步的差异性比对。下面从危害分类、适用对象、管辖范围以及合规要求 4 个方面做一个简要的比对分析。

一、危害分类

现行国内外法规 / 标准中危险货物分类主要参考联合国 TDG 法规确定的 9 大类分类体系,而我国的危险化学品分类体系来源于联合国 GHS 制度确定的物理危害、健康危害和环境危害等 28 大类。因此,危险化学品和危险货物的最大区别就是两者的危害分类体系来源不同。

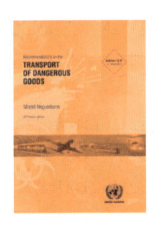

危险货物   **危险化学品**

图 1-26 危险货物 VS 危险化学品的分类标准

联合国 GHS 制度虽然采纳联合国 TDG 法规确定的易燃、易爆、急毒性、氧化性等物理危害分类框架，但也有明显的不同之处。因此，危险化学品与危险货物的分类体系有以下细微差异。

（一）危害分类更细

对于氧化性物质、气体等危害，危险化学品相对危险货物在危害分类方面更加细致。如图 1-27 所示，危险化学品分类体系根据物质的物理状态不同，将第 5.1 项氧化性物质细分为氧化性气体[1]、氧化性液体和氧化性固体。

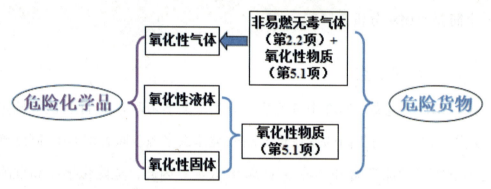

图 1-27 氧化性物质在危险货物和危险货物分类体系中的差异

类似的差异还有第 4.2 项易于自燃的物质，在危险化学品分类体系中，细分为自热物质、发火固体和发火液体 3 个独立的危险类别。

（二）危害分类更严

危险化学品的分类体系来源于联合国 GHS 制度，而联合国 GHS 制度制定的初衷之一就是要更好地保护人类健康和环境安全。因此，对于易燃液体、急性毒性和水生环境危害，危险化学品的分类尺度要比危险货物严。

以水生环境危害为例，如图 1-28 所示，联合国 GHS 制度对于急性和慢性水生环境危害分类，根据毒性的强弱不同，分别细分为 3 个小类和 4 个小类，

---

[1] 氧化性气体在联合国 TDG 等危货法规中，既属于第 2.2 项非易燃无毒气体，也属于第 5.1 氧化性物质。

而联合国 TDG 只采纳了急性水生环境危害类别 1、慢性水生环境危害中类别 1 和类别 2。

但是，我国的危险化学品确认原则相对联合国 GHS 制度，做了细微调整，未采纳急性水生环境危害类别 3，以及慢性水生环境危害类别 4。即使这样，通过对比也可以发现，我国危险化学品和危险货物关于水生环境危害方面，无论是急性还是慢性，分类标准均有不一样。

序号	水生环境危害类别	UN GHS	《危险化学品目录》(2015版)	UN TDG
急性水生环境危害				
1	急性水生环境危害 类别1	√	√	√
2	急性水生环境危害 类别2	√	√	×
3	急性水生环境危害 类别3	√	×	×
慢性水生环境危害				
1	慢性水生环境危害 类别1	√	√	√
2	慢性水生环境危害 类别2	√	√	√
3	慢性水生环境危害 类别3	√	√	×
4	慢性水生环境危害 类别4	√	×	×

图 1-28 水生环境危害在危险货物和危险化学品分类体系中的差异比较

易燃液体也有类似情况，如图 1-29 所示，联合国 GHS 制度将闭杯闪点在 60℃ ~93℃ 之间的液体（不属于联合国 TDG 中的易燃液体）也划入易燃液体。

但是，我国关于易燃液体的危险化学品确认原则与联合国 TDG 保持了一致，未将 60℃ ~93℃ 之间液体视为易燃液体。因此，虽然国际上 TDG 和 GHS 两部法规关于易燃液体的分类有差异，但在我国危险货物与危险化学品中关于易燃液体的分类标准是一致的，类似的情况还有健康危害中的急性毒性[1]。

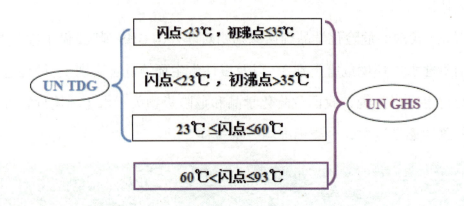

图 1-29 TDG 法规和 GHS 制度关于易燃液体分类标准的差异比较

二、适用的产品种类

危险货物来源于联合国 TDG 法规，聚焦在运输环节，指具有易燃、易爆、腐蚀等危害的货物（Cargo 或 Goods）。而如前文所述，从化学组成和产品功能设计角度，危险货物主要包括有运输风险的物质（Substance）、混合物（Mixture）和物品（Article）3 类，典型示例如图 1-30 所示。

硫磺
（物质）　　　　　　油漆
（混合物）　　　　　锂离子电池
（物品）

图 1-30 危险货物的 3 大类产品举例

---

[1] 在 GHS 制度中，急性毒性的分类标准相较 TDG 法规中第 6.1 项毒性物质范围要宽，但我国《危险化学品目录》（2015 版）并未采纳 GHS 制度的做法，而是与 TDG 法规保持一致。

危险化学品来源于 GHS 制度，其关注的是在生产、使用等环节，指具有物理、健康和环境危害的化学品。化学品根据组成成分的多少，细分为物质（Substance）和混合物（Mixture），混合物就是两个及以上物质的混合物。

因此，从产品类型角度分析，危险货物包含具有运输危险性的物品，而危险化学品只限于 1 个或多个化学物质组成的化学品，包括物质和混合物。

上述差异直接导致了很多物品类的货物不在 GHS 制度适用范围内，也就不属于危险化学品。而且，部分危险货物属于生物制品（例如，第 6.2 类的感染性物质），本身就不属于化学品。

三、适用的化学品生命周期

我国《危险化学品安全管理条例》（国务院令第 591 号）明确规定，危险化学品的生产、储存、使用、经营和运输的安全管理适用本条例。因此，危险化学品从生产开始，进入流通的相关环节，都需要遵守上述第 591 号令以及相关法规的合规要求，例如，生产和进口危险化学品的登记、危险化学品生产许可证办理等。

除了图 1-31 所列出的 5 大环节外，危险化学品的废弃则需遵守我国危险废物的相关法规。

图 1-31 危险化学品涉及监管的流程环节

而危险货物来源于联合国 TDG 法规，聚焦对运输造成安全隐患的易燃、易爆等货物。因此，各个国际运输组织和世界各国，对于危险货物的运输出台了相应的法规、标准或制度。

图 1-32 危险货物常见的 4 大运输模式

四、面临的合规要求

如上所示，因为危险化学品和危险货物适用的产品种类、产品生命周期和危害分类体系不同，国内相关政府监管部门对其采取的监管措施也各有侧重。图 1-33 列出了应急管理部、海关、环保部和交通运输部针对危险货物和危险化学品所提出的部分合规要求。

在进出口环节，海关对于危险货物的出口提出了危险货物包装性能检验和危险货物包装使用鉴定两项合规要求，而对于进出口危险化学品，主要关注其 SDS（安全数据单，详见第三章第三节）和 GHS 标签的合规性；在生产、经营和使用环节，应急管理部对于危险化学品采取了危险化学品登记和许可两种不同的管理措施。

在运输环节，国内民航、铁路、公路和水路管理部门分别制定了危险货物运输的管理制度，对危险货物的托运、承运和装卸等环节提出了一系列合规要求。

监管对象	监管部门	法规/标准	合规要点概述
危险 化学品	应急管理部	《危险化学品登记管理办法》（53号令） 《危险化学品生产企业安全生产许可证实施办法》（41号令） 《危险化学品经营许可证管理办法》（79号令） 《危险化学品安全使用许可证实施办法》（57号令）	危险化学品登记； 危险化学品生产、经营许可和使用许可
	环保部	《新化学物质环境管理办法》 《废弃危险化学品污染环境防治办法》	新化学物质申报、危废处置
	海关	2020年第129号公告 2023年第29号公告	进出口申报 SDS和GHS标签等
	公安部	《剧毒化学品购买和公路运输许可证件管理办法》	购买、使用、运输、存储等
危险货物	海关	《中华人民共和国进出口商品检验法》及其实施条例	性能检验和使用鉴定
	民航总局	《中国民用航空危险品运输管理规定》	按国内运输的相关要求管理
	交通部	《道路危险货物运输管理规定办法》	
	铁路部	《铁路危险货物运输安全监督管理规定》	

图 1-33 危险货物和危险化学品部分合规要求列举

第二章

危险货物合规管理体系

第一节 危险货物运输法规体系

一、法规出台背景

从 20 世纪初开始，伴随着工业革命和化工工艺的兴起，国际间危险货物的贸易运输日渐频繁。随之而来的是危险货物运输事故的频发，给人类生活、工业生产和周围环境造成了一定的破坏。

1917 年 12 月 6 日，加拿大哈利法克斯港口一艘满载 5000 吨弹药和炸药的法国军火船"蒙特 – 布兰克"号与一艘比利时救援船在海湾相撞，两船起火后爆炸，5 平方公里的街区刹那间夷为平地。整个事故造成 2000 余人当场死亡，9000 余人受伤。

1947 年 4 月 16 日清晨，停泊在美国德州德克萨斯城（Texas City）的法国籍货轮"SS Grandcamp"号发生火灾，接着引爆船上约 2100 公吨的硝酸铵。事故造成 1000 多栋建筑损毁，581 人死亡，超过 5000 人受伤。2020 年 8 月 4 日，黎巴嫩贝鲁特港区（Beirut）2750 吨硝酸铵爆炸，造成 135 人死亡，5000 余人受伤。

2018 年 3 月 6 日，马士基航运公司旗下集装箱船舶"马士基浩南"轮（Maersk Honam）货舱内发生严重火灾，火势燃烧了接近一个月才被扑灭。

整个事故造成 4 名船员死亡，是近年来最严重的一起危险货物海运事故。

图 2-1 "马士基浩南"轮事故照片之一

近年来，随着新能源行业的快速发展，锂电池在汽车、手机等消费类产品中得到广泛应用。伴随而来的锂电池运输安全事故时有发生，从三星 Galaxy Note 7 着火，到大型储能电站的起火爆炸，都时刻提醒相关国际组织和各国监管部门，危险货物运输存在一定的风险，需要有一套行之有效的法规，将其运输风险加以控制，方能持续造福于人类。

2021 年 4 月 16 日
北京大红门储能电站
磷酸铁锂电池短路发生爆炸

2019 年 4 月 19 日
美国亚利桑那州
APS 电池事故

图 2-2 近年来国内外典型的锂电池安全事故

为此，1953 年，联合国经济和社会理事会（ECOSOC）成立了危险货物运输专家委员会（UN CETDG），并于1956年首次发布了联合国《关于危险货物运输的建议书》，提出了适合海运、空运等多种运输模式普遍适用的危险货物管理制度。

二、国际法规体系

如上文所述，为了规范危险货物的国际运输，1956年联合国发布了《关于危险货物运输的建议书》（俗称"橘皮书"，简称联合国TDG法规）。《建议书》为各国政府和各个国际运输组织提供了危险货物安全运输的指导。

1984年，为了规范危险货物运输危险性测试的方法和流程，联合国危险货物专家委员会制定了《关于危险货物运输的建议书 试验与标准手册》（俗称"小橘皮书"）[1]，之后定期进行更新和修订。

1996年12月2日至10日，联合国危险货物专家委员会通过了《危险货物运输规章范本》第1版，并将其作为附件收录于联合国TDG法规第10修订版，至此联合国关于危险货物运输的基础法规框架正式形成。

《危险货物运输建议书 规章范本》

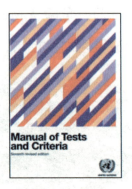
《试验与标准手册》

图2-3 联合国危险货物法规框架基础

---

[1] 2018年《关于危险货物运输的建议书 试验与标准手册》（俗称"小橘皮书"）更名为《试验与标准手册》。因为联合国GHS制度有关化学品物理危害分类的试验也直接引用该手册，其适用范围已从原来的危险货物，拓展到化学品。

为了确保法规技术内容的有效性，联合国 TDG 法规每两年做一次修订，正式文本在联合国官网以中文、英文、法文、俄文、西班牙文和阿拉伯文公开发布。截至 2023 年 11 月，联合国 TDG 法规的最新版本为第 23 修订版[1]。

随着联合国 TDG 法规的发布，各个国际运输组织以联合国 TDG 为基础和技术框架，结合不同运输方式的特点，先后制定了针对危险货物海运、空运、路运等运输方式的系列法规，具体如图 2-4 所示。

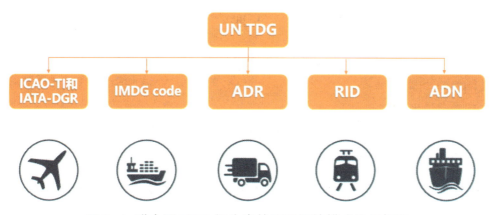

图 2-4 联合国 TDG 衍生出的不同运输模式法规框架

（一）《国际海运危险货物规则》（IMDG code）

《国际海运危险货物规则》（International Maritime Dangerous Goods code，简称 IMDG code）是国际海事组织（IMO）依据联合国 TDG 法规制定的关于包装危险货物国际海运的一部法规。2002 年在 IMO 的 MSC 委员会第 75 次大会发布了第 31 套修正案，使 IMDG code 成为强制性法规。会议决定改版后强制实施的第 2 版从 2004 年 1 月 1 日开始，在全球范围内强制实施，没有过渡期，但 2003 年 1 月 1 日起缔约国可以自愿提前执行。截至 2023 年

---

[1] 联合国 TDG 法规的全文下载链接：https://unece.org/transport/dangerous-goods/un-model-regulations-rev-23。

11 月，最新版 IMDG code 是第 41-22 版，2023 年自愿执行[1]，2024 年强制执行。

上册 　　　　　　 下册 　　　　　　 补充本

图 2-5　IMDG code 第 41-22 版的文本组成

　　IMDG code 的技术内容基本上与联合国 TDG 保持了一致，除了海运所特有的积载和隔离，危险货物包件或运输组件（例如，集装箱）在船上放置时，需要遵循一定的安全要求：例如，爆炸品的包件或集装箱要远离火源；部分危险货物只能舱面积载；化学性质不相容的两种危险货物需要保持一定距离等。

（二）《危险物品安全航空运输技术细则》（ICAO-TI）

　　《危险物品安全航空运输技术细则》（Technical Instructions For the Safe Transport of Dangerous Goods by Air，简称 ICAO-TI）是国际民用航空组织（ICAO）依据 1947 年生效的《芝加哥公约》附件 18 和联合国 TDG 法规制定的针对危险货物航空运输的国际法规。各缔约国必须强制执行，同时可以ICAO-TI 为基础，根据本国情况制定更加严格的技术要求。

　　ICAO-TI 每两年更新一次，截至 2023 年最新版是第 2023-2024 版。除

————————

[1]　2023 年缔约国可以提前执行 41-22 版 IMDG code，也可继续执行上个版本 40-20 版 IMDG code。

了定期更新以外，ICAO 也会对 ICAO-TI 不定期发布增补和勘误。例如，2016 年 2 月 22 日，ICAO 宣布禁止客机运输锂离子电池货物，该临时禁令从 2016 年 4 月 1 日生效；2023 年 3 月 31 日[1]，ICAO 发布了对 2023-2024 版 TI 的 1 号增补通知，对于含有电池的便携式电子装置如果作为行李托运时，应该满足相应的技术要求。

ICAO-TI 目前官方文本需付费购买，新版本主要修订内容查看链接如下：

https：//www.icao.int/safety/DangerousGoods/Pages/Doc9284-Technical-Instructions.aspx。

图 2-6 2023-2024 版 ICAO-TI 文本封面[2] 与第 64 修订版 IATA-DGR 法规封面

（三）《危险品规则》（IATA-DGR）

《危险品规则》（Dangerous Goods Regulation，简称 DGR）是国际航空运输协会（IATA）制定的一部针对危险货物航空运输的行业规则，是

---

[1] 2023-2024 版 TI 的 1 号增补通知（中文版）全文查看链接：https：//www.icao.int/DangerousGoods/AddendumCorrigendum%20to%20the%20Technical%20Instructions/Doc.9284.Addendum1.ch.pdf。

[2] 2023-2024 版 TI 购买链接如下：https：//store.icao.int/en/technical-instructions-for-the-safe-transport-of-dangerous-goods-by-air-doc-9284。

ICAO-TI 的"行业手册"版。IATA-DGR 由来自航空公司的危险货物专家编制，将 ICAO-TI 的技术要求以一种便于操作、简单易懂的方式呈现给大家。

IATA-DGR 不是强制性法规，仅仅是危险货物航空运输操作人员的参考手册。但是，由于航空公司在某些方面的技术要求高于 ICAO-TI，而且不同航空公司对于危险货物操作尺度也略有差异，因此目前在实际危险货物航空运输时，危险货物的托运人和承运人普遍是按照 IATA-DGR 进行操作。

此外，IATA-DGR 是每年更新一次，每年的 1 月 1 日新版就会生效。2023 年有效版本是 DGR 第 64 修订版。IATA-DGR 官网文本需要付费购买[1]。

每年的 11 月份左右，IATA 就会发布下个年度新版 DGR 法规的主要修订变化。具体修订内容可以在 IATA 官网[2]留下个人邮箱进行订阅。

（四）《国际公路运输危险货物协定》（ADR）

《国际公路运输危险货物协定》（Agreement concerning the International Carriage of Dangerous Goods by Road，简称 ADR）是在联合国欧洲经济委员会（UNECE）主持下编制的，于 1957 年完成，并于 1968 年生效，每两年更新一次。截至 2023 年 11 月，最新版是 2023 版。

ADR 主要适用于缔约国之间的危险货物道路运输管理。截至 2017 年，缔约方包括 49 个国家和地区，主要分布在欧洲、中亚等地。2021 年，联合国欧洲经济委员会向全世界推广 ADR 法规，将原来 ADR 法规英文名称中的"European[3]"删除了，其目的之一是希望越来越多的国家能够执行或引

———————

[1] 购买链接：https://www.iata.org/en/publications/dgr/。

[2] 访问 IATA 官网以下链接，可订阅新版 DGR 法规的修订内容：https://www.iata.org/en/publications/dgr/。

[3] ADR 原来的全称是：European Agreement concerning the International Carriage of Dangerous Goods by Road。

用 ADR 法规。

ADR2023 版目前官方文本没有中文版，英文版在联合国官网可以免费下载[1]。文本结构上，ADR 由上册和下册两个部分组成。

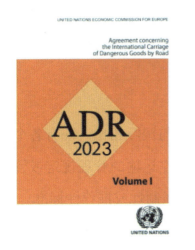

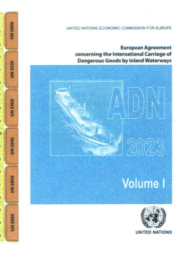

2023 版 ADR 法规封面　　2023 版 RID 法规封面　　2023 版 ADN 法规封面

图 2-7 系列国际法规封面

（五）《国际铁路运输危险货物规则》（RID）

《国际铁路运输危险货物规则》（Regulation concerning the International Carriage of Dangerous Goods by Rail，简称 RID）属于《国际铁路货物运输公约》（COTIF）的附录 C，由国际铁路运输政府间组织制定，是国际铁路运输危险货物的统一规则，适用于国际铁路运输协定所有缔约国范围内的危险货物国际铁路运输。目前，最新版是 2023 版，官方文本只有法文版。

（六）《欧洲国际内河运输危险货物协定》（ADN）

2000 年 5 月 26 日，联合国欧洲经济委员会（UNECE）和莱茵河航行中央委员会在联合主持的外交会议期间，在日内瓦签署了《欧洲国际内

[1]　ADR 英文版下载链接：https://unece.org/transport/standards/transport/dangerous-goods/adr-2023-agreement-concerning-international-carriage。

河运输危险货物协定》（Regulation concerning the International Carriage of Dangerous Goods by Rail，简称 ADN）。

ADR 于 2008 年 2 月 29 日生效。ADN 与 UN TDG 和 ADR 类似，也是每两年发布一个新版本。截至 2023 年最新版是 ADN2023 版，在联合国官网可以免费下载英文版[1]。文本结构上，ADN 由上册和下册两个部分组成。

三、国内法规与标准体系

国内关于危险货物管理的法规和标准相对较多，与国际相比，既有各个部委牵头制定的针对危险货物水路、公路、铁路和航空运输的管理规定或管理规章，也有国家各个标准化委员会提出制定的国家强制性或推荐性标准。

（一）《中华人民共和国进出口商品检验法》及其实施条例

为了加强进出口商品检验工作，规范进出口商品检验行为，维护社会公共利益和进出口贸易有关各方的合法权益，早在 1989 年 2 月，第七届全国人民代表大会常务委员会第六次会议通过了《中华人民共和国进出口商品检验法》（以下简称《商检法》[2]），对列入进出口商品目录实施进出口检验。

《商检法》第十七条规定：为出口危险货物生产包装容器的企业，必须申请商检机构进行包装容器的性能鉴定。生产出口危险货物的企业，必须申请商检机构进行包装容器的使用鉴定。使用未经鉴定合格的包装容器的危险货物，不准出口。

2005 年 8 月 31 日《中华人民共和国进出口商品检验法实施条例》（国务院令第 447 号[3]）正式发布，该条例第二十九条再次强调了出口危险货

---

[1] ADN2023 版官网下载链接：https://unece.org/transport/dangerous-goods/adn-2023。

[2] 《商检法》全文下载链接：http://www.customs.gov.cn/customs/302249/302266/302267/2369445/index.html。

[3] 《商检法实施条例》全文下载链接：http://www.customs.gov.cn//customs/302249/302266/302267/2369666/index.html。

物及其包装的监管要求。

图 2-8　出口危险货物及其包装涉及的监管要求

这也标志着我国正式拉开了对于出口危险货物及其包装的检验监管的帷幕，并一直延续到如今。目前，海关总署承担该项监管要求的落实和执行。

（二）危险货物运输管理办法或规章

交通运输部近年来先后针对危险货物国内公路、水路、铁路和航空运输推出了一系列管理办法或部门规章。如图 2-9 所示，国内各种危险货物运输方式的部门管理办法或规章，主要侧重危险货物整个运输过程的管理、监督和处罚等，有关危险货物分类、包装、托运等技术要求都引用配套的技术标准。

序号	部门管理办法或规章	发布时间	配套法规/标准
1	民用**航空**危险品运输管理规定	2016年4月	ICAO-TI
2	**船舶**载运危险货物安全监督管理规定	2018年7月	IMDG code
3	危险货物**道路**运输安全管理办法	2019年1月	JT/T617系列标准
4	**铁路**危险货物运输安全监督管理规定	2022年9月	TB/T 30006-2022

图 2-9 国内危险货物运输管理办法或规章清单

其中，国内危险货物水路和航空运输技术要求直接引用国际法规，从而实现与国际运输要求的一致，不存在国外法规更新，导致国内技术要求落后的问题。而在公路和铁路运输领域，国内先后发布了各自的行业标准，下文将逐一做介绍。

（三）危险货物运输相关技术标准

国内危险货物运输相关的国家和行业标准数量较多，体系复杂且各有侧重。下文对一些重要的技术标准做简要介绍。

1. 危险货物分类试验国家标准

为了规范第 1 类爆炸品、第 2 类气体、第 3 类易燃液体等危险货物的危险性试验方法，联合国制定了《试验与标准手册》，并陆续被 IMDG code、IATA-DGR 等国际危险货物运输法规所引用，成为世界范围内公认的危险货物分类试验标准。

我国自 2008 年以来逐步把联合国《试验与标准手册》中不同种类危险货物的试验方法，转化为国家推荐性标准，成为国内危险货物管理标准体系重要组成部分。截至 2023 年，现行有效的国家标准中约有 46 项危险货物分类测试标准。表 2-1 列出了部分典型标准，其中标准名称中的"危险品"对应的英文就是"Dangerous Goods",实际上就是危险货物。

表 2-1 危险货物分类试验方法国家标准举例

序号	标准号	标准名称
1	GB/T 21611–2008	危险品 易燃固体自燃试验方法
2	GB/T 21612–2008	危险品 易燃固体自热试验方法
3	GB/T 21613–2008	危险品 自加速分解温度试验方法
4	GB/T 21614–2008	危险品 喷雾剂燃烧热试验方法
5	GB/T 21615–2008	危险品 易燃液体闭杯闪点试验方法
6	GB/T 21616–2008	危险品 易燃液体蒸汽压力试验方法
7	GB/T 21617–2008	危险品 固体氧化性试验方法
8	GB/T 21618–2008	危险品 易燃固体燃烧速率试验方法
9	GB/T 21619–2008	危险品 易燃固体遇水放出易燃气体试验方法
10	GB/T 21620–2008	危险品 液体氧化性试验方法
11	GB/T 21621–2008	危险品 金属腐蚀性试验方法
12	GB/T 21622–2008	危险品 易燃液体持续燃烧试验方法

2. 危险货物包装国家标准

联合国 TDG 法规第 6 章对于包装、中型散装容器、大包装、气瓶、放射性包件、感染性包件以及可移动罐柜等危险货物包装的性能测试方法和合格判断标准做出了具体规定。我国也先后将此类技术内容转化为国家标准,形成我国的危险货物包装性能测试和安全检验规范国家标准。

截至 2023 年,现行有效的国家标准中约有 50 项危险货物分类测试标准。表 2-2 列出了部分典型标准。

表 2-2 危险货物包装测试和检验规范国家标准举例

序号	标准号	标准名称
1	GB/T 21568–2008	危险品 包装拉断力试验方法
2	GB/T 21569–2008	危险品 大包装顶部提升试验方法
3	GB/T 21583–2008	危险品 大包装堆码试验方法
4	GB/T 21584–2008	危险品 大包装跌落试验方法
5	GB/T 21585–2008	危险品 中型散装容器防渗漏试验方法
6	GB/T 21586–2008	危险品 中型散装容器液压试验方法
7	GB/T 21587–2008	危险品 中型散装容器跌落试验方法
8	GB/T 21588–2008	危险品 中型散装容器底部提升试验方法
9	GB/T 21589–2008	危险品 中型散装容器顶部提升试验方法
10	GB/T 21590–2008	危险品 中型散装容器堆码试验方法
11	GB/T 21591–2008	危险品 中型散装容器扯裂试验方法
12	GB/T 21592–2008	危险品 中型散装容器（IBCs）倾覆试验方法
13	GB/T 21593–2008	危险品 包装堆码试验方法
14	GB/T 21594–2008	危险品 中型散装容器复原试验方法
15	GB 19269–2009	公路运输危险货物包装检验安全规范
16	GB 19270–2009	水路运输危险货物包装检验安全规范
17	GB 19359–2009	铁路运输危险货物包装检验安全规范
19	GB 19433–2009	空运危险货物包装检验安全规范

如表 2-2 所示，我国危险货物包装性能测试标准体系针对不同类型包装的不同测试项目分别制定了技术标准。此外，我国还针对水路、公路等不同运输方式，分别制定了危险货物包装安全检验规范，提高了标准使用的精确性。

3. 危险货物管理通用国家标准

除了上面所述的危险货物分类、危险货物包装性能测试以及安全检验规

范外，我国还针对危险货物管理制定了一些基础通用标准，其中最常用的是
GB 6944 和 GB 12268 这两项强制性国家标准。

表 2-3　危险货物管理通用国家标准举例

序号	标准号	标准名称
1	GB 12268-2012	危险货物品名表
2	GB 6944-2012	危险货物分类和品名编号
3	GB 12463-2009	危险货物运输包装通用技术条件
4	GB 190-2009	危险货物包装标志
5	GB 21175-2007	危险货物分类定级基本程序
6	GB/T 15098-2008	危险货物运输包装类别划分方法
7	GB/T 29621-2013	危险货物国际运输单证规范
8	GB/T 7694-2008	危险货物命名原则

GB 6944-2012 和 GB 12268-2012 技术内容都来源于联合国 TDG 法规第
16 修订版，前者规定了危险货物 9 大类的分类标准，而后者将 TDG 法规第
3 章危险货物一览表的内容转化为国家标准。由于国际法规的不断更新，为
了保持标准技术内容的有效性，近期 GB 6944-2012 和 GB 12268-2012 也被
纳入国家标准修订计划之中。

除了上述国家标准外，我国依据联合国 TDG 法规，制定了有限数量
和例外数量危险货物运输的国家标准：GB 28644.1-2012 和 GB 28644.2-
2012。在日常工作中，如需要检索危险货物相关的国家标准，可以访问国家
标准全文公开系统[1]。

---

[1]　国家标准全文公开系统访问链接：https://openstd.samr.gov.cn/bzgk/gb/index。

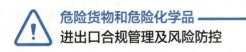

4. 危险货物公路运输行业标准：JT/T 617 系列

2018 年 8 月 29 日，交通运输部发布第 68 号公告[1]，正式对外公布《危险货物道路运输规则》JT/T 617 系列标准。该系列标准由 JT/T 617.1~JT/T 617.7 共 7 个标准组成，分别针对危险货物运输的通用要求、分类、包装使用、托运、装卸等。

① JT/T617.1：第1部分 通则

② JT/T617.2：第2部分：分类

③ JT/T617.3：第3部分：品名及运输要求索引

④ JT/T617.4：第4部分：运输包装使用要求

⑤ JT/T617.5：第5部分：托运要求

⑥ JT/T617.6：第6部分：装卸条件及作业要求

⑦ JT/T617.7：第7部分：运输条件及作业要求

图 2-10 JT/T 617 系列标准简介

该系列标准在技术内容上充分吸收借鉴了《危险货物国际道路运输欧洲公约》（ADR），实现了国内公路危险货物运输与国际法规的接轨，解决了长期以来国内危险货物道路运输管理标准缺失、老化、碎片化、交叉重复以及相互矛盾等问题。

2019 年 1 月，交通运输部发布的《危险货物道路运输安全管理办法》直接引用 JT/T 617 系列标准作为危险货物国内道路运输的技术要求，从而使 JT/T617 系列标准在法律层面上具有强制性。

---

[1] 公告全文查看链接：https://zjjcmspublic.oss-cn-hangzhou-zwynet-d01-a.internet.cloud.zj.gov.cn/jcms_files/jcms1/web3234/site/attach/old/0/79d8c829f7b8492cbbed5c6ac3c05a7e.pdf。

JT/T617 系列标准发布于 2018 年，对标的是 ADR 第 2015 版，在技术内容上已经落后于国际最新 ADR 法规。因此，2023 年 9 月 25 日，全国道路运输标准化技术委员会正式发布了 JT/T 617.1 ～ JT/T 617.6 共计 6 项标准的第 1 号修改单，并公开征求意见[1]。

关于征求《危险货物道路运输规则》系列交通运输行业标准（JT/T 617.1～JT/T 617.6）第1号修改单（征求意见稿）意见的通知

发布日期：2023-09-25　　发布单位：全国道路运输标准化技术委员会

全道运标字〔2023〕23号

各有关单位：

根据危险货物道路运输管理需要，为提高标准技术的先进性和适用性，与《危险货物国际道路运输公约》（2023版）等做好衔接，交通运输行业系列标准《危险货物道路运输规则》（JT/T 617.1～JT/T 617.6）六项标准第1号修改单已完成征求意见稿。按照有关规定，现公开征求意见。请研究提出修改意见，并于2023年10月25日前反馈至标准编制组，逾期视为无意见。如有对技术指标的重大意见，请说明论据或提出技术经济论证。

图 2-11　JT/T 617 第 1 号修改单征求意见发布界面

在第 1 号修改单中，最大的技术修订是引入了国际法规中陆续新增的大型锂电储能系统（UN 3536）、钠离子电池（UN 3551 和 UN 3552 等）[2]，以满足近年来新能源行业高速发展所带来的新型电池的贸易和运输。

5. 危险货物铁路运输行业标准：TB/T 30006-2022

2022 年 10 月 25 日，国家铁路局发布了新版《铁路危险货物品名表》（TB/T 30006-2022），取代《铁路危险货物品名表》（2009 版）。新标准已于 2023 年 5 月 1 日正式实施。相比于 2009 版标准，TB/T 30006-2022 借鉴了联合国 TDG 法规第 22 修订版，在危险货物分类方面最主要的变化有以下几个点[3]：

---

[1]　征求意见稿全文查看链接：https://jtst.mot.gov.cn/zxd/seekPublicAdvice/pagePublishAdviceStdList/682。

[2]　第 1 号公告详细解读可以参阅：https://mp.weixin.qq.com/s/mIGUFQLQQlus3xbQljO9pA。

[3]　新版标准详细解读可以参阅：https://mp.weixin.qq.com/s/rFBzpA_iZbsFE0JrsUdu9w。

（1）第3类易燃液体的分类

引入了液态退敏爆炸物，对于闭杯闪点高于35℃且不持续燃烧的液体给予了豁免。

（2）第6.1项毒性物质

更新了第6.1项毒性物质的分类标准，实现了与联合国TDG法规的一致性。

（3）特殊规定

新版标准引入了联合国TDG法规针对小型锂电池的运输豁免，以及邻苯二甲酸酐和四氢化邻苯二甲酸酐分类特殊要求的相关规定。

虽然新版标准对标联合国TDG法规，在技术内容上做出了很多更新，但整体技术内容方面还是延续了我国铁路危险货物特有的做法，例如，危险货物品名表的格式和内容未与国际法规保持一致。如图2-11所示，其中"铁危编号"属于我国铁路危险货物运输所特有，"品名"的叫法也和国际统一的"正确运输名称"不同。

图2-11 TB/T 30006-2022 表7示意图

6.出口危险货物包装检验规程行业标准：SN/T 0370 系列标准

2021 年 11 月 22 日，海关总署通过《关于发布〈进境种猪指定隔离检疫场建设规范〉等 83 项行业标准的公告》（海关总署公告 2021 年第 97 号），正式发布了 SN/T 0370-2021《出口危险货物包装检验规程》系列标准。

该系列标准共分为总则、性能检验、使用鉴定 3 个部分，已于 2022 年 6 月 1 日正式实施。

图 2-12 SN/T 0370-2021 系列标准示意图

SN/T 0370-2021 适用于体积 ≤ 450L 或净重 ≤ 400kg 的出口危险货物包装，是目前海关对于出口危险货物及其包装开展性能检验和使用鉴定的重要依据之一。

该系列标准的技术内容主要来源于联合国 TDG 第 20 修订版，以及 IMDG code、IATA-DGR 等特定运输方式法规。

第二节 危险货物分类、标签与包装

一、危险货物分类

（一）爆炸品

1. 定义

爆炸根据发生原理的不同，通常分为物理爆炸、化学爆炸和核爆炸。在危险货物法规体系中，爆炸品是指通过化学反应，能在瞬间对周围环境造成破坏或产生声、光、烟等效果的物质或物品。

爆炸品根据其商品形态、包装方式以及实际用途不同，细分为以下两种：

（1）爆炸性物质

一种固态或液态物质（或混合物），其本身能够通过化学反应产生气体，而产生气体的温度、压力和速度之大，能对周围环境造成破坏。烟火物质[1]虽然不产生气体，也归属于爆炸性物质。

（2）爆炸性物品

含有一种或多种爆炸性物质的物品。

2. 分类体系

第 1 类爆炸品根据危险程度的不同，细分为 6 个小项，分别如下：

---

[1] 烟火物质是指通过非爆炸的自持性放热化学反应，产生热、光、声、气体或烟等一种或多种效应的物质或混合物。

表 2-4 第 1 类爆炸品的 6 个小项

序号	项别
1	第 1.1 项：有整体爆炸危险的物质和物品
2	第 1.2 项：有迸射危险，但无整体爆炸危险的物有整体质和物品
3	第 1.3 项：有燃烧危险并兼有局部爆炸危险或局部迸射危险之一或者兼有这两种危险，但无整体爆炸危险的物质和物品
4	第 1.4 项：不造成重大危险的物质和物品
5	第 1.5 项：有整体爆炸危险的非常不敏感物质
6	第 1.6 项：没有整体爆炸危险的极不敏感物品

在对爆炸品进行危险性分类时，需要注意以下几个方面：

（1）在实际运输时，部分爆炸品会加入惰性固体或液体溶剂等退敏剂，以退敏爆炸品的形式运输。加入退敏剂后，由于整体测试达不到爆炸品分类标准，则应划入固态退敏爆炸品（第 4.1 项）或液态退敏爆炸品（第 3 类）。

（2）第 1 类爆炸品在实际运输时，所采用的包装方案（包括包装的大小，盛装量的多少以及包装的种类），往往会对于其危险性分类有决定影响，因此对于爆炸品分类以及测试通常是需要对实际运输的整个包件进行测试，而不是单纯地对爆炸性物质本身进行测试。

（3）以上分类标准不包括极不稳定、过于敏感而禁止运输的爆炸品。

3. 配装组别

对于爆炸品而言，在运输时，除了要确定其具体的项别（例如，第 1.1 项），还需要在 A~S 等 13 个配装组别（又称兼容组）中为其选择合适的一个。

兼 容 组

危险项别	A	B	C	D	E	F	G	H	J	K	L	N	S	A-S Σ
1.1	1.1A	1.1B	1.1C	1.1D	1.1E	1.1F	1.1G		1.1J		1.1L			9
1.2		1.2B	1.2C	1.2D	1.2E	1.2F	1.2G	1.2H	1.2J	1.2K	1.2L			10
1.3			1.3C			1.3F	1.3G	1.3H	1.3J	1.3K	1.3L			7
1.4		1.4B	1.4C	1.4D	1.4E	1.4F	1.4G						1.4S	7
1.5				1.5D										1
1.6												1.6N		1
1.1-1.6 Σ	1	3	4	4	3	4	4	2	3	2	3	1	1	35

图 2-13 爆炸品项别与配装组的组合

4. 分类流程

爆炸品的分类试验流程如下图所示，大致分为两步。第 1 步是根据试验、现有资料以及产品的化学结构式，将待分类的货物分为 3 大类：

（1）太敏感而无法运输的爆炸品；

（2）第 1 类爆炸品；

（3）不属于第 1 类爆炸品的货物。

对于属于第 1 类爆炸品的危险货物，需要依据联合国《试验与标准手册》第一部分的 7 个系列分类试验方法，确定其危险项别和配装组别。

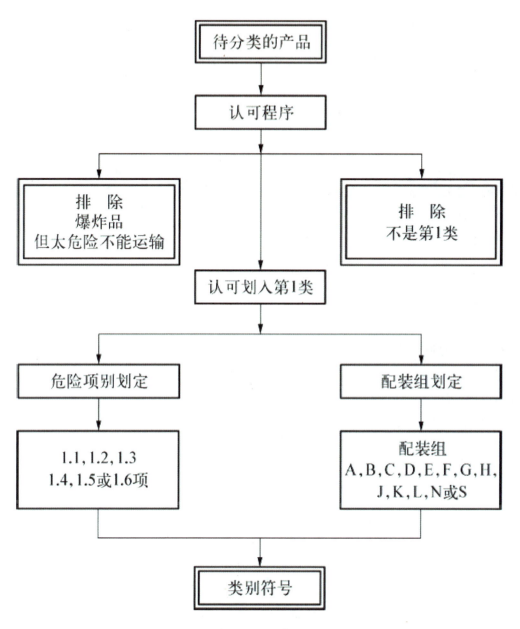

图 2-14 爆炸品分类流程图

5. 分类初筛

除了通过试验对爆炸物进行危险性分类外，也可通过以下两种方式对待分类的爆炸物进行初步筛选和识别。

（1）化学结构筛选

化学物质的爆炸性与分子内在是否存在特定化学基团有关。具有爆炸性化学基团的化学物质能够通过化学反应，使得周围环境的温度或压力迅速上升，从而形成爆炸效应。常见的爆炸性原子基团如表 2-5 所示。

表 2-5 常见爆炸性的化学基团

爆炸性化学基团	示例
C-C 不饱和键	炔烃、乙炔类化合物、1，2- 二烯烃类
C- 金属键	格氏试剂
N- 金属键	有机锂化合物（如，丁基锂）
$R-N_3$ 键	叠氮化物（如，叠氮化钠）
R-N=N-R' （R 或 R' 为脂肪族烃基	脂肪类偶氮化合物
$R-N^+ \equiv N$	重氮盐
R-N-N-R'	肼类化合物
$R-SO_2-NH-NH_2$	磺酰肼类化合物（如，苯磺酰肼）
R-O-O-R'	过氧化物
	臭氧化物
N-O 键	羟胺类，硝酸盐，硝基化合物，亚硝基化合物，N- 氧化物，1，2- 噁唑类
N-R 键（R 为卤素）	氯胺类，氟胺类
O-R 键（R 为卤素）	氯酸盐，高氯酸盐，亚碘酰化合物

如表 2-5 所示，如果物质不含有任何爆炸性化学基团，则可以基本判定该物质不具有爆炸性，无须进行繁琐的试验测定。

（2）计算氧平衡

如果物质中含有表 2-5 中的爆炸性化学基团，且分子中含有氧原子，则可以通过计算其氧平衡，以确定物质是否需要做进一步的实验室测试。如果计算得到的氧平衡值大于 –200，则该物质需要进行系统的爆炸性测试，方可确定其爆炸性，反之则可以排除其属于爆炸物的可能。

根据下列化学反应式（2-1）和数学公式（2-2）来计算物质的氧平衡值：

$$C_xH_yO_z + \left[x + \left(\frac{y}{4}\right) - \left(\frac{z}{2}\right)\right] \times O_2 \rightarrow xCO_2 + \left(\frac{y}{2}\right)H_2O \quad （2-1）$$

$$氧平衡值 = -1600 \times \left(2x + \left(\frac{y}{2}\right) - z\right)/分子量 \quad （2-2）$$

物质的氧平衡只是预计物质潜在爆炸性的一种方式，不能作为物质爆炸性唯一的判定依据，有些物质的氧平衡值虽然大于 –200，但也有可能没有爆炸性，比如水的氧平衡值为零，但水明显没有爆炸性。

（3）根据分解能[1]和分解起始温度进行判定

对于含有一个或多个爆炸性化学基团的有机物质（或均匀混合物），当其放热分解能小于 500J/g，或放热分解起始温度大于等于 500℃时，可以排除其爆炸性可能。

（4）根据无机氧化物物质的含量进行判定

对于无机氧化性物质和有机物的混合物，当无机氧化性物质的浓度满足如下条件时，可以排除其爆炸性可能：

①物质的氧化性[2]的包装类 I 类或 II 类，且总含量（质量分数）小于 15%；或

---

[1]　物质的分解能可根据《联合国关于危险货物运输的建议书：试验和标准手册》第 20.3.3.3 节进行测试。

[2]　氧化性物质的分类参加第五节。

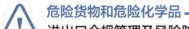
②物质的氧化性的包装类为 III 类，且总含量（质量分数）小于 30%。

（5）分类举例

利用物质的氧平衡值，对三硝基甲苯（TNT）进行爆炸性判定。三硝基甲苯的基本信息[1]如表 2-6 所示。TNT 的结构式中有 3 个硝基，属于表 2-5 中的"N–O"爆炸性化学基团，且根据公式 2-1 和 2-2 计算其氧平衡值为 –74，大于 –200，因此 TNT 是有爆炸性的，属于潜在的爆炸物。

表 2-6 TNT 的基本信息

物质参数	基本信息
CAS 号	118–96–7
结构式	（结构式图）
相对分子量	227.13
氧平衡值	–74

（二）第 2 类气体

1. 定义

在危险货物运输法规体系中，气体是指状态符合以下定义的化学物质或产品：

——在 50℃时，蒸气压大于 300 kPa；或者

——20℃时，在标准大气压 101.3 kPa 下，完全呈气态。

第 2 类危险货物在实际运输时，主要包括以下两大类：

---

[1] 基本信息来源于 ECHA 注册物质卷宗数据库（https：//echa.europa.eu/information-on-chemicals/registered-substances）。

（1）仅含有一种或多种气体的物质或混合物

此类气体根据运输时在压力容器中的状态，又细分为压缩气体、液化气体、溶解气体、冷冻液化气体和吸附气体。

（2）含有气体的物品

此类物品为了发挥产品功能，需内装压力气体，有时还会添加其他化学成分（例如，杀虫气雾剂）以进一步实现产品功能。典型的气体物品有 UN 1950 气雾剂、UN 2037 装有气体的蓄气筒以及 UN 3500~3505 加压化学品。

2. 分类标准

第 2 类气体根据危险性的不同，细分为 3 个小项，分别如下：

（1）第 2.1 项：易燃气体

在 20℃和 101.3 kPa 标准压力下，满足以下任一条件的气体，即属于易燃气体。

①与空气混合后，按体积占比数小于等于 13% 时可点燃的气体；或

②不论易燃浓度下限如何，与空气混合后易燃浓度范围至少为 12 个百分点的气体。

（2）第 2.2 项：非易燃无毒气体

如果气体既不属于第 2.1 项易燃气体，又不符合第 2.3 项毒性气体的分类标准，则该气体应划入第 2.2 项。通常，此类气体的危险性主要有以下几类：

①窒息性气体：会稀释或取代空气中的氧气，例如，二氧化碳和氮气等惰性气体。此类气体在密闭环境下，可能会造成人类或者动物窒息。

②氧化性气体：能够通过提供氧气，比空气更能引起或促使其他材料燃烧的气体；

③其他危害的气体。

（3）第 2.3 项：毒性气体

满足以下任一条件的气体，则属于毒性气体：

①已知对人类有毒或者具有的腐蚀性强到对人体健康造成危害的气体；或者

② LC_{50}[1]值等于或小于 $5000mL/m^3$ 的气体

混合气体的半数致死浓度 LC_{50} 可通过动物试验测定，也可按照公式 2-3进行计算：

$$LC_{50}（混合物）= \frac{1}{\sum_{i=1}^{n} \frac{f_i}{T_I}} \qquad （2-3）$$

式中：

    f_i——混合物的第 i 种毒性或腐蚀性气体的克分子分数

    T_I——混合物的第 I 种毒性或腐蚀性气体的毒性数值（当 LC_{50} 值已
        知时，T_I 等于 LC_{50} 值）

3. 分类试验

对于易燃气体，通常需要测定其燃烧（爆炸）极限和范围来确定。对于已知混合气体中各个气体组分的燃烧极限或燃烧范围，则可通过国际标准化组织的标准计算方法（ISO 10156：2017）计算混合气体整体的等效燃烧下限和燃烧范围，以确定混合气体整体易燃性。

对于 UN 1950 的气雾剂[2]，通常需要通过以下几项易燃性试验来确定是属于第 2.1 项还是属于第 2.2 项。

（1）喷雾气雾剂

喷雾气雾剂是指发挥功能时，释放出来的物质是以气体或液体或固体悬

---

[1]　LC_{50} 全称半数致死浓度，是指化学物质在急性吸入毒性试验中，造成一半数量试验动物（通常是大鼠或小鼠）死亡时的浓度。因此，LC_{50} 值越小，该化学物质的毒性越强。

[2]　UN 1950 的气雾剂没有第 2.3 项分类，因为毒性气体禁止用作气雾剂的推进剂。

浮在空气中，形成烟雾状。喷雾气雾剂的易燃性试验主要有：点火距离试验和封闭空间试验。具体试验方法参见联合国《试验与标准手册》第 31 节。

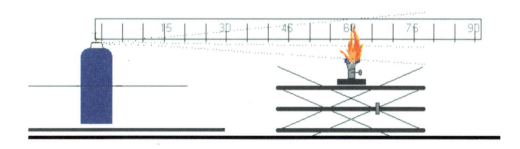

图 2-15　喷雾气雾剂点火距离试验原理

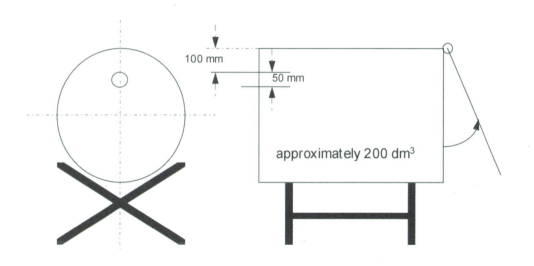

图 2-16　喷雾气雾剂封闭空间试验原理

（2）泡沫气雾剂

泡沫气雾剂是指释放物以泡沫状态呈现的气雾剂，其易燃性试验主要是通过泡沫气雾剂易燃性试验确定，具体试验方法参见联合国《试验与标准手册》第 31.6 节。

4. 气体不同项别的优先顺序

如果一种气体同时满足第 2 类中的多个项别的分类标准，此时需要按照以下顺序，进行主要危险性和次要危险性的排序：

（1）第2.3项优于第2.1项和第2.2项；

（2）第2.1项优于第2.2项。

举例说明：如某气体A，既属于第2.3项毒性气体，又属于第2.1项易燃气体，则最终该气体的危险性分类为：2.3+2.1（主要危险性是第2.3项，次要危险性是第2.1项）。

5.部分气体的分类豁免

（1）第2.2项气体，无其他次要危险性，未经液化或者冷冻液化，并且在温度20℃压力不超过200 kPa条件下运输不受法规限制。

（2）下列含第2.2项气体的物品不受法规限制：

①食品，包括碳酸充气饮料；

②体育用球；

③轮胎（航空除外）。

6.禁止运输的气体

化学性质不稳定的第2类气体不得接受运输，除非采取了必要的防范措施，防止在正常运输条件下可能发生分解或聚合反应，或者除非在适用条件下，运输符合包装指南P200（5）的特殊包装规定（r）。

（三）第3类易燃液体

1.定义

在危险货物运输法规体系中，广义的第3类危险货物包括易燃液体和液态退敏爆炸物。

（1）液态退敏爆炸物

液态退敏爆炸物是指爆炸品溶解或悬浮在水或其他溶剂（分散剂）中，形成一种均匀液态混合物，通过添加稀释剂可起到抑制原有物质爆炸的危险性。在联合国TDG法规的危险货物一览表中，属于液态退敏爆炸物的UN条目是：UN 1204、UN 2059、UN 3064、UN 3343、UN 3357、UN 3379 和 UN 3555。其中 UN 3555 是联合国 TDG 第 23 修订版新增 UN 编号，适用于以丙酮为溶剂的三氟甲基四氮唑钠盐[1]。

| 3555 | 三氟甲基四氮唑钠盐的丙酮溶液，按质量含丙酮不低于68% | 3 | | II | 28 132 | 0 | E0 | P303 | PP26 |

图 2-17 TDG 法规中新增的一种液态退敏爆炸物

（2）易燃液体

联合国 TDG 法规中的易燃液体指闭杯闪点 ≤ 60℃，或开杯闪点 ≤ 65.6℃的液体[2]。需注意的是上述易燃液体还包括以下两种加热运输的液体：

①运输温度大于等于闪点的液体，如图 2-18 所示，此类液体可划入 UN 3256，而非 UN 3257；

②高温运输的液体，且在小于等于最高运输温度下会放出易燃蒸气的物质。

上述两类货物即使其闪点已经高于分类限值（例如，闭杯闪点 > 60℃），则依然划入第 3 类危险货物。

---

[1]　该物质的 CAS 号为：1702-15-4。

[2]　此外，联合国 GHS 制度第 10 修订版也将原来"开杯试验只有在特殊情况下才可接受"修改为："对于无法使用闭杯试验方法的液体（例如，因自身黏度），或者在已有开杯试验数据的情况下，可接受开杯试验。在这些情况下，应从测量数值减去 5.6°C，因为开杯试验方法得出的结果通常高于闭杯方法。"以与 TDG 法规保持同步，对于无法测试闭杯闪点的样品也接受以开杯闪点来判断危险类别。

《规章范本》中的高温物质定义：
◆ 处于液态，温度达到或高于 **100℃**；
◆ 处于液态，闪点高于 **60℃**，且故意加热到
高于其闪点的温度；或
◆ 处于固态，温度达到或高于 **240℃**；

联合国编号	名称和说明	类或项	次要危险	联合国包装类别	特殊规定
(1)	(2)	(3)	(4)	(5)	(6)
-	3.1.2	2.0	2.0	2.0.1.3	3.3
3256	高温液体，易燃，未另作规定的，闪点高于60℃，温度等于或高于其闪点	3		III	274
3257	高温液体，未另作规定的，温度等于或高于100℃但低于其闪点(包括熔融金属、熔融盐类等)	9		III	232 274
3258	高温固体，未另作规定的，温度等于或高于240℃	9		III	232 274

图 2-18 高温物质定义和 UN 条目

需注意，闪点是指在标准大气压下，液体表面挥发的蒸气与空气混合发生闪燃的最低温度。因此，液体的闪点越低，其易燃性越高。

2. 包装类别划定

根据货物的闭杯闪点、初沸点的不同，易燃液体的包装类别划分为 I 类、II 类和 III 类，具体标准见表 2-7。

表 2-7 易燃液体包装类别划定

包装类别	闪点（闭杯）/℃	初沸点 /℃
I	——— [1]	≤ 35
II	< 23	> 35
III	≥ 23，≤ 60	> 35

如表 2-7 所示，易燃液体的危险程度按照包装类别 I ＞ II ＞ III 的顺序，依次降低。此外，对于含水量高、易燃成分含量低或者粘度高的易燃液体，

---

[1] 包装类别 I 类的易燃液体，在 TDG 法规中并未规定闭杯闪点。但在 GHS 制度中，对应的易燃液体类别 1 闭杯闪点须＜ 23℃。

TDG 法规也给予了不同程度的分类豁免，具体如下文所述。

3. 分类豁免

分类豁免分为危险性豁免和包装类别豁免。危险性豁免是指满足特定要求的第 3 类易燃液体可以免除易燃性危害，如果没有其他危险性，即可按照普货运输；而包装类别豁免指易燃液体的包装类别从 II 类降低为 III 类。

（1）危险性豁免

危险性豁免分为不可持续燃烧豁免和粘度豁免。

①不可持续燃烧豁免

该豁免要求针对 35℃＜闭杯闪点 ≤ 60℃的易燃液体，如果满足图 2–19 所示任一条件，即可被视为不可持续燃烧，在 TDG 法规中无须视为易燃液体。

图 2–19 不可持续燃烧的判断标准[1]

②粘度豁免

该豁免要求主要针对 23℃ ≤ 闭杯闪点 ≤ 60℃的粘性易燃液体。依据 TDG 法规，如果此类液体满足图 2–20 所示所有条件后，则可豁免第 3 类易燃性分类。

---

[1] 易燃液体持续燃烧试验可参见《试验和标准手册》第三部分第 32.5.2 小节。

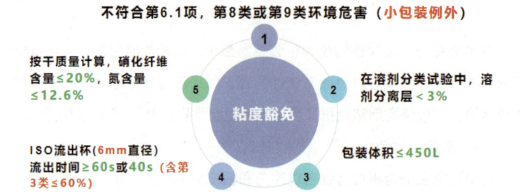

图 2-20 粘度豁免的判断标准

需注意的是，此类豁免在 IMDG 法规中仅豁免包件标记、标签和包装性能试验，在 IATA-DGR 空运法规中，则没有此类豁免。

（2）包装类别豁免

该豁免针对闭杯闪点 < 23℃，初沸点 > 35℃ 的粘性液体。如果满足图 2-21 所示所有条件后，则其包装类别可从原来的 II 类豁免到 III 类。

图 2-21 包装类别豁免的判断标准

如图 2-7 所示，满足此类豁免要求的易燃液体粘度和闭杯闪点之间要满足表 2-8 的要求。

表 2-8 粘度和闪点对应表

23℃时的运动粘度（外推法） ν（切变速率接近零） mm²/s	流出杯流过时间 （s）	流出杯直径 （mm）	闪点，闭杯（℃）
$20 < ν ⩽ 80$	$20 < t ⩽ 60$	4	高于 17
$80 < ν ⩽ 135$	$60 < t ⩽ 100$	4	高于 10
$135 < ν ⩽ 220$	$20 < t ⩽ 32$	6	高于 5
$220 < ν ⩽ 300$	$32 < t ⩽ 44$	6	高于 −1
$300 < ν ⩽ 700$	$44 < t ⩽ 100$	6	高于 −5
$700 < ν$	$100 < t$	6	无界限

表 2-8 所示的运动粘度适用于非牛顿流体（例如，涂料或树脂溶液等），或由于其他原因而不能使用粘度杯法确定粘度。测定运动粘度时，使用可变剪切速率粘度计，确定在 23℃时液体在若干切变速率上的动力粘度系数。将获得的值制成切变率图，然后外推得到零切变率，再将得到的动力粘度除以密度，便得到零切变速率的表面运动粘度。

4. 分类试验

如上文所述，易燃液体分类主要涉及闪点、持续燃烧、溶剂分离和粘度试验。

（1）闪点试验

闪点测试原理是加热液体，使其所含易燃成分挥发，产生的蒸气与空气混合形成可燃气体，遇火源产生瞬间闪燃的现象，此时液体的温度为闪点。

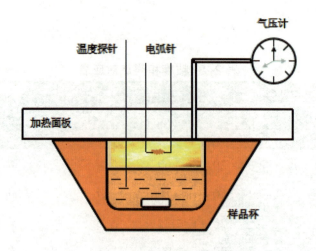

温度探针　　电弧针　　　　　　　气压计

加热面板

样品杯

图 2-22　连续闭杯法测定闪点的原理

　　根据闪点测试过程中，样品上方是否有密闭的盖子，闪点测试分为开杯闪点和闭杯闪点测试。联合国 TDG 法规对于闭杯闪点测试，推荐了测试标准（见图 2-23）。

国际标准：	国家标准：
	美国材料试验学会国际，地址：100 Barr Harbor Drive, PO Box C700, West Conshohocken, Pennsylvania, USA 19428-2959：
ISO 1516	ASTM D3828-07a, 用小型闭杯试验器测定闪点的标准试验方法
	ASTM D56-05, 用 Tag 闭杯试验器测定闪点的标准试验方法
ISO 1523	ASTM D3278-96 (2004)e1, 用小型闭杯装置测定液体闪点的标准试验方法
	ASTM D93-08, 用 Pensky-Martens 闭杯试验器测定闪点的标准试验方法
ISO 2719	法国标准化协会，AFNOR, 11, rue de Pressensé，93571 La Plaine Saint-Denis Cedex：
	法国标准 NF M 07-019
ISO 13736	法国标准 NF M 07-011/NF T 30-050/NF T 66-009
	法国标准 NF M 07-036
ISO 3679	德国标准化协会，Burggrafenstr. 6, D-10787 Berlin：
	德国工业标准 DIN 51755 (闪点低于 65℃)
ISO 3680	部长会议国家标准化委员会，113813, GSP, Moscow, M-49 Leninsky Prospect, 9：
	GOST 12.1.044-84

图 2-23　闭杯闪点测试标准

　　相应的初沸点试验方法参见 ISO 3924、ISO 4624、ISO 3405、ASTM D86-07a、ASTM D1078-05 或欧盟委员会条例 No 440/20082 附件 A 部分所

述方法 A.2。

（2）持续燃烧试验

持续燃烧试验将至少 2mL 待测液体放入 60.5℃试验槽[1]中，观察液体是否在 60s 内点燃。如果没有，则将一个外部火源靠近液体，保持 15s，再次观察液体是否燃烧。如果液体在加热或用火源点燃两种方式下，都无法持续稳定燃烧，则该液体就属于不可持续燃烧液体。

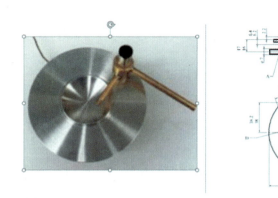

图 2-24　持续燃烧试验装置

具体试验流程可参见《试验和标准手册》和 GB/T 21622-2008《危险品易燃液体持续燃烧试验方法》。

（3）溶剂分离试验

溶剂分离试验需要一个带塞子的 100mL 量筒，总高度约为 25cm。将待测液体倒入量筒至 100mL 刻度处，静置 24h 后，测量上层分离的溶剂层高度。

---

［1］　如果在 60.5℃试验中，液体未发生持续燃烧，还需在 75℃下用新的样品再次试验。

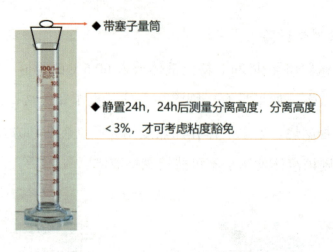

◆ 带塞子量筒

◆ 静置24h，24h后测量分离高度，分离高度
<3%，才可考虑粘度豁免

图 2-25 溶剂分离试验示意图

（4）ISO 流出杯试验

ISO 流出杯试验是测定牛顿流体的粘度方法之一。试验是在 23℃下用喷嘴直径 4mm 的 ISO 流出杯（符合 ISO 2431：1984），测试样品从流出杯中完全流完所需的时间（s）。如流出时间超过 100s，则用喷嘴直径 6mm 的 ISO 流出杯进行第二次试验。

ISO标准流出杯：
喷嘴直径4mm或6mm

图 2-26 ISO 流出杯试验示意图

5. 禁止运输的第 3 类易燃液体

化学性质不稳定的第 3 类易燃液体不得接受运输，除非采取了必要的防范措施，防止在正常运输条件下可能发生分解或聚合反应。有关防止发生分解或聚合的措施见联合国 TDG 法规特殊规定 386[1]，同时需确保贮器和罐柜中没有任何可能引起危险反应的物质。

（四）第 4 类易燃固体；易于自燃的物质；遇水放出易燃气体的物质

1. 定义

第 4 类危险货物根据危险特性的不同，分为第 4.1 项易燃固体、第 4.2 项易于自燃的物质和第 4.3 项遇水放出易燃气体的物质。

（1）第 4.1 项易燃固体

第 4.1 项易燃固体根据易燃特性的不同，又进一步细分为易燃固体、固体退敏爆炸物、自反应物质和聚合物质。

①易燃固体

易燃固体是指在运输条件下容易燃烧，或因摩擦可能引燃或助燃的粉状、颗粒状或糊状固体。常见的硫磺、乌洛托品、镁粉、铝粉都属于此类货物。此外，火柴、赛璐珞[2]等部分物品在运输环节也属于易燃固体。

---

[1] 特殊规定 386 针对运输不稳定的危险货物，提出了必须在运输过程中采取控温和 / 添加化学抑制剂 / 稳定剂的方式，以确保货物运输过程中处于稳定状态。如果化学抑制剂 / 稳定剂在运输期间，由于低温可能失效，还应采取温度控制。

[2] 赛璐珞是一种极易燃烧的物质，之前市场上部分乒乓球就由这种材料制成。

65

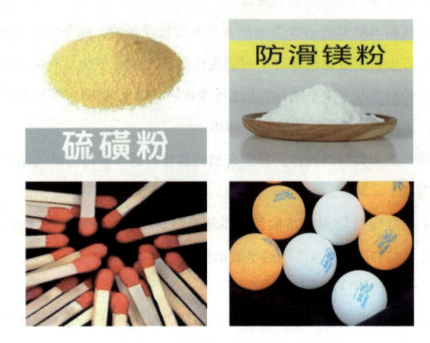

图 2-27 易燃固体危险货物举例

②自反应物质

自反应物质是指可能发生强烈放热自反应的热不稳定物质。此类物质即使在没有氧（或空气）的条件下，在受到碰撞、振动等外在刺激下易发生激烈放热分解。在工业应用和日常生活中，自反应物质可以用于食品添加剂、医药中间体、参与聚乙烯、聚氯乙烯、ABS 树脂合成等相关领域。常见自反应物质有发泡剂 ADC（偶氮二甲酰胺）、发泡剂 H（N'N- 二亚硝基五亚甲基四胺）、偶氮二异庚腈（聚合引发剂）等产品。

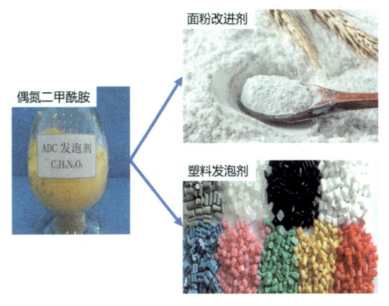

图 2-28 自反应危险货物举例

③固态退敏爆炸物

固态退敏爆炸物是用水或醇湿润或用其他物质稀释，形成一种均匀的固态混合物，以抑制其爆炸属性的爆性物质。联合国 TDG 法规的危险货物一览表中，属于固态退敏爆炸物的 UN 条目有：UN 1310、UN1320、UN 1321、UN 1322、UN 1336、UN 1337、UN 1344、UN 1347、UN 1348、UN 1349、UN 1354、UN 1355、UN 1356、UN 1357、UN 1517、UN 1571、UN 2555、UN 2556、UN 2557、UN 2852、UN 2907、UN 3317、UN3319、UN 3344、UN 3364、UN 3365、UN 3366、UN 3367、UN 3368、UN 3369、UN 3370、UN 3376、UN 3380 和 UN 3474。

④聚合物质

聚合性物质是指在无稳定剂或抑制剂的情况下，货物直接运输会发生强烈自聚放热反应。同时满足图 2-29 所示 3 个条件的物质即为第 4.1 项聚合性物质。

① 自加速聚合温度（SAPT）**≤75℃**；且

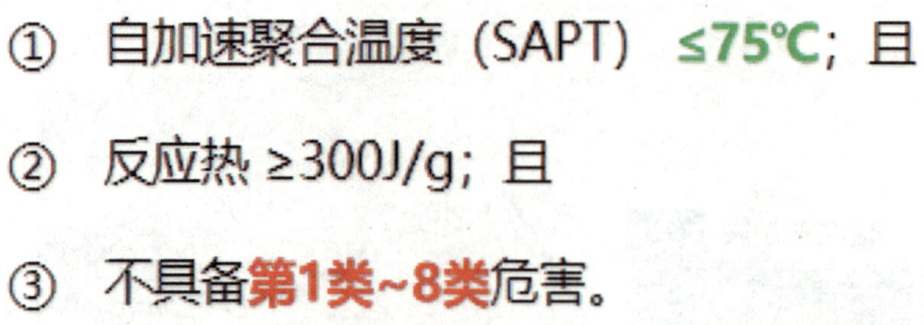

② 反应热 ≥300J/g；且

③ 不具备**第1类~8类**危害。

图2-29　自反应危险货物举例

如图 2-29 所示，第 4.1 项聚合物质如果同时具有第 1~8 类危险性，则将无法划入第 4.1 项，但在运输过程中，仍然需要按照聚合物质来进行运输操作。例如，可以采取必要的控温、添加抑制剂或稳定剂。

二乙烯基苯（CAS：1321-74-0，如图 2-30 所示）具有两个乙烯基，能够发生自聚，生成三维结构的不溶聚合物，是典型的第 4.1 项聚合物质。如果在运输时不添加稳定剂，运输时该物质极易发生聚合反应，放出大量的热，从而引发安全事故。

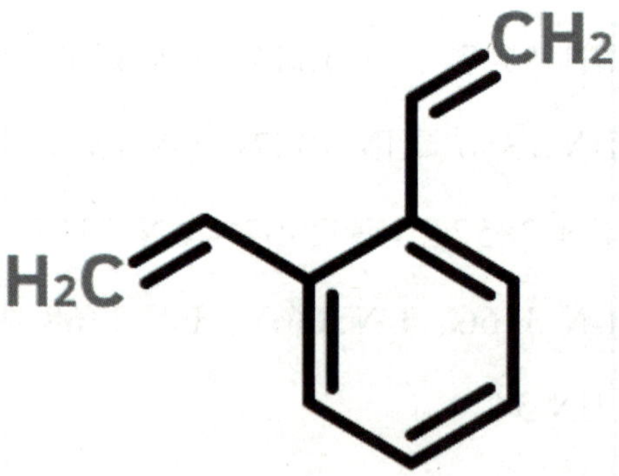

图 2-30　二乙烯基苯分子结构式

2012 年 7 月 14 日，MSC "Flaminia" 号货轮从新奥尔良驶向安特卫普时，

4号货舱3罐二乙烯基苯发生失控聚合化学反应,引发火灾和爆炸,事故造成3名船员死亡,2人重伤。

图 2-31 发生爆炸的 MSC"Flaminia"号货轮

(2)第4.2项易于自燃的物质

第4.2项易于自燃的物质是指无需外部火源,一定量的物质与空气接触一定时间即可燃烧。根据发生燃烧所需的时间和货物数量不同,第4.2项危险货物细分为第4.2项发火物质和第4.2项自热物质。

发火物质仅需数量很少,与空气接触不到5分钟即燃烧;而自热物质需要数量很多(几千克甚至更多),与空气长接触时间才能缓慢积热从而引发燃烧。因此发火物质危险性更强,包装类别只有I类包装;而自热物质包装类别细分为II类或III类。常见的发火物质是一些活泼的金属或者有机金属(例如,叔丁基锂),而自热物质代表是活性炭。

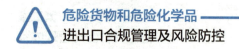
发火物质：叔丁基锂   自然物质：活性炭

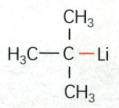

图 2-32 第 4.2 项易于自燃物质举例

（3）第 4.3 项遇水放出易燃气体的物质

第 4.3 项危险货物是指遇水反应释放易燃气体，与空气混合后可形成爆炸性混合物[1]。常见的第 4.3 项物质有活泼金属、有机金属、类金属等产品。

化学结构里有活泼金属或类金属元素：能与水反应放出易燃气体的元素举例如下		
金属：	锂、钠、钾	
	镁、钙	及其对应的化合物
	铝、镓	
	锌、铁、钛、锆	
有机金属：	叔丁基锂等	
类金属：	硅 某些硅烷遇水放出气体	

图 2-33 第 4.3 项危险货物举例

2. 分类标准

（1）第 4.1 项易燃固体

①易燃固体

易燃固体分为非金属固体和金属固体粉末，金属粉末是指金属或合金粉末。在对易燃固体进行分类时，应首选进行一个甄别试验，对待分类的固体

---

[1] 需注意是第 4.3 项危险货物遇水反应释放的是易燃气体，而有一些危险货物遇水也发生反应，释放的并非易燃气体，例如，四氯化钛遇水反应释放腐蚀性氯化氢气体，因此不属于第 4.3 项。

进行图 2-34 所示的易燃性初筛。

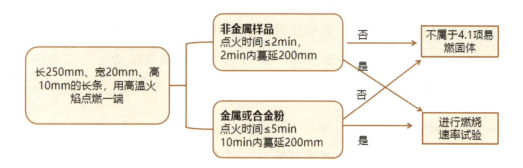

图 2-34　第 4.1 项易燃固体初筛试验

通过甄别试验的固体需开展进一步的燃烧速率试验，以确定包装类别，具体如表 2-9 所示。

表 2-9　包装类别划定

包装类别	非金属	金属粉
II	燃烧时间 < 45s，或燃烧速率 >2.2 mm/s 且通过润湿段	≤ 5min 蔓延至试样的全部长度
III	燃烧时间 < 45s，或燃烧速率 >2.2 mm/s 且润湿段阻止火焰传播 ≥ 4min	> 5min，≤ 10min 内蔓延至试样的全部长度

②自反应物质

自反应物质或混合物依据热不稳定性或潜在爆炸性的不同，分为 A 型到 G 型 7 个类别，其中 A 型自反应物质危险性最高，在实际运输中是禁止运输的，G 型自反应物质危险性最低，在运输中可豁免第 4.1 自反应危险，只考虑其余危险。自加速分解温度（SADT）≤ 55℃的自反应物质或混合物，在运输、存储或使用时，要采取温控措施，以避免运输中到达一定温度后发生分解而引发爆炸。

在对自反应物质进行完整试验分类之前，可先根据物质的化学结构或者测定物质的SADT[1]进行一个初步判断。如果初步判断可以排除物质的自反应性，则无须进行完整的分类试验，从而节约时间和分类成本。联合国《试验与标准》手册中给出了以下3种初筛方法：

a. 化学结构式筛选

与爆炸物类似，自反应物质也是由于含有一些热不稳定性的化学基团或化学键从而导致自反应危险。当分子结构式不含有类似的爆炸性或自反应化学基团时，可初步判断该产品不属于第4.1项自反应物质。

表 2-10 具有自反应危险的化学基团

自反应性化学基团	举例
相互反应的基团	卤代苯胺类、氨基腈类、氧化性酸的有机盐
S=O 键	磺酰肼、磺酰卤、磺酰氰
P-O 键	亚磷酸酯或盐类
有张力的环	环氧化物、氮杂环丙烷类
不饱和键	链烯烃类、氰酸酯或盐类

b. 分解热和自加速分解温度筛选

如果待分类物质50kg包件的SADT温度＞75℃，或分解热＜300J/g时，则可以初步判断该货物不属于自反应物质或混合物。分解热可用任何国际测试标准，如差示扫描量热法和绝热量热法。

c. 危险性筛选

如果已经能判定产品具有第1类爆炸品或第5.2项有机过氧化物危险，

[1] SADT 全称自加速分解温度。如果货物实际温度高于SADT，则会发生激烈的分解反应，放出大量的热。

则无需考虑自反应危险性。

联合国 TDG 法规第 2.4.2.3.2.3 节《自反应物质一览表》对常见的几十种自反应物质给出了明确分类（如表 2-11 所示）。因此，在实际分类时，可以优先查找该表。对于《自反应物质一览表》未收录的自反应物质或配制品，应该按照联合国《试验和标准手册》第二部分的分类流程做试验，以判断其危险性，详见表 2-12。

表 2-11　常见自反应物质分类

CAS 号	中文名	UN	是否需要控温
101-25-7	发泡剂 H[1]	3224	
133-55-1	N，N'- 二亚硝基 -N，N'- 二甲基对苯二酰胺	3224	
13601-08-6	四氨基硝酸钯（II）	3234	需要
15557-00-3	氯化锌 -3- 氯 -4- 二乙氨基重氮苯	3226	
1576-35-8	4- 甲苯磺酰肼	3226	
105185-95-3	氯化锌 -3-（2- 羟乙氧基）-4（吡咯烷 -1- 基）重氮苯	3236	需要
13472-08-7	2，2'- 偶氮 - 二 -（2- 甲基丁腈）	3236	需要
135072-82-1	4- 二甲基氨基 -6-（2- 二甲基氨乙基氧基）甲苯 -2- 重氮氯化锌盐	3236	需要
15545-97-8	2,2'- 偶氮 - 二 -（2,4- 二甲基 -4- 甲氧基戊腈）	3236	需要
14726-58-0	四氯锌酸 -2，5- 二丁氧基 -4-（4- 吗啉基）- 重氮苯（2：1）	3228	
142-22-3	二甘醇双（碳酸烯丙酯）	3237	需要

如表 2-11 所示，部分自反应物质属于热不稳定性物质，在运输时需要对其采取温控措施。

---

[1]　联合国 TDG 法规备注栏备注成分里要含有沸点不低于 150℃ 的相容稀释剂。

表 2-12 自反应物质分类标准

类别	分类标准
A 型	在包装件中可能起爆或迅速爆燃的自反应物质或混合物
B 型	具有爆炸性，且在包装件中不会起爆或迅速爆燃，但可能发生热爆炸的自反应物质或混合物
C 型	具有爆炸性，且在包装件中不会起爆或迅速爆燃或发生热爆炸的自反应物质或混合物
D 型	自反应物质或混合物在实验室试验中： （1）部分起爆，不迅速爆燃，在封闭条件下加热时不呈现任何剧烈效应；或者 （2）根本不起爆，缓慢爆燃，在封闭条件下加热时不呈现任何剧烈效应；或者 （3）根本不起爆和爆燃，在封闭条件下加热时呈现中等效应
E 型	在实验室试验中，既不起爆，也不爆燃，在封闭条件下加热时呈现微弱效应或无效应的自反应物质或混合物
F 型	在实验室试验中，既不起爆，也不爆燃，在封闭条件下加热时只呈现微弱效应或无效应，而且爆炸力弱或无爆炸力的自反应物质或混合物
G 型	自反应物质或混合物在实验室试验中： 既不在空化状态下起爆，也不爆燃，在封闭条件下加热时显示无效应，而且无任何爆炸力；且 该物质或混合物是热稳定的；且对于液体混合物，所用脱敏稀释剂的沸点大于或等于 150℃

根据以上试验流程判定自反应物质或混合物的类型，如果显示是 G 型自反应物质，则需要考虑其他类别的危险，比如符合第 5.1 项氧化性分类标准，且含有 ≥ 5% 的可燃物，则应划入第 5.1 项。

（2）第 4.2 项易于自燃物质

①发火固体试验

发火固体试验[1]是将 1~2mL 待测的粉末状固体从大约 1m 高处向惰性表面落下，并观察待测物质是否在落下时或落下后 5min 内起火。试验要重复 6 次，只要有 1 次试验待测物质发生起火，即可将该物质划入发火固体。

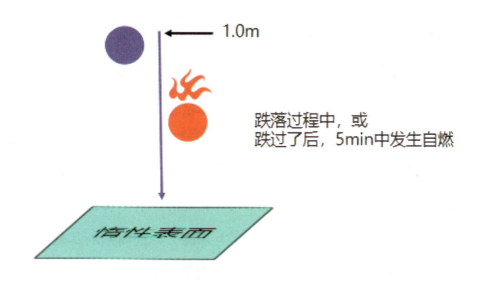

图 2-35 发火固体试验

②发火液体试验

发火液体试验分为两个步骤，首先是将 5mL 的待测液体倒入装有硅藻土或硅胶的瓷杯中，观察物质是否在 5min 中起火。重复 6 次，如果 6 次试验待测物质都未发生燃烧。再进行第二步，将 0.5mL 待测液体注射到一张凹进的干滤纸上，观察滤纸在 5min 内是否起火或变成炭黑，重复 3 次，每次都用新的滤纸。

[1] 具体试验步骤参见联合国《试验和标准手册》第三部分第 33.4.4 小节。

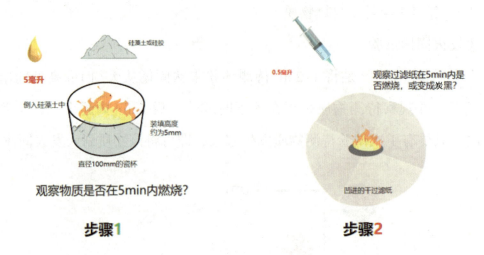

图 2-36　发火液体试验

③自热物质或混合物

将物质或混合物置于边长 25 mm 或 100 mm 立方型容器中，在一定温度放置一段时间，测试待测物质内部温度上升情况，进而判断其是否有自热危险。满足表 2-13 要求则划入第 4.2 项自热物质或混合物[1]。

表 2-13　自热物质或混合物分类标准

包装类别	分类标准
II	25 mm 立方体试样在 140 ℃试验时发生自热反应。
III	（1）100 mm 立方体试样在 140 ℃试验时发生自热[2]，25 mm 立方体试样在 140℃试验未发生自热，100 mm 立方体试样在 120 ℃试验时未发生自热，并且该物质或混合物将装在体积大于 3 m^3 的包件内；或

---

[1]　需要注意的是，如果本身已经是自反应物质或混合物，即使试验做出来是自热物质或混合物，也应划入 4.1 项自反应危险而不是 4.2 项自热危险。

[2]　当立方体中的试样温度高于测试温度 60℃或试样发生自燃，即可认为发生自热。

包装类别	分类标准
	（2）100 mm 立方体试样在 140 ℃试验时发生自热，25 mm 立方体试样在 140 ℃试验未发生自热，100 mm 立方体试样在 100 ℃试验未发生自热，并且该物质或混合物将装在体积大于 450 L 的包件内；或
	（3）100 mm 立方体试样在 140 ℃试验时发生自热，25 mm 立方体试样在 140 ℃试验未发生自热，并且 100 mm 立方体试样在 100 ℃试验发生自热。

（3）第 4.3 项遇水放出易燃气体

第 4.3 项危险货物是指遇水可发生化学反应，并且能快速释放易燃气体的一类物质，其具体分类标准如表 2-14。

表 2-14　遇水放出易燃气体分类标准

包装类别	分类标准
I	任何物质或混合物，在室温下遇水起剧烈反应，且产生的气体有自燃倾向，或在室温下遇水反应，且每千克试样每分钟释放易燃气体的体积 ≥ 10L。
II	任何物质或混合物，在室温下遇水反应，且每千克试样每小时释放易燃气体的最大体积 ≥ 20L，并且不符合第 I 类的标准。
III	任何物质或混合物，在室温下遇水反应，且每千克试样每小时释放易燃气体的最大体积 ≥ 1L，并且不符合第 I 类和第 II 类的标准。

在实际分类时，可结合货物实际运输的经验或者物质或混合物分子结构式或者理化性质，初步判断其是否具有遇水放出易燃气体的危险。例如，物质分子结构式里没有金属或类金属，比如钠、钾、硅等；生产或存储经验表明物质或混合物不与水反应，如物质是用水生成或用水冲洗的；已知物质或混合物可溶于水，并形成稳定的物质，不放出气体。

3. 分类试验

（1）第 4.1 项易燃固体燃烧速率试验

将商品形式的粉状或颗粒状试样装入模具，然后让模具从 20mm 高处跌落在硬表面上 3 次。把侧面界板拆掉，在模具的顶上安放不渗透、不燃烧、低导热的平板，把设备倒置，拿掉模具。如果是糊状试样，则把试样铺放在不燃烧的表面上，做成长 250mm 的绳索状，剖面约 100mm^2。

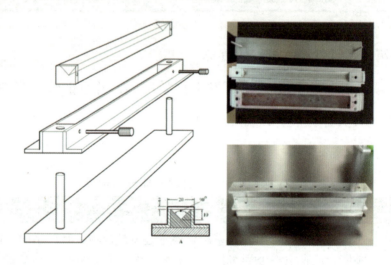

图 2-37　燃烧速率模具

使用任何合适的点火源，如小火焰或最低温度为 1000℃ 的热金属线，点燃堆垛的一端。先让堆垛烧约 80mm 的距离，再测定之后 100mm 的燃烧速率，以保证燃烧速率温度。

对于非金属物质，在测试前需要在 100mm 长的燃烧速率测定段之外 30 至 40mm 处，将 1mL 的润湿液[1]加在测试堆垛上，以观察该润湿段是否能阻止火焰的传播至少 4min。

---

［1］　把湿润溶液一滴一滴地滴在试样脊上，确保堆垛物质的剖面全部湿润，液体没有从两边流失。液体滴在堆垛上，面积要尽量小，以免从两边流失。有许多物质，水会从堆垛的两边滚下，所以可能需要加湿润剂。所使用的湿润剂应是不含可燃溶剂的，湿润溶液中的活性物质总量不应超过 1%，这种液体可加在堆垛顶上 3mm 深、直径 5mm 的穴中。

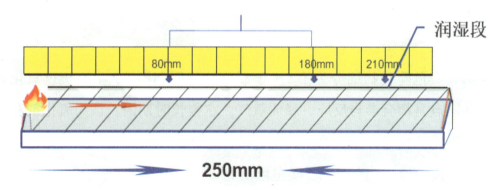

图 2-38 燃烧速率试验简图

（2）第 4.2 项自热物质或混合物

本试验将待测样品放在边长 25mm 或 100mm 立方形钢丝网容器内，在不同温度下暴露于空气中，以确定物质是否因为氧化自热，而发生内部升温或自燃[1]。

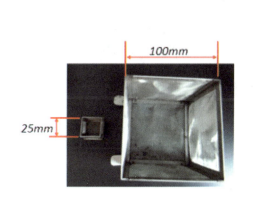

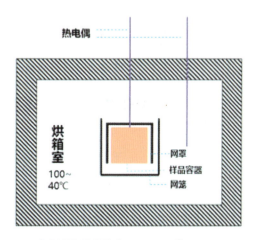

图 2-39 自热试验原理示意图

[1] 如果待测物质发生自燃或如内部温度比烘箱温度高出 60℃，则认为该物质发生了自热现象。

（五）第 5 类氧化性物质和有机过氧化物

1.定义

第 5 类危险货物细分为第 5.1 项氧化性物质和第 5.2 项有机过氧化物。两者共同点是都会参与反应，释放氧气。在很长时期内，认为氧化剂和有机过氧化物特性相近，而且这两者的危险性标签图示也完全一致，约定俗成地将这两项危险货物放在了第 5 类危险货物下。

从 20 世纪 90 年代开始，危险货物运输主管机构逐渐意识到这两个项别的危险货物危险特性完全不同。区别是第 5.1 项物质本身未必可燃，但是会释放氧气起到助燃的作用，而第 5.2 项有机过氧化物是过氧化氢的衍生物，具有两价的 –O–O– 结构。有机过氧化物通常是热不稳定物质，经过碰撞或摩擦，会发生自加速分解反应放热，引起迅速燃烧或爆炸风险。因此，有必要将两者分开识别。

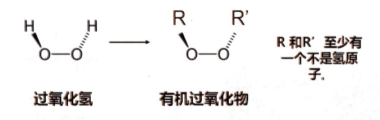

图 2-40 有机过氧化物的结构解析

2.分类标准

（1）第 5.1 项氧化性物质

首先在氧化性分类之前，可以先进行初步判断，以判断其是否要进行氧化性实验。通常可以通过分子结构式或者联合国 TDG 法规危险货物一览表已有的列明条目进行判断。

如果分子结构满足以下任一情况，则可初步判断其没有氧化性。

——情况 1：物质或混合物不含氧原子、氟原子或氯原子；

——情况 2：物质或混合物含氧原子、氟原子或氯原子，但这些原子通过化学键只与碳或氢原子连接；

——情况 3：对于无机物或其混合物，如不含有氧原子或卤原子。

氧化性物质按照《试验和标准手册》第三部分第 34 节试验方法进行试验。联合国 TDG 法规规定，如果试验结果与已知经验不一致，已知经验判断应优先于试验结果。目前联合国 TDG 法规已将一些常见的已知氧化性物质做了列举，具体如表 2-15：

表 2-15 常见氧化性物质举例

CAS 号	中文名	UN 编号
7631-99-4	硝酸钠	1498
7757-79-1	硝酸钾	1486
10124-37-5	硝酸钙	1454
13477-36-6	高氯酸钙	1455
10137-74-3	氯酸钙	1452
14674-72-7	亚氯酸钙	1453
1314-22-3	过氧化锌	1516
23414-72-4	高锰酸锌	1515
10361-95-2	氯酸锌	1513

建议如果是已知列明的氧化性物质，应该优先考虑划入列明 UN 编号，必要时再考虑做试验。

①氧化性固体

氧化性固体试验原理是将待测定的固态物质与一种可燃物质完全混合，测试其提高该可燃物质燃烧速度或燃烧强度的潜力，从而判断其氧化性能力。

对氧化性固体分类有两种试验方法，试验程序分别载于《试验和标准手册》第三部分第 34.4.1 小节（试验 O.1）或 34.4.3 小节（试验 O.3）。

试验 O.1 是将待测固体与纤维素丝的混合物进行燃烧试验，将燃烧时间与参比物质进行比较进而得出分类；试验 O.3 是将待测固体与纤维素丝的混合物进行燃烧试验，将质量燃烧损失速率与参比物质进行比较进而得出分类。

具体包装类别分类标准见表 2-16 和表 2-17。试样只要满足表 2-13 或表 2-14 中任一分类标准就可将其划入 5.1 项氧化性固体。

表 2-16　试验 O.1 分类标准

包装类别	分类标准
I	试样与纤维素按质量比 4:1 或 1:1 混合进行试验后，测试的平均燃烧时间小于溴酸钾与纤维素按质量比 3:2 混合后的平均燃烧时间
II	试样与纤维素按质量比 4:1 或 1:1 混合进行试验后，测试的平均燃烧时间小于溴酸钾与纤维素质量比 2:3 混合后的平均燃烧时间，并且不符合类别 1 的分类标准
III	试样与纤维素按质量比 4:1 或 1:1 混合进行试验后，测试的平均燃烧时间小于溴酸钾与纤维素质量比 3:7 混合后的平均燃烧时间，并且不符合类别 1 和类别 2 的分类标准
非 5.1 项	试样与纤维素按质量比 4:1 或 1:1 混合进行试验后，既不发火也不燃烧，或显示的平均燃烧时间大于溴酸钾与纤维素质量比 3：7 混合后的平均燃烧时间

表 2-17　试验 O.3 分类标准

包装类别	分类标准
I	试样与纤维素按质量比 4:1 或 1:1 混合后进行试验后，显示的平均燃烧速率大于过氧化钙与纤维素按质量比 3:1 混合后的平均燃烧速率
II	试样与纤维素按质量比 4:1 或 1:1 混合后进行试验后，显示的平均燃烧速率大于等于过氧化钙与纤维素按质量比 1:1 混合后的平均燃烧速率，并且不符合类别 1 的分类标准

包装类别	分类标准
III	试样与纤维素按质量比 4:1 或 1:1 混合后进行试验后，显示的平均燃烧速率大于等于过氧化钙与纤维素按质量比 1:2 混合后的平均燃烧速率，并且不符合类别 1 和类别 2 的分类标准
非 5.1 项	试样与纤维素按质量比 4:1 或 1:1 混合后进行试验后，结果既不发火也不燃烧，或显示的平均燃烧速率小于过氧化钙与纤维素按质量后 1:2 混合后的平均燃烧速率

由以上表格可以得出，试验 O.1 和试验 O.3 的主要区别是试验 O.1 比较的是燃烧时间，试验 O.3 比较的是燃烧速率；此外使用的参比物质也不一样，试验 O.1 是溴酸钾，试验 O.3 是过氧化钙。

②氧化性液体

氧化性液体试验原理是通过试验，测定液态物质与一种可燃物质完全混合后，增加该可燃物质燃烧速度或燃烧强度的潜力，或者是否发生自燃的潜力。

氧化性液体试验方法载于《试验和标准手册》第三部分第 34.4.2 小节（试验 O.2）。试验通过测定待测混合物燃烧而引发试验腔内压力上升的时间，再与参比物质进行比较，以判断其氧化性的强弱，具体包装类别分类标准见表 2-18。

表 2-18 试验 O.2 分类标准

包装类别	分类标准
I	试样与纤维素按质量比 1:1 混合后试验，出现自发着火现象；或平均压力上升时间小于 50% 高氯酸与纤维素按质量比 1:1 混合后的平均压力上升时间
II	试样与纤维素按质量比 1:1 混合后试验，显示的平均压力上升时间小于或等于 40% 氯酸钠水溶液与纤维素按质量比 1:1 混合后的平均压力上升时间，并且不符合类别 1 的分类标准

包装类别	分类标准
III	试样与纤维素按质量比 1:1 混合后试验，显示的平均压力上升时间小于或等于 65% 硝酸水溶液与纤维素按质量比 1:1 混合后的平均压力上升时间，并且不符合类别 1 和类别 2 的分类标准
非 5.1 项	试样与纤维素按质量比 1:1 混合后试验，显示的压力上升小于 2070 千帕（表压）；或显示的平均压力上升时间大于 65% 硝酸水溶液与纤维素按质量 1:1 的比例混合后的平均压力上升时间

由表 2-18 可知，氧化性液体试验使用的参考物质有 3 种，其氧化能力按照 50% 高氯酸 > 40% 氯酸钠水溶液 >65% 硝酸水溶液依次降低。

（2）第 5.2 项有机过氧化物

有机过氧化物依据热不稳定性或潜在爆炸性的不同，可分为 A 型到 G 型 7 个类别。其中 A 型危险性最高，在实际运输中是禁止运输的，G 型有机过氧化物在运输中可豁免第 5.2 项危险，只考虑其余危险。对于自加速分解温度（SADT）≤ 55℃的有机过氧化物要采取温控措施，以避免运输中到达一定温度后发生分解从而引起爆炸危险。

进行有机过氧化物分类之前，可以先进行有效氧含量计算，以判断其是否要进行第 5.2 项分类。有效氧含量可以用图 2-41 所示公式计算。

$$\text{有效氧含量} = 16 \times \sum \left(n_i \times C_i / m_i \right)$$

● n_i: 有机过氧化物 i 每个分子的过氧基数目
● C_i: 有机过氧化物 i 的浓度（质量%）
● m_i: 有机过氧化物 i 的分子量

图 2-41 有效氧含量计算公式

如果混合物满足以下任一条件，则无须划入第 5.2 项有机过氧化物：

——条件 1：有效氧含量 ≤ 1.0%，且过氧化氢含量 ≤ 1.0%；或

——条件 2：有效氧含量 ≤ 0.5%，且 1.0% <过氧化氢含量 ≤ 7.0%。

与自反应物质类似，联合国 TDG 法规第 2.5.3.2.4 节《有机过氧化物一览表》列出了已知分类的有机过氧化物清单。例如，过氧化苯甲酰（BPO）在《有机过氧化物一览表》中列出了以下配方的混合物分类结果（见表2-19）。

由表 2-19 可知，BPO 配制品危险类型及包装方法与产品中各组分浓度密切相关。随着 BPO 在配制品中浓度降低，危险性程度会有所降低；另外稀释剂、水和惰性固体的添加也会降低危险性。比如，当 BPO 含量低于 35%，且剩余成分是惰性固体时，可以豁免第 5.2 项危险。

表 2-19 过氧化苯甲酰配制品分类

BPO 浓度（%）	A 型稀释剂[1]（%）	B 型稀释剂（%）	水（%）	惰性固体（%）	包装方法	UN 编号
>52~100[2]				≤ 48	OP2	3102
>77 ~ 94[3]			≥ 6		OP4	3102
≤ 77			≥ 23		OP6	3104
≤ 62			≥ 10	≥ 28	OP7	3106
>52~62，糊状[4]					OP7	3106
>35~52				≥ 48	OP7	3106
>36~42	≥ 18		≤ 40		OP8	3107

[1] 表中 A 型稀释剂指沸点不低于150℃且与有机过氧化物相容的有机液体；B 型稀释剂指沸点低于150℃，但是不低于60℃且闪点不低于5℃的与有机过氧化物相容的有机液体。A 型稀释剂总可以替代 B 型稀释剂，因为 A 型稀释剂可以对所有有机过氧化物进行退敏，而 B 型稀释剂则受限：B 型稀释剂的沸点应至少比有机过氧化物的自加速分解温度高出 60℃。

[2] 根据 TDG 法规，该混合物需要加贴"爆炸品"次要危险标签。

[3] 根据 TDG 法规，该混合物需要加贴"爆炸品"次要危险标签。

[4] 联合国 TDG 法规备注栏备注要加 A 型稀释剂，含水或不含水。

BPO 浓度（%）	A 型稀释剂[1]（%）	B 型稀释剂（%）	水（%）	惰性固体（%）	包装方法	UN 编号
≤ 56.5，糊状			≥ 15		OP8	3108
≤ 52，糊状[1]					OP8	3108
≤ 42，在水中稳定弥散					OP8	3109
≤ 35[2]				≥ 65	–	不划入 5.2 项

若待分类的有机过氧化物未在《有机过氧化物一览表》列明，则应该按照联合国《试验和标准手册》第二部分的分类流程做试验判断其危险性，详见表 2-20。

表 2-20　有机过氧化物分类标准

类别	分类标准
A 型	在包装件中可能起爆或迅速爆燃的自反应物质或混合物
B 型	具有爆炸性，且在包装件中不会起爆或迅速爆燃，但可能发生热爆炸的自反应物质或混合物
C 型	具有爆炸性，且在包装件中不会起爆或迅速爆燃或发生热爆炸的自反应物质或混合物
D 型	自反应物质或混合物在实验室试验中： （1）部分起爆，不迅速爆燃，在封闭条件下加热时不呈现任何剧烈效应；或者 （2）根本不起爆，缓慢爆燃，在封闭条件下加热时不呈现任何剧烈效应；或者 （3）根本不起爆和爆燃，在封闭条件下加热时呈现中等效应

[1]　联合国 TDG 法规备注栏备注要加 A 型稀释剂，含水或不含水。

[2]　联合国 TDG 法规备注栏备注不受本规章范本对 5.2 项要求的限制。

类别	分类标准
E 型	在实验室试验中，既不起爆，也不爆燃，在封闭条件下加热时呈现微弱效应或无效应的自反应物质或混合物
F 型	在实验室试验中，既不起爆，也不爆燃，在封闭条件下加热时只呈现微弱效应或无效应，而且爆炸力弱或无爆炸力的自反应物质或混合物

在根据以上试验流程判定有机过氧化物的类型中，如果显示是 G 型有机过氧化物，则需要考虑其他类别的危险。处于研发的有机过氧化物样品，如果未列入《有机过氧化物一览表》，在没有完整试验数据的情况下，为了进行相关试验或评估而提交运输，此时可以考虑划入 C 型有机过氧化物，但必须满足下列前提条件：

——条件 1：已有的数据表明样品不会比 B 型有机过氧化物更危险；

——条件 2：要按照 OP2 方法包装（见相应的包装指南），每个货物运输单元所载数量限于 10kg；

——条件 3：如果掌握的数据表明需要进行温度控制，则该温度应足够低，保证可充分防止任何危险的分解，同时又应足够高，可充分防止任何危险的相分离。

由于有机过氧化物对热不稳定，因此在实际存储、运输以及操作时，以下 3 种类型的有机过氧化物必须对其进行控温运输：

——情况 1：自加速分解温度（SADT）≤ 50℃的 B 型和 C 型有机过氧化物；

——情况 2：D 型有机过氧化物，在封闭条件下加热时显示中等效应，且 SADT ≤ 50℃，或者在封闭条件下加热时显示微弱或无效应，SADT ≤ 45℃；

——情况 3：自加速分解温度（SADT）≤ 45℃的 E 型和 F 型有机过氧化物。

3. 分类试验

本节详细介绍第 5.1 项氧化性试验。第 5.2 项有机过氧化物试验涉及爆炸性试验，需要专门的试验设备和场所，具体可详见联合国《试验与标准手册》第二部分。

（1）液体氧化性试验

液体氧化性试验详见联合国《试验和标准手册》第 34.4.2 小节试验 O.2[1]。试验原理是将待测液体与可燃物纤维素丝[2] 1:1 混合形成测试混合物，通过点火评估该混合物在密闭空间发生燃烧而导致压力上升的时间。将该时间与参比液体（50% 高氯酸、40% 氯酸钠和65% 硝酸）与纤维素丝混合形成的参比混合物发生燃烧而导致的压力上升时间进行比较，从而对待测液体的氧化性进行判定。

图 2-42 液体氧化性试验示意图

试验进行 5 次，记录内部压力从表压 690 kPa 上升到 2070 kPa 所需时间。

---

［1］ 对应的国标为 GB/T 21620-2008《危险品 液体氧化性试验方法》。

［2］ 在有些情况下，物质可能产生压力上升的现象太高或太低，此时造成压力上升的化学反应可能并非其氧化性所致。在这种情况下，可能需要用其他惰性物质，例如，用硅藻土代替纤维素重做试验，以便确定试验结果。

需注意，试验中出现自燃现象即应划入氧化性Ⅰ类包装。

（2）固体氧化性试验

固体氧化性试验有试验 O.1 和试验 O.3 两种方法，分别载于联合国《试验和标准手册》第 34.4.1 节和第 34.4.3 小节[1]。

①试验 O.1

试验 O.1 将待测固体与可燃物纤维素丝按照质量比 1:1 和 4:1 混合制成待测混合物，通过电热丝加热。当该混合物发生燃烧时，测定混合物整体持续燃烧时间。同时用参比物溴酸钾与纤维素丝混合制成参比混合物，进行相同试验。最终将待测混合物与参比混合物的燃烧时间进行比较，从而对待测固体氧化性进行分类和判定。

图 2-43 固体氧化性试验示意图

---

[1] 对应的国标为 GB/T 21617-2008《危险品 固体氧化性试验方法》。

②试验 O.3

试验 O.3 将待测固体与可燃物纤维素丝按质量比 1:1 和 4:1 混合制成待测混合物，通过电热丝加热。当该混合物发生燃烧时，测定混合物整体质量损失的速度，计算混合物的燃烧速率。同时用参比物过氧化钙与纤维素丝混合制成参比混合物，进行相同试验。最终将待测混合物与参比混合物的燃烧速率进行比较，从而对待测固体氧化性进行分类和判定。整个试验过程与试验 O.1 类似。

（六）第 6 类毒性物质和感染性物质

1. 定义

第 6 类危险货物细分为第 6.1 项毒性物质和 6.2 项感染性物质。

（1）第 6.1 项毒性物质

毒性物质是在经过吞食、吸入或皮肤接触后会造成死亡或严重伤害，或损害人类健康的物质。根据暴露途径的不同，毒性物质的危害可以细分为以下 3 种。

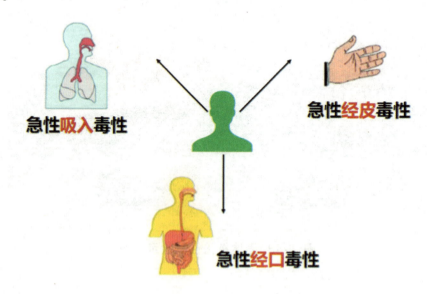

图 2-44 急性毒性的 3 种暴露方式

①急性经口毒性

指物质或混合物在单次或多次通过消化道进入人体，在短时间内所引起的中毒效应。急性经口毒性通常以毒理学指标 LD_{50} 来衡量[1]。

②急性经皮毒性

指物质或混合物在单次或多次通过皮肤吸收进入人体，在短时间内所引起的中毒效应。急性经皮毒性的强度与经口毒性一样用 LD_{50} 值衡量[2]。

③急性吸入毒性

指物质或混合物在单次或多次通过呼吸道吸入进入人体，在短时间内所引起的中毒效应。急性吸入毒性的强度是用 LC_{50} 值衡量[3]。

对于急性吸入毒性评估，需要注意待测物质的可吸入性。对于固体货物，如果总质量的 10% 及以上是可吸入粉尘（颗粒气体动力直径 $\leq 10\mu m$）时应考虑急性吸入毒性。对于液体货物，如果在运输封装泄漏时可能产生喷雾状[4]时，也应评估其气雾（mist）的吸入毒性，如果液体可形成挥发性蒸气，还需考虑其蒸气（vapour）的吸入毒性。

（2）第 6.2 项感染性物质

感染性物质是指已知或有理由认为含有病原体的物质。病原体是指会造成人类或动物感染疾病的微生物（包括细菌、病毒、立克次氏剂、寄生虫、

---

[1] LD_{50}（半数致死剂量），是经过统计学方法得出的一种物质在 14 天内造成 50% 试验动物死亡的剂量。在联合国 TDG 法规和 GHS 制度中，优先采纳大鼠作为试验动物。LD_{50} 值用待测物质与试验动物的质量比表示（mg/kg）。

[2] 急性经皮毒性试验是将白兔裸露皮肤持续接触待测物质 24 小时，最终经过统计学方法得出待测物质在 14 天造成 50% 试验动物死亡的剂量。在联合国 TDG 法规中，优先采用的试验物种是兔子，而 GHS 制度优先采纳的试验物种是大鼠或兔子。与经口毒性一样，LD_{50} 值单位也是 mg/kg。

[3] 急性吸入毒性试验是使大鼠连续吸入 1 小时的待测物质后，最终经过统计学方法得出待测物质在 14 天造成 50% 试验动物死亡的蒸气、烟雾或粉尘浓度。在联合国 TDG 法规和 GHS 制度中，优先采纳大鼠作为试验动物。对于粉尘和烟雾而言，LD_{50} 以每升空气中的毫克数表示，而对于蒸气而言，LD_{50} 以每立方米空气中的毫克数表示（百万分率）。

[4] 雾状（mist）是液体以液滴的形式悬浮于空气形成雾状。

真菌等）和其他媒介，如病毒蛋白。

通常包括以下 5 类：

①人类和动物的病原微生物或生物活性成分，包括细菌、病毒和支原体等。

②生物制品，指从生物体取得的产品，其生产销售运输等环节须按照国家主管部门的要求，可能需要特殊的许可，一般用于预防、治疗或诊断人类和动物疾病，或用于与此类活动有关的科学研究。生物制品包括但不限于疫苗等最终或非最终产品。

③培养物，指有意人工培养的病原微生物或其提取的活性成分，但不包括下述④类人类或动物的试样。

④病患者试样，直接从人体或动物采集的生物样本。

⑤医学或临床废物。

2. 分类标准

（1）第 6.1 项毒性物质

根据物质或混合物急性经口 / 经皮 LD_{50} 和吸入毒性 LC_{50} 数值的不同，第 6.1 项毒性物质可细分为以下 3 个包装类别，具体如表 2-21 所示。

表 2-21 包装类别划分标准

包装类别	经口毒性 LD_{50}（mg/kg）	经皮毒性 LD_{50}（mg/kg）	吸入毒性（粉尘和烟雾）LC_{50}（mg/L）
I	≤ 5	≤ 50	≤ 0.2
II	> 5 和 ≤ 50	> 50 和 ≤ 200	> 0.2 和 ≤ 2
III[1]	> 50 和 ≤ 300	> 200 和 ≤ 1000	> 2 和 ≤ 40

———————————

[1] 催泪性毒气物质，即使其毒性数据相当于包装类别 III 的数值，也应划入包装类别 II。

① LC$_{50}$ 数值换算

表 2-21 中的吸入 LC$_{50}$ 值是以暴露 1 小时为基准，而联合国 GHS 制度中的急性吸入毒性分类是以 4 小时 LC$_{50}$ 值为标准。不同接触时间的 LC$_{50}$ 数值可按公式 2-4 和 2-5 进行换算。

a. 气体和蒸气的 LC$_{50}$ 换算

$$LC_{50}(4\text{ 小时}) = \left(\frac{c^n \times t}{4}\right)^{1/n} \qquad （2\text{-}4）$$

式中：

c——接触持续时间 t 的 LC$_{50}$ 浓度

n——具体化学品的指数，默认为 2[1]

t——C 的接触持续时间，单位为小时

b. 粉尘和烟雾的 LC$_{50}$ 换算公式

$$LC_{50}(4\text{ 小时}) = \frac{c \times t}{4} \qquad （2\text{-}5）$$

式中：

c——接触持续时间 t 的 LC$_{50}$ 浓度

t——C 的接触持续时间，单位为小时

② 挥发性划分标准

对于急性吸入毒性，表 2-21 给出了粉尘和烟雾的分类标准，而对于气体的吸入毒性分类参见第 2 类气体分类章节。蒸气的吸入毒性分类，除了要考虑其 LC$_{50}$，还需考虑其挥发性[2]，3 个包装类别的划分标准如下：

---

[1]　除非有确凿的资料表明更宜采用其他数值。

[2]　液体的挥发性是以液体在 20℃和标准大气压下，饱和蒸气浓度"V"来表征，单位为 mL/m^3。根据理想气体状态方程，20℃标准大气压下饱和蒸气浓度可以用液体的饱和蒸气压除以标准大气压换算而得。

a. I 类包装：V ≥ 10LC$_{50}$，LC$_{50}$ ≤ 1000 mL/m^3；

b. II 类包装：V ≥ LC$_{50}$，LC$_{50}$ ≤ 3000 mL/m^3，且不满足包装类别 I 类的分类；

c. III 类包装：V ≥ 1/5 LC$_{50}$，LC$_{50}$ ≤ 5000 mL/m^3，且不满足包装类别 I 类和 II 类的分类。

上述分类标准可以用图 2-45 表示，当液体的 LC$_{50}$ 和挥发性 V 交叉点处于黑线附近时，为了确保分类准确，建议使用上述文字标准进行判别。

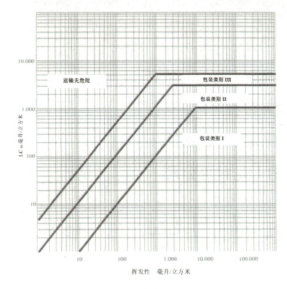

图 2-45　蒸气吸入毒性包装类别分类界限

在对混合物进行急性毒性分类时，除了对混合物整体进行 LD$_{50}$/LC$_{50}$ 测试外，联合国 TDG 法规也给出了基于混合物中毒性组分 LD$_{50}$/LC$_{50}$ 的计算公式，具体方式参见本书附录 7。

（2）第 6.2 项感染性物质

感染性物质应该划入第 6.2 项，并按照物质属性酌情定为 UN 2814、UN 2900、UN 3291、UN 3373 或 UN 3549。对于不符合毒性或感染性物质定义的转基因微生物和生物体，应考虑划入第 9 类并定为 UN 3245；不含任何感染性物质的植物、动物或细菌源所产生的毒素，或非感染性物质所含的毒素应考虑划入第 6.1 项并定为 UN 3172 或 UN 3462。

根据物质或混合物感染人类或动物的可行性不同，第 6.2 项感染性物质细分为 A 类和 B 类。

① A 类感染性物质

指能确定使人类或动物致病的病原体。联合国 TDG 法规的表 2.6.3.2.2.1 列出了常见的 A 类感染性物质[1]，包括 UN 2814 感染性物质，对人感染，以及 UN 2900 感染性物质，只对动物感染。

② B 类感染性物质

不符合 A 类的感染性物质，一般指疑似能让人类或动物致病的病原体，划分为 UN3373，B 类生物物质。联合国 TDG 法规给出了相应豁免，部分感染性物质满足以下几种情况可以豁免第 6.2 项危害。

a.情况 1：不含感染性物质的物质，或不太可能引起人或动物疾病的物质，除非满足列入另一类别的标准。

b.情况 2：含有不会使人或动物致病的微生物的物质，除非它们符合列入另一类的标准。

c.情况 3：物质如其形态使任何存在的病原体都已失去效力或活性，以致不再对健康造成危险，除非它们符合列入另一类别的标准。例如，已排干自由液体的医疗设备。

d.情况 4：环境样品（包括食物和水样品），如果认为不会构成重大的感染危险，除非它们符合列入另一类别的标准。

---

[1]　中国卫生主管机构发布了《人间传染的病原微生物名录》，并对于每个微生物都给出了 UN 编号，可以直接参考。该目录涵盖的范围要比联合国 TDG 法规的表 2.6.3.2.2.1 更广。同时中国农业主管部门发布的《动物病原微生物分类名录》可作为补充参考材料。对于同时列入《人间传染的病原微生物名录》和《动物病原微生物分类名录》的病原微生物可直接参考《人间传染的病原微生物名录》给出的 UN 编号，对于仅列入《动物病原微生物分类名录》的病原体可以划分为 UN 2900。

e. 情况 5：通过把血滴在吸水材料上采集的干血迹。

f. 情况 6：粪便潜血检查采集的样品。

g. 情况 7：为输血或配制血液制品，用于输血或移植而采集的血液或血液成分，准备用于移植的任何组织或器官，以及为上述目的而采集的试样。

h. 情况 8：存在病原体的可能性极小的人或动物试样，如在能防止任何渗漏的包装中运输，并酌情标有"免管人类试样"或"免管动物试样"等字，但包装应符合下列条件：

——包装由三个部分组成：一个或多个防漏主贮器；一个防漏辅助包装；一个外包装，在容量、质量和预定用途上具有足够强度，并且至少有一个表面尺寸至少达到 100 毫米 ×100 毫米；

——对于液体，主贮器和辅助包装之间应放有能吸收全部内装物的足够吸收材料，以便在运输过程中液态物质的任何释出或泄漏不会达到外包装，也不会损害衬垫材料的完整性；

——如果多个易碎主贮器置于一个辅助包装中，应将它们分别包扎或隔开，以防互相接触。

3. 禁止运输的第 6.1 项物质

化学性质不稳定的第 6.1 项物质不得接受运输，除非采取了必要的防范措施，防止在正常运输条件下可能发生危险的分解或聚合反应。有关防止发生聚合的措施见联合国 TDG 法规特殊规定 386，需确保贮器和罐柜中没有任何可能引起危险反应的物质。

（七）第 7 类放射性物质

联合国 TDG 法规中对于放射性物质分类、包装、标签和运输安全的要求来自于国际原子能机构（IAEA）的指导丛书。对于放射性物质的分类，需要注意的是包装类型会起决定性作用。对于放射性物质的分类，可直接参考联合国 TDG 法规第 2.7 章节和 IAEA 安全丛书相关内容。

（八）第8类腐蚀性物质

1. 定义

第8类腐蚀性物质是指通过化学作用对皮肤造成不可逆转的损伤，或在渗漏时对其他货物或运输工具造成严重损害乃至完全毁坏的物质。因此，第8类腐蚀性物质的危害包括皮肤腐蚀和金属腐蚀两个方面。

皮肤腐蚀是指对动物或人体皮肤造成不可逆损伤，即接触一种物质或混合物后，可导致表皮和真皮的坏死[1]。被判定为无皮肤腐蚀危害的液体（包括在运输过程中可能变成液体的固体），还需要考虑是否可能对某些金属表面造成金属腐蚀。

图 2-46 皮肤腐蚀和金属腐蚀示意图

2. 分类标准

金属腐蚀的分类，是考察物质或混合物在 55℃ 条件下，对钢或铝表面的腐蚀率是否超过 6.25 毫米 / 年。皮肤腐蚀的分类，通常是采用体内动物试验[2]或体外替代试验[3]，将待分类物质直接涂覆在动物皮肤或人工合成皮肤表面并保留一定时间，然后去除待分类物质后，观察皮肤是否发生不可逆

---

[1]　皮肤腐蚀性实际上是指物质对于皮肤不可逆的损害。皮肤接触这类物质后，会造成损伤，但无法恢复接触前的状态即为腐蚀。这里的无法恢复原先状态并非指不可痊愈，皮肤可以痊愈但会留下疤痕也为不可逆损伤。若皮肤发生了损伤，如发红、皮炎等，但 14 天内能够恢复，并无任何痕迹为可逆性损伤，生物学上称为皮肤刺激，对于这类物质不符合 8 类腐蚀性的定义。

[2]　体内皮肤腐蚀试验可参见 OECD 化学品测试导则 404 "急性皮肤刺激 / 腐蚀"。

[3]　体外皮肤腐蚀替代试验可以参见 OECD 化学品测试导则 430、431、435 和 439。

损伤。根据接触时间和发生皮肤不可逆损伤的观察时间不同，对待分类物质进行包装类别的分类，具体见表 2-22。

表 2-22 第 8 类腐蚀品包装类别划分标准

包装类别	接触时间	观察时间	结果
I	≤ 3 分钟	≤ 60 分钟	完好皮肤不可逆损伤
II	> 3 分钟，≤ 1 小时	≤ 14 天	完好皮肤不可逆损伤
III	> 1 小时，≤ 4 小时	≤ 14 天	完好皮肤不可逆损伤
III	——	——	在 55℃ 条件下，对钢铝同做实验，钢或铝表面腐蚀率超过每年 6.25 毫米

联合国 TDG 法规中第 3 章《危险货物一览表》已给出了目前就人类经验已经掌握的腐蚀性物质，这些物质的危险性划分很大程度上是基于人类已经掌握的经验或者物质的其他危险性继而导致的腐蚀性，如遇水反应性的物质（4.3 类），pH 值大于 11.5 或小于 2 的强碱和强酸。

这些物质，从人类经验来判断就已经足够给予腐蚀性的分类，并赋予包装类别，无须再进行具体的动物测试。从动物福利的角度，具有这些危险性的物质，国际上也不鼓励再做动物测试的。因此，在分类时，优先根据已经掌握的资料和列明 UN 条目进行分类，避免重复的动物试验。

对于混合物皮肤腐蚀分类，可采用分层法[1]，根据分类时掌握的混合物数据的不同，可采取不同的分类策略。

---

[1] 分层法的核心思想是优先掌握混合物整体动物试验数据；如果没有就使用架桥原则，采纳类似混合物的试验数据；如果架桥原则也不能使用，就利用成分的数据资料，通过公式计算整体的腐蚀性。

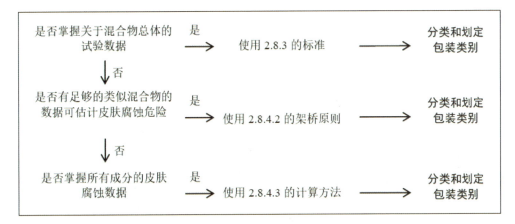

图 2-47 混合物皮肤腐蚀分层法分类

架桥原则由于运用的不多，所以在此不做详细讲解，具体见联合国 TDG 法规 2.8.4.2.1 小节。基于混合物中腐蚀性组分的计算如公式 2-6 所示。

$$\frac{PGx1}{GCL} + \frac{PGx2}{SCL2} + \dots + \frac{PGxi}{SCLi} \geq 1 \qquad （2\text{-}6）$$

式中：

$PGxi$ ——划为包装类别 x（I、II 或 III）的混合物中第 i 组分的浓度

GCL ——通用浓度限值

SCL_i ——第 i 种组分的特定浓度限值

在使用上述公式计算法时，所有浓度 ≥ 1% 的腐蚀性组分[1]均应计入。如果腐蚀性组分在《危险货物一览表》中或在某项特殊规定中已为之划定一个特定浓度限值（SCL），应使用这个特定浓度限值。通用浓度限值对于 I 类包装是 ≥ 1%，其他包装类别是 ≥ 5%，详见图 2-48。

---

[1] 如果这些成分在浓度 <1% 时仍对混合物作皮肤腐蚀性分类具有相关意义，则也应计入考虑。

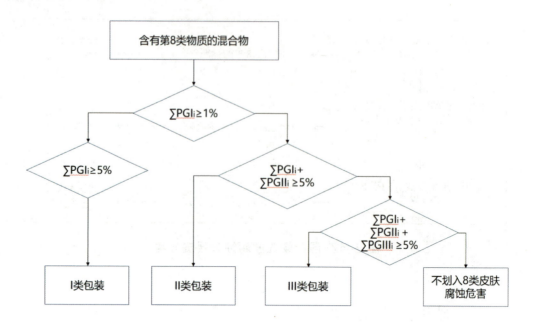

图 2-48 皮肤腐蚀包装类别判断逻辑

3. 分类试验

金属腐蚀性试验是通过将待测液体或固体[1]与金属铝片或钢片在 55℃ 下接触至少 1 个星期。试验结束后，根据金属铝片或钢片的质量损失比例或局部侵蚀深度，推算待测液体或固体对金属的年腐蚀速率，再与分类标准进行比较，确定待测液体或固体是否属于金属腐蚀物。

金属腐蚀试验过程中，待测液体对金属的腐蚀作用可以分为：均匀腐蚀和局部腐蚀。两种腐蚀的试验结果处理方式不同，具体如下图所示。

---

[1] 一般来说，液体状态考虑金属腐蚀试验，但是部分低熔点的固体或者在运输中可能变成液体的产品也应该考虑金属腐蚀试验，但是目前没有专门针对固体的金属腐蚀试验方法，此类产品建议可以优先根据官方数据库资料分类。

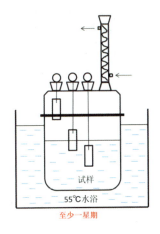

曝露时间	质量损失	侵蚀深度
7 d	≥13.5%	≥120 μm
14 d	≥26.5%	≥240 μm
21 d	≥39.2%	≥360 μm
28 d	≥51.5%	≥480 μm

图 2-49 金属腐蚀试验示意图和判断标准

4.禁止运输的第 8 类物质

化学性质不稳定的第 8 类物质不得接受运输，除非采取了必要的防范措施，防止在正常运输条件下可能发生危险的分解或聚合反应。有关防止发生聚合的措施见联合国 TDG 法规特殊规定 386，需确保贮器和罐柜中没有任何可能引起危险反应的物质。

（九）第 9 类杂项危险物质和物品

1.定义

第 9 类杂项危险物质和物品，是指在运输过程中具有危险性，但不属于第 1~8 类的危险货物。因此，划入第 9 类危险货物按照运输危险性的不同，划分为不同组别，具体主要包括表 2-21 所示的 11 大组别杂项危险货物。

表 2-23 第 9 类危险货物

组别	具体运输条目
以微细粉尘吸入可威胁健康的物质	UN 2212 石棉，闪石（铁石绵、透闪石、阳起石、直闪石、青石棉）
	UN 2590 石棉、温石棉
会放出易燃气体的物质	UN 2211 聚合珠粒料，可膨胀，放出易燃气体
	UN 3314 塑料造型化合物，呈面团状、薄片或挤压出的绳索状，可放出易燃蒸气
锂电池组	UN 3090 锂金属电池组（包括锂合金电池组）
	UN 3091 包含在设备中的锂金属电池组（包括锂合金电池组）或与设备包装在一起的锂金属电池组（包括锂合金电池组）
	UN 3480 锂离子电池组（包括聚合物锂离子电池）
	UN 3481 包含在设备中的锂离子电池组（包括聚合锂离子电池组），或与设备包装在一起的锂离子电池组（包括聚合锂离子电池组）
	UN 3536 安装在货运单元中的锂电池组
	UN 3556 锂离子电池组驱动的车辆（TDG 第 23 修订版新增）
	UN 3557 锂金属电池组驱动的车辆（TDG 第 23 修订版新增）
钠离子电池组[1]	UN 3551 有机电解质钠离子电池组
	UN 3552 包含在设备中的钠离子电池组或与设备包装在一起的有机电解质钠离子电池组
	UN 3558 钠离子电池组驱动的车辆
电容器	UN 3499 双电层电容器（储能容量大于 0.3 瓦特小时）
	UN 3508 非对称电容器（储能容量大于 0.3 瓦特小时）
救生设备	UN 2990 救生器材，自动膨胀式
	UN 3072 非自动膨胀式救生器材，器材中带有危险品
	UN 3268 救生器材，电启动
	UN 3559 灭火剂喷洒装置（TDG 第 23 修订版新增）

---

[1] 联合国 TDG 法规第 23 修订版新增的第 9 类危险货物。

组别	具体运输条目
一旦发生火灾可形成二噁英的物质和物品	UN 2315 液态多氯联苯
	UN 3432 固态多氯联苯
	UN 3151 液态多卤联苯，或液态单甲基卤化二苯基甲烷，或液态多卤三联苯
	UN 3152 固态多卤联苯，或固态单甲基卤化二苯基甲烷，或固态多卤三联苯
高温运输或交付运输的物质	UN 3257 高温液体，未另作规定的，温度等于或高于100℃、低于其闪点（包括熔融金属、熔融盐类等）
	UN 3258 高温固体，未另作规定的，温度等于或高于240℃
环境危害物质	UN 3077 对环境有危害的固态物质，未另作规定的
	UN 3082 对环境有危害的液态物质，未另作规定的
转基因微生物或转基因生物体	UN 3245 转基因微生物，或转基因生物体
硝酸铵基化肥	UN 2071 硝酸铵基化肥

如图2-50所示，联合国TDG法规第23修订版在第9类杂项危险货物中，引入了钠离子电池、锂电池或钠离子电池驱动的新能源车辆和救生设备中的灭火剂喷洒装置。

钠离子电池　　　　锂电池或钠离子电池驱动的车辆　　　　灭火剂喷洒装置

图 2-50　联合国 TDG 第 23 修订新增的第 9 类危险货物

除了表 2-23 列出的危险货物外，第 9 类杂项还包括其他在运输过程中存在危险的货物，例如：UN 1841 乙醛合氨、UN 1845 固态二氧化碳（干冰）、UN 3316 化学品箱或急救箱等。

在实际货物危险性分类时，首先要排除第 1~8 类危害，然后再考虑第 9 类危害。比如，硝酸铵基化肥需要排除爆炸性和氧化性危害，才能考虑划入 UN 2071；不符合毒性和感染性物质分类标准的转基因生物才考虑划入 UN 3245；救生设备首先需要做相关排爆试验才考虑划入第 9 类杂项。

2. 分类标准

鉴于篇幅有限，下文主要介绍环境危害物质和锂电池类的危害分类标准。

（1）环境危害物质

环境危害物质比较特殊，联合国 TDG 法规允许各运输模式和各国运输主管机构在制定危险货物法规时考量其他环境公约和各国 / 运输模式的实际情况，以确定具体分类方法。例如，在有些国家陆运和国际空运法规中，物质 / 物品如无法归入第 1~8 类，但符合环境危害定义时才划入第 9 类环境危害物质，UN 编号为 UN 3077 或 UN 3082；而国际海运 IMDG code 以及另外一些国家陆运法规（比如 ADR 和美国 49CFR）则将环境危害物质[1]当做第

---

[1]　在 IMDG code 中，环境危害性物质又称为海洋污染物（Marine Pollutant）。

1~8类危险性的重要补充来看待，也就是说物质／物品即使划分为第1~8类，如符合环境危害性分类的定义，仍需要加贴环境危害物质的标记。

目前，联合国 TDG 法规中的环境危害物质分类主要考虑货物泄漏后对水生环境的急性和慢性危害，其中慢性水生环境危害细分为两个小类[1]。

表 2-24 急性水生环境危害分类标准

类别	分类标准
类别 1	LC_{50} [2]（鱼类，96 h）$\leq$ 1 mg/L；和／或
	EC_{50} [3]（甲壳纲类，48 h）$\leq$ 1 mg/L；和／或
	ErC_{50} [4]（藻类，72 h 或 96 h）$\leq$ 1 mg/L

表 2-25 慢性水生环境危害分类标准

类别	分类标准
类别 1	标准 1：物质／混合物不可快速降解，且已掌握充分的慢性水生毒性数据
	慢性 NOEC [5] 或 ECx [6]（鱼类）$\leq$ 0.1 mg/L；和／或
	慢性 NOEC 或 ECx（甲壳纲类）$\leq$ 0.1 mg/L；和／或

[1] TDG 法规和 GHS 制度中对于水生环境危害分类略有差异。GHS 制度根据危害程度的不同，将急性水生环境危害细分为 3 个小类；慢性水生环境危害细分为 4 个小类。

[2] LC_{50} 是指经统计学计算得到的，一种物质或混合物在特定时间内（96h），可造成 50% 试验动物死亡的浓度，又称为"半数致死浓度"。

[3] EC_{50} 是指经统计学计算得到的，一种物质或混合物在特定时间内（48h），可造成 50% 试验动物产生有害反应（例如生长受到抑制）的浓度，又称为"半数效应浓度"。

[4] ErC_{50} 是指经统计学计算得到的，一种物质或混合物在特定时间内（72h 或 96h），可造成藻类生长率（与对照组相比）下降 50% 的浓度。

[5] NOEC 是指刚好低于在统计学上能产生明显有害效应的最低试验浓度，又称为"无可见效应浓度"。

[6] Ex 是指与对照组样品相比，引起一组受试生物中 x% 生物出现某种观察效应的浓度。

类别	分类标准
	慢性 NOEC 或 ECx（藻类或其他水生植物）≤ 0.1 mg/L
	标准 2：物质/混合物可快速降解，且已掌握充分的慢性水生毒性数据
	慢性 NOEC 或 ECx（鱼类）≤ 0.01 mg/L；和/或
	慢性 NOEC 或 ECx（甲壳纲类）≤ 0.01 mg/L；和/或
	慢性 NOEC 或 ECx（藻类或其他水生植物）≤ 0.01 mg/L
	标准 3：尚未掌握物质/混合物充分的慢性水生毒性数据
	LC_{50}（鱼类，96 h）≤ 1 mg/L；和/或
	EC_{50}（甲壳纲类，48 h）≤ 1 mg/L；和/或
	ErC_{50}（藻类，72 h 或 96 h）≤ 1mg/L；和
	物质或混合物不能快速降解，和/或试验确定的 BCF 值 ≥ 500
类别 2	标准 1：物质/混合物不可快速降解，且已掌握充分的慢性水生毒性数据
	0.1 mg/L <慢性 NOEC 或 ECx（鱼类）≤ 1 mg/L；和/或
	0.1 mg/L <慢性 NOEC 或 ECx（甲壳纲类）≤ 1mg/L；和/或
	0.1 mg/L <慢性 NOEC 或 ECx（藻类或其他水生植物）≤ 1 mg/L
	标准 2：物质/混合物可快速降解，且已掌握充分的慢性水生毒性数据
	0.01 mg/L <慢性 NOEC 或 ECx（鱼类）≤ 0.1 mg/L；和/或
	0.01 mg/L <慢性 NOEC 或 ECx（甲壳纲类）≤ 0.1 mg/L；和/或
	0.01 mg/L <慢性 NOEC 或 ECx（藻类或其他水生植物）≤ 0.1 mg/L
	标准 3：尚未掌握物质/混合物充分的慢性水生毒性数据
	1 mg/L < LC_{50}（鱼类，96 h）≤ 10 mg/L；和/或
	1 mg/L < EC_{50}（甲壳纲类，48 h）≤ 10 mg/L；和/或
	1 mg/L < ErC_{50}（藻类，72 h 或 96 h）≤ 10 mg/L；和
	物质或混合物不能快速降解（和/或试验确定的 BCF 值 ≥ 500）

其中，物质/混合物的满足以下条件之一，可以认为是可以快速降解的。

①在 28 天快速生物降解试验时，物质/混合物在 10 天观察期内达到以

下水平认为可快速降解：

　　——溶解有机碳（DOC）[1] 降解率＞70%；和／或

　　——理论消耗需氧量（ThOD）[2] ＞60%；和／或

　　——生化需氧量（BOD）＞60%；和／或

　　——二氧化碳产生量[3] ＞60%。

　　②若只掌握 BOD 和 COD 数据，则 BOD（5d）/COD 值≥0.5 认为可快速降解。

　　③如掌握其他可信的科学证据表明，物质或混合物可在 28 天内在水生环境中降解率＞70%。

　　由以上内容可知，判定物质／混合物的慢性水生环境危害分类时，需要根据已有的慢性或急性水生环境危害数据，以及物质／混合物是否属于快速降解能力，划入相应的危险类别。具体分类逻辑如下图所示。

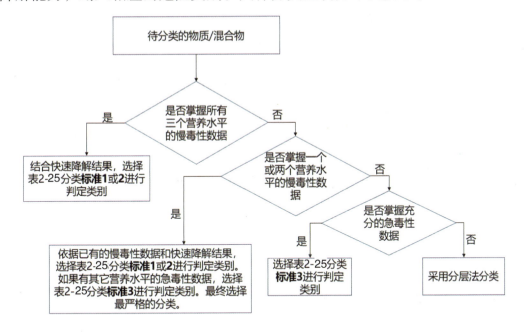

图 2-51　混合物水生环境危害慢毒性分类逻辑图

[1]　DOC 是指溶解态有机物质中的碳，一般是指能通过孔径为 0.45μm 滤膜、并在分析过程中未蒸发失去的有机碳。DOC 的具体试验方法可参照 OECD 化学品测试指南 No. 301A《DOC 消减试验》。

[2]　ThOD 是指物质／混合物全部被氧化成二氧化碳和水等稳定无机物的化学需氧量，具体试验方法可参照 OECD 化学品测试指南 No. 301C《改进的 MITI 试验》。

[3]　具体试验方法可参照 OECD 化学品测试指南 No. 301B《二氧化碳产生试验》。

但实际分类时，很多混合物没有整体急性或慢性水生试验数据，此时可运分层法，主要包括架桥原则、加和公式和求和法。其中架桥原则是采纳类似混合物的试验数据，并不常用，在此不做介绍。重点介绍一下加和公式和求和法。

运用加和公式，是根据已掌握的混合物各组分急性或慢性水生毒性数据，通过公式计算来推测混合物整体毒性[1]，具体参见公式（2-7）和（2-8）。

$$\frac{\sum C_i}{L(E)C_{50\,混合物}} = \sum_n \frac{C_i}{L(E)C_{50i}} \qquad （2-7）$$

式中：

C_i——组分 i 的浓度

n——n 个组分，并且 i 从 1 到 n

$L（E）C_{50i}$——组分 i 的急性水生毒性数值

$L（E）C_{50}$ 混合物——混合物的急性水生毒性估计值

$$\frac{\sum C_i + \sum C_j}{NOEC_{混合物}} = \sum_n \frac{C_i}{NOEC_i} + \sum_n \frac{C_j}{0.1 \times NOEC_j} \qquad （2-8）$$

式中：

C_i——可降解组分 i 的浓度

C_j——不可降解组分 j 的浓度

n——n 个组分，并且 i 和 j 从 1 到 n

---

[1]　在使用加和性公式时，如果只获得混合物中部分组分的急性或慢性水生毒性数据，可通过公式（2-7）或（2-8）获得混合物部分整体的急性或慢性水生毒性估计值，根据表 2-24 和表 2-25，对混合物部分整体的急性或慢性水生毒性进行分类，根据分类结果再用求和法，对混合物整体进行计算分类。

NOEC$_i$——组分 i[1] 的慢性水生毒性 NOEC 数值

NOEC$_j$——组分 j[2] 的慢性水生毒性 NOEC 数值

NOEC 混合物——混合物的慢性水生毒性估计值

运用求和法，是已知混合物中各组分的急性或慢性水生毒性分类以及浓度，可以采用求和法对混合物整体的毒性进行分类，具体见表 2-26。

表 2-26 水生环境求和法分类标准

类已知分类组分的浓度总和别	混合物分类结果
急性类别 1×M ≥ 25%	急性类别 1
慢性类别 1×M ≥ 25%	慢性类别 1
（慢性类别 1×M×10）+ 慢性类别 2 ≥ 25%	慢性类别 2

表 2-26 中的 M 因子是针对急性或慢性水生毒性类别 1 的一种放大系数。M 因子取决于组分的急性或慢性毒性数值，具体如表 2-27 所示。

表 2-27 M 因子确定标准

急性毒性 L（E）$_{50}$/mg/L	M 值	慢性毒性 NOEC/mg/L	M 值	
			不可快速降解	可快速降解
0.1 < L（E）$_{50}$ ≤ 1	1	0.01 < NOEC ≤ 0.1	1	——
0.01 < L（E）$_{50}$ ≤ 0.1	10	0.001 < L（E）$_{50}$ ≤ 0.01	10	1
0.001 < L（E）$_{50}$ ≤ 0.01	100	0.0001 < L（E）$_{50}$ ≤ 0.001	100	10
0.0001 < L（E）$_{50}$ ≤ 0.001	1000	0.00001 < L（E）$_{50}$ ≤ 0.0001	1000	100
0.00001 < L（E）$_{50}$ ≤ 0.0001	10000	0.000001 < L（E）$_{50}$ ≤ 0.00001	10000	1000
继续以系数 10 为间隔推算		继续以系数 10 为间隔推算		

[1] 此处的组分是指可快速降解的组分。

[2] 此处的组分是指不可快速降解的组分。

如表 2-27 所示，组分的急性或慢性数值越小，毒性越强，其 M 因子也就越大，对混合物整体的贡献率也就越高。本书附录 7 给出了部分混合物急性和慢性水生危害分类示例。

（2）锂电池组

单独运输的锂电池 / 锂电池组、装在设备中或与设备包装在一起的锂电池 / 电池组以及含有任何形式锂电池货物都需要酌情划入 UN 3480、UN 3481、UN 3090、或 UN 3091 中。联合国 TDG 法规规定，所有锂电池和电池组在交付运输前需满足表 2-28 所示的相关要求。

表 2-28 锂电池运输要求

条件	详细要求
（a）	经过验证，每个电池或电池组的类型均符合《试验和标准手册》第三部分第 38.3 节各项试验的要求。电池组的类型应符合《试验和标准手册》第 38.3 节试验要求，不论其中的组成电池是否为已经试验的类型[1]。
（b）	每一电池和电池组都装有安全排气装置，或在设计上能防止在正常运输中难免发生的条件下骤然破裂。
（c）	每一电池和电池组都装有防止外部短路的有效装置。
（d）	每个包含多个并联电池或电池系列的电池组，都装有防止反向电流造成危险所需的有效装置（例如二极管、保险丝等）。
（e）	电池和电池组的制造应有高质量的管理方案保证，包括：人员责任说明、程序操作说明、程序控制要求、质量记录、管理审查、文件控制和修订程序、控制措施、人员培训方案和程序、确保产品没有损坏的程序。

———————————

[1]　只达到《试验和标准》手册第三修订版要求的电池和电池组不允许运输。除非是情况 1：2003 年 7 月 1 日前生产的电池和电池组且所有其他适用要求都得到满足的话，可继续交付运输；情况 2：符合《试验和标准手册》第三 修订版第 38.3 节修改 1 的要求，或在对该类型进行试验时适用的任何之后的修订和修改，可继续提交运输，除非本规章范本另有规定。

条件	详细要求
（f）	同时含有金属锂原电池和可充电锂离子电池的锂电池组，如在设计上不能进行外部充电，不能反复使用，这类电池组应符合以下条件： 条件 1：仅可从金属锂原电池为可充电锂离子电池充电； 条件 2：从设计上要排除可充电锂离子电池过度充电； 条件 3：电池组作为锂原电池做过试验； 条件 4：作为电池组元件的电池应是经验证符合《试验和标准手册》第三部分第 38.3 节各项试验要求的类型。
（g）	除安装在设备（包括电路板）上的纽扣电池外，2003 年 6 月 30 日以后制造的电池或电池组，其制造商和出厂后的销售商应提供《试验和标准手册》第三部分第 38.3 小节第 38.3.5 段规定的试验简介。

（3）钠离子电池组

钠离子电池是联合国 TDG 法规第 23 修订版重点新增的危险货物。单独运输的钠离子电池 / 电池组、装在设备中或与设备包装在一起的钠离子电池和电池组，凡是属于可充电的电化学系统，正负两极均不含有金属钠（或钠合金）[1]，并以有机非水化合物作为电解质的，需划入 UN 3551 或 UN 3552。

与锂电池类似，钠离子电池和电池组在运输之前，也需要满足表 2-29 所列的各项技术要求。

表 2-29　钠离子电池运输要求

条件	详细要求
（a）	经过验证，每个电池或电池组的类型均符合《试验和标准手册》第三部分第 38.3 节各项试验的要求。
（b）	每一电池和电池组都装有安全排气装置，或在设计上能防止在正常运输中通常会遇到的条件下骤然破裂。

[1]　离子或准原子型态的钠嵌入电极材料的网格。

条件	详细要求
（c）	每一电池和电池组都装有防止外部短路的有效装置。
（d）	每个包含多个并联电池或电池系列的电池组，都装有防止反向电流造成危险所需的有效装置（例如二极管、保险丝等）。
（e）	电池和电池组的制造应有高质量的管理方案保证，包括：人员责任说明、程序操作说明、程序控制要求、质量记录、管理审查、文件控制和修订程序、控制措施、人员培训方案和程序、确保产品没有损坏的程序。
	注：可以接受机构内部的质量管理方案。不要求第三方开具证书，但要有记录并可跟踪查询。如主管部门索要质量管理方案，应向其提供。
（f）	制造商和出厂后的销售商应提供《试验和标准手册》第三部分第 38.3 小节第 38.3.5 段规定的试验简介。

（十）影响货物危险性分类的因素

危险货物在交付运输前，货物的托运人（又称发货人，Consignor 或 Shipper）需依据海、陆、空、铁等运输法规，确定其危险类别、UN 编号以及包装类别（如有）。在对危险货物进行危险性分类时，托运人不仅需要准确理解 9 大类危险货物的分类标准，同时也要综合考虑货物实际运输的状态、颗粒大小、危害组分含量以及实际用途等信息，因为这些信息会影响特定货物的危险性分类结果。

笔者结合自身以往的工作经历，对图 2-52 中所列的 6 个可能影响危险货物分类的典型因素做一个归纳和分析。

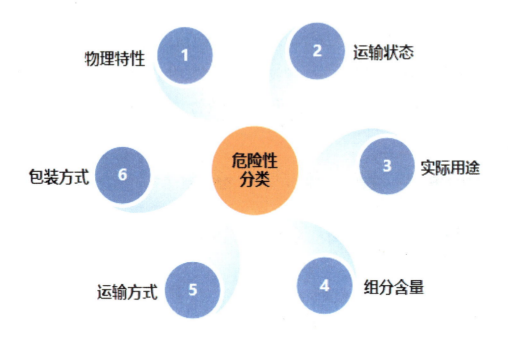

图 2-52 影响货物危险性分类的 6 个典型因素

1. 物理特性

此处的物理特性主要指货物的粒径、尺寸等外观形状。同一种货物以不同的粒径或尺寸运输时，危险性可能会有较大差异。以金属镁为例，该货物是联合国 TDG 法规等运输法规中列明的危险货物。在实际运输时，镁的粒径和形态直接影响最终的危险性分类结果，具体如图 2-53 所示。

UN No.	运输名称	危险类别
1418	镁粉	4.3+4.2
1869	镁金属，丸状、旋屑或带状	4.1
2950	颗粒状镁，涂层的，粒径≥149 μm	4.3

图 2-53 不同尺寸金属镁的分类结果

113

类似的货物还有硫磺，该货物属于联合国 TDG 法规中列明的第 4.1 项易燃固体，但是根据特殊规定 242，颗粒状、粉末状、片状、块状硫磺（如图 2-55 所示）的可以豁免为非限制货物（俗称普通货物）。

UN编号	正确运输名称	危险类别	特殊规定
1350	硫	4.1	242

图 2-54 硫磺在联合国 TDG 法规中的收录情况

颗粒状硫磺 　　　　　　　　　　　粉末状硫磺

片状硫磺 　　　　　　　　　　　　块状硫磺

图 2-55 不同颗粒硫磺的举例

2. 运输状态

有些货物在运输时，会以固态、液态或气态不同状态存在，从而导致运输危险性分类结果不同。以二氧化碳为例，如图 2-56 所示，二氧化碳以不同运输状态运输时，划入不同的类目，其中固态二氧化碳属于第9类，其余两种状态虽然危险类别都是第2.2项，但UN编号不一样，后续的运输文件、包装选择以及装卸方式等都因此而发生变化。

气态二氧化碳
UN 1013（第2.2项）

液态二氧化碳
UN 2187（第2.2项）

固态二氧化碳
UN 1849（第9类）

图 2-56 不同运输状态的二氧化碳

3. 实际用途

在对货物进行危险性分类，选择合适 UN 编号时，托运人需要关注货物的实际用途。有时候用途不同，也会导则 UN 编号不同。以酒精溶液为例，含有酒精的饮料、工业酒精溶液以及含有酒精的消毒湿巾纸，都属于含有酒精的危险货物，但是由于实际用途的区别，对应的危险性分类结果也不同。

UN 编号	运输名称	危险类别	包装类别
1170	乙醇或乙醇溶液	3	II/III
3065	酒精饮料，按体积含酒精大于70%	3	II
3065	酒精饮料，按体积含酒精24%-70%	3	III
3175	含易燃液体的固体，未另做规定的	4.1	II

图 2-57 不同用途乙醇产品的危险性分类

4. 组分含量

同一种货物，如果其危险性组分的含量发生改变，有可能会导致其整体
危险性分类结果改变。这个也很容易理解，因为危险组分对货物整体危险性
分类有重大贡献。以乙酸溶液为例，该货物是联合国 TDG 法规中列明的危
险货物，但是其危险类别和包装类别会因为乙酸含量的变化而不同。

UN No.	正确运输名称	危险类别
2789	乙酸溶液，按重量含酸＞80%	8+3
2790	乙酸溶液，按重量含酸50%~80%	8（II类）
2790	乙酸溶液，按重量含酸10%~50%	8（III类）

图 2-58 不同含量乙酸溶液的危险性分类

类似的货物，还有苯酐、四氢化苯酐以及磷酸三甲苯酯，这 3 种危险货
物的危险性会因为其产品中某一种杂质或活性组分的含量不同，而发生变化。

UN编号	正确运输名称	危险类别	特殊规定
2574	磷酸三甲苯酯，含邻位异构体大于3%	6.1	-
2214	邻苯二甲酸酐，含马来酸酐大于0.05%	8	169
2698	四氢化邻苯二甲酸酐，含马来酸酐大于0.05%	8	169

图 2-59 苯酐等 3 种危险货物在 TDG 法规中的收录情况

如表 2-59 所示，根据特殊规定 169，对于固体邻苯二甲酸酐和四氢化
邻苯二甲酸酐而言，如果其产品中杂质马来酸酐的含量 ≤ 0.05%，则可以

被豁免为非限制性货物，反之需要按照第 8 类腐蚀品进行运输；磷酸三甲苯酯也存在类似问题，邻位异构体的含量不同，危险性分类结果可以划入 UN 2574 或者 UN 3077。

5. 运输方式

货物运输方式是指货物在实际运输时，无论采用的是海运、空运、铁路还是公路运输。对于部分危险货物，运输方式的不同，也会导致危险性分类结果不同。图 2-60 所列出的 3 种动物或植物纤维，根据特殊规定 123 的规定，只有在海运或空运时属于第 4.2 项危险货物。因此，此类货物如果以公路运输时，即可划入非限制货物。

UN编号	正确运输名称	危险类别	特殊规定
1387	废羊毛，湿的		
1372	动物纤维或植物纤维，焦的、湿的或潮的	4.2	123
1857	废纺织品，湿的		

图 2-60 废羊毛等 3 种危险货物在 TDG 法规中的收录情况

6. 包装方式

包装方式是指货物在提交运输时，所采取的包装形式，包括包装的尺寸大小、货物和其他设备的包装方式等。对于某些货物，不同包装方式所对应的运输危险性分类结果也不同。

以含有锂电池的手机为例，如图 2-61 所示，在实际运输时，可能会出现以下 3 种不同的包装方式，对应的运输危险性分类结果也略有不同。

UN3480   UN3481（装在设备中）   UN3481（同设备包装在一起）

图 2-61 含有锂电池手机的 3 种不同包装方式

如果锂电池和手机分开，各自单独运输，那么锂电池就属于 UN 3480；反之如果是和手机一起运输，对应的是 UN 3481。UN 3481 的运输名称，则又要根据锂电池和手机的放置方式不同，而所有区分。

再比如，乙醇含量 56% 的白酒，属于联合国 TDG 法规中的第 3 类易燃液体（UN 3065，包装类别 III 类）。但是，根据特殊规定 145，此类白酒在以海运运输时，如果单个包装的体积不超过 250L，则可以按照非限制货物。

特殊规定
145

体积500mL   体积260L
非限制货物   危险货物

图 2-62 高度白酒的两种包装方式

除了上面归纳的影响分类的 6 个因素外，在实际货物危险性分类时，托运人还需密切关注不同运输法规中的相关特殊规定。对于缺少技术能力的托运人，委托有资质的第三方鉴定机构进行实验室检测或鉴定，是一个更加有效的合规途径。

二、危险货物包装性能检验和包装标记

危险货物在明确危险性分类后，在实际运输时，通常需要盛装在合适的包装容器中，再交付运输。用于盛装危险货物的包装容器，一方面不能与危险货物发生化学反应，或者其性能不能因为与危险货物接触而有任何下降；另一方面必须能够承受危险货物在运输过程中不可避免会遇到的温度、压力变化，以及装卸、搬运、运输过程中可以预见的震动、挤压或碰撞。

为了确保危险货物包装能够达到以上要求，联合国 TDG 法规以及 IMDG code、IATA-DGR 等危货运输法规都对危险货物包装性能提出了明确的测试要求。通过性能测试的危险货物包装，会在其外表面标注合适的危险货物包装标记，俗称 UN 标记。相应的此类通过特定性能测试的危险货物包装，俗称 UN 包装。

（一）危险货物包装简介

联合国 TDG 法规根据危险货物包装的大小、用途、形式等不同，将其分为包装、中型散装容器、大包装、可移动罐柜、散装容器、压力贮器、放射性物质包装和感染性物质包装等。

包装
体积：≤450L；
净重：≤400kg

中型散装容器
体积：≤3000L；
I类（复合等）≤1500L

大包装
体积：≤3000L；
内有多个物品或容器

可移动罐体和多元气体容器
体积：>450L；

压力贮器

散装容器

图 2-63 常见危险货物包装举例

1. 包装

此类包装净重不超过 400kg，或净含量不超过 450L，属于最常见的一类危险货物包装。特别是危险货物以航空运输时，更多的是以此类包装盛装运输。根据包装的形式不同，此类包装细分为桶类包装、罐类包装、箱类包装、袋类包装和复合包装。图 2-64 列举了常见的几种此类包装。

闭口钢桶　　　闭口塑料罐　　　纤维板箱　　　多层纸袋　　　钢塑复合桶
(1A1)　　　　　(3H1)　　　　　(4G)　　　　　(5M1)　　　　　(6HA1)

图 2-64 常见危险货物包装举例

2. 中型散装容器

中型散装容器简称 IBCs，也是一种常见的危险货物包装，体积较大（通常超过 450L）。根据拟装危险货物的危险类别和包装材质的不同，IBCs 最大允许体积略有不同，具体如下：

（1）盛装包装类别 II 类和 III 类的固体和液体时，IBCs 体积 ≤ 3.0 m^3；

（2）盛装包装类别 I 类固体时，软性、硬塑料、复合、纤维板和木质 IBCs 体积 ≤ 1.5 m^3；

（3）盛装包装类别 I 类固体时，金属 IBCs 体积 ≤ 3.0 m^3；

（4）盛装第 7 类放射性物质时，IBCs 体积 ≤ 3.0 m^3。

此外，IBCs 在设计上采用机械装卸，能够承受装卸和运输中产生的应力。IBCs 根据材质的不同，细分为 5 种刚性 IBCs（包装材质较硬，例如金属 IBC）和 1 种柔性 IBCs，具体如图 2-65 所示。

图 2-65 六大类 IBCs 构成

图 2-66 给出了几种常见的 IBCs，其中钢塑复合 IBC 的使用相对更加广泛，其由一个硬塑料（通常是 HDPE 材质）和一个金属外框架组成。

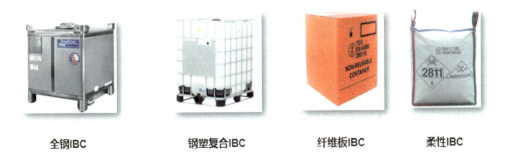

| 全钢IBC | 钢塑复合IBC | 纤维板IBC | 柔性IBC |

图 2-66 常见 IBCs 举例

3. 大包装

大包装又称为大型包装（Large Package，简称 LP），是指净重大于 400 kg 或体积大于 450L，但不超过 3 m³ 的危险货物包装，其设计与 IBCs 类似，也是采用机械装卸。

大包装根据材质的不同，细分 4 种刚性大包装和 1 种柔性大包装。与

121

IBCs 相比，少了复合大包装[1]。图 2-67 列出了典型的几种大包装。

大型纤维板箱　　　　　金属大包装　　　　　塑料大包装

图 2-67　常见大包装举例

大包装和中型散装容器有很多类似的地方，包括：体积都很大，设计上都是机械装卸。但两者之间也有本质上的区别，大包装通常用于盛装物品（例如，锂电池）和带有内包装的危险货物，而中型散装容器通常是直接盛装液态和固态危险货物，包装与危险货物直接接触，没有内包装。

4. 可移动罐柜和多单元气体容器

可移动罐柜（Portable Tank）通常由一个罐壳及其他辅助设施组成，可以盛装固体、液体和气体危险货物，便于多式联运，能够直接吊装到车辆或船舶上。

可移动罐柜根据框架来区分，主要包括：一般的可移动罐柜、罐式集装箱（简称 ISO Tank），如图 2-68 所示。其中，罐式集装箱既具备罐柜运输的优点，直接装卸货物，又具有集装箱的外框架，可以像其他集装箱一样，快速装卸和堆叠。因此，在实际货物运输中，ISO Tank 得到了广泛应用。

———————————

［1］　所谓复合包装是指包装的内外材质不同，例如钢塑复合 IBCs，其内包装是硬塑料，外框架是金属。

罐式集装箱（ISO tank）

图 2-68 两种常见的可移动罐柜

多单元气体容器（简称 MEGCs）是由气瓶、管状容器或气瓶组，通过一根总管互相连接并且组装在一个框架内的多式联运组合。如图 2-69 所示，MEGCs 与 ISO Tank 类似，也有类似集装箱的外框架，但尺寸各异。

图 2-69 常见 MEGCs 举例

5. 散装容器

散装容器（Bulk Container）是指用于运输固体危险货物，并与固体货物直接接触的大型容器。不同于 IBCs 和大包装，散装货箱需满足以下条件：

（1）足够坚固，适合重复使用，具有永久性；

（2）便于多式联运，无需中间倒装；

（3）配备便于装卸的装置；

（4）体积 ≥ $1m^3$。

　　如下图所示，散装容器在某方面类似集装箱，但具有中型散装容器的特点，直接用于盛装危险货物。散装货货箱的种类繁多，包括散货箱、近海散装容器、货运集装箱、吊货箱、滚动集装箱、柔性散装容器等。

货运集装箱　　　　　　　近海散装容器　　　　　　　散货箱

图 2-70　常见散装容器举例

6. 压力贮器

　　压力贮器通常是指用于盛装加压气体的贮器，主要包括气瓶、气筒、压力桶、封闭式低温贮器、金属氢化物储存系统、气瓶捆包和救助压力贮器等。

气瓶　　　　　　　气瓶捆包　　　　　　　　压力桶

金属氢化物　　　　　封闭式低温贮器　　　　救助压力贮器
储存系统

图 2-71　常见压力贮器举例

根据压力贮器的设计、制造和检验等所符合的技术标准不同，压力贮器在联合国 TDG 等危货法规中，细分为符合 ISO 国际标准的联合国贮器，以及符合主管当局指定技术标准的非联合国贮器。国内生产的压力贮器如果属于特种设备，例如气瓶，需要遵守 TSG 23-2021 特种设备安全检验规范。

除了气瓶类压力贮器，含有气体的危险货物包装还包括气雾剂、小型蓄气筒和含有液化易燃气体的燃料电池盒。此类在联合国 TDG 法规中不属于压力贮器，究其原因，笔者认为可能是与其内部压力较低有关，在包装性能方面无需按照压力贮器来管理。

气雾剂　　　　　　小型蓄气筒　　　　　含有液化易燃气体
　　　　　　　　　　　　　　　　　　　的燃料电池盒

图 2-72 含有气体的非压力贮器举例

7. 其他危险货物包装

除了上述介绍的 6 大类危险货物包装外，第 6.2 类感染性物质（包括 UN 2814 和 UN 2900）和第 7 类放射性物质的包装，由于其所盛装货物的特殊性，需要分别满足特定的设计、制造和性能检验要求。

第6.2项感染性物质包装　　　　　第7类放射性物质包装
（UN 2900，类别A）　　　　　　　（六氟化铀）

图 2-73 感染性和放射性物质包装举例

（二）危险货物包装性能测试简介

危险货物包装的性能测试，是通过模拟危险货物包装在运输过程中可预见的跌落、碰撞、振动等情况，测试包装整体的有效性，是否可以较好地保护内装危险货物，防止其发生泄漏、挥发、燃烧等安全事故。

不同类型的危险货物包装性能测试的项目、样品前处理以及结果判断等都不完全一致。

1. 包装

此类危险货物包装（净重 ≤ 400kg 或净含量 ≤ 450L）的性能测试主要涉及跌落、堆码、气密和液压 4 项。不同种类的包装性能试验项目不尽相同，具体可以参考 SN/T 0370.2-2021 的附录 A 做选择。

SN/T 0370.2—2021

附　录　A
（规范性）
各种常用运输危险货物包装容器应检验项目的要求

表 A.1　各种常用运输危险货物包装容器检验项目表

种类	编码	类别	应检验项目			
			跌落	气密	液压	堆码
钢桶	1A1	非活动盖	+	+	+	+
	1A2	活动盖	+			+
铝桶	1B1	非活动盖	+	+	+	+
	1B2	活动盖	+			+

图 2-74　不同种类危险货物包装性能测试项目对照表示意图[1]

（1）跌落试验

跌落试验模拟的是危险货物包装在运输或搬运过程中，从高处摔落，受到撞击后，是否会导致内装货物泄漏的情况。在试验开始前，需要选择与拟运输货物物理特性相似的模拟物[2]，将待测试的包装装满。通常，液体至少盛装至包装最大容量的 98%，固体至少盛装至包装最大容量的 95%。

待测包装装好模拟物后，需从一定的跌落高度，按照特定的跌落方式，重复跌落数次，撞击在冲击板上。具体测试要求如表 2-30 所示。

---

[1]　表 A.1 中"+"表示的项目为该包装需要通过的性能测试项目。

[2]　对于液体危险货物，模拟物的密度和粘度最好接近于拟装物；对于固体危险货物，模拟物的颗粒大小和密度最好接近拟装物。

表 2-30 跌落试验样品数量和跌落方式

容器种类	试验所需样品数量	跌落方式
钢桶 铝桶 金属桶、钢桶和铝桶除外 钢罐 铝罐 胶合板桶 纤维板桶 塑料桶和罐 圆桶形复合容器	6 个 （每次跌落用 3 个）	第 1 次跌落（用 3 个样品）：容器以凸边斜着撞击在冲击板上。如果容器没有凸边，则撞击在周边接缝上或一棱边上。 第 2 次跌落（用另外 3 个样品）：容器应以第 1 次跌落未试验过的最薄弱部位撞击在冲击板上，例如封闭装置，或者如桶体纵向焊缝上
天然木箱 胶合板箱 再生木板箱 纤维板箱 塑料箱 钢或铝箱 箱状复合容器	5 个 （每次跌落用 1 个）	第 1 次跌落：底部平跌 第 2 次跌落：顶部平跌 第 3 次跌落：长侧面平跌 第 4 次跌落：短侧面平跌 第 5 次跌落：棱角着地
袋（单层有缝边）	3 个 （每个样品跌落 3 次）	第 1 次跌落：宽面平跌 第 2 次跌落：窄面平跌 第 3 次跌落：跌在袋的一侧
袋（单层无缝边或多层）	3 个 （每个样品跌落 2 次）	第 1 次跌落：宽面平跌 第 2 次跌落：跌在袋的一侧

注：
①表中除了平面跌落外，跌落时样品的重心必须位于撞击点的垂直上方。
②如果容器在某一指定方向跌落时有不止一个面可选时，应采用最薄弱部位进行试验。

容器的跌落高度[1]取决于其设计类型和模拟物种类。如果直接用拟装货物或具有相同物理性质的其他模拟物进行试验，跌落高度取决于容器的设计类型，具体如图 2-75 所示。

───────────

[1]　跌落高度是指容器在跌落试验开始前距离冲击板的垂直高度。

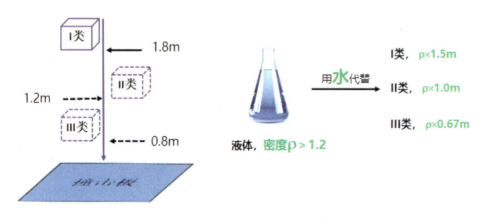

图 2-75 跌落高度确定方法[1]

如图 2-75 所示，容器设计类型为 I 类包装，意味着该容器可以盛装危险类别为 I 类的危险货物（属于高度危险性的危险货物），因此此类容器的性能测试要求最高，跌落高度也是最高的 1.8m。

如果容器未来拟盛装液体危险货物，跌落试验时可以用水来做模拟物，但如果拟装液体的密度大于 1.2，则用水作为模拟物时，跌落高度要按照图 2-75 做一个换算[2]。

对于下列 5 种容器，在进行跌落试验前，需将整个待测容器（包括模拟物）温度降至 -18℃[3]或更低。此类包装材质中都有塑料成分，而塑料在低温下会变硬，脆性增加，因此在跌落试验时，为了尽可能模拟最坏情况，需要对其进行冷冻降温。

①塑料桶；

②塑料罐；

---

［1］ 对于标有"RID/ADR"符号，拟运输 23℃时粘度超过 200 mm²/s 货物的轻型金属容器，其跌落高度另有规定，详见 SN/T 0370.2—2021。

［2］ 计算结果四舍五入，小数点后保留一位有效数字。

［3］ 降温后拟装物需保持液态，必要时可添加防冻剂。

危险货物和危险化学品
进出口合规管理及风险防控

③泡沫塑料箱以外的塑料箱；

④复合容器（塑料）；

⑤带有塑料袋以外的，拟用于装固体或物品的塑料内容器的组合容器。

（2）堆码试验

堆码试验模拟危险货物包件运输时，会以多个包件相互堆叠的方式摆放在集装箱或货舱内。此时，下层的包件会持续受到上层多个包件的承压，如果此时下层包件由于质量不合格，发生变形或破裂，会直接导致整个包件倒塌或下层包件中危险货物的泄漏。

实际运输

堆码试验

图 2-76 堆码试验模拟实际运输示意图

因此，堆码试验也是包装性能测试的重要项目之一。在堆码试验中，最关键的测试参数是堆码载荷，也就是在待测包装上方施加多重的堆码，此载荷相当于运输时可能堆码在它上面同样包装件的总质量。如果试验样品内装液体的相对密度与待运液体的不同，则该载荷应按后者计算。计算公式如下。

130

$$P = \left(\frac{H-h}{h}\right) \times M \quad （2-9）$$

式中：

P——堆码负荷，单位 kg

H——堆码高度（不少于 3m），单位 m

h——单个包装件高度，单位 m

M——单个包装件毛重，单位 kg

$\dfrac{H-h}{h}$ ——堆码系数，保留至小数点后两位（小数点后第三位进位）

堆码试验所需样品数为 3 件，每个包装进行一次试验，每次试验要持续 24h。但与跌落试验类似，对于拟装液体的塑料桶、塑料罐、塑料复合容器（6HH1 和 6HH2），整个试验需在不低于 40℃的环境中进行 28 天连续进行。

塑料类包装之所以要进行高温堆码试验，主要是考虑实际货物在堆叠时，如果下层包件为塑料包装，而塑料在高温下容易变软，有可能导致上层包件倒塌。因此，在堆码试验时，需在较高的试验温度下进行，以模拟更加容易发生安全事故的情景。

（3）气密试验

盛装液体的危险货物包装（组合包装的内包装除外）通常需要通过气密试验。该试验通过外力将待测包装箝制在水面下，同时向其内部施加一定的压力，保持 5 min，以检验包装整体是否漏气。

气密试验需要 3 个包装件，逐个进行试验。向包装容器内部施加的压力是气密试验的关键参数，其主要取决于包装的设计类型，具体如表 2-31 所示。

表 2-31 气密试验压力

包装设计类型	气密试验压力（kPa）
Ⅰ类包装	≥ 30
Ⅱ类包装	≥ 20
Ⅲ类包装	≥ 20

（4）液压试验

对于拟装液体的金属、塑料和复合容器应进行液压试验[1]。与气密试验类似，液压试验是向待测包装中持续、稳定地施加特定水压，考察包装整体是否会漏液而导致包装内压下降。

液压试验中施加水压的压力和持续时间是两个关键因素。试验持续时间与包装种类有关，具体如图 2-77 所示。

序号	包装种类	液压试验持续时间
1	金属包装	5min
2	复合包装(内贮器为玻璃、陶瓷或粗陶瓷材质)	5min
3	塑料包装和复合包装(内贮器为塑料材质)	30min

图 2-77 液压试验持续时间对照表

液压试验的压力需根据拟装液体的蒸气压，按照以下 3 种方式之一进行计算确定：

---

[1]　组合包装的内包装、标有"RID/ADR"的复合包装的内贮器（玻璃、陶瓷或粗陶瓷）以及标有"RID/ADR"的用于运输在 23 ℃时黏度超过 200mm²/s 物质的轻型金属容器无须进行液压试验。

①不小于55℃时包装内的总表压[1]（所装液体的蒸气压加空气或其他惰性气体的分压，减去100kPa）乘以安全系数1.5的值；

②不小于待运液体50℃时蒸气压的1.75倍减去100kPa，但最小试验压力为100kPa；

③不小于待运液体55℃时蒸气压的1.5倍减去100kPa，但最小试验压力为100kPa。

如果无法获知拟装液体的蒸气压，则可以根据包装容器的设计类型，对照表2-32进行选择。

表2-32 液压试验压力

包装容器设计类型	液压试验压力（kPa）
Ⅰ类包装	≥ 250
Ⅱ类包装	≥ 100
Ⅲ类包装	≥ 100

（5）其他试验

除了上述常规的四项性能测试外，部分危险货物包装有时还需进行渗透性试验和液密封口试验[2]，其中渗透性试验适用于公路和铁路运输的下列两类包装：

①拟装闪点小于等于60℃液体的塑料桶、塑料罐、塑料材质的复合容器（除钢塑复合桶外）；

②拟装苯、甲苯、二甲苯或含有这些物质的混合物和制剂的聚乙烯容器。

液密封口试验不同于液压试验，其主要适用于拟装货物需要液密封口的

[1] 此总表压应根据SN/T 0370.1-2021中6.1.7规定的最大装载度和15℃的灌装温度确定。
[2] 渗透性试验和液密封口试验参照SN/T 0370.2-2021第5.5和第5.6节。

包装容器。

2. 中型散装容器（IBCs）

IBCs 的性能检验项目有振动、底部提升、顶部提升、堆码、泄漏、液压、跌落、扯裂、倒塌和正位共计 10 项组成。每一种 IBCs 的具体性能试验项目取决于其材质、装卸方式以及拟运货物。其中，表 2-33 中的第 1~7 为性能试验先后顺序。

表 2-33 IBCs 性能检测项目和试验顺序对照表

IBCs类型	振动⑥	底部提升	顶部提升①	堆码②	泄漏	液压	跌落	扯裂	倒塌	正位③
金属：11A,11B,11N 21A,21B,21N 31A,31B,31N	—— —— 第1	第1① 第1① 第2①	第2 第2 第3	第3 第3 第4	—— 第4 第5	—— 第5 第6	第4⑤ 第6⑤ 第7⑤	—— —— ——	—— —— ——	—— —— ——
柔性④	—	——	×③	×	——		×	×	×	×
刚性塑料：11H1,11H2 21H1,21H2 31H1,31H2	—— —— 第1	第1① 第1① 第2①	第2 第2 第3	第3 第3 第4	—— 第4 第5	—— 第5 第6	第4 第6 第7	—— —— ——	—— —— ——	—— —— ——

IBCs 类型	振动⑥	底部提升	顶部提升①	堆码②	泄漏	液压	跌落	扯裂	倒塌	正位③
复合： 11HZ1， 11HZ2	——	第1①	第2	第3	——	——	第4⑤	——	——	——
21HZ1，	——	第1①	第2	第3	第4	第5	第6⑤	——	——	——
21HZ2	第1	第2①	第3	第4	第5	第6	第7⑤	——	——	——
31HZ1， 31HZ2										
纤维板	——	第1	——	第2	——	——	第3	——	——	——
木质	——	第1	——	第2	——	——	第3	——	——	——

注：
①仅适用于采用这种装卸方式的 IBCs。
②仅适用于设计允许堆码的 IBCs。
③仅适用于设计允许顶部或侧面提升的 IBCs。
④所需的性能试验用 × 表示，已通过一项试验的 IBCs 样品可直接用作其他任意顺序试验的测试样品。
⑤可用相同设计的另一个 IBCs 进行跌落试验。
⑥可用相同设计的另一个 IBCs 进行振动试验。

其中，堆码[1]、液压和跌落试验与前文所述的小型危险货物包装类似，因此不再重复说明。重点介绍一下 IBCs 所特有的相关性能试验。

（1）底部提升

纤维板、木质等其他材质的 IBCs 如在设计时底部有提升装置，则需要进行底部提升的性能测试。试验前需将待测 IBCs 用模拟物装满，并均匀施加一定的外部负荷，使其总重（包括施加的外部负荷）达到最大允许总重的 1.25 倍。

---

[1] IBCs 的堆码试验与小型危险货物包装堆码试验关于堆码载荷的确定方法不同，IBCs 堆码试验载荷是其设计运输时，允许堆叠相同中型散装容器最大允许载荷的 1.8 倍。例如，一个最大载荷为 500kg 的 IBC，其设计允许在其上方堆放 2 个相同的 IBC，则其堆码试验载荷 =500×2×1.8=1800kg。

测试中用叉车通过IBCs的底部提升装置,将其各升降两次。试验结束后,内装物无损失以及试验IBC(包括底盘)未出现危及运输安全的永久性变形,方可认为通过测试。

图 2-78　IBCs 底部提升试验示意图

（2）顶部提升

对于设计为从侧面或顶部进行机械提升的中型散装容器（包括柔性中型散装容器），需要通过顶部提升试验。

与底部提升类似,在试验开始前,需要将待测IBCs用模拟物装满,再均匀施加一定的外部负荷,使其总重(包括施加的外部负荷)达到最大允许总重的2倍[1]。在测试过程中,将装好的IBCs按照其设计方法提升离开地面,并保持至少5min。

---

[1]　对于柔性IBCs,需要装至其最大允许总重的6倍。

图 2-79 IBCs 顶部提升试验示意图

（3）扯裂试验

所有柔性中型散装容器需要通过扯裂试验。该试验是模拟柔性 IBCs 在运输或装卸过程中，被意外划破后，切口是否会迅速扩大，从而导致整个内装物大范围泄漏。

试验前，首先用模拟物将待测试的 IBCs 装满至最大允许负荷，然后在其宽面壁的中间位置，沿与主轴线成 45° 的角度，切一条长 10cm 的切口，然后再向测试 IBC 中均匀施加外部负荷（两倍于最大允许负荷），保持至少 5min。如果设计上使用顶部或侧面提升的 IBCs，则应在施加外部负荷撤除后，提升至脱离地面并保持至少 5min。

图 2-80　IBCs 扯裂试验示意图

（4）倒塌试验

所有柔性中型散装容器需要通过倒塌试验。该试验是模拟柔性 IBCs 在运输或装卸过程中，从高处发生顶部侧翻或侧倒后，是否会导致内装物泄漏。

试验前，首先用模拟物将待测 IBC 装至最大允许负荷，体积不低于其容器的95%，然后将其顶部从一定的高度倒向一个坚硬、光滑、平坦的水平表面。

图 2-81　IBCs 倒塌试验示意图

（5）正位试验

设计从顶部或侧部提升的柔性中型散装容器需要通过正位试验。该试验是模拟柔性 IBCs 在运输或装卸过程中，发生部分提升装置滑落，仅靠剩余的提升装置是否仍可以确保安全运输。

试验前，首先用模拟物将待测 IBC 装至最大允许负荷，体积不低于其容器的 95%。然后将中型散装容器侧面向下平放在地面上，使用其中的 1 个提升装置[1]，以 0.1m/s 的速度将其提升至直立状态。

图 2-82 IBCs 正位试验示意图

（6）振动试验

所有拟盛装液体的中型散装容器需要通过振动试验。该试验是模拟盛装液体的 IBCs 在受到运输或装卸过程的持续性振动后，是否会发生内装液体泄漏。

试验前，首先用水将待测 IBC 装至不低于其容器的 98% 后，关闭封闭器，放置在振动试验台上，采用垂直正弦曲线，持续振动 1 个小时，振幅要保证 IBCs 的底部能够从振动平台上即刻性提起，并在平台和底部之间插入一个金属垫片。

---

[1] 如果中型散装容器有 4 个提升装置，需使用其中的两个提升装置。

图 2-83 IBCs 振动试验示意图

3. 大包装

大包装（LP）的性能测试主要涉及：底部提升、顶部提升、堆码试验和跌落试验 4 项测试。其中，跌落试验适用于所有类型的大包装，其余 3 项试验都仅适用于特定类型的大包装，具体如图 2-84 所示。

底部提升	**堆码试验**
适用于装有**底部提升**装置的大包装	适用于相互堆积存放的大包装
大包装性能测试	
顶部提升	**跌落试验**
适用于装有**顶部提升**装置的大包装	适用于所有类型的大包装

图 2-84 大包装性能试验介绍

4.可移动罐柜和多单元气体容器

可移动罐柜从图纸设计、生产制造和投入营运整个生命周期都要接受对应的检验和测试，具体如图 2-85 所示。工厂认可是从源头对于拟生产可移动罐柜的企业进行全方面能力审核，以确保企业有能力设计生产合格的可移动罐柜；设计批准是对新产品设计图纸和样罐进行审核和测试，以确保产品的各项技术要求和功能配置符合 IMDG code 等相关法规要求；制造检验和周期检验分别在生产过程中和投入营运中，对可移动罐柜进行性能测试，以确保罐柜能持续符合设计性能和法规要求。多单元气体容器的设计、制造、检验和试验要求与可移动罐柜类似[1]。

目前，国内可移动罐柜的检验由国家海事局授权的中国船级社（CCS）来负责。国外生产的可移动罐柜也是经由所在国主管机构授权的检验机构承担，例如法国的 BV。

图 2-85　可移动罐柜检验和试验要求简介

---

[1]　具体内容可参见 IMDG code 第 6.7.5 节。

5. 散装容器

散装容器根据设计、制造、检验和测试要求的不同，细分为 3 种类型，具体如图 2-86 所示。其中 BK1 和 BK2 类散装容器的设计、制造和检验要求基本相同，具体要求详见 IMDG code 第 6.9.3 和 6.9.4 节。

BK1
帘布式散装容器

BK2
密闭式散装容器

BK3
柔性式散装容器

图 2-86 三种不同类型的散装容器举例

BK3 类散装容器需要通过跌落、顶部提升、倒塌、正位、扯裂及堆码试验。试验方法类似柔性中型散装容器，但在以下几个试验参数方面略有不同：

（1）跌落试验和倒塌试验的高度固定为 0.8 米，因此，BK3 类散装容器只能设计盛装包装类别 III 类的危险货物。

（2）扯裂试验中的切口长度为 30cm，施加的载荷至少保持 15min；而柔性 IBCs 扯裂试验的切口长度为 10cm，施加的载荷至少保持 5min。

（3）堆码试验中施加的载荷为 BK3 设计最大承重的 4 倍，而柔性 IBCs 堆码试验载荷为最大允许载荷的 1.8 倍。

6. 压力贮器

气瓶等压力贮器如属于特种设备，其设计、制造、充装和检验均需遵守 TSG 23-2021 的技术要求。处于使用中的气瓶与可移动罐柜类似，也需要定期接受周期检验，如在一个检验周期内发现气瓶有任何安全隐患，需要及时再次接受检验。

表 9-1 气瓶定期检验周期

气瓶品种		介质、环境		检验周期(年)
钢质无缝气瓶、钢质焊接气瓶(不含液化石油气钢瓶、液化二甲醚钢瓶)、铝合金无缝气瓶		腐蚀性气体、海水等腐蚀性环境		2
		氮、六氟化硫、四氟甲烷及惰性气体		5
		纯度大于或者等于99.999%的高纯气体(气瓶内表面经防腐蚀处理且内表面粗糙度达到Ra0.4以上)	剧毒	5
			其他	8
		混合气体		按混合气体中检验周期最短的气体特性确定(微量组分除外)
		其他气体		3
液化石油气钢瓶、液化二甲醚钢瓶	民用	液化石油气、液化二甲醚		4
	车用			5
车用压缩天然气瓶		压缩天然气、氢气、空气、氧气		3
车用氢气气瓶				
气体储运用纤维缠绕气瓶				
呼吸器用复合气瓶				
低温绝热气瓶(含车用气瓶)		液氧、液氮、液氩、液化二氧化碳、液化氧化亚氮、液化天然气		3
溶解乙炔气瓶		溶解乙炔		3

图 2-87 气瓶检验周期要求简介

7.其他包装

感染性物质包装和放射性物质包装的相关性能试验可详见 IMDG code 的第 6.3 章和 6.4 章。2005 年 12 月 28 日,卫生部发布了《可感染人类的高致病性病原微生物菌(毒)种或样本运输管理规定》(2005 年第 45 号令),对满足规定的感染性物质运输做出了明确规定,其中包装要求直接引用了 ICAO-TI 的包装导则 PI 602。

放射性物质国内运输,可以参见 GB 11806-2019《放射性物品安全运输规程》,国际运输参见 IMDG code 第 6.4 节、IATA-DGR 第 10.6 节等运输法规的相关章节。

(三)危险货物包装标记

通过上述各项性能测试的危险货物包装,联合国 TDG 法规以及 IMDG code、IATA-DGR 等运输法规都要求在其外表面,通过加贴、印刷或模压等方式标注相应的危险货物包装标记,俗称"UN 标记"。拥有"UN 标记"的危险货物包装又俗称"UN 包装"。

1. 净重 ≤ 400kg 或净含量 ≤ 450L 包装标记

此类危险货物包装包括桶类、箱类、罐类等包装。盛装固体和液体的包装标记略有不同，具体如图 2-88 所示。

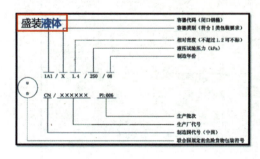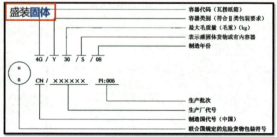

图 2-88 净重 ≤ 400kg 或净含量 ≤ 450L 包装的标记举例

（1）联合国容器符号

表示该包装属于"UN"包装，其性能已通过联合国 TDG 法规相关的试验测试，包括跌落、堆码等测试。对于钢桶等压纹金属容器，可以用大写的"UN"代替。

（2）容器代码

1A1 或 4G 是包装容器代码，第 1 个数字从 1~6，表示容器的种类，例如"1"表示桶、"3"表示罐等；第 2 个大写字母表示容器的材质，例如，A 表示钢，G 表示纤维板。对于复合容器"6"会用两个字母分别表示内贮器和外容器的材质。部分容器会用第 3 个数字表示容器大类中的小类，例如 1A1 表示闭口钢桶，1A2 表示开口钢桶。各种包装的容器代码详见附录 9。

此外，部分包装会在上述容器代码后面加上"T""V"和"W"三种特殊字母，其中"T"表示救助包装[1]，"V"表示特殊包装，而"W"[2]表示等效包装。

救助包装
（字母"T"）

特殊包装
（字母"T"）

图 2-89 特殊包装标记举例

（3）容器性能等级

容器性能等级是指容器设计通过的性能测试等级，用"X""Y"和"Z"表示，其与表示危险货物危险程度的"包装类别"（Package Group，简称PG）之间需要遵循以下的对应关系。

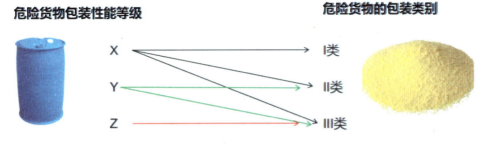

图 2-90 危险货物包装性能等级与危险货物包装类别之间的对应关系

---

[1]　救助包装主要用于盛装回收或处理损坏、有缺陷、渗漏或不符合规定的危险货物包装，或者溢出或漏出的危险货物。

[2]　"W"表示等效包装。此类包装虽然类型与容器代码所表示的相同，但其制造的规格却不同，但根据联合国 TDG 的要求被认为是等效的。

如图 2-90 所示，X 类包装的性能试验等级要求最高，性能测试条件最苛刻，因此可用于盛装 PG I 类包装（高度危险性），PG II 类包装（中度危险性）和 PG III 类包装（低度危险性）的危险货物。以此类推，Y 类包装可以用于盛装 PG II 类包装（中度危险性）和 PG III 类包装（低度危险性）的危险货物。

（4）"S" 的含义

包装标记中的 "S" 表示该包装用于盛装固体（Solid），或者属于组合包装（含有内包装）。组合包装（combination packaging）是由内包装和外包装共同组合使用的一种包装类型，而且内包装和外包装也可分开单独使用，这点不同于复合包装（composite packaging）。复合包装中的内贮器和外容器不可分开独立使用，只有组合在一起，才能作为一个完整的包装使用。

钢塑复合包装
(6HA1)

组合包装
(塑料罐+纤维板箱)

图 2-91 组合包装和复合包装举例

（5）包装生产企业代码

危险货物包装生产企业代码是由各国政府监管部门授予每个危险货物生产企业的唯一性识别码。在国内，海关负责对出口危险货物包装生产企业实施监管，相应的包装生产企业代码也有各个包装生产企业属地海关经备案审核通过后发放。

图 2-92 国内出口危险货物包装企业代码示例

2. 中型散装容器和大包装的包装标记

中型散装容器的典型包装标记如图 2-93 所示,与图 2-88 相比,有以下几个方面的不同。

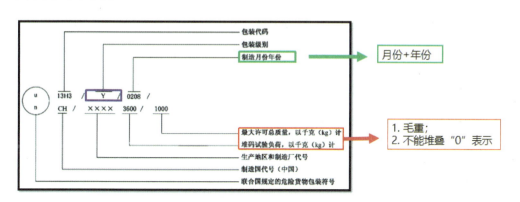

图 2-93 中型散装容器包装代码示例

（1）包装生产的年份 + 月份

在净重 ≤ 400kg 或净含量 ≤ 450L 的包装标记中,通常只需标出包装生产的年份,除了塑料桶（1H1 和 1H2）和塑料罐（3H1 和 3H2）,需要单独在包装上标出月份。如图 2-94 所示。

图 2-94 塑料桶和塑料罐需额外标注生产月份

而所有的 IBCs 都需要在包装标记中标注月份 + 年份，例如用 1123 表示：2023 年 11 月份。

（2）堆码试验载荷

IBCs 的包装标记中需要清晰标出该包装设计通过的堆码载荷。如果设计时，不允许在使用过程中堆叠使用，则在堆码载荷一栏以"0"表示。在 IBCs 的运输和堆放过程中，经常会出现相互堆叠的情况，而且可遇见的堆叠高度没有限制，因此为了运输安全，需要在 IBCs 的包装上标注其是否允许堆叠，以及最大允许堆叠的载荷[1]。

这点与不同于小包装运输不同，小包装运输通常是先积载于集装箱内再运输，堆叠高度就是集装箱的箱高，是有上限的。因此，在堆码载荷计算时，堆码高度通常取 3m。大包装的包装标记要素与 IBCs 完全一致，因此不再重复说明。

3.可移动罐柜和多单元气体容器的铭牌

每一个检验合格的可移动罐柜和多单元气体容器都应在易于检查的地方，以永久固定的方式贴有防腐蚀铭牌。铭牌上应该清晰标注：所有人、生

───────────

[1] 在实际使用时，IBCs 上方可以堆叠的货物总质量 = 包装标记上的堆码载荷 ÷1.8，以确保运输安全。

产商、批准信息、压力、温度、材料、容量、定期检查和试验等信息，具体如图 2-95 所示。对于盛装第 2 类冷冻液化气体的可移动罐柜，还应标出绝热和允许盛装的冷冻液化气体维持时间。

所有人注册编号		
生产商信息		
生产国		
生产年份		
生产商		
生产商系列号		
批准信息		
批准国		
设计批准授权机构		
设计批准号		"AA"（如适用）
罐柜设计规则(压力容器规则)		
压力		
MAWP		巴或千帕
试验压力		巴或千帕
初始试验日期	（mm/yyyy）证明印戳	
外部试验压力		巴或千帕
温度		
设计温度范围		℃到 ℃
设计参考温度		℃
材料		
罐壳材料和材料参照标准		
标准钢的等效厚度		mm
容量		
20℃水容量		升
定期检查/试验		

试验类型	试验日期	证明印戳和试验压力	试验类型	试验日期	证明印戳和试验压力
	（mm/yyyy）	巴或千帕		（mm/yyyy）	巴或千帕

图 2-95 可移动罐柜和多单元气体容器铭牌示例

4.散装容器的标记

Bk3 型散装容器在通过堆码、顶部提升等性能测试后，需在其外表面清晰的标注对应的包装标记，具体如图 2-96 所示。

149

BK3/Z/11 09

RUS/NTT/MK – 14-10

56000/14000

柔性散装容器
(BK3)

柔性散装容器的包装标记

图 2-96　柔性散装容器包装标记

5. 压力贮器的标记

符合联合国 TDG 法规第 6.2 章的联合国压力贮气系统（例如，气瓶）、金属氢化物储存系统以及气瓶捆包均需在压力贮气肩部、顶端或颈部，或标在永久固定于气瓶部件上（例如，焊接的颈圈）标注相应的标记。图 2-97 是可反复充装的气瓶标记示意图，主要包括气瓶设计、制造和检验的标准、批准国代号、首次检查的日期、试验压力、最小壁厚等。

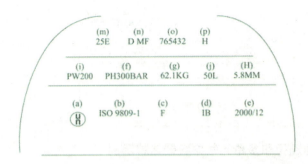

图 2-97　联合国可反复充装气瓶的典型标记

除了符合 UN TDG 法规的压力贮器，部分国家还制定了针对本国生产的压力贮器设计、检验和试验等技术规范或标准，对检验合格的压力贮器同样也提出要标注合适的标记。

符合美国DOT
的气瓶标记

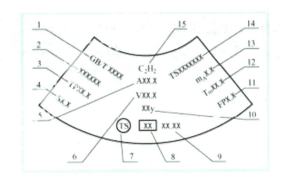

符合中国TSG 23-2021
的乙炔气瓶标记

图 2-98 美国 DOT 和中国 TSG 标准下的气瓶标记举例

三、危险货物包装选择和使用

（一）危险货物一览表

危险货物一览表（Dangerous Goods Lists，简称 DGL，以下简称"一览表"）位于联合国 TDG 法规第 3.2 章，收录了 3000 多个 UN 条目。在完成对危险货物分类，明确了危险类别和包装类别后，托运人需要结合货物的组分、用途、性状等信息，在"一览表"中给拟运货物找到一个合适的 UN 条目，包括 UN 编号、正确运输名称等信息。下表给出了"一览表"中 UN 1230 和 UN 1005 两个条目示例。

表 2-30 联合国 TDG 法规中的"一览表"示例

联合国编号	名称和说明	类或项	次要危险	包装类别	特殊规定	有限数量和例外数量		包装和中型散装容器		可移动罐柜和散装容器	
								包装指南	特殊规定	指南	特殊规定
（1）	（2）	（3）	（4）	（5）	（6）	（7a）	（7b）	（8）	（9）	（10）	（11）
1230	甲醇	3	6.1	II	279	1L	E2	P001 IBC02		T7	TP2
1005	无水氨	2.3	8		23.279	0	E0	P200		T50	

如表 2-30 所示，"一览表"的第 1 列是"联合国编号"，又称为"UN 编号"，是联合国危险货物专家委员会给每一个 UN 条目分配的识别号，由 4 位阿拉伯数字组成。第 2 列是"名称和说明"，又称为"正确运输名称"（Proper Shipping Name，简称 PSN），需要注意的是 PSN 未必和货物实际名称一致。例如，UN 1993，对应的运输名称是"易燃液体，未另做规定的"。

第 3 列和第 4 列分别对应该 UN 条目适用的危险货物主要危险性和次要危险性。例如，甲醇对应 UN 1230，其主要危险性是第 3 类易燃液体，同时具有次要危险性第 6.1 项毒性物质。第 5 列是该 UN 条目适用的危险货物包装类别（Packing Group，简称 PG）。需要注意的是，第 1 类爆炸品、第 2 类气体、第 4.1 项自反应物质、第 5.2 项有机过氧化物、第 6.2 项感染性物质以及第 7 类放射性物质是没有包装类别的。

第 6 列是特殊规定编号，具体内容需查阅联合国 TDG 法规第 3.3 章。特殊规定会对该 UN 条目危险货物的分类、包装、标记和标签、运输以及产品性能提出具体要求，也包括部分运输要求的豁免。例如，UN 3480 的锂离子电池，如果符合特殊规定 188，即可豁免为非限制货物。当然，不是所有的 UN 条目都有特殊规定的。

第 7a 和 7b 列对该 UN 条目有限和例外数量运输要求做出了规定，包括是否可以有限或例外数量运输，以及在允许情况下，单个包件的净重上限。第 8 列到第 11 列列出了该 UN 条目可以采用的包装种类，以及使用包装时应该遵循的特殊规定。

根据适用的产品范围不同，"一览表"中的 UN 条目可以分为 4 大类，具体如下图所示。在实际运输时，通常建议按照 A 类条目最优先、B 类条目其次、D 类条目最后的顺序选择。

A 单一条目
适用于严格定义的物质或物品
例如：UN 1090 丙酮
　　　UN 1104 乙酸戊酯

C "未另作规定的" 特定条目
适用于一组具有某一特定化学性质或技术性质的物质或物品
例如：
UN 1477 硝酸盐，无机的，未另作规定的
UN 1987 醇类，未另作规定的

B 类属条目
适用于严格定义的物质或物品类的通用条目
例如：
UN 1133 胶粘剂
UN 2757 氨基甲酸酯农药，固体的，有毒的

D "未另作规定的" 一般条目
适用于一组符合一个或多个类别或项别标准的物质或物品
例如：
UN 1325 易燃固体，有机的，未另作规定的
UN 1993 易燃液体，未另作规定的

图 2-99　"一览表"中条目细分为 4 大类

下面以"硝酸钴六水合物"为例，说明如何在实际托运环节，选择合适的 UN 条目。

检索该物质的官方 GHS 分类信息（如 ECHA 注册物质卷宗），可得其 GHS 分类是氧化性固体类别 2，但联合国《试验和标准手册》给出的氧化性物质典型样品试验结果中硝酸钴六水合物为无氧化性。两个分类结果不一致，主要因为氧化性固体试验结果与样品本身的粒径大小、生产批次、工艺流程有很大的关系，因此存在虽然都是同样的品名，但是由于生产企业工艺或粒径等信息的不同，导致氧化性结果不同，此时应该对该样品进行氧化性试验测定。

如果经试验测定，该物质确实具有氧化性，则属于第 5.1 项氧化性物质，包装类别 II 类。下一步，通过检索"一览表"，发现硝酸钴六水合物或硝酸钴都没有单一条目，符合条件的有下表所示的 2 个运输条目：

表 2-31 硝酸钴六水合物相关运输条目

联合国编号	名称和说明	类或项	次要危险	包装类别	特殊规定	有限数量和例外数量		包装和中型散装容器		可移动罐柜和散装容器	
								包装指南	特殊规定	指南	特殊规定
（1）	（2）	（3）	（4）	（5）	（6）	（7a）	（7b）	（8）	（9）	（10）	（11）
1479	氧化性固体，未另作规定的	5.1		II	223 274	1kg	E2	P002 IBC08	B2, B4	T3	TP33
1477	无机硝酸盐，未另作规定的	5.1		II	223	1kg	E2	P002 IBC08	B2, B4	T3	TP33

如上表所示，UN 1479 属于 D 类条目（"未另作规定的"一般条目），而 UN 1477 属于 C 类（"未另作规定的"特定）。按照 UN 条目优先选择的顺序，应该优先选择 UN 1477。当然，如果试验结果显示该货物没有氧化性，则根据其水生环境危害数据，可将其划入第 9 类，UN 3077 条目[1]。

在确定 UN 条目后，可进一步确定其包装使用要求。UN 1477 可按照包装[2]说明 P002 和中型散装容器包装导则 IBC08 进行包装运输，如果是中型散装容器还需满足特殊规定 B2 和 B4；如果采用可移动罐柜运输，需选择满足 T3 罐柜导则的罐体，并且满足特殊规定 TP33。

当然，在实际选择 UN 条目时，托运人需根据货物拟交付运输的方式，查阅不同运输法规中的"一览表"，以确定合适的 UN 条目，查询方式与 TDG 法规类似。

---

[1] UN 3077 的危险货物，如果满足特殊规定 375 的要求，可以豁免按照非限制货物运输。

[2] 这里的包装是指桶、罐、箱类等净重小于等于 400kg 的危险货物包装。

表 2-32 不同运输模式"一览表"查询章节

运输方式	"一览表"所在的法规／标准和章节
海运	《国际海运危险货物规则》（IMDG code）第 3.2 章
空运	《危险品规则》（DGR）第 4.2 章
国内公路	JT/T 617.3-2018 附录 A 表 A.1
国际公路	ADR 第 3.2 章
国内铁路	TB/T 30006-2022 表 1

（二）包装导则的查阅

由上文可知，通过确定拟运货物的 UN 条目，可以查阅"一览表"明确危险货物的包装导则代码，进而查阅联合国 TDG 法规第 4 章，可获得该货物允许使用的包装、中型散装容器、大包装、可移动罐柜以及散装货箱的相关要求。

下面以 UN 1350 硫，第 4.1 类易燃固体，包装类别 III 为例，通过查询联合国 TDG 法规的"一览表"和第 4 章包装导则，来解释包装导则的具体使用方式。

表 2-33 硫磺 UN 3150 运输条目

联合国编号	名称和说明	类或项	次要危险	包装类别	特殊规定	有限数量和例外数量		包装和中型散装容器		可移动罐柜和散装容器	
								包装导则	特殊规定	导则	特殊规定
（1）	（2）	（3）	（4）	（5）	（6）	（7a）	（7b）	（8）	（9）	（10）	（11）
1350	硫	4.1		III	242	5kg	E1	P002 IBC08 LP02	B3	T1 BK1 BK2 BK3	TP33

硫磺按照 UN 1350 条目，不以有限或例外运输时，通过检索"一览表"第 8 到第 11 列，可以获得以下各类包装的包装导则和特殊规定编号。

表 2-34 硫磺 UN 1350 允许使用的包装类型

包装类型	包装导则编号	特殊规定编号
包装	P002	无[1]
中型散装容器	IBC08	B3
大包装	LP02	无[2]
可移动罐柜	T1	TP33
散装货箱	BK1、BK2 和 BK3	无[3]

明确了各类包装的包装导则和特殊规定代码后，可以查阅联合国 TDG 法规的第 4 章，找到对应包装的包装导则。

1.包装导则 P002

在 P002 包装导则里，可以发现硫磺在以桶、罐等包装运输时，可以采用单一包装、组合包装和复合包装。

（1）采用组合包装运输

如果选择组合包装运输，内包装材质可为玻璃、塑料、金属、纸或纤维纸的任何一种，因为其为固体粉末，在运输中也不是高温运输，也不会变成液体状态。如果选用玻璃材质内包装，则单个内包装不得超过 10 kg，其他材质单个内包装不得超过 50 kg。

外包装的选择可以是表内要求的各种材质的桶、箱、罐。不同外包装材质和类型决定了整个（外）包装件的最大装载净重。由于硫磺是 III 类包装，采用所规定材质的桶作为外包装时，整个包件允许装载的最大质量为 400 kg；使用金属（钢、铝）箱为外包装时，整个包件最大规定净重也为 400 kg；但使用泡沫塑料箱（4H1）为外包装时，整个包件允许的装载净重仅为 60 kg；当使用

[1] 包装的特殊规定通常是以 PP 开头，后面加上数字，例如 PP93。

[2] 大包装包装导则的特殊规定通常以"L"开头，后面加上数字，例如"L3"。

[3] 散装货箱的包装导则没有特殊规定。

156

罐作为外包装时，仅允许盛装 120 kg 净重的物质。具体见表 2-35。

表 2-35 P002 组合包装要求

组合包装		最大净质量		
内包装	外包装	I 类包装	II 类包装	III 类包装
玻璃 10kg 塑料[1] 50kg 金属 50kg 纸[2] 50kg 纤维质[3] 50kg	桶： 钢（1A1、1A2） 铝（1B1、1B2） 其他金属（1N1、1N2） 塑料（1H1、1H2） 胶合板（1D） 纤维质（1G）	400kg	400kg	400kg
	箱： 钢（4A） 铝（4B） 其他金属（4N）	400kg	400kg	400kg
	天然木（4C1） 天然木，箱壁防筛漏（4C2） 胶合板（4D） 硬塑料（4H2）	250kg	400kg	400kg
	再生木（4F） 纤维板（4G）	125kg	400kg	400kg
	泡沫塑料（4H1）	60kg	60kg	60kg
	罐： 钢（3A1、3A2） 铝（3B1、3B2） 塑料（3H1、3H2）	120kg	120kg	120kg

[1] 这些内包装应防筛漏。

[2] 这些内包装应防筛漏。如果所运物质在运输过程中可能变成液体，不得使用联合国 TDG 法规 4.1.3.4 提到的内包装。纸和纤维质内包装不得用于装包装类别 I 物质。

[3] 同 47 内容。

（2）采用单一包装运输

如果采用单一包装运输，UN 1350仅允许使用包装导则中所规定材质和
形式的桶、罐、箱和袋。由于硫磺属于 III 类包装，以袋类包装运输时，单
个包件的最大净重不得超过 50 kg；以罐类包装运输，单个包件的最大净重
不得超过 120 kg；以桶和箱类包装运输，单个包件的最大净重不得超过 400
kg。具体见表2-36。

表2-36 P002 单一包装要求

单一包装	最大净质量		
	I 类包装	II 类包装	III 类包装
桶： 钢（1A1、1A2） 铝（1B1、1B2） 金属、钢或铝除外（1N1、1N2） 塑料（1H1、1H2） 胶合板（1D） 纤维质（1G）	400kg	400kg	400kg
箱： 钢（4A） 铝（4B） 其他金属（4N） 天然木（4C1） 天然木、箱壁防筛漏（4C2） 胶合板（4D） 硬塑料（4H2） 再生木（4F） 纤维板（4G）	不允许	400kg	400kg
罐： 钢（3A1、3A2） 铝（3B1、3B2） 塑料（3H1、3H2）	120kg	120kg	120kg
袋： 袋（5H3、5H4、5L3、5M2）	不允许	50kg	50kg

（3）采用复合包装运输

选择复合包装时，拟允许使用的复合包装类型见下表所示。使用塑料贮器在钢、铝、胶合板、纤维质或塑料桶中，其最大净质量不得超过 400kg，其余复合包装形式最大净质量不得超过 75kg。具体内容见表 2-37。

表 2-37　P002 复合包装要求

复合包装	最大净质量		
	Ⅰ类包装	Ⅱ类包装	Ⅲ类包装
塑料贮器在钢、铝、胶合板、纤维质或塑料桶中（6HA1、6HB1、6HG1、6HD1 或 6HH1）	400kg	400kg	400kg
塑料贮器在钢或铝板条箱或箱、木箱、胶合板箱、纤维板箱 或硬塑料箱中（6HA2、6HB2、6HC、6HD2、6HG2 或 6HH2）	75kg	75kg	75kg
玻璃贮器在钢、铝、胶合板或纤维质桶中（6PA1、6PB1、6PD1 或 6PG1），或在钢、铝、木质、纤维板箱或柳条篮 中（6PA2、6PB2、6PC、6PG2 或 6PD2），或在泡沫塑料或硬塑料包装中（6PH1 或 6PH2）塑料（3H1、3H2）	75kg	75kg	75kg

2. 中型散装容器导则 IBC08

对于硫磺，除了可以用上述的常规包装外，根据"一览表"，还可按照 IBC08 包装导则，以中型散装容器包装运输。如表 2-38 所示，在 IBC08 包装导则中，硫磺可以使用金属、硬塑料、复合、纤维板、木制和柔性中型散装容器，同时应满足特殊规定 B3 的要求。在使用柔性中型散装容器时，必须是防筛漏和防水的，其实现方式可以是使用防筛漏和防水的涂层。

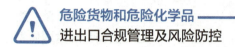

表 2-38 IBC08 中型散装容器要求

允许使用下列中型散装容器：
金属（11A、11B、11N、21A、21B、21N、31A、31B 和 31N）；
硬塑料（11H1、11H2、21H1、21H2、31H1 和 31H2）；
复合（11HZ1、11HZ2、21HZ1、21HZ2 和 31HZ1）；
纤维板（11G）；
木制（11C、11D 和 11F）；
柔性（13H1、13H2、13H3、13H4、13H5、13L1、13L2、13L3、13L4、13M1 或 13M2）。

B2 非金属或硬塑料制中型散装容器用来装运固态物质时，中型散装容器应放在封闭的货物运输单元中运输。
B3 柔性中型散装容器应是防筛漏和防水的，或者配有防筛漏和防水的衬里。
B4 柔性、纤维板或木制中型散装容器应是防筛漏和防水的，或者配有防筛漏和防水的衬里。
B6 对于 UN 1327、1363、1364、1365、1386、1408、1841、2211、2217、2793 和 3314，中型散装容器不需要符合第 6.5 章的中型散装容器试验要求。
B13 对于 UN 1748、2208、2880、3485、3486 和 3487，禁止用中型散装容器海运。

3. 大包装导则 LP02

从联合国 TDG 法规"一览表"中可以发现，UN 1350 硫磺可按照包装导则 LP02，选择大包装运输。如表 2-39 所示，内包装不需要使用 UN 包装，材质仅限玻璃、塑料、金属、纸或纤维质材质，其中玻璃材质最大净重不得超过 10kg，其余包装材质不得超过 50kg；外包装需要使用通过性能测试的 UN 包装，材质可以是金属、软塑料、硬塑料、天然木、胶合板、再生木或硬纤维板，最大体积为 $3m^3$。其中注意，当使用软塑料时，内包装也必须是软体内包装。

表 2-39　LP02 大包装要求

内包装	大型外包装	I 类包装	II 类包装	III 类包装
玻璃 10 kg 塑料[1] 50 kg 金属 50 kg 纸[2] 50 kg 纤维质[3] 50 kg	钢（50A） 铝（50B） 钢或铝以外的金属（50N） 软塑料（51H）[4] 硬塑料（50H） 天然木（50C） 胶合板（50D） 再生木（50F） 硬纤维板（50G）	不允许	不允许	最大容积 3m³

4. 散装容器 BK1、BK2 和 BK3

硫磺（UN 1350）可以按照使用 BK1 型、BK2 型或 BK3 型散装货箱进行运输。这三种类型散装容器示例见图 2-100 所示。使用散装容器运输时，需要注意，在运输中可能变成液体状态的物质，不得使用散装容器运输。UN 1350 是固态硫磺，不是高温熔融状态的硫磺，因此可以使用散装容器运输。

散装容器不得有筛漏现象，封闭后任何内装物在正常运输条件下不得外泄，包括震动作用，温度、湿度或压力的变化等。散状固体物质应均衡分布地装入散装容器内，使之最大限度地减少可能造成损坏集装箱或危险货物泄漏的移动。

5. 可移动罐柜导则 T1

在联合国 TDG 法规"一览表"的第 10 栏和第 11 栏，UN 1350 硫磺有可移动罐柜导则 T1 和特殊规定 TP33。在联合国 TDG 法规第 5 章，可查询

[1] 包装应防筛漏。

[2] 这些包装不得用于装载运输过程中可能变成液体的物质，包装应防筛漏。

[3] 这些包装不得用于装载运输过程中可能变成液体的物质，包装应防筛漏。

[4] 只能与软体内包装合用。

到"T1"代码对可移动罐体的相关技术要求，包括最低试验压力、罐体的最小厚度、安全降压要求和底部开口。

T1-T22	可移动罐柜导则			T1-T22
以下可移动罐柜导则适用于第 1 类和第 3 至第 9 类的液态和固态物质。应满足第 4.2.1 节的一般规定和第 6.7.2 节的要求。有纤维增强塑料壳体的可移动罐柜导则适用于第 1 类、第 3 类、5.1 项、6.1 项、6.2 项、第 8 类和第 9 类的物质。此外，第 6.9 章的要求也适用于有纤维增强塑料壳体的可移动罐柜。				
可移动罐柜规范	最低试验压力（巴）	最小壳体厚度（单位毫米—参考钢）（见 6.7.2.4）	安全降压要求 a（见 6.7.2.8）	底部开口要求 b（见 6.7.2.6）
T1	1.5	见 6.7.2.4.2	正常	见 6.7.2.6.2

图 2-100 可移动罐柜 T1 导则内容

对于硫磺，除了可以选用"T1"要求的罐体外，根据图 2-101[1] 所示，还可使用符合"T2 ~ T22"导则的可移动罐体，因此此类罐体的安全性能比 T1 更高，但在使用时，仍需要符合 TP33 特殊规定的要求。TP33 规定 T1 罐体导则仅适用于颗粒或粉末状硫磺，或者以高于熔点进行装卸，以固体运输[2]。

指定的可移动罐柜导则	也允许使用的可移动罐柜导则
T1	T2, T3, T4, T5, T6, T7, T8, T9, T10, T11, T12, T13, T14, T15, T16, T17, T18, T19, T20, T21, T22
T2	T4, T5, T7, T8, T9, T10, T11, T12, T13, T14, T15, T16, T17, T18, T19, T20, T21, T22
T3	T4, T5, T6, T7, T8, T9, T10, T11, T12, T13, T14, T15, T16, T17, T18, T19, T20, T21, T22
T4	T5, T7, T8, T9, T10, T11, T12, T13, T14, T15, T16, T17, T18, T19, T20, T21, T22
T5	T10, T14, T19, T20, T22

图 2-101 可移动罐柜导则选择指南

（三）空运危险货物包装指南的差异

《危险品规则》（DGR）是由国际航空运输协会（简称 IATA）在国际

---

[1] 完整内容可以参见联合国 TDG 法规第 4.2.5.2.5 节。

[2] 如果以熔融态进行运输，需按照联合国 TDG 法规第 4.2.1.19 节的要求进行运输。

民航组织发布的 ICAO-TI 基础上，制定的面向各个航空公司危险货物实际运输操作的手册。IATA 基于运营要求和行业标准实践方面的考虑，在 DGR 规则中增加了比 ICAO-TI 更加细致的技术要求。因此与联合国 TDG 法规相比，虽然技术框架相似，但 DGR 法规在细节方面有比较大的区别。

下面以固态硫磺 UN 1350 为例，简要说明 IATA-DGR 中空运包装指南的使用和注意事项。

1.查阅 IATA-DGR 的"一览表"

以 UN 1350 为检索对象，查阅 DGR 的"一览表"，可获得 UN 1350 条目详细信息，具体如下表所示。

表 2-40 硫磺 UN 3150 空运运输条目

UN/ ID NO.	Proper Shipping Name/ Description	Class or Div. (Sub Haz ar-d)	Hazard Label (s)	PG	Passenger and Cargo Aircraft					Cargo Aircraft only		S.P.	ERG Code
						Ltd Qty							
					EQ	Pkg Inst	Max Net Qty/ Pkge	Pkg Inst	Max Net Qty/ Pkge	Pkg Inst	Max Net Qty/ Pkge		
A	B	C	D	E	F	G	H	I	J	K	L	M	N
1350	Sulphur	4.1	Flamm. solid	III	E1	Y443	10kg	446	25kg	449	100kg	A105 A803	3L

从表 2-40 中可获悉 UN 1350 的包装指南代码（Pkg Inst，简称 PI）。与联合国 TDG 法规不同，空运 DGR 将 PI 按照飞机类型，分为客机和货机两种：客机运输见 G 和 I 栏，货机运输见 K 和 L 栏。其中，J 栏和 L 类表示单个包

件的最大净重[1]。以硫磺为例，查阅 L 栏可知货机运输时单个包件最大净重为 100kg；而客机运输时，通过查阅 J 栏可知单个包件最大净重为 25kg。下面按照客机和货机分别展开讲解空运包装指南的内容，以及与联合国 TDG 法规的差异性。

2. 客机运输

使用客机运输，不走有限例外数量运输时，按照 UN 1350 第 I 栏给出的包装指南代码 446，查阅 DGR 法规的第 5 章，可获得具体的包装选择和使用要求，其中部分要求如下表所示。

表 2-41 包装指南 446 要求

组合包装				
内包装		外包装		每个包装件的总净数量
内包装材质	每个内包装的净数量	桶	方形桶	箱
玻璃	5.0kg	钢 1A1/1A2 铝 1B1/1B2 胶合板 1D 纤维 1G 塑料 1H1/1H2 其他金属 1N1/1N2	钢 3A1/3A2 铝 3B1/3B2 塑料 3H1/3H2	钢 4A 铝 4B 木材 4C1/4C2 胶合板 4D 再生木材 4F 纤维板 4G 塑料 4H1/4H2 其他金属 4N
金属	10.0kg			
塑料	10.0kg			
塑料袋	5.0kg			25.0kg

由表 2-41 可知，使用客机运输时，UN 1350 不允许使用单一包装，只能用组合包装。每个包装件最大净重不得超过 25kg，而按照联合国 TDG 法规 P002 包装的要求，单个包件最大净重为 400 kg，只有使用泡沫塑料箱（4H1）

[1] 如果数值后面有"G"，表示单个包件最大毛重。

为外包装时，整个包件允许的装载净重较小为 60 kg。

由此可以看出来，空运客机运输单一包装件和单个内包装最大净重均小于联合国TDG法规的对应要求。此外，硫磺依据DGR"一览表"第M列"S.P.（简称特殊规定）"A803 和包装指南 446 的要求，虽然其包装类别为 III 类包装，但所使用的包装性能等级必须要满足 II 类水平要求，除非是按照有限例外数量运输。由此可见，空运对于硫磺的包装要求更为严苛。

3. 货机运输

使用货机运输，按照 UN 1350 第 K 栏给出的包装指南代码 449，查阅法规第 5 章，可获知具体的包装选择和使用要求，其中部分要求如下表所示。

首先与包装指南 446 相同，包装指南 449 也要求 UN 1350 必须选择性能等级为 II 类的危险货物包装。但与包装指南 446 不同的是，货机运输可以使用单一包装。组合包装详见表 2-42，单一包装详见表 2-43：

表 2-42 包装指南 449 组合包装要求

组合包装				
内包装		外包装		每个包装件的总净数量
内包装材质	每个内包装的净数量	桶	方形桶	箱
玻璃	5.0kg			钢 4A
金属	10.0kg	钢 1A1/1A2 铝 1B1/1B2 胶合板 1D 纤维 1G 塑料 1H1/1H2 其他金属 1N1/1N2	钢 3A1/3A2 铝 3B1/3B2 塑料 3H1/3H2	铝 4B 木材 4C1/4C2 胶合板 4D 再生木材 4F 纤维板 4G	100.0kg

表 2-43 包装指南 449 单一包装要求

包装类型和材质		
桶	方形桶	箱
钢 1A1/1A2 铝 1B1/1B2 胶合板 1D 纤维 1G 塑料 1H1/1H2 其他金属 1N1/1N2	钢 3A1/3A2 铝 3B1/3B2 塑料 3H1/3H2	钢 4A 铝 4B 木材 4C1/4C2 胶合板 4D 再生木材 4F 纤维板 4G 塑料 4H2 其他金属 4N

由表 2-42 可以看出，货机运输使用组合包装时，内包装为玻璃和塑料袋时，单个内包装最大净重为 5kg；而以金属和塑料为材质时，单个内包装最大净重为 10kg。在联合国 TDG 法规中，选择组合包装时，内包装材质可为玻璃、塑料、金属、纸或纤维纸的任何一种，如果选用玻璃材质的内包装，则单个内包装不得超过 10 kg，其他材质的内包装不得超过 50 kg。由此可以看出，使用货机运输时单个内包装的最大净重仍然小于联合国 TDG 法规的要求。

外包装的选择可以是表内要求材质的桶、方形桶、箱；每个包装件的最大净重不得超过 100kg。而在联合国 TDG 法规里，可以采用桶、箱和罐作为外包装，比空运用的包装种类和材质更多。当采用桶作为外包装时，单个包件最大净重为 400 kg；使用金属（钢、铝）箱为外包装时，单个包件最大净重为 400 kg，也比空运货机净重要大。

单一包装如使用气瓶运输，需要满足气瓶的要求，详见 DGR 5.0.6.6 小节。需注意的是，虽然货机运输可以使用单一包装，但是纤维、纤维板、木材和胶合板单一包装必须装有合适的衬套以防止泄露。

通过对比固体硫磺 UN 1350 在空运 DGR 和联合国 TDG 法规中的包装导

则，可以发现航空运输有其特殊性，需要区分货机和客机运输。根据具体运输方式，选择对应的包装指南代码。一般来说客机运输要求相对更高，单个包装件或单个内包装最大净重要低于货机运输。

此外，还需要注意空运的特殊规定及包装指南里的其他附加要求。比如，固体硫磺虽然包装类别是 III 类包装，但是实际空运时要求包装等级要达到 II 类包装水平；在客机运输时不允许用单一包装，只能用组合包装。

四、危险货物运输标签／标记和标牌

（一）一般要求

1. 集合包件的标记

集合包件是指为了方便运输过程中的装卸和存放，将一个或多个包件装在一起，以形成一个独立单元[1]。当托运人使用集合包件时，除非内部所有危险货物包装外表面标签和标记清晰可见，例如，用透明缠绕膜（见图 2-102 中的右图），否则集合包件外表面必须加贴内装所有货物的标签和标记，同时需要加贴"OVERPACK"的字样。"OVERPACK"的标签要求字体高度不得小于 12mm。

图 2-102　集合包件示意图

---

[1]　典型的做法是将多个包件放置或堆垛在托盘上，并用塑料打包带、收缩薄膜或其他适当方式紧固；或者放在箱子或围板箱等外保护包装中。

当集合包件里含有"方向标记"（箭头）的包装件时，需确保此类包件按照该标记方向指示妥善放置。对于非透明的（从集合包装外部无法看到内部的方向标记）集合包件，需在其相对的两个外表面加贴"方向标记"。

2.危险货物空包装

除第7类放射性物质的废弃包装有特殊要求外，盛装过其他危险货物的空包装在采取必要清洗程序，以消除原有危险货物的危害前，必须按原来盛装危险货物的要求，加贴标记、标签和标牌。

3.混合包件

危险货物混合包件是指将不同种类危险货物装载在同一个外包装中[1]。此时，与集合包件类似，该包件外表面需要加贴内装每种危险货物的标记和标签[2]。

（二）危险货物运输标签

1.运输标签的定义和种类

运输标签（Label）也叫做"标志"或者"运输标志"[3]，其目的是将包件内所盛装危险货物的危险性清晰明了地告知运输过程中所有参与人员，以方便潜在暴露人员在搬运、操作时提前做好防护措施。因此，每个危险货物包件都应按照内装货物主要和次要危险性，在包件表面张贴相应的运输标签。9大类危险货物对应的运输标签如下图所示，详细的说明可参见附录5。

---

[1]　这样做的前提是不同危险货物之间如果相互接触要相容，不可发生化学反应，或者产生大量热或气体等危险现象。

[2]　不同种类危险货物的运输标签要去重，相同的运输标签无须重复加贴。

[3]　这种差异主要是法规中文翻译的习惯不同，在 IMDG code 中文版中，Label 被翻译为标志。

图 2-103　9 大类运输标签示意图

　　运输标签形状统一为与水平线呈 45° 角的正方形（菱形），尺寸通常应不小于 100mm × 100mm[1]，菱形边缘内侧应有一线条，该线条应与标签边缘平行。如果运输标签与包件底色之间对比度不高时，可以在运输标签周围加上一条外边缘线，与标签边缘距离约为 5mm。

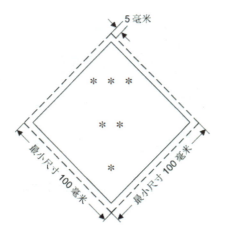

图 2-104　运输标签结构示意图

────────────

[1]　运输标签的大小可根据包件的实际大小，按比例做适当缩小。

危险货物和危险化学品
进出口合规管理及风险防控

如图 2-104 所示，"＊"处应显示危险货物的类别／项别数字，如"8"表示第 8 类腐蚀品；"＊＊"处可显示其他文字符号，如"易燃""剧毒"，但并不强制；"＊＊＊"处应显示危险货物类或项的符号，对于第 1.4 项、第 1.5 项和第 1.6 项的爆炸品而言，此处显示项别，而对于放射性物质中的"7E"而言，此处显示"易裂变"字样。

图 2-105　爆炸品和放射性运输标签举例

第 2 类气体的运输标签可以根据气瓶的形状、大小、放置方向和运输固定位置，粘贴运输标签。标签大小可参见 ISO 7225：2005 作适当缩小，以便能使标签贴在气瓶的非圆柱体部分（肩部）。

图 2-106　第 2 类气体运输标签举例

2．运输标签的通用要求

除了放射性物质标签有特殊要求外，危险货物包件的运输标签必须满足以下条件：

（1）在包装尺寸足够大的情况下，需要与包件的正式运输名称在同一表面或与之靠近的地方；

（2）粘贴在不会被包件任一部分或其他运输标签和标记覆盖的地方；

（3）当危险货物有主要危险性和次要危险性时，主次危险性的运输标签应彼此紧挨着；

（4）在运输和装卸操作过程中，运输标签应始终牢固粘贴在包件外表面，能持久地保持清晰易辨识；

（5）能承受运输过程中的日晒雨淋而不显著降低标记效果，能够抵抗运输过程中的各种环境条件，如湿度、温度变化和物理损坏；

（6）在海洋运输时，海水浸泡至少3个月仍然清晰可见。

在实际粘贴时，箱类包装运输标签常位于包件断面或侧面明显处；袋类包件运输标签位于包件明显处；桶类包件标志位于桶身或桶盖处；罐类包件运输标签位于罐体明显处。当包件不规则或者太小，无法令人满意地粘贴运输标签时，标签也可采用外挂的方式挂在包件上[1]。

图 2-107 各类包装标志粘贴示例

超过 450 L 或 400 kg 的中型散装容器和大包装应在包件相对的两侧粘贴

---

[1] 采用外挂时，要确保外挂的运输标签牢固，不会在运输过程中松脱。

运输标签，如下图所示。

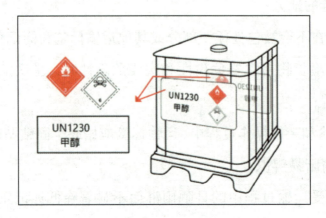

图 2-108　中型散装容器运输标签粘贴示例

3. 运输标签的特殊要求

（1）自反应物质

B 型自反应物质需额外加贴"爆炸品"的运输标签，除非有试验数据证明自反应物质在该运输包件中不显示爆炸性，且主管部门已准许豁免此项要求。

（2）有机过氧化物

A 型有机过氧化物由于极度不稳定，一般不允许运输，G 型有机过氧化物极度温和，不受联合国 TDG 法规等运输法规的限制，而 B~F 型有机过氧化物的除了需要粘贴第 5.2 项运输标签外，如符合以下两种情况，还需额外加贴次要危险性运输标签：

① B 型有机过氧化物应贴有"爆炸品"次要危险性标志，除非有试验数据证明该有机过氧化物在此种包装中不显示爆炸性，且主管部门已准许豁免此种标签。

②如果有机过氧化物还满足第 8 类腐蚀品包装类别Ⅰ或Ⅱ的分类标准时，需加贴第 8 类"腐蚀性"次要危险性运输标签。

（3）次要危险性标签

如前文所述，当危险货物有主要危险性和次要危险性时，主次危险性的运输标签应彼此紧挨着，但以下两种情况除外：

①如果一个货物主要危害是第 8 类腐蚀性，次要危害为第 6.1 项毒性，但是毒性是由于对生物组织的破坏引起的。例如，由于腐蚀性造成某些器官的损坏致人死亡，则可以省略第 6.1 项次要危险性的运输标签。

②如果一种货物同时具有第 4.2 项易于自燃的物质和第 4.1 项易燃固体的危害，则可省略第 4.1 项运输标签。因为第 4.2 项运输标签中已含有"火焰"符号，足以表明货物易燃的危险性质，从而不需要额外贴上第 4.1 类运输标签。

（三）危险货物运输标记

运输标记（简称 Mark）是指直接印刷或镌刻在运输包件上，展示内装危险货物运输信息和注意事项等信息的一种方式，主要包括通用运输标记和特殊运输标记两大类。

1. 通用运输标记

危险货物通用运输标记主要包括：联合国编号（以"UN"开头，简称"UN编号"）、正式运输名称（简称"PSN"），以及技术名称（如适用）等信息。

UN
高度取决于包装大小

联合国编号
4位阿拉伯数字组成，来源于运输法规的DGL中

技术名称
仅适用于联合国编号对应的特殊规为274或318的货物

正确运输名称
简称PSN，与联合国编号一一对应

图 2-109 运输标记组成部分

根据联合国 TDG 法规的要求，"UN"和联合国编号（例如，UN 1993）字体高度应 ≥ 12mm，但对于包件容量（净含量）≤ 30 L（kg），以及气瓶水容积 ≤ 60 L，"UN"和联合国编号的字体高度应 ≥ 6 mm；对于 5 kg（L）及以下的小包装件，可以根据实际情况按比例缩小，但应保证清晰可见。

技术名称仅适用于该 UN 编号对应的《危险货物一览表》第 6 栏有特殊规定 274 和 318。以 UN 3265 为例，该包件的运输标记可写作：易燃液体，有毒的，未另列明的（辛酰氯）。UN 1992 的运输标记示例如下图所示。

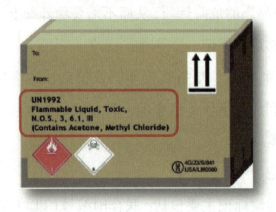

图 2-110 UN 1992 的运输标记示例

与运输标签类似，运输标记也应清晰易辨识，能够承受在运输过程中的日晒雨淋而不显著降低标记效果。对于字体颜色无强制要求，但应和包件底色呈鲜明反差。超过 450 L 或 400 kg 的中型散装容器和大型包装，应在相对应的两面作此标记。救助包装/容器还需另外标注"救助"或英文"SALVAGE"，字体高度至少为 12 mm。

图 2-111 救助包装运输标记示例

2.特殊运输标记

（1）放射性物质

放射性物质由于其特殊危险性，对其作了特殊标记规定，以起到警示作用。载运放射性货物包件上的特殊标记大体上包括如下几种情形：

①识别标记：每一包件须在其包件外表面标出易识别、耐久的特殊标记，用以确认发货人、收货人或两者同时标记。每一集合包件须在外部用持久易见的标记标出发货人或收货人，或者两者同时标记，或者集合包件内所有包件上都有这些标记且清晰可见。

②限重标记：每一超过50kg包件都须在其包装外表用易识别、耐久的标记标出其所允许的最大总重量。

③包件设计型式标记：对于IP-1型、IP-2型或IP-3型包件设计，须将"IP-1型"（TYPE IP-1）、"IP-2型"（TYPE IP-2）或"IP-3型"（TYPE IP-3）字样加贴在其包装外表，确保耐久，易于识别。A型包件设计须在其包装外表面标以易识别、耐久的"A型"（TYPE A）字样。

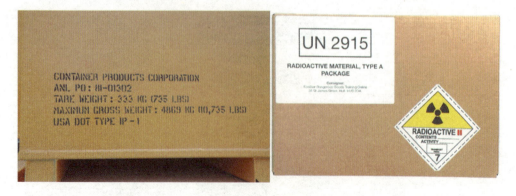

图 2-112 放射性包件中的包件设计型式标记示例

④包装识别标记：IP-2 型、IP-3 型或 A 型包件应以易辨耐久的标记标示出设计证书颁发国的国际车辆注册码（VRI 代码），并附以生产厂家的名称或其原设计国有关当局规定的包装识别标记。

图 2-113 放射性包件中的包装识别标记示例

⑤三叶草标记：B（U）型、B（M）型或 C 型包件上应在其最外层的耐火、防水容器表面，醒目地标示出三叶形符号标记，标记应以凹凸印、压印或其他耐火、防水的方法标示。

图 2-114　放射性包件中的三叶草标记示例

（2）危害环境物质

联合国 TDG 法规中要求对于归类为 UN 3077 和 UN 3082 的包件，应在其运输包件外表面加贴危害环境物质的特殊标记（简称"鱼树标记"）。该标记为 45° 角的正方形（菱形），符号（鱼和树）为黑色白底或适当反差底色，最小尺寸 100mm×100mm，菱形边线的最小宽度为 2 毫米。

图 2-115　危害环境物质标记

目前海运与空运、公路运输法规关于"鱼树标记"的适用范围要求不完全一致，具体要求如表 2-44 中所示。

进出口合规管理及风险防控

表 2-44 不同运输法规中危害环境物质标记的加贴要求

运输方式	法规依据	危害环境物质标记的加贴要求
海运	IMDG-code	满足环境危害分类标准，或 IMDG 3.2 章"危险货物一览表"第 4 栏以"P"作为标记的危险货物
空运	IATA-DGR	仅限分类为 UN 3077 和 UN 3082 的危险货物
陆运	ADR	满足环境危害分类标准的危险货物

因此，在实际运输包装上是否需要加贴"鱼树"标记，需要结合产品实际运输方式才能明确。同样产品不同运输方式，标记的加贴要求可能不同。例如，某易燃的油漆产品，UN 1263，同时满足环境危害分类标准，结合上述分析，海运和陆运需要加贴危害环境物质标记，而航空运输不需要[1]。

（3）方向标记

联合国 TDG 法规对符合以下 4 种情况的常规包装件（容积不大于 450 L 或者净含量不大于 400 kg），需按照 ISO 780 或各国等效标准（如中国 GB/T 191）的要求，在包件相对的两面加贴图 2-116 所示的方向标记。

①内包装装有液态危险货物的组合包装件；

②配有通风孔或泄压装置的单一包装件；

③拟装运冷冻液化气体的贮器；

④含有危险货物的机器或设备，当要求确保液体危险货物保持其预期方向时。

---

[1] 从多式联运的角度而言，空运即使加贴了"鱼树标记"也是可以的。

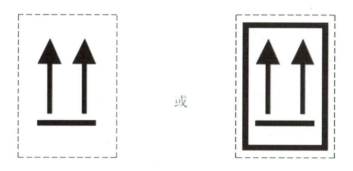

图 2-116 方向标记

方向标记为黑色或红色箭头，显示正确的朝上方向，底色为白色或适当的反差底色，围绕箭头的长方形边框可有可无。标记的大小应与包件的大小相适应，清楚易见。

对于以下例外情况，不需要标注"方向标记"：

01 内装压力贮器的外容器（低温容器除外）

02 组合包装，单个内包装≤120mL，且有足够的吸收材料

03 装有第6.2类，体积＜50mL的外容器

04 含有第7类的IP-2、IP-3、A型、B(U)型或C型包件

05 所载物品在任何方向都不会漏出的外容器（如，温度计）

06 单个内容器≤500mL的外容器

图 2-117 方向标记豁免条件

（4）有限数量运输标记

以有限数量（Limited Quantity，简称 LQ 或限量）运输的危险货物包件应显示下图所示的专属运输标记。其中空运的有限数量运输标记与海运和公路运输略有不同。从多式联运的角度而言，空运的限量运输标记在海运和公路运输中也是可以接受的。

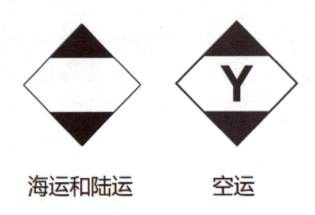

海运和陆运　　　空运

图 2-118　限量运输包装标记

该标记最小尺寸为 100mm×100mm，四方形线的最小宽度为 2mm。如果由于包件尺寸受限，尺寸可减少至 50mm×50mm，但必须确保标记内容清晰可辨。

（5）例外数量运输标记

以例外数量（Excepted Quantity，简称 EQ 或可免除量）运输的包件需加贴图 2-119 所示的专属运输标记。标记中"*"处应显示主要危险性类别，或已经划定的项别。如果包件没有在其他地方显示发货人或收货人的姓名，则在"**"处体现。

该标记应为正方形，影线和符号使用同一颜色，黑色或红色，放在白色或适当的反差底色上，也可以直接印刷在包装上，最小尺寸为 100mm×100mm。

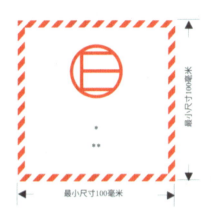

图 2-119 例外数量运输标记

（6）锂电池或钠离子电池运输标记

依据联合国 TDG 法规的规定，对于符合以下条件的锂电池或钠离子电池运输包件，需加贴下图所示的运输标记。

①锂离子或锂金属电池：符合联合国 TDG 法规特殊规定 188 条款的所有要求[1]。

②钠离子电池：符合联合国 TDG 法规特殊规定 188 或 400 条款的所有要求。

图 2-120 锂电池或钠离子电池运输标记

---

[1] 航空运输时，根据 IATA-DGR 的规定，锂离子电池如符合 PI965 1B 部分、PI966 II 部分或 PI967 II 部分，锂金属电池如符合 PI968 1B 部分、PI969 II 部分或 PI970 II 部分，才需要该锂电池专属运输标记。

"*"处应标明以字母"UN"打头的联合国编号，例如，锂金属电池电池组应标明 UN 3090。该标记形状为长方形或正方形，边缘为影线，尺寸最小为 100mm×100mm，影线的宽度至少为 5mm，符号为黑色、白色或适当的反差底色，影线为红色。如果因包件大小的需要，尺寸可减小，但最小不得小于 100mm（宽）×70mm（高）。

对于锂电池，符合联合国 TDG 法规第 21 版中的锂电池标记（图 2-121）可继续使用到 2026 年 12 月 31 日。

图 2-121　锂电池旧的运输标记

（7）磁性物质标记[1]

由于磁场会干扰飞机的导航系统，国际民航组织（ICAO）和国际航空运输协会（IATA）将磁性货物列为第 9 类杂项危险品，因此带有磁性材料（magnetized material）的航空货物需要进行检测其磁场强度（field strengths），以保证飞机的正常飞行。

根据 IATA-DGR 的规定，磁化材料（magnetized material）在磁性达到

---

[1]　磁性物质仅在空运时属于危险货物，联合国 TDG 法规和公路、铁路、水运运输法规均未将磁性物质列为危险货物。

一定强度后，应划入第 9 类杂项危险货物（UN 2807），必须在其包件或集合包件上加贴"磁性物质标记"，同时根据 IATA-DGR 第 7.2.3.9.1 章节规定，此时就免于粘贴第 9 类杂项危险货物运输标签。

图 2-122　磁性物质标记及粘贴示例

该标记仅在航空运输时需要，最小尺寸为 110mm（宽）×90mm（高），白色的底色配上蓝色的图形和文字。

（8）仅限货机标记

在航空运输时，部分危险货物（例如下图所示的 UN 1402）仅限货机运输，客货机禁运。此时需要在该货物包件上加贴"仅限货机（CARGO AIRCRAFT ONLY）"标记。

UN/ ID no.	Proper Shipping Name/Description	Class or Div. (Sub Hazard)	Hazard Label(s)	PG	EQ see 2.6	Passenger and Cargo Aircraft Ltd Qty				Cargo Aircraft Only		S.P. see 4.4	ERG Code
						Pkg Inst	Max Net Qty/Pkge	Pkg Inst	Max Net Qty/Pkge	Pkg Inst	Max Net Qty/Pkge		
A	B	C	D	E	F	G	H	I	J	K	L	M	N
1574	Calcium arsenate and calcium arsenite mixture, solid	6.1	Toxic	II	E4	Y644	1 kg	669	25 kg	676	100 kg		6L
	Calcium bisulphite solution, see Bisulphites, aqueous solution, n.o.s. ★ (UN 2693)												
1402	Calcium carbide	4.3	Dang. when wet	I	E0	Forbidden		Forbidden		487	15 kg		4W
				II	E2	Y475	5 kg	484	15 kg	489	50 kg		4W

图 2-123　空运危险货物一览表（部分）

图 2-124 UN 3480 锂离子电池仅限货机标记示例

该标记必须和运输标签粘贴在包装件的同一个面上。最小尺寸为 120 mm（宽）× 110 mm（高）。对于第 6.2 项感染性物质的小包装，尺寸可以减半。

（9）低温液体标记

航空运输时，如果是含有冷冻液化气体的包件及集合包件，除了需要粘贴常规的第 2.2 项非易燃无毒运输标签外，还需要额外加贴"低温液体"（Cryogenic Liquid）标记。

图 2-125 低温液体运输标记

该标记最小尺寸为 74mm（宽）× 105mm（高），绿色的底色配上白色的符号和文字。

（四）危险货物运输组件的标志牌

标志牌（Placard）又称为"揭示牌"，用于悬挂或固定在危险货物运输组件（例如，集装箱、厢式货车、铁路罐车等）的外表面，在运输过程中向各个参与方传递内装危险货物的危险性。

1. 标志牌规格

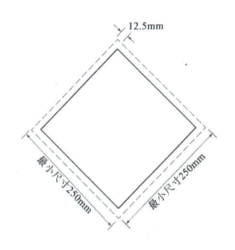

图 2-126 菱形标志牌图例（第 7 类除外）

如图 2-126 所示，标志牌是与水平线呈 45° 角放置的正方形，最小尺寸 250 mm × 250 mm，边缘内测线为平行线，线外缘与菱形标志牌边缘之间距离为 12.5 mm。内边缘线和符号与相应危险货物类别或分类标志颜色一致，下半部分内边缘线须与底角显示的类别或分类编号颜色一致。

标志牌上须显示货物运输标签上相对应的危险货物类别或项别（对于第 1 类爆炸品，显示其配装类），数字高度不少于 25 mm。

载运未包装 LSA-I 物质或 SCO-I 或 SCO-III 或包件（例外包件除外）的大型集装箱及罐柜，须粘贴如图 2-127 所示的标志牌，该标志牌须沿垂直方向贴在大型集装箱及罐柜的每侧和每端。

图 2-127　放射性物质标牌

　　该标牌符号是三叶形，三叶颜色是黑色。上半部分是黄色的带白色的边，下半部是白色的。下半部分标明"放射性"（RADIOACTIVE）字样，或在需要时显示适当的联合国编号，底角显示数字"7"。

　　标牌的尺寸至少为 250mm×250mm，边缘内 5mm 有一圈同边缘平行的黑线（如图 2-127）。如果使用不同的尺寸，图中的相对比例仍须保持。数字"7"须至少为 25mm 高，标牌上半部的底色须为黄色，下半部为白色，三叶形和印字为黑色。下半部"放射性"（RADIOACTIVE）字样的使用是非强制性的，也允许在此位置显示所托运货物的联合国编号。此外，也可使用放大了的运输标签替代上述标牌，只要尺寸符合标志牌大小即可。

　　2.标志牌的使用要求

　　联合国 TDG 法规第 5.3.1.1 节对所有运输模式的标志牌作出了以下统一要求。

　　（1）对于同一运输组件内（例如，集装箱）装有不同类别危险货物时，应将每种危险货物对应的标志牌都悬挂在运输装置外表面，相同危险性的无须重复加贴。除非：

①1.4 项，配装组 S 的危险货物运输装置不要求悬挂 1.4S 标志牌；

②装运第 1 类爆炸品的货物运输组件，如果有不同项别的爆炸品，则只需悬挂最高危险性项别的标志牌。

（2）标志牌应醒目易辨识，与货物运输组件底色呈鲜明对比，或虚线、实线标出外缘。

（3）对于有多个隔舱的货物运输组件，每个隔舱装不同种类危险货物时，则每个隔舱内危险货物的标志牌需悬挂在相应的隔舱上，如下图所示。

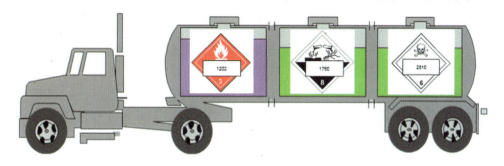

图 2-128　多隔舱的货物运输组件标志牌示例

（4）标志牌要求至少悬挂在运输装置对应的两个侧面[1]，确保所有参与装卸和运输的人员都能看到。

可移动罐柜

公路运输的半托挂车

图 2-129　不同运输组件标志牌粘贴示例

---

[1]　海运和公路运输法规中，对于不同货物运输组件的标志牌粘贴有具体的要求。海运可以参见 IMDG code 第 5.3.1.1.4 节；国内公路运输可参见 JT/T 617.5 第 7.1.2 节；国际公路运输 ADR 可参见 ADR 第 5.3.1 节。

在国际公路运输 ADR 和国内公路运输 JT/T 617.5 中，货物运输组件还需加贴额外的矩形标志牌（Orange-coloured Plate），具体如下图所示。

图 2-130 公路运输车辆加贴的矩形标志牌示例

（五）危险货物运输组件的标记

运输危险货物的集装箱、罐式车辆等在满足一定的条件时，需要在其外表面加贴相应的标记（Mark），与危险货物包件标记类似，包括 UN 编号、高温标记以及危害环境物质标记等。

1.联合国编号（UN 编号）

除第 1 类爆炸品外，装运以下危险货物的运输组件，需要按照要求显示货物的 UN 编号：

（1）运输固体、液体或气体的罐式运输组件[1]（例如，罐式集装箱，又称 ISO Tank）；

（2）运输固体的散装容器（Bulk Container）；

（3）仅运输一种包装危险货物的货物运输组件[2]；

（4）运输未包装的第 7 类 LSA-1 材料、SCO-Ⅰ或 SCO-Ⅲ货物车辆

---

[1]　对于多舱式罐体货物运输单元，需要在其每个舱体上加贴。

[2]　在海运 IMDG code 中，此项要求略有差异，除了要求仅装单一包装危险货物，只有一个 UN 编号，还要求货物总重超过 4000kg。

或集装箱或罐柜；

（5）当要求以独家使用运输时，具有唯一联合国编号的包装放射性货物装载于车辆内或车辆上或集装箱内。

在运输组件上，货物的联合国编号应以高度不小于 65mm 的黑色数字表示，显示方式可有以下两种：

——与标志牌组合显示，联合国编号位于标志牌的图形符号与类别或项及配装组字母之间，以白色底色形成鲜明对比，需要注意不能遮盖或妨碍看到其他必须展示的要素；

——单独显示，以高不小于 120mm、宽不小于 30mm，四周带有 10mm 黑框的橘黄色长方形板展示，位置紧靠菱形标志牌。对于容量不超过 300L 可移动罐柜，联合国编号可以适当缩小尺寸显示在罐体表面的橘黄色长方形板内，字符不小于 25mm 高。

图 2-131 联合国编号展示方式示例

在国际公路运输 ADR 和国内公路运输 JT/T 617.5 中，货物运输组件由于需要加贴额外的矩形标志牌，因此不需要再单独加贴 UN 编号。

2.高温物质标记

当液态物质运输或交付运输时温度等于或超过 100℃，或固态物质运输或交付运输时的温度等于或超过 240℃时，货物运输组件的每侧和每端需要加贴额外的"高温物质标记"，以提醒各个参与方。

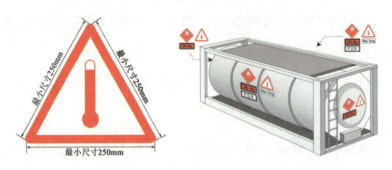

图 2-132　高温物质标记加贴示意图

该标记为红色的等边三角形，边长最小应为 250mm。对于容量不超过 3000L 可移动罐柜，表面不足以加贴大标记，边长的最小尺寸可缩小至 100mm。

3. 危害环境物质标记

在联合国 TDG 法规中，装有危害环境物质（UN 3077 和 UN 3082[1]）的货物运输组件须张贴危害环境物质标记。这与装有危害环境物质包件的"鱼树标记"类似。

含有危害环境物质的集装箱须清晰地在每侧和每端各显示（张贴）一个危害环境物质标记。如果是可移动罐柜，则也应在每侧和每端各贴一个，容量如果不超过 3000 升，可仅在相对的两侧张贴。如果是盛装一种以上危险货物的多格罐柜，应在相关分隔间的位置沿每侧标记。

[1]　与危险货物包件中的"鱼树标记"类似，在海运和公路运输中，环境有害物质的范围与联合国 TDG 法规不完全一致。

图 2-133 危害环境物质标记加贴示意图

张贴在集装箱或散装容器外的危害环境物质标记的形式、样式及外观都与包件外的"鱼树标记"一样，只是尺寸放大了，其最小尺寸须是 250mm×250mm；容量不超过 3000 L 的可移动罐柜，其尺寸可以降低至 100mm×100mm。

4.有限数量标记

装有有限数量运输货物的运输组件，应根据不同情况需要张贴有限数量标记，其外观与包件的有限数量标记一样，顶部、底部和边缘线为黑色，中间区域为白色或与背景形成鲜明反差的适当颜色，但最小尺寸须是 250mm×250mm 。

在实际使用时,需要根据运输组件内是否含有其他危险货物,做一个区分。

（1）仅含有限量危险货物

此时，该货物运输组件免于显示其他所有标牌和标记（包括正确运输名称、UN 编号和标记），仅需在其外部粘贴有限数量专属标记。

图 2-134 仅含有限数量包件的运输组件

（2）同时含有限量危险货物和其他危险货物

同时含有限量危险货物和其他危险货物的运输组件，须按其他危险货物的要求粘贴标牌和标记，而不以限量内货物进行标记[1]。

5.熏蒸警告标记

熏蒸货物运输组件须按照规定标有熏蒸警告标记。该标记须粘贴在打开或进入货物运输组件人员易于看见的每个入口处。在通风清除有害熏蒸气体，且熏蒸货物或材料被卸载前，该标记须一直附着在运输组件上。

图 2-135 熏蒸警告标记

---

[1] 除非其他危险货物豁免标牌标记要求，此时货物运输组件仍按限量货物的要求加贴标记。

该标记为长方形，最小尺寸是 400 mm（宽）× 300 mm（高），最小外边线宽度是 2 mm，白色背景配有黑色字体，字体高度不少于 25 mm。如因特殊情况无法满足尺寸要求，则所有要素须具有适当比例。

如果熏蒸货物运输组件在熏蒸后已彻底地自然通风或机械通风，须在熏蒸警告标记上标明通风日期。当熏蒸货物运输组件已经通风和卸载后，熏蒸警告标记应及时移除。

在海运时，该标记与其他标志牌及标记类似，需在经受海水浸泡 3 个月后仍清晰可见。

6. 窒息警告标记

货物运输组件内含有存在窒息风险、用于冷却或空气调节的物质，如干冰（UN 1845）或氮气（UN 1977）或冷冻液化氩气（UN 1951）时，需在外表面加贴"窒息警告标记"。该标记应贴在每一个可接近位置，选择的位置应使打开或进入集装箱的人能够易于看到。

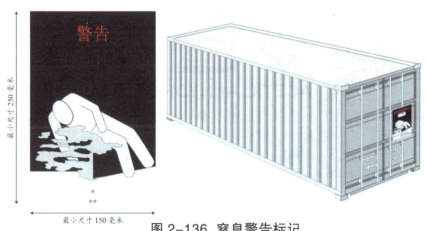

图 2-136 窒息警告标记

该标记是长方形，最小尺寸是 150 mm（宽）× 250 mm（高）。警告词"WARNING"（警告）须是红色或白色，至少 25mm 高。如因特殊情况无法满足尺寸要求，所有要素须为图中所示的大致比例。

在标记中"*"处应填入冷却/空调剂的正确运输名称，其字母须是大写，所有字母排成一行且至少 25 mm 高。如正确运输名称过长，空间不足以完全显示，可降低正确运输名称的最大字号要求以显示安全。

在海运时，该标记与其他标志牌及标记类似，需在经受海水浸泡 3 个月后仍清晰可见。

7. 正确运输名称标记

在海运时[1]，依据 IMDG code 第 5.3.2.0 节的规定，满足以下条件的货物运输组件，需至少在其两侧加贴货物的正确运输名称。

（1）装有危险货物的可移动罐；

（2）装有危险货物的散装货箱（Bulk Container）；或

（3）仅装有一种危险货物，且该危险货物免于加贴标志牌、UN 编号或海洋污染物标记。

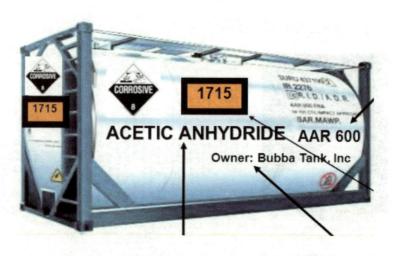

图 2-137 加贴正确运输名称的可移动罐柜

正确运输名称的字母大小不得小于 65mm 高，颜色须与背景形成鲜明对比。容量不超过 3000L 的可移动罐柜可以降低到 12mm。

---

[1] 该项要求仅在海运 IMDG code 中有，其他运输法规未提及。

第三章

危险化学品合规管理体系

第一节 危险化学品法规体系

一、国际法规体系

"危险化学品"（Hazardous Chemicals）一词，来源于我国《危险化学品安全管理条例》（国务院令第591号），其危害依据为等同采纳联合国 GHS 制度的我国 GB 30000 系列国家标准。因此，从这个角度而言，国际法规体系中的危险化学品可以认为是基于联合国 GHS 制度框架下的化学品，或者说，国际危险化学品法规体系是以联合国 GHS 制度为基础，各个国家 / 地区根据自身管理需要，制定适合本国或本地区化学品危害分类、SDS 和 GHS 标签的法规或标准。

（一）联合国 GHS 制度

联合国 TDG 法规的出台，统一了全球针对运输环节，具有易燃、易爆、腐蚀、毒害等危害货物的分类、包装和标签等要求，对规范危险货物国际运输，确保运输安全起到了积极作用。其后，随着人类对化学品危害认识的不断深入，可持续发展理念逐步深入人心，化学品的致癌、致畸、生殖毒性以及破坏臭氧层等危害越发引起各国政府和国际组织的高度关注。

1992年，联合国环境与发展会议（简称环发会议）上通过的《21世纪议程》

第 19.27 段，明确提出了一项国际行动，"可行的话，应于 2000 年之前建立全球统一的危险分类和配套的标签制度，包括物质的安全数据单和易懂的符号"，首次提出了要在联合国层面建立化学品全球统一的分类和标签制度。

2001 年，联合国经济及社会理事会成立了全球化学品统一分类和标签制度专家小组委员会，牵头 GHS 制度的起草工作。经济合作与发展组织（OECD）和国际劳工组织（ILO）也积极参与了制度的起草，各自在化学品健康环境危害分类和化学品 GHS 标签起草方面做出了贡献。

GHS 制度第 1 版于 2002 年 12 月 11 日~13 日通过联合国专家委员会的审核，并于 2003 年正式发布。与联合国 TDG 法规类似，GHS 制度发布以来也保持每两年更新一次的修订节奏。截至 2023 年 11 月，GHS 制度最新版本是第 10 修订版，官方文本以中文、英文、俄文等五种语言公开发行，电子版可供免费下载。[1]

如图 3-1 所示，GHS 制度主要内容分为化学品危害的统一分类和危害信息的统一公示两个方面。

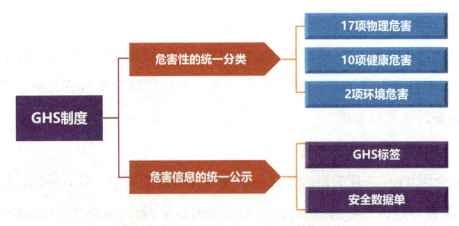

图 3-1 联合国 GHS 制度的主要内容

---

［1］　第 10 修订版 GHS 制度全文下载链接：https://unece.org/transport/dangerous-goods/ghs-rev10-2023。

GHS 制度建立了统一的国际化学品危害分类体系，不仅为很多尚未建立本国化学品管理制度的国家／地区提供了一个切实可行的框架，而且由于统一了危害分类标准，可以减少为了分类而重复开展的动物测试，推动了国际化学品的贸易。此外，GHS 制度通过新增致癌、靶器官毒性等健康和环境危害分类，可以更好地保护人类健康和环境安全。

联合国鼓励各国／地区逐步实施 GHS 制度，以统一各国／地区的危害分类标准，以及 SDS/GHS 标签编写要求。在具体执行层面，联合国允许各国／地区在制定各自 GHS 法规或标准时采用积木原则，选择全部或部分 GHS 制度技术内容，这也导致了目前各国／地区 GHS 法规或标准存在以下两个突出问题。

1. 执行进度不一致

联合国只是鼓励各国／地区执行 GHS 制度，并没有规定一个强制实施的截止日期。欧盟、日本、新西兰等发达国家／地区行动较早，很快就对本国／地区法规或标准进行更新，以与 GHS 制度保持一致，而且紧跟 GHS 制度的修订步伐，及时更新本国／地区法规。

而众多发展中国家／地区，由于自身化学品管理基础薄弱，行动较晚，而且执行的 GHS 制度版本较低（例如，GHS 制度第 3 修订版）。截至 2023 年，根据联合国官网的统计，共有 82 个国家／地区执行了 GHS 制度。

2. 技术要求不一致

联合国允许各国／地区采用积木原则，有选择性地执行 GHS 制度，这也导致各国／地区关于化学品危害分类的尺度、SDS/GHS 标签编写的要求并不完全一样。化学品在各国／地区贸易流通时，相关企业就需要根据输入国／地区的不同，不断去调整产品的危害分类、SDS 和 GHS 标签。从这个角度而言，GHS 制度的出台并没有真正做到全球统一的分类和危害公示。

鉴于篇幅有限，本章将对部分国家／地区的 GHS 制度做一个简要介绍。

（二）欧盟

2008 年 12 月 6 日，欧洲议会和欧盟理事会通过《物质和混合物分类、标签和包装法规》（1272/2008/EC，简称 CLP 法规）。CLP 法规是欧盟执行联合国 GHS 制度的具体举措，它将 GHS 制度中的危害分类体系和 SDS/GHS 标签要求引入到欧盟，同时也保留了欧盟原有《物质分类与标签》（67/548/EEC，简称 DSD 指令）和《配制品的分类与标签》（1999/45/EC，简称 DPD 指令）中部分特有的危害分类。因此，CLP 法规可以看做是欧盟 DSD/DPD 指令与联合国 GHS 制度调和的产物。

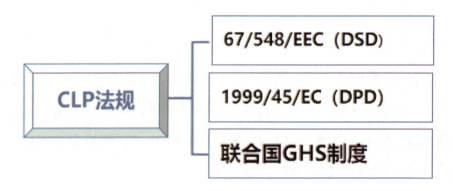

图 3-2 欧盟 CLP 法规的主要技术来源

CLP 法规主要包括化学品危害的统一分类和 GHS 标签的编写要求，而化学品 SDS 的格式和内容是在欧盟《关于化学品注册、评估、授权与限制的法规》（简称 REACH 法规）附件 II 中体现。

图 3-3 欧盟 GHS 制度的框架

与联合国 GHS 制度相比，欧盟 CLP 法规在危害分类和 GHS 标签方面，以及 REACH 有关 SDS 内容要求方面都有一些特殊要求，其中部分典型要求总结如下：

1. 危害分类

在化学品危害分类方面，CLP 法规在采纳 GHS 制度物理、健康和环境危害分类体系的同时，保留了 DSD/DPD 指令下部分所特有的危害描述，以"EUH###"编码的形式在 SDS 和 GHS 标签中展示。图 3-4 展示部分 EUH 编码。

EUH编码	补充说明	EUH编码	补充说明
EUH001	干燥时有爆炸性	EUH201	含铅。不得用于容易被儿童咀嚼或吸入的表面。
EUH006	不论空气接触与否均具有爆炸性	EUH201A	警告！含铅。
EUH014	与水剧烈反应	EUH202	氰基丙烯酸酯粘合剂。危险。在数秒内粘连皮肤和眼睛。放置于儿童不可触及的地方。
EUH018	使用中可能形成易燃或易爆的蒸汽-空气混合物	EUH203	含六价铬。可能产生过敏反应。
EUH019	可能形成爆炸性过氧化物	EUH204	含异氰酸酯。可能产生过敏反应。
EUH044	封闭情况下加热有爆炸危险	EUH205	含环氧树脂成分。可能产生过敏反应。
EUH029	遇水释放有毒气体	EUH206	警告！不可和其他产品一同使用。可能释放危险气体（氯）。

图 3-4 欧盟 EUH 编码举例

2023 年 3 月 31 日，欧盟官方公报（Official Journal of European Union L 97/7）发布了关于在欧盟 CLP 法规中新增内分泌干扰物、PBT/vPvB 和 PMT/vPvM 三大危害类别的修订［（EU）2023/707 法规］[1]。其中，内分泌干扰物需要考虑化学物质对人类健康和环境安全两个维度；而 PBT/vPvB 和

---

［1］ 有关（EU）2023/707 法规的详细要求可查看解读：https://mp.weixin.qq.com/s/xNTQ3qW2GjVSTorzi2Ayw。

PMT/vPvM 也各自分为 2 个小类，vPvB 表示高持久性和高生物蓄积性，vPvM
表示高持久性和高迁移性。

以上 3 项危害分类体系目前未被联合国 GHS 制度所采纳，属于欧盟特有。
在实施层面，新法规针对混合物和纯物质，以及进入市场流通的时间不同，
给予了不同的缓冲期。

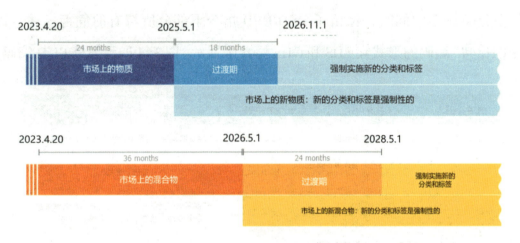

图 3-5 欧盟 3 项新危害实施时间

2.GHS 标签

在 GHS 标签内容和格式要求方面，CLP 法规在 2017 年新增了附件
VIII，要求在混合物标签上增加 UFI 代码（配方唯一性识别码）[1]，以执行
第 45 条款的毒物中心通报要求（Poison Center Notifier，简称 PCN）。

---

[1]　有关 UFI 和 PCN 的详细要求可查看技术解读：https://mp.weixin.qq.com/s/VaQi4hgo00I3IBktyhvkbg.

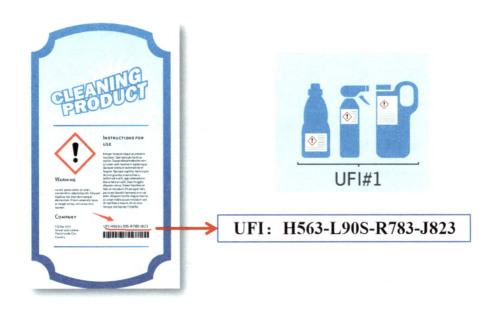

图 3-6 含有 UFI 代码的欧盟 CLP 标签

3.SDS

2020 年 6 月 26 日，欧盟官方公报（Official Journal of European Union L 203/28）发布了对 REACH 法规附件 II 有关 SDS 内容和格式的更新［（EU）2020/878 法规］[1]，并于 2023 年 1 月 1 日强制实施。

本次修订一方面是与联合国 GHS 制度第 6 和第 7 修订版保持一致，另一方面也是落实欧盟关于纳米材料、毒物通报（PCN）、内分泌干扰物（ED）以及供应链上下游危害传递的具体措施。

---

［1］ 有关（EU）2020/878 法规的详细要求可查看解读：https：//mp.weixin.qq.com/s/xNTQ3q W2GjVSTorzri2Ayw。

图 3-7 （EU）2020/878 法规有关 SDS 的新要求

2008 年出台的第一版 CLP 法规是以联合国 GHS 制度第 2 修订版的技术内容为依据。随后，欧盟 CLP 法规定期保持更新和修订。截至 2023 年 11 月，CLP 法规已经累计发布了 18 次基于科学和技术进步的技术修订（简称 ATP），最新版 CLP 法规综合文本（Consolidated Version）包含了除第 15 次和第 17 次 ATP 之外的全部修订内容，可在欧洲化学品管理署（简称 ECHA）官网免费下载[1]。

（三）美国

美国 GHS 制度主要由美国职业安全与健康管理局（OSHA）、美国环保署（EPA）和美国消费品安全委员会（CPSC）分别牵头在各自管辖的领域开展实施。

1.OSHA

2012 年 3 月 26 日，美国 OSHA 发布了修订后的《危害沟通标准》（Hazard Communication Standard，简称 HCS-2012[2]），并于 2015 年 6 月 1 日在工

---

[1] CLP 法规最新综合文本下载地址：https://echa.europa.eu/regulations/clp/legislation。

[2] HCS-2012 全文下载地址：https://www.osha.gov/laws-regs/regulations/standardnumber/1910/1910.1200。

作场所强制实施。HCS-2012 在技术内容方面与联合国 GHS 制度第 3 修订版保持一致，由于仅在工作场所实施，因此 HCS-2012 只采纳了 GHS 制度中的物理危害和健康危害，未采纳环境危害。此外，与欧盟 CLP 法规类似，HCS-2012 也保留了 3 项特有危害。

危险类别	危险说明	信号词	象形图
发火气体	暴露在空气中会自燃	危险	
单纯窒息剂	可以取代氧而引起快速窒息	警告	无
可燃性粉尘	可能造成空气中可燃性粉尘聚集	警告	无

图 3-8 美国 HCS-2012 特有的 3 项危害

2021 年 2 月 16 日，OSHA 发布了一项 HCS-2012 更新的提议[1]，以实现与联合国 GHS 制度第 7 修订版的技术内容保持一致。该提议还包括了来自 GHS 第 8 修订版的部分新增内容，包括：新增皮肤非动物试验方法；新增加压化学品；更新部分防范说明。

2.EPA

对于管辖的农药产品，EPA 并未执行联合国 GHS 制度，现行的 Federal Insecticide, Fungicide and Rodenticide Act（简称 FIFRA 法案）关于农药的急毒性分类和标签要素要求，也和 HCS-2012 不一致。因此，2012 年 4 月 20 日，美国 EPA 发布了一个关于农药注册的通知［Pesticide Registration

---

［1］ HCS 修订提议全文查看链接：https：//www.osha.gov/hazcom/rulemaking。

Notice（PRN 2012-1）〕[1]，建议农药企业在依据 HC-2012 编写 SDS 时，加上符合 FIFRA 法案的农药标签信息，并对 GHS 标签与农药标签的差异做一个说明，同时可在现有农药标签的基础上，增加 GHS 标签的要素，以确保同时符合 FIFRA 法案和 HCS-2012 的要求。

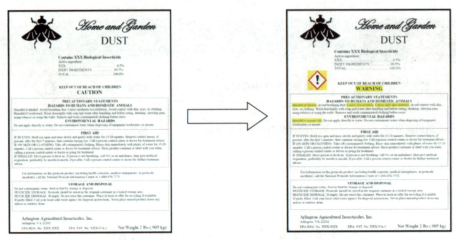

现行的农药标签　　　　　　　　　　修改后的GHS标签

图 3-9　美国现行农药标签和修改后的 GHS 标签示例

3.CPSC

2007 年，美国 CPSC 将现行 Federal Hazardous Substances Act（简称 FHSA）的部分条款要求与 GHS 制度做了对比分析，确认现行 FHSA 与 GHS 制度有不一致的地方，并做了初步评估。2008 年，CPSC 决定要启动一个 FHSA 和 GHS 制度详细的对比计划，以决定将 GHS 制度中哪些技术条款引入 FHSA 中，以及是否有必要对现行其他法规做配套修改，以确保新法规可执行。截至 2023 年，该项工作暂无新的进展。

---

[1]　PRN 2012-1 全文查看链接：https://www.epa.gov/pesticide-registration/prn-2012-1-material-safety-data-sheets-pesticide-labeling。

（四）日本

1. 制度框架

日本 GHS 制度的实施主要涉及《工业安全卫生法》（Industrial Safety and Health Law，简称 ISHL 法）、《特定化学物质环境排放量登记管理法》（简称 PRTR 法规）和《有毒有害物质控制法案》（Poisonous and Deleterious Substances Control Law，简称 PDSCL 法），具体要求如下：

（1）2006 年 1 月，日本对 ISHL 法进行了修订，从 2006 年 12 月 1 日起根据 ISHL 法规第 57-2 条的规定，大约有 644 个化学物质在工业转移或流通时，需向供应链下游提供符合要求的 SDS。

（2）1999 年，日本发布 PRTR 法规，依据化学物质对人体和环境的危害（包括致癌、致畸、生殖毒性等），对化学品进行分类管理，包括 462 种第 I 类指定化学品和 100 种第 II 类指定化学品。

根据 PRTR 法规的要求，这 562 种化学品必须提供 SDS 和 GHS 标签。根据 2021 年 10 月 20 日政府公报宣布，日本将第 1 类指定化学品的种类增加到 515 种，第 II 类指定化学品种类增加到 134 种，因此，所有这 649 种物质从 2023 年 4 月 1 日起，必须提供 SDS。

（3）1950 年，日本发布的《有毒有害物质控制法案》（简称 PDSCL 法）规定，属于特定有毒物质、有毒物质及有害物质的 3 类化学品，需要提供 SDS 和 GHS 标签。

图 3-10　日本执行 GHS 制度的 3 部法规简介

除了上述 3 个法规监管的物质外，日本政府鼓励工业界积极执行 GHS 制度，按照日本的相关标准，做好化学品的危害信息传递工作。

2.危害分类标准

2019 年 5 月 25 日，日本依据联合国 GHS 制度第 6 修订版，发布了 JIS Z 7252：2019《基于 GHS 的化学品分类标准》，取代 JIS Z 7252：2014，并于 2022 年 5 月 24 日强制实施。该标准适用于日本国内的化学品危害分类。相比 GHS 制度的分类体系，JIS Z 7252：2019 没有采纳以下 3 个危险项别：急性毒性 第 5 类、皮肤腐蚀 / 刺激 第 3 类以及吸入危害 第 2 类。

3.SDS 和 GHS 标签编写标准

2019 年，日本发布了基于联合国 GHS 制度第 6 修订版的 JIS Z 7253：2019《基于 GHS 化学品的危害通识 -- 标签和安全数据表》，取代之前的 JIS Z 7253：2012，是目前日本 SDS 和 GHS 标签编写依据。

JIS

GHS に基づく化学品の分類方法

JIS Z 7252：2019

(JCIA/JSA)

危险性分类

JIS

GHS に基づく化学品の危険有害性情報の
伝達方法－ラベル，作業場内の表示及び
安全データシート（SDS）

JIS Z 7253：2019

(JCIA/JSA)

SDS/GHS标签

图 3-11 日本现行化学品分类和 SDS/GHS 标签编写标准

（五）新西兰

新西兰 1996 年修订颁布的《危险物质和新生物法》（Hazardous

Substances and New Organisms Act 1996，简称 HSNO 法）对国内生产和进口的危险化学品进行全面管理，包括对危险化学品进行危害分类和编制 SDS/GHS 标签。

2001 年，新西兰发布了《危险物质（分类）法规 2001》。该法规基于联合国 GHS 初稿，成为 HSNO 法下的危险化学品分类标准，从 2001 年 7 月 1 日起实施 GHS，并自 2006 年 7 月 1 日起对所有化合物（包括新化学品物质和现有化学物质）适用，是全球最早实施 GHS 制度的国家。

2019 年 10 月，新西兰环保署（EPA）正式启动了执行联合国 GHS 制度第 7 修订版的咨询文件，于 2020 年 10 月 15 日正式发布了 "Hazardous Substances（Hazard Classification）Notice 2020"，2021 年 4 月 30 日实施。对于现有化学物质，该通告给予了 4 年的过渡期，允许工业界逐步更新已有的 SDS 和 GHS 标签。

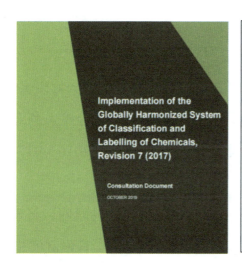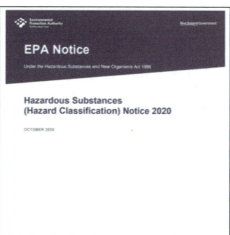

图 3-12　新西兰执行 GHS 第 7 修订版的相关通知

与联合国 GHS 制度第 7 修订版相比，新西兰未采纳健康危害和环境危害中危害较低的危险类别，主要包括急性毒性类别 4 和类别 5、急性水生毒性类别 2 和类别 3 以及危害臭氧层危害。同时，新西兰对于环境危害，还新增了陆地环境危害（Hazardous to the Terrestrial Environment），主要包括对土壤生物、陆生脊椎动物、陆生无脊椎动物以及用作生物杀灭剂 4 个小类。

为了与新的危害分类体系保持一致，新西兰 EPA 陆续更新了 SDS 和 GHS 标签编写指南，以及 HSNO 法中与危险化学品相关的文件。

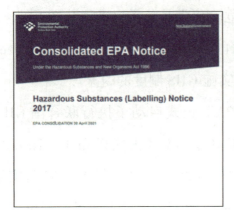 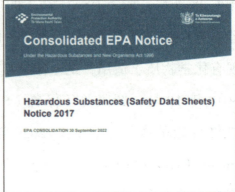

图 3-13 新西兰最新版 SDS 和 GHS 标签编写指南

（六）澳大利亚

2012 年 1 月 1 日，澳大利亚工作健康和安全法规（Work Health and Safety Work Regulation，简称 WHS 法规）正式生效，标志着澳大利亚正式执行 GHS 制度，其技术内容对标联合国 GHS 第 3 修订版，2016 年 12 月 31 日强制实行。

2021 年 1 月 1 日起，澳大利亚正式发布，计划用两年的时间，将现行的 WHS 法更新至联合国 GHS 制度第 7 修订版，2023 年 1 月 1 日强制实施 GHS 第 7 修订版。

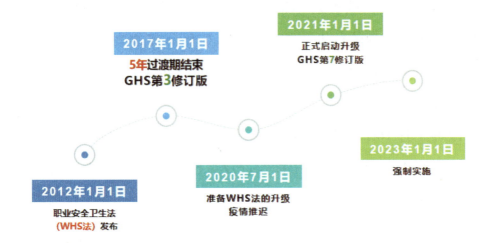

图 3-14 澳大利亚 GHS 制度实施路线图

为了帮助工业界顺利过渡到 GHS 第 7 修订版，澳大利亚发布了化学品危害分类和 SDS/GHS 标签编写指南。

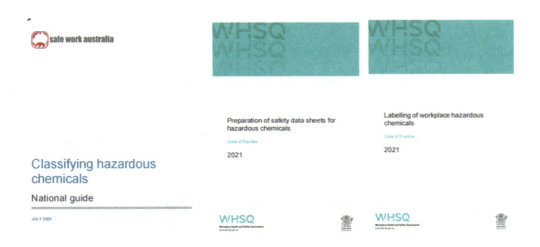

图 3-15 澳大利亚 GHS 实施配套指南

（七）韩国

韩国 GHS 制度的实施有 OSHA 和 CCA 两部法规。韩国雇佣劳动部（MoEL）牵头实施的《职业健康与安全法》（OSHA）（Act No.16722），在职业安全和卫生领域实施 GHS，并于 2016 年依据联合国 GHS 制度第 4 修订版，发布了配套的危害分类、SDS 和 GHS 标签编写要求：《Standards for Classification and Labelling of Chemicals and Safety Data Sheets》（Notice 2016-19）。

2019 年 1 月 16 日，韩国修订了 OSHA，要求化学品的生产商和进口商向 MoEL 提交 SDS，并对 SDS 中涉及商业保密信息（CBI）要求提交申请，于 2021 年 1 月 16 日生效。对于 2021 年 1 月 16 日之前市场上流通的现有化学物质，OSHA 法规根据年生产或进口的吨位，给予了不同的过度期。

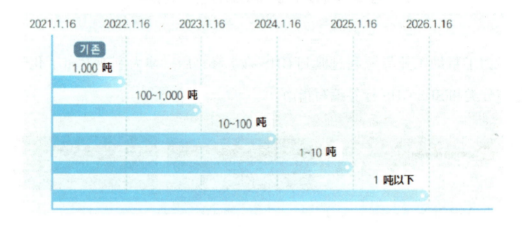

图 3-16 韩国 OSHA 修订内容对于现有化学品的过渡期

2020 年 11 月 MoEL 依据联合国 GHS 第 6 修订版，发布了新版危害分类、SDS 和 GHS 标签编写要求 Notice 2020-130，取代了之前的 Notice 2016-19。而《化学品控制法》（简称 CCA）于 2015 年 1 月 1 日生效，和 K-REACH 法规一起取代了之前的 TCAA。K-REACH 管理新物质部分和优先评估物质，CCA 管理危险物质和化学事故响应。

二、国内法规

在国内，2011 年 12 月 1 日实施的《危险化学品安全管理条例》（国务院令第 591 号，以下简称《条例》）从最高层对我国危险化学品生产、经营以及进出口等环节明确了监管主体和具体职责。应急管理局（原安全生产监督管理局）、海关、环保部等各个部委根据《条例》赋予的职责，分别出台了危险化学品在生产、经营、使用和进出口等环节面临的具体合规要求。

（一）《危险化学品安全管理条例》（国务院令第 591 号）[1]

中华人民共和国国务院令
第591号

《危险化学品安全管理条例》已经2011年2月16日国务院第144次常务会议修订通过，现将修订后的《危险化学品安全管理条例》公布，自2011年12月1日起施行。

总理　温家宝
二〇一一年三月二日

图 3-17 《条例》发布的相关信息

2011 年 3 月 2 日，新版《条例》正式发布，并于 2011 年 12 月 1 日起实施。《条例》对于危险化学品的定义以及范围作了明确规定，并对危险化学的生产、储存、使用、经营和运输提出了具体管理要求。其中，与危险化学品进出口相关的合规要求主要包括以下几个方面。

1. 进出口危险化学品及其包装

《条例》第六条第（三）条款明确规定，海关（原出入境检验检疫局）对进出口危险化学品及其包装实施检验。

---

[1]　《条例》（591 号令）全文查看链接：https://www.gov.cn/flfg/2011-03/11/content_1822902.htm。

（三）质量监督检验检疫部门负责核发危险化学品及其包装物、容器（不包括储存危险化学品的固定式大型储罐，下同）生产企业的工业产品生产许可证，并依法对其产品质量实施监督，负责对进出口危险化学品及其包装实施检验。

图 3-18 《条例》提出对进出口危险化学品及其包装实施检验

为了做好进出口危险化学品及其包装的检验监管，2020 年 12 月 18 日，海关总署发布了《关于进出口危险化学品及其包装检验监管有关问题的公告》（海关总署公告 2020 年第 129 号）[1]，对列入《危险化学品目录》（最新版）的进出口危险化学品及其包装实施检验，同时取代了原质检总局 2012 年第 30 号公告。

图 3-19 海关总署第 129 号公告明确了进出口危险化学品及其包装的监管要求

2. 危险化学品登记

《条例》第六十六和六十七条明确提出，对于进口和生产的危险化学品实行登记制度。危险化学品生产和进口企业应向当地应急管理部门负责危险化学品登记的机构办理危险化学品登记，领取危险化学品登记证，方可进行

———————

[1]　2020 年第 129 号公告全文查看链接：http://www.customs.gov.cn//customs/302249/302266/302267/3476363/index.html。

危险化学品生产和进口。

第六十六条 国家实行危险化学品登记制度，为危险化学品安全管理以及危险化学品事故预防和应急救援提供技术、信息支持。

第六十七条 危险化学品生产企业、进口企业，应当向国务院安全生产监督管理部门负责危险化学品登记的机构（以下简称危险化学品登记机构）办理危险化学品登记。

图 3-20 《条例》提出对危险化学品实施登记制度

2012 年 7 月 1 日，国家安全生产监督管理总局发布了《危险化学品登记管理办法》（国家安全生产监督管理总局令第 53 号[1]，以下简称第 53 号令），2012 年 8 月 1 日起施行，对危险化学品登记的范围、时间、内容和流程等做出了具体规定。

第 53 号令适用的危险化学品范围既包括《危险化学品目录》（2015 版）列明的 2828 个条目，同时也包括符合《危险化学品目录》确定原则的所有危险化学品。因此，涉及的危险化学品种类和数量非常多。

国家安全生产监督管理总局令

第 53 号

《危险化学品登记管理办法》已经2012年5月21日国家安全生产监督管理总局局长办公会议审议通过，现予公布，自2012年8月1日起施行。原国家经济贸易委员会2002年10月8日公布的《危险化学品登记管理办法》同时废止。

2012年7月1日

图 3-21 第 53 号令发布信息

相关企业在办理危险化学品登记时需要重点关注以下几个方面：

（1）提交符合国标的 SDS 和 GHS 标签

在进行危险化学品登记时，企业应提供符合我国国家标准（如图 3-22

---

［1］ 2012 年第 53 号令全文查看链接：https://www.gov.cn/gongbao/content/2012/content_2251664.htm。

所示）的 SDS 和 GHS 标签。特别是对于进口危险化学品，国外供应商提供的 SDS 和 GHS 标签可能不一定符合国标要求。

序号	国家标准	适用范围
1	GB/T16483-2008化学品安全技术说明书 内容和项目顺序	SDS的编制
2	GB/T17519-2013化学品安全技术说明书编写指南	
3	GB15258-2009化学品安全标签编写规定	GHS标签的编制

图 3-22 我国 SDS 和 GHS 标签编写要求

（2）国内 24 小时应急咨询电话

《危险化学品登记管理办法》第二十二条规定，危险化学品生产、进口企业应当在安全技术说明书（SDS）、GHS 标签以及登记材料中提供符合要求的应急咨询电话，并设立由专职人员 24 小时值守的国内固定服务电话[1]，向用户提供危险化学品事故应急咨询服务，为危险化学品事故应急救援提供技术指导和必要的协助。

（3）登记流程

危险化学品登记的大致流程如图 3-23 所示。

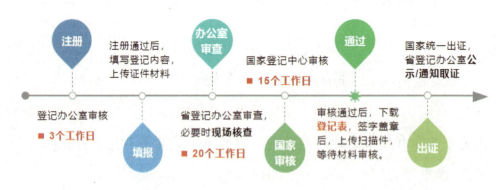

图 3-23 危险化学品登记大致流程

---

[1] 应急咨询电话必须是 24 小时响应，而且是国内电话。企业如无法提供，也可选择购买专业咨询机构的 24 小时应急咨询服务。

3.新化学物质环境登记

《条例》第六条第（四）条款明确规定，环境保护主管部门负责危险化学品环境管理登记和新化学物质环境管理登记。2020 年 4 月生态环境部发布了新版《新化学物质环境管理登记办法》（生态环境部令第 12 号[1]，以下简称 12 号令），取代了原环境保护部发布的 7 号令。

新化学物质环境管理登记办法

《新化学物质环境管理登记办法》已于2020年2月17日由生态环境部部务会议审议通过，现予公布，自2021年1月1日起施行。2010年1月19日原环境保护部发布的《新化学物质环境管理办法》（环境保护部令第7号）同时废止。

部长 黄润秋
2020年4月29日

图 3-24 生态环境部第 12 号令发布信息

12 号令第四条，明确规定我国对于新化学物质采取环境管理登记的管理措施。新化学物质环境管理登记分为常规登记、简易登记和备案。新化学物质的生产者或者进口者，应当在生产前或者进口前取得新化学物质环境管理常规登记证或者简易登记证或者办理新化学物质环境管理备案。

图 3-25 新化学物质环境登记的 3 种类型

---

［1］ 12 号令全文查看链接：https：//www.mee.gov.cn/xxgk2018/xxgk/xxgk02/202005/t20200507_777913.html。

3 种登记类型的登记流程略有不同，具体如图 3-26 所示。

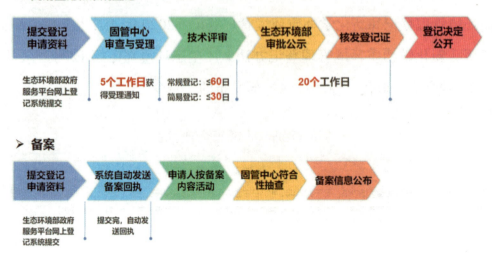

图 3-26 新化学物质环境登记的基本流程

2020 年 11 月，为了配合 12 号令的实施，生态环境部发布了新版《新化学物质环境管理登记指南》[1]，对新化学物质环境登记的范围、类型、程序、申请资料等作出了详细规定。

部分进出口的危险化学品（例如，甲苯、丙酮等）除需要遵守 591 号令下的合规要求外，还属于国家进出口管制化学品，需要遵守管制类化学品的相关要求。

（二）《两用物项和技术进出口许可证管理办法》

2005 年 12 月 31 日，为维护国家安全和社会公共利益，履行我国缔结或者参加的国际条约、协定中所承担的义务，加强两用物项和技术进出口许可证管理，商务部和海关总署联合发布了《两用物项和技术进出口许可证管

---

[1]　《新化学物质环境管理登记指南》全文查看链接：https://www.mee.gov.cn/xxgk2018/xxgk/xxgk01/202011/t20201119_808843.html。

理办法》（以下简称《两用物项管理办法》[1]），对列入《两用物项和技术进出口许可证管理目录》的化学品、物品或相关技术实施进出口许可证管理。

两用物项和技术进出口许可证管理办法

(2005年12月31日商务部、海关总署令第29号公布 自2006年1月1日起施行)

第一章 总则

第一条 为维护国家安全和社会公共利益，履行我国在缔结或者参加的国际条约、协定中所承担的义务，加强两用物项和技术进出口许可证管理，依据《中华人民共和国对外贸易法》、《中华人民共和国海关法》和有关行政法规的规定，制定本办法。

图 3-27 《两用物项管理办法》发布信息

根据《两用物项管理办法》第四条的规定，商务部会同海关总署每年定期发布《两用物项和技术进出口许可证管理目录》（以下简称《管理目录》）[2]。《管理目录》分为出口许可证管理目录和进口许可证管理目录两个部分。

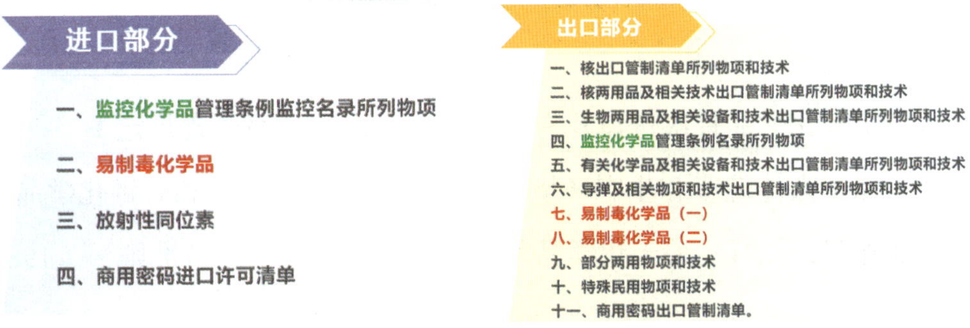

图 3-28 《管理目录》的两个组分部分

---

[1] 《两用物项管理办法》全文查看链接：http://www.mofcom.gov.cn/zfxxgk/article/xxyxgz/202112/20211203230735.shtml。

[2] 2024版《管理目录》全文查看链接：http://www.mofcom.gov.cn/article/zwgk/gkzcfb/202312/20231203463916.shtml。

如图 3-28 所示，《管理目录》中主要涉及监控化学品和易制毒化学品，其中对监控化学品的管制主要来自《中华人民共和国监控化学品管理条例》[1]及其实施细则，而易制毒化学品的管制要求来自商务部出台的《易制毒化学品进出口管理规定》[2]。

商务部 2007 年第 23 号公告[3]对于含有易制毒化学品混合物的进出口做出了特别说明。除含易制毒化学品的复方药品制，符合图 3-26 所示的易制毒混合物进出口都要办理许可证。

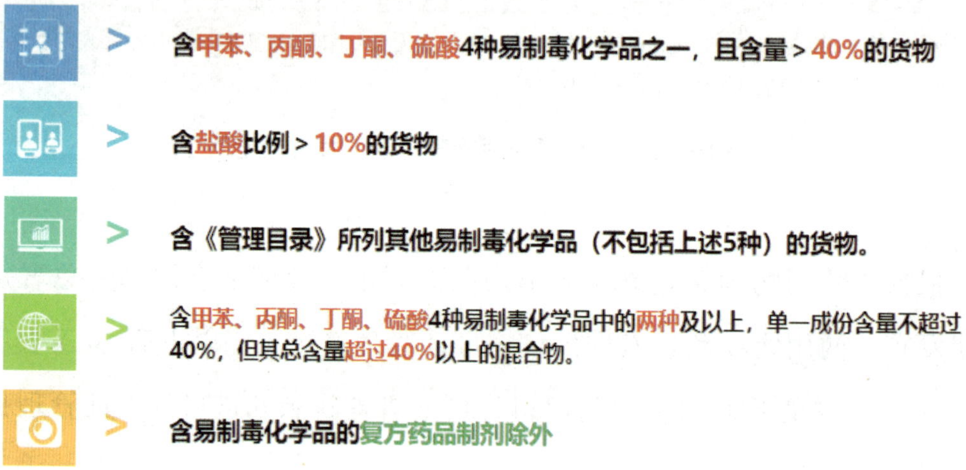

> 含甲苯、丙酮、丁酮、硫酸4种易制毒化学品之一，且含量 > 40%的货物

> 含盐酸比例 > 10%的货物

> 含《管理目录》所列其他易制毒化学品（不包括上述5种）的货物。

> 含甲苯、丙酮、丁酮、硫酸4种易制毒化学品中的两种及以上，单一成份含量不超过40%，但其总含量超过40%以上的混合物。

> 含易制毒化学品的复方药品制剂除外

图 3-29 含易制毒化学品混合物的管理要求

（三）《化学品首次进口及有毒化学品进出口环境管理规定》

为了保护人体健康和生态环境，加强化学品首次进口和有毒化学品进出口的环境管理，执行《关于化学品国际贸易资料交流的伦敦准则》（1989 年

---

[1]　《中华人民共和国监控化学品管理条例》全文查看链接：https：//www.gov.cn/gongbao/content/2011/content_1860782.htm。

[2]　《易制毒化学品进出口管理规定》全文查看链接：https：//www.gov.cn/zhengce/2006-10/21/content_5712487.htm。

[3]　2007 年第 23 号公告全文查看链接：http：//www.mofcom.gov.cn/aarticle/b/c/200705/200705 04700699.html。

修正本）（简称《伦敦准则》），原国家环境保护局、海关总署和原对外贸易经济合作部于 1994 年 3 月 16 日，联合发布了《化学品首次进口及有毒化学品进出口环境管理规定》（环管〔1994〕140 号）[1]，2007 年 7 月做了修订。

化学品首次进口及有毒化学品进出口环境管理规定

（1994年3月16日国家环境保护局、海关总署和对外贸易经济合作部环管〔1994〕140号发布 2007年7月6日《关于废止、修改部分规章和规范性文件的决定》修正）

第一章 总 则

第一条 为了保护人体健康和生态环境，加强化学品首次进口和有毒化学品进出口的环境管理，执行《关于化学品国际贸易资料交流的伦敦准则》（1989年修正本）（以下简称《伦敦准则》），制定本规定。

图 3-30 《化学品首次进口及有毒化学品进出口环境管理规定》发布信息

环保部门对列入《中国禁止或严格限制的有毒化学品名录》的化学品进出口提出了环境登记和审批的管理要求。海关对列入《中国禁止或严格限制的有毒化学品名录》的化学品进出口，凭国家主管当局签发的《有毒化学品进出口环境管理放行通知单》验放。

《中国严格限制的有毒化学品名录》由国家生态环境部、海关总署和商务部共同制定，定期更新[2]。

---

[1] 全文查看链接：https://www.mee.gov.cn/gzk/gz/202111/t20211129_962173.shtml。

[2] 最新版为《中国严格限制的有毒化学品名录》（2023 年）。

第二节 《危险化学品目录》解读

一、《危险化学品目录》简介

2015 年 2 月 27 日, 依照《危险化学品安全管理条例》（国务院令第 591 号）有关规定, 应急管理部（原国家安全监管总局）会同工业和信息化部、公安部、环境保护部、交通运输部、农业部、国家卫计委、质检总局、铁路局以及民航总局制定了《危险化学品目录（2015 版）》（以下简称《目录》[1]）, 并于 2015 年 5 月 1 日起施行。

《危险化学品名录（2002 版）》（原国家安全生产监督管理局公告 2003 年第 1 号）和《剧毒化学品目录（2002 年版）》（原国家安全生产监督管理局等 8 部门公告 2003 年第 2 号）同时废止。

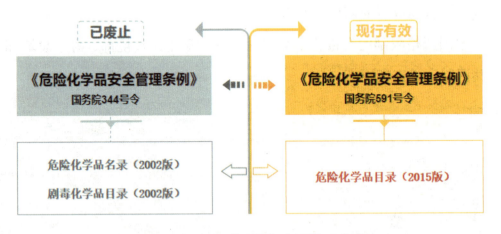

图 3-31 新旧《目录》变更的示意图

---

[1] 《目录》全文下载地址：https://www.mem.gov.cn/gk/gwgg/201503/W020171101479508073559.doc。

如图 3-31 所示，《目录》（2015 版）是应急管理部落实国务院第 591 号令监管要求的重要举措，也是企业落实危险化学品安全管理主体责任，以及相关部门实施监督管理的重要依据

（一）《目录》主要内容

《危险化学品目录》主要由"说明"和 2828 个条目两个部分组成，其中"说明"部分明确了危险化学品和剧毒化学品的确认原则，解释了 2828 个条目的含义以及相关特殊要求。

危险化学品是指具有毒害、腐蚀、爆炸、燃烧、助燃等性质，对人体、设施、环境具有危害的剧毒化学品和其他化学品。定义中强调了剧毒化学品和其他化学品，简单来说就是物质和混合物，例如氢氧化钠、硫酸、苯酚，以及油漆涂料等。

此定义需要与含有危险化学成分的物品区分开。在欧盟 REACH 法规第 3.3 条中，对"物品（Article）"作了以下定义：物品系指在生产过程中具有某种特殊形状、外观或设计的产品，这些性质在某种程度上比其化学成分更决定其功能，例如锂电池、蓄电池等都属于物品。

因此，《目录》中的危险化学品不包括图 3-32 所示的锂电池等含有危险化学品的物品。

甲醇（纯物质）

油漆（混合物）

锂电池（物品）

图 3-32 常见的化学品和物品举例

《目录》中的剧毒化学品在危险分类类别上，都属于急性毒性类别 1 的危险化学品，其急性健康毒性的毒理学指标（LD_{50} 和 LC_{50}）满足图 3-33 所示条件。

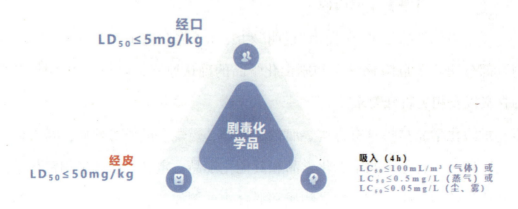

图 3-33 剧毒化学品的确定原则

（二）危险化学品确定原则

化学品种类繁多，据美国化学文摘社的统计，有 CAS 号的化学品有上亿种。为了明确危险化学品的范围，2015 版《目录》在"说明"部分重点介绍了危险化学品的"确定原则"，也就是化学品具有哪些危害才属于危险化学品。

《目录》以我国 GB 30000 系列化学品危害分类标准为框架，结合国内监管实际情况，从化学品 28 类 95 个危险类别中，选取了其中危险性较大的 81 个类别作为危险化学品确定原则，详见表 3-1。

与联合国 GHS 制度相比，《目录》关于危险化学品确定原则未采纳爆炸物第 1.5 项和第 1.6 项、易燃液体类别 4、自反应物质 F 型和 G 型等危害较低的类别。

表 3-1 危险化学品的确定原则

危险和危害种类		类别					
物理危险	爆炸物	不稳定爆炸物	1.1	1.2	1.3	1.4	1.5	1.6
	易燃气体	1	2	A（化学不稳定性气体）	B（化学不稳定性气体）			
	气溶胶	1	2	3				
	氧化性气体	1						
	加压气体	压缩气体	液化气体	冷冻液化气体	溶解气体			
	易燃液体	1	2	3	4			
	易燃固体	1	2					
	自反应物质和混合物	A	B	C	D	E	F	G
	自热物质和混合物	1	2					
	自燃液体	1						
	自燃固体	1						
	遇水放出易燃气体的物质和混合物	1	2	3				
	金属腐蚀物	1						
	氧化性液体	1	2	3				
	氧化性固体	1	2	3				
	有机过氧化物	A	B	C	D	E	F	G

危险和危害种类		类别						
健康危害	急性毒性	1	2	3	4	5		
	皮肤腐蚀/刺激	1A	1B	1C	2	3		
	严重眼损伤/眼刺激	1	2A	2B				
	呼吸道或皮肤致敏	呼吸道致敏物1A	呼吸道致敏物1B	皮肤致敏物1A	皮肤致敏物1B			
	生殖细胞致突变性	1A	1B	2				
	致癌性	1A	1B	2				
	生殖毒性	1A	1B	2	附加类别（哺乳效应）			
	特异性靶器官毒性–一次接触	1	2	3				
	特异性靶器官毒性–反复接触	1	2					
	吸入危害	1	2					
环境危害	危害水生环境	急性1	急性2	急性3	长期1	长期2	长期3	长期4
	危害臭氧层	1						

橙色背景的危险类别属于危险化学品确定原则。

（三）新旧目录差异性对比

与《危险化学品名录（2002版）》相比，2015版《目录》的主要技术变化可归纳为以下几个方面：

1. 化学品危险性分类标准与国际接轨

如上文所述，2015 版《目录》中关于危险化学品的分类采纳了我国 2013 年发布的《化学品分类和标签规范》GB 30000 系列国家标准。该系列标准关于化学品危害的分类标准与联合国 GHS 第 4 修订版完全一致，将化学品的危害分为物理危险、健康危害和环境危害 3 大类，28 个大项和 81 小项，具体如表 3-2 所示。

表 3-2 2015 版《目录》中化学品危害分类一览表

编号	危险种类	危险类别	分类标准
1	爆炸物	不稳定爆炸物、1.1、1.2、1.3、1.4	GB30000.2
2	易燃气体	类别 1、类别 2、化学不稳定性气体类别 A、化学不稳定性气体类别 B	GB30000.3
3	气溶胶（又称气雾剂）	类别 1	GB30000.4
4	氧化性气体	类别 1	GB30000.5
5	加压气体	压缩气体、液化气体、冷冻液化气体、溶解气体	GB30000.6
6	易燃液体	类别 1、类别 2、类别 3	GB30000.7
7	易燃固体	类别 1、类别 2	GB30000.8
8	自反应物质和混合物	A 型、B 型、C 型、D 型、E 型	GB30000.9
9	自燃液体	类别 1	GB30000.10
10	自燃固体	类别 1	GB30000.11
11	自热物质和混合物	类别 1、类别 2	GB30000.12
12	遇水放出易燃气体的物质和混合物	类别 1、类别 2、类别 3	GB30000.13

编号	危险种类	危险类别	分类标准
13	氧化性液体	类别1、类别2、类别3	GB30000.14
14	氧化性固体	类别1、类别2、类别3	GB30000.15
15	有机过氧化物	A型、B型、C型、D型、E型、F型	GB30000.16
16	金属腐蚀物	类别1	GB30000.17
17	急性毒性	类别1、类别2、类别3	GB30000.18
18	皮肤腐蚀/刺激	类别1A、类别1B、类别1C、类别2	GB30000.19
19	严重眼损伤/眼刺激	类别1、类别2A、类别2B	GB30000.20
20	呼吸道或皮肤致敏	呼吸道致敏物1A、呼吸道致敏物1B、皮肤致敏物1A、皮肤致敏物1B	GB30000.21
21	生殖细胞致突变性	类别1A、类别1B、类别2	GB30000.22
22	致癌性	类别1A、类别1B、类别2	GB30000.23
23	生殖毒性	类别1A、类别1B、类别2、附加类别。	GB30000.24
24	特异性靶器官毒性–一次接触	类别1、类别2、类别3	GB30000.25
25	特异性靶器官毒性–反复接触	类别1、类别2	GB30000.26
26	吸入危害	类别1	GB30000.27
27	危害水生环境	急性危害:类别1、类别2;长期危害:类别1、类别2、类别3	GB30000.28
28	危害臭氧层	类别1	GB30000.29

2002版《名录》主要是依据 GB 6944-1986《危险货物分类和品名编号》

确定的危险性分类标准，将化学品危害简单地分为爆炸品、易燃液体等 7 大类和 17 个小项，具体如表 3-3 所示。

表 3-3 2002 版《目录》中化学品危害分类一览表

编号	危险类别	危险项别
1	第 1 类爆炸品	第 1 项、第 3 项和第 4 项
2	第 2 类压缩气体和液化气体	第 1 项易燃气体；第 2 项不燃气体；第 3 项有毒气体
3	第 3 类易燃液体	第 1 项低闪点液体；第 2 项中闪点液体；第 3 项 高闪点液体
4	第 4 类易燃固体、自燃物品和遇湿易燃物品	第 1 项易燃固体；第 2 项自燃物品；第 3 项遇湿易燃物品
5	第 5 类氧化剂和有机过氧化物	第 1 项氧化剂；第 2 项有机过氧化物
6	第 6 类毒害品和感染性物品	第 1 项毒害品
7	第 8 类腐蚀品	第 1 项酸性腐蚀品；第 2 项碱性腐蚀品

对比表 3-2 和表 3-3，可以发现 2015 版《目录》关于化学品危害性的分类实现了与联合国 GHS 的接轨，尤其将化学品致癌性、生殖毒性、危害水生环境等潜在健康和环境危害纳入评估范畴，体现了我国政府对化学品危害管理力度的提升，也有利于我国在化学品进出口、生产、存储和使用等环节有效实施联合国 GHS 制度，切实保护人体健康和环境安全。

2. 文本结构有显著变化

在文本结构方面，如图 3-34 所示与《名录》（2002 版）相比，2015 版《目录》主要有以下两点重要变化。

危险化学品目录

序号	品名	别名	CAS 号	备注
1	铜片	铜片	8008-60-4	
2	氨	液氨；氨气	7664-41-7	
3	5-氯基-1,3,3-三甲基环己甲腈	异佛尔酮二胺；3,3,5-三甲基-4,6-二氨基-2-环异己醇；1-氨基-3-氯基甲基-3,5,5-三甲基环己	2855-13-2	
4	5-氯基-3-苯基-1-[双(N,N-二甲氨基磷酰胺)]-1,2,4-三唑[含量≥20%]	威菌磷	1031-47-6	剧毒
5	4-[3-氯基-5-(1-甲基乙氧)-1H-吡唑基-1-[4-氯基-2-氧-1-(2H)-喹唑啉]-1,2,3,4-四氢噻吩-β,D-赤己-2-烯吡啶吡喃吡喃酰胺	米氟索素	2079-00-7	

危险化学品名录（2002 版）

危险货物编号	名称	别名	UN 号
	第 1 类　爆炸品		
	第 1 项　具有整体爆炸危险的物质和物品		
11018	选氮(化)铅[干的或含水 < 50%]		0224
11019	选氮(化)铅[含水或水加乙醇≥20%]		0129
11020	重氮甲烷		
11021	二硝基重氮酚[含水或加乙醇≥40%]	重氮二硝基苯酚	0074
11022	二硝基间苯二酚铅[含水或水加乙醇≥20%]	收敛酸铅	0130
11023	联苯亚硝氨基胍基异丙腈[含水≥30%]		0113

图 3-34　2002 版《名录》与 2015 版《目录》结构的差异性对比

（1）删除"危险货物编号"和"UN 号"两列

"危险货物编号"是我国 GB 12268《危险货物品名表》依据 GB 6944-1986《危险货物分类和品名编号》确定的编号规则，为每一种危险货物分配一个指定编号，由 5 位阿拉伯数字组成，其中前两位数字分别表示危险的类别和项别，后三位数字是该货物在《危险货物品名表》中的顺序号。

2015 版《目录》删除"危险货物编号"主要原因是 GB6944-1986 已经被 GB 6944-2012 取代，在新标准中"危险货物编号"采用了联合国"UN 号"，旧的编号规则已被废止。

"UN 号"是联合国运输专家委员会给危险货物在运输时所分配的一个编号，由 4 位阿拉伯数字组成，用以简单快速识别其危险性。UN 编号与化学品的运输状态、组分含量以及理化特性等诸多因素有关，需经实验检测和专家判断才可确定，无法与化学品品名做到一一对应。

基于上述原因，2015 版《目录》删除了"UN 号"，由化学品的生产企业或贸易企业，根据化学品实际运输时的状态，去确定合适的 UN 号。

（2）新增"序号"、"CAS 号"和"备注"三列

"序号"是 2015 版《目录》给收入其中的危险化学品一个顺序号，需要注意的是有多个危险化学品是共用一个顺序号，如图 3-35 所示。

序号	品名	别名	CAS 号	备注
279	蒽油乳膏			
	蒽油乳剂			
280	二-(1-羟基环己基)过氧化物[含量＜100%]		2407-94-5	
281	二-(2-苯氧乙基)过氧重碳酸酯[85%＜含量≤100%]		41935-39-1	
	二-(2-苯氧乙基)过氧重碳酸酯[含量≤85%，含水≥15%]			

图 3-35 2015 版《目录》中特殊序号示例

CAS 号是美国化学会的下设组织化学文摘服务社（Chemical Abstracts Service，简称 CAS）为每一种出现在文献中的物质分配的唯一识别号，其目的是为了避免化学物质有多种名称的麻烦，使数据库的检索更为方便。2015 版《目录》增加 CAS 号也是为了提高日常检索和查阅的速度及精准度。

由于《剧毒化学品目录（2002 年版）》被 2015 版《目录》取代，为了便于查询，2015 版《目录》采取了在"备注"的方式将所有剧毒化学品标识出来，凡是在"备注"栏有"剧毒"字样的即为剧毒化学品。

3.2015 版《目录》中危险化学品数量有变化

（1）增加的化学品

下列 4 大类化学品被新增至 2015 版《目录》中。部分化学品的引入主要是落实国际公约和国家相关化学品管理要求。

1	已列入《鹿特丹公约》和《斯德哥尔摩公约》中的化学品条目40个,例如短链氯化石蜡(C10-13)、多氯三联苯等。
2	已列入《中国严格限制进出口的有毒化学品目录》和《危险化学品使用量的数量标准（2013版）》中的化学品条目29个,例如硫化汞、三光气等。
3	参照《联合国危险货物运输的建议书规章范本》和欧盟化学品等危险性分类目录,根据化学品的危险性及国内生产情况,增加化学品条目123个,例如二硫化钛、二氧化氮等。
4	根据近年来多发的刑事案件情况,为满足公共安全管理需要,经有关部门提出,并经过10部门同意增加氯化琥珀胆碱、氟乙酸甲酯。

图 3-36 2015 版《目录》中特殊序号示例

（2）合并调整或者删除的化学品

①将《危险化学品名录》(2002版)中10个类属条目合并为1个类属条目,即将"含一级易燃溶剂的合成树脂[1]"、"含二级易燃溶剂的合成树脂"、"含一级易燃溶剂的油漆、辅助材料及涂料"、"含二级易燃溶剂的油漆、辅助材料及涂料"、"含苯或甲苯的制品"、"含丙酮的制品"、"含乙醇或乙醚的制品"、"含一级易燃溶剂的胶粘剂[2]"、"含一级易燃溶剂的其他制品"、"含二级易燃溶剂的其他制品"及其所含288个具体化学品条目合并为序号第"2828"条目。只要属于含有易燃溶剂的制品均属于第2828条目的危险化学品。

②将部分相同 CAS 号的条目合并 1 个条目。

③删除了 2002 版《名录》中的军事毒剂、物品等 10 个。例如,二（2-氯乙基）硫醚、铝导线焊接药包。

④其他删除的化学品条目包括不符合危险化学品确定原则的、组分不明或者国内没有登记的农药等 400 多个,例如火补胶、保米磷等。

---

[1] −18℃≤闪点＜23℃。

[2] −18℃≤闪点＜23℃。

2015 版《目录》共计有 2828 个条目，其中有 CAS 号的纯物质及其混合物有 2823 种(包括 148 种剧毒化学品)，剩余的序号中有小部分属于类属编号；而 2002 版《名录》有 3847 个条目，其中有 3081 个条目为纯物质及其混合物，其余条目大部分为类属编号。

如果仅从列明的化学品数量上而言，2015 版《目录》收录的纯物质和混合物数量都有明显减少，但如前所述，由于 2015 版《目录》将危险化学品的确定原则进行了扩大，采用了联合国 GHS 中关于化学品危害的评估标准，将化学品的潜在或慢性健康和环境危害也纳入分类考虑，这直接导致了将大量以前未列入 2002 版《名录》的化学品也属于危险化学品，只是未在 2015 版《目录》中一一列明。

此类符合 2015 版《目录》危害分类原则，而未在《目录》中列明的化学品，属于符合危险化学品确定原则，其在生产和进出口环节所面临的监管要求与《目录》中列明的化学品略有不同，需要仔细辨别。

4.剧毒化学品条目有变化

（1）判定标准的变化

2015 版《目录》取代了 2002 版《剧毒化学品目录（2002 年版）》，同时也修订了剧毒化学品的判定标准。如图 3-37 所示，新标准对于剧毒化学品的分类更加严格，更加凸显其口服、经皮和吸入的毒性。

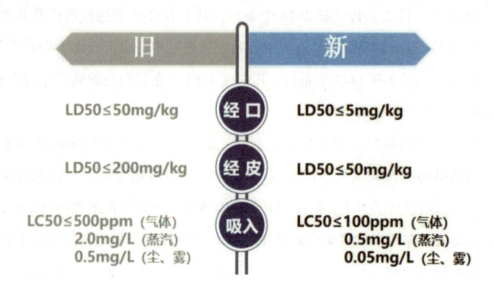

图 3-37 新旧剧毒化学品分类标准的比对

（2）物质数量的变化

2015 版《目录》共含有 148 种剧毒化学品，主要有 3 个来源，具体如图 3-7 所示。140 种来源于 2002 版《剧毒化学品目录》，4 种由原来的危险化学品变更为剧毒化学品，同时有 4 种新的化学品被列为剧毒化学品。

图 3-38 新版剧毒化学品的组成

上述目录组成以及剧毒化学品分类标准的变化导致 2015 版《目录》中的剧毒化学品数量比《剧毒化学品目录》（2002 年版）减少了 187 种。

（四）《目录》实施指南（试行）

为了配合 2015 版《目录》的实施，帮助化工行业更加准确理解《目录》中相关条款的要求，2015 年 8 月，应急管理部（原国家安全监管总局）发布了 2015 版《目录》实施指南（试行）（以下简称《指南》）[1]。

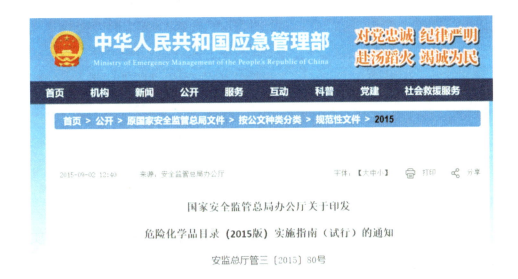

图 3-39 《指南》全文发布界面

《指南》主要包括 11 条正文（ 如图 3-40 所示）和 1 个附件"危险化学品分类信息表"。

［1］　全文查看链接：https：//www.mem.gov.cn/gk/gwgg/agwzlfl/gfxwj/2015/201509/
t20150902_242909.shtml。

序号	《指南》的条款	对应条款的主要内容
1	第1条	明确《目录》中的化学品必须符合相应的产品标准
2	第2条	化学品CAS号和名称的关系
3	第3条	明确同一物质不同状态是否属于危险化学品
4	第4条	明确柴油是否属于危险化学品
5	第5~6条	混合物70%原则
6	第7条	《目录》中第2828条款的含义
7	第8条	《目录》配套的《危险化学品分类信息表》
8	第9条	化学品GHS标签和SDS的编写要求
9	第10条	危险化学品在运输时，需遵守的合规要求
10	第11条	2015版《目录》将适时调整并修改分类信息表

图 3-40　《指南》主要内容

1. 正文部分

（1）第 3 条，企业将《目录》中同一品名的危险化学品改变物质状态后进行销售，应取得危险化学品经营许可证。

此处物质状态指的是气、液、固态等形态。此条规定是对《危险化学品经营许可证管理办法》（原安监总局令第 55 号）的补充。因此，除了 55 号令中规定的购买危险化学品进行分装、充装或者加入非危险化学品的溶剂进行稀释后销售的需要取得危险化学品经营许可证以外，改变物质状态后进行销售的，也需要取得危险化学品经营许可证。

（2）第 5 条，主要成分均为列入《目录》，且质量比或体积比之和 ≥ 70% 的混合物（经鉴定不属于危险化学品确定原则的除外），可视其为危险化学品并按危险化学品进行管理，安全监管部门在办理相关安全行政许可时，应注明混合物的商品名称及其主要成分含量。

此条规定对企业的影响较大。如图 3-41 所示，一个混合酸溶液，有 3

种组分列入《目录》，而且含量之和超过了70%，因此该混合酸溶液应视同列入《目录》，在进出口环节，可能需要按照危险化学品向海关申报。

序号	组分名称	含量	是否列入《目录》
1	磷酸	65%	是
2	硝酸	5%	是
3	醋酸	12%	是
4	水	12%	否

图 3-41 混合物 70% 原则举例

（3）第6条，主要是针对不符合第5条70%原则的混合物，生产或进口企业应根据《化学品物理危险性鉴定与分类管理办法》（原国家安全监管总局令第60号）及其他相关规定进行鉴定分类，经过鉴定属于危险化学品确定原则的，应根据《危险化学品登记管理办法》（国家安全监管总局令第53号）进行危险化学品登记，但不需要办理相关安全行政许可手续。

（4）第7条，化学品只要满足《目录》中序号第2828项闪点判定标准，即属于第2828项危险化学品。

此条款明确了第2828项是一个开放性的条目，没有明确的化学品产品范围。

（5）第8条，危险化学品生产和进口企业要依据《危险化学品分类信息表》列出的各种危险化学品分类信息，按照《化学品分类和标签规范》系列标准（GB 30000.2-2013 ~ GB 30000.29-2013）及《化学品安全标签编写规定》（GB 15258-2009）等国家标准规范要求，科学准确地确定本企业化学品的危险性说明、警示词、象形图和防范说明，编制或更新化学品安全技术说明书、安全标签等危险化学品登记信息，做好化学品危害告知和信息传递工作。

（6）第 10 条，危险化学品在运输时，应当符合交通运输、铁路、民航等部门的相关规定。

此条是针对运输环节的特别说明。《危险化学品目录》中的大部分化学品是危险货物，应该按照我国危险货物运输的相关法规进行操作。确定危险化学品是否为危险货物，企业需参考具体运输模式的危险货物法规和标准进行合规操作。

2.《危险化学品分类信息表》

与 2015 版《目录》相比，危险化学品分类信息表增加了英文名和危险性类别两个项别。如图 3-42 所示。

序号	品名	别名	英文名	CAS 号	危险性类别	备注
1	阿片	鸦片	opium	8008-60-4	特异性靶器官毒性-反复接触，类别 2	
2	氨	液氨；氨气	ammonia；liquid ammonia	7664-41-7	易燃气体，类别 2 加压气体 急性毒性-吸入，类别 3* 皮肤腐蚀/刺激，类别 1B 严重眼损伤/眼刺激，类别 1 危害水生环境-急性危害，类别 1	
3	δ-氨基-1,3,3-三甲基环己甲胺	异佛尔酮二胺；3,3,5-三甲基-4,6-二氨基-2-烯环己酮；1-氨基-3-氨基甲基-3,5,5-三甲基环己烷	δ-amino-1,3,3-trimethyl-cyclohexanemethanamine；isophorone diamine；3-aminomethyl-3,5,5-trimethylcyclohexylamine；isophoronediamine；3,3,5-trimethyl-4,6-diamino-2-enecyclohexanone；4,6-diamino-3,5,5-trimethyl-2-cyclo-hexen-1-one	2855-13-2	皮肤腐蚀/刺激，类别 1B 严重眼损伤/眼刺激，类别 1 皮肤致敏物，类别 1 危害水生环境-长期危害，类别 3	

图 3-42 危险化学品分类信息表

危险性类别是分类信息表的核心内容，它的发布为企业提供了化学品分类指南，同时也约束企业在对化学品分类时必须充分考虑分类信息表提供的危害分类。危险化学品分类信息表备注栏提到危险性分类需要依据以下说明：

（1）根据《分类和标签规范》GB 30000 系列标准和现有数据，对化学品进行物理危害、健康危害和环境危害分类。限于目前掌握的数据资源，难以包括该化学品所有危险和危害特性类别，企业可以根据实际掌握的数据，补充化学品的其他危险性类别。

（2）除了有《目录》危险化学品确定原则规定的危害类内，化学品还可能具有确定原则之外的危险和危害特性类别。

（3）分类信息表中标记"*"的类别，是指在有充分依据的条件下，该化学品可以采用更严格的类别。例如，序号498"1，3- 二氯 -2- 丙醇"，分类为"急性毒性 - 经口，类别3*"，如果有充分依据，可分类为更严格的"急性毒性 - 经口，类别2"。

（4）对于危险性类别为"加压气体"的危险化学品，根据充装方式选择液化气体、压缩气体、冷冻液化气体或溶解气体。

二、《危险化学品目录》使用注意事项

在《目录》实际的使用过程，部分特殊物质和《目录》特殊条款的适用性经常被企业所忽视，导致对一种化学物质是否列入《目录》做出错误判断，从而影响该产品在生产、经营、进出口贸易等环节的合规要求。因此，下面笔者结合自身工作经历，对《目录》中部分条款和部分特殊物质是否列入《目录》做一个简要分析。

（一）第2828 条款

《目录》第2828 条"含易燃溶剂的合成树脂、油漆、辅助材料、涂料等制品"[1]，这个条目在实际使用时，相关企业经常遇到以下几类问题。

1. 易燃液体如何分类？

在联合国 GHS 制度和 GB 30000.7 中，易燃液体的定义是指闭杯闪点不大于 93℃ 的液体。而在联合国 TDG 法规中，易燃液体则指的是闪点不大于 60℃ 的液体。同时，前者通过闪点判断标准将易燃液体分为了 4 大类，而后

---

[1] 闭杯闪点 ≤ 60℃。

者则是分为 3 大类。

在《目录》中，易燃液体的确定原则与联合国 TDG 法规保持一致，只采纳了易燃液体的类别 1、2 和 3，并未将易燃液体类别 4 视为危险化学品。四部法规或标准中的具体分类标准如图 3-43 所示。

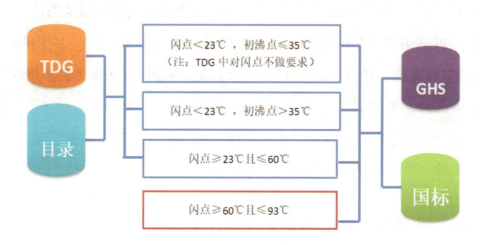

图 3-43 易燃液体分类标准的比对

2. 哪些产品可划入第 2828 条目？

如前文所述，产品只要满足目录中第 2828 项闪点判定标准且不属于任何其他条目即可划入第 2828 项条目。

为方便企业查询与甄别，《危险化学品分类信息表》实施指南列举了氨基树脂涂料、环氧树脂类胶粘剂、环氧树脂、特种油墨、合成香料等 88 种典型产品。

2828	含易燃溶剂的合成树脂、油漆、辅助材料、涂料等制品[闭杯闪点≤60℃]		Synthetic resins, auxiliary materials, paints and other products containing flammable solvent (flash point not more than 60℃)
	常见品种如下:		
	1. 氨基树脂涂料	氨基树脂漆	amino resin paints; amino resin coatings
	2. 丙烯酸酯类树脂涂料	丙烯酸酯类树脂漆	acrylate resin paints; acrylate resin coatings
	3. 醇酸树脂涂料	醇酸树脂漆	alkyd resin paints; alkyd resin coatings
	4. 酚醛树脂涂料	酚醛树脂漆	phenolic resin paints; phenolic resin coatings
	5. 过氯乙烯树脂涂料	过氯乙烯树脂漆	perchlorovinyl resin paints; perchlorovinyl coatings
	6. 环氧树脂涂料	环氧树脂漆	epoxy paints; epoxy coatings
	7. 聚氨酯树脂涂料	聚氨酯树脂漆	plyurethane resin paints; plyurethane resin coatings
	8. 聚酯树脂涂料	聚酯树脂漆	polyster resin paints; polyster resin coatings

图 3-44 《危险化学品分类信息表》列出 88 种第 2828 条目化学品（部分示范）

除了上述所列举的 88 种含有易燃液体的制品外，含有易燃溶剂的香精、香料以及清洗剂等只要闭杯闪点 ≤ 60℃ 都有可能划入第 2828 项条目，属于列入《目录》的危险化学品，在生产或经营环节，需要进行危化品登记，办理相应的生产或经营许可证。

3. 第 2828 条目适用纯物质吗？

第 2828 条目的名称关键词是：含有"易燃溶剂 + 制品"，从这两点来看第 2828 项仅适用于混合物。这点在应急管理部危险化学品安全监管管理司对公众提问的答复中有类似的说明。

《危险化学品目录》及实施指南第2828项范围包括纯品吗

咨询：《危险化学品目录》及实施指南第2828项范围明确的都是混合物，如果一种纯品闪点小于60℃，危险特性已确定，不需鉴定，需要按照危险化学品办理许可证吗？

回复：您好，《危险化学品目录》第2828项仅适用于混合物，根据《危险化学品目录（2015版）实施指南（试行）》的规定，符合危险化学品确定原则，但未列入《目录》的化学品，企业应根据《危险化学品登记管理办法》要求进行危险化学品登记，并按照危险化学品进行管理，但不需要办理相关安全行政许可手续。感谢留言。2022-06-08 **危险化学品安全监督管理二司**

图 3-45 应急管理部对 2828 条目的详细解释

4. 第 2828 条目包括所有易燃的混合物吗？

如前所述，第 2828 条目名称中明确规定，混合物整体的闭杯闪点必须 ≤ 60℃，但同时在《目录》的备注栏也有一条特殊说明："条目 2828，闪点高于 35℃，但不超过 60℃ 的液体如果在持续燃烧性试验中得到否定结果，不作为易燃液体管理。"

换言之，对于闪点在 35℃ ~60℃ 之间的液体，如果不可持续燃烧，可不划入 2828 条目。依据联合国 TDG 规章范本，满足图 3-46 条件之一的液体，即可被视为不可持续燃烧。

图 3-46 不可持续燃烧判断标准

所以，针对《目录》中第 2828 项条目产品，即便其闪点 ≤ 60℃，如满足图 3-46 条件之一，即可对其易燃性做出豁免。这条规定来源于联合国 TDG 法规，在危险货物的运输环节，也有完全相同的豁免。此类液体在运输法规中，可以豁免第 3 类易燃液体的危险性，但仍需要关注其他危险性。

（二）无机盐及其水合物

2015 版《目录》"说明"部分第 4 节有一项特别规定："《危险化学品目录》中除列明的条目外，无机盐类同时包括无水和含有结晶水的化合物"。此项规定有两个重点：一是该条特殊规定不适用于《目录》中已经列明的无机盐水合物，二是除了列明条目外，如果一种无机盐列入条目，那么其相关的结晶水合物也视同列入《目录》。

序号	品名	别名	CAS 号	备注
2058	四氯化锡[无水]	氯化锡	7646-78-8	
2059	四氯化锡五水合物		10026-06-9	

图 3-47 《目录》中的列明的无机盐水合物示例

对于无机盐氯化锡而言，其不带结晶水的（无水）和五水合物都属于《目录》列明的条目，因此不适用于该特殊规定。除此类列明条目外，序号 163 的次氯酸钙，虽明确是无水合物，但根据上述规定，其水合物二水合次氯酸钙也视同列入《目录》，属于《目录》列明的危险化学品，因此，相关生产企业需要办理危化品登记和安全生产许可证，进出口环节需向海关按照危险化学品申报，提供符合要求的 SDS 和 GHS 标签。图 3-48 列举了几种常见的无机盐及其水合物。

无机盐水合物	CAS号	对应的无机盐	无机盐是否列入《目录》
二水合次氯酸钙	22464-76-2	次氯酸钙	是（序号163）
一水合碘酸钙	10031-32-0	碘酸钙	是（序号197）
六水合硝酸镁	13446-18-9	硝酸镁	是（序号2309）

图 3-48 部分需要列入《目录》的无机盐水合物

（三）工业纯化学品和农药

2015版《目录》"说明"部分第4节有一项特别规定："《危险化学品目录》中除混合物之外无含量说明的条目，是指该条目的工业产品或者纯度高于工业产品的化学品，用作农药用途时，是指其原药"。因此，在判断一个产品是否属于列入《目录》时，还需要关注其含量浓度。

1. 工业纯产品

对于《目录》中没有含量说明的条目，其适用范围是指纯度不低于工业纯的化学品，那工业纯含量的具体要求，需要结合具体产品而定，不能一概而论。

不同工业化学品在我国有相应的工业产品标准，标准中列出了不同等级产品的规格要求。以大家熟悉的盐酸而论，GB/T 320-2006《工业用合成盐酸》中对工业纯盐酸含量有明确规定，具体如图3-49所示。

3.2 工业用合成盐酸应符合表 1 给出的指标要求。

表 1 指标 %

项 目	优等品	一等品	合格品
总酸度（以 HCl 计）的质量分数 ≥		31.0	
铁（以 Fe 计）的质量分数 ≤	0.002	0.008	0.01
灼烧残渣的质量分数 ≤	0.05	0.10	0.15
游离氯（以 Cl 计）的质量分数 ≤	0.004	0.008	0.01
砷的质量分数 ≤		0.000 1	
硫酸盐（以 SO₄²⁻ 计）的质量分数 ≤	0.005	0.03	—

注：砷指标强制。

图 3-49 GB/T 320-2006 对工业盐酸的规格要求

如图 3-49 所示，列入《目录》的盐酸（序号 2507）应该是指总酸度（以 HCl）计 ≥ 31% 的所有产品。因此，对于列入《目录》的工业化学品，企业需留意其是否有对应的产品标准（国家或行业标准等）。如果有相应的产品标准，应准确掌握其工业纯的浓度限值，以避免对实际产品是否列入《目录》做出误判。

2. 农药原药

对于列入《目录》的农药，仅限于其原药，不包括粉剂、乳液等产品。在实际工作中，如何判定一种农药产品是否是原药呢？一般来说，原药含量通常会在最终农药产品中占据相对较高的比例，以确保产品的有效性和稳定性。

具体来说，这个含量会根据不同的农药类型、品种和国家标准而有所不同。例如《目录》中序号是 396 的杀扑磷，它有一个原药标准 GB 20682-2006，根据该标准的规定，杀扑磷原药是指含量 ≥ 95% 的产品，因此根据这个含量就很容易识别实际产品是否为原药，是否列入《目录》。

GB 20682—2006

表 1 杀扑磷原药质量控制项目指标

项　　　　目		指　　标
杀扑磷质量分数/%	≥	95.0
水分/%	≤	0.3
酸度(以 H₂SO₄ 计)/%	≤	0.5
丙酮不溶物质量分数/%	≤	0.2

图 3-50 杀扑磷原药的产品标准

（四）混合物 70% 原则

《目录》实施指南（试行）的第 5~6 条，针对含有《目录》中列明化学物质的混合物，提出了一个"70% 原则"。

> 五、主要成分均为列入《目录》的危险化学品，并且主要成分质量比或体积比之和不小于70%的混合物（经鉴定不属于危险化学品确定原则的除外），可视其为危险化学品并按危险化学品进行管理，安全监管部门在办理相关安全行政许可时，应注明混合物的商品名称及其主要成分含量。

> 六、对于主要成分均为列入《目录》的危险化学品，并且主要成分质量比或体积比之和小于70%的混合物或危险特性尚未确定的化学品，生产或进口企业应根据《化学品物理危险性鉴定与分类管理办法》（国家安全监管总局令第60号）及其他相关规定进行鉴定分类，经过鉴定分类属于危险化学品确定原则的，应根据《危险化学品登记管理办法》（国家安全监管总局令第53号）进行危险化学品登记，但不需要办理相关安全行政许可手续。

图 3-51 《目录》实施指南（试行）第 5~6 条具体内容

可以简单理解为"混合物产品中有成分列在目录中且这些成分浓度之和≥ 70%"，则产品要按照目录的危险化学品进行管理，即需要取得生产或经营许可证、进行危化品登记、按照危化品进行仓储、运输等。对于在目录中的成分浓度之和小于 70% 的情况，直接豁免危化品管理中的行政许可部分，但由于其潜在的危险性，生产和进口企业仍需按规定进行鉴定、分类、登记。

（五）符合《目录》确定原则

根据 2020 年海关总署第 129 号公告的要求，出口危险化学品的发货人或者其代理人在向海关报检时，需要提供对应产品的《危险特性分类鉴别报告》（以下简称《报告》）。《报告》鉴定结论的第 6 条，对于所鉴定化学品与《目录》的关系做了两条说明：

三、鉴定结论

1. 正式运输名称：酯类，未另作规定的。
   技术名称：3,3-烯丙基乙酸二甲酯。
2. 联合国编号：3272。
3. 危险货物类别：3。
4. 建议包装类别：III。
5. GHS 分类：详见第 3 页。
6. 是否属于《危险化学品目录》（2015 版）列明的化学品：否。
   是否符合《危险化学品目录》（2015 版）中关于"危险化学品的定义和确定原则"：是。

图 3-52 《报告》中鉴定结论的示意图

1. 是否属于《危险化学品目录（2015 版）》列明的化学品？

这条鉴定结论是对产品是否符合《目录》中某一具体条目做出判断。如果鉴定结论为"是"，则该化学品在进出口环节，需要按照"件装或散装危险化学品"向海关申报；如果鉴定结论为"否"，则该化学品在进出口环节，需要按照"非危险化学品"向海关申报。

2. 是否符合《危险化学品目录（2015 版）》中关于"危险化学品的定义和确定原则"？

这条鉴定结论是将鉴定结论第 5 项"GHS 分类结果"与《目录》前言给出的危险化学品确定原则进行比较，只要有 1 项 GHS 分类符合《目录》的危险化学品定义，那么该产品就属于符合确定原则。

此项鉴定结论如果为"是"，则该化学品属于符合《目录》确定原则的危险化学品，在生产或进口环节需要进行危险化学品登记，但不需要危险化学品生产和经营许可证。

（六）其他问题

1.品名问题

《目录》（2015版）中针对每个条目物质，给出了其品名、别名以及CAS号三类信息。在实际工作中，笔者发现一种化学物质会有多个名称，而有些别名可能不在《目录》里，但CAS号与《目录》内的某一个条目完全一致。此时，根据《目录实施指南（试行）》第二条的规定：

危险化学品目录（**2015版**）实施指南（试行）

一、《危险化学品目录（2015版）》（以下简称《目录》）所列化学品是指达到国家、行业、地方和企业的产品标准的危险化学品（国家明令禁止生产、经营、使用的化学品除外）。

二、工业产品的CAS号与《目录》所列危险化学品CAS号相同时（不论其中文名称是否一致），即可认为是同一危险化学品。

图3-53 《目录》实施指南（试行）第2条的规定

如图3-53所示，只要化学物质的CAS号与《目录》所列条目一致，即可认为该物质列入《目录》。因此，CAS号作为化学物质的唯一识别号，其一致性更有准确性。

2.同一种化学品不同物理状态的影响

《目录》中部分化学物质在实际贸易和运输时，会有多种不同的物理状态，可能在粒径、固液气状态等方面差异较大。例如硫磺，属于《目录》中列明的危险化学品（序号1290）。在实际运输环节，硫磺有固体硫磺和熔融呈液体的硫磺,其中固体硫磺按照颗粒尺寸不同,又可以细分为粉末状、块状、棒状。

颗粒状   粉末状

片状   块状

图 3-54 不同尺寸的硫磺

硫磺在运输环节属于 TDG 法规中列明的第 4.1 项危险货物，但是根据特殊规定 242，球状、片状、颗粒状、丸状硫磺（如图 28 所示）的可以豁免为非限制货物。

由于《目录》中目前并没有关于硫磺粒径形状的豁免说明，因此所有的硫磺都应该视为列入《目录》的危险化学品。对于此类粒径是否影响化学品列入《目录》的情况，应急管理部官方对铝粉给出过明确的回复，如图 3-55，明确规定铝粉不论颗粒度都属于危险化学品。

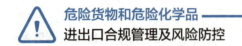

关于我司生产的球形铝粉是否为危险化学品的咨询

咨询：《危险化学品分类信息表》显示铝粉有易燃和遇水放气危险性。

我司生产的球形铝粉，经应急管理局化学品登记中心"鉴定：不属于易燃固体、不属于遇水放气的物质和混合物。经"沈阳化工研究院有限公司"鉴定：不符合危险化学品的确定原则，不属于危险化学品。

综上所述：我司生产的球形铝粉，是否可以理解为不属于《危险化学品目录》中序号为1377的"铝粉"范畴，也不属于危险化学品。

回复：你好，根据《危险化学品目录（2015版）》铝粉不论颗粒度，属于危险化学品。 2021-12-20 **危险化学品安全监督管理二司**

图 3-55 应急管理部对铝粉颗粒度的解释

三、《危险化学品目录》的修订

2022 年 11 月 7 日，十部委发布正式发布公告调整修订《危险化学品目录（2015 版）》，将"1674 柴油（闭杯闪点≤60℃）"调整为"1674 柴油"，这就意味着所有柴油将被列入《危险化学品目录》，无论闪点。以后所有柴油都需要危险化学品相关行政许可，比如生产许可证、经营许可证。此条规定于 2023 年 1 月 1 日起已正式施行。

公　　告

2022 年　　第 8 号

依照《危险化学品安全管理条例》（国务院令第 591 号）有关规定，应急管理部会同工业和信息化部、公安部、生态环境部、交通运输部、农业农村部、卫生健康委、市场监管总局、铁路局、民航局决定调整《危险化学品目录（2015 版）》，将"1674 柴油[闭杯闪点≤60℃]"调整为"1674 柴油"。应急管理部将配套补充完善《危险化学品分类信息表》。本公告自 2023 年 1 月 1 日起施行。

图 3-56 应急管理部、工信部、公安部等十部门发布 2022 年第 8 号公告

同时，修订《目录实施指南（试行）》中涉及柴油的部分，具体内容如下：

1. 将《目录实施指南（试行）》中的第四条"四、对生产、经营柴油的企业（每批次柴油的闭杯闪点均大于60℃的除外）按危险化学品企业进行管理"修改为"四、对生产、经营柴油的企业按危险化学品企业进行管理"。

2. 修改《危险化学品分类信息表》第1674项内容，修改后第1674条内容见图3-57。

序号	品名	别名	英文名	CAS号	危险性类别	备注
1674	柴油		diesel oil	68334-30-5	易燃液体,类别3	

图 3-57　《危险化学品分类信息表》第 1674 项内容

第三节 SDS 和 GHS 标签

一、SDS 简介及合规要点分析

（一）SDS 简介

1. 什么是 SDS？

SDS（Safety Data Sheet，安全数据单[1]），是联合国 GHS 制度关于化学品危险信息公示的两种方式之一[2]，其目的是沿供应链传递化学品危害分类、操作储存、泄漏处置等相关信息，以尽可能减少由于化学品操作、使用、存储或处置不当，而对人体和环境造成各种危害。

自联合国 GHS 制度发布以来，世界各国、各地区都陆续以 GHS 制度为框架，将其转化为本国化学品管理的法规或标准，明确要求化学品在投放市场或进口至国内时，需要提供与之匹配的 SDS。因此，目前化学品 SDS 已成为国内 / 国际贸易流通的重要文件，也是各国政府执法检查的重点之一。

---

[1] 在我国法规或国家标准中，SDS 又称为化学品安全技术说明书。

[2] 危险公式的另一种方式就是 GHS 标签，又称安全标签。

图 3-58 甲醇 SDS 示例

2.SDS 和 MSDS 的关系

部分从业者习惯性将 SDS 称之为 MSDS（Material Safety Data Sheet，材料安全数据单），主要是由于我国旧版 GB 16483-2000《化学品安全技术说明书 编写规定》中对这份文件的称之为 MSDS，新版 GB/T 16483-2008 已将 MSDS 改为 SDS，以与联合国 GHS 制度保持一致。

目前国际上主要国家和地区的法规或标准中都已将 MSDS 更新为 SDS。因此，从内容方面看，MSDS 和 SDS 指向同一份文件，只是新旧法规的称呼不同而已。

3.SDS 编写依据

如前所述，世界各国 / 地区在依据联合国 GHS 制度制定本国 / 地区化学品管理制度时，将 SDS 编写要求以法规或标准形式发布，以方便企业准确理解和执行。鉴于篇幅有限，下文重点介绍部分国家 / 地区的 SDS 编写依据。

（1）中国

我国现行的 SDS 编写依据主要有 GB/T 16483-2008 和 GB/T 17519-2013 两个国家标准。该两项标准的技术要求均来源于联合国 GHS 制度，并与之保持一致。GB/T 16483-2008 与联合国 GHS 制度类似，只是对 SDS 的 16 个部分的内容要素做了简要规定，而 GB/T 17519-2013 不仅在内容要素上，对 SDS 提出了部分我国特有的要求，例如第 2 部分增加"紧急情况概述"，同时对 SDS 的文本格式也制定了非常细致的规定。因此，对于国内生产或进口的化学品，建议相关企业要仔细核对自身产品的 SDS，重点关注是否满足 GB/T 17519-2013 的技术要求。

ICS 71.040.40
G 04

中华人民共和国国家标准

GB/T 16483—2008
代替 GB/T 17519.1—1998,GB 16483—2000

化学品安全技术说明书
内容和项目顺序

Safety data sheet for chemical products—
Content and order of sections

ICS 01.040.71;71.040.40
G 04

中华人民共和国国家标准

GB/T 17519—2013
代替 GB/T 17519.2—2003

化学品安全技术说明书编写指南

Guidance on the compilation of safety data sheet for chemical products

图 3-59 我国 SDS 编写的两项国家标准

（2）欧盟

欧盟 SDS 编写的格式和内容要求收录在欧盟 REACH 法规[1]附件 II 及其后续的修订文件中。其中附件 II 分为 A 部分和 B 部分，A 部分主要对 SDS

---

[1] 欧盟 REACH 法规，全称"Registration, Evaluation, Authorisation and Restriction of Chemicals"（化学品注册、评估、许可和限制法规）。该法规已于 2007 年 6 月 1 日正式生效，2008 年 6 月 1 日实施，是欧盟关于化学品注册、评估、授权和限制的一项重要法规。REACH 法规自发布以来，不断进行修订。截至 2023 年 12 月 REACH 法规完整的综合文本查看链接：https://eur-lex.europa.eu/legal-content/en/TXT/HTML/?uri=CELEX：02006R1907-20221217。需要注意的是，部分修订未被整合到该综合文本中。

编写基本要求，包括格式和内容做出了规定；B 部分对 SDS 每个部分的具体内容要素做出了详细说明。

ANNEX II

REQUIREMENTS FOR THE COMPILATION OF SAFETY DATA SHEETS

PART A

0.1. ***Introduction***

0.1.1. This Annex sets out the requirements that the supplier shall fulfil for the compilation of a safety data sheet that is provided for a substance or a mixture in accordance with Article 31.

0.1.2. The information on substances provided in the safety data sheet shall be consistent with the information in the registration and in the chemical safety report, where required. Where a chemical safety report has been completed, the relevant exposure scenario(s) shall be placed in an annex to the safety data sheet.

0.1.3. The safety data sheet shall mention in each relevant section whether and which different nanoforms it covers and link the relevant safety information to each of those nanoforms. As provided for in Annex VI, the term 'nanoform' in this Annex refers to a nanoform or a set of similar nanoforms.

0.2. ***General requirements for compiling a safety data sheet***

0.2.1. The safety data sheet shall enable users to take the necessary measures relating to protection of human health and safety at the workplace, and protection of the environment. The writer of the safety data sheet shall take into account that a safety data sheet must inform its audience of the hazards of a substance or a mixture and provide information on the safe storage, handling and disposal of the substance or the mixture.

图 3-60 REACH 法规附件 II 有关 SDS 编写要求示例

需要注意的是，在依据欧盟 REACH 法规编写 SDS 时，相关企业首先需要依据欧盟 CLP 法规，对拟编制 SDS 的化学品进行危害分类，明确物理、健康和环境危害类别和项别，然后才能准确编写 SDS。

此外，为了帮助工业界更好地理解 SDS 每个部分编写要求，欧盟 ECHA（欧洲化学品管理署）编制了 SDS 编写指南。[1]

（3）美国

美国现行的 SDS 编制依据是 HCS -2012[2]，该标准是由美国职业安全和健康管理署（OSHA） 修订并颁布，转化的是 GHS 制度第 3 修订版。相较于 GHS 制度涉及化学品全生命周期的危害公示，OSHA 主要关注化学品在

[1] 欧盟 SDS 编写指南全文下载链接：https：//echa.europa.eu/documents/10162/2324906/sds_en.pdf/01c29e23-2cbe-49c0-aca7-72f22e101e20。

[2] 美国 HCS-2012 完整文本查看链接：https：//www.osha.gov/hazcom/ghs-final-rule。其中：附件 A：健康危害分类标准（强制）；附件 B：物理危害分类标准（强制）；附件 C：标签要素的分配（强制）；附件 D：安全数据单（强制）；附件 E：商业秘密的定义（强制）；附件 F：致癌性危险分类指南（非强制）。

工作场所中的危害传递，因此 HCS-2012 的危害分类体系中，没有采纳 GHS 制度中的环境危害分类。

HCS-2012 的附件 D 为安全数据单编写要求。值得注意的是虽然美国 HCS-2012 对于 SDS 第 12~15 部分内容不做强制要求，但为了和国际法规保持统一，建议企业编制 SDS 报告时还是将 16 个部分内容完整展示在报告中。

图 3-61　美国 HCS 法规附件 D 有关 SDS 编写要求示意图

（4）新西兰

新西兰 SDS 编制依据是《危险物质和新生物法》（Hazardous Substances and New Organisms Act，简称 HSNO）[1]。新西兰由于实施化学品管理早于联合国 GHS 制度，相较于 GHS 制度，在危害分类方面保留了化学品对陆生环境（包括植物和动物）危害的分类。因此，在编制新西兰 SDS 时，需要优先考虑 HSNO 给出的建议分类。此外新西兰还有一个独有的要求，需要在 SDS 第 15 部分体现出产品的 Group Standard 编号，如果没有相应的 Group

---

［1］　新西兰 HSNO 法规在 2022 年 10 月 31 日进行了相关更新，将其内容与 GHS 制度第七修订版相关要求保持一致，全文查看链接：https：//legislation.govt.nz/act/public/2022/0057/latest/LMS522320.html#LMS522316。

Standard 编号[1]，需要事先申请。

Current group standards

These are the group standards that are currently in force.

They incorporate the GHS-7-based classification system that was implemented on 30 April 2021.

You may comply with labelling, safety data sheet and packaging requirements in old group standards until 30 April 2025. However, we strongly recommend updating to the new requirements as soon as possible.

All categories ∨

📄 Active Ingredients for Use in the Manufacture of Agricultural Compounds Group Standard 2020 HSR100756 (PDF, 174 KB) >
2020 Group Standards | Active ingredients used for the manufacture of agricultural compounds

📄 Additives Process Chemicals and Raw Materials Acutely Toxic Carcinogenic Group Standard 2020 HSR002504 (PDF, 185 KB) >
2020 Group Standards | Additives, process chemicals and raw materials

📄 Additives Process Chemicals and Raw Materials Acutely Toxic Corrosive Carcinogenic Group Standard 2020 HSR002506 (PDF, 188 KB) >
2020 Group Standards | Additives, process chemicals and raw materials

图 3-62　新西兰 HCNO 法规下的 Group Standard 示例

　　和欧盟类似，新西兰环境保护局（EPA）也给进口商和制造商提供了 SDS 编制指南，在编制符合新西兰版本的 SDS 时，可具体参考该指南[2]。

---

〔1〕　团体标准是对一组具有相似性质、类型、危害或用途的有害物质的批准。团体标准及相关要求信息可在新西兰官网进行查找，链接如下：https://www.epa.govt.nz/industry-areas/hazardous-substances/group-standards/。

〔2〕　新西兰 SDS 编制指南下载链接：https://www.epa.govt.nz/assets/Uploads/Documents/Hazardous-Substances/EPA-Notices/Hazardous-Substances-Safety-Data-Sheets-Notice-2017-EPA-Consolidation-30-September-2022.pdf。

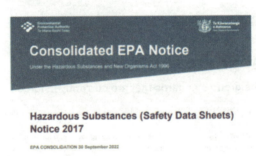

图 3-63 新西兰 SDS 编制指南

（5）其他国家

日本针对列入日本安卫法（ISHL）、日本化管法（PRTR）以及有毒有害物质控制法（PSSCL）的特定物质，强制要求提供 SDS 和标签，其中 SDS编制的法规依据是 JIS Z7253：2019，该标准转化的 GHS 制度第 6 修订版。

图 3-64 日本 JIS Z7253：2019 有关 SDS 和 GHS 标签编制标准

加拿大根据《危险品法案》[1]制定了《危险品法规》[2]（Hazardous Products Regulations，简称HPR法规），HPR法规转化了GHS制度第七修订版，法规中附表1给出了SDS每部分的详细要求。

加拿大和美国一样，依据GHS制度积木原则，未采纳环境危害分类模块，此外新增了"未另行分类的健康危害"及"生物危害性传染性材料"，且针对"生物危害性传染性材料"给出了相应的符号和象形图。

图3-65 加拿大"生物危害性传染性材料"符号（左）和象形图（右）

综合上述分析，从化学品SDS全球贸易的合规性角度而言，企业需要提供符合输入国要求的SDS，特别是欧美日等发达国家和地区，由于较早制定化学品合规相关要求，在转化GHS制度的同时，保留了较多本国的特殊要求。

SDS报告的语言应首选目的国官方语言。对于还未实施GHS制度或目的国没有关于SDS编写要求的，企业可提供符合联合国GHS制度的SDS。

4.SDS有效期

SDS没有明确的有效期，通常认为SDS编写的法规依据发生更新；化学

---

［1］ 加拿大《危险品法案》（Hazardous Products Act [R.S.，c. H-3 主要是针对包含：有毒、易燃、爆炸、腐蚀、感染、氧化、或敏感性的、对公众健康和安全造成威胁的物质／产品；此类产品在加拿大境内进口或销售，需要提供符合法案15（1）条款规定的化学品安全数据单和GHS标签。

［2］ 加拿大《危险品法案》（Hazardous Products Regulations）下载链接：https：//www.laws-lois.justice.gc.ca/eng/regulations/SOR-2015-17/。

品理化特性／健康危害／生态学信息、应急处置、操作存储等信息有新的数据或认识；产品危害分类或者配方发生变化时，企业都应尽快更新SDS报告，并及时向下游用户进行传递。

当然，部分国家或地区的法规标准对于SDS规定了明确的更新频率，具体如下：

（1）中国

1996年，原劳动部、化学工业部发布的《工作场所安全使用化学品规定》（劳部发〔1996〕423号令）[1]，第十一条规定，安全技术说明书应每五年更换一次。在此期间若发现新的危害特性，在有关信息发布后的半年内，生产单位必须相应修改安全技术说明书，并提供给经营、运输、贮存和使用单位。

劳动部、化学工业部

关于颁发《工作场所安全使用化学品规定》的通知

劳部发〔1996〕423号

(1996年12月20日劳动部发布 1997年1月1日执行)

各省、自治区、直辖市及计划单列市劳动（劳动人事）厅（局）、化工（石化）厅（局），国务院有关部委、直属机构，总后勤部生产管理部、新疆生产建设兵团：

为了更好地实施第八届全国人民代表大会常务委员会第十次会议审议批准的《作业场所安全使用化学品公约》，有效控制危险化学品事故发生，保障劳动者的安全与健康，根据《劳动法》和有关法规，制定了《工作场所安全使用化学品规定》，现予颁布，请认真贯彻执行

工作场所安全使用化学品规定

图 3-66 《工作场所安全使用化学品规定》有关 SDS 更新的要求

台湾地区根据其发布的《危害性化学品标示及通识规则》第三章第15条，

---

[1] 劳部发〔1996〕423号令全文查看链接：https://yjgl.ln.gov.cn/yjgl/wxhxpdj/gjfg/247DA8515A124757A2A2E471E0806644/。

化学品的生产商、进口商或供应商，应至少每 3 年对 SDS 进行一次更新。

| 第 14 條 | 前條所定混合物屬同一種類之化學品，其濃度不同而危害成分、用途及危害性相同時，得使用同一份安全資料表，但應註明不同化學品名稱。 |
| 第 15 條 | 製造者、輸入者、供應者或雇主，應依實際狀況檢討安全資料表內容之正確性，適時更新，並至少每三年檢討一次。
前項安全資料表更新之內容、日期、版次等更新紀錄，應保存三年。 |

图 3-67 台湾地区有关 SDS 更新的要求

（2）欧盟

欧盟并未规定 SDS 明确的有效期，但是在 REACH 法规第 31（9）条规定 SDS 必须更新和重新发布的几种情况：

①一旦出现可能影响风险管理措施的新信息或有关危害的新信息（即新分类）；

②一旦 REACH 法规下的授权被授予或被拒绝；

③一旦面临某种限制。

出现以上三种情况的时候，企业通常需要及时更新相应产品的 SDS 报告，并且在 12 个月内向下游客户提供最新的 SDS 报告。欧盟是最早实行化学品监管的地区，其分类和相关监管法规较多且更新频率较高，建议企业定期对欧盟版本的 SDS 报告进行审核，避免因为 SDS 报告未更新而影响企业经营活动。

（3）美国

美国 HCS 法规正文第（g）条款没有对 SDS 规定具体的更新时间，但如果产品有新的危害，则必须在 3 个月内完成 SDS 的更新[1]。

---

[1] 如果产品暂未生产或进口，可在下次生产 / 进口前更新 SDS 信息。

（4）澳大利亚

澳大利亚 SDS 编写依据是澳大利亚《职业安全卫生法》（Work Health and Safety Regulations，简称 WHS 法）。该法规第 330 第（3）条要求企业至少每 5 年审查一次 SDS，并且必要时修改 SDS，以确保其所包含的信息为最新的正确信息。

澳大利亚在 2021 年对 WHS 法规进行了更新，对气雾剂、易燃气体和退敏爆炸品分类标准进行了修订，以符合联合国 GHS 制度第 7 修订版本，并于 2023 年 1 月 1 日强制实施。

（5）菲律宾

菲律宾 SDS 编写依据为 EMB MC 2015-011[1]，其中第 E 部分安全数据单编制指导手册第 1.1.8 条款明确规定：有新信息应及时修订 SDS，并至少每 5 年更新一次 SDS。

综合上述分析，大多数情况下化学品 SDS 报告都没有明确的有效期，企业需要结合实际情况，对产品的 SDS 进行定期维护。当产品有新的危害分类、被列入新的监管法规、有新的需要向公众披露信息等情况时，企业都需要及时对 SDS 报告进行更新。

5.SDS 主要内容

依据联合国 GHS 制度，一份合规的 SDS 应包括化学品危害分类、运输信息、理化特性、健康危害以及环境危害等 16 个部分信息，适用于化学品生产、存储、运输、使用以及废弃等整个生命周期。如下图所示，SDS 的 16 部分内容有严格的顺序要求，不可随意调整，同时，每一部分内容都不可或缺，不可随意删减。

---

[1] 2015 年 8 月 25 日，菲律宾环境和自然资源部（DENR）发布了 EMB MC 2015-011. 号 GHS 实施指南手册，详细规定了化学品的危害分类标准、SDS 和 GHS 标签的编写要求，技术内容与联合国 GHS 制度第 4 修订版保持一致。该指南手册全文下载地址：https://chemical.emb.gov.ph/wp-content/uploads/2017/03/DAO-2015-09-Implementation-of-GHS.pdf。

不同国家／地区有关SDS的编写要求均以联合国GHS制度为框架，但在每个部分的内容要素、文本格式和语言表述方面会略有差异。下文以联合国GHS制度为依据，对SDS每个部分的合规要求做简要分析。

 1. 化学品及企业标识   9.理化特性

 2. 危险性概述   10.稳定性和反应性

 3. 成分/组成信息   11.毒理学信息

 4. 急救措施   12.生态学信息

 5. 消防措施   13.废弃处置

 6. 泄漏应急措施   14.运输信息

 7. 操作处置与储存   15.法规信息

 8. 接触控制和个人防护   16.其他信息

图 3-68　SDS 的 16 部分内容要素

（二）SDS 合规要点分析

1. 第 1 部分标识

SDS 第 1 部分主要有产品标识、推荐用途／限制用途、企业标识和应急电话 4 个部分组成。

（1）产品标识

产品标识主要是明确该份 SDS 适用于哪个具体产品，因此此部分应包括产品的名称、俗名或商品名、型号等产品唯一性标识符。对于纯物质还可展示产品的 CAS 号、分子式、EC 号等信息。

产品标识

产品中文名称	甲醇
产品英文名称	METHANOL
CAS No.	67-56-1
EC No.	200-659-6
分子式	CH_4O

图 3-69 SDS 第 1 部分产品标识内容示例

中国和欧盟 SDS 编写标准对于上述内容还有以下额外要求：

①中国

中国 SDS 编写标准 GB/T 17519-2013 要求在产品标识中，明确标注产品的中文名称和英文名称，两者缺一不可。化学品的进口商需重点关注此项要求，因为国外供应商提供的 SDS 未必有产品中文名称。此外针对农药产品，产品名称通常使用其通用名称。

②欧盟

如果产品列入欧盟 CLP 法规附件 VI 统一分类清单，则 SDS 第 1 部分的产品名称建议与该分类清单中名称保持一致；SDS 第 1 部分必须展示该产品的 REACH 正式注册号，若没有注册号，应说明理由；对于混合物，根据欧盟毒物中心（简称 PCN）通报的要求，如果产品没有外包装或直接在工厂现场使用，则应该在 SDS 第 1 部分展示该产品的 UFI 代码。

产品标识

产品中文名称	50%乙草胺乳油（溶剂：甲醇，报告范例专用）
产品英文名称	50% Acetochlor EC (Solvent: Methanol, For example report only)
产品型号	Example-Mixture
CAS No.	不适用
EC No.	不适用
分子式	不适用
REACH 注册号	01-2120##9975-##-####
UFI	5YD3-X0RA-R00M-3QT5（示例）

图 3-70 欧盟 SDS 第 1 部分产品标识内容示例

（2）推荐用途 / 限制用途

该部分需明确产品可以使用的场景，以及不适用或禁止使用的场景。此类信息建议和产品生产商或供应商进行确认，以避免产品被消费者或下游用户错误使用，从而导致违法或造成健康、环境风险。

（3）企业标识

该部分需展示产品的实际供应商或生产商信息，包括但不局限于企业名称、地址、电话、邮编、邮箱等。对于出口至欧盟的化学品而言，如果境外生产商或供应商在欧盟境内没有 REACH 法规下的唯一代表（简称 OR），则必须提供欧盟境内进口商信息；反之，在此部分可填写 OR 的相关信息。

（4）应急电话

该部分需要提供符合输入国要求的化学品事故应急电话。我国要求应急电话必须是中国大陆境内的固定电话，且需要保证 24 小时应急响应；但是欧盟不要求应急电话必须是欧盟境内，但需要在紧急情况下，提供关于产品泄漏、火灾等各类安全事故的处置建议，同时欧盟也不需要应急电话 24 小时响应，只需标出具体响应时间。

联合国 GHS 制度对于应急电话的响应时间以及是否为境内都未做明确要求，因此，企业应关注输入国对于此部分的具体要求。

2.第 2 部分危险标识

SDS 第 2 部分主要有：危害分类、GHS 标签要素以及不导致分类的其他危害 3 个部分组成。其中需要注意的是，国标 GB/T17519-2013 要求在此部分起始位置增加一个"紧急情况概述"，描述产品在事故状态下需要紧急识别的易产生严重后果的危害，以供化学事故应急救援人员参考。

2 危险性概述

｜紧急情况概述

液体。易燃，其蒸气与空气混合，能形成爆炸性混合物。如果被吞食，可能会造成严重肺部损伤。 对水生物有毒。对水生环境可能会引起长期有害作用。 使用适当的容器，以预防污染环境。

图 3-71 中国法规中给出的紧急情况概述示例

（1）危害分类

危害分类主要是依据输入国化学品 GHS 分类标准[1]进行评估，确定产品的危险类别，具体包括物理危害、健康危害和环境危害 3 部分。由于不同国家和地区的危害分类标准略有差异，同一个产品的危害分类结论可能会不同。

①中国

中国化学品 GHS 分类标准是 GB 30000 系列标准，转化的是联合国 GHS 制度第 4 修订版，因此相较于最新版 GHS 制度，危害分类体系缺少了发火气体、退敏爆炸品、加压化学品等危害类别，此外爆炸品和气体的分类标准未能与 GHS 制度保持一致。

如果化学品列入我国《危险化学品目录（2015 版）》中，在应急管理部发布的目录实施指南会给出该物质的建议分类。企业在实际分类时，可以

---

[1] 我国的危害分类标准是 GB 30000 系列标准，欧盟是 CLP 法规，具体详见第三章第一节。

参考该分类，具体查阅方式可详见附录 1。

②欧盟

欧盟化学品分类依据 CLP 法规，转化的是 GHS 制度第 7 修订版，因此暂未采纳加压化学品，爆炸品分类标准也未与 GHS 制度最新版保持一致。此外，欧盟 GLP 法规还未采纳部分危害性较低的危害项别（见表 3-4）。

由于欧盟在 GHS 制度实施前已经开始对境内化学品实施分类和标记，因此在与 GHS 制度接轨的同时，保留了部分欧盟特有的附加危害（以 EUH 码命名）。

表 3-4 欧盟暂未采纳危害性较低的分类

危险类别	危险项别（H 编码）
易燃液体	类别 4（H227）
急性毒性	类别 5（H303 经口、H313 经皮和 H333 吸入）
吸入危险	类别 2（H305）
皮肤腐蚀 / 刺激	类别 3（H316）
严重眼损伤 / 眼刺激	类别 2B（H320）
危害水生环境（急性）	类别 2（H401）
危害水生环境（急性）	类别 3（H402）

为了方便工业界做好化学品的危害分类，同时对于部分化学品提出明确的最低分类要求，欧盟对部分化学品的危害分类达成了统一意见，可查阅 CLP 法规附件 VI 或检索欧盟化学品管理署（ECHA）的官方网站，具体查阅方式详见附录 1。因此，企业编制符合欧盟版本的 SDS 时，建议优先参考该分类清单。

③美国

如上文所述，美国 HCS-2012 未采纳 GHS 制度中环境危害分类。因此，在编制美国版本的报告时，如果产品涉及环境危害的分类，可以不体现[1]；此外，由于美国 HCS 转化的是 GHS 制度第 3 修订版，因此暂未采纳退敏爆炸物、加压化学品等危害类别。同时，与欧盟类似，HCS 也未采纳部分危害性较低的分类（见表 3-5）。

表 3-5 美国 HCS-2012 暂未采纳危害性较低的分类

危险类别	危险项别（H 编码）
气雾剂	类别 3（H229）
化学性质不稳定的气体	类别 1A（H230）、类别 1B（H231）
易燃气体	发火气体（H232）
急性毒性	类别 5（H303 经口、H313 经皮和 H333 吸入）
皮肤腐蚀 / 刺激	类别 3（H316）
吸入危险	类别 2（H305）
危害水生环境（急性）	类别 1（H400）、类别 2（H401）和类别 3（H402）
危害水生环境（慢性）	类别 1（H410）、类别 2（H411）、类别 3（H412）和类别 4（H413）
危害臭氧层	类别 1（H420）

此外，美国也保留了其原有的附加危害单纯窒息剂和可燃性粉尘。

（2）GHS 标签要素

GHS 标签要素主要包括信号词、象形图、危险性说明和防范说明 4 个部分，每个要素均取决于该化学品的危害分类结果。联合国 GHS 制度的附件 3

─────────

[1] 此时会导致产品的危害分类与其他国家的不一致性。

第 37 节[1] 对每个危害的 GHS 标签要素做了明确规定（如图 3-72 所示），其中信号词、象形图和危险性说明都是强制，在内容和格式方面都不允许做任何改动，而防范说明只是推荐的，相关企业可以结合自身掌握的产品危害、应急和存储等信息，对联合国 GHS 制度推荐的防范说明加以选择和补充完善。

易燃固体
（第 2.7 章）

危险类别		符号		信号词	危险说明	
1		火焰	🔥	危险	H228	易燃固体
2		火焰		警告	H228	易燃固体

防范说明			
预防	应对	存放	处置
P210 远离热源、热表面、火花、明火和其他点火源。禁止吸烟。 **P240** 货箱和装载设备接地并等势联接。 - 如果固体对静电敏感。 **P241** 使用防爆的【电气/通风/照明/……】设备 - 如果可能产生粉尘。 - 如有必要，可酌情用文字加方括号，具体说明使用的电气、通风、照明或其他设备。 - 若地方或国家法律采用了更具体的规定，可省去防范说明。 **P280** 戴防护手套/穿防护服/戴防护眼罩/防护面具/听力保护…… 制造商/供应商或主管部门应具体说明适宜的设(装)备类型。	P370 + P378 如起火，使用……灭火。 - 如果水会增加风险。 ……制造商/供应商或主管部门应具体说明适宜的介质。		

图 3-72 联合国 GHS 制度中易燃固体 GHS 标签要素示例

信号词是针对每个危害轻重程度的描述，主要有"危险（Danger）"和"警告（Warning）"[2] 两种。当产品有多个不同危害时，对应有不同的信号词，最终产品 GHS 标签上的信号词应遵循：出现"危险"，就忽略"警告"的原则。

象形图是联合国 GHS 制度通过图形和符号的方式，形象传递每个危害特点的一种方式。虽然 GHS 制度有 29 个危害大类，但象形图只有 9 个（如图 3-73），部分象形图可以表示多个危害。联合国 GHS 制度规定 SDS 中的象形图通常应为红色边框，如果产品仅在国内使用，主管部门可以决定是否

---

[1]　制作不同版本 SDS 时，应查阅不同国家和地区的法规 / 标准的 GHS 标签要素要求，例如，中国应查阅 GB30000 系列标准，欧盟应查阅 CLP 法规等。

[2]　个别 GHS 危害分类是没有信号词，例如 G 型自反应物质和 G 型有机过氧化物。

可以使用黑色，例如在中国和美国 SDS 编写标准中规定，产品如仅在本国境内使用，象形图边框可以是黑色。

图 3-73 9 种象形图示例

（3）不导致分类的其他危害

在联合国实施 GHS 制度之前，部分国家已有本国的监管法规，在与 GHS 接轨的同时，保留了本国原有的一些不属于 GHS 制度分类体系中的危险类别，例如前文所述欧盟版 SDS 第 2 部分需要体现该物质的内分泌干扰物（简称 ED 物质）和 PBT/vPvB 评估结果；而美国需注明急性毒性未知的成分（含量＞1%，且分类非依据整体试验数据的情况）等。

| 补充危险信息 |

◆ PBT 和 vPvB 的结果评价

组分	PBT/vPvB 评价结果 [依据(EC) No 1907/2006]
对叔丁基苯酚	不属于 PBT/vPvB

◆ 内分泌干扰物特性评估结果

组分	内分泌干扰物特性评估结果 [依据(EU) No 2017/2100 或 (EU) No 2018/605]
对叔丁基苯酚	ED

图 3-74 欧盟 SDS 第 2 部分其他危害展示示例

3. 组成／成分信息

这部分主要展示纯物质或混合物的组分信息，包括组分的名称、CAS 号等唯一性标识符及含量等信息。

（1）纯物质

对于纯物质而言，其组分单一，根据 GHS 要求只需列出组分的化学名称、商业名称或俗名以及唯一识别号即可。其中重点关注的是产杂质和稳定剂，如果这类浓度较低的组分，同时满足以下条件时，也需要和主成分一样，列出具体信息：

①具有健康或环境危害（例如，皮肤腐蚀／刺激 类别 1）。

在 GHS 制度中，健康和环境危害分类允许采取加和公式，在没有产品整体数据时，当危害组分的浓度加权达到分类标准规定的阈值时，可直接对产品进行危害分类；而物理危害只能根据产品整体的测试数据来判断，无法根据组分含量直接推算。

②对整个产品的分类有贡献。

对产品危害分类有贡献是指该组分的存在可导致产品整体具有某种 GHS 危害分类。

（2）混合物

根据 GHS 制度的要求，混合物中有图 3–75 所示危害组分且浓度超过了临界值，则需与纯物质类似，应在 SDS 第 3 部分进行展示，包括化学名称、商业名称（或俗名）、唯一识别号以及浓度（或浓度范围）等。

图 3–75 中涉及 10 项健康危害和 1 项环境危害，不包括物理危害和对臭氧层危害。换言之，混合物中组分如果仅有物理危害，对照图 3–75，即使浓度很高，也无须在第 3 部分展示，原因是混合物的物理危害需根据整体的理化特性检测结果进行判定，而此类信息会在 SDS 第 9 部分进行了详细展示。

此外，当混合物组分的含量超过了图 3–75 中的临界值，也不一定会导致混合物有某项健康或环境危害，因此，图 3 中列出的组分未必属于对产品分类有贡献的组分。

危险种类	临界值/浓度极限值
急性毒性	≥ 1.0%
皮肤腐蚀/刺激	≥ 1.0%
严重眼损伤/眼刺激	≥ 1.0%
呼吸道/皮肤致敏	≥ 0.1%
生殖细胞致突变性(类别 1)	≥ 0.1%
生殖细胞致突变性(类别 2)	≥ 1.0%
致癌性	≥ 0.1%
生殖毒性	≥ 0.1%
特异性靶器官毒性(一次接触)	≥ 1.0%
特异性靶器官毒性(反复接触)	≥ 1.0%
吸入危害(类别 1)	≥ 1.0%
吸入危害(类别 2)	≥ 1.0%
危害水生环境	≥ 1.0%

图 3-75 组分的临界值 / 浓度极限值（cut-off value/ concentration limit）

对于混合物中涉及商业机密的组分，联合国 GHS 制度允许对其进行保密，具体方式可参见各国法规或标准。例如，中国 GB/T 17519-2013 要求此类商业机密组分，可不展示真实化学名称（用化学品类似名称代替，例如甲醇可以用醇类代替）和具体含量（含量可以用范围代替），而且多个组分需要按照浓度降序排列；美国针对混合物中保密成分可以展示含量范围值；欧盟对于保密组分，需要先申请商业保密方可不显示真实信息。

此外，欧盟需要在 SDS 第 3 部分展示组分的危害分类、特定浓度限值、急毒性估计值和 M 因子数值。

3 成分/组成信息

3.1 物质/混合物

物质

组分	含量/范围 （wt，%）	依据欧盟 CLP 法规的分类	特定浓度限值（SCL） 和 M 因子
甲醇 CAS：67-56-1 EC：200-659-6 Index No. :603-001-00-X	99.99	易燃液体，类别 2，H225；急毒性-口服，类别 3,H301;急毒性-皮肤，类别 3,H311；急毒性-吸入，类别 3,H331;特定目标器官毒性-单次接触，类别 1,H370	H370:C≥10%|H371:3%≤C<10%

图 3-76 欧盟 SDS 第 3 部分组分展示示例

4.急救措施

SDS 第 4 部分主要有必要的急救措施、最重要的急性和延迟症状 / 效应、必要时注明立即就医及所需的特殊治疗 3 个部分组成。

（1）必要的急救措施

针对人体接触化学品的不同途径（眼睛接触、皮肤接触、食入、吸入），分别给出对应的急救措施。纯物质的急救措施可以参考欧盟 REACH 法规的注册卷宗数据库、国际化学品安全卡（ICSC）、美国 DOT 制定的 ERG 指南（Emergency Response Guidebook）等权威数据库。混合物需依据产品的状态和危害特性等来确定，企业可以结合自身对产品危害的认知，结合组分的文献或数据库信息，编制相应的救急方法。

图 3-77 欧盟 REACH 法规的注册卷宗数据库

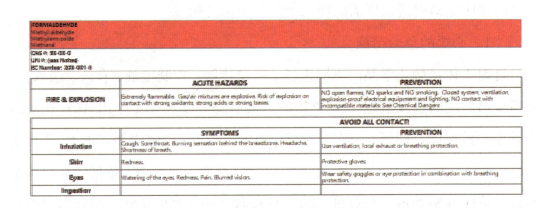

图 3-78 国际化学品安全卡（ICSC）中相关急救措施描述

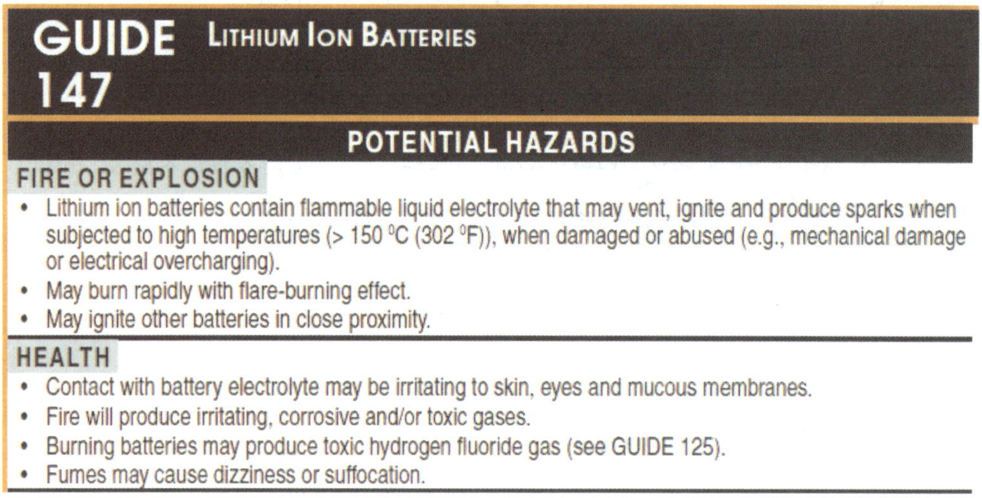

GUIDE 147 LITHIUM ION BATTERIES

POTENTIAL HAZARDS

FIRE OR EXPLOSION
- Lithium ion batteries contain flammable liquid electrolyte that may vent, ignite and produce sparks when subjected to high temperatures (> 150 °C (302 °F)), when damaged or abused (e.g., mechanical damage or electrical overcharging).
- May burn rapidly with flare-burning effect.
- May ignite other batteries in close proximity.

HEALTH
- Contact with battery electrolyte may be irritating to skin, eyes and mucous membranes.
- Fire will produce irritating, corrosive and/or toxic gases.
- Burning batteries may produce toxic hydrogen fluoride gas (see GUIDE 125).
- Fumes may cause dizziness or suffocation.

图 3–79 ERG 指南中相关急救措施描述

（2）最重要的急性和延迟症状 / 效应

提供接触化学品后的急性和迟发效应、主要症状，以及对健康的影响等信息，便于急救人员获取，详细信息可参考第 11 部分。

（3）必要时注明立即就医及所需的特殊治疗

提供紧急情况下的医疗护理和特殊治疗信息，以及给医生的建议，例如剧毒产品明确已知的解毒剂等信息。

5. 消防措施

SDS 第 5 部分主要有适当的灭火介质、化学品火灾的具体危害和消防人员防护措施 3 个部分组成。

（1）适当的灭火介质

包括合适的灭火介质与不合适的灭火介质。由于不同种类灭火器的灭火原理不同，其适用的火灾类型也各不相同，因此在选择灭火器时，首先要确定化学品火灾类型，然后有针对性的选取合适的灭火介质（例如金属粉末引起的火灾，就不适合用二氧化碳灭火）。灭火介质的选取也可以参考ERG指南，

GB 17914、GB 17915、GB 17916 以及 NFPA 704 等标准。

5 消防措施

5.1 灭火介质

适当的灭火介质	小火：干式化学灭火剂、二氧化碳、水或抗溶泡沫灭火剂；大火：水、水雾或抗溶泡沫灭火剂。
不适当的灭火介质	避免用太强烈的水汽灭火，因为它可能会使火苗蔓延分散。

图 3-80 灭火介质示例

（2）化学品火灾的具体危险

详细描述化学品火灾时，可能产生的各类危险性，如易燃、易爆、产品有害的分解产物等。

（3）消防人员的防护措施

消防人员在灭火时应采取的个人防护措施和灭火的特殊要求等。

6.意外释放措施

SDS 第 6 部分主要有人身防护、保护设备和应急程序，环境保护措施，以及控制和清洁方法及材料 3 个部分组成。

（1）人身防护、保护设备和应急程序

详细描述化学品在出现意外泄漏时，人员应该如何疏散，穿戴哪些必要的防护用品，如何避免接触泄漏物造成伤害，如何去除点火源等其他相关应急处置程序。此外防护装备如果有材质上的限制，需要在此处展示，便于急救人员获知。

6.1 作业人员防护措施，防护设备和紧急处理程序

1	避免吸入蒸气、接触皮肤和眼睛。
2	谨防蒸气积累达到可爆炸的浓度。
3	蒸气能在低洼处积聚。
4	建议应急人员戴正压自给式呼吸器，穿防毒、防静电服，戴化学防渗透手套。
5	无火灾状况下的溢漏和泄漏应穿着蒸气防护服，且完全密封。
6	不要触摸或穿越泄漏物。
7	不要触摸破损的容器或泄漏物质除非穿着合适的防护服。
8	使用个人防护装备，不要吸入气体/烟雾/蒸气/喷雾。
9	保证充分的通风。清除所有点火源。采取防静电措施。
10	迅速将人员撤离到安全区域，远离泄漏区域并处于上风方向。

图 3-81 泄漏处置人员防护等信息示例

（2）环境保护措施

意外泄漏后需要做到的环境保护措施，例如及时通知主管当局，如何减少释放，如何避免泄漏的化学品进入环境中。

（3）控制和清洁方法及材料

展示泄漏化学品的控制和清除方法、必要的清洁工具以及注意事项等。泄漏处置措施取决于产品的理化特性和泄漏数量的多少。如果是纯物质，可以直接从 ICSC、欧盟 REACH 法规的注册卷宗数据库等权威数据库中查阅相关信息；如果是混合物，则需要结合产品状态和危害特性，有针对性地编制泄漏处置方法。例如：粉末状固体泄漏，收集和处置时不要产生粉尘；液态产品少量泄漏时，可采用干砂或惰性吸附材料吸收泄漏物，大量泄漏时需筑堤控制等。

7. 操作处置与储存

SDS 第 7 部分主要有安全操作的防护措施和安全存放条件（包括任何不相容性）两个部分组成。此外欧盟 SDS 还需要体现特殊终端用途。

危险货物和危险化学品
进出口合规管理及风险防控

（1）安全操作的防护措施

化学品操作人员的个人防护要求，安全操作注意事项（禁烟、静电接地、放置方向要求等）以及操作后的一般卫生要求（除去受污染的装备、个人清洁等）。

7.1 安全操作的防护措施

◆ 保护措施

1	在通风良好处进行操作。
2	穿戴合适的个人防护用具。
3	避免接触皮肤和进入眼睛。

◆ 防火措施

1	只能使用不产生火花的工具。
2	为防止静电释放引起的蒸气着火，设备上所有金属部件都要接地。
3	使用防爆设备。
4	远离热源、火花、明火和热表面。

◆ 预防气溶胶和粉尘生成措施

1	不适用。

◆ 职业卫生建议

1	使用该物质后须洗手和洗脸。
2	立即更换受污染的衣物。

图 3-82 安全操作示例

（2）安全储储存条件，包括任何的不相容性

化学品存储对于包装、温度、湿度以及混存禁忌等相关因素的要求。国内目前关于危险化学品储存的国家标准主要有 GB 15603、GB 17914、GB 17915 以及 GB 17916。国际上，美国和澳大利亚关于危险货物储存的技术规范则相对较为完善，例如有 NFPA 系列标准（美国）和 AS 系列标准（澳大利亚）。

276

8. 接触控制和个体防护

SDS 第 8 部分主要有控制参数、工程控制和个人防护装备 3 个部分组成。欧盟 SDS 还需展示环境暴露控制措施。

（1）控制参数

该部分需列出产品整体或各个组分已知的职业接触限值（Occupational Exposure Limits，简称 OELs[1]）和生物接触限值（Biological Exposure Limits，简称 BELs[2]）。可以检索产品输入国主管当局发布的 OELs 和 BELs 清单。如果输入国缺少相关数据，可以展示目前国际上欧盟、美国、中国[3] 等主要国家 / 地区的此类限值。其中，德国 Gestis 的 International Limit Values 数据库收录了十几个国家 / 地区的职业接触限值[4]。

控制参数

◆ **职业接触限值（化学有害因素）**

组分	标准来源	OELs	标准值 mg/m3	临界不良健康效应	备注
甲醇	GBZ 2.1-2019	PC-TWA	25	明显的麻醉作用和眼、上呼吸道刺激；眼损害	皮
		PC-STEL	50		
		MAC	-		

图 3-83 中国 OELs 示例

（2）工程控制

工程控制主要是针对化学品在生产、加工或使用等可能产生化学品人体

---

[1]　OELs 指劳动者在职业活动过程中长期反复接触某种或多种职业性有害因素，不会引起绝大多数接触者不良健康效应的容许接触水平。化学有害因素的 OELs 根据统计方式的不同，细分为时间加权平均容许浓度（PC-TWA）、短时间接触容许浓度（PC-STEL）和最高容许浓度（MAC）。

[2]　BELs 指生物体（器官、排泄物、呼出气中）中有害物质或其代谢产物的最高限值。如果超过该限值，会产生影响生物体健康的迹象。对于工作场所而言，通常是以工人每周工作 5 天，每天工作 8 h 来统计，尿液中化学物质及其代谢物的浓度。

[3]　中国的职业卫生标准 GBZ 2.1-2019 收录了 358 种化学物质的 OELs 值和 28 种化学物质的 BELs 值。

[4]　该数据库查询链接：https://limitvalue.ifa.dguv.de/WebForm_gw2.aspx。

暴露或形成有害环境的场景下，需要采取的工程控制方式（包括通风、密闭操作、机械操作、除尘装备等），以确保化学品的 OELs 和 BELs 值低于相应限值，或者消除易燃、易爆等危害因素。

（3）个人防护装备

针对人体可能接触化学品的不同途径，列出必要的个人防护装备，主要包括安全帽、防寒服、防尘口罩、防毒面具、空气呼吸器等。

防护设备的选取首先需要企业确认生产场所的作业类别，例如有粉尘产生的作业、高温作业、易燃易爆场所作业等，然后结合产品的危险特性，例如易挥发、与水反应等[1]。

个人防护装备

总要求					
眼睛防护	必须佩戴合适的安全防护眼镜。				
手部防护	必须戴抗静电的化学防护手套。				
呼吸系统防护	必须佩戴合适的防尘防毒面具。				
皮肤和身体防护	必须穿抗静电的化学防护服和防静电鞋。				

图 3-84 个体防护装备示例

9. 物理和化学危险特性

该部分需要展示联合国 GHS 制度中列出的有关化学品熔点、沸点等 18 项理化特性参数，如有其他理化参数也可一并展示。

---

[1] 个人防护装备的选择可参考我国的 GB/T 11651-2008、欧盟第 92/58/EEC 号指令以及南非标准局 SABS 0265：1999 等。

表 3-6 SDS 第 9 部分物理化学特性参数表

物理状态	爆炸极限 / 易燃极限	可溶性
颜色	闪点	辛醇 – 水分配系数（LogKow）
气味	自燃温度	蒸气压
熔点 / 凝固点	分解温度	密度和 / 或相对密度
沸点或初始沸点和沸腾范围	pH 值	相对蒸气密度
易燃性	运动黏度	颗粒特征

纯物质的理化特性可以从 ICSC、欧盟 REACH 注册物质卷宗数据库等国际权威数据库中查询；混合物需对其整体进行相应测试，才能获得准确数据，但在无法获得整体数据时，GHS 制度允许展示混合物中最相关组分的理化特性数据，例如产品整体是易燃液体，闪点可以展示易燃组分的闪点。

如果某项理化特性缺少数据，可以填写"无资料"；如果某项理化特性与产品性质不相关，可填写"不适用"（例如，闪点是仅针对液体的理化指标；固体和气体可填写"不适用"）。

其中"物理状态"和"颜色"两个理化特性，中国和美国由于 SDS 编写标准的滞后性，还是合并展示[1]，并且暂无 GHS 制度要求的"颗粒特征"；欧盟 SDS 还需额外展示"氧化性"和"爆炸性"这两个参数。

10. 稳定性和反应性

该部分需要列出产品的反应性、化学稳定性、危险反应的可能性、应避免的条件、不相容材料以及危险分解产物六个方面的信息，其中"反应性"我国的 SDS 编写标准暂未采纳。

---

[1] GB/T 17519-2013 中，将"物理状态"和"颜色"合并为"外观与性状"。

（1）反应性

产品已知的反应性危害，如果产品没有相关测试数据或文献资料，也可依据产品同类或同族的相关数据[1]。

（2）化学稳定性

在预期环境（包括温度、湿度和压力等）下，正常操作、储存、运输该产品时，该产品是否稳定。如不稳定，需明确必要的稳定剂或添加剂。

（3）危险反应的可能性

产品是否存在可以发生分解、聚合、缩合、与水反应等危险反应。如果存在可能性，应描述危险反应发生的条件。

（4）应避免的条件

列出产品可能导致危险情况的条件，如热、压力、冲击、静电放电、振动或其他物理应力。

（5）不相容材料

列出可能与产品接触发生危险反应的化学品种类或具体物质。

（6）危险分解产物

列出已知和有理由预料会因使用、储存和加热而产生的危险分解产物。

11. 毒理学信息

该部分需要简单扼要地展示产品急性毒性、皮肤腐蚀/刺激、眼睛损伤/刺激等 10 项 GHS 健康危害信息，包括支持第 2 部分健康危害分类的动物试验数据、临床证据、人类经验以及文献资料等。

---

[1] 前提是这类数据应该能够充分体系该产品的预期危害。

- **急性毒性**
- **皮肤腐蚀/刺激**
- **严重眼损伤/眼刺激**
- **呼吸或皮肤敏化作用**
- **生殖细胞致突变性**
- **生殖毒性**
- **致癌性**
- **特定目标器官/系统毒性单次接触**
- **特定目标器官/系统毒性重复接触**
- **吸入危险**

图 3-85 10 项毒理学信息

其中纯物质的急性毒理学试验数据（LD_{50} 和 LC_{50}）可以在德国 Gestis 等国际权威数据库获取，具体详见附录 2。需要注意的时，部分化学品的动物试验数据会与人类临床经验不一致，此时应优先参考人类经验数据进行分类[1]。

11 毒理学信息

急性毒性

组分	LD_{50}(经口)	LD_{50}(经皮)	LC_{50}(吸入，4h)
甲醇	5628mg/kg(大鼠)	15800mg/kg(兔子)	83.867mg/L(大鼠)

图 3-86 甲醇急性毒性数据示例

此外，化学品的致癌性信息可参考美国国家毒理学计划（NTP）、国际癌症研究机构（IARC）等发布的化学品致癌性评估报告。

---

[1] 最典型的物质是甲醇，该物质的动物急性毒性数据 LD_{50} 和 LC_{50} 都很高，显示毒性较低，但该物质对于人体健康毒性较强，短时间大量服用或吸入或皮肤接触，会导致人体死亡，因此在 GHS 分类时，还是划入了急性毒性类别 3。

国际癌症研究机构（IARC） https://monographs.iarc.who.int/agents-classified-by-the-iarc/

 美国国家毒理学计划（NTP） http://ntp.niehs.nih.gov/pubhealth/roc/index-1.html#toc1

 日本职业健康协会(JSOH) https://www.sanei.or.jp/?mode=view&cid=309

 美国环境保护署(EPA) https://cfpub.epa.gov/ncea/iris/search/index.cfm

图 3-87　常见的国际致癌物质数据库

欧盟版 SDS 需额外展示产品或组分对人类的内分泌干扰危害相关信息。

12. 生态学信息

SDS 第 12 部分主要包含生态毒性（鱼类、蚤类、藻类）、持久性和降解性、土壤中的迁移性、生物蓄积潜力及其他危害 5 个部分，其中欧盟版 SDS 还包含 PBT/vPvB 评估和内分泌干扰物评估。

（1）生态毒性

此部分应展示产品对水生生物和陆生生物的急性和慢性危害，但目前化学品陆生生物毒性并未纳入联合国 GHS 制度的分类范畴，而且文献资料和试验数据也不多。因此，通常展示化学品的急性和慢性水生毒性。

急性水生毒性通常以鱼类、甲壳纲类和藻类的 LC_{50} 值或 EC_{50} 值来表针；慢性水生毒性则以鱼类、甲壳纲类和藻类的 NOEC 值或 ECx 值来表针。混合物如果缺乏整体毒性数据，可以展示组分的水生毒性数据。

急性水生毒性

组分	Cas No.	鱼类	甲壳纲动物	藻类/水生植物
异丙醇	67-63-0	LC $_{50}$: 9640mg/L (96h)(淡水鱼)	EC $_{50}$: >1000mg/L (48h)(水蚤)	ErC $_{50}$: >1000mg/L (72h)(淡水藻)
乙酸乙酯	141-78-6	LC $_{50}$: 230mg/L (96h)(淡水鱼)	无资料	ErC $_{50}$: 2500mg/L (96h)(淡水藻)

慢性水生毒性

组分	Cas No.	鱼类	甲壳纲动物	藻类/水生植物
异丙醇	67-63-0	无资料	NOEC: >100mg/L(水蚤)	NOEC: 1000mg/L(淡水藻)

图 3-88 水生急性和慢性毒性展示示例

（2）持久性和降解性

产品及其组分在环境中通过生物降解或其他程序降解的可能性及相关实验数据，如氧化或水解。

（3）生物蓄积潜力

产品及其组分在生物体内蓄积的潜力，以及通过食物链蓄积的可能性以及有关试验结论。通常以辛醇/水分配系数（Kow）和生物富集系数（BCF）来表示。

（4）土壤中的迁移性

产品排放到环境中，通过土壤迁移渗透等自然力作用流动到地下水或其他地方的能力，通常以有机物土壤/水分配系数（Koc）来表征。

（5）其他有害效应

其他已知对环境有害的其他影响，包括对土壤微生物、鸟类等的毒性、PBT 和 vPvB 评价结果以及内分泌干扰物评估结果等。

13. 处置考虑

本部分应展示产品及其包装容器在回收利用或废弃处置环节的推荐方法（例如填埋、焚烧及重复利用等）、处置注意事项以及相关法规要求等信息。

14. 运输信息

本部分主要针对产品在运输环节是否属于国际法规中的危险货物，主要包括产品的联合国编号、正式运输名称、危险分类、包装类别、环境危害、散装运输信息以及运输时需要了解的特别防范护措施；其中国内 SDS 编写标准暂未采纳"散装运输信息"的相关要求。

（1）联合国编号

联合国编号简称 UN 编号或 UN No.，是联合国危险货物专家委员会对每一种危险货物分配的特定编号，为 4 位阿拉伯数字，例如甲醇的 UN 编号为 1230。

（2）正确运输名称

正确运输名称（Proper Shipping Name，简称 PSN）是每一个 UN 编号在联合国 TDG 法规、IMDG code、IATA-DGR 等危险货物法规的"一览表"[1]中所对应的运输名称。

（3）危险分类

产品依据联合国 TDG 等危险货物法规，经评估后所具有的危险类别，例如，第 3 类易燃液体。部分产品会同时存在多个危险类别，此时需要根据法规明确一个危害是主要危险性，剩余危害是次要危险性。

（4）包装类别（如果适用）

包装类别是表针产品危险性严重程度，通常分为 I 类、II 类和III类，其中 I 类包装表示危险性最高，III 类包装表示危险性最低。部分危险货物是没有包装类别的[2]。

---

[1]　"一览表"全称"危险货物一览表（Dangerous Goods Lists）"。

[2]　主要包括第 1 类爆炸品、第 2 类气体、第 4.1 项自反应物质、第 5.2 项有机过氧化物、第 6.2 项感染性物质和第 7 类放射性物质。

（5）环境危害

这里的环境危害，主要是指产品是否属于 IMDG code 中的海洋污染物。

图 3-89 产品按照 IMDG code 运输的相关信息举例

（6）散装运输信息

产品以散装运输，需要符合的国际运输法规要求[1]。

（7）运输特别防范护措施

货物在实际运输时应注意或遵守的任何特别防范措施。

15. 管理信息

SDS 第 15 部分主要包含产品的相关法规信息，主要包括产品及其组分是否列入输入国的现有化学物质名录以及各类监管物质清单中，例如欧盟的 SVHC 清单，我国的《危险化学品名录（2015 版）》等。

---

[1] 散装固体运输参见 IMSBC 规则，散装液体运输参见 IBC code，散装液化气运输参见 IGC code。以上 3 部法规都是国际海事组织制定的。

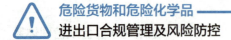
| 国际化学品名录 |

组分	EC inventory	TSCA	DSL	IECSC	NZIoC	PICCS	KECI	AIICS	ENCS
甲醇	√	√	√	√	√	√	√	√	√

【EC inventory】 欧盟化学品目录
【TSCA】 美国 TSCA 化学物质名录
【DSL】 加拿大国内化学物质名录
【IECSC】 中国现有化学物质名录
【NZIoC】 新西兰现有暂用的化学物质名录
【PICCS】 菲律宾化学品和化学物质名录
【KECI】 韩国现有化学物质名录
【AIICS】 澳大利亚工业化学物质名录(AIICS)
【ENCS】 日本现有和新化物质名录

图 3-90 产品在各国现有化学物质名录中的收录情况示例

16. 其他信息

SDS 第 16 部分主要包含修订日期及信息、参考文献、缩略语解释等补充说明信息。

三、GHS 标签简介及合规要点分析

（一）GHS 标签简介

1. 什么是 GHS 标签？

GHS 标签在联合国 GHS 制度等国际法规中简称"标签（Label）"，在我国 GB 15258 中称为化学品安全标签。GHS 标签与 SDS 是联合国 GHS 制度针对化学品危害公示提出的两种方式。相较于 SDS 的 16 个部分内容，GHS 标签内容非常精简，而且通常是直接粘贴、挂拴或喷印在化学品的包装或容器上，伴随化学品沿着供应链向各个参与方传递化学品的危害信息和安全防护措施。

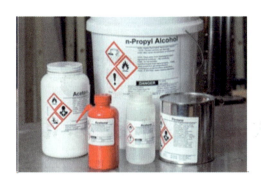

图 3-91　粘贴 GHS 标签的化学品包装示例

2.GHS 标签编写依据

如前所述，世界各国 / 地区在依据联合国 GHS 制度制定本国 / 本地区化学品法规时，将 GHS 标签编写要求以法规或标准的形式予以发布。鉴于篇幅有限，下文重点介绍部分国家 / 地区的 GHS 标签编写依据。

（1）中国

我国现行的 GHS 标签编写依据是 GB 15258-2009《化学品安全标签编写规定》。与 SDS 编写标准类似，该标准将联合国 GHS 制度中关于 GHS 标签的要素、文本内容等要求转化为强制性国家标准，同时也在格式、尺寸等方面提出了我国特有的技术要求。例如，相较于联合国 GHS 制度规定的 GHS 标签 6 个要素，国标增加了资料参阅提示语和 24 小时应急咨询电话两个额外要素。

因此，对于国内生产的化学品或进口化学品，建议相关企业要仔细核对自身产品的标签内容，重点关注是否满足 GB 15258-2009 的强制技术要求。

ICS 13.300
A 80

中华人民共和国国家标准

GB 15258—2009
代替 GB 15258—1999

化学品安全标签编写规定

General rules for preparation of precautionary label for chemicals

图 3-92 中国 GHS 标签编制标准

（2）欧盟

欧盟 GHS 编写要求主要在欧盟 CLP 法规第三章，逐条规定了 GHS 标签 6 个要素的编写要求。需要注意的是除了 6 个要素内容外，如果产品包装中没有标称数量说明，需要在安全标签内添加上相关内容，此外如果产品有 UFI 代码、REACH 和 BPR 法规下的授权编号，洗涤剂法规中列明的表面活性剂和香精等都必须在 GHS 标签中作为附加信息进行展示。

欧盟 ECHA 同样也出台了 GHS 标签编写指南[1]，给出了不同类型产品标签设计的样例及一些细节要求，供应商可以结合指南要求，编制相应产品的安全标签。

---

［1］ 全文查看链接：https://echa.europa.eu/documents/10162/2324906/clp_labelling_en.pdf/89628d94-573a-4024-86cc-0b4052a74d65?t=1614699079965。

（3）美国

美国 GHS 标签编制要求在 HCS-2012 法规第（f）部分，详细要求见法规附件 C。需要注意的是美国没有环境相关危害，因此在 GHS 标签中没有环境危害的"鱼树"象形图。此外如果产品整体无毒性数据，且组分中有＞1%毒性未知，需在标签中进行公布。

APPENDIX C TO §1910.1200 – ALLOCATION OF LABEL ELEMENTS
(Mandatory)

C.1 The label for each hazardous chemical shall include the product identifier used on the safety data sheet.

C.1.1 The labels on shipped containers shall also include the name, address, and telephone number of the chemical manufacturer, importer, or responsible party.

C.2 The label for each hazardous chemical that is classified shall include the signal word, hazard statement(s), pictogram(s), and precautionary statement(s) specified in C.4 for each hazard class and associated hazard category, except as provided for in C.2.1 through C.2.4.

C.2.1 Precedence of hazard information

C.2.1.1 If the signal word "Danger" is included, the signal word "Warning" shall not appear;

C.2.1.2 If the skull and crossbones pictogram is included, the exclamation mark pictogram shall not appear where it is used for acute toxicity;

C.2.1.3 If the corrosive pictogram is included, the exclamation mark pictogram shall not appear where it is used for skin or eye irritation;

C.2.1.4 If the health hazard pictogram is included for respiratory sensitization, the exclamation mark pictogram shall not appear where it is used for skin sensitization or for skin or eye irritation.

C.2.2 Hazard statement text

C.2.2.1 The text of all applicable hazard statements shall appear on the label, except as otherwise specified. The information in italics shall be included as part of the hazard statement as provided. For example: "causes damage to organs (*state all organs affected*) through prolonged or repeated exposure (*state route of exposure if no other routes of exposure cause the hazard*)". Hazard statements may be combined where appropriate to reduce the information on the label and improve readability, as long as all of the hazards are conveyed as required.

C.2.2.2 If the chemical manufacturer, importer, or responsible party can demonstrate that all or part of the hazard statement is inappropriate to a specific substance or mixture, the corresponding statement may be omitted from the label.

C.2.3 Pictograms

C.2.3.1 Pictograms shall be in the shape of a square set at a point and shall include a black hazard symbol on a white background with a red frame sufficiently wide to be clearly visible. A square red frame set at a point without a hazard symbol is not a pictogram and is not permitted on the label.

图 3-93　美国 HCS 法规附件 C[1]

（4）其他国家 / 地区

新西兰 GHS 标签的编制依据是 HSNO 法，此外新西兰环境保护局（EPA）也出台了 GHS 标签编制指南；日本 GHS 标签编制依据和 SDS 参考的是同一个标准 JIS Z7253：2019，技术要求与联合国 GHS 制度第 6 修订版保持一致。

与 SDS 一样，部分国家 / 地区的 GHS 标签编写标准会在联合国 GHS 制度基础上，提出一些本国 / 本地区独有的要求，包括格式和内容。从化学品全球贸易的合规性角度考虑，企业需要提供输入国要求的 GHS 标签，特别

---

［1］　全文查看链接：https：//www.osha.gov/hazcom/appendix-c。

是国标和欧盟等国家和地区。

与 SDS 类似，GHS 标签的语言应以输入国官方语言为主。如产品出口欧盟多个成员国，欧盟 GHS 标签编制指南中给出了在一份标签中同时展示多个成员国语言版本的范例。如果输入国还未实施 GHS 制度，暂无 GHS 标签编写标准或法规，相关企业可提供符合联合国 GHS 制度的安全标签。

3.GHS 标签有效期

化学品 GHS 标签没有明确的有效期之说，通常 SDS 和 GHS 标签是配套使用的，因此两份文件的更新需要保持一致。此外 GHS 标签通常应由生产企业在货物出厂前粘贴、拴挂或喷印，并且应保证在运输、储存、销售等整个生命周期不脱落、不损坏。如果在销售环节，需要分装或更换包装，相关企业需在新的包装上重新粘贴、拴挂或喷印标签，直到最终盛装化学品的容器或包装经过处理，确认危险消除后，才能去除 GHS 标签。

（二）GHS 标签合规要点分析

依据联合国 GHS 制度，一份合规的化学品 GHS 标签应包含化学品标识、信号词、象形图、危险说明、防范说明和供应商标识这 6 个要素，具体如下图所示。

图 3-94 所示的甲醇 GHS 标签中，"资料参阅提示语"和"24h 应急咨询电话"是我国 GB 15258 标准所特有的，并不是联合国 GHS 制度所规定的必要要素。

鉴于篇幅有限，下文仅以联合国 GHS 制度为依据，对 GHS 标签中的 6 要素合规要求做简要分析，同时会把主要国家或地区的差异性要求做一个简要归纳。

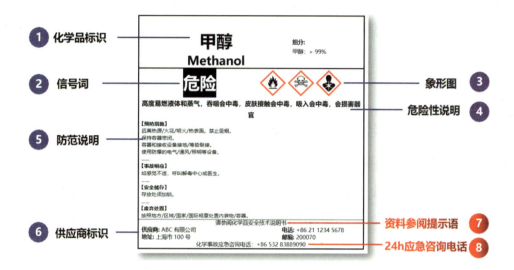

图 3-94 甲醇的 GHS 标签示例

1. 产品标识符

GHS 标签中的产品标识应该非常清晰地标出产品名称和混合物中危害组分[1]的信息，而且相关内容应与 SDS 保持一致。

（1）中国

我国 GB15258 要求在 GHS 标签中同时展示产品中文和英文名称，并且要位于 GHS 标签的正上方。危害组分个数以不超过 5 个为宜，通行做法是从对产品整体危害分类有贡献组分中，挑选浓度较高的 5 个，或者全部展示也可。

（2）欧盟

GHS 标签中的产品名称，与 SDS 要求一致，如果产品列入欧盟 CLP 法规附件 VI 的统一分类清单中，则需要展示清单中对应名称和唯一性识别码

---

[1] 联合国 GHS 制度要求在 GHS 标签上，需要将混合物中具有急性毒性、皮肤腐蚀、严重眼损伤、生殖细胞致突变性、致癌性、生殖毒性、皮肤致敏、呼吸道致敏或特定目标靶器官毒性的组分展示在 GHS 标签中。

（CAS/EC/Index 号），反之如果未列入附件 VI，则可展示产品的 CAS 号和 IUPAC 名称。对于混合物而言，GHS 标签中展示组分数量也有限制，不应超过 4 个[1]。

2. 信号词

"信号词"，顾名思义是传递产品危害程度的词语，主要包括"危险（Danger）"和"警告（Warning）"，其中"危险"对应较为严重的危害类别。与 SDS 第 2 部分的要求相同，当化学品有多个危害分类，而且不同分类对应不同的信号词时，最终产品整体的信号词应按照"危险"优于"警告"的选择顺序。

例如，不同危害分类既有信号词"危险"，也有"警告"时，最终 GHS 标签中的信号词只能为"危险"，不可同时保留"警告"。信号词通常要求在 GHS 标签中应该醒目，易于辨识，能从远处快速准确获知。

中国对信号词展示位置提出了要求，必须展示在"产品名称"的下方。

3. 象形图

象形图在前文已做了简要介绍。GHS 制度中一共有 9 个象形图，由菱形红色粗框、白底及黑色符号组成。象形图的选择取决于化学品的危险性分类。GHS 制度为每一个危害分配了指定的象形图，具体可参见附录 8。

产品如果有多个危害，从而具有多个象形图，通常需要合并展示在 GHS 标签中，但是对于健康危害的象形图，GHS 制度提出了以下三种特殊要求。

（1）出现骷髅交叉骨的象形图，则不可出现表示健康危害的感叹号[2]。

如下图所示，由于产品具有急性毒性类别 3，从而具有骷髅交叉骨象形图，此时表示皮肤致敏和眼刺激的感叹号都应省略，不可出现在 GHS 标签上。

---

[1] 如果混合物中有 4 个以上的危害组分，在有需要的情况下，也可展示 4 个以上的组分。

[2] 前提是该感叹号是表示健康危害，而非环境危害或物理危害。

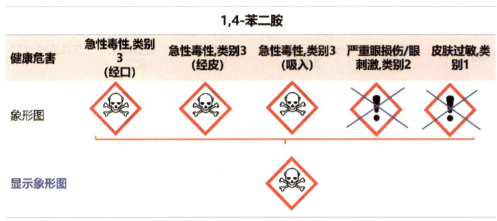

图 3-95 出现骷髅交叉叉骨象形图的省略要求示例

（2）如果出现腐蚀符号的象形图，则不应出现表示皮肤刺激或眼刺激的感叹号，表示其它危害的感叹号仍需展示。

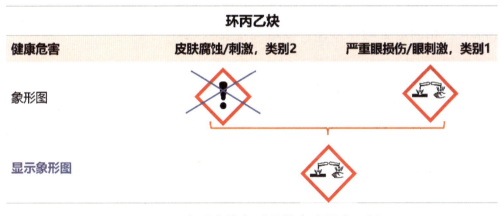

图 3-96 出现腐蚀象形图的省略要求示例

（3）如果出现表示呼吸致敏的健康危害人形象形图，则不应出现表示皮肤致敏或皮肤刺激或眼睛刺激的感叹号。

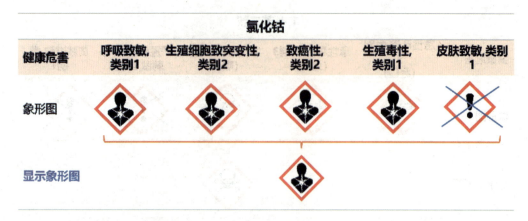

图 3-97 出现呼吸致敏人形健康危害象形图的省略要求示例

在使用过程中，要注意区分 GHS 标签中的象形图与 TDG 法规中的运输标签。象形图格式较为统一，而运输标签会存在不同底色，而且每个都有对应危险类别的数字角标。如果需要在 GHS 标签中展示运输标签，需要注意应删除表示相同危害的象形图，以避免重复表达。

图 3-98 象形图和运输标签的对比

此外，部分国家 / 地区法规标准对象形图展示有各自的特殊要求。

①中国

如果 GHS 标签仅在国内使用，可以使用黑白打印的标签（即边框可为黑色）。象形图在 GHS 标签通常按照物理危害、健康危害和环境危害的顺序展示，其中如果存在多个物理危害，先后顺序需要参考 GB 12268《危险货物品名表》中的主次危险性先后顺序进行展示，主危在前，次危在后。

②欧盟

每个象形图的图标至少要占整个标签面积的 1/15，并且大小上要 ≥ 1cm²。GHS 标签上不建议预留空白的红框，如果预先打印带红框的标签，多余红框可用黑色色块覆盖。此外除了 GHS 制度中规定的 3 种健康危害象形图省略原则，欧盟还额外增加了两个象形图省略要求。

a.出现爆炸品的象形图，则易燃或氧化性的象形图可选择性展示，但是需要注意法规中强制要求展示的情况除外，例如，B 型自反应物质或 B 型有机过氧化物需要同时展示爆炸性和易燃的象形图。

图 3-99 欧盟特有的物理危害象形图省略规定

b.出现火焰或者骷髅交叉骨象形图，则气瓶象形图可选择性展示。

图 3-100 欧盟特有的象形图省略规定

③美国

由于未采纳环境危害分类，因此符合 HCS-2012 的 GHS 标签中缺少鱼树象形图，而且象形图必须为彩色，不能出现没有符号的空白红色边框。

针对象形图的省略要求，美国 HCS-2012 与 GHS 制度略有区别。

a.出现骷髅象形图，只需省略表示急性毒性的感叹号，这点区别于联合国 GHS 制度和国际上大多数国家或地区的要求；

b.出现腐蚀的象形图（包括金属腐蚀的象形图），应省略表示皮肤或眼刺激的感叹号。

4.危险性说明

危险性说明是联合国 GHS 制度分配给每种危害类别，用以描述其危险特性的固定短语，同时为了方便交流，法规还为每个危害说明分配了固定的编号（又称为 H 编号），其中 H2xx 表示物理危害，H3xx 表示健康危害，H4xx 表示环境危害。

代码	物理危险的危险说明	危险种类(全球统一制度章次)	危险类别
(1)	(2)	(3)	(4)
H283	易燃加压化学品：遇热可爆炸	加压化学品(2.3 章)	2
H284	加压化学品：遇热可爆炸	加压化学品(2.3 章)	3
H290	可能腐蚀金属	金属腐蚀剂(2.16 章)	1

代码	健康危害的危险说明	危险种类(全球统一制度章次)	危险类别
(1)	(2)	(3)	(4)
H300	吞咽致命	急性毒性，经口(3.1 章)	1、2
H301	吞咽可中毒	急性毒性，经口(3.1 章)	3
H302	吞咽有害	急性毒性，经口(3.1 章)	4
H303	吞咽可能有害	急性毒性，经口(3.1 章)	5
H304	吞咽并进入呼吸道可能致命	吸入危害(3.10 章)	1
H305	吞咽并进入呼吸道可能有害	吸入危害(3.10 章)	2

代码 (1)	环境危害的危险说明 (2)	危险种类(全球统一制度章次) (3)	危险类别 (4)
H400	对水生生物毒性极大	危害水生环境，急性危害(4.1 章)	1
H401	对水生生物有毒	危害水生环境，急性危害(4.1 章)	2
H402	对水生生物有害	危害水生环境，急性危害(4.1 章)	3

图 3-101 三种危险类别的危险说明举例

产品每个危害对应的危险性说明都应出现在 GHS 标签上，但针对部分不同危害，语句有出现重复的情况，GHS 法规也给了合并展示的建议：

（1）同时出现 H314 "造成严重皮肤灼伤和眼损伤" 和 H318 "造成严重眼损伤" 危害，危险性说明部分可以省略 H318 "造成严重眼睛损伤"；

（2）同时出现 H410 "对水生生物毒性极大并具有长期持续影响" 和 H400 "对水生生物毒性极大" 危害，危险性说明部分可以省略 H400 "对水生生物毒性极大"；

（3）同时出现 H411 "对水生生物有毒并具有长期持续影响" 和 H401 "对水生生物有毒" 危害，危险性说明部分可以省略 H401 "对水生生物有毒"；

（4）同时出现 H412 "对水生生物有害并具有长期持续影响" 和 H402 "对水生生物有害" 危害，危险性说明部分可以省略 H402 "对水生生物有害"。

此外，GB15258 要求危险说明需展示在信号词下方，并且按照物理、健康、环境的先后顺序展示；欧盟 GHS 标签需要注意的是，如果产品有欧盟特有的附加危害，则需要在危险性说明一并展示。

5. 防范说明

防范说明是针对该产品具有的危害而建议采取的一系列防范措施，以尽可能减少或防止产品在供应链传递过程中可能造成的有害影响。防范说明通常包括：一般防护（P1xx）、预防措施（P2xx）、事故响应（P3xx）、安全存储（P4xx）和废弃处置（P5xx）五个部分。

除了一般防护以外，GHS法规针对每个危害都分配了防范说明，但该防范说明不是强制的。相关企业可以在此基础上有选择地使用，同时对于部分防范说明还需进行补充具体信息。例如，法规中推荐的防范说明如有省略号，则该防范说明在实际使用时需要结合产品实际情况，补充进一步信息。

此外为了避免GHS标签中防范说明内容冗余，欧盟要求在非必要情况下，防范说明个数不应超过6个。对此，欧盟GHS标签编制指南中给每个防范说明都划定了优先等级，在使用时可优先选择推荐的防范说明。

6. 供应商标识

此部分应展示供应商的名称、地址和电话等信息。欧盟GHS标签还可填写唯一代表的相关信息，或者欧盟境内进口商信息。

（三）GHS标签的粘贴

联合国GHS制度给出了几种GHS标签张贴的样例。通常情况下，GHS标签需张贴在直接盛装化学品容器上。如果产品为组合包装，GHS标签通常张贴在盛装化学品的内包装上，而TDG法规下的运输标签标记等信息应粘贴在外包装上，此时如果产品不是危险货物，则没有运输标签，此时监管部门可以要求在外包装上也加贴GHS标签。

如果产品为单一包装，则GHS标签和运输标签标记应一起展示在外包装表面。此时，需要注意如果GHS标签中的象形图有与运输标签表示相同危害，则需要在GHS标签中省去该象形图，或者可以将GHS标签和运输标签张贴在包装外表面的不同侧面。

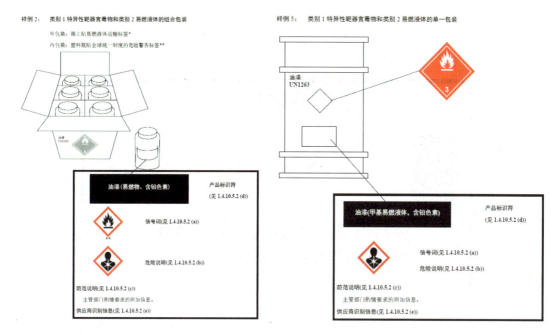

图 3-102 组合包装（左）和单一包装（右）GHS 标签粘贴示例

此外，对于小包装化学品的 GHS 标签，联合国 GHS 制度也给出了一些典型的做法，具体参见附录 6。

1. 中国

GB15258 要求 GHS 标签必须有黑色边框，边框宽度 ≥ 1mm，边框外需要保留 ≥ 3mm 空白。针对不同大小的包装，GHS 标签也有推荐的最小尺寸，如表 3-7 所示。

表 3-7 GB15258 推荐的标签最低尺寸

容器或包装容积 /L	标签尺寸 /（mm×mm）
< 0.1	使用简化标签
> 0.1，≤ 3	50×75
> 3，≤ 50	75×100
> 50，≤ 500	100×150
> 500，≤ 1000	150×200
> 1000	200×300

如上表所示，体积小于 0.1L 包装可以使用简化标签。相较于常规标签，简化标签可以省略省略防范说明和组分信息，同时简化供应商信息。

图 3-103 中国法规中的简化标签示例

2. 欧盟

欧盟针对不同包装大小也给推荐了对应的 GHS 标签尺寸要求，具体如表 3-8 所示。

表 3-8 欧盟推荐安全标签最小尺寸限制

容器或包装容积 /L	标签尺寸 / (mm × mm)	象形图尺寸 / (mm × mm)
< 3	如可能，≥ 52 × 74	不小于 10 × 10 如可能，≥ 16 × 16
> 3，≤ 50	≥ 74 × 105	≥ 23 × 23
> 50，≤ 500	≥ 105 × 148	≥ 32 × 32
> 500	≥ 148 × 210	≥ 46 × 46

三、SDS 和 GHS 标签典型错误举例

（一）SDS 典型错误

1. 典型示例 1

图 3–104 为两份欧盟版 SDS 的第 2 部分，左图 SDS 中存在以下 4 处不合规的地方：

（1）分类依据不是欧盟目前使用的 CLP 法规，而是已经作废的 67/548/EEC（简称 DSD 指令）和 1999/45/EC（简称 DPD 指令）。

（2）象形图中的骷髅和交叉骨象形图有误，不符合 CLP 法规的要求。

（3）信号词使用不当，不允许出现"危险"或者"警告"之外的其他用语，例如"注意"和"当心"之类的表述。

（4）危险说明内容不符合法规要求，需要采用法规中规定的短语表述，不可使用口语化的表述方式。此类错误比较容易发生在外文 SDS 翻译成中文，翻译人员不熟悉 CLP 法规的要求，从而没有使用固定短语。

经过修改，右图为符合 REACH 法规和 CLP 法规要求的 SDS 第 2 部分示例。

图 3–104 欧盟 SDS 错误与改正示例

2.典型示例 2

图 3-105 为依据 GB/T 17519 编写的两份 SDS 第 2 部分和第 3 部分，其中左图 SDS 有以下两项错误：

（1）SDS 第 2 部分和第 3 部分的顺序颠倒了，不符合现行标准的要求。该份 SDS 是依据已作废国标 GB 16483-2000 编写的，在该标准中第 2 和第 3 部分顺序与现行的 GB/T 16483-2008 和 GB/T 17519-2013 不同。

（2）"危险性概述"部分缺少紧急情况概述、危害分类和 GHS 标签要素。

右图为经修改后，符合中国编写要求的 SDS 第 2 部分示例。

图 3-105　中国 SDS 错误与改正示例

3.典型示例 3

图 3-106 是两份 SDS 的第 14 部分，其中左图：

（1）第 14 部分运输信息缺少正确运输名称，该信息通常可以在 IMDG code、IATA-DGR 等运输法规的《危险货物一览表》中查找。

（2）主要危险类别表述有误，在 IMDG code 法规中易燃液体的危险类别只有第 3 类，没有任何子类别。

（3）缺少对产品是否属于海洋污染物的评估结论。在 IMDG 法规中，对于《危险货物一览表》第 4 列有字母"P"或者产品整体有急性水生毒性类别 1 或者慢性水生毒性类别 1 或类别 2 的危险货物，都属于海洋污染物，需要在 SDS 第 14 部分标识出来。

图 3-106 SDS 第 14 部分典型错误与改正示例

（二）GHS 标签典型错误

1. 典型示例 1

图 3-107 是两份 GHS 标签，左图 GHS 标签中有以下几个错误：

（1）毒性象形图使用有误，不符合法规要求。

（2）信号词选择不对，因为骷髅交叉骨的信号词应为"危险"，而非"警告"。

（3）危险说明的内容不是法规中给到的固定短语。

右图为修改后，符合法规要求的 GHS 标签。

图 3-107 GHS 标签错误与改正示例 1

2. 典型示例 2

图 3-108 是两份依据 GB15258 编写的 GHS 标签，左图 GHS 标签中有以下 3 处错误：

（1）标签产品标识中缺少英文名称。

（2）标签中缺少"资料参阅提示语"。

（3）标签中的应急电话开头为"+82"是韩国境内话，而非我国境内的 24h 应急电话。

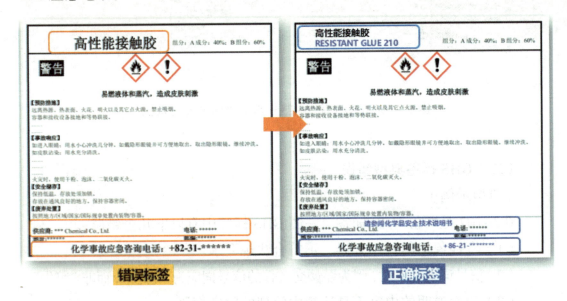

图 3-108 GHS 标签错误与改正示例 2

第四章

危险货物、危险化学品进出口通关实务及配合监管指引

第一节 海关监管背景及相关海关总署公告

一、海关监管背景

近年来，随着危险化学品进出口业务量急剧增加，海关对于危险化学品的监管也不断地提出更高的要求。总署领导也多次对海关安全生产工作做出批示，要求心怀"国之大者"，坚决抓好海关安全生产工作，筑牢国门安全防线，服务经济社会发展大局。据报道，根据总署部署，上海、广州、黄埔、宁波等关区积极推进口岸的危险品综合治理，防风险，保稳定。为了更好统筹发展和安全，明确监管责任，严密监管机制，形成监管合力，以"时时放心不下"的责任感，全面提升风险防控能力，更好地解决危险化学品监管问题，加速危险化学品的"快报、快查、快放，快提"。

二、海关总署公告解读

关检融合以后，根据《危险化学品安全条例》（国务院令第591号）的规定，海关总署发布了《关于进出口危险化学品及其包装检验监管有关问题的公告》（中华人民共和国海关总署公告2020年第129号），海关负责对进出口危

险化学品及其包装实施检验。公告明确了下列内容。

（一）明确了施检对象

海关对列入国家《危险化学品目录》的进出口危险化学品实施内容物及包装检验。

（二）明确了申报要求及单证材料

1.收发货人或其代理人申报进口危险化学品时应填报相关危险货物信息（联合国危险货物包装标记、包装类别、联合国危险货物编号），危险化学品申报材料应包含如下文件：

（1）进口危险化学品企业符合性声明；

（2）对需要添加抑制剂或稳定剂的产品，应提供实际添加抑制剂或稳定剂的名称、数量等情况说明；

（3）中文危险公示标签；

（4）中文安全数据单。

2.收发货人或其代理人向海关报检出口危险化学品时，应提供如下材料：

（1）出口危险化学品生产企业符合性声明；

（2）出境货物运输包装性能检验结果单；

（3）危险特性分类鉴别报告；

（4）危险公示标签；

（5）安全数据单；

（6）对需要添加抑制剂或稳定剂的产品，应提供实际添加抑制剂或稳定剂的名称、数量等情况说明。

（三）明确了检验要求

1.我国的相关产品技术规范的强制性要求（进口）；

2.国际上通用的相关要求（例如国际海运危规、国际空运危规等）；

3.输入国家/地区相关技术法规及标准（出口）；

4. 海关总署及原质检总局指定的技术规范、标准。

（四）明确了检验内容

1. 产品的成分/组分，危险特性是否符合检验要求；

2. 危险公示标签及安全数据单是否符合要求；

3. 针对进口的危险包装进行判定，是否符合检验要求。

（五）特别指出张贴标签要求

特别指出，食品、食品添加剂类的进出口危险化学品，应符合食品安全相关规定，此类产品需要同时张贴危险公示标签及食品标签。

随着国内化学品行业不断壮大，进口危险化学品也呈现逐年增长的趋势。特别是在疫情管控期间，部分口岸出现了较大规模的危险化学品滞留、积压在码头等海关监管场所的情况。为了确保进口危险化学品的安全性，管控住风险，海关总署又发布了《关于进一步加强进口危险化学品检验监管的公告》（海关总署公告 2023 年第 29 号），进一步加强进口危险化学品检验监管。

该公告明确了针对进口危险化学品的监管要求和相关措施，包括：规范化学品申报流程，增强危险化学品的检验能力，强化检验前置管理等。同时，海关总署还将建立智能化、信息化管理模块，对进口危险化学品实现全流程跟踪监管。

至此，对进口危险化学品的监管，海关从 2023 年 3 月以前的口岸"批批核验＋抽批检测"［即核查进口危险化学品的中文公示信息（标签和安全数据单），对进口危险化学品的包装实施检验，对进口危险化学品的分类特征抽批检验（对不适合在口岸现场取样的进口危险化学品，实施目的地检验）］，转变成为 2023 年 3 月以后的 100% 人工审单，并根据进口危险化学品属性和危险货物包装类型设定检验作业环节。

第二节 进出口危险化学品的规范申报

一、如何确定危险化学品？

（一）危险货物（危险品）

根据《危险货物分类和品名编号》（GB 6944-2012）中的阐述：（危险货物是指）具有爆炸、易燃、毒害、感染、腐蚀、放射性等危险特性，在运输、储存、生产、经营、使用和处置中，容易造成人身伤亡、财产损毁或环境污染而需要特别防护的物质和物品。根据《危险货物品名表》（GB 12268-2012），共计有 3523 个条目。

（二）危险化学品（危化品）

根据《危险化学品安全管理条例》中的阐述:（危险化学品是指）具有毒害、腐蚀、爆炸、燃烧、助燃等性质，对人体、设施、环境具有危害的剧毒化学品和其他化学品。《危险化学品目录》（2015 版）中列明有 2828 个条目，其中，序号 2828 是类属条目，除列明的条目外，符合相应条件的，均属于危险化学品。

通过前文及上述对危险货物和危险化学品的定义及分类的阐述，可以看出，危险货物包含物质和物品，而危险化学品仅指化学物质，两者间有交集，但无相互包含关系。例如，锂电池属于危险货物，不属于危险化学品；硼酸属于危险化学品，但不属于危险货物。而海关总署 129 号公告，明确了危险化学品是海关施检的对象。

二、危险化学品的规范申报

（一）判定货物属性是否为危险化学品的快捷方法

1.通过CAS号，查阅《危险化学品目录》，是否在前2827个条目中有列明；

2.通过闪点判定，查询安全数据单，若闭环闪点小于等于60度，且在持续燃烧性试验中得到肯定结果的；

3.根据实施指南，混合物若主要成分均列入《危险化学品目录》，且主要成分质量比或体积比之和大于等于70%的化学品；

4.经相关实验室危险化学特性分类鉴定，结论为危险化学品的。

（二）单一窗口规范申报

1.在货物属性栏中选择"件装危险化学品"或"散装危险化学品"。

散装、裸装及球状罐类对应货物属性为31"散装危险化学品"，其余选择32"件装危险化学品"；油罐箱（TANK），选择"件装危险化学品"（如图4-1）。

图4-1 货物属性填报

2.当货物属性为件装或散装危险化学品的，需如实选择正确的包装种类代码。

吨桶吨袋、IBC 等的包装需要选择包装种类 4 "中型散装容器"；油罐箱（TANK），选择 43 "可移动罐柜"（如图 4–2）。

	序号	包装材料种类代码	包装材料种类名称
☐	1	00	散装
☐	2	01	裸装
☐	3	04	球状罐类
☐	4	06	包/袋
☐	5	22	纸制或纤维板制盒/箱
☐	6	23	木制或竹藤等植物性材料制盒/箱
☐	7	29	其他材料制盒/箱
☐	8	32	纸制或纤维板制桶
☐	9	33	木制或竹藤等植物性材料制桶
☐	10	39	其他材料制桶
☐	11	41	中型散装容器
☐	12	42	便携式罐体
☐	13	43	可移动罐柜
☐	14	92	再生木托
☐	15	93	天然木托

图 4–2 包装信息填报

3.如实选择正确的检验检疫名称。

但需要注意的是：涉及其他监管要求的（动植物等），优先选择相应检验检疫名称。种类比较模糊的，优先选择危险化学品。货物属性选择件装或散装危险化学品的，若系统中没有危险化学品类别选项，需向现场审单海关报备；非危险货物，但检验检疫名称仅有危险化学品选项的，通过隶属海关反馈，报总署适时添加非危险货物选项（如图 4–3）。

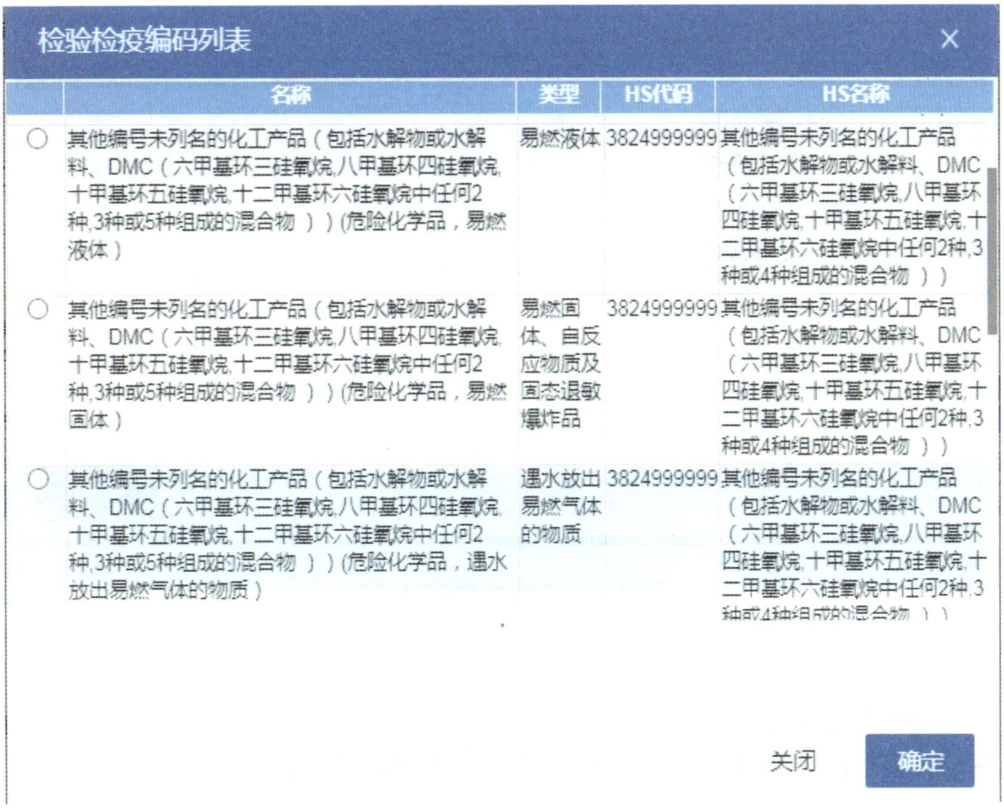

检验检疫编码列表 ×

	名称	类型	HS代码	HS名称
○	其他编号未列名的化工产品（包括水解物或水解料、DMC（六甲基环三硅氧烷,八甲基环四硅氧烷,十甲基环五硅氧烷,十二甲基环六硅氧烷中任何2种,3种或5种组成的混合物））(危险化学品，易燃液体）	易燃液体	3824999999	其他编号未列名的化工产品（包括水解物或水解料、DMC（六甲基环三硅氧烷,八甲基环四硅氧烷,十甲基环五硅氧烷,十二甲基环六硅氧烷中任何2种,3种或4种组成的混合物））
○	其他编号未列名的化工产品（包括水解物或水解料、DMC（六甲基环三硅氧烷,八甲基环四硅氧烷,十甲基环五硅氧烷,十二甲基环六硅氧烷中任何2种,3种或5种组成的混合物））(危险化学品，易燃固体）	易燃固体、自反应物质及固态退敏爆炸品	3824999999	其他编号未列名的化工产品（包括水解物或水解料、DMC（六甲基环三硅氧烷,八甲基环四硅氧烷,十甲基环五硅氧烷,十二甲基环六硅氧烷中任何2种,3种或4种组成的混合物））
○	其他编号未列名的化工产品（包括水解物或水解料、DMC（六甲基环三硅氧烷,八甲基环四硅氧烷,十甲基环五硅氧烷,十二甲基环六硅氧烷中任何2种,3种或5种组成的混合物））(危险化学品，遇水放出易燃气体的物质）	遇水放出易燃气体的物质	3824999999	其他编号未列名的化工产品（包括水解物或水解料、DMC（六甲基环三硅氧烷,八甲基环四硅氧烷,十甲基环五硅氧烷,十二甲基环六硅氧烷中任何2种,3种或4种组成的混合物））

图 4-3 检验检疫信息填报

4. 属于危险货物的，应如实填报危险类别、包装类别（散装产品除外）、联合国危险货物编号（UN 编号）、联合国危险货物包装标记。不属于危险货物的，在“非危险货物”栏选“是”，其他栏可不填写（如图 4-4）。

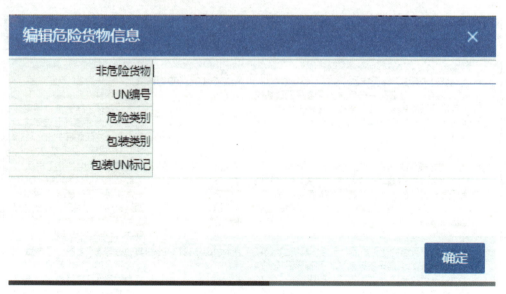

图 4-4 危险货物信息填报

5. 在随附单证中上传《进口危险化学品企业符合性声明》、中文危险公示标签（散装产品除外）和中文安全数据单的样本，对需要添加抑制剂或稳定剂的产品，应提供实际添加抑制剂或稳定剂的名称、数量等情况说明（如图 4-5）。

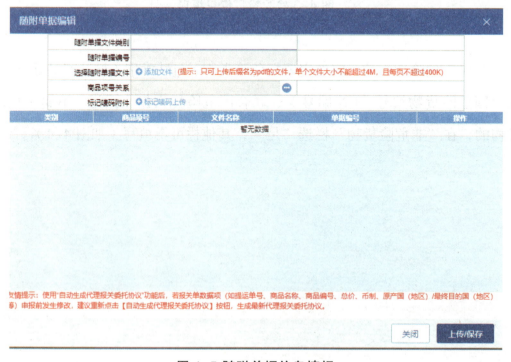

图 4-5 随附单据信息填报

（三）符合性声明的填报要求

附件 1

进口危险化学品企业符合性声明

（要素）

　　（企业名称）申报的　（商品名称）（HS 编码：＿＿＿＿＿，化学品正式名称：＿①＿，联合国 UN 编号：＿②＿），产品的危险化学品危险种类为＿③＿，共＿＿＿（桶/袋/箱等）（吨/千克），使用包装 UN 标记＿④＿，从＿＿＿国家（或地区）进口至中国。

　　以上申报货物的危险特性与其要求的包装类别相一致，符合联合国《关于危险货物运输的建议书 规章范本》等国际规章要求，危险公示标签和安全数据单符合中华人民共和国法律、行政法规、规章的规定以及国家标准、行业标准的要求。

　　上述内容真实无误，本企业对以上声明愿意承担相应的法律责任。

　　特此声明。

　　　法定代表人或其授权人（签字）：⑤

　　　　　　企业（盖章）：

　　　　　　　　年　　　月　　　日

图 4-6 符合性声明样例

1. 化学品正式名称

化学品正式名称应填写《危险化学品目录》（2015 版）“品名”栏（如图 4–7）对应名称，第 2828 条目的易燃液体应填写“含易燃溶剂的合成树脂、油漆、辅助材料、涂料等制品（闭杯闪点≤ 60℃）”。

危险化学品目录

序号	品名	别名	CAS 号	备注
1	阿片	鸦片	8008-60-4	
2	氨	液氨；氨气	7664-41-7	
3	5-氨基-1,3,3-三甲基环己甲胺	异佛尔酮二胺；3,3,5-三甲基-4,6-二氨基-2-烯环己酮；1-氨基-3-氨基甲基-3,5,5-三甲基环己烷	2855-13-2	
4	5-氨基-3-苯基-1-[双(N,N-二甲基氨基氧膦基)]-1,2,4-三唑[含量>20%]	威菌磷	1031-47-6	剧毒

图 4–7 品名栏示范

2. 联合国 UN 编号

联合国 UN 编号适用属于危险货物的危险化学品填写。UN 编号为 4 位阿拉伯数字。如图 4–8 所示货物，应填报为“1992”。

联合国危险货物编号（UN No.）	1992
联合国运输名称	易燃液体，毒性，未另作规定的
运输主要危险类别	3
运输次要危险类别	6.1
包装类别	II
海洋污染物（是/否）	否
运输注意事项	运输时配备适当的个人防护装备和灭火器。确保容器无泄漏。小心处理容器，防止容器倾斜，跌落，撞击或拖拽。避免阳光直射和高温。

图 4–8 UN 编号示范

3. 危险化学品危险种类

危险化学品危险种类（GHS）应通过查询产品安全数据单（MSDS）第 2 部分的危险性概述中的 GHS 危险性类别信息，准确完整填写（如图 4-9）。

SDS 编号： 31000094

GHS 危险性类别
根据法规的标准，被列为有害品。
易燃液体 - 类别 4
急性毒性 - 类别 5 - 经口
皮肤腐蚀/刺激 - 类别 1B
严重眼睛损伤/眼睛刺激性 - 类别 1
呼吸过敏 - 类别 1
皮肤过敏 - 类别 1
生殖毒性 - 类别 2
急性(短期)水生危害 - 类别 3

图 4-9 危险种类示范

4. 包装 UN 标记

包装 UN 标记适用于属于危险货物的危险化学品填写，应与实际货物标注的 UN 标记一致。如图 4-10 所示货物，应填写"4G/X4/S/22 CN/C222015"。采用有限或者例外数量包装运输的，填写"有限或例外数量"。

图 4-10 包装 UN 标记示范

5. 法定代表人或其授权人栏应手写签名，并由企业盖章。

（四）中文危险公示标签样本的要求

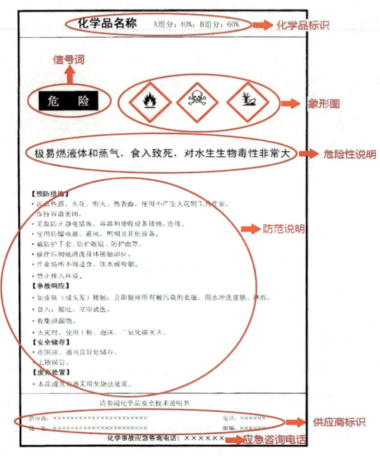

图 4-11 危险公示标签样本示范

中文危险公示标签的样本应符合《化学品安全标签编写规定》（GB 15258-2009）和《化学品分类和标签规范》（GB 30000.2-29 系列标准）的要求，应至少包含化学品标识、信号词、象形图、危险说明、防范说明和供应商标识等内容。

对于不大于 100mL 的小包装，可以使用简化标签，防范说明可以省略，但应展示化学品标识、象形图、信号词、危险性说明、应急咨询电话、供应

商名称和联系方式，以及资料参阅提示语等。（如图 4-12）

图 4-12 简化标签示范

（五）中文安全数据单的要求

中文安全数据单的样本应符合《化学品安全技术说明书 内容和项目顺序》（GB/T 16483-2008）、《化学品安全技术说明书 编写指南》（GB/T 17519-2013）的要求，至少包含化学品及企业标识、危险性概述、成分/组成信息、急救措施、消防措施、泄漏应急处理、操作处置和储存、接触控制/人身防护、理化特性、稳定性和反应性、毒理学信息、生态学信息、废弃处置、运输信息、法规信息、其他信息等 16 个部分。

（六）申报要求要点归纳

1. 系统申报的一致性。

（1）"货物属性"与"检验检疫名称"的对应；

（2）"检验检疫名称"与危险货物信息中的"危险类别"的对应；

（3）"包装UN标记"显示的包装类别是否高于或等于"包装类别"显示的。

2. 系统申报信息与材料信息的一致性。

（1）系统填写的"UN编码"、"危险类别"、"包装类别"与中文安全数据单中信息的一致性；

（2）系统填写的"包装UN标记"与企业符合性声明中填写的一致性。

3. 材料信息的一致性。

（1）符合性声明与中文安全数据单中的联合国UN编号、危险种类的一致性；

（2）中文危险公示标签与中文安全数据单中的产品名称、主要危险组分、信号词、象形图、危险性说明、防范说明、生产/供应商等信息的一致性；

（3）中文安全数据单中的危险种类与象形图、信号词、危险性说明、防范说明的一致性。

第三节 出口危险货物包装检验标准

一、标准概况

2021年11月22日，海关总署在《关于发布〈进境种猪指定隔离检疫场建设规范〉等83项行业标准的公告》（海关总署公告2021年第97号）中正式发布SN/T 0370–2021《出口危险货物包装检验规程》系列标准。该系列标准共分为总则、性能检验、使用鉴定等3个部分，已于2022年6月1日正式实施。

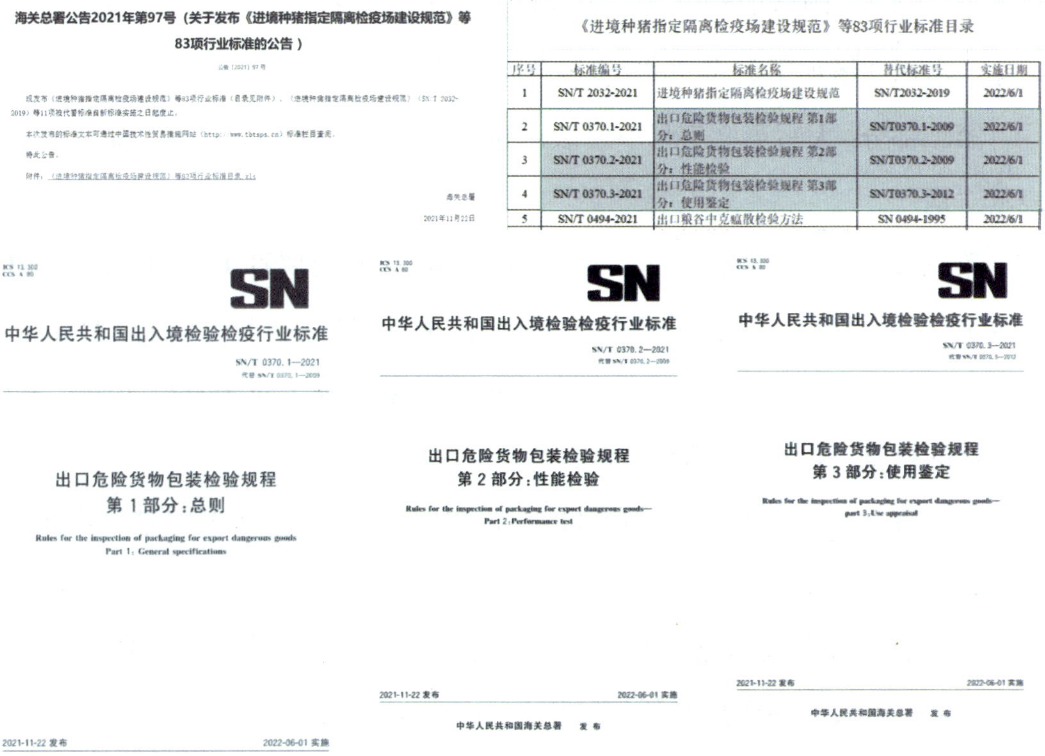
海关总署公告2021年第97号（关于发布《进境种猪指定隔离检疫场建设规范》等83项行业标准的公告）

公告〔2021〕97号

现发布《进境种猪指定隔离检疫场建设规范》等83项行业标准（目录见附件）。《进境种猪指定隔离检疫场建设规范》（SN/T 2032-2019）等11项被代替标准自新标准实施之日起废止。

本次发布的标准文本可通过中国技术性贸易措施网站（http://www.tbtsps.cn）标准栏目查阅。

特此公告。

附件：《进境种猪指定隔离检疫场建设规范》等83项行业标准目录.xls

海关总署

2021年11月22日

《进境种猪指定隔离检疫场建设规范》等83项行业标准目录

序号	标准编号	标准名称	替代标准号	实施日期
1	SN/T 2032-2021	进境种猪指定隔离检疫场建设规范	SN/T2032-2019	2022/6/1
2	SN/T 0370.1-2021	出口危险货物包装检验规程 第1部分：总则	SN/T0370.1-2009	2022/6/1
3	SN/T 0370.2-2021	出口危险货物包装检验规程 第2部分：性能检验	SN/T0370.2-2009	2022/6/1
4	SN/T 0370.3-2021	出口危险货物包装检验规程 第3部分：使用鉴定	SN/T0370.3-2012	2022/6/1
5	SN/T 0494-2021	出口粮谷中克瘟散检验方法	SN 0494-1995	2022/6/1

ICS 13.300
CCS A 80

SN

中华人民共和国出入境检验检疫行业标准

SN/T 0370.1—2021
代替 SN/T 0370.1—2009

出口危险货物包装检验规程
第1部分：总则

Rules for the inspection of packaging for export dangerous goods
Part 1: General specifications

2021-11-22 发布　　2022-06-01 实施

ICS 13.300
CCS A 80

SN

中华人民共和国出入境检验检疫行业标准

SN/T 0370.2—2021
代替 SN/T 0370.2—2009

出口危险货物包装检验规程
第2部分：性能检验

Rules for the inspection of packaging for export dangerous goods—
Part 2: Performance test

2021-11-22 发布　　2022-06-01 实施

中华人民共和国海关总署　发布

ICS 13.300
CCS A 80

SN

中华人民共和国出入境检验检疫行业标准

SN/T 0370.3—2021
代替 SN/T 0370.3—2012

出口危险货物包装检验规程
第3部分：使用鉴定

Rules for the inspection of packaging for export dangerous goods—
part 3: Use appraisal

2021-11-22 发布　　2022-06-01 实施

中华人民共和国海关总署　发布

图4–13 第97号公告及包装检验系列标准

二、总则

（一）适用范围

本标准适用于盛装容积不超过 450L（装载液体）、净重不超过 400kg 的出口危险货物包装（压力贮器、放射性物质和感染性物质的包装除外），规定了包装的分类、编码、标记和标签的要求。中型散装容器、大包装容器的性能检验和使用鉴定按照其他相应标准进行。

（二）重点内容解读

1. 包装容器类型的编码

为了清楚地表示危险品包装容器（外包装）的类型 / 材料 / 型式，采用编码形式对每一种包装容器用一组特定的代码表示。包装容器类型的编码一般由并列排布的三部分组成。

第一部分：阿拉伯数字——表示包装容器的种类，如数字"1"表示"桶"（注：本标准增加了数字"0"表示公路或者铁路运输轻型金属容器）。

第二部分：大写英文字母——表示包装容器制造材料的性质，如字母"A"表示"钢"。

第三部分：阿拉伯数字——表示包装容器在其所属种类中的类别。如桶用数字"1"表示闭口，数字"2"表示开口。示例：1A2——开口钢桶；1H1——闭口塑料桶；1G——纸板桶；6HA1——钢塑复合桶（对于复合包装，先写内容器的材质，再写外容器的材质）。

包装容器类型的编码属于包装的标记中的部分字段。下文将进一步介绍。

2. 包装的标记

用于表明带有该标记的包装已成功地通过标准规定的试验。但标记并不一定证明该包装可用于盛装任何物质。

液体物质包装标记代码及含义如图 4-14 所示。

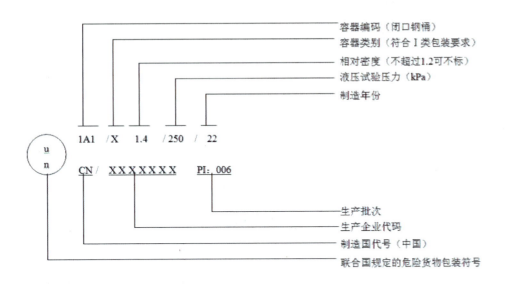

图 4-14 液体物质包装标记代码及含义

固体物质包装标记代码及含义如图 4-15 所示。

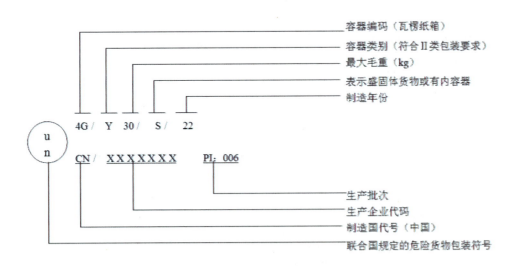

图 4-15 固体物质包装标记代码及含义

下面对包装的标记进行分段解读。

（1）联合国包装符号。

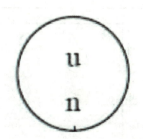

图 4-16 联合国包装符号

如图 4-16 所示，此符号仅用于证明包装容器符合联合国《规章范本》的规定。对金属包装，可用压模大写字母"UN"表示。在铁路和公路运输中，符合上述规定的包装可分别用符号"RID"和"ADR"代替此联合国包装符号和"UN"标记。

（2）包装容器类型的编码。

包装编码一般由并列排布的三部分组成，以"3H1 为例，分别表示罐、塑料、闭口"（具体含义如图 4-17 所示）。

阿拉伯数字	大写英文字母	阿拉伯数字（必要时）
表示包装容器的种类 如：桶/罐等	表示包装容器制造材料的性质 如：钢/木等	表示：包装容器在其所属种 类中的类别
1——桶 3——罐 4——箱 5——袋 6——复合容器	A——钢 B——铝 C——天然木 D——胶合板 F——再生木 G——纤维板 H——塑料 L——纺织品 M——多层纸 N——金属（除钢和铝） P——玻璃/陶瓷或粗陶瓷	1 表示闭口 2 表示开口

图 4-17 包装容器类型编码及含义

（3）容器类别、相对密度（液体）/最大毛重（固体）。

①第一部分：表示包装容器类别的字母。

X：表示 I 类包装；

Y：表示 II 类包装；

Z：表示 III 类包装。

②第二部分：

a. 盛装液体的单一包装：标明相对密度，四舍五入至第一位小数。若相对密度不超过 1.2 可省略。例：X1.4。

b. 对准备盛装固体或带有内包装的包装：标明以 "kg" 计量的最大毛重。例：X26。

（4）液压实验压力（液体）/盛固体货物或有内容容器代码

在上述代码后面应标明：

①盛装液体的单一包装：标明最高试验压力，单位为 kPa，向下取整至十位数。例：250。

②对准备盛装固体或带有内包装的包装：标明字母 "S"。例：S。

（5）制造年份。

包装制造年份的最后两位数。包装类型为 1H1、1H2、3H1 和 3H2 的塑料包装，还必须正确标出制造月份，可用以下图形标在包装的其他部位。

图 4-18 制造月份标示图标

（6）生产国代号：中国的代号为大写英文字母"CN"。

（7）包装生产厂所在地检验机构代码。

（8）包装生产厂代号。[1]

（9）包装生产批次，用"PI：xxx"标示。

三、包装性能检验

（一）适用范围

本标准适用于盛装容积不超过 450L（装载液体）、净重不超过 400kg 的出口危险货物包装（压力贮器、放射性物质和感染性物质的包装除外），规定了包装性能检验的要求、内容及相关规定。

（二）重点内容解读

1. 检验要求

以下三种情况下需要进行试验：

（1）每一设计型号的容器在投入使用之前；

（2）应按规定的时间间隔；

（3）容器的设计型号发生变化。

并且需要对同一设计型号批量生产的包装容器，在厂检合格的基础上，从生产现场随机抽取试验样品，按照标准第 5 章的要求进行试验。与试验过的设计型号仅在尺寸方面不同的容器，可进行有选择地试验。

2. 检验内容

包装性能检验的试验项目共有 6 项，分别是跌落、气密、液压、堆码、渗透性、液密封口。对于不同类型包装的试验项目，可以根据标准附录 A 的项目表来确定。

---

［1］ 图 4-14、图 4-15 所示"生产企业代码"，指包装厂在所在地海关（检验检疫机构）注册后获得的七位代码，包含本处第（7）、第（8）两个字段内容。

例如：

（1）塑料容器。塑料容器的性能检验有几个特别的地方：跌落试验需要预处理；液压试验需要保压 30 分钟；堆码试验需要 40℃，28 天。

（2）钢塑复合容器。本标准对钢塑复合容器试验要求进行了多处修订，试验要求进一步明确，归纳如下：无须进行渗透性试验；跌落试验需要预处理（−18℃）；液压试验保持压力时间为 30 分钟。

包装种类	涉及检验项目
危险货物包装 （容量不超过 450L，净重不大于 400KG 的包装容器）	跌落试验、气密（密封性）试验 液压试验、堆码试验 渗透性试验、液密封口试验
小型气体容器 （能承受不大于 1.2MPa 压力的，容量不大于 1000ml 的容器）	密封性试验、压力试验 温度试验、跌落试验（玻璃材质除外）
中型散装容器 （集装袋为例）	跌落试验、拽落试验、正位试验 顶部吊拉试验、撕裂试验、堆码试验
大型容器 （大包装）	顶部提升试验、底部提升试验 跌落试验、堆码试验
出口电石包装	气密试验、跌落试验、堆码试验

图 4–19 包装种类及涉及检验项目

3. 检验规定

（1）性能检验周期的调整

检验周期的升降，是针对具体的设计型号，不是对包装生产企业的所有产品。比如：一个企业有两种设计型号的包装 A 和 B，检验周期都是 3 个月，A 性能试验不合格，那么 A 的周期从 3 个月降成 1 个月，B 的检验周期不变。

（2）性能结果单的有效期

《出入境货物包装性能检验结果单》有效期是自包装生产之日起计算不超过 12 个月，不是自申请或签发之日起算。超过有效期的包装容器需再次进行性能检验，其《出入境货物包装性能检验结果单》有效期自检验完毕日期起计算不超过 6 个月。

四、包装使用鉴定

（一）适用范围

本标准适用于盛装容积不超过 450L（装载液体）、净重不超过 400kg 的出口危险货物包装（压力贮器、放射性物质和感染性物质的包装除外），规定了包装使用鉴定的鉴定要求、抽样、鉴定内容、鉴定准则。

（二）重点内容解读

1. 鉴定要求

（1）报检材料的要求

本标准首次对使用鉴定的报检材料进行了明确，其中对首次使用的塑料类容器，应提供相容性试验报告或相容性自我声明。需要注意的是：试验报告和自我声明是同等性验证方法，不能理解为优先提供试验报告。

为了保持与国际规章的一致性，危险特性分类鉴别报告有效期不宜超过国际规章版本更新的时间间隔，报告有效期一般为一年。

（2）包装规范的要求

本标准首次将国际危规的包装规范要求用单独一个章节进行明确，可见包装规范要求在使用鉴定过程中的重要性。危险货物包装的使用鉴定实际就是危险性分类、性能检验和包装规范这三块内容的整合。本标准是使用鉴定最基本的一个检验依据，在具体实施时一定要结合国际危规查看包装规范，包装规范的具体要求可根据报检货物在国际危规一览表中列出的包装规范编码及特殊规定编码检索到。

（3）空运危险货物包装的特殊要求

盛装液体的包装容器（包括内包装）应能经受住 95kPa 以上的内压力而不渗漏。对于单一包装，已经进行了液压试验，即可免除这一要求；对于组合包装的内容器，则需要进行 95kPa 的压差试验。

盛装液体危险货物的包装，需要提供每个包装容器的气密试验合格报告。对盛装液体的包装，在出厂的型式检验中每个容器都必须经过气密试验，所以对这个要求的验证可以结合容器生产企业的自检报告进行。

（4）袋类包装的要求

关于袋类包装的要求，重点关注内包装袋的封口要求。特别要注意的是，无论采用绳扎封口还是粘合封口，如果是多层内袋，都需要分层封口。这也是使用鉴定中比较常见的不合格类型。

2. 鉴定内容

使用鉴定时应当根据标准第 5 章的内容实施。需要注意的是：本章的条款不能作为使用鉴定不合格的判定条款，应根据具体不合格的情况在本标准第 4 章鉴定要求中找到相应的条款作为不合格的判定依据。

3. 鉴定准则

（1）企业应在自检合格的基础上向海关申请使用鉴定，要加强标准和相关国际规章的宣贯工作。

（2）危险货物包装使用鉴定应按照检验批逐批进行。首先要理解检验批的定义，归纳起来有"两同"：同一包装，同一危险货物。其次要遵循逐批进行的原则，这里的逐批是指的检验批，同一检验批的危险货物经使用鉴定后可分成若干批次出口。

（3）特别注意危险性（不管主危险还是副危险）为第8类的腐蚀性物质，其《出境危险货物运输包装使用鉴定结果单》的有效期为6个月。任何情况下使用鉴定结果单有效期不能超过相应的性能检验结果单的有效期。

五、包装性能检验、包装使用鉴定的调整

根据海关总署的安排，2023年10月30日起进行了出口危化、危包申报系统的切换，由电子底账系统（ECIQ）切换至属地查检系统，具体事项如下。

1.出口危化、危包性能检验、危包使用鉴定业务10月30日起通过单一窗口–属地查检向海关进行申报，电子底账系统不再受理相关业务。对于危包使用鉴定业务，如果随附的性能单是电子底账系统出具的（单证编号为18位纯数字的），继续使用原系统申报，直至该性能单使用完毕或过期。

2.出口危险化学品属地查检业务因涉及取样送检，周期较长，请企业合理安排申报时间，以免耽误发货安排。首次进入属地查检系统的危化品都需要取样送检，实验室危险特性分类鉴别报告有效期一年，后续如组分成分、工艺等发生改变的需要重新取样送检。

3.属地查检系统内涉及企业备案编号的，应使用海关10位收发货人备案号。原检验检疫10位企业备案号不在属地查检系统使用，请还没有海关收发货人备案编号的企业向主管海关企业管理部门申请备案。

4.属地查检系统出具的危包性能检验结果单为电子单据，一般情况下不再出具纸质单证，企业可在收到电子单据后在单一窗口自行打印。危包使用鉴定业务对性能单的核销采取电子核销方式，不再进行手动核销。

六、有限数量和例外数量包装

对于少量运输的危险货物，联合国危险运输规章范本及我国法律法规均

规定，如果数量和包装符合相关的有限数量或者例外数量标准，就可以免除很多相关的运输规定，为运输这类物质提供极大的方便。

"有限数量"与"例外数量"定义相近，是指当危险货物在移交运输时，如数量较少，且包装满足一定要求，即可免除危险货物运输的部分技术要求（例如：承运人的资质要求）。

（一）重点内容解读

1.TDG 条款规定

以"有限数量"与"例外数量"包装的危险货物，除必须遵守《危险货物运输的建议书——规章范本》（TDG）中部分条款外，可以不受其他条款的约束。但"有限数量"与"例外数量"赦免的 TDG 条款并不相同，与"例外数量"相比，"有限数量"需要遵守更多的 TDG 条款。

2. 使用包装类型

以"有限数量"与"例外数量"包装的危险货物，均不得使用单一包装，必须将危险货物装在内包装中。

以"有限数量"包装的危险货物装在有合适外包装的内包装中，如使用易碎的内包装，应放在坚固的中间包装内，否则可不适用中间包装。

以"例外数量"包装的危险货物，内包装应牢固地装在有衬垫材料的中间包装内，确保在正常运输条件下不会破损、穿透、内容物泄漏。

3. 包装件对应标记

以"有限数量"与"例外数量"包装的危险货物，外包装件上应带有耐久、易辨认的对应标记，以表明货物使用"有限数量"或"例外数量"。

"有限数量"标记与"例外数量"标记不同，以"有限数量"包装的空运危险货物包装件有单独标记要求，以"例外数量"包装的危险货物包装件标记应显示主要危险类别。

有限数量运输标记(除航空运输外)　　　　　　有限数量运输标记(航空运输)

图 4-20 有限数量包装示例

图 4-21 例外数量包装示例

4.有限数量与例外数量的运输上限

　　判断危险货物能否以"有限数量"与"例外数量"运输，必须根据联合国危险货物编号（UN 编号），查询危险货物在 TDG "危险货物一览表"中注明的"有限数量"与"例外数量"。

联合国编号	名称和说明	类或项	次要危险	联合国包装类别	特殊规定	有限和例外数量		包装和中型散装容器		可移动罐柜和散装容器	
								包装指南	特殊包装规定	指南	特殊规定
(1)	(2)	(3)	(4)	(5)	(6)	(7a)	(7b)	(8)	(9)	(10)	(11)
-	3.1.2	2.0	2.0	2.0.1.3	3.3	3.4	3.5	4.1.4	4.1.4	4.2.5/4.3.2	4.2.5
1301	乙酸乙烯酯，稳定的	3		II	386	1 L	E2	P001 IBC02		T4	TP1
1302	乙烯基·乙基醚，稳定的	3		I	386	0	E3	P001		T11	TP2
1303	乙烯叉二氯，稳定的	3		I	386	0	E3	P001		T12	TP2 TP7
1304	乙烯基·异丁基醚，稳定的	3		II	386	1 L	E2	P001 IBC02		T4	TP1
1305	乙烯基三氯硅烷	3	8	II		0	E0	P010		T10	TP2 TP7 TP13

图 4-22 有限数量查询示范

编码	每件内包装的最大净充装量(固体为克，液体和气体为毫升)	每件外包装的最大净充装量(固体为克，液体和气体为毫升，在混包的情况下为克和毫升之总和)
E 0	不允许例外数量运输	
E 1	30	1 000
E 2	30	500
E 3	30	300
E 4	1	500
E 5	1	300

图 4-23 例外数量查询示范

如上图所示，以"有限数量"与"例外数量"运输的危险货物总量限制是不同的。根据《危险货物道路运输安全管理办法》规定，运输车辆载运"有限数量"危险货物总质量（含包装）不超过 8000 千克的，可以按照普通货物运输；运输车辆载运"例外数量"危险货物包件数不超过 1000 个的，可以按照普通货物运输。参考"例外数量"每件外包装最大净充装量不超过 1 千克（E1），运输车辆载运"例外数量"危险货物的最大限量低于载运"有限数量"危险货物的最大限量，这也是以"例外数量"运输危险货物所豁免

的条款更多的原因。

七、危包使用鉴定的申请

（一）包装使用鉴定申报所需资料

1. 危险货物包装容器企业自检单；

2. 危险货物包装容器使用鉴定原始记录；

3. 危险货物类别声明；

4. 包装性能检验结果单；

5. 危险特性分类鉴定报告；

6. 首次申报需提供化学品相容性实验报告。

（二）包装使用鉴定申报流程

收到客户正本资料，审核无误后预录申报信息；核对申报信息无误后，发送并接收申报回执，将整套正本资料交至海关，海关安排查验；查验通过后，海关拟证，科长复核后经综合科打印证书，交给查验科科长签字，领取证书。

八、出口电子底账的申请

（一）出口电子底账申请所需资料

1. 出口危险化学品生产企业符合性声明；

2. 抑制剂稳定剂情况说明；

3. 中文 GHS 公示标签；

4. 中文安全数据单；

5. 危险特性分类鉴定报告；

6. 包装性能检验结果单；

7. 海关出口危险化学品检验原始记录。

（二）出口电子底账申请流程

收到客户正本资料，审核无误后预录申报信息；核对申报信息无误后，发送并接收申报回执，将整套正本资料交至海关，海关安排查验（危包已查验过不用重复查）；查验通过后，海关签发电子底账（非法检 HS，有综合科签发底账信息）。

第四节 危险化学品海关查检要点

一、检验内容

（一）基本属性

产品的主要成分/组分信息、物理及化学特性、危险类别等，是否符合《关于进出口危险化学品及其包装检验监管有问题的公告》（海关总署公告2020年第129号）第四条的规定。

（二）公示信息

产品包装上是否有中文危险公示标签，是否随附中文安全数据单；危险品公示标签、安全数据单的内容是否符合《关于进出口危险化学品及其包装检验监管有问题的公告》（海关总署公告2020年第129号）第四条的规定："危险化学品进出口企业应当保证危险化学品符合以下要求：（一）我国国家技术规范的强制性要求（进口产品适用）；（二）有关国际公约、国际规则、条约、协议、议定书、备忘录等；（三）输入国家或者地区技术法规、标准（出口产品适用）；（四）海关总署以及原质检总局指定的技术规范、标准。"

二、现场查验内容

1. 申报要素：产品包装上标记的品名、危险类别是否与申报材料一致。

2. 组分信息：产品的主要成分/成分构成是否与申报材料一致。

3. 产品特性：产品的物理特性、化学特性是否与申报材料一致。

4. 数量信息：产品的数量、重量是否与申报材料一致。

三、危险公示信息核查

（一）安全数据单

1.产品随附的中文安全数据单的制造商／供应商及产品信息是否真实、齐全、有效，并与申报材料一致。

2.安全信息是否完整、准确，至少应包含 GHS 规定的 16 项基本信息。

（二）危险公示标签

1.产品是否按照我国相关国家标准的要求，在包装的醒目位置加贴、拴挂或者喷印中文危险公示标签。

2.标签内容应该至少包括产品标识（中英文化学名或通用名、主要危险成分名及浓度）、象形图、信号词（"危险"和"警告"不得同时出现）、危险说明和防范说明等基本要素，并应真实准确。

3.对于组合容器，要求内包装加贴（挂）安全标签，外包装上加贴运输象形图。如果不需要运输标志，可以加贴安全标签。

4.所有危险性说明均应出现在安全标签上，按照物理危险、健康危害，环境危害的顺序进行排列。

5.不超过 100mL 的化学品小包装，为方便标签使用，安全标签要素可以简化。

（三）技术整改

危险公示核查发现存在不合格项的，验核收货人提出的技术整改方案，实施技术整改处理。

（四）实验室检测

根据布控指令要求，结合现场验核情况，确定是否进一步实施取样，待实验室检测，验核其分类特性。

四、取样检测

1.根据取样检测布控指令和现场核查情况，确定是否抽取样品进行危险特性分类鉴别项目检测，以验证申报货物的危险特性是否与申报相符。

2.查验现场具备取样条件，首次进口的，一般现场实施取样，实验室检测。

3.对同一进口收货人/消费使用单位、同一国别/地区、同一收货人/生产商，并且成分/组分、危险特性一致的进口危险化学品，海关首次实施危险特性检测鉴别后，如上述信息未发生变化，其后批次检查未见异常的，不重复实施取样检测。

4.根据产品的危险货物类别和具体危险特性，在确保安全的前提下，选取合适的地点和方式实施取样，或进行合格评定。

五、包装检验（含包装使用鉴定要求）

（一）包装使用要求

1.包装中盛装的危险化学品品名，应与报关资料载明信息一致，并与包装上标明的名称一致。

2.包装的类型、规格、单件重量（容积与毛净重）应与报关资料信息一致，并符合《联合国关于危险货物运输的建议书 规章范本》有关包装要求。

3.包装上标注的包装类别应等于或高于盛装的危险化学品要求的包装类别。

4.包装应外观完好、清洁，不允许有残留物，不得有污染或泄露，危险化学品不得撒漏在容器外表面、外容器与内容器或内贮器之间。

5.对于在运输过程中需添加保护性液体、惰性气体的危险化学品，应使用液体或惰性气体保护。

6.对需要添加衬垫或吸附材料的，应使用相应衬垫或吸附材料。

7.盛装在运输过程中因温度变化而可能变成液体的固体物质时，包装应符合盛装液体物质的要求。

8. 包装容器及其配件、附加材料（如绳、线）等，应与所装危险化学品的性质相适应，容器和与之相接触的危险化学品不得发生任何影响容器强度及发生危险的化学反应，以免影响正常使用。

（二）包装判定准则及处置

1. 危险化学品包装检验与危险化学品的检验同步进行，应按照检验批次逐批进行。

2. 按照包装检验要求规定进行检验时，若有一项不合格，则该批危险化学品包装不合格。

3. 所有检验项目都合格的，准予销售使用。

4. 对经检验不合格的危险化学品及其包装，如经标签整改，使用救助包装等技术处理，能够符合货物运输、销售及使用安全规定的，海关可视情况，通知当事人进行整改。

第五节 危险化学品海关监管典型案例

一、涉处罚

（一）伪瞒报（涉危不报）

海关对某企业申报为普通货物的化学品进行现场查验时发现，该批货物外包装标签有涂抹痕迹，疑似危险化学品。经送样检测，结果显示该批货物闪点为 49℃，属于《危险化学品目录》（2015 版）列明的化学品，危险货物类别为第 3 类易燃液体，建议包装类别为Ⅲ类。该企业涉嫌危险品伪瞒报，经海关后续调查处置，对企业未如实申报的行为依法进行处罚。

（二）伪瞒报（高危低报）

海关对某企业一批进口稀释剂进行查验时发现，货物加贴的危险公示标签显示其危险说明为易燃液体和蒸气，信号词为警告。但安全数据单中理化特性显示，货物闪点为 14.5℃，沸点为 78℃，与公示的危险说明存在矛盾。经取样送实验室检测，确认该票货物危险特性为易燃液体（类别 2），危险说明应为高度易燃液体和蒸气，信号词应为危险。企业存在高危低报行为，海关对该批货物依法处置，并对企业未如实申报行为依法进行处罚。

（三）出口危险化学品法定商检未报验

某企业以一般贸易方式向海关申报出口一票货物，其中一品名为"胶水"，申报数量 20000 桶，申报价值为 5580 美元。经海关查验并鉴定，该货物属于 3 类危险货物且属于《危险化学品目录》（2015 版）列明的化学品，依据《关于进出口危险化学品及其包装检验监管有关问题的公告》（海关总署公告 2020 年第 129 号）第一条规定，属于法定检验商品。当事人在出口申报环节对上述货物未向海关申报检验检疫，海关依据有关法律法规的规定，对企业实施了行政处罚。（已报验，获取出口电子底账，但申报时未关联电子底账号，海关也将依据相关法律规定，实施行政处罚。）

（四）进口危险化学品未经属地查验，擅自使用

海关对某企业进口货物实施目的地检验，经查发现，其申报货物为危险化学品固化剂，共计 1440 千克，其中未经检验擅自使用 1000 千克。当事人未履行目的地检验义务，擅自使用未经检验的进口商品，海关依据有关法律法规的规定，对企业实施了行政处罚。

综上所述，我们可以知道，海关处罚依据和幅度主要是：对于涉及检验检疫类违规行为的海关行政处罚，目前主要是适用《中华人民共和国商品检验法》和《中华人民共和国进出口商品检验法实施条例》。上述案例中，"对法定检验的进出口商品不予报检，逃避进出口商检的"，或"擅自出口未报检或者未经检验的属于法定检验的出口商品，或者擅自出口应当申请出口验证而未申请的出口商品的"，均将处以商品货值金额 5% 以上 20% 以下罚款。（一般情节 12%，从轻处罚 7%）。

而"已报验，获取出口电子底账，但申报时未关联电子底账号"，依据《中华人民共和国海关行政处罚条例》，按照影响海关监管秩序，予以警告或者处 1000 元以上 3 万元以下罚款。

二、涉技术整改

（一）进口危险化学品危险公示信息不合格

海关对一批进口边框油墨进行查验时，发现货物张贴的中文危险公示标签信号词为"警告"，危险性说明第一句为"极易燃液体和蒸气"；随附安全数据单信号词为"危险"，危险性说明第一句为"H226 易燃液体和蒸气"。（如图 4-24、图 4-25）

图 4-24 进口危险化学品危险公示信息不合格示范（一）

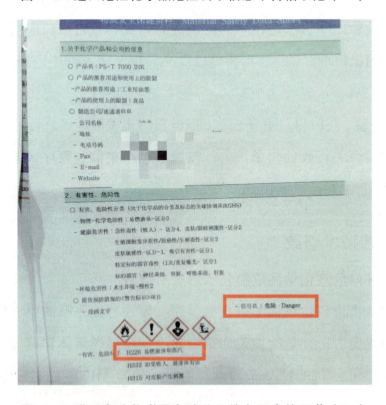

图 4-25 进口危险化学品危险公示信息不合格示范（二）

根据《全球化学品统一分类和标签制度》规定，易燃液体危险说明为"H224 极易燃液体和蒸气"，则信号词为"危险"；危险说明为"H226 易燃液体和蒸气"，则信号词为"警告"。上述货物中文危险公示标签和安全数据单内容相矛盾，且均不符合《全球化学品统一分类和标签制度》的规定。现场海关判定该票货物危险公示标签和安全数据单不合格，要求企业及时整改。整改后经再次现场核查合格后予以放行。

（二）出口危险货物包装不合格（无包装标记及批号）

海关对一批危险货物包装使用鉴定时，发现该批货物的外包装纸箱上无包装标记及批号（如图 4-26）。

图 4-26 无包装标记及批号示范

根据《出口危险货物包装检验规程 第 3 部分：使用鉴定》（SN/T 0370.3-2021）第 4.1.2.4 条"每一个容器应带有耐久、易辨认、与容器相比位置合适、大小适当的明显标记，标记应符合《规章范本》、相应运输形式的'国际危规'及 SN / T0370.1 — 2021 中 5.2 的要求"的规定，海关判定该批次危险货物包装使用鉴定不合格，责令企业进行技术整改。企业更换符合要求的包装，经海关再次检验合格后，予以放行（整改后如图 4-27）。

图 4-27　包装标记及批号整改示范

（三）出口危险货物包装不合格（包装破损）

海关对一批出口危险货物实施使用鉴定时，发现货物采用"纸箱 + 塑料罐"的组合包装，其中 2 箱货物的外包装存在严重霉变破损，包装上的 UN 标记模糊不清（如图 4-28）。

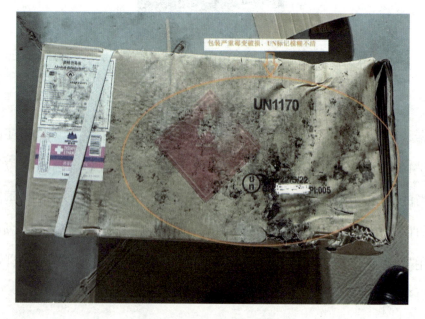

图 4-28　包装破损示范

根据《出口危险货物包装检验规程 第 3 部分：使用鉴定》（SN/T 0370.3-2021）第 4.1.2.4 条"每一个容器应带有耐久、易辨认、与容器相比位置合适、大小适当的明显标记"，以及 4.1.3.1 条"危险货物包装外表应清洁，不允许有残留物、污染或渗透"的要求，海关判定该批货物检验不合格，出具《出境货物不合格通知单》，企业更换包装，经二次检验合格后予以放行（整改后如图 4-29）。

图 4-29 包装破损整改后示范

三、涉退运或销毁

（一）进口压力容器的退运或销毁

2020 年 4 月，海关关员在对一套进口的冲孔模设备实施目的地查验中发现，该设备附有一个旧储气罐。其工作压力为 200PSI（折合为 1.37MPa），直径大于 150mm，容积超过 30L，符合压力容器的特征指标。

图 4-30 储气罐现场查验场景（图片来源：海关 12360）

　　该储气罐未取得我国特种设备生产许可，属于未获证产品；且属于《禁止进口的旧机电产品目录》（商务部、海关总署公告 2018 年第 106 号）涵盖的旧承压容器，遂依法进行了监督销毁。

　　气瓶，是指正常环境温度（-40℃~60℃）下使用的，公称容积为 0.4L~3000L，公称工作压力为 0.2MPa~35MPa，且压力与容积的乘积大于或者等于 1MPa.L，盛装压缩气体、高（低）压液化气体、低温液化气体、溶解气体、吸附气体、标准沸点等于或者低于 60℃的液体以及混合气体（两种或者两种以上气体）的无缝气瓶、焊接气瓶、焊接绝热气瓶、缠绕气瓶、内部装有填料的气瓶及气瓶附件。

　　压力容器作为特种设备的一种，我国对其实施目录管理，凡属于《特种设备目录》的进口压力容器，需经海关检验。其应当符合我国安全技术规范的要求，并经检验合格；进口至我国使用的压力容器的境外生产企业，需获得许可，即取得《中华人民共和国特种设备生产许可证》（如图 4-31）。

中华人民共和国
特种设备生产许可证
Production License of Special Equipment
People's Republic of China

编号：

单位名称：河████████制造有限公司

住　　所：河████定兴县经济开发区新国道大街303号

制造地址：河████定市定兴县经济开发区新国道大街303号

经审查，获准从事以下特种设备的生产活动：

许可项目	子项目	许可参数	备注
压力容器制造（含安装、修理、改造）	固定式压力容器中、低压容器(D)	—	设计外委；限第Ⅰ类压力容器、第Ⅱ类压力容器

发证机关：████████

有效期至：自2021年06月08日
　　　　　至2025年06月07日

发证日期：████

图 4-31　特种设备生产许可证示范

（二）进口涂料有害物质超标的退运或销毁

某海关查获一批次有害物质超标的进口涂料，共4件，总重6千克。经海关检验，该批进口涂料中挥发性有机化合物（VOC）含量不符合国家标准GB 30981-2020《工业防护涂料中有害物质限量》要求。海关已依法查扣该批涂料，后续将实施销毁处理。

另外，在某海关监管下，284.87吨非法入境"洋垃圾"被依法退运出境。海关查验关员在对某企业进口的3票"非耐火涂面制剂"进行查验时发现，同批货物中颜色混杂。经鉴定，上述货物掺杂有回收粉末涂料，其可溶性铅含量超过强制性国家标准，且货物硬度检测结果严重不符合我国标准技术要求。

图 4-32 涂料现场查验场景（图片来源：海关 12360）

海关对于进口涂料检验要点如下：

1. 涉及危险化学品的涂料，应按照危险化学品的相关监管要求进行检验。

2. 根据取样检测布控指令要求和现场核查情况，确定是否抽取样品进行危险特性或涂料品质检测。

3. 对同一进口收货人/消费使用单位、同一国别/地区、同一发货人/生产商，并且成分/组分一致的涂料，海关首次实施品质检测且合格后，如上述信息未发生变化，其后批次检查未发现异常的，不重复实施品质检测。

目前，我国实施的几个涉及涂料的标准如图 4-33 所示。

名称	标准号	实施时间
木器涂料中有害物质限量	GB18581-2020	2020-12-01
建筑用墙面涂料有害物质限量	GB18582-2020	2020-12-01
车辆涂料中有害物质限量	GB24409-2020	2020-12-01
工业防护涂料有害物质限量	GB30981-2020	2020-12-01
民用建筑工程室内环境污染控制标准	GB50325-2020	2020-08-01
室内地坪涂料中有害物质限量	GB38468-2019	2020-07-01
船舶涂料中有害物质限量	GB38469-2020	2020-07-01
玩具用涂料中有害物质限量	GB24613-2009	2010-10-01

图 4-33 部分涂料检测标准

需要格外注意的是，航空航天涂料不涉及国家标准，海关凭产品流向、用途、贸易合同等，以及适航证、民航局关于涂料的认证证书、国外生产企业的检验报告进行评判。

第五章

危险货物、危险化学品进出口行政违规与争议分析及合规管理

危险货物、危险化学品在进出口时，因商品的多样性和复杂性，涉及的企业生产、经营环节多，又缺少全面性、系统性的综合性法律进行行政监管，从立法层面看，对其实行的是单一、片面的碎片式立法模式。

一方面，对危险货物、危险化学品按照不同的种类划分标准来进行分类立法监管，如危险化学品、有害化学品、持久有机污染物等，以及根据监控、运输、许可、进出口等环节进行分段立法监管，具有分割性；另一方面，根据物质种类，如危险化学品、农药、药品进行分别立法监管，具有独立性。

因此，在危险货物、危险化学品进出口涉及生产、生活等多个环节，管理体制上也分属多个行政部门的情况下，企业很容易违反行政管理规范的要求，导致行政处罚情事出现。例如，确定危险化学品的分类时，有的行政部门要求其在危险化学品目录最新版列名即可，有的行政部门不仅要求在目录上具体列名，还要求符合确定原则。危险货物、危险化学品在海关部门进行监管时，还会涉及 HS 编码如何进行正确归类，是否如实申报、足额缴纳税款，是否满足贸易管制的要求及依法申领进出口许可证，是否不属于国家禁止进出口的货物、物品等。危险货物在包装、运输过程中，不同的危险程度对其包装和运输的要求不同，适用有限数量与例外数量虽然可以豁免有关相对较严的包装和运输要求，但对应的包装种类和数量限制等要求也较为复杂，企

业稍有疏忽，则可能违反相应的行政管理规范。

一旦企业受到相关的行政处罚，企业信用遭受损害后，其在商业交易过程中可能受阻，在相应的行政机关内部评级中也可能被降级，导致企业进出口通关阻碍加大，甚至构成严重的刑事责任。

第一节 危险货物、危险化学品进出口常见违规类型及法律后果

一、法规概况

（一）危险货物

根据联合国《关于危险货物运输的建议书规章范本》（英文简称"TDG"）定义，危险货物是指"具有爆炸、易燃、毒害、感染、腐蚀、放射性等危险特性，在运输、储存、生产、经营、使用和处置中，容易造成人身伤亡、财产损毁或环境污染而需要特别防护的物质和物品"。

危险货物的范围，需依据《危险货物品名表》（GB 12268）、《危险货物分类和品名编号》（GB 6944）里列名的确认原则来进行确定。

目前危险货物涉及的监管主要集中在运输环节。涉及的法规依据主要为：《中华人民共和国道路运输条例》、《危险化学品安全管理条例》（国务院591号令）、《危险货物道路运输安全管理办法》《危险货物道路运输规则》（JT/T 617-2018）、《危险货物运输包装通用技术条件》（GB 12463-2009）、《道路运输危险货物车辆标志》（GB 13392）、《道路危险货物运输管理规定》、《危险货物品名表》（GB 12268-2012）、《船舶载运危险货物安全监督管理规定》、《民用航空危险品运输管理规定》、《铁路危险货物运输安全监督管理规定》等。

为了维护道路运输市场秩序，保障道路运输安全，保护道路运输有关各方当事人的合法权益，促进道路运输业的健康发展，2004年4月30日国务院发布《中华人民共和国道路运输条例》，从事道路运输经营以及道路运输

相关业务的都受此行政法规约束，2023年7月20日国务院对此文件进行了第五次修订。从事道路运输经营以及道路运输相关业务的，都应遵守该《条例》。道路运输经营包括道路旅客运输经营（以下简称客运经营）和道路货物运输经营（以下简称货运经营）；道路运输相关业务包括站（场）经营、机动车维修经营、机动车驾驶员培训。该《条例》第二十三条要求，申请从事危险货物运输经营的，除符合常规的货运企业资质外，还应当具备下列条件："（1）有5辆以上经检测合格的危险货物运输专用车辆、设备；（2）有经所在地设区的市级人民政府交通主管部门考试合格，取得上岗资格证的驾驶人员、装卸管理人员、押运人员；（3）危险货物运输专用车辆配有必要的通信工具；（4）有健全的安全生产管理制度。"

为了加强危险货物道路运输安全管理，预防危险货物道路运输事故的发生，保障人民群众的生命、财产安全，保护环境，规范使用道路运输车辆从事危险货物运输及相关活动的安全管理，《危险货物道路运输安全管理办法》（交通运输部令2019年第29号）于2019年7月10日经第15次部务会议通过，自2020年1月1日起施行。该《办法》内容涵盖危险货物托运、承运、装卸、车辆运行等环节，以及人员、车辆、罐体、包装、标签、标志等要素，着力构建危险货物道路运输全链条管理体系。《办法》弥补了管理制度漏洞，建立了托运清单、运单、充装查验及罐体检验制度。一是针对非法托运危险货物问题，建立了危险货物托运清单制度，要求托运人在托运危险货物时应当提交托运清单，不得匿报谎报，强化运输源头管理。二是针对运输企业对所属车辆"挂而不管"、"以包代管"等问题，建立了危险货物运单制度，运输过程中应当随车携带危险货物运单，强化运输过程安全管理。三是针对违规装货和违法运输等突出问题，建立了充装环节查验制度，装货人在充装或者装载货物前要对车辆、人员、罐体、货物的合规性进行查验，强化装货环节安全管理。四是针对常压罐车安全水平低、带病运行等问题，建立了常压罐车罐体检验制度，只有经具备专业资质检验机构检验合格的罐车罐体方可出厂使用，保障运输装备本质安全。

根据《交通运输部关于发布〈危险货物道路运输规则〉等34项交通运输行业标准和废止〈围油栏〉等8项交通运输行业标准的公告》（交通运输部公告第68号），《危险货物道路运输规则》（JT/T 617.1—2018）于2018年12月1日起实施，代替之前的JT 3130-1988、JT 617-2004版本。JT/T 617.1共七部分，对危险货物分类、包装、托运、装卸、运输等环节的操作要求都设定了强制性标准。

《危险货物运输包装通用技术条件》（GB 12463-2009）于2009年6月21日发布，2010年5月1日实施，规定了危险货物运输包装（以下简称运输包装）的分类、基本要求、性能试验和检验方法、技术要求、类型和标记代号，适用于盛装危险货物的运输包装。

《道路运输危险货物车辆标志》（GB 13392）于2005年4月22日发布，2005年8月1日实施，专用车辆应当按照国家标准《道路运输危险货物车辆标志》（GB 13392）的要求悬挂标志。根据该标准，危险货物应根据危险性在包装上张贴正确的运输标签，标签应贴在反衬底色上，或者用虚线或实线标出外缘。标签形状应呈45°角的正方形（菱形），尺寸最小100mm×100mm。集装箱及集装罐张贴尺寸为250mm×250mm。

为规范道路危险货物运输市场秩序，保障人民生命财产安全，保护环境，维护道路危险货物运输各方当事人的合法权益，2013年1月23日交通运输部发布《道路危险货物运输管理规定》，2023年11月10日进行第三次修正。该《规定》确定道路危险货物运输的基本概念，对运输车辆、运输企业、危险货物分类、运输监管、法律责任等进行详细规定。按照《规定》，危险货物是指具有爆炸、易燃、毒害、感染、腐蚀等危险特性，在生产、经营、运输、储存、使用和处置中，容易造成人身伤亡、财产损毁或者环境污染而需要特别防护的物质和物品。危险货物以列入国家标准《危险货物品名表》（GB 12268）的为准，未列入《危险货物品名表》的，以相关法律、行政法规的规定或者国务院有关部门公布的结果为准。道路危险货物运输，是指使用载货汽车通过道路运输危险货物作业的全过程。道路危险货物运输车辆，是指满足特定技术条件和要求，从事道路危险货物运输的载货汽车。危险货物的分类、分项、品名和品名编号应当按照国家标准《危险货物分类和品名编号》（GB 6944）、《危险货物品名表》（GB 12268）执行。危险货物的危险程度依据国家标准《危险货物运输包装通用技术条件》（GB 12463），分为Ⅰ、Ⅱ、Ⅲ等级。

《危险货物品名表》（GB 12268-2012）于 2012 年 5 月 11 日发布，于 2012 年 12 月 1 日实施。标准规定了危险货物品名表的一般要求、结构和危险货物品名表，适用于危险货物运输、储存、经销及相关活动。

船舶载运危险货物安全管理是水路运输领域安全管理的重要环节，也是重要的安全风险防控点。为此，原交通部于 2003 年颁布实施了《船舶载运危险货物安全监督管理规定》，并于 2018 年进行了部分修订。文件进一步统一危险货物国内运输和国际运输适运要求，统一船载危险货物与港口危险货物的范围，建立危险货物申报人员和集装箱装箱现场检查员诚信管理制度，改革船载危险货物安全适运申报和过驳作业行政许可制度，明确了船舶载运散装液化气体安全监管要求，明确内河危险货物船舶强制洗舱相关要求。

由中国民用航空总局 1996 年 2 月 27 日发布，1996 年 3 月 1 日实施的《中国民用航空危险品运输管理规定》，已由交通运输部 2016 年 4 月 13 日发布，2016 年 5 月 14 日实施的《民用航空危险品运输管理规定》所替代。文件明确了危险品航空运输的限制和豁免，危险品航空运输许可程序，危险品航空运输手册，危险品航空运输的准备，托运人的责任，经营人及其代理人的责任，危险品航空运输信息及需要进行的必要的培训要求等。

2024年1月18日，交通运输部发布新版《民用航空危险品运输管理规定》，将于2024年7月1日起施行，2016年版同时废止。新修订版本的五方面主要变化为：一是融合新理念新要求，为企业强化自我管理提供动力。要求承运人、地面服务代理人建立并运行危险品航空运输安全管理体系；提出了货物托运人及托运代理人的诚信要求；要求相关单位明确适当机构、配置专职人员对危险品航空运输活动进行管理。二是聚焦关键环节，推动落实企业安全主体责任。明确了托运人代理人的定义，明确其适用托运人及托运人代理人相关条款并承担相应的安全责任；货运销售代理人不再列为规章规范的主体，由航空公司自行管理；明确了地面服务代理人危险品手册的制定要求及承运人危险品手册的使用要求；明确了危险品培训机构责任，完善了危险品培训教员的能力要求及退出机制。三是简化行政手续，为企业提供高效便捷服务。货运销售代理人不再列为规章规范的主体，由航空公司自行管理；取消航空公司与机场地面服务代理人的地面代理协议备案；取消航空公司的认可鉴定机构备案；取消托运人培训大纲备案；将危险品培训机构备案下放至地区管理局；简化危险品运输许可申请材料，提高工作效率；将港澳台航空公司及外航的定期许可与临时许可进行合并，减少航空公司的重复申请；不再区分对内危险品培训机构和对外危险品培训机构，便于培训机构开展培训工作。四是补齐应急短板，提升企业应急处置能力。托运人及托运人代理，要求其在交运危险品货物时提供正确的应急处置措施；承运人和地面服务代理人，要求在其危险品运输手册中必须包括民用航空危险品运输应急响应方案及应急处置演练要求的内容；机场管理机构，明确机场危险品运输应急救援预案的制定和管理要求。五是细化法律责任，进一步丰富管理手段。按照行为严重程度分级，根据不同等级提出不同的处罚要求；衔接《中华人民共和国安全生产法》《中华人民共和国反恐怖主义法》，部分行为可以依照相关条款进行处罚；明确危险品运输中的严重失信行为，进一步加大信用管理力度。

《铁路危险货物运输安全监督管理规定》于 2015 年首次发布，现由交通运输部修订，于 2022 年 9 月 26 日发布，2022 年 12 月 1 日实施。文件进一步界定了危险货物范围：一是在现行《规定》关于危险货物定义的基础上，明确危险货物原则上以《铁路危险货物品名表》为标准进行认定，同时进一步明确，对虽未列入《铁路危险货物品名表》但依据有关法规、国家标准确定为危险货物的，也需要按照《规定》办理运输，既便于实践操作，又全面强化对危险货物运输的安全监管。二是结合铁路装备技术发展、疫情防控应急等危险货物运输需求，在附则中明确了在符合安全技术条件下的特殊情形监管要求，做到原则要求和特殊需求相统一；同时进一步强化了危险货物运输全链条管理。

此次修订，涵盖了危险货物托运、查验、包装、装卸、运输过程监控、应急管理等各环节，全面强化了对危险货物运输的安全管理要求：一是增加了对托运人在危险货物的保护措施、信息告知、运单填报、应急联系等方面的要求，强化危险货物运输源头管理。二是增加了铁路运输企业与相关单位签订危险货物运输安全协议的要求，切实明确各方职责，保证运输安全。三是根据《反恐怖主义法》，增加了对危险货物运输工具定位监控和信息化管理要求，做到危险货物运输全程可监控、可追溯。四是完善培训有关规定，在培训大纲、培训课程及教材、培训档案等方面强化了对运输单位的要求，同时明确了从业人员应当具备相关安全知识等要求。五是增加试运制度，对尚未明确安全运输条件的新品名、新包装等类别的危险货物，要求铁路运输企业组织相关单位进行试运，切实防范运输风险、保障运输安全。六是根据新《安全生产法》，增加了危险货物运输安全隐患排查治理有关要求。七是加强危险货物运输应急管理，增加了应急预案及演练、应急处置等要求。

（二）危险化学品

根据《危险化学品安全管理条例》（国务院令第 591 号）第三条，危险化学品的定义为："具有毒害、腐蚀、爆炸、燃烧、助燃等性质，对人体、设施、环境具有危害的剧毒化学品和其他化学品。"

危险化学品的具体范围，除了在《危险化学品目录》（目前是 2015 年版）有具体列名外，未有具体列名的，满足危险化学品确定原则的化学品也属于危险化学品。但需要注意的是，不同的行政机关所管理的危险化学品的范围并不一致。

梳理一下目前涉及危险化学品管理的相关监管文件，法律层级的有《宪法》《危险化学品安全法》等，具体而言是《宪法》中关于污染防治的法律规定，《宪法》第 26 条规定："国家保护和改善生活环境和生态环境，防治污染和其他公害。"对危险货物、危险化学品的行政监管则为《宪法》第 26 条的具体体现。其中《危险化学品安全法》目前仍为征求意见稿，《危险化学品安全法（征求意见稿）》第一条的立法宗旨之一是"保护环境"，但全文的生态环境保护内容表述略有欠缺。统观《危险化学品安全法（征求意见稿）》全文，"保护环境"只规定了生态环境主管部门的职责，规定生态环境主管部门"依照职责分工调查相关危险化学品环境污染事故和生态破坏事件，负责危险化学品事故现场的应急环境监测"，"发现危险化学品安全与环境隐患，责令立即消除或者限期消除"，负责废弃危险化学品的处置安全，但又强调"废弃危险化学品的处置，有关环境保护的法律、行政法规和国家有关规定另有规定的，适用其规定"。对于危险化学品生产、贮存、使用、经营、运输和废弃处置单位的环境安全主体责任规定较少。

行政法规层级的有《危险化学品安全管理条例》《农药管理条例》《监控化学品管理条例》等。2002 年 1 月 26 日，为加强危险化学品的安全管理，预防和减少危险化学品事故的发生，保障人民群众生命财产安全，保护环境，国务院首次颁布《危险化学品安全管理条例》（国务院令第 344 号）。2011
年 3 月 2 日，国务院颁布了新修订的《危险化学品安全管理条例》（国务院
令 2011 年第 591 号），对危险化学品生产、储存、使用、经营和运输等环
节的安全管理进行了全面规范和系统规定。《危险化学品目录》是落实《危
险化学品安全管理条例》的重要基础性文件，是企业落实危险化学品安全管
理主体责任以及相关部门实施监督管理的重要依据。根据《危险化学品安全
管理条例》规定，国务院安全生产监督管理部门会同国务院工业和信息化、
公安、环境保护、卫生、质量监督检验检疫、交通运输、铁路、民用航空、
农业主管部门制定了《危险化学品目录（2015 版）》，于 2015 年 5 月 1 日
起实施，共包括 2828 个品目，根据化学品分类和标签系列国家标准，从化
学品 28 类 95 个危险类别中，选取了其中危险性较大的 81 个类别作为危险
化学品的确定原则。

为加强农药管理，保证农药质量，保障农产品质量安全和人畜安全，保
护农业、林业生产和生态环境制定《农药管理条例》，由国务院于 1997 年 5
月 8 日发布并实施。2022 年 4 月 7 日，国务院决定修改《农药管理条例》，
自 2022 年 5 月 1 日起施行。

随着我国履行《禁止化学武器公约》工作的不断深入，特别是随着全球
化学武器库存销毁工作接近尾声，禁化武组织的工作重心逐渐由化学武器销
毁转向工业设施监控、强化国家宣布和国际视察等监督措施，1995 年 12 月
27 日国务院发布《监控化学品管理条例》，并于 2011 年 1 月 8 日再次修订。

涉及部门规章层级的有《危险化学品登记管理办法》（安监第 53 号令）、
《危险化学品经营许可证管理办法》（总局令第 55 号）等。

为了加强对危险化学品的安全管理，规范危险化学品登记工作，为危险
化学品事故预防和应急救援提供技术、信息支持，规范危险化学品生产企业、
进口企业（以下统称登记企业）生产或者进口《危险化学品目录》所列危险

化学品的登记和管理工作，原国家经济贸易委员会于 2002 年 10 月 8 日公布《危险化学品登记管理办法》，并于 2012 年 5 月 21 日由国家安全生产监督管理总局局长办公会议审议通过取代了原文件。

化工贸易，或者其他经营危险化学品的企业，在经营前，需要向安监局提出公司所需要的品种或者类别，提交相应资料，拿到危险化学品经营许可证。2012 年 5 月 21 日国家安全生产监督管理总局局长办公会议审议通过《危险化学品经营许可证管理办法》，并于 2015 年 5 月 27 日予以修订，对在我国境内从事列入《危险化学品目录》的危险化学品的经营（包括仓储经营）活动进行规范。

国家技术规范的强制要求有《危险化学品重大危险源辨识》（GB 18218）等标准，《危险化学品重大危险源辨识》这一标准适用于生产、储存、使用和经营危险化学品的生产经营单位，规定了辨识危险化学品重大危险源的依据和方法。

规范性文件有《海关总署商品检验司关于进一步加强进出口危险货物及其包装检验工作的通知》等，2019 年 6 月 27 日，中华人民共和国海关总署发布了海关总署商品检验司关于进一步加强进出口危险货物及其包装检验工作的通知（商检函〔2019〕41 号），详细规定了进出口危险货物和危险化学品在进出口时需要注意的包装检验工作相关事项。

二、主要的违规类型

（一）应急管理局

1.【违规类型一】化学品登记

法规依据：《危险化学品登记管理办法》。

第十条　进口企业应当在首次进口前办理危险化学品登记。

第十一条　同一企业生产、进口同一品种危险化学品的，按照生产企业进行一次登记，但应当提交进口危险化学品的有关信息。

进口企业进口不同制造商的同一品种危险化学品的，按照首次进口制造商的危险化学品进行一次登记，但应当提交其他制造商的危险化学品的有关信息。

生产企业、进口企业多次进口同一制造商的同一品种危险化学品的，只进行一次登记。

第十五条　登记企业在危险化学品登记证有效期内，企业名称、注册地址、登记品种、应急咨询服务电话发生变化，或者发现其生产、进口的危险化学品有新的危险特性的，应当在15个工作日内向登记办公室提出变更申请

第十六条　危险化学品登记证有效期为3年。

第二十二条　危险化学品生产企业应当设立由专职人员24小时值守的国内固定服务电话，针对本办法第十二条规定的内容向用户提供危险化学品事故应急咨询服务，为危险化学品事故应急救援提供技术指导和必要的协助。专职值守人员应当熟悉本企业危险化学品的危险特性和应急处置技术，准确回答有关咨询问题。

违规情形：

（1）首次进口危险化学品进行销售未办理危险化学品登记。

违反《危险化学品登记管理办法》第十条："进口企业应当在首次进口前办理危险化学品登记。"

依据《危险化学品登记管理办法》第二十九条："登记企业不办理危险化学品登记，登记品种发生变化或者发现其生产、进口的危险化学品有新的危险特性不办理危险化学品登记内容变更手续的，责令改正，可以处5万元以下的罚款；拒不改正的，处5万元以上10万元以下的罚款；情节严重的，

责令停产停业整顿。"

（2）危险化学品进口登记品种发生变化逾期未向登记办公室提出变更申请并办理登记内容变更手续。

违反《危险化学品登记管理办法》第十五条："登记企业在危险化学品登记证有效期内，企业名称、注册地址、登记品种、应急咨询服务电话发生变化，或者发现其生产、进口的危险化学品有新的危险特性的，应当在15个工作日内向登记办公室提出变更申请。"

依据《危险化学品登记管理办法》第二十九条进行处罚。

（3）进口的危险化学品有新的危险特性不办理危险化学品登记内容变更手续。

违反《危险化学品登记管理办法》第十五条："登记企业在危险化学品登记证有效期内，企业名称、注册地址、登记品种、应急咨询服务电话发生变化，或者发现其生产、进口的危险化学品有新的危险特性的，应当在15个工作日内向登记办公室提出变更申请。"

依据《危险化学品登记管理办法》第二十九条进行处罚。

（4）危险化学品登记证有效期内，登记品种发生变化。

违反《危险化学品登记管理办法》第十五条："登记企业在危险化学品登记证有效期内，企业名称、注册地址、登记品种、应急咨询服务电话发生变化，或者发现其生产、进口的危险化学品有新的危险特性的，应当在15个工作日内向登记办公室提出变更申请。"

依据《危险化学品登记管理办法》第二十九条进行处罚。

（5）不如实填报危险化学品登记内容。

违反《危险化学品登记管理办法》第十九条："登记企业应当按照规定向登记机构办理危险化学品登记，如实填报登记内容和提交有关材料，并接受安全生产监督管理部门依法进行的监督检查。"

依据《危险化学品登记管理办法》第三十条第（四）项，登记企业"转让、冒用或者使用伪造的危险化学品登记证，或者不如实填报登记内容、提交有关材料的"，可以处3万元以下的罚款。

（6）公司《安全生产许可证》许可品种与《危险化学品登记证》登记品种不一致。

违反《危险化学品登记管理办法》第十九条："登记企业应当按照规定向登记机构办理危险化学品登记，如实填报登记内容和提交有关材料，并接受安全生产监督管理部门依法进行的监督检查。"

依据《危险化学品登记管理办法》第三十条第（四）项，登记企业"转让、冒用或者使用伪造的危险化学品登记证，或者不如实填报登记内容、提交有关材料的"，可以处3万元以下的罚款。

（7）危险化学品登记证有效期满后，未按规定申请复核换证，继续进行生产或者进口。

违反《危险化学品登记管理办法》第十六条："危险化学品登记证有效期为3年。登记证有效期满后，登记企业继续从事危险化学品生产或者进口的，应当在登记证有效期届满前3个月提出复核换证申请。"

依据《危险化学品登记管理办法》第三十条第（三）项，登记企业"危险化学品登记证有效期满后，未按规定申请复核换证，继续进行生产或者进口的"，可以处3万元以下的罚款。

（8）自行提供应急咨询服务但应急咨询服务电话并非24小时有人值守的行为。

违反《危险化学品登记管理办法》第二十二条："危险化学品生产企业应当设立由专职人员24小时值守的国内固定服务电话……提供危险化学品事故应急咨询服务。"

依据《危险化学品登记管理办法》第三十条第（一）项，登记企业"未向用户提供应急咨询服务或者应急咨询服务不符合本办法第二十二条规定的"，可以处 3 万元以下的罚款。

（9）危险化学品应急服务电话不能对应急处置问题进行解答，形同虚设。

违反《危险化学品登记管理办法》第二十二条："危险化学品生产企业应当设立由专职人员 24 小时值守的国内固定服务电话……提供危险化学品事故应急咨询服务。"

依据《危险化学品登记管理办法》第三十条第（一）项，登记企业"未向用户提供应急咨询服务或者应急咨询服务不符合本办法第二十二条规定的"，可以处 3 万元以下的罚款。

2.【违规类型二】安全储存

违反《危险化学品经营许可证管理办法》第八条、第二十九条、第三十条。

第八条　申请人带有储存设施经营危险化学品的，除符合本办法第六条规定的条件外，还应当具备下列条件：

（一）新设立的专门从事危险化学品仓储经营的，其储存设施建立在地方人民政府规划的用于危险化学品储存的专门区域内；

（二）储存设施与相关场所、设施、区域的距离符合有关法律、法规、规章和标准的规定。（注：各地还会对此规定出台地方法规、规章进行细化。）

第二十九条　未取得经营许可证从事危险化学品经营的，依照《中华人民共和国安全生产法》有关未经依法批准擅自生产、经营、储存危险物品的法律责任条款并处罚款；构成犯罪的，依法追究刑事责任。

企业在经营许可证有效期届满后，仍然从事危险化学品经营的，依照前款规定给予处罚。

第三十条　带有储存设施的企业违反《危险化学品安全管理条例》规定，有下列情形之一的，责令改正，处 5 万元以上 10 万元以下的罚款；拒不改正的，责令停产停业整顿；经停产停业整顿仍不具备法律、法规、规章、国家标准和行业标准规定的安全生产条件的，吊销其经营许可证。

3.【违规类型三】处置废弃危险化学品

法规依据：《安全生产法》。

第三十九条 生产、经营、运输、储存、使用危险物品或者处置废弃危险物品的，由有关主管部门依照有关法律、法规的规定和国家标准或者行业标准审批并实施监督管理。

生产经营单位生产、经营、运输、储存、使用危险物品或者处置废弃危险物品，必须执行有关法律、法规和国家标准或者行业标准，建立专门的安全管理制度，采取可靠的安全措施，接受有关主管部门依法实施的监督管理。

生产经营单位有下列行为之一的，责令限期改正，处十万元以下的罚款；逾期未改正的，责令停产停业整顿，并处十万元以上二十万元以下的罚款，对其直接负责的主管人员和其他直接责任人员处二万元以上五万元以下的罚款；构成犯罪的，依照刑法有关规定追究刑事责任：（一）生产、经营、运输、储存、使用危险物品或者处置废弃危险物品，未建立专门安全管理制度、未采取可靠的安全措施的……

（二）海关

1.【违规类型一】危险化学品未报检，无中文危险公示标签，无中文安全数据单

违反《中华人民共和国进出口商品检验法》第十一条："本法规定必须经商检机构检验的进口商品的收货人或者其代理人，应当向报关地的商检机构报检。"

根据《中华人民共和国进出口商品检验法实施条例》第四十五条："进

出口商品的收货人、发货人、代理报检企业或者出入境快件运营企业、报检人员不如实提供进出口商品的真实情况，取得出入境检验检疫机构的有关证单，或者对法定检验的进出口商品不予报检，逃避进出口商品检验的，由出入境检验检疫机构没收违法所得，并处商品货值金额5%以上20%以下罚款。"

2.【违规类型二】出口未使用合格危险货物包装容器

违反《中华人民共和国进出口商品检验法实施条例》第二十九条："出口危险货物包装容器的生产企业，应当向出入境检验检疫机构申请包装容器的性能鉴定。包装容器经出入境检验检疫机构鉴定合格并取得性能鉴定证书的，方可用于包装危险货物。出口危险货物的生产企业，应当向出入境检验检疫机构申请危险货物包装容器的使用鉴定。使用未经鉴定或者经鉴定不合格的包装容器的危险货物，不准出口。"

3.【违规类型三】出口未使用合格危险货物包装容器

根据《中华人民共和国进出口商品检验法实施条例》第五十条："提供或者使用未经出入境检验检疫机构鉴定的出口危险货物包装容器的，由出入境检验检疫机构处10万元以下罚款。提供或者使用经出入境检验检疫机构鉴定不合格的包装容器装运出口危险货物的，由出入境检验检疫机构处20万元以下罚款。"

4.【违规类型四】货物包装不规范（无限量包装标识）

违反《中华人民共和国进出口商品检验法实施条例》第十三条："代理报检企业接受进出口商品的收货人或者发货人的委托，以委托人的名义办理报检手续的，应当向出入境检验检疫机构提交授权委托书，遵守本条例对委托人的各项规定；以自己的名义办理报检手续的，应当承担与收货人或者发货人相同的法律责任。"

"出入境快件运营企业接受进出口商品的收货人或者发货人的委托，应当以自己的名义办理报检手续，承担与收货人或者发货人相同的法律责任。"

"委托人委托代理报检企业、出入境快件运营企业办理报检手续的，应当向代理报检企业、出入境快件运营企业提供所委托报检事项的真实情况；代理报检企业、出入境快件运营企业接受委托人的委托办理报检手续的，应当对委托人所提供情况的真实性进行合理审查。"

依据《中华人民共和国进出口商品检验法实施条例》第四十五条："出口商品的收货人、发货人、代理报检企业或者出入境快件运营企业、报检人员不如实提供进出口商品的真实情况，取得出入境检验检疫机构的有关证单，或者对法定检验的进出口商品不予报检，逃避进出口商品检验的，由出入境检验检疫机构没收违法所得，并处商品货值金额 5% 以上 20% 以下罚款。"

"进出口商品的收货人或者发货人委托代理报检企业、出入境快件运营企业办理报检手续，未按照规定向代理报检企业、出入境快件运营企业提供所委托报检事项的真实情况，取得出入境检验检疫机构的有关证单的，对委托人依照前款规定予以处罚。"

"代理报检企业、出入境快件运营企业、报检人员对委托人所提供情况的真实性未进行合理审查或者因工作疏忽，导致骗取出入境检验检疫机构有关证单的结果的，由出入境检验检疫机构对代理报检企业、出入境快件运营企业处 2 万元以上 20 万元以下罚款。"

5.【违规类型五】检验出固体废物

违反《中华人民共和国海关法》第二十四条第一款之规定："进口货物的收货人、出口货物的发货人应当向海关如实申报，交验进出口许可证件和有关单证。国家限制进出口的货物，没有进出口许可证件的，不予放行，具

体处理办法由国务院规定。"

构成《中华人民共和国固体废物污染环境防治法》第二十四条所列的违法行为："第二十四条国家逐步实现固体废物零进口，由国务院生态环境主管部门会同国务院商务、发展改革、海关等主管部门组织实施。"

根据《中华人民共和国固体废物污染环境防治法》第八十九条第一款："禁止经中华人民共和国过境转移危险废物。"

6.【违规类型六】归类申报有误

《中华人民共和国海关法》第八十六条第一款第三项，违反本法规定有下列行为之一的，可以处以罚款，有违法所得的，没收违法所得："（三）进出口货物、物品或者过境、转运、通运货物向海关申报不实的。"

《中华人民共和国海关行政处罚实施条例》第十五条："进出口货物的品名、税则号列、数量、规格、价格、贸易方式、原产地、启运地、运抵地、最终目的地或者其他应当申报的项目未申报或者申报不实的，分别依照下列规定予以处罚，有违法所得的，没收违法所得：（一）影响海关统计准确性的，予以警告或者处 1000 元以上 1 万元以下罚款；（二）影响海关监管秩序的，予以警告或者处 1000 元以上 3 万元以下罚款；（三）影响国家许可证件管理的，处货物价值 5% 以上 30% 以下罚款；（四）影响国家税款征收的，处漏缴税款 30% 以上 2 倍以下罚款；（五）影响国家外汇、出口退税管理的，处申报价格 10% 以上 50% 以下罚款。"

7.【违规类型七】许可证未提供或提供有误

根据《中华人民共和国海关行政处罚实施条例》第十五条："进出口货物的品名、税则号列、数量、规格、价格、贸易方式、原产地、启运地、运抵地、最终目的地或者其他应当申报的项目未申报或者申报不实的，分别依照下列规定予以处罚,有违法所得的,没收违法所得:……影响国家许可证件管理的,处货物价值 5% 以上 30% 以下罚款……"

(三)海事

1.【违规类型一】:托运人不向承运人说明所托运的危险化学品的性质 / 托运人未按照规定包装所托运的危险化学品 / 托运人未添加抑制剂或者稳定剂,或未将有关情况告知承运人

依据《危险化学品安全管理条例》第六十三条:"托运危险化学品的,托运人应当向承运人说明所托运的危险化学品的种类、数量、危险特性以及发生危险情况的应急处置措施,并按照国家有关规定对所托运的危险化学品妥善包装,在外包装上设置相应的标志。运输危险化学品需要添加抑制剂或者稳定剂的,托运人应当添加,并将有关情况告知承运人。"

2.【违规类型二】在托运的普通货物中夹带危险化学品,或者将危险化学品谎报或者匿报为普通货物托运

依据《危险化学品安全管理条例》第八十七条:"有下列情形之一的,由交通运输主管部门责令改正,处 10 万元以上 20 万元以下的罚款,有违法所得的,没收违法所得;拒不改正的,责令停产停业整顿;构成犯罪的,依法追究刑事责任:……在托运的普通货物中夹带危险化学品,或者将危险化学品谎报或者匿报为普通货物托运的。"

3.【违规类型三】属于海洋污染物,但现场检查该箱未张贴海洋污染物标志

依据《危险化学品安全管理条例》第六十三条:"托运危险化学品的,托运人应当向承运人说明所托运的危险化学品的种类、数量、危险特性以及

发生危险情况的应急处置措施，并按照国家有关规定对所托运的危险化学品妥善包装，在外包装上设置相应的标志。"

"运输危险化学品需要添加抑制剂或者稳定剂的，托运人应当添加，并将有关情况告知承运人。"

《危险化学品安全管理条例》第八十六条："有下列情形之一的，由交通运输主管部门责令改正，处5万元以上10万元以下的罚款；拒不改正的，责令停产停业整顿；构成犯罪的，依法追究刑事责任：……（六）托运人不向承运人说明所托运的危险化学品的种类、数量、危险特性以及发生危险情况的应急处置措施，或者未按照国家有关规定对所托运的危险化学品妥善包装并在外包装上设置相应标志的。"

4.【违规类型四】托运人不向承运人说明所托运的危险货物发生危险情况的应急处置措施的

依据《船舶载运危险货物安全监督管理规定》第四十四条："违反本规定，有下列情形之一的，由海事管理机构责令改正，属于危险化学品的处5万元以上10万元以下的罚款，属于危险化学品以外的危险货物的处500元以上3万元以下的罚款；拒不改正的，责令整顿：……（二）托运人不向承运人说明所托运的危险货物种类、数量、危险特性以及发生危险情况的应急处置措施的。"

（四）港务局

【违规类型】将危险化学品谎报为普通货物托运

依据《危险化学品安全管理条例》第八十七条："有下列情形之一的，由交通运输主管部门责令改正，处10万元以上20万元以下的罚款，有违法所得的，没收违法所得；拒不改正的，责令停产停业整顿；构成犯罪的，依法追究刑事责任：……在托运的普通货物中夹带危险化学品，或者将危险化学品谎报或者匿报为普通货物托运的。"

（五）港航管理局

【违规类型】托运的普通货物中夹带危险化学品

依据《危险化学品安全管理条例》第八十七条："有下列情形之一的，由交通运输主管部门责令改正，处 10 万元以上 20 万元以下的罚款，有违法所得的，没收违法所得；拒不改正的，责令停产停业整顿；构成犯罪的，依法追究刑事责任：……在托运的普通货物中夹带危险化学品，或者将危险化学品谎报或者匿报为普通货物托运的。"

（六）市场监督管理局

【违规类型】广告主用"免检"用语进行宣传，其实际只是出口时海关免于检查，会误导购买者认为其商品属于质量免检商品

违反《中华人民共和国广告法》第四条第一款"广告不得含有虚假或者引人误解的内容，不得欺骗、误导消费者"的规定。

依据《中华人民共和国广告法》第五十五条第一款："违反本法规定，发布虚假广告的，由市场监督管理部门责令停止发布广告，责令广告主在相应范围内消除影响，处广告费用三倍以上五倍以下的罚款，广告费用无法计算或明显偏低的，处二十万元以上一百万元以下罚款……"

三、典型案例

（一）应急管理局

【案例1】

2023 年 3 月 7 日，根据群众举报，某应急管理局执法人员对青岛 A 公

司租赁的仓库进行了核查，仓库中储存的危险化学品（压缩氦气）是由青岛B公司通过天津市C公司购买销售给青岛A公司的。举报核查过程中，青岛B公司总经理X主动提供了该公司在2022年5月9日首次进口危险化学品（压缩氦气）进行销售未办理危险化学品登记的相关证据材料。

依据《危险化学品登记管理办法》第二十九条和《山东省安全生产行政处罚自由裁量基准》编号225裁量档次1，"发现1种的，责令改正，可以处3万元以下的罚款；拒不改正的，处5万元以上8万元以下的罚款；情节严重的，责令停产停业整顿"，对B公司罚款5000元。

【案例2】

2023年7月17日，某局行政执法人员对位于北京市朝阳区的A公司经营场所进行安全生产检查时，发现该单位存在危险化学品进口登记品种发生变化逾期未向登记办公室提出变更申请并办理登记内容变更手续的行为和自行提供应急咨询服务但应急咨询服务电话并非24小时有人值守的行为。

违反《危险化学品登记管理办法》第十五条规定和第二十二条规定，依据《危险化学品登记管理办法》第二十九条的规定和第三十条第一项的规定，对A公司罚款30000元。

【案例3】

青岛A公司有不如实填报危险化学品登记内容的行为，违反《危险化学品经营许可证管理办法》第十四条的规定。证据有《现场检查记录》《责令限期整改指令书》《询问笔录》及现场照片等。根据《危险化学品登记管理办法》第十九条，"登记企业应当按照规定向登记机构办理危险化学品登记，如实填报登记内容和提交有关材料，并接受安全生产监督管理部门依法进行的监督检查"，对A公司罚款10000元。

【案例4】

2021年6月21日辽宁省安全生产督察组在对辽宁A公司检查时，发现该企业存在24项隐患，其中公司危险化学品应急服务电话设在产品售后部，不能对应急处置问题进行解答，形同虚设。主要证据有现场检查记录，询问笔录。以上行为违反《危险化学品管理办法》第二十二条的规定，依据《危险化学品登记管理办法》第三十条第一款的规定，对A公司罚款30000元。

【案例5】

慈溪市A有限公司取得的危险化学品经营许可证在无连二亚硫酸钠储存资质的情况下，至2021年9月8日某应急管理局执法人员检查时，仍将危险化学品连二亚硫酸钠储存在不具备安全条件的慈溪市坎墩街道展望路599号距离慈溪市A公司厂区外北侧约17米的仓库内，其行为违反《浙江省安全生产条例》第二十一条的规定。

依据《浙江省安全生产条例》第四十五条的规定，慈溪市应急管理局依法对慈溪市A公司罚款人民币75000元。

（二）海关

【案例6】

2022年06月09日，深圳A公司向白云机场海关申报进口香水货物一批，项2货物申报为"香奈儿可可小姐清新之水"，数量279个，申报金额58004.1人民币。申报时，企业未申报货物为危险化学品。经海关现场查验并抽样检测后发现，上述货物属于《危险化学目录》（2015版）列明的化学品，符合《危险化学品目录》（2015版）中关于"危险化学品的定义和确定原则"，根据《关于进出口危险化学品及其包装检验监管有关问题的公告》第二条"进口危险化学品的收货人或者其代理人报关时，填报事项应包括危

险类别、包装类别（散装产品除外）、联合国危险货物编号（UN 编号）、
联合国危险货物包装标记（包装 UN 标记）（散装产品除外）等"的规定，
该公司未按要求向海关报检危险化学品，其行为涉嫌违反《中华人民共和国
进出口商品检验法》第十一条，依据《中华人民共和国进出口商品检验实施
条例》第四十五条，对 A 公司罚款人民币 6960 元。

【案例 7】

南京 A 公司委托东莞 B 报关报检有限公司于 2021 年 6 月 4 日以一般贸
易方式向海关申报出口枕套等，经查验，有大型轴承 8 套、护发素 1440 支、
面膜 648 盒、洗发水 864 支、果葡糖浆 10 桶、植脂末 16 包、车灯修复工具
80 套、粉圆 192 包、车灯修复液 64 支到货未申报，其中护发素、面膜、染发剂、
洗发水、车灯修复工具、车灯修复 液属于法定检验商品，百香果浆（果酱）、
青柠汁饮料浓浆、植脂末、粉圆属于法定食品卫生监督检验商品，该行为逃
避出口商品检验，货值人民币 105144 元。车灯修复液经广州海关技术中心、
黄埔海关技术中心检验鉴定属于《危险化学品目录》（2015 版）列名的危险
化学品、建议包装种类Ⅲ，当事人使用未经出入境检验检疫机构鉴定合格的
出口危险货物包装容器，货值人民币 1809 元。根据《中华人民共和国进出
口商品检验法实施条例》第四十六条第一项规定、《中华人民共和国进出口
商品检验法实施条例》第五十一条第一款规定，对 A 公司罚款人民币 11200 元。

【案例 8】

2021 年 7 月 14 日，深圳 A 公司委托深圳 B 国际货运代理有限公司以一
般贸易方式向海关申报出口高级原子灰 A8（3214109000）6000 罐。2021 年
7 月 15 日，经查验送检，根据深圳海关工业品检测技术中心国家化学品分类
鉴别与评估重点实验室出具报告（编号：2112530004000210-1）：该货物属

于第 3 类易燃液体，属于《危险化学品目录》（2015 版）列明的化学品。该票货物为危险化学品，需报检，该单未申报电子底账，涉嫌逃检，而且货物包装不规范（无限量包装标识）。

根据《中华人民共和国进出口商品检验法》第三十三条、《中华人民共和国进出口商品检验法实施条例》第四十六条第一款，对 A 公司罚款人民币 7500 元。

【案例 9】

2019 年 6 月 21 日，深圳 A 公司一般贸易监管方式向海关申报进口货物一批，由粤 ZCK30 港车承运从皇岗口岸入境，经查，第一项驱蚊喷雾，商品编码与申报不符，申报为 3307900000，实际应为 3808911900，并且缺少 S 证《进出口农药登记证明》。且该商品属于《危险化学品目录》下列明的化学品，产品包装上未按规定加贴中文危险公示标签，产品未随附中文安全数据单，其余未见异常，被查获。

根据《中华人民共和国海关行政处罚实施条例》第十二条、第十五条（三）项之规定，对 A 公司罚款人民币 1.4 万元。

【案例 10】

2021 年 4 月 2 日，当事人委托深圳市 A 公司以一般贸易方式向海关申报进口硫磺等共 4 项货物。2021 年 4 月 18 日，经查验，并送深圳海关工业品检测技术中心鉴定，第 1 项货物硫磺属于《危险化学品目录》（2015 版）列明的化学品，属于危险化学品及危险货物（检测鉴定报告编号 2111001310-1），无中文危险公示标签，无中文安全数据单。当事人未将该项货物申报为危险化学品。

根据《中华人民共和国进出口商品检验法》第三十三条、《中华人民共

和国进出口商品检验法实施条例》第四十六条第一款的规定，对 A 公司罚款人民币 6900 元。

【案例 11】

2022 年 08 月 13 日，当事人委托深圳市 A 公司，以跨境电商 B2B 直接出口方式向海关申报出口：移动储能电源货物一批，共 1 项货物。2022 年 08 月 18 日，经查验：商品项 1 规格型号发现异常，申报为 GENSROCK/HOWEASY 牌丨无型号丨小于 1000AH丨不含汞丨小于 120V，实际为：GENSROCK 牌丨K300 型丨3.7v丨60000mAh丨222Wh；HOWEASY 牌丨3.7v丨24000mAh丨88Wh；货物为危险货物，包装标签标识不符合要求。GENSROCK 牌（200 个），未做出境货危险货物运输包装使用鉴定，未贴锂电池组标识；HOWEASY 牌（200 个），未贴锂电池组标识。依照《中华人民共和国进出口商品检验法实施条例》第五十条第一款的规定，对 A 公司罚款 45200 元（约合货物价值 9%）且责令办理海关手续（处罚后退关）。

（三）市场监督管理局

【案例 12】

2020 年 3 月 28 日，太仓市市场监督管理局收到苏州市市场监管投诉举报平台举报单，举报内容为："苏州 A 公司经营的阿里巴巴网站广告宣传该产品是'免检'，该宣传为虚假广告。"

2020 年 4 月 1 日，执法人员根据举报情况对苏州闻洲包装工业有限公司进行现场检查。执法人员认为：A 公司在阿里巴巴平台设立的网店中销售一款"厂家定做熏蒸木托盘定制欧标免检卡板 EPAL 胶合板木托盘批发"商品，所称"免检"商品为胶合板材质制品，因原材料在生产过程中有高温高压工序，出口时海关免于检查。该内容直接宣传了 A 公司生产的产品，属于商业广告。

A 公司作为广告主用"免检"用语进行宣传，其实际只是出口时海关免于检查，会误导购买者认为其商品属于质量免检商品。A 公司的上述行为违反《中华人民共和国广告法》第四条第一款"广告不得含有虚假或者引人误解的内容，不得欺骗、误导消费者"的规定。

依据《中华人民共和国广告法》第五十五条第一款"违反本法规定，发布虚假广告的，由市场监督管理部门责令停止发布广告，责令广告主在相应范围内消除影响，处广告费用三倍以上五倍以下的罚款，广告费用无法计算或明显偏低的，处二十万元以上一百万元以下罚款"的规定，太仓市市场监督管理局责令 A 公司停止发布虚假广告，在相应范围内消除影响，罚款3000 元，上缴国库。

第二节 危险货物、危险化学品进出口常见争议

一、危险货物、危险化学品单证争议

（一）GHS制度相关单证

《全球化学品统一分类和标签制度》（Globally Hamornized System of Classification and Labelling for Chemicals，简称GHS，又称"紫皮书"），是由联合国于2003年出版的指导各国建立统一化学品分类和标签制度的规范性文件，因此也常被称为"联合国GHS"，不具有国际公约地位。联合国GHS第一版发布于2003年，每两年修订一次。GHS发布的目的是：保护人类健康和环境的需要；完善现有化学品分类和标签体系；减少对化学品试验和评价。

GHS制度主要包括危害性分类和危害信息公示两方面。将化学品的危害大致分为3大类29项，采用标签和安全数据单两种方式公示化学品的危害信息。GHS制度涵盖了所有的化学品，针对的目标对象包括消费者、工人以及应急人员。2023年7月27日，随着联合国TDG和GHS专家委员会会议的结束，联合国GHS制度第10修订版正式对外发布。

1.安全标签

标签的主要构成要素有：

——化学品标识：包括化学品中英文名称、危险成分的名称，对于混合物应标出对其危险分类有贡献的主要成分名称及浓度（或浓度范围）。

——象形图：一种描述危险产品危险性质的图形，一共有9种象形图，为方块形状，颜色为白色背景、黑色符号以及红色边框。

——信号词：表明危险的相对严重程度的词语，分为"危险""警告"和无信号词。

——危险说明：描述危险性质的固定短语，GHS 已为所有危险项别分配制定的危险说明。

——防范说明：一个短语来说明建议采取的措施，包括预防措施、事故响应、安全存储、废弃处置四个部分。

——供应商标识：包括生产商／供应商的名称、地址和电话号码，在我国需填写化学品生产商或生产商委托的 24 小时化学事故应急咨询电话。

常见的争议情况：

（1）象形图使用不规范，图形符号使用不准确，或图形符号、背景、方块边框颜色使用不准确。

（2）安全标签所使用的尺寸与容器或包装容积不匹配。

（3）组合包装或单一包装下，安全标签所贴位置不规范。

（4）组合包装或单一包装下，内外包装同时加贴安全标签与运输标签时所贴位置不规范。

（5）安全标签印刷及所使用的印刷材料和胶黏材料不规范。

（6）改换包装未重新粘贴、挂拴或喷印安全标签。

（7）化学品有新的危害发现或组分发生变更时，标签未及时更新。

（8）混合物中对危险分类有贡献的主要成分名称及浓度范围提供不规范。

（9）以商业秘密为由不提供产品中危害组分的危险特性。

（10）未根据 GB 12268 中的主次危险性确定象形图顺序。

（11）使用了骷髅和交叉骨后，又出现感叹号。

（12）使用了腐蚀，又出现感叹号。

（13）使用了呼吸致敏物的健康危害符号，又出现感叹号。

（14）部分危险种类和类别对应的危害程度较低，无信号词，写了"无"，而未空白。

（15）出现信号词"危险"，又出现"警告"。

（16）危险性说明未准确描述在事故状态下化学品可能立即引发的严重危害，以及可能具有严重后果需要紧急识别的危害，为化学事故现场救援人员处置时提供参考。

（17）危险性说明中出现错字。

（18）接触途径和器官未表明或未准确表明。

（19）描述危险性质的固定短语（H 术语），在国内未与 GB 30000 系列标准中的危害描述一致。

（20）未列明所有危险性说明，未按照物理危险、健康危害、环境危害顺序排列，非 GHS 分类的危险性未列明。

（21）可适用省略原则的危险说明未适用。

（22）防范说明未与危险性说明对应。

（23）防范说明未按照预防措施、事故响应、安全贮存、废弃处置来细分。

（24）未按理化、健康急、健康慢、环境、臭氧排列，整合。

（25）健康急未按皮肤接触、眼睛接触、吸入和食入顺序。

（26）资料参阅提示语中未出现"请参阅化学品安全技术说明书"语句。

（27）供应商标识中未准确提供供应商名称、地址、邮编和电话号码。

（28）供应商标识中提供的电话号码非 SDS 责任部门的电话号码。

（29）地址未完整提供，未包括省（自治区、直辖市）、市、区（县）和街道名称，门牌号码。

（30）供应商标识与 SDS 不一致。

（31）应急咨询电话，未提供供应商的 24 小时化学事故应急咨询电话或供应商签约委托机构的 24 小时化学事故应急咨询电话。

（32）国外进口的化学品，未提供至少 1 家中国境内的 24 小时化学事故应急咨询电话。

（33）未出现"应急咨询电话"字样。

（34）化学品标识缺少英文名称。

（35）化学品标识只有产品型号、缺少产品名称。

（36）混合物未提供产品型号。

（37）安全标签象形图与运输标签混淆使用。

（38）应急咨询电话不规范，非中国境内、非国内规定服务电话号码；固定电话无区号；非专职值守人员电话，不熟悉本企业危险化学品的危险特性和应急处置技术，不能准确回答有关咨询问题；非专门设立的应急咨询服务电话，应急咨询电话不得挪作他用。

（39）危险性说明与数据矛盾。

2. 化学品安全技术说明书

化学品安全技术说明书（通常简称 SDS）是化学品生产或销售企业向下游用户传递化学品安全信息的重要载体，对化学品各环节作业人员正确识别作业风险、有效控制化学品危害、正确采取防控措施具有重要作用。《化学品安全技术说明书内容和项目顺序》（GB/T 16483–2008）规定了 SDS 的结构、内容及通用形式。《化学品安全技术说明书编写指南》（GB/T 17519–2013）规定了 SDS 中 16 个部分的编写细则、SDS 的格式、SDS 的书写要求。

化学品安全技术说明书的结构，包含 16 大项内容，分别是：化学品及企业标识；危险性概述；成分 / 组成信息；急救措施；消防措施；泄漏应急处置；操作处置与储存；接触控制和个体防护；理化特性；稳定性和反应性；毒理学信息；生态学信息；废弃处置；运输信息；法规信息；其他信息。

常见的争议情况：

（1）化学品标识未准确填写，中英文名不全，未与安全标签名称一致。

（2）农药化学品未写明通用名称。

（3）中文化学名称未按照中国化学会推荐适用的无机化学命名原则和有机化学命名原则确定。

（4）英文化学名称未按照国际纯化学和应用化学联合会（IUPAC）推荐使用的 IUPAC 命名法确定。

（5）英文化学名称过长使用缩写后，在 SDS 第 3 部分——成分 / 组成信息中未给出其全称。

（6）农药的中英文通用名称未分别按照 GB 4839 和 ISO 1750 填写。

（7）企业标识未完整提供地址，包括省（自治区、直辖市）、市、区（县）和街道名称，门牌号码，以及邮政编码。

（8）所提供的电话号码非供应商 SDS 责任部门的电话号码；所提供的电子邮件地址，非供应商 SDS 责任部门的电子邮件地址。

（9）应急咨询电话未提供供应商的 24 小时化学事故应急咨询电话或供应商签约委托机构的 24 小时化学事故应急咨询电话；国外进口的化学品，未提供至少 1 家中国境内的 24 小时化学事故应急咨询电话。

（10）未提供或准确提供化学品的推荐或预期用途，包括其实际应用的简要说明。

（11）未准确提供紧急情况概述，描述在事故状态下化学品可能立即引发的严重危害，以及可能具有严重后果需要紧急识别的危害，为化学事故现场救援人员处置时提供参考。

（12）未能将化学品的危害性质准确列入紧急情况概述中，如易燃易爆特性、重要或特殊的火灾或爆炸危险性、进入人体后产生严重危害的剧毒或有害化学品、对水生生物有高毒性、具有环境持久性等。

（13）未能根据国家相关标准（GB 20576~GB 20599，GB 20601，GB 20602 等）对化学品进行准确的危险性分类；对于国家有关目录已经统一分类的化学品，其危险性分类未能采用目录分类的结果。

（14）未能根据危险性分类结果，准确标明化学品的物理、健康和环境危害的危险性种类和类别。

（15）未能根据分类提供适当的标签要素。

（16）提供的标签要素未能符合 GB 20576~GB 20599，GB 20601，GB 20602 及 GB 15258 等标准的相关规定。

（17）SDS 标签要素未能与安全标签上的要素保持一致。

（18）物理和化学危险描述未能与 SDS 第 2 部分——危险性概述中的紧急情况概述和危险性类别项，第 9、10 等部分的相关内容相对应。

（19）健康危害中提供的信息未准确包括人接触化学品后所引起的有害健康影响，或外推及人很可能出现同样有害影响的非人类研究结果；支持性病理学和流行病学等资料和数据未在 SDS 的第 11 部分——毒理学信息中描述。

（20）环境危害中未能准确描述化学品的显著环境危害，有关支持性资料或数据未在 SDS 的第 12 部分——生态学信息中提供。

（21）其他危害中未能描述 GHS 危险性分类没有包括的其他危害特性。

（22）成分 / 组成信息中未能提供物质的美国化学文摘登记号（CAS 号）及其他标识符。

（23）未列明对该物质的危险性分类产生影响的杂质和稳定剂在内的所有危险组分的名称，以及浓度或浓度范围。

（24）按照 GHS 标准被分类为危险的组分，按照"混合物健康及环境危害组分浓度限制表"，含量等于或大于浓度限制的组分未能被列明。

（25）未能按照递减顺序标注组分的质量或体积分数或浓度范围。

（26）对于混合物中供应商需要保密的组分，具有危险性的组分未在 SDS 的相关部分列明。

（27）急救措施的描述，未能根据化学品的不同解除途径，按照吸入、皮肤接触、眼睛接触和食入的顺序，分别描述相应的急救措施。

（28）存在除中度、化学灼伤外必须处置的其他损伤，未作相应的急救措施说明。

（29）急救措施未能与 SDS 第 2 部分中健康为还想的内容相互对应。

（30）急救措施未与安全标签上的急救措施保持一致。

（31）急救措施未由医学专业人员根据化学品的健康危害特性，逐一评估、确定。

（32）未就是否应将接触者从现场转移至空气新鲜处、是否需要脱去接触者的衣着和对污染衣着进行处置、是否需要清除身体接触的毒物、是否需要立即就医等内容提出建议。

（33）未对接触化学品后可能出现的急性和迟发性效应进行描述，未能描述最重要的症状和健康影响。

（34）在有必要时，未对施救人员的自我保护提出建议。

（35）未能特别提示医生关于迟发性效应的临床检查和医学监护、特殊解毒剂的使用及禁忌、药品禁忌、气道正压通气的使用、是否需要洗胃等内容。

（36）对医生的特别提示内容未经医学专业人员评估、确定。

（37）未选取合适的灭火剂，未根据专业书籍选取合适的灭火剂，部分化学品火灾未根据 GB 17914、GB 17915 和 GB 17916 来选取灭火剂。

（38）未注明不适用的灭火剂，包括那些可能与着火物质发生化学反应或急剧的物理变化而导致其他危害的灭火剂（如某些物质遇水反应释放出可燃或有毒气体）。

（39）特别性危险中未提供在火场中化学品可能引起的特别危害方面的信息，如化学品燃烧可能产生的有毒有害燃烧产物，遇高热容器内压缩气体（或液体）急剧膨胀，或发生物料聚合放出热量，导致容器内压增大引起开裂或爆炸等情况。

（40）灭火注意事项及防护措施中未提供灭火过程中采取的保护行动、消防人员应穿戴的个体防护装备、泄漏物和消防水对水源和土壤污染的可能性及减少这些环境污染应采取的措施等信息。

（41）泄漏应急处理中人员防护措施、防护装备和应急处置程序中未完整包括非应急人员穿戴的防护装备、应急人员穿戴的防护装备、火源控制措施、现场警戒区的划定及人员疏散、泄漏源控制措施、泄漏物的控制等内容。

（42）环境保护措施中未提出化学品意外泄漏事故有关的环境保护措施建议。

（43）泄漏化学品的收容、清除方法及所使用的处置材料中，未对收容和清除泄漏物的方法及所使用处置材料提出建议，包括收容方法、清除方法、收容或清除设备的使用、与泄漏处置有关的其他问题等内容。

（44）未提供防止发生次生灾害的预防措施。

（45）操作处置中未对化学品安全处置的注意事项和措施提出建议，包括防止人员接触化学品、防火防爆、局部或全面通风、防止产生气溶胶和粉尘、防止接触禁配物等内容。

（46）操作处置中未提供一般卫生要求建议，包括禁止在工作场所饮食、使用后洗手、进入餐饮区前脱掉污染的衣着和防护装备等内容。

（47）储存项中未提供安全储存条件，包括符合 GB 15603、GB 17914、GB 17915 和 GB 17916 等相关标准的规定，具体描述安全储存条件，包括库房及温湿度条件、安全设施与设备、禁配物、添加抑制剂或稳定剂的要求、其他要求如储存仓库或容器的具体设计和储存限量等。

（48）储存项中未提供包装材料信息，填写适合和不适合该化学品的包装材料。

（49）职业接触限值中未准确填写 GBZ 2.1 的工作场所空气中化学物质

容许浓度值，包括最高容许浓度（MAC）、时间加权平均容许浓度（PC–TWA）和短时间接触容许浓度（PC–STEL）。

（50）预计化学品的使用过程中能够产生其他空气污染物时，未列出这些污染物的职业接触限值。

（51）填写职业接触限值时，遗漏标识内容，未保持职业接触限值的完整性。如 GBZ 2.1 使用的标识，皮——表示该物质通过完整的皮肤吸收引起全身效应。

（52）列出的职业接触限值的化学品的名称，未与 SDS 第 3 部分——成分/组成信息填写的名称一致。

（53）国内尚未制定职业接触限值的物质，未填写国外发达国家规定的该物质的职业接触限值。

（54）未准确填写国内已制定标准规定的生物限值。

（55）具有生物限值化学品的名称，未与 SDS 第 3 部分——成分/组分信息填写的名称一致。

（56）国内尚未制定生物限值的物质，未填写国外发达国家规定的该物质的生物限值。

（57）工程控制部分未针对 SDS 第 1 部分——化学品及企业标识所述化学品的推荐用途，列明减少接触的工程控制方法。

（58）提出的工程控制措施，未符合国家有关标准的规定，如：GBZ 1、GBZ/T 194 等。

（59）未注明在什么情况下需要采取特殊工程控制工程，说明工程控制措施的类型。

（60）个体防护装备的使用未与其他控制措施相结合，以将化学品接触引起疾患和损伤的可能性降至最低。

（61）未对个体防护装备的正确选择和使用提出建议。

（62）个体防护装备的选择，未符合国家或行业的相关标准，包括：GB/T 11651、GB/T 18664 和 GBZ/T 195 等。

（63）对于不能获取其整体理化特性信息的混合物，未完整填写混合物中对危险性有贡献组分的理化特性，未明确注明相关组分的名称，与 SDS 第 3 部分——成分 / 组成信息填写的名称保持一致。

（64）各项理化特性未与 SDS 其他各相关部分内容对应。

（65）在具体特性不适用或无资料时，未将其列入 SDS，未注明"不适用"或"无资料"。

（66）在 GB/T 16483 要求列出的理化特性外，还存在与化学品安全使用有关的其他理化特性数据未列出。

（67）稳定性未准确描述在正常环境下和预计的储存和处置温度和压力条件下，物质或混合物是否稳定。

（68）未说明为保持物质或混合物的化学稳定性可能需要使用的稳定剂。

（69）未说明物质或混合物的外观变化有何安全意义。

（70）未说明物质或混合物能否发生伴有诸如压力升高、温度升高、危险副产物形成等现象的危险反应，未说明危险反应的条件。

（71）未列出可能导致危险反应的条件，如热、压力、撞击、静电、震动、光照等。

（72）未列出物质或混合物的禁配物。

（73）确定禁配物时，未考虑产品储存、使用或运输中接触到的材料、容器或污染物。

（74）禁配物内容未与 SDS 第 7 部分——操作处置与储存内容保持一致。

（75）未列出已知和可合理预计会因使用、储存、泄露或受热产生危害分解产物，其中有害燃烧产物已被包含在第 5 部分消防措施中，不必在危险的分解产物项下列出。

（76）毒理学信息项下提供的信息不能用来评估物质、混合物的健康危害、进行危险性分类。

（77）毒理学信息项下信息不能给 SDS 第 2 部分——危险性概述中的健康危害分类提供支持性毒理学信息。

（78）动物试验数据未能填写试验动物种类（性别）、染毒途径（经口、经皮、吸入等）、频度、时间和剂量等方面的信息。对于中毒病例报告和流行病学调查信息，未分别描述。

（79）未按照不同的接触途径提供有关接触物质或混合物后引起毒性作用（健康影响）方面的信息。

（80）未对应物质或混合物的健康危害的危险性分类，分别描述一次性接触、反复接触与连续接触所产生的毒性作用（健康影响）。

（81）未分开描述迟发效应和即刻效应。

（82）未注明毒理学资料是基于人类还是动物试验资料。

（83）潜在的有害效应，未包括毒性试验剂（急性毒性估计值等），毒性试验观察到的症状，以及其他毒理学特性。

（84）未提供能够引起有害健康影响的接触剂量、浓度或条件方面的信息。

（85）有关试验或调查研究的资料为阴性结果，未填写。

（86）不能获得特定物质或混合物危险性数据的情况下，未酌情使用类似物质或混合物的相关数据。在不能获取数据或使用类属物质或混合物的数据时，未清楚说明。

（87）使用无数据支持的"有毒""如使用得当无危险"等容易引起误解的用语，且未对化学品的健康影响作出具体描述。

（88）没有获得健康影响方面的信息时，未做出明确说明。未准确描述健康影响并作出相关区分。

（89）混合物毒性作用（健康影响）的描述中，对于特定毒性作用，存在混合物整体试验（观察）数据，未填写其整体数据。

（90）混合物毒性作用（健康影响）的描述中未考虑各组分在体内有可能发生相互作用，致使其吸收、代谢和排泄速率发生变化，导致毒性作用发生改变，混合物总毒性有别于其组分毒性的情况。

（91）混合物毒性作用（健康影响）的描述中未考虑每种成分的浓度是否足以影响混合物的总毒性（健康影响），未列出相关组分的毒性作用（健康影响）信息。

（92）其他健康危险，GHS 未做分类要求的情况下，应在 SDS 中提供而未提供。

（93）生态学信息未能给 SDS 第 2 部分——危险性概述中的环境危害分类提供支持性信息。

（94）试验资料未清楚说明试验数据、物种、媒介、单位、试验方法、试验间期和试验条件等。

（95）未准确提供生态毒性，包括水生和（或）陆生生物的毒性试验资料。如果物质或混合物对微生物的活性有抑制作用，未提供对污水处理厂可能产生的影响。

（96）未准确提供持久性和降解性，包括物质或混合物相关组分在环境中通过生物或其他过程（如氧化或水解）降解的可能性。未提供物质或混合物的某些组分在污水处理厂中降解的可能性。

（97）未准确提供潜在的生物累积性，包括提供评估物质或混合物某些组分生物累积潜力的有关试验结果，如生物富集系数（BCF）和辛醇/水分配系数（KOW）。

（98）未准确提供土壤中的迁移性，包括排放到环境中的物质或混合物组分在自然力的作用下迁移到地下水或排放地点一定距离以外的潜力。

（99）未提供其他环境有害作用，包括化学品其他任何环境影响有关的资料，如环境转归、抽样损耗潜势、光化学臭氧生成潜势、内分泌干扰作用、全球变暖潜势等。

（100）废弃处置项下未具体说明处置化学品及容器的方法，包括废弃化学品和被污染的任何包装物的合适处置方法。

（101）未准确提供影响废弃处置方案选择的废弃化学品的物理化学特性。

（102）未明确说明不得采用排放到下水道的方式处置废弃化学品。

（103）未说明焚烧或填埋化学品时应采取的任何特殊防范措施。

（104）未说明有关从事废弃化学品处置或回收利用活动人员的安全防范措施。

（105）未提请下游用户注意国家和地方有关废弃化学品的处置法规。

（106）运输信息中未根据 GB 12268 准确提供联合国《关于危险货物运输的建议书　规章范本》中的联合国危险货物编号（即物质或混合物的 4 位数字识别号码，UN 号）。

（107）未根据 GB 12268 准确提供联合国《关于危险货物运输的建议书　规章范本》中根据物质或混合物的最主要危险性划定的运输危险性类别（和次要危险性）。

（108）未根据 GB 12268 准确提供联合国《关于危险货物运输的建议书　规章范本》的包装类别，包装类别根据危险货物的危险程度划定。

（109）未根据《国际海运危险货物规则》物质或混合物是否为已知的海洋污染物来注明是否是海洋污染物。

（110）未准确提供运输注意事项，为使用者提供应该了解或遵守的其他与运输或运输工具有关的特殊防范措施方面的信息。

（111）法规信息中未准确标明国家管理该化学品的法律（或法规）的名称，提供管制该化学品的法规、规章或标准等方面的具体信息。

（112）其他信息项下未提供 SDS 其他各部分没有包括，但对下游用户安全使用化学品有重要意义的其他任何信息，比如说明最新修订版本与修订前相比有哪些改变。

（二）TDG 制度相关单证

国际组织为了加强危险货物运输安全，制定了危险货物运输的系列国际规范和技术标准。主要国际危险货物运输规则构成要素相互关系，如图 5-1 所示。

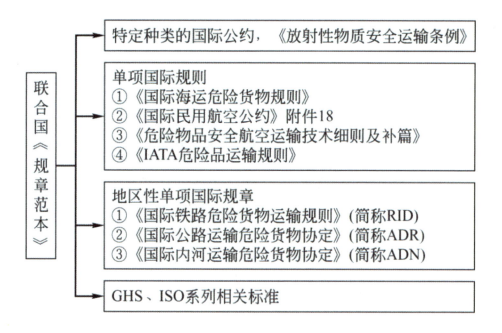

图 5-1 主要危险货物运输规则

1956 年，联合国经济及社会理事会危险货物运输专家委员会（UN CETDG）编写的《关于危险货物运输的建议书》（以下简称《建议书》）（ST/ECA/43-E/CN.2/170）首次出版。为了反映技术的发展和使用者不断变化的需要，《建议书》每半年进行一次修订，每两年出版新的版本。

《建议书》主要包括《关于危险货物运输的建议书》《规章范本》《试验和标准手册》3 大部分。《关于危险货物运输的建议书》主要介绍《规章范本》的目的、原理，《试验和标准手册》的内容以及分类、托运的目的，明确了政府部门在应急反应、遵章保证、放射性物质运输、意外和事故报告中的职责。《规章范本》提出一套基本规定，使各国和国际上对各种运输方式的管理规定能够统一发展，由7部分组成：①一般规定、定义、培训和安全；②分类；③危险货物一览表和有限数量例外；④包装规定和罐体规定；⑤托运程序；⑥容器、中型散装货物集装箱（中型散货箱）、大包装及便携式罐体的制造和试验要求；⑦有关运输作业的规定。

目前，我国已经形成了包括国家法律、行政法规、部门规章、技术标准四个层次的法律法规体系。国家法律是最高层次的危险化学品安全管理规范，如《中华人民共和国安全生产法》，法规依据一定的国家法律制定，部门规章是在遵守国家法律法规及国家标准的基础上编制而成的，技术标准有些直接采用国际规则，或以国家标准、国际规则为基础制定。法规体系如图5-2所示。

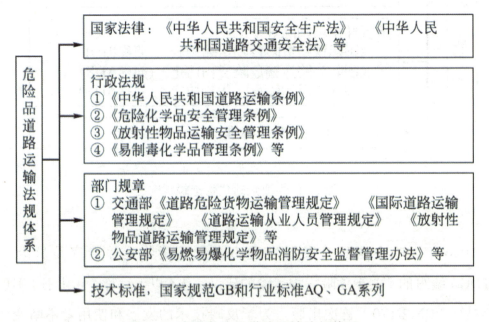

图5-2 我国危险品道路运输法规体系

《危险货物包装标志》（GB 190-2009，历次版本为GB 190-85、GB 190-90）修改采用联合国《关于危险货物运输的建议书 规章范本》（第15修订版）"第5部分：托运程序 第5.2章：标记和标签"。该标准规定了危险货物包装图示标志的分类图形、尺寸、颜色及使用方法等，适用于危险货物的运输包装。该标准第 3 章　标志分类、第 4 章　标志的尺寸颜色为强制条款。标志分为标记和标签，标记 4 个，标签 26 个，其图形分别标示了 9 类危险货物的主要特性。标志的尺寸一般分为 4 种，分别给出了长、宽的尺寸要求。标志的颜色按表中规定执行。

1. 危险货物运输标签

根据包装危险货物的性质和其所表现出的危险性的不同表现形式（注意：不是根据危险货物危险性的程度进行分类），将海运包装危险货物分为 9 个大类，共 20 个小类。针对各个类别甚至是小类给出了危险货物专用标志，以帮助相关从业者最直观地区分、判断和识别危险货物。标志主要由形象的符号、危险类别数字、配装类以及内外边缘线等组成，部分标志还可辅以文字描述，如第 7 类放射性物质。

常见争议情况：

（1）危险货物运输时性质的区分及应标打的标志，未按 GB 6944、GB 12268 及国家运输主管部门相关规定选取。

（2）出口货物的标志未按我国执行的有关国际公约（规则）办理。

（3）表明主要和次要危险性的标签打印与《危险货物包装标志》的要求不符。

（4）"爆炸品"次要危险性标签未使用《危险货物包装标志》中序号 1 中带有爆炸式样标签图形。

（5）危险货物一览表具体列出的物质或物品，未贴有 GB 12268 一览表第 4 栏下所示危险性的类别标签。

（6）危险货物一览表第 5 栏中以类号或项号表示的任何危险性，未加贴次要危险性标签。

（7）危险货物一览表第 5 栏虽然未列出次要危险性，或危险货物一览表未列出次要危险性，但对适用标签的要求可以豁免的情况下，特殊规定需要加贴而未加贴，如：B 型自反应物质和有机过氧化物这两类特殊的危险货物，由于在运输环节，具有爆炸的潜在危害，虽然在危险货物一览表中没有第 1 类次要危险性，但根据 TDG 法规第 5.2.2.1.9 和 5.2.2.1.10 节规定，仍然需要加贴额外的爆炸品标签。

（8）在某种物质符合几个类别的定义，而且名称未具体列在 GB 12268 危险货物一览表中，未利用 GB 6944 中的规定来确定货物的主要危险性类别。

（9）第 2 类气体具有一种或多种次要危险性时，未根据《危险货物包装标志》中 A.2.1.5 中的表格来使用标签。

（10）包装件尺寸够大的情况下，标签未与正式运输名称贴在包装件的同一表面与之靠近的地方。

（11）标签被容器的部分或容器的配件或者其他标签、标记盖住或遮住。

（12）当主要危险性标签和次要危险性标签都需要时，未彼此紧挨着贴。

（13）容量超过 450L 的中型散货集装箱和大型容器，标签未贴在相对的两面。

（14）标签未贴在反衬颜色表面上。

（15）B 型自反应物质未贴有"爆炸性"次要危险性标签（1 号样式），除非运输主管部门已准许免贴。

（16）装有 GB 12268 危险货物一览表表明的 B、C、D、E 或 F 型有机过氧化物的包装件未贴《危险货物包装标志》中表 2 序号 5 中 5.2 项标签（5.2 号式样）。

（17）B 型有机过氧化物未贴有"爆炸性"次要危险性标签（1 号样式），除非运输主管部门已准许免贴。

（18）当符合第 8 类物质 I 类或 II 类包装标准时，未贴"腐蚀性"次要危险性标签（8 号式样）。

（19）感染性物质加贴主要危险标签（6.2 号式样）外，未加贴内装物性质所要求的其他标签。

（20）除了 GB 11806-2004 为大型货物集装箱和罐体规定的情况外，盛装放射性物质的每个包装件、外包装和货物集装箱未按照该包装件、外包装或货物集装箱的类别（GB 118061-2004 表 7）酌情贴上至少两个与 7A 号、7B 号和 7C 号式样一致的标签。标签未贴在包装件外部两个相对的侧面或集装箱外部的所有四个侧面上。未在盛装放射性物质的每个外包装外部相对的侧面至少贴上两个标签。

（21）盛装易裂变材料的每个包装件、外包装和货物集装箱未贴上与 7E 号式样一致的标签，标签未贴在放射性物质标签旁边。

（22）标签盖住规定的标记，包装上有与内装物无关的标签而未除去或盖住。

（23）放射性核素的混合物，未尽量将限制最严格的核素列明，放射性核素的名称后面未注明 LSA 或 SCO 的类别，未使用"LSA-Ⅱ""LSA-Ⅲ""SCO-Ⅰ""SCO-Ⅱ"等符号。

（24）对于外包装和货物集装箱，标签"内装物"栏里和"放射性活度"栏里未分别填写"外包装"和"货物集装箱"全部内装物夹在一起的 A.2.1.13a）和 A.2.1.13b）所要求的资料。但装有含不同放射性核素的包装件的混合货载的外包装或货物集装箱除外，在它们标签上的这两栏里可填写"见运输票据"。

（25）与 7E 号式样相一致的每个标签上未填写与运输主管部门颁发的特殊安排批准证书或包装件设计批准证书上相同的临界安全指数（CSI）。

（26）对于外包装和货物集装箱，标签上的临界安全指数栏里未填写外包装或货物集装箱的易裂变内装物加在一起的 A.2.1.13c）所要求的资料。

（27）包装件的国际运输需要运输主管部门对设计或装运的批准，而有关国家适用的批准型号不同时，标记未按照原设计国的批准证书做出。

2. 危险货物运输标记

危险货物运输标记包括海洋污染物、限量运输危险货物、可免除量危险货物、堆码、方向、加温、熏蒸警告等标记。

常见争议情况：

（1）未根据 GB 12268 确定的危险货物正式运输名称及相应编号，将标记标示在每个包装件上，除非另有规定。如果是无包装物品，标记未标示在物品上、其托架上或其装卸、储存或发射装置上。

（2）标记不能做到明显可见且易读，经受日晒雨淋后会显著减弱其效果，未标示在包装件外表面的反衬底色上，与可能大大降低其效果的其他包装件标记放在一起。

（3）救助容器未另外标明"救助"一词。

（4）容量超过 450L 的中型集装箱和大型容器，未在相对的两面做标记。

（5）第 7 类的特殊标记、运输装置和包装形式未符合 GB 11806-2004 的规定；每个包装件的容器外部，未标上醒目、持久的发货人或收货人或两者的识别标志；每个包装件（GB 11807-2004 规定的例外包装件除外），未在容器外部标上冠以 GB 12268 编号和正式运输名称；总质量超过 50kg 的每个包装件未在容器外部标上其许可总重量。

（6）第 7 类包装件，如果符合 IP-1 型包装件、IP-2 型包装件或 IP-3 型包装件的设计，未在容器外部酌情标上"IP-1 型""IP-2 型""IP-3 型"；符合 A 型包装件设计，未在容器外部标上"A 型"标记；符合 IP-2 型包装件或 IP-3 型包装件或 A 型包装件设计，未在容器外部标上原设计国的国际车辆注册代号（VRI 代号）和制造商名称，或原设计国运输主管部门规定的其他容器识别标志。

（7）第 7 类包装件，未在容器外部标上专用于识别符合该设计的每个容器的序号；如为 B（U）型或 B（M）型包装件设计，未标上"B（U）型"

或"B（M）型"；如为 C 型包装件设计，未标上"C 型"。

（8）第 7 类包装件，符合 B（U）型或 B（M）型或 C 型包装件设计的每个包装件未在其能防火、防水的最外层贮器的外表面用压纹、压印或其他能防火、防水的方式醒目地标上三叶形标志。

（9）第 7 类包装件，如果包装件的国际运输需要运输主管部门对设计或装运的批准，而有关国家适用的批准型号不同，标记未按照原设计国的批准证书做出。

（10）装有符合 GB 12268 和 GB 6944 标准中的危害环境物质（UN 3077 和 UN 3082）的包装件，未耐久地标上危害环境物质标记，但以下容量的单容器和带内容器的组合容器除外：装载液体的容量为 5L 或以下；装载固体的容量为 5 g 或以下。

（11）危害环境物质标记，未标注在位于 A，1.1 要求的各种标记附近，应满足 A，1.2 和 A1.4 的要求危害环境物质标记。除非包装件的尺寸只能贴较小的标记，容器的标记尺寸应符合《危险货物包装标志》中表 3 的规定。对于运输装置，最小尺寸应是 250 mm × 250 mm。

（12）在不需要张贴方向箭头的情况下张贴，如：压力贮器；危险货物装在容积不超过 120 mL 的内容器中，内容器与外容器之间有足够的吸收材料能够吸收全部液体内装物；6.2 项感染性物质装在容积不超过 50 mL 的主贮器内；第 7 类放射性物质装在 B（U）型 B（M）型或 C 型包装件内；任何放置方向都不漏的物品（例如装入温度计、喷雾器等的酒精或汞）。

（13）需要张贴方向箭头的情况下，包括内容器装有液态危险货物的组合容器、配有通风口的单一容器、拟装运冷冻液化气体的开口低温贮器上，未清楚地标上与《危险货物包装标志》中表 1 序号 2 图所示的包装件方向头，或者符合 GB/T 191 规定的方向箭头未标在包装件相对的两个垂直面上，箭头显示正确的朝上方向。

（14）运输装置运输或提交运输时，如装有温度不低于 100℃的液态物质或者温度不低于 240℃的固态物质，未在其每一侧面和每一端面上贴有如《危险货物包装标志》中表 1 序号 3 图所示的标记。标记为三角形，每边应至少有 250mm，并且应为红色。

（三）鉴定报告方面的争议

1. 危险特性分类鉴别报告

办理化学品进出口时，需要对列入《危险化学品目录》的化学品实施检验，明确化学品的危险种类，同时应提供《危险特性分类鉴别报告》等材料。

结论部分：

——正式运输名称 / 技术名称；

——联合国编号；

——危险货物类别；

——建议包装类别。

2. 货物运输条件鉴定书

该文件是依据国内外有关危险货物运输的法规、标准，对货物的运输安全性作出鉴定和建议。

需办理《货物运输条件鉴定书》的出口货物有以下六大类：

（1）带电池的货物：如可能含有电池的电器设备；割草机、高尔夫车、轮椅等电动器，以及可能含有电池水等货物。

（2）化工类货物：化工品大体可分为危险化工品和普通化工品。在运输当中常见为普通化工品，很多承运人都要求客户提供货物运输条件鉴定报告，证明货物并非危险品，只属于普通化工品的鉴定报告。

（3）粉末类货物：状态为粉末的货物都必须提供货物运输条件鉴定报告，如螺旋藻粉、各种植物提取物。

（4）带油性的货物：如装有燃料或残余燃料的发动机的汽车零件、化油器或油料箱；野营设备或用具可能易燃液体如煤油、汽油。

（5）液体、气体及可能含有液体、气体的货物：如某些含汞仪器，如整流管、温度计、气压计、压力计、水银转换器等。

（6）带磁性的货物一般是空运做鉴定：凡是物品中含有磁性材料的货物均会在空间产生磁场，为了保证飞行安全，需进行磁性货物的安全监测。根据IATA902国际航空运输协议要求，被测物品表面2.1m处的任意磁场强度应小于0.159A/m（200nT）才可作普货运输（出具普货鉴定）。

3.危险货物包装容器使用鉴定

根据《中华人民共和国进出口商品检验法》及其实施条例规定，出口危险货物包装容器生产企业应当向产地海关申请危险货物包装容器性能检验，出口危险货物的生产企业应当向产地海关申请危险货物包装容器使用鉴定。

常见的争议主要围绕鉴定机构的鉴定资质、鉴定机构的鉴定范围、鉴定委托程序、鉴定材料、鉴定方法、鉴定过程、鉴定所适用标准、鉴定结论等内容。

二、归类争议

危险货物和危险化学品在进出口通关环节出现归类争议的概率较高，危险品进出口过程中，需要在清楚掌握商品品名、成分、含量、状态等状况的基础下，结合海关商品归类的相关规则、依据来进行归类。在通关环节中，归类不仅影响了征税税率、出口退税税率的适用，还会关联到不同的海关监管条件，如禁止进出口、两用物项管制、有毒化学品管制等。归类错误，不仅会带来通关受阻，还可能引发行政处罚，企业信用等级降级导致企业通关效率降低，严重的情况下甚至可能因归类争议承担刑事责任。

案例：壬基酚聚氧乙烯醚税号申报不实案

2017 年 10 月 10 日，当事人以一般贸易方式向海关申报进口一票货物，报关单号 422720171000066326，申报税则号列为 3402900090，申报品名为壬基酚聚氧乙烯醚，申报数量为 12700.8 千克，原产国为美国。经查，该票货物实际应归入税则号列 3402130010，属于国家《有毒化学品环境监管放行通知单》许可管理货物。经稽核，上述申报不实货物的货物价值为人民币 219543.2 元。当事人货物申报不实已构成违反海关监管规定的行为，影响了国家许可证管理。根据《中华人民共和国海关法》第八十六条第三项、《中华人民共和国海关行政处罚实施条例》第十五条第三项之规定，决定对当事人罚款人民币 1.95 万元。

三、价格争议

以《关于实施 1994 年关税与贸易总协定第 7 条的协定》为基本准则的国际海关估价制度，已成为 WTO 各成员方据以制定本国（地区）海关估价制度的主要依据。海关估价也成为一项国际标准化的海关专业技术。然而，因其专业性强、涉及面广、计核复杂，海关估价成为我国跨境贸易企业进出口合规管理中普遍遇到的难题，也成为海关行政处罚的主要案由之一。

危险货物、危险化学品进口过程中可能遇到的价格争议类型：

（一）运输及其相关费用、保险费

国际贸易货物运输涉及主体多、流程长、环节多，运输及其相关费用种类复杂。由于长距离运输过程中不确定性风险时有发生，绝大部分货物的买卖双方都会办理运输保险。

根据海关相关审价规定及实际案例研究，运费及其相关费用需要计入进口货物完税价格的基本原则有：

1. 未包括在货物的实付、应付价格中。

2. 费用必须是和运输过程有关。

"相关费用",是和运输过程有关或者在运输过程中为保持货物适运状态所产生的费用。例如货物的搬运费、冷藏费、分拣费、运输代理费。仓储费用则视情况而定,如在运输行为开始前发生的不需要计入完税价格;在运输过程开始后中途停留仓储,则需计入完税价格。

3. 费用发生在"输入地点起卸前"。

即在境内输入地点起卸动作之前。例如,货物进入我国的初始输入地点是 A 港口,但货物并未进行起卸,而是在境内航行至 B 港口才进行起卸。那么从 A 港口至 B 港口这一段境内费用也需要计入完税价格。

4. 费用的确定和分摊必须是可客观量化的。

如运输及其相关费用为一揽子确定或者与多批次货物有关,则必须依据客观量化的会计资料进行合理分摊,否则海关可以依法对运费重新估价。

(二)特许权使用费

随着国际分工的发展,商品、服务、技术与信息的跨国界流动范围和规模不断扩大,我国也日益融入全球的制造和营销体系,涉及特许权使用费的进口货物也呈增多趋势。技术、品牌、渠道以及管理等是企业取得竞争优势的核心要素,大型跨国公司也是围绕技术、品牌和管理等核心竞争力,整合供应链以获得国际竞争优势。

以工艺、技术研究开发为核心竞争力的跨国公司,倾向于控制供应链的研发设计、关键配件、系统集成等关键环节,把非核心制造环节或工序外包给其他企业。以商标、品牌为核心竞争力的跨国公司倾向于利用国际分包开展国际生产,依靠合约连接而成的网络型供应链,主要通过对品牌等五行资产的垄断和控制来组织生产和销售,并取得竞争优势。

我国在《进出口货物审价办法》的附则中对"特许权使用费"的定义是:进口货物的卖方为取得知识产权权利人及权利人有效授权人关于专利权、商标权、专有技术、著作权、分销权或者销售权的许可或者转让而支付的费用。

根据《进出口货物审价办法》第十一条、第十三条、第十四条的规定，应税特许权使用费是指买方需向卖方或者有关方直接或间接支付的且符合"与进口货物有关"并"构成该货物向中华人民共和国境内销售的条件"的特许权使用费。

第十三条 符合下列条件之一的特许权使用费，应当视为与进口货物有关：

（一）特许权使用费是用于支付专利权或者专有技术使用权，且进口货物属于下列情形之一的：

1.含有专利或者专有技术的；

2.用专利方法或者专有技术生产的；

3.为实施专利或者专有技术而专门设计或者制造的。

（二）特许权使用费是用于支付商标权，且进口货物属于下列情形之一的：

1.附有商标的；

2.进口后附上商标直接可以销售的；

3.进口时已含有商标权，经过轻度加工后附上商标即可以销售的。

（三）特许权使用费是用于支付著作权，且进口货物属于下列情形之一的：

1.含有软件、文字、乐曲、图片、图像或者其他类似内容的进口货物，包括磁带、磁盘、光盘或者其他类似载体的形式；

2.含有其他享有著作权内容的进口货物。

（四）特许权使用费是用于支付分销权、销售权或者其他类似权利，且进口货物属于下列情形之一的：

1.进口后可以直接销售的；

2.经过轻度加工即可以销售的。

第十四条 买方不支付特许权使用费则不能购得进口货物，或者买方不支付特许权使用费则该货物不能以合同议定的条件成交的，应当视为特许权使用费的支付构成进口货物向中华人民共和国境内销售的条件。

（三）转让定价

跨国公司凭借在资金、技术以及管理方面的优势，进行全球范围内的最佳资源配置和生产要素组合，从而成为推进经济全球化进程最活跃的因素，并在国际贸易中扮演越来越重要的角色。跨国公司出于资源优化配置的考虑，利用不同国家和地区的比较优势，组织实行专业化生产分工，在全球范围内进行相关产品的供应链环节布点。根据原材料成本、人力成本、物流费用及税收等因素进行综合规划和统筹安排，将整个商品的生产过程分解为不同的阶段，布局于全球各地，通过这种专业化的分工实行资源的全球配置以取得竞争优势。

跨国公司在将供应链各环节布局于不同的国家和地区时，利用内部贸易和转让定价作为连接点，而转让定价则直接服务于跨国公司总体经营发展战略。跨国公司根据自身以及所处的环境，确定税收、利润、资金、市场及经营等不同目标，并据此制定采取转让定价的策略，实现各关联公司的利益调节、保证公司整体利益的最大化。因此操纵转让定价扭曲进出口货物完税价格以逃避海关税收，也成为在我国投资的跨国企业制定转让定价政策的一个不可避免的重要考虑因素。

危险品进出口需要注意的审价案例：

案例：A公司因期货价格变动导致价格申报不实案

2016年10月21日，当事人A公司与B公司签订《阴极铜销售合同》，约定从京慧诚公司进口一批C货物，数量约为100吨，成交价格采取点价××交易所价格加80美元每公吨升贴水的方式确定。

合同签订后，B公司发货，实际成交数量为98.61吨。2016年10月24日，A公司按照4967美元/吨的单价向B公司汇出货款489795.87美元，但当天未完成点价。2016年10月26日，A公司向洋山海关以一般贸易方式申报进口上述C，申报数量为98.61吨、单价为4967美元/吨、总价为489795.87美元。2016年10月27日，A公司缴纳货物进口增值税人民币555696元。

由于××交易所的C成交价持续上涨，A公司先后于2016年11月1日、7日、9日和10日分4次共计支付12万美元保证金给B公司，以延长点价期限。2017年8月26日，A公司与B公司完成点价，确定成交价格为6700美元/吨。A公司将12万美元保证金转为货款，并于2017年8月28日支付余款50891.13美元。A公司共计支付货款660687美元，其中2016年11月1日后支付的170891.13美元未向海关申报。

经核定，上述货物完税价格为人民币440.92929万元，应缴增值税人民币74.957979万元，漏缴增值税人民币19.388379万元，货物价值为人民币515.887269万元，滞纳金为人民币6.03948万元。

海关认为，当事人A公司的上述行为构成了《中华人民共和国海关法》第八十六条第三项所列之申报不实违规行为。根据《中华人民共和国行政处罚法》第二十七条第一款第四项、《中华人民共和国海关行政处罚实施条例》第十五条第四项之规定，决定对当事人罚款人民币7.8万元。

四、许可证争议

目前《中华人民共和国对外贸易法》《中华人民共和国海关法》《中华人民共和国出口管制法》有部分规定危险品进出口的贸易管制内容。

现有两用物项方面行政法规有《核出口管制条例》《核两用品及相关技术出口管制条例》《导弹及相关物项和技术出口管制条例》《生物两用品及相关设备和技术出口管制条例》《监控化学品管理条例》《易制毒化学品管

理条例》《放射性同位素与射线装置安全和防护条例》和国务院批准的《有关化学品及相关设备和技术出口管制办法》，每个行政法规管制特定的产品或者技术，具体的清单汇总于《两用物项和技术进出口许可证管理目录》。商务部和海关总署每年公布最新的两用物项和技术进出口许可证管理目录，最新的公告为商务部、海关总署公告 2018 年第 104 号。被列入《两用物项和技术进出口许可证管理目录》的监控化学品、易制毒化学品和有关化学品，企业需办理两用物项和技术进出口许可证才可以进出口。与美国的出口管制清单不一样的地方是，中国的两用物项和技术不仅管制出口，而且对特定物项和技术在进口环节也进行管制。中国没有采取和美国同样的出口管制编码分类体系。对于管制的物项和技术，我国的管制目录列明了相关的定义和技术参数，部分管制物项和技术列出了相关的海关编码作为参考，但是海关编码不是唯一判断物项是否受管制的绝对参数，只能作为辅助判断。即使海关编码被列入管制目录，如果产品技术参数不完全满足的话，产品不属于两用物项许可证管理目录内产品。目前中国的两用物项进出口在许可证方面没有采取公开的国家列表、禁运国和"黑名单"审核制度。军品出口方面的行政法规为《军品出口管理条例》，现行《军品出口管理清单》于 2002 年公布，清单按照武器装备的常规分类方法，共分为十四大类，分别是轻武器，火炮等发射装置，弹药和各类爆炸装置，坦克等军用车辆，军事工程装备，军用舰船，军用航空飞行器，火箭、导弹和军用卫星，军用电子产品及其他控制装置，火炸药、推进剂等化合物，军事训练设备，核生化防护装备，后勤装备等辅助军事装备。

目前危险品进出口环节中许可证方面的争议主要集中在归类错误导致许可证缺失、应办证而未办、具体的许可证填报信息不规范等方面。

危险品进出口管制相关行政处罚案例：

案例：溴未办理两用物项和技术进口许可证

2018 年 2 月 11 日，当事人以一般贸易监管方式向海关申报进口溴 70.78 吨，申报商品编号为 28013020.00，申报原产国为以色列。经查，该票货物品名、商品编号等均与申报相符，但向海关申报时未能提交两用物项和技术进口许可证。经计核，上述货物价值合计人民币 1837620.31 元。

以上行为有下列证据为证：（1）进口报关单据；（2）海关查验记录单；（3）税款计核证明书；（4）查问笔录；（5）相关情况说明等。

当事人的上述行为已构成违反海关监管规定的行为。根据《中华人民共和国海关行政处罚实施条例》第十四条第一款之规定，决定对当事人罚款 1.9 万元。

第三节 危险货物、危险化学品进出口事前合规指引

一、危险货物、危险化学品单证合规

1.确定进出口商品的品名、成分。

在进出口商品前，首先应确定商品的品名、成分，化学品一般会涉及是纯净物还是混合物，如果是混合物，由哪些物质组成，对应的成分含量分别是多少。有机化学品还会涉及分子式相同的情况下，是否是同分异构体或互变异构体，什么情况下是某无机盐的水合物，等等。首先把要进出口的商品情况摸透，有些情况复杂的化学品 CAS number 的确定都需要花费一年之久。在进出口活动内部审计过程中，还发现某些企业进口的化学品成分自己都不清楚，提供的 MSDS 与其实际进口货物的化学成分不相一致，最后发现其 HS 编码报错。还有企业 MSDS 编制过于粗略笼统，导致海关直接将化学品移交化学实验室进行成分检验，检验出结果化学品需要许可证才能进口，导致该批货物在漫长的化验等待后退运出境。

2.根据商品的品名、成分来确定是否属于危险化学品、危险货物。

通过已经取得的具体商品资料，根据《危险化学品目录》（2015 年版）及确定原则，根据不同的监管部门监管的危险化学品范围，如海关只监管目录上的危险化学品，应急管理局除了目录还要监管根据确定原则属于危险化学品的商品，再确定是否属于危险化学品，如果不清楚，可以通过自己的实验室或者委托第三方鉴定机构做《危险特性分类鉴别报告》来确定是否属于确定原则范围内的危险化学品。危险货物的分类，根据《危险货物分类和品

名编号》（GB 6944）、《危险货物品名表》（GB 12268）内的原则来具体判定，或者委托鉴定机构来做《货物运输条件鉴定书》来判断是否属于危险货物。

3. 根据危险化学品、危险货物的分类，准备相应的单证。

危险化学品一般需提供安全标签和 SDS，必要时提供《危险特性分类鉴别报告》，有时还需要提供《危险化学品登记证》；危险货物根据运输法规确定包装类别，张贴合规的运输标签、标记，托运人需要向承运人提供符合要求的托运要素，必要时提供《货物运输条件鉴定报告》。

4. 办理危险化学品登记证书。

只有危险化学品生产企业、进口企业能够并且应当办理危险化学品登记，并取得危险化学品登记证书。登记证书上企业性质有 3 种：危险化学品生产企业、危险化学品进口企业或者危险化学品生产企业（兼进口）。《危险化学品登记管理办法》第十条第一款规定："危险化学品进口企业应当在首次进口前办理危险化学品进口登记。"在实践中，已经出现海关关员要求企业出示危险化学品登记证书，否则暂停通关甚至移交应急管理局进行联动处罚的情况。

5. 准备符合条件的存储区域。

根据《危险化学品经营许可证管理办法》第八条，进口的危险化学品如果要在企业内存储，需要存储在符合相应条件的存储区域。该存储区域建立在地方人民政府规划的用于危险化学品储存的专门区域内，储存设施与相关场所、设施、区域的距离要符合有关法律、法规、规章和标准的规定。

6. 申领相应的贸易管制许可证。

如果进出口的危险货物、危险化学品涉及国家贸易管制相关政策，需要提前向有关主管部门申领相应的贸易管制许可证。需要注意的是，在加工贸易货物内销时，如果需要申领相应的贸易管制许可证件，也需要提前申领。实践中偶有发生内销货物需要申领许可证而未提供，导致内销手序受阻或未能成功内销，只能继续余料结转的情况。

二、涉税要素合规

（一）归类

根据《中华人民共和国海关进出口货物商品归类管理规定》（海关总署令第252号）的规定，商品归类是指在《商品名称及编码协调制度公约》商品分类目录体系下，以《中华人民共和国进出口税则》为基础，按照《进出口税则商品及品目注释》《中华人民共和国进出口税则本国子目注释》以及海关总署发布的关于商品归类的行政裁定、商品归类决定的规定，确定进出口货物商品编码的行为。进出口货物相关的国家标准、行业标准等可以作为商品归类的参考。

1.《协调制度》

《协调制度》（Harmonized System，简称HS），全称为《商品名称及编码协调制度》，是世界海关组织（WCO）主持制定的一部供国际贸易各方共同使用的商品分类编码体系。按照生产部类、自然属性和不同功能用途，《协调制度》将国际贸易涉及的各种商品分为21类、共97章。目前全球98%以上的国际贸易都使用《协调制度》目录，因此《协调制度》又被称为"国际贸易的通用语言"。除海关税则和贸易统计外，在运输商品计费、数据传递以及简化国际贸易单证等方面，《协调制度》也都发挥着积极作用。《协调制度》于1988年1月1日正式实施，为适应国际贸易及商品的发展，世界海关组织一般每5年会对《协调制度》进行一次较大范围的修订。

我国加入《协调制度公约》后，对《协调制度》采取了直接适用的方式。自1992年1月1日起我国正式采用《协调制度》后，分别按时实施了1992、1996、2002、2007、2012、2017、2022版《协调制度》。我国采用的《协调制度》分类目录，前6位数是HS国际标准编码，第7、第8两位是根据

我国关税、统计和贸易管理的需要加列的本国子目，同时，还根据代征税、暂定税率和贸易管制的需要对部分税号增设了第 9、第 10 两位附加代码。2022 版协调制度较以往相比共有 351 组修订，修订考虑了新技术发展及新产品贸易需求，产业和贸易发展变化需求，国际社会对安全、环保、健康问题的关注等方面。

协调制度规定了争议解决机制，缔约国间关于对本公约解释或执行方面有任何争议应尽可能通过争议各方协商解决，协商无法解决的争议由争议各方提交协调制度委员会审议并提出解决建议。协调制度委员会行使下列职权，包括提出协调制度的修正案；起草注释、归类意见及其他解释协调制度的指导性意见；提出建议，确保协调制度的解释和执行的一致性；搜集信息；向缔约方主动或按照要求提供协调制度中关于商品归类问题的情况或意见；向理事会提交工作报告，内容包括修正案、注释、归类意见及其他建议。

协调制度由五部分组成。

（1）归类总规则

归类总规则是协调制度的总指导，当归类出现争议的时候，归类总规则总是可以在最大程度上解决归类的争端，是指导并保证商品归类统一的法律依据。归类总规则共有六条，使用的顺序是规则一优先于规则二，规则二优先于规则三……必须依次使用。

规则一　类、章及分章的标题，仅为查找方便而设。具有法律效力的归类，应按品目条文和有关类注或章注确定，如品目、类注或章注无其他规定，按以下规则确定。

规则二　（1）品目所列货品，应包括该项货品的不完整品或未制成品，只要在进口或出口时该项不完整品或未制成品具有完整品或制成品的基本特征；还应包括该项货品的完整品或制成品（或按本款可作为完整品或制成品归类的货品）在进口或出口时的未组装件或拆散件。（2）品目中所列材料或物质，应视为包括该种材料或物质与其他材料或物质混合或组合的物品。品目所列某种材料或物质构成的货品，应视为包括全部或部分由该种材料或物质构成的货品。由一种以上材料或物质构成的货品，应按规则三归类。

规则三　当货品按规则二（2）或由于其他原因看起来可归入两个或两个以上品目时，应按以下规则归类：（1）列名比较具体的品目，优先于列名一般的品目。但是，如果两个或两个以上品目都仅述及混合或组合货品所含的某部分材料或物质，或零售的成套货品中的某些货品，即使其中某个品目对该货品描述得更为全面、详细，这些货品在有关品目的列名应视为同样具体。（2)混合物、不同材料构成或不同部件组成的组合物以及零售的成套货品，如果不能按规则三（1）归类时，在本款可适用的条件下，应按构成货品基本特征的材料或部件归类。货品不能按规则三（1）或（2）归类时，应按号列顺序归入其可归入的最末一个品目。

规则四　根据上述规则无法归类的货品，应归入与其最相类似的品目。

规则五　除上述规则外，本规则适用于下列货品的归类。（1）制成特殊形状仅适用于盛装某个或某套物品并适合长期使用的，如照相机套、乐器盒、枪套、绘图仪器盒、项链盒及类似容器，如果与所装物品同时进口或出口，并通常与所装物品一同出售的，应与所装物品一并归类。但本款不适用于本身构成整个货品基本特征的容器。（2）除规则五（1）规定的以外，与所装货品同时进口或出口的包装材料或包装容器，如果通常是用来包装这类货品的，应与所装货品一并归类。但明显可重复使用的包装材料和包装容器可不受本款限制。

规则六　货品在某一品目项下各子目的法定归类，应按子目条文或有关

的子目注释以及以上各条规则来确定，但子目的比较只能在同一数级上进行。除协调制度条文另有规定的以外，有关的类注、章注也适用于本规则。

（2）类注、章注释、子目注释

协调制度的5000多个商品组按照生产部类、自然属性和不同功能用途等分为21类、97章。协调制度第1至第4位称为品目，第5位开始称为子目，第5位是一级子目，第6位是二级子目。部分国家在协调制度6位数的基础上把本国的税则增加至8~10位，这部分称为本国子目，是协调制度采用国开发的本国子目，区别于协调制度的第5位和第6位子目。

在每个类、章下面均有类注、章注和子目注释。在进行产品归类的时候，需要仔细阅读和理解类注、章注和子目注释，以判断产品是否属于相关类、章节。同时各个类注、章注和子目注释会对产品的适用范围做出解释，也会明确指出相关章节不包括的产品，如果产品被排除在相关类和章节，需要去其他的类和章节进行归类分析和判断。例如，第二十九章是有机化学品，章注1对于此章节适用的产品进行了说明，章注2对于此章不包括的产品进行了解释。例如，乙醇不属于第二十九章（乙醇属于第二十二章），同时在第二十九章的章注中含有子目注释，对第二十九章下涵盖的子目进行了相关规定。为了使任何产品都能在协调制度里找到对应的归类，协调制度设置了"兜底"条款，即使是新生事物，也能在协调制度里找到对应的归类。第六类化学产品的最后的品目号"38.24"就包括了其他税号未列名化学工业及其相关工业的化学产品及配制品。

（3）商品名称和编码表

商品名称和编码表是协调制度占篇幅最大的部分，对世界上所有的产品进行了名称定义和编码安排。

（4）协调制度注释

协调制度注释是经过海关合作理事会批准成为协调制度不可或缺的补

充，它不是《协调制度公约》的组成部分。《协调制度注释》由世界海关组织出版，中国海关将此注释翻译成《进出口税则商品及品目注释》。

（5）归类意见汇编

归类意见汇编也不是《协调制度公约》的组成部分，归类意见汇编是由协调制度委员会编制的，它包含了协调制度委员会制定的对一些重要和有难度的归类所做出的决定，原则上归类意见汇编是不具备法律效力的，但它是协调制度归类的辅助工具。

2. 我国商品归类依据

商品归类指在《商品名称及编码协调制度公约》商品分类目录体系下，以《中华人民共和国进出口税则》为基础，按照《进出口税则商品及品目注释》《中华人民共和国进出口税则本国子目注释》以及海关总署发布的关于商品归类的行政裁定、商品归类决定的要求，确定进出口货物商品编码的活动。

（1）《中华人民共和国进出口税则》

《中华人民共和国进出口税则》是在商品协调制度的基础上，我国海关针对本国税收征管的实际需求，在协调制度 6 位数编码的基础上增列了第 7 位和第 8 位本国子目形成的中国进出口商品分类目录，再加上关税税率即形成了税则文本。《中华人民共和国进出口税则》每年由中国海关出版社出版，企业可以通过查询税则得知相关商品在新的一年税率的变化，或者也可以于每年 12 月中旬左右关注财政部的网站得知第二年的关税调整方案。比如有的税则编码在新的一年会进行合并或者拆分，企业需要提前确认公司产品在新的税则下的归类，防止次年 1 月 1 日之后由于编码调整而导致清关延误。为了鼓励特定产品进口，部分产品会被列入暂定税率目录，企业如果有产品在暂定税率目录之内可以及时重新进行成本核算和调整相关采购策略，享受暂定税率带来的优惠。

（2）《进出口税则商品及品目注释》

《进出口税则商品及品目注释》是中国海关根据世界海关组织（WCO出版的）《商品名称及编码协调制度注释》编制的。世界海关组织（WCO）为使各缔约方能够统一理解、准确执行协调制度，支持编制了《商品名称及编码协调制度注释》。协调制度注释是协调制度所列商品及品目范围的最权威解释，是协调制度实施的重要组成部分。协调制度注释是进出口商品归类的法律依据。税则注释对我国海关和有关进出口管理等部门以及从事国际贸易的进出口企业正确进行商品归类发挥了积极指导和规范作用。

（3）《中华人民共和国进出口税则本国子目注释》

海关税则商品编码的第7位和第8位为中国海关根据本国贸易特征和进出口需求而增列的本国子目，为了对本国子目做出相关解释，中国海关编制了《中华人民共和国进出口税则本国子目注释》。为了明确本国子目所述及的商品范围,企业在归类时应依据《中华人民共和国进出口税则本国子目注释》对商品归类的过程中子目的范围确定进行分析。本国子目注释每年由中国海关出版社出版发行，海关总署会定期发布相关公告调整和废止部分内容，企业可以密切关注海关总署相关公告内容获取最新的本国子目注释的更新信息。

（4）行政裁定

根据海关总署令第92号《中华人民共和国海关行政裁定管理暂行办法》，海关行政裁定指海关在货物实际进出口前，对于对外贸易经营者的申请，依据有关海关法律、行政法规和规章，对与实际进出口活动有关的海关事务做出的具有普遍约束力的决定，行政裁定由海关总署统一对外公布，行政裁定具有海关规章的同等效力。

（5）归类决定

海关总署可以对海关内部疑难问题或监控过程中发现的需要公开统一规

范的商品归类问题做出具有普遍约束力的商品归类决定。商品归类决定是由海关主动作出并公布的，归类决定由海关总署以《中华人民共和国海关总署商品归类决定汇编》的形式出版发行，企业可自行购买该书作为日常归类活动的参考书籍。

（6）预裁定

根据海关总署令第236号（关于公布《中华人民共和国海关预裁定管理暂行办法》）第三条的规定，在货物实际进出口前，申请人可以就下列海关事务申请预裁定：①进出口货物的商品归类；②进出口货物的原产地或者原产资格；③进口货物完税价格相关要素、估价方法；④海关总署规定的其他海关事务。

预裁定决定有效期为3年，预裁定决定对于其生效前已经实际进出口的货物没有溯及力。除涉及商业秘密外，海关可以对外公开预裁定决定的内容。自2018年2月1日起，企业可以通过电子口岸"海关事务联系系统"（QP系统）或"互联网＋海关"提交《中华人民共和国海关预裁定申请书》以及相关材料。由于预裁定的生效，海关总署自2018年2月1日起不再受理海关预归类的申请。预裁定的生效可以在一定程度上解决企业对于归类的需求，企业可以合理利用预裁定制度，得到海关官方的对于产品归类的确认，同时由于预裁定可以通过网络进行申请，给企业带来了极大的便利。每家企业的情况不同，是否需要申请预裁定，视企业情况而定。对于归类非常有把握的企业，可以申请预裁定，但是一旦预裁定的结果和企业之前的归类不一致，在预裁定书下达之后，企业需要按照预裁定书的决定向海关申报。如果产品有税差，或者新的海关归类可能涉及进出口管制，而申请进出口许可证，企业需要合理评估预裁定的利弊之后再做决定。自从海关总署实行全国通关一体化之后，海关成立了税管中心和风控中心，海关可以把更多的执法资源投入到归类预裁定的审核和批准中，已经有越来越多的企业成功申请到归类预裁定，享受政策的红利。

3. 化学品归类

（1）化学品归类基本情况

税则的第六类是化工产品，第六类共有十一章，包括几乎所有的化学工业产品以及以化学工业产品为原料的相关工业的产品。无机化学品在第二十八章（包括部分有机化学品），第二十九章主要是有机化学品。从第三十章至第三十八章，包括药品、化肥、燃料、颜料、涂料、香料、表面活性剂及其制品、蛋白质、炸药、感光材料、杂项化学产品。矿产品在第二十五章至第二十七章。第三十九章和第四十章分别为塑料、橡胶及其制品，其中很多产品需要注明成分、含量、单体种类、单体比例，实际申报中只要申报内容能明确归类即可，如"氯乙烯"可不必申报单体含量，而"乙烯—丙烯聚合物"需申报两个单体各自的含量。化纤在第五十四章至第五十五章。石膏、石棉、陶瓷、玻璃等在第六十八章到第七十章。农药主要分布在第二十九章和第三十八章，也有少数在其他章节。

对于化工产品而言，知道产品的成分含量是确定商品归类的第一要素。对于单一化学品，需要知道分子式、结构式、CAS 号、重要的理化指标（如熔点、沸点等）、用途等。对于有特定用途的化工制品，需要知道包装形式、有效成分、用途、具体的作用方式及作用原理及各组分在使用过程中的各自作用，比如催化剂，要了解它在哪道工序被使用，催化原理是什么，如何起作用，同时要了解商品中其他成分的组成及含量，以及分别起到的作用。

（2）化学品归类有其特殊性

化学品的归类有其自身的特殊性，以及需要注意的归类规则。

如针对有机化学品，根据第二十九章章注三的规定，可归入该章两个或两个以上品目的有机化学品，应归入有关品目中的最后一个品目。例如，抗坏血酸既可作为内酯（品目 29.32），也可作为维生素（品目 29.36），应从后归入品目 29.36；烯丙雌醇是一种环醇（品目 29.06），也是一种具有原甾烷结构的激素（品目 29.37），应从后归入品目 29.37。但该条款不适用注释条款有明确规定除外的情况，如 29.40 品目条文最后一句明确地规定不包括品目 29.37、29.38、29.39 的产品，也不适用于第二十九章的子目。根据第二十九章章注五的规定，该章第一分章至第七分章的酸基有机化合物与这些分章的有机化合物构成的酯，应归入有关分章的最后一个品目，例如，品目 29.04 的苯磺酸与品目 29.05 的甲醇反应所生成的苯磺酸甲酯应归入品目 29.05；第一分章至第十分章及品目 29.42 的有机化合物之间生成的盐，应按生成该盐的碱或酸（包括酚基或烯醇基化合物）归入本章有关品目中的最后一个品目，例如，品目 29.15 的乙酸与品目 29.21 的苯胺反应所生成的乙酸苯胺应归入品目 29.21；配位化合物（第十一分章或品目 29.41 的产品除外）应按该化合物所有金属键（金属—碳键除外）"断开"所形成的片段归入第二十九章有关品目中的最后一个品目，例如，"断开"金属键后包含柠檬酸（品目 29.18）和胆碱（品目 29.23）片段的枸橼酸铁胆碱应归入品目 29.23。

针对杀虫剂、杀菌剂、除草剂、消毒剂及类似产品，根据 3808.91 至 3808.99 子目注释的规定，因具有多种用途看起来可归入一个以上子目的货品，一般应按归类总规则第三条确定归类。该款注释是对总规则三（三）的引用，因此可同时作用于真菌和细菌的杀菌消毒剂，应从后归入消毒剂所在的子目 3808.94。

针对互变异构（Tautomerism），是一种比较特殊的官能团异构现象，它是由于某些有机化合物分子中的原子在不同位置之间迅速移动而产生的构造异构现象，这些构造异构体往往互相迅速变换而处于动态平衡。

表 5-1 互变异构物归类示范

互变异构类型	归类方法	归类依据
酮 – 烯醇互变异构	按酮式归入品目 29.14	29.14 品目注释
酚 – 酮互变异构	苯酚归入品目 29.07	2907.11 子目条文
亚胺 – 烯胺互变异构	苯胺归入品目 29.21	2921.41 子目条文
	亚胺归入品目 29.25	2925.2 子目条文
亚硝基 – 肟互变异构	亚硝基苯酚归入品目 29.08	29.08 品目注释
	亚硝胺归入品目 29.21	29.21 品目注释
酰胺 – 亚胺酸互变异构	内酰亚胺归入 29.33	29.33 品目注释
环 – 链互变异构	氨基葡萄糖硫酸钾归入品目 29.32	Z2006–0124

4. 化学品归类基本步骤

（1）首先确定商品的具体情况，组成成分、含量、状态，必要时确定其中成分的 CAS 号，便于在归类、危化品确定及规格型号栏等内容中使用；

（2）查看其是否是放射性元素或同位素，如果是的话归入 2844 或 2845，如果不是的话再进行下一步；

（3）查看其是否是胶态贵金属、贵金属化合物、贵金属汞齐、稀土金属、汞化合物，如果是的话归入 2843、2846 或 2852，如果不是的话再进行下一步；

（4）查看是否零售包装或配定剂量，是的话优先归入注释二所指定的品目，如果不是的话再进行下一步；

（5）查看是否符合化学定义，如果不是的话按用途及性能归入第三十章至三十八章，是的话查看其是否属于章注类注排他的纯净物，是的话按章注类注指定的品目归类，如果不是的话查看是否属于无机物，是的话归入第二十八章，如果不是的话归入第二十九章。

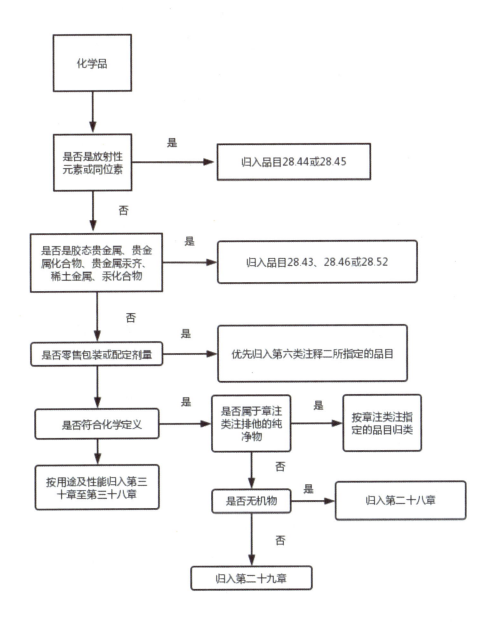

图 5-3 化学品归类思路

（二）价格

海关估价是指进出口货物的价格，经货主（进出口收发货人）或其代理人向海关申报后，海关为了征收关税和其他目的，根据统一的估价方法，确定货物计征关税价格的过程。此处确定的价格，被称为该货物的海关完税价格。因此，海关估价也可被称为海关审定进出口货物完税价格的行为，即海关审价。

1. 估价方法

当前国际海关估价制度的国际准则就是《WTO估价协定》，估价协定确立了成交价格的首要地位，实践中成交价格方法被应用于90%以上的进口货物的估价。

除了成交价格外，估价协定还采用下列估价方法：

相同货物的成交价格；类似货物的成交价格；倒扣方法；计算方法；其他合理方法。

由于成交价格方法是首要的方法，因此，只有在无法根据第1条确定海关价格的情况下，才使用这些方法。

估价协定的六种估价方法应严格按顺序适用，而不是同时采用。

2. 估价法律体系

目前我国海关的估价法律体系，不仅反映了我国经济社会发展的客观要求，同时也受到了国际义务的制约。

（1）2000年修订的《海关法》（关税法还未正式施行）

为适应当时加入世界贸易组织（WTO）的需要，2000年海关法从根本原则上确立了与估价协定一致的新的估价制度，标志着我国在估价准则方面采用了成交价格概念的估价方法，适应了入世的需要，与国际惯例接轨。

（2）2004年《中华人民共和国进出口关税条例》

2002年1月1日起，《中华人民共和国海关审定进出口货物完税价格办法》得以施行，该办法根据估价协定及海关法对海关估价作出了详细规定。但由于只是部门规章，一方面法律效力不够，另一方面由于是由海关总署制定，容易被人认为偏重保护海关权力，而没有充分考虑进出口企业的利益。鉴于部门规章法律位阶较低，有一定的利益倾向性，2003 年 10 月 29 日国务院第二十六次常务会议通过了新的《中华人民共和国进出口关税条例》，上升为行政法规。这部条例对中国海关估价制度作了进一步调整和完善，同时充分考虑了纳税义务人的权利，对纳税义务人估价方法的选择权等若干权利予以规定。

（3）2013 年修订的《中华人民共和国审定进出口货物完税价格办法》

2013 年 12 月 25 日，《中华人民共和国海关审定内销保税货物完税价格办法》（海关总署令第 211 号）和新修订的《中华人民共和国审定进出口货物完税价格办法》（海关总署令第 213 号）分别通过审议，于 2014 年 2 月 1 日正式实施。由于内销保税货物审价问题由 211 号令加以规定，因此新的《进出口货物审价办法》删掉了原办法第三章关于保税货物内销审价的相关内容。

3. 我国海关估价的基本原则

根据《进出口货物审价办法》规定：海关审查确定进出口货物的完税价格，应当遵循客观、公平、统一的原则：

（1）客观原则

在海关估价中运用客观原则，是指海关估价过程中运用的数据必须来源于进出口贸易活动中存在的真实数据，而不能使用武断的、虚构的数据对进出口货物实施估价。

（2）公平原则

海关估价中的公平原则，强调的是海关估价过程的公平，即相同的贸易方式、相同的交易过程应收到相同的海关估价待遇。这一观点落实到具体条款就是成交价格原则。进口商谈判能力差异造成的价格差异不是海关关心的重点，也不是海关估价需要解决的问题；海关不能使用统一的价格实施估价，这就是公平原则在海关估价中的体现。

（3）统一原则

在海关估价领域，以往很多国家采取最低限价、正常价格等手段，变相提高进口货物的关税水平，增加了国际贸易的不确定风险。为此，《估价协定》要求各国必须采用统一的估价执法手段，以成交价格为基础，依托国际贸易中的实际交易价格判定海关的完税价格，降低国际贸易中海关行政管理的不确定风险，促进国际贸易健康发展。

【链接】我国估价办法的主体内容

1. 总体结构

1.1 进出口货物审价办法

进出口货物审价办法由第一章（总则）、第二章（进口货物的完税价格）、第三章（特殊进口货物的完税价格）、第四章（进口货物完税价格中的运输及其相关费用、保险费的计算）、第五章（出口货物的完税价格）、第六章（完税价格的审查确定）、第七章（附则）共54条组成。

1.2《内销保税货物审价办法》

《内销保税货物审价办法》共18条，规定了本规章适用范围，并根据不同情形逐条规定了各自的估价方式。在适用范围内，包括因故转为内销需要征税的加工贸易货物、海关特殊监管区域内货物、保税监管场所内货物和因其他原因需要按照内销征税办理的保税货物。但不包括以下项目：海关特殊监管区域、保税监管场所内生产性的基础设施建设项目所需的机器、设备和建设所需的机器、设备和建设所需的基建物资；海关特殊监管区域、保税监管场所内企业开展生产或综合物流服务所需的机器、设备、模具及其维修用零配件；海关特殊监管区域、保税监管场所内企业和行政管理机构自用的办公用品、生活消费用品和交通运输工具。

2. 法规规定的估价方法

2.1 《进出口货物审价办法》

2.1.1 进口货物

按照货物交易形式的不同，《进出口货物审价办法》将进口货物主要划分为两大类，一类是特殊交易形式进口货物，另一类是特殊交易形式之外进口的其他货物。一般进口货物规定了 6 种完税价格的审核方法，依次为：成交价格方法；相同货物成交价格估价方法；类似货物成交价格估价方法；倒扣价格估价方法；计算价格估价方法（与倒扣价格方法可以颠倒使用）；合理方法。只有在进口货物的成交价格不成立、成交价格不能确定的，海关才可在与纳税义务人进行价格磋商后，依次以其他方法审查确定该货物的完税价格。对特殊进口货物的完税价格审核方法，区分不同交易形式分别作出了规定。

2.1.2 出口货物

《进出口货物审价办法》对出口货物规定了 5 种完税价格的审核办法：成交价格方法；相同货物成交价格估价方法；类似货物成交价格估价方法；计算价格估价方法；合理方法。只有出口货物的成交价格不成立、成交价格不能确定的，海关才可在与纳税义务人进行价格磋商后，依次以其他方法审查确定该货物的完税价格。

2.2 《内销保税货物审价办法》

《内销保税货物审价办法》对不同种类的内销保税货物估价方法分别作出了规定。但对于内销保税货物的完税价格不能依据各自条款确定的，由海关依次以下列价格估价方法估定该货物的完税价格：相同货物成交价格估价方法；类似货物成交价格估价方法；倒扣价格估价方法；计算价格估价方法；合理方法。

结合《中华人民共和国进出口货物报关单填制规范》，与价格申报直接相关的项目，分别来对价格相关要素进行梳理和确定。

2.2.1 成交方式。确定国际贸易术语，查看使用的 incoterms 版本及其对应的贸易术语名称，如 CIF、FOB、EXW 等，需要将不常见的成交方式转换成海关系统内对应的成交方式。

2.2.2 运费、保费。将境内境外相关费用分段区分，并确定何时为起卸点。

2.2.3 杂费。填报成交价格以外的其他属于或者不属于成交价格的费用。应计入完税价格的杂费填报为正值或正率，应从完税价格中扣除的杂费填报为负值或者负率。

2.2.4 备注。填写公式定价进口货物的定价备案号，需确定是否为公式定价，主要发生在大宗散货。

2.2.5 单价。需注意单个货物与一套货物的价格区分。

2.2.6 总价。注意总价、数量与单价的逻辑关系。可能出现数量、单位填报有误，导致单价过高或过低的情况。

2.2.7 币值。注意不同币种与人民币之间的汇率情况，填写错误容易导致税款差幅较大而造成违规。

2.2.8 特殊关系确认。确认是否为关联公司，请注意集团内原不属于、后经收购进来的公司，由于其名称可能未发生变化，从而导致不易从名称上进行简单判断。

2.2.9 价格影响确认。核实关联公司是否对成交价格构成影响，如与海关相关调查结论，需按与海关达成协议申报。

2.2.10 支付特许权使用费。只有需要缴纳关税的特许权使用费才在此申报为"是"，如与海关相关调查结论，需按与海关达成协议申报。

2.2.11 认真查看公司采购合同，支付各种费用构成，与财务定期沟通对外支付款项情况，如运保费、杂费、非贸付汇情况，是否有可能需要计入完税价格，如存在跨国公司转让定价情况，自行研判转让定价幅度的合理性，是否存在被海关调整价格的可能性。

（三）原产地

确定进口国和出口国适用的原产地种类和原产地标准，如我国非优惠原产地文件有：《中华人民共和国进出口货物原产地条例》《中华人民共和国海关关于执行〈关于非优惠原产地规则中实质性改变标准〉的规定》。

优惠原产地文件有：《中华人民共和国海关进出口货物优惠原产地管理规定》《中华人民共和国海关〈亚太贸易协定〉项下进出口货物原产地管理办法》《中华人民共和国海关〈区域全面经济伙伴关系协定〉项下进出口货物原产地管理办法》《中华人民共和国海关经核准出口商管理办法》等。

进口货物时，还需要注意是否存在"反倾销""反补贴"税征收的可能性，在特定国家特定的厂商生产的货物实行特定的"双反"税率。国内关注《中华人民共和国反倾销条例》《反外国制裁法》《海关法》《行政处罚法》《中华人民共和国海关行政处罚实施条例》《进出口商品检验法实施条例》《刑法》等文件，同时关注商务部发布的反倾销文件，如：《关于对原产于美国的进口聚苯醚反倾销调查最终裁定的公告》等，对于调查期的进口货物征收保证金，调查终结后对追溯征收范围的进口商品多征收的反倾销税退还，少征的反倾销税不再补缴。

（四）税收政策

关注自身是否符合相关税收政策条件，来达到少占用公司资金成本、便捷通关等目的，如汇总征税、企业集团财务公司担保、关税保证保险等多元税收担保政策。

（五）其他涉税要素

如在规范申报过程中，部分商品虽然在规范申报要求中未列明条件，但根据归类的要求，应填写相关的信息，举例：

麦芽糊精，根据还原糖含量不同分别归入税号 1702.9000（含量超过

10%）和税号 3505.1000（含量不超过 10%）。

麦芽糊精的定义为以淀粉为原料，经酸法或酶法低程度水解，得到的 DE 值（即还原糖含量）在 20% 以下的产品。麦芽糊精多以玉米、大米等为原料，经酶法控制水解液化、脱色、过滤、离子交换、真空浓缩及喷雾干燥而成。现在基本采用酶法工艺，因此麦芽糊精又称为酶法糊精。麦芽糊精的还原糖含量在 20% 以下，一般为白色或微黄色无定性粉末，流动性好；具有麦芽糊精固有的特殊气味，不甜或微甜。麦芽糊精广泛应用于饮料、冷冻食品、糖果、麦片、乳制品、保健品等行业，还可应用于纺织、日化、医药生产中。

根据《进出口税则商品及品目注释》（以下简称"注释"）第三十五章章注：品目 35.05 所称"糊精"，是指淀粉的降解产品，还原糖含量以右旋糖的干重量计不超过 10%。如果还原糖含量超过 10%，应归入品目 17.02。所以需要明确还原糖的比例。

三、报关单申报合规

（一）单证准备及申报要求

查看相关的危化品和危险货物报关单申报要求，准备相应的单证。

1. 进口危险化学品

进口危险化学品的收货人或者其代理人报关时，填报事项应包括危险类别、包装类别（散装产品除外）、联合国危险货物编号（UN 编号）、联合国危险货物包装标记（包装 UN 标记）（散装产品除外）等，还应提供下列材料：

——《进口危险化学品企业符合性声明》；

——对需要添加抑制剂或稳定剂的产品，应提供实际添加抑制剂或稳定剂的名称、数量等情况说明；

——中文危险公示标签（散装产品除外，下同）、中文安全数据单的样本。

需要明确以下要素：危险类别、包装类别（散装产品除外）、联合国危险货物编号（UN 编号）、联合国危险货物包装标记（包装 UN 标记）。

在《进口危险化学品企业符合性声明》中需要明确：HS 编码、化学品正式名称、UN 编号、危险种类、UN 标记。如有添加稳定剂或抑制剂，需要提供实际添加的稳定剂或抑制剂品名、数量。

化学品正式名称应填写《危险化学品目录》（2015 版）（以下简称《目录》）中"品名"栏对应的名称。

每一种危险货物都有一个 4 位《符合性声明》中的危险化学品危险种类，应填写产品对应的 GHS 分类。此部分只需要填写有危害分类的危险性类别，无须把 GHS 的 29 个危害类别都写上去，如果某危害对应的是"未分类或无法分类"等，则不需要填写。

与 UN 编号一样，包装 UN 标记仅适用于属于危险货物的危险化学品。在填写《符合性声明》时，应注意要与实际货物包装上标注的 UN 标记一致。此部分只有危险货物并且使用的是 UN 包装的才需要。

同时如果在"单一窗口"申报填写时，由于字符限制无法填写完整的 UN 标记，包装标记中"年份"之后的信息可以省略。

采用有限或例外数量包装运输的，在《符合性声明》UN 标记处应填写"有限或例外数量"。

如果有些危险货物包装上有多个 UN 标记。一个包装同时满足"4G"和"4GV"两种包装形式的技术要求，则在填写《符合性声明》时，应选择符合当前盛装要求的包装标记即可。企业在实际填写《符合性声明》时，可以查看产品对应的《危险特性分类鉴别报告》《货物运输条件鉴定报告》或者 SDS 来确认对应的信息。

联合国编号（UN 编号）是危险货物特有的信息，如果仅仅是危险化学品而不是危险货物，则《符合性声明》此处填写"无"。

申报商品有多项危险化学品的，应逐项上传文件。

危险化学品货物属性应准确选择"件装危险化学品"或"散装危险化学品"，如商品成分含危险化学品但经鉴定属于非危险化学品的，以及与危险化学品共用HS编码但经鉴定属于非危险化学品的，都应选择"非危险化学品"申报。包装类型应按实际运输包装方式选择如"桶装""可移动罐柜""散装"等。例如使用罐式集装箱运输的进口危险化学品申报时，包装类型应选择可移动罐柜。

对于属于危险货物的，应保证主危险类别与检验检疫代码的一致性，包装UN标记应符合联合国《关于危险货物运输的建议书 规章范本》以及相应运输方式的危险货物运输国际规章的要求，且对应的包装类别应高于或等于"包装类别"栏中填写的包装类别。如包装类别为Ⅲ，包装标记中通常为X、Y、Z任意一种；包装类别为Ⅱ，包装标记中通常为X、Y任意一种；包装类别为Ⅰ，包装标记中则只能使用X一种。不属于危险货物的，无须录入相关信息。

进口危险化学品申报时还应准确填写目的地检验检疫机构。

2. 出口危险化学品

出口危险化学品的发货人或者其代理人向海关报检需提供材料：

——《出口危险化学品生产企业符合性声明》；

——《出境货物运输包装性能检验结果单》（散装产品及国际规章豁免使用危险货物包装的除外）（危险货物需要）；

——危险特性分类鉴别报告；

——危险公示标签（散装产品除外）、安全数据单的样本，如是外文样本，应提供对应的中文翻译件；

——对需要添加抑制剂或稳定剂的产品，应提供实际添加抑制剂或稳定剂的名称、数量等情况说明。

符合性声明的要素不应少于《关于进出口危险化学品及其包装检验监管有关问题的公告》（海关总署公告 2020 年第 129 号）附件 2 的规定，未填写相关内容的应注明原因。符合性声明化学品正式名称、包装 UN 标记具体填写要求及危险公示标签和安全数据单的编写要求同进口申报一致。

除散装产品及国际规章豁免使用危险货物包装的危险货物外，应使用取得《出入境货物包装性能检验结果单》的包装批次进行灌装，灌装完毕后向灌装企业所在地海关申请包装使用鉴定，鉴定合格后取得《出境危险货物运输包装使用鉴定结果单》，并将使用鉴定单号在货物报检信息中有效关联。

电子底账号是该批次危险化学品业经检验检疫的有效凭证，务必在"出口报关整合申报"模块中填写电子底账号，信息缺失将导致异常批风险布控。

（二）申报要素

确定危险品归类后，还要注重其本身的申报要素要求，这里包含了原海关的各商品规范申报和原检涉及的检验检疫编码及检验检疫名称等，需要注意 HS 编码、申报要素与是否涉危的逻辑一致性，比如，商品名称申报为混凝土硬化剂，HS 编码申报为：3824401000，成分申报为：氟硅酸镁 | 无品牌 | 无型号，其中氟硅酸镁为《危险化学品目录》（2015 年版）中列明的成分，混凝土硬化剂属于危险化学品，需要报检。

（三）优惠原产地、特殊监管区域等特殊的申报要求

需要注意，如果涉及优惠原产地证、货物进出海关特殊监管区域，都有其特殊的规范申报要求。如 2021 年第 34 号海关总署公告《关于优惠贸易协定项下进出口货物报关单有关原产地栏目填制规范和申报事宜的公告》，对优惠贸易协定项下进出口的货物如何填制报关单提出了相应的要求，如原产地证、小金额商品、进出海关监管区域、实施特殊保障措施的农产品、港澳 CEPA 项下商品如何填制报关单的具体情况。

四、许可证申领合规

目前《中华人民共和国对外贸易法》《中华人民共和国海关法》《中华人民共和国出口管制法》有部分规定危险品进出口的贸易管制内容。

现有两用物项方面行政法规：《核出口管制条例》《核两用品及相关技术出口管制条例》《导弹及相关物项和技术出口管制条例》《生物两用品及相关设备和技术出口管制条例》《监控化学品管理条例》《易制毒化学品管理条例》《放射性同位素与射线装置安全和防护条例》和国务院批准的《有关化学品及相关设备和技术出口管制办法》，每个行政法规管制特定的产品或者技术，具体的清单汇总于《两用物项和技术进出口许可证管理目录》。商务部和海关总署每年公布最新的两用物项和技术进出口许可证管理目录，最新的公告为商务部、海关总署公告 2018 年第 104 号。被列入《两用物项和技术进出口许可证管理目录》的监控化学品、易制毒化学品和有关化学品，企业需办理两用物项和技术进出口许可证才可以进出口。和美国的出口管制清单不一样的地方是，中国的两用物项和技术不仅管制出口，同时对特定物项和技术在进口环节也进行管制。中国没有采取和美国同样的出口管制编码分类体系。对于管制的物项和技术，我国的管制目录列明了相关的定义和技术参数，部分管制物项和技术列出了相关的海关编码作为参考，但是海关编码不是判断物项是否受管制的唯一绝对参数，只能作为辅助判断。即使海关编码被列入管制目录，如果产品技术参数不完全满足的话，产品不能属于两用物项许可证管理目录内产品。目前中国的两用物项进出口在许可证方面没有采取公开的国家列表、禁运国和"黑名单"审核制度。军品出口方面的行政法规为《军品出口管理条例》，现行《军品出口管理清单》于 2002 年公布，清单按照武器装备的常规分类方法，共分为十四大类，分别是轻武器，火炮等发射装置，弹药和各类爆炸装置，坦克等军用车辆，军事工程装备，军用舰船，军用航空飞行器，火箭、导弹和军用卫星，军用电子产品及其他控制装置，火炸药、推进剂等化合物，军事训练设备，核生化防护装备，后勤装备等辅助军事装备。

我国政府于1993年签署《禁止化学武器公约》，经全国人民代表大会常务委员会1996年批准，1997年交存批准书，成为公约的原始缔约国。我国政府先后颁布实施了《监控化学品管理条例》（1995年颁布，2011年修订）、《各类监控化学品名录》（1996年）、《〈监控化学品管理条例〉实施细则》（1997年颁布，2018年修订）及《列入第三类监控化学品的新增品种清单》（1998年），确立了中国履行公约的法律保障体系，并形成了一整套对公约附表化学品的生产、经营、使用、储存及进口等的有效管理体系。1996年名录所列第一类、第二类、第三类监控化学品即公约附表1、2、3化学品，1998年增加澳大利亚集团控制清单中的10种化学品，包括氰化钠（钾）、五硫化二磷等。2019年1月开始生效的《〈中华人民共和国监控化学品管理条例〉实施细则》第五十七条指出，监控化学品低于一定浓度阈值时，可以豁免数据申报和进出口许可。

美国"9·11"事件后，为加强国际反恐合作和防扩散，对外经贸部颁布实施《有关化学品及相关设备和技术出口管制办法》（含出口管制清单，2002年），除上述10种化学品外，包括澳大利亚集团控制清单其余所有品种，进一步改进和完善了对有关化学品及双用途化学设备和技术的出口管制。第一、二、三类监控化学品的进出口应当委托指定单位代理，中国化工集团公司和中国昊华化工（集团）总公司为指定公司。但一些具体产品，因为风险较小、使用广泛，或者国内出口方唯一，多家地方化学品公司或生产企业得到批准可以作为进出口单位，这部分产品主要有三乙醇胺、甲基二乙醇胺、氯化亚砜、氯化苦及1998年增补的10种化学品。具体参见中国监控化学品协会网站，该协会配合工业与信息化部的监控化学品管理工作。其中，禁止进出口化学品相关的目录是商务部、海关总署、国家环境保护总局公告公布的《禁止进口货物目录》（第六批）和《禁止出口货物目录》（第三批）（2005年第116号）。两个目录内禁止进口和禁止出口的化学品大部分来源于《鹿特丹公约》和《斯德哥尔摩公约》，是我国对国际公约的国内履约。其中，限制进出口的化学品相关的目录有《进口许可证目录》和《出口许可证目录》，由商务部和海关总署联合发布。《进口许可证目录》中限制了消耗臭氧层物质的进口，这是为了履行《保护臭氧层维也纳公约》和《关于消耗臭氧层物质的蒙特利尔议定书》及其修正案规定的义务。《出口许可证目录》是国家对国内生产所需的原料、半制成品以及国内供不应求的一些紧俏物资和商品实行管制，以满足国内市场和消费者的需要，保护民族经济。

麻醉药品和精神药品的前体化学品方面，我国于2005年颁布《易制毒化学品管理条例》，商务部、公安部、海关总署、国家安全生产监督管理总局、国家食品药品监督管理总局于2005年联合颁发《向特定国家（地区）出口易制毒化学品暂行管理规定》，商务部于2006年发布《易制毒化学品进出口管理规定》，商务部和公安部于2006年联合发布《易制毒化学品进出口国际核查管理规定》，商务部、公安部、海关总署、国家食品药品监督管理总局于2006年联合颁发《麻黄素类易制毒化学品出口企业核定暂行办法》。易制毒化学品即上述条例附表所列可用于制毒的主要原料及化学配剂，国家对易制毒化学品，进出口实行许可证管理制度，以任何方式进出口易制毒化学品均需申领许可证，由商务部主管，其中药品类的需同时征得国务院药品监督管理部门的同意。17种易制毒化学品在向缅甸、老挝、阿富汗等特定国家（地区）出口时需办理《易制毒化学品定向出口许可证》。按照商务部2007年《关于对含易制毒化学品混合物的进出口管理做出具体规定》，"混合物"指含甲苯、丙酮、丁酮、硫酸 4 种易制毒化学品之一且比例高于 40%（不含）的货物以及含盐酸比例高于 10%（不含）的货物；或含上述 5 种以外的《易制毒化学品进出口管理目录》所列的其他易制毒化学品的货物，含易制毒化学品的复方药品制剂除外。进出口上述混合物，经营者应当按照规定申请许可。含甲苯、丙酮、丁酮、硫酸、盐酸 5 种易制毒化学品之一且比例低于上述规定含量的货物，不属于该规定第七条所称的"混合物"。经营者进出口上述货物，无须申请易制毒化学品许可。

不仅监控化学品和易制毒化学品领域包含较多的受管制化学品，其他物项中也涉及化学品或化学材料，如导弹液体推进剂中的肼（纯度 70% 以上）、偏二甲肼、甲基肼、混胺、四氧化二氮、红发烟硝酸，比拉伸强度大于 $7.62 \times 10^4 \mathrm{m}$ 和比模量大于 $3.18 \times 10^6 \mathrm{m}$ 的复合材料结构件、层压板和制品，以及以树脂或金属为基体的用纤维和丝材增强而制成的各种预浸件和预成形件，可能来自以聚酰亚胺、聚酰胺基、聚碳酸酯、石英纤维等增强的复合材料，一定型号的离子交换树脂、玻璃纤维纱线属于核出口管制清单所列物项。具体应及时查询有效的《两用物项和技术进出口许可证管理目录》。进出口列入《中华人民共和国进出口农药登记证明管理目录》的农药，应根据《鹿特丹公约》《农药管理条例》事先向农业农村部农药检定所申领进出口农药登记证明，凭此向海关办理进出口报关手续。对一些既可用作农药，也可用作工业原料的商品，如果企业以工业原料用途进出口，企业无须办理进出口农药登记证明，凭农业农村部农药检定所向进出口企业出具的"非农药登记管理证明"，满足海关 S 监管条件验放。为履行我国加入的环境保护类化学品国际公约，环境保护部、商务部和海关总署联合发布《中国严格限制的有毒化学品目录》（2018 年），单位须办理有毒化学品环境管理放行通知单方可进出口。

（一）需要申领的证件类型

根据确定的商品归类来查看相应的监管条件，例如，具体是哪个或哪几个监管证件。危险品进出口主要涉及的监管证件有：进口许可证、出口许可证、两用物项许可证、农药进出口登记管理放行通知单、有毒化学品进出口环境管理放行通知单、民用爆炸物品进出口审批单等。要注意贸易方式为货样广告品时，进口机电产品货样、广告物品、实验品的，每批次价值不超过5000元人民币的，免领自动进口许可证。

经营者运出国（境）外属于出口许可证管理货物的货样或者实验用样品，每批货物价值在人民币3万元（含3万元）以下者，免领出口许可证。

（二）免领自动进口许可证

具体包括：

1. 加工贸易项下进口并复出口的料件（原油、成品油、化肥除外）；

2. 外商投资企业作为投资进口或者投资额内生产自用的；

3. 货样广告品、实验品进口，每批次价值不超过5000元人民币的；

4. 暂时进口的海关监管货物；

5. 大宗、散装货物溢装数量在货物总量5%以内，其中原油、成品油、化肥、钢材溢装数量在货物总数3%以内；

6. 保税区、出口加工区、保税仓库、保税物流中心等海关特殊监管区域、保税监管场所从境外进口自动进口许可管理的货物；

7. 进口后继续用于国际航行的二手船舶油箱内剩余的油料。

（三）免领出口许可证

具体包括：

1. 对外经援项目（监管方式"援助物资"，代码"3511"）出口货物，海关验核商务部《援外项目任务通知单》，并按规定办理通关验放手续；

2. 赴国（境）外参加或者举办展览会所带属于出口许可证管理的非卖展品且展览结束后如数运回的（受控消耗臭氧层物质以及其他国际公约管辖的货物除外）；

3. 运出国（境）外属于出口许可证管理货物的货样或实验用样品，每批货物价值在人民币3万元（含3万元）以下的（消耗臭氧层物质以及其他国际公约管辖的货物除外）。

（四）填制规范

进出口许可证管理是指国家职能管理部门根据商务部、海关总署等制定和调整的进出口许可证管理货物目录，以签发进出口许可证的形式，对该目录商品实行的行政许可管理。进出口许可证的填制，一般根据发证机关及相关的规范性文件来进行填写。

【链接】进口许可证、出口许可证填制规范

1. 出口许可证

1.1 出口许可证的含义

出口许可证是由国家对外经贸部行政管理部门代表国家统一签发的，批准某项商品出口的且具有法律效力的证明文件。

1.2 出口许可证管理制度

出口许可证管理是根据国家的法律、政策、对外贸易计划和国内市场的需求，对出口经营权、经营管理范围、贸易国别、出口货物品种、数量、技术及相关产品等实行全面管理、有效监测、规范货物出口许可的制度。凡国家宣布实行出口许可证管理的商品，出口前均须按规定申领出口许可证，海关凭出口许可证接受申报和验放，无证不得出口。

1.3 出口许可证的申领和签发

我国进出口许可证由商务部及其授权机构发证。申领单位向发证机关出示单位公函、出口合同副本或复印件、主管部门（厅、局级）的批准件以及其他证明材料。发证机关收到上述有关申请材料后进行审核，同意后，领证人登录许可证局网站进入出口申领系统，按规定填写"中华人民共和国出口许可证申请表"进行网上申请，发证机关在接到申请表后的 3 个工作日内在线审批。领证人打印已通过的申领单并签字盖章，持该申领单、合同及相关文件到发证机关领取"中华人民共和国出口许可证"，并凭以向海关办理货物出口报关和银行开证或结汇手续。目前，我国实行按商品、按地区分级发证的办法。执行审批并签发出口许可证的机关为：商务部及其派驻在主要口岸的特派员办事处；各省、自治区、直辖市以及经国务院批准的计划单列市的商务行政管理部门。

1.4 出口许可证的填制

1.4.1 出口方（Exporter）。填写出口方全称，注明在海关注册的企业代码。

1.4.2 发货人（Consignor）。按信用证或合同规定填写，并与运输单证中显示的托运人相符。

1.4.3 出口许可证号（Export License No.）。此栏留空，由签证机关填制。

1.4.4 出口许可证有效截止日期（Export License Expiry Date）。实行"一批一证"制的商品，其许可证有效期自发证之日起最长为 3 个月。供我国港澳地区（不包括转口）鲜活冷冻商品的许可证有效期为 1 个月。不实行"一批一证"制的商品以及我国外商投资企业和补偿贸易项下的出口商品，其许可证有效期自发证之日起最长为 6 个月。许可证证面有效期如需跨年度时，可在当年将许可证日期填到次年，最迟至 2 月底。

1.4.5 贸易方式（Terms of Trade）。此栏根据实际情况填写，如一般贸易、易货贸易、补偿贸易、进料加工、来料加工、外商投资企业出口、边境贸易、出料加工、转口贸易、期货贸易、承包工程、归还贷款出口、国际展览、协定贸易、其他贸易等。进料加工复出口时，此栏填写进料加工。外商投资企业进料加工复出口时，此栏填写外商投资企业出口。非外贸单位出运展卖品和样品每批价值在 5000 元人民币以上的，此栏填写"国际展览"。各类进出口方出运展卖品，此栏填写"国际展览"，出运样品填写一般贸易。

1.4.6 合同号（Contract No.）。填实际出口合同号。

1.4.7 报关口岸（Place of Clearance）。填写实际装运口岸的全称，与报关单中的"出口口岸"一致。

1.4.8 进口国（地区）（Country/Region of Purchase）。进口国或地区不允许使用地域名，如欧洲等。

1.4.9 支付方式（Payment Conditions）。即结汇方式，按合同支付条款的规定填写。填结汇方式的名称或缩写或代码，包括信用证、托收、汇付等，应与报关单中的结汇方式一致。

1.4.10 运输方式（Mode of Transport）。填写合同或信用证中规定的运输方式，如江海运输、航空运输、铁路运输、公路运输、邮政运输等。

1.4.11 商品名称及商品编码（Description of Goods and Code of Goods）。商品名称与发票、装箱单、报关单等单证中的商品名称一致。商品编码根据《中华人民共和国海关统计商品目录》规定的统一编码填写，未列入的，一律用"9999"表示。

1.4.12 规格、型号（Specification）。填写商品的实际规格，不同规格应分行表示。

1.4.13 单位（Unit）。填写合同或信用证中规定的计量单位名称。

1.4.14 数量（Quantity）。填写实际发运数量，并与发票的相关内容一致。

1.4.15 单价（Unit Price）。按合同单价填写，并与发票的单价一致。

1.4.16 总值（Amount）。按合同总金额填写，并与发票总金额一致。

1.4.17 总值折美元（Amount in USD）。按外汇牌价折算为美元计入。

1.4.18 总计（Total）。将各栏的合计数分别填入本栏内。

1.4.19 备注（Supplementary Details）。如有特别要求或说明，在此栏注明。

1.4.20 申请单位及申请日期。填写申请出口许可证单位名称，并注明申请日期。

2. 进口许可证

2.1 进口许可证的含义

进口许可证又称"进口货物许可证"，是有关当局签发的批准进口商品的证明文件，也是进口通关的文件之一。实施许可证管理的商品，除进料加工、来料加工、来件装配、外商投资企业的进口及其他特殊规定外，都必须按国家规定的审批权限进行审批并凭批准文件向发证机关申领进口许可证。没有许可证的商品一律不准进口。

2.2 实行进口许可证管理的货物品种

目前我国将实行进口许可证管理的货物品种列入"实施进口许可证商品目录"中。该目录由商务部会同国务院有关部门制定、调整并公布，凡目录中所列商品，进口方须向有关机构提出申请，取得批准，发给许可证，然后凭此证办理报关手续。这种制度可以直接控制进口数量和进口国别。凡实施进口管制的商品，企业在签约前，应事先向有关审批机关办理进口许可证的申领手续，缴纳费用，在许可证有效期内报关进口，否则，海关不予放行。

2.3 办理进口许可证的流程

进口方向发证机关提交"中华人民共和国进口许可证申请表"和其他有关单证，申请签发进口许可证。发证机关审核无误后，签发"中华人民共和国进口许可证"。申领人首先登录许可证局网站进入进口（自动进口）申领系统进行网上申请，被批准后再打印纸质申请，办理纸质的进口许可证。

2.4 进口许可证的填制

2.4.1 我国对外成交单位及编码。我国具有该商品进口经营权、对外签订进口合同的单位全称及其在海关注册的企业代码。

2.4.2 收货单位。按信用证或合同填写。

2.4.3 进口许可证编号。此栏留空，由签证机关填写。

2.4.4 许可证有效期。通常为一年，由签证机关填写。

2.4.5 贸易方式。按合同中具体使用的贸易方式填写。

2.4.6 外汇来源。根据实际情况填写，通常为购汇。

2.4.7 到货口岸。商品进口时进口方报关的口岸名称。

2.4.8 贸易国（地区）。填写装运港、国家或地区的全称。

2.4.9 商品原产地。填写所进口的货物的生产国家或地区的全称。

2.4.10 商品用途。根据实际情况填写。见表8-3左下角的说明。

2.4.11 商品名称、编码。根据《中华人民共和国海关统计商品目录》规定的商品标准名称和统一编码填写。

2.4.12 商品规格、型号。按实际规格填写。不同规格应分行表示，计量单位按H.S.编码规则填写。

2.4.13 单位。填写与合同规定一致的计量单位名称。

2.4.14 数量。填写实际的出运数量，并与发票等相关内容一致。

2.4.15 单价（币制）。按合同成交单价填写，并与发票等相关内容一致。括号内填写的币别按国际标准表示。

2.4.16 总值。按合同成交单价填写，并与发票总金额一致。括号内填写的币别按国际标准表示。

2.4.17 总值折美元。按外汇牌价折算成美元填写。

2.4.18 总计。按各栏的合计数填写。

2.4.19 领证人姓名、联系电话。按实际情况填写。

3. 其他注意事项。

货样广告品贸易方式下超 5000 美元申领许可证也需要填写货样广告品的市场价格。

根据商务部发布的两用物项和技术进出口许可证管理办法第六条规定："以任何方式进口或出口，以及过境、转运、通运《管理目录》中的两用物项和技术，均应申领两用物项和技术进口或出口许可证。"

"两用物项和技术在境外与保税区、出口加工区等海关特殊监管区域、保税场所之间进出的，适用前款规定。"

"两用物项和技术在境内与保税区、出口加工区等海关特殊监管区域、保税场所之间进出的，或者在上述海关监管区域、保税场所之间进出的，无须办理两用物项和技术进出口许可证。"

第四节 危险货物、危险化学品进出口事中争议应对指引

一、一般监管

（一）首先需要确定统一性危害分类

1. 国内的统一性危害分类

统一性危害分类包括 17 项物理危害、10 项健康危害与 2 项环境危害。

化学品物理危险性是指化学品所具有的爆炸性、燃烧性（易燃或可燃性、自燃性、遇湿易燃性）、自反应性、氧化性、高压气体危险性、金属腐蚀性等。具有物理危险的化学品是指按照《化学品分类和标签规范》（GB 30000）系列国家标准以及《危险化学品目录（2015 版）》关于危险化学品的确定原则，判定为爆炸物、易燃气体、气溶胶（又称气雾剂）、氧化性气体、加压气体、易燃液体、易燃固体、自反应物质和混合物、自燃液体、自燃固体、自热物质和混合物、遇水放出易燃气体的物质和混合物、氧化性液体、氧化性固体、有机过氧化物、金属腐蚀物的化学品。

化学品健康危害是指根据已确定的科学方法进行研究，由得到的统计资料证实，接触某种化学品对人员健康造成的急性或慢性危害。具有健康危害的化学品是指按照《化学品分类和标签规范》（GB 30000）系列国家标准以及《危险化学品目录（2015 版）》关于危险化学品的确定原则，判定为具有急性毒性、皮肤腐蚀或刺激、严重眼损伤或眼刺激、呼吸道或皮肤致敏、生殖细胞致突变性、致癌性、生殖毒性、特异性靶器官毒性——一次接触、特异性靶器官毒性——反复接触、吸入危害的化学品。

化学品环境危害是指化学品进入环境后，通过环境蓄积、生物累积、生物转化或化学反应等方式损害人类健康和生存环境，或者通过接触对人体、环境造成的严重危害和具有的潜在危害。具有环境危害的化学品是指按照《化学品分类和标签规范》（GB 30000）系列国家标准以及《危险化学品目录（2015版）》关于危险化学品的确定原则，判定为危害水生环境、危害臭氧层的化学品。

在标准制定方面，国家相继颁布了化学品危险性的分类标准，例如《化学品分类和标签规范》（GB 30000）系列国家标准；制定了 30 余项实验鉴定方法标准，例如《危险品易燃固体自热试验方法》（GB/T 21612）、《危险品固体氧化性试验方法》（GB/T 21617）、《危险品易燃固体燃烧速率试验方法》（GB/T 21618）、《危险品金属腐蚀性试验方法》（GB/T 21621）、《闪点的测定快速平衡闭杯法》（GB/T 5208）等。

化学品物理危险性鉴定按照《化学品物理危险性测试导则》进行，该导则是按照联合国《关于危险货物运输的建议书试验和标准手册》（以下简称《试验和标准手册》）（第五修订版）制订的。导则涵盖了爆炸物、自反应物质和混合物、有机过氧化物、气溶胶、易燃液体、易燃固体、自燃固体、自燃液体、自热物质、遇水放出易燃气体的物质、氧化性固体、氧化性液体、易燃气体、金属腐蚀物等化学品的 59 个物理危险性试验方法。《化学品物理危险性测试导则》是《鉴定办法》的配套文件，是化学品物理危险性鉴定机构开展化学品物理危险性鉴定工作的依据。对于蒸气压、自燃温度、熔点、固液鉴别等测试项目优先选择国家标准、行业标准进行测试，国家标准、行业标准未规定的，可以按照国际、发达国家发布的标准进行测试。

化学品毒性鉴定按照《化学品毒性鉴定技术规范》规定的试验方法进行。该规范包括化学品第一阶段至第四阶段的急性吸入毒性试验、急性经皮毒性试验等 28 个试验和 14 个参考试验。化学品健康危害分类按照《化学品分类和标签规范》（GB 30000.18~30000.27）系列国家标准，以及《危险化学品目录（2015 版）》关于危险化学品的确定原则进行分类。

化学品环境危害鉴定按照《化学品测试导则》（HJ/T 153）及《化学品测试方法》（第二版）系列丛书（中国环境出版社）进行。导则主要参照经济合作与发展组织（Organization for Economic Cooperation and Development，简称 OECD）的化学品测试准则的框架和内容制定，规定了对化学品的理化特性、生物系统效应、降解与蓄积、健康效应四个方面固有性质的测试要求。《化学品测试方法：生物系统效应卷》（第二版）介绍了测试化学品对生物体和生态系统影响的 36 个方法。代表性的试验生物为藻类、鱼类、线蚓、陆生植物和动物、两栖动物和微生物。每个方法均对样品必备资料、测试目的、原理、仪器设备、操作方法与程序、质量保证与质量控制、数据报告等做了原则性叙述和规定，用以规范测试操作，保证测试数据的质量。《化学品测试方法 3：降解与蓄积卷》（第二版）介绍了国际上普遍采用的化学品降解测试方法 29 个、生物蓄积测试方法 8 个。每个方法对受试物的必备资料、测试原理、仪器设备、操作方法和程序、质量控制、数据报告等做了原则性叙述和规定，用以规范测试操作，保证测试数据的质量。《化学品测试方法 4：健康效应卷》（第二版）介绍了 73 个常用的化学品健康效应测试方法，供有关方面在对化学品进行危害性筛查、鉴别和分类时使用，所得结果可用来评价其对健康的影响和环境风险，以便在研发、生产、使用、废弃处置等过程中采取有效措施，最大限度防控其风险。化学品环境危害分类按照《化学品分类和标签规范》（GB 30000.28-30000.29）系列国家标准，以及《危险化学品目录（2015 版）》关于危险化学品的确定原则进行分类。

2. 国际上关于化学品危害性分类

国际上关于化学品危害性分类，列举几个国家或地区的例子。

2008 年 12 月 16 日欧盟理事会和欧洲议会审议批准并颁布了《物质和

混合物分类、标签和包装法规》（1272/2008/EC，以下简称 CLP）。

2010 年，美国国家标准学会发布了有关 GHS 的标准，即《工作场所有害化学品国家标准——危害评估、安全技术说明书和安全标签的制作》（ANSI Z400.1/Z129.1—2010），在标准中规定了危害分类、安全技术说明书及标签的编制要求。为了与 GHS 一致，管理作业场所化学品的职业安全与卫生管理局（OSHA）在 2012 年 3 月 26 日发布了新修订的《危害性传递标准》（HCS）。

为了实施 GHS，日本厚生劳动省在 2005 年修订了《工业安全卫生法》，2006 年 12 月 1 日生效，受《工业安全卫生法》管理的 99 种物质的标签和 640 种物质的安全技术说明书要求符合 GHS 规定。2005 年 12 月，厚生劳动省建议厂家在日本《有毒与有害物质管理法》框架内自愿实施 GHS 标签。《有毒与有害物质管理法》主要管理有毒或有害的物质。2012 年 3 月，日本发布了国家标准 JIS Z 7253《基于化学品全球调和制度（GHS）的化学品危害通识——安全资料表（SDS）和标签》，该标准代替原 JIS Z 7250 和 JIS Z 7251。

（二）针对 SDS 内容的编制

国内 SDS 的编制依据主要为经转化适用的 GHS 制度，如 GB/T 17519-2013、GB/T 16483-2008、GB 30000.2-2013~GB 30000.29-2013 等，主要争议内容围绕固定顺序的 16 个部分。

1. 化学品及企业标识

（1）化学品名称

化学品的中文名称和英文名称应当与标签上的名称一致，有多个名称时，中间用"；"隔开，原则上化学名作为第一名称。化学品属于农药的应将其通用名称作为第一名称，农药的中英文通用名称应分别按照 GB 4839 和 ISO 1750 填写。

（2）电话号码和电子邮件地址

应为供应商 SDS 责任部门的电话号码和电子邮件地址，便于下游用户能够及时获得技术帮助。供应商一般是产品的生产商，也可以是能承担 SDS 相关责任的供应商。

（3）应急咨询电话

必须提供至少 1 家服务主体在中国境内的 24 小时化学事故应急咨询电话，必要时能够到事故现场提供救援帮助。

2. 危险性概述

（1）紧急情况概述

描述在事故状态下化学品可能立即引发的严重危害，以及可能具有严重后果需要紧急识别的危害，为化学事故现场救援人员处置时提供参考。该内容置于危险性概述的起始位置，可使用醒目字体或加边框。

（2）危险性类别

填写《〈危险化学品目录〉实施指南》《危险化学品分类信息表》中的分类结果。如果该化学品没有列入《危险化学品分类信息表》，则填写按照《化学品分类和标签规范》（GB 30000）系列国家标准及《危险化学品目录》关于危险化学品的确定原则，对化学品进行分类所得到的分类结果。该结果一般由第三方有化学品危险性鉴定与分类资质的机构出具。分类结果按照化学品的物理危险、健康危害和环境危害的危险性类别依次填写。

（3）标签要素

提供的标签要素应符合《化学品分类和标签规范》（GB 30000）系列国家标准的相关规定。SDS 标签要素的内容应与化学品安全标签上的要素内容一致。

3. 成分 / 组成信息

成分 / 组成信息应列明包括对该物质的危险性分类产生影响的杂质和稳

定剂在内的所有危险组分的名称，以及浓度或浓度范围。按照浓度递减顺序标注组分的质量分数或体积分数或浓度范围。对于混合物中供应商需要保密的组分，根据需要保密的具体情况，组分的真实名称、CAS 号可不写，但应在 SDS 的相关部分列明其相关信息。发生意外进行应急处置而需要真实组分信息时，企业应向应急处置人员公开相关信息，知晓该信息的人员必须为企业保守秘密。

4. 急救措施

（1）急救措施的描述

根据化学品的不同接触途径，按照吸入、皮肤接触、眼睛接触和食入的顺序，分别描述相应的急救措施。如果存在除中毒、化学灼伤外必须处置的其他损伤（例如，低温液体引起的冻伤，固体熔融引起的烧伤等），也应说明相应的急救措施。所提出的急救措施，应与 SDS 的第 2 部分中健康危害项的内容相互对应，并应与标签上描述的急救措施保持一致。

（2）最重要的症状和健康影响

如果接触化学品后能引起迟发性效应，应描述最重要的症状和健康影响。

5. 消防措施

（1）灭火剂

填写适用的灭火剂和不适用的灭火剂。适用灭火剂的选用可参考有关专业书籍、标准等，不适用灭火剂包括那些可能与着火物质发生化学反应或急剧的物理变化而导致其他危害的灭火剂，例如某些物质遇水反应释放出可燃或有毒气体，导致火场更危险。建议填写灭火剂不适用的原因。

（2）特别危险性

提供在火场中化学品可能引起的特别危害。例如：化学品燃烧可能产生有毒有害燃烧产物，遇高热时容器内压缩气体（或液体）急剧膨胀发生爆炸，或发生物料聚合放热，导致容器内压增大引起开裂或爆炸等。

（3）灭火注意事项及防护措施

不同化学品以及在不同情况下发生火灾时，扑救方法差异很大，若处置不当，不仅不能扑灭火灾，反而会使灾情进一步扩大。化学品本身及其燃烧产物大多具有较强的毒害性和腐蚀性，极易造成人员中毒、灼伤。因此，扑救化学危险品火灾是一项极其重要又非常危险的工作。灭火过程中应特别注意的问题，例如，对有爆炸危险性的物质，灭火人员应尽量利用现场现成的掩蔽体或尽量采用卧姿等低姿射水，尽可能地采取自我保护措施。切忌用沙土盖压，以免增强爆炸物品爆炸时的威力。扑救气体火灾时切忌盲目扑灭火势，在没有采取堵漏措施的情况下，必须保持稳定燃烧。否则，大量可燃气体泄漏出来与空气混合，遇着火源就会发生爆炸，后果将不堪设想。如果火场中有压力容器或有受到火焰辐射热威胁的压力容器，能疏散的应尽量在水枪的掩护下疏散到安全地带，不能疏散的应部署足够的水枪进行冷却保护。为防止容器爆裂伤人，进行冷却的人员应尽量采用低姿射水或利用现场坚实的掩蔽体防护。对卧式储罐，冷却人员应选择储罐四侧角作为射水阵地。在填写本项时，应包括泄漏物和消防水对水源和土壤污染的可能性，以及减少这些环境污染应采取的措施等方面的信息。

6. 泄漏应急处置

填写化学品泄漏应急处置人员的防护措施、防护装备和应急处置程序，环境保护措施，泄漏化学品的收容、清除方法及所使用的处置材料，防止发生次生灾害的预防措施等。应急处置人员选择防护措施时，应注意根据化学品本身特性和场合选择不同的防护器具。例如，对于泄漏化学品毒性大、浓度较高，且缺氧情况下，必须采用氧气呼吸器、空气呼吸器、送风式长管面具等。对于泄漏中氧气浓度不低于18%，毒物浓度在一定范围内的场合，可以采用过滤式防毒面具。泄漏处理时要提示不要使泄漏物进入下水道或受限

空间，要说明一旦进入受限空间应该如何处理。

7. 操作处置与储存

（1）操作处置

就化学品日常操作处置的注意事项和措施提出建议。包括防止人员接触的注意事项和措施、操作中的防火防爆措施、局部通风或全面通风措施、防止产生气溶胶和粉尘的注意事项和措施、防止与禁配物接触的注意事项，以及禁止在工作场所进食、饮水，使用后洗手、进入餐饮区前脱掉污染的衣着和防护装备等一般卫生要求建议等。

（2）储存

填写化学品的安全储存条件。例如，库房及温湿度条件，包括要求库房阴凉、通风，库房温度、湿度不得超过某一规定数值等；安全设施与设备，包括防火、防爆、防腐蚀、防静电以及防止泄漏物扩散的措施；与禁配物的储存要求；添加抑制剂或稳定剂的要求；适合和不适合该化学品的包装材料等。

8. 接触控制和个体防护

（1）职业接触限值

根据《工作场所有害因素职业接触限值 化学有害因素》（GBZ 2.1）填写工作场所空气中本品或混合物中各组分化学物质容许浓度值，包括最高容许浓度（MAC）、时间加权平均容许浓度（PC-TWA）和短时间接触容许浓度（PC-STEL）。对于国内尚未制定职业接触限值的物质，可填写国外发达国家规定的该物质的职业接触限值。例如，美国政府工业卫生学家会议（American Conference of Governmental Industrial Hygienists，简称 ACGIH）的阈限值（TLV），包括阈限值－时间加权平均浓度（TLV-TWA）、阈限值－短时间接触限值（TLV-STEL）和阈限值－上限值（TLV-C）。如果预计化学品在使用过程中能够产生其他空气污染物，应列出这些污染物的职业接触限值。

（2）生物限值

准确填写国内已有标准规定的生物限值。对于国内未制定生物限值标准的物质，可填写国外尤其是发达国家规定的该物质的生物限值。例如，美国政府工业卫生学家会议制定的生物接触限值（Biological Exposure indices，BEIs）。例如，《职业接触正己烷的生物限值》（WS/T 243—2004）规定的正己烷的职业接触生物限值为尿中 2，5- 己二酮的浓度不超过 35.0μmol/L 或者 4.0mg/L。

（3）工程控制

根据化学品的用途，列明减少接触的工程控制方法。例如："使用局部排风系统，保持空气中的浓度低于职业接触限值""仅在密闭系统中使用""使用机械操作，减少人员与材料的接触""采用粉尘爆炸控制措施"。

（4）个体防护装备

应根据化学品的危险特性和接触的可能性，提出推荐使用的个体防护装备。包括以下几方面：

① 呼吸系统防护：根据化学品的形态（气体、蒸气、雾或尘）、危险特性及接触的可能性，填写适当的呼吸防护装备，例如过滤式呼吸器及合适的过滤元件（滤毒盒或滤毒罐）。

② 眼面防护：根据眼面部接触的可能性，具体说明所需眼面防护品的类型。

③ 皮肤和身体防护：根据化学品的危险特性及除手之外身体其他部位皮肤接触的可能性，具体说明需穿戴的个体防护装备[如防护服、防护鞋（靴）]的类型、材质等。

④ 手防护：根据化学品的危害特性及手部皮肤接触的可能性，具体说明所需防护手套的类型、材质等。

9. 理化特性

编写理化特性时应当注意：对于混合物，应当提供混合物的理化特性数据，在特殊情况下不能获取其整体理化特性信息的情况下，应填写混合物中对其危险性有影响的组分的理化特性。应明确注明相关组分的名称，并与 SDS 第 3 部分——成分 / 组成信息填写的名称一致。除 GB/T 16483 中要求列出的理化特性外，如果有放射性、体积密度、热值、软化点、黏度、挥发百分比、饱和蒸汽浓度（包括温度）、升华点、液体电导率、金属腐蚀速率、粉尘粒径 / 粉尘分散度、最小点火能（MIE）、最小爆炸浓度（MEC）等数据，也应列出。

10. 稳定性和反应性

（1）稳定性

描述在正常环境下以及预计的储存、处置温度和压力条件下，物质或混合物是否稳定。说明为保持物质或混合物的化学稳定性，可能需要使用的任何稳定剂。说明物质或混合物的外观变化有何安全意义。

（2）危险反应

说明物质或混合物能否发生伴有诸如压力升高、温度升高、危险副产物形成等现象的危险反应。危险反应包括（但不限于）聚合、分解、缩合、与水反应和自反应等。应注明发生危险反应的条件。

（3）应避免的条件

列出可能导致危险反应的条件，如热、压力、撞击、静电、震动、光照等。

（4）禁配物

列出物质或混合物的禁配物。当物质或混合物与这些禁配物接触时，能发生反应而引发危险（例如，爆炸、释放有毒或可燃物质、释放大量的热等）。为避免禁配物列出过多，有些在任何情况下都不可能接触到的禁配物不必列出。禁配物可以是某些类别的物质、混合物，或者特定物质，例如，水、空气、酸、碱、氧化剂等。

（5）危险的分解产物

列出已知和可合理预计会因使用、储存、泄漏或受热产生的危险分解产物，例如，可燃和有毒物质、窒息性气体等。分解产物一氧化碳、二氧化碳和水除外；有害燃烧产物应包括在第 5 部分消防措施中，不必在此项中列出。

11. 毒理学信息

本部分所提供的信息应能用来评估物质、混合物的健康危害和进行危险性分类，并与 SDS 相关部分相对应。包括：人类健康危害资料（例如，流行病学研究、病例报告或人皮肤斑贴试验等）、动物试验资料（例如，急性毒性试验、反复染毒毒性试验等）、体外试验资料（例如，体外哺乳动物细胞染色体畸变试验、Ames 试验等）、结构－活性关系（SAR）例如，定量结构－活性关系（QSA R）等。

（1）信息描述要求。具体如下：

① 对于动物试验数据，应简明扼要地填写试验动物种类（雌雄）、染毒途径（经口、经皮、吸入等）、频度、时间和剂量等方面的信息。对于中毒病例报告和流行病学调查信息，应分别描述。

② 应按照不同的接触途径（例如，吸入、皮肤接触、眼睛接触、食入）提供有关接触物质或混合物后引起毒性作用（健康影响）方面的信息。

③ 提供能够引起有害健康影响的接触剂量、浓度或条件方面的信息。如有可能，接触量（包括可能引起损害的接触时间）应与出现的症状和效应相联系。例如，"接触本品浓度 $10mg/m^3$ 出现呼吸道刺激；$250\sim300mg/m^3$ 出现呼吸困难；$500mg/m^3$ 神志丧失，30 分钟后死亡""小剂量接触可出现头痛和眩晕，随病情进展出现昏厥或神志丧失，大剂量可导致昏迷甚至死亡"。

④ 如果有关试验或调查研究的资料为阴性结果，亦应填写。例如，"大鼠致癌性试验研究结果表明，癌症的发病率没有明显增加"。

⑤ 如有可能，应提供物质相互作用方面的信息。在不能获得特定物质或混合物危险性数据的情况下，可酌情使用类似物质或混合物的相关数据，但要清楚地进行说明。不宜采用无数据支持的"有毒"或"如使用得当无危险"等一般性用语，易引起误解，且未对化学品的健康影响作出具体描述。如果没有获得健康影响方面的信息，应作出明确说明。

（2）混合物毒性作用（健康影响）的描述。应注意以下问题：

① 对于某特定毒性作用，如果有混合物整体试验（观察）数据，应填写其整体数据；如果没有混合物整体试验（观察）数据，应填写 SDS 第 3 部分——成分 / 组成信息中列出组分的相关数据。

② 各组分在体内有可能发生相互作用，致使其吸收、代谢和排泄速度发生变化。因此，毒性作用可能发生改变，混合物的总毒性可能有别于其组分的毒性。在填写时应予以考虑。

③ 应考虑每种成分的浓度是否足以影响混合物的总毒性（健康影响）。除以下情况外，应列出相关组分的毒性作用（健康影响）信息。

a. 如果组分间存在相同的毒性作用（健康影响），则不必将其重复列出。例如，在两种组分都能引起呕吐和腹泻的情况下，不必两次列出这些症状，总体描述这种混合物能够引起呕吐和腹泻即可。

b. 组分的存在浓度不可能引起相关效应。例如，轻度刺激物被无刺激性的溶液稀释降低到一定浓度，则整体混合物将不可能引起刺激。

c. 各组分之间的相互作用难以预测，因此在不能获取相互作用信息的情况下，不能任意假设，而应分别描述每种组分的毒性作用（健康影响）。

12. 生态学信息

本部分为 SDS 第 2 部分——危险性概述中的环境危害分类提供支持性信息。

编写本部分应注意以下事项：

（1）对于试验资料，应清楚说明试验数据、物种、媒介、单位、试验方法、试验间期和试验条件等。

（2）提供以下环境影响方面的摘要信息：

①生态毒性：提供水生和（或）陆生生物的毒性试验资料。包括鱼类、甲壳纲、藻类和其他水生植物的急性和慢性水生毒性的现有资料；其他生物（包括土壤微生物和大生物），如鸟类、蜂类和植物等的现有毒性资料。如果物质或混合物对微生物的活性有抑制作用，应填写对污水处理厂可能产生的影响。

②持久性和降解性：是指物质或混合物相关组分在环境中通过生物或其他过程（如氧化或水解）降解的可能性。如有可能，应提供有关评估物质或混合物相关组分持久性和降解性的现有试验数据。如填写降解半衰期，应说明这些半衰期是指矿化作用还是初级降解。还应填写物质或混合物的某些组分在污水处理厂中降解的可能性。对于混合物，如有可能应提供SDS第3部分——成分/组成信息中所列出组分的持久性和降解性方面的信息。

③潜在的生物累积性：应提供评估物质或混合物某些组分生物累积潜力的有关试验结果，包括生物富集系数（BCF）和辛醇/水分配系数（Kow）。对于混合物，如有可能应提供SDS第3部分——成分/组成信息中所列出组分的潜在的生物累积性方面的信息。

④土壤中的迁移性：是指排放到环境中的物质或混合物组分在自然力的作用下迁移到地下水或排放地点一定距离以外的潜力。如能获得，应提供物质或混合物组分在土壤中迁移性方面的信息。物质或混合物组分的迁移性可经由相关的迁移性研究确定，如吸附研究或淋溶作用研究。吸附系数（Koc）值可通过辛醇/水分配系数（Kow）推算；淋溶和迁移性可利用模型推算。对于混合物，如有可能应提供SDS第3部分——成分/组成信息中所列出组分的土壤中的迁移性方面的信息。

⑤其他环境有害作用：如有可能，应提供化学品其他任何与环境影响有关的资料，如环境转归、臭氧损耗潜势、光化学臭氧生成潜势、内分泌干扰作用、全球变暖潜势等。

13. 废弃处置

该部分说明废弃化学品和被污染的任何包装物的处置方法，例如，焚烧、填埋或回收利用等。说明影响废弃处置方案选择的废弃化学品的物理化学特性。说明焚烧或填埋废弃化学品时应采取的任何特殊防范措施。提请下游用户注意国家和地方有关废弃化学品的处置法规。

14. 运输信息

提供该危险货物在国内外运输中的有关编号与分类信息。根据需要，可区分陆运、内陆水运、海运、空运填写信息。

（1）危险货物编号（UN号）：提供联合国《关于危险货物运输的建议书 规章范本》《危险货物品名表》（GB 12268）中的联合国危险货物编号，即 UN 号。

（2）运输名称：提供联合国《关于危险货物运输的建议书 规章范本》《危险货物品名表》（GB 12268）中的危险货物运输名称。

（3）危险性分类：提供联合国《关于危险货物运输的建议书 规章范本》《危险货物品名表》（GB 12268）中对应危险货物的运输危险性类别或项别、次要危险性。

（4）包装类别：提供联合国《关于危险货物运输的建议书 规章范本》《危险货物品名表》（GB 12268）中的包装类别。

（5）海洋污染物（是/否）：根据《国际海运危险货物规则》注明物质或混合物是否为已知的海洋污染物。

（6）运输注意事项：为使用者提供应该了解或遵守的其他与运输或运输工具有关的特殊防范措施方面的信息，包括：运输工具要求，消防和应急处置器材配备要求，防火、防爆、防静电等要求，禁配要求，行驶路线要求等。

15. 法规信息

编写本部分时应注意：

（1）根据实际需要，标明国内外管理该化学品的法律（或法规）的名称，提供基于这些法律（或法规）管制该化学品的法律（法规）、规章或标准等方面的具体信息。

（2）如果化学品已列入有关化学品国际公约的管制名单，应在本部分说明。

（2）提请下游用户注意遵守有关该化学品的地方管理规定。

（4）如果该化学品为混合物，则应提供混合物中相关组分的上述各项要求相应的信息。

16. 其他信息

应提供 SDS 其他各部分没有包括的，对于下游用户安全使用化学品有重要意义的其他任何信息。例如：

（1）编写和修订信息。应说明最新修订版本与修订前相比有哪些改变。

（2）缩略语和首字母缩写。列出编写 SDS 时使用的缩略语和首字母缩写，并作适当说明。例如，MAC：最高容许浓度（Maximum Allowable Concentration，简称 MAC），指工作地点、在一个工作日内、任何时间有毒化学物质均不应超过的浓度。PC-TWA：时间加权平均容许浓度（Permissible Concentration-Time Weighted Average， PC-TWA），指以时间为权数规定的 8 小时工作日、40 小时工作周的平均容许接触浓度。PC-STEL：短时间接触容许浓度（Permissible Concentration-Short Term Exposure Limit， PC-STEL），指在遵守 PC-TWA 前提下允许短时间（15 分钟）接触的浓度。

（3）培训建议。根据需要，提出对员工进行安全培训的建议。

（4）参考文献。编写 SDS 使用的主要参考文献和数据源，可在 SDS 的本部分中列出。

（5）免责声明。必要时可在 SDS 的本部分给出 SDS 编写者的免责声明。

（三）化学品安全技术说明书的格式与书写要求

1. 幅面尺寸

SDS 的幅面尺寸一般为 A4，也可以是供应商认为合适的其他幅面尺寸，按竖式编排。

2. 编排格式

（1）首页上部

①使用显著字体排写"化学品安全技术说明书"大标题。

② 给出编制 SDS 化学产品的名称，名称的填写应符合 GB/T 16483 的要求。

③ 注明 SDS 最初编制日期。注明 SDS 的修订日期（指最后修订的日期）。

④ 注明本 SDS 编写依据的标准，即"按照 GB/T 16483 、GB/T 17519 编制"。

⑤ 如有 SDS 编号，应在此给出。⑥ 如有 SDS 的版本号，应在此给出。

（2）首页后各页上部

①首页已给出的产品名称。

②首页已给出的修订日期。

③首页已给出的 SDS 编号。

3. 页码系统及其位置

按照 GB/T 16483 规定的页码系统编写页码，印在 SDS 每一页页脚线下居中或右侧位置。

4. 内文

（1）16 部分的编排要求

16 部分的标题、编号和前后顺序不应随意变更；

16 部分的大标题排版要使用醒目字体，且在标题上下留有一定空间。

（2）16 部分中各小项的编排要求

小项标题排版要醒目，但不编号；

小项应按 GB/T 16483 中指定的顺序排列。

5. 书写要求

（1）SDS 应使用规范中文汉字编制。

（2）SDS 的文字表达应准确、简明、扼要、易懂、逻辑严谨，避免使用不易理解或易产生歧义的语句。

（3） 在书写时应选用经常使用的、熟悉的词语。

6. 相关数据的查询

化学品危险性分类数据的查询、GHS 对数据源及数据采选的要求联合国 GHS 没有具体推荐可以参考使用的数据源，但在导言中就分类数据及与分类数据有关的测试提出了要求。按照国际公认的科学原则进行的确定危险性的试验，可用于确定对健康和环境的危险。GHS 确定健康危害和环境危害的标准对试验方法没有特殊要求。危险货物运输专家小组规定的物理危险准则与诸如易燃性和爆炸性等危险种类的具体试验方法相关联。GHS 依据的是目前可获得的数据。统一分类标准是根据现有数据制定的，因此如果符合这些标准，将不要求重新试验已有公认数据的化学品。除了动物数据和有效的体外试验外，人类经验、流行病学数据和临床研究等也适用于为 GHS 危险性分类提供重要信息。现有制度大多数承认并使用临床取得的人类数据或现有的人类经验。全球统一制度的使用不应当阻止此类数据的使用，而且全球统一制度明确承认有关危险或有害效应可能性（即风险）的所有适当和相关信息的存在和使用。GHS 强调在进行化学品危险性分类时，应采用证据权重法和专家判断的方法。对于某些危险性种类，当数据符合标准时，可以直接分类。但对于某些危险性种类，对物质或者混合物的分类是采用证据权重法作出的。

在确定分类的终点时，应当考虑所有可提供的信息，包括人类流行病学调查、病例报告，连同相关的亚慢性、慢性和特定动物试验研究结果，还可以包括与所研究的物质具有化学相关性物质的评估结果，尤其是该物质的信息稀少时。

化学品安全标签化学品安全标签是化学品危险、危害信息传递的重要手段，指粘贴、挂拴或喷印在化学品的外包装或容器上，用于标识危险化学品信息的一组书面、印刷或图形信息的组合。化学品安全标签包括化学品标识、象形图、警示词、危险性说明、防范说明、应急咨询电话、供应商标识、资料参阅提示语等。《化学品安全标签编写规定》（GB 15258）规定了化学品安全标签的内容、编写要求及使用方法。《化学品安全标签编写规定》（GB 15258）规定产品安全标签已有专门标准规定的，例如，农药、气瓶等，按专门标准执行。

（四）化学品安全标签的编制

1. 语言

该部分属于强制性内容。

《化学品安全标签编写规定》（GB 15258-2009）规定标签正文应使用简捷、明了、易于理解、规范的汉字表述，也可以同时使用少数民族文字或外文，但意义必须与汉字相对应，字号应小于汉字。相同的含义应用相同的文字或图形表示。根据上述规定，只要在中国境内，化学品安全标签的文字不允许全部是外文或者中国少数民族文字。

2. 颜色

该部分属于强制性内容。标签内象形图的颜色根据《化学品分类和标签规范》（GB 30000）系列国家标准的规定执行，一般使用黑色符号加白色背景，方块边框为红色。正文应使用与底色反差明显的颜色，一般采用黑白色。若在国内使用，方块边框可以为黑色。3.标签尺寸本部分不属于强制性内容，企业可按照《化学品安全标签编写规定》（GB 15258-2009）的要求设计自己产品的标签，也可以根据实际情况设计标签的尺寸。《化学品安全标签编写规定》（GB 15258-2009）规定，对不同容量的容器或包装，标签最低尺寸参照相关规定。

3. 内容

该部分属于强制性内容，企业编制化学品安全标签时，必须严格执行。特别注意的是，每部分中规定的相对位置不得变更。

（1）化学品标识

用中文和英文分别标明化学品的化学名称或通用名称。名称要求醒目清晰，位于标签的上方。应特别注意，名称应与化学品安全技术说明书中的名称一致。对混合物应标出对其危险性分类有影响的主要组分的化学名称或通用名、浓度或浓度范围。当需要标出的组分较多时，组分个数以不超过 5 个为宜。选择标出的组分时，应当首先选择危险性大、一旦发生事故后果严重的组分。对于属于商业机密的成分可以不标明，但应列出其危险性。

（2）象形图

采用《化学品分类和标签规范》（GB 30000）系列国家标准规定的象形图，《化学品危险信息短语与代码》（GB/T 32374-2015）列出了《化学品分类和标签规范》（GB 30000）系列国家标准中规定的象形图，共 9 个。

（3）警示词

根据化学品的危险程度和类别，用"危险""警告"两个词分别进行危害程度的警示。警示词位于化学品名称的下方，要求醒目、清晰。根据《化学品分类和标签规范》（GB 30000）系列国家标准，选择不同类别危险化学品的警示词。

（4）危险性说明

简要概述化学品的危险特性。居警示词下方。根据《化学品分类和标签

457

规范》（GB 30000）系列国家标准，选择不同类别危险化学品的危险性说明。

（5）防范说明

表述化学品在处置、搬运、储存和使用作业中所必须注意的事项和发生意外时简单有效的救护措施等，要求内容简明扼要、重点突出。该部分应包括安全预防措施、意外情况（如泄漏、人员接触或火灾等）的处理、安全储存措施及废弃处置等内容。

（6）供应商标识

列明供应商名称、地址、邮编、电话等。供应商一般是产品的生产商，也可以是能承担化学品相关责任的供应商。

（7）应急咨询电话

填写化学品生产商或生产商委托的 24 小时化学事故应急咨询电话。国外进口化学品安全标签上应至少有 1 家服务主体在中国境内的 24h 化学事故应急咨询电话。

（8）资料参阅提示语

提示化学品用户应参阅化学品安全技术说明书。

（9）危险信息先后排序

当某种化学品具有两种及两种以上的危险性时，安全标签的象形图、警示词、危险性说明的先后顺序规定如下：

① 象形图先后顺序。物理危险象形图的先后顺序，根据 GB 12268 中的主次危险性确定，未列入 GB 12268 的化学品，以下危险性类别总是主危险：爆炸物、易燃气体、易燃气溶胶、氧化性气体、加压气体、自反应物质和混合物、自燃液体和自燃固体、有机过氧化物。其他主危险性的确定按照《联合国危险货物运输的建议书 规章范本》的危险性先后顺序确定方法来确定。对于健康危害，按照以下先后顺序：如果使用了骷髅和交叉骨符号，则不应出现感叹号符号；如果使用了腐蚀符号，则不应出现感叹号来表示皮肤或眼

睛刺激；如果使用了呼吸致敏物的健康危害符号，则不应出现感叹号来表示皮肤致敏物或者皮肤 / 眼睛刺激。

② 警示词先后顺序。存在多种危险性时，如果在安全标签上选用了警示词"危险"，则不应出现警示词"警告"。

③ 危险性说明先后顺序。所有危险性说明都应当出现在安全标签上，按物理危险、健康危害、环境危害的顺序排列。

④简化标签该部分属于强制性内容，主要解决由于包装过小而无法粘贴正常标签的问题。标准规定，对于小于等于 100 mL 的化学品小包装，安全标签要素包括化学品标识、象形图、警示词、危险性说明、应急咨询电话、供应商名称及联系电话、资料参阅提示语即可。

（五）化学品安全标签的印刷与使用

1. 印刷

印刷要求：

（1）标签的边缘要加一个黑色边框，边框外应留大于等于 3mm 的空白，边框宽度大于等于 1mm。

（2）象形图必须从较远的距离，以及在烟雾条件下或容器部分模糊不清的条件下也能看到。

（3）标签的印刷应清晰，所使用的印刷材料和胶黏材料应具有耐用性和防水性。

其中，第（1）、第（2）属于强制性内容，编制化学品安全标签时必须严格执行。

2. 使用

该部分不属于强制性内容。

（1）使用方法。具体如下：

① 安全标签应粘贴、挂拴或喷印在化学品包装或容器的明显位置。

② 当与运输标志组合使用时，运输标志可以放在安全标签的另一面，将之与其他信息分开，也可放在包装上靠近安全标签的位置，后一种情况下，若安全标签中的象形图与运输标志重复，安全标签中的象形图应删掉。

③ 对组合容器，要求内包装加贴（挂）安全标签，外包装加贴运输标志，如果不需要运输标志可以加贴安全标签。

（2）位置。安全标签的粘贴、喷印位置，规定如下：

① 桶、瓶形包装：位于桶、瓶侧身；

② 箱状包装：位于包装端面或侧面明显处；

③ 袋、捆包装：位于包装明显处。

（3）使用注意事项。具体如下：

① 安全标签的粘贴、挂拴或喷印应牢固，保证在运输、储存期间不脱落，不损坏。

② 安全标签应由生产企业在货物出厂前粘贴、挂拴或喷印。若要改换包装，则由改换包装单位重新粘贴、挂拴或喷印标签。对于进口的化学品，只要化学品进入中国境内，其包装上必须具有符合《化学品安全标签编写规定》（GB 15258-2009）规定的安全标签。

③盛装危险化学品的容器或包装，在经过处理并确认其危险性完全消除之后，方可撕下安全标签，否则不能撕下。

（六）运输标签、标记

危险货物包件在托运前，货物所有人需要依据特定运输方式法规（例如，海运 IMDG code，空运 IATA-DGR 等）在包装外表面加贴正确的运输标签（Lable）和运输标记（Mark）。

1. 标签

标签是根据包装危险货物的性质和其所表现出的危险性的不同表现形式（注意：不是根据危险货物危险性的大小进行分类），将海运包装危险货物分为 9 个大类共 20 个小类。针对各个类别甚至是小类给出了危险货物专用标志，以帮助相关从业者最直观地区分、判断和识别危险货物。标志主要由形象的符号、危险类别数字、配装类以及内外边缘线等组成，部分标志还可辅以文字描述，如第 7 类放射性物质。

（1）《危险货物品名表》

《危险货物品名表》规定了危险货物品名表的一般规定和结构，以及危险货物的编号、名称和说明、英文名称别和项别、次要危险性及包装类别等内容。

危险货物品名表分为 7 栏：

第 1 栏 "联合国编号"，是根据联合国分类制度给危险货物划定的系列编号。

第 2 栏 "名称和说明"，危险货物的中文正式名称，用黑体字（加上构成名称一部分数字希腊字母、"另"、"特"、间、正、邻、对等）表示；也可附加中文说明，用宋体字表示（其中 "%" 符号代表：如果是固体或液体混合物以及溶液和用液体湿润的固体，为根据混合物、溶液或湿润固体的总质量计算的质量分数，单位为 10^{-2}；如果是压缩气体混合物，按压力装载时，用占气体混合物总体积的体积分数表示，单位为 10^{-2}；或按质量装载时，用占混合物总质量的质量分数表示，单位为 10^{-2}；如果是液化气体混合物和加压溶解的气体，用占混合物总质量的质量分数表示，单位为 10^{-2}）。

第 3 栏 "英文名称"，危险货物的英文正式名称，用大写字母表示；附加说明用小写字母表示。

第 4 栏 "类别或项别"，危险货物的主要危险性，按照国家标准《危险货物分类和品名编号》（GB 6944–2012）确定；其中第 1 类危险货物还包括其所属的配装组，危险货物的类别或者项别以及爆炸品配装组划分按照国家标准《危险货物分类和品名编号》（GB 6944–2012）确定。

第 5 栏"次要危险性",除危险货物的主要危险性以外的其他危险性的类别和项别,按照国家标准《危险货物分类和品名编号》(GB 6944–2012)确定。

第 6 栏"包装类别",按照联合国包装类别给危险货物划定的类别号码,具体的危险货物包装类别,除了第 1 类、第 2 类、第 7 类、5.2 项和 6.2 项物质,以及 4.1 项自反应物质以外的物质,根据其危险程度,划分为三个包装类别:I 类包装:具有高度危险性的物质;Ⅱ 类包装:具有中等危险性的物质;Ⅲ 类包装:具有轻度危险性的物质。

第 7 栏"特殊规定",与物品或物质有关的任何特殊规定,其适用于允许用于特定物质或物品的所有包装类别。

【链接】危险货物类别和项别

第 1 类:爆炸品

1.1 项:有整体爆炸危险的物质和物品;

1.2 项:有迸射危险,但无整体爆炸危险的物质和物品;

1.3 项:有燃烧危险并有局部爆炸危险或局部迸射危险或这两种危险都有,但无整体爆炸危险的物质和物品;

1.4 项:不呈现重大危险的物质和物品;

1.5 项:有整体爆炸危险的非常不敏感物质;

1.6 项:无整体爆炸危险的极端不敏感物品。

第 2 类:气体

2.1 项:易燃气体;

2.2 项:非易燃无毒气体;

2.3 项:毒性气体。

第 3 类:易燃液体

第 4 类:易燃固体、易于自燃的物质、遇水放出易燃气体的物质

4.1 项:易燃固体、自反应物质和固态退敏爆炸品;

4.2 项：易于自燃的物质；

4.3 项：遇水放出易燃气体的物质。

第 5 类：氧化性物质和有机过氧化物

5.1 项：氧化性物质；

5.2 项：有机过氧化物。

第 6 类：毒性物质和感染性物质

6.1 项：毒性物质；

6.2 项：感染性物质。

第 7 类：放射性物质

第 8 类：腐蚀性物质

第 9 类：杂项危险物质和物品，包括危害环境物质

（2）运输标签样式

运输标签例如图 5-4 所示。

标签式样编号	项或级别	符号和符号颜色	底色	写在底角的数字（和数字颜色）	标签式样	注
第 1 类：爆炸性物质或物品						
1	1.1、1.2、1.3 项	爆炸的炸弹：黑色	橙色	1（黑色）		** 项号的位置－如果爆炸性是次要危险性，则为空白 * 配装组字母位置－如果爆炸性是次要危险性，则为空白
1.4	1.4 项	1.4：黑色 数字高约 30 毫米，宽约 5 毫米（按标签尺寸为 100 毫米×100 毫米计算）	橙色	1（黑色）		* 配装组字母位置
1.5	1.5 项	1.5：黑色 数字高约 30 毫米，字体粗约 5 毫米（按标签尺寸 100 毫米×100 毫米计算）	橙色	1（黑色）		* 配装组字母位置
1.6	1.6 项	1.6：黑色 数字高约 30 毫米，字体粗约 5 毫米（按标签尺寸 100 毫米×100 毫米计算）	橙色	1（黑色）		* 配装组字母位置

图 5-4 运输标签样式

标签形状为呈 45 度角的正方形（菱形）。

尺寸最小 100mm×100mm。如包装件的大小需要，尺寸可以按比例缩小，但符号和标签的其他要素应清楚易见。菱形边缘内应有一线条，线条应与标签边缘平行，线条的外缘与标签边缘的距离约为 5mm。

（3）运输标签使用注意事项

具体如下：

①标签必须贴在反衬底色上，或者用虚线或实线标出外缘；

②每一标签必须符合以下要求：

——在包件尺寸够大的情况下，与正式运输名称贴在包件的同一表面与之靠近的地方；

——贴在容器上不会被容器任何部分或容器配件或者任何其他标签或标记盖住或遮住的地方；

——当主要危险性标签和次要危险性标签都需要时，彼此紧挨着贴。

③当包件形状不规则或尺寸太小以致 标签无法令人满意地贴上时，标签可用结牢的签条或其他装置挂在包件上；

④容量超过 450L 的中型散货集装箱和大型容器，必须在相对的两面贴标签；

⑤应经受得住风吹雨打日晒，而不明显降低其效果。

2. 标记

标记分为限量运输危险货物、可免除量危险货物、堆码、方向、加温、熏蒸警告等。

（1）限量危险货物

图 5-5 限量危险货物标记示范

构成限量标记的四边形的四个边的最小宽度为 2mm，顶部和底部三角均为黑色，且三角形底边交于菱形外边的中点；中间区域为白色或与背景形成鲜明反差的适当颜色，最小尺寸为 100mm×100mm，如果包件尺寸受限，可减小至 50mm×50mm，同时四方形边线可以减小至 1mm。

（2）锂电池或锂电池组

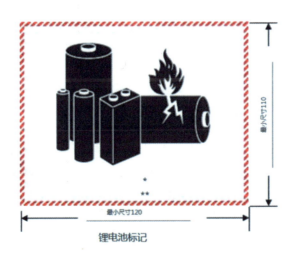

图 5-6 锂电池标记示范

标记须在矩形阴影轮廓线内。尺寸最小为 120mm（宽）×110mm（高），阴影线宽须为 5mm；电池组符号须包括一个损坏且发出火焰的电池；符号须白底黑色图案或与背景色反差明显。阴影线须为红色。如果包件尺寸有特殊要求，尺寸／线厚可以减小到不小于 105mm（宽）×74mm（高）；当不是指定尺寸时，所有要素须以大概的比例显示。

＊——联合国编号位置，冠以 UN；

＊＊——电话号码等额外信息位置。

（3）海洋污染物

图 5-7 海洋污染物标记示范

标记须与平面呈 45 度角的正方形（菱形四边形）。符号（枯树、肚皮朝上的死鱼、水平面线、滩涂）须为黑色或白色或与背景颜色反差鲜明的颜色。最小尺寸为 100mm×100mm，形成菱形图形的线最小宽度须为 2mm。由于包件尺寸的原因，标记尺寸和线宽可以降低。

（4）熏蒸警告标记

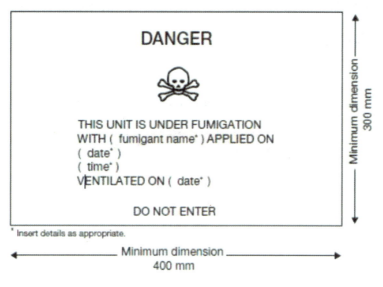

图 5-8　熏蒸警告标记示范

　　该标记最小尺寸须为 400mm × 300mm 的长方形，最小外边缘线宽度须为 2mm，该标记须是在白色背景上打印的黑色，字体高度不小于 25mm。

　　须填写熏蒸药剂的名称、投放日期和具体时间、通风日期、不要进入等字样。

（5）指示箭头标记

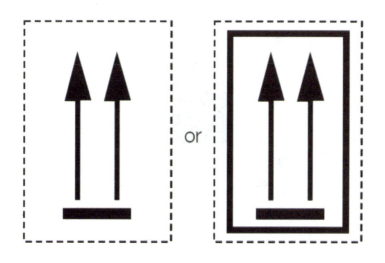

图 5-9　指示箭头标记示范

两个黑色或红色箭头，底色为白色或与箭头对比鲜明的其他颜色。长方形的边缘线可随意选择是否描画。所有要素须呈如图所示的适当比例。

（6）加温符号

图 5-10 加温标记示范

加温标记须为等边三角形。标记颜色须为红色。边长最小尺寸须为 250 mm，容量小于 3000L 可移动罐柜边长可降低至 100 mm。如无尺寸要求，所有要素须呈如图所示的适当比例。

（7）可堆码的大宗包装

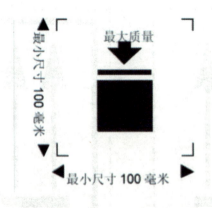

图 5-11 可堆码的大宗包装标记示范

该符号须不小于 100mm×100mm，表示质量的字母和数字须至少 12mm 高。尺寸箭头内部打标记区域须为方形。标记上方质量须不超过设计类型试验时施加负荷的 1/1.8。

（8）不可堆码的大宗包装

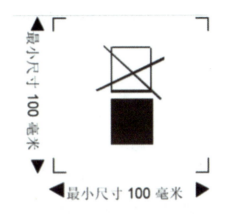

图 5-12 不可堆码的大宗包装标记示范

该符号须不小于 100mm×100mm，表示质量的字母和数字须至少 12mm 高。尺寸箭头内部打标记区域须为方形。标记上方质量须不超过设计类型试验时施加负荷的 1/1.8。

（9）例外数量

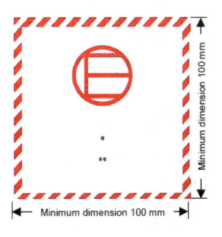

图 5-13 例外数量标记示范

标记的规格最小须为 100mm × 100mm。

*——此位置显示类别或已指定的小类

**——发货人或收货人的名称如果未在包件的其他处显示，须显示于此位置。

标记须为正方形，阴影线和符号须为相同的颜色，如黑色或红色，在白色或适当反差的背景上。

（七）其他争议

如归类、监管证件等方面的问题，一般按照进出口相应监管文件及监管人员的要求，来提供相应的资料和解释，一般情况下事中争议可以通过修改、补充资料或解释来解决，如监管人员要求提供 SDS 中保密成分的具体物质品名、成分、含量，企业可以与监管人员沟通保密成分为商业机密，企业无法获知，可以通过将保密成分按其所属的具体化学类别申报具体含量来进行解决。如发生的事中争议确实属于企业申报有误，则应按照相应的合规要求来进行整改。如部分海关监管人员在查验危险化学品时还会要求提供危险化学品登记证书，虽然该类证书属于应急管理部监管范围内，但由于监管部门之间可以联动执法，如果企业未取得相应危险化学品登记证书，应尽快补齐相应证书，并向监管人员如实陈述事实。

二、海关稽查

海关稽查，是指海关自进出口货物放行之日起 3 年内或者在保税货物、减免税进口货物的海关监管期限内及其后的 3 年内，对与进出口货物直接有关的企业、单位的会计账簿、会计凭证、报关单证以及其他有关资料和有关进出口货物进行核查，监督其进出口活动的真实性和合法性。

海关稽查人员可以查阅、复制被稽查人的账簿、单证等有关资料；检查被稽查人的生产经营场所、货物存放场所，检查与进出口活动有关的生产经营情况；询问被稽查人的法定代表人、主要业务人员与进出口活动有关的情况；经海关关长批准，查询被稽查人在商业银行或者其他金融机构的存款账户。

海关稽查来临时，企业应做好以下应对工作：

1. 认真阅读《海关稽查通知书》及背面告知的"被稽查人权利义务和海关职权义务"，配合好海关办理稽查手续。

2. 签收《海关稽查通知书》，按照通知书上的稽查范围，如实向海关提供会计账簿、会计凭证、报关单证以及其他有关资料。企业以外文记录账簿、单证等有关资料的，应当提供符合海关要求的中文译本。使用计算机记账的，应当向海关提供记账软件、使用说明书及有关资料，向海关提供账簿、单证等有关资料的电子数据。

3. 海关稽查期间，企业法定代表人或者主要负责人应到场配合海关工作。如不能到场，应签署授权委托书授权企业代表人员配合海关稽查。

4. 海关进行稽查时，可以查阅、复制企业的账簿、单证等有关资料；可以进入企业的生产经营场所、货物存放场所，检查与进出口活动有关的生产经营情况和货物；可以询问企业的法定代表人、主要负责人员和其他有关人员与进出口活动有关的情况和问题。企业要积极配合海关的稽查工作。

5. 在海关稽查中，企业如果收到《海关稽查征求意见书》，应当在 7 日内提出书面意见并反馈给海关稽查组。海关稽查结束后，会作出《海关稽查结论》，并送达企业。

6. 积极提出书面意见。根据稽查的流程，海关稽查组实施稽查后，会向海关报送稽查报告。稽查报告认定被稽查人涉嫌违法的，在报送海关前应当就稽查报告认定的事实征求被稽查人的意见，被稽查人应当自收到相关材料之日起 7 日内，将其书面意见送交海关。合法、有效地提出对企业有利的意见是应对海关稽查的关键环节，被稽查企业应当予以重视。

7. 利用好主动披露政策。2023 年 10 月 8 日，海关总署发布 2023 年第 127 号公告，《关于处理主动披露违规行为有关事项的公告》，自 2023 年 10 月 11 日至 2025 年 10 月 10 日有效。新的主动披露政策除了将涉税违规行为披露时间放宽至 2 年，还新增了影响出口退税管理、加工贸易、影响海关统计、监管秩序、轻微的程序性违规和 6 种特定涉检违规行为，同时还优化了减免滞纳金的条件，并明确了"同一"的定义及适用条件。建议企业及时评估自身进出口存在的问题，把握新发布的主动披露公告这一政策红利。

8. 积极行使复议、诉讼权利。无论是稽查结论还是补税通知，均是具体行政行为，可以提起行政复议或诉讼。其中被稽查人同海关发生纳税争议的，属于复议前置，应当依法先提起复议，对复议决定不服的，再提起行政诉讼；对稽查结论不服的，可以提起行政复议或行政诉讼。

三、行政处罚调查及刑事侦查

（一）行政处罚调查

行政处罚中的调查属于行政调查范畴。关于行政调查，宋华琳《行政调查程序的法治建构》（吉林大学社会科学学报，2019 年 5 月第 59 卷第 3 期）一文认为："行政调查是指行政主体在具体行使法律授予的权限时，为了确定是否存在符合该权限行使要件的事实，针对特定当事人进行的事实调查或资料收集活动。行政机关要行使公权力做出各种行政行为，前提是确定要调整的事实关系，这离不开对事实的调查和认定。"

《行政处罚法》（2021 年修订）中，有关调查的规定出现在第五章"行政处罚的决定"第一节"一般规定"和第三节"普通程序"。应松年、马怀德主编《中华人民共和国行政处罚法学习辅导》（人民出版社 1996 年版）一书认为："行政处罚中的调查，是指行政机关为了正确实施行政处罚而采取的对公民或者组织的有关事项的直接或者间接的调研、侦讯和检查等手段，以获得行政处罚所需要的证据或事实根据。它是行政机关取得信息、行使行政处罚权的第一步，没有调查便没有证据，没有证据便不能处罚。"

当企业面临行政处罚阶段的调查程序时，一般应做如下应对：

1. 企业的管理层和法务部门制定应对方案

（1）组织有关人员核查发生风险的原因，采取相关措施组织风险排查。

（2）企业应明确要求相关业务人员立即停止疑似违规行为。

（3）及时着手收集、保存相关的证据。

2. 组织法务部门化解刑事调查危机

（1）法务部门应积极与监管部门沟通协调，了解事态的原因及可能的发展。

（2）如果与监管部门沟通协调并提供相关的证明材料，仍不能阻止监管部门将案件移交给司法机关刑事立案，此时法务部门可以评估将违法的员工交给司法机关依法追究刑事责任，从而避免企业进入到刑事处理程序。

3. 聘请专业的律师团队研究制定应对方案

（1）应对方案应高度重视行政监管阶段，由于大多数案件都消化在行政监管环节，最好的应对方案在这一环节经过律师的介入后，阻止案件进入刑事诉讼程序。

（2）应对方案的关键在于提交有效的合规计划以证明消除再犯同类违法违规行为的可能性。

（二）刑事侦查

按照《刑事诉讼法》的规定，刑事侦查是指公安机关、人民检察院在办理案件过程中，依照法律进行的专门调查工作和有关的强制性措施。侦查的目的是收集、调取犯罪嫌疑人有罪或者无罪、罪轻或者罪重的证据材料。

1. 侦查机关的侦查行为

我国《刑事诉讼法》规定，侦查机关有权从事以下几种侦查行为：

（1）讯问犯罪嫌疑人。即侦查人员依照法定程序以言词方式向犯罪嫌疑人查问案件事实的一种侦查行为；

（2）询问证人、被害人。即侦查人员依照法定程序以言词方式向证人调查了解案件情况的一种侦查行为；

（3）勘验、检查。即侦查人员对于与犯罪有关的场所、物品、尸体、人身进行勘查和检验的一种侦查行为；

（4）搜查。即侦查人员对犯罪嫌疑人以及可能隐藏罪犯或者罪证的人的身体、物品、住处和其他有关的地方进行搜索、检查的一种侦查行为；

（5）扣押物证、书证。即侦查机关依法对与案件有关的物品、文件、款项等强制扣留或者冻结的一种侦查行为；

（6）鉴定。即公安机关、人民检察院为了查明案情，指派或者聘请具有专门知识的人对案件中的某些专门性问题进行鉴别和判断的一种侦查活动；

（7）辨认。即指侦查人员为了查明案情，在必要时让被害人、证人以及犯罪嫌疑人对与犯罪有关的物品、文件、场所或者犯罪嫌疑人进行辨认的一种侦查行为。

（8）通缉。即公安机关通令缉拿应当逮捕而在逃的犯罪嫌疑人的一种侦查行为。

2. 应对方案

面对刑事侦查人员系统化、专业性、高强度的侦查时，一般企业工作人员及个人一般很难应对，此时被侦查对象可以聘请专业的法律顾问或辩护律师进行下列工作：

（1）辅导当事人知悉面对刑事调查，被调查人员应该如何处理；

（2）辅导当事人了解一般会面临哪些机关的刑事调查；

（3）辅导当事人清楚调查机关进行刑事调查时，都有哪些法定程序；

（4）辅导当事人明白调查机关进行刑事调查时，要给被调查人出具什么文书；

（5）为当事人讲解诉讼权利及帮助当事人熟悉刑事诉讼程序的流程；

（6）帮助当事人甄别常见的"非法"调查手段，防止落入调查人员的审讯"套路"；

（7）向当事人讲解侦查人员会调取哪些证据；

（8）向当事人梳理提供证据时注意事项有哪些；

（9）向当事人解释面对刑事调查，如何正确自我保护。

第五节　危险货物、危险化学品进出口事后救济指引

一、主动披露

21 世纪初，世界海关组织一直在积极倡导外贸企业的社会责任，鼓励海关和企业的平等、合作关系。随着国际贸易的进一步发展，海关主动披露（Voluntary Disclosure）逐步得到各国海关的重视和关注，例如，美国、加拿大、日本、新加坡等国海关根据自身政治、经济、社会、文化和历史等多方面因素，结合国际海关引导框架，形成自己的主动披露管理体系。虽然具体细节因国情不同有所区别，但基本原则都是将关税、增值税和消费税等涉税作为主动披露的核心内容，对主动披露的企业进行减少、减免、免于处罚等政策优待。企业可以享受一定的处罚减免优惠的同时，海关也可以征收本来可能流失的关税和其他税费。

（一）主动披露历史沿革

主动披露制度的雏形是海关总署稽查司在 2014 年 9 月下发《海关总署关于开展企业自律管理工作适用有关政策和处理标准的通知》，该通知第一次明确了"海关发现之前""企业主动向海关书面报明""酌情减免补缴税款滞纳金""海关原则上不予行政处罚、减轻处罚、从轻处罚"等表述。2015 年 5 月修订的《海关税款滞纳金减免暂行规定（2015 修订）》明确"货物放行后，纳税义务人通过自查发现少缴或漏缴税款并主动补缴"的情形适用海关减免税款滞纳金规定。我国海关主动披露这个概念是在海关总署稽查司在 2015 年 5 月下发《稽查司关于深化主动披露试点及课题研究工作的通知》

中第一次提出，并要求逐步建立该制度常态化机制。主动披露制度拥有法律法规层面的依据是在 2016 年 7 月，国务院在其公布的《关于修改〈中华人民共和国海关稽查条例〉的决定》中，将主动披露制度纳入《中华人民共和国海关稽查条例》。海关总署于 2019 年 10 月发布 161 号公告《关于处理主动披露涉税违规行为有关事项的公告》明确了不予行政处罚、不列入海关认定企业信用状况记录的情形，进一步提升了该制度的可执行性。2020 年 3 月，海关总署印发《海关主动披露操作规范（试行）》的通知，明确了海关主动披露作业规范和流程。海关总署在 2022 年 6 月 30 日发布的《关于处理主动披露涉税违规行为有关事项的公告》（第 54 号公告）对主动披露企业在海关发现前的影响税款征收的违反海关监管规定、按海关要求及时改正和处理的行为，调整和明确了不予处罚、减免滞纳金、不列入海关认定企业信用状况的记录和不适用公告的情形，该公告进一步扩大了企业主动披露可享受的制度红利，进一步打消了进出口企业对于海关主动披露的担心，是我国海关推进主动披露制度建设的重要一步。

（二）海关主动披露制度业务主要流程

第一，申请企业提交主动披露报告。海关接受申请企业通过纸质方式或"互联网＋海关"的网络方式提交的主动披露报告及随附的相关资料。

第二，海关确认企业提交主动披露报告及随附相关资料是否完整并符合要求，并要求企业重新提报不符合要求的资料。

第三，海关签收主动披露报告。海关在接收主动披露报告及随附的相关资料后，通过"互联网＋海关"向企业端发送电子回执，或向企业送达纸质的《主动披露报告签收单》。

第四，海关对主动披露事项核实并进行后续处置。海关核实企业申请的主动披露事项，并在核实作业中审核主动披露报告和随附的相关材料，在需要时可要求企业补充该主动事项有关账簿、单证等证明材料。海关可以启动稽查核实作业。核实后，海关根据核实的情况按规定进行移交线索、追补税等后续处理。

（三）主动披露适用的条件

为进一步优化营商环境，促进外贸高质量发展，2023 年 10 月 8 日，海关总署在 2022 年第 54 号公告（以下简称"54 号公告"）的基础上，发布了海关总署 2023 年第 127 号公告《海关总署关于处理主动披露违规行为有关事项的公告》。

1. 主动披露制度适用范围、时限及次数

（1）主动披露适用范围扩大

最新的 127 号公告，明确包含了：影响海关税款征收的、影响国家退税管理的、影响加工贸易监管、影响海关统计准确性或监管秩序，以及部分涉检事项的违规行为的主动披露的优惠政策（相对于原 2022 年总署 54 号公告的适用范围仅为"涉税违规行为"，范围扩大较多）。本次新公告将该相关范围囊括其中，对于广大进出口企业在遇到实际该类违规问题时，可以适用公告要求向海关进行主动披露，享受优待政策，排除公司的潜在风险。

（2）部分适用的时限、次数放宽

对于涉及海关税款征收或出口退税的违规行为发生超过 6 个月的主动披露优待措施，修改时间为"自涉税违规行为发生之日起超过六个月但在两年以内"（相对于原 2022 年总署 54 号公告规定的 1 年以内，予以放宽）。

将"同一涉税违规行为再次向海关主动披露的，不予适用本公告有关规定"放宽至"同一违反海关规定行为一年内第二次及以上向海关主动披露的，不予适用本公告有关规定"。

2. 企业、单位开展主动披露要求

进出口企业、单位向海关主动披露的，需提交以下材料：《主动披露报告表》、企业营业执照或单位法人证书等证明材料复印件、能够说明存在问题的报关单证、合同、发票、会计账簿、凭证、生产记录、中介审计报告等单证材料复印件。

企业可依照不同的违规行为类型准备好资料，注意证据材料的真实、完整、准确。

此外，企业在主动披露过程中可以在现场或通过互联网补充提供证据材料。

为实现"让企业少跑腿"，在递交主动披露申请时，可自主选择向报关地、实际进出口地或注册地海关现场递交申请，也可通过"互联网＋海关"平台提交主动披露资料。通过打开海关总署门户网站（http：//www.customs.gov.cn/），点击"互联网＋海关"链接中的"企业管理和稽查"模块，进入"企业稽核查"栏目后按系统要求办理即可。

二、行政复议、行政诉讼

行政复议与行政诉讼，都是解决行政纠纷的重要渠道。行政复议作为高效便民、成本低廉的救济制度，行政复议机关往往是上级机关，具有全面、完整、有力的管辖权力和救济措施，目前国家也致力于将行政复议作为解决行政争议的主渠道。行政诉讼是司法权对行政权的外部监督，虽然是一种有限的监督，却也是一种受到民众信任的监督。在实际层面，行政诉讼目前仍是解决行政纠纷的重要渠道之一。

（一）行政复议

1.行政复议的定义及特点

行政复议，是指公民、法人或者其他组织认为行政行为侵犯自身合法权益，依法向特定行政机关提出申请，由特定行政机关对行政行为进行合法性和合理性审查并作出相应决定的行为。行政复议是行政机关自我纠正错误的重要监督制度。

从行政法理论的层面看，行政机关拥有对行政争议的第一次判断权的理论，是行政复议制度存在和发挥作用的基础。行政机关所特有的信息便利、专业优势，以及相对公正的立场，为其迅速化解行政争议提供了可能。行政复议更适合解决大量的、普遍性、行政管理专业性较强的行政争议。行政复议具有方便群众、快捷高效、方式灵活、不收费等特点和优势，是将行政争议依法及时化解在初发阶段，化解在行政机关内部的重要制度。

2. 行政复议的提起程序

（1）存在行政争议

行政复议法第 11 条，用肯定列举的方式确定了可以行政复议的具体范围，包括："（一）对行政机关作出的行政处罚决定不服；（二）对行政机关作出的行政强制措施、行政强制执行决定不服；（三）申请行政许可，行政机关拒绝或者在法定期限内不予答复，或者对行政机关作出的有关行政许可的其他决定不服；（四）对行政机关作出的确认自然资源的所有权或者使用权的决定不服；（五）对行政机关作出的征收征用决定及其补偿决定不服；（六）对行政机关作出的赔偿决定或者不予赔偿决定不服；（七）对行政机关作出的不予受理工伤认定申请的决定或者工伤认定结论不服；（八）认为行政机关侵犯其经营自主权或者农村土地承包经营权、农村土地经营权；（九）认为行政机关滥用行政权力排除或者限制竞争；（十）认为行政机关违法集资、摊派费用或者违法要求履行其他义务；（十一）申请行政机关履行保护人身权利、财产权利、受教育权利等合法权益的法定职责，行政机关拒绝履行、未依法履行或者不予答复；（十二）申请行政机关依法给付抚恤金、社会保险待遇或者最低生活保障等社会保障，行政机关没有依法给付；（十三）认为行政机关不依法订立、不依法履行、未按照约定履行或者违法变更、解除政府特许经营协议、土地房屋征收补偿协议等行政协议；（十四）认为行政机关在政府信息公开工作中侵犯其合法权益；（十五）认为行政机关的其他行政行为侵犯其合法权益。"

行政复议法第 12 条，通过否定排除了一些不属于行政复议范围的内容，包括："（一）国防、外交等国家行为；（二）行政法规、规章或者行政机关制定、发布的具有普遍约束力的决定、命令等规范性文件；（三）行政机关对行政机关工作人员的奖惩、任免等决定；（四）行政机关对民事纠纷作出的调解。"

（2）确定行政复议参加人

行政复议参加人，是指参加行政复议过程且与行政争议存在利害关系的人及与他们的诉讼地位相类似的人。按照行政复议法的规定，行政复议参加人包括：当事人和复议代理人。当事人包括申请人、被申请人、第三人；复议代理人包括委托代理人和法定代理人。证人、鉴定人、翻译人员不属于复议参加人。

①申请人

申请人是指认为行政机关的行政行为侵害其合法权益，并以自己的名义向行政复议机关提出申请，要求对行政行为合法性和适当性进行审查，并依法作出复议决定的公民、法人或者其他组织。

行政复议申请人资格以可能性为标准，即申请人资格在成立或者不成立存在疑问时，应当假设行政复议申请人资格已经满足；申请人的合法权益存在侵害的可能性时，行政复议申请人资格已经满足。

②复议代表人

复议代表人是行政复议当事人的一种，是独立的行政复议主体，与委托代理人不同。复议代表人可以是参与行政复议的组织的法定代表人或者实际的负责人，也可以是临时推选的人。

行政复议实践中，由于行政管理领域的广泛，涉及的人民群众范围也比较广，群体性行政复议也比较多。行政复议机关面对人数众多的申请人，相关的释明、解释和协调工作难以开展。在这种情况下，为了提高行政复议效率和实效，由人数众多的申请人中选择代表人参加行政复议就比较重要。

③行政复议第三人

行政复议第三人是指同争议的行政行为或者行政案件处理结果有利害关

系，依法申请或者经行政复议机关通知，参加到已开始的行政复议活动中来的公民、法人或者其他组织。第三人参加行政复议的目的是维护自己的合法权益。其不能以本案的申请人、被申请人为共同被申请人，也不能站在本案的申请人、被申请人其中的一方。

要成为第三人，要注意：

——与被申请行政复议的行政行为有利害关系。意味着该行政行为对申请人的权利义务产生了实际影响。这里实际影响主要包括被申请行政行为造成权利的丧失或者减损；被申请行政行为造成义务的课予或者增加。

——同案件处理结果有利害关系。"同案件处理结果有利害关系"的第三人参加行政复议，实际上都是将一个已经开始的行政复议和一个今后可能发生的潜在的行政复议合并审理，从而达到防患于未然、简化复议程序、方便当事人参加复议活动、化解行政纠纷的目的。这里案件处理结果有利害关系包括：行政行为虽然没有使公民、法人或者其他组织丧失权利或者增加义务，但是由于其是行政程序中的当事人，是行政机关所处理的事项的利害关系人；行政行为对现存权利义务关系制造了冲突和矛盾。行政行为虽然没有直接涉及有关公民、法人或者其他组织的权利义务，但是在事实上与该公民、法人或者其他组织现存的权利义务关系（或者职权职责关系）发生了内在的冲突或者矛盾；行政行为认定的事实造成不利的法律后果。行政行为虽然没有直接涉及有关公民、法人或者其他组织的权利义务，但是行政行为所认定的事实或者行政复议机关在审查被诉行政行为中所认定的事实，作为一种法律事实，在正常的法治状态下，势必引起对该公民、法人或者其他组织属于与案件处理结果有法律上利害关系的人。

——申请参加行政复议，或者由行政复议机构通知其作为第三人参加行政复议。

第三人参加行政复议的时间是他人之间的行政复议已经开始或者进行，但行政复议机关尚未作出决定之前。如果他人之间的行政复议尚未开始，不会出现第三人参加行政复议；如果他人之间的行政复议已经结束，也不会有第三人参加进来。第三人参加行政复议的方式主要是申请参加行政机关和行政复议机构通知其参加行政复议两种。

④委托代理人

委托代理人是指，依照行政复议当事人的授权，以当事人的名义在代理权限内，维护当事人合法权益，代理当事人进行行政复议活动的人。与法定代理不同，在委托代理中，被代理人并非由于无诉讼行为能力，而是由于缺乏法律知识、参加复议经验，希望获得他人的法律帮助。在特定情况下，当事人可能无法进行书面委托，在当事人的人身自由被限制或者被剥夺的情况下，书面委托可能无法进行。此时，为了保障当事人合法权益，可以借鉴行政诉讼中的做法，口头委托。口头委托的，行政复议机关应当核实并记录在卷；被申请人或者其他有义务协助的机关拒绝行政复议机关向被限制人身自由的公民核实的，视为委托成立。

⑤被申请人

被申请人是和申请人相对的概念。被申请人，是指在行政复议程序中，由复议机关通知其参加复议的行政机关。根据行政复议法第19条的规定："公民、法人或者其他组织对行政行为不服申请行政复议的，作出行政行为的行政机关或者法律、法规、规章授权的组织是被申请人。"这里"作出"的含义不仅包括作为行为，还包括不作为行为。如"不予答复""没有依法给付""不依法订立""不依法履行""未按照约定履行"等情形均属于不作为的情形。

在行政执法实践中，有的行政机关超越职权或者法律、法规、规章授权组织超越授权作出行政行为，申请人申请行政复议的，应当以该实施行政行为的行政机关或者法律、法规、规章授权组织为被申请人。

（3）行政复议期限

①行政复议一般期限为60日。

行政复议一般期限定为60日，是为了充分保障公民、法人或者其他组织的复议权利；行政复议申请人还可能就规范性文件一并提出附带审查的请求，涉及的法律专业问题更加专业和复杂；从世界范围来看，大多数国家和地区的复议申请期限在 30 日至 60 日。例外的情况是，如果法律规定的申请期限超过 60 日，依其规定；如果法律规定的申请期限短于 60 日，按照行政复议法规定的一般期限 60 日执行。

②复议期限自知道或者应当知道该行政行为之日起算。

关于"应当知道作出行政行为之日"，《行政复议法实施条例》第 15 条做了详细的规定。该条规定，行政复议法规定的行政复议申请期限的计算，依照下列规定办理：当场作出行政行为的，自行政行为作出之日起计算；载明行政行为的法律文书直接送达的，自受送达人签收之日其计算；载明行政行为的法律文书邮寄送达的，自受送达人在邮件签收单上签收之日起计算；没有邮件签收单的，自受送达人在送达回执上签名之日起计算；行政行为依法通过公告形式告知受送达人的，自公告规定的期限届满之日起计算；行政机关作出行政行为时未告知公民、法人或者其他组织事后补充告知的，自该公民、法人或者其他组织收到行政机关补充告知的通知之日起计算；被申请人能够证明公民、法人或者其他组织知道行政行为的，自证据材料证明其知道行政行为之日起计算。

（4）行政复议程序

具体步骤：

①准备证据；

②递交行政复议申请书；

③行政复议受理；

④行政复议审理；

⑤附带审查规范性文件；

⑥行政复议决定。

完整行政复议流程如图 5-14 所示：

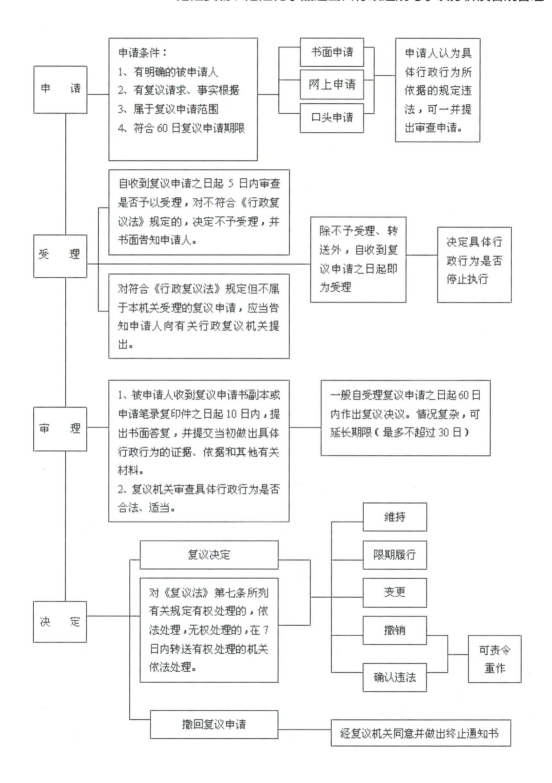

图 5-14 行政复议流程图

485

（二）行政诉讼

行政诉讼是人民法院根据法律规定的程序，解决一定范围内的行政争议的活动。"一定范围内"主要包括两层含义：行政争议必须为行政行为引发的行政争议；并非所有的行政行为引起的争议都能成为行政诉讼的客体，只有行政诉讼法所规定、允许的行政争议才能成为行政诉讼的客体。如果行政诉讼法对于某些行政活动进行排除的，亦不能进入行政诉讼。

1. 受案范围

行政诉讼受案范围，又称为行政诉讼范围、行政诉讼主管范围，是人民法院受理行政诉讼案件的范围，主要是解决人民法院对行政机关的哪些行为拥有司法审查权力的问题。受案范围标志着法院审查行政行为的范围；不服行政机关行政行为的利害关系人在何种范围内、对哪些事项可以诉诸人民法院，请求人民法院行使国家司法权，以保护其权益免受行政行为的侵害；对当事人资格的确定；制约着管辖、证据、程序以及判决等规定。

2. 可诉的行政行为

《行政诉讼法》第12条规定了可诉的行政行为，包括列举的侵犯人身权、财产权等合法权益的案件，如行政处罚、行政强制、行政许可、确认自然资源所有权使用权决定、征收征用补偿决定、不履行法定职责的行为、侵犯经营自主权的行政行为、行政机关滥用权力排除限制竞争、违法要求履行义务、行政给付、行政协议等；法律、法规规定可以提起诉讼的其他行政案件，这代表着并非所有的基本权利都要通过行政诉讼来保护，对于法律法规规定的其他行政案件亦应当受理。

不可诉的行为包括，国家行为、普遍约束力的行为、内部行为、终局裁决行为、刑事司法行为、调解仲裁行为、行政指导行为、重复处理行为、不产生外部效力的行为、过程性行为、执行行为、内部层级监督行为、信访办理行为、不产生实际影响的行为、准行政行为的可诉性问题。

3. 确定管辖法院

行政诉讼的管辖，是指人民法院之间受理第一审行政案件的分工和权限。

确定管辖的目的是解决由哪一级和哪一个人民法院具体行使行政审判权的问题。

根据不同标准，对行政诉讼管辖可以作出不同的划分。

（1）法定管辖和裁定管辖

以管辖是否由人民法院决定为标准，管辖可以分为法定管辖和裁定管辖。

（2）专属管辖、协议管辖和选择管辖

以管辖是否是由法律强制规定或任意规定为标准，管辖可以分为专属管辖、协议管辖和选择管辖。

（3）共同管辖和合并管辖

以诉讼关系为标准，管辖可以分为共同管辖和合并管辖。

（4）级别管辖、地域管辖及管辖冲突、管辖权争议与解决

级别管辖，是指在人民法院系统内，划分和确定各级人民法院审理一审行政案件的职责职权，也就是上下级人民法院之间在管辖上的具体分工。

地域管辖，又称土地管辖、区域管辖，是指同级人民法院之间在各自辖区内受理第一审行政案件的分工和权限。

管辖冲突，是指两个以上人民法院对于同一个行政案件都认为应属于自己管辖或都认为不属于自己管辖而产生的冲突。

管辖权争议则是两个以上人民法院认为特定事项属于或者不属于自己管辖而产生争议。

4.确定诉讼参加人

行政诉讼参加人，是指参加行政诉讼的整个过程或者主要阶段的，与行政争议存在利害关系的人，以及与他们的诉讼地位相类似的人。广义上的当事人包括原告、被告、共同诉讼人、第三人。行政诉讼当事人在不同诉讼阶段有不同的称谓。在一审程序中，称作"原告和被告"；在上诉程序中，称作"上诉人和被上诉人"；在执行程序中，称作"申请执行人和被申请执行人"。诉讼代理人包括委托代理人、法定代理人和指定代理人。

（1）原告

行政诉讼中的原告，是指认为行政机关及其工作人员的行政行为侵犯了其合法权益，并以自己的名义，依法向人民法院提起诉讼从而引起行政诉讼程序发生的公民、法人和其他组织。

关于"利害关系"，《行政诉讼法解释》第12条就司法实践中常见的"与行政行为有利害关系"作出如下规定："有下列情形之一的，属于行政诉讼法第二十五条第一款规定的'与行政行为有利害关系'：（一）被诉的行政行为涉及其相邻权或者公平竞争权的；（二）在行政复议等行政程序中被追加为第三人的；（三）要求行政机关依法追究加害人法律责任的；（四）撤销或者变更行政行为涉及其合法权益的；（五）为维护自身合法权益向行政机关投诉，具有处理投诉职责的行政机关作出或者未作出处理的；（六）其他与行政行为有利害关系的情形。"

（2）被告

根据《行政诉讼法》第26条第1款的规定："公民、法人或者其他组织直接向人民法院提起诉讼的，作出行政行为的行政机关是被告。这里'作出'的含义不仅包括作为行为，还包括不作为行为。行政机关不仅包括原行政机关，还包括行政复议机关。"

《行政诉讼法》第2条第2款规定："前款所称行政行为，包括法律、法规、规章授权的组织作出的行政行为。"

《行政诉讼法》第15条第2项规定："海关处理的案件，都不能由基层人民法院管辖，而应由中级人民法院管辖。"

《行政诉讼法》第18条第1款规定："行政案件由最初作出行政行为的行政机关所在地人民法院管辖。经复议的案件，也可以由复议机关所在地的人民法院管辖。"

（3）第三人

行政诉讼第三人，是指同争议的行政法律关系或者行政诉讼结果有利害关系，依法申请或经人民法院通知，参加到已开始的诉讼进程中的个人或组织。

第三人主要包括：同被诉行政行为有利害关系但没有提起诉讼的公民、法人或者其他组织。

"同被诉行政行为有利害关系"是指被诉行政行为对公民、法人或者其他组织的权利义务产生了不利影响，不利影响主要包括被诉行政行为造成权利的丧失或者减损，被诉行政行为造成义务的课予或者减少。同案件处理结果有利害关系的，主要有三种情形：被诉行政行为虽然未使特定公民、法人或者其他组织丧失权利，也没有课予其义务，但是，由于其是行政程序中的当事人，是行政机关所处理事项的利害关系人，如果被诉行政行为的效力或内容发生变化或者特定机关对该事项进行重新处理，则可能与公民、法人或者其他组织的权利义务有利害关系；被诉行政行为对现存权利义务关系制造了冲突和矛盾；被诉行政行为认定的事实造成不利法律后果。

（4）诉讼代理人

行政诉讼中的代理人，是根据《行政诉讼法》的规定或者当事人的授权，以当事人的名义，在代理权限内维护当事人合法权益，代理当事人进行诉讼活动的人。

法定代理人，是指根据法律的规定，代替无诉讼能力的公民进行诉讼活动的人。这种代理是根据法律规定直接产生的，它不以任何人的意志，包括被代理人的意志为转移，因此称为法定代理人。

委托代理人，是基于被代理人的委托授权而发生的代理，委托代理人是受当事人或法定代理人的委托而进行诉讼行为的人。与法定代理不同，在委托代理人，被代理人并非由于无诉讼能力而是由于缺乏法律知识、诉讼经验希望获得他人的法律帮助。

委托代理人的范围：律师、基层法律服务工作者、当事人的近亲属或者工作人员、当事人所在社区、单位以及有关社会团体推荐的公民。

5.准备证据

行政诉讼证据，是指能够用来证明行政案件真实情况的一切材料或者手段。可定案证据，是指可以用来作为定案根据的证据。《行政诉讼法》第33

条关于可定案证据的规定是："以上证据经法院审查属实，才能作为认定案件事实的根据。"根据《行政诉讼法》及其司法解释，行政诉讼的可定案证据必须具有：客观性、关联性、合法性。

行政诉讼的证据种类：书证、物证、视听资料、电子数据、证人证言、当事人陈述、鉴定意见、勘验笔录、现场笔录。

举证责任的分配：原告的诉讼请求如果是要求撤销或者变更行政机关旨在剥夺行政相对人某些权利或者课予行政相对人义务的，原则上应当由行政机关承担举证责任；如果原告的诉讼请求是申请行政机关为一定行政行为，行政机关不作为的，对于提出申请的事实，应当由原告承担举证责任，行政机关对于不作为的合法性承担举证责任；如果原告的诉讼请求是行政机关应当主动实施行政行为而未实施的，对于赔偿事项由原告承担举证责任，行政机关对于不作为的合法性承担举证责任。

证据交换制度。行政诉讼中的证据交换制度是由司法解释明确。《行政诉讼证据规定》第21条规定："对于案情比较复杂或者证据数量较多的案件，人民法院可以组织当事人在开庭前向对方出示或者交换证据，并将交换证据的情况记录在卷。"

6.起诉和受理

（1）起诉期限。直接起诉的起诉期限，即公民、法人或者其他组织直接向人民法院提起诉讼的，应当在知道或者应当知道作出行政行为之日起6个月内提出。

经过复议程序不服复议决定的起诉期限，《行政诉讼法》第45条规定："公民、法人或者其他组织不服复议决定的，可以在收到复议决定书之日起15日内向人民法院提起诉讼。复议机关逾期不作决定的，申请人可以在复议期满之日起15日内向人民法院提起诉讼。"

（2）立案登记。立案登记制度是2014年《行政诉讼法》修改的重要内容，主要目的在于改变过去一段时间来实行的立案审查制度，根本目的在于解决长期存在的"立案难"问题。《行政诉讼法》第51条规定："人民法院在接到起诉状时对符合本法规定的起诉条件的，应当登记立案。""对当场不能判定是否符合本法规定的起诉条件的，应当接收起诉状，出具收到日期的书面凭证，并在七日内决定是否立案。不符合起诉条件的，作出不予立案的裁定。裁定书应当载明不予立案的理由。原告对裁定不服的，可以提起上诉。"

7. 第一审程序

行政审判第一审程序是相对于第二审程序、审判监督程序而言的。第一审程序主要包括：审前准备程序，组成合议庭，送达起诉状副本和答辩状副本，审核诉讼文书和调查收集证据，确定举证期限和组织当事人进行证据交换，更换和追加当事人、通知必要的当事人参加诉讼，核实法律依据、决定是否参照规章，决定其他事项；开庭审理程序，开庭准备，确定开庭日期、通知诉讼参与人、发布开庭公告、查点出庭人员、宣布法庭纪律等，审理开始后进行法庭调查、法庭辩论，进行合议庭评议，宣告裁判。

根据《行政诉讼法》第 82 条规定："符合条件的第一审行政案件可以适用简易程序。"

8. 第二审程序

当上一级人民法院根据当事人的上诉，对下一级人民法院未生效的行政裁判进行审理和裁判的制度。

上诉是指当事人不服人民法院一审裁判，依法要求第二审人民法院审理的诉讼行为。《行政诉讼法》第 85 条规定："当事人不服人民法院第一审判决的，有权在判决书送达之日起 15 日内向上一级人民法院提起上诉。当事人不服人民法院第一审裁定的，有权在裁定书送达之日起 10 日内向上一级人民法院提起上诉。"

上诉应当符合实质上和形式上的条件，实质上的条件是依照法律规定人民法院可以对哪些裁判上诉。形式上的条件指当事人上诉应当具备的程序条件，包括上诉人和被上诉人必须是第一审程序中的当事人，上诉必须在法定期限内提出，上诉形式必须合法。

《行政诉讼法》第 87 条规定："人民法院审理上诉案件，应当对原审

人民法院的判决、裁定和被诉行政行为进行全面审查，包括审查一审裁判认定的事实是否清楚，一审人民法院适用法律是否正确，一审人民法院审理行政案件时是否违背法定程序，同时对当事人在二审中提出的新的事实和新的证据以及对一审的陈述进行的补充也都应进行审查。"

二审程序包括：审理方式以开庭审理为原则，书面审理为例外，人民法院对上诉案件应当组成合议庭，书面审理的条件为经过阅卷、调查和询问当事人，当事人没有提出新的事实证据或者理由，随后进行裁判。

9. 审判监督

审判监督程序又称为再审程序，是指人民法院对已经发生法律效力有错误的判决裁定或者行政赔偿调解书，再次进行审理所适用的法定审判程序。

提起审判监督程序需要主体适格和具备法定理由。根据《行政诉讼法》的规定："提起审判监督程序的主体必须是具有审判监督权的组织或者特定的公职人员，其中具有法定审判监督权的组织是最高人民法院和地方各级人民法院。最高人民法院发现地方各级人民法院或者地方上级人民法院发现下级各人民法院已经生效的行政裁判确有错误的，可以行使审判监督权力，决定案件提审或者指令下级人民法院再审。"

提起审判监督程序的根本原因是发现已经发生法律效力的裁判违反法律法规的规定，确有错误，否则不能提起再审程序。一般人民法院发现生效裁判确有错误的途径包括：当事人的申请再审，人民检察院的抗诉，人民法院对于本院已经发生法律效力的裁判通过各种途径的审查发现错误的，交由本院院长提交审委会讨论决定。

再审的程序包括两个阶段，第一个阶段是审查再审的理由，撤销已经发生法律效力的程序，启动再审程序，第二个阶段是恢复本案审理的诉讼程序。

行政诉讼流程图

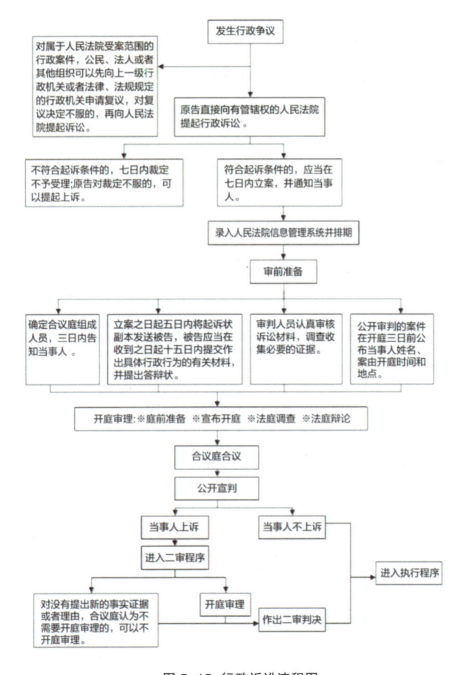

图 5-15 行政诉讼流程图

三、行政合规

行政合规是指企业经营管理行为和员工履职行为符合国家行政法律法规、监管规定、行业准则和国际条约、规则，以及公司章程、相关规章制度等要求。行政合规是企业现代治理体系的重要组成部分，一方面蕴含着企业为自身发展而秉持的尊重知识产权、保护环境、反对商业贿赂等职责恪守，另一方面也蕴含着政府谦抑原则下合规监管的理念与方式。

行政合规的核心理念是以企业合规换取行政机关减轻或者免除处罚的法律制度。

这一理念体现了政府对企业的信任和尊重，鼓励企业自主建立和完善合规管理体系，提高依法合规经营管理水平，优化营商环境，促进高质量发展。

同时，这一理念也体现了政府对企业的监督和约束，要求企业在经营过程中遵守法律法规，防范和化解风险，保护公共利益，承担社会责任。

【链接】2021 年 9 月 10 日，张家港市推进依法行政建设法治政府领导小组办公室、市司法局会同市人社局、市住建局、市应急管理局、市市场监管局等 4 家单位，针对监管中的"高频"违法行为，编制了《企业行政合规指导清单（第一批）》，这是江苏省范围内首次通过行政指导的方式引导企业排查风险、指导企业合规经营，形成了张家港市推进法治营商环境建设的特色行政指导经验。

同年 11 月，苏州市发布首批《企业行政合规指导清单》在全市进行推广，清单共计 2974 条，涉及 34 个市级行政执法部门和 10 个县（市、区），这是首次在全国正式提出了"行政合规"的概念。

为贯彻落实党中央国务院对建设法治化营商环境、促进民营经济发展壮大等新的部署要求，2023 年 8 月 2 日，中共江苏省委全面依法治省委员会出台《关于推行涉企行政合规全过程指导工作的意见》（以下简称《意见》）。

《意见》要求，全省各级行政执法机关按照边试点、边总结、边提升、边推广的原则，用三年左右的时间依法有序推进该项工作。下一步，将在生态环境、交通运输、市场监管、税务等领域开展先行试点。

主动合规是指企业在没有受到行政机关监管或处罚的情况下，主动建立和完善合规管理体系，预防和减少违法违规行为，提升依法合规经营管理水平。主动合规是企业自我约束、自我完善、自我发展的表现，有利于提高企业的竞争力和社会信誉。

被动合规是指企业在受到行政机关监管或处罚后，被动地采取整改措施，消除违法违规后果，恢复正常经营状态。被动合规是企业被迫改变、被迫完善、被迫发展的表现，可能导致企业承担经济损失或声誉损失。

（一）行政合规在实践中的类型

1. 指导清单型

苏州市发布的首批《企业行政合规指导清单》就属于本类型，此项措施的公权力强度最弱，通过政府职能部门通过合规清单形式，将本部门的合规事项按照违法行为、法律依据及违法责任、发生频率、合规建议、指导部门联系方式等板块进行公开发布，对企业进行指导。该种形式的优点是执法部门能够结合以往的执法经验针对本区域、本条线常见的违法问题进行强调，引导企业排查风险，指导企业合规经营。同时该种措施面向的对象较为广泛，更适宜于生产经营规模小、相关内部监管措施较缺乏、存在违法违规风险更为普遍的中小微企业。然而其不足之处也显而易见。一是在法律效果上类似于普法性质的列举和宣传，不具任何强制力。二是在功能上更多是对已出现的风险进行强化监管，无法对未知风险进行预警。三是在编制上基本是对各监管部门正面权力清单的重述，难以脱离"违则＋罚则"的传统行政处罚模式。

2. 规范指引型

在国家层面制定的有关合规的规范性文件呈现出以下特征：一是主要聚焦于证券金融、保险、出口管制等领域，这些领域的典型特征是规模化、市场化运作明显。二是重点关注境外经营合规，主要原因是，国际经济法中，一些国际组织经常对中国企业实施一些附条件的经济制裁，而企业要解除这些制裁，就要建立有效的合规计划。因此，反制裁式合规成为企业"走出去"进行风险防范的重要考量。三是各主管部门对合规的强制性要求不同，比如，在证券、保险、出口等领域相关的规范都规定了强制合规的要求，同时也都建立了相应的监管手段和激励机制；也有以指导形式鼓励建立合规机制，通过制定原则性合规机制的指引，指导企业或者行业根据自身的情况建立和完善自身的合规机制。四是合规依据存在不同的涵摄范围。范围最广的是包含"政府规范—行业规范—自律规范—道德准则"，较窄的则仅包含政府规范，如《经营者反垄断合规指南》；还有一些还包括相关的国际准则和规则，此种主要适用于有对外投资需求和能力的企业。五是建立合规体系的推动主体不仅包括以政府部门为主的指导，还包括行业协会针对行业特征制定指导。比如，2021年由中国施工企业管理协会出版的《工程建设企业境外合规经营指南》便是由行业协会制定规范指引。本类型的优点在于，通过政府的积极引导，运用反向惩戒、正向激励的方式能够促使企业意识到合规经营的必要性，并积极采取措施建立企业合规体系。其缺点是，政府面对的市场主体在经济规模、发展样态上各有差异，因而合规指引只能进行原则性的规定，这样的外部指导模式无法形成有效的激励效果。此外，即便是政府通过外压对企业合规进行强制性规定，但从现行的各类规范文件来看，关于合规在内涵与外延上极不统一，有的仅要求符合政府监管法规，而有的还要求符合行业规范甚至行业道德。

3. 措施管控型

2021 年 10 月 28 日，工信部召开规范电脑 PC 端应用软件弹窗信息骚扰用户问题行政指导会，主要互联网企业代表参会。2021 年 11 月 24 日，腾讯公司因旗下 9 款产品存在违规行为，违反 2021 年信息通信业行风纠风相关要求，工信部对其采取过渡性的行政指导措施，要求对于即将发布的 App 新产品，以及既有 App 产品的更新版本，上架前需经工信部组织技术检测，检测合格后正常上架。不难看出，本类型系针对特定企业、特定事项、特定产品"量身定做"的一种合规措施，甚至通过会议要求的形式，实质上为企业设置了比如"非经检测不得上架"的前置性审批措施，具有突发性、针对性与有效性。

4. 免罚和解型

相较于其他几种措施类型来说，本类型对企业更具激励作用，能够促进企业通过及时纠正自身的违法行为获得行政处罚上的豁免或责任减轻。比如，依据新修改的《行政处罚法》第 33 条之规定，各地政府相继推出免罚轻罚清单、某特定领域违法行为首违不罚实施意见等。与上述法定的免罚型清单相比，行政和解制度的出现则更多是从成本效益角度进行考量，比较典型的是近几年来发生在证券监管领域的行政和解制度。早在 2015 年，中国证券监督管理委员会就公布了《行政和解试点实施办法》，其中对行政和解，确立了对涉嫌违反证券期货违法的行为，执法机关可以根据行政相对人的申请，与其就改正涉嫌违法行为，消除涉嫌违法行为不良后果，以缴纳行政和解金补偿投资者损失等进行协商达成行政和解协议，并据此终止调查执法程序的行为。但行政和解的适用领域非常狭窄，至少需满足三个要素：一是必须有明确的行政和解的使用规则；二是主要适用于大型企业，涉案标的大、社会影响大；三是属于市场化竞争领域，难以获取普适性功能，比如对于安全生产等涉及公民人身安全等领域的，行政和解没有存在的空间。

5.指导并罚型

2021年4月15日，国家市场监督管理总局作出国市监处〔2021〕29号行政处罚决定书，对扬子江药业集团涉嫌与交易相对人达成并实施固定转售价格、限定最低转售价格的垄断行为作出罚款7.64亿。2021年4月10日，国家市场监督管理总局作出国市监处〔2021〕28号行政处罚决定书，对阿里巴巴有限公司涉嫌实施滥用市场支配地位行为进行处罚。2021年10月8日，国家市场监督管理总局对美团滥用市场支配地位行为进行处罚。上述三起反垄断领域行政处罚的共同特点有：第一，罚款金额巨大，涉案企业属于在全国范围内垄断，业务领域广，社会影响大，且多是属于行业头部企业；第二，行政处罚决定书中均要求企业要加强内控合规管理；第三，行政处罚的裁量情形包括违法行为人在行政执法调查中的配合度（主动承认违法事实、主动提供执法机关未掌握的证据、停止违法行为、积极退还保证金等）；第四，行政处罚决定作出后涉案企业在自媒体上公开表态诚恳接受，并承诺积极落实整改。

值得关注的是，行政处罚决定书公开发布的同时，行政指导书也全文附后。从内容上看，行政指导书主要包括五个方面内容：一是规范自身竞争行为；二是落实平台企业主体责任；三是内部合规控制制度的建立；四是保护平台内经营者和消费者合法权益；五是要维护公平竞争促进创新发展。从行文表述上分析，国家市场监督管理总局的行政指导范围已经超越了被行政处罚认定的事项，如在对美团作出的国市监行指【2021】2号行政指导书中，除了要求美团规范自身的竞争行为，同时还对外卖送餐员的职业保障以及对消费者的个人信息保护等问题进行了强调。此外，在措辞上更加强烈，如"不得""严格落实""请你公司"等表述均显示出强监管的姿态，并且明确提出3年内每年都要向国家市场监督管理总局报送自查报告等高度强制力的要求。总体来说，通过"处罚+指导"的模式能够增强反垄断监管的弹性，特别是在反垄断领域违法行为的惩处背后涉及的是企业甚至是整个行业的经营模式的调整,通过对头部企业进行有效指导,促进企业内部合规体系的建立,能够更有效地实现行政监管的目标。但是本类型的适用范围有限,不仅监管机关的级别属于国家级,更主要适用于规模超大型企业特别是互联网等头部效应明显的企业。

(二)行政合规的开展前准备

行政合规的开展前准备主要包括以下几个方面:

第一,明确合规目标和范围。企业应根据自身的经营范围、风险特点、管理水平等,明确合规的总体目标、具体内容、重点领域和关键环节。合规目标应具有可衡量、可实现、可评价等特征。合规范围应涵盖企业的内部管理和外部交往。包括法律法规、监管规定、行业准则和国际条约、规则,以及公司章程、相关规章制度等要求。

第二,建立合规组织和人员。企业应根据合规目标和范围,建立专门负责合规工作的组织机构,如设立合规部门或者委派合规负责人等,并明确其职责权限、工作流程、协调沟通等事项。企业还应配备专业的合规人员,提高其合规意识和能力,保障其履行职责的独立性。

第三,制定合规计划和方案。企业应根据合规目标和范围,制定合规计划和方案,明确合规工作的时间节点、任务分工、资源投入、预期成果等。合规计划和方案应具有可操作性、可调整性、可持续性等特征。

(三)行政合规实施的操作流程

行政合规的操作流程一般包括以下几个步骤:

第一,合规风险识别。企业应全面梳理经营管理活动中的合规风险,建立并定期更新合规风险数据库,对风险发生的可能性、影响程度、潜在后果等进行分析,对典型性、普遍性或者可能产生严重后果的风险及时预警。

第二,合规制度建设。企业应根据合规风险识别结果,制定并完善适合自身实际的合规管理制度，包括基本制度、具体制度或者专项指南等，明确合规要求、流程、标准等，并及时对制度进行修订完善。

第三，合规审查执行。企业应将合规审查作为必经程序嵌入经营管理流程，重大决策事项的合规审查意见应由首席合规官签字，对决策事项的合规性提出明确意见。业务及职能部门、合规管理部门依据职责权限完善审查标准、流程、重点等，定期对审查情况开展后评估。

第四，合规培训沟通。企业应根据培训目标和内容，制定培训计划和方案，明确培训对象、培训方式、培训时间、培训地点、培训师资等。培训对象应覆盖全体员工，尤其是决策层、高级管理层和重要风险岗位人员。培训方式应结合线上线下，采用课堂授课、案例分析、模拟演练等形式。企业还应通过内部刊物、网站、微信等渠道，宣传推广合规理念和文化，增强员工的合规意识和参与度。

第五，合规监督评估。企业应根据监督目标和内容，制定监督计划和方案，明确监督对象、监督方式、监督时间、监督标准等。监督对象应包括全体员工及各级管理者，监督方式应结合自查自纠、内部审计、外部审计等形式。企业还应对员工的遵守情况进行评估考核，采用笔试、问卷调查、面试等方式，检验员工对合规知识和技能的掌握程度，并给予相应的奖惩措施。

第六，合规问题整改。企业发现或者收到行政机关通知的违法违规问题，应当及时采取整改措施，并按照要求报告整改情况报告，以及整改的结果和后果。企业应当对整改过程和结果进行记录和归档，以备行政机关或者其他利益相关方的查验或者核实。企业还应当从整改问题中汲取教训，完善合规管理体系，防止问题的再次发生。

四、刑事合规

刑事合规不起诉制度发源于美国，逐渐被世界各国所吸纳、借鉴。当前我国处于经济转型升级期，国际局势动荡，企业犯罪风险猛烈增加。传统的对单位犯罪实行事后严惩的模式，容易导致企业员工与涉案企业关联第三方利益受损，形成"水漾效应"。涉案企业事后的处罚无法兼顾公司治理与惩治犯罪这两个目标，因此引入刑事合规不起诉制度是很有必要的。刑事合规不起诉制度是指涉案企业在被移送审查起诉后通过主动申请合规或检察机关依职权要求其合规，涉案企业做出合规整改承诺，检察机关对涉案企业启动合规不起诉程序，根据监督考察的结果依法作出不起诉或者起诉后量刑从宽的决定。

2020年3月，最高人民检察院在6个基层检察院率先部署了企业刑事合规不起诉改革的试点工作。2021年4月，最高人民检察院发布《关于开展企业合规改革试点工作的方案》，启动第二期企业刑事合规改革试点。2022年4月2日上午，最高人民检察院会同全国工商联专门召开会议正式"官宣"——涉案企业合规改革试点在全国检察机关全面推开。

（一）刑事合规适用条件

1. 涉案企业、个人认罪认罚；

2. 涉案企业能够正常生产经营，承诺建立或完善企业合规制度，具备启动第三方机制的基本条件；

3. 涉案企业自愿适用第三方机制。

（二）刑事合规不适用的条件

除此之外，政策也规定了例外情形，即具有下列情形之一的涉企犯罪案件，不适用企业刑事合规：

1. 个人为进行违法犯罪活动而设立公司、企业的；

2. 公司、企业设立后以实施犯罪为主要活动的；

3. 公司、企业人员盗用单位名义实施犯罪的；

4. 涉嫌危害国家安全犯罪、恐怖活动犯罪的。

（三）更有可能适用刑事合规的条件。

具体实践中，涉案企业一般还要符合以下的条件，才更有可能被检察机关适用刑事合规整改：

1. 在依法纳税、吸纳就业人口、带动当地经济发展等方面发挥一定作用；

2. 拥有自主知识产权、商誉、专有技术或商业秘密；

3. 符合现行产业政策或未来产业发展趋势；

4. 其经营状况影响所在行业、上下游产业链及区域竞争力；

5. 直接负责的主管人员和其他直接责任人员系该涉罪企业负责人或实际控制人、核心技术人员等对经营发展起关键作用的人员。

（四）刑事合规不起诉工作模式

1. 检察建议模式

检察机关在经过初步审查时，认定涉案企业犯罪较轻、具有认罪认罚情节，符合相对不起诉标准的，再通过调查核实涉案企业犯罪原因、生产经营中主要存在的合规风险、提起诉讼可能造成的不良影响等问题，在"合规内部调查"基础上出具调查终结报告，听取涉案企业意见，举行合规听证会，为涉案企业定制一套合规治理体系，最后再以制发检察建议的形式要求涉案企业根据调查报告建立本企业的合规治理体系。

根据《人民检察院检察建议工作规定》，检察建议具有社会治理功能，以检察建议模式开展合规不起诉与我国现有的制度能够自然、流畅兼容，无需对法律进行修改，在最初的试点过程中得到了普遍适用。

2. 合规考察模式

构建适应本土特色的合规不起诉制度过程中，检察机关认识到了检察建议模式的局限性，以附条件不起诉制度为基础，认罪认罚从宽制度普遍适用为契机，将企业合规制度纳入公诉领域，从而形成了独具特色的合规考察不起诉模式，相较于检察建议模式具有更强的刑事激励作用。

企业刑事合规不起诉模式的适用主要有以下几个步骤：

第一，涉案企业所犯罪行事实清楚，证据确实充分，符合起诉的条件；

第二，涉案企业真诚悔罪，自愿认罪认罚，积极退赃赔赃，对危害结果采取积极的补救措施；

第三，涉案企业具有合规整改基础，检察机关依职权建议企业进行合规或者涉案企业主动递交合规计划，用以换取宽大处理；

第四，检察机关委托第三方监督评估机构组建第三方专业评估组对涉案企业的合规计划进行监督考察；

第五，第三方监督评估机构根据监督考察期内涉案企业的表现作出评估报告。

若企业通过合规经营实现守法经营，达到犯罪预防的效果，检察机关依法召开听证会并对企业作出不起诉决定，反之则依法提起公诉。

附录

附录 1　化学品 GHS 分类查询指南

联合国 GHS 制度自 2002 年底正式发布以来，已陆续被欧盟、美国、中国以及日本等多个国家 / 地区所采纳。伴随 GHS 制度的广泛实施，化学品在国际贸易流通时，就面临一项新的合规要求：按照输入国的 GHS 制度，对化学品进行危害分类，并编制相应的 SDS 和 GHS 标签。

为了帮助化工行业做好化学品的 GHS 分类，欧盟、日本、新西兰，以及中国等国家 / 地区陆续发布了化学品 GHS 推荐分类的清单，供企业参考。

1.1　中国 GHS 分类清单

原国家安全监管总局于 2015 年 8 月发布了《危险化学品分类信息表》（以下简称分类信息表），对列入《危险化学品目录（2015 版）》的 2828 种危险化学品给出了GHS 危害分类结果（见图附 - 1 所示）。

《危险化学品分类信息表》全文查看链接：

https：//www.mem.gov.cn/gk/gwgg/201509/W020171101487418064528.doc。

附件

危险化学品分类信息表

序号	品名	别名	英文名	CAS 号	危险性类别	备注
1	阿片	鸦片	opium	8008-60-4	特异性靶器官毒性-反复接触，类别 2	
2	氨	液氨；氨气	ammonia;liquid ammonia	7664-41-7	易燃气体，类别 2 加压气体 急性毒性-吸入，类别 3* 皮肤腐蚀/刺激，类别 1B 严重眼损伤/眼刺激，类别 1 危害水生环境-急性危害，类别 1	
3	5-氨基-1,3,3-三甲基环己甲胺	异佛尔酮 二胺；3,3,5-三甲基-4,6-二氨基-2-烯环己酮；1-氨基-3-氨基甲基-3,5,5-三甲基环己烷	5-amino-1,3,3-trimethyl-cyclohexanemethanamine;isophorone diamine;3-aminomethyl-3,5,5-trimethylcyclohexylamine;isophoronediamine;3,3,5-trimethyl-4,6-diamino-2-enecyclohexanone;4,6-diamino-3,5,5-trimethyl-2-cyclo-hexen-1-one	2855-13-2	皮肤腐蚀/刺激，类别 1B 严重眼损伤/眼刺激，类别 1 皮肤致敏物，类别 1 危害水生环境-长期危害，类别 3	

图附 – 1 《危险化学品分类信息表》示意图

为了方便检索，合规化学网的"化学品数据库"提供了分类信息表的在线检索功能，具体访问地址：

http：//www.hgmsds.com/hg-ehs-index。

图附 – 2 乙酸乙酯的危险性分类检索结果

在实际使用该分类信息表时，要关注以下几个方面：

1. 限于 GB 30000 系列的分类体系和目前掌握的数据资源，分类信息表中给出的 GHS 危害难以包括该化学品所有危险和危害特性类别，企业可以根据实际掌握的数据补充化学品的其他危险性类别。

2. 分类信息表给出的 GHS 危害限定于《危险化学品目录（2015 版）》给出的危险化学品确定原则规定，不包括部分危险性较低的危害种类（例如，易燃液体第 4 类）。

3. 分类信息表中标记"*"的类别，是指在有充分依据的条件下，该化学品可以采用更严格的类别。例如，序号 498 "1，3- 二氯 -2- 丙醇"，分类为"急性毒性 – 经口，类别 3*"，如果有充分依据，可分类为更严格的"急性毒性 – 经口，类别 2"。

4. 对于危险性类别为"加压气体"的危险化学品，根据充装方式选择液化气体、压缩气体、冷冻液化气体或溶解气体。

1.2 欧盟 C&L 分类清单

欧盟作为率先执行联合国 GHS 制度的地区，在 2008 年推出了 CLP 法规，取代了之前的 DSD 和 DPD 指令，实现了从旧的危害分类体系向 GHS 分类体系的过渡。

CLP 法规附件 VI 给出了 4600 多种化学物质的统一分类清单（Harmonized classification）。该分类清单可以在欧盟 ECHA 官网进行在线检索。

欧盟统一分类清单全文查看链接：

https：//echa.europa.eu/information–on–chemicals/cl–inventory–database。

图附 – 3 欧盟 CLP 分类清单（C&L Inventory）检索界面

如图附 – 3 所示，可以使用化学物质的英文名称、CAS 号、EC 号、Index 号进行检索。而且，还可以筛选具有特定危害的物质清单。

C&L Inventory 检索结果大致可以分为两类：

1. 统一分类

检索结果表格底色为蓝色即说明该物质是列入 CLP 法规附件 VI 统一分类清单中。在检索结果中，除了看到它的 GHS 分类，还可以看到象形图、信号词、SCL、M 值以及 ATE 值等信息。

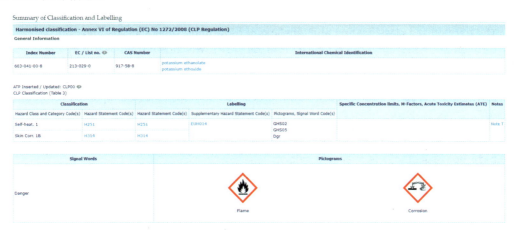

图附 – 4 欧盟 CLP 统一分类检索结果示意图

2. 通报分类

检索结果表格底色为橘色，即为依据 CLP 确定的危害分类标准，各个企业或行业组织通报的危害分类结果。如图附 – 5 所示，不同通报分类结果之间还是有一定的差异性。

图附 – 5 欧盟 CLP 通报分类检索结果示意图

CLP 法规附件 VI 的统一分类清单会定期更新，具体更新内容可以在以下网址查阅：

https：//echa.europa.eu/information–on–chemicals/annex–vi–to–clp。

Table of harmonised entries in Annex VI to CLP

ECHA has prepared an excel table containing all updates to the harmonised classification and labelling of hazardous substances, which are available in Table 3 of Annex VI to the CLP Regulation.

The harmonised classification and labelling of hazardous substances is updated through an "Adaptation to Technical Progress (ATP)" which is issued yearly by the European Commission. Following the adoption of the opinion on the harmonised classification and labelling of a substance by the Committee for Risk Assessment (RAC), the European Commission takes a decision and publishes the updated list in an ATP.

The excel table containing all updates to the harmonised classification and labelling of hazardous substance is available below.

- Annex VI to CLP_ATP09 (in force from 1 March 2018) [XLS][EN]
- Annex VI to CLP_ATP10 (in force from 1 December 2018) [XLS][EN]
- Annex VI to CLP_ATP13 (in force from 1 May 2020) [XLS][EN]
- Annex VI to CLP_ATP14 (in force from 9 September 2021) [XLS][EN]
- Annex VI to CLP_ATP15 (in force from 1 March 2022) [XLS][EN]
- Annex VI to CLP_ATP17 (in force from 17 December 2022) [XLS][EN]

图附 – 6 欧盟 CLP 统一分类清单更新内容查询界面

1.3 日本 GHS 分类清单

日本国立产品评价和技术基础机构（简称 NITE）自 2006 年起，陆续发布了 3000 多个化学物质的 GHS 分类结果，供企业参考使用，不具有强制性。

GHS 分类清单查询地址：

https：//www.nite.go.jp/chem/english/ghs/ghs_download.html。

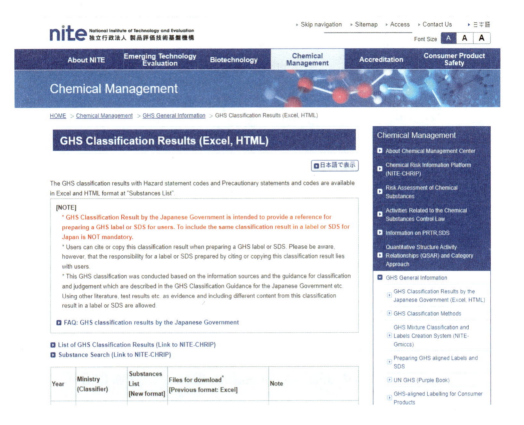

图附 – 7　日本 NITE 的 GHS 分类清单查询界面

　　如图附 – 7 所示，在使用该清单时，需要注意部分物质的 GHS 分类会因为数据的更新，而发生修订，而且后续发布的修订，有时候仅对物理、健康和环境的某 1~2 个部分进行修订，其余危害分类保持不变。

50-06-6	Phenobarbital	R01-C-139B	Excel	2019	Revised classification	The reclassification result of only environmental hazard classes. As for physical and health hazard classes, please see the result in FY2006.
	5-Ethyl-5-phenyl-2,4,6(1H,3H,5H)-pyrimidinetrione; Phenobarbital	519	Excel	2006	New classification	

图附 – 8　日本 GHS 分类更新示意图

1.4　新西兰 GHS 分类清单

新西兰 EPA 依据其 HSNO 确定的危害分类标准，发布了 5400 多个化学品的 GHS 分类数据库（Chemical Classification and Information Database，简称 CCID）。

查询地址：

https：//www.epa.govt.nz/database–search/chemical–classification–and–information–database–ccid/。

图附 – 9　新西兰 GHS 分类查询界面

如图附 – 9 所示，可以输入化学品的 CAS 号或英文名称进行检索。CCID 数据库中除了我们通常理解的纯物质以外，还有大量混合物的 GHS 分类，如图附 – 10 所示。

Showing 1 - 6 of 6 results for "67-56-1"

Methanol >
CAS: 67-56-1 | Synonyms: Carbinol, Methyl alcohol, Methyl hydroxide, Pyroxylic Spirit, Wood alcohol, Wood naphtha, Wood spirit

Methanol, >50% in a non hazardous diluent >
CAS: | Synonyms: 67-56-1, Single component

Methanol, >44 - 50% in a non hazardous diluent >
CAS: | Synonyms: 67-56-1, Single component

Methanol, >1 - 10% in a non hazardous diluent >
CAS: | Synonyms: 67-56-1, Single component

Methanol, >18 - 25% in a non hazardous diluent >
CAS: | Synonyms: 67-56-1, Single component

Methanol, >25 - 44% in a non hazardous diluent >
CAS: | Synonyms: 67-56-1, Single component

图附 – 10　甲醇的 GHS 分类检索结果

CCID 数据库中还收录了部分物质的运输分类，包括 UN 编号、危险类别和包装类别等。

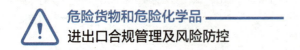

Methanol

Expand all

Substance overview ✕

Name:	Methanol
CAS Number:	67-56-1
Synonyms:	Carbinol, Methyl alcohol, Methyl hydroxide, Pyroxylic Spirit, Wood alcohol, Wood naphtha, Wood spirit
Approval number:	HSR001186, Approved with controls
UN Class:	Class 3: Flammable liquids; Class 6: Toxic and infectious substances; Division 6.1; Packing group II: Substances presenting medium danger
UN Number:	1230
Molecular weight:	32.04
Relative density:	0.81
Water solubility:	

图附－11　甲醇的危害分类信息

1.5 马来西亚 GHS 分类清单

为了帮助工业界更好的执行 GHS 制度，马来西亚 DOSH 发布的 ICOP 第 1 部分收入了 662 种化学品的 GHS 分类结果。该 GHS 分类结果具有强制性，属于马来西亚的最低分类。

如果企业有足够的数据，可以在此分类基础上增加危害或选择更加严格的分类；如果企业希望减少分类或选择更加宽松的分类，需向马来西亚 DOSH 提供支持分类的相关数据。

目前，最新的分类清单是 2019 年发布的，如图附－12 所示。

全文查看链接：

https：//www.dosh.gov.my/index.php/legislation/codes-of-practice/chemical-management/3460-industry-code-of-practice-on-chemicals-classification-and-hazard-communication-amendment-2019-part-1/file。

512

No.	Chemical Name	CAS No	Classification		Labelling		
			Classification Code	H-code	Signal Word	H-code	Hazard Pictogram
1	acetaldehyde; ethanal	75-07-0	Flam. Liq. 1 Carc. 1B Eye Irrit. 2 STOT SE 3 Muta. 2	H224 H350 H319 H335 H341	Danger	H224 H350 H319 H335 H341	
2	acetic acid (R1), (h) (i) C ≥ 90%	64-19-7	Flam. Liq. 3 Skin Corr. 1A Eye Dam. 1	H226 H314 H318	Danger	H226 H314	
	(ii) 25% ≤ C < 90% (e)		Skin Corr. 1B Eye Dam. 1	H314 H318	Danger	H314	
	(iii) 10% ≤ C < 25% (b)		Skin Irr. 2 Eye Irr. 2	H315 H319	Warning	H315 H319	
3	acetic anhydride	108-24-7	Flam. Liq. 3 Acute Tox. 4 (inh) Acute Tox. 4 (oral) Skin Corr. 1B Eye Dam. 1	H226 H332 H302 H314 H318	Danger	H226 H302+H332 H314	

图附 – 12 马来西亚 GHS 分类清单示意图

1.6 韩国 GHS 分类清单

为了帮助企业更好的执行 GHS 制度，韩国国家环境研究所（NIER）陆续发布了 2069 种化学物质的 GHS 危害分类结果，具体查询网址：

https：//ncis.nier.go.kr/en/main.do。

图附 – 13 NIER 的 GHS 分类检索界面

输入物质的 CAS 号或英文名称即可检索到对应的 GHS 分类，如图附 – 14 所示。

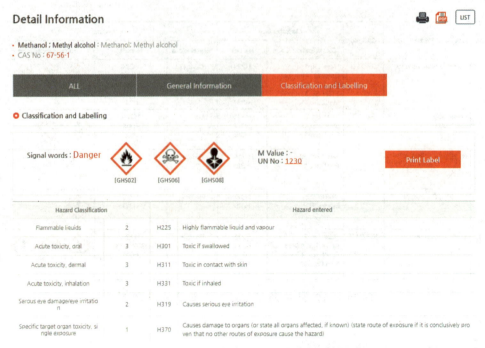

图附 – 14 甲醇的 GHS 分类检索界面

此外，为了帮助企业制作合规的 GHS 标签，点击检索结果中的"Print label"，可根据拟使用包装的大小，选择打印合适的标签。

图附 – 15 甲醇的 GHS 标签选择界面

2020年9月2日NIER发布了第2020-408号公告,对之前发布的GHS清单做了更新,新增45种有毒化学品的分类和标签信息,同时对之前发布的11种有毒物质和1种限制物质的分类和标签信息进行了更新。

1.7 泰国GHS分类清单

为了帮助企业做好化学物质的GHS分类,泰国官方发布了3711种化学品的GHS分类清单。具体查询地址如下:

https://ghs.diw.go.th/classification-main.html。

图附-16 泰国GHS分类查询界面

输入产品的CAS号即可查询相应的GHS分类,以及运输环节的危货分类。需要注意的是,泰国官方的GHS分类结果属于推荐性,不具有强制性。

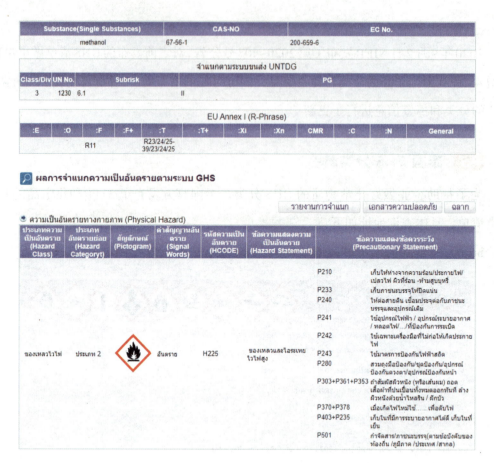

图附 – 17 甲醇的 GHS 分类查询界面

1.8 OECD GHS 检索工具

OECD 提供了一个免费的全球 GHS 分类查询平台，一次检索可以获得多个国家 / 地区的 GHS 分类结果。

该检索工具访问链接如下：

https：//www.echemportal.org/echemportal/ghs-search。

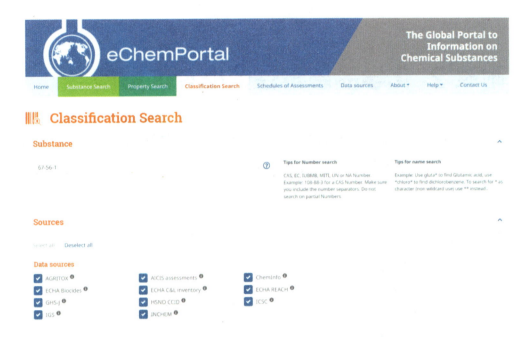

图附 – 18　OECD eChemPortal 的 GHS 分类查询平台

附录 2 化学品急毒性数据查询指南

在依据联合国 TDG 法规和 GHS 制度，对化学品进行急性健康危害分类时，经常需要收集或查阅已有的动物实验数据，其中，主要涉及图附 – 19 所示的 3 种毒理学数据。

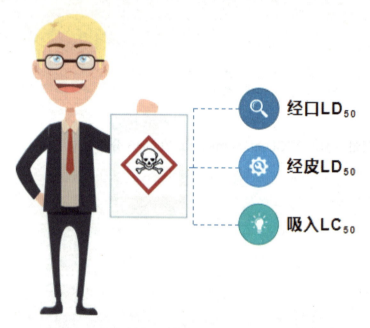

经口LD$_{50}$

经皮LD$_{50}$

吸入LC$_{50}$

图附 – 19 急性健康毒性评估涉及的 3 种毒理学指标

充分利用现有的毒理学数据既符合联合国 GHS 制度所提倡的减少动物实验，保护动物福利，也可节约企业在产品合规方面的成本支出。为此，下文分享几个编者高频使用的免费数据库或手册。

2.1 WHO 农药分类手册

世卫组织（WHO）发布了《农药危害分类手册》（如图附 – 20 所示）。该手册收集了市场上常见农药原药的经口 LD_{50} 和少部分经皮 LD_{50} 数据。

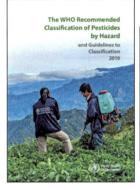

Common name	CAS no	UN no	Chem type	Phys state	Main use	GHS	LD_{50} mg/kg	Remarks
Demeton-S-methyl [ISO]	919-86-8	3018	OP	L	I	2	40	EHC 197; ICSC 705; JMPR 1989
Dichlorvos [ISO]	62-73-7	3018	OP	L	I	3	57-108	Volatile; EHC 79; HSG 18; IARC 53 (Group 2B); ICSC 690; JMPR 1993, 2011; Adjusted classification (see note 3)
Dicrotophos [ISO]	141-66-2	3018	OP	L	I	2	22	ICSC 872
Dinoterb [ISO]	1420-07-1	2779	NP	S	H	2	25	
DNOC [ISO]	534-52-1	1598	NP	S	I-S,H	2	25	JMPR 1965a; EHC 220; ICSC 462. See note 2.
Edifenphos [ISO]	17109-49-8	3018	OP	L	F	3	150	JMPR 1981. Adjusted classification (see note 3)
Ethiofencarb [ISO]	29973-13-5	2992	C	L	I	3	200	ICSC 1754; JMPR 198.2. Adjusted classification (see note 3)
Famphur	52-85-7	2783	OP	S	I	2	48	
Fenamiphos [ISO]	22224-92-6	2783	OP	S	N	2	15	ICSC 483; JMPR 1997, 2002
Flucythrinate [ISO]	70124-77-5	3352	PY	L	I	3	c67	JMPR 1985; see note 4; Adjusted classification (see note 3)

图附 – 20 WHO《农药危害分类手册》内容截图

在使用该手册时，需要以下 3 点：

①手册中默认的 LD_{50} 都是大鼠（rat）的经口毒性数据；

② LD_{50} 数值前面有字母"D"的，则表示该数据是大鼠（rat）的经皮毒性数据；

③ LD_{50} 数值前面有字母"c"的，则表示该物质的大鼠（rat）经口毒性数据有多个，手册里展示的是 WHO 用于分类的数值。

目前，该手册的最新版是 2019 版，下载地址如下：

https：//apps.who.int/iris/bitstream/handle/10665/332193/9789240005662–eng.pdf?ua=1。

推荐指数：对于农药类产品的分类，建议优先查阅该数据库。

2.2 欧盟 ECHA 注册物质数据库

欧洲化学品管理署（ECHA）为了加强化学品管理信息的透明度，经过几年的努力打造了一系列的化学品信息查询平台。其中，工业界在申请 REACH 注册时，所提交的理化性质、健康毒性和环境毒性数据可通过 "Registered substances" 数据库进行查看。

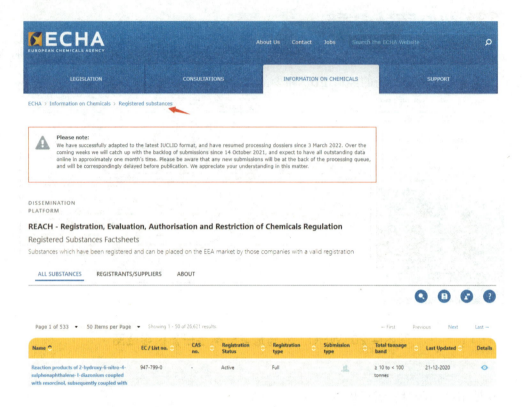

图附 – 21　ECHA 的 Registered substances 数据库

点击图附 – 22 所示的检索标识，输入化学品的 CAS 号或 EC 号即可进行检索。

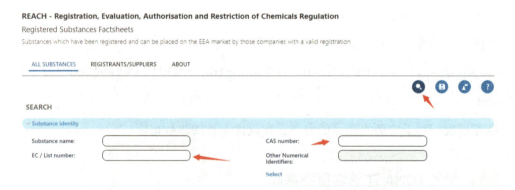

图附 – 22　Registered substances 的检索界面

在检索结果中，点击"Details"即可查看该物质详细的注册卷宗，包括急性健康毒性。

Name	EC / List no.	CAS no.	Registration Status	Registration type	Submission type	Total tonnage band	Last Updated
2-tert-butylaminoethyl methacrylate	223-228-4	3775-90-4	Active	Full		≥ 10 to < 100 tonnes	07-06-2018
Methanol	200-659-6	67-56-1	Active	Full		≥ 10 000 000 to < 100 000 000 tonnes	11-07-2022
Methanol	200-659-6	67-56-1	Active	Intermediate		Intermediate use only	23-03-2018
Sodium (S)-lactate	212-762-3	867-56-1	Active	Full		≥ 1 000 to < 10 000	08-09-2020

图附 – 23 注册卷宗查看的方式

如图附 – 23 所示，同一个物质可能存在不同吨位的注册信息，建议优选注册吨位较高的卷宗，因为吨位越高，注册所需提交的数据量越多。点击进入注册卷宗后，如图附 – 24 所示，依次点击左侧的"Toxicological information"，中间的"Acute Toxicity"即可查看该物质三种暴露途径的急性毒性数据。

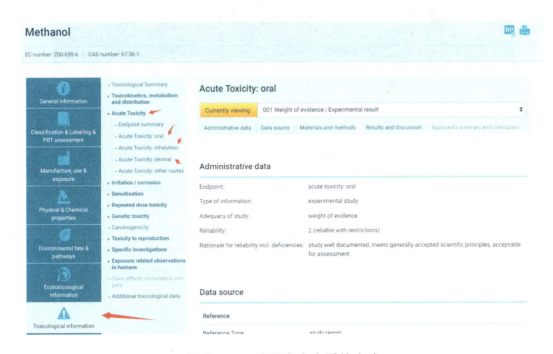

图附 – 24 注册卷宗查看的方式

该数据库的访问地址：

https：//echa.europa.eu/information–on–chemicals/registered–substances。

推荐指数：在日常开展 GHS 或 DG 分类时，建议都查阅一下这个数据。原因是：该数据库不仅有具体的动物实验数据，还有详细的试验细节描述，包括动物的种类、品系，染毒的方式，染毒时间，中毒症状等，以及数据质量的 Klimisch 评分结果。

2.3 美国 NIH 的 Pubchem 数据库

美国 NIH 下属的 Pubchem 是一个化学品综合信息查询平台，涉及化学品的理化特性、健康毒性、环境毒性、GHS 分类以及 NFPA 分类等综合信息。

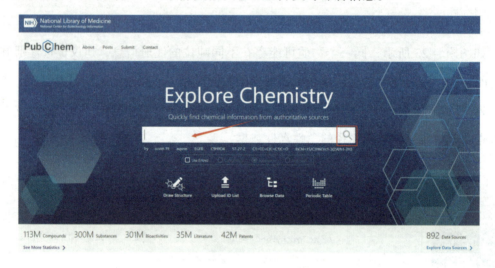

图附－25 Pubchem 数据库查询界面

在检索时，可输入化学品英文名称、CAS 号、分子式以及 SMILE 等信息进行检索。该数据库目前已收录了 3.1 亿个化学物质。

在检索结果中，选择所需查看的化学物质。数据库右边是这个物质各类数据的导航栏，点击"Toxicity"在左边的"Acute Effects"中，可查看该物质的急性毒性数据。

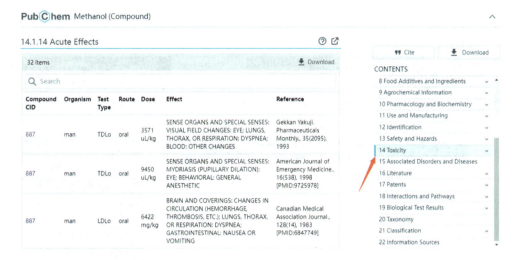

图附 – 26 Pubchem 中急性毒性数据查询界面

如图附 – 26 所示，该数据库收集的毒理学数据种类繁多，除了在 GHS 分类时常用的 3 种毒理学数据外，还有大量的其他动物（例如，cat，dog 等），其他毒理学指标（例如，LDL0）。因此，在实际使用时，需要仔细核对。

2.4 日本 GHS 分类清单数据库

日本国立产品评价和技术基础机构（简称 NITE）自 2006 年起，陆续发布了 3000 多个化学物质的 GHS 分类结果，供企业参考使用，不具有强制性。

GHS 分类清单查询地址：

https：//www.nite.go.jp/chem/english/ghs/ghs_download.html。

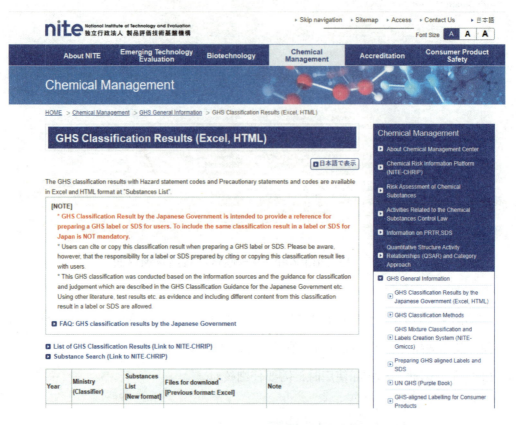

图附 – 27 日本 NITE 的 GHS 分类清单查询界面

在检索物质 GHS 分类结果时，日本 GHS 分类清单还会给出导致分类的相关数据或文献摘要。其中，如果物质在急性毒性有分类，往往就可以查到该物质的毒理学数据。

图附 – 28 日本 GHS 分类清单中毒理学数据

如图附 – 28 所示，该物质在 GHS 分类时，被划入了急性毒性（经口）第 3 类，与此对应的分类依据是来自 IARC 的 LD_{50}（经口，大鼠）数据。

2.5 德国 Gestis 数据库

德国 IFA 推出的 GESTIS Substance Database（简称 Gestis）也是一个化学品信息综合查询平台，可以通过化学品的 CAS 号，英文名称等进行检索。

Gestis 访问地址：https：//gestis-database.dguv.de/。

图附 - 29 德国 Gestis 数据库查询界面

在图附 - 30 所示的查询结果中，点击"Toxicology"即可查看该物质的急性健康毒性数据。

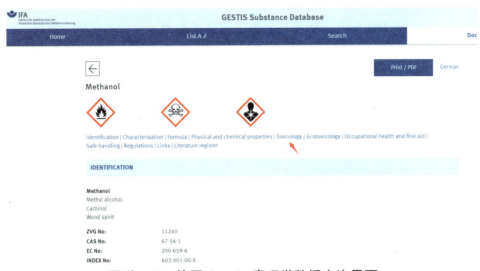

图附 - 30 德国 Gestis 毒理学数据查询界面

该数据除了毒理学数据外，还收集了化学品的 GHS 分类、理化特性、职业健康、安全存储等信息，非常丰富。

附录 3　常见化学品合规工具

3.1　SDS 智能编制软件

SDS 作为化学品危害信息的重要载体，已成为全球化学品供应链合规的重要文件之一。无论是在进出口报关、危险化学品生产登记，还是在化学品存储、销售等环节，相关企业都需提供合规的 SDS。

由于 SDS 编制过程中固有的技术难度，导致其在流通过程中面临各种壁垒，常见问题包括：

1.危害分类难；

2.委外成本高；

3.编制效率低；

4.报告管理繁琐；

5.下游用户不认可。

合规化学基于上述问题，依靠自身扎实的技术能力，结合互联网 + 思维，历经多年研发出 CRChemical 国内首款智能 SDS 编制软件[1]。

---

[1]　有关 CRchemical 软件详细的介绍和申请使用可以访问：http：//www.hgmsds.com/cr-chemical。

图附 – 31 CRchemical 软件首页

　　该软件集成了联合国 GHS 制度关于化学品危害分类和联合国 TDG 法规关于危险货物的分类逻辑,同时内置了来源国际化学品安全数据库(ICSC)、德国 Gestis、欧盟 ECHA 注册物质卷宗等权威数据库的理化特性、健康和环境危害数据。因此,可以根据输入的组分信息,自动完成危害分类,同时内置 SDS 和 GHS 标签模板,可以在 5 分钟内完成一份合规的 SDS 和 GHS 标签编制。

准确的GHS自我分类逻辑
基于各国GHS标准和产品数据的逻辑计算

合理的GHS推荐分类逻辑
基于底层数据与重点实验室团队经验知识计算

海量的后台数据支持
内置三十多万条化学品数据和各国推荐GHS分类

独有的运输分类逻辑
首创了基于GHS分类的运输分类逻辑

丰富的法规监管信息
内置多国现有化学名录和监管名录

图附 – 32 CRchemical 软件的 5 大特点

3.2 危货智能分类查询工具

货物在提交运输前，托运人首要职责是对拟运货物的危险性进行准确识别，并对照海陆空铁等运输法规，确定 UN 编号、危险类别和包装类别。

合规化学官网的"危险货物分类"数据库收集了常见的 1 万多种纯物质的危货分类结果。该分类结果涵盖了联合国 TDG 法规等危货法规中列明的产品（例如，UN1230 甲醇等），和国外权威数据库中的危货分类数据。

工具访问地址：http：//www.hgmsds.com/hg-ehs-wx。

输入物质的 CAS 号、中文和英文名称即可进行智能检索：

1. 点击查询结果右上角"下载 PDF"可以保存查询结果，便于后续分享和查看。

2. 点击查询结果中的 UN 编号蓝色字体"1593"，可以进一步查询该 UN 编号的详细信息。

图附 - 33 二氯甲烷危货分类查询结果

3.3 UN 编号一键查询工具

在明确了货物 UN 编号、包装类别等信息后，托运人需要根据海运 IMDG code、空运 IATA-DGR 等运输法规的包装导则，选择和使用包装。此时可以检索合规化学官网的"UN 编号查询"。

工具访问地址：

http：//www.hgmsds.com/hg-ehs-transportation。

该数据库目前收集了海运 IMDG code、空运 IATA-DGR、国际公路 ADR 和国内公路 JT/T 617.3 四部法规的危险货物一览表详细信息。

图附 - 34 UN1593 查询详细结果

在图附 - 34 所示的查询结果中，点击以下信息可以进一步查询更详细的信息：

1. 点击"P001"或"IBC03"，可查详细的包装导则。

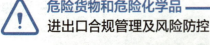
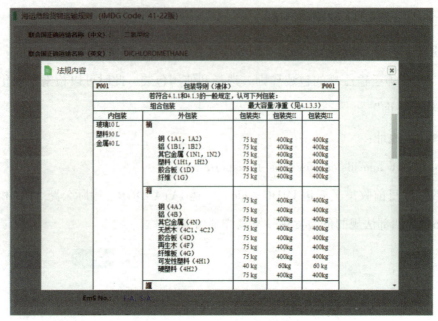

图附 – 35 P001 包装导则详细内容

2. 点击有限数量和例外数量栏目的"5L"或"E1"，可获悉该货物是否可以有限或例外数量运输，以及如果可以，内外包装净重的限制要求。

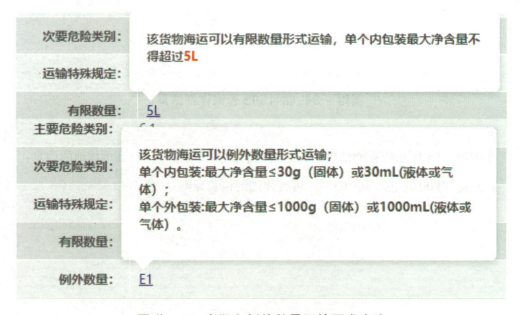

图附 – 36 有限和例外数量运输要求查询

3. 点击"EmS No"栏目的"F-A，S-A"，可以查询火灾和泄漏应急措施。

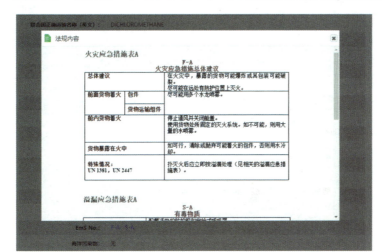

图附－37　火灾和泄漏应急措施查询示意图

3.4　积载与隔离智能判断工具

危险货物以桶、罐、箱等包装形式通过海洋运输时，需要按照 IMDG code 第 7 章的要求，做好在船舶上的积载与隔离。两种及以上不同危险性的危险货物拼箱时，也需要遵循 IMDG code 中的隔离要求。

合规化学官网的船舶危货积载与隔离智能工具（DGSS），可实现一键查询多种危险货物的积载与隔离要求。

工具访问地址：http：//www.hgmsds.com/dgss-index。

输入危险货物的 UN 编号，点击检索即可获得不同危险货物之间的隔离和积载要求。

危险货物和危险化学品 —————————
进出口合规管理及风险防控

图附 – 38 积载与隔离要求查询示意图

附录 4 危险货物有限数量指南

4.1 什么是"有限数量"运输?

"有限数量"(Limited Quantity,简称 LQ)顾名思义就是当危险货物在移交运输时,如数量较少,且包装满足一定要求,即可免除危险货物运输的部分技术要求(例如,承运人的资质要求)。从直观理解,当一种危险货物在提交运输时,数量较少(例如,100mL 或 50g),且包装足够结实牢固,一方面发生危险性的可能性较低,二是即使发生泄漏等安全事故,所造成的影响也是可控的,这与罐车,集装箱运输大宗化工品有着明显的区别。图附 – 39 总结了目前国内和国际法规针对有限数量运输的管理要求。

法规/标准	技术章节
《联合国 关于危险货物运输的建议书 规章范本》(UN TDG)	第3.4章节
《国际公路运输危险货物协定》(ADR)	第3.4章节
《欧洲国际内河运输危险货物协定》(ADN)	第3.4章节
《国际海运危险货物规则》(IMDG code)	第3.4章节
《危险品规则》(IATA-DGR)	第2.7章节
GB 28644.2-2012《危险货物有限数量及包装要求》	第6章~9章
JT/T617.3《危险货物道路运输规则第3部分:品名及运输要求索引》	第7章

图附 – 39 国内外技术法规 / 标准有关"有限数量"技术要求的章节

如图附 – 39 所示,目前国内外相关的危货运输法规都引入了有限数量运输的概念,但追根溯源其技术要求主要源于联合国 TDG 法规。因此,下文主要是围绕 TDG 法规,

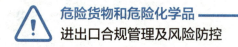

对有限数量运输的技术要求做一个归纳总结。

4.2 "有限数量"运输豁免哪些要求?

有限数量运输根据联合国 TDG 法规的要求,可以豁免有关培训、包装等一系列技术要求,具体如图附 – 40 所示。

序号	TDG法规章节	豁免的具体技术要求
1	第1.4章	有关安全的一般规定、培训要求以及有严重后果危险货物的规定
2	第1.5章	有关第7类放射性货物的一般规定
3	第4章	除第4.1.1.1、4.1.1.2、以及4.1.1.4至4.1.1.8节以外的全部要求
4	第5章	空运:第5.3节和第5.5节的技术要求
		海运:除第5.1.1.2、5.1.2.3、5.2.1.7和第5.4节以外的全部要求
		公路:除第5.1.1.2、5.1.2.3、5.2.1.7和第5.4.2节以外的全部要求
		铁路:除第5.1.1.2、5.1.2.3、5.2.1.7和第5.4.2节以外的全部要求
		内河:除第5.1.1.2、5.1.2.3、5.2.1.7和第5.4.2节以外的全部要求
5	第6章	除第6.1.4、6.2.1.2和6.2.4节以外的全部要求
6	第7章	除第7.1.1节(不包括7.1.1.7第一句)、7.1.3.1.4和7.1.3.2)以外全部要求

图附 – 40 联合国 TDG 法规中"有限数量"运输免除的技术要求

图附 – 40 所述上述有限数量运输可豁免 TDG 法规中的部分条款,其主要内容如下:

1. 第 1.4 章对危险货物运输规定了基本的安全要求。大家尤为关注其中第 1.4.1.2 条规定,因为根据其规定:"危险货物托运人只能将货物交给适当身份的承运人",换言之以"有限数量"运输时,托运人除了可将货物交付给有危险货物运输资质的承运人,也可以交付给普通的承运人(一般的货车、船公司等),甚至个人。

2. 有限数量运输的货物没有免除第 2 章有关 9 大类分类和第 3 章危险货物一览表、特殊规定等技术要求,也就是说危险货物按照有限数量运输没有改变其内在的危险特性,仍然需要遵守 9 大类确定的分类标准,同时对照危险货物一览表确定 UN 编号和运输名称。

3. 第 4 章是有关危险货物包装的使用要求。对照图附 –40,有限数量运输的危险货物在使用包装时，只需遵守最基本的规定，主要包括：

（1）包装质量良好，承受运输过程的冲击和荷载，避免货物的损失和泄露；

（2）包装与货物接触的各个部位要与货物有相容性或不能因接触货物降低包装的强度；

（3）包装的装样量必须要有一定的预留空间，55℃液体不能全部装满容器，IBC在 50℃时装载率不得超过 98% 的体积；

（4）拟装液体的空运包装需要承受一定的压力差；

（5）组合包装中内容器需要正确方式，对于易于破损的玻璃、陶瓷等容器需要添加适当的吸入材料；

（6）对于不相容的危险货物不可放在同一个外容器或大型容器中；

（7）如果内装物在运输过程中容易释放气体，则需要安装一个通风口，空运时除外。

4.第 5 章是有关危险货物托运前的准备工作。对于有限数量运输的货物，包装只需遵守方向箭头和有限数量特殊标记以及单证要求，空运 CTU 还需加贴标牌（Placard）和标记外，其余运输方式的标记和标签要求全部免除。

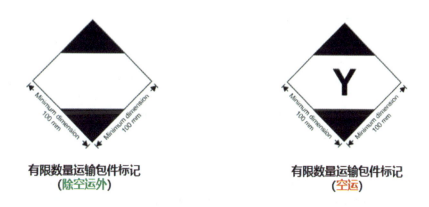

图附 – 41 不同运输方式"有限数量"运输包件标记

5.第 6 章是有关各类包装的生产和设计要求。有限数量的货物包装只需满足第 6.1.4、6.2.1.2 和 6.2.4 节的一般要求，不需要遵守包装要加贴 UN Mark，也不需要通过 UN 包装的跌落、堆码、气密、液压等性能测试的要求。

6.第 7 章是有关运输作业的规定。根据 TDG 法规的要求，有限数量货物的运输作业除了遵守第 7.1.1 节的一般要求外，免除了包括货物隔离、爆炸品与其他危险货物混装要求、配装组 S 与其他配装组混装等要求。

4.3 哪些危险货物可以按照"有限数量"运输？

危险货物在提交运输前，托运人需首先根据货物运输的方式，根据 IMDG code、IATA−DGR 等运输法规确定的 9 大类分类标准，进行危险性鉴定，明确危险类别（例如，3 类易燃液体，包装类别 II 类），然后查阅各个运输法规中的《危险货物一览表》（简称 DGL），确定具体的 UN 编号（4 位阿拉伯数字组成，例如 UN 1993）、运输名称等。

在获得 UN 编号，明确运输方式后，只需检索相应法规的 DGL 就可以判定，该货物是否可以按照有限数量运输。下面以甲醇（UN 1230）为例，分别列出各种运输方式的 DGL 检索结果。

1.UN TDG 法规

联合国编号	名称和说明	类别或项别	次要危险	联合国包装类别	特殊规定	有限和例外数量		容器和中型散货箱		可移动罐柜和散装货箱	
								包装规范	特殊规定	规范	特殊规定
(1)	(2)	(3)	(4)	(5)	(6)	(7a)	(7b)	(8)	(9)	(10)	(11)
-	3.1.2	2.0	2.0	2.0.1.3	3.3	3.4	3.5	4.1.4	4.1.4	4.2.5/4.3.2	4.2.5
1249	甲基·丙基酮	3		II		1 L	E2	P001 IBC02		T4	TP1
1250	甲基三氯硅烷	3	8	II		0	E0	P010		T10	TP2 TP7 TP13

图附 − 42　UN TDG 中的 DGL 检索结果展示

如图附 − 42 所示，DGL 的第 7a 列内容与有限数量运输直接有关，如果这一列显示的内容为"0"，则表示该 UN 编号不可以按照有限数量运输，例如 UN 1250 甲基三氯硅烷。除此之外，此列显示的内容主要是指该危险货物在有限数量运输时，每个容器所能盛装危险货物的最大量，液体以体积（mL 或 L）表示，固体以质量（g 或 kg）表示。

2. 海运 IMDG code

UN No. (1)	Proper shipping name (PSN) (2) 3.1.2	Class or division (3) 2.0	Subsidiary risk(s) (4) 2.0	Packing group (5) 2.0.1.3	Special provisions (6) 3.3	Limited and excepted quantity provisions	
						Limited quantities (7a) 3.4	Excepted quantities (7b) 3.5
1259	NICKEL CARBONYL	6.1	3 P	I	–	0	E0
1261	NITROMETHANE	3	–	II	26	1 L	E0
1262	OCTANES	3	– P	II	–	1 L	E2

图附 – 43　IMDG code 中的 DGL 检索结果展示

如图附 – 43 所示，IMDG 的一览表的第 1 列 ~7b 与 UN TDG 是完全相同，其中包装类别为 I 类的很多危险货物由于危险程度较高，都不允许以有限数量运输。

3. 空运 IATA–DGR

UN/ ID no. A	Proper Shipping Name/Description B	Class or Div. (Sub Risk) C	Hazard Label(s) D	PG E	EQ see 2.6 F	Passenger and Cargo Aircraft		Cargo Aircraft Only		S.P. see 4.4 M	ERG Code N
						Ltd Qty					
						Pkg Inst G	Max Net Qty/Pkg H	Pkg Inst I	Max Net Qty/Pkg J	Pkg Inst K	Max Net Qty/Pkg L		
3457	Chloronitrotoluenes, solid	6.1	Toxic	III	E1	Y645	10 kg	670	100 kg	677	200 kg		6L
1020	Chloropentafluoroethane	2.2	Non-flamm. gas		E1	Forbidden		200	75 kg	200	150 kg		2L
	3-Chloroperoxybenzoic acid, > 57% and < 86%, when with ≥ 14% inert solid					Forbidden		Forbidden		Forbidden			
2904	Chlorophenolates, liquid	8	Corrosive	III	E1	Y841	1 L	852	5 L	856	60 L	A803	8L
2905	Chlorophenolates, solid	8	Corrosive	III	E1	Y845	5 kg	860	25 kg	864	100 kg	A803	8L

图附 – 44　IATA–DGR 中的 DGL 检索结果展示

如图附 – 44 所示，DGR 中的 DGL 首先是区分了货机和客机运输，其中第 G 和 H 列是有关有限数量运输，如果这两列写的 "Forbidden" 表示该 UN 编号的危险货物是不可以按照 LQ 运输，与 IMDG 里面的数字 "0" 表示的含义相同，而且除了第 H 列表示内包装所内盛装的最大货物数量外，DGR 中还有针对 LQ 运输的包装指南第 G 列，列入 Y 645 是针对 UN 3457 有限数量运输的包装要求。

4. 公路运输 ADR

UN No.	Name and description	Class	Classifi-cation code	Packing group	Labels	Special provisions	Limited and excepted quantities	
3.1.2	3.1.2	2.2	2.2	2.1.1.3	5.2.2	3.3	3.4	3.5.1.2
(1)	(2)	(3a)	(3b)	(4)	(5)	(6)	(7a)	(7b)
1248	METHYL PROPIONATE	3	F1	II	3		1 L	E2
1249	METHYL PROPYL KETONE	3	F1	II	3		1 L	E2
1250	METHYLTRICHLORO-SILANE	3	FC	II	3 +8		0	E0

图附 – 45　ADR 中的 DGL 检索结果展示

图附 – 45 展示了公路运输 ADR 中的 DGL 部分结构，其中第 7a 列与 TDG 和 IMDG 类似，也是针对 LQ 运输，如果出现数字 "0"，则表示不允许以 LQ 运输。

5. 国内公路运输 JT/T 617.3

新版 JT/T 617–2018 年 8 月发布，其中 JT/T 617.3 的主要内容就是转化 ADR 中 DGL，并结合国内管理实际做了微小的技术处理，有关 LQ 的运输要求与 ADR 一样，如图附 – 46 所示，也是查看第 7a 列。

联合国编号	中文名称和描述	英文名称和描述	类别	分类代码	包装类别	标志	特殊规定	有限数量和例外数量	
(1)	(2a)	(2b)	(3a)	(3b)	(4)	(5)	(6)	(7a)	(7b)
1134	氯苯	CHLOROBENZENE	3	F1	III	3		5L	E1
1135	2-氯乙醇	ETHYLENE CHLOROHYDRIN	6.1	TF1	I	6.1 +3	354	0	E0

图附 – 46　JT/T 617.3 中的 DGL 检索结果展示

4.4 如何获得货物的"UN 编号"?

如上所述，UN 编号是确定货物是否可以按照有限数量运输的关键信息。在实际托运中，企业通常可以有如下几种方式获得 UN 编号：

1. 实验室检测

托运人可将拟运输的货物委托有资质的第三方做鉴定，获得相应的报告，例如，《危险货物分类鉴定报告》或《危险货物运输条件鉴定报告》，在此类报告中都会有货物详细的 UN 编号等信息。

二、 样品信息（Sample information）

样品外观 Sample appearance	黑褐色粉末。 Dark brown Powder.

三、鉴定结论（Identification Conclusion）

1.危险性识别： 毒性固体（主）。	1.Hazards identification: Toxic Solid(main).
2.海运按照 IMO IMDG Code办理的类项： 运输名称：有毒固体，无机的，未另列明的（氧化亚钴） 主要危险性：6.1 次要危险性：- UN编号：UN 3288	2.Suggestion according to IMO IMDG Code: Shipping Name: TOXIC SOLID, INORGANIC, N.O.S.(Cobaltous oxide) Class or Division:6.1 Subsidiary Risk: - UN Number:UN 3288
3.包装类别：按III类包装要求办理。	3.Packaging group:Packing Group III.

图附 – 47 典型运输条件鉴定报告中的危险分类信息

2. 查阅 SDS

SDS（Safety Data Sheet）又称安全数据单，是关于危险化学品 / 危险货物运输、仓储、操作等各个环节的安全信息，其中第 14 部分就是针对货物运输时，根据 IMDG code 等运输法规确定的 UN 编号、危险类别等信息。

| 包装标记

包装标记	

| 海运危规（IMDG-CODE）

联合国危险货物编号 （UN No.）	1230
联合国正确运输名称	甲醇
运输主要危险类别	3
运输次要危险类别	6.1
包装类别	II
运输特殊规定	279
有限数量	1L
例外数量	E2
海洋污染物（是/否）	否
EmS No.	F-E,S-D

图附 – 48 甲醇 SDS 报告中的运输分类信息

3. 检索网络数据库

合规化学的"危货分类"查询服务收集了 10000 多种常见化学品的危险分类结果，包括《危险化学品目录》（2015 版）所有 2828 个条目，同时收录了进出口量较大的化学品。可以通过化学物质的中文名称和 CAS 号查询。

查询服务网址：http：//www.hgmsds.com/hg-ehs-wx。

甲醇

基本信息   下载PDF

Cas No.:	67-56-1
中文名称:	甲醇
中文别名:	木醇;木粗;木精;无水甲醇;工业甲醇
英文名称:	Methanol
英文别名:	Alcohol, methyl;Carbinol;Methanol cluster;Bieleski's solution;Methyl alcohol;Wood alcohol;
EC 号:	200-659-6
分子式:	CH_4O
分子量:	32.05
结构式:	HO—

危货分类

运输标签和标记:	
UN编号:	1230
正确运输名称（中文）:	甲醇
正确运输名称（英文）:	METHANOL
运输危险性类别（主）:	3
运输危险性类别（次）:	6.1
包装类别:	II

图附 – 49　甲醇的检索结果示意图

在检索结果中，还可以直接点击相应的 UN 编号，获得 IMDG code、IATA-DGR 等运输法规中《危险货物一览表》的详细信息，包括有限数量的运输要求。

4.5　UN TDG 法规中的有限数量运输合规要求

根据联合国 TDG 法规的规定，危险货物按照 LQ 运输时，其包装只需遵守 TDG 法规第 4.1.1.1 节、4.1.1.2 节及 4.1.1.4~4.1.1.8 节的通用要求，主要包括：包装质量良好、与货物相容、装货量有一定限制等。

除此之外，包装的使用还需遵守法规第 3.4.2~3.4.4 节三个条款的限制，具体如下：

1. 包装方式的要求

（1）货物以 LQ 运输时，必须采用组合包装的形式。组合包装是一种相对于单一包装，针对小量运输时一种比较安全高效的包装形式，它通常有一个外容器和多个内容器组成，如图附 – 50 所示。

图附 – 50 组合包装的示意图

（2）喷雾器或装有小型气体贮器的物品无需使用内容器。此类危险货物本身就自带包装，喷雾器是一类很常见的气体类危险货物，UN 编号为 1950。

（3）内容器如果易碎或易破，则必须放在符合第 6.1.4 要求的中间容器中，也就是说要采用三层包装的方式。

（4）符合 4.1.1.1 节、4.1.1.2 节以及 4.1.1.4~4.1.1.8 节要求的收缩包装或拉伸包装托盘，可以用作外包装。

（5）第 8 类，包装类别 II 的液态危险货物如果放在易碎的内容器中，则必须将内容器放在坚硬的中间容器中。

2. 包装总重的要求

如果包装方式满足上述第（1）和（2）条要求，则外包装总重不得超过 30kg；如果包装方式满足上述第（3）和（4）条要求，则外包装总重不得超过 20kg。也就是说货物在按照 LQ 运输时，不仅单一内包装的装货量不得超过 DGL 表中的限值，单个外包装的总重也有限制要求。

3.1.4S 爆炸品的特殊要求

1.4S 爆炸品的 LQ 包装必须遵守第 4.1.5 节的规定，包括：包装必须符合 II 类包装性能要求；塑料容器不能有产生或积累静电的危险；含退敏剂的包装必须密封，防止浓度在运输过程中有损失等特殊要求。

4.6 空运 IATA-DGR 中有限数量运输合规要求

危险货物航空运输由于其风险较高，所以相应的技术要求也较为苛刻，在 LQ 运输的包装要求方面，相比于 UN TDG 法规，也多了很多更加细致的规定，具体如下：

1. 有明确的 LQ 包装规范

为了更好地指导托运人，做好 LQ 空运包装的使用，IATA-DGR 法规的第 5 章包装规范中，特意增设了带有 "Y" 开头的 LQ 包装规范。图附－51 展示了 DGR 中 Y343 包装规范，最上面一行是承运人对此条款的差异要求，紧接着说明该包装规范适用于 3（6.1），PGII 的危险货物 LQ 运输；后面逐条对包装的相容性、封闭器、内包装和外包装的材质和数量做了明确规定。

空运 LQ 包装规范明确要求，极大了提高了托运人实际操作的便利性，只要按照包装规范的要求，逐条核对，即可确保包装的合规性。

包装说明 Y343

承运人差异：4Y–01, 5X–01, AA–01, AM–03, AS–02, BW–01, CX–02, DE–01, FZ–05, GA–03, GF–04, JU–06, KC–11, KE–07, KQ–08, LD–02, LH–01, LX–02, MH–14, OS–01/03, OU–04, PX–10, SW–02, TN–04, UX–02, VT–01, WB–07, WY–04, X5–02, XK–03, XQ–01

本说明适用于包装等级为Ⅲ级的有限数量具有 6.1 项次要危险的易燃液体。

2.7.5 和 5.0.2 ～ 5.0.4 的一般包装要求（5.0.2.3, 5.0.2.5, 5.0.2.11 和 5.0.2.14.2 例外）必须得到满足，但不满足 6.0.4 和 6.3 节的标记和试验要求的包装除外。包装必须满足 6.1 和 6.2 节规定的制造标准及 6.6 节规定的试验标准。

相容性要求
· 物质必须按 5.0.2.6 的要求与它们的包装相容。

封口要求
· 封口必须满足 5.0.2.7 的要求。

有限数量要求
2.7 节的要求必须满足，包括：
· 包装件通过 1.2m 跌落试验的能力；
· 24h 堆码试验；
· 液体的内包装必须通过压差试验（5.0.2.9）；
· 包装件的毛重不超过 30kg。
不允许单一包装。

组合包装		
内包装（见 6.1）	每个内包装的净数量	每个包装件的总净数量
玻璃	1.0L	
金属	1.0L	2.0L
塑料	1.0L	

外包装

类型	桶						方形桶			箱								
名称	钢	铝	胶合板	纤维	塑料	其他金属	钢	铝	塑料	钢	铝	木材	胶合板	再生木材	纤维板	塑料	其他金属

图附－51 IATA-DGR 中有限数量包装规范举例

2.有明确的 LQ 包装性能测试要求

如上所述，UN TDG 中并没有对 LQ 包装提出类似其他危险货物包装所需满足的跌落、堆码、液压等性能测试要求，而DGR法规则明确了空运LQ包装需通过两项性能试验，具体如下：

（1）跌落试验

跌落试验是模拟运输和搬运过程中，包装件从高处跌落后，是否造成内装物的泄露。在 DGR 中，LQ 包装件整体（外包装 + 内包装）需承受从 1.2 m 跌落高度摔下后，内包装无泄漏，外包装无影响安全的损坏。

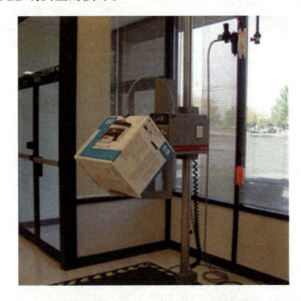

图附 – 52 跌落试验示意图

（2）堆码试验

堆码试验是模拟货物装运时，多层摆放，下层包件是否可以承受上层包件的承压。根据 DGR 的要求，LQ 包装件需承受 3m 堆码高度，24 小时的堆码试验。试验结束后，内包装无破损和泄漏。

图附 – 53 堆码试验示意图

3. 有明确的混装要求

DGR 中对一个外包装内装多种危险性的 LQ 货物做了明确要求，其主要包括以下几点：

（1）不同危险货物之间要相容，不需要隔离；

（2）每一种危险货物的内包装满足各自包装规范的要求；

（3）使用的外包装是每一种危险货物包装规范都允许的；

（4）每个包装件的总净数 Q 值不得超过 1；

（5）干冰（UN1845）可以与其他货物混装，但包件毛重不得超过 30kg。

4.7 其他运输方式有限数量的合规要求

海运危险货物规则（IMDG code）、国际公路危险货物运输规则（ADR）以及国内危险货物道路运输 JT/T 617.3 中有关 LQ 包装的技术要求与 UN TDG 基本一致。

2019 年 11 月份交通部发布的《危险货物道路运输安全管理办法》第三章中还专门针对 LQ 和 EQ 运输提出了几点具体要求，其中涉及 LQ 运输的技术要求有如下几条：

1. 第 17 条："LQ 的包装、标记以及每个内容器或者物品所装的最大数量、总质量（含包装）应当符合 JT/T 617.3 的要求。"

2. 第 19 条："以 LQ 包装形式托运危险货物的，托运人应当向承运人提供包装性能测试报告或者出具满足 JT/T 617.3 包装要求的书面声明。承运人应当要求驾驶人随车携带。"

3. 第 20 条："禁止 LQ 的危险货物包件与爆炸品混合装载，与其他危险货物、普通货物混合装载时，免除隔离要求。"

4. 第 21 条："采用 LQ 包装形式托运危险货物，并且每个运输车辆运输的 LQ 危险货物总质量（含包装）不超过 8000kg 时，豁免承运企业资质、运输车辆及其外观标志、人员资格、道路通行等有关危险货物运输的要求。"

4.8 有限数量运输包件的标签（Label）和标记（Mark）

LQ 货物包件作为一类特殊的运输形式，在海运、空运以及陆运时有着不同的 Label 和 Mark 要求，具体总结如下：

1. 海运

根据 IMDG code 第 3.4 章的要求，LQ 货物包件免除了图 2 所示常规危货包件所必须粘贴的 3 类 Mark。换句话说，相比于非 LQ 包件，作为特殊运输方式的 LQ 包件表面所需加贴的 Mark 少了很多。

 UN编号
例如：UN1993

正确运输名称（PSN）
例如：易燃液体，未另做规定（甲苯）

通用Mark

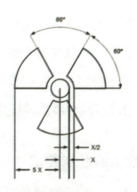

放射性特殊Mark

海洋污染物特殊Mark

图附 - 54 LQ 包件豁免的 3 类 Mark

但是，有两类特殊 Mark 包括：方向箭头和 LQ 标记不在豁免范围内，仍需加贴，其中方向箭头的加贴主要是 LQ 包装必须使用组合包装，内包装如果装了液体，则必须在最终包件的表面加贴方向箭头，以确保最里面的液体封口不要被倒置。

LQ包件专属Mark　　　　　　　**液态LQ货物的特殊Mark**

图附 – 55　LQ 包件必须加特的两类 Mark

在 Label 方面，IMDG code 针对 LQ 包件直接豁免了有关 Label 要求的第 5.2.2 整个章节，换句话说，LQ 包件不需要加贴每个危险类别所对应的运输 Label，具体如图附 – 56 所示。

图附 – 56　LQ 包件豁免的运输 Label

2. 空运

根据 IATA-DGR 第 2.7.7 章的要求，空运 LQ 包件不仅需要和非 LQ 包件一样，加贴所有的 Mark 和 Label，还需要额外加贴一个 LQ 包件特有的 Mark。这点与海运差异较大，海运豁免了 LQ 包件大部分的 Mark 和所有的 Label。

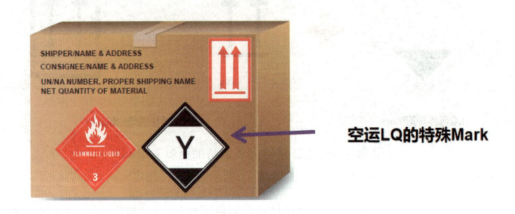

空运LQ的特殊Mark

图附 – 57　空运 LQ 包件的 Label 和 Mark

如图附 – 57 所示，空运 LQ 包件的 Mark 不仅没有少，还增加了一个特殊的 Mark。

3. 陆运

根据 JT/T 617.3 中第 7 章的规定，LQ 包件的公路运输与海运要求一样，豁免所有的 Label 和大部分的 Mark，只需要关注方向箭头和特有的 LQ Mark 就可以。

4. 集合包件

在海运、空运以及陆运时，为了便于运输和装卸，经常会把多个包件组合在一起形成一个装卸单元进行运输，类似图附 – 58 所示。

图附 – 58　集合包件与单一包装、组合包装的区别

对于集合包件而言，如果在最外面无法看清里面每一种货物包件的 Mark 和 Label 时，需要在集合包件外表面加贴里面每一种货物的 Mark 和 Label，包括 LQ 特有的标记，同时要加贴一个"OVERPACK"的特殊 Mark，具体如图附 – 59 所示。

图附 – 59　仅装有多个 LQ 包件的集合包件

图附 – 60 展示了一种才有透明塑料膜缠绕，可以清晰地看到内部每个包件的 Mark 和 Label，此时该集合包件不需加贴上述 Mark。

图附 – 60 透明的集合包件

5. 多式联运

如上所述，LQ 货物在公路和海运针对包装 Mark 和 Label 的要求基本一致，可以实现无缝对接，而对于空运来说，由于需要额外加贴 Label 和部分 Mark，因此在多式联运时，同一个包件如何满足不同运输方式的差异性要求？

其实，在联合国 TDG 法规和 IMDG code 中，专门针对 LQ 的多式联运给出了建议：

（1）空运转海运或公路

凡是含有图附 – 61 中空运 LQ 特殊 Mark 的包件，无论是否还有其他 Label 和 Mark，都可以直接视为已经符合海运和陆运的要求，也就是说不需要把图附 – 61 中右边的 LQ 特殊 Mark 换成左边的图形，同时已经加贴的所有其他 Mark 和 Label 不需要去掉。

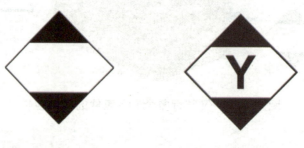

图附 – 61 不同运输方式 LQ 包件的特殊 Mark

（2）海运和公路转空运

如果含有图附 – 61 中海运和陆运 LQ 特殊 Mark 的包件，在空运时如果包件满足 IATA–DGR 第 5 章包装规范和第 6 章包装性能测试的要求，包括其中对 Label 和 Mark 的要求，则可以认为整个包件也是满足第 3.4.1 和第 3.4.2 的要求。

4.9 有限数量运输组件的标牌（Placard）和标记（Mark）

LQ 包件作为一类小量运输的货物，在海运和陆运（空运不存在这类要求）时，其货物运输装置有着不同的 Placard 和 Mark 要求，具体总结如下：

1. 海运

根据 IMDG code 第 3.4.5.5 章节的要求，装有 LQ 货物包件的 CTU 需分两种情况，分别有不同的 Placard 和 Mark 要求。

（1）仅含有 LQ 包件的 CTU

如果整个 CTU 中装载的都是 LQ 包件，此时，CTU 外表面只需要加贴 LQ 运输特有的 Mark（标记），具体如图附 – 62 所示。

图附 – 62 仅装有 LQ 包件 CTU 标记

这个标记与包件的标记形状相同，也需要能够承受至少 3 个月的海水浸泡试验，但尺寸最小不得小于 25cm × 25cm。加贴方式对于集装箱而言是两侧和两头四个侧面。

（2）LQ 包件和非 LQ 的 DG 包件混装的 CTU

如果 CTU 中既有 LQ 包件，也有非 LQ 运输的其他 DG 包件，此时，CTU 仅需根据非 LQ 运输的 DG 货物，选择对应的 Placard 和 Mark。

例如，10 个 UN1993 的 LQ 包件和 5 个 UN1266 非 LQ 运输的包件，放在同一个 CTU 中运输。根据上述的要求，其 CTU 的 Placard 和 Mark 直接根据 UN1266 的进行选择，具体如图附 – 63。

图附 – 63　既装有 LQ 和非 LQ 包件的 CTU 标记和标牌

特殊情况，如果 CTU 中所装的非 LQ 包件免于加贴 Placard 和 Mark，此时整个 CTU 还需加和图附 – 63 所示，加贴 LQ 的 Mark。

2. 陆运

与海运要求类似，LQ 包件在国内公路运输时，根据 JT/T 617.3 中第 7 章的规定，需视情况遵守以下规定：

（1）仅装有 LQ 包件，且毛重超过 8 吨

与海运类似，仅需在 CTU 的前部和后部喷涂或悬挂 LQ 特有的 Mark，大小不得小于 25cm × 25cm，如果是集装箱就是在四个面加贴。

（2）同时装有 LQ 和非 LQ 的 DG 包件，且毛重超过 8 吨

此时，有两种选择，一种是在 CTU 表面仅加贴非 LQ 运输包件对应的 Placard 和

Mark，具体如图附 – 64 所示；另一种选择是同时加贴 LQ 特有的 Mark，以及非 LQ 运输包件对应的 Placard 和 Mark。

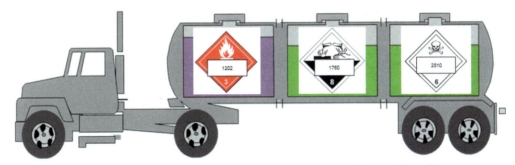

图附 – 64　既装有 LQ 和非 LQ 包件的 CTU 标记和揭示牌

（3）豁免情况

如果运输单元装有 LQ 包件，且毛重不超过 8 吨，则无须加贴任何 Placard 和 Mark；如果装有集装箱的运输单元，从外表面可以清晰地看到集装箱表面的 Placard 和 Mark，则可以免去运输单元的 Placard 和 Mark。

4.10　有限数量运输的托运单据

LQ 包件在托运填写运输单证时，除了遵守其他 DG 的一般要求外，还需要遵守以下特色要求：

1.海运。根据 IMDG 第 3.4.6 节的要求，需在危险货物描述一栏，注明 "limited quantity" 或 "LTD QTY"。

2.陆运。根据 ADR 第 3.4.12 节的要求，托运前托运人需要准备可追溯的表格，告知承运人单票货物中 LQ 包件的总毛重。

3.陆运。根据 JT/T 617.3 的要求，托运前托运人应以托运清单的形式，告知承运人单票货物中 LQ 包件的总毛重。

附录 5 危险货物运输标签样例

5.1 第 1 类爆炸品

第 1 类爆炸品根据危险性分为第 1.1 项 ~ 第 1.6 项，每个小项都有专属运输标签，具体如图附 – 65 所示。

图附 – 65 第 1 类爆炸品运输标签

图附 – 65 中的 "＊" 处应加贴爆炸品的实际配装组，例如 1.4S 的实际运输标签应该如附 – 66 所示。

图附 – 66 1.4S 的实际运输标签示范

5.2 第 2 类气体

第 2 类气体根据危险性的不同，细分为第 2.1 项易燃气体、第 2.2 项非易燃无毒气体和第 2.3 项毒性气体。

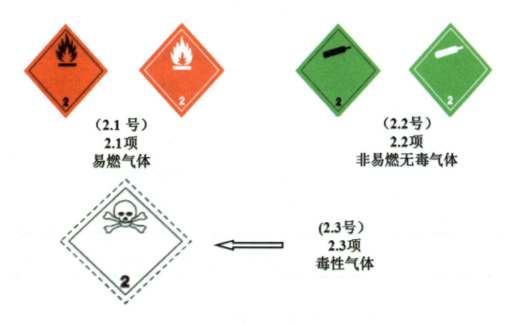

图附 – 67 第 2 类气体运输标签

图附 – 67 中易燃气体和非易燃无毒气体都有两种运输标签可供选择，在实际使用时，可以根据包装或运输组件的背景，选择与背景反差较大的一种。

5.3 第 3 类易燃液体

第 3 类易燃液体的运输标签如图附 – 68 所示，也有两种不同颜色的符号供选择。

（3号）
符号（火焰）：黑色或白色
底色：红色；数字"3"写在底角

图附 – 68 第 3 类易燃液体运输标签

5.4 第 4 类易燃固体、易于自燃物质和遇水放出易燃气体物质

第 4 类危险货物细分为第 4.1 项易燃固体、第 4.2 项易于自燃的物质和第 4.3 项遇水放出易燃气体物质，其对应的运输标签如下图所示。

图附 – 69 第 4 类危险货物运输标签

需要注意的是，第 4.1 项、第 4.2 项和第 4.3 项的运输标签中数字都是类别"4"，而不是各自的项别。

5.5 第5类氧化性物质和有机过氧化物

第5类危险货物细分为第5.1项氧化性物质和第5.2项有机过氧化物，其对应的运输标签如下图所示。

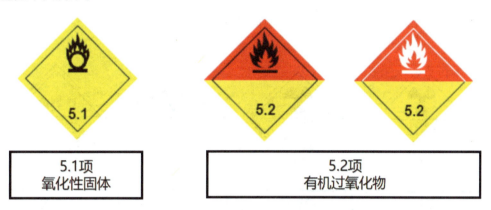

图附 – 70 第5类危险货物运输标签

图附 – 70 中第5.2项有机过氧化物有两种运输标签可供选择，在实际使用时，可以根据包装或运输组件的背景，选择与背景反差较大的一种。

5.6 第6类毒性物质和感染性物质

第6类危险货物细分为第6.1项毒性物质和第6.2项感染性物质，其对应的运输标签如下图所示。

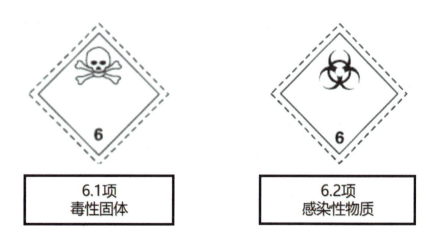

图附 – 71 第6类危险货物运输标签

5.7 第 7 类放射性物质

第 7 类放射性物质的运输标签有图附 – 72 所示的 4 种，其中 7A、7B 和 7C 取决于实际运输时货物运输组件的运输指数和外表面辐射强度，具体如图 8 所示。按照危险程度排序的话，7A、7B 和 7C 适用的货物危险程度逐级升高。

图附 – 72　第 7 类放射性物质运输标签

当一种货物的运输指数和外表面辐射强度所对应的危险程度不同时，依据其中较为严格的数值，去选择运输标签。

运输指数	外表面任何一点的最大辐射水平	类别
0	不大于0.005 mSv/h	I类-白色
大于0但是不大于1	大于0.005mSv/h但是不大于0.5 mSv/h	Ⅱ类-黄色
大于1但是不大于10	大于0.5mSv/h但是不大于2 mSv/h	Ⅲ类-黄色
大于10	大于2mSv/h但是不大于10 mSv/h	Ⅲ类-黄色

图附 – 73　放射性物质运输标签选择标准

5.8 第 8 类腐蚀性物质

第 8 类腐蚀性物质的运输标签如图附 – 74 所示。从图中可以很形象的发现，第 8 类腐蚀性物质包括对金属的腐蚀和对皮肤的不可逆损伤两种危害。

图附 – 74 第 8 类腐蚀性物质运输标签

5.9 第 9 类杂项危险物质和物品

第 9 类杂项危险物质和物品的运输标签有两个，如图附 – 75 所示。其中，右图带有着火的电池符号，仅适用于锂离子电池（UN 3480、UN 3418 和 UN 3556）、锂金属电池（UN 3090、UN 3091 和 UN 3557）以及含有有机电解质的钠离子电池（UN 3551、UN 3552 和 UN 3558）。

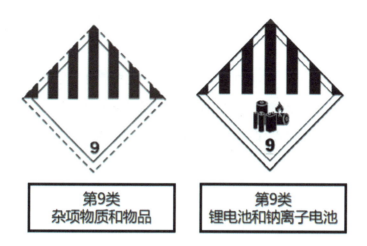

图附 – 75 第 9 类杂项危险物质和物品运输标签

附录 6 小型包装 GHS 标签解决方案示例

对于小包装类化学品，例如研发用的试剂，由于包装小，没有足够空间加贴完整的 GHS 标签。针对这种情况，联合国 GHS 制度附录 7 给出了几种小型包装 GHS 标签解决方案。

6.1 安瓿瓶类小包装

装有实验室试剂的安瓿瓶通常体积很小，每一支大概内含 0.5 克试剂。多支安瓿瓶放在一个大盒子中进行销售和运输。

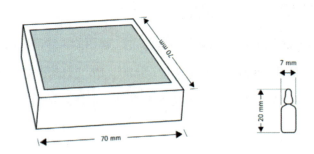

图附 – 76 典型的安瓿瓶试剂包装样式

由于安瓿瓶瓶身体积小，无法加贴 GHS 标签的完整信息。而且粘贴在瓶身的标签，也有可能在开瓶时污染内装试剂。因此，可以采用在安瓿瓶外表面加上一个聚乙烯瓶套，在该瓶套的正反两面分别加贴部分 GHS 标签信息，如图附 – 77 所示。

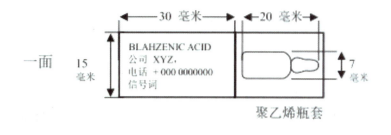

图附 – 77 安瓿瓶内包装的 GHS 标签样例

而外包装由于空间较大，可以展示完整的 GHS 标签信息，如图附 – 78 所示。

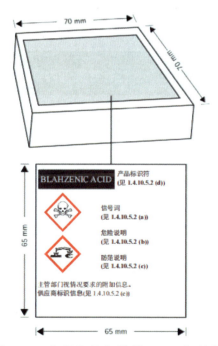

图附 – 78 安瓿瓶外包装的 GHS 标签样例

6.2 其他小包装

其他小包装类化学品，在没有外包装的情况下，可通过褶展式标签的方式，将

GHS 标签所有信息全部展示出来。褶展式标签如图附 – 79 所示，有封面页、文字内页和底页三部分组成。

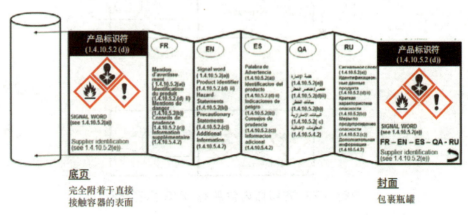

图附 – 79　褶展式 GHS 标签样例

其中，每个部分的至少包括以下信息：

褶展式标签	标签最低内容要求
封面页	产品标识、象形图、信号词、供应商标识和附加信息 （包括：用符号提示使用者可以打开标签，以查看完整内容）
文字内页	产品标识、危害组分、信号词、危险说明、防范说明和其它信息
底页	产品标识、象形图、信号词和供应商标识。

图附 – 80　褶展式标签三部分最低内容要求

除了上述褶展式 GHS 标签外，还有类似的标签设计方案，如：书籍式、订单本式和窗扉式。

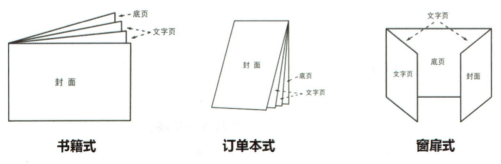

图附 – 81 其他三种类似的 GHS 标签样式

6.3 套件或组件类包装

套件或组件是指一种专用组合包装。一般而言，一个套件或组件含有两个或多个可取出的内包装。每个内包装装有不同产品。如果内包装较小，空间不足，无法展示完整的 GHS 标签信息。根据套件或组件的外包装大小，可以细分为两种情况：

1. 外包装可展示完整标签信息

图附 – 82 展示了一个套件包装，其有一个外包装，体积足够大，可以展示完整的 GHS 标签信息，而内部有四个试管，每个装有同一种物质或混合物（试剂 1），另有两个较大的容器，每个装有另一种物质或混合物（试剂 2）。

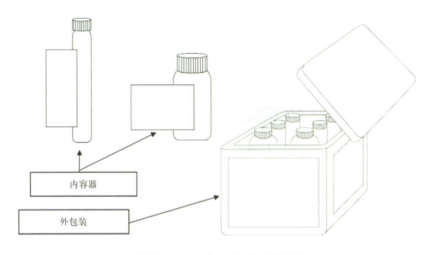

图附 – 82 套件包装示意图

如图附 – 82 所示，内包装由于体积较小，无法粘贴完整的 GHS 标签，可以仅展示：产品标识符、象形图、信号词、供应商标识和提示语（请查看完整标签）。

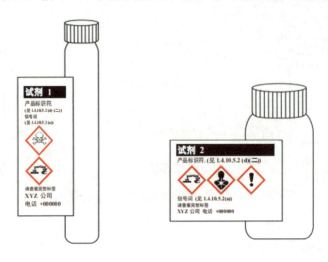

图附 – 83 套件内包装 GHS 标签粘贴示意图

外包装由于空间较大，可以分别展示每一种试剂的 GHS 标签，但对于安全存储和一般类防范说明可以合并展示，如图附 – 84 所示。

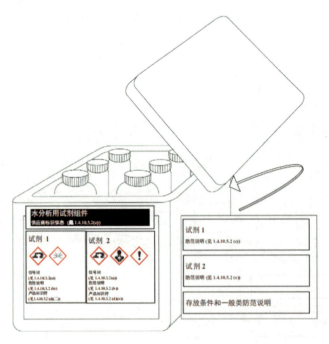

图附 – 84 套件外包装 GHS 标签粘贴示意图

2. 外包装无法展示完整标签信息

图附 – 85 展示了另外一种市售套件，有一个外包装，但体积也比较小，无法展示完整的 GHS 标签信息，而内部又有多个小包装试剂。这种情况下，内包装和外包装都只能展示部分信息，需要通过一张额外的 GHS 标签展示完整的信息。

如图附 – 85 所示，单个内包装部至少包括：供应商识别信息、产品标识符、象形图、信号词和提示语（请查看内附完整标签）。

图附 – 85　套件内包装 GHS 标签粘贴示意图

如图附 – 86 所示，外包装至少展示：组件标识、供应商标识、组件整体的存储和一般类防范说明、每一种化学品的象形图（相同的无须重复展示）、信号词（选择最严格的）和提示语（请查看内附完整标签）。

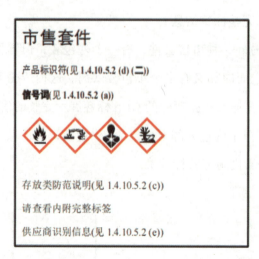

图附 – 86 套件外包装 GHS 标签粘贴示意图

整个套件再以单独的一张完整 GHS 标签展示内外包装 GHS 标签所缺少的详细信息。

如右图所示，每个内容器的完整标签信息附在外包装的内测。

完整标签信息单用某种牢靠的附着方法(例如：粘贴在图示盒内条带上的折叠式标签)永久设置在组合包装的内侧。

图附 – 87 套件内额外加贴的 GHS 标签完整信息示意图

附录 7 混合物运输分类举例

7.1 第 6.1 项急性毒性计算举例

1. 急性经口和经皮毒性

如果混合物只含有一种毒性组分，且已知该组分的 LD_{50}。在该混合物没有整体急性经口和经皮毒性数据时，可通过公式 6-1 对混合物整体毒性进行计算。

$$\text{整体 } LD_{50} = \frac{\text{有效成分物质的 } LD_{50} \text{ 值} \times 100}{\text{有效成分物质按质量所占的百分比}} \quad （6\text{-}1）$$

如果混合物含有一种以上的毒性组分，最好的方法是取得混合物整体 LD_{50} 值。如果不能获得，则可以采用以下两种方法中的一种：

方法 1：按照混合物中危险性最大的成分对配制品分类，此时可以将该成分视为该混合物中所有有效成分的总和。

方法 2：使用公式 6-2 计算。

$$\frac{100}{Tm} = \frac{Ca}{Ta} + \frac{Cb}{Tb} + \ldots + \frac{Cz}{Tz} \quad （6\text{-}2）$$

式中：

C——成分 A、B…Z 在混合物中的 % 浓度

T——成分 A、B…Z 的经口 LD_{50} 值

TM——混合物整体 LD_{50} 值

2. 急性吸入毒性（蒸气）

先利用公式 6-3，通过组分的 LC_{50}，计算混合物整体的 LC_{50}。

$$LC_{50}(\text{混合物}) = \frac{1}{\sum_{i=1}^{n}\left(\frac{f_i}{LC_{50i}}\right)} \quad （6\text{-}3）$$

式中：

fi——混合物的第 i 种成分物质的克分子分数

$LC_{50}i$——第 i 中成分物质的平均致死浓度（毫升/立方米）

再利用公式 6-4，计算每种组分的挥发性：

$$V_i = \left(\frac{P_i \times 10^6}{101.3} \right) 毫升/立方米 \quad （6-4）$$

式中：

Pi——在 20℃和 1 个大气压下第 i 种成分物质的分压（千帕）

最后用公式 6-5，计算挥发性与 LC_{50} 的比率：

$$R = \sum_{i=1}^{n} \left(\frac{V_i}{LC_{50i}} \right) \quad （6-5）$$

根据计算获得的混合物 LC_{50} 和 R 值，对照以下标准，对混合物的急性吸入毒性进行评估：

（1）I 类包装，R ≥ 10 同时 LC_{50}（混合物）≤ 1000 mL/m³；

（2）II 类包装，R ≥ 1 同时 LC_{50}（混合物）≤ 3000 mL/m³，且不满足 I 类包装分类标准；

（3）III 类包装，R ≥ 1/5 同时 LC_{50}（混合物）≤ 5000 mL/m³，且不满足 I 类包装和 II 类包装分类标准。

7.2 第 9 类环境有害物质分类举例

1.示例 1：已知一种有机物 A 的理化性质以及急性/慢性水生毒性数据如表附－1 所示，试判定其急性和慢性水生危害分类。

表附 - 1 有机物 A 的相关数据

类别	试验项目	物种	数值
理化性质	水溶性 /（mg/L）	——	1200
	辛醇 / 水分配系数（logKow）	——	2.75
急性水生毒性数据	LC$_{50}$（鱼类，96 h）/（mg/L）	虹鳟	12
		蓝鳃太阳鱼	2.7
	EC$_{50}$（甲壳纲类，48 h）/（mg/L）	大型溞类	18
	ErC$_{50}$（藻类 / 水生植物）/（mg/L）	栅藻（96 h）	0.056
		浮萍（7 d）	0.031
慢性水生毒性数据	NOEC（鱼类，21 d）/（mg/L）	斑马鱼	1.2
	NOEC（甲壳纲类，21 d）/（mg/L）	大型溞类	1.1
	NOEC（藻类，96 h）/（mg/L）	栅藻	0.01
快速降解性	生物降解性（28d DOC 降解率）/%	——	86
	非生物降解（水解半衰期）	——	无数据
生物蓄积性	BCF		无数据

（1）急性水生毒性判定

有机物 A 的水溶解度为 1200mg/L，判定其属于易溶于水的物质。因此，可直接根据水生急性数据判定其危害分类。表附 - 1 提供了 2 种鱼类、1 种甲壳纲类以及 2 种藻类 / 水生植物的急性水生毒性试验数据，其中栅藻属于藻类，浮萍属于水生植物。

根据第 9 类杂项物质和物品中环境有害物质的分类标准，优先选择藻类、鱼类和甲壳纲类三种物种中毒性数据最小的数据（0.056mg/L）进行分类，因此对照表 2-22，有机物 A 属于急性水生毒性类别 1。

（2）慢性水生毒性判定

有机物 A 的 28d DOC 降解率为 86% > 70%，因此可以判断该物质属于可快速降解。表附 - 1 中提供了藻类、鱼类和甲壳纲类三种物种的慢性水生毒性数据，应选择其中最小的数据 0.01mg/L，对照分类标准，可判定有机物 A 属于慢性水生毒性 类别 1。

2.示例2：已知一种有机物B的理化性质以及急性水生毒性数据如表附－2所示，试判定其急性和慢性水生危害分类。

表附－2 有机物B的相关数据

类别	试验项目	物种	数值
理化性质	水溶性/（mg/L）	——	2000
	辛醇/水分配系数（logKow）	——	2.08
急性水生毒性数据	LC_{50}（鱼类，96 h）/（mg/L）	虹鳟	9
		蓝鳃太阳鱼	3.6
	EC_{50}（甲壳纲类，48 h）/（mg/L）	大型溞类	11
	ErC_{50}（藻类）/（mg/L）	栅藻（96 h）	0.042
急性水生毒性数据	无数据		
快速降解性	生物降解性(28d DOC降解率)/%	——	80
	非生物降解（水解半衰期）	——	无数据
生物蓄积性	BCF	鱼类	560

（1）急性水生毒性判定

有机物B的水溶解度为2000mg/L，判定其属于易溶于水的物质。因此，可直接根据水生急性数据判定其危害分类。表附－2提供了2种鱼类、1种甲壳纲类以及1种藻类的急性水生毒性试验数据。

根据分类标准，优先选择急性毒性数据最小的数据（0.042mg/L）进行分类，因此有机物B属于急性水生毒性 类别1。

（2）慢性水生毒性判定

由于有机物B没有慢性水生毒性数据，根据分类逻辑，只能依据其急性水生毒性数据进行分类。有机物B的28 d DOC降解率为86% ＞ 70%，但是其BCF值＞500，因此根据分类标准，可以判断该物质属于慢性水生毒性 类别1。

3.示例3：已知一种混合物C有四种组分组成，已知每种组分的急慢性水生毒性数据或者急慢性水生毒性分类，具体如表附－3所示，试判定其急性和慢性水生危害分类。

表附－3 混合物 C 的相关数据

组分	含量	急性水生毒性数据 / 分类	慢性水生毒性数据 / 分类
X	50	ErC$_{50}$（藻类，72h）：0.37mg/L； EC$_{50}$（甲壳纲类，48h）：0.55mg/L	NOEC（鱼类，28 d）：0.07mg/L； NOEC（甲壳纲类，21 d）：0.09mg/L； NOEC（藻类，72 h）：0.13mg/L
Y	10	LC$_{50}$（鱼类 96h）：0.3mg/L； ErC$_{50}$（藻类，72h）：1.37mg/L	NOEC（鱼类，28 d）：1.3 mg/L； NOEC（甲壳纲类，21 d）：1.4mg/L； NOEC（藻类，72 h）：0.53mg/L
Z	30	不分类	类别1
W	10	不分类	不分类

（1）急性水生毒性判定

由于组分 Z 和 W 没有急性水生毒性危害，因此混合物 C 的急性水生危害主要由组分 X 和组分 Y 贡献。已知组分 X 和 Y 的部分水生急性毒性数据，因此可先采用加和公式，将组分 X 和 Y 的整体毒性进行估算。分别选择组分 X 和 Y 中毒性数据较小的，代入公式（6-6）：

$$\frac{50 + 10}{L(E)C_{50 \text{混合物}C}} = \frac{50}{0.37} + \frac{10}{0.3} \quad (6\text{-}6)$$

所以，经计算组分 X 和组分 Y 整体的急性毒性 L（E）C$_{50}$ 为 0.36mg/L，根据急性分类标准，可以判断其属于急性毒性类别1。

根据求和法，混合物中组分 X 和组分 Y 整体的急性毒性为类别1，同时两者浓度之和为 60% > 25%，因此可以判断混合物 C 整体的急性毒性为类别1。

（2）慢性水生毒性判定

与急性毒性判定类似，可以先采用加和公式，根据组分 X 和 Y 的慢性水生毒性数据，对混合物 C 的部分毒性进行估算。由于组分 X 和 Y 缺少快速降解数据，因此可从严判断其都属于不可降解。将组分 X 和 Y 的三种水生物数据分别代入公式（6-6）进行计算，具体如下：

NOEC（鱼类）$_{组分}$X+$_{组分}$Y=60/［50/（0.1×0.07）+10/（0.1×1.3）］=0.008；

NOEC（甲壳纲类）$_{组分}$X+$_{组分}$Y=60/［50/（0.1×0.09）+10/（0.1×1.4）］=0.011；

NOEC（藻类）$_{组分}$X+$_{组分}$Y=60/［50/（0.1×0.13）+10/（0.1×0.53）］=0.015。

三种水生生物数据中最小值是 0.008，根据分类标准 1，组分 X 和 Y 整体可划为慢性水生毒性类别 1，同时根据慢性水生毒性数据，其对应的 M 因子为 10。

根据求和法，混合物中组分 X、Y 和 Z 三种已知分类的组分浓度求和法计算结果为：

（$C_{组分}$X+$C_{组分}$Y）M+$C_{组分}$Z=60×10+30=630 ＞ 25

因此混合物整体的慢性毒性分类为类别 1。

附录 8 GHS 分类与运输标签对照表

本附录将联合国 TDG 法规中 9 大类危险货物的运输标签,与联合国 GHS 制度中化学品 29 大类危险类别的象形图、信号词、危险说明以及危险说明代码做了逐一对照。同时,对每一种危害是否属于我国《危险化学品目录》(2015 版)的确认原则给予了说明。

UN TDG		UN GHS						是否符合《目录》确认原则
危险项别	运输标签	危险类别	危险种类	象形图	信号词	危险说明	危险代码	
不适用	不适用	1			危险	爆炸物	H209,H210,H211	
1.1								是
1.2								
1.3		2A	第 1 类爆炸物		危险	爆炸物	H209	
1.5								否
1.6								
1.4		2B			警告	起火或迸射危险	H204	是
		2C						

UN TDG				UN GHS				是否符合《目录》确认原则
危险项别	运输标签	危险类别	危险种类	象形图	信号词	危险说明	危险代码	
5.1		1	氧化性液体		危险	可能引起燃烧或爆炸；强氧化剂	H271	是
		2			警告	可能加剧燃烧；氧化剂	H272	
		3						
		1	氧化性固体		危险	可能引起燃烧或爆炸；强氧化剂	H271	
		2			警告	可能加剧燃烧；氧化剂	H272	
		3						
		1	氧化性气体[1]		危险	可起火或加剧燃烧；氧化剂	H270	
3（液体）或4.1（固体）	（液体）（固体）	1	退敏爆炸物		危险	起火、爆炸或迸射危险；退敏剂减少时，爆炸风险增加	H206	否
		2			危险	起火或迸射危险；退敏剂减少时，爆炸风险增加	H207	
		3			警告			
		4			警告	起火危险；退敏剂减少时，爆炸风险增加	H208	
2.2		压缩气体	加压气体		警告	内装加压气体；遇热可能爆炸	H280	是
		液化气体						
		溶解气体						
		冷冻液化气体				内装冷冻气体；可能造成低温灼伤或损伤	H281	

[1] 氧化性气体在联合国 TDG 法规中，属于第 2 类气体，根据其危险性的不同，划入第 2.1 项、第 2.2 项或第 2.3 项，但同时具有第 5.1 项氧化性次要危险性。

UN TDG		UN GHS						是否符合《目录》确认原则
危险项别	运输标签	危险类别	危险种类	象形图	信号词	危险说明	危险代码	
3		1	易燃液体		危险	极易燃液体和蒸气	H224	是
		2				高度易燃液体和蒸气	H225	
		3			警告	易燃液体和蒸气	H226	
不适用	不适用	4		无		可燃液体和蒸气	H227	否
4.1		1	易燃固体		危险 警告	易燃固体	H228	是
		2						
2.1		1A（易燃气体）	易燃气体		危险	极其易燃气体	H220	是
		1A（发火气体）				极其易燃气体暴露在空气中可自燃	H220 H232	否
		1A（化学性质不稳定气体A）				极其易燃气体即使在没有空气的条件下仍可能发生爆炸反应	H220 H230	是
		1A（化学性质不稳定气体A）				极其易燃气体在高压和/或高温条件下，即使没有空气仍可能发生爆炸反应	H220 H230	
		1A（化学性质不稳定气体B）				极其易燃气体在高压和/或高温条件下，即使没有空气仍可能发生爆炸反应	H220 H231	
		1B				极其易燃气体	H220	
不适用	不适用	2		无	警告	易燃气体	H221	

575

UN TDG		UN GHS						是否符合《目录》确认原则
危险项别	运输标签	危险类别	危险种类	象形图	信号词	危险说明	危险代码	
4.2		1	发火液体		危险	暴露在空气中会自燃	H250	是
		1	发火固体					
		1	自热物质和混合物		危险	自热；可引起燃烧	H251	
		2			警告	数量大时自热；可引起燃烧	H252	
4.3		1	遇水放出易燃气体的物质和混合物		危险	遇水释放出可自燃的易燃气体	H260	
		2				遇水释放出易燃气体	H261	
		3			警告			
8		1	金属腐蚀物		警告	可对金属造成腐蚀	H290	

UN TDG		UN GHS						是否符合《目录》确认原则
危险项别	运输标签	危险类别	危险种类	象形图	信号词	危险说明	危险代码	
4.1 A型	可能不允许运输	A型	自反应物质和混合物		危险	加热可引起爆炸	H240	是
4.1 B型	如适用：	B型		和	危险	加热可起火或爆炸	H241	
4.1 C型和D型		C型和D型			危险	加热可起火	H242	
4.1 E型和F型		E型和F型			警告			否
G型	不适用	G型		无	无	无	无	

UN TDG		UN GHS						是否符合《目录》确认原则
危险项别	运输标签	危险类别	危险种类	象形图	信号词	危险说明	危险代码	
5.2 A 型	可能不允许运输	A 型			危险	加热可引起爆炸	H240	
5.2 B 型	如适用：	B 型		和	危险	加热可引起燃烧或爆炸	H241	是
5.2 C 型和 D 型		C 型和 D 型	有机过氧化物		危险	加热可引起燃烧	H242	
5.2 E 型和 F 型		E 型和 F 型			警告			
G 型	不适用	G 型		无	无	无	无	否

UN TDG		UN GHS						是否符合《目录》确认原则
危险项别	运输标签	危险类别	危险种类	象形图	信号词	危险说明	危险代码	
2.1		1	气雾剂		危险	极其易燃气雾剂 压力容器；遇热可爆裂	H222 H229	是
		2			警告	易燃气雾剂 压力容器；遇热可爆裂	H223 H229	
2.2		3		无	警告	压力容器；遇热可爆裂	H229	否
2.1		1	加压化学品		危险	极易燃加压化学品；遇热可爆裂	H282	
		2			警告	易燃加压化学品；遇热可爆裂	H283	否
2.2		3			警告	加压化学品；遇热可爆裂	H284	

UN TDG		UN GHS						是否符合《目录》确认原则
危险项别	运输标签	危险类别	危险种类	象形图	信号词	危险说明	危险代码	
2.3 或 6.1	如适用：	1 和 2	急性毒性	☠	危险	吞咽致命	H300	是
						皮肤接触可致命	H310	
						吸入致命	H330	
		3				吞咽可中毒	H301	
						皮肤接触可中毒	H311	
						吸入可中毒	H331	
不适用	不适用	4		❗	警告	吞咽有害	H302	否
						皮肤接触有害	H312	
						吸入有害	H332	
		5		无		吞咽可能有害	H303	
						皮肤接触可能有害	H313	
						吸入可能有害	H333	

UN TDG		UN GHS						是否符合《目录》确认原则
危险项别	运输标签	危险类别	危险种类	象形图	信号词	危险说明	危险代码	
8		1、1A、1B、1C			危险	造成严重皮肤灼伤和眼损伤	H314	是
不适用	不适用	2	皮肤腐蚀/刺激		警告	造成皮肤刺激	H315	
		3		无	警告	造成轻度皮肤刺激	H316	否
		1	严重眼损伤/眼刺激		危险	造成严重眼损伤	H318	是
		2 或 2A			警告	造成严重眼刺激	H319	
		2B		无	警告	造成眼刺激	H320	

581

UN TDG		UN GHS						是否符合《目录》确认原则
危险项别	运输标签	危险类别	危险种类	象形图	信号词	危险说明	危险代码	
不适用	不适用	1、1A、1B	呼吸致敏		危险	吸入可引起过敏或哮喘症状，或造成呼吸困难	H334	是
		1、1A、1B	生殖细胞致突变性		危险	可能造成遗传缺陷	H340	
		2			警告	怀疑可能造成遗传缺陷	H341	
		1、1A、1B	致癌性		危险	可能引起癌症	H350	
		2			警告	怀疑可能引起癌症	H351	
		1	吸入危害		危险	吞咽及进入呼吸道可能致死	H304	
		2			警告	吞咽及进入呼吸道可能有害	H305	否
		1、1A、1B	生殖毒性		危险	可能对生育能力或对胎儿造成损害	H360	
		2			警告	怀疑可对生育能力或对胎儿造成损害	H361	是
		附加危害		无	无	可能对母乳喂养的儿童造成伤害	H362	

UN TDG		UN GHS						是否符合《目录》确认原则
危险项别	运输标签	危险类别	危险种类	象形图	信号词	危险说明	危险代码	
不适用	不适用	1	特异性靶器官毒性－反复接触		危险	长时间或反复接触造成器官损害	H372	是
		2			警告	长时间或反复接触可能造成器官损害	H373	
		1	特异性靶器官毒性－一次接触		危险	造成器官损害	H370	
		2			警告	可能对器官造成损害	H371	
		3			警告	可引起呼吸道刺激	H335	
						可引起昏睡或眩晕	H336	
		1、1A、1B	皮肤致敏		警告	可引起皮肤过敏反应	H317	

UN TDG		UN GHS						是否符合《目录》确认原则
危险项别	运输标签[b]	危险类别	危险种类	象形图	信号词	危险说明	危险代码	
9[a]	（图标）	1	危害水生环境，短期（急性）	（图标）	警告	对水生生物毒性极大	H400	是
不适用	不适用	2		无	无	对水生生物有毒	H401	
		3			无	对水生生物有害	H402	否
9[a]	（图标）	1	危害水生环境，长期（慢性）	（图标）	警告	对水生生物毒性极大，且具有长期、持续影响	H410	
		2			无	对水生生物有毒，且具有长期、持续影响	H411	是
不适用	不适用	3		无	无	对水生生物有害，且具有长期、持续影响	H412	
		4				可对水生生物造成长期、持续的有害影响	H413	否
		1	危害臭氧层	（图标）	警告	破坏高层大气中的臭氧，危害公共健康和环境	H420	是

a：如果货物具有联合国 TDG 法规中的第 1~8 类危害，则应划入其他类别。

b：对于第 9 类环境危害的货物，在联合国 TDG 法规中，还应加贴专属的运输标记：

附录9 危险货物包装容器代码一览表

9.1 包装[1]容器代码一览表

包装种类	包装材质	类型	包装容器代码
1. 圆	A 钢	闭口钢桶	1A1
		开口钢桶	1A2
	B 铝	闭口铝桶	1B1
		开口铝桶	1B2
	D 胶合板	胶合板桶	1D
	G 纤维板	纤维板桶	1G
	H 塑料	闭口塑料桶	1H1
		开口塑料桶	1H2
	N 金属（除了钢和铝）	闭口金属桶	N1
		开口金属桶	N2
2. （保留）			
3. 罐	A 钢	闭口钢罐	3A1
		开口钢罐	3A2
	B 铝	闭口铝罐	3B1
		开口铝罐	3B2
	H 塑料	闭口塑料罐	3H1
		开口塑料罐	3H2
4. 箱	A 钢	钢箱	4A
	B 铝	铝箱	4B
	C 天然木	普通的天然木箱	4C1
		箱壁防渗漏的天然木箱	4C2
	D 胶合板	胶合板箱	4D
	F 再生木	再生木箱	4F
	G 纤维板	纤维板箱	4G
	H 塑料	泡沫塑料箱	4H1
		硬质塑料箱	4H2
	N 金属（除了钢和铝）	金属箱	4N

[1] 此类包装是指净重 ≤ 400kg，或体积 ≤ 450L 的危险货物包装。

包装种类	包装材质	类型	包装容器代码
5. 袋	H 塑料	无内衬或涂层的塑料编织袋	5H1
		防渗漏涂层的塑料编织袋	5H2
		防水的塑料编织袋	5H3
		塑料薄膜袋	5H4
	L 织品	无内衬或涂层的织物袋	5L1
		防渗漏涂层织物袋	5L2
		防水的织物袋	5L3
	M 纸	多层纸袋	5M1
		多层防水纸袋	5M2
6. 复合包装	H（内）塑料；A（外）钢	塑料内贮器，外钢桶	6HA1
		塑料内贮器，外钢箱	6HA2
	H（内）塑料；B（外）铝	塑料内贮器，外铝桶	6HB1
		塑料内贮器，外铝箱	6HB2
	H（内）塑料；B（外）木	塑料内贮器，外木箱	6HC
	H（内）塑料；D（外）胶合板	塑料内贮器，外胶合板桶	6HD1
			6HD2
	H（内）塑料；G（外）纤维板	塑料内贮器，外纤维板桶	6HG1
		塑料内贮器，外胶合板箱	6HG2
	H（内）塑料；H（外）塑料	塑料内贮器，外塑料桶	6HH1
		塑料内贮器，外塑料箱	6HH2
	P（内）玻璃、陶瓷、粗陶瓷容器；A（外）钢	内玻璃/陶瓷贮器外钢桶	6PA1
		内玻璃/陶瓷贮器外钢箱	6PA2
	P（内）玻璃、陶瓷、粗陶瓷容器；B（外）铝	内玻璃/陶瓷贮器外铝桶	6PB1
		内玻璃/陶瓷贮器外铝箱	6PB2

包装种类	包装材质	类型	包装容器代码
	P（内）玻璃、陶瓷、粗陶瓷容器；C（外）木	内玻璃/陶瓷贮器外木箱	6PC
	P（内）玻璃、陶瓷、粗陶瓷容器；D（外）胶合板	内玻璃/陶瓷贮器外胶合板桶	6PD1
		内玻璃/陶瓷贮器外胶合板箱	6PD2
	P（内）玻璃、陶瓷、粗陶瓷容器；G（外）纤维板	内玻璃/陶瓷贮器外纤维板桶	6PG1
		内玻璃/陶瓷贮器外胶合板箱	6PG2
	P（内）玻璃、陶瓷、粗陶瓷容器；H（外）塑料	内玻璃/陶瓷贮器外泡沫塑料箱	6PH1
		内玻璃/陶瓷贮器外硬塑料箱	6PH2

9.2 中型散装容器代码一览表

材质	类型	包容容器代码
金属		
A. 钢	拟装固体，依靠重力装卸	11A
	拟装固体，依靠压力装卸	21A
	拟装液体	31A
B. 铝	拟装固体，依靠重力装卸	11B
	拟装固体，依靠压力装卸	21B
	拟装液体	31B
N. 其他金属	拟装固体，依靠重力装卸	11N
	拟装固体，依靠压力装卸	21N
	拟装液体	31N
柔性		
H. 塑料	软塑料，拟装固体，无涂层或衬里	13H1
	软塑料，拟装固体，有涂层	13H2
	软塑料，拟装固体，有衬里	13H3
	软塑料，拟装固体，有涂层和衬里	13H4
	塑料薄膜，拟装固体	13H5
L. 纺织品	拟装固体，无涂层或衬里	13L1
	拟装固体，有涂层	13L2
	拟装固体，有衬里	13L3
	拟装固体，有涂层和衬里	13L4
M. 纸	拟装固体，多层	13M1
	拟装固体，多层防水	12M2

材质	类型	包容容器代码
H. 塑料	硬塑料，拟装固体，依靠重力装卸，配备结构装置	11H1
	硬塑料，拟装固体，依靠重力装卸，独立式	11H2
	硬塑料，拟装固体，依靠压力装卸，配备结构装置	21H1
	硬塑料，拟装固体，依靠压力装卸，独立式	21H2
	硬塑料，拟装液体，配备结构装置	31H1
	硬塑料，拟装液体，独立式	31H2
HZ. 内壁为塑料，外壁为其他材质的复合 IBC	拟装固体，靠重力装卸，内壁为硬塑料	11HZ1
	拟装固体，靠重力装卸，内壁为软塑料	11HZ2
	拟装固体，靠压力装卸，内壁为硬塑料	21HZ1
	拟装固体，靠压力装卸，内壁为软塑料	21HZ2
	拟装液体，内壁为硬塑料	31HZ1
	拟装液体，内壁为软塑料	31HZ2
G. 纤维板	拟装固体，靠重力装卸	11G
木质		
C. 天然木	拟装固体，靠重力装卸，带内衬	11C
D. 胶合板	拟装固体，靠重力装卸，带内衬	11D
F. 再生木	拟装固体，靠重力装卸，带内衬	11F

9.3 大型包装容器代码一览表

材质	包装包容代码	包装类型
A. 钢	50A	刚性大包装
B. 铝	50B	
C. 天然木	50C	
D. 胶合板	50D	
F. 胶合板	50F	
G. 纤维板	50G	
H. 塑料	51H（软塑料）	柔性大包装
	50H（硬塑料）	刚性大包装
M. 纸	51M（软纸）	柔性大包装
N. 其他金属	50N	刚性大包装

附录 10　关于进出口危险化学品及其包装检验监管有关问题的公告

海关总署公告 2020 年第 129 号

（2020 年 12 月发布，2021 年 1 月 10 日施行）

根据《危险化学品安全管理条例》（国务院令第 591 号）规定，海关负责对进出口危险化学品及其包装实施检验。现就有关问题公告如下：

一、海关对列入国家《危险化学品目录》（最新版）的进出口危险化学品实施检验。

二、进口危险化学品的收货人或者其代理人报关时，填报事项应包括危险类别、包装类别（散装产品除外）、联合国危险货物编号（UN 编号）、联合国危险货物包装标记（包装 UN 标记）（散装产品除外）等，还应提供下列材料：

（一）《进口危险化学品企业符合性声明》（样式见附件 1）；

（二）对需要添加抑制剂或稳定剂的产品，应提供实际添加抑制剂或稳定剂的名称、数量等情况说明；

（三）中文危险公示标签（散装产品除外，下同）、中文安全数据单的样本。

三、出口危险化学品的发货人或者其代理人向海关报检时，应提供下列材料：

（一）《出口危险化学品生产企业符合性声明》（样式见附件 2）；

（二）《出境货物运输包装性能检验结果单》（散装产品及国际规章豁免使用危险货物包装的除外）；

（三）危险特性分类鉴别报告；

（四）危险公示标签（散装产品除外，下同）、安全数据单样本，如是外文样本，应提供对应的中文翻译件；

（五）对需要添加抑制剂或稳定剂的产品，应提供实际添加抑制剂或稳定剂的名称、数量等情况说明。

四、危险化学品进出口企业应当保证危险化学品符合以下要求：

（一）我国国家技术规范的强制性要求（进口产品适用）；

（二）有关国际公约、国际规则、条约、协议、议定书、备忘录等；

（三）输入国家或者地区技术法规、标准（出口产品适用）；

（四）海关总署以及原质检总局指定的技术规范、标准。

五、进出口危险化学品检验的内容包括：

（一）产品的主要成分/组分信息、物理及化学特性、危险类别等是否符合本公告第四条的规定。

（二）产品包装上是否有危险公示标签（进口产品应有中文危险公示标签），是否随附安全数据单（进口产品应附中文安全数据单）；危险公示标签、安全数据单的内容是否符合本公告第四条的规定。

六、对进口危险化学品所用包装，应检验包装型式、包装标记、包装类别、包装规格、单件重量、包装使用状况等是否符合本公告第四条的规定。

七、对出口危险化学品的包装，应按照海运、空运、公路运输及铁路运输出口危险货物包装检验管理规定、标准实施性能检验和使用鉴定，分别出具《出境货物运输包装性能检验结果单》《出境危险货物运输包装使用鉴定结果单》。

八、用作食品、食品添加剂的进出口危险化学品，应符合食品安全相关规定。

九、本公告自 2021 年 1 月 10 日起实施，原质检总局 2012 年第 30 号公告同时废止。

特此公告。

海关总署

2020 年 12 月 18 日

附件：

1. 进口危险化学品企业符合性声明（略）

2. 出口危险化学品生产企业符合性声明（略）

附录 11 关于进一步加强进口危险化学品检验监管的公告

海关总署公告 2023 年第 29 号

（2023 年 4 月发布，2023 年 4 月 13 日施行）

为深入贯彻落实习近平总书记关于安全生产的重要指示批示精神，进一步加强进口危险化学品检验监管，现将有关事项公告如下：

一、检验模式

对进口危险化学品实施批批"审单验证＋口岸检验或者目的地检验"模式，根据进口危险化学品属性和危险货物包装类型设定检验作业环节（地点）和比例。

二、申报要求

进口危险化学品的收货人或者代理人报关时，应在"中国国际贸易单一窗口"如实填报货物属性、检验检疫名称、危险类别、包装类别、联合国危险货物编号（UN 编号）、危险货物包装标记（包装 UN 标记）和目的地检验检疫机关等，并按照申报货物项分别上传海关总署公告 2020 年第 129 号（关于进出口危险化学品及其包装检验监管有关问题的公告）要求提交的相关材料。

进口危险化学品的收货人或者代理人报关后，应及时通过"中国国际贸易单一窗口"查询检查通知。

本公告自 2023 年 4 月 13 日起实施。

特此公告。

海关总署

2023 年 4 月 7 日

附录 12 其他进出口危险货物、危险化学品海关监管执法依据文件汇总

中华人民共和国进出口商品检验法

（2021 年修正，2021 年 4 月 29 日施行）

（1989 年 2 月 21 日第七届全国人民代表大会常务委员会第六次会议通过 根据 2002 年 4 月 28 日第九届全国人民代表大会常务委员会第二十七次会议《关于修改〈中华人民共和国进出口商品检验法〉的决定》第一次修正 根据 2013 年 6 月 29 日第十二届全国人民代表大会常务委员会第三次会议《关于修改〈中华人民共和国文物保护法〉等十二部法律的决定》第二次修正 根据 2018 年 4 月 27 日第十三届全国人民代表大会常务委员会第二次会议《关于修改〈中华人民共和国国境卫生检疫法〉等六部法律的决定》第三次修正 根据 2018 年 12 月 29 日第十三届全国人民代表大会常务委员会第七次会议《关于修改〈中华人民共和国产品质量法〉等五部法律的决定》第四次修正 根据 2021 年 4 月 29 日第十三届全国人民代表大会常务委员会第二十八次会议《关于修改〈中华人民共和国道路交通安全法〉等八部法律的决定》第五次修正）

第一章 总 则

第一条 为了加强进出口商品检验工作，规范进出口商品检验行为，维护社会公共利益和进出口贸易有关各方的合法权益，促进对外经济贸易关系的顺利发展，制定本法。

第二条 国务院设立进出口商品检验部门（以下简称国家商检部门），主管全国进出口商品检验工作。国家商检部门设在各地的进出口商品检验机构（以下简称商检机构）管理所辖地区的进出口商品检验工作。

第三条 商检机构和依法设立的检验机构（以下称其他检验机构），依法对进出口商品实施检验。

第四条 进出口商品检验应当根据保护人类健康和安全、保护动物或者植物的生命和健康、保护环境、防止欺诈行为、维护国家安全的原则，由国家商检部门制定、调整必须实施检验的进出口商品目录（以下简称目录）并公布实施。

第五条 列入目录的进出口商品，由商检机构实施检验。

前款规定的进口商品未经检验的，不准销售、使用；前款规定的出口商品未经检验合格的，不准出口。

本条第一款规定的进出口商品，其中符合国家规定的免予检验条件的，由收货人或者发货人申请，经国家商检部门审查批准，可以免予检验。

第六条 必须实施的进出口商品检验，是指确定列入目录的进出口商品是否符合国家技术规范的强制性要求的合格评定活动。

合格评定程序包括：抽样、检验和检查；评估、验证和合格保证；注册、认可和批准以及各项的组合。

对本条 第一款规定的进出口商品检验，商检机构可以采信检验机构的检验结果；国家商检部门对前述检验机构实行目录管理。

第七条 列入目录的进出口商品，按照国家技术规范的强制性要求进行检验；尚未制定国家技术规范的强制性要求的，应当依法及时制定，未制定之前，可以参照国家商检部门指定的国外有关标准进行检验。

第八条 其他检验机构可以接受对外贸易关系人或者外国检验机构的委托，办理进出口商品检验鉴定业务。

第九条 法律、行政法规规定由其他检验机构实施检验的进出口商品或者检验项目，依照有关法律、行政法规的规定办理。

第十条 国家商检部门和商检机构应当及时收集和向有关方面提供进出口商品检验方面的信息。

国家商检部门和商检机构的工作人员在履行进出口商品检验的职责中，对所知悉的商业秘密负有保密义务。

第二章 进口商品的检验

第十一条 本法规定必须经商检机构检验的进口商品的收货人或者其代理人，应当向报关地的商检机构报检。

第十二条 本法规定必须经商检机构检验的进口商品的收货人或者其代理人，应当在商检机构规定的地点和期限内，接受商检机构对进口商品的检验。商检机构应当在国家商检部门统一规定的期限内检验完毕，并出具检验证单。

第十三条 本法规定必须经商检机构检验的进口商品以外的进口商品的收货人，发现进口商品质量不合格或者残损短缺，需要由商检机构出证索赔的，应当向商检机构申请检验出证。

第十四条 对重要的进口商品和大型的成套设备，收货人应当依据对外贸易合同约定在出口国装运前进行预检验、监造或者监装，主管部门应当加强监督；商检机构根据需要可以派出检验人员参加。

第三章 出口商品的检验

第十五条 本法规定必须经商检机构检验的出口商品的发货人或者其代理人，应当在商检机构规定的地点和期限内，向商检机构报检。商检机构应当在国家商检部门统一规定的期限内检验完毕，并出具检验证单。

第十六条 经商检机构检验合格发给检验证单的出口商品，应当在商检机构规定的期限内报关出口；超过期限的，应当重新报检。

第十七条 为出口危险货物生产包装容器的企业，必须申请商检机构进行包装容器的性能鉴定。生产出口危险货物的企业，必须申请商检机构进行包装容器的使用鉴定。使用未经鉴定合格的包装容器的危险货物，不准出口。

第十八条 对装运出口易腐烂变质食品的船舱和集装箱，承运人或者装箱单位必须在装货前申请检验。未经检验合格的，不准装运。

第四章 监督管理

第十九条 商检机构对本法规定必须经商检机构检验的进出口商品以外的进出口商品，根据国家规定实施抽查检验。

国家商检部门可以公布抽查检验结果或者向有关部门通报抽查检验情况。

第二十条 商检机构根据便利对外贸易的需要，可以按照国家规定对列入目录的出口商品进行出厂前的质量监督管理和检验。

第二十一条 为进出口货物的收发货人办理报检手续的代理人办理报检手续时应当向商检机构提交授权委托书。

第二十二条 国家商检部门和商检机构依法对其他检验机构的进出口商品检验鉴定业务活动进行监督，可以对其检验的商品抽查检验。

第二十三条 国务院认证认可监督管理部门根据国家统一的认证制度，对有关的进出口商品实施认证管理。

第二十四条 认证机构可以根据国务院认证认可监督管理部门同外国有关机构签订的协议或者接受外国有关机构的委托进行进出口商品质量认证工作，准许在认证合格的进出口商品上使用质量认证标志。

第二十五条 商检机构依照本法对实施许可制度的进出口商品实行验证管理，查验单证，核对证货是否相符。

第二十六条 商检机构根据需要，对检验合格的进出口商品，可以加施商检标志或者封识。

第二十七条 进出口商品的报检人对商检机构作出的检验结果有异议的，可以向原商检机构或者其上级商检机构以至国家商检部门申请复验，由受理复验的商检机构或者国家商检部门及时作出复验结论。

第二十八条 当事人对商检机构、国家商检部门作出的复验结论不服或者对商检机构作出的处罚决定不服的，可以依法申请行政复议，也可以依法向人民法院提起诉讼。

第二十九条 国家商检部门和商检机构履行职责，必须遵守法律，维护国家利益，依照法定职权和法定程序严格执法，接受监督。

国家商检部门和商检机构应当根据依法履行职责的需要，加强队伍建设，使商检工作人员具有良好的政治、业务素质。商检工作人员应当定期接受业务培训和考核，经考核合格，方可上岗执行职务。

商检工作人员必须忠于职守，文明服务，遵守职业道德，不得滥用职权，谋取私利。

第三十条 国家商检部门和商检机构应当建立健全内部监督制度，对其工作人员的执法活动进行监督检查。

商检机构内部负责受理报检、检验、出证放行等主要岗位的职责权限应当明确，并相互分离、相互制约。

第三十一条 任何单位和个人均有权对国家商检部门、商检机构及其工作人员的违法、违纪行为进行控告、检举。收到控告、检举的机关应当依法按照职责分工及时查处，并为控告人、检举人保密。

第五章 法律责任

第三十二条 违反本法规定，将必须经商检机构检验的进口商品未报经检验而擅自销售或者使用的，或者将必须经商检机构检验的出口商品未报经检验合格而擅自出口的，由商检机构没收违法所得，并处货值金额百分之五以上百分之二十以下的罚款；构成犯罪的，依法追究刑事责任。

第三十三条 进口或者出口属于掺杂掺假、以假充真、以次充好的商品或者以不合格进出口商品冒充合格进出口商品的，由商检机构责令停止进口或者出口，没收违法所得，并处货值金额百分之五十以上三倍以下的罚款；构成犯罪的，依法追究刑事责任。

第三十四条 伪造、变造、买卖或者盗窃商检单证、印章、标志、封识、质量认证标志的，依法追究刑事责任；尚不够刑事处罚的，由商检机构、认证认可监督管理部门依据各自职责责令改正，没收违法所得，并处货值金额等值以下的罚款。

第三十五条 国家商检部门、商检机构的工作人员违反本法规定，泄露所知悉的商业秘密的，依法给予行政处分，有违法所得的，没收违法所得；构成犯罪的，依法追究刑事责任。

第三十六条 国家商检部门、商检机构的工作人员滥用职权，故意刁难的，徇私舞弊，伪造检验结果的，或者玩忽职守，延误检验出证的，依法给予行政处分；构成犯罪的，依法追究刑事责任。

第六章 附 则

第三十七条 商检机构和其他检验机构依照本法的规定实施检验和办理检验鉴定业务，依照国家有关规定收取费用。

第三十八条 国务院根据本法制定实施条例。

第三十九条 本法自 1989 年 8 月 1 日起施行。

中华人民共和国进出口商品检验法实施条例

（2022 年修订，2022 年 5 月 1 日施行）

（2005 年 8 月 31 日中华人民共和国国务院令第 447 号公布　根据 2013 年 7 月 18 日《国务院关于废止和修改部分行政法规的决定》第一次修订　根据 2016 年 2 月 6 日《国务院关于修改部分行政法规的决定》第二次修订　根据 2017 年 3 月 1 日《国务院关于修改和废止部分行政法规的决定》第三次修订　根据 2019 年 3 月 2 日《国务院关于修改部分行政法规的决定》第四次修订　根据 2022 年 3 月 29 日《国务院关于修改和废止部分行政法规的决定》第五次修订）

第一章　总　则

第一条　根据《中华人民共和国进出口商品检验法》（以下简称商检法）的规定，制定本条例。

第二条　海关总署主管全国进出口商品检验工作。

海关总署设在省、自治区、直辖市以及进出口商品的口岸、集散地的出入境检验检疫机构及其分支机构（以下简称出入境检验检疫机构），管理所负责地区的进出口商品检验工作。

第三条　海关总署应当依照商检法第四条规定，制定、调整必须实施检验的进出口商品目录（以下简称目录）并公布实施。

目录应当至少在实施之日 30 日前公布；在紧急情况下，应当不迟于实施之日公布。

海关总署制定、调整目录时，应当征求国务院对外贸易主管部门等有关方面的意见。

第四条　出入境检验检疫机构对列入目录的进出口商品以及法律、行政法规规定须经出入境检验检疫机构检验的其他进出口商品实施检验（以下称法定检验）。

出入境检验检疫机构对法定检验以外的进出口商品，根据国家规定实施抽查检验。

第五条 进出口药品的质量检验、计量器具的量值检定、锅炉压力容器的安全监督检验、船舶（包括海上平台、主要船用设备及材料）和集装箱的规范检验、飞机（包括飞机发动机、机载设备）的适航检验以及核承压设备的安全检验等项目，由有关法律、行政法规规定的机构实施检验。

第六条 进出境的样品、礼品、暂时进出境的货物以及其他非贸易性物品，免予检验。但是，法律、行政法规另有规定的除外。

列入目录的进出口商品符合国家规定的免予检验条件的，由收货人、发货人或者生产企业申请，经海关总署审查批准，出入境检验检疫机构免予检验。

免予检验的具体办法，由海关总署商有关部门制定。

第七条 法定检验的进出口商品，由出入境检验检疫机构依照商检法第七条规定实施检验。

海关总署根据进出口商品检验工作的实际需要和国际标准，可以制定进出口商品检验方法的技术规范和行业标准。

进出口商品检验依照或者参照的技术规范、标准以及检验方法的技术规范和标准，应当至少在实施之日6个月前公布；在紧急情况下，应当不迟于实施之日公布。

第八条 出入境检验检疫机构根据便利对外贸易的需要，对进出口企业实施分类管理，并按照根据国际通行的合格评定程序确定的检验监管方式，对进出口商品实施检验。

第九条 出入境检验检疫机构对进出口商品实施检验的内容，包括是否符合安全、卫生、健康、环境保护、防止欺诈等要求以及相关的品质、数量、重量等项目。

第十条 出入境检验检疫机构依照商检法的规定，对实施许可制度和国家规定必须经过认证的进出口商品实行验证管理，查验单证，核对证货是否相符。

实行验证管理的进出口商品目录，由海关总署商有关部门后制定、调整并公布。

第十一条 进出口商品的收货人或者发货人可以自行办理报检手续，也可以委托代理报检企业办理报检手续；采用快件方式进出口商品的，收货人或者发货人应当委托出入境快件运营企业办理报检手续。

第十二条 进出口商品的收货人或者发货人办理报检手续，应当依法向出入境检验检疫机构备案。

第十三条 代理报检企业接受进出口商品的收货人或者发货人的委托，以委托人的名义办理报检手续的，应当向出入境检验检疫机构提交授权委托书，遵守本条例对委托人的各项规定；以自己的名义办理报检手续的，应当承担与收货人或者发货人相同的法律责任。

出入境快件运营企业接受进出口商品的收货人或者发货人的委托，应当以自己的名义办理报检手续，承担与收货人或者发货人相同的法律责任。

委托人委托代理报检企业、出入境快件运营企业办理报检手续的，应当向代理报检企业、出入境快件运营企业提供所委托报检事项的真实情况；代理报检企业、出入境快件运营企业接受委托人的委托办理报检手续的，应当对委托人所提供情况的真实性进行合理审查。

第十四条　海关总署建立进出口商品风险预警机制，通过收集进出口商品检验方面的信息，进行风险评估，确定风险的类型，采取相应的风险预警措施及快速反应措施。

海关总署和出入境检验检疫机构应当及时向有关方面提供进出口商品检验方面的信息。

第十五条　出入境检验检疫机构工作人员依法执行职务，有关单位和个人应当予以配合，任何单位和个人不得非法干预和阻挠。

第二章　进口商品的检验

第十六条　法定检验的进口商品的收货人应当持合同、发票、装箱单、提单等必要的凭证和相关批准文件，向报关地的出入境检验检疫机构报检；通关放行后 20 日内，收货人应当依照本条例第十八条的规定，向出入境检验检疫机构申请检验。法定检验的进口商品未经检验的，不准销售，不准使用。

进口实行验证管理的商品，收货人应当向报关地的出入境检验检疫机构申请验证。出入境检验检疫机构按照海关总署的规定实施验证。

第十七条　法定检验的进口商品、实行验证管理的进口商品，海关按照规定办理海关通关手续。

第十八条　法定检验的进口商品应当在收货人报检时申报的目的地检验。

大宗散装商品、易腐烂变质商品、可用作原料的固体废物以及已发生残损、短缺的商品，应当在卸货口岸检验。

对前两款规定的进口商品，海关总署可以根据便利对外贸易和进出口商品检验工作的需要，指定在其他地点检验。

第十九条 除法律、行政法规另有规定外，法定检验的进口商品经检验，涉及人身财产安全、健康、环境保护项目不合格的，由出入境检验检疫机构责令当事人销毁，或者出具退货处理通知单，办理退运手续；其他项目不合格的，可以在出入境检验检疫机构的监督下进行技术处理，经重新检验合格的，方可销售或者使用。当事人申请出入境检验检疫机构出证的，出入境检验检疫机构应当及时出证。

出入境检验检疫机构对检验不合格的进口成套设备及其材料，签发不准安装使用通知书。经技术处理，并经出入境检验检疫机构重新检验合格的，方可安装使用。

第二十条 法定检验以外的进口商品，经出入境检验检疫机构抽查检验不合格的，依照本条例第十九条的规定处理。

实行验证管理的进口商品，经出入境检验检疫机构验证不合格的，参照本条例第十九条的规定处理或者移交有关部门处理。

法定检验以外的进口商品的收货人，发现进口商品质量不合格或者残损、短缺，申请出证的，出入境检验检疫机构或者其他检验机构应当在检验后及时出证。

第二十一条 对属于法定检验范围内的关系国计民生、价值较高、技术复杂的以及其他重要的进口商品和大型成套设备，应当按照对外贸易合同约定监造、装运前检验或者监装。收货人保留到货后最终检验和索赔的权利。

出入境检验检疫机构可以根据需要派出检验人员参加或者组织实施监造、装运前检验或者监装。

第二十二条 国家对进口可用作原料的固体废物的国外供货商、国内收货人实行注册登记制度，国外供货商、国内收货人在签订对外贸易合同前，应当取得海关总署或者出入境检验检疫机构的注册登记。国家对进口可用作原料的固体废物实行装运前检验制度，进口时，收货人应当提供出入境检验检疫机构或者检验机构出具的装运前检验证书。

对价值较高，涉及人身财产安全、健康、环境保护项目的高风险进口旧机电产品，应当依照国家有关规定实施装运前检验，进口时，收货人应当提供出入境检验检疫机构或者检验机构出具的装运前检验证书。

进口可用作原料的固体废物、国家允许进口的旧机电产品到货后，由出入境检验检疫机构依法实施检验。

第二十三条 进口机动车辆到货后,收货人凭出入境检验检疫机构签发的进口机动车辆检验证单以及有关部门签发的其他单证向车辆管理机关申领行车牌证。在使用过程中发现有涉及人身财产安全的质量缺陷的,出入境检验检疫机构应当及时作出相应处理。

第三章 出口商品的检验

第二十四条 法定检验的出口商品的发货人应当在海关总署统一规定的地点和期限内,持合同等必要的凭证和相关批准文件向出入境检验检疫机构报检。法定检验的出口商品未经检验或者经检验不合格的,不准出口。

出口商品应当在商品的生产地检验。海关总署可以根据便利对外贸易和进出口商品检验工作的需要,指定在其他地点检验。

出口实行验证管理的商品,发货人应当向出入境检验检疫机构申请验证。出入境检验检疫机构按照海关总署的规定实施验证。

第二十五条 在商品生产地检验的出口商品需要在口岸换证出口的,由商品生产地的出入境检验检疫机构按照规定签发检验换证凭单。发货人应当在规定的期限内持检验换证凭单和必要的凭证,向口岸出入境检验检疫机构申请查验。经查验合格的,由口岸出入境检验检疫机构签发货物通关单。

第二十六条 法定检验的出口商品、实行验证管理的出口商品,海关按照规定办理海关通关手续。

第二十七条 法定检验的出口商品经出入境检验检疫机构检验或者经口岸出入境检验检疫机构查验不合格的,可以在出入境检验检疫机构的监督下进行技术处理,经重新检验合格的,方准出口;不能进行技术处理或者技术处理后重新检验仍不合格的,不准出口。

第二十八条 法定检验以外的出口商品,经出入境检验检疫机构抽查检验不合格的,依照本条例第二十七条的规定处理。

实行验证管理的出口商品,经出入境检验检疫机构验证不合格的,参照本条例第二十七条的规定处理或者移交有关部门处理。

第二十九条 出口危险货物包装容器的生产企业,应当向出入境检验检疫机构申请包装容器的性能鉴定。包装容器经出入境检验检疫机构鉴定合格并取得性能鉴定证书的，方可用于包装危险货物。

出口危险货物的生产企业，应当向出入境检验检疫机构申请危险货物包装容器的使用鉴定。使用未经鉴定或者经鉴定不合格的包装容器的危险货物，不准出口。

第三十条 对装运出口的易腐烂变质食品、冷冻品的集装箱、船舱、飞机、车辆等运载工具，承运人、装箱单位或者其代理人应当在装运前向出入境检验检疫机构申请清洁、卫生、冷藏、密固等适载检验。未经检验或者经检验不合格的，不准装运。

第四章 监督管理

第三十一条 出入境检验检疫机构根据便利对外贸易的需要，可以对列入目录的出口商品进行出厂前的质量监督管理和检验。

出入境检验检疫机构进行出厂前的质量监督管理和检验的内容，包括对生产企业的质量保证工作进行监督检查，对出口商品进行出厂前的检验。

第三十二条 国家对进出口食品生产企业实施卫生注册登记管理。获得卫生注册登记的出口食品生产企业，方可生产、加工、储存出口食品。获得卫生注册登记的进出口食品生产企业生产的食品，方可进口或者出口。

实施卫生注册登记管理的进口食品生产企业，应当按照规定向海关总署申请卫生注册登记。

实施卫生注册登记管理的出口食品生产企业，应当按照规定向出入境检验检疫机构申请卫生注册登记。

出口食品生产企业需要在国外卫生注册的，依照本条第三款规定进行卫生注册登记后，由海关总署统一对外办理。

第三十三条 出入境检验检疫机构根据需要，对检验合格的进出口商品加施商检标志，对检验合格的以及其他需要加施封识的进出口商品加施封识。具体办法由海关总署制定。

第三十四条 出入境检验检疫机构按照有关规定对检验的进出口商品抽取样品。验余的样品，出入境检验检疫机构应当通知有关单位在规定的期限内领回；逾期不领回的，由出入境检验检疫机构处理。

第三十五条 进出口商品的报检人对出入境检验检疫机构作出的检验结果有异议的，可以自收到检验结果之日起 15 日内，向作出检验结果的出入境检验检疫机构或者其上级出入境检验检疫机构以至海关总署申请复验，受理复验的出入境检验检疫机构或者海关总署应当自收到复验申请之日起 60 日内作出复验结论。技术复杂，不能在规定期限内作出复验结论的，经本机构负责人批准，可以适当延长，但是延长期限最多不超过 30 日。

第三十六条 海关总署或者出入境检验检疫机构根据进出口商品检验工作的需要，可以指定符合规定资质条件的国内外检测机构承担出入境检验检疫机构委托的进出口商品检测。被指定的检测机构经检查不符合规定要求的，海关总署或者出入境检验检疫机构可以取消指定。

第三十七条 对检验机构的检验鉴定业务活动有异议的，可以向海关总署或者出入境检验检疫机构投诉。

第三十八条 海关总署、出入境检验检疫机构实施监督管理或者对涉嫌违反进出口商品检验法律、行政法规的行为进行调查，有权查阅、复制当事人的有关合同、发票、账簿以及其他有关资料。出入境检验检疫机构对有根据认为涉及人身财产安全、健康、环境保护项目不合格的进出口商品，经本机构负责人批准，可以查封或者扣押。

第三十九条 海关总署、出入境检验检疫机构应当根据便利对外贸易的需要，采取有效措施，简化程序，方便进出口。

办理进出口商品报检、检验、鉴定等手续，符合条件的，可以采用电子数据文件的形式。

第四十条 出入境检验检疫机构依照有关法律、行政法规的规定，签发出口货物普惠制原产地证明、区域性优惠原产地证明、专用原产地证明。

出口货物一般原产地证明的签发，依照有关法律、行政法规的规定执行。

第四十一条 出入境检验检疫机构对进出保税区、出口加工区等海关特殊监管区域的货物以及边境小额贸易进出口商品的检验管理，由海关总署另行制定办法。

第五章 法律责任

第四十二条 擅自销售、使用未报检或者未经检验的属于法定检验的进口商品，或者擅自销售、使用应当申请进口验证而未申请的进口商品的，由出入境检验检疫机构没收违法所得，并处商品货值金额5%以上20%以下罚款；构成犯罪的，依法追究刑事责任。

第四十三条 擅自出口未报检或者未经检验的属于法定检验的出口商品，或者擅自出口应当申请出口验证而未申请的出口商品的，由出入境检验检疫机构没收违法所得，并处商品货值金额5%以上20%以下罚款；构成犯罪的，依法追究刑事责任。

第四十四条 销售、使用经法定检验、抽查检验或者验证不合格的进口商品，或者出口经法定检验、抽查检验或者验证不合格的商品的，由出入境检验检疫机构责令停止销售、使用或者出口，没收违法所得和违法销售、使用或者出口的商品，并处违法销售、使用或者出口的商品货值金额等值以上3倍以下罚款；构成犯罪的，依法追究刑事责任。

第四十五条 进出口商品的收货人、发货人、代理报检企业或者出入境快件运营企业、报检人员不如实提供进出口商品的真实情况，取得出入境检验检疫机构的有关证单，或者对法定检验的进出口商品不予报检，逃避进出口商品检验的，由出入境检验检疫机构没收违法所得，并处商品货值金额5%以上20%以下罚款。

进出口商品的收货人或者发货人委托代理报检企业、出入境快件运营企业办理报检手续，未按照规定向代理报检企业、出入境快件运营企业提供所委托报检事项的真实情况，取得出入境检验检疫机构的有关证单的，对委托人依照前款规定予以处罚。

代理报检企业、出入境快件运营企业、报检人员对委托人所提供情况的真实性未进行合理审查或者因工作疏忽，导致骗取出入境检验检疫机构有关证单的结果的，由出入境检验检疫机构对代理报检企业、出入境快件运营企业处2万元以上20万元以下罚款。

第四十六条 伪造、变造、买卖或者盗窃检验证单、印章、标志、封识、货物通关单或者使用伪造、变造的检验证单、印章、标志、封识、货物通关单，构成犯罪的，依法追究刑事责任；尚不够刑事处罚的，由出入境检验检疫机构责令改正，没收违法所得，并处商品货值金额等值以下罚款。

第四十七条 擅自调换出入境检验检疫机构抽取的样品或者出入境检验检疫机构检验合格的进出口商品的，由出入境检验检疫机构责令改正，给予警告；情节严重的，并处商品货值金额10%以上50%以下罚款。

第四十八条 进口或者出口国家实行卫生注册登记管理而未获得卫生注册登记的生

产企业生产的食品的，由出入境检验检疫机构责令停止进口或者出口，没收违法所得，并处商品货值金额 10% 以上 50% 以下罚款。

已获得卫生注册登记的进出口食品生产企业，经检查不符合规定要求的，由海关总署或者出入境检验检疫机构责令限期整改；整改仍未达到规定要求或者有其他违法行为，情节严重的，吊销其卫生注册登记证书。

第四十九条 进口可用作原料的固体废物，国外供货商、国内收货人未取得注册登记，或者未进行装运前检验的，按照国家有关规定责令退货；情节严重的，由出入境检验检疫机构并处 10 万元以上 100 万元以下罚款。

已获得注册登记的可用作原料的固体废物的国外供货商、国内收货人违反国家有关规定，情节严重的，由出入境检验检疫机构撤销其注册登记。

进口国家允许进口的旧机电产品未按照规定进行装运前检验的，按照国家有关规定予以退货；情节严重的，由出入境检验检疫机构并处 100 万元以下罚款。

第五十条 提供或者使用未经出入境检验检疫机构鉴定的出口危险货物包装容器的，由出入境检验检疫机构处 10 万元以下罚款。

提供或者使用经出入境检验检疫机构鉴定不合格的包装容器装运出口危险货物的，由出入境检验检疫机构处 20 万元以下罚款。

第五十一条 提供或者使用未经出入境检验检疫机构适载检验的集装箱、船舱、飞机、车辆等运载工具装运易腐烂变质食品、冷冻品出口的，由出入境检验检疫机构处 10 万元以下罚款。

提供或者使用经出入境检验检疫机构检验不合格的集装箱、船舱、飞机、车辆等运载工具装运易腐烂变质食品、冷冻品出口的，由出入境检验检疫机构处 20 万元以下罚款。

第五十二条 擅自调换、损毁出入境检验检疫机构加施的商检标志、封识的，由出入境检验检疫机构处 5 万元以下罚款。

第五十三条 从事进出口商品检验鉴定业务的检验机构违反国家有关规定，扰乱检验鉴定秩序的，由出入境检验检疫机构责令改正，没收违法所得，可以并处 10 万元以下罚款，海关总署或者出入境检验检疫机构可以暂停其 6 个月以内检验鉴定业务。

第五十四条 代理报检企业、出入境快件运营企业违反国家有关规定，扰乱报检秩序的，由出入境检验检疫机构责令改正，没收违法所得，可以处 10 万元以下罚款，海关总署或者出入境检验检疫机构可以暂停其 6 个月以内代理报检业务。

第五十五条 出入境检验检疫机构的工作人员滥用职权，故意刁难当事人的，徇私舞弊，伪造检验结果的，或者玩忽职守，延误检验出证的，依法给予行政处分；违反有关法律、行政法规规定签发出口货物原产地证明的，依法给予行政处分，没收违法所得；构成犯罪的，依法追究刑事责任。

第五十六条 出入境检验检疫机构对没收的商品依法予以处理所得价款、没收的违法所得、收缴的罚款，全部上缴国库。

第六章 附 则

第五十七条 当事人对出入境检验检疫机构、海关总署作出的复验结论、处罚决定不服的，可以依法申请行政复议，也可以依法向人民法院提起诉讼。

当事人逾期不履行处罚决定，又不申请行政复议或者向人民法院提起诉讼的，作出处罚决定的机构可以申请人民法院强制执行。

第五十八条 出入境检验检疫机构实施法定检验、依法设立的检验机构办理检验鉴定业务，按照国家有关规定收取费用。

第五十九条 本条例自 2005 年 12 月 1 日起施行。1992 年 10 月 7 日国务院批准、1992 年 10 月 23 日原国家进出口商品检验局发布的《中华人民共和国进出口商品检验法实施条例》同时废止。

中华人民共和国海关法

（2021 年修正，2021 年 4 月 29 日施行）

（1987 年 1 月 22 日第六届全国人民代表大会常务委员会第十九次会议通过 根据 2000 年 7 月 8 日第九届全国人民代表大会常务委员会第十六次会议《关于修改〈中华人民共和国海关法〉的决定》第一次修正 根据 2013 年 6 月 29 日第十二届全国人民代表大会常务委员会第三次会议《关于修改〈中华人民共和国文物保护法〉等十二部法律的决定》第二次修正 根据 2013 年 12 月 28 日第十二届全国人民代表大会常务委员会第六次会议《关于修改〈中华人民共和国海洋环境保护法〉等七部法律的决定》第三次修正 根据 2016 年 11 月 7 日第十二届全国人民代表大会常务委员会第二十四次会议《关于修改〈中华人民共和国对外贸易法〉等十二部法律的决定》第四次修正 根据 2017 年 11 月 4 日第十二届全国人民代表大会常务委员会第三十次会议《关于修改〈中华人民共和国会计法〉等十一部法律的决定》第五次修正 根据 2021 年 4 月 29 日第十三届全国人民代表大会常务委员会第二十八次会议《关于修改〈中华人民共和国道路交通安全法〉等八部法律的决定》第六次修正）

第一章 总 则

第一条 为了维护国家的主权和利益，加强海关监督管理，促进对外经济贸易和科技文化交往，保障社会主义现代化建设，特制定本法。

第二条 中华人民共和国海关是国家的进出关境（以下简称进出境）监督管理机关。海关依照本法和其他有关法律、行政法规，监管进出境的运输工具、货物、行李物品、邮递物品和其他物品（以下简称进出境运输工具、货物、物品），征收关税和其他税、费，查缉走私，并编制海关统计和办理其他海关业务。

第三条 国务院设立海关总署，统一管理全国海关。

国家在对外开放的口岸和海关监管业务集中的地点设立海关。海关的隶属关系，不受行政区划的限制。

海关依法独立行使职权，向海关总署负责。

第四条 国家在海关总署设立专门侦查走私犯罪的公安机构，配备专职缉私警察，负责对其管辖的走私犯罪案件的侦查、拘留、执行逮捕、预审。

海关侦查走私犯罪公安机构履行侦查、拘留、执行逮捕、预审职责，应当按照《中华人民共和国刑事诉讼法》的规定办理。

海关侦查走私犯罪公安机构根据国家有关规定，可以设立分支机构。各分支机构办理其管辖的走私犯罪案件，应当依法向有管辖权的人民检察院移送起诉。

地方各级公安机关应当配合海关侦查走私犯罪公安机构依法履行职责。

第五条 国家实行联合缉私、统一处理、综合治理的缉私体制。海关负责组织、协调、管理查缉走私工作。有关规定由国务院另行制定。

各有关行政执法部门查获的走私案件，应当给予行政处罚的，移送海关依法处理；涉嫌犯罪的，应当移送海关侦查走私犯罪公安机构、地方公安机关依据案件管辖分工和法定程序办理。

第六条 海关可以行使下列权力：

（一）检查进出境运输工具，查验进出境货物、物品；对违反本法或者其他有关法律、行政法规的，可以扣留。

（二）查阅进出境人员的证件；查问违反本法或者其他有关法律、行政法规的嫌疑人，调查其违法行为。

（三）查阅、复制与进出境运输工具、货物、物品有关的合同、发票、帐册、单据、记录、文件、业务函电、录音录像制品和其他资料；对其中与违反本法或者其他有关法律、行政法规的进出境运输工具、货物、物品有牵连的，可以扣留。

（四）在海关监管区和海关附近沿海沿边规定地区，检查有走私嫌疑的运输工具和有藏匿走私货物、物品嫌疑的场所，检查走私嫌疑人的身体；对有走私嫌疑的运输工具、货物、物品和走私犯罪嫌疑人，经直属海关关长或者其授权的隶属海关关长批准，可以扣留；对走私犯罪嫌疑人，扣留时间不超过二十四小时，在特殊情况下可以延长至四十八小时。

在海关监管区和海关附近沿海沿边规定地区以外，海关在调查走私案件时，对有走私嫌疑的运输工具和除公民住处以外的有藏匿走私货物、物品嫌疑的场所，经直属海关关长或者其授权的隶属海关关长批准，可以进行检查，有关当事人应当到场；当事人未到场的，在有见证人在场的情况下，可以径行检查；对其中有证据证明有走私嫌疑的运输工具、货物、物品，可以扣留。

海关附近沿海沿边规定地区的范围，由海关总署和国务院公安部门会同有关省级人民政府确定。

（五）在调查走私案件时，经直属海关关长或者其授权的隶属海关关长批准，可以查询案件涉嫌单位和涉嫌人员在金融机构、邮政企业的存款、汇款。

（六）进出境运输工具或者个人违抗海关监管逃逸的，海关可以连续追至海关监管区和海关附近沿海沿边规定地区以外，将其带回处理。

（七）海关为履行职责，可以配备武器。海关工作人员佩带和使用武器的规则，由海关总署会同国务院公安部门制定，报国务院批准。

（八）法律、行政法规规定由海关行使的其他权力。

第七条 各地方、各部门应当支持海关依法行使职权，不得非法干预海关的执法活动。

第八条 进出境运输工具、货物、物品，必须通过设立海关的地点进境或者出境。在特殊情况下，需要经过未设立海关的地点临时进境或者出境的，必须经国务院或者国务院授权的机关批准，并依照本法规定办理海关手续。

第九条 进出口货物，除另有规定的外，可以由进出口货物收发货人自行办理报关纳税手续，也可以由进出口货物收发货人委托报关企业办理报关纳税手续。

进出境物品的所有人可以自行办理报关纳税手续，也可以委托他人办理报关纳税手续。

第十条 报关企业接受进出口货物收发货人的委托，以委托人的名义办理报关手续的，应当向海关提交由委托人签署的授权委托书，遵守本法对委托人的各项规定。

报关企业接受进出口货物收发货人的委托，以自己的名义办理报关手续的，应当承担与收发货人相同的法律责任。

委托人委托报关企业办理报关手续的，应当向报关企业提供所委托报关事项的真实情况；报关企业接受委托人的委托办理报关手续的，应当对委托人所提供情况的真实性进行合理审查。

第十一条 进出口货物收发货人、报关企业办理报关手续，应当依法向海关备案。

报关企业和报关人员不得非法代理他人报关。

第十二条 海关依法执行职务，有关单位和个人应当如实回答询问，并予以配合，任何单位和个人不得阻挠。

海关执行职务受到暴力抗拒时，执行有关任务的公安机关和人民武装警察部队应当予以协助。

第十三条 海关建立对违反本法规定逃避海关监管行为的举报制度。

任何单位和个人均有权对违反本法规定逃避海关监管的行为进行举报。

海关对举报或者协助查获违反本法案件的有功单位和个人，应当给予精神的或者物质的奖励。

海关应当为举报人保密。

第二章 进出境运输工具

第十四条 进出境运输工具到达或者驶离设立海关的地点时，运输工具负责人应当向海关如实申报，交验单证，并接受海关监管和检查。

停留在设立海关的地点的进出境运输工具，未经海关同意，不得擅自驶离。

进出境运输工具从一个设立海关的地点驶往另一个设立海关的地点的，应当符合海关监管要求，办理海关手续，未办结海关手续的，不得改驶境外。

第十五条 进境运输工具在进境以后向海关申报以前，出境运输工具在办结海关手续以后出境以前，应当按照交通主管机关规定的路线行进；交通主管机关没有规定的，由海关指定。

第十六条 进出境船舶、火车、航空器到达和驶离时间、停留地点、停留期间更换地点以及装卸货物、物品时间，运输工具负责人或者有关交通运输部门应当事先通知海关。

第十七条 运输工具装卸进出境货物、物品或者上下进出境旅客，应当接受海关监管。

货物、物品装卸完毕，运输工具负责人应当向海关递交反映实际装卸情况的交接单据和记录。

上下进出境运输工具的人员携带物品的，应当向海关如实申报，并接受海关检查。

第十八条 海关检查进出境运输工具时，运输工具负责人应当到场，并根据海关的要求开启舱室、房间、车门；有走私嫌疑的，并应当开拆可能藏匿走私货物、物品的部位，搬移货物、物料。

海关根据工作需要，可以派员随运输工具执行职务，运输工具负责人应当提供方便。

第十九条 进境的境外运输工具和出境的境内运输工具，未向海关办理手续并缴纳关税，不得转让或者移作他用。

第二十条 进出境船舶和航空器兼营境内客、货运输，应当符合海关监管要求。

进出境运输工具改营境内运输，需向海关办理手续。

第二十一条 沿海运输船舶、渔船和从事海上作业的特种船舶，未经海关同意，不得载运或者换取、买卖、转让进出境货物、物品。

第二十二条 进出境船舶和航空器，由于不可抗力的原因，被迫在未设立海关的地点停泊、降落或者抛掷、起卸货物、物品，运输工具负责人应当立即报告附近海关。

第三章 进出境货物

第二十三条 进口货物自进境起到办结海关手续止，出口货物自向海关申报起到出境止，过境、转运和通运货物自进境起到出境止，应当接受海关监管。

第二十四条 进口货物的收货人、出口货物的发货人应当向海关如实申报，交验进出口许可证件和有关单证。国家限制进出口的货物，没有进出口许可证件的，不予放行，具体处理办法由国务院规定。

进口货物的收货人应当自运输工具申报进境之日起十四日内，出口货物的发货人除海关特准的外应当在货物运抵海关监管区后、装货的二十四小时以前，向海关申报。

进口货物的收货人超过前款规定期限向海关申报的，由海关征收滞报金。

第二十五条 办理进出口货物的海关申报手续，应当采用纸质报关单和电子数据报关单的形式。

第二十六条 海关接受申报后，报关单证及其内容不得修改或者撤销，但符合海关规定情形的除外。

第二十七条 进口货物的收货人经海关同意，可以在申报前查看货物或者提取货样。

需要依法检疫的货物，应当在检疫合格后提取货样。

第二十八条 进出口货物应当接受海关查验。海关查验货物时，进口货物的收货人、出口货物的发货人应当到场，并负责搬移货物，开拆和重封货物的包装。海关认为必要时，可以径行开验、复验或者提取货样。

海关在特殊情况下对进出口货物予以免验，具体办法由海关总署制定。

第二十九条 除海关特准的外，进出口货物在收发货人缴清税款或者提供担保后，由海关签印放行。

第三十条 进口货物的收货人自运输工具申报进境之日起超过三个月未向海关申报的，其进口货物由海关提取依法变卖处理，所得价款在扣除运输、装卸、储存等费用和税款后，尚有余款的，自货物依法变卖之日起一年内，经收货人申请，予以发还；其中属于国家对进口有限制性规定，应当提交许可证件而不能提供的，不予发还。逾期无人申请或者不予发还的，上缴国库。

确属误卸或者溢卸的进境货物，经海关审定，由原运输工具负责人或者货物的收发货人自该运输工具卸货之日起三个月内，办理退运或者进口手续；必要时，经海关批准，可以延期三个月。逾期未办手续的，由海关按前款规定处理。

前两款所列货物不宜长期保存的，海关可以根据实际情况提前处理。

收货人或者货物所有人声明放弃的进口货物，由海关提取依法变卖处理；所得价款在扣除运输、装卸、储存等费用后，上缴国库。

第三十一条 按照法律、行政法规、国务院或者海关总署规定暂时进口或者暂时出口的货物，应当在六个月内复运出境或者复运进境；需要延长复运出境或者复运进境期限的，应当根据海关总署的规定办理延期手续。

第三十二条 经营保税货物的储存、加工、装配、展示、运输、寄售业务和经营免税商店，应当符合海关监管要求，经海关批准，并办理注册手续。

保税货物的转让、转移以及进出保税场所，应当向海关办理有关手续，接受海关监管和查验。

第三十三条 企业从事加工贸易，应当按照海关总署的规定向海关备案。加工贸易制成品单位耗料量由海关按照有关规定核定。

加工贸易制成品应当在规定的期限内复出口。其中使用的进口料件，属于国家规定准予保税的，应当向海关办理核销手续；属于先征收税款的，依法向海关办理退税手续。

　　加工贸易保税进口料件或者制成品内销的，海关对保税的进口料件依法征税；属于国家对进口有限制性规定的，还应当向海关提交进口许可证件。

　　第三十四条 经国务院批准在中华人民共和国境内设立的保税区等海关特殊监管区域，由海关按照国家有关规定实施监管。

　　第三十五条 进口货物应当由收货人在货物的进境地海关办理海关手续，出口货物应当由发货人在货物的出境地海关办理海关手续。

　　经收发货人申请，海关同意，进口货物的收货人可以在设有海关的指运地、出口货物的发货人可以在设有海关的启运地办理海关手续。上述货物的转关运输，应当符合海关监管要求；必要时，海关可以派员押运。

　　经电缆、管道或者其他特殊方式输送进出境的货物，经营单位应当定期向指定的海关申报和办理海关手续。

　　第三十六条 过境、转运和通运货物，运输工具负责人应当向进境地海关如实申报，并应当在规定期限内运输出境。

　　海关认为必要时，可以查验过境、转运和通运货物。

　　第三十七条 海关监管货物，未经海关许可，不得开拆、提取、交付、发运、调换、改装、抵押、质押、留置、转让、更换标记、移作他用或者进行其他处置。

　　海关加施的封志，任何人不得擅自开启或者损毁。

　　人民法院判决、裁定或者有关行政执法部门决定处理海关监管货物的，应当责令当事人办结海关手续。

　　第三十八条 经营海关监管货物仓储业务的企业，应当经海关注册，并按照海关规定，办理收存、交付手续。

　　在海关监管区外存放海关监管货物，应当经海关同意，并接受海关监管。

　　违反前两款规定或者在保管海关监管货物期间造成海关监管货物损毁或者灭失的，除不可抗力外，对海关监管货物负有保管义务的人应当承担相应的纳税义务和法律责任。

　　第三十九条 进出境集装箱的监管办法、打捞进出境货物和沉船的监管办法、边境小额贸易进出口货物的监管办法，以及本法未具体列明的其他进出境货物的监管办法，由海关总署或者由海关总署会同国务院有关部门另行制定。

　　第四十条 国家对进出境货物、物品有禁止性或者限制性规定的，海关依据法律、行政法规、国务院的规定或者国务院有关部门依据法律、行政法规的授权作出的规定实施监管。具体监管办法由海关总署制定。

危险货物和危险化学品 ————————
进出口合规管理及风险防控

第四十一条 进出口货物的原产地按照国家有关原产地规则的规定确定。

第四十二条 进出口货物的商品归类按照国家有关商品归类的规定确定。

海关可以要求进出口货物的收发货人提供确定商品归类所需的有关资料；必要时，海关可以组织化验、检验，并将海关认定的化验、检验结果作为商品归类的依据。

第四十三条 海关可以根据对外贸易经营者提出的书面申请，对拟作进口或者出口的货物预先作出商品归类等行政裁定。

进口或者出口相同货物，应当适用相同的商品归类行政裁定。

海关对所作出的商品归类等行政裁定，应当予以公布。

第四十四条 海关依照法律、行政法规的规定，对与进出境货物有关的知识产权实施保护。

需要向海关申报知识产权状况的，进出口货物收发货人及其代理人应当按照国家规定向海关如实申报有关知识产权状况，并提交合法使用有关知识产权的证明文件。

第四十五条 自进出口货物放行之日起三年内或者在保税货物、减免税进口货物的海关监管期限内及其后的三年内，海关可以对与进出口货物直接有关的企业、单位的会计帐簿、会计凭证、报关单证以及其他有关资料和有关进出口货物实施稽查。具体办法由国务院规定。

第四章 进出境物品

第四十六条 个人携带进出境的行李物品、邮寄进出境的物品，应当以自用、合理数量为限，并接受海关监管。

第四十七条 进出境物品的所有人应当向海关如实申报，并接受海关查验。

海关加施的封志，任何人不得擅自开启或者损毁。

第四十八条 进出境邮袋的装卸、转运和过境，应当接受海关监管。邮政企业应当向海关递交邮件路单。

邮政企业应当将开拆及封发国际邮袋的时间事先通知海关，海关应当按时派员到场监管查验。

第四十九条 邮运进出境的物品，经海关查验放行后，有关经营单位方可投递或者交付。

第五十条 经海关登记准予暂时免税进境或者暂时免税出境的物品，应当由本人复带出境或者复带进境。

过境人员未经海关批准，不得将其所带物品留在境内。

第五十一条 进出境物品所有人声明放弃的物品、在海关规定期限内未办理海关手续或者无人认领的物品，以及无法投递又无法退回的进境邮递物品，由海关依照本法第三十条的规定处理。

第五十二条 享有外交特权和豁免的外国机构或者人员的公务用品或者自用物品进出境，依照有关法律、行政法规的规定办理。

第五章 关 税

第五十三条 准许进出口的货物、进出境物品，由海关依法征收关税。

第五十四条 进口货物的收货人、出口货物的发货人、进出境物品的所有人，是关税的纳税义务人。

第五十五条 进出口货物的完税价格，由海关以该货物的成交价格为基础审查确定。成交价格不能确定时，完税价格由海关依法估定。

进口货物的完税价格包括货物的货价、货物运抵中华人民共和国境内输入地点起卸前的运输及其相关费用、保险费；出口货物的完税价格包括货物的货价、货物运至中华人民共和国境内输出地点装载前的运输及其相关费用、保险费，但是其中包含的出口关税税额，应当予以扣除。

进出境物品的完税价格，由海关依法确定。

第五十六条 下列进出口货物、进出境物品，减征或者免征关税：

（一）无商业价值的广告品和货样；

（二）外国政府、国际组织无偿赠送的物资；

（三）在海关放行前遭受损坏或者损失的货物；

（四）规定数额以内的物品；

（五）法律规定减征、免征关税的其他货物、物品；

（六）中华人民共和国缔结或者参加的国际条约规定减征、免征关税的货物、物品。

第五十七条 特定地区、特定企业或者有特定用途的进出口货物，可以减征或者免征关税。特定减税或者免税的范围和办法由国务院规定。

依照前款规定减征或者免征关税进口的货物，只能用于特定地区、特定企业或者特定用途，未经海关核准并补缴关税，不得移作他用。

第五十八条 本法第五十六条、第五十七条第一款规定范围以外的临时减征或者免征关税，由国务院决定。

第五十九条 暂时进口或者暂时出口的货物，以及特准进口的保税货物，在货物收发货人向海关缴纳相当于税款的保证金或者提供担保后，准予暂时免纳关税。

第六十条 进出口货物的纳税义务人，应当自海关填发税款缴款书之日起十五日内缴纳税款；逾期缴纳的，由海关征收滞纳金。纳税义务人、担保人超过三个月仍未缴纳的，经直属海关关长或者其授权的隶属海关关长批准，海关可以采取下列强制措施：

（一）书面通知其开户银行或者其他金融机构从其存款中扣缴税款；

（二）将应税货物依法变卖，以变卖所得抵缴税款；

（三）扣留并依法变卖其价值相当于应纳税款的货物或者其他财产，以变卖所得抵缴税款。

海关采取强制措施时，对前款所列纳税义务人、担保人未缴纳的滞纳金同时强制执行。

进出境物品的纳税义务人，应当在物品放行前缴纳税款。

第六十一条 进出口货物的纳税义务人在规定的纳税期限内有明显的转移、藏匿其应税货物以及其他财产迹象的，海关可以责令纳税义务人提供担保；纳税义务人不能提供纳税担保的，经直属海关关长或者其授权的隶属海关关长批准，海关可以采取下列税收保全措施：

（一）书面通知纳税义务人开户银行或者其他金融机构暂停支付纳税义务人相当于应纳税款的存款；

（二）扣留纳税义务人价值相当于应纳税款的货物或者其他财产。

纳税义务人在规定的纳税期限内缴纳税款的，海关必须立即解除税收保全措施；期限届满仍未缴纳税款的，经直属海关关长或者其授权的隶属海关关长批准，海关可以书面通知纳税义务人开户银行或者其他金融机构从其暂停支付的存款中扣缴税款，或者依法变卖所扣留的货物或者其他财产，以变卖所得抵缴税款。

采取税收保全措施不当，或者纳税义务人在规定期限内已缴纳税款，海关未立即解除税收保全措施，致使纳税义务人的合法权益受到损失的，海关应当依法承担赔偿责任。

第六十二条 进出口货物、进出境物品放行后，海关发现少征或者漏征税款，应当自缴纳税款或者货物、物品放行之日起一年内，向纳税义务人补征。因纳税义务人违反规定而造成的少征或者漏征，海关在三年以内可以追征。

第六十三条 海关多征的税款,海关发现后应当立即退还;纳税义务人自缴纳税款之日起一年内,可以要求海关退还。

第六十四条 纳税义务人同海关发生纳税争议时,应当缴纳税款,并可以依法申请行政复议;对复议决定仍不服的,可以依法向人民法院提起诉讼。

第六十五条 进口环节海关代征税的征收管理,适用关税征收管理的规定。

第六章 海关事务担保

第六十六条 在确定货物的商品归类、估价和提供有效报关单证或者办结其他海关手续前,收发货人要求放行货物的,海关应当在其提供与其依法应当履行的法律义务相适应的担保后放行。法律、行政法规规定可以免除担保的除外。

法律、行政法规对履行海关义务的担保另有规定的,从其规定。

国家对进出境货物、物品有限制性规定,应当提供许可证件而不能提供的,以及法律、行政法规规定不得担保的其他情形,海关不得办理担保放行。

第六十七条 具有履行海关事务担保能力的法人、其他组织或者公民,可以成为担保人。法律规定不得为担保人的除外。

第六十八条 担保人可以以下列财产、权利提供担保:

(一)人民币、可自由兑换货币;

(二)汇票、本票、支票、债券、存单;

(三)银行或者非银行金融机构的保函;

(四)海关依法认可的其他财产、权利。

第六十九条 担保人应当在担保期限内承担担保责任。担保人履行担保责任的,不免除被担保人应当办理有关海关手续的义务。

第七十条 海关事务担保管理办法,由国务院规定。

第七章 执法监督

第七十一条 海关履行职责,必须遵守法律,维护国家利益,依照法定职权和法定程序严格执法,接受监督。

第七十二条 海关工作人员必须秉公执法,廉洁自律,忠于职守,文明服务,不得有下列行为:

(一)包庇、纵容走私或者与他人串通进行走私;

（二）非法限制他人人身自由，非法检查他人身体、住所或者场所，非法检查、扣留进出境运输工具、货物、物品；

（三）利用职权为自己或者他人谋取私利；

（四）索取、收受贿赂；

（五）泄露国家秘密、商业秘密和海关工作秘密；

（六）滥用职权，故意刁难，拖延监管、查验；

（七）购买、私分、占用没收的走私货物、物品；

（八）参与或者变相参与营利性经营活动；

（九）违反法定程序或者超越权限执行职务；

（十）其他违法行为。

第七十三条 海关应当根据依法履行职责的需要，加强队伍建设，使海关工作人员具有良好的政治、业务素质。

海关专业人员应当具有法律和相关专业知识，符合海关规定的专业岗位任职要求。

海关招收工作人员应当按照国家规定，公开考试，严格考核，择优录用。

海关应当有计划地对其工作人员进行政治思想、法制、海关业务培训和考核。海关工作人员必须定期接受培训和考核，经考核不合格的，不得继续上岗执行职务。

第七十四条 海关总署应当实行海关关长定期交流制度。

海关关长定期向上一级海关述职，如实陈述其执行职务情况。海关总署应当定期对直属海关关长进行考核，直属海关应当定期对隶属海关关长进行考核。

第七十五条 海关及其工作人员的行政执法活动，依法接受监察机关的监督；缉私警察进行侦查活动，依法接受人民检察院的监督。

第七十六条 审计机关依法对海关的财政收支进行审计监督，对海关办理的与国家财政收支有关的事项，有权进行专项审计调查。

第七十七条 上级海关应当对下级海关的执法活动依法进行监督。上级海关认为下级海关作出的处理或者决定不适当的，可以依法予以变更或者撤销。

第七十八条 海关应当依照本法和其他有关法律、行政法规的规定，建立健全内部监督制度，对其工作人员执行法律、行政法规和遵守纪律的情况，进行监督检查。

第七十九条 海关内部负责审单、查验、放行、稽查和调查等主要岗位的职责权限应当明确，并相互分离、相互制约。

第八十条 任何单位和个人均有权对海关及其工作人员的违法、违纪行为进行控告、检举。收到控告、检举的机关有权处理的，应当依法按照职责分工及时查处。收到控告、检举的机关和负责查处的机关应当为控告人、检举人保密。

第八十一条 海关工作人员在调查处理违法案件时，遇有下列情形之一的，应当回避：

（一）是本案的当事人或者是当事人的近亲属；

（二）本人或者其近亲属与本案有利害关系；

（三）与本案当事人有其他关系，可能影响案件公正处理的。

第八章 法律责任

第八十二条 违反本法及有关法律、行政法规，逃避海关监管，偷逃应纳税款、逃避国家有关进出境的禁止性或者限制性管理，有下列情形之一的，是走私行为：

（一）运输、携带、邮寄国家禁止或者限制进出境货物、物品或者依法应当缴纳税款的货物、物品进出境的；

（二）未经海关许可并且未缴纳应纳税款、交验有关许可证件，擅自将保税货物、特定减免税货物以及其他海关监管货物、物品、进境的境外运输工具，在境内销售的；

（三）有逃避海关监管，构成走私的其他行为的。

有前款所列行为之一，尚不构成犯罪的，由海关没收走私货物、物品及违法所得，可以并处罚款；专门或者多次用于掩护走私的货物、物品，专门或者多次用于走私的运输工具，予以没收，藏匿走私货物、物品的特制设备，责令拆毁或者没收。

有第一款所列行为之一，构成犯罪的，依法追究刑事责任。

第八十三条 有下列行为之一的，按走私行为论处，依照本法第八十二条的规定处罚：

（一）直接向走私人非法收购走私进口的货物、物品的；

（二）在内海、领海、界河、界湖，船舶及所载人员运输、收购、贩卖国家禁止或者限制进出境的货物、物品，或者运输、收购、贩卖依法应当缴纳税款的货物，没有合法证明的。

第八十四条 伪造、变造、买卖海关单证，与走私人通谋为走私人提供贷款、资金、帐号、发票、证明、海关单证，与走私人通谋为走私人提供运输、保管、邮寄或者其他方便，构成犯罪的，依法追究刑事责任；尚不构成犯罪的，由海关没收违法所得，并处罚款。

第八十五条 个人携带、邮寄超过合理数量的自用物品进出境，未依法向海关申报的，责令补缴关税，可以处以罚款。

第八十六条 违反本法规定有下列行为之一的，可以处以罚款，有违法所得的，没收违法所得：

（一）运输工具不经设立海关的地点进出境的；

（二）不将进出境运输工具到达的时间、停留的地点或者更换的地点通知海关的；

（三）进出口货物、物品或者过境、转运、通运货物向海关申报不实的；

（四）不按照规定接受海关对进出境运输工具、货物、物品进行检查、查验的；

（五）进出境运输工具未经海关同意，擅自装卸进出境货物、物品或者上下进出境旅客的；

（六）在设立海关的地点停留的进出境运输工具未经海关同意，擅自驶离的；

（七）进出境运输工具从一个设立海关的地点驶往另一个设立海关的地点，尚未办结海关手续又未经海关批准，中途擅自改驶境外或者境内未设立海关的地点的；

（八）进出境运输工具，不符合海关监管要求或者未向海关办理手续，擅自兼营或者改营境内运输的；

（九）由于不可抗力的原因，进出境船舶和航空器被迫在未设立海关的地点停泊、降落或者在境内抛掷、起卸货物、物品，无正当理由，不向附近海关报告的；

（十）未经海关许可，擅自将海关监管货物开拆、提取、交付、发运、调换、改装、抵押、质押、留置、转让、更换标记、移作他用或者进行其他处置的；

（十一）擅自开启或者损毁海关封志的；

（十二）经营海关监管货物的运输、储存、加工等业务，有关货物灭失或者有关记录不真实，不能提供正当理由的；

（十三）有违反海关监管规定的其他行为的。

第八十七条 海关准予从事有关业务的企业，违反本法有关规定的，由海关责令改正，可以给予警告，暂停其从事有关业务，直至撤销注册。

第八十八条 未向海关备案从事报关业务的，海关可以处以罚款。

第八十九条 报关企业非法代理他人报关的，由海关责令改正，处以罚款；情节严重的，禁止其从事报关活动。

报关人员非法代理他人报关的，由海关责令改正，处以罚款。

第九十条 进出口货物收发货人、报关企业向海关工作人员行贿的，由海关禁止其从事报关活动，并处以罚款；构成犯罪的，依法追究刑事责任。

报关人员向海关工作人员行贿的，处以罚款；构成犯罪的，依法追究刑事责任。

第九十一条 违反本法规定进出口侵犯中华人民共和国法律、行政法规保护的知识产权的货物的,由海关依法没收侵权货物,并处以罚款;构成犯罪的,依法追究刑事责任。

第九十二条 海关依法扣留的货物、物品、运输工具,在人民法院判决或者海关处罚决定作出之前,不得处理。但是,危险品或者鲜活、易腐、易失效等不宜长期保存的货物、物品以及所有人申请先行变卖的货物、物品、运输工具,经直属海关关长或者其授权的隶属海关关长批准,可以先行依法变卖,变卖所得价款由海关保存,并通知其所有人。

人民法院判决没收或者海关决定没收的走私货物、物品、违法所得、走私运输工具、特制设备,由海关依法统一处理,所得价款和海关决定处以的罚款,全部上缴中央国库。

第九十三条 当事人逾期不履行海关的处罚决定又不申请复议或者向人民法院提起诉讼的,作出处罚决定的海关可以将其保证金抵缴或者将其被扣留的货物、物品、运输工具依法变价抵缴,也可以申请人民法院强制执行。

第九十四条 海关在查验进出境货物、物品时,损坏被查验的货物、物品的,应当赔偿实际损失。

第九十五条 海关违法扣留货物、物品、运输工具,致使当事人的合法权益受到损失的,应当依法承担赔偿责任。

第九十六条 海关工作人员有本法第七十二条所列行为之一的,依法给予行政处分;有违法所得的,依法没收违法所得;构成犯罪的,依法追究刑事责任。

第九十七条 海关的财政收支违反法律、行政法规规定的,由审计机关以及有关部门依照法律、行政法规的规定作出处理;对直接负责的主管人员和其他直接责任人员,依法给予行政处分;构成犯罪的,依法追究刑事责任。

第九十八条 未按照本法规定为控告人、检举人、举报人保密的,对直接负责的主管人员和其他直接责任人员,由所在单位或者有关单位依法给予行政处分。

第九十九条 海关工作人员在调查处理违法案件时,未按照本法规定进行回避的,对直接负责的主管人员和其他直接责任人员,依法给予行政处分。

第九章 附 则

第一百条 本法下列用语的含义:

直属海关,是指直接由海关总署领导,负责管理一定区域范围内的海关业务的海关;隶属海关,是指由直属海关领导,负责办理具体海关业务的海关。

进出境运输工具，是指用以载运人员、货物、物品进出境的各种船舶、车辆、航空器和驮畜。

过境、转运和通运货物，是指由境外启运、通过中国境内继续运往境外的货物。其中，通过境内陆路运输的，称过境货物；在境内设立海关的地点换装运输工具，而不通过境内陆路运输的，称转运货物；由船舶、航空器载运进境并由原装运输工具载运出境的，称通运货物。

海关监管货物，是指本法第二十三条所列的进出口货物，过境、转运、通运货物，特定减免税货物，以及暂时进出口货物、保税货物和其他尚未办结海关手续的进出境货物。

保税货物，是指经海关批准未办理纳税手续进境，在境内储存、加工、装配后复运出境的货物。

海关监管区，是指设立海关的港口、车站、机场、国界孔道、国际邮件互换局（交换站）和其他有海关监管业务的场所，以及虽未设立海关，但是经国务院批准的进出境地点。

第一百零一条 经济特区等特定地区同境内其他地区之间往来的运输工具、货物、物品的监管办法，由国务院另行规定。

第一百零二条 本法自 1987 年 7 月 1 日起施行。1951 年 4 月 18 日中央人民政府公布的《中华人民共和国暂行海关法》同时废止。

中华人民共和国固体废物污染环境防治法

（2020 年修订，2020 年 9 月 1 日施行）

（1995 年 10 月 30 日第八届全国人民代表大会常务委员会第十六次会议通过
2004 年 12 月 29 日第十届全国人民代表大会常务委员会第十三次会议第一次修订　根
据 2013 年 6 月 29 日第十二届全国人民代表大会常务委员会第三次会议《关于修改〈中
华人民共和国文物保护法〉等十二部法律的决定》第一次修正　根据 2015 年 4 月 24 日
第十二届全国人民代表大会常务委员会第十四次会议《关于修改〈中华人民共和国港口
法〉等七部法律的决定》第二次修正　根据 2016 年 11 月 7 日第十二届全国人民代表大
会常务委员会第二十四次会议《关于修改〈中华人民共和国对外贸易法〉等十二部法律
的决定》第三次修正　2020 年 4 月 29 日第十三届全国人民代表大会常务委员会第十七
次会议第二次修订）

第一章　总则

第一条　为了保护和改善生态环境，防治固体废物污染环境，保障公众健康，维护
生态安全，推进生态文明建设，促进经济社会可持续发展，制定本法。

第二条　固体废物污染环境的防治适用本法。

固体废物污染海洋环境的防治和放射性固体废物污染环境的防治不适用本法。

第三条　国家推行绿色发展方式，促进清洁生产和循环经济发展。

国家倡导简约适度、绿色低碳的生活方式，引导公众积极参与固体废物污染环境
防治。

第四条　固体废物污染环境防治坚持减量化、资源化和无害化的原则。

任何单位和个人都应当采取措施，减少固体废物的产生量，促进固体废物的综合
利用，降低固体废物的危害性。

第五条 固体废物污染环境防治坚持污染担责的原则。

产生、收集、贮存、运输、利用、处置固体废物的单位和个人，应当采取措施，防止或者减少固体废物对环境的污染，对所造成的环境污染依法承担责任。

第六条 国家推行生活垃圾分类制度。

生活垃圾分类坚持政府推动、全民参与、城乡统筹、因地制宜、简便易行的原则。

第七条 地方各级人民政府对本行政区域固体废物污染环境防治负责。

国家实行固体废物污染环境防治目标责任制和考核评价制度，将固体废物污染环境防治目标完成情况纳入考核评价的内容。

第八条 各级人民政府应当加强对固体废物污染环境防治工作的领导，组织、协调、督促有关部门依法履行固体废物污染环境防治监督管理职责。

省、自治区、直辖市之间可以协商建立跨行政区域固体废物污染环境的联防联控机制，统筹规划制定、设施建设、固体废物转移等工作。

第九条 国务院生态环境主管部门对全国固体废物污染环境防治工作实施统一监督管理。国务院发展改革、工业和信息化、自然资源、住房城乡建设、交通运输、农业农村、商务、卫生健康、海关等主管部门在各自职责范围内负责固体废物污染环境防治的监督管理工作。

地方人民政府生态环境主管部门对本行政区域固体废物污染环境防治工作实施统一监督管理。地方人民政府发展改革、工业和信息化、自然资源、住房城乡建设、交通运输、农业农村、商务、卫生健康等主管部门在各自职责范围内负责固体废物污染环境防治的监督管理工作。

第十条 国家鼓励、支持固体废物污染环境防治的科学研究、技术开发、先进技术推广和科学普及，加强固体废物污染环境防治科技支撑。

第十一条 国家机关、社会团体、企业事业单位、基层群众性自治组织和新闻媒体应当加强固体废物污染环境防治宣传教育和科学普及，增强公众固体废物污染环境防治意识。

学校应当开展生活垃圾分类以及其他固体废物污染环境防治知识普及和教育。

第十二条 各级人民政府对在固体废物污染环境防治工作以及相关的综合利用活动中做出显著成绩的单位和个人，按照国家有关规定给予表彰、奖励。

第二章 监督管理

第十三条 县级以上人民政府应当将固体废物污染环境防治工作纳入国民经济和社会发展规划、生态环境保护规划，并采取有效措施减少固体废物的产生量、促进固体废物的综合利用、降低固体废物的危害性，最大限度降低固体废物填埋量。

第十四条 国务院生态环境主管部门应当会同国务院有关部门根据国家环境质量标准和国家经济、技术条件，制定固体废物鉴别标准、鉴别程序和国家固体废物污染环境防治技术标准。

第十五条 国务院标准化主管部门应当会同国务院发展改革、工业和信息化、生态环境、农业农村等主管部门，制定固体废物综合利用标准。

综合利用固体废物应当遵守生态环境法律法规，符合固体废物污染环境防治技术标准。使用固体废物综合利用产物应当符合国家规定的用途、标准。

第十六条 国务院生态环境主管部门应当会同国务院有关部门建立全国危险废物等固体废物污染环境防治信息平台，推进固体废物收集、转移、处置等全过程监控和信息化追溯。

第十七条 建设产生、贮存、利用、处置固体废物的项目，应当依法进行环境影响评价，并遵守国家有关建设项目环境保护管理的规定。

第十八条 建设项目的环境影响评价文件确定需要配套建设的固体废物污染环境防治设施，应当与主体工程同时设计、同时施工、同时投入使用。建设项目的初步设计，应当按照环境保护设计规范的要求，将固体废物污染环境防治内容纳入环境影响评价文件，落实防治固体废物污染环境和破坏生态的措施以及固体废物污染环境防治设施投资概算。

建设单位应当依照有关法律法规的规定，对配套建设的固体废物污染环境防治设施进行验收，编制验收报告，并向社会公开。

第十九条 收集、贮存、运输、利用、处置固体废物的单位和其他生产经营者，应当加强对相关设施、设备和场所的管理和维护，保证其正常运行和使用。

第二十条 产生、收集、贮存、运输、利用、处置固体废物的单位和其他生产经营者，应当采取防扬散、防流失、防渗漏或者其他防止污染环境的措施，不得擅自倾倒、堆放、丢弃、遗撒固体废物。

禁止任何单位或者个人向江河、湖泊、运河、渠道、水库及其最高水位线以下的滩地和岸坡以及法律法规规定的其他地点倾倒、堆放、贮存固体废物。

第二十一条 在生态保护红线区域、永久基本农田集中区域和其他需要特别保护的区域内，禁止建设工业固体废物、危险废物集中贮存、利用、处置的设施、场所和生活垃圾填埋场。

第二十二条 转移固体废物出省、自治区、直辖市行政区域贮存、处置的，应当向固体废物移出地的省、自治区、直辖市人民政府生态环境主管部门提出申请。移出地的省、自治区、直辖市人民政府生态环境主管部门应当及时商经接受地的省、自治区、直辖市人民政府生态环境主管部门同意后，在规定期限内批准转移该固体废物出省、自治区、直辖市行政区域。未经批准的，不得转移。

转移固体废物出省、自治区、直辖市行政区域利用的，应当报固体废物移出地的省、自治区、直辖市人民政府生态环境主管部门备案。移出地的省、自治区、直辖市人民政府生态环境主管部门应当将备案信息通报接受地的省、自治区、直辖市人民政府生态环境主管部门。

第二十三条 禁止中华人民共和国境外的固体废物进境倾倒、堆放、处置。

第二十四条 国家逐步实现固体废物零进口，由国务院生态环境主管部门会同国务院商务、发展改革、海关等主管部门组织实施。

第二十五条 海关发现进口货物疑似固体废物的，可以委托专业机构开展属性鉴别，并根据鉴别结论依法管理。

第二十六条 生态环境主管部门及其环境执法机构和其他负有固体废物污染环境防治监督管理职责的部门，在各自职责范围内有权对从事产生、收集、贮存、运输、利用、处置固体废物等活动的单位和其他生产经营者进行现场检查。被检查者应当如实反映情况，并提供必要的资料。

实施现场检查，可以采取现场监测、采集样品、查阅或者复制与固体废物污染环境防治相关的资料等措施。检查人员进行现场检查，应当出示证件。对现场检查中知悉的商业秘密应当保密。

第二十七条 有下列情形之一，生态环境主管部门和其他负有固体废物污染环境防治监督管理职责的部门，可以对违法收集、贮存、运输、利用、处置的固体废物及设施、设备、场所、工具、物品予以查封、扣押：

（一）可能造成证据灭失、被隐匿或者非法转移的；

（二）造成或者可能造成严重环境污染的。

第二十八条 生态环境主管部门应当会同有关部门建立产生、收集、贮存、运输、利用、处置固体废物的单位和其他生产经营者信用记录制度，将相关信用记录纳入全国信用信息共享平台。

第二十九条 设区的市级人民政府生态环境主管部门应当会同住房城乡建设、农业农村、卫生健康等主管部门，定期向社会发布固体废物的种类、产生量、处置能力、利用处置状况等信息。

产生、收集、贮存、运输、利用、处置固体废物的单位，应当依法及时公开固体废物污染环境防治信息，主动接受社会监督。

利用、处置固体废物的单位，应当依法向公众开放设施、场所，提高公众环境保护意识和参与程度。

第三十条 县级以上人民政府应当将工业固体废物、生活垃圾、危险废物等固体废物污染环境防治情况纳入环境状况和环境保护目标完成情况年度报告，向本级人民代表大会或者人民代表大会常务委员会报告。

第三十一条 任何单位和个人都有权对造成固体废物污染环境的单位和个人进行举报。

生态环境主管部门和其他负有固体废物污染环境防治监督管理职责的部门应当将固体废物污染环境防治举报方式向社会公布，方便公众举报。

接到举报的部门应当及时处理并对举报人的相关信息予以保密；对实名举报并查证属实的，给予奖励。

举报人举报所在单位的，该单位不得以解除、变更劳动合同或者其他方式对举报人进行打击报复。

第三章 工业固体废物

第三十二条 国务院生态环境主管部门应当会同国务院发展改革、工业和信息化等主管部门对工业固体废物对公众健康、生态环境的危害和影响程度等作出界定，制定防治工业固体废物污染环境的技术政策，组织推广先进的防治工业固体废物污染环境的生产工艺和设备。

第三十三条 国务院工业和信息化主管部门应当会同国务院有关部门组织研究开发、推广减少工业固体废物产生量和降低工业固体废物危害性的生产工艺和设备，公布限期淘汰产生严重污染环境的工业固体废物的落后生产工艺、设备的名录。

生产者、销售者、进口者、使用者应当在国务院工业和信息化主管部门会同国务院有关部门规定的期限内分别停止生产、销售、进口或者使用列入前款规定名录中的设备。生产工艺的采用者应当在国务院工业和信息化主管部门会同国务院有关部门规定的期限内停止采用列入前款规定名录中的工艺。

列入限期淘汰名录被淘汰的设备，不得转让给他人使用。

第三十四条 国务院工业和信息化主管部门应当会同国务院发展改革、生态环境等主管部门，定期发布工业固体废物综合利用技术、工艺、设备和产品导向目录，组织开展工业固体废物资源综合利用评价，推动工业固体废物综合利用。

第三十五条 县级以上地方人民政府应当制定工业固体废物污染环境防治工作规划，组织建设工业固体废物集中处置等设施，推动工业固体废物污染环境防治工作。

第三十六条 产生工业固体废物的单位应当建立健全工业固体废物产生、收集、贮存、运输、利用、处置全过程的污染环境防治责任制度，建立工业固体废物管理台账，如实记录产生工业固体废物的种类、数量、流向、贮存、利用、处置等信息，实现工业固体废物可追溯、可查询，并采取防治工业固体废物污染环境的措施。

禁止向生活垃圾收集设施中投放工业固体废物。

第三十七条 产生工业固体废物的单位委托他人运输、利用、处置工业固体废物的，应当对受托方的主体资格和技术能力进行核实，依法签订书面合同，在合同中约定污染防治要求。

受托方运输、利用、处置工业固体废物，应当依照有关法律法规的规定和合同约定履行污染防治要求，并将运输、利用、处置情况告知产生工业固体废物的单位。

产生工业固体废物的单位违反本条第一款规定的，除依照有关法律法规的规定予以处罚外，还应当与造成环境污染和生态破坏的受托方承担连带责任。

第三十八条 产生工业固体废物的单位应当依法实施清洁生产审核，合理选择和利用原材料、能源和其他资源，采用先进的生产工艺和设备，减少工业固体废物的产生量，降低工业固体废物的危害性。

第三十九条 产生工业固体废物的单位应当取得排污许可证。排污许可的具体办法和实施步骤由国务院规定。

产生工业固体废物的单位应当向所在地生态环境主管部门提供工业固体废物的种类、数量、流向、贮存、利用、处置等有关资料，以及减少工业固体废物产生、促进综合利用的具体措施，并执行排污许可管理制度的相关规定。

第四十条 产生工业固体废物的单位应当根据经济、技术条件对工业固体废物加以利用；对暂时不利用或者不能利用的，应当按照国务院生态环境等主管部门的规定建设贮存设施、场所，安全分类存放，或者采取无害化处置措施。贮存工业固体废物应当采取符合国家环境保护标准的防护措施。

建设工业固体废物贮存、处置的设施、场所，应当符合国家环境保护标准。

第四十一条 产生工业固体废物的单位终止的，应当在终止前对工业固体废物的贮存、处置的设施、场所采取污染防治措施，并对未处置的工业固体废物作出妥善处置，防止污染环境。

产生工业固体废物的单位发生变更的，变更后的单位应当按照国家有关环境保护的规定对未处置的工业固体废物及其贮存、处置的设施、场所进行安全处置或者采取有效措施保证该设施、场所安全运行。变更前当事人对工业固体废物及其贮存、处置的设施、场所的污染防治责任另有约定的，从其约定；但是，不得免除当事人的污染防治义务。

对2005年4月1日前已经终止的单位未处置的工业固体废物及其贮存、处置的设施、场所进行安全处置的费用，由有关人民政府承担；但是，该单位享有的土地使用权依法转让的，应当由土地使用权受让人承担处置费用。当事人另有约定的，从其约定；但是，不得免除当事人的污染防治义务。

第四十二条 矿山企业应当采取科学的开采方法和选矿工艺，减少尾矿、煤矸石、废石等矿业固体废物的产生量和贮存量。

国家鼓励采取先进工艺对尾矿、煤矸石、废石等矿业固体废物进行综合利用。

尾矿、煤矸石、废石等矿业固体废物贮存设施停止使用后，矿山企业应当按照国家有关环境保护等规定进行封场，防止造成环境污染和生态破坏。

危险货物和危险化学品————
进出口合规管理及风险防控

第四章 生活垃圾

第四十三条 县级以上地方人民政府应当加快建立分类投放、分类收集、分类运输、分类处理的生活垃圾管理系统，实现生活垃圾分类制度有效覆盖。

县级以上地方人民政府应当建立生活垃圾分类工作协调机制，加强和统筹生活垃圾分类管理能力建设。

各级人民政府及其有关部门应当组织开展生活垃圾分类宣传，教育引导公众养成生活垃圾分类习惯，督促和指导生活垃圾分类工作。

第四十四条 县级以上地方人民政府应当有计划地改进燃料结构，发展清洁能源，减少燃料废渣等固体废物的产生量。

县级以上地方人民政府有关部门应当加强产品生产和流通过程管理，避免过度包装，组织净菜上市，减少生活垃圾的产生量。

第四十五条 县级以上人民政府应当统筹安排建设城乡生活垃圾收集、运输、处理设施，确定设施厂址，提高生活垃圾的综合利用和无害化处置水平，促进生活垃圾收集、处理的产业化发展，逐步建立和完善生活垃圾污染环境防治的社会服务体系。

县级以上地方人民政府有关部门应当统筹规划，合理安排回收、分拣、打包网点，促进生活垃圾的回收利用工作。

第四十六条 地方各级人民政府应当加强农村生活垃圾污染环境的防治，保护和改善农村人居环境。

国家鼓励农村生活垃圾源头减量。城乡结合部、人口密集的农村地区和其他有条件的地方，应当建立城乡一体的生活垃圾管理系统；其他农村地区应当积极探索生活垃圾管理模式，因地制宜，就近就地利用或者妥善处理生活垃圾。

第四十七条 设区的市级以上人民政府环境卫生主管部门应当制定生活垃圾清扫、收集、贮存、运输和处理设施、场所建设运行规范，发布生活垃圾分类指导目录，加强监督管理。

第四十八条 县级以上地方人民政府环境卫生等主管部门应当组织对城乡生活垃圾进行清扫、收集、运输和处理，可以通过招标等方式选择具备条件的单位从事生活垃圾的清扫、收集、运输和处理。

第四十九条 产生生活垃圾的单位、家庭和个人应当依法履行生活垃圾源头减量和分类投放义务，承担生活垃圾产生者责任。

任何单位和个人都应当依法在指定的地点分类投放生活垃圾。禁止随意倾倒、抛撒、堆放或者焚烧生活垃圾。

机关、事业单位等应当在生活垃圾分类工作中起示范带头作用。

已经分类投放的生活垃圾，应当按照规定分类收集、分类运输、分类处理。

第五十条 清扫、收集、运输、处理城乡生活垃圾，应当遵守国家有关环境保护和环境卫生管理的规定，防止污染环境。

从生活垃圾中分类并集中收集的有害垃圾，属于危险废物的，应当按照危险废物管理。

第五十一条 从事公共交通运输的经营单位，应当及时清扫、收集运输过程中产生的生活垃圾。

第五十二条 农贸市场、农产品批发市场等应当加强环境卫生管理，保持环境卫生清洁，对所产生的垃圾及时清扫、分类收集、妥善处理。

第五十三条 从事城市新区开发、旧区改建和住宅小区开发建设、村镇建设的单位，以及机场、码头、车站、公园、商场、体育场馆等公共设施、场所的经营管理单位，应当按照国家有关环境卫生的规定，配套建设生活垃圾收集设施。

县级以上地方人民政府应当统筹生活垃圾公共转运、处理设施与前款规定的收集设施的有效衔接，并加强生活垃圾分类收运体系和再生资源回收体系在规划、建设、运营等方面的融合。

第五十四条 从生活垃圾中回收的物质应当按照国家规定的用途、标准使用，不得用于生产可能危害人体健康的产品。

第五十五条 建设生活垃圾处理设施、场所，应当符合国务院生态环境主管部门和国务院住房城乡建设主管部门规定的环境保护和环境卫生标准。

鼓励相邻地区统筹生活垃圾处理设施建设，促进生活垃圾处理设施跨行政区域共建共享。

禁止擅自关闭、闲置或者拆除生活垃圾处理设施、场所；确有必要关闭、闲置或者拆除的，应当经所在地的市、县级人民政府环境卫生主管部门商所在地生态环境主管部门同意后核准，并采取防止污染环境的措施。

第五十六条 生活垃圾处理单位应当按照国家有关规定，安装使用监测设备，实时监测污染物的排放情况，将污染排放数据实时公开。监测设备应当与所在地生态环境主管部门的监控设备联网。

第五十七条 县级以上地方人民政府环境卫生主管部门负责组织开展厨余垃圾资源化、无害化处理工作。

产生、收集厨余垃圾的单位和其他生产经营者，应当将厨余垃圾交由具备相应资质条件的单位进行无害化处理。

禁止畜禽养殖场、养殖小区利用未经无害化处理的厨余垃圾饲喂畜禽。

第五十八条 县级以上地方人民政府应当按照产生者付费原则，建立生活垃圾处理收费制度。

县级以上地方人民政府制定生活垃圾处理收费标准，应当根据本地实际，结合生活垃圾分类情况，体现分类计价、计量收费等差别化管理，并充分征求公众意见。生活垃圾处理收费标准应当向社会公布。

生活垃圾处理费应当专项用于生活垃圾的收集、运输和处理等，不得挪作他用。

第五十九条 省、自治区、直辖市和设区的市、自治州可以结合实际，制定本地方生活垃圾具体管理办法。

第五章 建筑垃圾、农业固体废物等

第六十条 县级以上地方人民政府应当加强建筑垃圾污染环境的防治，建立建筑垃圾分类处理制度。

县级以上地方人民政府应当制定包括源头减量、分类处理、消纳设施和场所布局及建设等在内的建筑垃圾污染环境防治工作规划。

第六十一条 国家鼓励采用先进技术、工艺、设备和管理措施，推进建筑垃圾源头减量，建立建筑垃圾回收利用体系。

县级以上地方人民政府应当推动建筑垃圾综合利用产品应用。

第六十二条 县级以上地方人民政府环境卫生主管部门负责建筑垃圾污染环境防治工作，建立建筑垃圾全过程管理制度，规范建筑垃圾产生、收集、贮存、运输、利用、处置行为，推进综合利用，加强建筑垃圾处置设施、场所建设，保障处置安全，防止污染环境。

第六十三条 工程施工单位应当编制建筑垃圾处理方案，采取污染防治措施，并报县级以上地方人民政府环境卫生主管部门备案。

工程施工单位应当及时清运工程施工过程中产生的建筑垃圾等固体废物，并按照环境卫生主管部门的规定进行利用或者处置。

工程施工单位不得擅自倾倒、抛撒或者堆放工程施工过程中产生的建筑垃圾。

第六十四条 县级以上人民政府农业农村主管部门负责指导农业固体废物回收利用体系建设，鼓励和引导有关单位和其他生产经营者依法收集、贮存、运输、利用、处置农业固体废物，加强监督管理，防止污染环境。

第六十五条 产生秸秆、废弃农用薄膜、农药包装废弃物等农业固体废物的单位和其他生产经营者，应当采取回收利用和其他防止污染环境的措施。

从事畜禽规模养殖应当及时收集、贮存、利用或者处置养殖过程中产生的畜禽粪污等固体废物，避免造成环境污染。

禁止在人口集中地区、机场周围、交通干线附近以及当地人民政府划定的其他区域露天焚烧秸秆。

国家鼓励研究开发、生产、销售、使用在环境中可降解且无害的农用薄膜。

第六十六条 国家建立电器电子、铅蓄电池、车用动力电池等产品的生产者责任延伸制度。

电器电子、铅蓄电池、车用动力电池等产品的生产者应当按照规定以自建或者委托等方式建立与产品销售量相匹配的废旧产品回收体系，并向社会公开，实现有效回收和利用。

国家鼓励产品的生产者开展生态设计，促进资源回收利用。

第六十七条 国家对废弃电器电子产品等实行多渠道回收和集中处理制度。

禁止将废弃机动车船等交由不符合规定条件的企业或者个人回收、拆解。

拆解、利用、处置废弃电器电子产品、废弃机动车船等，应当遵守有关法律法规的规定，采取防止污染环境的措施。

第六十八条 产品和包装物的设计、制造，应当遵守国家有关清洁生产的规定。国务院标准化主管部门应当根据国家经济和技术条件、固体废物污染环境防治状况以及产品的技术要求，组织制定有关标准，防止过度包装造成环境污染。

生产经营者应当遵守限制商品过度包装的强制性标准，避免过度包装。县级以上地方人民政府市场监督管理部门和有关部门应当按照各自职责，加强对过度包装的监督管理。

生产、销售、进口依法被列入强制回收目录的产品和包装物的企业，应当按照国家有关规定对该产品和包装物进行回收。

电子商务、快递、外卖等行业应当优先采用可重复使用、易回收利用的包装物，优化物品包装，减少包装物的使用，并积极回收利用包装物。县级以上地方人民政府商务、邮政等主管部门应当加强监督管理。

国家鼓励和引导消费者使用绿色包装和减量包装。

第六十九条 国家依法禁止、限制生产、销售和使用不可降解塑料袋等一次性塑料制品。

商品零售场所开办单位、电子商务平台企业和快递企业、外卖企业应当按照国家有关规定向商务、邮政等主管部门报告塑料袋等一次性塑料制品的使用、回收情况。

国家鼓励和引导减少使用、积极回收塑料袋等一次性塑料制品，推广应用可循环、易回收、可降解的替代产品。

第七十条 旅游、住宿等行业应当按照国家有关规定推行不主动提供一次性用品。

机关、企业事业单位等的办公场所应当使用有利于保护环境的产品、设备和设施，减少使用一次性办公用品。

第七十一条 城镇污水处理设施维护运营单位或者污泥处理单位应当安全处理污泥，保证处理后的污泥符合国家有关标准，对污泥的流向、用途、用量等进行跟踪、记录，并报告城镇排水主管部门、生态环境主管部门。

县级以上人民政府城镇排水主管部门应当将污泥处理设施纳入城镇排水与污水处理规划，推动同步建设污泥处理设施与污水处理设施，鼓励协同处理，污水处理费征收标准和补偿范围应当覆盖污泥处理成本和污水处理设施正常运营成本。

第七十二条 禁止擅自倾倒、堆放、丢弃、遗撒城镇污水处理设施产生的污泥和处理后的污泥。

禁止重金属或者其他有毒有害物质含量超标的污泥进入农用地。

从事水体清淤疏浚应当按照国家有关规定处理清淤疏浚过程中产生的底泥，防止污染环境。

第七十三条 各级各类实验室及其设立单位应当加强对实验室产生的固体废物的管理，依法收集、贮存、运输、利用、处置实验室固体废物。实验室固体废物属于危险废物的，应当按照危险废物管理。

第六章 危险废物

第七十四条 危险废物污染环境的防治，适用本章规定；本章未作规定的，适用本法其他有关规定。

第七十五条 国务院生态环境主管部门应当会同国务院有关部门制定国家危险废物名录，规定统一的危险废物鉴别标准、鉴别方法、识别标志和鉴别单位管理要求。国家危险废物名录应当动态调整。

国务院生态环境主管部门根据危险废物的危害特性和产生数量，科学评估其环境风险，实施分级分类管理，建立信息化监管体系，并通过信息化手段管理、共享危险废物转移数据和信息。

第七十六条 省、自治区、直辖市人民政府应当组织有关部门编制危险废物集中处置设施、场所的建设规划，科学评估危险废物处置需求，合理布局危险废物集中处置设施、场所，确保本行政区域的危险废物得到妥善处置。

编制危险废物集中处置设施、场所的建设规划，应当征求有关行业协会、企业事业单位、专家和公众等方面的意见。

相邻省、自治区、直辖市之间可以开展区域合作，统筹建设区域性危险废物集中处置设施、场所。

第七十七条 对危险废物的容器和包装物以及收集、贮存、运输、利用、处置危险废物的设施、场所，应当按照规定设置危险废物识别标志。

第七十八条 产生危险废物的单位，应当按照国家有关规定制定危险废物管理计划；建立危险废物管理台账，如实记录有关信息，并通过国家危险废物信息管理系统向所在地生态环境主管部门申报危险废物的种类、产生量、流向、贮存、处置等有关资料。

前款所称危险废物管理计划应当包括减少危险废物产生量和降低危险废物危害性

的措施以及危险废物贮存、利用、处置措施。危险废物管理计划应当报产生危险废物的单位所在地生态环境主管部门备案。

产生危险废物的单位已经取得排污许可证的，执行排污许可管理制度的规定。

第七十九条 产生危险废物的单位，应当按照国家有关规定和环境保护标准要求贮存、利用、处置危险废物，不得擅自倾倒、堆放。

第八十条 从事收集、贮存、利用、处置危险废物经营活动的单位，应当按照国家有关规定申请取得许可证。许可证的具体管理办法由国务院制定。

禁止无许可证或者未按照许可证规定从事危险废物收集、贮存、利用、处置的经营活动。

禁止将危险废物提供或者委托给无许可证的单位或者其他生产经营者从事收集、贮存、利用、处置活动。

第八十一条 收集、贮存危险废物，应当按照危险废物特性分类进行。禁止混合收集、贮存、运输、处置性质不相容而未经安全性处置的危险废物。

贮存危险废物应当采取符合国家环境保护标准的防护措施。禁止将危险废物混入非危险废物中贮存。

从事收集、贮存、利用、处置危险废物经营活动的单位，贮存危险废物不得超过一年；确需延长期限的，应当报经颁发许可证的生态环境主管部门批准；法律、行政法规另有规定的除外。

第八十二条 转移危险废物的，应当按照国家有关规定填写、运行危险废物电子或者纸质转移联单。

跨省、自治区、直辖市转移危险废物的，应当向危险废物移出地省、自治区、直辖市人民政府生态环境主管部门申请。移出地省、自治区、直辖市人民政府生态环境主管部门应当及时商经接受地省、自治区、直辖市人民政府生态环境主管部门同意后，在规定期限内批准转移该危险废物，并将批准信息通报相关省、自治区、直辖市人民政府生态环境主管部门和交通运输主管部门。未经批准的，不得转移。

危险废物转移管理应当全程管控、提高效率，具体办法由国务院生态环境主管部门会同国务院交通运输主管部门和公安部门制定。

第八十三条 运输危险废物，应当采取防止污染环境的措施，并遵守国家有关危险货物运输管理的规定。

禁止将危险废物与旅客在同一运输工具上载运。

第八十四条 收集、贮存、运输、利用、处置危险废物的场所、设施、设备和容器、包装物及其他物品转作他用时，应当按照国家有关规定经过消除污染处理，方可使用。

第八十五条 产生、收集、贮存、运输、利用、处置危险废物的单位，应当依法制定意外事故的防范措施和应急预案，并向所在地生态环境主管部门和其他负有固体废物污染环境防治监督管理职责的部门备案；生态环境主管部门和其他负有固体废物污染环境防治监督管理职责的部门应当进行检查。

第八十六条 因发生事故或者其他突发性事件，造成危险废物严重污染环境的单位，应当立即采取有效措施消除或者减轻对环境的污染危害，及时通报可能受到污染危害的单位和居民，并向所在地生态环境主管部门和有关部门报告，接受调查处理。

第八十七条 在发生或者有证据证明可能发生危险废物严重污染环境、威胁居民生命财产安全时，生态环境主管部门或者其他负有固体废物污染环境防治监督管理职责的部门应当立即向本级人民政府和上一级人民政府有关部门报告，由人民政府采取防止或者减轻危害的有效措施。有关人民政府可以根据需要责令停止导致或者可能导致环境污染事故的作业。

第八十八条 重点危险废物集中处置设施、场所退役前，运营单位应当按照国家有关规定对设施、场所采取污染防治措施。退役的费用应当预提，列入投资概算或者生产成本，专门用于重点危险废物集中处置设施、场所的退役。具体提取和管理办法，由国务院财政部门、价格主管部门会同国务院生态环境主管部门规定。

第八十九条 禁止经中华人民共和国过境转移危险废物。

第九十条 医疗废物按照国家危险废物名录管理。县级以上地方人民政府应当加强医疗废物集中处置能力建设。

县级以上人民政府卫生健康、生态环境等主管部门应当在各自职责范围内加强对医疗废物收集、贮存、运输、处置的监督管理，防止危害公众健康、污染环境。

医疗卫生机构应当依法分类收集本单位产生的医疗废物，交由医疗废物集中处置单位处置。医疗废物集中处置单位应当及时收集、运输和处置医疗废物。

医疗卫生机构和医疗废物集中处置单位，应当采取有效措施，防止医疗废物流失、泄漏、渗漏、扩散。

第九十一条 重大传染病疫情等突发事件发生时，县级以上人民政府应当统筹协调医疗废物等危险废物收集、贮存、运输、处置等工作，保障所需的车辆、场地、处置设施和防护物资。卫生健康、生态环境、环境卫生、交通运输等主管部门应当协同配合，依法履行应急处置职责。

第七章 保障措施

第九十二条 国务院有关部门、县级以上地方人民政府及其有关部门在编制国土空间规划和相关专项规划时，应当统筹生活垃圾、建筑垃圾、危险废物等固体废物转运、集中处置等设施建设需求，保障转运、集中处置等设施用地。

第九十三条 国家采取有利于固体废物污染环境防治的经济、技术政策和措施，鼓励、支持有关方面采取有利于固体废物污染环境防治的措施，加强对从事固体废物污染环境防治工作人员的培训和指导，促进固体废物污染环境防治产业专业化、规模化发展。

第九十四条 国家鼓励和支持科研单位、固体废物产生单位、固体废物利用单位、固体废物处置单位等联合攻关，研究开发固体废物综合利用、集中处置等的新技术，推动固体废物污染环境防治技术进步。

第九十五条 各级人民政府应当加强固体废物污染环境的防治，按照事权划分的原则安排必要的资金用于下列事项：

（一）固体废物污染环境防治的科学研究、技术开发；

（二）生活垃圾分类；

（三）固体废物集中处置设施建设；

（四）重大传染病疫情等突发事件产生的医疗废物等危险废物应急处置；

（五）涉及固体废物污染环境防治的其他事项。

使用资金应当加强绩效管理和审计监督，确保资金使用效益。

第九十六条 国家鼓励和支持社会力量参与固体废物污染环境防治工作，并按照国家有关规定给予政策扶持。

第九十七条 国家发展绿色金融，鼓励金融机构加大对固体废物污染环境防治项目的信贷投放。

第九十八条 从事固体废物综合利用等固体废物污染环境防治工作的，依照法律、行政法规的规定，享受税收优惠。

国家鼓励并提倡社会各界为防治固体废物污染环境捐赠财产，并依照法律、行政法规的规定，给予税收优惠。

第九十九条 收集、贮存、运输、利用、处置危险废物的单位，应当按照国家有关规定，投保环境污染责任保险。

第一百条 国家鼓励单位和个人购买、使用综合利用产品和可重复使用产品。

县级以上人民政府及其有关部门在政府采购过程中，应当优先采购综合利用产品和可重复使用产品。

第八章 法律责任

第一百零一条 生态环境主管部门或者其他负有固体废物污染环境防治监督管理职责的部门违反本法规定，有下列行为之一，由本级人民政府或者上级人民政府有关部门责令改正，对直接负责的主管人员和其他直接责任人员依法给予处分：

（一）未依法作出行政许可或者办理批准文件的；

（二）对违法行为进行包庇的；

（三）未依法查封、扣押的；

（四）发现违法行为或者接到对违法行为的举报后未予查处的；

（五）有其他滥用职权、玩忽职守、徇私舞弊等违法行为的。

依照本法规定应当作出行政处罚决定而未作出的，上级主管部门可以直接作出行政处罚决定。

第一百零二条 违反本法规定，有下列行为之一，由生态环境主管部门责令改正，处以罚款，没收违法所得；情节严重的，报经有批准权的人民政府批准，可以责令停业或者关闭：

（一）产生、收集、贮存、运输、利用、处置固体废物的单位未依法及时公开固体废物污染环境防治信息的；

（二）生活垃圾处理单位未按照国家有关规定安装使用监测设备、实时监测污染物的排放情况并公开污染排放数据的；

（三）将列入限期淘汰名录被淘汰的设备转让给他人使用的；

（四）在生态保护红线区域、永久基本农田集中区域和其他需要特别保护的区域内，建设工业固体废物、危险废物集中贮存、利用、处置的设施、场所和生活垃圾填埋场的；

（五）转移固体废物出省、自治区、直辖市行政区域贮存、处置未经批准的；

（六）转移固体废物出省、自治区、直辖市行政区域利用未报备案的；

（七）擅自倾倒、堆放、丢弃、遗撒工业固体废物，或者未采取相应防范措施，造成工业固体废物扬散、流失、渗漏或者其他环境污染的；

（八）产生工业固体废物的单位未建立固体废物管理台账并如实记录的；

（九）产生工业固体废物的单位违反本法规定委托他人运输、利用、处置工业固体废物的；

（十）贮存工业固体废物未采取符合国家环境保护标准的防护措施的；

（十一）单位和其他生产经营者违反固体废物管理其他要求，污染环境、破坏生态的。

有前款第一项、第八项行为之一，处五万元以上二十万元以下的罚款；有前款第二项、第三项、第四项、第五项、第六项、第九项、第十项、第十一项行为之一，处十万元以上一百万元以下的罚款；有前款第七项行为，处所需处置费用一倍以上三倍以下的罚款，所需处置费用不足十万元的，按十万元计算。对前款第十一项行为的处罚，有关法律、行政法规另有规定的，适用其规定。

第一百零三条 违反本法规定，以拖延、围堵、滞留执法人员等方式拒绝、阻挠监督检查，或者在接受监督检查时弄虚作假的，由生态环境主管部门或者其他负有固体废物污染环境防治监督管理职责的部门责令改正，处五万元以上二十万元以下的罚款；对直接负责的主管人员和其他直接责任人员，处二万元以上十万元以下的罚款。

第一百零四条 违反本法规定，未依法取得排污许可证产生工业固体废物的，由生态环境主管部门责令改正或者限制生产、停产整治，处十万元以上一百万元以下的罚款；情节严重的，报经有批准权的人民政府批准，责令停业或者关闭。

第一百零五条 违反本法规定，生产经营者未遵守限制商品过度包装的强制性标准的，由县级以上地方人民政府市场监督管理部门或者有关部门责令改正；拒不改正的，处二千元以上二万元以下的罚款；情节严重的，处二万元以上十万元以下的罚款。

第一百零六条 违反本法规定，未遵守国家有关禁止、限制使用不可降解塑料袋等一次性塑料制品的规定，或者未按照国家有关规定报告塑料袋等一次性塑料制品的使用情况的，由县级以上地方人民政府商务、邮政等主管部门责令改正，处一万元以上十万元以下的罚款。

第一百零七条 从事畜禽规模养殖未及时收集、贮存、利用或者处置养殖过程中产生的畜禽粪污等固体废物的，由生态环境主管部门责令改正，可以处十万元以下的罚款；情节严重的，报经有批准权的人民政府批准，责令停业或者关闭。

第一百零八条 违反本法规定，城镇污水处理设施维护运营单位或者污泥处理单位对污泥流向、用途、用量等未进行跟踪、记录，或者处理后的污泥不符合国家有关标准的，由城镇排水主管部门责令改正，给予警告；造成严重后果的，处十万元以上二十万元以下的罚款；拒不改正的，城镇排水主管部门可以指定有治理能力的单位代为治理，所需费用由违法者承担。

违反本法规定，擅自倾倒、堆放、丢弃、遗撒城镇污水处理设施产生的污泥和处理后的污泥的，由城镇排水主管部门责令改正，处二十万元以上二百万元以下的罚款，对直接负责的主管人员和其他直接责任人员处二万元以上十万元以下的罚款；造成严重后果的，处二百万元以上五百万元以下的罚款，对直接负责的主管人员和其他直接责任人员处五万元以上五十万元以下的罚款；拒不改正的，城镇排水主管部门可以指定有治理能力的单位代为治理，所需费用由违法者承担。

第一百零九条 违反本法规定，生产、销售、进口或者使用淘汰的设备，或者采用淘汰的生产工艺的，由县级以上地方人民政府指定的部门责令改正，处十万元以上一百万元以下的罚款，没收违法所得；情节严重的，由县级以上地方人民政府指定的部门提出意见，报经有批准权的人民政府批准，责令停业或者关闭。

第一百一十条 尾矿、煤矸石、废石等矿业固体废物贮存设施停止使用后，未按照国家有关环境保护规定进行封场的，由生态环境主管部门责令改正，处二十万元以上一百万元以下的罚款。

第一百一十一条 违反本法规定，有下列行为之一，由县级以上地方人民政府环境卫生主管部门责令改正，处以罚款，没收违法所得：

（一）随意倾倒、抛撒、堆放或者焚烧生活垃圾的；

（二）擅自关闭、闲置或者拆除生活垃圾处理设施、场所的；

（三）工程施工单位未编制建筑垃圾处理方案报备案，或者未及时清运施工过程中产生的固体废物的；

（四）工程施工单位擅自倾倒、抛撒或者堆放工程施工过程中产生的建筑垃圾，或者未按照规定对施工过程中产生的固体废物进行利用或者处置的；

（五）产生、收集厨余垃圾的单位和其他生产经营者未将厨余垃圾交由具备相应资质条件的单位进行无害化处理的；

（六）畜禽养殖场、养殖小区利用未经无害化处理的厨余垃圾饲喂畜禽的；

（七）在运输过程中沿途丢弃、遗撒生活垃圾的。

单位有前款第一项、第七项行为之一，处五万元以上五十万元以下的罚款；单位有前款第二项、第三项、第四项、第五项、第六项行为之一，处十万元以上一百万元以下的罚款；个人有前款第一项、第五项、第七项行为之一，处一百元以上五百元以下的罚款。

违反本法规定，未在指定的地点分类投放生活垃圾的，由县级以上地方人民政府环境卫生主管部门责令改正；情节严重的，对单位处五万元以上五十万元以下的罚款，对个人依法处以罚款。

第一百一十二条 违反本法规定，有下列行为之一，由生态环境主管部门责令改正，处以罚款，没收违法所得；情节严重的，报经有批准权的人民政府批准，可以责令停业或者关闭：

（一）未按照规定设置危险废物识别标志的；

（二）未按照国家有关规定制定危险废物管理计划或者申报危险废物有关资料的；

（三）擅自倾倒、堆放危险废物的；

（四）将危险废物提供或者委托给无许可证的单位或者其他生产经营者从事经营活动的；

（五）未按照国家有关规定填写、运行危险废物转移联单或者未经批准擅自转移危险废物的；

（六）未按照国家环境保护标准贮存、利用、处置危险废物或者将危险废物混入非危险废物中贮存的；

（七）未经安全性处置，混合收集、贮存、运输、处置具有不相容性质的危险废物的；

（八）将危险废物与旅客在同一运输工具上载运的；

（九）未经消除污染处理，将收集、贮存、运输、处置危险废物的场所、设施、设备和容器、包装物及其他物品转作他用的；

（十）未采取相应防范措施，造成危险废物扬散、流失、渗漏或者其他环境污染的；

（十一）在运输过程中沿途丢弃、遗撒危险废物的；

（十二）未制定危险废物意外事故防范措施和应急预案的；

（十三）未按照国家有关规定建立危险废物管理台账并如实记录的。

有前款第一项、第二项、第五项、第六项、第七项、第八项、第九项、第十二项、第十三项行为之一，处十万元以上一百万元以下的罚款；有前款第三项、第四项、第十项、第十一项行为之一，处所需处置费用三倍以上五倍以下的罚款，所需处置费用不足二十万元的，按二十万元计算。

第一百一十三条 违反本法规定，危险废物产生者未按照规定处置其产生的危险废物被责令改正后拒不改正的，由生态环境主管部门组织代为处置，处置费用由危险废物产生者承担；拒不承担代为处置费用的，处代为处置费用一倍以上三倍以下的罚款。

第一百一十四条 无许可证从事收集、贮存、利用、处置危险废物经营活动的，由生态环境主管部门责令改正，处一百万元以上五百万元以下的罚款，并报经有批准权的人民政府批准，责令停业或者关闭；对法定代表人、主要负责人、直接负责的主管人员和其他责任人员，处十万元以上一百万元以下的罚款。

未按照许可证规定从事收集、贮存、利用、处置危险废物经营活动的，由生态环境主管部门责令改正，限制生产、停产整治，处五十万元以上二百万元以下的罚款；对法定代表人、主要负责人、直接负责的主管人员和其他责任人员，处五万元以上五十万元以下的罚款；情节严重的，报经有批准权的人民政府批准，责令停业或者关闭，还可以由发证机关吊销许可证。

第一百一十五条 违反本法规定，将中华人民共和国境外的固体废物输入境内的，由海关责令退运该固体废物，处五十万元以上五百万元以下的罚款。

承运人对前款规定的固体废物的退运、处置，与进口者承担连带责任。

第一百一十六条 违反本法规定，经中华人民共和国过境转移危险废物的，由海关责令退运该危险废物，处五十万元以上五百万元以下的罚款。

第一百一十七条 对已经非法入境的固体废物，由省级以上人民政府生态环境主管部门依法向海关提出处理意见，海关应当依照本法第一百一十五条的规定作出处罚决定；已经造成环境污染的，由省级以上人民政府生态环境主管部门责令进口者消除污染。

第一百一十八条 违反本法规定，造成固体废物污染环境事故的，除依法承担赔偿责任外，由生态环境主管部门依照本条第二款的规定处以罚款，责令限期采取治理措施；造成重大或者特大固体废物污染环境事故的，还可以报经有批准权的人民政府批准，责令关闭。

造成一般或者较大固体废物污染环境事故的，按照事故造成的直接经济损失的一倍以上三倍以下计算罚款；造成重大或者特大固体废物污染环境事故的，按照事故造成的直接经济损失的三倍以上五倍以下计算罚款，并对法定代表人、主要负责人、直接负责的主管人员和其他责任人员处上一年度从本单位取得的收入百分之五十以下的罚款。

第一百一十九条 单位和其他生产经营者违反本法规定排放固体废物，受到罚款处罚，被责令改正的，依法作出处罚决定的行政机关应当组织复查，发现其继续实施该违法行为的，依照《中华人民共和国环境保护法》的规定按日连续处罚。

第一百二十条 违反本法规定，有下列行为之一，尚不构成犯罪的，由公安机关对法定代表人、主要负责人、直接负责的主管人员和其他责任人员处十日以上十五日以下的拘留；情节较轻的，处五日以上十日以下的拘留：

（一）擅自倾倒、堆放、丢弃、遗撒固体废物，造成严重后果的；

（二）在生态保护红线区域、永久基本农田集中区域和其他需要特别保护的区域内，建设工业固体废物、危险废物集中贮存、利用、处置的设施、场所和生活垃圾填埋场的；

（三）将危险废物提供或者委托给无许可证的单位或者其他生产经营者堆放、利用、处置的；

（四）无许可证或者未按照许可证规定从事收集、贮存、利用、处置危险废物经营活动的；

（五）未经批准擅自转移危险废物的；

（六）未采取防范措施，造成危险废物扬散、流失、渗漏或者其他严重后果的。

第一百二十一条 固体废物污染环境、破坏生态，损害国家利益、社会公共利益的，有关机关和组织可以依照《中华人民共和国环境保护法》、《中华人民共和国民事诉讼法》、《中华人民共和国行政诉讼法》等法律的规定向人民法院提起诉讼。

第一百二十二条 固体废物污染环境、破坏生态给国家造成重大损失的，由设区的市级以上地方人民政府或者其指定的部门、机构组织与造成环境污染和生态破坏的单位和其他生产经营者进行磋商，要求其承担损害赔偿责任；磋商未达成一致的，可以向人民法院提起诉讼。

对于执法过程中查获的无法确定责任人或者无法退运的固体废物，由所在地县级以上地方人民政府组织处理。

第一百二十三条 违反本法规定，构成违反治安管理行为的，由公安机关依法给予治安管理处罚；构成犯罪的，依法追究刑事责任；造成人身、财产损害的，依法承担民事责任。

第九章 附则

第一百二十四条 本法下列用语的含义：

（一）固体废物，是指在生产、生活和其他活动中产生的丧失原有利用价值或者虽未丧失利用价值但被抛弃或者放弃的固态、半固态和置于容器中的气态的物品、物质以及法律、行政法规规定纳入固体废物管理的物品、物质。经无害化加工处理，并且符合强制性国家产品质量标准，不会危害公众健康和生态安全，或者根据固体废物鉴别标准和鉴别程序认定为不属于固体废物的除外。

（二）工业固体废物，是指在工业生产活动中产生的固体废物。

（三）生活垃圾，是指在日常生活中或者为日常生活提供服务的活动中产生的固体废物，以及法律、行政法规规定视为生活垃圾的固体废物。

（四）建筑垃圾，是指建设单位、施工单位新建、改建、扩建和拆除各类建筑物、构筑物、管网等，以及居民装饰装修房屋过程中产生的弃土、弃料和其他固体废物。

（五）农业固体废物，是指在农业生产活动中产生的固体废物。

（六）危险废物，是指列入国家危险废物名录或者根据国家规定的危险废物鉴别标准和鉴别方法认定的具有危险特性的固体废物。

（七）贮存，是指将固体废物临时置于特定设施或者场所中的活动。

（八）利用，是指从固体废物中提取物质作为原材料或者燃料的活动。

（九）处置，是指将固体废物焚烧和用其他改变固体废物的物理、化学、生物特性的方法，达到减少已产生的固体废物数量、缩小固体废物体积、减少或者消除其危险成分的活动，或者将固体废物最终置于符合环境保护规定要求的填埋场的活动。

第一百二十五条 液态废物的污染防治，适用本法；但是，排入水体的废水的污染防治适用有关法律，不适用本法。

第一百二十六条 本法自 2020 年 9 月 1 日起施行。

中华人民共和国对外贸易法

（2022 年修正，2022 年 12 月 30 日施行）

（1994 年 5 月 12 日第八届全国人民代表大会常务委员会第七次会议通过　2004 年 4 月 6 日第十届全国人民代表大会常务委员会第八次会议修订　根据 2016 年 11 月 7 日第十二届全国人民代表大会常务委员会第二十四次会议《关于修改〈中华人民共和国对外贸易法〉等十二部法律的决定》第一次修正　根据 2022 年 12 月 30 日第十三届全国人民代表大会常务委员会第三十八次会议《关于修改〈中华人民共和国对外贸易法〉的决定》第二次修正）

第一章　总则

第一条　为了扩大对外开放，发展对外贸易，维护对外贸易秩序，保护对外贸易经营者的合法权益，促进社会主义市场经济的健康发展，制定本法。

第二条　本法适用于对外贸易以及与对外贸易有关的知识产权保护。

本法所称对外贸易，是指货物进出口、技术进出口和国际服务贸易。

第三条　国务院对外贸易主管部门依照本法主管全国对外贸易工作。

第四条　国家实行统一的对外贸易制度，鼓励发展对外贸易，维护公平、自由的对外贸易秩序。

第五条　中华人民共和国根据平等互利的原则，促进和发展同其他国家和地区的贸易关系，缔结或者参加关税同盟协定、自由贸易区协定等区域经济贸易协定，参加区域经济组织。

第六条　中华人民共和国在对外贸易方面根据所缔结或者参加的国际条约、协定，给予其他缔约方、参加方最惠国待遇、国民待遇等待遇，或者根据互惠、对等原则给予对方最惠国待遇、国民待遇等待遇。

第七条 任何国家或者地区在贸易方面对中华人民共和国采取歧视性的禁止、限制或者其他类似措施的，中华人民共和国可以根据实际情况对该国家或者该地区采取相应的措施。

第二章 对外贸易经营者

第八条 本法所称对外贸易经营者，是指依法办理工商登记或者其他执业手续，依照本法和其他有关法律、行政法规的规定从事对外贸易经营活动的法人、其他组织或者个人。

第九条 从事国际服务贸易，应当遵守本法和其他有关法律、行政法规的规定。

从事对外劳务合作的单位，应当具备相应的资质。具体办法由国务院规定。

第十条 国家可以对部分货物的进出口实行国营贸易管理。实行国营贸易管理货物的进出口业务只能由经授权的企业经营；但是，国家允许部分数量的国营贸易管理货物的进出口业务由非授权企业经营的除外。

实行国营贸易管理的货物和经授权经营企业的目录，由国务院对外贸易主管部门会同国务院其他有关部门确定、调整并公布。

违反本条第一款规定，擅自进出口实行国营贸易管理的货物的，海关不予放行。

第十一条 对外贸易经营者可以接受他人的委托，在经营范围内代为办理对外贸易业务。

第十二条 对外贸易经营者应当按照国务院对外贸易主管部门或者国务院其他有关部门依法作出的规定，向有关部门提交与其对外贸易经营活动有关的文件及资料。有关部门应当为提供者保守商业秘密。

第三章 货物进出口与技术进出口

第十三条 国家准许货物与技术的自由进出口。但是，法律、行政法规另有规定的除外。

第十四条 国务院对外贸易主管部门基于监测进出口情况的需要，可以对部分自由进出口的货物实行进出口自动许可并公布其目录。

实行自动许可的进出口货物，收货人、发货人在办理海关报关手续前提出自动许可申请的，国务院对外贸易主管部门或者其委托的机构应当予以许可；未办理自动许可手续的，海关不予放行。

进出口属于自由进出口的技术，应当向国务院对外贸易主管部门或者其委托的机构办理合同备案登记。

第十五条 国家基于下列原因，可以限制或者禁止有关货物、技术的进口或者出口：

（一）为维护国家安全、社会公共利益或者公共道德，需要限制或者禁止进口或者出口的；

（二）为保护人的健康或者安全，保护动物、植物的生命或者健康，保护环境，需要限制或者禁止进口或者出口的；

（三）为实施与黄金或者白银进出口有关的措施，需要限制或者禁止进口或者出口的；

（四）国内供应短缺或者为有效保护可能用竭的自然资源，需要限制或者禁止出口的；

（五）输往国家或者地区的市场容量有限，需要限制出口的；

（六）出口经营秩序出现严重混乱，需要限制出口的；

（七）为建立或者加快建立国内特定产业，需要限制进口的；

（八）对任何形式的农业、牧业、渔业产品有必要限制进口的；

（九）为保障国家国际金融地位和国际收支平衡，需要限制进口的；

（十）依照法律、行政法规的规定，其他需要限制或者禁止进口或者出口的；

（十一）根据我国缔结或者参加的国际条约、协定的规定，其他需要限制或者禁止进口或者出口的。

第十六条 国家对与裂变、聚变物质或者衍生此类物质的物质有关的货物、技术进出口，以及与武器、弹药或者其他军用物资有关的进出口，可以采取任何必要的措施，维护国家安全。

在战时或者为维护国际和平与安全，国家在货物、技术进出口方面可以采取任何必要的措施。

第十七条 国务院对外贸易主管部门会同国务院其他有关部门，依照本法第十五条和第十六条的规定，制定、调整并公布限制或者禁止进出口的货物、技术目录。

国务院对外贸易主管部门或者由其会同国务院其他有关部门，经国务院批准，可以在本法第十五条和第十六条规定的范围内，临时决定限制或者禁止前款规定目录以外的特定货物、技术的进口或者出口。

第十八条 国家对限制进口或者出口的货物，实行配额、许可证等方式管理；对限制进口或者出口的技术，实行许可证管理。

实行配额、许可证管理的货物、技术，应当按照国务院规定经国务院对外贸易主管部门或者经其会同国务院其他有关部门许可，方可进口或者出口。

国家对部分进口货物可以实行关税配额管理。

第十九条 进出口货物配额、关税配额，由国务院对外贸易主管部门或者国务院其他有关部门在各自的职责范围内，按照公开、公平、公正和效益的原则进行分配。具体办法由国务院规定。

第二十条 国家实行统一的商品合格评定制度，根据有关法律、行政法规的规定，对进出口商品进行认证、检验、检疫。

第二十一条 国家对进出口货物进行原产地管理。具体办法由国务院规定。

第二十二条 对文物和野生动物、植物及其产品等，其他法律、行政法规有禁止或者限制进出口规定的，依照有关法律、行政法规的规定执行。

第四章 国际服务贸易

第二十三条 中华人民共和国在国际服务贸易方面根据所缔结或者参加的国际条约、协定中所作的承诺，给予其他缔约方、参加方市场准入和国民待遇。

第二十四条 国务院对外贸易主管部门和国务院其他有关部门，依照本法和其他有关法律、行政法规的规定，对国际服务贸易进行管理。

第二十五条 国家基于下列原因，可以限制或者禁止有关的国际服务贸易：

（一）为维护国家安全、社会公共利益或者公共道德，需要限制或者禁止的；

（二）为保护人的健康或者安全，保护动物、植物的生命或者健康，保护环境，需要限制或者禁止的；

（三）为建立或者加快建立国内特定服务产业，需要限制的；

（四）为保障国家外汇收支平衡，需要限制的；

（五）依照法律、行政法规的规定，其他需要限制或者禁止的；

（六）根据我国缔结或者参加的国际条约、协定的规定，其他需要限制或者禁止的。

第二十六条 国家对与军事有关的国际服务贸易，以及与裂变、聚变物质或者衍生此类物质的物质有关的国际服务贸易，可以采取任何必要的措施，维护国家安全。

在战时或者为维护国际和平与安全，国家在国际服务贸易方面可以采取任何必要的措施。

第二十七条 国务院对外贸易主管部门会同国务院其他有关部门，依照本法第二十五条、第二十六条和其他有关法律、行政法规的规定，制定、调整并公布国际服务贸易市场准入目录。

第五章 与对外贸易有关的知识产权保护

第二十八条 国家依照有关知识产权的法律、行政法规，保护与对外贸易有关的知识产权。

进口货物侵犯知识产权，并危害对外贸易秩序的，国务院对外贸易主管部门可以采取在一定期限内禁止侵权人生产、销售的有关货物进口等措施。

第二十九条 知识产权权利人有阻止被许可人对许可合同中的知识产权的有效性提出质疑、进行强制性一揽子许可、在许可合同中规定排他性返授条件等行为之一，并危害对外贸易公平竞争秩序的，国务院对外贸易主管部门可以采取必要的措施消除危害。

第三十条 其他国家或者地区在知识产权保护方面未给予中华人民共和国的法人、其他组织或者个人国民待遇，或者不能对来源于中华人民共和国的货物、技术或者服务提供充分有效的知识产权保护的，国务院对外贸易主管部门可以依照本法和其他有关法律、行政法规的规定，并根据中华人民共和国缔结或者参加的国际条约、协定，对与该国家或者该地区的贸易采取必要的措施。

第六章 对外贸易秩序

第三十一条 在对外贸易经营活动中，不得违反有关反垄断的法律、行政法规的规定实施垄断行为。

在对外贸易经营活动中实施垄断行为，危害市场公平竞争的，依照有关反垄断的法律、行政法规的规定处理。

有前款违法行为，并危害对外贸易秩序的，国务院对外贸易主管部门可以采取必要的措施消除危害。

第三十二条 在对外贸易经营活动中，不得实施以不正当的低价销售商品、串通投标、发布虚假广告、进行商业贿赂等不正当竞争行为。

在对外贸易经营活动中实施不正当竞争行为的，依照有关反不正当竞争的法律、行政法规的规定处理。

有前款违法行为，并危害对外贸易秩序的，国务院对外贸易主管部门可以采取禁止该经营者有关货物、技术进出口等措施消除危害。

第三十三条 在对外贸易活动中，不得有下列行为：

（一）伪造、变造进出口货物原产地标记，伪造、变造或者买卖进出口货物原产地证书、进出口许可证、进出口配额证明或者其他进出口证明文件；

（二）骗取出口退税；

（三）走私；

（四）逃避法律、行政法规规定的认证、检验、检疫；

（五）违反法律、行政法规规定的其他行为。

第三十四条 对外贸易经营者在对外贸易经营活动中，应当遵守国家有关外汇管理的规定。

第三十五条 违反本法规定，危害对外贸易秩序的，国务院对外贸易主管部门可以向社会公告。

第七章 对外贸易调查

第三十六条 为了维护对外贸易秩序，国务院对外贸易主管部门可以自行或者会同国务院其他有关部门，依照法律、行政法规的规定对下列事项进行调查：

（一）货物进出口、技术进出口、国际服务贸易对国内产业及其竞争力的影响；

（二）有关国家或者地区的贸易壁垒；

（三）为确定是否应当依法采取反倾销、反补贴或者保障措施等对外贸易救济措施，需要调查的事项；

（四）规避对外贸易救济措施的行为；

（五）对外贸易中有关国家安全利益的事项；

（六）为执行本法第七条、第二十八条第二款、第二十九条、第三十条、第三十一条第三款、第三十二条第三款的规定，需要调查的事项；

（七）其他影响对外贸易秩序，需要调查的事项。

第三十七条 启动对外贸易调查，由国务院对外贸易主管部门发布公告。

调查可以采取书面问卷、召开听证会、实地调查、委托调查等方式进行。

国务院对外贸易主管部门根据调查结果，提出调查报告或者作出处理裁定，并发布公告。

第三十八条 有关单位和个人应当对对外贸易调查给予配合、协助。

国务院对外贸易主管部门和国务院其他有关部门及其工作人员进行对外贸易调查，对知悉的国家秘密和商业秘密负有保密义务。

第八章 对外贸易救济

第三十九条 国家根据对外贸易调查结果，可以采取适当的对外贸易救济措施。

第四十条 其他国家或者地区的产品以低于正常价值的倾销方式进入我国市场，对已建立的国内产业造成实质损害或者产生实质损害威胁，或者对建立国内产业造成实质阻碍的，国家可以采取反倾销措施，消除或者减轻这种损害或者损害的威胁或者阻碍。

第四十一条 其他国家或者地区的产品以低于正常价值出口至第三国市场，对我国已建立的国内产业造成实质损害或者产生实质损害威胁，或者对我国建立国内产业造成实质阻碍的，应国内产业的申请，国务院对外贸易主管部门可以与该第三国政府进行磋商，要求其采取适当的措施。

第四十二条 进口的产品直接或者间接地接受出口国家或者地区给予的任何形式的专向性补贴，对已建立的国内产业造成实质损害或者产生实质损害威胁，或者对建立国内产业造成实质阻碍的，国家可以采取反补贴措施，消除或者减轻这种损害或者损害的威胁或者阻碍。

第四十三条 因进口产品数量大量增加，对生产同类产品或者与其直接竞争的产品的国内产业造成严重损害或者严重损害威胁的，国家可以采取必要的保障措施，消除或者减轻这种损害或者损害的威胁，并可以对该产业提供必要的支持。

第四十四条 因其他国家或者地区的服务提供者向我国提供的服务增加，对提供同类服务或者与其直接竞争的服务的国内产业造成损害或者产生损害威胁的，国家可以采取必要的救济措施，消除或者减轻这种损害或者损害的威胁。

第四十五条 因第三国限制进口而导致某种产品进入我国市场的数量大量增加，对已建立的国内产业造成损害或者产生损害威胁，或者对建立国内产业造成阻碍的，国家可以采取必要的救济措施，限制该产品进口。

第四十六条 与中华人民共和国缔结或者共同参加经济贸易条约、协定的国家或者地区，违反条约、协定的规定，使中华人民共和国根据该条约、协定享有的利益丧失或者受损，或者阻碍条约、协定目标实现的，中华人民共和国政府有权要求有关国家或者地区政府采取适当的补救措施，并可以根据有关条约、协定中止或者终止履行相关义务。

第四十七条 国务院对外贸易主管部门依照本法和其他有关法律的规定，进行对外贸易的双边或者多边磋商、谈判和争端的解决。

第四十八条 国务院对外贸易主管部门和国务院其他有关部门应当建立货物进出口、技术进出口和国际服务贸易的预警应急机制，应对对外贸易中的突发和异常情况，维护国家经济安全。

第四十九条 国家对规避本法规定的对外贸易救济措施的行为，可以采取必要的反规避措施。

第九章 对外贸易促进

第五十条 国家制定对外贸易发展战略，建立和完善对外贸易促进机制。

第五十一条 国家根据对外贸易发展的需要，建立和完善为对外贸易服务的金融机构，设立对外贸易发展基金、风险基金。

第五十二条 国家通过进出口信贷、出口信用保险、出口退税及其他促进对外贸易的方式，发展对外贸易。

第五十三条 国家建立对外贸易公共信息服务体系，向对外贸易经营者和其他社会公众提供信息服务。

第五十四条 国家采取措施鼓励对外贸易经营者开拓国际市场，采取对外投资、对外工程承包和对外劳务合作等多种形式，发展对外贸易。

第五十五条 对外贸易经营者可以依法成立和参加有关协会、商会。

有关协会、商会应当遵守法律、行政法规，按照章程对其成员提供与对外贸易有关的生产、营销、信息、培训等方面的服务，发挥协调和自律作用，依法提出有关对外贸易救济措施的申请，维护成员和行业的利益，向政府有关部门反映成员有关对外贸易的建议，开展对外贸易促进活动。

第五十六条 中国国际贸易促进组织按照章程开展对外联系，举办展览，提供信息、咨询服务和其他对外贸易促进活动。

第五十七条 国家扶持和促进中小企业开展对外贸易。

第五十八条 国家扶持和促进民族自治地方和经济不发达地区发展对外贸易。

第十章 法律责任

第五十九条 违反本法第十条规定，未经授权擅自进出口实行国营贸易管理的货物的，国务院对外贸易主管部门或者国务院其他有关部门可以处五万元以下罚款；情节严重的，可以自行政处罚决定生效之日起三年内，不受理违法行为人从事国营贸易管理货物进出口业务的申请，或者撤销已给予其从事其他国营贸易管理货物进出口的授权。

第六十条 进出口属于禁止进出口的货物的，或者未经许可擅自进出口属于限制进出口的货物的，由海关依照有关法律、行政法规的规定处理、处罚；构成犯罪的，依法追究刑事责任。

进出口属于禁止进出口的技术的，或者未经许可擅自进出口属于限制进出口的技术的，依照有关法律、行政法规的规定处理、处罚；法律、行政法规没有规定的，由国务院对外贸易主管部门责令改正，没收违法所得，并处违法所得一倍以上五倍以下罚款，没有违法所得或者违法所得不足一万元的，处一万元以上五万元以下罚款；构成犯罪的，依法追究刑事责任。

自前两款规定的行政处罚决定生效之日或者刑事处罚判决生效之日起，国务院对外贸易主管部门或者国务院其他有关部门可以在三年内不受理违法行为人提出的进出口配额或者许可证的申请，或者禁止违法行为人在一年以上三年以下的期限内从事有关货物或者技术的进出口经营活动。

第六十一条 从事属于禁止的国际服务贸易的，或者未经许可擅自从事属于限制的国际服务贸易的，依照有关法律、行政法规的规定处罚；法律、行政法规没有规定的，由国务院对外贸易主管部门责令改正，没收违法所得，并处违法所得一倍以上五倍以下罚款，没有违法所得或者违法所得不足一万元的，处一万元以上五万元以下罚款；构成犯罪的，依法追究刑事责任。

国务院对外贸易主管部门可以禁止违法行为人自前款规定的行政处罚决定生效之

日或者刑事处罚判决生效之日起一年以上三年以下的期限内从事有关的国际服务贸易经营活动。

第六十二条 违反本法第三十三条规定，依照有关法律、行政法规的规定处罚；构成犯罪的，依法追究刑事责任。

国务院对外贸易主管部门可以禁止违法行为人自前款规定的行政处罚决定生效之日或者刑事处罚判决生效之日起一年以上三年以下的期限内从事有关的对外贸易经营活动。

第六十三条 依照本法第六十条至第六十二条规定被禁止从事有关对外贸易经营活动的，在禁止期限内，海关根据国务院对外贸易主管部门依法作出的禁止决定，对该对外贸易经营者的有关进出口货物不予办理报关验放手续，外汇管理部门或者外汇指定银行不予办理有关结汇、售汇手续。

第六十四条 依照本法负责对外贸易管理工作的部门的工作人员玩忽职守、徇私舞弊或者滥用职权，构成犯罪的，依法追究刑事责任；尚不构成犯罪的，依法给予行政处分。

依照本法负责对外贸易管理工作的部门的工作人员利用职务上的便利，索取他人财物，或者非法收受他人财物为他人谋取利益，构成犯罪的，依法追究刑事责任；尚不构成犯罪的，依法给予行政处分。

第六十五条 对外贸易经营活动当事人对依照本法负责对外贸易管理工作的部门作出的具体行政行为不服的，可以依法申请行政复议或者向人民法院提起行政诉讼。

第十一章 附则

第六十六条 与军品、裂变和聚变物质或者衍生此类物质的物质有关的对外贸易管理以及文化产品的进出口管理，法律、行政法规另有规定的，依照其规定。

第六十七条 国家对边境地区与接壤国家边境地区之间的贸易以及边民互市贸易，采取灵活措施，给予优惠和便利。具体办法由国务院规定。

第六十八条 中华人民共和国的单独关税区不适用本法。

第六十九条 本法自 2004 年 7 月 1 日起施行。

中华人民共和国出口管制法

（2020 年 10 月发布，2020 年 12 月 1 日施行）

（2020 年 10 月 17 日第十三届全国人民代表大会常务委员会第二十二次会议通过）

第一章 总 则

第一条 为了维护国家安全和利益，履行防扩散等国际义务，加强和规范出口管制，制定本法。

第二条 国家对两用物项、军品、核以及其他与维护国家安全和利益、履行防扩散等国际义务相关的货物、技术、服务等物项（以下统称管制物项）的出口管制，适用本法。

前款所称管制物项，包括物项相关的技术资料等数据。

本法所称出口管制，是指国家对从中华人民共和国境内向境外转移管制物项，以及中华人民共和国公民、法人和非法人组织向外国组织和个人提供管制物项，采取禁止或者限制性措施。

本法所称两用物项，是指既有民事用途，又有军事用途或者有助于提升军事潜力，特别是可以用于设计、开发、生产或者使用大规模杀伤性武器及其运载工具的货物、技术和服务。

本法所称军品，是指用于军事目的的装备、专用生产设备以及其他相关货物、技术和服务。

本法所称核，是指核材料、核设备、反应堆用非核材料以及相关技术和服务。

第三条 出口管制工作应当坚持总体国家安全观，维护国际和平，统筹安全和发展，完善出口管制管理和服务。

第四条 国家实行统一的出口管制制度，通过制定管制清单、名录或者目录（以下统称管制清单）、实施出口许可等方式进行管理。

第五条 国务院、中央军事委员会承担出口管制职能的部门（以下统称国家出口管制管理部门）按照职责分工负责出口管制工作。国务院、中央军事委员会其他有关部门按照职责分工负责出口管制有关工作。

国家建立出口管制工作协调机制，统筹协调出口管制工作重大事项。国家出口管制管理部门和国务院有关部门应当密切配合，加强信息共享。

国家出口管制管理部门会同有关部门建立出口管制专家咨询机制，为出口管制工作提供咨询意见。

国家出口管制管理部门适时发布有关行业出口管制指南，引导出口经营者建立健全出口管制内部合规制度，规范经营。

省、自治区、直辖市人民政府有关部门依照法律、行政法规的规定负责出口管制有关工作。

第六条 国家加强出口管制国际合作，参与出口管制有关国际规则的制定。

第七条 出口经营者可以依法成立和参加有关的商会、协会等行业自律组织。

有关商会、协会等行业自律组织应当遵守法律、行政法规，按照章程对其成员提供与出口管制有关的服务，发挥协调和自律作用。

第二章 管制政策、管制清单和管制措施

第一节 一般规定

第八条 国家出口管制管理部门会同有关部门制定出口管制政策，其中重大政策应当报国务院批准，或者报国务院、中央军事委员会批准。

国家出口管制管理部门可以对管制物项出口目的国家和地区进行评估，确定风险等级，采取相应的管制措施。

第九条 国家出口管制管理部门依据本法和有关法律、行政法规的规定，根据出口管制政策，按照规定程序会同有关部门制定、调整管制物项出口管制清单，并及时公布。

根据维护国家安全和利益、履行防扩散等国际义务的需要，经国务院批准，或者经国务院、中央军事委员会批准，国家出口管制管理部门可以对出口管制清单以外的货物、技术和服务实施临时管制，并予以公告。临时管制的实施期限不超过二年。临时管制实施期限届满前应当及时进行评估，根据评估结果决定取消临时管制、延长临时管制

或者将临时管制物项列入出口管制清单。

第十条 根据维护国家安全和利益、履行防扩散等国际义务的需要，经国务院批准，或者经国务院、中央军事委员会批准，国家出口管制管理部门会同有关部门可以禁止相关管制物项的出口，或者禁止相关管制物项向特定目的国家和地区、特定组织和个人出口。

第十一条 出口经营者从事管制物项出口，应当遵守本法和有关法律、行政法规的规定；依法需要取得相关管制物项出口经营资格的，应当取得相应的资格。

第十二条 国家对管制物项的出口实行许可制度。

出口管制清单所列管制物项或者临时管制物项，出口经营者应当向国家出口管制管理部门申请许可。

出口管制清单所列管制物项以及临时管制物项之外的货物、技术和服务，出口经营者知道或者应当知道，或者得到国家出口管制管理部门通知，相关货物、技术和服务可能存在以下风险的，应当向国家出口管制管理部门申请许可：

（一）危害国家安全和利益；

（二）被用于设计、开发、生产或者使用大规模杀伤性武器及其运载工具；

（三）被用于恐怖主义目的。

出口经营者无法确定拟出口的货物、技术和服务是否属于本法规定的管制物项，向国家出口管制管理部门提出咨询的，国家出口管制管理部门应当及时答复。

第十三条 国家出口管制管理部门综合考虑下列因素，对出口经营者出口管制物项的申请进行审查，作出准予或者不予许可的决定：

（一）国家安全和利益；

（二）国际义务和对外承诺；

（三）出口类型；

（四）管制物项敏感程度；

（五）出口目的国家或者地区；

（六）最终用户和最终用途；

（七）出口经营者的相关信用记录；

（八）法律、行政法规规定的其他因素。

第十四条 出口经营者建立出口管制内部合规制度，且运行情况良好的，国家出口管制管理部门可以对其出口有关管制物项给予通用许可等便利措施。具体办法由国家出口管制管理部门规定。

第十五条 出口经营者应当向国家出口管制管理部门提交管制物项的最终用户和最终用途证明文件，有关证明文件由最终用户或者最终用户所在国家和地区政府机构出具。

第十六条 管制物项的最终用户应当承诺，未经国家出口管制管理部门允许，不得擅自改变相关管制物项的最终用途或者向任何第三方转让。

出口经营者、进口商发现最终用户或者最终用途有可能改变的，应当按照规定立即报告国家出口管制管理部门。

第十七条 国家出口管制管理部门建立管制物项最终用户和最终用途风险管理制度，对管制物项的最终用户和最终用途进行评估、核查，加强最终用户和最终用途管理。

第十八条 国家出口管制管理部门对有下列情形之一的进口商和最终用户，建立管控名单：

（一）违反最终用户或者最终用途管理要求的；

（二）可能危害国家安全和利益的；

（三）将管制物项用于恐怖主义目的的。

对列入管控名单的进口商和最终用户，国家出口管制管理部门可以采取禁止、限制有关管制物项交易，责令中止有关管制物项出口等必要的措施。

出口经营者不得违反规定与列入管控名单的进口商、最终用户进行交易。出口经营者在特殊情况下确需与列入管控名单的进口商、最终用户进行交易的，可以向国家出口管制管理部门提出申请。

列入管控名单的进口商、最终用户经采取措施，不再有第一款规定情形的，可以向国家出口管制管理部门申请移出管控名单；国家出口管制管理部门可以根据实际情况，决定将列入管控名单的进口商、最终用户移出管控名单。

第十九条 出口货物的发货人或者代理报关企业出口管制货物时，应当向海关交验由国家出口管制管理部门颁发的许可证件，并按照国家有关规定办理报关手续。

出口货物的发货人未向海关交验由国家出口管制管理部门颁发的许可证件，海关有证据表明出口货物可能属于出口管制范围的，应当向出口货物发货人提出质疑；海关可以向国家出口管制管理部门提出组织鉴别，并根据国家出口管制管理部门作出的鉴别结论依法处置。在鉴别或者质疑期间，海关对出口货物不予放行。

第二十条 任何组织和个人不得为出口经营者从事出口管制违法行为提供代理、货运、寄递、报关、第三方电子商务交易平台和金融等服务。

第二节 两用物项出口管理

第二十一条 出口经营者向国家两用物项出口管制管理部门申请出口两用物项时，应当依照法律、行政法规的规定如实提交相关材料。

第二十二条 国家两用物项出口管制管理部门受理两用物项出口申请，单独或者会同有关部门依照本法和有关法律、行政法规的规定对两用物项出口申请进行审查，并在法定期限内作出准予或者不予许可的决定。作出准予许可决定的，由发证机关统一颁发出口许可证。

第三节 军品出口管理

第二十三条 国家实行军品出口专营制度。从事军品出口的经营者，应当获得军品出口专营资格并在核定的经营范围内从事军品出口经营活动。

军品出口专营资格由国家军品出口管制管理部门审查批准。

第二十四条 军品出口经营者应当根据管制政策和产品属性，向国家军品出口管制管理部门申请办理军品出口立项、军品出口项目、军品出口合同审查批准手续。

重大军品出口立项、重大军品出口项目、重大军品出口合同，应当经国家军品出口管制管理部门会同有关部门审查，报国务院、中央军事委员会批准。

第二十五条 军品出口经营者在出口军品前，应当向国家军品出口管制管理部门申请领取军品出口许可证。

军品出口经营者出口军品时，应当向海关交验由国家军品出口管制管理部门颁发的许可证件，并按照国家有关规定办理报关手续。

第二十六条 军品出口经营者应当委托经批准的军品出口运输企业办理军品出口运输及相关业务。具体办法由国家军品出口管制管理部门会同有关部门规定。

第二十七条 军品出口经营者或者科研生产单位参加国际性军品展览，应当按照程序向国家军品出口管制管理部门办理审批手续。

第三章　监督管理

第二十八条 国家出口管制管理部门依法对管制物项出口活动进行监督检查。

国家出口管制管理部门对涉嫌违反本法规定的行为进行调查，可以采取下列措施：

（一）进入被调查者营业场所或者其他有关场所进行检查；

（二）询问被调查者、利害关系人以及其他有关组织或者个人，要求其对与被调查事件有关的事项作出说明；

（三）查阅、复制被调查者、利害关系人以及其他有关组织或者个人的有关单证、协议、会计账簿、业务函电等文件、资料；

（四）检查用于出口的运输工具，制止装载可疑的出口物项，责令运回非法出口的物项；

（五）查封、扣押相关涉案物项；

（六）查询被调查者的银行账户。

采取前款第五项、第六项措施，应当经国家出口管制管理部门负责人书面批准。

第二十九条 国家出口管制管理部门依法履行职责，国务院有关部门、地方人民政府及其有关部门应当予以协助。

国家出口管制管理部门单独或者会同有关部门依法开展监督检查和调查工作，有关组织和个人应当予以配合，不得拒绝、阻碍。

有关国家机关及其工作人员对调查中知悉的国家秘密、商业秘密、个人隐私和个人信息依法负有保密义务。

第三十条 为加强管制物项出口管理，防范管制物项出口违法风险，国家出口管制管理部门可以采取监管谈话、出具警示函等措施。

第三十一条 对涉嫌违反本法规定的行为，任何组织和个人有权向国家出口管制管理部门举报，国家出口管制管理部门接到举报后应当依法及时处理，并为举报人保密。

第三十二条 国家出口管制管理部门根据缔结或者参加的国际条约，或者按照平等互惠原则，与其他国家或者地区、国际组织等开展出口管制合作与交流。

中华人民共和国境内的组织和个人向境外提供出口管制相关信息，应当依法进行；可能危害国家安全和利益的，不得提供。

第四章 法律责任

第三十三条 出口经营者未取得相关管制物项的出口经营资格从事有关管制物项出口的，给予警告，责令停止违法行为，没收违法所得，违法经营额五十万元以上的，并处违法经营额五倍以上十倍以下罚款；没有违法经营额或者违法经营额不足五十万元的，并处五十万元以上五百万元以下罚款。

第三十四 条出口经营者有下列行为之一的，责令停止违法行为，没收违法所得，违法经营额五十万元以上的，并处违法经营额五倍以上十倍以下罚款；没有违法经营额或者违法经营额不足五十万元的，并处五十万元以上五百万元以下罚款；情节严重的，责令停业整顿，直至吊销相关管制物项出口经营资格：

（一）未经许可擅自出口管制物项；

（二）超出出口许可证件规定的许可范围出口管制物项；

（三）出口禁止出口的管制物项。

第三十五条 以欺骗、贿赂等不正当手段获取管制物项出口许可证件，或者非法转让管制物项出口许可证件的，撤销许可，收缴出口许可证，没收违法所得，违法经营额二十万元以上的，并处违法经营额五倍以上十倍以下罚款；没有违法经营额或者违法经营额不足二十万元的，并处二十万元以上二百万元以下罚款。

伪造、变造、买卖管制物项出口许可证件的，没收违法所得，违法经营额五万元以上的，并处违法经营额五倍以上十倍以下罚款；没有违法经营额或者违法经营额不足五万元的，并处五万元以上五十万元以下罚款。

第三十六条 明知出口经营者从事出口管制违法行为仍为其提供代理、货运、寄递、报关、第三方电子商务交易平台和金融等服务的，给予警告，责令停止违法行为，没收违法所得，违法经营额十万元以上的，并处违法经营额三倍以上五倍以下罚款；没有违法经营额或者违法经营额不足十万元的，并处十万元以上五十万元以下罚款。

第三十七条 出口经营者违反本法规定与列入管控名单的进口商、最终用户进行交易的，给予警告，责令停止违法行为，没收违法所得，违法经营额五十万元以上的，并处违法经营额十倍以上二十倍以下罚款；没有违法经营额或者违法经营额不足五十万元的，并处五十万元以上五百万元以下罚款；情节严重的，责令停业整顿，直至吊销相关管制物项出口经营资格。

第三十八条 出口经营者拒绝、阻碍监督检查的，给予警告，并处十万元以上三十万元以下罚款；情节严重的，责令停业整顿，直至吊销相关管制物项出口经营资格。

第三十九条 违反本法规定受到处罚的出口经营者，自处罚决定生效之日起，国家出口管制管理部门可以在五年内不受理其提出的出口许可申请；对其直接负责的主管人员和其他直接责任人员，可以禁止其在五年内从事有关出口经营活动，因出口管制违法行为受到刑事处罚的，终身不得从事有关出口经营活动。

国家出口管制管理部门依法将出口经营者违反本法的情况纳入信用记录。

第四十条 本法规定的出口管制违法行为,由国家出口管制管理部门进行处罚;法律、行政法规规定由海关处罚的,由其依照本法进行处罚。

第四十一条 有关组织或者个人对国家出口管制管理部门的不予许可决定不服的,可以依法申请行政复议。行政复议决定为最终裁决。

第四十二条 从事出口管制管理的国家工作人员玩忽职守、徇私舞弊、滥用职权的,依法给予处分。

第四十三条 违反本法有关出口管制管理规定,危害国家安全和利益的,除依照本法规定处罚外,还应当依照有关法律、行政法规的规定进行处理和处罚。

违反本法规定,出口国家禁止出口的管制物项或者未经许可出口管制物项的,依法追究刑事责任。

第四十四条 中华人民共和国境外的组织和个人,违反本法有关出口管制管理规定,危害中华人民共和国国家安全和利益,妨碍履行防扩散等国际义务的,依法处理并追究其法律责任。

第五章 附 则

第四十五条 管制物项的过境、转运、通运、再出口或者从保税区、出口加工区等海关特殊监管区域和出口监管仓库、保税物流中心等保税监管场所向境外出口,依照本法的有关规定执行。

第四十六条 核以及其他管制物项的出口,本法未作规定的,依照有关法律、行政法规的规定执行。

第四十七条 用于武装力量海外运用、对外军事交流、军事援助等的军品出口,依照有关法律法规的规定执行。

第四十八条 任何国家或者地区滥用出口管制措施危害中华人民共和国国家安全和利益的,中华人民共和国可以根据实际情况对该国家或者地区对等采取措施。

第四十九条 本法自 2020 年 12 月 1 日起施行。

中华人民共和国海关行政处罚实施条例

（2022 年修订，2022 年 5 月 1 日施行）

（2004 年 9 月 19 日中华人民共和国国务院令第 420 号公布 根据 2022 年 3 月 29 日《国务院关于修改和废止部分行政法规的决定》修订）

第一章 总 则

第一条 为了规范海关行政处罚，保障海关依法行使职权，保护公民、法人或者其他组织的合法权益，根据《中华人民共和国海关法》(以下简称海关法)及其他有关法律的规定，制定本实施条例。

第二条 依法不追究刑事责任的走私行为和违反海关监管规定的行为，以及法律、行政法规规定由海关实施行政处罚的行为的处理，适用本实施条例。

第三条 海关行政处罚由发现违法行为的海关管辖，也可以由违法行为发生地海关管辖。

2 个以上海关都有管辖权的案件，由最先发现违法行为的海关管辖。

管辖不明确的案件，由有关海关协商确定管辖，协商不成的，报请共同的上级海关指定管辖。

重大、复杂的案件，可以由海关总署指定管辖。

第四条 海关发现的依法应当由其他行政机关处理的违法行为，应当移送有关行政机关处理；违法行为涉嫌犯罪的，应当移送海关侦查走私犯罪公安机构、地方公安机关依法办理。

第五条 依照本实施条例处以警告、罚款等行政处罚，但不没收进出境货物、物品、运输工具的，不免除有关当事人依法缴纳税款、提交进出口许可证件、办理有关海关手续的义务。

第六条 抗拒、阻碍海关侦查走私犯罪公安机构依法执行职务的，由设在直属海关、隶属海关的海关侦查走私犯罪公安机构依照治安管理处罚的有关规定给予处罚。

抗拒、阻碍其他海关工作人员依法执行职务的，应当报告地方公安机关依法处理。

第二章 走私行为及其处罚

第七条 违反海关法及其他有关法律、行政法规，逃避海关监管，偷逃应纳税款、逃避国家有关进出境的禁止性或者限制性管理，有下列情形之一的，是走私行为：

（一）未经国务院或者国务院授权的机关批准，从未设立海关的地点运输、携带国家禁止或者限制进出境的货物、物品或者依法应当缴纳税款的货物、物品进出境的；

（二）经过设立海关的地点，以藏匿、伪装、瞒报、伪报或者其他方式逃避海关监管，运输、携带、邮寄国家禁止或者限制进出境的货物、物品或者依法应当缴纳税款的货物、物品进出境的；

（三）使用伪造、变造的手册、单证、印章、账册、电子数据或者以其他方式逃避海关监管，擅自将海关监管货物、物品、进境的境外运输工具，在境内销售的；

（四）使用伪造、变造的手册、单证、印章、账册、电子数据或者以伪报加工贸易制成品单位耗料量等方式，致使海关监管货物、物品脱离监管的；

（五）以藏匿、伪装、瞒报、伪报或者其他方式逃避海关监管，擅自将保税区、出口加工区等海关特殊监管区域内的海关监管货物、物品，运出区外的；

（六）有逃避海关监管，构成走私的其他行为的。

第八条 有下列行为之一的，按走私行为论处：

（一）明知是走私进口的货物、物品，直接向走私人非法收购的；

（二）在内海、领海、界河、界湖，船舶及所载人员运输、收购、贩卖国家禁止或者限制进出境的货物、物品，或者运输、收购、贩卖依法应当缴纳税款的货物，没有合法证明的。

第九条 有本实施条例第七条、第八条所列行为之一的，依照下列规定处罚：

（一）走私国家禁止进出口的货物的，没收走私货物及违法所得，可以并处100万元以下罚款；走私国家禁止进出境的物品的，没收走私物品及违法所得，可以并处10万元以下罚款；

（二）应当提交许可证件而未提交但未偷逃税款，走私国家限制进出境的货物、物品的，没收走私货物、物品及违法所得，可以并处走私货物、物品等值以下罚款；

（三）偷逃应纳税款但未逃避许可证件管理，走私依法应当缴纳税款的货物、物品的，没收走私货物、物品及违法所得，可以并处偷逃应纳税款 3 倍以下罚款。

专门用于走私的运输工具或者用于掩护走私的货物、物品，2 年内 3 次以上用于走私的运输工具或者用于掩护走私的货物、物品，应当予以没收。藏匿走私货物、物品的特制设备、夹层、暗格，应当予以没收或者责令拆毁。使用特制设备、夹层、暗格实施走私的，应当从重处罚。

第十条 与走私人通谋为走私人提供贷款、资金、账号、发票、证明、海关单证的，与走私人通谋为走私人提供走私货物、物品的提取、发运、运输、保管、邮寄或者其他方便的，以走私的共同当事人论处，没收违法所得，并依照本实施条例第九条的规定予以处罚。

第十一条 海关准予从事海关监管货物的运输、储存、加工、装配、寄售、展示等业务的企业，构成走私犯罪或者 1 年内有 2 次以上走私行为的，海关可以撤销其注册登记；报关企业、报关人员有上述情形的，禁止其从事报关活动。

第三章 违反海关监管规定的行为及其处罚

第十二条 违反海关法及其他有关法律、行政法规和规章但不构成走私行为的，是违反海关监管规定的行为。

第十三条 违反国家进出口管理规定，进出口国家禁止进出口的货物的，责令退运，处 100 万元以下罚款。

第十四条 违反国家进出口管理规定，进出口国家限制进出口的货物，进出口货物的收发货人向海关申报时不能提交许可证件的，进出口货物不予放行，处货物价值 30% 以下罚款。

违反国家进出口管理规定，进出口属于自动进出口许可管理的货物，进出口货物的收发货人向海关申报时不能提交自动许可证明的，进出口货物不予放行。

第十五条 进出口货物的品名、税则号列、数量、规格、价格、贸易方式、原产地、启运地、运抵地、最终目的地或者其他应当申报的项目未申报或者申报不实的，分别依照下列规定予以处罚，有违法所得的，没收违法所得：

（一）影响海关统计准确性的，予以警告或者处 1000 元以上 1 万元以下罚款；

（二）影响海关监管秩序的，予以警告或者处 1000 元以上 3 万元以下罚款；

（三）影响国家许可证件管理的，处货物价值 5% 以上 30% 以下罚款；

（四）影响国家税款征收的，处漏缴税款 30% 以上 2 倍以下罚款；

（五）影响国家外汇、出口退税管理的，处申报价格 10% 以上 50% 以下罚款。

第十六条 进出口货物收发货人未按照规定向报关企业提供所委托报关事项的真实情况，致使发生本实施条例第十五条规定情形的，对委托人依照本实施条例第十五条的规定予以处罚。

第十七条 报关企业、报关人员对委托人所提供情况的真实性未进行合理审查，或者因工作疏忽致使发生本实施条例第十五条规定情形的，可以对报关企业处货物价值 10% 以下罚款，暂停其 6 个月以内从事报关活动；情节严重的，禁止其从事报关活动。

第十八条 有下列行为之一的，处货物价值 5% 以上 30% 以下罚款，有违法所得的，没收违法所得：

（一）未经海关许可，擅自将海关监管货物开拆、提取、交付、发运、调换、改装、抵押、质押、留置、转让、更换标记、移作他用或者进行其他处置的；

（二）未经海关许可，在海关监管区以外存放海关监管货物的；

（三）经营海关监管货物的运输、储存、加工、装配、寄售、展示等业务，有关货物灭失、数量短少或者记录不真实，不能提供正当理由的；

（四）经营保税货物的运输、储存、加工、装配、寄售、展示等业务，不依照规定办理收存、交付、结转、核销等手续，或者中止、延长、变更、转让有关合同不依照规定向海关办理手续的；

（五）未如实向海关申报加工贸易制成品单位耗料量的；

（六）未按照规定期限将过境、转运、通运货物运输出境，擅自留在境内的；

（七）未按照规定期限将暂时进出口货物复运出境或者复运进境，擅自留在境内或者境外的；

（八）有违反海关监管规定的其他行为，致使海关不能或者中断对进出口货物实施监管的。

前款规定所涉货物属于国家限制进出口需要提交许可证件，当事人在规定期限内不能提交许可证件的，另处货物价值30%以下罚款；漏缴税款的，可以另处漏缴税款1倍以下罚款。

第十九条 有下列行为之一的，予以警告，可以处物品价值20%以下罚款，有违法所得的，没收违法所得：

（一）未经海关许可，擅自将海关尚未放行的进出境物品开拆、交付、投递、转移或者进行其他处置的；

（二）个人运输、携带、邮寄超过合理数量的自用物品进出境未向海关申报的；

（三）个人运输、携带、邮寄超过规定数量但仍属自用的国家限制进出境物品进出境，未向海关申报但没有以藏匿、伪装等方式逃避海关监管的；

（四）个人运输、携带、邮寄物品进出境，申报不实的；

（五）经海关登记准予暂时免税进境或者暂时免税出境的物品，未按照规定复带出境或者复带进境的；

（六）未经海关批准，过境人员将其所带物品留在境内的。

第二十条 运输、携带、邮寄国家禁止进出境的物品进出境，未向海关申报但没有以藏匿、伪装等方式逃避海关监管的，予以没收，或者责令退回，或者在海关监管下予以销毁或者进行技术处理。

第二十一条 有下列行为之一的，予以警告，可以处10万元以下罚款，有违法所得的，没收违法所得：

（一）运输工具不经设立海关的地点进出境的；

（二）在海关监管区停留的进出境运输工具，未经海关同意擅自驶离的；

（三）进出境运输工具从一个设立海关的地点驶往另一个设立海关的地点，尚未办结海关手续又未经海关批准，中途改驶境外或者境内未设立海关的地点的；

（四）进出境运输工具到达或者驶离设立海关的地点，未按照规定向海关申报、交验有关单证或者交验的单证不真实的。

第二十二条 有下列行为之一的，予以警告，可以处5万元以下罚款，有违法所得的，没收违法所得：

（一）未经海关同意，进出境运输工具擅自装卸进出境货物、物品或者上下进出境旅客的；

（二）未经海关同意，进出境运输工具擅自兼营境内客货运输或者用于进出境运输以外的其他用途的；

（三）未按照规定办理海关手续，进出境运输工具擅自改营境内运输的；

（四）未按照规定期限向海关传输舱单等电子数据、传输的电子数据不准确或者未按照规定期限保存相关电子数据，影响海关监管的；

（五）进境运输工具在进境以后向海关申报以前，出境运输工具在办结海关手续以后出境以前，不按照交通主管部门或者海关指定的路线行进的；

（六）载运海关监管货物的船舶、汽车不按照海关指定的路线行进的；

（七）进出境船舶和航空器，由于不可抗力被迫在未设立海关的地点停泊、降落或者在境内抛掷、起卸货物、物品，无正当理由不向附近海关报告的；

（八）无特殊原因，未将进出境船舶、火车、航空器到达的时间、停留的地点或者更换的时间、地点事先通知海关的；

（九）不按照规定接受海关对进出境运输工具、货物、物品进行检查、查验的。

第二十三条 有下列行为之一的，予以警告，可以处 3 万元以下罚款：

（一）擅自开启或者损毁海关封志的；

（二）遗失海关制发的监管单证、手册等凭证，妨碍海关监管的；

（三）有违反海关监管规定的其他行为，致使海关不能或者中断对进出境运输工具、物品实施监管的。

第二十四条 伪造、变造、买卖海关单证的，处 5 万元以上 50 万元以下罚款，有违法所得的，没收违法所得；构成犯罪的，依法追究刑事责任。

第二十五条 进出口侵犯中华人民共和国法律、行政法规保护的知识产权的货物的，没收侵权货物，并处货物价值 30% 以下罚款；构成犯罪的，依法追究刑事责任。

需要向海关申报知识产权状况，进出口货物收发货人及其代理人未按照规定向海关如实申报有关知识产权状况，或者未提交合法使用有关知识产权的证明文件的，可以处 5 万元以下罚款。

第二十六条 海关准予从事海关监管货物的运输、储存、加工、装配、寄售、展示等业务的企业，有下列情形之一的，责令改正，给予警告，可以暂停其 6 个月以内从事有关业务：

（一）拖欠税款或者不履行纳税义务的；

（二）损坏或者丢失海关监管货物，不能提供正当理由的；

（三）有需要暂停其从事有关业务的其他违法行为的。

第二十七条 海关准予从事海关监管货物的运输、储存、加工、装配、寄售、展示等业务的企业，有下列情形之一的，海关可以撤销其注册登记：

（一）被海关暂停从事有关业务，恢复从事有关业务后1年内再次发生本实施条例第二十六条规定情形的；

（二）有需要撤销其注册登记的其他违法行为的。

第二十八条 报关企业、报关人员非法代理他人报关的，责令改正，处5万元以下罚款；情节严重的，禁止其从事报关活动。

第二十九条 进出口货物收发货人、报关企业、报关人员向海关工作人员行贿的，由海关禁止其从事报关活动，并处10万元以下罚款；构成犯罪的，依法追究刑事责任。

第三十条 未经海关备案从事报关活动的，责令改正，没收违法所得，可以并处10万元以下罚款。

第三十一条 提供虚假资料骗取海关注册登记，撤销其注册登记，并处30万元以下罚款。

第三十二条 法人或者其他组织有违反海关法的行为，除处罚该法人或者组织外，对其主管人员和直接责任人员予以警告，可以处5万元以下罚款，有违法所得的，没收违法所得。

第四章　对违反海关法行为的调查

第三十三条 海关发现公民、法人或者其他组织有依法应当由海关给予行政处罚的行为的，应当立案调查。

第三十四条 海关立案后，应当全面、客观、公正、及时地进行调查、收集证据。

海关调查、收集证据，应当按照法律、行政法规及其他有关规定的要求办理。

海关调查、收集证据时，海关工作人员不得少于2人，并应当向被调查人出示证件。

调查、收集的证据涉及国家秘密、商业秘密或者个人隐私的，海关应当保守秘密。

第三十五条 海关依法检查走私嫌疑人的身体，应当在隐蔽的场所或者非检查人员的视线之外，由 2 名以上与被检查人同性别的海关工作人员执行。

走私嫌疑人应当接受检查，不得阻挠。

第三十六条 海关依法检查运输工具和场所，查验货物、物品，应当制作检查、查验记录。

第三十七条 海关依法扣留走私犯罪嫌疑人，应当制发扣留走私犯罪嫌疑人决定书。对走私犯罪嫌疑人，扣留时间不超过 24 小时，在特殊情况下可以延长至 48 小时。

海关应当在法定扣留期限内对被扣留人进行审查。排除犯罪嫌疑或者法定扣留期限届满的，应当立即解除扣留，并制发解除扣留决定书。

第三十八条 下列货物、物品、运输工具及有关账册、单据等资料,海关可以依法扣留:

(一) 有走私嫌疑的货物、物品、运输工具;

(二) 违反海关法或者其他有关法律、行政法规的货物、物品、运输工具;

(三) 与违反海关法或者其他有关法律、行政法规的货物、物品、运输工具有牵连的账册、单据等资料;

(四) 法律、行政法规规定可以扣留的其他货物、物品、运输工具及有关账册、单据等资料。

第三十九条 有违法嫌疑的货物、物品、运输工具无法或者不便扣留的，当事人或者运输工具负责人应当向海关提供等值的担保，未提供等值担保的，海关可以扣留当事人等值的其他财产。

第四十条 海关扣留货物、物品、运输工具以及账册、单据等资料的期限不得超过 1 年。因案件调查需要，经直属海关关长或者其授权的隶属海关关长批准，可以延长，延长期限不得超过 1 年。但复议、诉讼期间不计算在内。

第四十一条 有下列情形之一的，海关应当及时解除扣留:

(一) 排除违法嫌疑的;

(二) 扣留期限、延长期限届满的;

(三) 已经履行海关行政处罚决定的;

(四) 法律、行政法规规定应当解除扣留的其他情形。

第四十二条 海关依法扣留货物、物品、运输工具、其他财产以及账册、单据等资料,应当制发海关扣留凭单，由海关工作人员、当事人或者其代理人、保管人、见证人签字或者盖章，并可以加施海关封志。加施海关封志的，当事人或者其代理人、保管人应当妥善保管。

海关解除对货物、物品、运输工具、其他财产以及账册、单据等资料的扣留，或者发还等值的担保，应当制发海关解除扣留通知书、海关解除担保通知书，并由海关工作人员、当事人或者其代理人、保管人、见证人签字或者盖章。

第四十三条 海关查问违法嫌疑人或者询问证人，应当个别进行，并告知其权利和作伪证应当承担的法律责任。违法嫌疑人、证人必须如实陈述、提供证据。

海关查问违法嫌疑人或者询问证人应当制作笔录，并当场交其辨认，没有异议的，立即签字确认；有异议的，予以更正后签字确认。

严禁刑讯逼供或者以威胁、引诱、欺骗等非法手段收集证据。

海关查问违法嫌疑人，可以到违法嫌疑人的所在单位或者住处进行，也可以要求其到海关或者海关指定的地点进行。

第四十四条 海关收集的物证、书证应当是原物、原件。收集原物、原件确有困难的，可以拍摄、复制，并可以指定或者委托有关单位或者个人对原物、原件予以妥善保管。

海关收集物证、书证，应当开列清单，注明收集的日期，由有关单位或者个人确认后签字或者盖章。

海关收集电子数据或者录音、录像等视听资料，应当收集原始载体。收集原始载体确有困难的，可以收集复制件，注明制作方法、制作时间、制作人等，并由有关单位或者个人确认后签字或者盖章。

第四十五条 根据案件调查需要，海关可以对有关货物、物品进行取样化验、鉴定。

海关提取样品时，当事人或者其代理人应当到场；当事人或者其代理人未到场的，海关应当邀请见证人到场。提取的样品，海关应当予以加封，并由海关工作人员及当事人或者其代理人、见证人确认后签字或者盖章。

化验、鉴定应当交由海关化验鉴定机构或者委托国家认可的其他机构进行。

化验人、鉴定人进行化验、鉴定后，应当出具化验报告、鉴定结论，并签字或者盖章。

第四十六条 根据海关法有关规定，海关可以查询案件涉嫌单位和涉嫌人员在金融机构、邮政企业的存款、汇款。

海关查询案件涉嫌单位和涉嫌人员在金融机构、邮政企业的存款、汇款，应当出示海关协助查询通知书。

第四十七条 海关依法扣留的货物、物品、运输工具，在人民法院判决或者海关行政处罚决定作出之前，不得处理。但是，危险品或者鲜活、易腐、易烂、易失效、易变质等不宜长期保存的货物、物品以及所有人申请先行变卖的货物、物品、运输工具，经直属海关关长或者其授权的隶属海关关长批准，可以先行依法变卖，变卖所得价款由海关保存，并通知其所有人。

第四十八条 当事人有权根据海关法的规定要求海关工作人员回避。

第五章 海关行政处罚的决定和执行

第四十九条 海关作出暂停从事有关业务、撤销海关注册登记、禁止从事报关活动、对公民处 1 万元以上罚款、对法人或者其他组织处 10 万元以上罚款、没收有关货物、物品、走私运输工具等行政处罚决定之前，应当告知当事人有要求举行听证的权利；当事人要求听证的，海关应当组织听证。

海关行政处罚听证办法由海关总署制定。

第五十条 案件调查终结，海关关长应当对调查结果进行审查，根据不同情况，依法作出决定。

对情节复杂或者重大违法行为给予较重的行政处罚，应当由海关案件审理委员会集体讨论决定。

第五十一条 同一当事人实施了走私和违反海关监管规定的行为且二者之间有因果关系的，依照本实施条例对走私行为的规定从重处罚，对其违反海关监管规定的行为不再另行处罚。

同一当事人就同一批货物、物品分别实施了 2 个以上违反海关监管规定的行为且二者之间有因果关系的，依照本实施条例分别规定的处罚幅度，择其重者处罚。

第五十二条 对 2 个以上当事人共同实施的违法行为，应当区别情节及责任，分别给予处罚。

第五十三条 有下列情形之一的，应当从重处罚：

（一）因走私被判处刑罚或者被海关行政处罚后在 2 年内又实施走私行为的；

（二）因违反海关监管规定被海关行政处罚后在 1 年内又实施同一违反海关监管规定的行为的；

（三）有其他依法应当从重处罚的情形的。

第五十四条 海关对当事人违反海关法的行为依法给予行政处罚的，应当制作行政处罚决定书。

对同一当事人实施的 2 个以上违反海关法的行为，可以制发 1 份行政处罚决定书。

对 2 个以上当事人分别实施的违反海关法的行为，应当分别制发行政处罚决定书。

对 2 个以上当事人共同实施的违反海关法的行为，应当制发 1 份行政处罚决定书，区别情况对各当事人分别予以处罚，但需另案处理的除外。

第五十五条 行政处罚决定书应当依照有关法律规定送达当事人。

依法予以公告送达的，海关应当将行政处罚决定书的正本张贴在海关公告栏内，并在报纸上刊登公告。

第五十六条 海关作出没收货物、物品、走私运输工具的行政处罚决定，有关货物、物品、走私运输工具无法或者不便没收的，海关应当追缴上述货物、物品、走私运输工具的等值价款。

第五十七条 法人或者其他组织实施违反海关法的行为后，有合并、分立或者其他资产重组情形的，海关应当以原法人、组织作为当事人。

对原法人、组织处以罚款、没收违法所得或者依法追缴货物、物品、走私运输工具的等值价款的，应当以承受其权利义务的法人、组织作为被执行人。

第五十八条 罚款、违法所得和依法追缴的货物、物品、走私运输工具的等值价款，应当在海关行政处罚决定规定的期限内缴清。

当事人按期履行行政处罚决定、办结海关手续的，海关应当及时解除其担保。

第五十九条 受海关处罚的当事人或者其法定代表人、主要负责人应当在出境前缴清罚款、违法所得和依法追缴的货物、物品、走私运输工具的等值价款。在出境前未缴清上述款项的，应当向海关提供相当于上述款项的担保。未提供担保，当事人是自然人的，海关可以通知出境管理机关阻止其出境；当事人是法人或者其他组织的，海关可以通知出境管理机关阻止其法定代表人或者主要负责人出境。

第六十条 当事人逾期不履行行政处罚决定的，海关可以采取下列措施：

（一）到期不缴纳罚款的，每日按罚款数额的 3% 加处罚款；

（二）根据海关法规定，将扣留的货物、物品、运输工具变价抵缴，或者以当事人

提供的担保抵缴;

(三)申请人民法院强制执行。

第六十一条 当事人确有经济困难,申请延期或者分期缴纳罚款的,经海关批准,可以暂缓或者分期缴纳罚款。

当事人申请延期或者分期缴纳罚款的,应当以书面形式提出,海关收到申请后,应当在10个工作日内作出决定,并通知申请人。海关同意当事人暂缓或者分期缴纳的,应当及时通知收缴罚款的机构。

第六十二条 有下列情形之一的,有关货物、物品、违法所得、运输工具、特制设备由海关予以收缴:

(一)依照《中华人民共和国行政处罚法》第三十条、第三十一条规定不予行政处罚的当事人携带、邮寄国家禁止进出境的货物、物品进出境的;

(二)散发性邮寄国家禁止、限制进出境的物品进出境或者携带数量零星的国家禁止进出境的物品进出境,依法可以不予行政处罚的;

(三)依法应当没收的货物、物品、违法所得、走私运输工具、特制设备,在海关作出行政处罚决定前,作为当事人的自然人死亡或者作为当事人的法人、其他组织终止,且无权利义务承受人的;

(四)走私违法事实基本清楚,但当事人无法查清,自海关公告之日起满3个月的;

(五)有违反法律、行政法规,应当予以收缴的其他情形的。

海关收缴前款规定的货物、物品、违法所得、运输工具、特制设备,应当制发清单,由被收缴人或者其代理人、见证人签字或者盖章。被收缴人无法查清且无见证人的,应当予以公告。

第六十三条 人民法院判决没收的走私货物、物品、违法所得、走私运输工具、特制设备,或者海关决定没收、收缴的货物、物品、违法所得、走私运输工具、特制设备,由海关依法统一处理,所得价款和海关收缴的罚款,全部上缴中央国库。

第六章 附 则

第六十四 条本实施条例下列用语的含义是:

"设立海关的地点",指海关在港口、车站、机场、国界孔道、国际邮件互换局(交换站)等海关监管区设立的卡口,海关在保税区、出口加工区等海关特殊监管区域设立的卡口,以及海关在海上设立的中途监管站。

"许可证件"，指依照国家有关规定，当事人应当事先申领，并由国家有关主管部门颁发的准予进口或者出口的证明、文件。

"合法证明"，指船舶及所载人员依照国家有关规定或者依照国际运输惯例所必须持有的证明其运输、携带、收购、贩卖所载货物、物品真实、合法、有效的商业单证、运输单证及其他有关证明、文件。

"物品"，指个人以运输、携带等方式进出境的行李物品、邮寄进出境的物品，包括货币、金银等。超出自用、合理数量的，视为货物。

"自用"，指旅客或者收件人本人自用、馈赠亲友而非为出售或者出租。

"合理数量"，指海关根据旅客或者收件人的情况、旅行目的和居留时间所确定的正常数量。

"货物价值"，指进出口货物的完税价格、关税、进口环节海关代征税之和。

"物品价值"，指进出境物品的完税价格、进口税之和。

"应纳税款"，指进出口货物、物品应当缴纳的进出口关税、进口环节海关代征税之和。

"专门用于走私的运输工具"，指专为走私而制造、改造、购买的运输工具。

"以上"、"以下"、"以内"、"届满"，均包括本数在内。

第六十五条 海关对外国人、无国籍人、外国企业或者其他组织给予行政处罚的，适用本实施条例。

第六十六条 国家禁止或者限制进出口的货物目录，由国务院对外贸易主管部门依照《中华人民共和国对外贸易法》的规定办理；国家禁止或者限制进出境的物品目录，由海关总署公布。

第六十七条 依照海关规章给予行政处罚的，应当遵守本实施条例规定的程序。

第六十八条 本实施条例自 2004 年 11 月 1 日起施行。1993 年 2 月 17 日国务院批准修订、1993 年 4 月 1 日海关总署发布的《中华人民共和国海关法行政处罚实施细则》同时废止。

危险化学品安全管理条例

（2013 年修订，2013 年 12 月 7 日施行）

（2002 年 1 月 26 日中华人民共和国国务院令第 344 号公布 2011 年 2 月 16 日国务院第 144 次常务会议修订通过 根据 2013 年 12 月 7 日《国务院关于修改部分行政法规的决定》修订）

第一章 总 则

第一条 为了加强危险化学品的安全管理，预防和减少危险化学品事故，保障人民群众生命财产安全，保护环境，制定本条例。

第二条 危险化学品生产、储存、使用、经营和运输的安全管理，适用本条例。

废弃危险化学品的处置，依照有关环境保护的法律、行政法规和国家有关规定执行。

第三条 本条例所称危险化学品，是指具有毒害、腐蚀、爆炸、燃烧、助燃等性质，对人体、设施、环境具有危害的剧毒化学品和其他化学品。

危险化学品目录，由国务院安全生产监督管理部门会同国务院工业和信息化、公安、环境保护、卫生、质量监督检验检疫、交通运输、铁路、民用航空、农业主管部门，根据化学品危险特性的鉴别和分类标准确定、公布，并适时调整。

第四条 危险化学品安全管理，应当坚持安全第一、预防为主、综合治理的方针，强化和落实企业的主体责任。

生产、储存、使用、经营、运输危险化学品的单位（以下统称危险化学品单位）的主要负责人对本单位的危险化学品安全管理工作全面负责。

危险化学品单位应当具备法律、行政法规规定和国家标准、行业标准要求的安全条件，建立、健全安全管理规章制度和岗位安全责任制度，对从业人员进行安全教育、法制教育和岗位技术培训。从业人员应当接受教育和培训，考核合格后上岗作业；对有资格要求的岗位，应当配备依法取得相应资格的人员。

第五条 任何单位和个人不得生产、经营、使用国家禁止生产、经营、使用的危险化学品。

国家对危险化学品的使用有限制性规定的，任何单位和个人不得违反限制性规定使用危险化学品。

第六条 对危险化学品的生产、储存、使用、经营、运输实施安全监督管理的有关部门（以下统称负有危险化学品安全监督管理职责的部门），依照下列规定履行职责：

（一）安全生产监督管理部门负责危险化学品安全监督管理综合工作，组织确定、公布、调整危险化学品目录，对新建、改建、扩建生产、储存危险化学品（包括使用长输管道输送危险化学品，下同）的建设项目进行安全条件审查，核发危险化学品安全生产许可证、危险化学品安全使用许可证和危险化学品经营许可证，并负责危险化学品登记工作。

（二）公安机关负责危险化学品的公共安全管理，核发剧毒化学品购买许可证、剧毒化学品道路运输通行证，并负责危险化学品运输车辆的道路交通安全管理。

（三）质量监督检验检疫部门负责核发危险化学品及其包装物、容器（不包括储存危险化学品的固定式大型储罐，下同）生产企业的工业产品生产许可证，并依法对其产品质量实施监督，负责对进出口危险化学品及其包装实施检验。

（四）环境保护主管部门负责废弃危险化学品处置的监督管理，组织危险化学品的环境危害性鉴定和环境风险程度评估，确定实施重点环境管理的危险化学品，负责危险化学品环境管理登记和新化学物质环境管理登记；依照职责分工调查相关危险化学品环境污染事故和生态破坏事件，负责危险化学品事故现场的应急环境监测。

（五）交通运输主管部门负责危险化学品道路运输、水路运输的许可以及运输工具的安全管理，对危险化学品水路运输安全实施监督，负责危险化学品道路运输企业、水路运输企业驾驶人员、船员、装卸管理人员、押运人员、申报人员、集装箱装箱现场检查员的资格认定。铁路监管部门负责危险化学品铁路运输及其运输工具的安全管理。民用航空主管部门负责危险化学品航空运输以及航空运输企业及其运输工具的安全管理。

（六）卫生主管部门负责危险化学品毒性鉴定的管理，负责组织、协调危险化学品事故受伤人员的医疗卫生救援工作。

（七）工商行政管理部门依据有关部门的许可证件，核发危险化学品生产、储存、经营、运输企业营业执照，查处危险化学品经营企业违法采购危险化学品的行为。

（八）邮政管理部门负责依法查处寄递危险化学品的行为。

第七条 负有危险化学品安全监督管理职责的部门依法进行监督检查，可以采取下列措施：

（一）进入危险化学品作业场所实施现场检查，向有关单位和人员了解情况，查阅、复制有关文件、资料；

（二）发现危险化学品事故隐患，责令立即消除或者限期消除；

（三）对不符合法律、行政法规、规章规定或者国家标准、行业标准要求的设施、设备、装置、器材、运输工具，责令立即停止使用；

（四）经本部门主要负责人批准，查封违法生产、储存、使用、经营危险化学品的场所，扣押违法生产、储存、使用、经营、运输的危险化学品以及用于违法生产、使用、运输危险化学品的原材料、设备、运输工具；

（五）发现影响危险化学品安全的违法行为，当场予以纠正或者责令限期改正。

负有危险化学品安全监督管理职责的部门依法进行监督检查，监督检查人员不得少于2人，并应当出示执法证件；有关单位和个人对依法进行的监督检查应当予以配合，不得拒绝、阻碍。

第八条 县级以上人民政府应当建立危险化学品安全监督管理工作协调机制，支持、督促负有危险化学品安全监督管理职责的部门依法履行职责，协调、解决危险化学品安全监督管理工作中的重大问题。

负有危险化学品安全监督管理职责的部门应当相互配合、密切协作，依法加强对危险化学品的安全监督管理。

第九条 任何单位和个人对违反本条例规定的行为，有权向负有危险化学品安全监督管理职责的部门举报。负有危险化学品安全监督管理职责的部门接到举报，应当及时依法处理；对不属于本部门职责的，应当及时移送有关部门处理。

第十条 国家鼓励危险化学品生产企业和使用危险化学品从事生产的企业采用有利于提高安全保障水平的先进技术、工艺、设备以及自动控制系统，鼓励对危险化学品实行专门储存、统一配送、集中销售。

第二章 生产、储存安全

第十一条 国家对危险化学品的生产、储存实行统筹规划、合理布局。

国务院工业和信息化主管部门以及国务院其他有关部门依据各自职责，负责危险化学品生产、储存的行业规划和布局。

地方人民政府组织编制城乡规划，应当根据本地区的实际情况，按照确保安全的原则，规划适当区域专门用于危险化学品的生产、储存。

第十二条 新建、改建、扩建生产、储存危险化学品的建设项目（以下简称建设项目），应当由安全生产监督管理部门进行安全条件审查。

建设单位应当对建设项目进行安全条件论证，委托具备国家规定的资质条件的机构对建设项目进行安全评价，并将安全条件论证和安全评价的情况报告报建设项目所在地设区的市级以上人民政府安全生产监督管理部门；安全生产监督管理部门应当自收到报告之日起 45 日内作出审查决定，并书面通知建设单位。具体办法由国务院安全生产监督管理部门制定。

新建、改建、扩建储存、装卸危险化学品的港口建设项目，由港口行政管理部门按照国务院交通运输主管部门的规定进行安全条件审查。

第十三条 生产、储存危险化学品的单位，应当对其铺设的危险化学品管道设置明显标志，并对危险化学品管道定期检查、检测。

进行可能危及危险化学品管道安全的施工作业，施工单位应当在开工的 7 日前书面通知管道所属单位，并与管道所属单位共同制定应急预案，采取相应的安全防护措施。管道所属单位应当指派专门人员到现场进行管道安全保护指导。

第十四条 危险化学品生产企业进行生产前，应当依照《安全生产许可证条例》的规定，取得危险化学品安全生产许可证。

生产列入国家实行生产许可证制度的工业产品目录的危险化学品的企业，应当依照《中华人民共和国工业产品生产许可证管理条例》的规定，取得工业产品生产许可证。

负责颁发危险化学品安全生产许可证、工业产品生产许可证的部门，应当将其颁发许可证的情况及时向同级工业和信息化主管部门、环境保护主管部门和公安机关通报。

第十五条 危险化学品生产企业应当提供与其生产的危险化学品相符的化学品安全技术说明书，并在危险化学品包装（包括外包装件）上粘贴或者拴挂与包装内危险化学品相符的化学品安全标签。化学品安全技术说明书和化学品安全标签所载明的内容应当符合国家标准的要求。

危险化学品生产企业发现其生产的危险化学品有新的危险特性的，应当立即公告，并及时修订其化学品安全技术说明书和化学品安全标签。

第十六条 生产实施重点环境管理的危险化学品的企业，应当按照国务院环境保护主管部门的规定，将该危险化学品向环境中释放等相关信息向环境保护主管部门报告。环境保护主管部门可以根据情况采取相应的环境风险控制措施。

第十七条 危险化学品的包装应当符合法律、行政法规、规章的规定以及国家标准、行业标准的要求。

危险化学品包装物、容器的材质以及危险化学品包装的型式、规格、方法和单件质量（重量），应当与所包装的危险化学品的性质和用途相适应。

第十八条 生产列入国家实行生产许可证制度的工业产品目录的危险化学品包装物、容器的企业，应当依照《中华人民共和国工业产品生产许可证管理条例》的规定，取得工业产品生产许可证；其生产的危险化学品包装物、容器经国务院质量监督检验检疫部门认定的检验机构检验合格，方可出厂销售。

运输危险化学品的船舶及其配载的容器，应当按照国家船舶检验规范进行生产，并经海事管理机构认定的船舶检验机构检验合格，方可投入使用。

对重复使用的危险化学品包装物、容器，使用单位在重复使用前应当进行检查；发现存在安全隐患的，应当维修或者更换。使用单位应当对检查情况作出记录，记录的保存期限不得少于2年。

第十九条 危险化学品生产装置或者储存数量构成重大危险源的危险化学品储存设施（运输工具加油站、加气站除外），与下列场所、设施、区域的距离应当符合国家有关规定：

（一）居住区以及商业中心、公园等人员密集场所；

（二）学校、医院、影剧院、体育场（馆）等公共设施；

（三）饮用水源、水厂以及水源保护区；

（四）车站、码头（依法经许可从事危险化学品装卸作业的除外）、机场以及通信干线、通信枢纽、铁路线路、道路交通干线、水路交通干线、地铁风亭以及地铁站出入口；

（五）基本农田保护区、基本草原、畜禽遗传资源保护区、畜禽规模化养殖场（养殖小区）、渔业水域以及种子、种畜禽、水产苗种生产基地；

（六）河流、湖泊、风景名胜区、自然保护区；

（七）军事禁区、军事管理区；

（八）法律、行政法规规定的其他场所、设施、区域。

已建的危险化学品生产装置或者储存数量构成重大危险源的危险化学品储存设施不符合前款规定的，由所在地设区的市级人民政府安全生产监督管理部门会同有关部门监督其所属单位在规定期限内进行整改；需要转产、停产、搬迁、关闭的，由本级人民政府决定并组织实施。

储存数量构成重大危险源的危险化学品储存设施的选址，应当避开地震活动断层和容易发生洪灾、地质灾害的区域。

本条例所称重大危险源，是指生产、储存、使用或者搬运危险化学品，且危险化学品的数量等于或者超过临界量的单元（包括场所和设施）。

第二十条 生产、储存危险化学品的单位，应当根据其生产、储存的危险化学品的种类和危险特性，在作业场所设置相应的监测、监控、通风、防晒、调温、防火、灭火、防爆、泄压、防毒、中和、防潮、防雷、防静电、防腐、防泄漏以及防护围堤或者隔离操作等安全设施、设备，并按照国家标准、行业标准或者国家有关规定对安全设施、设备进行经常性维护、保养，保证安全设施、设备的正常使用。

生产、储存危险化学品的单位，应当在其作业场所和安全设施、设备上设置明显的安全警示标志。

第二十一条 生产、储存危险化学品的单位，应当在其作业场所设置通信、报警装置，并保证处于适用状态。

第二十二条 生产、储存危险化学品的企业，应当委托具备国家规定的资质条件的机构，对本企业的安全生产条件每3年进行一次安全评价，提出安全评价报告。安全评价报告的内容应当包括对安全生产条件存在的问题进行整改的方案。

生产、储存危险化学品的企业，应当将安全评价报告以及整改方案的落实情况报所在地县级人民政府安全生产监督管理部门备案。在港区内储存危险化学品的企业，应当将安全评价报告以及整改方案的落实情况报港口行政管理部门备案。

第二十三条 生产、储存剧毒化学品或者国务院公安部门规定的可用于制造爆炸物品的危险化学品（以下简称易制爆危险化学品）的单位，应当如实记录其生产、储存的剧毒化学品、易制爆危险化学品的数量、流向，并采取必要的安全防范措施，防止剧毒化学品、易制爆危险化学品丢失或者被盗；发现剧毒化学品、易制爆危险化学品丢失或者被盗的，应当立即向当地公安机关报告。

生产、储存剧毒化学品、易制爆危险化学品的单位，应当设置治安保卫机构，配备专职治安保卫人员。

第二十四条 危险化学品应当储存在专用仓库、专用场地或者专用储存室（以下统称专用仓库）内，并由专人负责管理；剧毒化学品以及储存数量构成重大危险源的其他危险化学品，应当在专用仓库内单独存放，并实行双人收发、双人保管制度。

危险化学品的储存方式、方法以及储存数量应当符合国家标准或者国家有关规定。

第二十五条 储存危险化学品的单位应当建立危险化学品出入库核查、登记制度。

对剧毒化学品以及储存数量构成重大危险源的其他危险化学品，储存单位应当将其储存数量、储存地点以及管理人员的情况，报所在地县级人民政府安全生产监督管理部门（在港区内储存的，报港口行政管理部门）和公安机关备案。

第二十六条 危险化学品专用仓库应当符合国家标准、行业标准的要求，并设置明显的标志。储存剧毒化学品、易制爆危险化学品的专用仓库，应当按照国家有关规定设置相应的技术防范设施。

储存危险化学品的单位应当对其危险化学品专用仓库的安全设施、设备定期进行检测、检验。

第二十七条 生产、储存危险化学品的单位转产、停产、停业或者解散的，应当采取有效措施，及时、妥善处置其危险化学品生产装置、储存设施以及库存的危险化学品，不得丢弃危险化学品；处置方案应当报所在地县级人民政府安全生产监督管理部门、工业和信息化主管部门、环境保护主管部门和公安机关备案。安全生产监督管理部门应当会同环境保护主管部门和公安机关对处置情况进行监督检查，发现未依照规定处置的，应当责令其立即处置。

第三章 使用安全

第二十八条 使用危险化学品的单位，其使用条件（包括工艺）应当符合法律、行政法规的规定和国家标准、行业标准的要求，并根据所使用的危险化学品的种类、危险特性以及使用量和使用方式，建立、健全使用危险化学品的安全管理规章制度和安全操作规程，保证危险化学品的安全使用。

第二十九条 使用危险化学品从事生产并且使用量达到规定数量的化工企业（属于危险化学品生产企业的除外，下同），应当依照本条例的规定取得危险化学品安全使用许可证。

前款规定的危险化学品使用量的数量标准，由国务院安全生产监督管理部门会同国务院公安部门、农业主管部门确定并公布。

第三十条 申请危险化学品安全使用许可证的化工企业，除应当符合本条例第二十八条的规定外，还应当具备下列条件：

（一）有与所使用的危险化学品相适应的专业技术人员；

（二）有安全管理机构和专职安全管理人员；

（三）有符合国家规定的危险化学品事故应急预案和必要的应急救援器材、设备；

（四）依法进行了安全评价。

第三十一条 申请危险化学品安全使用许可证的化工企业，应当向所在地设区的市级人民政府安全生产监督管理部门提出申请，并提交其符合本条例第三十条规定条件的证明材料。设区的市级人民政府安全生产监督管理部门应当依法进行审查，自收到证明材料之日起 45 日内作出批准或者不予批准的决定。予以批准的，颁发危险化学品安全使用许可证；不予批准的，书面通知申请人并说明理由。

安全生产监督管理部门应当将其颁发危险化学品安全使用许可证的情况及时向同级环境保护主管部门和公安机关通报。

第三十二条 本条例第十六条关于生产实施重点环境管理的危险化学品的企业的规定，适用于使用实施重点环境管理的危险化学品从事生产的企业；第二十条、第二十一条、第二十三条第一款、第二十七条关于生产、储存危险化学品的单位的规定，适用于使用危险化学品的单位；第二十二条关于生产、储存危险化学品的企业的规定，适用于使用危险化学品从事生产的企业。

第四章 经营安全

第三十三条 国家对危险化学品经营(包括仓储经营,下同)实行许可制度。未经许可,任何单位和个人不得经营危险化学品。

依法设立的危险化学品生产企业在其厂区范围内销售本企业生产的危险化学品,不需要取得危险化学品经营许可。

依照《中华人民共和国港口法》的规定取得港口经营许可证的港口经营人,在港区内从事危险化学品仓储经营,不需要取得危险化学品经营许可。

第三十四条 从事危险化学品经营的企业应当具备下列条件:

(一)有符合国家标准、行业标准的经营场所,储存危险化学品的,还应当有符合国家标准、行业标准的储存设施;

(二)从业人员经过专业技术培训并经考核合格;

(三)有健全的安全管理规章制度;

(四)有专职安全管理人员;

(五)有符合国家规定的危险化学品事故应急预案和必要的应急救援器材、设备;

(六)法律、法规规定的其他条件。

第三十五条 从事剧毒化学品、易制爆危险化学品经营的企业,应当向所在地设区的市级人民政府安全生产监督管理部门提出申请,从事其他危险化学品经营的企业,应当向所在地县级人民政府安全生产监督管理部门提出申请(有储存设施的,应当向所在地设区的市级人民政府安全生产监督管理部门提出申请)。申请人应当提交其符合本条例第三十四条规定条件的证明材料。设区的市级人民政府安全生产监督管理部门或者县级人民政府安全生产监督管理部门应当依法进行审查,并对申请人的经营场所、储存设施进行现场核查,自收到证明材料之日起 30 日内作出批准或者不予批准的决定。予以批准的,颁发危险化学品经营许可证;不予批准的,书面通知申请人并说明理由。

设区的市级人民政府安全生产监督管理部门和县级人民政府安全生产监督管理部门应当将其颁发危险化学品经营许可证的情况及时向同级环境保护主管部门和公安机关通报。

申请人持危险化学品经营许可证向工商行政管理部门办理登记手续后,方可从事危险化学品经营活动。法律、行政法规或者国务院规定经营危险化学品还需要经其他有关部门许可的，申请人向工商行政管理部门办理登记手续时还应当持相应的许可证件。

第三十六条 危险化学品经营企业储存危险化学品的，应当遵守本条例第二章关于储存危险化学品的规定。危险化学品商店内只能存放民用小包装的危险化学品。

第三十七条 危险化学品经营企业不得向未经许可从事危险化学品生产、经营活动的企业采购危险化学品，不得经营没有化学品安全技术说明书或者化学品安全标签的危险化学品。

第三十八条 依法取得危险化学品安全生产许可证、危险化学品安全使用许可证、危险化学品经营许可证的企业，凭相应的许可证件购买剧毒化学品、易制爆危险化学品。民用爆炸物品生产企业凭民用爆炸物品生产许可证购买易制爆危险化学品。

前款规定以外的单位购买剧毒化学品的，应当向所在地县级人民政府公安机关申请取得剧毒化学品购买许可证；购买易制爆危险化学品的，应当持本单位出具的合法用途说明。

个人不得购买剧毒化学品（属于剧毒化学品的农药除外）和易制爆危险化学品。

第三十九条 申请取得剧毒化学品购买许可证，申请人应当向所在地县级人民政府公安机关提交下列材料：

（一）营业执照或者法人证书（登记证书）的复印件；

（二）拟购买的剧毒化学品品种、数量的说明；

（三）购买剧毒化学品用途的说明；

（四）经办人的身份证明。

县级人民政府公安机关应当自收到前款规定的材料之日起 3 日内，作出批准或者不予批准的决定。予以批准的，颁发剧毒化学品购买许可证；不予批准的，书面通知申请人并说明理由。

剧毒化学品购买许可证管理办法由国务院公安部门制定。

第四十条 危险化学品生产企业、经营企业销售剧毒化学品、易制爆危险化学品，应当查验本条例第三十八条第一款、第二款规定的相关许可证件或者证明文件，不得向不具有相关许可证件或者证明文件的单位销售剧毒化学品、易制爆危险化学品。对持剧毒化学品购买许可证购买剧毒化学品的，应当按照许可证载明的品种、数量销售。

禁止向个人销售剧毒化学品（属于剧毒化学品的农药除外）和易制爆危险化学品。

第四十一条 危险化学品生产企业、经营企业销售剧毒化学品、易制爆危险化学品，应当如实记录购买单位的名称、地址、经办人的姓名、身份证号码以及所购买的剧毒化学品、易制爆危险化学品的品种、数量、用途。销售记录以及经办人的身份证明复印件、相关许可证件复印件或者证明文件的保存期限不得少于1年。

剧毒化学品、易制爆危险化学品的销售企业、购买单位应当在销售、购买后5日内，将所销售、购买的剧毒化学品、易制爆危险化学品的品种、数量以及流向信息报所在地县级人民政府公安机关备案，并输入计算机系统。

第四十二条 使用剧毒化学品、易制爆危险化学品的单位不得出借、转让其购买的剧毒化学品、易制爆危险化学品；因转产、停产、搬迁、关闭等确需转让的，应当向具有本条例第三十八条第一款、第二款规定的相关许可证件或者证明文件的单位转让，并在转让后将有关情况及时向所在地县级人民政府公安机关报告。

第五章　运输安全

第四十三条 从事危险化学品道路运输、水路运输的，应当分别依照有关道路运输、水路运输的法律、行政法规的规定，取得危险货物道路运输许可、危险货物水路运输许可，并向工商行政管理部门办理登记手续。

危险化学品道路运输企业、水路运输企业应当配备专职安全管理人员。

第四十四条 危险化学品道路运输企业、水路运输企业的驾驶人员、船员、装卸管理人员、押运人员、申报人员、集装箱装箱现场检查员应当经交通运输主管部门考核合格，取得从业资格。具体办法由国务院交通运输主管部门制定。

危险化学品的装卸作业应当遵守安全作业标准、规程和制度，并在装卸管理人员的现场指挥或者监控下进行。水路运输危险化学品的集装箱装箱作业应当在集装箱装箱现场检查员的指挥或者监控下进行，并符合积载、隔离的规范和要求；装箱作业完毕后，集装箱装箱现场检查员应当签署装箱证明书。

第四十五条 运输危险化学品，应当根据危险化学品的危险特性采取相应的安全防护措施，并配备必要的防护用品和应急救援器材。

用于运输危险化学品的槽罐以及其他容器应当封口严密，能够防止危险化学品在运输过程中因温度、湿度或者压力的变化发生渗漏、洒漏；槽罐以及其他容器的溢流和泄压装置应当设置准确、起闭灵活。

运输危险化学品的驾驶人员、船员、装卸管理人员、押运人员、申报人员、集装箱装箱现场检查员，应当了解所运输的危险化学品的危险特性及其包装物、容器的使用要求和出现危险情况时的应急处置方法。

第四十六条 通过道路运输危险化学品的，托运人应当委托依法取得危险货物道路运输许可的企业承运。

第四十七条 通过道路运输危险化学品的，应当按照运输车辆的核定载质量装载危险化学品，不得超载。

危险化学品运输车辆应当符合国家标准要求的安全技术条件，并按照国家有关规定定期进行安全技术检验。

危险化学品运输车辆应当悬挂或者喷涂符合国家标准要求的警示标志。

第四十八条 通过道路运输危险化学品的，应当配备押运人员，并保证所运输的危险化学品处于押运人员的监控之下。

运输危险化学品途中因住宿或者发生影响正常运输的情况，需要较长时间停车的，驾驶人员、押运人员应当采取相应的安全防范措施；运输剧毒化学品或者易制爆危险化学品的，还应当向当地公安机关报告。

第四十九条 未经公安机关批准，运输危险化学品的车辆不得进入危险化学品运输车辆限制通行的区域。危险化学品运输车辆限制通行的区域由县级人民政府公安机关划定，并设置明显的标志。

第五十条 通过道路运输剧毒化学品的，托运人应当向运输始发地或者目的地县级人民政府公安机关申请剧毒化学品道路运输通行证。

申请剧毒化学品道路运输通行证，托运人应当向县级人民政府公安机关提交下列材料：

（一）拟运输的剧毒化学品品种、数量的说明；

（二）运输始发地、目的地、运输时间和运输路线的说明；

（三）承运人取得危险货物道路运输许可、运输车辆取得营运证以及驾驶人员、押运人员取得上岗资格的证明文件；

（四）本条例第三十八条第一款、第二款规定的购买剧毒化学品的相关许可证件，或者海关出具的进出口证明文件。

县级人民政府公安机关应当自收到前款规定的材料之日起 7 日内，作出批准或者不予批准的决定。予以批准的，颁发剧毒化学品道路运输通行证；不予批准的，书面通知申请人并说明理由。

剧毒化学品道路运输通行证管理办法由国务院公安部门制定。

第五十一条 剧毒化学品、易制爆危险化学品在道路运输途中丢失、被盗、被抢或者出现流散、泄漏等情况的，驾驶人员、押运人员应当立即采取相应的警示措施和安全措施，并向当地公安机关报告。公安机关接到报告后，应当根据实际情况立即向安全生产监督管理部门、环境保护主管部门、卫生主管部门通报。有关部门应当采取必要的应急处置措施。

第五十二条 通过水路运输危险化学品的，应当遵守法律、行政法规以及国务院交通运输主管部门关于危险货物水路运输安全的规定。

第五十三条 海事管理机构应当根据危险化学品的种类和危险特性，确定船舶运输危险化学品的相关安全运输条件。

拟交付船舶运输的化学品的相关安全运输条件不明确的，货物所有人或者代理人应当委托相关技术机构进行评估，明确相关安全运输条件并经海事管理机构确认后，方可交付船舶运输。

第五十四条 禁止通过内河封闭水域运输剧毒化学品以及国家规定禁止通过内河运输的其他危险化学品。

前款规定以外的内河水域，禁止运输国家规定禁止通过内河运输的剧毒化学品以及其他危险化学品。

禁止通过内河运输的剧毒化学品以及其他危险化学品的范围，由国务院交通运输主管部门会同国务院环境保护主管部门、工业和信息化主管部门、安全生产监督管理部门，根据危险化学品的危险特性、危险化学品对人体和水环境的危害程度以及消除危害后果的难易程度等因素规定并公布。

第五十五条 国务院交通运输主管部门应当根据危险化学品的危险特性，对通过内河运输本条例第五十四条规定以外的危险化学品（以下简称通过内河运输危险化学品）实行分类管理，对各类危险化学品的运输方式、包装规范和安全防护措施等分别作出规定并监督实施。

第五十六条 通过内河运输危险化学品，应当由依法取得危险货物水路运输许可的水路运输企业承运，其他单位和个人不得承运。托运人应当委托依法取得危险货物水路运输许可的水路运输企业承运，不得委托其他单位和个人承运。

第五十七条 通过内河运输危险化学品，应当使用依法取得危险货物适装证书的运输船舶。水路运输企业应当针对所运输的危险化学品的危险特性，制定运输船舶危险化学品事故应急救援预案，并为运输船舶配备充足、有效的应急救援器材和设备。

通过内河运输危险化学品的船舶，其所有人或者经营人应当取得船舶污染损害责任保险证书或者财务担保证明。船舶污染损害责任保险证书或者财务担保证明的副本应当随船携带。

第五十八条 通过内河运输危险化学品，危险化学品包装物的材质、型式、强度以及包装方法应当符合水路运输危险化学品包装规范的要求。国务院交通运输主管部门对单船运输的危险化学品数量有限制性规定的，承运人应当按照规定安排运输数量。

第五十九条 用于危险化学品运输作业的内河码头、泊位应当符合国家有关安全规范，与饮用水取水口保持国家规定的距离。有关管理单位应当制定码头、泊位危险化学品事故应急预案，并为码头、泊位配备充足、有效的应急救援器材和设备。

用于危险化学品运输作业的内河码头、泊位，经交通运输主管部门按照国家有关规定验收合格后方可投入使用。

第六十条 船舶载运危险化学品进出内河港口，应当将危险化学品的名称、危险特性、包装以及进出港时间等事项，事先报告海事管理机构。海事管理机构接到报告后，应当在国务院交通运输主管部门规定的时间内作出是否同意的决定，通知报告人，同时通报港口行政管理部门。定船舶、定航线、定货种的船舶可以定期报告。

在内河港口内进行危险化学品的装卸、过驳作业，应当将危险化学品的名称、危险特性、包装和作业的时间、地点等事项报告港口行政管理部门。港口行政管理部门接到报告后，应当在国务院交通运输主管部门规定的时间内作出是否同意的决定，通知报告人，同时通报海事管理机构。

载运危险化学品的船舶在内河航行，通过过船建筑物的，应当提前向交通运输主管部门申报，并接受交通运输主管部门的管理。

第六十一条 载运危险化学品的船舶在内河航行、装卸或者停泊，应当悬挂专用的警示标志，按照规定显示专用信号。

载运危险化学品的船舶在内河航行，按照国务院交通运输主管部门的规定需要引航的，应当申请引航。

第六十二条 载运危险化学品的船舶在内河航行，应当遵守法律、行政法规和国家其他有关饮用水水源保护的规定。内河航道发展规划应当与依法经批准的饮用水水源保护区划定方案相协调。

第六十三条 托运危险化学品的，托运人应当向承运人说明所托运的危险化学品的种类、数量、危险特性以及发生危险情况的应急处置措施，并按照国家有关规定对所托运的危险化学品妥善包装，在外包装上设置相应的标志。

运输危险化学品需要添加抑制剂或者稳定剂的，托运人应当添加，并将有关情况告知承运人。

第六十四条 托运人不得在托运的普通货物中夹带危险化学品，不得将危险化学品匿报或者谎报为普通货物托运。

任何单位和个人不得交寄危险化学品或者在邮件、快件内夹带危险化学品，不得将危险化学品匿报或者谎报为普通物品交寄。邮政企业、快递企业不得收寄危险化学品。

对涉嫌违反本条第一款、第二款规定的，交通运输主管部门、邮政管理部门可以依法开拆查验。

第六十五条 通过铁路、航空运输危险化学品的安全管理，依照有关铁路、航空运输的法律、行政法规、规章的规定执行。

第六章 危险化学品登记与事故应急救援

第六十六条 国家实行危险化学品登记制度，为危险化学品安全管理以及危险化学品事故预防和应急救援提供技术、信息支持。

第六十七条 危险化学品生产企业、进口企业，应当向国务院安全生产监督管理部门负责危险化学品登记的机构（以下简称危险化学品登记机构）办理危险化学品登记。

危险化学品登记包括下列内容：

（一）分类和标签信息；

（二）物理、化学性质；

（三）主要用途；

（四）危险特性；

（五）储存、使用、运输的安全要求；

（六）出现危险情况的应急处置措施。

对同一企业生产、进口的同一品种的危险化学品，不进行重复登记。危险化学品生产企业、进口企业发现其生产、进口的危险化学品有新的危险特性的，应当及时向危险化学品登记机构办理登记内容变更手续。

危险化学品登记的具体办法由国务院安全生产监督管理部门制定。

第六十八条 危险化学品登记机构应当定期向工业和信息化、环境保护、公安、卫生、交通运输、铁路、质量监督检验检疫等部门提供危险化学品登记的有关信息和资料。

第六十九条 县级以上地方人民政府安全生产监督管理部门应当会同工业和信息化、环境保护、公安、卫生、交通运输、铁路、质量监督检验检疫等部门，根据本地区实际情况，制定危险化学品事故应急预案，报本级人民政府批准。

第七十条 危险化学品单位应当制定本单位危险化学品事故应急预案，配备应急救援人员和必要的应急救援器材、设备，并定期组织应急救援演练。

危险化学品单位应当将其危险化学品事故应急预案报所在地设区的市级人民政府安全生产监督管理部门备案。

第七十一条 发生危险化学品事故，事故单位主要负责人应当立即按照本单位危险化学品应急预案组织救援，并向当地安全生产监督管理部门和环境保护、公安、卫生主管部门报告；道路运输、水路运输过程中发生危险化学品事故的，驾驶人员、船员或者押运人员还应当向事故发生地交通运输主管部门报告。

第七十二条 发生危险化学品事故，有关地方人民政府应当立即组织安全生产监督管理、环境保护、公安、卫生、交通运输等有关部门，按照本地区危险化学品事故应急预案组织实施救援，不得拖延、推诿。

有关地方人民政府及其有关部门应当按照下列规定，采取必要的应急处置措施，减少事故损失，防止事故蔓延、扩大：

（一）立即组织营救和救治受害人员，疏散、撤离或者采取其他措施保护危害区域内的其他人员；

（二）迅速控制危害源，测定危险化学品的性质、事故的危害区域及危害程度；

（三）针对事故对人体、动植物、土壤、水源、大气造成的现实危害和可能产生的危害，迅速采取封闭、隔离、洗消等措施；

（四）对危险化学品事故造成的环境污染和生态破坏状况进行监测、评估，并采取相应的环境污染治理和生态修复措施。

第七十三条 有关危险化学品单位应当为危险化学品事故应急救援提供技术指导和必要的协助。

第七十四条 危险化学品事故造成环境污染的，由设区的市级以上人民政府环境保护主管部门统一发布有关信息。

第七章 法律责任

第七十五条 生产、经营、使用国家禁止生产、经营、使用的危险化学品的，由安全生产监督管理部门责令停止生产、经营、使用活动，处 20 万元以上 50 万元以下的罚款，有违法所得的，没收违法所得；构成犯罪的，依法追究刑事责任。

有前款规定行为的，安全生产监督管理部门还应当责令其对所生产、经营、使用的危险化学品进行无害化处理。

违反国家关于危险化学品使用的限制性规定使用危险化学品的，依照本条第一款的规定处理。

第七十六条 未经安全条件审查，新建、改建、扩建生产、储存危险化学品的建设项目的，由安全生产监督管理部门责令停止建设，限期改正；逾期不改正的，处 50 万元以上 100 万元以下的罚款；构成犯罪的，依法追究刑事责任。

未经安全条件审查，新建、改建、扩建储存、装卸危险化学品的港口建设项目的，由港口行政管理部门依照前款规定予以处罚。

第七十七条 未依法取得危险化学品安全生产许可证从事危险化学品生产，或者未依法取得工业产品生产许可证从事危险化学品及其包装物、容器生产的，分别依照《安全生产许可证条例》、《中华人民共和国工业产品生产许可证管理条例》的规定处罚。

违反本条例规定，化工企业未取得危险化学品安全使用许可证，使用危险化学品从事生产的，由安全生产监督管理部门责令限期改正，处 10 万元以上 20 万元以下的罚款；逾期不改正的，责令停产整顿。

违反本条例规定，未取得危险化学品经营许可证从事危险化学品经营的，由安全生产监督管理部门责令停止经营活动，没收违法经营的危险化学品以及违法所得，并处 10 万元以上 20 万元以下的罚款；构成犯罪的，依法追究刑事责任。

第七十八条 有下列情形之一的，由安全生产监督管理部门责令改正，可以处 5 万元以下的罚款；拒不改正的，处 5 万元以上 10 万元以下的罚款；情节严重的，责令停产停业整顿：

（一）生产、储存危险化学品的单位未对其铺设的危险化学品管道设置明显的标志，或者未对危险化学品管道定期检查、检测的；

（二）进行可能危及危险化学品管道安全的施工作业，施工单位未按照规定书面通知管道所属单位，或者未与管道所属单位共同制定应急预案、采取相应的安全防护措施，或者管道所属单位未指派专门人员到现场进行管道安全保护指导的；

（三）危险化学品生产企业未提供化学品安全技术说明书，或者未在包装（包括外包装件）上粘贴、拴挂化学品安全标签的；

（四）危险化学品生产企业提供的化学品安全技术说明书与其生产的危险化学品不相符，或者在包装（包括外包装件）粘贴、拴挂的化学品安全标签与包装内危险化学品不相符，或者化学品安全技术说明书、化学品安全标签所载明的内容不符合国家标准要求的；

（五）危险化学品生产企业发现其生产的危险化学品有新的危险特性不立即公告，或者不及时修订其化学品安全技术说明书和化学品安全标签的；

（六）危险化学品经营企业经营没有化学品安全技术说明书和化学品安全标签的危险化学品的；

（七）危险化学品包装物、容器的材质以及包装的型式、规格、方法和单件质量（重量）与所包装的危险化学品的性质和用途不相适应的；

（八）生产、储存危险化学品的单位未在作业场所和安全设施、设备上设置明显的安全警示标志，或者未在作业场所设置通信、报警装置的；

（九）危险化学品专用仓库未设专人负责管理，或者对储存的剧毒化学品以及储存数量构成重大危险源的其他危险化学品未实行双人收发、双人保管制度的；

（十）储存危险化学品的单位未建立危险化学品出入库核查、登记制度的；

（十一）危险化学品专用仓库未设置明显标志的；

（十二）危险化学品生产企业、进口企业不办理危险化学品登记，或者发现其生产、进口的危险化学品有新的危险特性不办理危险化学品登记内容变更手续的。

从事危险化学品仓储经营的港口经营人有前款规定情形的，由港口行政管理部门依照前款规定予以处罚。储存剧毒化学品、易制爆危险化学品的专用仓库未按照国家有关规定设置相应的技术防范设施的，由公安机关依照前款规定予以处罚。

生产、储存剧毒化学品、易制爆危险化学品的单位未设置治安保卫机构、配备专职治安保卫人员的，依照《企业事业单位内部治安保卫条例》的规定处罚。

第七十九条 危险化学品包装物、容器生产企业销售未经检验或者经检验不合格的危险化学品包装物、容器的，由质量监督检验检疫部门责令改正，处 10 万元以上 20 万元以下的罚款，有违法所得的，没收违法所得；拒不改正的，责令停产停业整顿；构成犯罪的，依法追究刑事责任。

将未经检验合格的运输危险化学品的船舶及其配载的容器投入使用的，由海事管理机构依照前款规定予以处罚。

第八十条 生产、储存、使用危险化学品的单位有下列情形之一的，由安全生产监督管理部门责令改正，处 5 万元以上 10 万元以下的罚款；拒不改正的，责令停产停业整顿直至由原发证机关吊销其相关许可证件，并由工商行政管理部门责令其办理经营范围变更登记或者吊销其营业执照；有关责任人员构成犯罪的，依法追究刑事责任：

（一）对重复使用的危险化学品包装物、容器，在重复使用前不进行检查的；

（二）未根据其生产、储存的危险化学品的种类和危险特性，在作业场所设置相关安全设施、设备，或者未按照国家标准、行业标准或者国家有关规定对安全设施、设备进行经常性维护、保养的；

（三）未依照本条例规定对其安全生产条件定期进行安全评价的；

（四）未将危险化学品储存在专用仓库内，或者未将剧毒化学品以及储存数量构成重大危险源的其他危险化学品在专用仓库内单独存放的；

（五）危险化学品的储存方式、方法或者储存数量不符合国家标准或者国家有关规定的；

（六）危险化学品专用仓库不符合国家标准、行业标准的要求的；

（七）未对危险化学品专用仓库的安全设施、设备定期进行检测、检验的。

从事危险化学品仓储经营的港口经营人有前款规定情形的，由港口行政管理部门依照前款规定予以处罚。

第八十一条 有下列情形之一的，由公安机关责令改正，可以处1万元以下的罚款；拒不改正的，处1万元以上5万元以下的罚款：

（一）生产、储存、使用剧毒化学品、易制爆危险化学品的单位不如实记录生产、储存、使用的剧毒化学品、易制爆危险化学品的数量、流向的；

（二）生产、储存、使用剧毒化学品、易制爆危险化学品的单位发现剧毒化学品、易制爆危险化学品丢失或者被盗，不立即向公安机关报告的；

（三）储存剧毒化学品的单位未将剧毒化学品的储存数量、储存地点以及管理人员的情况报所在地县级人民政府公安机关备案的；

（四）危险化学品生产企业、经营企业不如实记录剧毒化学品、易制爆危险化学品购买单位的名称、地址、经办人的姓名、身份证号码以及所购买的剧毒化学品、易制爆危险化学品的品种、数量、用途，或者保存销售记录和相关材料的时间少于1年的；

（五）剧毒化学品、易制爆危险化学品的销售企业、购买单位未在规定的时限内将所销售、购买的剧毒化学品、易制爆危险化学品的品种、数量以及流向信息报所在地县级人民政府公安机关备案的；

（六）使用剧毒化学品、易制爆危险化学品的单位依照本条例规定转让其购买的剧毒化学品、易制爆危险化学品，未将有关情况向所在地县级人民政府公安机关报告的。

生产、储存危险化学品的企业或者使用危险化学品从事生产的企业未按照本条例规定将安全评价报告以及整改方案的落实情况报安全生产监督管理部门或者港口行政管理部门备案，或者储存危险化学品的单位未将其剧毒化学品以及储存数量构成重大危险源的其他危险化学品的储存数量、储存地点以及管理人员的情况报安全生产监督管理部门或者港口行政管理部门备案的，分别由安全生产监督管理部门或者港口行政管理部门依照前款规定予以处罚。

生产实施重点环境管理的危险化学品的企业或者使用实施重点环境管理的危险化学品从事生产的企业未按照规定将相关信息向环境保护主管部门报告的，由环境保护主管部门依照本条第一款的规定予以处罚。

第八十二条 生产、储存、使用危险化学品的单位转产、停产、停业或者解散，未采取有效措施及时、妥善处置其危险化学品生产装置、储存设施以及库存的危险化学品，或者丢弃危险化学品的，由安全生产监督管理部门责令改正，处5万元以上10万元以下的罚款；构成犯罪的，依法追究刑事责任。

生产、储存、使用危险化学品的单位转产、停产、停业或者解散，未依照本条例规定将其危险化学品生产装置、储存设施以及库存危险化学品的处置方案报有关部门备案的，分别由有关部门责令改正，可以处1万元以下的罚款；拒不改正的，处1万元以上5万元以下的罚款。

第八十三条 危险化学品经营企业向未经许可违法从事危险化学品生产、经营活动的企业采购危险化学品的，由工商行政管理部门责令改正，处10万元以上20万元以下的罚款；拒不改正的，责令停业整顿直至由原发证机关吊销其危险化学品经营许可证，并由工商行政管理部门责令其办理经营范围变更登记或者吊销其营业执照。

第八十四条 危险化学品生产企业、经营企业有下列情形之一的，由安全生产监督管理部门责令改正，没收违法所得，并处10万元以上20万元以下的罚款；拒不改正的，责令停产停业整顿直至吊销其危险化学品安全生产许可证、危险化学品经营许可证，并由工商行政管理部门责令其办理经营范围变更登记或者吊销其营业执照：

（一）向不具有本条例第三十八条第一款、第二款规定的相关许可证件或者证明文件的单位销售剧毒化学品、易制爆危险化学品的；

（二）不按照剧毒化学品购买许可证载明的品种、数量销售剧毒化学品的；

（三）向个人销售剧毒化学品（属于剧毒化学品的农药除外）、易制爆危险化学品的。

不具有本条例第三十八条第一款、第二款规定的相关许可证件或者证明文件的单位购买剧毒化学品、易制爆危险化学品，或者个人购买剧毒化学品（属于剧毒化学品的农药除外）、易制爆危险化学品的，由公安机关没收所购买的剧毒化学品、易制爆危险化学品，可以并处5000元以下的罚款。

使用剧毒化学品、易制爆危险化学品的单位出借或者向不具有本条例第三十八条第一款、第二款规定的相关许可证件的单位转让其购买的剧毒化学品、易制爆危险化学品，或者向个人转让其购买的剧毒化学品（属于剧毒化学品的农药除外）、易制爆危险化学品的，由公安机关责令改正，处10万元以上20万元以下的罚款；拒不改正的，责令停产停业整顿。

第八十五条 未依法取得危险货物道路运输许可、危险货物水路运输许可，从事危险化学品道路运输、水路运输的，分别依照有关道路运输、水路运输的法律、行政法规的规定处罚。

第八十六条 有下列情形之一的，由交通运输主管部门责令改正，处 5 万元以上 10 万元以下的罚款；拒不改正的，责令停产停业整顿；构成犯罪的，依法追究刑事责任：

（一）危险化学品道路运输企业、水路运输企业的驾驶人员、船员、装卸管理人员、押运人员、申报人员、集装箱装箱现场检查员未取得从业资格上岗作业的；

（二）运输危险化学品，未根据危险化学品的危险特性采取相应的安全防护措施，或者未配备必要的防护用品和应急救援器材的；

（三）使用未依法取得危险货物适装证书的船舶，通过内河运输危险化学品的；

（四）通过内河运输危险化学品的承运人违反国务院交通运输主管部门对单船运输的危险化学品数量的限制性规定运输危险化学品的；

（五）用于危险化学品运输作业的内河码头、泊位不符合国家有关安全规范，或者未与饮用水取水口保持国家规定的安全距离，或者未经交通运输主管部门验收合格投入使用的；

（六）托运人不向承运人说明所托运的危险化学品的种类、数量、危险特性以及发生危险情况的应急处置措施，或者未按照国家有关规定对所托运的危险化学品妥善包装并在外包装上设置相应标志的；

（七）运输危险化学品需要添加抑制剂或者稳定剂，托运人未添加或者未将有关情况告知承运人的。

第八十七条 有下列情形之一的，由交通运输主管部门责令改正，处 10 万元以上 20 万元以下的罚款，有违法所得的，没收违法所得；拒不改正的，责令停产停业整顿；构成犯罪的，依法追究刑事责任：

（一）委托未依法取得危险货物道路运输许可、危险货物水路运输许可的企业承运危险化学品的；

（二）通过内河封闭水域运输剧毒化学品以及国家规定禁止通过内河运输的其他危险化学品的；

（三）通过内河运输国家规定禁止通过内河运输的剧毒化学品以及其他危险化学品的；

（四）在托运的普通货物中夹带危险化学品，或者将危险化学品谎报或者匿报为普通货物托运的。

在邮件、快件内夹带危险化学品，或者将危险化学品谎报为普通物品交寄的，依法给予治安管理处罚；构成犯罪的，依法追究刑事责任。

邮政企业、快递企业收寄危险化学品的，依照《中华人民共和国邮政法》的规定处罚。

第八十八条 有下列情形之一的，由公安机关责令改正，处5万元以上10万元以下的罚款；构成违反治安管理行为的，依法给予治安管理处罚；构成犯罪的，依法追究刑事责任：

（一）超过运输车辆的核定载质量装载危险化学品的；

（二）使用安全技术条件不符合国家标准要求的车辆运输危险化学品的；

（三）运输危险化学品的车辆未经公安机关批准进入危险化学品运输车辆限制通行的区域的；

（四）未取得剧毒化学品道路运输通行证，通过道路运输剧毒化学品的。

第八十九条 有下列情形之一的，由公安机关责令改正，处1万元以上5万元以下的罚款；构成违反治安管理行为的，依法给予治安管理处罚：

（一）危险化学品运输车辆未悬挂或者喷涂警示标志，或者悬挂或者喷涂的警示标志不符合国家标准要求的；

（二）通过道路运输危险化学品，不配备押运人员的；

（三）运输剧毒化学品或者易制爆危险化学品途中需要较长时间停车，驾驶人员、押运人员不向当地公安机关报告的；

（四）剧毒化学品、易制爆危险化学品在道路运输途中丢失、被盗、被抢或者发生流散、泄露等情况，驾驶人员、押运人员不采取必要的警示措施和安全措施，或者不向当地公安机关报告的。

第九十条 对发生交通事故负有全部责任或者主要责任的危险化学品道路运输企业，由公安机关责令消除安全隐患，未消除安全隐患的危险化学品运输车辆，禁止上道路行驶。

第九十一条 有下列情形之一的，由交通运输主管部门责令改正，可以处1万元以下的罚款；拒不改正的，处1万元以上5万元以下的罚款：

（一）危险化学品道路运输企业、水路运输企业未配备专职安全管理人员的；

（二）用于危险化学品运输作业的内河码头、泊位的管理单位未制定码头、泊位危险化学品事故应急救援预案，或者未为码头、泊位配备充足、有效的应急救援器材和设备的。

第九十二条 有下列情形之一的，依照《中华人民共和国内河交通安全管理条例》的规定处罚：

（一）通过内河运输危险化学品的水路运输企业未制定运输船舶危险化学品事故应急救援预案，或者未为运输船舶配备充足、有效的应急救援器材和设备的；

（二）通过内河运输危险化学品的船舶的所有人或者经营人未取得船舶污染损害责任保险证书或者财务担保证明的；

（三）船舶载运危险化学品进出内河港口，未将有关事项事先报告海事管理机构并经其同意的；

（四）载运危险化学品的船舶在内河航行、装卸或者停泊，未悬挂专用的警示标志，或者未按照规定显示专用信号，或者未按照规定申请引航的。

未向港口行政管理部门报告并经其同意，在港口内进行危险化学品的装卸、过驳作业的，依照《中华人民共和国港口法》的规定处罚。

第九十三条 伪造、变造或者出租、出借、转让危险化学品安全生产许可证、工业产品生产许可证，或者使用伪造、变造的危险化学品安全生产许可证、工业产品生产许可证的，分别依照《安全生产许可证条例》、《中华人民共和国工业产品生产许可证管理条例》的规定处罚。

伪造、变造或者出租、出借、转让本条例规定的其他许可证，或者使用伪造、变造的本条例规定的其他许可证的，分别由相关许可证的颁发管理机关处10万元以上20万元以下的罚款，有违法所得的，没收违法所得；构成违反治安管理行为的，依法给予治安管理处罚；构成犯罪的，依法追究刑事责任。

第九十四条 危险化学品单位发生危险化学品事故，其主要负责人不立即组织救援或者不立即向有关部门报告的，依照《生产安全事故报告和调查处理条例》的规定处罚。

危险化学品单位发生危险化学品事故，造成他人人身伤害或者财产损失的，依法承担赔偿责任。

第九十五条 发生危险化学品事故，有关地方人民政府及其有关部门不立即组织实施救援，或者不采取必要的应急处置措施减少事故损失，防止事故蔓延、扩大的，对直接负责的主管人员和其他直接责任人员依法给予处分；构成犯罪的，依法追究刑事责任。

第九十六条 负有危险化学品安全监督管理职责的部门的工作人员，在危险化学品安全监督管理工作中滥用职权、玩忽职守、徇私舞弊，构成犯罪的，依法追究刑事责任；尚不构成犯罪的，依法给予处分。

第八章 附 则

第九十七条 监控化学品、属于危险化学品的药品和农药的安全管理，依照本条例的规定执行；法律、行政法规另有规定的，依照其规定。

民用爆炸物品、烟花爆竹、放射性物品、核能物质以及用于国防科研生产的危险化学品的安全管理，不适用本条例。

法律、行政法规对燃气的安全管理另有规定的，依照其规定。

危险化学品容器属于特种设备的，其安全管理依照有关特种设备安全的法律、行政法规的规定执行。

第九十八条 危险化学品的进出口管理，依照有关对外贸易的法律、行政法规、规章的规定执行；进口的危险化学品的储存、使用、经营、运输的安全管理，依照本条例的规定执行。

危险化学品环境管理登记和新化学物质环境管理登记，依照有关环境保护的法律、行政法规、规章的规定执行。危险化学品环境管理登记，按照国家有关规定收取费用。

第九十九条 公众发现、捡拾的无主危险化学品，由公安机关接收。公安机关接收或者有关部门依法没收的危险化学品，需要进行无害化处理的，交由环境保护主管部门组织其认定的专业单位进行处理，或者交由有关危险化学品生产企业进行处理。处理所需费用由国家财政负担。

第一百条 化学品的危险特性尚未确定的，由国务院安全生产监督管理部门、国务院环境保护主管部门、国务院卫生主管部门分别负责组织对该化学品的物理危险性、环境危害性、毒理特性进行鉴定。根据鉴定结果，需要调整危险化学品目录的，依照本条例第三条第二款的规定办理。

第一百零一条 本条例施行前已经使用危险化学品从事生产的化工企业，依照本条例规定需要取得危险化学品安全使用许可证的，应当在国务院安全生产监督管理部门规定的期限内，申请取得危险化学品安全使用许可证。

第一百零二条 本条例自 2011 年 12 月 1 日起施行。

中华人民共和国进出口关税条例

（2017 年修订，2017 年 3 月 1 日施行）

（2003 年 11 月 23 日中华人民共和国国务院令第 392 号公布 根据 2011 年 1 月 8 日《国务院关于废止和修改部分行政法规的决定》第一次修订 根据 2013 年 12 月 7 日《国务院关于修改部分行政法规的决定》第二次修订 根据 2016 年 2 月 6 日《国务院关于修改部分行政法规的决定》第三次修订 根据 2017 年 3 月 1 日《国务院关于修改和废止部分行政法规的决定》第四次修订）

第一章 总 则

第一条 为了贯彻对外开放政策，促进对外经济贸易和国民经济的发展，根据《中华人民共和国海关法》（以下简称《海关法》）的有关规定，制定本条例。

第二条 中华人民共和国准许进出口的货物、进境物品，除法律、行政法规另有规定外，海关依照本条例规定征收进出口关税。

第三条 国务院制定《中华人民共和国进出口税则》（以下简称《税则》）、《中华人民共和国进境物品进口税税率表》（以下简称《进境物品进口税税率表》），规定关税的税目、税则号列和税率，作为本条例的组成部分。

第四条 国务院设立关税税则委员会，负责《税则》和《进境物品进口税税率表》的税目、税则号列和税率的调整和解释，报国务院批准后执行；决定实行暂定税率的货物、税率和期限；决定关税配额税率；决定征收反倾销税、反补贴税、保障措施关税、报复性关税以及决定实施其他关税措施；决定特殊情况下税率的适用，以及履行国务院规定的其他职责。

第五条 进口货物的收货人、出口货物的发货人、进境物品的所有人，是关税的纳税义务人。

第六条 海关及其工作人员应当依照法定职权和法定程序履行关税征管职责，维护国家利益，保护纳税人合法权益，依法接受监督。

第七条 纳税义务人有权要求海关对其商业秘密予以保密，海关应当依法为纳税义务人保密。

第八条 海关对检举或者协助查获违反本条例行为的单位和个人，应当按照规定给予奖励，并负责保密。

第二章 进出口货物关税税率的设置和适用

第九条 进口关税设置最惠国税率、协定税率、特惠税率、普通税率、关税配额税率等税率。对进口货物在一定期限内可以实行暂定税率。

出口关税设置出口税率。对出口货物在一定期限内可以实行暂定税率。

第十条 原产于共同适用最惠国待遇条款的世界贸易组织成员的进口货物，原产于与中华人民共和国签订含有相互给予最惠国待遇条款的双边贸易协定的国家或者地区的进口货物，以及原产于中华人民共和国境内的进口货物，适用最惠国税率。

原产于与中华人民共和国签订含有关税优惠条款的区域性贸易协定的国家或者地区的进口货物，适用协定税率。

原产于与中华人民共和国签订含有特殊关税优惠条款的贸易协定的国家或者地区的进口货物，适用特惠税率。

原产于本条第一款、第二款和第三款所列以外国家或者地区的进口货物，以及原产地不明的进口货物，适用普通税率。

第十一条 适用最惠国税率的进口货物有暂定税率的，应当适用暂定税率；适用协定税率、特惠税率的进口货物有暂定税率的，应当从低适用税率；适用普通税率的进口货物，不适用暂定税率。

适用出口税率的出口货物有暂定税率的，应当适用暂定税率。

第十二条 按照国家规定实行关税配额管理的进口货物，关税配额内的，适用关税配额税率；关税配额外的，其税率的适用按照本条例第十条、第十一条的规定执行。

第十三条 按照有关法律、行政法规的规定对进口货物采取反倾销、反补贴、保障措施的，其税率的适用按照《中华人民共和国反倾销条例》、《中华人民共和国反补贴条例》和《中华人民共和国保障措施条例》的有关规定执行。

第十四条 任何国家或者地区违反与中华人民共和国签订或者共同参加的贸易协定及相关协定，对中华人民共和国在贸易方面采取禁止、限制、加征关税或者其他影响正常贸易的措施的，对原产于该国家或者地区的进口货物可以征收报复性关税，适用报复性关税税率。

征收报复性关税的货物、适用国别、税率、期限和征收办法，由国务院关税税则委员会决定并公布。

第十五条 进出口货物，应当适用海关接受该货物申报进口或者出口之日实施的税率。

进口货物到达前，经海关核准先行申报的，应当适用装载该货物的运输工具申报进境之日实施的税率。

转关运输货物税率的适用日期，由海关总署另行规定。

第十六条 有下列情形之一，需缴纳税款的，应当适用海关接受申报办理纳税手续之日实施的税率：

（一）保税货物经批准不复运出境的；

（二）减免税货物经批准转让或者移作他用的；

（三）暂时进境货物经批准不复运出境，以及暂时出境货物经批准不复运进境的；

（四）租赁进口货物，分期缴纳税款的。

第十七条 补征和退还进出口货物关税，应当按照本条例第十五条或者第十六条的规定确定适用的税率。

因纳税义务人违反规定需要追征税款的，应当适用该行为发生之日实施的税率；行为发生之日不能确定的，适用海关发现该行为之日实施的税率。

第三章 进出口货物完税价格的确定

第十八条 进口货物的完税价格由海关以符合本条第三款所列条件的成交价格以及该货物运抵中华人民共和国境内输入地点起卸前的运输及其相关费用、保险费为基础审查确定。

进口货物的成交价格，是指卖方向中华人民共和国境内销售该货物时买方为进口该货物向卖方实付、应付的，并按照本条例第十九条、第二十条规定调整后的价款总额，包括直接支付的价款和间接支付的价款。

进口货物的成交价格应当符合下列条件：

（一）对买方处置或者使用该货物不予限制，但法律、行政法规规定实施的限制、对货物转售地域的限制和对货物价格无实质性影响的限制除外；

（二）该货物的成交价格没有因搭售或者其他因素的影响而无法确定；

（三）卖方不得从买方直接或者间接获得因该货物进口后转售、处置或者使用而产生的任何收益，或者虽有收益但能够按照本条例第十九条、第二十条的规定进行调整；

（四）买卖双方没有特殊关系，或者虽有特殊关系但未对成交价格产生影响。

第十九条 进口货物的下列费用应当计入完税价格：

（一）由买方负担的购货佣金以外的佣金和经纪费；

（二）由买方负担的在审查确定完税价格时与该货物视为一体的容器的费用；

（三）由买方负担的包装材料费用和包装劳务费用；

（四）与该货物的生产和向中华人民共和国境内销售有关的，由买方以免费或者以低于成本的方式提供并可以按适当比例分摊的料件、工具、模具、消耗材料及类似货物的价款，以及在境外开发、设计等相关服务的费用；

（五）作为该货物向中华人民共和国境内销售的条件，买方必须支付的、与该货物有关的特许权使用费；

（六）卖方直接或者间接从买方获得的该货物进口后转售、处置或者使用的收益。

第二十条 进口时在货物的价款中列明的下列税收、费用，不计入该货物的完税价格：

（一）厂房、机械、设备等货物进口后进行建设、安装、装配、维修和技术服务的费用；

（二）进口货物运抵境内输入地点起卸后的运输及其相关费用、保险费；

（三）进口关税及国内税收。

第二十一条 进口货物的成交价格不符合本条例第十八条第三款规定条件的，或者成交价格不能确定的，海关经了解有关情况，并与纳税义务人进行价格磋商后，依次以下列价格估定该货物的完税价格：

（一）与该货物同时或者大约同时向中华人民共和国境内销售的相同货物的成交价格。

（二）与该货物同时或者大约同时向中华人民共和国境内销售的类似货物的成交价格。

（三）与该货物进口的同时或者大约同时，将该进口货物、相同或者类似进口货物在第一级销售环节销售给无特殊关系买方最大销售总量的单位价格，但应当扣除本条例第二十二条规定的项目。

（四）按照下列各项总和计算的价格：生产该货物所使用的料件成本和加工费用，向中华人民共和国境内销售同等级或者同种类货物通常的利润和一般费用，该货物运抵境内输入地点起卸前的运输及其相关费用、保险费。

（五）以合理方法估定的价格。

纳税义务人向海关提供有关资料后，可以提出申请，颠倒前款第（三）项和第（四）项的适用次序。

第二十二条 按照本条例第二十一条第一款第（三）项规定估定完税价格，应当扣除的项目是指：

（一）同等级或者同种类货物在中华人民共和国境内第一级销售环节销售时通常的利润和一般费用以及通常支付的佣金；

（二）进口货物运抵境内输入地点起卸后的运输及其相关费用、保险费；

（三）进口关税及国内税收。

第二十三条 以租赁方式进口的货物，以海关审查确定的该货物的租金作为完税价格。

纳税义务人要求一次性缴纳税款的，纳税义务人可以选择按照本条例第二十一条的规定估定完税价格，或者按照海关审查确定的租金总额作为完税价格。

第二十四条 运往境外加工的货物，出境时已向海关报明并在海关规定的期限内复运进境的，应当以境外加工费和料件费以及复运进境的运输及其相关费用和保险费审查确定完税价格。

第二十五条 运往境外修理的机械器具、运输工具或者其他货物，出境时已向海关报明并在海关规定的期限内复运进境的,应当以境外修理费和料件费审查确定完税价格。

第二十六条 出口货物的完税价格由海关以该货物的成交价格以及该货物运至中华人民共和国境内输出地点装载前的运输及其相关费用、保险费为基础审查确定。

出口货物的成交价格，是指该货物出口时卖方为出口该货物应当向买方直接收取和间接收取的价款总额。

出口关税不计入完税价格。

第二十七条 出口货物的成交价格不能确定的，海关经了解有关情况，并与纳税义务人进行价格磋商后，依次以下列价格估定该货物的完税价格：

（一）与该货物同时或者大约同时向同一国家或者地区出口的相同货物的成交价格。

（二）与该货物同时或者大约同时向同一国家或者地区出口的类似货物的成交价格。

（三）按照下列各项总和计算的价格：境内生产相同或者类似货物的料件成本、加工费用，通常的利润和一般费用，境内发生的运输及其相关费用、保险费。

（四）以合理方法估定的价格。

第二十八条 按照本条例规定计入或者不计入完税价格的成本、费用、税收，应当以客观、可量化的数据为依据。

第四章 进出口货物关税的征收

第二十九条 进口货物的纳税义务人应当自运输工具申报进境之日起 14 日内，出口货物的纳税义务人除海关特准的外，应当在货物运抵海关监管区后、装货的 24 小时以前，向货物的进出境地海关申报。进出口货物转关运输的，按照海关总署的规定执行。

进口货物到达前，纳税义务人经海关核准可以先行申报。具体办法由海关总署另行规定。

第三十条 纳税义务人应当依法如实向海关申报，并按照海关的规定提供有关确定完税价格、进行商品归类、确定原产地以及采取反倾销、反补贴或者保障措施等所需的资料；必要时，海关可以要求纳税义务人补充申报。

第三十一条 纳税义务人应当按照《税则》规定的目录条文和归类总规则、类注、章注、子目注释以及其他归类注释，对其申报的进出口货物进行商品归类，并归入相应的税则号列；海关应当依法审核确定该货物的商品归类。

第三十二条 海关可以要求纳税义务人提供确定商品归类所需的有关资料；必要时，

海关可以组织化验、检验，并将海关认定的化验、检验结果作为商品归类的依据。

第三十三条 海关为审查申报价格的真实性和准确性，可以查阅、复制与进出口货物有关的合同、发票、账册、结付汇凭证、单据、业务函电、录音录像制品和其他反映买卖双方关系及交易活动的资料。

海关对纳税义务人申报的价格有怀疑并且所涉关税数额较大的，经直属海关关长或者其授权的隶属海关关长批准，凭海关总署统一格式的协助查询账户通知书及有关工作人员的工作证件，可以查询纳税义务人在银行或者其他金融机构开立的单位账户的资金往来情况，并向银行业监督管理机构通报有关情况。

第三十四条 海关对纳税义务人申报的价格有怀疑的，应当将怀疑的理由书面告知纳税义务人，要求其在规定的期限内书面作出说明、提供有关资料。

纳税义务人在规定的期限内未作说明、未提供有关资料的，或者海关仍有理由怀疑申报价格的真实性和准确性的，海关可以不接受纳税义务人申报的价格，并按照本条例第三章的规定估定完税价格。

第三十五条 海关审查确定进出口货物的完税价格后，纳税义务人可以以书面形式要求海关就如何确定其进出口货物的完税价格作出书面说明，海关应当向纳税义务人作出书面说明。

第三十六条 进出口货物关税，以从价计征、从量计征或者国家规定的其他方式征收。

从价计征的计算公式为：应纳税额＝完税价格 × 关税税率

从量计征的计算公式为：应纳税额＝货物数量 × 单位税额

第三十七条 纳税义务人应当自海关填发税款缴款书之日起 15 日内向指定银行缴纳税款。纳税义务人未按期缴纳税款的，从滞纳税款之日起，按日加收滞纳税款万分之五的滞纳金。

海关可以对纳税义务人欠缴税款的情况予以公告。

海关征收关税、滞纳金等，应当制发缴款凭证，缴款凭证格式由海关总署规定。

第三十八条 海关征收关税、滞纳金等，应当按人民币计征。

进出口货物的成交价格以及有关费用以外币计价的，以中国人民银行公布的基准汇率折合为人民币计算完税价格；以基准汇率币种以外的外币计价的，按照国家有关规定套算为人民币计算完税价格。适用汇率的日期由海关总署规定。

第三十九条 纳税义务人因不可抗力或者在国家税收政策调整的情形下，不能按期缴纳税款的，经依法提供税款担保后，可以延期缴纳税款，但是最长不得超过 6 个月。

第四十条 进出口货物的纳税义务人在规定的纳税期限内有明显的转移、藏匿其应税货物以及其他财产迹象的，海关可以责令纳税义务人提供担保；纳税义务人不能提供担保的，海关可以按照《海关法》第六十一条的规定采取税收保全措施。

纳税义务人、担保人自缴纳税款期限届满之日起超过 3 个月仍未缴纳税款的，海关可以按照《海关法》第六十条的规定采取强制措施。

第四十一条 加工贸易的进口料件按照国家规定保税进口的，其制成品或者进口料件未在规定的期限内出口的，海关按照规定征收进口关税。

加工贸易的进口料件进境时按照国家规定征收进口关税的，其制成品或者进口料件在规定的期限内出口的，海关按照有关规定退还进境时已征收的关税税款。

第四十二条 暂时进境或者暂时出境的下列货物，在进境或者出境时纳税义务人向海关缴纳相当于应纳税款的保证金或者提供其他担保的，可以暂不缴纳关税，并应当自进境或者出境之日起 6 个月内复运出境或者复运进境；需要延长复运出境或者复运进境期限的，纳税义务人应当根据海关总署的规定向海关办理延期手续：

（一）在展览会、交易会、会议及类似活动中展示或者使用的货物；

（二）文化、体育交流活动中使用的表演、比赛用品；

（三）进行新闻报道或者摄制电影、电视节目使用的仪器、设备及用品；

（四）开展科研、教学、医疗活动使用的仪器、设备及用品；

（五）在本款第（一）项至第（四）项所列活动中使用的交通工具及特种车辆；

（六）货样；

（七）供安装、调试、检测设备时使用的仪器、工具；

（八）盛装货物的容器；

（九）其他用于非商业目的的货物。

第一款 所列暂时进境货物在规定的期限内未复运出境的，或者暂时出境货物在规定的期限内未复运进境的，海关应当依法征收关税。

第一款 所列可以暂时免征关税范围以外的其他暂时进境货物，应当按照该货物的完税价格和其在境内滞留时间与折旧时间的比例计算征收进口关税。具体办法由海关总

署规定。

第四十三条 因品质或者规格原因，出口货物自出口之日起 1 年内原状复运进境的，不征收进口关税。

因品质或者规格原因，进口货物自进口之日起 1 年内原状复运出境的，不征收出口关税。

第四十四条 因残损、短少、品质不良或者规格不符原因，由进出口货物的发货人、承运人或者保险公司免费补偿或者更换的相同货物，进出口时不征收关税。被免费更换的原进口货物不退运出境或者原出口货物不退运进境的，海关应当对原进出口货物重新按照规定征收关税。

第四十五条 下列进出口货物，免征关税：

（一）关税税额在人民币 50 元以下的一票货物；

（二）无商业价值的广告品和货样；

（三）外国政府、国际组织无偿赠送的物资；

（四）在海关放行前损失的货物；

（五）进出境运输工具装载的途中必需的燃料、物料和饮食用品。

在海关放行前遭受损坏的货物，可以根据海关认定的受损程度减征关税。

法律规定的其他免征或者减征关税的货物，海关根据规定予以免征或者减征。

第四十六条 特定地区、特定企业或者有特定用途的进出口货物减征或者免征关税，以及临时减征或者免征关税，按照国务院的有关规定执行。

第四十七条 进口货物减征或者免征进口环节海关代征税，按照有关法律、行政法规的规定执行。

第四十八条 纳税义务人进出口减免税货物的，除另有规定外，应当在进出口该货物之前，按照规定持有关文件向海关办理减免税审批手续。经海关审查符合规定的，予以减征或者免征关税。

第四十九条 需由海关监管使用的减免税进口货物，在监管年限内转让或者移作他用需要补税的，海关应当根据该货物进口时间折旧估价，补征进口关税。

特定减免税进口货物的监管年限由海关总署规定。

第五十条 有下列情形之一的，纳税义务人自缴纳税款之日起 1 年内，可以申请退还关税，并应当以书面形式向海关说明理由，提供原缴款凭证及相关资料：

（一）已征进口关税的货物，因品质或者规格原因，原状退货复运出境的；

（二）已征出口关税的货物，因品质或者规格原因，原状退货复运进境，并已重新缴纳因出口而退还的国内环节有关税收的；

（三）已征出口关税的货物，因故未装运出口，申报退关的。

海关应当自受理退税申请之日起 30 日内查实并通知纳税义务人办理退还手续。纳税义务人应当自收到通知之日起 3 个月内办理有关退税手续。

按照其他有关法律、行政法规规定应当退还关税的，海关应当按照有关法律、行政法规的规定退税。

第五十一条 进出口货物放行后，海关发现少征或者漏征税款的，应当自缴纳税款或者货物放行之日起 1 年内，向纳税义务人补征税款。但因纳税义务人违反规定造成少征或者漏征税款的，海关可以自缴纳税款或者货物放行之日起 3 年内追征税款，并从缴纳税款或者货物放行之日起按日加收少征或者漏征税款万分之五的滞纳金。

海关发现海关监管货物因纳税义务人违反规定造成少征或者漏征税款的，应当自纳税义务人应缴纳税款之日起 3 年内追征税款，并从应缴纳税款之日起按日加收少征或者漏征税款万分之五的滞纳金。

第五十二条 海关发现多征税款的，应当立即通知纳税义务人办理退还手续。

纳税义务人发现多缴税款的，自缴纳税款之日起 1 年内，可以以书面形式要求海关退还多缴的税款并加算银行同期活期存款利息；海关应当自受理退税申请之日起 30 日内查实并通知纳税义务人办理退还手续。

纳税义务人应当自收到通知之日起 3 个月内办理有关退税手续。

第五十三条 按照本条例第五十条、第五十二条的规定退还税款、利息涉及从国库中退库的，按照法律、行政法规有关国库管理的规定执行。

第五十四条 报关企业接受纳税义务人的委托，以纳税义务人的名义办理报关纳税手续，因报关企业违反规定而造成海关少征、漏征税款的，报关企业对少征或者漏征的税款、滞纳金与纳税义务人承担纳税的连带责任。

报关企业接受纳税义务人的委托，以报关企业的名义办理报关纳税手续的，报关企业与纳税义务人承担纳税的连带责任。

除不可抗力外，在保管海关监管货物期间，海关监管货物损毁或者灭失的，对海关监管货物负有保管义务的人应当承担相应的纳税责任。

第五十五条 欠税的纳税义务人，有合并、分立情形的，在合并、分立前，应当向海关报告，依法缴清税款。纳税义务人合并时未缴清税款的，由合并后的法人或者其他组织继续履行未履行的纳税义务；纳税义务人分立时未缴清税款的，分立后的法人或者其他组织对未履行的纳税义务承担连带责任。

纳税义务人在减免税货物、保税货物监管期间，有合并、分立或者其他资产重组情形的，应当向海关报告。按照规定需要缴税的，应当依法缴清税款；按照规定可以继续享受减免税、保税待遇的，应当到海关办理变更纳税义务人的手续。

纳税义务人欠税或者在减免税货物、保税货物监管期间，有撤销、解散、破产或者其他依法终止经营情形的，应当在清算前向海关报告。海关应当依法对纳税义务人的应缴税款予以清缴。

第五章　进境物品进口税的征收

第五十六条 进境物品的关税以及进口环节海关代征税合并为进口税，由海关依法征收。

第五十七条 海关总署规定数额以内的个人自用进境物品，免征进口税。

超过海关总署规定数额但仍在合理数量以内的个人自用进境物品，由进境物品的纳税义务人在进境物品放行前按照规定缴纳进口税。

超过合理、自用数量的进境物品应当按照进口货物依法办理相关手续。

国务院关税税则委员会规定按货物征税的进境物品，按照本条例第二章至第四章的规定征收关税。

第五十八条 进境物品的纳税义务人是指，携带物品进境的入境人员、进境邮递物品的收件人以及以其他方式进口物品的收件人。

第五十九条 进境物品的纳税义务人可以自行办理纳税手续，也可以委托他人办理纳税手续。接受委托的人应当遵守本章对纳税义务人的各项规定。

第六十条 进口税从价计征。

进口税的计算公式为：进口税税额＝完税价格 × 进口税税率

第六十一条 海关应当按照《进境物品进口税税率表》及海关总署制定的《中华人民共和国进境物品归类表》、《中华人民共和国进境物品完税价格表》对进境物品进行归类、确定完税价格和确定适用税率。

第六十二条 进境物品，适用海关填发税款缴款书之日实施的税率和完税价格。

第六十三条 进口税的减征、免征、补征、追征、退还以及对暂准进境物品征收进口税参照本条例对货物征收进口关税的有关规定执行。

第六章 附 则

第六十四条 纳税义务人、担保人对海关确定纳税义务人、确定完税价格、商品归类、确定原产地、适用税率或者汇率、减征或者免征税款、补税、退税、征收滞纳金、确定计征方式以及确定纳税地点有异议的，应当缴纳税款，并可以依法向上一级海关申请复议。对复议决定不服的，可以依法向人民法院提起诉讼。

第六十五条 进口环节海关代征税的征收管理，适用关税征收管理的规定。

第六十六条 有违反本条例规定行为的，按照《海关法》、《中华人民共和国海关行政处罚实施条例》和其他有关法律、行政法规的规定处罚。

第六十七条 本条例自2004年1月1日起施行。1992年3月18日国务院修订发布的《中华人民共和国进出口关税条例》同时废止。

中华人民共和国进出口货物原产地条例

（2019 年修订，2019 年 3 月 2 日施行）

（2004 年 9 月 3 日中华人民共和国国务院令第 416 号公布　根据 2019 年 3 月 2 日《国务院关于修改部分行政法规的决定》修订）

第一条　为了正确确定进出口货物的原产地，有效实施各项贸易措施，促进对外贸易发展，制定本条例。

第二条　本条例适用于实施最惠国待遇、反倾销和反补贴、保障措施、原产地标记管理、国别数量限制、关税配额等非优惠性贸易措施以及进行政府采购、贸易统计等活动对进出口货物原产地的确定。

实施优惠性贸易措施对进出口货物原产地的确定，不适用本条例。具体办法依照中华人民共和国缔结或者参加的国际条约、协定的有关规定另行制定。

第三条　完全在一个国家（地区）获得的货物，以该国（地区）为原产地；两个以上国家（地区）参与生产的货物，以最后完成实质性改变的国家（地区）为原产地。

第四条　本条例第三条所称完全在一个国家（地区）获得的货物，是指：

（一）在该国（地区）出生并饲养的活的动物；

（二）在该国（地区）野外捕捉、捕捞、搜集的动物；

（三）从该国（地区）的活的动物获得的未经加工的物品；

（四）在该国（地区）收获的植物和植物产品；

（五）在该国（地区）采掘的矿物；

（六）在该国（地区）获得的除本条第（一）项至第（五）项范围之外的其他天然生成的物品；

（七）在该国（地区）生产过程中产生的只能弃置或者回收用作材料的废碎料；

（八）在该国（地区）收集的不能修复或者修理的物品，或者从该物品中回收的零件或者材料；

（九）由合法悬挂该国旗帜的船舶从其领海以外海域获得的海洋捕捞物和其他物品；

（十）在合法悬挂该国旗帜的加工船上加工本条第（九）项所列物品获得的产品；

（十一）从该国领海以外享有专有开采权的海床或者海床底土获得的物品；

（十二）在该国（地区）完全从本条第（一）项至第（十一）项所列物品中生产的产品。

第五条　在确定货物是否在一个国家（地区）完全获得时，不考虑下列微小加工或者处理：

（一）为运输、贮存期间保存货物而作的加工或者处理；

（二）为货物便于装卸而作的加工或者处理；

（三）为货物销售而作的包装等加工或者处理。

第六条　本条例第三条规定的实质性改变的确定标准，以税则归类改变为基本标准；税则归类改变不能反映实质性改变的，以从价百分比、制造或者加工工序等为补充标准。具体标准由海关总署会同商务部制定。

本条第一款所称税则归类改变，是指在某一国家（地区）对非该国（地区）原产材料进行制造、加工后，所得货物在《中华人民共和国进出口税则》中某一级的税目归类发生了变化。

本条第一款所称从价百分比，是指在某一国家（地区）对非该国（地区）原产材料进行制造、加工后的增值部分，超过所得货物价值一定的百分比。

本条第一款所称制造或者加工工序，是指在某一国家（地区）进行的赋予制造、加工后所得货物基本特征的主要工序。

世界贸易组织《协调非优惠原产地规则》实施前，确定进出口货物原产地实质性改变的具体标准，由海关总署会同商务部根据实际情况另行制定。

第七条　货物生产过程中使用的能源、厂房、设备、机器和工具的原产地，以及未构成货物物质成分或者组成部件的材料的原产地，不影响该货物原产地的确定。

第八条　随所装货物进出口的包装、包装材料和容器，在《中华人民共和国进出口税则》中与该货物一并归类的，该包装、包装材料和容器的原产地不影响所装货物原产地的确定；对该包装、包装材料和容器的原产地不再单独确定，所装货物的原产地即为该包装、包装材料和容器的原产地。

随所装货物进出口的包装、包装材料和容器，在《中华人民共和国进出口税则》中与该货物不一并归类的，依照本条例的规定确定该包装、包装材料和容器的原产地。

第九条 按正常配备的种类和数量随货物进出口的附件、备件、工具和介绍说明性资料，在《中华人民共和国进出口税则》中与该货物一并归类的，该附件、备件、工具和介绍说明性资料的原产地不影响该货物原产地的确定；对该附件、备件、工具和介绍说明性资料的原产地不再单独确定，该货物的原产地即为该附件、备件、工具和介绍说明性资料的原产地。

随货物进出口的附件、备件、工具和介绍说明性资料在《中华人民共和国进出口税则》中虽与该货物一并归类，但超出正常配备的种类和数量的，以及在《中华人民共和国进出口税则》中与该货物不一并归类的，依照本条例的规定确定该附件、备件、工具和介绍说明性资料的原产地。

第十条 对货物所进行的任何加工或者处理，是为了规避中华人民共和国关于反倾销、反补贴和保障措施等有关规定的，海关在确定该货物的原产地时可以不考虑这类加工和处理。

第十一条 进口货物的收货人按照《中华人民共和国海关法》及有关规定办理进口货物的海关申报手续时，应当依照本条例规定的原产地确定标准如实申报进口货物的原产地；同一批货物的原产地不同的，应当分别申报原产地。

第十二条 进口货物进口前，进口货物的收货人或者与进口货物直接相关的其他当事人，在有正当理由的情况下，可以书面申请海关对将要进口的货物的原产地作出预确定决定；申请人应当按照规定向海关提供作出原产地预确定决定所需的资料。

海关应当在收到原产地预确定书面申请及全部必要资料之日起150天内，依照本条例的规定对该进口货物作出原产地预确定决定，并对外公布。

第十三条 海关接受申报后，应当按照本条例的规定审核确定进口货物的原产地。

已作出原产地预确定决定的货物，自预确定决定作出之日起3年内实际进口时，经海关审核其实际进口的货物与预确定决定所述货物相符，且本条例规定的原产地确定标准未发生变化的，海关不再重新确定该进口货物的原产地；经海关审核其实际进口的货物与预确定决定所述货物不相符的，海关应当按照本条例的规定重新审核确定该进口货物的原产地。

第十四条 海关在审核确定进口货物原产地时，可以要求进口货物的收货人提交该进口货物的原产地证书，并予以审验；必要时，可以请求该货物出口国（地区）的有关机构对该货物的原产地进行核查。

第十五条 根据对外贸易经营者提出的书面申请，海关可以依照《中华人民共和国海关法》第四十三条的规定，对将要进口的货物的原产地预先作出确定原产地的行政裁定，并对外公布。

进口相同的货物，应当适用相同的行政裁定。

第十六条 国家对原产地标记实施管理。货物或者其包装上标有原产地标记的，其原产地标记所标明的原产地应当与依照本条例所确定的原产地相一致。

第十七条 出口货物发货人可以向海关、中国国际贸易促进委员会及其地方分会（以下简称签证机构），申请领取出口货物原产地证书。

第十八条 出口货物发货人申请领取出口货物原产地证书，应当在签证机构办理注册登记手续，按照规定如实申报出口货物的原产地，并向签证机构提供签发出口货物原产地证书所需的资料。

第十九条 签证机构接受出口货物发货人的申请后，应当按照规定审查确定出口货物的原产地，签发出口货物原产地证书；对不属于原产于中华人民共和国境内的出口货物，应当拒绝签发出口货物原产地证书。

出口货物原产地证书签发管理的具体办法，由海关总署会同国务院其他有关部门、机构另行制定。

第二十条 应出口货物进口国（地区）有关机构的请求，海关、签证机构可以对出口货物的原产地情况进行核查，并及时将核查情况反馈进口国（地区）有关机构。

第二十一条 用于确定货物原产地的资料和信息，除按有关规定可以提供或者经提供该资料和信息的单位、个人的允许，海关、签证机构应当对该资料和信息予以保密。

第二十二条 违反本条例规定申报进口货物原产地的，依照《中华人民共和国对外贸易法》、《中华人民共和国海关法》和《中华人民共和国海关行政处罚实施条例》的有关规定进行处罚。

第二十三条 提供虚假材料骗取出口货物原产地证书或者伪造、变造、买卖或者盗窃出口货物原产地证书的，由海关处 5000 元以上 10 万元以下的罚款；骗取、伪造、变造、买卖或者盗窃作为海关放行凭证的出口货物原产地证书的，处货值金额等值以下的罚款，但货值金额低于 5000 元的，处 5000 元罚款。有违法所得的，由海关没收违法所得。构成犯罪的，依法追究刑事责任。

第二十四条 进出口货物的原产地标记与依照本条例所确定的原产地不一致的，由海关责令改正。

第二十五条 确定进出口货物原产地的工作人员违反本条例规定的程序确定原产地的，或者泄露所知悉的商业秘密的，或者滥用职权、玩忽职守、徇私舞弊的，依法给予行政处分；有违法所得的，没收违法所得；构成犯罪的，依法追究刑事责任。

第二十六条 本条例下列用语的含义：

获得，是指捕捉、捕捞、搜集、收获、采掘、加工或者生产等。

货物原产地，是指依照本条例确定的获得某一货物的国家（地区）。

原产地证书，是指出口国（地区）根据原产地规则和有关要求签发的，明确指出该证中所列货物原产于某一特定国家（地区）的书面文件。

原产地标记，是指在货物或者包装上用来表明该货物原产地的文字和图形。

第二十七条 本条例自 2005 年 1 月 1 日起施行。1992 年 3 月 8 日国务院发布的《中华人民共和国出口货物原产地规则》、1986 年 12 月 6 日海关总署发布的《中华人民共和国海关关于进口货物原产地的暂行规定》同时废止。

中华人民共和国核出口管制条例

（2006 年修订，2006 年 11 月 9 日施行）

（1997 年 9 月 10 日中华人民共和国国务院令第 230 号发布 根据 2006 年 11 月 9 日《国务院关于修改〈中华人民共和国核出口管制条例〉的决定》修订）

第一条 为了加强对核出口的管制，防止核武器扩散，防范核恐怖主义行为，维护国家安全和社会公共利益，促进和平利用核能的国际合作，制定本条例。

第二条 本条例所称核出口，是指《核出口管制清单》（以下简称《管制清单》）所列的核材料、核设备和反应堆用非核材料等物项及其相关技术的贸易性出口及对外赠送、展览、科技合作和援助等方式进行的转移。

第三条 国家对核出口实行严格管制，严格履行所承担的不扩散核武器的国际义务。

国家严格限制铀浓缩设施、设备，辐照燃料后处理设施、设备，重水生产设施、设备等物项及其相关技术等核扩散敏感物项，以及可以用于核武器或者其他核爆炸装置的材料的出口。

第四条 核出口应当遵守国家有关法律、行政法规的规定，不得损害国家安全或者社会公共利益。

第五条 核出口审查、许可，应当遵循下列准则：

（一）接受方政府保证不将中国供应的核材料、核设备或者反应堆用非核材料以及通过其使用而生产的特种可裂变材料用于任何核爆炸目的。

（二）接受方政府保证对中国供应的核材料以及通过其使用而生产的特种可裂变材料采取适当的实物保护措施。

（三）接受方政府同国际原子能机构订有有效的全面保障协定。本项规定不适用于同国际原子能机构订有自愿保障协定的国家。

（四）接受方保证，未经中国国家原子能机构事先书面同意，不向第三方再转让中国所供应的核材料、核设备或者反应堆用非核材料及其相关技术；经事先同意进行再转让的，接受再转让的第三方应当承担相当于由中国直接供应所承担的义务。

（五）接受方政府保证，未经中国政府同意，不得利用中国供应的铀浓缩设施、技术或者以此技术为基础的任何设施生产富集度高于 20% 的浓缩铀。

第六条 核出口由国务院指定的单位专营，任何其他单位或者个人不得经营。

第七条 出口《管制清单》所列物项及其相关技术，应当向国家原子能机构提出申请，填写核出口申请表并提交下列文件：

（一）申请人从事核出口的专营资格证明；

（二）申请人的法定代表人、主要经营管理人以及经办人的身份证明；

（三）合同或者协议的副本；

（四）核材料或者反应堆用非核材料分析报告单；

（五）最终用户证明；

（六）接受方依照本条例第五条规定提供的保证证明；

（七）审查机关要求提交的其他文件。

第八条 申请人应当如实填写核出口申请表。

核出口申请表由国家原子能机构统一印制。

第九条 核出口申请表上填报的事项发生变化的，申请人应当及时提出修正，或者重新提出出口申请。

申请人中止核出口时，应当及时撤回核出口申请。

第十条 国家原子能机构应当自收到核出口申请表及本条例第七条所列文件之日起15 个工作日内，提出审查意见，并通知申请人；经审查同意的，应当区分情况，依照下列规定处理：

（一）出口核材料的，转送国防科学技术工业委员会复审或者国防科学技术工业委员会会同有关部门复审；

（二）出口核设备或者反应堆用非核材料及其相关技术的，转送商务部复审或者商务部会同国防科学技术工业委员会等有关部门复审。

国防科学技术工业委员会、商务部应当自收到国家原子能机构转送的核出口申请表和本条例第七条所列文件及审查意见之日起 15 个工作日内提出复审意见，并通知申请人。

国家原子能机构、国防科学技术工业委员会、商务部因特殊情况，需要延长审查或者复审期限的，可以延长 15 个工作日，但是应当通知申请人。

第十一条 对国家安全、社会公共利益或者外交政策有重要影响的核出口，国家原子能机构、国防科学技术工业委员会、商务部审查或者复审时，应当会商外交部等有关部门；必要时，应当报国务院审批。

报国务院审批的，不受本条例第十条规定时限的限制。

第十二条 核出口申请依照本条例规定经复审或者审批同意的，由商务部颁发核出口许可证。

第十三条 核出口许可证持有人改变原申请出口的物项及其相关技术的，应当交回原许可证，并依照本条例的规定，重新申请、领取核出口许可证。

第十四条 商务部颁发核出口许可证后，应当书面通知国家原子能机构。

第十五条 核出口专营单位进行核出口时，应当向海关出具核出口许可证，依照海关法的规定办理海关手续，并接受海关监管。

第十六条 海关可对出口经营者出口的物项及其技术是否需要办理核出口证件提出质疑，并可要求其向商务部申请办理是否属于核出口管制范围的证明文件；属于核出口管制范围的，应当依照本条例的规定申请取得核出口许可证。

第十七条 接受方或者其政府违反其依照本条例第五条规定作出的保证，或者出现核扩散、核恐怖主义危险时，国防科学技术工业委员会、商务部会同外交部等有关部门，有权作出中止出口有关物项或者相关技术的决定，并书面通知海关执行。

第十八条 违反本条例规定，出口核材料、核设备、反应堆用非核材料的，依照海关法的规定处罚。

违反本条例规定，出口《管制清单》所列有关技术的，由商务部给予警告，处违法经营额 1 倍以上 5 倍以下罚款；违法经营额不足 5 万元的，处 5 万元以上 25 万元以下罚款；有违法所得的，没收违法所得；构成犯罪的，依法追究刑事责任。

第十九条 伪造、变造、买卖核出口许可证，或者以欺骗等不正当手段获取核出口许可证的，依照有关法律、行政法规的规定处罚；构成犯罪的，依法追究刑事责任。

第二十条 国家核出口管制工作人员玩忽职守、徇私舞弊或者滥用职权，构成犯罪的，依法追究刑事责任；尚不构成犯罪的，依法给予行政处分。

第二十一条 国家原子能机构会同国防科学技术工业委员会、商务部、外交部、海关总署等有关部门根据实际情况，可以对《管制清单》进行调整，并予以公布。

第二十二条 中华人民共和国缔结或者参加的国际条约同本条例有不同规定的，适用国际条约的规定；但是，中华人民共和国声明保留的条款除外。

第二十三条 《管制清单》所列物项及其相关技术从保税仓库、保税区、出口加工区等海关特殊监管区域、保税场所出口，适用本条例的规定。

《管制清单》所列物项及其相关技术的过境、转运、通运，参照本条例的规定执行。

第二十四条 本条例自发布之日起施行。

中华人民共和国核两用品及相关技术出口管制条例

（2007 年修订，2007 年 1 月 26 日施行）

（1998 年 6 月 10 日中华人民共和国国务院令第 245 号发布 根据 2007 年 1 月 26 日《国务院关于修改〈中华人民共和国核两用品及相关技术出口管制条例〉的决定》修订）

第一条 为了加强对核两用品及相关技术出口的管制，防止核武器扩散，防范核恐怖主义行为，促进和平利用核能的国际合作，维护国家安全和社会公共利益，制定本条例。

第二条 本条例所称核两用品及相关技术出口，是指《核两用品及相关技术出口管制清单》（以下简称《管制清单》）所列的设备、材料、软件和相关技术的贸易性出口及对外赠送、展览、科技合作、援助、服务和以其他方式进行的转移。

第三条 国家对核两用品及相关技术出口实行严格管制，严格履行所承担的不扩散核武器的国际义务，防止核两用品及相关技术用于核爆炸目的或者核恐怖主义行为。

为维护国家安全以及国际和平与安全，国家对核两用品及相关技术出口可以采取任何必要的措施。

第四条 核两用品及相关技术出口，应当遵守国家有关法律、行政法规和本条例的规定，不得损害国家安全和社会公共利益。

第五条 国家对核两用品及相关技术出口实行许可证管理制度。

第六条 核两用品及相关技术出口的许可，应当基于接受方的如下保证：

（一）接受方保证，不将中国供应的核两用品及相关技术或者其任何复制品用于核爆炸目的以及申明的最终用途以外的其他用途。

（二）接受方保证，不将中国供应的核两用品及相关技术或者其任何复制品用于未接受国际原子能机构保障监督的核燃料循环活动。本项规定不适用于同国际原子能机构订有自愿保障协定的国家。

（三）接受方保证，未经中国政府允许，不将中国供应的核两用品及相关技术或者其任何复制品向申明的最终用户以外的第三方转让。

第七条 从事核两用品及相关技术出口的经营者，须经商务部登记。未经登记，任何单位或者个人不得经营核两用品及相关技术出口。登记的具体办法由商务部规定。

第八条 出口《管制清单》所列的核两用品及相关技术，应当向商务部提出申请，填写核两用品及相关技术出口申请表（以下简称出口申请表），并提交下列文件：

（一）申请人的法定代表人、主要经营管理人以及经办人的身份证明；

（二）合同或者协议的副本；

（三）核两用品及相关技术的技术说明或者检测报告；

（四）最终用户和最终用途证明；

（五）本条例第六条规定的保证文书；

（六）商务部要求提交的其他文件。

第九条 核两用品及相关技术出口，属于参加境外展览、中方在境外自用、境外检修，并在规定期限内复运进境的，或者属于境内检修复运出境以及商务部规定的其他情形的，在申请时经商务部审查同意，可以免予提交本条例第八条规定的有关文件。

第十条 申请人应当如实填写出口申请表。

出口申请表由商务部统一印制。

第十一条 商务部应当自收到出口申请表和本条例第八条规定的文件之日起，会同国家原子能机构或者会同国家原子能机构商有关部门，涉及外交政策的，并商外交部，进行审查并在45个工作日内作出许可或者不许可的决定。

第十二条 对国家安全、社会公共利益或者外交政策有重大影响的核两用品及相关技术出口，商务部会同有关部门报国务院批准。

报国务院批准的，不受本条例第十一条规定时限的限制。

第十三条 核两用品及相关技术出口申请经审查许可的，由商务部颁发核两用品及相关技术出口许可证件（以下简称出口许可证件）。

第十四条 出口许可证件持有人改变原申请的核两用品及相关技术出口的，应当交回原出口许可证件，并依照本条例的有关规定，重新申请、领取出口许可证件。

第十五条 核两用品及相关技术出口时，出口经营者应当向海关出具出口许可证件，依照海关法的规定办理海关手续，并接受海关监管。

第十六条 海关可以对出口经营者出口的设备、材料、软件和相关技术是否需要办理核两用品及相关技术出口许可证件提出质疑，并可以要求其向商务部申请办理是否属于核两用品及相关技术出口管制范围的证明文件；属于核两用品及相关技术出口管制范围的，出口经营者应当依照本条例的规定申请取得核两用品及相关技术出口许可证件。具体办法由海关总署会同商务部制定。

第十七条 接受方违反其依照本条例第六条规定作出的保证，或者出现核扩散、核恐怖主义行为危险时，商务部应当对已经颁发的出口许可证件予以中止或者撤销，并书面通知有关部门。

第十八条 出口经营者应当建立、健全核两用品及相关技术出口的内部控制机制，并妥善保存有关合同、发票、单据、业务函电等资料，保存期限不少于 5 年。商务部可以查阅、复制相关资料。

第十九条 出口经营者知道或者应当知道，或者得到商务部通知，其所出口的设备、材料、软件和相关技术存在核扩散风险或者可能被用于核恐怖主义目的的，即使该设备、材料、软件和相关技术未列入《管制清单》，也应当依照本条例的规定执行。

第二十条 经国务院批准，商务部会同有关部门，可以临时决定对《管制清单》以外的特定核两用品及相关技术的出口依照本条例实施管制。

前款规定的特定核两用品及相关技术的出口，应当依照本条例的规定经过许可。

第二十一条 商务部组织有关方面的专家组成核两用品及相关技术出口管制咨询委员会，承担核两用品及相关技术出口管制的咨询、评估、论证等工作。

第二十二条 商务部或者商务部会同有关部门可以对涉嫌违反本条例规定的行为进行调查、制止。必要时，商务部可以将拟出境的设备、材料、软件和相关技术的有关情况通报海关，对其中属于海关监管货物的，海关可以查验和扣留。对海关监管区域外不属于海关监管货物的，商务部可以查封或者扣留。有关单位和个人应当予以配合、协助。

第二十三条 违反本条例的规定，出口核两用品的，依照海关法的规定处罚。

违反本条例的规定，出口核两用品相关技术的，由商务部给予警告，处违法经营额 1 倍以上 5 倍以下的罚款；违法经营额不足 5 万元的，处 5 万元以上 25 万元以下的罚款；有违法所得的，没收违法所得；构成犯罪的，依法追究刑事责任。

第二十四条 伪造、变造或者买卖出口许可证件的，依照有关法律、行政法规的规定处罚；构成犯罪的，依法追究刑事责任。

以欺骗或者其他不正当手段获取出口许可证件的，由商务部收缴其出口许可证件，处违法经营额 1 倍以上 5 倍以下的罚款；违法经营额不足 5 万元的，处 5 万元以上 25 万元以下的罚款；有违法所得的，没收违法所得；构成犯罪的，依法追究刑事责任。

第二十五条 对核两用品及相关技术出口实施管制的国家工作人员玩忽职守、徇私舞弊或者滥用职权，构成犯罪的，依法追究刑事责任；尚不构成犯罪的，依法给予处分。

第二十六条 商务部会同国家原子能机构和有关部门，可以根据实际情况对《管制清单》进行调整，并予以公布。

第二十七条 中华人民共和国缔结或者参加的国际条约同本条例有不同规定的，适用国际条约的规定；但是，中华人民共和国声明保留的条款除外。

第二十八条 核两用品及相关技术从保税区、出口加工区等海关特殊监管区域和出口监管仓库、保税物流中心等保税监管场所出口，适用本条例的规定。

核两用品及相关技术的过境、转运、通运，参照本条例的规定执行。

第二十九条 本条例自发布之日起施行。

中华人民共和国导弹及相关物项和技术出口管制条例

（2002 年 8 月公布，2002 年 8 月 22 日施行）

（2002 年 8 月 22 日中华人民共和国国务院令第 361 号公布）

第一条 为了加强对导弹及相关物项和技术出口的管制，维护国家安全和社会公共利益，制定本条例。

第二条 本条例所称导弹及相关物项和技术出口，是指本条例附件《导弹及相关物项和技术出口管制清单》(以下简称《管制清单》)所列的导弹及相关设备、材料、技术的贸易性出口以及对外赠送、展览、科技合作、援助、服务和以其他方式进行的技术转移。

第三条 国家对导弹及相关物项和技术出口实行严格管制，防止《管制清单》所列的可被用于运载大规模杀伤性武器的导弹及其他运载系统的扩散。

第四条 国家对导弹及相关物项和技术出口实行许可证件管理制度。未经许可，任何单位或者个人不得出口导弹及相关物项和技术。

第五条 出口《管制清单》第一部分所列的物项和技术，依照《中华人民共和国军品出口管理条例》及其他有关规定办理。

出口《管制清单》第二部分所列的物项和技术(以下简称导弹相关物项和技术)，应当依照本条例第七条至第十三条的规定履行审批手续；但是，出口用于军事目的的导弹相关物项和技术，应当依照前款规定办理。

第六条 导弹相关物项和技术出口的接受方应当保证，未经中国政府允许，不将中国供应的导弹相关物项和技术用于申明的最终用途以外的其他用途，不将中国供应的导弹相关物项和技术向申明的最终用户以外的第三方转让。

第七条 从事导弹相关物项和技术出口的经营者，须经国务院对外经济贸易主管部门(以下简称国务院外经贸主管部门)登记。未经登记，任何单位或者个人不得经营导弹相关物项和技术出口。具体登记办法由国务院外经贸主管部门规定。

第八条 出口导弹相关物项和技术，应当向国务院外经贸主管部门提出申请，填写导弹相关物项和技术出口申请表（以下简称出口申请表），并提交下列文件：

（一）申请人的法定代表人、主要经营管理人以及经办人的身份证明；

（二）合同或者协议的副本；

（三）导弹相关物项和技术的技术说明；

（四）最终用户证明和最终用途证明；

（五）本条例第六条规定的保证文书；

（六）国务院外经贸主管部门规定提交的其他文件。

第九条 申请人应当如实填写出口申请表。

出口申请表由国务院外经贸主管部门统一印制。

第十条 国务院外经贸主管部门应当自收到出口申请表和本条例第八条规定的文件之日起进行审查，或者会同国务院有关部门、中央军事委员会有关部门进行审查，并在45个工作日内作出许可或者不许可的决定。

第十一条 对国家安全、社会公共利益有重大影响的导弹相关物项和技术出口，国务院外经贸主管部门应当会同有关部门报国务院、中央军事委员会批准。

导弹相关物项和技术出口报国务院、中央军事委员会批准的，不受本条例第十条规定时限的限制。

第十二条 导弹相关物项和技术出口申请经审查许可的，由国务院外经贸主管部门颁发导弹相关物项和技术出口许可证件（以下简称出口许可证件），并书面通知海关。

第十三条 出口许可证件持有人改变原申请的导弹相关物项和技术出口的，应当交回原出口许可证件，并依照本条例的有关规定，重新申请、领取出口许可证件。

第十四条 导弹相关物项和技术出口时，出口经营者应当向海关出具出口许可证件，依照海关法的规定办理海关手续，并接受海关监管。

第十五条 接受方违反其依照本条例第六条规定作出的保证，或者出现《管制清单》所列的可被用于运载大规模杀伤性武器的导弹及其他运载系统扩散的危险时，国务院外经贸主管部门应当对已经颁发的出口许可证件予以中止或者撤销，并书面通知海关。

第十六条 出口经营者知道或者应当知道所出口的导弹相关物项和技术将被接受方直接用于《管制清单》所列的可被用于运载大规模杀伤性武器的导弹及其他运载系统的发展计划的，即使该物项和技术未列入《管制清单》，也应当依照本条例的规定执行。

第十七条 经国务院、中央军事委员会批准，国务院外经贸主管部门会同有关部门，可以临时决定对《管制清单》以外的特定物项和技术的出口依照本条例实施管制。

第十八条 未经许可擅自出口导弹相关物项和技术的，或者擅自超出许可的范围出口导弹相关物项和技术的，依照刑法关于走私罪、非法经营罪、泄露国家秘密罪或者其他罪的规定，依法追究刑事责任；尚不够刑事处罚的，区别不同情况，依照海关法的有关规定处罚，或者由国务院外经贸主管部门给予警告，没收违法所得，处违法所得1倍以上5倍以下的罚款；国务院外经贸主管部门并可以暂停直至撤销其对外贸易经营许可。

第十九条 伪造、变造或者买卖导弹相关物项和技术出口许可证件的，依照刑法关于非法经营罪或者伪造、变造、买卖国家机关公文、证件、印章罪的规定，依法追究刑事责任；尚不够刑事处罚的，依照海关法的有关规定处罚；国务院外经贸主管部门并可以撤销其对外贸易经营许可。

第二十条 以欺骗或者其他不正当手段获取导弹相关物项和技术出口许可证件的，由国务院外经贸主管部门收缴其出口许可证件，没收违法所得，处违法所得等值以下的罚款，暂停直至撤销其对外贸易经营许可。

第二十一条 违反本条例第七条规定，未经登记擅自经营导弹相关物项和技术出口的，由国务院外经贸主管部门依法取缔其非法活动，并由国家有关主管部门依照有关法律和行政法规的规定给予处罚。

第二十二条 对导弹相关物项和技术出口实施管制的国家工作人员滥用职权、玩忽职守或者利用职务上的便利索取、收受他人财物的，依照刑法关于滥用职权罪、玩忽职守罪、受贿罪或者其他罪的规定，依法追究刑事责任；尚不够刑事处罚的，依法给予行政处分。

第二十三条 国务院外经贸主管部门会同有关部门，可以根据实际情况对《管制清单》进行调整，报国务院、中央军事委员会批准后执行。

第二十四条 本条例自公布之日起施行。

附件：（附件部分是参照官网添加）

导弹及相关物项和技术出口管制清单

一、前言

（一）本清单第一部分是导弹和其他运载系统（包括弹道导弹、巡航导弹、火箭和无人驾驶飞行器）及其专用物项和技术，第二部分是与第一部分第一项相关的物项和技术。

（二）含有第一部分中所列物项的系统应被视为第一部分的物项；但如所含物项与系统不可分或不可复制，且系统为民用用途设计，则该系统应被视为第二部分的物项。

（三）本清单所列任何项目均包括与之直接相关的技术。

二、定义

本清单应用以下定义：

（一）"技术"是指"研制"、"生产"或"使用"本清单所列物项所需要，并可以"技术资料"或"技术援助"的形式传授的专门知识。但"技术"不包括"公开领域技术"或"基础科学研究"中的技术。

1. "公开领域技术"是指没有传播限制而可以自由获得的技术（包括仅受版权限制的技术）。

2. "基础科学研究"是指主要为获得贯穿在现象和观察到的事实中的基本原理性知识，而不是为了达到特定的实用目的或目标所进行的实验或理论工作。

（二）"研制"是指生产以前的所有阶段，如：

1. 设计

2. 设计研究

3. 设计分析

4. 方案研究

5. 样机的装配和试验

6. 试生产方案

7. 设计资料

8. 把设计资料转化为产品的工艺过程

9. 结构设计

10. 总体设计

11. 绘制设计图纸

（三）"生产"是指所有的生产阶段，如：

1. 生产设计

2. 制造

3. 总成

4. 装配

5. 检验

6. 试验

7. 质量保证

（四）"使用"是指：

1. 操作

2. 安装（包括现场安装）

3. 维护

4. 修理

5. 大修

6. 翻修

（五）"技术资料"是指下列形式：

1. 规划

2. 计划

3. 图表

4. 数学模型

5. 计算公式

6. 工程设计与技术规范

7. 书写或记录在磁盘、磁带、只读或可读写存储器等存储介质上的手册和说明书

（六）"技术援助"是指：

1. 技术指导

2. 派遣熟练工人

3. 培训

4. 传授知识

5. 咨询服务

（七）"生产设施"是指在研制生产的一个或几个阶段中组成整套装置的设备，以及为此专门设计的软件。

（八）"生产设备"是指工具、样板、夹具、芯模、塑模、冲模、定位装置、校准装置、试验设备以及其他机械和部件。这些设备只限于那些为"研制"或"生产"的一个或几个阶段而专门设计的设备。

第一部分

一、能把 500 千克以上有效载荷投掷到 300 千米以上的完整弹道导弹、运载火箭、探空火箭、巡航导弹和无人驾驶航空飞行器，以及为其专门设计的生产设施

二、能用于第一项中各系统的如下各项：

（一）弹道导弹的各级

（二）火箭的各级

（三）导弹再入飞行器

（四）用于上述第（三）项的陶瓷材料防热套及其部件

（五）用于上述第（三）项的烧蚀材料防热套及其部件

（六）用于上述第（三）项的、用热容高的轻质材料制造的热沉装置及其部件

（七）为上述第（三）项专门设计的电子设备

（八）推力大于或等于 90 千牛顿的可贮存推进剂液体火箭发动机

（九）总冲大于或等于 1100 千牛顿·秒的固体火箭发动机

（十）能使射程为 300 千米的弹道导弹的精度达到 10 千米或以下圆公算偏差的制导装置

（十一）推力矢量控制系统

（十二）弹头保险、解保、引信和起爆装置

（十三）为上述第（一）至第（十二）项专门设计的生产设施与设备

三、运载火箭的级间机构及为其专门设计的生产设备

四、火箭发动机的壳体及为其专门设计的生产设备

五、专门设计或改进用于第一部分第一项中各系统的液压、机械、光电或机电控制系统

六、专门设计或改进用于第一部分第一项中各系统的姿态控制设备

七、为了优化无人驾驶航空飞行器在整个飞行过程中的空气动力特性而使机身、推进系统和升力控制面一体化的设计技术

八、为了优化导弹或火箭弹道而使制导、控制和推进数据一体化成为一个飞行管理系统的设计技术

九、能用于第一项中各系统的无源电子干扰设备

十、为第一项的装卸、控制、待发射和发射而设计或改进的仪器和装置

十一、为第一项的运输、装卸、控制、待发射和发射而设计或改进的车辆

十二、静态或工作状态精度为 1 毫伽或更好、达到稳态记录时间至多为 2 分钟的机载或舰载重力仪、重力梯度仪及为其专门设计的部件

十三、精密跟踪系统

(一)安装在火箭系统或无人驾驶航空飞行器上的采用转发器的跟踪系统,它连同地面或空中的参考基准或导航卫星系统可提供飞行中位置和速度的实时测量数据

(二)用来事后处理记录数据,从而能够确定飞行器在整个飞行轨迹中的位置的软件

十四、降低雷达波反射特性的结构件

十五、用来降低雷达波反射特性的结构材料

十六、用来降低雷达波反射特性的涂料

十七、专门设计用来降低光学反射或辐射的涂料

十八、用于上述第十四至第十七项的生产设备、技术及专门设计的软件

十九、降低雷达反射率、紫外 / 红外线信号与声学信号的技术及专门设计的软件

第二部分

一、再入飞行器组件、部件和相关技术

(一)陶瓷防热部件的设计与制造技术

(二)烧蚀防热部件的设计与制造技术

(三)热沉装置及其部件的设计与制造技术

(四)保护免受电磁脉冲、X 射线、冲击波和热辐射综合效应损害的装置

1. 抗辐射加固的微型电路和探测器

2. 用来承受不小于 418 焦耳 / 平方厘米的热冲击和超压不小于 50 千帕的冲击波综合效应的加固结构

(五)抗辐射加固的设计技术

（六）加固结构的设计技术

二、推进系统组件、部件及相关技术

（一）小型和燃烧效率高的轻型涡轮喷气发动机

（二）小型和燃烧效率高的轻型涡轮风扇发动机

（三）小型和燃烧效率高的轻型涡轮组合式发动机

（四）冲压喷气发动机

（五）超燃冲压喷气发动机

（六）脉冲喷气发动机

（七）组合循环发动机

（八）上述第（四）至第（七）项的燃烧调节装置

（九）经设计或改进能在 20 至 2000 赫兹之间和加速度大于 10 个标准重力加速度（均方根值）的振动环境中工作的液体和悬浮推进剂控制系统及为此专门设计的部件

1. 绝压等于或大于 7000 千帕时流量等于或大于 24 升/分和作动器响应时间小于 100 微秒的伺服阀

2. 用于液体推进剂的、转速等于或大于 8000 转/分，并且出口压力等于或大于 7000 千帕的泵

（十）为上述第（一）至第（九）项专门设计的生产设施

三、液体推进剂

（一）纯度 70% 以上的肼

（二）偏二甲肼

（三）甲基肼

（四）混胺

（五）四氧化二氮

（六）红发烟硝酸

四、固体推进剂及其组分

（一）颗粒尺寸小于 500 微米、不论球形的、椭球体的、雾化的、片状的或研碎的金属燃料，含下述任何金属或其合金，含量等于或大于 97%：

1. 锆

2. 硼

3. 镁

4. 钛

5. 铀

6. 钨

7. 锌

8. 铈

(二) 粒度小于 500 微米的球形高氯酸铵 (过氯酸铵)

(三) 同时满足如下条件的球形铝粉 :

1. 颗粒均匀

2. 铝含量等于或大于 97%(按重量计)

3. 粒度小于 500 微米

(四) 能量密度大于 40 兆焦耳 / 千克的硼浆

(五) 硝胺类

1. 奥托金 (环四甲基四硝胺 HMX)

2. 黑索金 (环三甲基三硝胺 RDX)

(六) 复合推进剂

1. 模压的胶质推进剂

2. 含有硝化粘接剂和 5% 以上的铝粉的推进剂

(七) 聚合物

1. 端羧基聚丁二烯 (CTPB)

2. 端羟基聚丁二烯 (HTPB)

(八) 三乙胺点火剂

五、制导、控制系统设备、部件及相关技术

(一) 天文陀螺罗盘及其他利用天体或卫星进行导航的装置

(二) 飞行控制软件和测试软件

(三) 陀螺稳定平台

(四) 无人航空飞行器的自动驾驶仪

（五）额定漂移率小于 0.5 度 / 小时的陀螺仪

（六）惯性平台测试台（包括高精度离心机和转台）

（七）惯性测量单元测试仪

（八）惯性测量单元稳定元件加工夹具

（九）惯性平台平衡夹具

（十）陀螺调谐测试仪

（十一）陀螺动态平衡测试仪

（十二）陀螺 / 马达运转试验台

（十三）陀螺抽气和充气台

（十四）陀螺轴承用的离心架

（十五）生产环形激光陀螺用的矩形散射仪

（十六）生产环形激光陀螺用的极性散射仪

（十七）生产环形激光陀螺用的反射计

（十八）生产环形激光陀螺用的表面光度仪

（十九）比例误差小于 0.25% 的加速度表

（二十）加速度表测试台

（二十一）加速度表轴线校准台

（二十二）为陀螺或加速度表专门设计的试验、标定和校准装置

六、目标探测装置及电子系统

（一）雷达设备

（二）高度表

（三）地形等高线绘制设备

（四）场景绘图及相关设备（包括数字和模拟设备）

（五）成像传感器设备

（六）专门设计的导航信息处理机及其软件

（七）排除传导热的电子装置和部件

（八）抗辐射加固的电子装置和部件

（九）能可靠地在超过 125 摄氏度温度下短期工作的电子装置和部件

（十）具有专门设计的整体结构支承件的电子装置和部件

（十一）遥测设备及其技术

（十二）遥测或遥控的地面设备

（十三）满足如下条件的模拟和数字计算装置：

1. 连续工作时的环境温度范围为－45 摄氏度至＋55 摄氏度；或

2. 进行了加固和抗辐射加固的

（十四）具有以下特性之一的模／数转换器：

1. 能在－54 摄氏度至＋125 摄氏度的温度范围内连续工作，并且

2. 能设计成符合加固设备的军用技术规范；或

3. 能设计或改进成军用，或设计成抗辐射的，并具有如下特性之一：

（1）在额定精度下转换速率大于每秒 200000 次完整的转换

（2）在规定的工作温度范围内精度超过全量程的 1/10000 以上

（3）品质因数为 1×108 以上（每秒转换次数除以精度）

（4）内含的模数转换器微型电路具有下列特性：

①达到最大分辨率时的最长转换时间小于 20 微秒

②在规定的工作温度范围内，额定的非线性度高于全量程的 0.025%

（十五）保护电子设备和电气系统免受外部电磁脉冲和电磁干扰危害的设计技术

1. 屏蔽系统的设计技术

2. 加固的电气线路和分系统的线路设计技术

3. 上述加固标准的确定

七、材料

（一）结构复合材料，包括各种复合材料结构件、层压板和制品，以及以树脂或金属为基体的用纤维和丝材增强而制成的各种预浸件和预成形件，其中增强材料的比拉伸强度大于 7.62×104 米和比模量大于 3.18×106 米

1. 聚酰亚胺复合材料

2. 聚酰胺基复合材料

3. 聚碳酸脂复合材料

4. 石英纤维增强的复合材料

5. 碳纤维增强的复合材料

6. 硼纤维增强的复合材料

7. 镁金属基复合材料

8. 钛金属基复合材料

（二）在 100 赫兹至 10000 赫兹的频率下，介电常数小于 6 的陶瓷复合材料

（三）在 20 摄氏度温度下测得具有下列特性的人造细晶粒整体石墨：

1. 密度大于 1.72 克 / 立方厘米

2. 拉伸断裂应变等于或大于 0.7%

3. 热膨胀系数等于或小于 $2.75 \times 10 - 6$/ 摄氏度（在 20 摄氏度至 982 摄氏度温度范围内测得）

（四）多次浸渍的热解碳 / 碳材料

（五）特种钢材

具有以下特性的钛稳定的双炼不锈钢：

1. 含 17.0% 至 26.5%（重量）的铬和 4.5% 至 7.0%（重量）的镍，并具有

2. 铁素体—奥氏体微观结构（亦称"两相"微观结构），其中奥氏体的体积百分比最少为 10%

3. 具有以下任何形状：

（1）每一维的尺寸为 100 毫米或 100 毫米以上的锭材或棒材

（2）宽度等于或大于 600 毫米和厚度等于或小于 3 毫米的薄板

（3）外径等于或大于 600 毫米和壁厚等于或小于 3 毫米的管材

（六）陶瓷防热材料

（七）烧蚀防热材料

八、导弹、火箭相关设计和试验技术及设备

（一）系统建模、仿真或总体设计的专用软件及相关模拟和数字计算机

（二）能够施加等于或大于 100 千牛顿的力并且使用数控技术的振动试验设备，以及专门为此设计的辅助设备和软件

（三）超音速（马赫数为 1.4 至 5）和高超音速（马赫数为 5 至 15）的风洞，但专门设计用于教学目的和试验区的尺寸（在内部测得的）小于 25 厘米的风洞除外

（四）能够试验推力大于 90 千牛顿的固体或液体推进剂火箭发动机或者能同时测量三个推力分量的试车台

九、生产设备和生产技术

（一）生产第二部分第四项所述固体推进剂的设备

1.同时满足如下条件的间歇式搅拌机：

（1）总容量大于 110 升

（2）至少装有一个偏离中心的搅拌轴

2.同时满足如下条件的连续式搅拌机：

（1）具有两个或更多个搅拌轴

（2）具有能够打开的搅拌室

3.在受控环境中生产雾化的或球状的金属粉末的设备

4.流体能粉碎机

5.生产固体推进剂用的贮运设备

6.生产固体推进剂用的固化设备

7.生产固体推进剂用的浇注设备

8.生产固体推进剂用的压制设备

9.生产固体推进剂用的验收试验设备

10.生产固体推进剂用的机加工设备

11.生产固体推进剂用的拉挤设备

（二）生产第二部分第三项中所述液体推进剂的设备

1.生产液体推进剂用的贮运设备

2.液体推进剂的生产设备

3.生产液体推进剂用的验收试验设备

（三）热解沉积和增密的设备与技术

1.在注模、芯模或其他基料上用母质气体在 1300 摄氏度到 2900 摄氏度高温范围内和 130 帕到 20 千帕的压力下分解而产生出热解衍生材料的生产技术，包括母质气体的合成、流量、工艺过程控制的规程以及参数控制的技术在内

2.为上述工艺过程而专门设计的喷嘴

3. 满足如下条件的等静压机：

（1）最大工作压力等于或大于 69 兆帕

（2）能够达到并保持等于或高于 600 摄氏度的可控热环境

（3）具有内径等于或大于 254 毫米的空腔

4. 用于碳碳复合材料增密的化学气相沉积炉

5. 热解沉积和增密工艺过程控制装置及专门设计的软件

（四）生产复合材料部件的设备和技术

1. 三坐标或多坐标联动和程控的纤维缠绕机及为其专门设计的计算机或数控软件

2. 具有两个或两个以上坐标的数控和程控的铺带机及为其专门设计的软件

3. 纤维结构复合材料编织机的成套附件及其改装附件

4. 调节热压罐和液压釜中温度、压力和大气的技术资料和规程

5. 生产聚合纤维（如聚丙烯腈、粘胶和聚碳硅烷）的设备，包括在加热过程中对纤维施加张力的专门设备

6. 用于使元素和化合物气相沉积在被加热的纤维基体上的设备

7. 难熔陶瓷（如氧化铝）湿纺设备

8. 对纤维表面进行特殊处理的设备

9. 用于生产预浸件和预成型件的设备

10. 用于复合材料结构件、层压板材和制品的预成型件加压、固化、浇注、热压或粘接的注模、芯模、压模和工装夹具等

中华人民共和国生物两用品及相关设备和技术出口管制条例

（2002 年 10 月发布，2002 年 12 月 1 日施行）

（2002 年 10 月 14 日中华人民共和国国务院令第 365 号公布）

第一条 为了加强对生物两用品及相关设备和技术出口的管制，维护国家安全和社会公共利益，制定本条例。

第二条 本条例所称生物两用品及相关设备和技术出口，是指本条例附件《生物两用品及相关设备和技术出口管制清单》（以下简称《管制清单》）所列的生物两用品及相关设备和技术的贸易性出口以及对外交流、交换、赠送、展览、援助、服务和以其他方式进行的技术转移。

第三条 生物两用品及相关设备和技术出口应当遵守国家有关法律、行政法规和本条例规定，不得损害国家安全和社会公共利益。

第四条 国家对生物两用品及相关设备和技术出口实行严格管制，防止《管制清单》所列的生物两用品及相关设备和技术用于生物武器目的。

第五条 国家对《管制清单》所列的生物两用品及相关设备和技术出口实行许可制度。未经许可，任何单位或者个人不得出口《管制清单》所列的生物两用品及相关设备和技术。

第六条 从事生物两用品及相关设备和技术出口的经营者，须经国务院对外经济贸易主管部门（以下简称国务院外经贸主管部门）登记。未经登记，任何单位或者个人不得经营生物两用品及相关设备和技术出口。具体登记办法由国务院外经贸主管部门规定。

第七条 生物两用品及相关设备和技术出口的接受方应当保证：

（一）所进口的生物两用品及相关设备和技术不用于生物武器目的；

（二）未经中国政府允许，不将中国供应的生物两用品及相关设备和技术用于申明的最终用途以外的其他用途；

（三）未经中国政府允许，不将中国供应的生物两用品及相关设备和技术向申明的最终用户以外的第三方转让。

第八条 出口《管制清单》所列的生物两用品及相关设备和技术，应当向国务院外经贸主管部门提出申请，填写生物两用品及相关设备和技术出口申请表（以下简称出口申请表），并提交下列文件：

（一）申请人的法定代表人、主要经营管理人以及经办人的身份证明；

（二）合同、协议的副本或者其他证明文件；

（三）生物两用品及相关设备和技术的技术说明；

（四）最终用户证明和最终用途证明；

（五）本条例第七条规定的保证文书；

（六）国务院外经贸主管部门规定提交的其他文件。

第九条 申请人应当如实填写出口申请表。

出口申请表由国务院外经贸主管部门统一印制。

第十条 国务院外经贸主管部门应当自收到出口申请表和本条例第八条规定的文件之日起进行审查，或者会同有关部门进行审查。

对《管制清单》第一部分所列的生物两用品及相关设备和技术的出口申请，国务院外经贸主管部门应当在15个工作日内作出许可或者不予许可的决定；对《管制清单》第二部分所列的生物两用品及相关设备和技术的出口申请，国务院外经贸主管部门应当在45个工作日内作出许可或者不予许可的决定。

第十一条 对国家安全、社会公共利益有重大影响的生物两用品及相关设备和技术出口，国务院外经贸主管部门应当会同有关部门报国务院批准。

生物两用品及相关设备和技术出口报国务院批准的，不受本条例第十条规定时限的限制。

第十二条 生物两用品及相关设备和技术出口申请经审查许可的，由国务院外经贸主管部门向申请人颁发生物两用品及相关设备和技术出口许可证件（以下简称出口许可证件），并书面通知海关。

第十三条 出口许可证件持有人改变原申请的生物两用品及相关设备和技术出口的，应当交回原出口许可证件，并依照本条例的有关规定，重新申请出口许可。

第十四条 生物两用品及相关设备和技术出口时，出口单位或者个人应当向海关出具出口许可证件，依照海关法的规定办理海关手续，并接受海关监管。

第十五条 接受方违反其依照本条例第七条规定作出的保证，或者出现《管制清单》所列的可用于生物武器目的的生物两用品及相关设备和技术扩散的危险时，国务院外经贸主管部门应当对已经颁发的出口许可证件予以中止或者撤销，并书面通知海关。

第十六条 任何单位或者个人知道或者应当知道所出口的生物两用品及相关设备和技术将被接受方直接用于生物武器目的的，无论该生物两用品及相关设备和技术是否列入《管制清单》，都不应当出口。

第十七条 经国务院批准，国务院外经贸主管部门会同有关部门，可以临时决定对《管制清单》以外的特定生物两用品及相关设备和技术的出口依照本条例实施管制。

第十八条 未经许可擅自出口生物两用品及相关设备和技术的，或者擅自超出许可的范围出口生物两用品及相关设备和技术的，依照刑法关于走私罪、非法经营罪、泄露国家秘密罪或者其他罪的规定，依法追究刑事责任；尚不够刑事处罚的，区别不同情况，依照海关法的有关规定处罚，或者由国务院外经贸主管部门给予警告，没收违法所得，处 5 万元以上 25 万元以下的罚款；国务院外经贸主管部门并可以暂停直至撤销其对外贸易经营许可。

第十九条 伪造、变造或者买卖生物两用品及相关设备和技术出口许可证件的，依照刑法关于非法经营罪或者伪造、变造、买卖国家机关公文、证件、印章罪的规定，依法追究刑事责任；尚不够刑事处罚的，依照海关法的有关规定处罚；国务院外经贸主管部门并可以撤销其对外贸易经营许可。

第二十条 以欺骗或者其他不正当手段获取生物两用品及相关设备和技术出口许可证件的，由国务院外经贸主管部门收缴其出口许可证件，没收违法所得，处 2 万元以上 10 万元以下的罚款，暂停直至撤销其对外贸易经营许可。

第二十一条 违反本条例第六条规定，未经登记擅自经营生物两用品及相关设备和技术出口的，由国务院外经贸主管部门依法取缔其非法活动，并由国家有关主管部门依照有关法律和行政法规的规定给予处罚。

第二十二条 对生物两用品及相关设备和技术出口实施管制的国家工作人员滥用职权、玩忽职守或者利用职务上的便利索取、收受他人财物的，依照刑法关于滥用职权罪、玩忽职守罪、受贿罪或者其他罪的规定，依法追究刑事责任；尚不够刑事处罚的，依法给予行政处分。

第二十三条 国务院外经贸主管部门会同有关部门，可以根据实际情况对《管制清单》进行调整，报国务院批准后执行。

第二十四条 《管制清单》所列生物两用品及相关设备和技术进口后再出口的，适用本条例的规定。

第二十五条 本条例自 2002 年 12 月 1 日起施行。

中华人民共和国监控化学品管理条例

（2011 年修订，2011 年 1 月 8 日施行）

（1995 年 12 月 27 日中华人民共和国国务院令第 190 号发布 根据 2011 年 1 月 8 日《国务院关于废止和修改部分行政法规的决定》修订）

第一条 为了加强对监控化学品的管理，保障公民的人身安全和保护环境，制定本条例。

第二条 在中华人民共和国境内从事监控化学品的生产、经营和使用活动，必须遵守本条例。

第三条 本条例所称监控化学品，是指下列各类化学品：

第一类：可作为化学武器的化学品；

第二类：可作为生产化学武器前体的化学品；

第三类：可作为生产化学武器主要原料的化学品；

第四类：除炸药和纯碳氢化合物外的特定有机化学品。

前款各类监控化学品的名录由国务院化学工业主管部门提出，报国务院批准后公布。

第四条 国务院化学工业主管部门负责全国监控化学品的管理工作。省、自治区、直辖市人民政府化学工业主管部门负责本行政区域内监控化学品的管理工作。

第五条 生产、经营或者使用监控化学品的，应当依照本条例和国家有关规定向国务院化学工业主管部门或者省、自治区、直辖市人民政府化学工业主管部门申报生产、经营或者使用监控化学品的有关资料、数据和使用目的，接受化学工业主管部门的检查监督。

第六条 国家严格控制第一类监控化学品的生产。

为科研、医疗、制造药物或者防护目的需要生产第一类监控化学品的，应当报国务院化学工业主管部门批准，并在国务院化学工业主管部门指定的小型设施中生产。

严禁在未经国务院化学工业主管部门指定的设施中生产第一类监控化学品。

第七条 国家对第二类、第三类监控化学品和第四类监控化学品中含磷、硫、氟的特定有机化学品的生产，实行特别许可制度；未经特别许可的，任何单位和个人均不得生产。特别许可办法，由国务院化学工业主管部门制定。

第八条 新建、扩建或者改建用于生产第二类、第三类监控化学品和第四类监控化学品中含磷、硫、氟的特定有机化学品的设施，应当向所在地省、自治区、直辖市人民政府化学工业主管部门提出申请，经省、自治区、直辖市人民政府化学工业主管部门审查签署意见，报国务院化学工业主管部门批准后，方可开工建设；工程竣工后，经所在地省、自治区、直辖市人民政府化学工业主管部门验收合格，并报国务院化学工业主管部门批准后，方可投产使用。

新建、扩建或者改建用于生产第四类监控化学品中不含磷、硫、氟的特定有机化学品的设施，应当在开工生产前向所在地省、自治区、直辖市人民政府化学工业主管部门备案。

第九条 监控化学品应当在专用的化工仓库中储存，并设专人管理。监控化学品的储存条件应当符合国家有关规定。

第十条 储存监控化学品的单位，应当建立严格的出库、入库检查制度和登记制度；发现丢失、被盗时，应当立即报告当地公安机关和所在地省、自治区、直辖市人民政府化学工业主管部门；省、自治区、直辖市人民政府化学工业主管部门应当积极配合公安机关进行查处。

第十一条 对变质或者过期失效的监控化学品，应当及时处理。处理方案报所在地省、自治区、直辖市人民政府化学工业主管部门批准后实施。

第十二条 为科研、医疗、制造药物或者防护目的需要使用第一类监控化学品的，应当向国务院化学工业主管部门提出申请，经国务院化学工业主管部门审查批准后，凭批准文件同国务院化学工业主管部门指定的生产单位签订合同，并将合同副本报送国务院化学工业主管部门备案。

第十三条 需要使用第二类监控化学品的，应当向所在地省、自治区、直辖市人民政府化学工业主管部门提出申请，经省、自治区、直辖市人民政府化学工业主管部门审查批准后，凭批准文件同国务院化学工业主管部门指定的经销单位签订合同，并将合同副本报送所在地省、自治区、直辖市人民政府化学工业主管部门备案。

第十四条 国务院化学工业主管部门会同国务院对外经济贸易主管部门指定的单位（以下简称被指定单位），可以从事第一类监控化学品和第二类、第三类监控化学品及其生产技术、专用设备的进出口业务。

需要进口或者出口第一类监控化学品和第二类、第三类监控化学品及其生产技术、专用设备的，应当委托被指定单位代理进口或者出口。除被指定单位外，任何单位和个人均不得从事这类进出口业务。

第十五条 国家严格控制第一类监控化学品的进口和出口。非为科研、医疗、制造药物或者防护目的，不得进口第一类监控化学品。

接受委托进口第一类监控化学品的被指定单位，应当向国务院化学工业主管部门提出申请，并提交产品最终用途的说明和证明；经国务院化学工业主管部门审查签署意见后，报国务院审查批准。被指定单位凭国务院的批准文件向国务院对外经济贸易主管部门申请领取进口许可证。

第十六条 接受委托进口第二类、第三类监控化学品及其生产技术、专用设备的被指定单位，应当向国务院化学工业主管部门提出申请，并提交所进口的化学品、生产技术或者专用设备最终用途的说明和证明；经国务院化学工业主管部门审查批准后，被指定单位凭国务院化学工业主管部门的批准文件向国务院对外经济贸易主管部门申请领取进口许可证。

第十七条 接受委托出口第一类监控化学品的被指定单位，应当向国务院化学工业主管部门提出申请，并提交进口国政府或者政府委托机构出具的所进口的化学品仅用于科研、医疗、制造药物或者防护目的和不转口第三国的保证书；经国务院化学工业主管部门审查签署意见后，报国务院审查批准。被指定单位凭国务院的批准文件向国务院对外经济贸易主管部门申请领取出口许可证。

第十八条 接受委托出口第二类、第三类监控化学品及其生产技术、专用设备的被指定单位，应当向国务院化学工业主管部门提出申请，并提交进口国政府或者政府委托机构出具的所进口的化学品、生产技术、专用设备不用于生产化学武器和不转口第三国的保证书；经国务院化学工业主管部门审查批准后，被指定单位凭国务院化学工业主管部门的批准文件向国务院对外经济贸易主管部门申请领取出口许可证。

第十九条 使用监控化学品的，应当与其申报的使用目的相一致；需要改变使用目的的，应当报原审批机关批准。

第二十条 使用第一类、第二类监控化学品的，应当按照国家有关规定，定期向所在地省、自治区、直辖市人民政府化学工业主管部门报告消耗此类监控化学品的数量和使用此类监控化学品生产最终产品的数量。

第二十一条 违反本条例规定，生产监控化学品的，由省、自治区、直辖市人民政府化学工业主管部门责令限期改正；逾期不改正的，可以处 20 万元以下的罚款；情节严重的，可以提请省、自治区、直辖市人民政府责令停产整顿。

第二十二条 违反本条例规定，使用监控化学品的，由省、自治区、直辖市人民政府化学工业主管部门责令限期改正；逾期不改正的，可以处 5 万元以下的罚款。

第二十三条 违反本条例规定，经营监控化学品的，由省、自治区、直辖市人民政府化学工业主管部门没收其违法经营的监控化学品和违法所得，可以并处违法经营额 1 倍以上 2 倍以下的罚款。

第二十四条 违反本条例规定，隐瞒、拒报有关监控化学品的资料、数据，或者妨碍、阻挠化学工业主管部门依照本条例的规定履行检查监督职责的，由省、自治区、直辖市人民政府化学工业主管部门处以 5 万元以下的罚款。

第二十五条 违反本条例规定，构成违反治安管理行为的，依照《中华人民共和国治安管理处罚法》的有关规定处罚；构成犯罪的，依法追究刑事责任。

第二十六条 在本条例施行前已经从事生产、经营或者使用监控化学品的，应当依照本条例的规定，办理有关手续。

第二十七条 本条例自发布之日起施行。

易制毒化学品管理条例

（2018 年修订，2018 年 9 月 18 日施行）

（2005 年 8 月 26 日中华人民共和国国务院令第 445 号公布 根据 2014 年 7 月 29 日《国务院关于修改部分行政法规的决定》第一次修订 根据 2016 年 2 月 6 日《国务院关于修改部分行政法规的决定》第二次修订 根据 2018 年 9 月 18 日《国务院关于修改部分行政法规的决定》第三次修订）

第一章 总 则

第一条 为了加强易制毒化学品管理，规范易制毒化学品的生产、经营、购买、运输和进口、出口行为，防止易制毒化学品被用于制造毒品，维护经济和社会秩序，制定本条例。

第二条 国家对易制毒化学品的生产、经营、购买、运输和进口、出口实行分类管理和许可制度。

易制毒化学品分为三类。第一类是可以用于制毒的主要原料，第二类、第三类是可以用于制毒的化学配剂。易制毒化学品的具体分类和品种，由本条例附表列示。

易制毒化学品的分类和品种需要调整的，由国务院公安部门会同国务院药品监督管理部门、安全生产监督管理部门、商务主管部门、卫生主管部门和海关总署提出方案，报国务院批准。

省、自治区、直辖市人民政府认为有必要在本行政区域内调整分类或者增加本条例规定以外的品种的，应当向国务院公安部门提出，由国务院公安部门会同国务院有关行政主管部门提出方案，报国务院批准。

第三条 国务院公安部门、药品监督管理部门、安全生产监督管理部门、商务主管部门、卫生主管部门、海关总署、价格主管部门、铁路主管部门、交通主管部门、市场监督管理部门、生态环境主管部门在各自的职责范围内，负责全国的易制毒化学品有关管理工作；县级以上地方各级人民政府有关行政主管部门在各自的职责范围内，负责本行政区域内的易制毒化学品有关管理工作。

县级以上地方各级人民政府应当加强对易制毒化学品管理工作的领导，及时协调解决易制毒化学品管理工作中的问题。

第四条　易制毒化学品的产品包装和使用说明书，应当标明产品的名称（含学名和通用名）、化学分子式和成分。

第五条　易制毒化学品的生产、经营、购买、运输和进口、出口，除应当遵守本条例的规定外，属于药品和危险化学品的，还应当遵守法律、其他行政法规对药品和危险化学品的有关规定。

禁止走私或者非法生产、经营、购买、转让、运输易制毒化学品。

禁止使用现金或者实物进行易制毒化学品交易。但是，个人合法购买第一类中的药品类易制毒化学品药品制剂和第三类易制毒化学品的除外。

生产、经营、购买、运输和进口、出口易制毒化学品的单位，应当建立单位内部易制毒化学品管理制度。

第六条　国家鼓励向公安机关等有关行政主管部门举报涉及易制毒化学品的违法行为。接到举报的部门应当为举报者保密。对举报属实的，县级以上人民政府及有关行政主管部门应当给予奖励。

第二章　生产、经营管理

第七条　申请生产第一类易制毒化学品，应当具备下列条件，并经本条例第八条规定的行政主管部门审批，取得生产许可证后，方可进行生产：

（一）属依法登记的化工产品生产企业或者药品生产企业；

（二）有符合国家标准的生产设备、仓储设施和污染物处理设施；

（三）有严格的安全生产管理制度和环境突发事件应急预案；

（四）企业法定代表人和技术、管理人员具有安全生产和易制毒化学品的有关知识，无毒品犯罪记录；

（五）法律、法规、规章规定的其他条件。

申请生产第一类中的药品类易制毒化学品，还应当在仓储场所等重点区域设置电视监控设施以及与公安机关联网的报警装置。

第八条 申请生产第一类中的药品类易制毒化学品的，由省、自治区、直辖市人民政府药品监督管理部门审批；申请生产第一类中的非药品类易制毒化学品的，由省、自治区、直辖市人民政府安全生产监督管理部门审批。

前款规定的行政主管部门应当自收到申请之日起 60 日内，对申请人提交的申请材料进行审查。对符合规定的，发给生产许可证，或者在企业已经取得的有关生产许可证件上标注；不予许可的，应当书面说明理由。

审查第一类易制毒化学品生产许可申请材料时，根据需要，可以进行实地核查和专家评审。

第九条 申请经营第一类易制毒化学品，应当具备下列条件，并经本条例第十条规定的行政主管部门审批，取得经营许可证后，方可进行经营：

（一）属依法登记的化工产品经营企业或者药品经营企业；

（二）有符合国家规定的经营场所，需要储存、保管易制毒化学品的，还应当有符合国家技术标准的仓储设施；

（三）有易制毒化学品的经营管理制度和健全的销售网络；

（四）企业法定代表人和销售、管理人员具有易制毒化学品的有关知识，无毒品犯罪记录；

（五）法律、法规、规章规定的其他条件。

第十条 申请经营第一类中的药品类易制毒化学品的，由省、自治区、直辖市人民政府药品监督管理部门审批；申请经营第一类中的非药品类易制毒化学品的，由省、自治区、直辖市人民政府安全生产监督管理部门审批。

前款规定的行政主管部门应当自收到申请之日起 30 日内，对申请人提交的申请材料进行审查。对符合规定的，发给经营许可证，或者在企业已经取得的有关经营许可证件上标注；不予许可的，应当书面说明理由。

审查第一类易制毒化学品经营许可申请材料时，根据需要，可以进行实地核查。

第十一条 取得第一类易制毒化学品生产许可或者依照本条例第十三条第一款规定已经履行第二类、第三类易制毒化学品备案手续的生产企业，可以经销自产的易制毒化学品。但是，在厂外设立销售网点经销第一类易制毒化学品的，应当依照本条例的规定取得经营许可。

第一类中的药品类易制毒化学品药品单方制剂，由麻醉药品定点经营企业经销，且不得零售。

第十二条　取得第一类易制毒化学品生产、经营许可的企业，应当凭生产、经营许可证到市场监督管理部门办理经营范围变更登记。未经变更登记，不得进行第一类易制毒化学品的生产、经营。

第一类易制毒化学品生产、经营许可证被依法吊销的，行政主管部门应当自作出吊销决定之日起 5 日内通知市场监督管理部门；被吊销许可证的企业，应当及时到市场监督管理部门办理经营范围变更或者企业注销登记。

第十三条　生产第二类、第三类易制毒化学品的，应当自生产之日起 30 日内，将生产的品种、数量等情况，向所在地的设区的市级人民政府安全生产监督管理部门备案。

经营第二类易制毒化学品的，应当自经营之日起 30 日内，将经营的品种、数量、主要流向等情况，向所在地的设区的市级人民政府安全生产监督管理部门备案；经营第三类易制毒化学品的，应当自经营之日起 30 日内，将经营的品种、数量、主要流向等情况，向所在地的县级人民政府安全生产监督管理部门备案。

前两款规定的行政主管部门应当于收到备案材料的当日发给备案证明。

第三章　购买管理

第十四条　申请购买第一类易制毒化学品，应当提交下列证件，经本条例第十五条规定的行政主管部门审批，取得购买许可证：

（一）经营企业提交企业营业执照和合法使用需要证明；

（二）其他组织提交登记证书（成立批准文件）和合法使用需要证明。

第十五条　申请购买第一类中的药品类易制毒化学品的，由所在地的省、自治区、直辖市人民政府药品监督管理部门审批；申请购买第一类中的非药品类易制毒化学品的，由所在地的省、自治区、直辖市人民政府公安机关审批。

前款规定的行政主管部门应当自收到申请之日起 10 日内，对申请人提交的申请材料和证件进行审查。对符合规定的，发给购买许可证；不予许可的，应当书面说明理由。

审查第一类易制毒化学品购买许可申请材料时，根据需要，可以进行实地核查。

第十六条 持有麻醉药品、第一类精神药品购买印鉴卡的医疗机构购买第一类中的药品类易制毒化学品的，无须申请第一类易制毒化学品购买许可证。

个人不得购买第一类、第二类易制毒化学品。

第十七条 购买第二类、第三类易制毒化学品的，应当在购买前将所需购买的品种、数量，向所在地的县级人民政府公安机关备案。个人自用购买少量高锰酸钾的，无须备案。

第十八条 经营单位销售第一类易制毒化学品时，应当查验购买许可证和经办人的身份证明。对委托代购的，还应当查验购买人持有的委托文书。

经营单位在查验无误、留存上述证明材料的复印件后，方可出售第一类易制毒化学品；发现可疑情况的，应当立即向当地公安机关报告。

第十九条 经营单位应当建立易制毒化学品销售台账，如实记录销售的品种、数量、日期、购买方等情况。销售台账和证明材料复印件应当保存 2 年备查。

第一类易制毒化学品的销售情况，应当自销售之日起 5 日内报当地公安机关备案；第一类易制毒化学品的使用单位，应当建立使用台账，并保存 2 年备查。

第二类、第三类易制毒化学品的销售情况，应当自销售之日起 30 日内报当地公安机关备案。

第四章 运输管理

第二十条 跨设区的市级行政区域（直辖市为跨市界）或者在国务院公安部门确定的禁毒形势严峻的重点地区跨县级行政区域运输第一类易制毒化学品的，由运出地的设区的市级人民政府公安机关审批；运输第二类易制毒化学品的，由运出地的县级人民政府公安机关审批。经审批取得易制毒化学品运输许可证后，方可运输。

运输第三类易制毒化学品的，应当在运输前向运出地的县级人民政府公安机关备案。公安机关应当于收到备案材料的当日发给备案证明。

第二十一条 申请易制毒化学品运输许可，应当提交易制毒化学品的购销合同，货主是企业的，应当提交营业执照；货主是其他组织的，应当提交登记证书（成立批准文件）；货主是个人的，应当提交其个人身份证明。经办人还应当提交本人的身份证明。

公安机关应当自收到第一类易制毒化学品运输许可申请之日起 10 日内，收到第二类易制毒化学品运输许可申请之日起 3 日内，对申请人提交的申请材料进行审查。对符合规定的，发给运输许可证；不予许可的，应当书面说明理由。

审查第一类易制毒化学品运输许可申请材料时，根据需要，可以进行实地核查。

第二十二条 对许可运输第一类易制毒化学品的，发给一次有效的运输许可证。

对许可运输第二类易制毒化学品的，发给 3 个月有效的运输许可证；6 个月内运输安全状况良好的，发给 12 个月有效的运输许可证。

易制毒化学品运输许可证应当载明拟运输的易制毒化学品的品种、数量、运入地、货主及收货人、承运人情况以及运输许可证种类。

第二十三条 运输供教学、科研使用的 100 克以下的麻黄素样品和供医疗机构制剂配方使用的小包装麻黄素以及医疗机构或者麻醉药品经营企业购买麻黄素片剂 6 万片以下、注射剂 1.5 万支以下，货主或者承运人持有依法取得的购买许可证明或者麻醉药品调拨单的，无须申请易制毒化学品运输许可。

第二十四条 接受货主委托运输的，承运人应当查验货主提供的运输许可证或者备案证明，并查验所运货物与运输许可证或者备案证明载明的易制毒化学品品种等情况是否相符；不相符的，不得承运。

运输易制毒化学品，运输人员应当自启运起全程携带运输许可证或者备案证明。公安机关应当在易制毒化学品的运输过程中进行检查。

运输易制毒化学品，应当遵守国家有关货物运输的规定。

第二十五条 因治疗疾病需要，患者、患者近亲属或者患者委托的人凭医疗机构出具的医疗诊断书和本人的身份证明，可以随身携带第一类中的药品类易制毒化学品药品制剂，但是不得超过医用单张处方的最大剂量。

医用单张处方最大剂量，由国务院卫生主管部门规定、公布。

第五章 进口、出口管理

第二十六条 申请进口或者出口易制毒化学品，应当提交下列材料，经国务院商务主管部门或者其委托的省、自治区、直辖市人民政府商务主管部门审批，取得进口或者出口许可证后，方可从事进口、出口活动：

（一）对外贸易经营者备案登记证明复印件；

（二）营业执照副本；

（三）易制毒化学品生产、经营、购买许可证或者备案证明；

（四）进口或者出口合同（协议）副本；

（五）经办人的身份证明。

申请易制毒化学品出口许可的，还应当提交进口方政府主管部门出具的合法使用易制毒化学品的证明或者进口方合法使用的保证文件。

第二十七条 受理易制毒化学品进口、出口申请的商务主管部门应当自收到申请材料之日起 20 日内，对申请材料进行审查，必要时可以进行实地核查。对符合规定的，发给进口或者出口许可证；不予许可的，应当书面说明理由。

对进口第一类中的药品类易制毒化学品的，有关的商务主管部门在作出许可决定前，应当征得国务院药品监督管理部门的同意。

第二十八条 麻黄素等属于重点监控物品范围的易制毒化学品，由国务院商务主管部门会同国务院有关部门核定的企业进口、出口。

第二十九条 国家对易制毒化学品的进口、出口实行国际核查制度。易制毒化学品国际核查目录及核查的具体办法，由国务院商务主管部门会同国务院公安部门规定、公布。

国际核查所用时间不计算在许可期限之内。

对向毒品制造、贩运情形严重的国家或者地区出口易制毒化学品以及本条例规定品种以外的化学品的，可以在国际核查措施以外实施其他管制措施，具体办法由国务院商务主管部门会同国务院公安部门、海关总署等有关部门规定、公布。

第三十条 进口、出口或者过境、转运、通运易制毒化学品的，应当如实向海关申报，并提交进口或者出口许可证。海关凭许可证办理通关手续。

易制毒化学品在境外与保税区、出口加工区等海关特殊监管区域、保税场所之间进出的，适用前款规定。

易制毒化学品在境内与保税区、出口加工区等海关特殊监管区域、保税场所之间进出的，或者在上述海关特殊监管区域、保税场所之间进出的，无须申请易制毒化学品进口或者出口许可证。

进口第一类中的药品类易制毒化学品，还应当提交药品监督管理部门出具的进口药品通关单。

第三十一条 进出境人员随身携带第一类中的药品类易制毒化学品药品制剂和高锰酸钾，应当以自用且数量合理为限，并接受海关监管。

进出境人员不得随身携带前款规定以外的易制毒化学品。

第六章 监督检查

第三十二条 县级以上人民政府公安机关、负责药品监督管理的部门、安全生产监督管理部门、商务主管部门、卫生主管部门、价格主管部门、铁路主管部门、交通主管部门、市场监督管理部门、生态环境主管部门和海关，应当依照本条例和有关法律、行政法规的规定，在各自的职责范围内，加强对易制毒化学品生产、经营、购买、运输、价格以及进口、出口的监督检查；对非法生产、经营、购买、运输易制毒化学品，或者走私易制毒化学品的行为，依法予以查处。

前款规定的行政主管部门在进行易制毒化学品监督检查时，可以依法查看现场、查阅和复制有关资料、记录有关情况、扣押相关的证据材料和违法物品；必要时，可以临时查封有关场所。

被检查的单位或者个人应当如实提供有关情况和材料、物品，不得拒绝或者隐匿。

第三十三条 对依法收缴、查获的易制毒化学品，应当在省、自治区、直辖市或者设区的市级人民政府公安机关、海关或者生态环境主管部门的监督下，区别易制毒化学品的不同情况进行保管、回收，或者依照环境保护法律、行政法规的有关规定，由有资质的单位在生态环境主管部门的监督下销毁。其中，对收缴、查获的第一类中的药品类易制毒化学品，一律销毁。

易制毒化学品违法单位或者个人无力提供保管、回收或者销毁费用的，保管、回收或者销毁的费用在回收所得中开支，或者在有关行政主管部门的禁毒经费中列支。

第三十四条 易制毒化学品丢失、被盗、被抢的，发案单位应当立即向当地公安机关报告，并同时报告当地的县级人民政府负责药品监督管理的部门、安全生产监督管理部门、商务主管部门或者卫生主管部门。接到报案的公安机关应当及时立案查处，并向上级公安机关报告；有关行政主管部门应当逐级上报并配合公安机关的查处。

第三十五条 有关行政主管部门应当将易制毒化学品许可以及依法吊销许可的情况通报有关公安机关和市场监督管理部门；市场监督管理部门应当将生产、经营易制毒化学品企业依法变更或者注销登记的情况通报有关公安机关和行政主管部门。

第三十六条 生产、经营、购买、运输或者进口、出口易制毒化学品的单位，应当于每年 3 月 31 日前向许可或者备案的行政主管部门和公安机关报告本单位上年度易制毒化学品的生产、经营、购买、运输或者进口、出口情况；有条件的生产、经营、购买、运输或者进口、出口单位，可以与有关行政主管部门建立计算机联网，及时通报有关经营情况。

第三十七条 县级以上人民政府有关行政主管部门应当加强协调合作，建立易制毒化学品管理情况、监督检查情况以及案件处理情况的通报、交流机制。

第七章 法律责任

第三十八条 违反本条例规定，未经许可或者备案擅自生产、经营、购买、运输易制毒化学品，伪造申请材料骗取易制毒化学品生产、经营、购买或者运输许可证，使用他人的或者伪造、变造、失效的许可证生产、经营、购买、运输易制毒化学品的，由公安机关没收非法生产、经营、购买或者运输的易制毒化学品、用于非法生产易制毒化学品的原料以及非法生产、经营、购买或者运输易制毒化学品的设备、工具，处非法生产、经营、购买或者运输的易制毒化学品货值 10 倍以上 20 倍以下的罚款，货值的 20 倍不足 1 万元的，按 1 万元罚款；有违法所得的，没收违法所得；有营业执照的，由市场监督管理部门吊销营业执照；构成犯罪的，依法追究刑事责任。

对有前款规定违法行为的单位或者个人，有关行政主管部门可以自作出行政处罚决定之日起 3 年内，停止受理其易制毒化学品生产、经营、购买、运输或者进口、出口许可申请。

第三十九条 违反本条例规定，走私易制毒化学品的，由海关没收走私的易制毒化学品；有违法所得的，没收违法所得，并依照海关法律、行政法规给予行政处罚；构成犯罪的，依法追究刑事责任。

第四十条 违反本条例规定，有下列行为之一的，由负有监督管理职责的行政主管部门给予警告，责令限期改正，处 1 万元以上 5 万元以下的罚款；对违反规定生产、经营、购买的易制毒化学品可以予以没收；逾期不改正的，责令限期停产停业整顿；逾期整顿不合格的，吊销相应的许可证：

（一）易制毒化学品生产、经营、购买、运输或者进口、出口单位未按规定建立安全管理制度的；

（二）将许可证或者备案证明转借他人使用的；

（三）超出许可的品种、数量生产、经营、购买易制毒化学品的；

（四）生产、经营、购买单位不记录或者不如实记录交易情况、不按规定保存交易记录或者不如实、不及时向公安机关和有关行政主管部门备案销售情况的；

（五）易制毒化学品丢失、被盗、被抢后未及时报告，造成严重后果的；

（六）除个人合法购买第一类中的药品类易制毒化学品药品制剂以及第三类易制毒化学品外，使用现金或者实物进行易制毒化学品交易的；

（七）易制毒化学品的产品包装和使用说明书不符合本条例规定要求的；

（八）生产、经营易制毒化学品的单位不如实或者不按时向有关行政主管部门和公安机关报告年度生产、经销和库存等情况的。

企业的易制毒化学品生产经营许可被依法吊销后，未及时到市场监督管理部门办理经营范围变更或者企业注销登记的，依照前款规定，对易制毒化学品予以没收，并处罚款。

第四十一条 运输的易制毒化学品与易制毒化学品运输许可证或者备案证明载明的品种、数量、运入地、货主及收货人、承运人等情况不符，运输许可证种类不当，或者运输人员未全程携带运输许可证或者备案证明的，由公安机关责令停运整改，处 5000 元以上 5 万元以下的罚款；有危险物品运输资质的，运输主管部门可以依法吊销其运输资质。

个人携带易制毒化学品不符合品种、数量规定的，没收易制毒化学品，处 1000 元以上 5000 元以下的罚款。

第四十二条 生产、经营、购买、运输或者进口、出口易制毒化学品的单位或者个人拒不接受有关行政主管部门监督检查的，由负有监督管理职责的行政主管部门责令改正，对直接负责的主管人员以及其他直接责任人员给予警告；情节严重的，对单位处 1 万元以上 5 万元以下的罚款，对直接负责的主管人员以及其他直接责任人员处 1000 元以上5000元以下的罚款;有违反治安管理行为的,依法给予治安管理处罚;构成犯罪的,依法追究刑事责任。

第四十三条 易制毒化学品行政主管部门工作人员在管理工作中有应当许可而不许可、不应当许可而滥许可,不依法受理备案,以及其他滥用职权、玩忽职守、徇私舞弊行为的,依法给予行政处分;构成犯罪的,依法追究刑事责任。

第八章 附 则

第四十四条 易制毒化学品生产、经营、购买、运输和进口、出口许可证,由国务院有关行政主管部门根据各自的职责规定式样并监制。

第四十五条 本条例自2005年11月1日起施行。

本条例施行前已经从事易制毒化学品生产、经营、购买、运输或者进口、出口业务的,应当自本条例施行之日起6个月内,依照本条例的规定重新申请许可。

附表 （附表内容是根据搜索官网添加）

易制毒化学品的分类和品种目录

第一类

1.1—苯基—2—丙酮

2.3,4—亚甲基二氧苯基—2—丙酮

3. 胡椒醛

4. 黄樟素

5. 黄樟油

6. 异黄樟素

7.N—乙酰邻氨基苯酸

8. 邻氨基苯甲酸

9. 麦角酸 *

10. 麦角胺 *

11. 麦角新碱 *

12. 麻黄素、伪麻黄素、消旋麻黄素、去甲麻黄素、甲基麻黄素、麻黄浸膏、麻黄

浸膏粉等麻黄素类物质 *

第二类

1. 苯乙酸

2. 醋酸酐

3. 三氯甲烷

4. 乙醚

5. 哌啶

第三类

1. 甲苯

2. 丙酮

3. 甲基乙基酮

4. 高锰酸钾

5. 硫酸

6. 盐酸

说明：

一、第一类、第二类所列物质可能存在的盐类，也纳入管制。

二、带有 * 标记的品种为第一类中的药品类易制毒化学品，第一类中的药品类易制毒化学品包括原料药及其单方制剂。

放射性同位素与射线装置安全和防护条例

（2019 年修订，2019 年 3 月 2 日施行）

（2005 年 9 月 14 日中华人民共和国国务院令第 449 号公布　根据 2014 年 7 月 29 日《国务院关于修改部分行政法规的决定》第一次修订　根据 2019 年 3 月 2 日《国务院关于修改部分行政法规的决定》第二次修订）

第一章　总　则

第一条　为了加强对放射性同位素、射线装置安全和防护的监督管理，促进放射性同位素、射线装置的安全应用，保障人体健康，保护环境，制定本条例。

第二条　在中华人民共和国境内生产、销售、使用放射性同位素和射线装置，以及转让、进出口放射性同位素的，应当遵守本条例。

本条例所称放射性同位素包括放射源和非密封放射性物质。

第三条　国务院生态环境主管部门对全国放射性同位素、射线装置的安全和防护工作实施统一监督管理。

国务院公安、卫生等部门按照职责分工和本条例的规定，对有关放射性同位素、射线装置的安全和防护工作实施监督管理。

县级以上地方人民政府生态环境主管部门和其他有关部门，按照职责分工和本条例的规定，对本行政区域内放射性同位素、射线装置的安全和防护工作实施监督管理。

第四条　国家对放射源和射线装置实行分类管理。根据放射源、射线装置对人体健康和环境的潜在危害程度，从高到低将放射源分为Ⅰ类、Ⅱ类、Ⅲ类、Ⅳ类、Ⅴ类，具体分类办法由国务院生态环境主管部门制定；将射线装置分为Ⅰ类、Ⅱ类、Ⅲ类，具体分类办法由国务院生态环境主管部门商国务院卫生主管部门制定。

第二章 许可和备案

第五条 生产、销售、使用放射性同位素和射线装置的单位，应当依照本章规定取得许可证。

第六条 除医疗使用Ⅰ类放射源、制备正电子发射计算机断层扫描用放射性药物自用的单位外，生产放射性同位素、销售和使用Ⅰ类放射源、销售和使用Ⅰ类射线装置的单位的许可证，由国务院生态环境主管部门审批颁发。

除国务院生态环境主管部门审批颁发的许可证外，其他单位的许可证，由省、自治区、直辖市人民政府生态环境主管部门审批颁发。

国务院生态环境主管部门向生产放射性同位素的单位颁发许可证前，应当将申请材料印送其行业主管部门征求意见。

生态环境主管部门应当将审批颁发许可证的情况通报同级公安部门、卫生主管部门。

第七条 生产、销售、使用放射性同位素和射线装置的单位申请领取许可证，应当具备下列条件：

（一）有与所从事的生产、销售、使用活动规模相适应的，具备相应专业知识和防护知识及健康条件的专业技术人员；

（二）有符合国家环境保护标准、职业卫生标准和安全防护要求的场所、设施和设备；

（三）有专门的安全和防护管理机构或者专职、兼职安全和防护管理人员，并配备必要的防护用品和监测仪器；

（四）有健全的安全和防护管理规章制度、辐射事故应急措施；

（五）产生放射性废气、废液、固体废物的，具有确保放射性废气、废液、固体废物达标排放的处理能力或者可行的处理方案。

第八条 生产、销售、使用放射性同位素和射线装置的单位，应当事先向有审批权的生态环境主管部门提出许可申请，并提交符合本条例第七条规定条件的证明材料。

使用放射性同位素和射线装置进行放射诊疗的医疗卫生机构，还应当获得放射源诊疗技术和医用辐射机构许可。

第九条 生态环境主管部门应当自受理申请之日起20个工作日内完成审查，符合条件的，颁发许可证，并予以公告；不符合条件的，书面通知申请单位并说明理由。

第十条 许可证包括下列主要内容：

（一）单位的名称、地址、法定代表人；

（二）所从事活动的种类和范围；

（三）有效期限；

（四）发证日期和证书编号。

第十一条 持证单位变更单位名称、地址、法定代表人的，应当自变更登记之日起20日内，向原发证机关申请办理许可证变更手续。

第十二条 有下列情形之一的，持证单位应当按照原申请程序，重新申请领取许可证：

（一）改变所从事活动的种类或者范围的；

（二）新建或者改建、扩建生产、销售、使用设施或者场所的。

第十三条 许可证有效期为5年。有效期届满，需要延续的，持证单位应当于许可证有效期届满30日前，向原发证机关提出延续申请。原发证机关应当自受理延续申请之日起，在许可证有效期届满前完成审查，符合条件的，予以延续；不符合条件的，书面通知申请单位并说明理由。

第十四条 持证单位部分终止或者全部终止生产、销售、使用放射性同位素和射线装置活动的，应当向原发证机关提出部分变更或者注销许可证申请，由原发证机关核查合格后，予以变更或者注销许可证。

第十五条 禁止无许可证或者不按照许可证规定的种类和范围从事放射性同位素和射线装置的生产、销售、使用活动。

禁止伪造、变造、转让许可证。

第十六条 国务院对外贸易主管部门会同国务院生态环境主管部门、海关总署和生产放射性同位素的单位的行业主管部门制定并公布限制进出口放射性同位素目录和禁止进出口放射性同位素目录。

进口列入限制进出口目录的放射性同位素，应当在国务院生态环境主管部门审查批准后，由国务院对外贸易主管部门依据国家对外贸易的有关规定签发进口许可证。进口限制进出口目录和禁止进出口目录之外的放射性同位素，依据国家对外贸易的有关规定办理进口手续。

第十七条 申请进口列入限制进出口目录的放射性同位素，应当符合下列要求：

（一）进口单位已经取得与所从事活动相符的许可证；

（二）进口单位具有进口放射性同位素使用期满后的处理方案，其中，进口Ⅰ类、Ⅱ类、Ⅲ类放射源的，应当具有原出口方负责回收的承诺文件；

（三）进口的放射源应当有明确标号和必要说明文件，其中，Ⅰ类、Ⅱ类、Ⅲ类放射源的标号应当刻制在放射源本体或者密封包壳体上，Ⅳ类、Ⅴ类放射源的标号应当记录在相应说明文件中；

（四）将进口的放射性同位素销售给其他单位使用的，还应当具有与使用单位签订的书面协议以及使用单位取得的许可证复印件。

第十八条 进口列入限制进出口目录的放射性同位素的单位，应当向国务院生态环境主管部门提出进口申请，并提交符合本条例第十七条规定要求的证明材料。

国务院生态环境主管部门应当自受理申请之日起10个工作日内完成审查，符合条件的，予以批准；不符合条件的，书面通知申请单位并说明理由。

海关验凭放射性同位素进口许可证办理有关进口手续。进口放射性同位素的包装材料依法需要实施检疫的，依照国家有关检疫法律、法规的规定执行。

对进口的放射源，国务院生态环境主管部门还应当同时确定与其标号相对应的放射源编码。

第十九条 申请转让放射性同位素，应当符合下列要求：

（一）转出、转入单位持有与所从事活动相符的许可证；

（二）转入单位具有放射性同位素使用期满后的处理方案；

（三）转让双方已经签订书面转让协议。

第二十条 转让放射性同位素，由转入单位向其所在地省、自治区、直辖市人民政府生态环境主管部门提出申请，并提交符合本条例第十九条规定要求的证明材料。

省、自治区、直辖市人民政府生态环境主管部门应当自受理申请之日起15个工作日内完成审查，符合条件的，予以批准；不符合条件的，书面通知申请单位并说明理由。

第二十一条 放射性同位素的转出、转入单位应当在转让活动完成之日起20日内，分别向其所在地省、自治区、直辖市人民政府生态环境主管部门备案。

第二十二条 生产放射性同位素的单位，应当建立放射性同位素产品台账，并按照国务院生态环境主管部门制定的编码规则，对生产的放射源统一编码。放射性同位素产品台账和放射源编码清单应当报国务院生态环境主管部门备案。

生产的放射源应当有明确标号和必要说明文件。其中，Ⅰ类、Ⅱ类、Ⅲ类放射源的标号应当刻制在放射源本体或者密封包壳体上，Ⅳ类、Ⅴ类放射源的标号应当记录在相应说明文件中。

国务院生态环境主管部门负责建立放射性同位素备案信息管理系统，与有关部门实行信息共享。

未列入产品台账的放射性同位素和未编码的放射源，不得出厂和销售。

第二十三条 持有放射源的单位将废旧放射源交回生产单位、返回原出口方或者送交放射性废物集中贮存单位贮存的，应当在该活动完成之日起20日内向其所在地省、自治区、直辖市人民政府生态环境主管部门备案。

第二十四条 本条例施行前生产和进口的放射性同位素，由放射性同位素持有单位在本条例施行之日起6个月内，到其所在地省、自治区、直辖市人民政府生态环境主管部门办理备案手续，省、自治区、直辖市人民政府生态环境主管部门应当对放射源进行统一编码。

第二十五条 使用放射性同位素的单位需要将放射性同位素转移到外省、自治区、直辖市使用的，应当持许可证复印件向使用地省、自治区、直辖市人民政府生态环境主管部门备案，并接受当地生态环境主管部门的监督管理。

第二十六条 出口列入限制进出口目录的放射性同位素，应当提供进口方可以合法持有放射性同位素的证明材料，并由国务院生态环境主管部门依照有关法律和我国缔结或者参加的国际条约、协定的规定，办理有关手续。

出口放射性同位素应当遵守国家对外贸易的有关规定。

第三章 安全和防护

第二十七条 生产、销售、使用放射性同位素和射线装置的单位，应当对本单位的放射性同位素、射线装置的安全和防护工作负责，并依法对其造成的放射性危害承担责任。

生产放射性同位素的单位的行业主管部门，应当加强对生产单位安全和防护工作的管理，并定期对其执行法律、法规和国家标准的情况进行监督检查。

第二十八条 生产、销售、使用放射性同位素和射线装置的单位，应当对直接从事生产、销售、使用活动的工作人员进行安全和防护知识教育培训，并进行考核；考核不合格的，不得上岗。

辐射安全关键岗位应当由注册核安全工程师担任。辐射安全关键岗位名录由国务院生态环境主管部门商国务院有关部门制定并公布。

第二十九条 生产、销售、使用放射性同位素和射线装置的单位，应当严格按照国家关于个人剂量监测和健康管理的规定，对直接从事生产、销售、使用活动的工作人员进行个人剂量监测和职业健康检查，建立个人剂量档案和职业健康监护档案。

第三十条 生产、销售、使用放射性同位素和射线装置的单位，应当对本单位的放射性同位素、射线装置的安全和防护状况进行年度评估。发现安全隐患的，应当立即进行整改。

第三十一条 生产、销售、使用放射性同位素和射线装置的单位需要终止的，应当事先对本单位的放射性同位素和放射性废物进行清理登记，作出妥善处理，不得留有安全隐患。生产、销售、使用放射性同位素和射线装置的单位发生变更的，由变更后的单位承担处理责任。变更前当事人对此另有约定的，从其约定；但是，约定中不得免除当事人的处理义务。

在本条例施行前已经终止的生产、销售、使用放射性同位素和射线装置的单位，其未安全处理的废旧放射源和放射性废物，由所在地省、自治区、直辖市人民政府生态环境主管部门提出处理方案，及时进行处理。所需经费由省级以上人民政府承担。

第三十二条 生产、进口放射源的单位销售Ⅰ类、Ⅱ类、Ⅲ类放射源给其他单位使用的，应当与使用放射源的单位签订废旧放射源返回协议；使用放射源的单位应当按照废旧放射源返回协议规定将废旧放射源交回生产单位或者返回原出口方。确实无法交回生产单位或者返回原出口方的，送交有相应资质的放射性废物集中贮存单位贮存。

使用放射源的单位应当按照国务院生态环境主管部门的规定，将Ⅳ类、Ⅴ类废旧放射源进行包装整备后送交有相应资质的放射性废物集中贮存单位贮存。

第三十三条 使用Ⅰ类、Ⅱ类、Ⅲ类放射源的场所和生产放射性同位素的场所，以及终结运行后产生放射性污染的射线装置，应当依法实施退役。

第三十四条 生产、销售、使用、贮存放射性同位素和射线装置的场所，应当按照国家有关规定设置明显的放射性标志，其入口处应当按照国家有关安全和防护标准的要求，设置安全和防护设施以及必要的防护安全联锁、报警装置或者工作信号。射线装置的生产调试和使用场所，应当具有防止误操作、防止工作人员和公众受到意外照射的安全措施。

放射性同位素的包装容器、含放射性同位素的设备和射线装置，应当设置明显的放射性标识和中文警示说明；放射源上能够设置放射性标识的，应当一并设置。运输放射性同位素和含放射源的射线装置的工具，应当按照国家有关规定设置明显的放射性标志或者显示危险信号。

第三十五条 放射性同位素应当单独存放，不得与易燃、易爆、腐蚀性物品等一起存放，并指定专人负责保管。贮存、领取、使用、归还放射性同位素时，应当进行登记、检查，做到账物相符。对放射性同位素贮存场所应当采取防火、防水、防盗、防丢失、防破坏、防射线泄漏的安全措施。

对放射源还应当根据其潜在危害的大小，建立相应的多层防护和安全措施，并对可移动的放射源定期进行盘存，确保其处于指定位置，具有可靠的安全保障。

第三十六条 在室外、野外使用放射性同位素和射线装置的，应当按照国家安全和防护标准的要求划出安全防护区域，设置明显的放射性标志，必要时设专人警戒。

在野外进行放射性同位素示踪试验的，应当经省级以上人民政府生态环境主管部门商同级有关部门批准方可进行。

第三十七条 辐射防护器材、含放射性同位素的设备和射线装置，以及含有放射性物质的产品和伴有产生 X 射线的电器产品，应当符合辐射防护要求。不合格的产品不得出厂和销售。

第三十八条使用放射性同位素和射线装置进行放射诊疗的医疗卫生机构，应当依据国务院卫生主管部门有关规定和国家标准，制定与本单位从事的诊疗项目相适应的质量保证方案，遵守质量保证监测规范，按照医疗照射正当化和辐射防护最优化的原则，避免一切不必要的照射，并事先告知患者和受检者辐射对健康的潜在影响。

第三十九条 金属冶炼厂回收冶炼废旧金属时，应当采取必要的监测措施，防止放射性物质熔入产品中。监测中发现问题的，应当及时通知所在地设区的市级以上人民政府生态环境主管部门。

第四章 辐射事故应急处理

第四十条 根据辐射事故的性质、严重程度、可控性和影响范围等因素，从重到轻将辐射事故分为特别重大辐射事故、重大辐射事故、较大辐射事故和一般辐射事故四个等级。

特别重大辐射事故，是指Ⅰ类、Ⅱ类放射源丢失、被盗、失控造成大范围严重辐射污染后果，或者放射性同位素和射线装置失控导致3人以上（含3人）急性死亡。

重大辐射事故，是指Ⅰ类、Ⅱ类放射源丢失、被盗、失控，或者放射性同位素和射线装置失控导致2人以下（含2人）急性死亡或者10人以上（含10人）急性重度放射病、局部器官残疾。

较大辐射事故，是指Ⅲ类放射源丢失、被盗、失控，或者放射性同位素和射线装置失控导致9人以下（含9人）急性重度放射病、局部器官残疾。

一般辐射事故，是指Ⅳ类、Ⅴ类放射源丢失、被盗、失控，或者放射性同位素和射线装置失控导致人员受到超过年剂量限值的照射。

第四十一条 县级以上人民政府生态环境主管部门应当会同同级公安、卫生、财政等部门编制辐射事故应急预案，报本级人民政府批准。辐射事故应急预案应当包括下列内容：

（一）应急机构和职责分工；

（二）应急人员的组织、培训以及应急和救助的装备、资金、物资准备；

（三）辐射事故分级与应急响应措施；

（四）辐射事故调查、报告和处理程序。

生产、销售、使用放射性同位素和射线装置的单位，应当根据可能发生的辐射事故的风险，制定本单位的应急方案，做好应急准备。

第四十二条 发生辐射事故时，生产、销售、使用放射性同位素和射线装置的单位应当立即启动本单位的应急方案，采取应急措施，并立即向当地生态环境主管部门、公安部门、卫生主管部门报告。

生态环境主管部门、公安部门、卫生主管部门接到辐射事故报告后，应当立即派人赶赴现场，进行现场调查，采取有效措施，控制并消除事故影响，同时将辐射事故信息报告本级人民政府和上级人民政府生态环境主管部门、公安部门、卫生主管部门。

县级以上地方人民政府及其有关部门接到辐射事故报告后，应当按照事故分级报告的规定及时将辐射事故信息报告上级人民政府及其有关部门。发生特别重大辐射事故和重大辐射事故后，事故发生地省、自治区、直辖市人民政府和国务院有关部门应当在4小时内报告国务院；特殊情况下，事故发生地人民政府及其有关部门可以直接向国务院报告，并同时报告上级人民政府及其有关部门。

禁止缓报、瞒报、谎报或者漏报辐射事故。

第四十三条 在发生辐射事故或者有证据证明辐射事故可能发生时，县级以上人民政府生态环境主管部门有权采取下列临时控制措施：

（一）责令停止导致或者可能导致辐射事故的作业；

（二）组织控制事故现场。

第四十四条 辐射事故发生后，有关县级以上人民政府应当按照辐射事故的等级，启动并组织实施相应的应急预案。

县级以上人民政府生态环境主管部门、公安部门、卫生主管部门，按照职责分工做好相应的辐射事故应急工作：

（一）生态环境主管部门负责辐射事故的应急响应、调查处理和定性定级工作，协助公安部门监控追缴丢失、被盗的放射源；

（二）公安部门负责丢失、被盗放射源的立案侦查和追缴；

（三）卫生主管部门负责辐射事故的医疗应急。

生态环境主管部门、公安部门、卫生主管部门应当及时相互通报辐射事故应急响应、调查处理、定性定级、立案侦查和医疗应急情况。国务院指定的部门根据生态环境主管部门确定的辐射事故的性质和级别，负责有关国际信息通报工作。

第四十五条 发生辐射事故的单位应当立即将可能受到辐射伤害的人员送至当地卫生主管部门指定的医院或者有条件救治辐射损伤病人的医院，进行检查和治疗，或者请求医院立即派人赶赴事故现场，采取救治措施。

第五章 监督检查

第四十六条 县级以上人民政府生态环境主管部门和其他有关部门应当按照各自职责对生产、销售、使用放射性同位素和射线装置的单位进行监督检查。

被检查单位应当予以配合，如实反映情况，提供必要的资料，不得拒绝和阻碍。

第四十七条 县级以上人民政府生态环境主管部门应当配备辐射防护安全监督员。辐射防护安全监督员由从事辐射防护工作，具有辐射防护安全知识并经省级以上人民政府生态环境主管部门认可的专业人员担任。辐射防护安全监督员应当定期接受专业知识培训和考核。

第四十八条 县级以上人民政府生态环境主管部门在监督检查中发现生产、销售、使用放射性同位素和射线装置的单位有不符合原发证条件的情形的，应当责令其限期整改。

监督检查人员依法进行监督检查时，应当出示证件，并为被检查单位保守技术秘密和业务秘密。

第四十九条 任何单位和个人对违反本条例的行为，有权向生态环境主管部门和其他有关部门检举；对生态环境主管部门和其他有关部门未依法履行监督管理职责的行为，有权向本级人民政府、上级人民政府有关部门检举。接到举报的有关人民政府、生态环境主管部门和其他有关部门对有关举报应当及时核实、处理。

第六章 法律责任

第五十条 违反本条例规定，县级以上人民政府生态环境主管部门有下列行为之一的，对直接负责的主管人员和其他直接责任人员，依法给予行政处分；构成犯罪的，依法追究刑事责任：

（一）向不符合本条例规定条件的单位颁发许可证或者批准不符合本条例规定条件的单位进口、转让放射性同位素的；

（二）发现未依法取得许可证的单位擅自生产、销售、使用放射性同位素和射线装置，不予查处或者接到举报后不依法处理的；

（三）发现未经依法批准擅自进口、转让放射性同位素，不予查处或者接到举报后不依法处理的；

（四）对依法取得许可证的单位不履行监督管理职责或者发现违反本条例规定的行为不予查处的；

（五）在放射性同位素、射线装置安全和防护监督管理工作中有其他渎职行为的。

第五十一条 违反本条例规定，县级以上人民政府生态环境主管部门和其他有关部门有下列行为之一的，对直接负责的主管人员和其他直接责任人员，依法给予行政处分；构成犯罪的，依法追究刑事责任：

（一）缓报、瞒报、谎报或者漏报辐射事故的；

（二）未按照规定编制辐射事故应急预案或者不依法履行辐射事故应急职责的。

第五十二条 违反本条例规定，生产、销售、使用放射性同位素和射线装置的单位有下列行为之一的，由县级以上人民政府生态环境主管部门责令停止违法行为，限期改正；逾期不改正的，责令停产停业或者由原发证机关吊销许可证；有违法所得的，没收违法所得；违法所得 10 万元以上的，并处违法所得 1 倍以上 5 倍以下的罚款；没有违法所得或者违法所得不足 10 万元的，并处 1 万元以上 10 万元以下的罚款：

（一）无许可证从事放射性同位素和射线装置生产、销售、使用活动的；

（二）未按照许可证的规定从事放射性同位素和射线装置生产、销售、使用活动的；

（三）改变所从事活动的种类或者范围以及新建、改建或者扩建生产、销售、使用设施或者场所，未按照规定重新申请领取许可证的；

（四）许可证有效期届满，需要延续而未按照规定办理延续手续的；

（五）未经批准，擅自进口或者转让放射性同位素的。

第五十三条 违反本条例规定，生产、销售、使用放射性同位素和射线装置的单位变更单位名称、地址、法定代表人，未依法办理许可证变更手续的，由县级以上人民政府生态环境主管部门责令限期改正，给予警告；逾期不改正的，由原发证机关暂扣或者吊销许可证。

第五十四条 违反本条例规定，生产、销售、使用放射性同位素和射线装置的单位部分终止或者全部终止生产、销售、使用活动，未按照规定办理许可证变更或者注销手续的，由县级以上人民政府生态环境主管部门责令停止违法行为，限期改正；逾期不改正的，处 1 万元以上 10 万元以下的罚款；造成辐射事故，构成犯罪的，依法追究刑事责任。

第五十五条 违反本条例规定，伪造、变造、转让许可证的，由县级以上人民政府生态环境主管部门收缴伪造、变造的许可证或者由原发证机关吊销许可证，并处5万元以上10万元以下的罚款；构成犯罪的，依法追究刑事责任。

违反本条例规定，伪造、变造、转让放射性同位素进口和转让批准文件的，由县级以上人民政府生态环境主管部门收缴伪造、变造的批准文件或者由原批准机关撤销批准文件，并处5万元以上10万元以下的罚款；情节严重的，可以由原发证机关吊销许可证；构成犯罪的，依法追究刑事责任。

第五十六条 违反本条例规定，生产、销售、使用放射性同位素的单位有下列行为之一的，由县级以上人民政府生态环境主管部门责令限期改正，给予警告；逾期不改正的，由原发证机关暂扣或者吊销许可证：

（一）转入、转出放射性同位素未按照规定备案的；

（二）将放射性同位素转移到外省、自治区、直辖市使用，未按照规定备案的；

（三）将废旧放射源交回生产单位、返回原出口方或者送交放射性废物集中贮存单位贮存，未按照规定备案的。

第五十七条 违反本条例规定，生产、销售、使用放射性同位素和射线装置的单位有下列行为之一的，由县级以上人民政府生态环境主管部门责令停止违法行为，限期改正；逾期不改正的，处1万元以上10万元以下的罚款：

（一）在室外、野外使用放射性同位素和射线装置，未按照国家有关安全和防护标准的要求划出安全防护区域和设置明显的放射性标志的；

（二）未经批准擅自在野外进行放射性同位素示踪试验的。

第五十八条 违反本条例规定，生产放射性同位素的单位有下列行为之一的，由县级以上人民政府生态环境主管部门责令限期改正，给予警告；逾期不改正的，依法收缴其未备案的放射性同位素和未编码的放射源，处5万元以上10万元以下的罚款，并可以由原发证机关暂扣或者吊销许可证：

（一）未建立放射性同位素产品台账的；

（二）未按照国务院生态环境主管部门制定的编码规则，对生产的放射源进行统一编码的；

（三）未将放射性同位素产品台账和放射源编码清单报国务院生态环境主管部门

备案的；

（四）出厂或者销售未列入产品台账的放射性同位素和未编码的放射源的。

第五十九条 违反本条例规定，生产、销售、使用放射性同位素和射线装置的单位有下列行为之一的，由县级以上人民政府生态环境主管部门责令停止违法行为，限期改正；逾期不改正的，由原发证机关指定有处理能力的单位代为处理或者实施退役，费用由生产、销售、使用放射性同位素和射线装置的单位承担，并处 1 万元以上 10 万元以下的罚款：

（一）未按照规定对废旧放射源进行处理的；

（二）未按照规定对使用Ⅰ类、Ⅱ类、Ⅲ类放射源的场所和生产放射性同位素的场所，以及终结运行后产生放射性污染的射线装置实施退役的。

第六十条 违反本条例规定，生产、销售、使用放射性同位素和射线装置的单位有下列行为之一的，由县级以上人民政府生态环境主管部门责令停止违法行为，限期改正；逾期不改正的，责令停产停业，并处 2 万元以上 20 万元以下的罚款；构成犯罪的，依法追究刑事责任：

（一）未按照规定对本单位的放射性同位素、射线装置安全和防护状况进行评估或者发现安全隐患不及时整改的；

（二）生产、销售、使用、贮存放射性同位素和射线装置的场所未按照规定设置安全和防护设施以及放射性标志的。

第六十一条 违反本条例规定，造成辐射事故的，由原发证机关责令限期改正，并处 5 万元以上 20 万元以下的罚款；情节严重的，由原发证机关吊销许可证；构成违反治安管理行为的，由公安机关依法予以治安处罚；构成犯罪的，依法追究刑事责任。

因辐射事故造成他人损害的，依法承担民事责任。

第六十二条 生产、销售、使用放射性同位素和射线装置的单位被责令限期整改，逾期不整改或者经整改仍不符合原发证条件的，由原发证机关暂扣或者吊销许可证。

第六十三条 违反本条例规定，被依法吊销许可证的单位或者伪造、变造许可证的单位，5 年内不得申请领取许可证。

第六十四条 县级以上地方人民政府生态环境主管部门的行政处罚权限的划分，由省、自治区、直辖市人民政府确定。

第七章 附 则

第六十五条 军用放射性同位素、射线装置安全和防护的监督管理，依照《中华人民共和国放射性污染防治法》第六十条的规定执行。

第六十六条 劳动者在职业活动中接触放射性同位素和射线装置造成的职业病的防治，依照《中华人民共和国职业病防治法》和国务院有关规定执行。

第六十七条 放射性同位素的运输，放射性同位素和射线装置生产、销售、使用过程中产生的放射性废物的处置，依照国务院有关规定执行。

第六十八条 本条例中下列用语的含义：

放射性同位素，是指某种发生放射性衰变的元素中具有相同原子序数但质量不同的核素。

放射源，是指除研究堆和动力堆核燃料循环范畴的材料以外，永久密封在容器中或者有严密包层并呈固态的放射性材料。

射线装置，是指 X 线机、加速器、中子发生器以及含放射源的装置。

非密封放射性物质，是指非永久密封在包壳里或者紧密地固结在覆盖层里的放射性物质。

转让，是指除进出口、回收活动之外，放射性同位素所有权或者使用权在不同持有者之间的转移。

伴有产生 X 射线的电器产品，是指不以产生 X 射线为目的，但在生产或者使用过程中产生 X 射线的电器产品。

辐射事故，是指放射源丢失、被盗、失控，或者放射性同位素和射线装置失控导致人员受到意外的异常照射。

第六十九条 本条例自 2005 年 12 月 1 日起施行。1989 年 10 月 24 日国务院发布的《放射性同位素与射线装置放射防护条例》同时废止。

中华人民共和国军品出口管理条例

（2002 年修订，2002 年 11 月 15 日施行）

（1997 年 10 月 22 日中华人民共和国国务院、中华人民共和国中央军事委员会令第 234 号发布 根据 2002 年 10 月 15 日《国务院、中央军事委员会关于修改〈中华人民共和国军品出口管理条例〉的决定》修订）

第一章 总 则

第一条 为了加强对军品出口的统一管理，维护正常的军品出口秩序，制定本条例。

第二条 本条例所称军品出口，是指用于军事目的的装备、专用生产设备及其他物资、技术和有关服务的贸易性出口。

前款所称军品出口，纳入军品出口管理清单。军品出口管理清单由国家军品出口主管部门制定、调整并公布。

第三条 国家军品出口主管部门在国务院、中央军事委员会的领导下，主管全国的军品出口工作，对全国的军品出口实施监督管理。

第四条 国家实行统一的军品出口管理制度，禁止任何损害国家的利益和安全的军品出口行为，依法保障正常的军品出口秩序。

第五条 军品出口应当遵循下列原则：

（一）有助于接受国的正当自卫能力；

（二）不损害有关地区的和世界的和平、安全与稳定；

（三）不干涉接受国的内政。

第六条 中华人民共和国缔结或者参加的国际条约同本条例有不同规定的，适用国际条约的规定；但是，中华人民共和国声明保留的条款除外。

第二章 军品贸易公司

第七条 本条例所称军品贸易公司，是指依法取得军品出口经营权，并在核定的经营范围内从事军品出口经营活动的企业法人。

第八条 军品出口经营权由国家军品出口主管部门审查批准。具体办法由国家军品出口主管部门规定。

第九条 军品贸易公司依法自主经营、自负盈亏。

第十条 军品贸易公司应当信守合同，保证商品质量，完善售后服务。

第十一条 军品贸易公司应当按照国家军品出口主管部门的规定，如实提交与其军品出口经营活动有关的文件及资料。国家军品出口主管部门应当为军品贸易公司保守商业秘密，维护军品贸易公司的合法权益。

第十二条 军品贸易公司可以委托经批准的军品出口运输企业，办理军品出口运输及相关业务。具体办法由国家军品出口主管部门规定。

第三章 军品出口管理

第十三条 国家对军品出口实行许可制度。

军品出口项目、合同，应当依照本条例的规定申请审查批准。军品出口，应当凭军品出口许可证。

第十四条 军品出口项目，由国家军品出口主管部门或者由国家军品出口主管部门会同国务院、中央军事委员会的有关部门审查批准。

第十五条 军品出口项目经批准后，军品贸易公司可以对外签订军品出口合同。军品出口合同签订后，应当向国家军品出口主管部门申请审查批准；国家军品出口主管部门应当自收到申请之日起２０日内作出决定。军品出口合同获得批准，方可生效。

军品贸易公司向国家军品出口主管部门申请批准军品出口合同时，应当附送接受国的有效证明文件。

第十六条 重大的军品出口项目、合同，应当经国家军品出口主管部门会同国务院、中央军事委员会的有关部门审查，报国务院和中央军事委员会批准。

第十七条 军品贸易公司在军品出口前，应当凭军品出口合同批准文件，向国家军品出口主管部门申请领取军品出口许可证；符合军品出口合同规定的，国家军品出口主管部门应当自收到申请之日起１０日内签发军品出口许可证。

海关凭军品出口许可证接受申报，并按照国家有关规定验放。

第十八条 军品出口项目、合同的审查批准办法和军品出口许可证的签发办法，由国家军品出口主管部门制定。

第十九条 军品出口，由国家军品出口主管部门会同有关部门下达军品出口通知。有关部门和地方人民政府收到军品出口通知后，应当按照国家有关规定认真履行职责，保证军品出口的安全、迅速、准确。

第四章 军品出口秩序

第二十条 未取得军品出口经营权的任何单位或者组织，不得从事军品出口经营活动。

国家禁止个人从事军品出口经营活动。

第二十一条 军品贸易公司在军品出口经营活动中，应当遵守法律和行政法规的规定，维护正常的军品出口秩序。

第二十二条 军品贸易公司在军品出口经营活动中，不得有下列行为：

（一）危害国家安全或者社会公共利益；

（二）以不正当竞争手段排挤竞争对手；

（三）侵害中华人民共和国法律保护的知识产权；

（四）伪造、变造、骗取或者转让军品出口项目批准文件、合同批准文件、许可证和接受国的有效证明文件等单证；

（五）超越核定的经营范围经营；

（六）违反法律和行政法规规定的其他行为。

第二十三条 国家军品出口主管部门认为必要时或者根据军品贸易公司的请求，可以对妨碍正常的军品出口秩序的行为进行处理。

第五章 法律责任

第二十四条 军品贸易公司违反本条例第十一条规定的，由国家军品出口主管部门责令限期改正，予以警告；逾期不改正的，处２万元以上１０万元以下的罚款，暂停直至撤销其军品出口经营权。

第二十五条 军品贸易公司违反本条例第二十二条第（四）项、第（五）项规定，触犯刑律的，依照刑法关于非法经营罪，伪造、变造、买卖国家机关公文、证件、印章罪或者其他罪的规定，依法追究刑事责任；尚不够刑事处罚的，由国家军品出口主管部门予以警告，没收违法所得，并处违法所得1倍以上3倍以下的罚款，没有违法所得或者违法所得不足１０万元的，处１０万元以上３０万元以下的罚款，暂停直至撤销其军品出口经营权。

军品贸易公司违反本条例第二十二条第（一）项、第（二）项、第（三）项规定或者其他法律、行政法规规定的，由国家有关主管部门依照有关法律和行政法规的规定予以处罚，国家军品出口主管部门并可以暂停直至撤销其军品出口经营权；触犯刑律的，依照刑法有关规定，依法追究刑事责任。

第二十六条 违反本条例第二十条规定的，由国家军品出口主管部门取缔非法活动；触犯刑律的，依照刑法关于非法经营罪或者其他罪的规定，依法追究刑事责任；尚不够刑事处罚的，由国家军品出口主管部门予以警告，没收违法所得，并处违法所得1倍以上5倍以下的罚款，没有违法所得或者违法所得不足１０万元的，处１０万元以上５０万元以下的罚款。

第二十七条 军品贸易公司对国家军品出口主管部门作出的具体行政行为不服的，应当先依法申请行政复议；对行政复议决定仍不服的，可以依法向人民法院提起行政诉讼。

第二十八条 国家军品出口管理工作人员滥用职权、玩忽职守或者利用职务上的便利收受、索取他人财物，触犯刑律的，依照刑法关于滥用职权罪、玩忽职守罪、受贿罪或者其他罪的规定，依法追究刑事责任；尚不够刑事处罚的，依法给予行政处分。

第六章 附 则

第二十九条 警用装备的出口适用本条例。

第三十条 本条例自1998年1月1日起施行。

中华人民共和国海关稽查条例

（2022 年修订，2022 年 5 月 1 日施行）

（1997 年 1 月 3 日中华人民共和国国务院令第 209 号发布　根据 2011 年 1 月 8 日《国务院关于废止和修改部分行政法规的决定》第一次修订　根据 2016 年 6 月 19 日《国务院关于修改〈中华人民共和国海关稽查条例〉的决定》第二次修订　根据 2022 年 3 月 29 日《国务院关于修改和废止部分行政法规的决定》第三次修订）

第一章　总　则

第一条　为了建立、健全海关稽查制度，加强海关监督管理，维护正常的进出口秩序和当事人的合法权益，保障国家税收收入，促进对外贸易的发展，根据《中华人民共和国海关法》（以下简称海关法），制定本条例。

第二条　本条例所称海关稽查，是指海关自进出口货物放行之日起 3 年内或者在保税货物、减免税进口货物的海关监管期限内及其后的 3 年内，对与进出口货物直接有关的企业、单位的会计账簿、会计凭证、报关单证以及其他有关资料（以下统称账簿、单证等有关资料）和有关进出口货物进行核查，监督其进出口活动的真实性和合法性。

第三条　海关对下列与进出口货物直接有关的企业、单位实施海关稽查：

（一）从事对外贸易的企业、单位；

（二）从事对外加工贸易的企业；

（三）经营保税业务的企业；

（四）使用或者经营减免税进口货物的企业、单位；

（五）从事报关业务的企业；

（六）海关总署规定的与进出口货物直接有关的其他企业、单位。

第四条　海关根据稽查工作需要，可以向有关行业协会、政府部门和相关企业等收集特定商品、行业与进出口活动有关的信息。收集的信息涉及商业秘密的，海关应当予以保密。

第五条 海关和海关工作人员执行海关稽查职务，应当客观公正，实事求是，廉洁奉公，保守被稽查人的商业秘密，不得侵犯被稽查人的合法权益。

第二章 账簿、单证等有关资料的管理

第六条 与进出口货物直接有关的企业、单位所设置、编制的会计账簿、会计凭证、会计报表和其他会计资料，应当真实、准确、完整地记录和反映进出口业务的有关情况。

第七条 与进出口货物直接有关的企业、单位应当依照有关法律、行政法规规定的保管期限，保管会计账簿、会计凭证、会计报表和其他会计资料。

报关单证、进出口单证、合同以及与进出口业务直接有关的其他资料，应当在本条例第二条规定的期限内保管。

第八条 与进出口货物直接有关的企业、单位会计制度健全，能够通过计算机正确、完整地记账、核算的，其计算机储存和输出的会计记录视同会计资料。

第三章 海关稽查的实施

第九条 海关应当按照海关监管的要求，根据与进出口货物直接有关的企业、单位的进出口信用状况和风险状况以及进出口货物的具体情况，确定海关稽查重点。

第十条 海关进行稽查时，应当在实施稽查的 3 日前，书面通知被稽查人。在被稽查人有重大违法嫌疑，其账簿、单证等有关资料以及进出口货物可能被转移、隐匿、毁弃等紧急情况下，经直属海关关长或者其授权的隶属海关关长批准，海关可以不经事先通知进行稽查。

第十一条 海关进行稽查时，应当组成稽查组。稽查组的组成人员不得少于 2 人。

第十二条 海关进行稽查时，海关工作人员应当出示海关稽查证。

海关稽查证，由海关总署统一制发。

第十三条 海关进行稽查时,海关工作人员与被稽查人有直接利害关系的,应当回避。

第十四条 海关进行稽查时，可以行使下列职权：

（一）查阅、复制被稽查人的账簿、单证等有关资料；

（二）进入被稽查人的生产经营场所、货物存放场所，检查与进出口活动有关的生产经营情况和货物；

（三）询问被稽查人的法定代表人、主要负责人员和其他有关人员与进出口活动有关的情况和问题；

（四）经直属海关关长或者其授权的隶属海关关长批准，查询被稽查人在商业银行或者其他金融机构的存款账户。

第十五条 海关进行稽查时，发现被稽查人有可能转移、隐匿、篡改、毁弃账簿、单证等有关资料的，经直属海关关长或者其授权的隶属海关关长批准，可以查封、扣押其账簿、单证等有关资料以及相关电子数据存储介质。采取该项措施时，不得妨碍被稽查人正常的生产经营活动。

海关对有关情况查明或者取证后，应当立即解除对账簿、单证等有关资料以及相关电子数据存储介质的查封、扣押。

第十六条 海关进行稽查时，发现被稽查人的进出口货物有违反海关法和其他有关法律、行政法规规定的嫌疑的，经直属海关关长或者其授权的隶属海关关长批准，可以查封、扣押有关进出口货物。

第十七条 被稽查人应当配合海关稽查工作，并提供必要的工作条件。

第十八条 被稽查人应当接受海关稽查，如实反映情况，提供账簿、单证等有关资料，不得拒绝、拖延、隐瞒。

被稽查人使用计算机记账的，应当向海关提供记账软件、使用说明书及有关资料。

第十九条 海关查阅、复制被稽查人的账簿、单证等有关资料或者进入被稽查人的生产经营场所、货物存放场所检查时，被稽查人的法定代表人或者主要负责人员或者其指定的代表应当到场，并按照海关的要求清点账簿、打开货物存放场所、搬移货物或者开启货物包装。

第二十条 海关进行稽查时，与被稽查人有财务往来或者其他商务往来的企业、单位应当向海关如实反映被稽查人的有关情况，提供有关资料和证明材料。

第二十一条 海关进行稽查时，可以委托会计、税务等方面的专业机构就相关问题作出专业结论。

被稽查人委托会计、税务等方面的专业机构作出的专业结论，可以作为海关稽查的参考依据。

第二十二条 海关稽查组实施稽查后，应当向海关报送稽查报告。稽查报告认定被稽查人涉嫌违法的，在报送海关前应当就稽查报告认定的事实征求被稽查人的意见，被稽查人应当自收到相关材料之日起 7 日内，将其书面意见送交海关。

第二十三条 海关应当自收到稽查报告之日起 30 日内，作出海关稽查结论并送达被稽查人。

海关应当在稽查结论中说明作出结论的理由，并告知被稽查人的权利。

第四章 海关稽查的处理

第二十四条 经海关稽查，发现关税或者其他进口环节的税收少征或者漏征的，由海关依照海关法和有关税收法律、行政法规的规定向被稽查人补征；因被稽查人违反规定而造成少征或者漏征的，由海关依照海关法和有关税收法律、行政法规的规定追征。

被稽查人在海关规定的期限内仍未缴纳税款的，海关可以依照海关法第六十条第一款、第二款的规定采取强制执行措施。

第二十五条 依照本条例第十六条的规定查封、扣押的有关进出口货物，经海关稽查排除违法嫌疑的，海关应当立即解除查封、扣押；经海关稽查认定违法的，由海关依照海关法和海关行政处罚实施条例的规定处理。

第二十六条 经海关稽查，认定被稽查人有违反海关监管规定的行为的，由海关依照海关法和海关行政处罚实施条例的规定处理。

与进出口货物直接有关的企业、单位主动向海关报告其违反海关监管规定的行为，并接受海关处理的，应当从轻或者减轻行政处罚。

第二十七条 经海关稽查，发现被稽查人有走私行为，构成犯罪的，依法追究刑事责任；尚不构成犯罪的，由海关依照海关法和海关行政处罚实施条例的规定处理。

第二十八条 海关通过稽查决定补征或者追征的税款、没收的走私货物和违法所得以及收缴的罚款，全部上缴国库。

第二十九条 被稽查人同海关发生纳税争议的，依照海关法第六十四条的规定办理。

第五章 法律责任

第三十条 被稽查人有下列行为之一的，由海关责令限期改正，逾期不改正的，处 2 万元以上 10 万元以下的罚款；情节严重的，禁止其从事报关活动；对负有直接责任的主管人员和其他直接责任人员处 5000 元以上 5 万元以下的罚款；构成犯罪的，依法追究刑事责任：

（一）向海关提供虚假情况或者隐瞒重要事实；

（二）拒绝、拖延向海关提供账簿、单证等有关资料以及相关电子数据存储介质；

（三）转移、隐匿、篡改、毁弃报关单证、进出口单证、合同、与进出口业务直接有关的其他资料以及相关电子数据存储介质。

第三十一条 被稽查人未按照规定编制或者保管报关单证、进出口单证、合同以及与进出口业务直接有关的其他资料的，由海关责令限期改正，逾期不改正的，处 1 万元以上 5 万元以下的罚款；情节严重的，禁止其从事报关活动；对负有直接责任的主管人员和其他直接责任人员处 1000 元以上 5000 元以下的罚款。

第三十二条 被稽查人未按照规定设置或者编制账簿，或者转移、隐匿、篡改、毁弃账簿的，依照会计法的有关规定追究法律责任。

第三十三条 海关工作人员在稽查中玩忽职守、徇私舞弊、滥用职权，或者利用职务上的便利，收受、索取被稽查人的财物，构成犯罪的，依法追究刑事责任；尚不构成犯罪的，依法给予处分。

第六章 附 则

第三十四条 本条例自发布之日起施行。

中华人民共和国海关进出口货物商品归类管理规定

海关总署令 2021 年第 252 号

（2021 年 9 月发布，2021 年 11 月 1 日施行）

第一条 为了规范进出口货物的商品归类,保证商品归类的准确性和统一性,根据《中华人民共和国海关法》（以下简称《海关法》）、《中华人民共和国进出口关税条例》（以下简称《关税条例》）以及其他有关法律、行政法规的规定,制定本规定。

第二条 本规定所称的商品归类,是指在《商品名称及编码协调制度公约》商品分类目录体系下,以《中华人民共和国进出口税则》为基础,按照《进出口税则商品及品目注释》《中华人民共和国进出口税则本国子目注释》以及海关总署发布的关于商品归类的行政裁定、商品归类决定的规定,确定进出口货物商品编码的行为。

进出口货物相关的国家标准、行业标准等可以作为商品归类的参考。

第三条 进出口货物收发货人或者其代理人（以下简称收发货人或者其代理人）对进出口货物进行商品归类,以及海关依法审核确定商品归类,适用本规定。

第四条 进出口货物的商品归类应当遵循客观、准确、统一的原则。

第五条 进出口货物的商品归类应当按照收发货人或者其代理人向海关申报时货物的实际状态确定。以提前申报方式进出口的货物,商品归类应当按照货物运抵海关监管区时的实际状态确定。法律、行政法规和海关总署规章另有规定的,依照有关规定办理。

第六条 由同一运输工具同时运抵同一口岸并且属于同一收货人、使用同一提单的多种进口货物,按照商品归类规则应当归入同一商品编码的,该收货人或者其代理人应当将有关商品一并归入该商品编码向海关申报。法律、行政法规和海关总署规章另有规定的,依照有关规定办理。

第七条 收发货人或者其代理人应当依照法律、行政法规以及其他相关规定,如实、准确申报其进出口货物的商品名称、规格型号等事项，并且对其申报的进出口货物进行商品归类，确定相应的商品编码。

第八条 海关在审核确定收发货人或者其代理人申报的商品归类事项时，可以依照《海关法》和《关税条例》的规定行使下列权力，收发货人或者其代理人应当予以配合：

（一）查阅、复制有关单证、资料；

（二）要求收发货人或者其代理人提供必要的样品及相关商品资料，包括外文资料的中文译文并且对译文内容负责；

（三）组织对进出口货物实施化验、检验。

收发货人或者其代理人隐瞒有关情况，或者拖延、拒绝提供有关单证、资料的，海关可以依法审核确定进出口货物的商品归类。

第九条 必要时，海关可以要求收发货人或者其代理人补充申报。

第十条 收发货人或者其代理人向海关提供的资料涉及商业秘密、未披露信息或者保密商务信息，要求海关予以保密的，应当以书面方式向海关提出保密要求，并且具体列明需要保密的内容。收发货人或者其代理人不得以商业秘密为理由拒绝向海关提供有关资料。

海关按照国家有关规定承担保密义务。

第十一条 必要时，海关可以依据《中华人民共和国进出口税则》《进出口税则商品及品目注释》《中华人民共和国进出口税则本国子目注释》和国家标准、行业标准，以及海关化验方法等，对进出口货物的属性、成分、含量、结构、品质、规格等进行化验、检验，并将化验、检验结果作为商品归类的依据。

第十二条 海关对进出口货物实施取样化验、检验的，收发货人或者其代理人应当到场协助，负责搬移货物，开拆和重封货物的包装，并按照海关要求签字确认。

收发货人或者其代理人拒不到场，或者海关认为必要时，海关可以径行取样，并通知货物存放场所的经营人或者运输工具负责人签字确认。

第十三条 收发货人或者其代理人应当及时提供化验、检验样品的相关单证和技术资料，并对其真实性和有效性负责。

第十四条 除特殊情况外，海关技术机构应当自收到送检样品之日起 15 日内作出化验、检验结果。

第十五条 除特殊情况外，海关应当在化验、检验结果作出后的 1 个工作日内，将相关信息通知收发货人或者其代理人。收发货人或者其代理人要求提供化验、检验结果纸本的，海关应当提供。

第十六条 其他化验、检验机构作出的化验、检验结果与海关技术机构或者海关委托的化验、检验机构作出的化验、检验结果不一致的，以海关认定的化验、检验结果为准。

第十七条 收发货人或者其代理人对化验、检验结果有异议的，可以在收到化验、检验结果之日起 15 日内向海关提出书面复验申请，海关应当组织复验。

已经复验的，收发货人或者其代理人不得对同一样品再次申请复验。

第十八条 海关发现收发货人或者其代理人申报的商品归类不准确的，按照商品归类的有关规定予以重新确定，并且按照报关单修改和撤销有关规定予以办理。

收发货人或者其代理人发现其申报的商品归类需要修改的，应当按照报关单修改和撤销有关规定向海关提出申请。

第十九条 海关对货物的商品归类审核确定前，收发货人或者其代理人要求放行货物的，应当按照海关事务担保的有关规定提供担保。

国家对进出境货物有限制性规定，应当提供许可证件而不能提供的，以及法律、行政法规规定不得担保的其他情形，海关不得办理担保放行。

第二十条 收发货人或者其代理人就其进出口货物的商品归类提出行政裁定、预裁定申请的，应当按照行政裁定、预裁定管理的有关规定办理。

第二十一条 海关总署可以依据有关法律、行政法规规定，对进出口货物作出具有普遍约束力的商品归类决定，并对外公布。

进出口相同货物，应当适用相同的商品归类决定。

第二十二条 作出商品归类决定所依据的法律、行政法规以及其他相关规定发生变化的，商品归类决定同时失效。

商品归类决定失效的，应当由海关总署对外公布。

第二十三条 海关总署发现商品归类决定需要修改的，应当及时予以修改并对外公布。

第二十四条 海关总署发现商品归类决定存在错误的，应当及时予以撤销并对外公布。

第二十五条 因商品归类引起退税或者补征、追征税款以及征收滞纳金的，依照有关法律、行政法规以及海关总署规章的规定办理。

第二十六条 违反本规定，构成走私行为、违反海关监管规定行为或者其他违反《海关法》行为的，由海关依照《海关法》《中华人民共和国海关行政处罚实施条例》等有关规定予以处理；构成犯罪的，依法追究刑事责任。

第二十七条 本规定所称商品编码是指《中华人民共和国进出口税则》商品分类目录中的编码。

同一商品编码项下其他商品编号的确定，按照相关规定办理。

第二十八条 本规定由海关总署负责解释。

第二十九条 本规定自 2021 年 11 月 1 日起施行。2007 年 3 月 2 日海关总署令第 158 号公布、2014 年 3 月 13 日海关总署令第 218 号修改的《中华人民共和国海关进出口货物商品归类管理规定》，2008 年 10 月 13 日海关总署令第 176 号公布的《中华人民共和国海关化验管理办法》同时废止。

关于非优惠原产地规则中实质性改变标准的规定

海关总署令 2004 年第 122 号

（2004 年 11 月发布，2005 年 1 月 1 日施行）

第一条 为正确确定进出口货物的原产地，根据《中华人民共和国进出口货物原产地条例 》的有关规定，制定本规定。

第二条 本规定适用于非优惠性贸易措施项下确定两个以上国家（地区）参与生产货物的原产地。

第三条 进出口货物实质性改变的确定标准，以税则归类改变为基本标准，税则归类改变不能反映实质性改变的，以从价百分比、制造或者加工工序等为补充标准。

第四条 "税则归类改变"标准，是指在某一国家（地区）对非该国（地区）原产材料进行制造、加工后，所得货物在《中华人民共和国进出口税则》中的四位数级税目归类发生了变化。

第五条 "制造、加工工序"标准，是指在某一国家（地区）进行的赋予制造、加工后所得货物基本特征的主要工序。

第六条 "从价百分比"标准，是指在某一国家（地区）对非该国（地区）原产材料进行制造、加工后的增值部分超过了所得货物价值的 30%。用公式表示如下：

［工厂交货价 – 非该国（地区）原产材料价值］/ 工厂交货价 $\times 100\% \geqslant 30\%$

"工厂交货价"是指支付给制造厂生产的成品的价格。

"非该国（地区）原产材料价值"是指直接用于制造或装配最终产品而进口原料、零部件的价值（含原产地不明的原料、零配件），以其进口"成本、保险费加运费"价格（CIF）计算。

上述"从价百分比"的计算应当符合公认的会计原则及《中华人民共和国进出口

危险货物和危险化学品 ——————
进出口合规管理及风险防控

关税条例》。

第七条 以制造、加工工序和从价百分比为标准判定实质性改变的货物在《适用制造或者加工工序及从价百分比标准的货物清单》（见附件）中具体列明，并按列明的标准判定是否发生实质性改变。未列入《适用制造或者加工工序及从价百分比标准的货物清单》货物的实质性改变，应当适用税则归类改变标准。

第八条 《适用制造或者加工工序及从价百分比标准的货物清单》由海关总署会同商务部根据实施情况修订并公告。

第九条 本规定自 2005 年 1 月 1 日起施行。

附件：适用制造或者加工工序及从价百分比标准的货物清单（略）

中华人民共和国海关进出口货物优惠原产地管理规定

海关总署令 2009 年第 181 号

（2008 年 12 月发布，2009 年 3 月 1 日施行）

第一条 为了正确确定优惠贸易协定项下进出口货物的原产地，规范海关对优惠贸易协定项下进出口货物原产地管理，根据《中华人民共和国海关法》（以下简称《海关法》）、《中华人民共和国进出口关税条例》、《中华人民共和国进出口货物原产地条例》，制定本规定。

第二条 本规定适用于海关对优惠贸易协定项下进出口货物原产地管理。

第三条 从优惠贸易协定成员国或者地区（以下简称成员国或者地区）直接运输进口的货物，符合下列情形之一的，其原产地为该成员国或者地区，适用《中华人民共和国进出口税则》中相应优惠贸易协定对应的协定税率或者特惠税率（以下简称协定税率或者特惠税率）：

（一）完全在该成员国或者地区获得或者生产的；

（二）非完全在该成员国或者地区获得或者生产，但符合本规定第五条、第六条规定的。

第四条 本规定第三条第（一）项所称的"完全在该成员国或者地区获得或者生产"的货物是指：

（一）在该成员国或者地区境内收获、采摘或者采集的植物产品；

（二）在该成员国或者地区境内出生并饲养的活动物；

（三）在该成员国或者地区领土或者领海开采、提取的矿产品；

（四）其他符合相应优惠贸易协定项下完全获得标准的货物。

第五条 本规定第三条第（二）项中，"非完全在该成员国或者地区获得或者生产"

789

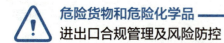

的货物，按照相应优惠贸易协定规定的税则归类改变标准、区域价值成分标准、制造加工工序标准或者其他标准确定其原产地。

（一）税则归类改变标准，是指原产于非成员国或者地区的材料在出口成员国或者地区境内进行制造、加工后，所得货物在《商品名称及编码协调制度》中税则归类发生了变化。

（二）区域价值成分标准，是指出口货物船上交货价格（FOB）扣除该货物生产过程中该成员国或者地区非原产材料价格后，所余价款在出口货物船上交货价格（FOB）中所占的百分比。

（三）制造加工工序标准，是指赋予加工后所得货物基本特征的主要工序。

（四）其他标准，是指除上述标准之外，成员国或者地区一致同意采用的确定货物原产地的其他标准。

第六条 原产于优惠贸易协定某一成员国或者地区的货物或者材料在同一优惠贸易协定另一成员国或者地区境内用于生产另一货物，并构成另一货物组成部分的，该货物或者材料应当视为原产于另一成员国或者地区境内。

第七条 为便于装载、运输、储存、销售进行的加工、包装、展示等微小加工或者处理，不影响货物原产地确定。

第八条 运输期间用于保护货物的包装材料及容器不影响货物原产地确定。

第九条 在货物生产过程中使用，本身不构成货物物质成分，也不成为货物组成部件的材料或者物品，其原产地不影响货物原产地确定。

第十条 本规定第三条所称的"直接运输"是指优惠贸易协定项下进口货物从该协定成员国或者地区直接运输至中国境内，途中未经过该协定成员国或者地区以外的其他国家或者地区（以下简称其他国家或者地区）。

原产于优惠贸易协定成员国或者地区的货物，经过其他国家或者地区运输至中国境内，不论在运输途中是否转换运输工具或者作临时储存，同时符合下列条件的，应当视为"直接运输"：

（一）该货物在经过其他国家或者地区时，未做除使货物保持良好状态所必需处理以外的其他处理；

（二）该货物在其他国家或者地区停留的时间未超过相应优惠贸易协定规定的期

限；

（三）该货物在其他国家或者地区作临时储存时，处于该国家或者地区海关监管之下。

第十一条 法律、行政法规规定的有权签发出口货物原产地证书的机构（以下简称签证机构）可以签发优惠贸易协定项下出口货物原产地证书。

第十二条 签证机构应依据本规定以及相应优惠贸易协定项下所确定的原产地规则签发出口货物原产地证书。

第十三条 海关总署应当对签证机构是否依照本规定第十二条规定签发优惠贸易协定项下出口货物原产地证书进行监督和检查。

签证机构应当定期向海关总署报送依据本规定第十二条规定签发优惠贸易协定项下出口货物原产地证书的有关情况。

第十四条 货物申报进口时，进口货物收货人或者其代理人应当按照海关的申报规定填制《中华人民共和国海关进口货物报关单》，申明适用协定税率或者特惠税率，并同时提交下列单证：

（一）货物的有效原产地证书正本，或者相关优惠贸易协定规定的原产地声明文件；

（二）货物的商业发票正本、运输单证等其他商业单证。

货物经过其他国家或者地区运输至中国境内，应当提交证明符合本规定第十条第二款规定的联运提单等证明文件；在其他国家或者地区临时储存的，还应当提交该国家或者地区海关出具的证明符合本规定第十条第二款规定的其他文件。

第十五条 进口货物收货人或者其代理人向海关提交的原产地证书应当同时符合下列要求：

（一）符合相应优惠贸易协定关于证书格式、填制内容、签章、提交期限等规定；

（二）与商业发票、报关单等单证的内容相符。

第十六条 原产地申报为优惠贸易协定成员国或者地区的货物，进口货物收货人及其代理人未依照本规定第十四条规定提交原产地证书、原产地声明的，应当在申报进口时就进口货物是否具备相应优惠贸易协定成员国或者地区原产资格向海关进行补充申报（格式见附件）。

第十七条 进口货物收货人或者其代理人依照本规定第十六条规定进行补充申报的，

海关可以根据进口货物收货人或者其代理人的申请，按照协定税率或者特惠税率收取等值保证金后放行货物，并按照规定办理进口手续、进行海关统计。

海关认为需要对进口货物收货人或者其代理人提交的原产地证书的真实性、货物是否原产于优惠贸易协定成员国或者地区进行核查的，应当按照该货物适用的最惠国税率、普通税率或者其他税率收取相当于应缴税款的等值保证金后放行货物，并按照规定办理进口手续、进行海关统计。

第十八条 出口货物申报时，出口货物发货人应当按照海关的申报规定填制《中华人民共和国海关出口货物报关单》，并向海关提交原产地证书电子数据或者原产地证书正本的复印件。

第十九条 为确定货物原产地是否与进出口货物收发货人提交的原产地证书及其他申报单证相符，海关可以对进出口货物进行查验，具体程序按照《中华人民共和国海关进出口货物查验管理办法》有关规定办理。

第二十条 优惠贸易协定项下进出口货物及其包装上标有原产地标记的，其原产地标记所标明的原产地应当与依照本规定确定的货物原产地一致。

第二十一条 有下列情形之一的，进口货物不适用协定税率或者特惠税率：

（一）进口货物收货人或者其代理人在货物申报进口时没有提交符合规定的原产地证书、原产地声明，也未就进口货物是否具备原产资格进行补充申报的；

（二）进口货物收货人或者其代理人未提供商业发票、运输单证等其它商业单证，也未提交其他证明符合本规定第十四条规定的文件的；

（三）经查验或者核查，确认货物原产地与申报内容不符，或者无法确定货物真实原产地的；

（四）其他不符合本规定及相应优惠贸易协定规定的情形。

第二十二条 海关认为必要时，可以请求出口成员国或者地区主管机构对优惠贸易协定项下进口货物原产地进行核查。

海关也可以依据相应优惠贸易协定的规定就货物原产地开展核查访问。

第二十三条 海关认为必要时，可以对优惠贸易协定项下出口货物原产地进行核查，以确定其原产地。

应优惠贸易协定成员国或者地区要求，海关可以对出口货物原产地证书或者原产地进行核查，并应当在相应优惠贸易协定规定的期限内反馈核查结果。

第二十四条 进出口货物收发货人可以依照《中华人民共和国海关行政裁定管理暂行办法》有关规定，向海关申请原产地行政裁定。

第二十五条 海关总署可以依据有关法律、行政法规、海关规章的规定，对进出口货物作出具有普遍约束力的原产地决定。

第二十六条 海关对依照本规定获得的商业秘密依法负有保密义务。未经进出口货物收发货人同意，海关不得泄露或者用于其他用途，但是法律、行政法规及相关司法解释另有规定的除外。

第二十七条 违反本规定，构成走私行为、违反海关监管规定行为或者其他违反《海关法》行为的，由海关依照《海关法》、《中华人民共和国海关行政处罚实施条例》的有关规定予以处罚；构成犯罪的，依法追究刑事责任。

第二十八条 本规定下列用语的含义：

"生产"，是指获得货物的方法，包括货物的种植、饲养、开采、收获、捕捞、耕种、诱捕、狩猎、捕获、采集、收集、养殖、提取、制造、加工或者装配；

"非原产材料"，是指用于货物生产中的非优惠贸易协定成员国或者地区原产的材料，以及不明原产地的材料。

第二十九条 海关保税监管转内销货物享受协定税率或者特惠税率的具体实施办法由海关总署另行规定。

第三十条 本规定由海关总署负责解释。

第三十一条 本规定自 2009 年 3 月 1 日起施行。

附件：《中华人民共和国海关进出口货物优惠原产地管理规定》进口货物原产资格申明（略）

化学品首次进口及有毒化学品进出口环境管理规定

（2007 年修正，2007 年 10 月 8 日施行）

（1994 年 3 月 16 日国家环境保护局、海关总署和对外贸易经济合作部环管〔1994〕140 号发布 2007 年 7 月 6 日《关于废止、修改部分规章和规范性文件的决定》修正）

第一章 总 则

第一条 为了保护人体健康和生态环境，加强化学品首次进口和有毒化学品进出口的环境管理，执行《关于化学品国际贸易资料交流的伦敦准则》（1989 年修正本）（以下简称《伦敦准则》），制定本规定。

第二条 在中华人民共和国管辖领域内从事化学品进出口活动必须遵守本规定。

第三条 本规定适用于化学品的首次进口和列入《中国禁止或严格限制的有毒化学品名录》（以下简称《名录》）的化学品进出口的环境管理。

食品添加剂、医药、兽药、化妆品和放射性物质不适用本规定。

第四条 本规定中下列用语的含义是：

（一）"化学品"是指人工制造的或者是从自然界取得的化学物质，包括化学物质本身、化学混合物或者化学配制物中的一部分，以及作为工业化学品和农药使用的物质。

（二）"禁止的化学品"是指因损害健康和环境而被完全禁止使用的化学品。

（三）"严格限制的化学品"是指因损害健康和环境而被禁止使用，但经授权在一些特殊情况下仍可使用的化学品。

（四）"有毒化学品"是指进入环境后通过环境蓄积、生物累积、生物转化或化学反应等方式损害健康和环境，或者通过接触对人体具有严重危害和具有潜在危险的化学品。

（五）"化学品首次进口"是指外商或其代理人向中国出口其未曾在中国登记过的化学品，即使同种化学品已有其他外商或其代理人在中国进行了登记，仍被视为化学品首次进口。

（六）"事先知情同意"是指为保护人类健康和环境目的而被禁止或严格限制的化学品的国际运输，必须在进口国指定的国家主管部门同意的情况下进行。

（七）"出口"和"进口"是指通过中华人民共和国海关办理化学品进出境手续的活动，但不包括过境运输。

第二章　监督管理

第五条　国家环境保护局对化学品首次进口和有毒化学品进出口实施统一的环境监督管理，负责全面执行《伦敦准则》的事先知情同意程序，发布中国禁止或严格限制的有毒化学品名录，实施化学品首次进口和列入《名录》内的有毒化学品进出口的环境管理登记和审批，签发《化学品进（出）口环境管理登记证》和《有毒化学品进（出）口环境管理放行通知单》，发布首次进口化学品登记公告。

第六条　中华人民共和国海关对列入《名录》的有毒化学品的进出口凭国家环境保护局签发的《有毒化学品进（出）口环境管理放行通知单》（见附件）验放。

对外贸易经济合作部根据其职责协同国家环境保护局对化学品首次进口和有毒化学品进出口环境管理登记申请资料的有关内容进行审查和对外公布《中国禁止或严格限制的有毒化学品名录》。

第七条　国家环境保护局设立国家有毒化学品评审委员会，负责对申请进出口环境管理登记的化学品的综合评审工作，对实施本规定所涉及的技术事务向国家环境保护局提供咨询意见。国家有毒化学品评审委员会由环境、卫生、农业、化工、外贸、商检、海关及其它有关方面的管理人员和技术专家组成，每届任期三年。

第八条　地方各级环境保护行政主管部门依据本规定对本辖区的化学品首次进口及有毒化学品进出口进行环境监督管理。

第三章　登记管理

第九条　每次外商及其代理人向中国出口和国内从国外进口列入《名录》中的工业

化学品或农药之前，均需向国家环境保护局提出有毒化学品进口环境管理登记申请。对准予进口的发给《化学品进（出）口环境管理登记证》和《有毒化学品进（出）口环境管理放行通知单》（以下简称《通知单》）。《通知单》实行一批一证制，每份（通知单）在有效时间内只能报关使用一次（见附件一）。

第十条 申请出口列入《名录》的化学品，必须向国家环境保护局提出有毒化学品出口环境管理登记申请。

国家环境保护局受理申请后，应通知进口国主管部门，在收到进口国主管部门同意进口的通知后，发给申请人准许有毒化学品出口的《化学品进（出）口环境管理登记证》。对进口国主管部门不同意进口的化学品，不予登记，不准出口，并通知申请人。

第十一条 国家环境保护局签发的《化学品进（出）口环境管理登记证》须加盖中华人民共和国国家环境保护局化学品进出口环境管理登记审批章。国内外为进口或出口列入《名录》的有毒化学品而申请的《化学品进（出）口环境管理登记证》为绿色证，外商或其代理人为首次向中国出口化学品而申请的《化学品进（出）口环境管理登记证》为粉色证，临时登记证为白色证。

第十二条 《有毒化学品进（出）口环境管理放行通知单》第一联由国家环境保护局留存，第二联（正本）交申请人用以报关，第三联发送中华人民共和国国家进出口商品检验局。

第十三条 申请化学品进出口环境管理登记的审查期限从收到符合登记资料要求的申请之日起计算，对化学品首次进口登记申请的审查期不超过一百八十天，对列入《名录》的有毒化学品进出口登记申请的审查期不超过三十天。

第十四条 国家环境保护局审批化学品进出口环境管理登记申请时，有权向申请人提出质询和要求补充有关资料。国家环境保护局应当为申请提交的资料和样品保守技术秘密。

第十五条 化学品首次进口环境管理登记申请表和有毒化学品环境管理登记申请表、化学品进出口环境管理登记证和临时登记证、有毒化学品进出口环境管理放行通知单，由国家环境保护局统一监制。

第四章 防止污染口岸环境

第十六条 进出口化学品的分类、包装、标签和运输，按照国际或国内有关危险货物运输规则的规定执行。

第十七条 在装卸、贮存和运输化学品过程中，必须采取有效的预防和应急措施，防止污染环境。

第十八条 因包装损坏或者不符合要求而造成或者可能造成口岸污染的，口岸主管部门应立即采取措施，防止和消除污染，并及时通知当地环境保护行政主管部门，进行调查处理。防止和消除其污染的费用由有关责任人承担。

第五章 罚 则

第十九条 违反本规定，未进行化学品进出口环境管理登记而进出口化学品的，由海关根据海关行政处罚实施细则有关规定处以罚款，并责令当事人补办登记手续；对经补办登记申请但未获准登记的，责令退回货物。

第二十条 进出口化学品造成中国口岸污染的，由当地环境保护行政主管部门予以处罚。

第二十一条 违反国家外贸管制规定而进出口化学品的，由外贸行政主管部门依照有关规定予以处罚。

第六章 附 则

第二十二条 因实验需要，首次进口且年进口量不足50公斤的化学品免于登记（《中国禁止或严格限制的有毒化学品名录》中的化学品除外）。

第二十三条 化学品进出口环境管理登记收费办法另行制定。

第二十四条 本规定由国家环境保护局负责解释。

第二十五条 本规定自1994年5月1日起施行。

（说明：文中提及的《中国禁止或严格限制的有毒化学品名录》（第一批）和《有毒化学品进（出）口环境管理放行通知单》是同一文件的另外两个附件，不是本规章的附件，且已由其他规范性文件修正，不附。）

易制毒化学品进出口管理规定

（2015 年修订，2015 年 10 月 28 日施行）

（2006 年 9 月 21 日商务部令第 7 号公布　自公布之日起 30 日后施行　根据 2015 年 10 月 28 日《商务部关于修改部分规章和规范性文件的决定》修订）

第一章　总　则

第一条　为加强易制毒化学品进出口管理，防止其流入非法制毒渠道，根据《中华人民共和国对外贸易法》和《易制毒化学品管理条例》等法律、行政法规，制定本规定。

第二条　本规定所称的易制毒化学品系指《易制毒化学品管理条例》附表所列可用于制毒的主要原料及化学配剂，目录见本规定附件。

第三条　国家对易制毒化学品进出口实行许可证管理制度。以任何方式进出口易制毒化学品均需申领许可证。

第四条　商务部负责全国易制毒化学品的进出口管理工作。国务院其他部门在各自职责范围内负责有关管理工作。

各省、自治区、直辖市及计划单列市商务主管部门（以下统称省级商务主管部门）负责本地区易制毒化学品进出口管理工作。同时接受商务部委托负责本地区易制毒化学品进出口许可初审及部分易制毒化学品进出口许可工作。

县级以上商务主管部门负责本地区易制毒化学品进出口监督检查工作。

第五条　通过对外交流、交换、合作、赠送、援助、服务等形式进出口易制毒化学品的，应按照本规定申请进（出）口许可证。

第六条　易制毒化学品进出口经营者（以下简称经营者）以加工贸易方式进出口易制毒化学品或加工制成品、副产品为易制毒化学品需内销的，应首先按照本办法规定取得相应的进（出）口许可，并凭进（出）口许可证办理相关手续。

第七条 混合物中含有易制毒化学品的，经营者应折算易制毒化学品数量后按照本规定申请进（出）口许可，含易制毒化学品的复方药品制剂除外。

第八条 易制毒化学品样品的进出口应按照本规定申请进（出）口许可。

第九条 易制毒化学品的过境、转运、通运应当按照本规定申请进（出）口许可。

第十条 易制毒化学品在境外与保税区、出口加工区等海关特殊监管区域、保税场所之间进出的，应当按照本规定申请进（出）口许可证。

易制毒化学品在境内与保税区、出口加工区等海关特殊监管区域、保税场所之间进出的，或者在上述海关特殊监管区域、保税场所之间进出的，无须申请进（出）口许可证。

第十一条 经营者在进出口易制毒化学品时，应当如实向海关申报，提交进（出）口许可证，海关凭许可证办理通关验放手续。进口第一类中的药品类易制毒化学品，还应提交食品药品监督管理部门出具的进口药品通关单。

第十二条 进出境人员随身携带《易制毒化学品管理条例》第一类中的药品类易制毒化学品药品制剂和高锰酸钾的，应当以自用且数量合理为限，并接受海关监管。

进出境人员不得随身携带前款规定以外的易制毒化学品。

第十三条 国家对部分易制毒化学品的进出口实行国际核查制度。管理规定另行制定。

第十四条 麻黄素等属于重点监控范围的易制毒化学品，由商务部会同国务院有关部门核定的企业进口、出口。管理办法另行制定。

第二章 进出口许可申请和审查

第十五条 经营者申请进出口易制毒化学品，应通过商务部两用物项和技术进出口管理电子政务平台如实、准确、完整填写《易制毒化学品进（出）口申请表》，并提交电子数据。

第十六条 省级商务主管部门应自收到进出口申请电子数据之日起 3 日内进行审查，符合填报要求的，网上通知经营者报送书面材料；不符合填报要求的，网上说明理由并退回重新填报。

第十七条 经营者收到报送书面材料的通知后，应向省级商务主管部门提交下列书面材料：

（一）经签字并加盖公章的《易制毒化学品进（出）口申请表》原件；

（二）对外贸易经营者备案登记表复印件；

（三）营业执照副本复印件；

（四）易制毒化学品生产、经营、购买许可证或者备案证明；

（五）进口或者出口合同（协议）复印件；

（六）经办人的身份证明复印件。

申请易制毒化学品出口许可的，还应当提交进口方政府主管部门出具的合法使用易制毒化学品的证明复印件或进口方合法使用的保证文件原件。

对本条规定的材料复印件有疑问时，商务主管部门可要求经营者交验上述有关材料原件。

书面材料不齐全或不符合法定形式的，省级商务主管部门应在收到书面材料之日起 5 日内告知经营者需要补正的全部内容，逾期不告知的，自收到书面材料之日起即为受理。

第十八条 申请进出口目录第三类中无需国际核查的易制毒化学品的，省级商务主管部门应自收到齐备、合格的书面材料之日起 5 日内对经营者提交的书面材料和电子数据进行审查，并作出是否许可的决定。

许可的，省级商务主管部门应在上述期限内发放《两用物项和技术进（出）口批复单》，并将电子数据报商务部备案；不予许可的，省级商务主管部门书面通知经营者并说明理由。

第十九条 对于申请进出口目录第一、二类易制毒化学品和目录第三类中需国际核查的易制毒化学品的，省级商务主管部门应自收到齐备、合格的书面材料之日起 3 日内对申请进行初审。

初审合格后，对于申请进出口无需国际核查的目录第一、二类易制毒化学品的，省级商务主管部门将电子数据转报商务部审查；对于申请进出口需国际核查的易制毒化学品的，省级商务主管部门将书面材料和电子数据转报商务部审查。

第二十条 对于申请进出口目录第一、二类中无需国际核查的易制毒化学品的，商务部应自收到省级商务主管部门上报电子数据之日起 8 日内进行审查，作出是否许可的决定并通知省级商务主管部门。

商务部依据前款对进出口申请予以许可的，省级商务主管部门应在收到许可决定后2日内发放《两用物项和技术进（出）口批复单》；不予许可的，省级商务主管部门书面通知经营者并说明理由。

第二十一条 对于申请进口需国际核查的易制毒化学品的，商务部应自收到省级商务主管部门上报电子数据和书面材料之日起8日内进行审查，作出是否许可的决定并通知省级商务主管部门。

商务部依据前款对进口申请予以许可的，省级商务主管部门应在收到许可决定后2日内发放《两用物项和技术进口批复单》；不予许可的，省级商务主管部门书面通知经营者并说明理由。

应易制毒化学品出口国家或者地区政府主管部门提出的国际核查要求，商务部可会同公安部对经营者进口易制毒化学品的有关情况进行核查。

第二十二条 对于申请出口需国际核查的易制毒化学品的，商务部应自收到省级商务主管部门上报书面材料和电子数据之日起5日内进行审查，符合规定的，进行国际核查。

商务部应自收到国际核查结果之日起3日内作出是否许可的决定并通知省级商务主管部门。商务部予以许可的，省级商务主管部门应在收到许可决定后2日内发放《两用物项和技术出口批复单》；不予许可的，省级商务主管部门书面通知经营者并说明理由。

国际核查所用时间不计算在许可期限之内。

第二十三条 申请进口第一类中的药品类易制毒化学品的，商务部在作出许可决定之前，应当征得国务院食品药品监督管理部门的同意。

申请出口第一类中的药品类易制毒化学品，需要在取得出口许可证后办理购买许可证的，应当向省级食品药品监督管理部门申请购买许可证。

第二十四条 在易制毒化学品进出口许可审查过程中，商务主管部门可以对申请材料的实质内容进行实地核查。

第二十五条 经营者可通过商务部两用物项和技术进出口管理电子政务平台查询有关申请办理进程及结果。

第二十六条 经营者凭《两用物项和技术进（出）口批复单》依据《两用物项和技术进出口许可证管理办法》有关规定申领两用物项和技术进（出）口许可证。

第三章 外商投资企业进出口许可申请和审查

第二十七条 外商投资企业申请进出口易制毒化学品的，通过外商投资企业进出口管理网络系统申报，如实、准确、完整填写《外商投资企业易制毒化学品进（出）口申请表》，并提交电子数据；手工不经过网络系统申报的，省级商务主管部门须按规范录入上述系统。

第二十八条 省级商务主管部门应自收到进出口申请电子数据之日起 3 日内进行审查，符合填报要求的，网上通知外商投资企业报送书面材料；不符合填报要求的，网上说明理由并退回重新填报。

第二十九条 外商投资企业收到报送书面材料的通知后，应向省级商务主管部门提交下列书面材料：

（一）经签字并加盖公章的《外商投资企业易制毒化学品进（出）口申请表》原件；

（二）盖有联合年检合格标识的批准证书复印件；

（三）营业执照副本复印件；

（四）商务主管部门关于设立该企业的批文及企业合营合同或章程、验资报告；

（五）易制毒化学品生产、经营、购买许可证或者备案证明；

（六）进口或者出口合同（协议）复印件；

（七）经办人的身份证明复印件。

申请易制毒化学品出口许可的，还应当提交进口方政府主管部门出具的合法使用易制毒化学品的证明或进口方合法使用的保证文件原件。

申请易制毒化学品进口许可的，还需提交申请进口易制毒化学品的报告，包括外商投资企业对监管手段的说明及不得用于制毒的保证函。

对本条规定的材料复印件有疑问时，商务主管部门可要求外商投资企业交验上述有关材料原件。

书面材料不齐全或不符合法定形式的，省级商务主管部门应在收到书面材料之日起 5 日内告知外商投资企业需要补正的全部内容，逾期不告知的，自收到书面材料之日起即为受理。

第三十条 申请进出口目录第三类中无需国际核查的易制毒化学品的,省级商务主管部门应自收到齐备、合格的书面材料之日起 5 日内对外商投资企业提交的书面材料和电子数据进行审查,并作出是否许可的决定。

许可的,省级商务主管部门应在上述期限内发放《外商投资企业易制毒化学品进(出)口批复单》,并将电子数据报商务部备案;不予许可的,省级商务主管部门书面通知外商投资企业并说明理由。

第三十一条 对于申请进出口目录第一、二类易制毒化学品和目录第三类中需国际核查的易制毒化学品的,省级商务主管部门应自收到齐备、合格的书面材料之日起 3 日内对申请进行初审。

初审合格后,对于申请进出口无需国际核查的目录第一、二类易制毒化学品的,省级商务主管部门将电子数据转报商务部审查;对于申请进出口需国际核查的易制毒化学品的,省级商务主管部门将书面材料和电子数据转报商务部审查。

第三十二条 对于申请进口目录第一、二类中无需国际核查的易制毒化学品的,商务部应自收到省级商务主管部门上报电子数据之日起 8 日内进行审查,作出是否许可的决定并通知省级商务主管部门。

商务部依据前款对进口申请予以许可的,省级商务主管部门应在收到许可决定后 2 日内发放《外商投资企业易制毒化学品进口批复单》;不予许可的,省级商务主管部门书面通知外商投资企业并说明理由。

第三十三条 对于申请出口第一、二类中无需国际核查的易制毒化学品的,商务部应自收到省级商务主管部门上报电子数据和书面材料之日起 10 日内进行审查,作出是否许可的决定并通知省级商务主管部门。许可的,商务部应在上述期限内发放《外商投资企业易制毒化学品出口批复单》,省级商务主管部门通知外商投资企业;不予许可的,省级商务主管部门书面通知外商投资企业并说明理由。

第三十四条 对于申请进口需国际核查的易制毒化学品的,商务部应自收到省级商务主管部门上报电子数据和书面材料之日起 8 日内进行审查,作出是否许可的决定并通知省级商务主管部门。

商务部依据前款对进口申请予以许可的,省级商务主管部门应在收到许可决定后 2

日内发放《外商投资企业易制毒化学品进口批复单》；不予许可的，省级商务主管部门书面通知外商投资企业并说明理由。

应易制毒化学品出口国家或者地区政府主管部门提出的国际核查要求，商务部可会同公安部对外商投资企业进口易制毒化学品的有关情况进行核查。

第三十五条 对于申请出口需国际核查的易制毒化学品的，商务部应自收到省级商务主管部门上报书面材料和电子数据之日起 5 日内进行审查，符合规定的，进行国际核查。

商务部应自收到国际核查结果之日起 5 日内作出是否许可的决定并通知省级商务主管部门。许可的，商务部应在上述期限内发放《外商投资企业易制毒化学品出口批复单》，省级商务主管部门通知外商投资企业；不予许可的，省级商务主管部门书面通知外商投资企业并说明理由。

国际核查所用时间不计算在许可期限之内。

第三十六条 外商投资企业申请进口第一类中的药品类易制毒化学品的，商务部在作出许可决定之前，应当征得国务院食品药品监督管理部门的同意。

外商投资企业申请出口第一类中的药品类易制毒化学品，需要在取得出口许可证后办理购买许可证的，应当向省级食品药品监督管理部门申请购买许可证。

第三十七条 在外商投资企业易制毒化学品进出口许可审查过程中，商务主管部门可以对申请材料的实质内容进行实地核查。

第三十八条 《外商投资企业易制毒化学品进（出）口批复单》须加盖商务主管部门公章。

第三十九条 外商投资企业可通过外商投资企业进出口管理网络系统查询有关申请办理进程及结果。

第四十条 外商投资企业凭《外商投资企业易制毒化学品进（出）口批复单》依据《两用物项和技术进出口许可证管理办法》有关规定申领两用物项和技术进（出）口许可证。

第四章 监督检查

第四十一条 县级以上商务主管部门应当按照本规定和其他有关法律、法规规定，严格履行对本地区易制毒化学品进出口的监督检查职责，依法查处违法行为。

第四十二条 县级以上商务主管部门对经营者进行监督检查时，可以依法查看现场、查阅和复制有关资料、记录有关情况、扣押相关的证据材料和物品；必要时，可以临时查封有关场所。

有关单位和个人应当及时如实提供有关情况和材料、物品，不得拒绝或隐匿。

第四十三条 易制毒化学品在进出口环节发生丢失、被盗、被抢案件，发案单位应当立即报告当地公安机关和当地商务主管部门。接到报案的商务主管部门应当逐级上报，并配合公安机关查处。

第四十四条 经营者应当建立健全易制毒化学品进出口内部管理制度，建立健全易制毒化学品进出口管理档案，至少留存两年备查，并指定专人负责易制毒化学品进出口相关工作。

第四十五条 经营者知道或者应当知道，或者得到商务主管部门通知，拟进出口的易制毒化学品可能流入非法渠道时，应及时终止合同执行，并将情况报告有关商务主管部门。

经营者违反本规定或当拟进出口易制毒化学品存在被用于制毒危险时，商务部或省级商务主管部门可对已经颁发的进（出）口许可证予以撤销。经营者应采取措施停止相关交易。

第四十六条 经营者应当于每年3月31日前向省级商务主管部门和当地公安机关报告本单位上年度易制毒化学品进出口情况，药品类易制毒化学品进出口经营者还须向当地食品药品监督管理部门报告本单位上年度药品类易制毒化学品进出口情况。省级商务主管部门将本行政区域内的易制毒化学品进出口情况汇总后报商务部。

有条件的经营者，可以与商务主管部门建立计算机联网，及时通报有关进出口情况。

第五章 法律责任

第四十七条 未经许可或超出许可范围进出口易制毒化学品的，或者违反本规定第十二条的，由海关依照有关法律、行政法规的规定处理、处罚；构成犯罪的，依法追究刑事责任。

第四十八条 违反本规定，有下列行为之一的，商务部可给予警告、责令限期改正，并处1万元以上5万元以下罚款：

（一）经营者未按本规定建立健全内部管理制度；

（二）将进出口许可证转借他人使用的；

（三）易制毒化学品在进出口环节发生丢失、被盗、被抢后未及时报告，造成严重后果的。

第四十九条 违反本规定第四十五、四十六条规定的，商务部可给予警告、责令限期改正，并处 3 万元以下罚款。

第五十条 经营者或者个人拒不接受商务主管部门监督检查的，商务部可责令改正，对直接负责的主管人员以及其他直接责任人员给予警告；情节严重的，对单位处 1 万元以上 5 万元以下罚款，对直接负责的主管人员以及其他直接责任人员处 1000 元以上 5000 元以下罚款。

第五十一条 自相关行政处罚决定生效之日或者刑事处罚判决生效之日起，商务部可在三年内不受理违法行为人提出的易制毒化学品进出口许可申请，或者禁止违法行为人在一年以上三年以下的期限内从事有关的易制毒化学品进出口经营活动。

第五十二条 商务主管部门的工作人员在易制毒化学品进出口管理工作中有应当许可而不许可、不应许可而滥许可，以及其他滥用职权、玩忽职守、徇私舞弊行为的，依法给予行政处分；构成犯罪的，依法追究刑事责任。

第六章 附 则

第五十三条 《两用物项和技术进（出）口批复单》、《外商投资企业易制毒化学品进（出）口批复单》由商务部规定式样并监督印制。

第五十四条 《向特定国家（地区）出口易制毒化学品暂行管理规定》中与本办法规定不一致的，从其规定。

第五十五条 本规定自公布之日起 30 日后起施行。原《易制毒化学品进出口管理规定》（原外经贸部 1999 年第 4 号令）、《对外贸易经济合作部关于印发〈外商投资企业易制毒化学品进出口审批原则和审批程序〉的通知》（（1997）外经贸资三函字第197 号）同时废止。

中华人民共和国海关行政裁定管理暂行办法

（2023 年修正，2023 年 4 月 15 日施行）

（2001 年 12 月 24 日海关总署令第 92 号发布 根据 2023 年 3 月 9 日海关总署令第 262 号《海关总署关于修改部分规章的决定》修正）

第一条 为便利对外贸易经营者办理海关手续，方便合法进出口，提高通关效率，根据《中华人民共和国海关法》的有关规定，特制定本办法。

第二条 海关行政裁定是指海关在货物实际进出口前，应对外贸易经营者的申请，依据有关海关法律、行政法规和规章，对与实际进出口活动有关的海关事务作出的具有普遍约束力的决定。

行政裁定由海关总署或总署授权机构作出，由海关总署统一对外公布。

行政裁定具有海关规章的同等效力。

第三条 本办法适用于以下海关事务：

（一）进出口商品的归类；

（二）进出口货物原产地的确定；

（三）禁止进出口措施和许可证件的适用；

（四）海关总署决定适用本办法的其他海关事务。

第四条 海关行政裁定的申请人应当是在海关备案的进出口货物经营单位。

申请人可以自行向海关提出申请，也可以委托他人向海关提出申请。

第五条 除特殊情况外，海关行政裁定的申请人，应当在货物拟作进口或出口的 3 个月前向海关总署或者直属海关提交书面申请。

一份申请只应包含一项海关事务。申请人对多项海关事务申请行政裁定的，应当逐项提出。

申请人不得就同一项海关事务向两个或者两个以上海关提交行政裁定申请。

第六条 申请人应当按照海关要求填写行政裁定申请书（格式见附件），主要包括下列内容：

（一）申请人的基本情况；

（二）申请行政裁定的事项；

（三）申请行政裁定的货物的具体情况；

（四）预计进出口日期及进出口口岸；

（五）海关认为需要说明的其他情况。

第七条 申请人应当按照海关要求提供足以说明申请事项的资料，包括进出口合同或意向书的复印件、图片、说明书、分析报告等。

申请书所附文件如为外文，申请人应同时提供外文原件及中文译文。

申请书应当加盖申请人印章，所提供文件与申请书应当加盖骑缝章。

申请人委托他人申请的，应当提供授权委托书及代理人的身份证明。

第八条 海关认为必要时，可要求申请人提供货物样品。

第九条 申请人为申请行政裁定向海关提供的资料，如果涉及商业秘密，可以要求海关予以保密。除司法程序要求提供的以外，未经申请人同意，海关不应泄露。

申请人对所提供资料的保密要求，应当书面向海关提出，并具体列明需要保密的内容。

第十条 收到申请的直属海关应当按照本办法第六、七、八条规定对申请资料进行初审。对符合规定的申请，自接受申请之日起 3 个工作日内移送海关总署或总署授权机构。

申请资料不符合有关规定的，海关应当书面通知申请人在 10 个工作日内补正。申请人逾期不补正的，视为撤回申请。

第十一条 海关总署或授权机构应当自收到申请书之日起 15 个工作日内，审核决定是否受理该申请，并书面告知申请人。对不予受理的应当说明理由。

第十二条 有下列情形之一的，海关不予受理：

（一）申请不符合本办法第三、四、五条规定的；

（二）申请与实际进出口活动无关的；

（三）就相同海关事务，海关已经作出有效行政裁定或者其他明确规定的；

（四）经海关认定不予受理的其他情形。

第十三条 海关在受理申请后，作出行政裁定以前，可以要求申请人补充提供相关资料或货物样品。

申请人在规定期限内未能提供有效、完整的资料或样品，影响海关作出行政裁定的，海关可以终止审查。

申请人主动向海关提供新的资料或样品作为补充的，应当说明原因。海关审查决定是否采用。

海关接受补充材料的，根据补充的事实和资料为依据重新审查，作出行政裁定的期限自收到申请人补充材料之日起重新计算。

第十四条 申请人可以在海关作出行政裁定前以书面形式向海关申明撤回其申请。

第十五条 海关对申请人申请的海关事务应当根据有关事实和材料，依据有关法律、行政法规、规章进行审查并作出行政裁定。

审查过程中，海关可以征求申请人以及其他利害关系人的意见。

第十六条 海关应当自受理申请之日起 60 日内作出行政裁定。

海关作出的行政裁定应当书面通知申请人，并对外公布。

第十七条 海关作出的行政裁定自公布之日起在中华人民共和国关境内统一适用。

进口或者出口相同情形的货物，应当适用相同的行政裁定。

对于裁定生效前已经办理完毕裁定事项有关手续的进出口货物，不适用该裁定。

第十八条 海关作出行政裁定所依据的法律、行政法规及规章中的相关规定发生变化，影响行政裁定效力的，原行政裁定自动失效。

海关总署应当定期公布自动失效的行政裁定。

第十九条 有下列情形之一的，由海关总署撤销原行政裁定：

（一）原行政裁定错误的；

（二）因申请人提供的申请文件不准确或者不全面，造成原行政裁定需要撤销的；

（三）其他需要撤销的情形。

海关撤销行政裁定的，应当书面通知原申请人，并对外公布。撤销行政裁定的决定，自公布之日起生效。

经海关总署撤销的行政裁定对已经发生的进出口活动无溯及力。

第二十条 进出口活动的当事人对于海关作出的具体行政行为不服，并对该具体行政行为依据的行政裁定持有异议的，可以在对具体行政行为申请复议的同时一并提出对行政裁定的审查申请。复议海关受理该复议申请后应将其中对于行政裁定的审查申请移送海关总署，由总署作出审查决定。

第二十一条 行政裁定的申请人应对申请内容及所提供资料的真实性、完整性负责。向海关隐瞒真实情况或提供虚假材料的，应当承担相应的法律责任。

第二十二条 本办法由海关总署负责解释。

第二十三条 本办法自 2002 年 1 月 1 日起实施。

中华人民共和国海关预裁定管理暂行办法

（2023 年修正，2023 年 4 月 15 日施行）

（2017 年 12 月 26 日海关总署令第 236 号公布 根据 2023 年 3 月 9 日海关总署令第 262 号《海关总署关于修改部分规章的决定》修正）

第一条 为了促进贸易安全与便利，优化营商环境，增强企业对进出口贸易活动的可预期性，根据《中华人民共和国海关法》以及有关法律、行政法规和我国政府缔结或者加入的有关国际条约、协定的规定，制定本办法。

第二条 在货物实际进出口前，海关应申请人的申请，对其与实际进出口活动有关的海关事务作出预裁定，适用本办法。

第三条 在货物实际进出口前，申请人可以就下列海关事务申请预裁定：

（一）进出口货物的商品归类；

（二）进出口货物的原产地或者原产资格；

（三）进口货物完税价格相关要素、估价方法；

（四）海关总署规定的其他海关事务。

前款所称"完税价格相关要素"，包括特许权使用费、佣金、运保费、特殊关系，以及其他与审定完税价格有关的要素。

第四条 预裁定的申请人应当是与实际进出口活动有关，并且在海关备案的对外贸易经营者。

第五条 申请人申请预裁定的，应当提交《中华人民共和国海关预裁定申请书》（以下简称《预裁定申请书》）以及海关要求的有关材料。材料为外文的，申请人应当同时提交符合海关要求的中文译本。

申请人应当对提交材料的真实性、准确性、完整性、规范性承担法律责任。

第六条 申请人需要海关为其保守商业秘密的，应当以书面方式向海关提出要求，

危险货物和危险化学品
进出口合规管理及风险防控

并且列明具体内容。海关按照国家有关规定承担保密义务。

第七条 申请人应当在货物拟进出口3个月之前向其备案地直属海关提出预裁定申请。

特殊情况下，申请人确有正当理由的，可以在货物拟进出口前3个月内提出预裁定申请。

一份《预裁定申请书》应当仅包含一类海关事务。

第八条 海关应当自收到《预裁定申请书》以及相关材料之日起10日内审核决定是否受理该申请，制发《中华人民共和国海关预裁定申请受理决定书》或者《中华人民共和国海关预裁定申请不予受理决定书》。

申请材料不符合有关规定的，海关应当在决定是否受理前一次性告知申请人在规定期限内进行补正，制发《中华人民共和国海关预裁定申请补正通知书》。补正申请材料的期间，不计入本条第一款规定的期限内。

申请人未在规定期限内提交材料进行补正的，视为未提出预裁定申请。

海关自收到《预裁定申请书》以及相关材料之日起10日内未作出是否受理的决定，也没有一次性告知申请人进行补正的，自收到材料之日起即为受理。

第九条 有下列情形之一的，海关应当作出不予受理决定，并且说明理由：

（一）申请不符合本办法第三条、第四条、第五条或者第七条规定的；

（二）海关规章、海关总署公告已经对申请预裁定的海关事务有明确规定的；

（三）申请人就同一事项已经提出预裁定申请并且被受理的。

第十条 海关对申请人申请预裁定的海关事务应当依据有关法律、行政法规、海关规章以及海关总署公告作出预裁定决定，制发《中华人民共和国海关预裁定决定书》（以下简称《预裁定决定书》）。

作出预裁定决定过程中，海关可以要求申请人在规定期限内提交与申请海关事务有关的材料或者样品；申请人也可以向海关补充提交有关材料。

第十一条 海关应当自受理之日起60日内制发《预裁定决定书》。

《预裁定决定书》应当送达申请人，并且自送达之日起生效。

需要通过化验、检测、鉴定、专家论证或者其他方式确定有关情况的，所需时间不计入本条第一款规定的期限内。

第十二条 有下列情形之一的，海关可以终止预裁定，并且制发《中华人民共和国海关终止预裁定决定书》：

（一）申请人在预裁定决定作出前以书面方式向海关申明撤回其申请，海关同意撤回的；

（二）申请人未按照海关要求提供有关材料或者样品的；

（三）由于申请人原因致使预裁定决定未能在第十一条第一款规定的期限内作出的。

第十三条 预裁定决定有效期为 3 年。

预裁定决定所依据的法律、行政法规、海关规章以及海关总署公告相关规定发生变化，影响其效力的，预裁定决定自动失效。

申请人就海关对其作出的预裁定决定所涉及的事项，在有效期内不得再次申请预裁定。

第十四条 预裁定决定对于其生效前已经实际进出口的货物没有溯及力。

第十五条 申请人在预裁定决定有效期内进出口与预裁定决定列明情形相同的货物，应当按照预裁定决定申报，海关予以认可。

第十六条 已生效的预裁定决定有下列情形之一的，由海关予以撤销，并且通知申请人：

（一）因申请人提供的材料不真实、不准确、不完整，造成预裁定决定需要撤销的；

（二）预裁定决定错误的；

（三）其他需要撤销的情形。

撤销决定自作出之日起生效。依照前款第（一）项的规定撤销预裁定决定的，经撤销的预裁定决定自始无效。

第十七条 除涉及商业秘密的外，海关可以对外公开预裁定决定的内容。

第十八条 申请人对预裁定决定不服的，可以向海关总署申请行政复议；对复议决定不服的，可以依法向人民法院提起行政诉讼。

第十九条 申请人提供虚假材料或者隐瞒相关情况的，海关给予警告，可以处 1 万元以下罚款。

第二十条 本办法列明的法律文书，由海关总署另行制定格式文本并且发布。

本办法关于期限规定的"日"是指自然日。

第二十一条 本办法由海关总署负责解释。

第二十二条 本办法自 2018 年 2 月 1 日起施行。

中华人民共和国海关审定进出口货物完税价格办法

海关总署令 2013 年第 213 号

（2013 年 12 月发布，2014 年 12 月 1 日施行）

第一章 总 则

第一条 为了正确审查确定进出口货物的完税价格，根据《中华人民共和国海关法》（以下简称《海关法》）、《中华人民共和国进出口关税条例》的规定，制定本办法。

第二条 海关审查确定进出口货物的完税价格，应当遵循客观、公平、统一的原则。

第三条 海关审查确定进出口货物的完税价格，适用本办法。

内销保税货物完税价格的确定，准许进口的进境旅客行李物品、个人邮递物品以及其他个人自用物品的完税价格的确定，涉嫌走私的进出口货物、物品的计税价格的核定，不适用本办法。

第四条 海关应当按照国家有关规定，妥善保管纳税义务人提供的涉及商业秘密的资料，除法律、行政法规另有规定外，不得对外提供。

纳税义务人可以书面向海关提出为其保守商业秘密的要求，并且具体列明需要保密的内容，但是不得以商业秘密为理由拒绝向海关提供有关资料。

第二章 进口货物的完税价格

第一节 进口货物完税价格确定方法

第五条 进口货物的完税价格，由海关以该货物的成交价格为基础审查确定，并且应当包括货物运抵中华人民共和国境内输入地点起卸前的运输及其相关费用、保险费。

第六条 进口货物的成交价格不符合本章第二节规定的，或者成交价格不能确定的，海关经了解有关情况，并且与纳税义务人进行价格磋商后，依次以下列方法审查确定该货物的完税价格：

（一）相同货物成交价格估价方法；

（二）类似货物成交价格估价方法；

（三）倒扣价格估价方法；

（四）计算价格估价方法；

（五）合理方法。

纳税义务人向海关提供有关资料后，可以提出申请，颠倒前款第三项和第四项的适用次序。

第二节 成交价格估价方法

第七条 进口货物的成交价格，是指卖方向中华人民共和国境内销售该货物时买方为进口该货物向卖方实付、应付的，并且按照本章第三节的规定调整后的价款总额，包括直接支付的价款和间接支付的价款。

第八条 进口货物的成交价格应当符合下列条件：

（一）对买方处置或者使用进口货物不予限制，但是法律、行政法规规定实施的限制、对货物销售地域的限制和对货物价格无实质性影响的限制除外；

（二）进口货物的价格不得受到使该货物成交价格无法确定的条件或者因素的影响；

（三）卖方不得直接或者间接获得因买方销售、处置或者使用进口货物而产生的任何收益，或者虽然有收益但是能够按照本办法第十一条第一款第四项的规定做出调整；

（四）买卖双方之间没有特殊关系，或者虽然有特殊关系但是按照本办法第十七条、第十八条的规定未对成交价格产生影响。

第九条 有下列情形之一的，应当视为对买方处置或者使用进口货物进行了限制：

（一）进口货物只能用于展示或者免费赠送的；

（二）进口货物只能销售给指定第三方的；

（三）进口货物加工为成品后只能销售给卖方或者指定第三方的；

（四）其他经海关审查，认定买方对进口货物的处置或者使用受到限制的。

第十条 有下列情形之一的，应当视为进口货物的价格受到了使该货物成交价格无法确定的条件或者因素的影响：

（一）进口货物的价格是以买方向卖方购买一定数量的其他货物为条件而确定的；

（二）进口货物的价格是以买方向卖方销售其他货物为条件而确定的；

（三）其他经海关审查，认定货物的价格受到使该货物成交价格无法确定的条件或者因素影响的。

第三节 成交价格的调整项目

第十一条 以成交价格为基础审查确定进口货物的完税价格时，未包括在该货物实付、应付价格中的下列费用或者价值应当计入完税价格：

（一）由买方负担的下列费用：

1.除购货佣金以外的佣金和经纪费；

2.与该货物视为一体的容器费用；

3.包装材料费用和包装劳务费用。

（二）与进口货物的生产和向中华人民共和国境内销售有关的，由买方以免费或者以低于成本的方式提供，并且可以按适当比例分摊的下列货物或者服务的价值：

1.进口货物包含的材料、部件、零件和类似货物；

2.在生产进口货物过程中使用的工具、模具和类似货物；

3.在生产进口货物过程中消耗的材料；

4.在境外进行的为生产进口货物所需的工程设计、技术研发、工艺及制图等相关服务。

（三）买方需向卖方或者有关方直接或者间接支付的特许权使用费，但是符合下列情形之一的除外：

1.特许权使用费与该货物无关；

2.特许权使用费的支付不构成该货物向中华人民共和国境内销售的条件。

（四）卖方直接或者间接从买方对该货物进口后销售、处置或者使用所得中获得的收益。

纳税义务人应当向海关提供本条所述费用或者价值的客观量化数据资料。纳税义务人不能提供的，海关与纳税义务人进行价格磋商后，按照本办法第六条列明的方法审查确定完税价格。

第十二条 在根据本办法第十一条第一款第二项确定应当计入进口货物完税价格的货物价值时，应当按照下列方法计算有关费用：

（一）由买方从与其无特殊关系的第三方购买的，应当计入的价值为购入价格；

（二）由买方自行生产或者从有特殊关系的第三方获得的，应当计入的价值为生产成本；

（三）由买方租赁获得的，应当计入的价值为买方承担的租赁成本；

（四）生产进口货物过程中使用的工具、模具和类似货物的价值，应当包括其工程设计、技术研发、工艺及制图等费用。

如果货物在被提供给卖方前已经被买方使用过，应当计入的价值为根据国内公认的会计原则对其进行折旧后的价值。

第十三条 符合下列条件之一的特许权使用费，应当视为与进口货物有关：

（一）特许权使用费是用于支付专利权或者专有技术使用权，且进口货物属于下列情形之一的：

1.含有专利或者专有技术的；

2.用专利方法或者专有技术生产的；

3.为实施专利或者专有技术而专门设计或者制造的。

（二）特许权使用费是用于支付商标权，且进口货物属于下列情形之一的：

1.附有商标的；

2.进口后附上商标直接可以销售的；

3.进口时已含有商标权，经过轻度加工后附上商标即可以销售的。

（三）特许权使用费是用于支付著作权，且进口货物属于下列情形之一的：

1.含有软件、文字、乐曲、图片、图像或者其他类似内容的进口货物，包括磁带、磁盘、光盘或者其他类似载体的形式；

2.含有其他享有著作权内容的进口货物。

（四）特许权使用费是用于支付分销权、销售权或者其他类似权利，且进口货物属于下列情形之一的：

1.进口后可以直接销售的；

2.经过轻度加工即可以销售的。

第十四条 买方不支付特许权使用费则不能购得进口货物，或者买方不支付特许权使用费则该货物不能以合同议定的条件成交的，应当视为特许权使用费的支付构成进口货物向中华人民共和国境内销售的条件。

第十五条 进口货物的价款中单独列明的下列税收、费用，不计入该货物的完税价格：

（一）厂房、机械或者设备等货物进口后发生的建设、安装、装配、维修或者技术援助费用，但是保修费用除外；

（二）进口货物运抵中华人民共和国境内输入地点起卸后发生的运输及其相关费用、保险费；

（三）进口关税、进口环节海关代征税及其他国内税；

（四）为在境内复制进口货物而支付的费用；

（五）境内外技术培训及境外考察费用。

同时符合下列条件的利息费用不计入完税价格：

（一）利息费用是买方为购买进口货物而融资所产生的；

（二）有书面的融资协议的；

（三）利息费用单独列明的；

（四）纳税义务人可以证明有关利率不高于在融资当时当地此类交易通常应当具有的利率水平，且没有融资安排的相同或者类似进口货物的价格与进口货物的实付、应付价格非常接近的。

第四节 特殊关系

第十六条 有下列情形之一的，应当认为买卖双方存在特殊关系：

（一）买卖双方为同一家族成员的；

（二）买卖双方互为商业上的高级职员或者董事的；

（三）一方直接或者间接地受另一方控制的；

（四）买卖双方都直接或者间接地受第三方控制的；

（五）买卖双方共同直接或者间接地控制第三方的；

（六）一方直接或者间接地拥有、控制或者持有对方5%以上（含5%）公开发行的有表决权的股票或者股份的；

（七）一方是另一方的雇员、高级职员或者董事的；

（八）买卖双方是同一合伙的成员的。

买卖双方在经营上相互有联系，一方是另一方的独家代理、独家经销或者独家受让人，如果符合前款的规定，也应当视为存在特殊关系。

第十七条 买卖双方之间存在特殊关系，但是纳税义务人能证明其成交价格与同时或者大约同时发生的下列任何一款价格相近的，应当视为特殊关系未对进口货物的成交价格产生影响：

（一）向境内无特殊关系的买方出售的相同或者类似进口货物的成交价格；

（二）按照本办法第二十三条的规定所确定的相同或者类似进口货物的完税价格；

（三）按照本办法第二十五条的规定所确定的相同或者类似进口货物的完税价格。

海关在使用上述价格进行比较时，应当考虑商业水平和进口数量的不同，以及买卖双方有无特殊关系造成的费用差异。

第十八条 海关经对与货物销售有关的情况进行审查，认为符合一般商业惯例的，可以确定特殊关系未对进口货物的成交价格产生影响。

第五节 除成交价格估价方法以外的其他估价方法

第十九条 相同货物成交价格估价方法，是指海关以与进口货物同时或者大约同时向中华人民共和国境内销售的相同货物的成交价格为基础，审查确定进口货物的完税价格的估价方法。

第二十条 类似货物成交价格估价方法，是指海关以与进口货物同时或者大约同时向中华人民共和国境内销售的类似货物的成交价格为基础，审查确定进口货物的完税价格的估价方法。

第二十一条 按照相同或者类似货物成交价格估价方法的规定审查确定进口货物的完税价格时，应当使用与该货物具有相同商业水平且进口数量基本一致的相同或者类似货物的成交价格。使用上述价格时，应当以客观量化的数据资料，对该货物与相同或者类似货物之间由于运输距离和运输方式不同而在成本和其他费用方面产生的差异进行调整。

在没有前款所述的相同或者类似货物的成交价格的情况下，可以使用不同商业水平或者不同进口数量的相同或者类似货物的成交价格。使用上述价格时，应当以客观量化的数据资料，对因商业水平、进口数量、运输距离和运输方式不同而在价格、成本和其他费用方面产生的差异做出调整。

第二十二条 按照相同或者类似货物成交价格估价方法审查确定进口货物的完税价格时，应当首先使用同一生产商生产的相同或者类似货物的成交价格。

没有同一生产商生产的相同或者类似货物的成交价格的，可以使用同一生产国或者地区其他生产商生产的相同或者类似货物的成交价格。

如果有多个相同或者类似货物的成交价格，应当以最低的成交价格为基础审查确定进口货物的完税价格。

第二十三条 倒扣价格估价方法，是指海关以进口货物、相同或者类似进口货物在境内的销售价格为基础，扣除境内发生的有关费用后，审查确定进口货物完税价格的估价方法。该销售价格应当同时符合下列条件：

（一）是在该货物进口的同时或者大约同时，将该货物、相同或者类似进口货物在境内销售的价格；

（二）是按照货物进口时的状态销售的价格；

（三）是在境内第一销售环节销售的价格；

（四）是向境内无特殊关系方销售的价格；

（五）按照该价格销售的货物合计销售总量最大。

第二十四条 按照倒扣价格估价方法审查确定进口货物完税价格的，下列各项应当扣除：

（一）同等级或者同种类货物在境内第一销售环节销售时，通常的利润和一般费用（包括直接费用和间接费用）以及通常支付的佣金；

（二）货物运抵境内输入地点起卸后的运输及其相关费用、保险费；

（三）进口关税、进口环节海关代征税及其他国内税。

如果该货物、相同或者类似货物没有按照进口时的状态在境内销售，应纳税义务人要求，可以在符合本办法第二十三条规定的其他条件的情形下，使用经进一步加工后的货物的销售价格审查确定完税价格，但是应当同时扣除加工增值额。

前款所述的加工增值额应当依据与加工成本有关的客观量化数据资料、该行业公认的标准、计算方法及其他的行业惯例计算。

按照本条的规定确定扣除的项目时，应当使用与国内公认的会计原则相一致的原则和方法。

第二十五条 计算价格估价方法，是指海关以下列各项的总和为基础，审查确定进口货物完税价格的估价方法：

（一）生产该货物所使用的料件成本和加工费用；

（二）向境内销售同等级或者同种类货物通常的利润和一般费用（包括直接费用和间接费用）；

（三）该货物运抵境内输入地点起卸前的运输及相关费用、保险费。

按照前款的规定审查确定进口货物的完税价格时，海关在征得境外生产商同意并且提前通知有关国家或者地区政府后，可以在境外核实该企业提供的有关资料。

按照本条第一款的规定确定有关价值或者费用时，应当使用与生产国或者地区公认的会计原则相一致的原则和方法。

第二十六条 合理方法，是指当海关不能根据成交价格估价方法、相同货物成交价格估价方法、类似货物成交价格估价方法、倒扣价格估价方法和计算价格估价方法确定完税价格时，海关根据本办法第二条规定的原则，以客观量化的数据资料为基础审查确定进口货物完税价格的估价方法。

第二十七条 海关在采用合理方法确定进口货物的完税价格时，不得使用以下价格：

（一）境内生产的货物在境内的销售价格；

（二）可供选择的价格中较高的价格；

（三）货物在出口地市场的销售价格；

（四）以本办法第二十五条规定之外的价值或者费用计算的相同或者类似货物的价格；

（五）出口到第三国或者地区的货物的销售价格；

（六）最低限价或者武断、虚构的价格。

第三章 特殊进口货物的完税价格

第二十八条 运往境外修理的机械器具、运输工具或者其他货物，出境时已向海关报明，并且在海关规定的期限内复运进境的，应当以境外修理费和料件费为基础审查确定完税价格。

出境修理货物复运进境超过海关规定期限的，由海关按照本办法第二章的规定审查确定完税价格。

第二十九条 运往境外加工的货物，出境时已向海关报明，并且在海关规定期限内复运进境的，应当以境外加工费和料件费以及该货物复运进境的运输及其相关费用、保险费为基础审查确定完税价格。

出境加工货物复运进境超过海关规定期限的，由海关按照本办法第二章的规定审查确定完税价格。

第三十条 经海关批准的暂时进境货物，应当缴纳税款的，由海关按照本办法第二章的规定审查确定完税价格。经海关批准留购的暂时进境货物，以海关审查确定的留购价格作为完税价格。

第三十一条 租赁方式进口的货物，按照下列方法审查确定完税价格：

（一）以租金方式对外支付的租赁货物，在租赁期间以海关审查确定的租金作为完税价格，利息应当予以计入；

（二）留购的租赁货物以海关审查确定的留购价格作为完税价格；

（三）纳税义务人申请一次性缴纳税款的，可以选择申请按照本办法第六条列明的方法确定完税价格，或者按照海关审查确定的租金总额作为完税价格。

第三十二条 减税或者免税进口的货物应当补税时，应当以海关审查确定的该货物原进口时的价格，扣除折旧部分价值作为完税价格，其计算公式如下：

$$完税价格 = 海关审查确定的该货物原进口时的价格 \times \left(\frac{补税时实际已进口的时间（月）}{监管年限 \times 12}\right)$$

上述计算公式中"补税时实际已进口的时间"按月计算，不足 1 个月但是超过 15 日的，按照 1 个月计算；不超过 15 日的，不予计算。

第三十三条 易货贸易、寄售、捐赠、赠送等不存在成交价格的进口货物，海关与纳税义务人进行价格磋商后，按照本办法第六条列明的方法审查确定完税价格。

第三十四条 进口载有专供数据处理设备用软件的介质，具有下列情形之一的，应当以介质本身的价值或者成本为基础审查确定完税价格：

（一）介质本身的价值或者成本与所载软件的价值分列；

（二）介质本身的价值或者成本与所载软件的价值虽未分列，但是纳税义务人能够提供介质本身的价值或者成本的证明文件，或者能提供所载软件价值的证明文件。

含有美术、摄影、声音、图像、影视、游戏、电子出版物的介质不适用前款规定。

第四章　进口货物完税价格中的运输及其相关费用、保险费的计算

第三十五条 进口货物的运输及其相关费用，应当按照由买方实际支付或者应当支付的费用计算。如果进口货物的运输及其相关费用无法确定的，海关应当按照该货物进口同期的正常运输成本审查确定。

运输工具作为进口货物，利用自身动力进境的，海关在审查确定完税价格时，不再另行计入运输及其相关费用。

第三十六条 进口货物的保险费，应当按照实际支付的费用计算。如果进口货物的保险费无法确定或者未实际发生，海关应当按照"货价加运费"两者总额的3‰计算保险费，其计算公式如下：

保险费 =（货价 + 运费）× 3‰

第三十七条 邮运进口的货物，应当以邮费作为运输及其相关费用、保险费。

第五章　出口货物的完税价格

第三十八条 出口货物的完税价格由海关以该货物的成交价格为基础审查确定，并且应当包括货物运至中华人民共和国境内输出地点装载前的运输及其相关费用、保险费。

第三十九条 出口货物的成交价格，是指该货物出口销售时，卖方为出口该货物应当向买方直接收取和间接收取的价款总额。

第四十条 下列税收、费用不计入出口货物的完税价格：

（一）出口关税；

（二）在货物价款中单独列明的货物运至中华人民共和国境内输出地点装载后的运输及其相关费用、保险费。

第四十一条 出口货物的成交价格不能确定的，海关经了解有关情况，并且与纳税义务人进行价格磋商后，依次以下列价格审查确定该货物的完税价格：

（一）同时或者大约同时向同一国家或者地区出口的相同货物的成交价格；

（二）同时或者大约同时向同一国家或者地区出口的类似货物的成交价格；

（三）根据境内生产相同或者类似货物的成本、利润和一般费用（包括直接费用和间接费用）、境内发生的运输及其相关费用、保险费计算所得的价格；

（四）按照合理方法估定的价格。

第六章 完税价格的审查确定

第四十二条 纳税义务人向海关申报时，应当按照本办法的有关规定，如实向海关提供发票、合同、提单、装箱清单等单证。

根据海关要求，纳税义务人还应当如实提供与货物买卖有关的支付凭证以及证明申报价格真实、准确的其他商业单证、书面资料和电子数据。

货物买卖中发生本办法第二章第三节所列的价格调整项目的，或者发生本办法三十五条所列的运输及其相关费用的，纳税义务人应当如实向海关申报。

前款规定的价格调整项目或者运输及其相关费用如果需要分摊计算的，纳税义务人应当根据客观量化的标准进行分摊，并且同时向海关提供分摊的依据。

第四十三条 海关为审查申报价格的真实性、准确性，可以行使下列职权进行价格核查：

（一）查阅、复制与进出口货物有关的合同、发票、账册、结付汇凭证、单据、业务函电、录音录像制品和其他反映买卖双方关系及交易活动的商业单证、书面资料和电子数据；

（二）向进出口货物的纳税义务人及与其有资金往来或者有其他业务往来的公民、法人或者其他组织调查与进出口货物价格有关的问题；

（三）对进出口货物进行查验或者提取货样进行检验或者化验；

（四）进入纳税义务人的生产经营场所、货物存放场所，检查与进出口活动有关的货物和生产经营情况；

（五）经直属海关关长或者其授权的隶属海关关长批准，凭《中华人民共和国海关账户查询通知书》（见附件1）及有关海关工作人员的工作证件，可以查询纳税义务人在银行或者其他金融机构开立的单位账户的资金往来情况，并且向银行业监督管理机构通报有关情况；

（六）向税务部门查询了解与进出口货物有关的缴纳国内税情况。

海关在行使前款规定的各项职权时，纳税义务人及有关公民、法人或者其他组织应当如实反映情况，提供有关书面资料和电子数据，不得拒绝、拖延和隐瞒。

第四十四条 海关对申报价格的真实性、准确性有疑问时，或者认为买卖双方之间的特殊关系影响成交价格时，应当制发《中华人民共和国海关价格质疑通知书》（以下简称《价格质疑通知书》，见附件2），将质疑的理由书面告知纳税义务人或者其代理人，纳税义务人或者其代理人应当自收到《价格质疑通知书》之日起5个工作日内，以书面形式提供相关资料或者其他证据，证明其申报价格真实、准确或者双方之间的特殊关系未影响成交价格。

纳税义务人或者其代理人确有正当理由无法在规定时间内提供前款资料的，可以在规定期限届满前以书面形式向海关申请延期。

除特殊情况外，延期不得超过10个工作日。

第四十五条 海关制发《价格质疑通知书》后，有下列情形之一的，海关与纳税义务人进行价格磋商后，按照本办法第六条或者第四十一条列明的方法审查确定进出口货物的完税价格：

（一）纳税义务人或者其代理人在海关规定期限内，未能提供进一步说明的；

（二）纳税义务人或者其代理人提供有关资料、证据后，海关经审核其所提供的资料、证据，仍然有理由怀疑申报价格的真实性、准确性的；

（三）纳税义务人或者其代理人提供有关资料、证据后，海关经审核其所提供的资料、证据，仍然有理由认为买卖双方之间的特殊关系影响成交价格的。

第四十六条 海关经过审查认为进口货物无成交价格的，可以不进行价格质疑，经与纳税义务人进行价格磋商后，按照本办法第六条列明的方法审查确定完税价格。

海关经过审查认为出口货物无成交价格的，可以不进行价格质疑，经与纳税义务人进行价格磋商后，按照本办法第四十一条列明的方法审查确定完税价格。

第四十七条 按照本办法规定需要价格磋商的，海关应当依法向纳税义务人制发《中华人民共和国海关价格磋商通知书》（见附件3）。纳税义务人应当自收到通知之日起5个工作日内与海关进行价格磋商。纳税义务人在海关规定期限内与海关进行价格磋商的，海关应当制作《中华人民共和国海关价格磋商纪录表》（见附件4）。

纳税义务人未在通知规定的时限内与海关进行磋商的，视为其放弃价格磋商的权利，海关可以直接使用本办法第六条或者第四十一条列明的方法审查确定进出口货物的完税价格。

第四十八条 对符合下列情形之一的，经纳税义务人书面申请，海关可以不进行价格质疑以及价格磋商，按照本办法第六条或者第四十一条列明的方法审查确定进出口货物的完税价格：

（一）同一合同项下分批进出口的货物，海关对其中一批货物已经实施估价的；

（二）进出口货物的完税价格在人民币10万元以下或者关税及进口环节海关代征税总额在人民币2万元以下的；

（三）进出口货物属于危险品、鲜活品、易腐品、易失效品、废品、旧品等的。

第四十九条 海关审查确定进出口货物的完税价格期间，纳税义务人可以在依法向海关提供担保后，先行提取货物。

第五十条 海关审查确定进出口货物的完税价格后，纳税义务人可以提出书面申请，要求海关就如何确定其进出口货物的完税价格做出书面说明。海关应当根据要求出具《中华人民共和国海关估价告知书》（见附件5）。

第七章 附 则

第五十一条 本办法中下列用语的含义：

境内，是指中华人民共和国海关关境内。

完税价格，是指海关在计征关税时使用的计税价格。

买方，是指通过履行付款义务，购入货物，并且为此承担风险，享有收益的自然人、法人或者其他组织。其中进口货物的买方是指向中华人民共和国境内购入进口货物的买方。

卖方，是指销售货物的自然人、法人或者其他组织。其中进口货物的卖方是指向中华人民共和国境内销售进口货物的卖方。

向中华人民共和国境内销售，是指将进口货物实际运入中华人民共和国境内，货物的所有权和风险由卖方转移给买方，买方为此向卖方支付价款的行为。

实付、应付价格，是指买方为购买进口货物而直接或者间接支付的价款总额，即作为卖方销售进口货物的条件，由买方向卖方或者为履行卖方义务向第三方已经支付或者将要支付的全部款项。

间接支付，是指买方根据卖方的要求，将货款全部或者部分支付给第三方，或者冲抵买卖双方之间的其他资金往来的付款方式。

购货佣金，是指买方为购买进口货物向自己的采购代理人支付的劳务费用。

经纪费，是指买方为购买进口货物向代表买卖双方利益的经纪人支付的劳务费用。

相同货物，是指与进口货物在同一国家或者地区生产的，在物理性质、质量和信誉等所有方面都相同的货物，但是表面的微小差异允许存在。

类似货物，是指与进口货物在同一国家或者地区生产的，虽然不是在所有方面都相同，但是却具有相似的特征，相似的组成材料，相同的功能，并且在商业中可以互换的货物。

大约同时，是指海关接受货物申报之日的大约同时，最长不应当超过前后45日。按照倒扣价格法审查确定进口货物的完税价格时，如果进口货物、相同或者类似货物没有在海关接受进口货物申报之日前后45日内在境内销售，可以将在境内销售的时间延长至接受货物申报之日前后90日内。

公认的会计原则，是指在有关国家或者地区会计核算工作中普遍遵循的原则性规范和会计核算业务的处理方法。包括对货物价值认定有关的权责发生制原则、配比原则、历史成本原则、划分收益性与资本性支出原则等。

特许权使用费，是指进口货物的买方为取得知识产权权利人及权利人有效授权人关于专利权、商标权、专有技术、著作权、分销权或者销售权的许可或者转让而支付的费用。

技术培训费用，是指基于卖方或者与卖方有关的第三方对买方派出的技术人员进行与进口货物有关的技术指导，进口货物的买方支付的培训师资及人员的教学、食宿、交通、医疗保险等其他费用。

软件，是指《计算机软件保护条例》规定的用于数据处理设备的程序和文档。

专有技术，是指以图纸、模型、技术资料和规范等形式体现的尚未公开的工艺流程、配方、产品设计、质量控制、检测以及营销管理等方面的知识、经验、方法和诀窍等。

轻度加工，是指稀释、混合、分类、简单装配、再包装或者其他类似加工。

同等级或者同种类货物，是指由特定产业或者产业部门生产的一组或者一系列货物中的货物，包括相同货物或者类似货物。

介质，是指磁带、磁盘、光盘。

价格核查，是指海关为确定进出口货物的完税价格，依法行使本办法第四十三条规定的职权，通过审查单证、核实数据、核对实物及相关账册等方法，对进出口货物申报成交价格的真实性、准确性以及买卖双方之间是否存在特殊关系影响成交价格进行的审查。

价格磋商，是指海关在使用除成交价格以外的估价方法时，在保守商业秘密的基础上，与纳税义务人交换彼此掌握的用于确定完税价格的数据资料的行为。

起卸前，是指货物起卸行为开始之前。

装载前，是指货物装载行为开始之前。

第五十二条 纳税义务人对海关确定完税价格有异议的，应当按照海关作出的相关行政决定依法缴纳税款，并且可以依法向上一级海关申请复议。对复议决定不服的，可以依法向人民法院提起行政诉讼。

第五十三条 违反本办法规定，构成走私行为、违反海关监管规定行为或者其他违反《海关法》行为的，由海关依照《海关法》和《中华人民共和国海关行政处罚实施条例》的有关规定予以处理；构成犯罪的，依法追究刑事责任。

第五十四条 本办法由海关总署负责解释。

第五十五条 本办法自 2014 年 2 月 1 日起施行。2006 年 3 月 28 日海关总署令第 148 号发布的《中华人民共和国海关审定进出口货物完税价格办法》同时废止。

中华人民共和国海关审定内销保税货物完税价格办法

海关总署令 2013 年第 211 号

（2013 年 12 月发布，2014 年 2 月 1 日施行）

第一条 为了正确审查确定内销保税货物的完税价格，根据《中华人民共和国海关法》、《中华人民共和国进出口关税条例》及其他有关法律、行政法规的规定，制定本办法。

第二条 海关审查确定内销保税货物完税价格，适用本办法。涉嫌走私的内销保税货物计税价格的核定，不适用本办法。

第三条 内销保税货物的完税价格，由海关以该货物的成交价格为基础审查确定。

第四条 进料加工进口料件或者其制成品（包括残次品）内销时，海关以料件原进口成交价格为基础审查确定完税价格。

属于料件分批进口，并且内销时不能确定料件原进口一一对应批次的，海关可按照同项号、同品名和同税号的原则，以其合同有效期内或电子账册核销周期内已进口料件的成交价格计算所得的加权平均价为基础审查确定完税价格。

合同有效期内或电子账册核销周期内已进口料件的成交价格加权平均价难以计算或者难以确定的，海关以客观可量化的当期进口料件成交价格的加权平均价为基础审查确定完税价格。

第五条 来料加工进口料件或者其制成品（包括残次品）内销时，海关以接受内销申报的同时或者大约同时进口的与料件相同或者类似的保税货物的进口成交价格为基础审查确定完税价格。

第六条 加工企业内销的加工过程中产生的边角料或者副产品，以其内销价格为基础审查确定完税价格。

副产品并非全部使用保税料件生产所得的，海关以保税料件在投入成本核算中所占比重计算结果为基础审查确定完税价格。

按照规定需要以残留价值征税的受灾保税货物，海关以其内销价格为基础审查确定完税价格。按照规定应折算成料件征税的，海关以各项保税料件占构成制成品（包括残次品）全部料件的价值比重计算结果为基础审查确定完税价格。

边角料、副产品和按照规定需要以残留价值征税的受灾保税货物经海关允许采用拍卖方式内销时，海关以其拍卖价格为基础审查确定完税价格。

第七条 深加工结转货物内销时，海关以该结转货物的结转价格为基础审查确定完税价格。

第八条 保税区内企业内销的保税加工进口料件或者其制成品，海关以其内销价格为基础审查确定完税价格。

保税区内企业内销的保税加工制成品中，如果含有从境内采购的料件，海关以制成品所含从境外购入料件的原进口成交价格为基础审查确定完税价格。

保税区内企业内销的保税加工进口料件或者其制成品的完税价格依据本条前两款规定不能确定的，海关以接受内销申报的同时或者大约同时内销的相同或者类似的保税货物的内销价格为基础审查确定完税价格。

第九条 除保税区以外的海关特殊监管区域内企业内销的保税加工料件或者其制成品，以其内销价格为基础审查确定完税价格。

除保税区以外的海关特殊监管区域内企业内销的保税加工料件或者其制成品的内销价格不能确定的，海关以接受内销申报的同时或者大约同时内销的相同或者类似的保税货物的内销价格为基础审查确定完税价格。

除保税区以外的海关特殊监管区域内企业内销的保税加工制成品、相同或者类似的保税货物的内销价格不能确定的，海关以生产该货物的成本、利润和一般费用计算所得的价格为基础审查确定完税价格。

第十条 海关特殊监管区域内企业内销的保税加工过程中产生的边角料、废品、残次品和副产品，以其内销价格为基础审查确定完税价格。

海关特殊监管区域内企业经海关允许采用拍卖方式内销的边角料、废品、残次品和副产品，海关以其拍卖价格为基础审查确定完税价格。

第十一条 海关特殊监管区域、保税监管场所内企业内销的保税物流货物，海关以该货物运出海关特殊监管区域、保税监管场所时的内销价格为基础审查确定完税价格；该内销价格包含的能够单独列明的海关特殊监管区域、保税监管场所内发生的保险费、仓储费和运输及其相关费用，不计入完税价格。

第十二条 海关特殊监管区域内企业内销的研发货物，海关依据本办法第八条、第九条、第十条的规定审查确定完税价格。海关特殊监管区域内企业内销的检测、展示货物，海关依据本办法第十一条的规定审查确定完税价格。

第十三条 内销保税货物的完税价格不能依据本办法第四至十二条规定确定的，海关依次以下列价格估定该货物的完税价格：

（一）与该货物同时或者大约同时向中华人民共和国境内销售的相同货物的成交价格；

（二）与该货物同时或者大约同时向中华人民共和国境内销售的类似货物的成交价格；

（三）与该货物进口的同时或者大约同时，将该进口货物、相同或者类似进口货物在第一级销售环节销售给无特殊关系买方最大销售总量的单位价格，但应当扣除以下项目：

1.同等级或者同种类货物在中华人民共和国境内第一级销售环节销售时通常的利润和一般费用以及通常支付的佣金；

2.进口货物运抵境内输入地点起卸后的运输及其相关费用、保险费；

3.进口关税及国内税收。

（四）按照下列各项总和计算的价格：生产该货物所使用的料件成本和加工费用，向中华人民共和国境内销售同等级或者同种类货物通常的利润和一般费用，该货物运抵境内输入地点起卸前的运输及其相关费用、保险费；

（五）以合理方法估定的价格。

纳税义务人向海关提供有关资料后，可以提出申请，颠倒前款第三项和第四项的适用次序。

第十四条 本办法中下列用语的含义：

内销保税货物，包括因故转为内销需要征税的加工贸易货物、海关特殊监管区域内货物、保税监管场所内货物和因其他原因需要按照内销征税办理的保税货物，但不包括以下项目：

（一）海关特殊监管区域、保税监管场所内生产性的基础设施建设项目所需的机器、设备和建设所需的基建物资；

（二）海关特殊监管区域、保税监管场所内企业开展生产或综合物流服务所需的机器、设备、模具及其维修用零配件；

（三）海关特殊监管区域、保税监管场所内企业和行政管理机构自用的办公用品、生活消费用品和交通运输工具。

内销价格，是指向国内企业销售保税货物时买卖双方订立的价格，是国内企业为购买保税货物而向卖方（保税企业）实际支付或者应当支付的全部价款，但不包括关税和进口环节海关代征税。

拍卖价格，是指国家注册的拍卖机构对海关核准参与交易的保税货物履行合法有效的拍卖程序，竞买人依拍卖规定获得拍卖标的物的价格。

结转价格，是指深加工结转企业间买卖加工贸易货物时双方订立的价格，是深加工结转转入企业为购买加工贸易货物而向深加工结转转出企业实际支付或者应当支付的全部价款。

第十五条 纳税义务人对海关确定完税价格有异议的，应当按照海关作出的相关行政决定缴纳税款，并可以依法向上一级海关申请复议。对复议决定不服的，可以依法向人民法院提起行政诉讼。

第十六条 违反本办法规定,构成走私或者违反海关监管规定行为的,由海关依照《中华人民共和国海关法 》和《中华人民共和国海关行政处罚实施条例 》的有关规定予以处理；构成犯罪的，依法追究刑事责任。

第十七条 本办法由海关总署负责解释。

第十八条 本办法自 2014 年 2 月 1 日起施行。

有关化学品及相关设备和技术出口管制办法

对外贸易经济合作部、国家经济贸易委员会、海关总署令2002年第33号

（2002年10月发布，2002年11月19日施行）

第一条 为加强对有关化学品及相关设备和技术的出口管制，维护国家安全和社会公共利益，制定本办法。

第二条 本办法所称有关化学品及相关设备和技术的出口，是指本办法附件《有关化学品及相关设备和技术出口管制清单》（以下简称《管制清单》）所列的物项和技术的贸易性出口以及对外赠送、展览、科技合作、援助、服务和以其他方式进行的技术转移。

第三条 有关化学品及相关设备和技术的出口应当遵守国家的有关法律、行政法规和本办法的规定，不得损害国家安全和社会公共利益。

第四条 国家对有关化学品及相关设备和技术出口实行严格管理，防止《管制清单》所列物项和技术被用于化学武器目的。

第五条 国家对《管制清单》所列物项和技术的出口实行许可制度。未经许可，任何单位和个人不得出口《管制清单》所列物项和技术。

第六条 有关化学品及相关设备和技术出口的接受方应当保证，不将中国提供的有关化学品及相关设备和技术用于储存、加工、生产、处理化学武器或用于生产化学武器前体化学品；未经中国政府允许，不得将中国提供的有关化学品及相关设备和技术用于申明的最终用途以外的用途或者向申明的最终用户以外的第三方转让。

第七条 从事有关化学品及相关设备和技术出口的经营者，须经对外贸易经济合作部（以下简称外经贸部）登记。未经登记，任何单位或个人不得经营有关化学品及相关设备和技术出口。具体登记办法由外经贸部规定。

第八条 出口《管制清单》所列物项和技术，应当向外经贸部提出申请，填写有关

化学品及相关设备和技术出口申请表（以下简称出口申请表），并提交下列文件：

（一）出口经营者从事有关化学品及相关设备和技术出口的经营资格证明；

（二）出口经营者的法定代表人、主要经营管理人以及经办人的身份证明；

（三）合同或协议的副本；

（四）有关化学品及相关设备和技术的技术说明；

（五）最终用户和最终用途证明；

（六）接受方依照本办法第六条规定提供的保证文书；

（七）外经贸部要求提交的其他文件。

第九条 出口经营者应如实填写出口申请表，出口申请表由外经贸部统一印制。

第十条 外经贸部应当自收到出口申请表和本办法第八条规定的文件之日起进行审查，或会同国务院有关部门进行审查，并在 45 个工作日内作出许可或不许可的决定。

第十一条 对国家安全、社会公共利益或外交政策有重大影响的有关化学品及相关设备和技术出口，外经贸部应当会同有关部门报国务院批准。

报国务院批准的，不受本办法第十条规定时限的限制。

第十二条 有关化学品及相关设备和技术出口申请经审查许可的，由外经贸部颁发有关化学品及相关设备和技术出口许可证件（以下简称出口许可证件），并书面通知海关。

第十三条 出口许可证件持有人改变原申请出口的有关化学品及相关设备和技术的，应当交回原出口许可证件，并依照本办法的有关规定，重新申请出口许可证件。

第十四条 有关化学品及相关设备和技术出口时，出口经营者应当向海关出具出口许可证件，依照海关规定办理海关手续。

第十五条 接受方违反其依照本办法第六条规定做出的保证，或出现《管制清单》所规定的可被用于化学武器目的的有关化学品及相关设备和技术扩散危险时，外经贸部应当对已经颁发的出口许可证件予以中止或撤销，并书面通知海关。

第十六条 出口经营者知道或应当知道所出口的有关化学品及相关设备和技术将被接受方直接用于化学武器目的或化学武器前体化学品生产目的，无论该物项或技术是否列入《管制清单》，都不应当出口。

第十七条 经国务院批准，外经贸部会同国务院有关部门，可临时决定对《管制清单》

以外的特定物项和技术的出口依照本办法实施管制。

前款规定的特定物项和技术的出口，应当依照本办法的规定经过许可。

第十八条 未经许可擅自出口有关化学品及相关设备和技术，或擅自超出许可范围出口有关化学品及相关设备和技术的，依照刑法关于走私罪、非法经营罪、泄露国家秘密罪或其他罪的规定，依法追究刑事责任；尚不够刑事处罚的，区别不同情况，依照海关法的有关规定处罚，或由外经贸部给予警告，处非法所得 1 倍以上 5 倍以下的罚款；外经贸部并可以撤销其对外贸易经营许可。

第十九条 伪造、变造、买卖或通过欺骗等其他不正当手段获取有关化学品及相关设备和技术出口许可证件，依照刑法关于非法经营罪或伪造、变造、买卖国家机关公文、证件、印章罪的规定，依法追究刑事责任；尚不够刑事处罚的，依照海关法的有关规定处罚；外经贸部并可以撤销其对外贸易经营许可。

第二十条 对有关化学品及相关设备和技术出口实施管制的国家工作人员，滥用职权、玩忽职守或利用职务上的便利收受、索取他人财物的，依照刑法关于滥用职权罪、玩忽职守罪、受贿罪或其他罪的规定，依法追究刑事责任；尚不够刑事处罚的，依法给予行政处分。

第二十一条 外经贸部可以会同国务院有关部门，根据实际情况对《管制清单》进行调整。

第二十二条 本办法自 2002 年 11 月 19 日起施行。

有关化学品及相关设备和技术出口管制清单

第一部分　化 学 品

化学品名称	CAS 登记号
1 氟化氢（别名：无水氢氟酸）	（7664–39–3）
2. 氟化钾	（7789–23–3）
3. 氟化钠	（7681–49–4）
4. 硫化钠	（1313–82–2）
5. 氟化氢钾	（7789–29–9）
6. 氟化氢钠	（1333–83–1）
7. 氟化氢铵	（1341–49–7）
8. 二异丙胺	（108–18–9）
9. 2 –二乙氨基乙醇（或称 N,N –二乙基乙醇胺）	（100–37–8）
10. 2 –氯乙醇	（107–07–3）

第二部分　有关化学品生产设备和技术

一、生产设备

说　　明

（一）专为民用用途（如水净化、食品加工、纸浆以及造纸加工等）而设计的设备，如其设计特点不适合储存、加工、生产或处理国家实施出口管制的化学品以及控制它们的流动，则无需出口许可。

（二）如出口物项包含一个或多个受控部件，且受控部件为该出口物项的主要部件，可以被拆卸或用于其它目的，则该物项的出口应得到出口许可。

（三）出口可用于国家实施出口管制的化学品的成套生产设备和工艺技术，必须得到许可。

1. 阀

带有检漏孔的多重密封阀、波纹管密封阀、单向阀，其直接与化学品接触的所有表面由下列材料制成：

（1）玻璃或玻璃衬里（包括陶化或釉化涂层）；

（2）含氟聚合物；

（3）钛或钛合金；

（4）锆或锆合金；

（5）钽或钽合金；

（6）镍含量大于25%（重量百分比）和铬含量大于20%（重量百分比）的合金；

（7）镍或镍含量大于40%（重量百分比）的合金。

2. 泵

多重密封泵、屏蔽泵、磁力泵、波纹或隔膜泵，其制造商设定最大流量大于 $0.6m^3/h$，或真空泵，其制造商设定最大流量大于 $5m^3/h$〔标准温度（0℃）和大气压（101.30KPa）状态下〕，其直接与化学品接触的所有表面由下列材料制成：

（1）玻璃或玻璃衬里（包括陶化或釉化涂层）；

（2）含氟聚合物；

（3）钛或钛合金；

（4）锆或锆合金；

（5）钽或钽合金；

（6）镍含量大于25%（重量百分比）和铬含量大于20%的合金；

（7）镍或镍含量大于40%（重量百分比）的合金；

（8）硅铁；

（9）陶瓷；

（10）石墨。

3. 储罐、容器或贮槽

总容积大于0.1立方米（100升）的储罐、容器或贮槽，其直接与所处理或盛放的化学品接触的所有表面由下列材料制成：

（1）玻璃或玻璃衬里（包括陶化或釉化涂层）；

（2）含氟聚合物；

（3）钛或钛合金；

（4）锆或锆合金；

（5）钽或钽合金；

（6）镍含量大于 25%（重量百分比）和铬含量大于 20%（重量百分比）的合金；

（7）镍或镍含量大于 40%（重量百分比）的合金。

4. 多壁式管道

带有检漏孔的多壁式管道，其直接与化学品接触的所有表面由下列材料制成：

（1）玻璃或玻璃衬里（包括陶化或釉化涂层）；

（2）含氟聚合物；

（3）钛或钛合金；

（4）锆或锆合金；

（5）钽或钽合金；

（6）镍含量大于 25%（重量百分比）和铬含量大于 20%（重量百分比）的合金；

（7）镍或镍含量大于 40%（重量百分比）的合金；

（8）石墨。

5. 蒸馏塔或吸收塔

内径大于 0.1 米的蒸馏塔或吸收塔，其直接与所处理的化学品接触的所有表面由下列材料制成：

（1）玻璃或玻璃衬里（包括陶化或釉化涂层）；

（2）含氟聚合物；

（3）钛或钛合金；

（4）锆或锆合金；

（5）钽或钽合金；

（6）镍含量大于 25%（重量百分比）和铬含量大于 20%（重量百分比）的合金；

（7）镍或镍含量大于 40%（重量百分比）的合金；

（8）石墨。

6. 热交换器或冷凝器

换热面积大于 0.15 平方米和小于 20 平方米的热交换器或冷凝器，其直接与所处理或盛放的化学品接触的所有表面由下列材料制成：

（1）玻璃或玻璃衬里（包括陶化或釉化涂层）；

（2）含氟聚合物；

（3）钛或钛合金；

（4）锆或锆合金；

（5）钽或钽合金；

（6）镍含量大于25%（重量百分比）和铬含量大于20%（重量百分比）的合金；

（7）镍或镍含量大于40%（重量百分比）的合金；

（8）石墨；

（9）钛碳化物；

（10）碳化硅。

7. 反应罐、反应器

无论其是否带有搅拌器，其总容积大于0.1立方米（100升）和小于20立方米（20000升），且其直接与所处理或盛放的化学品接触的所有表面由下列材料制成：

（1）玻璃或玻璃衬里（包括陶化或釉化涂层）；

（2）含氟聚合物；

（3）钛或钛合金；

（4）锆或锆合金；

（5）钽或钽合金；

（6）镍含量大于25%（重量百分比）和铬含量大于20%（重量百分比）的合金；

（7）镍或镍含量大于40%（重量百分比）的合金。

用于上述反应罐或反应器中的搅拌器，其直接与所处理或盛放的化学品接触的所有表面由下列材料制成：

（1）玻璃或玻璃衬里（包括陶化或釉化涂层）；

（2）含氟聚合物；

（3）钛或钛合金；

（4）锆或锆合金；

（5）钽或钽合金；

（6）镍含量大于25%（重量百分比）和铬含量大于20%（重量百分比）的合金；

（7）镍或镍含量大于40%（重量百分比）的合金。

8. 焚烧炉

为销毁国家实施出口管制的化学品或化学弹药设计的焚烧炉，其具有特别设计的废料传输系统、特别装卸设施和燃烧室平均温度超过 1000℃，其废料传输系统与废料产品直接接触的所有表面由以下材料制成：

（1）镍含量大于 25%（重量百分比）和铬含量大于 20%（重量百分比）的合金；

（2）镍或镍含量大于 40%（重量百分比）的合金；

（3）陶瓷。

9. 充装设备

远程操作充装设备，其直接与所处理的化学品接触的所有表面由下列材料制成：

（1）镍含量大于 25%（重量百分比）和铬含量大于 20%（重量百分比）的合金；

（2）镍或镍含量大于 40%（重量百分比）的合金。

二、专用检测器和毒气监视系统

1. 为连续操作而设计，并可用于国家实施出口管制的化学品或有机化合物（含有磷、硫、氟或氯，其浓度低于 $0.3mg/m^3$）的检测。

2. 为检测受抑制的胆碱酯酶的活性而设计。

三、技术

说 明

1. 技术转让是指在国家法律允许范围之内，直接涉及化学武器或国家实施出口管制的化学品或相关设备的"技术"转让，包括许可证。

2. 技术转让的控制不适用于"公共领域内"或"基础科学研究"的信息。

3. 生产设备出口一经批准，即可对同一最终用户出口最低限度的用于设备安装、操作、维护及修理的相关技术。

术语定义

"技术"是指为"开发"、"生产"或"使用"国家实施出口管制所列物项所需要的专门信息，其形式可为"技术资料"或"技术援助"。

"基础科学研究"是指为获得现象或可观察到的事实中的基本原理性知识，不以特定实用目的或目标为主要目的而进行的实验或理论工作。

"公共领域内"是指没有对技术的进一步推广加以限制而可以自由获得（包括仅受版权限制的技术）。

"开发"是指"生产"前的所有阶段，如：

（1）设计；

（2）设计研究；

（3）设计数据；

（4）方案研究；

（5）结构设计；

（6）总体设计；

（7）设计分析；

（8）将设计资料转化为产品的工艺资料；

（9）样机试制与试验；

（10）试生产方案；

（11）绘制设计图纸。

"生产"是指所有的生产阶段，如：

（1）建造；

（2）工艺设计；

（3）加工制造；

（4）装配（安装）；

（5）总成；

（6）检验；

（7）试验；

（8）质量保证。

"使用"是指：

（1）安装（包括现场安装）；

（2）操作；

（3）维护（检查）；

（4）一般修理；

（5）大修；

（6）翻修。

"技术资料"是指下列形式：

（1）规划；

（2）计划；

（3）图表；

（4）数学模型；

（5）计算公式；

（6）工程设计和技术规范；

（7）手册和书面介绍；

（8）其他媒体（如磁盘、磁带，只读或读写存储器）等存储介质记录的介绍。

"技术援助"是指：

（1）技术指导；

（2）派遣熟练工人；

（3）培训；

（4）传授指示；

（5）咨询服务。

注："技术援助"可以包含"技术资料"的转让。

海关总署关于处理主动披露违规行为有关事项的公告

海关总署公告 2023 年第 127 号

（2023 年 10 月发布，2023 年 10 月 11 日施行）

为进一步优化营商环境，促进外贸高质量发展，根据《中华人民共和国海关法》《中华人民共和国行政处罚法》《中华人民共和国海关稽查条例》等有关法律法规规章的规定，现就处理进出口企业、单位在海关发现前主动披露违反海关规定的行为且及时改正的有关事项公告如下：

一、进出口企业、单位主动披露违反海关规定的行为，有下列情形之一的，不予行政处罚：

（一）自涉税违规行为发生之日起六个月以内向海关主动披露的。

（二）自涉税违规行为发生之日起超过六个月但在两年以内向海关主动披露，漏缴、少缴税款占应缴纳税款比例 30% 以下的，或者漏缴、少缴税款在人民币 100 万元以下的。

（三）影响国家出口退税管理的：

1. 自违规行为发生之日起六个月以内向海关主动披露的；

2. 自违规行为发生之日起超过六个月但在两年以内向海关主动披露，影响国家出口退税管理且可能多退税款占应退税款的 30% 以下，或者可能多退税款在人民币 100 万元以下的。

（四）加工贸易企业因工艺改进、使用非保税料件比例申报不准确等原因导致实际单耗低于已申报单耗，且因此产生的剩余料件、半制成品、制成品尚未处置的，或者已通过加工贸易方式复出口的。

（五）适用《中华人民共和国海关行政处罚实施条例》第十五条第（一）项规定，及时改正没有造成危害后果的：

1. 违法违规行为发生当月最后一日 24 点前，向海关主动披露且影响统计人民币总值 1000 万元以下的；

2. 违法违规行为发生当月最后一日 24 点后 3 个自然月内，向海关主动披露且影响统计人民币总值 500 万元以下的。

（六）适用《中华人民共和国海关行政处罚实施条例》第十五条第（二）项规定处理的。

（七）适用《中华人民共和国海关行政处罚实施条例》第十八条规定处理，未影响国家有关进出境的禁止性管理、出口退税管理、税款征收和许可证件管理的违反海关规定行为的。

（八）进出口企业、单位违反海关检验检疫业务规定的行为，且能够及时办理海关手续，未造成危害后果的（见附件 1）。但涉及检疫类事项，以及检验类涉及安全、环保、卫生类事项的除外。

二、进出口企业、单位主动向海关书面报告其涉税违规行为并及时改正，经海关认定为主动披露的，进出口企业、单位可依法向海关申请减免税款滞纳金。符合规定的，海关予以减免。

三、进出口企业、单位主动披露且被海关处以警告或者 100 万元以下罚款的行为，不列入海关认定企业信用状况的记录。高级认证企业主动披露违反海关规定行为的，海关立案调查期间不暂停对该企业适用相应管理措施。但检验类涉及安全、环保、卫生类事项的除外。

四、进出口企业、单位对同一违反海关规定行为（指性质相同且违反同一法律条文同一款项规定的行为）一年内（连续 12 个月）第二次及以上向海关主动披露的，不予适用本公告有关规定。

涉及权利人对被授权人基于同一货物进行的一次或多次权利许可，进出口企业、单位再次向海关主动披露的，不予适用本公告有关规定。

五、进出口企业、单位向海关主动披露的，需填制《主动披露报告表》（见附件 2），并随附账簿、单证等材料，向报关地、实际进出口地或注册地海关报告。

本公告有效期自 2023 年 10 月 11 日起至 2025 年 10 月 10 日。海关总署公告 2022 年第 54 号同时废止。

特此公告。

附件：1. 检验检疫业务适用主动披露的情形及条件（略）

2. 主动披露报告表（略）

海关总署

2023 年 10 月 8 日

两用物项和技术进出口许可证管理办法

商务部、海关总署令 2005 年第 29 号

（2005 年 12 月发布，2006 年 1 月 1 日施行）

【注意：本法规在 2013 年 5 月 6 日公布的《商务部公告 2013 年第 23 号——关于公布商务部现行有效规章目录及规范性文件目录的公告》中宣布现行有效，与《商务部、海关总署关于〈两用物项和技术进出口许可证管理目录〉的公告（2006）》中宣布部分废止相冲突，请斟酌慎用。】

第一章 总 则

第一条 为维护国家安全和社会公共利益，履行我国在缔结或者参加的国际条约、协定中所承担的义务，加强两用物项和技术进出口许可证管理，依据《中华人民共和国对外贸易法》、《中华人民共和国海关法》和有关行政法规的规定，制定本办法。

第二条 本办法所称有关行政法规系指《中华人民共和国核出口管制条例》、《中华人民共和国核两用品及相关技术出口管制条例》、《中华人民共和国导弹及相关物项和技术出口管制条例》、《中华人民共和国生物两用品及相关设备和技术出口管制条例》、《中华人民共和国监控化学品管理条例》、《中华人民共和国易制毒化学品管理条例》及《有关化学品及相关设备和技术出口管制办法》。

本办法所称两用物项和技术是指前款有关行政法规管制的物项和技术。

第三条 商务部是全国两用物项和技术进出口许可证的归口管理部门，负责制定两用物项和技术进出口许可证管理办法及规章制度，监督、检查两用物项和技术进出口许可证管理办法的执行情况，处罚违规行为。

第四条 商务部会同海关总署制定和发布《两用物项和技术进出口许可证管理目录》（见附件 1，以下简称《管理目录》）。商务部和海关总署可以根据情况对《管理目录》

进行调整，并以公告形式发布。

第五条 商务部委托商务部配额许可证事务局（以下简称许可证局）统一管理、指导全国各发证机构的两用物项和技术进出口许可证发证工作，许可证局对商务部负责。

许可证局和商务部委托的省级商务主管部门为两用物项和技术进出口许可证发证机构（以下简称发证机构），省级商务主管部门在许可证局的统一管理下，负责委托范围内两用物项和技术进出口许可证的发证工作。《两用物项和技术进出口许可证发证机构名单》附后（见附件2）。

第六条 以任何方式进口或出口，以及过境、转运、通运《管理目录》中的两用物项和技术，均应申领两用物项和技术进口或出口许可证（许可证格式见附件3）。

两用物项和技术在境外与保税区、出口加工区等海关特殊监管区域、保税场所之间进出的，适用前款规定。

两用物项和技术在境内与保税区、出口加工区等海关特殊监管区域、保税场所之间进出的，或者在上述海关监管区域、保税场所之间进出的，无需办理两用物项和技术进出口许可证。

第七条 两用物项和技术进出口时，进出口经营者应当向海关出具两用物项和技术进出口许可证，依照海关法的有关规定，海关凭两用物项和技术进出口许可证接受申报并办理验放手续。

第八条 根据有关行政法规的规定，出口经营者知道或者应当知道，或者得到国务院相关行政主管部门通知，其拟出口的物项和技术存在被用于大规模杀伤性武器及其运载工具风险的，无论该物项和技术是否列入《管理目录》，都应当申请出口许可，并按照本办法办理两用物项和技术出口许可证。

出口经营者在出口过程中，如发现拟出口的物项和技术存在被用于大规模杀伤性武器及其运载工具风险的，应及时向国务院相关行政主管部门报告，并积极配合采取措施中止合同的执行。

第九条 两用物项和技术的进出口经营者应当主动向海关出具两用物项和技术进出口许可证，进出口经营者未向海关出具两用物项和技术进出口许可证而产生的相关法律责任由进出口经营者自行承担。

海关有权对进出口经营者进口或者出口的商品是否属于两用物项和技术提出质疑，进出口经营者应按规定向相关行政主管部门申请进口或者出口许可，或者向商务主管部门申请办理不属于管制范围的相关证明。省级商务主管部门受理其申请，提出处理意见后报商务部审定。对进出口经营者未能出具两用物项和技术进口或者出口许可证或者商务部相关证明（格式见附件4）的，海关不予办理有关手续。

第十条 实施临时进出口管制的两用物项和技术的进出口许可证管理，适用本办法。

第二章 两用物项和技术进出口许可证的申领和签发

第十一条 进出口经营者获相关行政主管部门批准文件后，凭批准文件到所在地发证机构申领两用物项和技术进口或者出口许可证（在京的中央企业向许可证局申领），其中：

（一）核、核两用品、生物两用品、有关化学品、导弹相关物项、易制毒化学品和计算机进出口的批准文件为商务主管部门签发的两用物项和技术进口或者出口批复单。其中，核材料的出口凭国防科工委的批准文件办理相关手续。

外商投资企业进出口易制毒化学品凭《商务部外商投资企业易制毒化学品进口批复单》或《商务部外商投资企业易制毒化学品出口批复单》申领进出口许可证。

（二）监控化学品进出口的批准文件为国家履行禁止化学武器公约工作领导小组办公室签发的监控化学品进口或者出口核准单。监控化学品进出口经营者向许可证局申领两用物项和技术进出口许可证。

第十二条 通过对外交流、交换、合作、赠送、援助、服务等形式出口两用物项和技术的，视为正常出口，出口经营者应按规定申请出口许可，并按本办法办理两用物项和技术出口许可证。

第十三条 两用物项和技术进出口许可证实行网上申领。申领两用物项和技术进出口许可证时应提交下列文件：

（一）本办法第十一条规定的有关批准文件。

（二）进出口经营者公函（介绍信）原件、进出口经营者领证人员的有效身份证明以及网上报送的两用物项和技术进出口许可证申领表。

如因异地申领等特殊情况，需要委托他人申领两用物项和技术进出口许可证的，被委托人应提供进出口经营者出具的委托公函（其中应注明委托理由和被委托人身份）原件和被委托人的有效身份证明。

第十四条 发证机构收到相关行政主管部门批准文件（含电子文本、数据）和相关材料并经核对无误后，应在3个工作日内签发两用物项和技术进口或者出口许可证。

第十五条 两用物项和技术进口许可证实行"非一批一证"制和"一证一关"制，

同时在两用物项和技术进口许可证备注栏内打印"非一批一证"字样。

两用物项和技术出口许可证实行"一批一证"制和"一证一关"制。同一合同项下的同一商品如需分批办理出口许可证，出口经营者应在申领时提供相关行政主管部门签发的相应份数的两用物项和技术出口批准文件。同一次申领分批量最多不超过十二批。

"非一批一证"制是指每证在有效期内可多次报关使用，但最多不超过十二次，由海关在许可证背面"海关验放签注栏"内逐批核减数量；"一批一证"制是指每证只能报关使用一次；"一证一关"制是指每证只能在一个海关报关使用。

第十六条 两用物项和技术进出口许可证一式四联。第一联为办理海关手续联；第二联为海关留存核对联；第三联为银行办理结汇联；第四联为发证机构留存联。

第十七条 进出口经营者在申领两用物项和技术进出口许可证时，应如实申报，不得弄虚作假，严禁以假合同、假文件等欺骗或其他不正当手段获取两用物项和技术进出口许可证。

第三章 特殊情况的处理

第十八条 "一批一证"制的大宗、散装的两用物项在报关时溢装数量不得超过两用物项和技术出口许可证所列出口数量的5%。"非一批一证"制的大宗、散装两用物项，每批进口时，按其实际进口数量进行核扣，最后一批进口物项报关时，其溢装数量按该两用物项和技术进口许可证实际剩余数量并在规定的溢装上限5%内计算。

第十九条 赴境外参加或举办展览会运出境外的展品，参展单位（出口经营者）应凭出境经济贸易展览会审批部门批准办展的文件，按规定申请两用物项和技术出口许可，并按本办法办理两用物项和技术出口许可证。

对于非卖展品，应在两用物项和技术出口许可证备注栏内注明"非卖展品"字样。参展单位应在展览会结束后六个月内，将非卖展品如数运回境内，由海关凭有关出境时的单证予以核销。在特殊情况下，可向海关申请延期，但延期最长不得超过六个月。

第二十条 运出境外的两用物项和技术的货样或实验用样品，视为正常出口，出口经营者应按规定申请两用物项和技术出口许可，并按本办法办理两用物项和技术出口许可证。

第二十一条 进出境人员随身携带药品类易制毒化学品药品制剂和高锰酸钾的，按照《易制毒化学品管理条例》中的规定执行，并接受海关监管。

第二十二条 对于民用航空零部件等两用物项和技术以特定海关监管方式出口的管

理另有规定的，依照其规定。

第二十三条 凡两用物项和技术出口涉及国营贸易管理和出口配额管理商品的，出口经营者须具备相应的资格条件。

第四章 监督检查

第二十四条 两用物项和技术进出口许可证仅限于申领许可证的进出口经营者使用。两用物项和技术进出口许可证不得买卖、转让、涂改、伪造和变造。

第二十五条 两用物项和技术进出口许可证应在批准的有效期内使用，逾期自动失效，海关不予验放。

第二十六条 两用物项和技术进出口许可证有效期一般不超过一年。

两用物项和技术进出口许可证跨年度使用时，在有效期内只能使用到次年 3 月 31 日，逾期发证机构将根据原许可证有效期换发许可证。

第二十七条 两用物项和技术进出口许可证一经签发，任何单位和个人不得更改证面内容。 如需对证面内容进行更改，进出口经营者应当在许可证有效期内向相关行政主管部门重新申请进出口许可，并凭原许可证和新的批准文件向发证机构申领两用物项和技术进出口许可证。

第二十八条 两用物项和技术进口许可证证面的进口商、收货人应分别与海关进口货物报关单的经营单位、收货单位相一致；两用物项和技术出口许可证证面的出口商、发货人应分别与海关出口货物报关单的经营单位、发货单位相一致。

第二十九条 已领取的两用物项和技术进出口许可证发生遗失的，进出口经营者应当立即向相关行政主管部门和原发证机构及许可证证面注明的口岸地海关书面报告，并在全国性经济类报刊登载"遗失声明"。发证机构凭遗失声明，并核实该证确未通关后，可注销该许可证，并依据原许可证内容签发新证。

第三十条 进出口经营者应妥善保存两用物项和技术进出口的文件和有关资料五年，以备相关行政主管部门检查。

第三十一条 任何单位和个人均可向商务部或海关举报进出口经营者违反国家有关法律、行政法规和本办法规定的行为。商务部和海关应为举报者保密，并依法对违规行为予以查处。对查证属实的，主管机关按有关规定可给予举报者奖励。

第三十二条 发证机构应及时传送发证数据，保证进出口经营者顺利报关和海关核查；对海关反馈的核查数据应认真核对，定时检查两用物项和技术进出口许可证的使用情况并找出存在的问题。许可证局应当每季度将核对后的海关反馈核查数据报商务部。

第三十三条 各发证机构不得越权或者超范围发放两用物项和技术进出口许可证。越权或者超范围发放的两用物项和技术进出口许可证无效。

对于前款所涉进出口许可证，一经查实，商务部予以吊销。对海关在实际监管或者案件处理过程中发现的涉及上述许可证的问题，发证机构应当给予明确回复。

第三十四条 商务部授权许可证局对各发证机构进行检查。检查的内容为发证机构执行本办法的情况，重点是检查是否有越权或者超发证范围违章发证以及其他违反本办法的问题。检查的方式，实行各发证机构定期或者不定期自查与许可证局抽查相结合的办法。

许可证局应当将检查的情况向商务部报告。

第五章 法律责任

第三十五条 未经许可，或者超出许可范围进出口两用物项和技术的，依照有关法律、行政法规处罚；构成犯罪的，依法追究刑事责任。

第三十六条 违反本办法规定，走私两用物项和技术的，由海关依照《中华人民共和国海关法》、《中华人民共和国海关行政处罚实施条例》的有关规定给予行政处罚；构成犯罪的，依法追究刑事责任。

第三十七条 伪造、变造或者买卖两用物项和技术进出口许可证的，依照刑法关于非法经营罪或者伪造、变造、买卖国家机关公文、证件、印章罪的规定，依法追究刑事责任；尚不够刑事处罚的，依照《中华人民共和国海关法》及有关法律、行政法规的规定给予行政处罚。

以欺骗或者其他不正当手段获取两用物项和技术进出口许可证的，商务部依法吊销其许可证，并可给予警告，或处三万元以下罚款。

第三十八条 对违反第十九条规定，未将属于两用物项和技术出口许可证管理的非卖展品按期如数运回由海关核销的，由海关按有关规定处理，并将有关情况通知商务部和出境经济贸易展览会审批机构。商务部可给予该组展单位和参展单位警告，或对组展单位处一万元以下罚款。

第三十九条 依据《中华人民共和国对外贸易法》，商务部可自第三十五条至三十八条规定的行政处罚决定生效之日起或者刑事处罚判决生效之日起一年以上三年以下的期限内，禁止违法行为人从事有关的对外贸易经营活动。

第四十条 对违反本办法第三十三条，越权或者超范围发证的发证机构，商务部可暂停或者取消对其发证委托。

第四十一条 发证机构工作人员玩忽职守、徇私舞弊或者滥用职权，构成犯罪的，依法追究刑事责任；尚不构成犯罪的，应当调离工作岗位，并依法给予行政处分。

第六章 附 则

第四十二条 商务部对委托的发证机构进行调整时，自调整之日起，原发证机构不得再签发两用物项和技术进出口许可证。进出口经营者在发证机构调整前申领的两用物项和技术进出口许可证在有效期内继续有效。

第四十三条 本办法由商务部和海关总署按照各自职责负责解释。

第四十四条 本办法自二〇〇六年一月一日起施行。

《敏感物项和技术出口许可证暂行管理办法》（商务部、海关总署2003年第9号令），商务部、海关总署2003年第74号公告，《海关总署关于保税区内企业经营航空发动机修理等业务出境监管问题的通知》（署法发〔2004〕235号），《海关总署办公厅 外经贸部办公厅关于敏感物项和技术出口证件海关验放问题的通知》（署办发〔2002〕89号），《政法司、监管司关于明确敏感物项和技术出口许可证海关监管问题的通知》（政法函〔2004〕2号）同时废止。

《货物出口许可证管理办法》（商务部2004年27号令）和《货物进口许可证管理办法》（商务部2004年28号令）与本办法不一致的，以本办法为准。

附件：

1.两用物项和技术进出口许可证管理目录（略）

2.两用物项和技术进出口许可证发证机构名单（略）

3.中华人民共和国两用物项和技术出口许可证（略）

4.中华人民共和国商务部科技发展和技术贸易司业务答复函（略）

附录 13 其他监管进出口危险货物、危险化学品行政机关执法依据文件汇总

中华人民共和国安全生产法

（2021 年修订，2021 年 9 月 1 日施行）

（2002 年 6 月 29 日第九届全国人民代表大会常务委员会第二十八次会议通过　根据 2009 年 8 月 27 日第十一届全国人民代表大会常务委员会第十次会议《关于修改部分法律的决定》第一次修正　根据 2014 年 8 月 31 日第十二届全国人民代表大会常务委员会第十次会议《关于修改〈中华人民共和国安全生产法〉的决定》第二次修正　根据 2021 年 6 月 10 日第十三届全国人民代表大会常务委员会第二十九次会议《关于修改〈中华人民共和国安全生产法〉的决定》第三次修正）

第一章　总则

第一条　为了加强安全生产工作，防止和减少生产安全事故，保障人民群众生命和财产安全，促进经济社会持续健康发展，制定本法。

第二条　在中华人民共和国领域内从事生产经营活动的单位（以下统称生产经营单位）的安全生产，适用本法；有关法律、行政法规对消防安全和道路交通安全、铁路交通安全、水上交通安全、民用航空安全以及核与辐射安全、特种设备安全另有规定的，适用其规定。

第三条　安全生产工作坚持中国共产党的领导。

安全生产工作应当以人为本，坚持人民至上、生命至上，把保护人民生命安全摆在首位，树牢安全发展理念，坚持安全第一、预防为主、综合治理的方针，从源头上防

范化解重大安全风险。

安全生产工作实行管行业必须管安全、管业务必须管安全、管生产经营必须管安全，强化和落实生产经营单位主体责任与政府监管责任，建立生产经营单位负责、职工参与、政府监管、行业自律和社会监督的机制。

第四条 生产经营单位必须遵守本法和其他有关安全生产的法律、法规，加强安全生产管理，建立健全全员安全生产责任制和安全生产规章制度，加大对安全生产资金、物资、技术、人员的投入保障力度，改善安全生产条件，加强安全生产标准化、信息化建设，构建安全风险分级管控和隐患排查治理双重预防机制，健全风险防范化解机制，提高安全生产水平，确保安全生产。

平台经济等新兴行业、领域的生产经营单位应当根据本行业、领域的特点，建立健全并落实全员安全生产责任制，加强从业人员安全生产教育和培训，履行本法和其他法律、法规规定的有关安全生产义务。

第五条 生产经营单位的主要负责人是本单位安全生产第一责任人，对本单位的安全生产工作全面负责。其他负责人对职责范围内的安全生产工作负责。

第六条 生产经营单位的从业人员有依法获得安全生产保障的权利，并应当依法履行安全生产方面的义务。

第七条 工会依法对安全生产工作进行监督。

生产经营单位的工会依法组织职工参加本单位安全生产工作的民主管理和民主监督，维护职工在安全生产方面的合法权益。生产经营单位制定或者修改有关安全生产的规章制度，应当听取工会的意见。

第八条 国务院和县级以上地方各级人民政府应当根据国民经济和社会发展规划制定安全生产规划，并组织实施。安全生产规划应当与国土空间规划等相关规划相衔接。

各级人民政府应当加强安全生产基础设施建设和安全生产监管能力建设，所需经费列入本级预算。

县级以上地方各级人民政府应当组织有关部门建立完善安全风险评估与论证机制，按照安全风险管控要求，进行产业规划和空间布局，并对位置相邻、行业相近、业态相似的生产经营单位实施重大安全风险联防联控。

第九条 国务院和县级以上地方各级人民政府应当加强对安全生产工作的领导，建立健全安全生产工作协调机制，支持、督促各有关部门依法履行安全生产监督管理职责，及时协调、解决安全生产监督管理中存在的重大问题。

乡镇人民政府和街道办事处，以及开发区、工业园区、港区、风景区等应当明确负责安全生产监督管理的有关工作机构及其职责，加强安全生产监管力量建设，按照职责对本行政区域或者管理区域内生产经营单位安全生产状况进行监督检查，协助人民政府有关部门或者按照授权依法履行安全生产监督管理职责。

第十条 国务院应急管理部门依照本法，对全国安全生产工作实施综合监督管理；县级以上地方各级人民政府应急管理部门依照本法，对本行政区域内安全生产工作实施综合监督管理。

国务院交通运输、住房和城乡建设、水利、民航等有关部门依照本法和其他有关法律、行政法规的规定，在各自的职责范围内对有关行业、领域的安全生产工作实施监督管理；县级以上地方各级人民政府有关部门依照本法和其他有关法律、法规的规定，在各自的职责范围内对有关行业、领域的安全生产工作实施监督管理。对新兴行业、领域的安全生产监督管理职责不明确的，由县级以上地方各级人民政府按照业务相近的原则确定监督管理部门。

应急管理部门和对有关行业、领域的安全生产工作实施监督管理的部门，统称负有安全生产监督管理职责的部门。负有安全生产监督管理职责的部门应当相互配合、齐抓共管、信息共享、资源共用，依法加强安全生产监督管理工作。

第十一条 国务院有关部门应当按照保障安全生产的要求，依法及时制定有关的国家标准或者行业标准，并根据科技进步和经济发展适时修订。

生产经营单位必须执行依法制定的保障安全生产的国家标准或者行业标准。

第十二条 国务院有关部门按照职责分工负责安全生产强制性国家标准的项目提出、组织起草、征求意见、技术审查。国务院应急管理部门统筹提出安全生产强制性国家标准的立项计划。国务院标准化行政主管部门负责安全生产强制性国家标准的立项、编号、对外通报和授权批准发布工作。国务院标准化行政主管部门、有关部门依据法定职责对安全生产强制性国家标准的实施进行监督检查。

第十三条 各级人民政府及其有关部门应当采取多种形式，加强对有关安全生产的法律、法规和安全生产知识的宣传，增强全社会的安全生产意识。

第十四条 有关协会组织依照法律、行政法规和章程，为生产经营单位提供安全生产方面的信息、培训等服务，发挥自律作用，促进生产经营单位加强安全生产管理。

第十五条 依法设立的为安全生产提供技术、管理服务的机构，依照法律、行政法规和执业准则，接受生产经营单位的委托为其安全生产工作提供技术、管理服务。

生产经营单位委托前款规定的机构提供安全生产技术、管理服务的，保证安全生产的责任仍由本单位负责。

第十六条 国家实行生产安全事故责任追究制度，依照本法和有关法律、法规的规定，追究生产安全事故责任单位和责任人员的法律责任。

第十七条 县级以上各级人民政府应当组织负有安全生产监督管理职责的部门依法编制安全生产权力和责任清单，公开并接受社会监督。

第十八条 国家鼓励和支持安全生产科学技术研究和安全生产先进技术的推广应用，提高安全生产水平。

第十九条 国家对在改善安全生产条件、防止生产安全事故、参加抢险救护等方面取得显著成绩的单位和个人，给予奖励。

第二章 生产经营单位的安全生产保障

第二十条 生产经营单位应当具备本法和有关法律、行政法规和国家标准或者行业标准规定的安全生产条件；不具备安全生产条件的，不得从事生产经营活动。

第二十一条 生产经营单位的主要负责人对本单位安全生产工作负有下列职责：

（一）建立健全并落实本单位全员安全生产责任制，加强安全生产标准化建设；

（二）组织制定并实施本单位安全生产规章制度和操作规程；

（三）组织制定并实施本单位安全生产教育和培训计划；

（四）保证本单位安全生产投入的有效实施；

（五）组织建立并落实安全风险分级管控和隐患排查治理双重预防工作机制，督促、检查本单位的安全生产工作，及时消除生产安全事故隐患；

（六）组织制定并实施本单位的生产安全事故应急救援预案；

（七）及时、如实报告生产安全事故。

第二十二条 生产经营单位的全员安全生产责任制应当明确各岗位的责任人员、责任范围和考核标准等内容。

生产经营单位应当建立相应的机制，加强对全员安全生产责任制落实情况的监督考核，保证全员安全生产责任制的落实。

第二十三条 生产经营单位应当具备的安全生产条件所必需的资金投入，由生产经营单位的决策机构、主要负责人或者个人经营的投资人予以保证，并对由于安全生产所必需的资金投入不足导致的后果承担责任。

有关生产经营单位应当按照规定提取和使用安全生产费用，专门用于改善安全生产条件。安全生产费用在成本中据实列支。安全生产费用提取、使用和监督管理的具体办法由国务院财政部门会同国务院应急管理部门征求国务院有关部门意见后制定。

第二十四条 矿山、金属冶炼、建筑施工、运输单位和危险物品的生产、经营、储存、装卸单位，应当设置安全生产管理机构或者配备专职安全生产管理人员。

前款规定以外的其他生产经营单位，从业人员超过一百人的，应当设置安全生产管理机构或者配备专职安全生产管理人员；从业人员在一百人以下的，应当配备专职或者兼职的安全生产管理人员。

第二十五条 生产经营单位的安全生产管理机构以及安全生产管理人员履行下列职责：

（一）组织或者参与拟订本单位安全生产规章制度、操作规程和生产安全事故应急救援预案；

（二）组织或者参与本单位安全生产教育和培训，如实记录安全生产教育和培训情况；

（三）组织开展危险源辨识和评估，督促落实本单位重大危险源的安全管理措施；

（四）组织或者参与本单位应急救援演练；

（五）检查本单位的安全生产状况，及时排查生产安全事故隐患，提出改进安全生产管理的建议；

（六）制止和纠正违章指挥、强令冒险作业、违反操作规程的行为；

（七）督促落实本单位安全生产整改措施。

生产经营单位可以设置专职安全生产分管负责人，协助本单位主要负责人履行安全生产管理职责。

第二十六条 生产经营单位的安全生产管理机构以及安全生产管理人员应当恪尽职守，依法履行职责。

生产经营单位作出涉及安全生产的经营决策，应当听取安全生产管理机构以及安全生产管理人员的意见。

生产经营单位不得因安全生产管理人员依法履行职责而降低其工资、福利等待遇或者解除与其订立的劳动合同。

危险物品的生产、储存单位以及矿山、金属冶炼单位的安全生产管理人员的任免，应当告知主管的负有安全生产监督管理职责的部门。

第二十七条 生产经营单位的主要负责人和安全生产管理人员必须具备与本单位所从事的生产经营活动相应的安全生产知识和管理能力。

危险物品的生产、经营、储存、装卸单位以及矿山、金属冶炼、建筑施工、运输单位的主要负责人和安全生产管理人员，应当由主管的负有安全生产监督管理职责的部门对其安全生产知识和管理能力考核合格。考核不得收费。

危险物品的生产、储存、装卸单位以及矿山、金属冶炼单位应当有注册安全工程师从事安全生产管理工作。鼓励其他生产经营单位聘用注册安全工程师从事安全生产管理工作。注册安全工程师按专业分类管理，具体办法由国务院人力资源和社会保障部门、国务院应急管理部门会同国务院有关部门制定。

第二十八条 生产经营单位应当对从业人员进行安全生产教育和培训，保证从业人员具备必要的安全生产知识，熟悉有关的安全生产规章制度和安全操作规程，掌握本岗位的安全操作技能，了解事故应急处理措施，知悉自身在安全生产方面的权利和义务。未经安全生产教育和培训合格的从业人员，不得上岗作业。

生产经营单位使用被派遣劳动者的，应当将被派遣劳动者纳入本单位从业人员统一管理，对被派遣劳动者进行岗位安全操作规程和安全操作技能的教育和培训。劳务派遣单位应当对被派遣劳动者进行必要的安全生产教育和培训。

生产经营单位接收中等职业学校、高等学校学生实习的，应当对实习学生进行相应的安全生产教育和培训，提供必要的劳动防护用品。学校应当协助生产经营单位对实习学生进行安全生产教育和培训。

生产经营单位应当建立安全生产教育和培训档案，如实记录安全生产教育和培训的时间、内容、参加人员以及考核结果等情况。

第二十九条 生产经营单位采用新工艺、新技术、新材料或者使用新设备，必须了解、掌握其安全技术特性，采取有效的安全防护措施，并对从业人员进行专门的安全生产教育和培训。

第三十条 生产经营单位的特种作业人员必须按照国家有关规定经专门的安全作业培训，取得相应资格，方可上岗作业。

特种作业人员的范围由国务院应急管理部门会同国务院有关部门确定。

第三十一条 生产经营单位新建、改建、扩建工程项目（以下统称建设项目）的安全设施，必须与主体工程同时设计、同时施工、同时投入生产和使用。安全设施投资应当纳入建设项目概算。

第三十二条 矿山、金属冶炼建设项目和用于生产、储存、装卸危险物品的建设项目，应当按照国家有关规定进行安全评价。

第三十三条 建设项目安全设施的设计人、设计单位应当对安全设施设计负责。

矿山、金属冶炼建设项目和用于生产、储存、装卸危险物品的建设项目的安全设施设计应当按照国家有关规定报经有关部门审查，审查部门及其负责审查的人员对审查结果负责。

第三十四条 矿山、金属冶炼建设项目和用于生产、储存、装卸危险物品的建设项目的施工单位必须按照批准的安全设施设计施工，并对安全设施的工程质量负责。

矿山、金属冶炼建设项目和用于生产、储存、装卸危险物品的建设项目竣工投入生产或者使用前，应当由建设单位负责组织对安全设施进行验收；验收合格后，方可投入生产和使用。负有安全生产监督管理职责的部门应当加强对建设单位验收活动和验收结果的监督核查。

第三十五条 生产经营单位应当在有较大危险因素的生产经营场所和有关设施、设备上，设置明显的安全警示标志。

第三十六条 安全设备的设计、制造、安装、使用、检测、维修、改造和报废，应当符合国家标准或者行业标准。

生产经营单位必须对安全设备进行经常性维护、保养，并定期检测，保证正常运转。维护、保养、检测应当作好记录，并由有关人员签字。

生产经营单位不得关闭、破坏直接关系生产安全的监控、报警、防护、救生设备、设施，或者篡改、隐瞒、销毁其相关数据、信息。

餐饮等行业的生产经营单位使用燃气的，应当安装可燃气体报警装置，并保障其正常使用。

第三十七条 生产经营单位使用的危险物品的容器、运输工具，以及涉及人身安全、危险性较大的海洋石油开采特种设备和矿山井下特种设备，必须按照国家有关规定，由专业生产单位生产，并经具有专业资质的检测、检验机构检测、检验合格，取得安全使用证或者安全标志，方可投入使用。检测、检验机构对检测、检验结果负责。

第三十八条 国家对严重危及生产安全的工艺、设备实行淘汰制度，具体目录由国务院应急管理部门会同国务院有关部门制定并公布。法律、行政法规对目录的制定另有规定的，适用其规定。

省、自治区、直辖市人民政府可以根据本地区实际情况制定并公布具体目录，对前款规定以外的危及生产安全的工艺、设备予以淘汰。

生产经营单位不得使用应当淘汰的危及生产安全的工艺、设备。

第三十九条 生产、经营、运输、储存、使用危险物品或者处置废弃危险物品的，由有关主管部门依照有关法律、法规的规定和国家标准或者行业标准审批并实施监督管理。

生产经营单位生产、经营、运输、储存、使用危险物品或者处置废弃危险物品，必须执行有关法律、法规和国家标准或者行业标准，建立专门的安全管理制度，采取可靠的安全措施，接受有关主管部门依法实施的监督管理。

第四十条 生产经营单位对重大危险源应当登记建档，进行定期检测、评估、监控，并制定应急预案，告知从业人员和相关人员在紧急情况下应当采取的应急措施。

生产经营单位应当按照国家有关规定将本单位重大危险源及有关安全措施、应急措施报有关地方人民政府应急管理部门和有关部门备案。有关地方人民政府应急管理部门和有关部门应当通过相关信息系统实现信息共享。

第四十一条 生产经营单位应当建立安全风险分级管控制度，按照安全风险分级采取相应的管控措施。

生产经营单位应当建立健全并落实生产安全事故隐患排查治理制度，采取技术、管理措施，及时发现并消除事故隐患。事故隐患排查治理情况应当如实记录，并通过职工大会或者职工代表大会、信息公示栏等方式向从业人员通报。其中，重大事故隐患排查治理情况应当及时向负有安全生产监督管理职责的部门和职工大会或者职工代表大会报告。

县级以上地方各级人民政府负有安全生产监督管理职责的部门应当将重大事故隐患纳入相关信息系统，建立健全重大事故隐患治理督办制度，督促生产经营单位消除重大事故隐患。

第四十二条 生产、经营、储存、使用危险物品的车间、商店、仓库不得与员工宿舍在同一座建筑物内，并应当与员工宿舍保持安全距离。

生产经营场所和员工宿舍应当设有符合紧急疏散要求、标志明显、保持畅通的出口、疏散通道。禁止占用、锁闭、封堵生产经营场所或者员工宿舍的出口、疏散通道。

第四十三条 生产经营单位进行爆破、吊装、动火、临时用电以及国务院应急管理部门会同国务院有关部门规定的其他危险作业，应当安排专门人员进行现场安全管理，确保操作规程的遵守和安全措施的落实。

第四十四条 生产经营单位应当教育和督促从业人员严格执行本单位的安全生产规章制度和安全操作规程；并向从业人员如实告知作业场所和工作岗位存在的危险因素、防范措施以及事故应急措施。

生产经营单位应当关注从业人员的身体、心理状况和行为习惯，加强对从业人员的心理疏导、精神慰藉，严格落实岗位安全生产责任，防范从业人员行为异常导致事故发生。

第四十五条 生产经营单位必须为从业人员提供符合国家标准或者行业标准的劳动防护用品，并监督、教育从业人员按照使用规则佩戴、使用。

第四十六条 生产经营单位的安全生产管理人员应当根据本单位的生产经营特点，对安全生产状况进行经常性检查；对检查中发现的安全问题，应当立即处理；不能处理的，应当及时报告本单位有关负责人，有关负责人应当及时处理。检查及处理情况应当如实记录在案。

生产经营单位的安全生产管理人员在检查中发现重大事故隐患，依照前款规定向本单位有关负责人报告，有关负责人不及时处理的，安全生产管理人员可以向主管的负有安全生产监督管理职责的部门报告，接到报告的部门应当依法及时处理。

第四十七条 生产经营单位应当安排用于配备劳动防护用品、进行安全生产培训的经费。

第四十八条 两个以上生产经营单位在同一作业区域内进行生产经营活动，可能危及对方生产安全的，应当签订安全生产管理协议，明确各自的安全生产管理职责和应当采取的安全措施，并指定专职安全生产管理人员进行安全检查与协调。

第四十九条 生产经营单位不得将生产经营项目、场所、设备发包或者出租给不具备安全生产条件或者相应资质的单位或者个人。

生产经营项目、场所发包或者出租给其他单位的，生产经营单位应当与承包单位、承租单位签订专门的安全生产管理协议，或者在承包合同、租赁合同中约定各自的安全生产管理职责；生产经营单位对承包单位、承租单位的安全生产工作统一协调、管理，定期进行安全检查，发现安全问题的，应当及时督促整改。

矿山、金属冶炼建设项目和用于生产、储存、装卸危险物品的建设项目的施工单位应当加强对施工项目的安全管理，不得倒卖、出租、出借、挂靠或者以其他形式非法转让施工资质，不得将其承包的全部建设工程转包给第三人或者将其承包的全部建设工程支解以后以分包的名义分别转包给第三人，不得将工程分包给不具备相应资质条件的单位。

第五十条 生产经营单位发生生产安全事故时，单位的主要负责人应当立即组织抢救，并不得在事故调查处理期间擅离职守。

第五十一条 生产经营单位必须依法参加工伤保险，为从业人员缴纳保险费。

国家鼓励生产经营单位投保安全生产责任保险；属于国家规定的高危行业、领域的生产经营单位，应当投保安全生产责任保险。具体范围和实施办法由国务院应急管理部门会同国务院财政部门、国务院保险监督管理机构和相关行业主管部门制定。

第三章 从业人员的安全生产权利义务

第五十二条 生产经营单位与从业人员订立的劳动合同，应当载明有关保障从业人员劳动安全、防止职业危害的事项，以及依法为从业人员办理工伤保险的事项。

生产经营单位不得以任何形式与从业人员订立协议，免除或者减轻其对从业人员因生产安全事故伤亡依法应承担的责任。

第五十三条 生产经营单位的从业人员有权了解其作业场所和工作岗位存在的危险因素、防范措施及事故应急措施，有权对本单位的安全生产工作提出建议。

第五十四条 从业人员有权对本单位安全生产工作中存在的问题提出批评、检举、控告；有权拒绝违章指挥和强令冒险作业。

生产经营单位不得因从业人员对本单位安全生产工作提出批评、检举、控告或者拒绝违章指挥、强令冒险作业而降低其工资、福利等待遇或者解除与其订立的劳动合同。

第五十五条 从业人员发现直接危及人身安全的紧急情况时，有权停止作业或者在采取可能的应急措施后撤离作业场所。

生产经营单位不得因从业人员在前款紧急情况下停止作业或者采取紧急撤离措施而降低其工资、福利等待遇或者解除与其订立的劳动合同。

第五十六条 生产经营单位发生生产安全事故后，应当及时采取措施救治有关人员。

因生产安全事故受到损害的从业人员，除依法享有工伤保险外，依照有关民事法律尚有获得赔偿的权利的，有权提出赔偿要求。

第五十七条 从业人员在作业过程中，应当严格落实岗位安全责任，遵守本单位的安全生产规章制度和操作规程，服从管理，正确佩戴和使用劳动防护用品。

第五十八条 从业人员应当接受安全生产教育和培训，掌握本职工作所需的安全生产知识，提高安全生产技能，增强事故预防和应急处理能力。

第五十九条 从业人员发现事故隐患或者其他不安全因素，应当立即向现场安全生产管理人员或者本单位负责人报告；接到报告的人员应当及时予以处理。

第六十条 工会有权对建设项目的安全设施与主体工程同时设计、同时施工、同时投入生产和使用进行监督，提出意见。

工会对生产经营单位违反安全生产法律、法规，侵犯从业人员合法权益的行为，有权要求纠正；发现生产经营单位违章指挥、强令冒险作业或者发现事故隐患时，有权提出解决的建议，生产经营单位应当及时研究答复；发现危及从业人员生命安全的情况时，有权向生产经营单位建议组织从业人员撤离危险场所，生产经营单位必须立即作出处理。

工会有权依法参加事故调查，向有关部门提出处理意见，并要求追究有关人员的责任。

第六十一条 生产经营单位使用被派遣劳动者的，被派遣劳动者享有本法规定的从业人员的权利，并应当履行本法规定的从业人员的义务。

第四章 安全生产的监督管理

第六十二条 县级以上地方各级人民政府应当根据本行政区域内的安全生产状况，组织有关部门按照职责分工，对本行政区域内容易发生重大生产安全事故的生产经营单位进行严格检查。

应急管理部门应当按照分类分级监督管理的要求，制定安全生产年度监督检查计划，并按照年度监督检查计划进行监督检查，发现事故隐患，应当及时处理。

第六十三条 负有安全生产监督管理职责的部门依照有关法律、法规的规定，对涉及安全生产的事项需要审查批准（包括批准、核准、许可、注册、认证、颁发证照等，下同）或者验收的，必须严格依照有关法律、法规和国家标准或者行业标准规定的安全生产条件和程序进行审查；不符合有关法律、法规和国家标准或者行业标准规定的安全生产条件的，不得批准或者验收通过。对未依法取得批准或者验收合格的单位擅自从事有关活动的，负责行政审批的部门发现或者接到举报后应当立即予以取缔，并依法予以处理。对已经依法取得批准的单位，负责行政审批的部门发现其不再具备安全生产条件的，应当撤销原批准。

第六十四条 负有安全生产监督管理职责的部门对涉及安全生产的事项进行审查、验收，不得收取费用；不得要求接受审查、验收的单位购买其指定品牌或者指定生产、销售单位的安全设备、器材或者其他产品。

第六十五条 应急管理部门和其他负有安全生产监督管理职责的部门依法开展安全生产行政执法工作，对生产经营单位执行有关安全生产的法律、法规和国家标准或者行业标准的情况进行监督检查，行使以下职权：

（一）进入生产经营单位进行检查，调阅有关资料，向有关单位和人员了解情况；

（二）对检查中发现的安全生产违法行为，当场予以纠正或者要求限期改正；对依法应当给予行政处罚的行为，依照本法和其他有关法律、行政法规的规定作出行政处罚决定；

（三）对检查中发现的事故隐患，应当责令立即排除；重大事故隐患排除前或者排除过程中无法保证安全的，应当责令从危险区域内撤出作业人员，责令暂时停产停业或者停止使用相关设施、设备；重大事故隐患排除后，经审查同意，方可恢复生产经营和使用；

（四）对有根据认为不符合保障安全生产的国家标准或者行业标准的设施、设备、器材以及违法生产、储存、使用、经营、运输的危险物品予以查封或者扣押，对违法生产、储存、使用、经营危险物品的作业场所予以查封，并依法作出处理决定。

监督检查不得影响被检查单位的正常生产经营活动。

第六十六条 生产经营单位对负有安全生产监督管理职责的部门的监督检查人员（以下统称安全生产监督检查人员）依法履行监督检查职责，应当予以配合，不得拒绝、阻挠。

第六十七条 安全生产监督检查人员应当忠于职守，坚持原则，秉公执法。

安全生产监督检查人员执行监督检查任务时，必须出示有效的行政执法证件；对涉及被检查单位的技术秘密和业务秘密，应当为其保密。

第六十八条 安全生产监督检查人员应当将检查的时间、地点、内容、发现的问题及其处理情况，作出书面记录，并由检查人员和被检查单位的负责人签字；被检查单位的负责人拒绝签字的，检查人员应当将情况记录在案，并向负有安全生产监督管理职责的部门报告。

第六十九条 负有安全生产监督管理职责的部门在监督检查中，应当互相配合，实行联合检查；确需分别进行检查的，应当互通情况，发现存在的安全问题应当由其他有关部门进行处理的，应当及时移送其他有关部门并形成记录备查，接受移送的部门应当及时进行处理。

第七十条 负有安全生产监督管理职责的部门依法对存在重大事故隐患的生产经营单位作出停产停业、停止施工、停止使用相关设施或者设备的决定，生产经营单位应当依法执行，及时消除事故隐患。生产经营单位拒不执行，有发生生产安全事故的现实危险的，在保证安全的前提下，经本部门主要负责人批准，负有安全生产监督管理职责的部门可以采取通知有关单位停止供电、停止供应民用爆炸物品等措施，强制生产经营单位履行决定。通知应当采用书面形式，有关单位应当予以配合。

负有安全生产监督管理职责的部门依照前款规定采取停止供电措施，除有危及生产安全的紧急情形外，应当提前二十四小时通知生产经营单位。生产经营单位依法履行行政决定、采取相应措施消除事故隐患的，负有安全生产监督管理职责的部门应当及时解除前款规定的措施。

第七十一条 监察机关依照监察法的规定，对负有安全生产监督管理职责的部门及其工作人员履行安全生产监督管理职责实施监察。

第七十二条 承担安全评价、认证、检测、检验职责的机构应当具备国家规定的资质条件，并对其作出的安全评价、认证、检测、检验结果的合法性、真实性负责。资质条件由国务院应急管理部门会同国务院有关部门制定。

承担安全评价、认证、检测、检验职责的机构应当建立并实施服务公开和报告公开制度，不得租借资质、挂靠、出具虚假报告。

第七十三条 负有安全生产监督管理职责的部门应当建立举报制度，公开举报电话、信箱或者电子邮件地址等网络举报平台，受理有关安全生产的举报；受理的举报事项经调查核实后，应当形成书面材料；需要落实整改措施的，报经有关负责人签字并督促落实。对不属于本部门职责，需要由其他有关部门进行调查处理的，转交其他有关部门处理。

涉及人员死亡的举报事项，应当由县级以上人民政府组织核查处理。

第七十四条 任何单位或者个人对事故隐患或者安全生产违法行为，均有权向负有安全生产监督管理职责的部门报告或者举报。

因安全生产违法行为造成重大事故隐患或者导致重大事故，致使国家利益或者社会公共利益受到侵害的，人民检察院可以根据民事诉讼法、行政诉讼法的相关规定提起公益诉讼。

第七十五条 居民委员会、村民委员会发现其所在区域内的生产经营单位存在事故隐患或者安全生产违法行为时，应当向当地人民政府或者有关部门报告。

第七十六条 县级以上各级人民政府及其有关部门对报告重大事故隐患或者举报安全生产违法行为的有功人员，给予奖励。具体奖励办法由国务院应急管理部门会同国务院财政部门制定。

第七十七条 新闻、出版、广播、电影、电视等单位有进行安全生产公益宣传教育的义务，有对违反安全生产法律、法规的行为进行舆论监督的权利。

第七十八条 负有安全生产监督管理职责的部门应当建立安全生产违法行为信息库，如实记录生产经营单位及其有关从业人员的安全生产违法行为信息；对违法行为情节严重的生产经营单位及其有关从业人员，应当及时向社会公告，并通报行业主管部门、投资主管部门、自然资源主管部门、生态环境主管部门、证券监督管理机构以及有关金融机构。有关部门和机构应当对存在失信行为的生产经营单位及其有关从业人员采取加大执法检查频次、暂停项目审批、上调有关保险费率、行业或者职业禁入等联合惩戒措施，并向社会公示。

负有安全生产监督管理职责的部门应当加强对生产经营单位行政处罚信息的及时归集、共享、应用和公开，对生产经营单位作出处罚决定后七个工作日内在监督管理部门公示系统予以公开曝光，强化对违法失信生产经营单位及其有关从业人员的社会监督，提高全社会安全生产诚信水平。

第五章 生产安全事故的应急救援与调查处理

第七十九条 国家加强生产安全事故应急能力建设，在重点行业、领域建立应急救援基地和应急救援队伍，并由国家安全生产应急救援机构统一协调指挥；鼓励生产经营单位和其他社会力量建立应急救援队伍，配备相应的应急救援装备和物资，提高应急救援的专业化水平。

国务院应急管理部门牵头建立全国统一的生产安全事故应急救援信息系统，国务院交通运输、住房和城乡建设、水利、民航等有关部门和县级以上地方人民政府建立健全相关行业、领域、地区的生产安全事故应急救援信息系统，实现互联互通、信息共享，通过推行网上安全信息采集、安全监管和监测预警，提升监管的精准化、智能化水平。

第八十条 县级以上地方各级人民政府应当组织有关部门制定本行政区域内生产安全事故应急救援预案，建立应急救援体系。

乡镇人民政府和街道办事处，以及开发区、工业园区、港区、风景区等应当制定相应的生产安全事故应急救援预案，协助人民政府有关部门或者按照授权依法履行生产安全事故应急救援工作职责。

第八十一条 生产经营单位应当制定本单位生产安全事故应急救援预案，与所在地县级以上地方人民政府组织制定的生产安全事故应急救援预案相衔接，并定期组织演练。

第八十二条 危险物品的生产、经营、储存单位以及矿山、金属冶炼、城市轨道交通运营、建筑施工单位应当建立应急救援组织；生产经营规模较小的，可以不建立应急救援组织，但应当指定兼职的应急救援人员。

危险物品的生产、经营、储存、运输单位以及矿山、金属冶炼、城市轨道交通运营、建筑施工单位应当配备必要的应急救援器材、设备和物资，并进行经常性维护、保养，保证正常运转。

第八十三条 生产经营单位发生生产安全事故后，事故现场有关人员应当立即报告本单位负责人。

单位负责人接到事故报告后，应当迅速采取有效措施，组织抢救，防止事故扩大，减少人员伤亡和财产损失，并按照国家有关规定立即如实报告当地负有安全生产监督管理职责的部门，不得隐瞒不报、谎报或者迟报，不得故意破坏事故现场、毁灭有关证据。

第八十四条 负有安全生产监督管理职责的部门接到事故报告后，应当立即按照国家有关规定上报事故情况。负有安全生产监督管理职责的部门和有关地方人民政府对事故情况不得隐瞒不报、谎报或者迟报。

第八十五条 有关地方人民政府和负有安全生产监督管理职责的部门的负责人接到生产安全事故报告后，应当按照生产安全事故应急救援预案的要求立即赶到事故现场，组织事故抢救。

参与事故抢救的部门和单位应当服从统一指挥，加强协同联动，采取有效的应急救援措施，并根据事故救援的需要采取警戒、疏散等措施，防止事故扩大和次生灾害的发生，减少人员伤亡和财产损失。

事故抢救过程中应当采取必要措施，避免或者减少对环境造成的危害。

任何单位和个人都应当支持、配合事故抢救，并提供一切便利条件。

第八十六条 事故调查处理应当按照科学严谨、依法依规、实事求是、注重实效的原则，及时、准确地查清事故原因，查明事故性质和责任，评估应急处置工作，总结事故教训，提出整改措施，并对事故责任单位和人员提出处理建议。事故调查报告应当依法及时向社会公布。事故调查和处理的具体办法由国务院制定。

事故发生单位应当及时全面落实整改措施，负有安全生产监督管理职责的部门应当加强监督检查。

负责事故调查处理的国务院有关部门和地方人民政府应当在批复事故调查报告后一年内，组织有关部门对事故整改和防范措施落实情况进行评估，并及时向社会公开评估结果；对不履行职责导致事故整改和防范措施没有落实的有关单位和人员，应当按照有关规定追究责任。

第八十七条　生产经营单位发生生产安全事故，经调查确定为责任事故的，除了应当查明事故单位的责任并依法予以追究外，还应当查明对安全生产的有关事项负有审查批准和监督职责的行政部门的责任，对有失职、渎职行为的，依照本法第九十条的规定追究法律责任。

第八十八条　任何单位和个人不得阻挠和干涉对事故的依法调查处理。

第八十九条　县级以上地方各级人民政府应急管理部门应当定期统计分析本行政区域内发生生产安全事故的情况，并定期向社会公布。

第六章　法律责任

第九十条　负有安全生产监督管理职责的部门的工作人员，有下列行为之一的，给予降级或者撤职的处分；构成犯罪的，依照刑法有关规定追究刑事责任：

（一）对不符合法定安全生产条件的涉及安全生产的事项予以批准或者验收通过的；

（二）发现未依法取得批准、验收的单位擅自从事有关活动或者接到举报后不予取缔或者不依法予以处理的；

（三）对已经依法取得批准的单位不履行监督管理职责，发现其不再具备安全生产条件而不撤销原批准或者发现安全生产违法行为不予查处的；

（四）在监督检查中发现重大事故隐患，不依法及时处理的。

负有安全生产监督管理职责的部门的工作人员有前款规定以外的滥用职权、玩忽职守、徇私舞弊行为的，依法给予处分；构成犯罪的，依照刑法有关规定追究刑事责任。

第九十一条　负有安全生产监督管理职责的部门，要求被审查、验收的单位购买其指定的安全设备、器材或者其他产品的，在对安全生产事项的审查、验收中收取费用的，由其上级机关或者监察机关责令改正，责令退还收取的费用；情节严重的，对直接负责的主管人员和其他直接责任人员依法给予处分。

第九十二条 承担安全评价、认证、检测、检验职责的机构出具失实报告的，责令停业整顿，并处三万元以上十万元以下的罚款；给他人造成损害的，依法承担赔偿责任。

承担安全评价、认证、检测、检验职责的机构租借资质、挂靠、出具虚假报告的，没收违法所得；违法所得在十万元以上的，并处违法所得二倍以上五倍以下的罚款，没有违法所得或者违法所得不足十万元的，单处或者并处十万元以上二十万元以下的罚款；对其直接负责的主管人员和其他直接责任人员处五万元以上十万元以下的罚款；给他人造成损害的，与生产经营单位承担连带赔偿责任；构成犯罪的，依照刑法有关规定追究刑事责任。

对有前款违法行为的机构及其直接责任人员，吊销其相应资质和资格，五年内不得从事安全评价、认证、检测、检验等工作；情节严重的，实行终身行业和职业禁入。

第九十三条 生产经营单位的决策机构、主要负责人或者个人经营的投资人不依照本法规定保证安全生产所必需的资金投入，致使生产经营单位不具备安全生产条件的，责令限期改正，提供必需的资金；逾期未改正的，责令生产经营单位停产停业整顿。

有前款违法行为，导致发生生产安全事故的，对生产经营单位的主要负责人给予撤职处分，对个人经营的投资人处二万元以上二十万元以下的罚款；构成犯罪的，依照刑法有关规定追究刑事责任。

第九十四条 生产经营单位的主要负责人未履行本法规定的安全生产管理职责的，责令限期改正，处二万元以上五万元以下的罚款；逾期未改正的，处五万元以上十万元以下的罚款，责令生产经营单位停产停业整顿。

生产经营单位的主要负责人有前款违法行为，导致发生生产安全事故的，给予撤职处分；构成犯罪的，依照刑法有关规定追究刑事责任。

生产经营单位的主要负责人依照前款规定受刑事处罚或者撤职处分的，自刑罚执行完毕或者受处分之日起，五年内不得担任任何生产经营单位的主要负责人；对重大、特别重大生产安全事故负有责任的，终身不得担任本行业生产经营单位的主要负责人。

第九十五条 生产经营单位的主要负责人未履行本法规定的安全生产管理职责，导致发生生产安全事故的，由应急管理部门依照下列规定处以罚款：

（一）发生一般事故的，处上一年年收入百分之四十的罚款；

（二）发生较大事故的，处上一年年收入百分之六十的罚款；

（三）发生重大事故的，处上一年年收入百分之八十的罚款；

（四）发生特别重大事故的，处上一年年收入百分之一百的罚款。

第九十六条 生产经营单位的其他负责人和安全生产管理人员未履行本法规定的安全生产管理职责的，责令限期改正，处一万元以上三万元以下的罚款；导致发生生产安全事故的，暂停或者吊销其与安全生产有关的资格，并处上一年年收入百分之二十以上百分之五十以下的罚款；构成犯罪的，依照刑法有关规定追究刑事责任。

第九十七条 生产经营单位有下列行为之一的，责令限期改正，处十万元以下的罚款；逾期未改正的，责令停产停业整顿，并处十万元以上二十万元以下的罚款，对其直接负责的主管人员和其他直接责任人员处二万元以上五万元以下的罚款：

（一）未按照规定设置安全生产管理机构或者配备安全生产管理人员、注册安全工程师的；

（二）危险物品的生产、经营、储存、装卸单位以及矿山、金属冶炼、建筑施工、运输单位的主要负责人和安全生产管理人员未按照规定经考核合格的；

（三）未按照规定对从业人员、被派遣劳动者、实习学生进行安全生产教育和培训，或者未按照规定如实告知有关的安全生产事项的；

（四）未如实记录安全生产教育和培训情况的；

（五）未将事故隐患排查治理情况如实记录或者未向从业人员通报的；

（六）未按照规定制定生产安全事故应急救援预案或者未定期组织演练的；

（七）特种作业人员未按照规定经专门的安全作业培训并取得相应资格，上岗作业的。

第九十八条 生产经营单位有下列行为之一的，责令停止建设或者停产停业整顿，限期改正，并处十万元以上五十万元以下的罚款，对其直接负责的主管人员和其他直接责任人员处二万元以上五万元以下的罚款；逾期未改正的，处五十万元以上一百万元以下的罚款，对其直接负责的主管人员和其他直接责任人员处五万元以上十万元以下的罚款；构成犯罪的，依照刑法有关规定追究刑事责任：

（一）未按照规定对矿山、金属冶炼建设项目或者用于生产、储存、装卸危险物品的建设项目进行安全评价的；

（二）矿山、金属冶炼建设项目或者用于生产、储存、装卸危险物品的建设项目没有安全设施设计或者安全设施设计未按照规定报经有关部门审查同意的；

（三）矿山、金属冶炼建设项目或者用于生产、储存、装卸危险物品的建设项目的施工单位未按照批准的安全设施设计施工的；

（四）矿山、金属冶炼建设项目或者用于生产、储存、装卸危险物品的建设项目竣工投入生产或者使用前，安全设施未经验收合格的。

第九十九条 生产经营单位有下列行为之一的，责令限期改正，处五万元以下的罚款；逾期未改正的，处五万元以上二十万元以下的罚款，对其直接负责的主管人员和其他直接责任人员处一万元以上二万元以下的罚款；情节严重的，责令停产停业整顿；构成犯罪的，依照刑法有关规定追究刑事责任：

（一）未在有较大危险因素的生产经营场所和有关设施、设备上设置明显的安全警示标志的；

（二）安全设备的安装、使用、检测、改造和报废不符合国家标准或者行业标准的；

（三）未对安全设备进行经常性维护、保养和定期检测的；

（四）关闭、破坏直接关系生产安全的监控、报警、防护、救生设备、设施，或者篡改、隐瞒、销毁其相关数据、信息的；

（五）未为从业人员提供符合国家标准或者行业标准的劳动防护用品的；

（六）危险物品的容器、运输工具，以及涉及人身安全、危险性较大的海洋石油开采特种设备和矿山井下特种设备未经具有专业资质的机构检测、检验合格，取得安全使用证或者安全标志，投入使用的；

（七）使用应当淘汰的危及生产安全的工艺、设备的；

（八）餐饮等行业的生产经营单位使用燃气未安装可燃气体报警装置的。

第一百条 未经依法批准，擅自生产、经营、运输、储存、使用危险物品或者处置废弃危险物品的，依照有关危险物品安全管理的法律、行政法规的规定予以处罚；构成犯罪的，依照刑法有关规定追究刑事责任。

第一百零一条 生产经营单位有下列行为之一的，责令限期改正，处十万元以下的罚款；逾期未改正的，责令停产停业整顿，并处十万元以上二十万元以下的罚款，对其直接负责的主管人员和其他直接责任人员处二万元以上五万元以下的罚款；构成犯罪的，依照刑法有关规定追究刑事责任：

（一）生产、经营、运输、储存、使用危险物品或者处置废弃危险物品，未建立专门安全管理制度、未采取可靠的安全措施的；

（二）对重大危险源未登记建档，未进行定期检测、评估、监控，未制定应急预案，或者未告知应急措施的；

（三）进行爆破、吊装、动火、临时用电以及国务院应急管理部门会同国务院有关部门规定的其他危险作业，未安排专门人员进行现场安全管理的；

（四）未建立安全风险分级管控制度或者未按照安全风险分级采取相应管控措施的；

（五）未建立事故隐患排查治理制度，或者重大事故隐患排查治理情况未按照规定报告的。

第一百零二条 生产经营单位未采取措施消除事故隐患的，责令立即消除或者限期消除，处五万元以下的罚款；生产经营单位拒不执行的，责令停产停业整顿，对其直接负责的主管人员和其他直接责任人员处五万元以上十万元以下的罚款；构成犯罪的，依照刑法有关规定追究刑事责任。

第一百零三条 生产经营单位将生产经营项目、场所、设备发包或者出租给不具备安全生产条件或者相应资质的单位或者个人的，责令限期改正，没收违法所得；违法所得十万元以上的，并处违法所得二倍以上五倍以下的罚款；没有违法所得或者违法所得不足十万元的，单处或者并处十万元以上二十万元以下的罚款；对其直接负责的主管人员和其他直接责任人员处一万元以上二万元以下的罚款；导致发生生产安全事故给他人造成损害的，与承包方、承租方承担连带赔偿责任。

生产经营单位未与承包单位、承租单位签订专门的安全生产管理协议或者未在承包合同、租赁合同中明确各自的安全生产管理职责，或者未对承包单位、承租单位的安全生产统一协调、管理的，责令限期改正，处五万元以下的罚款，对其直接负责的主管人员和其他直接责任人员处一万元以下的罚款；逾期未改正的，责令停产停业整顿。

矿山、金属冶炼建设项目和用于生产、储存、装卸危险物品的建设项目的施工单位未按照规定对施工项目进行安全管理的，责令限期改正，处十万元以下的罚款，对其直接负责的主管人员和其他直接责任人员处二万元以下的罚款；逾期未改正的，责令停产停业整顿。以上施工单位倒卖、出租、出借、挂靠或者以其他形式非法转让施工资质的，责令停产停业整顿，吊销资质证书，没收违法所得；违法所得十万元以上的，并处违法所得二倍以上五倍以下的罚款，没有违法所得或者违法所得不足十万元的，单处或者并处十万元以上二十万元以下的罚款；对其直接负责的主管人员和其他直接责任人员处五万元以上十万元以下的罚款；构成犯罪的，依照刑法有关规定追究刑事责任。

第一百零四条 两个以上生产经营单位在同一作业区域内进行可能危及对方安全生产的生产经营活动，未签订安全生产管理协议或者未指定专职安全生产管理人员进行安全检查与协调的，责令限期改正，处五万元以下的罚款，对其直接负责的主管人员和其他直接责任人员处一万元以下的罚款；逾期未改正的，责令停产停业。

第一百零五条 生产经营单位有下列行为之一的，责令限期改正，处五万元以下的罚款，对其直接负责的主管人员和其他直接责任人员处一万元以下的罚款；逾期未改正的，责令停产停业整顿；构成犯罪的，依照刑法有关规定追究刑事责任：

（一）生产、经营、储存、使用危险物品的车间、商店、仓库与员工宿舍在同一座建筑内，或者与员工宿舍的距离不符合安全要求的；

（二）生产经营场所和员工宿舍未设有符合紧急疏散需要、标志明显、保持畅通的出口、疏散通道，或者占用、锁闭、封堵生产经营场所或者员工宿舍出口、疏散通道的。

第一百零六条 生产经营单位与从业人员订立协议，免除或者减轻其对从业人员因生产安全事故伤亡依法应承担的责任的，该协议无效；对生产经营单位的主要负责人、个人经营的投资人处二万元以上十万元以下的罚款。

第一百零七条 生产经营单位的从业人员不落实岗位安全责任，不服从管理，违反安全生产规章制度或者操作规程的，由生产经营单位给予批评教育，依照有关规章制度给予处分；构成犯罪的，依照刑法有关规定追究刑事责任。

第一百零八条 违反本法规定，生产经营单位拒绝、阻碍负有安全生产监督管理职责的部门依法实施监督检查的，责令改正；拒不改正的，处二万元以上二十万元以下的罚款；对其直接负责的主管人员和其他直接责任人员处一万元以上二万元以下的罚款；构成犯罪的，依照刑法有关规定追究刑事责任。

第一百零九条 高危行业、领域的生产经营单位未按照国家规定投保安全生产责任保险的，责令限期改正，处五万元以上十万元以下的罚款；逾期未改正的，处十万元以上二十万元以下的罚款。

第一百一十条 生产经营单位的主要负责人在本单位发生生产安全事故时，不立即组织抢救或者在事故调查处理期间擅离职守或者逃匿的，给予降级、撤职的处分，并由应急管理部门处上一年年收入百分之六十至百分之一百的罚款；对逃匿的处十五日以下拘留；构成犯罪的，依照刑法有关规定追究刑事责任。

生产经营单位的主要负责人对生产安全事故隐瞒不报、谎报或者迟报的，依照前款规定处罚。

第一百一十一条 有关地方人民政府、负有安全生产监督管理职责的部门，对生产安全事故隐瞒不报、谎报或者迟报的，对直接负责的主管人员和其他直接责任人员依法给予处分；构成犯罪的，依照刑法有关规定追究刑事责任。

第一百一十二条 生产经营单位违反本法规定，被责令改正且受到罚款处罚，拒不改正的，负有安全生产监督管理职责的部门可以自作出责令改正之日的次日起，按照原处罚数额按日连续处罚。

第一百一十三条 生产经营单位存在下列情形之一的，负有安全生产监督管理职责的部门应当提请地方人民政府予以关闭，有关部门应当依法吊销其有关证照。生产经营单位主要负责人五年内不得担任任何生产经营单位的主要负责人；情节严重的，终身不得担任本行业生产经营单位的主要负责人：

（一）存在重大事故隐患，一百八十日内三次或者一年内四次受到本法规定的行政处罚的；

（二）经停产停业整顿，仍不具备法律、行政法规和国家标准或者行业标准规定的安全生产条件的；

（三）不具备法律、行政法规和国家标准或者行业标准规定的安全生产条件，导致发生重大、特别重大生产安全事故的；

（四）拒不执行负有安全生产监督管理职责的部门作出的停产停业整顿决定的。

第一百一十四条 发生生产安全事故，对负有责任的生产经营单位除要求其依法承担相应的赔偿等责任外，由应急管理部门依照下列规定处以罚款：

（一）发生一般事故的，处三十万元以上一百万元以下的罚款；

（二）发生较大事故的，处一百万元以上二百万元以下的罚款；

（三）发生重大事故的，处二百万元以上一千万元以下的罚款；

（四）发生特别重大事故的，处一千万元以上二千万元以下的罚款。

发生生产安全事故，情节特别严重、影响特别恶劣的，应急管理部门可以按照前款罚款数额的二倍以上五倍以下对负有责任的生产经营单位处以罚款。

第一百一十五条　本法规定的行政处罚，由应急管理部门和其他负有安全生产监督管理职责的部门按照职责分工决定；其中，根据本法第九十五条、第一百一十条、第一百一十四条的规定应当给予民航、铁路、电力行业的生产经营单位及其主要负责人行政处罚的，也可以由主管的负有安全生产监督管理职责的部门进行处罚。予以关闭的行政处罚，由负有安全生产监督管理职责的部门报请县级以上人民政府按照国务院规定的权限决定；给予拘留的行政处罚，由公安机关依照治安管理处罚的规定决定。

第一百一十六条　生产经营单位发生生产安全事故造成人员伤亡、他人财产损失的，应当依法承担赔偿责任；拒不承担或者其负责人逃匿的，由人民法院依法强制执行。

生产安全事故的责任人未依法承担赔偿责任，经人民法院依法采取执行措施后，仍不能对受害人给予足额赔偿的，应当继续履行赔偿义务；受害人发现责任人有其他财产的，可以随时请求人民法院执行。

第七章　附则

第一百一十七条本法下列用语的含义：

危险物品，是指易燃易爆物品、危险化学品、放射性物品等能够危及人身安全和财产安全的物品。

重大危险源，是指长期地或者临时地生产、搬运、使用或者储存危险物品，且危险物品的数量等于或者超过临界量的单元（包括场所和设施）。

第一百一十八条本法规定的生产安全一般事故、较大事故、重大事故、特别重大事故的划分标准由国务院规定。

国务院应急管理部门和其他负有安全生产监督管理职责的部门应当根据各自的职责分工，制定相关行业、领域重大危险源的辨识标准和重大事故隐患的判定标准。

第一百一十九条本法自 2002 年 11 月 1 日起施行。

876

中华人民共和国道路交通安全法

（2021 年修订，2021 年 4 月 29 日施行）

（2003 年 10 月 28 日第十届全国人民代表大会常务委员会第五次会议通过　根据 2007 年 12 月 29 日第十届全国人民代表大会常务委员会第三十一次会议《关于修改〈中华人民共和国道路交通安全法〉的决定》第一次修正　根据 2011 年 4 月 22 日第十一届全国人民代表大会常务委员会第二十次会议《关于修改〈中华人民共和国道路交通安全法〉的决定》第二次修正　根据 2021 年 4 月 29 日第十三届全国人民代表大会常务委员会第二十八次会议《关于修改〈中华人民共和国道路交通安全法〉等八部法律的决定》第三次修正）

第一章　总　则

第一条　为了维护道路交通秩序，预防和减少交通事故，保护人身安全，保护公民、法人和其他组织的财产安全及其他合法权益，提高通行效率，制定本法。

第二条　中华人民共和国境内的车辆驾驶人、行人、乘车人以及与道路交通活动有关的单位和个人，都应当遵守本法。

第三条　道路交通安全工作，应当遵循依法管理、方便群众的原则，保障道路交通有序、安全、畅通。

第四条　各级人民政府应当保障道路交通安全管理工作与经济建设和社会发展相适应。

县级以上地方各级人民政府应当适应道路交通发展的需要，依据道路交通安全法律、法规和国家有关政策，制定道路交通安全管理规划，并组织实施。

第五条　国务院公安部门负责全国道路交通安全管理工作。县级以上地方各级人民政府公安机关交通管理部门负责本行政区域内的道路交通安全管理工作。

877

县级以上各级人民政府交通、建设管理部门依据各自职责，负责有关的道路交通工作。

第六条 各级人民政府应当经常进行道路交通安全教育，提高公民的道路交通安全意识。

公安机关交通管理部门及其交通警察执行职务时，应当加强道路交通安全法律、法规的宣传，并模范遵守道路交通安全法律、法规。

机关、部队、企业事业单位、社会团体以及其他组织，应当对本单位的人员进行道路交通安全教育。

教育行政部门、学校应当将道路交通安全教育纳入法制教育的内容。

新闻、出版、广播、电视等有关单位，有进行道路交通安全教育的义务。

第七条 对道路交通安全管理工作，应当加强科学研究，推广、使用先进的管理方法、技术、设备。

第二章 车辆和驾驶人

第一节 机动车、非机动车

第八条 国家对机动车实行登记制度。机动车经公安机关交通管理部门登记后，方可上道路行驶。尚未登记的机动车，需要临时上道路行驶的，应当取得临时通行牌证。

第九条 申请机动车登记，应当提交以下证明、凭证：

（一）机动车所有人的身份证明；

（二）机动车来历证明；

（三）机动车整车出厂合格证明或者进口机动车进口凭证；

（四）车辆购置税的完税证明或者免税凭证；

（五）法律、行政法规规定应当在机动车登记时提交的其他证明、凭证。

公安机关交通管理部门应当自受理申请之日起五个工作日内完成机动车登记审查工作，对符合前款规定条件的，应当发放机动车登记证书、号牌和行驶证；对不符合前款规定条件的，应当向申请人说明不予登记的理由。

公安机关交通管理部门以外的任何单位或者个人不得发放机动车号牌或者要求机动车悬挂其他号牌，本法另有规定的除外。

机动车登记证书、号牌、行驶证的式样由国务院公安部门规定并监制。

第十条 准予登记的机动车应当符合机动车国家安全技术标准。申请机动车登记时，应当接受对该机动车的安全技术检验。但是，经国家机动车产品主管部门依据机动车国家安全技术标准认定的企业生产的机动车型，该车型的新车在出厂时经检验符合机动车国家安全技术标准，获得检验合格证的，免予安全技术检验。

第十一条 驾驶机动车上道路行驶，应当悬挂机动车号牌，放置检验合格标志、保险标志，并随车携带机动车行驶证。

机动车号牌应当按照规定悬挂并保持清晰、完整，不得故意遮挡、污损。

任何单位和个人不得收缴、扣留机动车号牌。

第十二条 有下列情形之一的，应当办理相应的登记：

（一）机动车所有权发生转移的；

（二）机动车登记内容变更的；

（三）机动车用作抵押的；

（四）机动车报废的。

第十三条 对登记后上道路行驶的机动车，应当依照法律、行政法规的规定，根据车辆用途、载客载货数量、使用年限等不同情况，定期进行安全技术检验。对提供机动车行驶证和机动车第三者责任强制保险单的，机动车安全技术检验机构应当予以检验，任何单位不得附加其他条件。对符合机动车国家安全技术标准的，公安机关交通管理部门应当发给检验合格标志。

对机动车的安全技术检验实行社会化。具体办法由国务院规定。

机动车安全技术检验实行社会化的地方，任何单位不得要求机动车到指定的场所进行检验。

公安机关交通管理部门、机动车安全技术检验机构不得要求机动车到指定的场所进行维修、保养。

机动车安全技术检验机构对机动车检验收取费用，应当严格执行国务院价格主管部门核定的收费标准。

第十四条 国家实行机动车强制报废制度，根据机动车的安全技术状况和不同用途，规定不同的报废标准。

应当报废的机动车必须及时办理注销登记。

达到报废标准的机动车不得上道路行驶。报废的大型客、货车及其他营运车辆应当在公安机关交通管理部门的监督下解体。

第十五条 警车、消防车、救护车、工程救险车应当按照规定喷涂标志图案，安装警报器、标志灯具。其他机动车不得喷涂、安装、使用上述车辆专用的或者与其相类似的标志图案、警报器或者标志灯具。

警车、消防车、救护车、工程救险车应当严格按照规定的用途和条件使用。

公路监督检查的专用车辆，应当依照公路法的规定，设置统一的标志和示警灯。

第十六条 任何单位或者个人不得有下列行为：

（一）拼装机动车或者擅自改变机动车已登记的结构、构造或者特征；

（二）改变机动车型号、发动机号、车架号或者车辆识别代号；

（三）伪造、变造或者使用伪造、变造的机动车登记证书、号牌、行驶证、检验合格标志、保险标志；

（四）使用其他机动车的登记证书、号牌、行驶证、检验合格标志、保险标志。

第十七条 国家实行机动车第三者责任强制保险制度，设立道路交通事故社会救助基金。具体办法由国务院规定。

第十八条 依法应当登记的非机动车，经公安机关交通管理部门登记后，方可上道路行驶。

依法应当登记的非机动车的种类，由省、自治区、直辖市人民政府根据当地实际情况规定。

非机动车的外形尺寸、质量、制动器、车铃和夜间反光装置，应当符合非机动车安全技术标准。

第二节 机动车驾驶人

第十九条 驾驶机动车，应当依法取得机动车驾驶证。

申请机动车驾驶证，应当符合国务院公安部门规定的驾驶许可条件；经考试合格后，由公安机关交通管理部门发给相应类别的机动车驾驶证。

持有境外机动车驾驶证的人，符合国务院公安部门规定的驾驶许可条件，经公安机关交通管理部门考核合格的，可以发给中国的机动车驾驶证。

驾驶人应当按照驾驶证载明的准驾车型驾驶机动车；驾驶机动车时，应当随身携带机动车驾驶证。

公安机关交通管理部门以外的任何单位或者个人，不得收缴、扣留机动车驾驶证。

第二十条 机动车的驾驶培训实行社会化，由交通运输主管部门对驾驶培训学校、驾驶培训班实行备案管理，并对驾驶培训活动加强监督，其中专门的拖拉机驾驶培训学校、驾驶培训班由农业（农业机械）主管部门实行监督管理。

驾驶培训学校、驾驶培训班应当严格按照国家有关规定，对学员进行道路交通安全法律、法规、驾驶技能的培训，确保培训质量。

任何国家机关以及驾驶培训和考试主管部门不得举办或者参与举办驾驶培训学校、驾驶培训班。

第二十一条 驾驶人驾驶机动车上道路行驶前，应当对机动车的安全技术性能进行认真检查；不得驾驶安全设施不全或者机件不符合技术标准等具有安全隐患的机动车。

第二十二条 机动车驾驶人应当遵守道路交通安全法律、法规的规定，按照操作规范安全驾驶、文明驾驶。

饮酒、服用国家管制的精神药品或者麻醉药品，或者患有妨碍安全驾驶机动车的疾病，或者过度疲劳影响安全驾驶的，不得驾驶机动车。

任何人不得强迫、指使、纵容驾驶人违反道路交通安全法律、法规和机动车安全驾驶要求驾驶机动车。

第二十三条 公安机关交通管理部门依照法律、行政法规的规定，定期对机动车驾驶证实施审验。

第二十四条 公安机关交通管理部门对机动车驾驶人违反道路交通安全法律、法规的行为，除依法给予行政处罚外，实行累积记分制度。公安机关交通管理部门对累积记分达到规定分值的机动车驾驶人，扣留机动车驾驶证，对其进行道路交通安全法律、法规教育，重新考试；考试合格的，发还其机动车驾驶证。

对遵守道路交通安全法律、法规，在一年内无累积记分的机动车驾驶人，可以延长机动车驾驶证的审验期。具体办法由国务院公安部门规定。

第三章 道路通行条件

第二十五条 全国实行统一的道路交通信号。

交通信号包括交通信号灯、交通标志、交通标线和交通警察的指挥。

交通信号灯、交通标志、交通标线的设置应当符合道路交通安全、畅通的要求和国家标准，并保持清晰、醒目、准确、完好。

根据通行需要，应当及时增设、调换、更新道路交通信号。增设、调换、更新限制性的道路交通信号，应当提前向社会公告，广泛进行宣传。

第二十六条 交通信号灯由红灯、绿灯、黄灯组成。红灯表示禁止通行，绿灯表示准许通行，黄灯表示警示。

第二十七条 铁路与道路平面交叉的道口，应当设置警示灯、警示标志或者安全防护设施。无人看守的铁路道口，应当在距道口一定距离处设置警示标志。

第二十八条 任何单位和个人不得擅自设置、移动、占用、损毁交通信号灯、交通标志、交通标线。

道路两侧及隔离带上种植的树木或者其他植物，设置的广告牌、管线等，应当与交通设施保持必要的距离，不得遮挡路灯、交通信号灯、交通标志，不得妨碍安全视距，不得影响通行。

第二十九条 道路、停车场和道路配套设施的规划、设计、建设，应当符合道路交通安全、畅通的要求，并根据交通需求及时调整。

公安机关交通管理部门发现已经投入使用的道路存在交通事故频发路段，或者停车场、道路配套设施存在交通安全严重隐患的，应当及时向当地人民政府报告，并提出防范交通事故、消除隐患的建议，当地人民政府应当及时作出处理决定。

第三十条 道路出现坍塌、坑漕、水毁、隆起等损毁或者交通信号灯、交通标志、交通标线等交通设施损毁、灭失的，道路、交通设施的养护部门或者管理部门应当设置警示标志并及时修复。

公安机关交通管理部门发现前款情形，危及交通安全，尚未设置警示标志的，应当及时采取安全措施，疏导交通，并通知道路、交通设施的养护部门或者管理部门。

第三十一条 未经许可，任何单位和个人不得占用道路从事非交通活动。

第三十二条 因工程建设需要占用、挖掘道路，或者跨越、穿越道路架设、增设管线设施，应当事先征得道路主管部门的同意；影响交通安全的，还应当征得公安机关交通管理部门的同意。

施工作业单位应当在经批准的路段和时间内施工作业，并在距离施工作业地点来车方向安全距离处设置明显的安全警示标志，采取防护措施；施工作业完毕，应当迅速清除道路上的障碍物，消除安全隐患，经道路主管部门和公安机关交通管理部门验收合格，符合通行要求后，方可恢复通行。

对未中断交通的施工作业道路，公安机关交通管理部门应当加强交通安全监督检查，维护道路交通秩序。

第三十三条 新建、改建、扩建的公共建筑、商业街区、居住区、大（中）型建筑等，应当配建、增建停车场；停车泊位不足的，应当及时改建或者扩建；投入使用的停车场不得擅自停止使用或者改作他用。

在城市道路范围内，在不影响行人、车辆通行的情况下，政府有关部门可以施划停车泊位。

第三十四条 学校、幼儿园、医院、养老院门前的道路没有行人过街设施的，应当施划人行横道线，设置提示标志。

城市主要道路的人行道，应当按照规划设置盲道。盲道的设置应当符合国家标准。

第四章 道路通行规定

第一节 一般规定

第三十五条 机动车、非机动车实行右侧通行。

第三十六条 根据道路条件和通行需要，道路划分为机动车道、非机动车道和人行道的，机动车、非机动车、行人实行分道通行。没有划分机动车道、非机动车道和人行道的，机动车在道路中间通行，非机动车和行人在道路两侧通行。

第三十七条 道路划设专用车道的，在专用车道内，只准许规定的车辆通行，其他车辆不得进入专用车道内行驶。

第三十八条 车辆、行人应当按照交通信号通行；遇有交通警察现场指挥时，应当按照交通警察的指挥通行；在没有交通信号的道路上，应当在确保安全、畅通的原则下通行。

第三十九条 公安机关交通管理部门根据道路和交通流量的具体情况，可以对机动车、非机动车、行人采取疏导、限制通行、禁止通行等措施。遇有大型群众性活动、大范围施工等情况，需要采取限制交通的措施，或者作出与公众的道路交通活动直接有关的决定，应当提前向社会公告。

第四十条 遇有自然灾害、恶劣气象条件或者重大交通事故等严重影响交通安全的情形，采取其他措施难以保证交通安全时，公安机关交通管理部门可以实行交通管制。

第四十一条 有关道路通行的其他具体规定，由国务院规定。

第二节 机动车通行规定

第四十二条 机动车上道路行驶，不得超过限速标志标明的最高时速。在没有限速标志的路段，应当保持安全车速。

夜间行驶或者在容易发生危险的路段行驶，以及遇有沙尘、冰雹、雨、雪、雾、结冰等气象条件时，应当降低行驶速度。

第四十三条 同车道行驶的机动车，后车应当与前车保持足以采取紧急制动措施的安全距离。有下列情形之一的，不得超车：

（一）前车正在左转弯、掉头、超车的；

（二）与对面来车有会车可能的；

（三）前车为执行紧急任务的警车、消防车、救护车、工程救险车的；

（四）行经铁路道口、交叉路口、窄桥、弯道、陡坡、隧道、人行横道、市区交通流量大的路段等没有超车条件的。

第四十四条 机动车通过交叉路口，应当按照交通信号灯、交通标志、交通标线或者交通警察的指挥通过；通过没有交通信号灯、交通标志、交通标线或者交通警察指挥的交叉路口时，应当减速慢行，并让行人和优先通行的车辆先行。

第四十五条 机动车遇有前方车辆停车排队等候或者缓慢行驶时，不得借道超车或者占用对面车道，不得穿插等候的车辆。

在车道减少的路段、路口，或者在没有交通信号灯、交通标志、交通标线或者交通警察指挥的交叉路口遇到停车排队等候或者缓慢行驶时，机动车应当依次交替通行。

第四十六条 机动车通过铁路道口时，应当按照交通信号或者管理人员的指挥通行；没有交通信号或者管理人员的，应当减速或者停车，在确认安全后通过。

第四十七条 机动车行经人行横道时，应当减速行驶；遇行人正在通过人行横道，应当停车让行。

机动车行经没有交通信号的道路时，遇行人横过道路，应当避让。

第四十八条 机动车载物应当符合核定的载质量，严禁超载；载物的长、宽、高不得违反装载要求，不得遗洒、飘散载运物。

机动车运载超限的不可解体的物品，影响交通安全的，应当按照公安机关交通管理部门指定的时间、路线、速度行驶，悬挂明显标志。在公路上运载超限的不可解体的物品，并应当依照公路法的规定执行。

机动车载运爆炸物品、易燃易爆化学物品以及剧毒、放射性等危险物品，应当经公安机关批准后，按指定的时间、路线、速度行驶，悬挂警示标志并采取必要的安全措施。

第四十九条 机动车载人不得超过核定的人数，客运机动车不得违反规定载货。

第五十条 禁止货运机动车载客。

货运机动车需要附载作业人员的，应当设置保护作业人员的安全措施。

第五十一条 机动车行驶时，驾驶人、乘坐人员应当按规定使用安全带，摩托车驾驶人及乘坐人员应当按规定戴安全头盔。

第五十二条 机动车在道路上发生故障，需要停车排除故障时，驾驶人应当立即开启危险报警闪光灯，将机动车移至不妨碍交通的地方停放；难以移动的，应当持续开启危险报警闪光灯，并在来车方向设置警告标志等措施扩大示警距离，必要时迅速报警。

第五十三条 警车、消防车、救护车、工程救险车执行紧急任务时，可以使用警报器、标志灯具；在确保安全的前提下，不受行驶路线、行驶方向、行驶速度和信号灯的限制，其他车辆和行人应当让行。

警车、消防车、救护车、工程救险车非执行紧急任务时，不得使用警报器、标志灯具，不享有前款规定的道路优先通行权。

第五十四条 道路养护车辆、工程作业车进行作业时，在不影响过往车辆通行的前提下，其行驶路线和方向不受交通标志、标线限制，过往车辆和人员应当注意避让。

洒水车、清扫车等机动车应当按照安全作业标准作业；在不影响其他车辆通行的情况下，可以不受车辆分道行驶的限制，但是不得逆向行驶。

第五十五条 高速公路、大中城市中心城区内的道路，禁止拖拉机通行。其他禁止

拖拉机通行的道路，由省、自治区、直辖市人民政府根据当地实际情况规定。

在允许拖拉机通行的道路上，拖拉机可以从事货运，但是不得用于载人。

第五十六条 机动车应当在规定地点停放。禁止在人行道上停放机动车；但是，依照本法第三十三条规定施划的停车泊位除外。

在道路上临时停车的，不得妨碍其他车辆和行人通行。

第三节 非机动车通行规定

第五十七条 驾驶非机动车在道路上行驶应当遵守有关交通安全的规定。非机动车应当在非机动车道内行驶；在没有非机动车道的道路上，应当靠车行道的右侧行驶。

第五十八条 残疾人机动轮椅车、电动自行车在非机动车道内行驶时，最高时速不得超过十五公里。

第五十九条 非机动车应当在规定地点停放。未设停放地点的，非机动车停放不得妨碍其他车辆和行人通行。

第六十条 驾驭畜力车，应当使用驯服的牲畜；驾驭畜力车横过道路时，驾驭人应当下车牵引牲畜；驾驭人离开车辆时，应当拴系牲畜。

第四节 行人和乘车人通行规定

第六十一条 行人应当在人行道内行走，没有人行道的靠路边行走。

第六十二条 行人通过路口或者横过道路，应当走人行横道或者过街设施；通过有交通信号灯的人行横道，应当按照交通信号灯指示通行；通过没有交通信号灯、人行横道的路口，或者在没有过街设施的路段横过道路，应当在确认安全后通过。

第六十三条 行人不得跨越、倚坐道路隔离设施，不得扒车、强行拦车或者实施妨碍道路交通安全的其他行为。

第六十四条 学龄前儿童以及不能辨认或者不能控制自己行为的精神疾病患者、智力障碍者在道路上通行，应当由其监护人、监护人委托的人或者对其负有管理、保护职责的人带领。

盲人在道路上通行，应当使用盲杖或者采取其他导盲手段，车辆应当避让盲人。

第六十五条 行人通过铁路道口时，应当按照交通信号或者管理人员的指挥通行；没有交通信号和管理人员的，应当在确认无火车驶临后，迅速通过。

第六十六条 乘车人不得携带易燃易爆等危险物品，不得向车外抛洒物品，不得有影响驾驶人安全驾驶的行为。

第五节 高速公路的特别规定

第六十七条 行人、非机动车、拖拉机、轮式专用机械车、铰接式客车、全挂拖斗车以及其他设计最高时速低于七十公里的机动车，不得进入高速公路。高速公路限速标志标明的最高时速不得超过一百二十公里。

第六十八条 机动车在高速公路上发生故障时，应当依照本法第五十二条的有关规定办理；但是，警告标志应当设置在故障车来车方向一百五十米以外，车上人员应当迅速转移到右侧路肩上或者应急车道内，并且迅速报警。

机动车在高速公路上发生故障或者交通事故，无法正常行驶的，应当由救援车、清障车拖曳、牵引。

第六十九条 任何单位、个人不得在高速公路上拦截检查行驶的车辆，公安机关的人民警察依法执行紧急公务除外。

第五章 交通事故处理

第七十条 在道路上发生交通事故，车辆驾驶人应当立即停车，保护现场；造成人身伤亡的，车辆驾驶人应当立即抢救受伤人员，并迅速报告执勤的交通警察或者公安机关交通管理部门。因抢救受伤人员变动现场的，应当标明位置。乘车人、过往车辆驾驶人、过往行人应当予以协助。

在道路上发生交通事故，未造成人身伤亡，当事人对事实及成因无争议的，可以即行撤离现场，恢复交通，自行协商处理损害赔偿事宜；不即行撤离现场的，应当迅速报告执勤的交通警察或者公安机关交通管理部门。

在道路上发生交通事故，仅造成轻微财产损失，并且基本事实清楚的，当事人应当先撤离现场再进行协商处理。

第七十一条 车辆发生交通事故后逃逸的，事故现场目击人员和其他知情人员应当向公安机关交通管理部门或者交通警察举报。举报属实的，公安机关交通管理部门应当给予奖励。

第七十二条 公安机关交通管理部门接到交通事故报警后，应当立即派交通警察赶赴现场，先组织抢救受伤人员，并采取措施，尽快恢复交通。

交通警察应当对交通事故现场进行勘验、检查，收集证据；因收集证据的需要，可以扣留事故车辆，但是应当妥善保管，以备核查。

对当事人的生理、精神状况等专业性较强的检验，公安机关交通管理部门应当委托专门机构进行鉴定。鉴定结论应当由鉴定人签名。

第七十三条 公安机关交通管理部门应当根据交通事故现场勘验、检查、调查情况和有关的检验、鉴定结论，及时制作交通事故认定书，作为处理交通事故的证据。交通事故认定书应当载明交通事故的基本事实、成因和当事人的责任，并送达当事人。

第七十四条 对交通事故损害赔偿的争议，当事人可以请求公安机关交通管理部门调解，也可以直接向人民法院提起民事诉讼。

经公安机关交通管理部门调解，当事人未达成协议或者调解书生效后不履行的，当事人可以向人民法院提起民事诉讼。

第七十五条 医疗机构对交通事故中的受伤人员应当及时抢救，不得因抢救费用未及时支付而拖延救治。肇事车辆参加机动车第三者责任强制保险的，由保险公司在责任限额范围内支付抢救费用；抢救费用超过责任限额的，未参加机动车第三者责任强制保险或者肇事后逃逸的，由道路交通事故社会救助基金先行垫付部分或者全部抢救费用，道路交通事故社会救助基金管理机构有权向交通事故责任人追偿。

第七十六条 机动车发生交通事故造成人身伤亡、财产损失的，由保险公司在机动车第三者责任强制保险责任限额范围内予以赔偿；不足的部分，按照下列规定承担赔偿责任：

（一）机动车之间发生交通事故的，由有过错的一方承担赔偿责任；双方都有过错的，按照各自过错的比例分担责任。

（二）机动车与非机动车驾驶人、行人之间发生交通事故，非机动车驾驶人、行人没有过错的，由机动车一方承担赔偿责任；有证据证明非机动车驾驶人、行人有过错的，根据过错程度适当减轻机动车一方的赔偿责任；机动车一方没有过错的，承担不超过百分之十的赔偿责任。

交通事故的损失是由非机动车驾驶人、行人故意碰撞机动车造成的，机动车一方不承担赔偿责任。

第七十七条 车辆在道路以外通行时发生的事故，公安机关交通管理部门接到报案的，参照本法有关规定办理。

第六章 执法监督

第七十八条 公安机关交通管理部门应当加强对交通警察的管理，提高交通警察的素质和管理道路交通的水平。

公安机关交通管理部门应当对交通警察进行法制和交通安全管理业务培训、考核。交通警察经考核不合格的，不得上岗执行职务。

第七十九条 公安机关交通管理部门及其交通警察实施道路交通安全管理，应当依据法定的职权和程序，简化办事手续，做到公正、严格、文明、高效。

第八十条 交通警察执行职务时，应当按照规定着装，佩带人民警察标志，持有人民警察证件，保持警容严整，举止端庄，指挥规范。

第八十一条 依照本法发放牌证等收取工本费，应当严格执行国务院价格主管部门核定的收费标准，并全部上缴国库。

第八十二条 公安机关交通管理部门依法实施罚款的行政处罚，应当依照有关法律、行政法规的规定，实施罚款决定与罚款收缴分离；收缴的罚款以及依法没收的违法所得，应当全部上缴国库。

第八十三条 交通警察调查处理道路交通安全违法行为和交通事故，有下列情形之一的，应当回避：

（一）是本案的当事人或者当事人的近亲属；

（二）本人或者其近亲属与本案有利害关系；

（三）与本案当事人有其他关系，可能影响案件的公正处理。

第八十四条 公安机关交通管理部门及其交通警察的行政执法活动，应当接受行政监察机关依法实施的监督。

公安机关督察部门应当对公安机关交通管理部门及其交通警察执行法律、法规和遵守纪律的情况依法进行监督。

上级公安机关交通管理部门应当对下级公安机关交通管理部门的执法活动进行监督。

第八十五条 公安机关交通管理部门及其交通警察执行职务，应当自觉接受社会和公民的监督。

任何单位和个人都有权对公安机关交通管理部门及其交通警察不严格执法以及违法违纪行为进行检举、控告。收到检举、控告的机关，应当依据职责及时查处。

第八十六条 任何单位不得给公安机关交通管理部门下达或者变相下达罚款指标；公安机关交通管理部门不得以罚款数额作为考核交通警察的标准。

公安机关交通管理部门及其交通警察对超越法律、法规规定的指令，有权拒绝执行，并同时向上级机关报告。

第七章 法律责任

第八十七条 公安机关交通管理部门及其交通警察对道路交通安全违法行为，应当及时纠正。

公安机关交通管理部门及其交通警察应当依据事实和本法的有关规定对道路交通安全违法行为予以处罚。对于情节轻微，未影响道路通行的，指出违法行为，给予口头警告后放行。

第八十八条 对道路交通安全违法行为的处罚种类包括：警告、罚款、暂扣或者吊销机动车驾驶证、拘留。

第八十九条 行人、乘车人、非机动车驾驶人违反道路交通安全法律、法规关于道路通行规定的，处警告或者五元以上五十元以下罚款；非机动车驾驶人拒绝接受罚款处罚的，可以扣留其非机动车。

第九十条 机动车驾驶人违反道路交通安全法律、法规关于道路通行规定的，处警告或者二十元以上二百元以下罚款。本法另有规定的，依照规定处罚。

第九十一条 饮酒后驾驶机动车的，处暂扣六个月机动车驾驶证，并处一千元以上二千元以下罚款。因饮酒后驾驶机动车被处罚，再次饮酒后驾驶机动车的，处十日以下拘留，并处一千元以上二千元以下罚款，吊销机动车驾驶证。

醉酒驾驶机动车的，由公安机关交通管理部门约束至酒醒，吊销机动车驾驶证，依法追究刑事责任；五年内不得重新取得机动车驾驶证。

饮酒后驾驶营运机动车的，处十五日拘留，并处五千元罚款，吊销机动车驾驶证，五年内不得重新取得机动车驾驶证。

醉酒驾驶营运机动车的，由公安机关交通管理部门约束至酒醒，吊销机动车驾驶证，依法追究刑事责任；十年内不得重新取得机动车驾驶证，重新取得机动车驾驶证后，不得驾驶营运机动车。

饮酒后或者醉酒驾驶机动车发生重大交通事故，构成犯罪的，依法追究刑事责任，并由公安机关交通管理部门吊销机动车驾驶证，终生不得重新取得机动车驾驶证。

第九十二条 公路客运车辆载客超过额定乘员的，处二百元以上五百元以下罚款；超过额定乘员百分之二十或者违反规定载货的，处五百元以上二千元以下罚款。

货运机动车超过核定载质量的，处二百元以上五百元以下罚款；超过核定载质量百分之三十或者违反规定载客的，处五百元以上二千元以下罚款。

有前两款行为的，由公安机关交通管理部门扣留机动车至违法状态消除。

运输单位的车辆有本条第一款、第二款规定的情形，经处罚不改的，对直接负责的主管人员处二千元以上五千元以下罚款。

第九十三条 对违反道路交通安全法律、法规关于机动车停放、临时停车规定的，可以指出违法行为，并予以口头警告，令其立即驶离。

机动车驾驶人不在现场或者虽在现场但拒绝立即驶离，妨碍其他车辆、行人通行的，处二十元以上二百元以下罚款，并可以将该机动车拖移至不妨碍交通的地点或者公安机关交通管理部门指定的地点停放。公安机关交通管理部门拖车不得向当事人收取费用，并应当及时告知当事人停放地点。

因采取不正确的方法拖车造成机动车损坏的，应当依法承担补偿责任。

第九十四条 机动车安全技术检验机构实施机动车安全技术检验超过国务院价格主管部门核定的收费标准收取费用的，退还多收取的费用，并由价格主管部门依照《中华人民共和国价格法》的有关规定给予处罚。

机动车安全技术检验机构不按照机动车国家安全技术标准进行检验，出具虚假检验结果的，由公安机关交通管理部门处所收检验费用五倍以上十倍以下罚款，并依法撤销其检验资格；构成犯罪的，依法追究刑事责任。

第九十五条 上道路行驶的机动车未悬挂机动车号牌，未放置检验合格标志、保险标志，或者未随车携带行驶证、驾驶证的，公安机关交通管理部门应当扣留机动车，通知当事人提供相应的牌证、标志或者补办相应手续，并可以依照本法第九十条的规定予以处罚。当事人提供相应的牌证、标志或者补办相应手续的，应当及时退还机动车。

故意遮挡、污损或者不按规定安装机动车号牌的，依照本法第九十条的规定予以处罚。

第九十六条 伪造、变造或者使用伪造、变造的机动车登记证书、号牌、行驶证、驾驶证的，由公安机关交通管理部门予以收缴，扣留该机动车，处十五日以下拘留，并处二千元以上五千元以下罚款；构成犯罪的，依法追究刑事责任。

伪造、变造或者使用伪造、变造的检验合格标志、保险标志的，由公安机关交通管理部门予以收缴，扣留该机动车，处十日以下拘留，并处一千元以上三千元以下罚款；构成犯罪的，依法追究刑事责任。

使用其他车辆的机动车登记证书、号牌、行驶证、检验合格标志、保险标志的，由公安机关交通管理部门予以收缴，扣留该机动车，处二千元以上五千元以下罚款。

当事人提供相应的合法证明或者补办相应手续的，应当及时退还机动车。

第九十七条 非法安装警报器、标志灯具的，由公安机关交通管理部门强制拆除，予以收缴，并处二百元以上二千元以下罚款。

第九十八条 机动车所有人、管理人未按照国家规定投保机动车第三者责任强制保险的，由公安机关交通管理部门扣留车辆至依照规定投保后，并处依照规定投保最低责任限额应缴纳的保险费的二倍罚款。

依照前款缴纳的罚款全部纳入道路交通事故社会救助基金。具体办法由国务院规定。

第九十九条 有下列行为之一的，由公安机关交通管理部门处二百元以上二千元以下罚款：

（一）未取得机动车驾驶证、机动车驾驶证被吊销或者机动车驾驶证被暂扣期间驾驶机动车的；

（二）将机动车交由未取得机动车驾驶证或者机动车驾驶证被吊销、暂扣的人驾驶的；

（三）造成交通事故后逃逸，尚不构成犯罪的；

（四）机动车行驶超过规定时速百分之五十的；

（五）强迫机动车驾驶人违反道路交通安全法律、法规和机动车安全驾驶要求驾驶机动车，造成交通事故，尚不构成犯罪的；

（六）违反交通管制的规定强行通行，不听劝阻的；

（七）故意损毁、移动、涂改交通设施，造成危害后果，尚不构成犯罪的；

（八）非法拦截、扣留机动车辆，不听劝阻，造成交通严重阻塞或者较大财产损失的。

行为人有前款第二项、第四项情形之一的，可以并处吊销机动车驾驶证；有第一项、第三项、第五项至第八项情形之一的，可以并处十五日以下拘留。

第一百条 驾驶拼装的机动车或者已达到报废标准的机动车上道路行驶的，公安机关交通管理部门应当予以收缴，强制报废。

对驾驶前款所列机动车上道路行驶的驾驶人，处二百元以上二千元以下罚款，并吊销机动车驾驶证。

出售已达到报废标准的机动车的，没收违法所得，处销售金额等额的罚款，对该机动车依照本条第一款的规定处理。

第一百零一条 违反道路交通安全法律、法规的规定，发生重大交通事故，构成犯罪的，依法追究刑事责任，并由公安机关交通管理部门吊销机动车驾驶证。

造成交通事故后逃逸的，由公安机关交通管理部门吊销机动车驾驶证，且终生不得重新取得机动车驾驶证。

第一百零二条 对六个月内发生二次以上特大交通事故负有主要责任或者全部责任的专业运输单位，由公安机关交通管理部门责令消除安全隐患，未消除安全隐患的机动车，禁止上道路行驶。

第一百零三条 国家机动车产品主管部门未按照机动车国家安全技术标准严格审查，许可不合格机动车型投入生产的，对负有责任的主管人员和其他直接责任人员给予降级或者撤职的行政处分。

机动车生产企业经国家机动车产品主管部门许可生产的机动车型，不执行机动车国家安全技术标准或者不严格进行机动车成品质量检验，致使质量不合格的机动车出厂销售的，由质量技术监督部门依照《中华人民共和国产品质量法》的有关规定给予处罚。

擅自生产、销售未经国家机动车产品主管部门许可生产的机动车型的，没收非法生产、销售的机动车成品及配件，可以并处非法产品价值三倍以上五倍以下罚款；有营业执照的，由工商行政管理部门吊销营业执照，没有营业执照的，予以查封。

生产、销售拼装的机动车或者生产、销售擅自改装的机动车的，依照本条第三款的规定处罚。

有本条第二款、第三款、第四款所列违法行为，生产或者销售不符合机动车国家安全技术标准的机动车，构成犯罪的，依法追究刑事责任。

第一百零四条 未经批准，擅自挖掘道路、占用道路施工或者从事其他影响道路交通安全活动的，由道路主管部门责令停止违法行为，并恢复原状，可以依法给予罚款；致使通行的人员、车辆及其他财产遭受损失的，依法承担赔偿责任。

有前款行为，影响道路交通安全活动的，公安机关交通管理部门可以责令停止违法行为，迅速恢复交通。

第一百零五条 道路施工作业或者道路出现损毁，未及时设置警示标志、未采取防护措施，或者应当设置交通信号灯、交通标志、交通标线而没有设置或者应当及时变更交通信号灯、交通标志、交通标线而没有及时变更，致使通行的人员、车辆及其他财产遭受损失的，负有相关职责的单位应当依法承担赔偿责任。

第一百零六条 在道路两侧及隔离带上种植树木、其他植物或者设置广告牌、管线等，遮挡路灯、交通信号灯、交通标志，妨碍安全视距的，由公安机关交通管理部门责令行为人排除妨碍；拒不执行的，处二百元以上二千元以下罚款，并强制排除妨碍，所需费用由行为人负担。

第一百零七条 对道路交通违法行为人予以警告、二百元以下罚款，交通警察可以当场作出行政处罚决定，并出具行政处罚决定书。

行政处罚决定书应当载明当事人的违法事实、行政处罚的依据、处罚内容、时间、地点以及处罚机关名称，并由执法人员签名或者盖章。

第一百零八条 当事人应当自收到罚款的行政处罚决定书之日起十五日内，到指定的银行缴纳罚款。

对行人、乘车人和非机动车驾驶人的罚款，当事人无异议的，可以当场予以收缴罚款。

罚款应当开具省、自治区、直辖市财政部门统一制发的罚款收据；不出具财政部门统一制发的罚款收据的，当事人有权拒绝缴纳罚款。

第一百零九条 当事人逾期不履行行政处罚决定的，作出行政处罚决定的行政机关可以采取下列措施：

（一）到期不缴纳罚款的，每日按罚款数额的百分之三加处罚款；

（二）申请人民法院强制执行。

第一百一十条 执行职务的交通警察认为应当对道路交通违法行为人给予暂扣或者吊销机动车驾驶证处罚的，可以先予扣留机动车驾驶证，并在二十四小时内将案件移交公安机关交通管理部门处理。

道路交通违法行为人应当在十五日内到公安机关交通管理部门接受处理。无正当理由逾期未接受处理的，吊销机动车驾驶证。

公安机关交通管理部门暂扣或者吊销机动车驾驶证的，应当出具行政处罚决定书。

第一百一十一条 对违反本法规定予以拘留的行政处罚，由县、市公安局、公安分局或者相当于县一级的公安机关裁决。

第一百一十二条 公安机关交通管理部门扣留机动车、非机动车，应当当场出具凭证，并告知当事人在规定期限内到公安机关交通管理部门接受处理。

公安机关交通管理部门对被扣留的车辆应当妥善保管，不得使用。

逾期不来接受处理，并且经公告三个月仍不来接受处理的，对扣留的车辆依法处理。

第一百一十三条 暂扣机动车驾驶证的期限从处罚决定生效之日起计算；处罚决定生效前先予扣留机动车驾驶证的，扣留一日折抵暂扣期限一日。

吊销机动车驾驶证后重新申请领取机动车驾驶证的期限，按照机动车驾驶证管理规定办理。

第一百一十四条 公安机关交通管理部门根据交通技术监控记录资料，可以对违法的机动车所有人或者管理人依法予以处罚。对能够确定驾驶人的，可以依照本法的规定依法予以处罚。

第一百一十五条 交通警察有下列行为之一的，依法给予行政处分：

（一）为不符合法定条件的机动车发放机动车登记证书、号牌、行驶证、检验合格标志的；

（二）批准不符合法定条件的机动车安装、使用警车、消防车、救护车、工程救险车的警报器、标志灯具，喷涂标志图案的；

（三）为不符合驾驶许可条件、未经考试或者考试不合格人员发放机动车驾驶证的；

（四）不执行罚款决定与罚款收缴分离制度或者不按规定将依法收取的费用、收缴的罚款及没收的违法所得全部上缴国库的；

（五）举办或者参与举办驾驶学校或者驾驶培训班、机动车修理厂或者收费停车场等经营活动的；

（六）利用职务上的便利收受他人财物或者谋取其他利益的；

（七）违法扣留车辆、机动车行驶证、驾驶证、车辆号牌的；

（八）使用依法扣留的车辆的；

（九）当场收取罚款不开具罚款收据或者不如实填写罚款额的；

（十）徇私舞弊，不公正处理交通事故的；

（十一）故意刁难，拖延办理机动车牌证的；

（十二）非执行紧急任务时使用警报器、标志灯具的；

（十三）违反规定拦截、检查正常行驶的车辆的；

（十四）非执行紧急公务时拦截搭乘机动车的；

（十五）不履行法定职责的。

公安机关交通管理部门有前款所列行为之一的，对直接负责的主管人员和其他直接责任人员给予相应的行政处分。

第一百一十六条 依照本法第一百一十五条的规定，给予交通警察行政处分的，在作出行政处分决定前，可以停止其执行职务；必要时，可以予以禁闭。

依照本法第一百一十五条的规定，交通警察受到降级或者撤职行政处分的，可以予以辞退。

交通警察受到开除处分或者被辞退的，应当取消警衔；受到撤职以下行政处分的交通警察，应当降低警衔。

第一百一十七条 交通警察利用职权非法占有公共财物，索取、收受贿赂，或者滥用职权、玩忽职守，构成犯罪的，依法追究刑事责任。

第一百一十八条 公安机关交通管理部门及其交通警察有本法第一百一十五条所列行为之一，给当事人造成损失的，应当依法承担赔偿责任。

第八章 附 则

第一百一十九条 本法中下列用语的含义：

（一）"道路"，是指公路、城市道路和虽在单位管辖范围但允许社会机动车通行的地方，包括广场、公共停车场等用于公众通行的场所。

（二）"车辆"，是指机动车和非机动车。

（三）"机动车"，是指以动力装置驱动或者牵引，上道路行驶的供人员乘用或者用于运送物品以及进行工程专项作业的轮式车辆。

（四）"非机动车"，是指以人力或者畜力驱动，上道路行驶的交通工具，以及虽有动力装置驱动但设计最高时速、空车质量、外形尺寸符合有关国家标准的残疾人机动轮椅车、电动自行车等交通工具。

（五）"交通事故"，是指车辆在道路上因过错或者意外造成的人身伤亡或者财产损失的事件。

第一百二十条 中国人民解放军和中国人民武装警察部队在编机动车牌证、在编机动车检验以及机动车驾驶人考核工作，由中国人民解放军、中国人民武装警察部队有关部门负责。

第一百二十一条 对上道路行驶的拖拉机，由农业（农业机械）主管部门行使本法第八条、第九条、第十三条、第十九条、第二十三条规定的公安机关交通管理部门的管理职权。

农业（农业机械）主管部门依照前款规定行使职权，应当遵守本法有关规定，并接受公安机关交通管理部门的监督；对违反规定的，依照本法有关规定追究法律责任。

本法施行前由农业（农业机械）主管部门发放的机动车牌证，在本法施行后继续有效。

第一百二十二条 国家对入境的境外机动车的道路交通安全实施统一管理。

第一百二十三条 省、自治区、直辖市人民代表大会常务委员会可以根据本地区的实际情况，在本法规定的罚款幅度内，规定具体的执行标准。

第一百二十四条 本法自 2004 年 5 月 1 日起施行。

中华人民共和国行政处罚法

（2021 年修订，2021 年 1 月 22 日施行）

（1996 年 3 月 17 日第八届全国人民代表大会第四次会议通过　根据 2009 年 8 月 27 日第十一届全国人民代表大会常务委员会第十次会议《关于修改部分法律的决定》第一次修正　根据 2017 年 9 月 1 日第十二届全国人民代表大会常务委员会第二十九次会议《关于修改〈中华人民共和国法官法〉等八部法律的决定》第二次修正　2021 年 1 月 22 日第十三届全国人民代表大会常务委员会第二十五次会议修订）

第一章　总　则

第一条　为了规范行政处罚的设定和实施，保障和监督行政机关有效实施行政管理，维护公共利益和社会秩序，保护公民、法人或者其他组织的合法权益，根据宪法，制定本法。

第二条　行政处罚是指行政机关依法对违反行政管理秩序的公民、法人或者其他组织，以减损权益或者增加义务的方式予以惩戒的行为。

第三条　行政处罚的设定和实施，适用本法。

第四条　公民、法人或者其他组织违反行政管理秩序的行为，应当给予行政处罚的，依照本法由法律、法规、规章规定，并由行政机关依照本法规定的程序实施。

第五条　行政处罚遵循公正、公开的原则。

设定和实施行政处罚必须以事实为依据，与违法行为的事实、性质、情节以及社会危害程度相当。

对违法行为给予行政处罚的规定必须公布；未经公布的，不得作为行政处罚的依据。

第六条　实施行政处罚，纠正违法行为，应当坚持处罚与教育相结合，教育公民、法人或者其他组织自觉守法。

第七条 公民、法人或者其他组织对行政机关所给予的行政处罚，享有陈述权、申辩权；对行政处罚不服的，有权依法申请行政复议或者提起行政诉讼。

公民、法人或者其他组织因行政机关违法给予行政处罚受到损害的，有权依法提出赔偿要求。

第八条 公民、法人或者其他组织因违法行为受到行政处罚，其违法行为对他人造成损害的，应当依法承担民事责任。

违法行为构成犯罪，应当依法追究刑事责任的，不得以行政处罚代替刑事处罚。

第二章 行政处罚的种类和设定

第九条 行政处罚的种类：

（一）警告、通报批评；

（二）罚款、没收违法所得、没收非法财物；

（三）暂扣许可证件、降低资质等级、吊销许可证件；

（四）限制开展生产经营活动、责令停产停业、责令关闭、限制从业；

（五）行政拘留；

（六）法律、行政法规规定的其他行政处罚。

第十条 法律可以设定各种行政处罚。

限制人身自由的行政处罚，只能由法律设定。

第十一条 行政法规可以设定除限制人身自由以外的行政处罚。

法律对违法行为已经作出行政处罚规定，行政法规需要作出具体规定的，必须在法律规定的给予行政处罚的行为、种类和幅度的范围内规定。

法律对违法行为未作出行政处罚规定，行政法规为实施法律，可以补充设定行政处罚。拟补充设定行政处罚的，应当通过听证会、论证会等形式广泛听取意见，并向制定机关作出书面说明。行政法规报送备案时，应当说明补充设定行政处罚的情况。

第十二条 地方性法规可以设定除限制人身自由、吊销营业执照以外的行政处罚。

法律、行政法规对违法行为已经作出行政处罚规定，地方性法规需要作出具体规定的，必须在法律、行政法规规定的给予行政处罚的行为、种类和幅度的范围内规定。

法律、行政法规对违法行为未作出行政处罚规定，地方性法规为实施法律、行政法规，可以补充设定行政处罚。拟补充设定行政处罚的，应当通过听证会、论证会等形式广泛听取意见，并向制定机关作出书面说明。地方性法规报送备案时，应当说明补充设定行政处罚的情况。

第十三条 国务院部门规章可以在法律、行政法规规定的给予行政处罚的行为、种类和幅度的范围内作出具体规定。

尚未制定法律、行政法规的，国务院部门规章对违反行政管理秩序的行为，可以设定警告、通报批评或者一定数额罚款的行政处罚。罚款的限额由国务院规定。

第十四条 地方政府规章可以在法律、法规规定的给予行政处罚的行为、种类和幅度的范围内作出具体规定。

尚未制定法律、法规的，地方政府规章对违反行政管理秩序的行为，可以设定警告、通报批评或者一定数额罚款的行政处罚。罚款的限额由省、自治区、直辖市人民代表大会常务委员会规定。

第十五条 国务院部门和省、自治区、直辖市人民政府及其有关部门应当定期组织评估行政处罚的实施情况和必要性，对不适当的行政处罚事项及种类、罚款数额等，应当提出修改或者废止的建议。

第十六条 除法律、法规、规章外，其他规范性文件不得设定行政处罚。

第三章　行政处罚的实施机关

第十七条 行政处罚由具有行政处罚权的行政机关在法定职权范围内实施。

第十八条 国家在城市管理、市场监管、生态环境、文化市场、交通运输、应急管理、农业等领域推行建立综合行政执法制度，相对集中行政处罚权。

国务院或者省、自治区、直辖市人民政府可以决定一个行政机关行使有关行政机关的行政处罚权。

限制人身自由的行政处罚权只能由公安机关和法律规定的其他机关行使。

第十九条 法律、法规授权的具有管理公共事务职能的组织可以在法定授权范围内实施行政处罚。

第二十条 行政机关依照法律、法规、规章的规定，可以在其法定权限内书面委托符合本法第二十一条规定条件的组织实施行政处罚。行政机关不得委托其他组织或者个人实施行政处罚。

委托书应当载明委托的具体事项、权限、期限等内容。委托行政机关和受委托组织应当将委托书向社会公布。

委托行政机关对受委托组织实施行政处罚的行为应当负责监督，并对该行为的后果承担法律责任。

受委托组织在委托范围内，以委托行政机关名义实施行政处罚；不得再委托其他组织或者个人实施行政处罚。

第二十一条 受委托组织必须符合以下条件：

（一）依法成立并具有管理公共事务职能；

（二）有熟悉有关法律、法规、规章和业务并取得行政执法资格的工作人员；

（三）需要进行技术检查或者技术鉴定的，应当有条件组织进行相应的技术检查或者技术鉴定。

第四章　行政处罚的管辖和适用

第二十二条 行政处罚由违法行为发生地的行政机关管辖。法律、行政法规、部门规章另有规定的，从其规定。

第二十三条 行政处罚由县级以上地方人民政府具有行政处罚权的行政机关管辖。法律、行政法规另有规定的，从其规定。

第二十四条 省、自治区、直辖市根据当地实际情况，可以决定将基层管理迫切需要的县级人民政府部门的行政处罚权交由能够有效承接的乡镇人民政府、街道办事处行使，并定期组织评估。决定应当公布。

承接行政处罚权的乡镇人民政府、街道办事处应当加强执法能力建设，按照规定范围、依照法定程序实施行政处罚。

有关地方人民政府及其部门应当加强组织协调、业务指导、执法监督，建立健全行政处罚协调配合机制，完善评议、考核制度。

第二十五条 两个以上行政机关都有管辖权的，由最先立案的行政机关管辖。

对管辖发生争议的，应当协商解决，协商不成的，报请共同的上一级行政机关指定管辖；也可以直接由共同的上一级行政机关指定管辖。

第二十六条 行政机关因实施行政处罚的需要，可以向有关机关提出协助请求。协助事项属于被请求机关职权范围内的，应当依法予以协助。

第二十七条 违法行为涉嫌犯罪的，行政机关应当及时将案件移送司法机关，依法追究刑事责任。对依法不需要追究刑事责任或者免予刑事处罚，但应当给予行政处罚的，司法机关应当及时将案件移送有关行政机关。

行政处罚实施机关与司法机关之间应当加强协调配合，建立健全案件移送制度，加强证据材料移交、接收衔接，完善案件处理信息通报机制。

第二十八条 行政机关实施行政处罚时，应当责令当事人改正或者限期改正违法行为。

当事人有违法所得，除依法应当退赔的外，应当予以没收。违法所得是指实施违法行为所取得的款项。法律、行政法规、部门规章对违法所得的计算另有规定的，从其规定。

第二十九条 对当事人的同一个违法行为，不得给予两次以上罚款的行政处罚。同一个违法行为违反多个法律规范应当给予罚款处罚的，按照罚款数额高的规定处罚。

第三十条 不满十四周岁的未成年人有违法行为的，不予行政处罚，责令监护人加以管教；已满十四周岁不满十八周岁的未成年人有违法行为的，应当从轻或者减轻行政处罚。

第三十一条 精神病人、智力残疾人在不能辨认或者不能控制自己行为时有违法行为的，不予行政处罚，但应当责令其监护人严加看管和治疗。间歇性精神病人在精神正常时有违法行为的，应当给予行政处罚。尚未完全丧失辨认或者控制自己行为能力的精神病人、智力残疾人有违法行为的，可以从轻或者减轻行政处罚。

第三十二条 当事人有下列情形之一，应当从轻或者减轻行政处罚：

（一）主动消除或者减轻违法行为危害后果的；

（二）受他人胁迫或者诱骗实施违法行为的；

（三）主动供述行政机关尚未掌握的违法行为的；

（四）配合行政机关查处违法行为有立功表现的；

（五）法律、法规、规章规定其他应当从轻或者减轻行政处罚的。

第三十三条 违法行为轻微并及时改正，没有造成危害后果的，不予行政处罚。初次违法且危害后果轻微并及时改正的，可以不予行政处罚。

当事人有证据足以证明没有主观过错的，不予行政处罚。法律、行政法规另有规定的，从其规定。

对当事人的违法行为依法不予行政处罚的，行政机关应当对当事人进行教育。

第三十四条 行政机关可以依法制定行政处罚裁量基准，规范行使行政处罚裁量权。行政处罚裁量基准应当向社会公布。

第三十五条 违法行为构成犯罪，人民法院判处拘役或者有期徒刑时，行政机关已经给予当事人行政拘留的，应当依法折抵相应刑期。

违法行为构成犯罪，人民法院判处罚金时，行政机关已经给予当事人罚款的，应当折抵相应罚金；行政机关尚未给予当事人罚款的，不再给予罚款。

第三十六条 违法行为在二年内未被发现的，不再给予行政处罚；涉及公民生命健康安全、金融安全且有危害后果的，上述期限延长至五年。法律另有规定的除外。

前款规定的期限，从违法行为发生之日起计算；违法行为有连续或者继续状态的，从行为终了之日起计算。

第三十七条 实施行政处罚，适用违法行为发生时的法律、法规、规章的规定。但是，作出行政处罚决定时，法律、法规、规章已被修改或者废止，且新的规定处罚较轻或者不认为是违法的，适用新的规定。

第三十八条 行政处罚没有依据或者实施主体不具有行政主体资格的，行政处罚无效。

违反法定程序构成重大且明显违法的，行政处罚无效。

第五章 行政处罚的决定

第一节 一般规定

第三十九条 行政处罚的实施机关、立案依据、实施程序和救济渠道等信息应当公示。

第四十条 公民、法人或者其他组织违反行政管理秩序的行为，依法应当给予行政处罚的，行政机关必须查明事实；违法事实不清、证据不足的，不得给予行政处罚。

第四十一条 行政机关依照法律、行政法规规定利用电子技术监控设备收集、固定违法事实的，应当经过法制和技术审核，确保电子技术监控设备符合标准、设置合理、标志明显，设置地点应当向社会公布。

电子技术监控设备记录违法事实应当真实、清晰、完整、准确。行政机关应当审核记录内容是否符合要求；未经审核或者经审核不符合要求的，不得作为行政处罚的证据。

行政机关应当及时告知当事人违法事实，并采取信息化手段或者其他措施，为当事人查询、陈述和申辩提供便利。不得限制或者变相限制当事人享有的陈述权、申辩权。

第四十二条 行政处罚应当由具有行政执法资格的执法人员实施。执法人员不得少于两人，法律另有规定的除外。

执法人员应当文明执法，尊重和保护当事人合法权益。

第四十三条 执法人员与案件有直接利害关系或者有其他关系可能影响公正执法的，应当回避。

当事人认为执法人员与案件有直接利害关系或者有其他关系可能影响公正执法的，有权申请回避。

当事人提出回避申请的，行政机关应当依法审查，由行政机关负责人决定。决定作出之前，不停止调查。

第四十四条 行政机关在作出行政处罚决定之前，应当告知当事人拟作出的行政处罚内容及事实、理由、依据，并告知当事人依法享有的陈述、申辩、要求听证等权利。

第四十五条 当事人有权进行陈述和申辩。行政机关必须充分听取当事人的意见，对当事人提出的事实、理由和证据，应当进行复核；当事人提出的事实、理由或者证据成立的，行政机关应当采纳。

行政机关不得因当事人陈述、申辩而给予更重的处罚。

第四十六条 证据包括：

（一）书证；

（二）物证；

（三）视听资料；

（四）电子数据；

（五）证人证言；

（六）当事人的陈述；

（七）鉴定意见；

（八）勘验笔录、现场笔录。

证据必须经查证属实，方可作为认定案件事实的根据。

以非法手段取得的证据，不得作为认定案件事实的根据。

第四十七条 行政机关应当依法以文字、音像等形式，对行政处罚的启动、调查取证、审核、决定、送达、执行等进行全过程记录，归档保存。

第四十八条 具有一定社会影响的行政处罚决定应当依法公开。

公开的行政处罚决定被依法变更、撤销、确认违法或者确认无效的，行政机关应当在三日内撤回行政处罚决定信息并公开说明理由。

第四十九条 发生重大传染病疫情等突发事件，为了控制、减轻和消除突发事件引起的社会危害，行政机关对违反突发事件应对措施的行为，依法快速、从重处罚。

第五十条 行政机关及其工作人员对实施行政处罚过程中知悉的国家秘密、商业秘密或者个人隐私，应当依法予以保密。

第二节 简易程序

第五十一条 违法事实确凿并有法定依据，对公民处以二百元以下、对法人或者其他组织处以三千元以下罚款或者警告的行政处罚的，可以当场作出行政处罚决定。法律另有规定的，从其规定。

第五十二条 执法人员当场作出行政处罚决定的，应当向当事人出示执法证件，填写预定格式、编有号码的行政处罚决定书，并当场交付当事人。当事人拒绝签收的，应当在行政处罚决定书上注明。

前款规定的行政处罚决定书应当载明当事人的违法行为，行政处罚的种类和依据、罚款数额、时间、地点，申请行政复议、提起行政诉讼的途径和期限以及行政机关名称，并由执法人员签名或者盖章。

执法人员当场作出的行政处罚决定，应当报所属行政机关备案。

第五十三条 对当场作出的行政处罚决定，当事人应当依照本法第六十七条至第六十九条的规定履行。

第三节 普通程序

第五十四条 除本法第五十一条规定的可以当场作出的行政处罚外，行政机关发现公民、法人或者其他组织有依法应当给予行政处罚的行为的，必须全面、客观、公正地调查，收集有关证据；必要时，依照法律、法规的规定，可以进行检查。

符合立案标准的，行政机关应当及时立案。

第五十五条 执法人员在调查或者进行检查时，应当主动向当事人或者有关人员出示执法证件。当事人或者有关人员有权要求执法人员出示执法证件。执法人员不出示执法证件的，当事人或者有关人员有权拒绝接受调查或者检查。

当事人或者有关人员应当如实回答询问，并协助调查或者检查，不得拒绝或者阻挠。询问或者检查应当制作笔录。

第五十六条 行政机关在收集证据时，可以采取抽样取证的方法；在证据可能灭失或者以后难以取得的情况下，经行政机关负责人批准，可以先行登记保存，并应当在七日内及时作出处理决定，在此期间，当事人或者有关人员不得销毁或者转移证据。

第五十七条 调查终结，行政机关负责人应当对调查结果进行审查，根据不同情况，分别作出如下决定：

（一）确有应受行政处罚的违法行为的，根据情节轻重及具体情况，作出行政处罚决定；

（二）违法行为轻微，依法可以不予行政处罚的，不予行政处罚；

（三）违法事实不能成立的，不予行政处罚；

（四）违法行为涉嫌犯罪的，移送司法机关。

对情节复杂或者重大违法行为给予行政处罚，行政机关负责人应当集体讨论决定。

第五十八条 有下列情形之一，在行政机关负责人作出行政处罚的决定之前，应当由从事行政处罚决定法制审核的人员进行法制审核；未经法制审核或者审核未通过的，不得作出决定：

（一）涉及重大公共利益的；

（二）直接关系当事人或者第三人重大权益，经过听证程序的；

（三）案件情况疑难复杂、涉及多个法律关系的；

（四）法律、法规规定应当进行法制审核的其他情形。

行政机关中初次从事行政处罚决定法制审核的人员，应当通过国家统一法律职业资格考试取得法律职业资格。

第五十九条 行政机关依照本法第五十七条的规定给予行政处罚，应当制作行政处罚决定书。行政处罚决定书应当载明下列事项：

（一）当事人的姓名或者名称、地址；

（二）违反法律、法规、规章的事实和证据；

（三）行政处罚的种类和依据；

（四）行政处罚的履行方式和期限；

（五）申请行政复议、提起行政诉讼的途径和期限；

（六）作出行政处罚决定的行政机关名称和作出决定的日期。

行政处罚决定书必须盖有作出行政处罚决定的行政机关的印章。

第六十条 行政机关应当自行政处罚案件立案之日起九十日内作出行政处罚决定。法律、法规、规章另有规定的，从其规定。

第六十一条 行政处罚决定书应当在宣告后当场交付当事人；当事人不在场的，行政机关应当在七日内依照《中华人民共和国民事诉讼法》的有关规定，将行政处罚决定书送达当事人。

当事人同意并签订确认书的，行政机关可以采用传真、电子邮件等方式，将行政处罚决定书等送达当事人。

第六十二条 行政机关及其执法人员在作出行政处罚决定之前，未依照本法第四十四条、第四十五条的规定向当事人告知拟作出的行政处罚内容及事实、理由、依据，或者拒绝听取当事人的陈述、申辩，不得作出行政处罚决定；当事人明确放弃陈述或者申辩权利的除外。

第四节 听证程序

第六十三条 行政机关拟作出下列行政处罚决定，应当告知当事人有要求听证的权利，当事人要求听证的，行政机关应当组织听证：

（一）较大数额罚款；

（二）没收较大数额违法所得、没收较大价值非法财物；

（三）降低资质等级、吊销许可证件；

（四）责令停产停业、责令关闭、限制从业；

（五）其他较重的行政处罚；

（六）法律、法规、规章规定的其他情形。

当事人不承担行政机关组织听证的费用。

第六十四条 听证应当依照以下程序组织：

（一）当事人要求听证的，应当在行政机关告知后五日内提出；

（二）行政机关应当在举行听证的七日前，通知当事人及有关人员听证的时间、地点；

（三）除涉及国家秘密、商业秘密或者个人隐私依法予以保密外，听证公开举行；

（四）听证由行政机关指定的非本案调查人员主持；当事人认为主持人与本案有直接利害关系的，有权申请回避；

（五）当事人可以亲自参加听证，也可以委托一至二人代理；

（六）当事人及其代理人无正当理由拒不出席听证或者未经许可中途退出听证的，视为放弃听证权利，行政机关终止听证；

（七）举行听证时，调查人员提出当事人违法的事实、证据和行政处罚建议，当事人进行申辩和质证；

（八）听证应当制作笔录。笔录应当交当事人或者其代理人核对无误后签字或者盖章。当事人或者其代理人拒绝签字或者盖章的，由听证主持人在笔录中注明。

第六十五条 听证结束后，行政机关应当根据听证笔录，依照本法第五十七条的规定，作出决定。

第六章 行政处罚的执行

第六十六条 行政处罚决定依法作出后，当事人应当在行政处罚决定书载明的期限内，予以履行。

当事人确有经济困难，需要延期或者分期缴纳罚款的，经当事人申请和行政机关批准，可以暂缓或者分期缴纳。

第六十七条 作出罚款决定的行政机关应当与收缴罚款的机构分离。

除依照本法第六十八条、第六十九条的规定当场收缴的罚款外，作出行政处罚决定的行政机关及其执法人员不得自行收缴罚款。

当事人应当自收到行政处罚决定书之日起十五日内，到指定的银行或者通过电子支付系统缴纳罚款。银行应当收受罚款，并将罚款直接上缴国库。

第六十八条 依照本法第五十一条的规定当场作出行政处罚决定，有下列情形之一，执法人员可以当场收缴罚款：

（一）依法给予一百元以下罚款的；

（二）不当场收缴事后难以执行的。

第六十九条 在边远、水上、交通不便地区，行政机关及其执法人员依照本法第五十一条、第五十七条的规定作出罚款决定后，当事人到指定的银行或者通过电子支付系统缴纳罚款确有困难，经当事人提出，行政机关及其执法人员可以当场收缴罚款。

第七十条 行政机关及其执法人员当场收缴罚款的，必须向当事人出具国务院财政部门或者省、自治区、直辖市人民政府财政部门统一制发的专用票据；不出具财政部门统一制发的专用票据的，当事人有权拒绝缴纳罚款。

第七十一条 执法人员当场收缴的罚款，应当自收缴罚款之日起二日内，交至行政机关；在水上当场收缴的罚款，应当自抵岸之日起二日内交至行政机关；行政机关应当在二日内将罚款缴付指定的银行。

第七十二条 当事人逾期不履行行政处罚决定的，作出行政处罚决定的行政机关可以采取下列措施：

（一）到期不缴纳罚款的，每日按罚款数额的百分之三加处罚款，加处罚款的数额不得超出罚款的数额；

（二）根据法律规定，将查封、扣押的财物拍卖、依法处理或者将冻结的存款、汇款划拨抵缴罚款；

（三）根据法律规定，采取其他行政强制执行方式；

（四）依照《中华人民共和国行政强制法》的规定申请人民法院强制执行。

行政机关批准延期、分期缴纳罚款的，申请人民法院强制执行的期限，自暂缓或者分期缴纳罚款期限结束之日起计算。

第七十三条 当事人对行政处罚决定不服，申请行政复议或者提起行政诉讼的，行政处罚不停止执行，法律另有规定的除外。

当事人对限制人身自由的行政处罚决定不服，申请行政复议或者提起行政诉讼的，可以向作出决定的机关提出暂缓执行申请。符合法律规定情形的，应当暂缓执行。

当事人申请行政复议或者提起行政诉讼的，加处罚款的数额在行政复议或者行政诉讼期间不予计算。

第七十四条 除依法应当予以销毁的物品外，依法没收的非法财物必须按照国家规定公开拍卖或者按照国家有关规定处理。

罚款、没收的违法所得或者没收非法财物拍卖的款项，必须全部上缴国库，任何行政机关或者个人不得以任何形式截留、私分或者变相私分。

罚款、没收的违法所得或者没收非法财物拍卖的款项，不得同作出行政处罚决定的行政机关及其工作人员的考核、考评直接或者变相挂钩。除依法应当退还、退赔的外，财政部门不得以任何形式向作出行政处罚决定的行政机关返还罚款、没收的违法所得或者没收非法财物拍卖的款项。

第七十五条 行政机关应当建立健全对行政处罚的监督制度。县级以上人民政府应当定期组织开展行政执法评议、考核，加强对行政处罚的监督检查，规范和保障行政处罚的实施。

行政机关实施行政处罚应当接受社会监督。公民、法人或者其他组织对行政机关实施行政处罚的行为，有权申诉或者检举；行政机关应当认真审查，发现有错误的，应当主动改正。

第七章　法律责任

第七十六条 行政机关实施行政处罚，有下列情形之一，由上级行政机关或者有关机关责令改正，对直接负责的主管人员和其他直接责任人员依法给予处分：

（一）没有法定的行政处罚依据的；

（二）擅自改变行政处罚种类、幅度的；

（三）违反法定的行政处罚程序的；

（四）违反本法第二十条关于委托处罚的规定的；

（五）执法人员未取得执法证件的。

行政机关对符合立案标准的案件不及时立案的，依照前款规定予以处理。

第七十七条 行政机关对当事人进行处罚不使用罚款、没收财物单据或者使用非法定部门制发的罚款、没收财物单据的，当事人有权拒绝，并有权予以检举，由上级行政机关或者有关机关对使用的非法单据予以收缴销毁，对直接负责的主管人员和其他直接责任人员依法给予处分。

第七十八条 行政机关违反本法第六十七条的规定自行收缴罚款的，财政部门违反本法第七十四条的规定向行政机关返还罚款、没收的违法所得或者拍卖款项的，由上级行政机关或者有关机关责令改正，对直接负责的主管人员和其他直接责任人员依法给予处分。

第七十九条 行政机关截留、私分或者变相私分罚款、没收的违法所得或者财物的，由财政部门或者有关机关予以追缴，对直接负责的主管人员和其他直接责任人员依法给予处分；情节严重构成犯罪的，依法追究刑事责任。

执法人员利用职务上的便利，索取或者收受他人财物、将收缴罚款据为己有，构成犯罪的，依法追究刑事责任；情节轻微不构成犯罪的，依法给予处分。

第八十条 行政机关使用或者损毁查封、扣押的财物，对当事人造成损失的，应当依法予以赔偿，对直接负责的主管人员和其他直接责任人员依法给予处分。

第八十一条 行政机关违法实施检查措施或者执行措施，给公民人身或者财产造成损害、给法人或者其他组织造成损失的，应当依法予以赔偿，对直接负责的主管人员和其他直接责任人员依法给予处分；情节严重构成犯罪的，依法追究刑事责任。

第八十二条 行政机关对应当依法移交司法机关追究刑事责任的案件不移交，以行政处罚代替刑事处罚，由上级行政机关或者有关机关责令改正，对直接负责的主管人员和其他直接责任人员依法给予处分；情节严重构成犯罪的，依法追究刑事责任。

第八十三条 行政机关对应当予以制止和处罚的违法行为不予制止、处罚，致使公民、法人或者其他组织的合法权益、公共利益和社会秩序遭受损害的，对直接负责的主管人员和其他直接责任人员依法给予处分；情节严重构成犯罪的，依法追究刑事责任。

第八章 附 则

第八十四条 外国人、无国籍人、外国组织在中华人民共和国领域内有违法行为，应当给予行政处罚的，适用本法，法律另有规定的除外。

第八十五条 本法中"二日""三日""五日""七日"的规定是指工作日，不含法定节假日。

第八十六条 本法自 2021 年 7 月 15 日起施行。

中华人民共和国广告法

（2021 年修订，2021 年 4 月 29 日施行）

（1994 年 10 月 27 日第八届全国人民代表大会常务委员会第十次会议通过　2015 年 4 月 24 日第十二届全国人民代表大会常务委员会第十四次会议修订　根据 2018 年 10 月 26 日第十三届全国人民代表大会常务委员会第六次会议《关于修改〈中华人民共和国野生动物保护法〉等十五部法律的决定》第一次修正　根据 2021 年 4 月 29 日第十三届全国人民代表大会常务委员会第二十八次会议《关于修改〈中华人民共和国道路交通安全法〉等八部法律的决定》第二次修正）

第一章　总　则

第一条　为了规范广告活动，保护消费者的合法权益，促进广告业的健康发展，维护社会经济秩序，制定本法。

第二条　在中华人民共和国境内，商品经营者或者服务提供者通过一定媒介和形式直接或者间接地介绍自己所推销的商品或者服务的商业广告活动，适用本法。

本法所称广告主，是指为推销商品或者服务，自行或者委托他人设计、制作、发布广告的自然人、法人或者其他组织。

本法所称广告经营者，是指接受委托提供广告设计、制作、代理服务的自然人、法人或者其他组织。

本法所称广告发布者，是指为广告主或者广告主委托的广告经营者发布广告的自然人、法人或者其他组织。

本法所称广告代言人，是指广告主以外的，在广告中以自己的名义或者形象对商品、服务作推荐、证明的自然人、法人或者其他组织。

第三条　广告应当真实、合法，以健康的表现形式表达广告内容，符合社会主义精神文明建设和弘扬中华民族优秀传统文化的要求。

第四条 广告不得含有虚假或者引人误解的内容，不得欺骗、误导消费者。

广告主应当对广告内容的真实性负责。

第五条 广告主、广告经营者、广告发布者从事广告活动，应当遵守法律、法规，诚实信用，公平竞争。

第六条 国务院市场监督管理部门主管全国的广告监督管理工作，国务院有关部门在各自的职责范围内负责广告管理相关工作。

县级以上地方市场监督管理部门主管本行政区域的广告监督管理工作，县级以上地方人民政府有关部门在各自的职责范围内负责广告管理相关工作。

第七条 广告行业组织依照法律、法规和章程的规定，制定行业规范，加强行业自律，促进行业发展，引导会员依法从事广告活动，推动广告行业诚信建设。

第二章 广告内容准则

第八条 广告中对商品的性能、功能、产地、用途、质量、成分、价格、生产者、有效期限、允诺等或者对服务的内容、提供者、形式、质量、价格、允诺等有表示的，应当准确、清楚、明白。

广告中表明推销的商品或者服务附带赠送的，应当明示所附带赠送商品或者服务的品种、规格、数量、期限和方式。

法律、行政法规规定广告中应当明示的内容，应当显著、清晰表示。

第九条 广告不得有下列情形：

（一）使用或者变相使用中华人民共和国的国旗、国歌、国徽，军旗、军歌、军徽；

（二）使用或者变相使用国家机关、国家机关工作人员的名义或者形象；

（三）使用"国家级"、"最高级"、"最佳"等用语；

（四）损害国家的尊严或者利益，泄露国家秘密；

（五）妨碍社会安定，损害社会公共利益；

（六）危害人身、财产安全，泄露个人隐私；

（七）妨碍社会公共秩序或者违背社会良好风尚；

（八）含有淫秽、色情、赌博、迷信、恐怖、暴力的内容；

（九）含有民族、种族、宗教、性别歧视的内容；

（十）妨碍环境、自然资源或者文化遗产保护；

（十一）法律、行政法规规定禁止的其他情形。

第十条 广告不得损害未成年人和残疾人的身心健康。

第十一条 广告内容涉及的事项需要取得行政许可的，应当与许可的内容相符合。

广告使用数据、统计资料、调查结果、文摘、引用语等引证内容的，应当真实、准确，并表明出处。引证内容有适用范围和有效期限的，应当明确表示。

第十二条 广告中涉及专利产品或者专利方法的，应当标明专利号和专利种类。

未取得专利权的，不得在广告中谎称取得专利权。

禁止使用未授予专利权的专利申请和已经终止、撤销、无效的专利作广告。

第十三条 广告不得贬低其他生产经营者的商品或者服务。

第十四条 广告应当具有可识别性，能够使消费者辨明其为广告。

大众传播媒介不得以新闻报道形式变相发布广告。通过大众传播媒介发布的广告应当显著标明"广告"，与其他非广告信息相区别，不得使消费者产生误解。

广播电台、电视台发布广告，应当遵守国务院有关部门关于时长、方式的规定，并应当对广告时长作出明显提示。

第十五条 麻醉药品、精神药品、医疗用毒性药品、放射性药品等特殊药品，药品类易制毒化学品，以及戒毒治疗的药品、医疗器械和治疗方法，不得作广告。

前款规定以外的处方药，只能在国务院卫生行政部门和国务院药品监督管理部门共同指定的医学、药学专业刊物上作广告。

第十六条 医疗、药品、医疗器械广告不得含有下列内容：

（一）表示功效、安全性的断言或者保证；

（二）说明治愈率或者有效率；

（三）与其他药品、医疗器械的功效和安全性或者其他医疗机构比较；

（四）利用广告代言人作推荐、证明；

（五）法律、行政法规规定禁止的其他内容。

药品广告的内容不得与国务院药品监督管理部门批准的说明书不一致，并应当显著标明禁忌、不良反应。处方药广告应当显著标明"本广告仅供医学药学专业人士阅读"，非处方药广告应当显著标明"请按药品说明书或者在药师指导下购买和使用"。

推荐给个人自用的医疗器械的广告，应当显著标明"请仔细阅读产品说明书或者在医务人员的指导下购买和使用"。医疗器械产品注册证明文件中有禁忌内容、注意事项的，广告中应当显著标明"禁忌内容或者注意事项详见说明书"。

第十七条 除医疗、药品、医疗器械广告外，禁止其他任何广告涉及疾病治疗功能，并不得使用医疗用语或者易使推销的商品与药品、医疗器械相混淆的用语。

第十八条 保健食品广告不得含有下列内容：

（一）表示功效、安全性的断言或者保证；

（二）涉及疾病预防、治疗功能；

（三）声称或者暗示广告商品为保障健康所必需；

（四）与药品、其他保健食品进行比较；

（五）利用广告代言人作推荐、证明；

（六）法律、行政法规规定禁止的其他内容。

保健食品广告应当显著标明"本品不能代替药物"。

第十九条 广播电台、电视台、报刊音像出版单位、互联网信息服务提供者不得以介绍健康、养生知识等形式变相发布医疗、药品、医疗器械、保健食品广告。

第二十条 禁止在大众传播媒介或者公共场所发布声称全部或者部分替代母乳的婴儿乳制品、饮料和其他食品广告。

第二十一条 农药、兽药、饲料和饲料添加剂广告不得含有下列内容：

（一）表示功效、安全性的断言或者保证；

（二）利用科研单位、学术机构、技术推广机构、行业协会或者专业人士、用户的名义或者形象作推荐、证明；

（三）说明有效率；

（四）违反安全使用规程的文字、语言或者画面；

（五）法律、行政法规规定禁止的其他内容。

第二十二条 禁止在大众传播媒介或者公共场所、公共交通工具、户外发布烟草广告。禁止向未成年人发送任何形式的烟草广告。

禁止利用其他商品或者服务的广告、公益广告，宣传烟草制品名称、商标、包装、装潢以及类似内容。

烟草制品生产者或者销售者发布的迁址、更名、招聘等启事中，不得含有烟草制品名称、商标、包装、装潢以及类似内容。

第二十三条 酒类广告不得含有下列内容：

（一）诱导、怂恿饮酒或者宣传无节制饮酒；

（二）出现饮酒的动作；

（三）表现驾驶车、船、飞机等活动；

（四）明示或者暗示饮酒有消除紧张和焦虑、增加体力等功效。

第二十四条 教育、培训广告不得含有下列内容：

（一）对升学、通过考试、获得学位学历或者合格证书，或者对教育、培训的效果作出明示或者暗示的保证性承诺；

（二）明示或者暗示有相关考试机构或者其工作人员、考试命题人员参与教育、培训；

（三）利用科研单位、学术机构、教育机构、行业协会、专业人士、受益者的名义或者形象作推荐、证明。

第二十五条 招商等有投资回报预期的商品或者服务广告，应当对可能存在的风险以及风险责任承担有合理提示或者警示，并不得含有下列内容：

（一）对未来效果、收益或者与其相关的情况作出保证性承诺，明示或者暗示保本、无风险或者保收益等，国家另有规定的除外；

（二）利用学术机构、行业协会、专业人士、受益者的名义或者形象作推荐、证明。

第二十六条 房地产广告，房源信息应当真实，面积应当表明为建筑面积或者套内建筑面积，并不得含有下列内容：

（一）升值或者投资回报的承诺；

（二）以项目到达某一具体参照物的所需时间表示项目位置；

（三）违反国家有关价格管理的规定；

（四）对规划或者建设中的交通、商业、文化教育设施以及其他市政条件作误导宣传。

第二十七条 农作物种子、林木种子、草种子、种畜禽、水产苗种和种养殖广告关于品种名称、生产性能、生长量或者产量、品质、抗性、特殊使用价值、经济价值、适宜种植或者养殖的范围和条件等方面的表述应当真实、清楚、明白，并不得含有下列内容：

（一）作科学上无法验证的断言；

（二）表示功效的断言或者保证；

（三）对经济效益进行分析、预测或者作保证性承诺；

（四）利用科研单位、学术机构、技术推广机构、行业协会或者专业人士、用户的名义或者形象作推荐、证明。

第二十八条 广告以虚假或者引人误解的内容欺骗、误导消费者的，构成虚假广告。

广告有下列情形之一的，为虚假广告：

（一）商品或者服务不存在的；

（二）商品的性能、功能、产地、用途、质量、规格、成分、价格、生产者、有效期限、销售状况、曾获荣誉等信息，或者服务的内容、提供者、形式、质量、价格、销售状况、曾获荣誉等信息，以及与商品或者服务有关的允诺等信息与实际情况不符，对购买行为有实质性影响的；

（三）使用虚构、伪造或者无法验证的科研成果、统计资料、调查结果、文摘、引用语等信息作证明材料的；

（四）虚构使用商品或者接受服务的效果的；

（五）以虚假或者引人误解的内容欺骗、误导消费者的其他情形。

第三章 广告行为规范

第二十九条 广播电台、电视台、报刊出版单位从事广告发布业务的，应当设有专门从事广告业务的机构，配备必要的人员，具有与发布广告相适应的场所、设备。

第三十条 广告主、广告经营者、广告发布者之间在广告活动中应当依法订立书面合同。

第三十一条 广告主、广告经营者、广告发布者不得在广告活动中进行任何形式的不正当竞争。

第三十二条 广告主委托设计、制作、发布广告，应当委托具有合法经营资格的广告经营者、广告发布者。

第三十三条 广告主或者广告经营者在广告中使用他人名义或者形象的，应当事先取得其书面同意；使用无民事行为能力人、限制民事行为能力人的名义或者形象的，应当事先取得其监护人的书面同意。

第三十四条 广告经营者、广告发布者应当按照国家有关规定，建立、健全广告业务的承接登记、审核、档案管理制度。

广告经营者、广告发布者依据法律、行政法规查验有关证明文件，核对广告内容。对内容不符或者证明文件不全的广告，广告经营者不得提供设计、制作、代理服务，广告发布者不得发布。

第三十五条 广告经营者、广告发布者应当公布其收费标准和收费办法。

第三十六条 广告发布者向广告主、广告经营者提供的覆盖率、收视率、点击率、发行量等资料应当真实。

第三十七条 法律、行政法规规定禁止生产、销售的产品或者提供的服务，以及禁止发布广告的商品或者服务，任何单位或者个人不得设计、制作、代理、发布广告。

第三十八条 广告代言人在广告中对商品、服务作推荐、证明，应当依据事实，符合本法和有关法律、行政法规规定，并不得为其未使用过的商品或者未接受过的服务作推荐、证明。

不得利用不满十周岁的未成年人作为广告代言人。

对在虚假广告中作推荐、证明受到行政处罚未满三年的自然人、法人或者其他组织，不得利用其作为广告代言人。

第三十九条 不得在中小学校、幼儿园内开展广告活动，不得利用中小学生和幼儿的教材、教辅材料、练习册、文具、教具、校服、校车等发布或者变相发布广告，但公益广告除外。

第四十条 在针对未成年人的大众传播媒介上不得发布医疗、药品、保健食品、医疗器械、化妆品、酒类、美容广告，以及不利于未成年人身心健康的网络游戏广告。

针对不满十四周岁的未成年人的商品或者服务的广告不得含有下列内容：

（一）劝诱其要求家长购买广告商品或者服务；

（二）可能引发其模仿不安全行为。

第四十一条 县级以上地方人民政府应当组织有关部门加强对利用户外场所、空间、设施等发布户外广告的监督管理，制定户外广告设置规划和安全要求。

户外广告的管理办法，由地方性法规、地方政府规章规定。

第四十二条 有下列情形之一的，不得设置户外广告：

（一）利用交通安全设施、交通标志的；

（二）影响市政公共设施、交通安全设施、交通标志、消防设施、消防安全标志使用的；

（三）妨碍生产或者人民生活，损害市容市貌的；

（四）在国家机关、文物保护单位、风景名胜区等的建筑控制地带，或者县级以上地方人民政府禁止设置户外广告的区域设置的。

第四十三条 任何单位或者个人未经当事人同意或者请求，不得向其住宅、交通工具等发送广告，也不得以电子信息方式向其发送广告。

以电子信息方式发送广告的，应当明示发送者的真实身份和联系方式，并向接收者提供拒绝继续接收的方式。

第四十四条 利用互联网从事广告活动，适用本法的各项规定。

利用互联网发布、发送广告，不得影响用户正常使用网络。在互联网页面以弹出等形式发布的广告，应当显著标明关闭标志，确保一键关闭。

第四十五条 公共场所的管理者或者电信业务经营者、互联网信息服务提供者对其明知或者应知的利用其场所或者信息传输、发布平台发送、发布违法广告的，应当予以制止。

第四章 监督管理

第四十六条 发布医疗、药品、医疗器械、农药、兽药和保健食品广告，以及法律、行政法规规定应当进行审查的其他广告，应当在发布前由有关部门（以下称广告审查机关）对广告内容进行审查；未经审查，不得发布。

第四十七条 广告主申请广告审查，应当依照法律、行政法规向广告审查机关提交有关证明文件。

广告审查机关应当依照法律、行政法规规定作出审查决定，并应当将审查批准文件抄送同级市场监督管理部门。广告审查机关应当及时向社会公布批准的广告。

第四十八条 任何单位或者个人不得伪造、变造或者转让广告审查批准文件。

第四十九条 市场监督管理部门履行广告监督管理职责，可以行使下列职权：

（一）对涉嫌从事违法广告活动的场所实施现场检查；

（二）询问涉嫌违法当事人或者其法定代表人、主要负责人和其他有关人员，对有关单位或者个人进行调查；

（三）要求涉嫌违法当事人限期提供有关证明文件；

（四）查阅、复制与涉嫌违法广告有关的合同、票据、账簿、广告作品和其他有关资料；

（五）查封、扣押与涉嫌违法广告直接相关的广告物品、经营工具、设备等财物；

（六）责令暂停发布可能造成严重后果的涉嫌违法广告；

（七）法律、行政法规规定的其他职权。

市场监督管理部门应当建立健全广告监测制度，完善监测措施，及时发现和依法查处违法广告行为。

第五十条 国务院市场监督管理部门会同国务院有关部门，制定大众传播媒介广告发布行为规范。

第五十一条 市场监督管理部门依照本法规定行使职权，当事人应当协助、配合，不得拒绝、阻挠。

第五十二条 市场监督管理部门和有关部门及其工作人员对其在广告监督管理活动中知悉的商业秘密负有保密义务。

第五十三条 任何单位或者个人有权向市场监督管理部门和有关部门投诉、举报违反本法的行为。市场监督管理部门和有关部门应当向社会公开受理投诉、举报的电话、信箱或者电子邮件地址，接到投诉、举报的部门应当自收到投诉之日起七个工作日内，予以处理并告知投诉、举报人。

市场监督管理部门和有关部门不依法履行职责的，任何单位或者个人有权向其上级机关或者监察机关举报。接到举报的机关应当依法作出处理，并将处理结果及时告知举报人。

有关部门应当为投诉、举报人保密。

第五十四条 消费者协会和其他消费者组织对违反本法规定，发布虚假广告侵害消费者合法权益，以及其他损害社会公共利益的行为，依法进行社会监督。

第五章 法律责任

第五十五条 违反本法规定，发布虚假广告的，由市场监督管理部门责令停止发布广告，责令广告主在相应范围内消除影响，处广告费用三倍以上五倍以下的罚款，广告费用无法计算或者明显偏低的，处二十万元以上一百万元以下的罚款；两年内有三次以上违法行为或者有其他严重情节的，处广告费用五倍以上十倍以下的罚款，广告费用无法计算或者明显偏低的，处一百万元以上二百万元以下的罚款，可以吊销营业执照，并由广告审查机关撤销广告审查批准文件、一年内不受理其广告审查申请。

医疗机构有前款规定违法行为，情节严重的，除由市场监督管理部门依照本法处罚外，卫生行政部门可以吊销诊疗科目或者吊销医疗机构执业许可证。

广告经营者、广告发布者明知或者应知广告虚假仍设计、制作、代理、发布的，由市场监督管理部门没收广告费用，并处广告费用三倍以上五倍以下的罚款，广告费用无法计算或者明显偏低的，处二十万元以上一百万元以下的罚款；两年内有三次以上违法行为或者有其他严重情节的，处广告费用五倍以上十倍以下的罚款，广告费用无法计算或者明显偏低的，处一百万元以上二百万元以下的罚款，并可以由有关部门暂停广告发布业务、吊销营业执照。

广告主、广告经营者、广告发布者有本条第一款、第三款规定行为，构成犯罪的，依法追究刑事责任。

第五十六条 违反本法规定，发布虚假广告，欺骗、误导消费者，使购买商品或者接受服务的消费者的合法权益受到损害的，由广告主依法承担民事责任。广告经营者、广告发布者不能提供广告主的真实名称、地址和有效联系方式的，消费者可以要求广告经营者、广告发布者先行赔偿。

关系消费者生命健康的商品或者服务的虚假广告，造成消费者损害的，其广告经营者、广告发布者、广告代言人应当与广告主承担连带责任。

前款规定以外的商品或者服务的虚假广告，造成消费者损害的，其广告经营者、广告发布者、广告代言人，明知或者应知广告虚假仍设计、制作、代理、发布或者作推

荐、证明的，应当与广告主承担连带责任。

第五十七条 有下列行为之一的，由市场监督管理部门责令停止发布广告，对广告主处二十万元以上一百万元以下的罚款，情节严重的，并可以吊销营业执照，由广告审查机关撤销广告审查批准文件、一年内不受理其广告审查申请；对广告经营者、广告发布者，由市场监督管理部门没收广告费用，处二十万元以上一百万元以下的罚款，情节严重的，并可以吊销营业执照：

（一）发布有本法第九条、第十条规定的禁止情形的广告的；

（二）违反本法第十五条规定发布处方药广告、药品类易制毒化学品广告、戒毒治疗的医疗器械和治疗方法广告的；

（三）违反本法第二十条规定，发布声称全部或者部分替代母乳的婴儿乳制品、饮料和其他食品广告的；

（四）违反本法第二十二条规定发布烟草广告的；

（五）违反本法第三十七条规定，利用广告推销禁止生产、销售的产品或者提供的服务，或者禁止发布广告的商品或者服务的；

（六）违反本法第四十条第一款规定，在针对未成年人的大众传播媒介上发布医疗、药品、保健食品、医疗器械、化妆品、酒类、美容广告，以及不利于未成年人身心健康的网络游戏广告的。

第五十八条 有下列行为之一的，由市场监督管理部门责令停止发布广告，责令广告主在相应范围内消除影响，处广告费用一倍以上三倍以下的罚款，广告费用无法计算或者明显偏低的，处十万元以上二十万元以下的罚款；情节严重的，处广告费用三倍以上五倍以下的罚款，广告费用无法计算或者明显偏低的，处二十万元以上一百万元以下的罚款，可以吊销营业执照，并由广告审查机关撤销广告审查批准文件、一年内不受理其广告审查申请：

（一）违反本法第十六条规定发布医疗、药品、医疗器械广告的；

（二）违反本法第十七条规定，在广告中涉及疾病治疗功能，以及使用医疗用语或者易使推销的商品与药品、医疗器械相混淆的用语的；

（三）违反本法第十八条规定发布保健食品广告的；

（四）违反本法第二十一条规定发布农药、兽药、饲料和饲料添加剂广告的；

（五）违反本法第二十三条规定发布酒类广告的；

（六）违反本法第二十四条规定发布教育、培训广告的；

（七）违反本法第二十五条规定发布招商等有投资回报预期的商品或者服务广告的；

（八）违反本法第二十六条规定发布房地产广告的；

（九）违反本法第二十七条规定发布农作物种子、林木种子、草种子、种畜禽、水产苗种和种养殖广告的；

（十）违反本法第三十八条第二款规定，利用不满十周岁的未成年人作为广告代言人的；

（十一）违反本法第三十八条第三款规定，利用自然人、法人或者其他组织作为广告代言人的；

（十二）违反本法第三十九条规定，在中小学校、幼儿园内或者利用与中小学生、幼儿有关的物品发布广告的；

（十三）违反本法第四十条第二款规定，发布针对不满十四周岁的未成年人的商品或者服务的广告的；

（十四）违反本法第四十六条规定，未经审查发布广告的。

医疗机构有前款规定违法行为，情节严重的，除由市场监督管理部门依照本法处罚外，卫生行政部门可以吊销诊疗科目或者吊销医疗机构执业许可证。

广告经营者、广告发布者明知或者应知有本条第一款规定违法行为仍设计、制作、代理、发布的，由市场监督管理部门没收广告费用，并处广告费用一倍以上三倍以下的罚款，广告费用无法计算或者明显偏低的，处十万元以上二十万元以下的罚款；情节严重的，处广告费用三倍以上五倍以下的罚款，广告费用无法计算或者明显偏低的，处二十万元以上一百万元以下的罚款，并可以由有关部门暂停广告发布业务、吊销营业执照。

第五十九条 有下列行为之一的，由市场监督管理部门责令停止发布广告，对广告主处十万元以下的罚款：

（一）广告内容违反本法第八条规定的；

（二）广告引证内容违反本法第十一条规定的；

（三）涉及专利的广告违反本法第十二条规定的；

（四）违反本法第十三条规定，广告贬低其他生产经营者的商品或者服务的。

广告经营者、广告发布者明知或者应知有前款规定违法行为仍设计、制作、代理、发布的，由市场监督管理部门处十万元以下的罚款。

广告违反本法第十四条规定，不具有可识别性的，或者违反本法第十九条规定，变相发布医疗、药品、医疗器械、保健食品广告的，由市场监督管理部门责令改正，对广告发布者处十万元以下的罚款。

第六十条 违反本法第三十四条规定，广告经营者、广告发布者未按照国家有关规定建立、健全广告业务管理制度的，或者未对广告内容进行核对的，由市场监督管理部门责令改正，可以处五万元以下的罚款。

违反本法第三十五条规定，广告经营者、广告发布者未公布其收费标准和收费办法的，由价格主管部门责令改正，可以处五万元以下的罚款。

第六十一条 广告代言人有下列情形之一的，由市场监督管理部门没收违法所得，并处违法所得一倍以上二倍以下的罚款：

（一）违反本法第十六条第一款第四项规定，在医疗、药品、医疗器械广告中作推荐、证明的；

（二）违反本法第十八条第一款第五项规定，在保健食品广告中作推荐、证明的；

（三）违反本法第三十八条第一款规定，为其未使用过的商品或者未接受过的服务作推荐、证明的；

（四）明知或者应知广告虚假仍在广告中对商品、服务作推荐、证明的。

第六十二条 违反本法第四十三条规定发送广告的，由有关部门责令停止违法行为，对广告主处五千元以上三万元以下的罚款。

违反本法第四十四条第二款规定，利用互联网发布广告，未显著标明关闭标志，确保一键关闭的，由市场监督管理部门责令改正，对广告主处五千元以上三万元以下的罚款。

第六十三条 违反本法第四十五条规定，公共场所的管理者和电信业务经营者、互联网信息服务提供者，明知或者应知广告活动违法不予制止的，由市场监督管理部门没收违法所得，违法所得五万元以上的，并处违法所得一倍以上三倍以下的罚款，违法所得不足五万元的，并处一万元以上五万元以下的罚款；情节严重的，由有关部门依法停止相关业务。

第六十四条 违反本法规定，隐瞒真实情况或者提供虚假材料申请广告审查的，广告审查机关不予受理或者不予批准，予以警告，一年内不受理该申请人的广告审查申请；以欺骗、贿赂等不正当手段取得广告审查批准的，广告审查机关予以撤销，处十万元以上二十万元以下的罚款，三年内不受理该申请人的广告审查申请。

第六十五条 违反本法规定，伪造、变造或者转让广告审查批准文件的，由市场监督管理部门没收违法所得，并处一万元以上十万元以下的罚款。

第六十六条 有本法规定的违法行为的，由市场监督管理部门记入信用档案，并依照有关法律、行政法规规定予以公示。

第六十七条 广播电台、电视台、报刊音像出版单位发布违法广告，或者以新闻报道形式变相发布广告，或者以介绍健康、养生知识等形式变相发布医疗、药品、医疗器械、保健食品广告，市场监督管理部门依照本法给予处罚的，应当通报新闻出版、广播电视主管部门以及其他有关部门。新闻出版、广播电视主管部门以及其他有关部门应当依法对负有责任的主管人员和直接责任人员给予处分；情节严重的，并可以暂停媒体的广告发布业务。

新闻出版、广播电视主管部门以及其他有关部门未依照前款规定对广播电台、电视台、报刊音像出版单位进行处理的，对负有责任的主管人员和直接责任人员，依法给予处分。

第六十八条 广告主、广告经营者、广告发布者违反本法规定，有下列侵权行为之一的，依法承担民事责任：

（一）在广告中损害未成年人或者残疾人的身心健康的；

（二）假冒他人专利的；

（三）贬低其他生产经营者的商品、服务的；

（四）在广告中未经同意使用他人名义或者形象的；

（五）其他侵犯他人合法民事权益的。

第六十九条 因发布虚假广告，或者有其他本法规定的违法行为，被吊销营业执照的公司、企业的法定代表人，对违法行为负有个人责任的，自该公司、企业被吊销营业执照之日起三年内不得担任公司、企业的董事、监事、高级管理人员。

第七十条 违反本法规定，拒绝、阻挠市场监督管理部门监督检查，或者有其他构成违反治安管理行为的，依法给予治安管理处罚；构成犯罪的，依法追究刑事责任。

第七十一条 广告审查机关对违法的广告内容作出审查批准决定的，对负有责任的主管人员和直接责任人员，由任免机关或者监察机关依法给予处分；构成犯罪的，依法追究刑事责任。

第七十二条 市场监督管理部门对在履行广告监测职责中发现的违法广告行为或者对经投诉、举报的违法广告行为，不依法予以查处的，对负有责任的主管人员和直接责任人员，依法给予处分。

市场监督管理部门和负责广告管理相关工作的有关部门的工作人员玩忽职守、滥用职权、徇私舞弊的，依法给予处分。

有前两款行为，构成犯罪的，依法追究刑事责任。

第六章 附 则

第七十三条 国家鼓励、支持开展公益广告宣传活动，传播社会主义核心价值观，倡导文明风尚。

大众传播媒介有义务发布公益广告。广播电台、电视台、报刊出版单位应当按照规定的版面、时段、时长发布公益广告。公益广告的管理办法，由国务院市场监督管理部门会同有关部门制定。

第七十四条 本法自 2015 年 9 月 1 日起施行。

中华人民共和国道路运输条例

（2023 年修订，2023 年 7 月 20 日施行）

（2004 年 4 月 30 日中华人民共和国国务院令第 406 号公布　根据 2012 年 11 月 9 日《国务院关于修改和废止部分行政法规的决定》第一次修订　根据 2016 年 2 月 6 日《国务院关于修改部分行政法规的决定》第二次修订　根据 2019 年 3 月 2 日《国务院关于修改部分行政法规的决定》第三次修订　根据 2022 年 3 月 29 日《国务院关于修改和废止部分行政法规的决定》第四次修订　根据 2023 年 7 月 20 日《国务院关于修改和废止部分行政法规的决定》第五次修订）

第一章　总　则

第一条　为了维护道路运输市场秩序，保障道路运输安全，保护道路运输有关各方当事人的合法权益，促进道路运输业的健康发展，制定本条例。

第二条　从事道路运输经营以及道路运输相关业务的，应当遵守本条例。

前款所称道路运输经营包括道路旅客运输经营（以下简称客运经营）和道路货物运输经营（以下简称货运经营）；道路运输相关业务包括站（场）经营、机动车维修经营、机动车驾驶员培训。

第三条　从事道路运输经营以及道路运输相关业务，应当依法经营，诚实信用，公平竞争。

第四条　道路运输管理，应当公平、公正、公开和便民。

第五条　国家鼓励发展乡村道路运输，并采取必要的措施提高乡镇和行政村的通班车率，满足广大农民的生活和生产需要。

第六条　国家鼓励道路运输企业实行规模化、集约化经营。任何单位和个人不得封锁或者垄断道路运输市场。

第七条 国务院交通运输主管部门主管全国道路运输管理工作。

县级以上地方人民政府交通运输主管部门负责本行政区域的道路运输管理工作。

第二章 道路运输经营

第一节 客 运

第八条 申请从事客运经营的，应当具备下列条件：

（一）有与其经营业务相适应并经检测合格的车辆；

（二）有符合本条例第九条规定条件的驾驶人员；

（三）有健全的安全生产管理制度。

申请从事班线客运经营的，还应当有明确的线路和站点方案。

第九条 从事客运经营的驾驶人员，应当符合下列条件：

（一）取得相应的机动车驾驶证；

（二）年龄不超过 60 周岁；

（三）3 年内无重大以上交通责任事故记录；

（四）经设区的市级人民政府交通运输主管部门对有关客运法律法规、机动车维修和旅客急救基本知识考试合格。

第十条 申请从事客运经营的，应当依法向市场监督管理部门办理有关登记手续后，按照下列规定提出申请并提交符合本条例第八条规定条件的相关材料：

（一）从事县级行政区域内和毗邻县行政区域间客运经营的，向所在地县级人民政府交通运输主管部门提出申请；

（二）从事省际、市际、县际（除毗邻县行政区域间外）客运经营的，向所在地设区的市级人民政府交通运输主管部门提出申请；

（三）在直辖市申请从事客运经营的，向所在地直辖市人民政府确定的交通运输主管部门提出申请。

依照前款规定收到申请的交通运输主管部门，应当自受理申请之日起 20 日内审查完毕，作出许可或者不予许可的决定。予以许可的，向申请人颁发道路运输经营许可证，并向申请人投入运输的车辆配发车辆营运证；不予许可的，应当书面通知申请人并说明理由。

对从事省际和市际客运经营的申请，收到申请的交通运输主管部门依照本条第二款规定颁发道路运输经营许可证前，应当与运输线路目的地的相应交通运输主管部门协商，协商不成的，应当按程序报省、自治区、直辖市人民政府交通运输主管部门协商决定。对从事设区的市内毗邻县客运经营的申请，有关交通运输主管部门应当进行协商，协商不成的，报所在地市级人民政府交通运输主管部门决定。

第十一条 取得道路运输经营许可证的客运经营者，需要增加客运班线的，应当依照本条例第十条的规定办理有关手续。

第十二条 县级以上地方人民政府交通运输主管部门在审查客运申请时，应当考虑客运市场的供求状况、普遍服务和方便群众等因素。

同一线路有 3 个以上申请人时，可以通过招标的形式作出许可决定。

第十三条 县级以上地方人民政府交通运输主管部门应当定期公布客运市场供求状况。

第十四条 客运班线的经营期限为 4 年到 8 年。经营期限届满需要延续客运班线经营许可的，应当重新提出申请。

第十五条 客运经营者需要终止客运经营的，应当在终止前30日内告知原许可机关。

第十六条 客运经营者应当为旅客提供良好的乘车环境，保持车辆清洁、卫生，并采取必要的措施防止在运输过程中发生侵害旅客人身、财产安全的违法行为。

第十七条 旅客应当持有效客票乘车，遵守乘车秩序，讲究文明卫生，不得携带国家规定的危险物品及其他禁止携带的物品乘车。

第十八条 班线客运经营者取得道路运输经营许可证后，应当向公众连续提供运输服务，不得擅自暂停、终止或者转让班线运输。

第十九条 从事包车客运的，应当按照约定的起始地、目的地和线路运输。

从事旅游客运的，应当在旅游区域按照旅游线路运输。

第二十条 客运经营者不得强迫旅客乘车，不得甩客、敲诈旅客；不得擅自更换运输车辆。

第二节 货 运

第二十一条 申请从事货运经营的，应当具备下列条件：

（一）有与其经营业务相适应并经检测合格的车辆；

（二）有符合本条例第二十二条规定条件的驾驶人员；

（三）有健全的安全生产管理制度。

第二十二条 从事货运经营的驾驶人员，应当符合下列条件：

（一）取得相应的机动车驾驶证；

（二）年龄不超过 60 周岁；

（三）经设区的市级人民政府交通运输主管部门对有关货运法律法规、机动车维修和货物装载保管基本知识考试合格（使用总质量 4500 千克及以下普通货运车辆的驾驶人员除外）。

第二十三条 申请从事危险货物运输经营的，还应当具备下列条件：

（一）有 5 辆以上经检测合格的危险货物运输专用车辆、设备；

（二）有经所在地设区的市级人民政府交通运输主管部门考试合格，取得上岗资格证的驾驶人员、装卸管理人员、押运人员；

（三）危险货物运输专用车辆配有必要的通讯工具；

（四）有健全的安全生产管理制度。

第二十四条 申请从事货运经营的，应当依法向市场监督管理部门办理有关登记手续后，按照下列规定提出申请并分别提交符合本条例第二十一条、第二十三条规定条件的相关材料：

（一）从事危险货物运输经营以外的货运经营的，向县级人民政府交通运输主管部门提出申请；

（二）从事危险货物运输经营的，向设区的市级人民政府交通运输主管部门提出申请。

依照前款规定收到申请的交通运输主管部门，应当自受理申请之日起 20 日内审查完毕，作出许可或者不予许可的决定。予以许可的，向申请人颁发道路运输经营许可证，并向申请人投入运输的车辆配发车辆营运证；不予许可的，应当书面通知申请人并说明理由。

使用总质量 4500 千克及以下普通货运车辆从事普通货运经营的，无需按照本条规定申请取得道路运输经营许可证及车辆营运证。

第二十五条 货运经营者不得运输法律、行政法规禁止运输的货物。

法律、行政法规规定必须办理有关手续后方可运输的货物，货运经营者应当查验有关手续。

第二十六条 国家鼓励货运经营者实行封闭式运输，保证环境卫生和货物运输安全。

货运经营者应当采取必要措施，防止货物脱落、扬撒等。

运输危险货物应当采取必要措施，防止危险货物燃烧、爆炸、辐射、泄漏等。

第二十七条 运输危险货物应当配备必要的押运人员，保证危险货物处于押运人员的监管之下，并悬挂明显的危险货物运输标志。

托运危险货物的，应当向货运经营者说明危险货物的品名、性质、应急处置方法等情况，并严格按照国家有关规定包装，设置明显标志。

第三节 客运和货运的共同规定

第二十八条 客运经营者、货运经营者应当加强对从业人员的安全教育、职业道德教育，确保道路运输安全。

道路运输从业人员应当遵守道路运输操作规程，不得违章作业。驾驶人员连续驾驶时间不得超过 4 个小时。

第二十九条 生产（改装）客运车辆、货运车辆的企业应当按照国家规定标定车辆的核定人数或者载重量，严禁多标或者少标车辆的核定人数或者载重量。

客运经营者、货运经营者应当使用符合国家规定标准的车辆从事道路运输经营。

第三十条 客运经营者、货运经营者应当加强对车辆的维护和检测，确保车辆符合国家规定的技术标准；不得使用报废的、擅自改装的和其他不符合国家规定的车辆从事道路运输经营。

第三十一条 客运经营者、货运经营者应当制定有关交通事故、自然灾害以及其他突发事件的道路运输应急预案。应急预案应当包括报告程序、应急指挥、应急车辆和设备的储备以及处置措施等内容。

第三十二条 发生交通事故、自然灾害以及其他突发事件，客运经营者和货运经营者应当服从县级以上人民政府或者有关部门的统一调度、指挥。

第三十三条 道路运输车辆应当随车携带车辆营运证，不得转让、出租。

第三十四条 道路运输车辆运输旅客的，不得超过核定的人数，不得违反规定载货；运输货物的，不得运输旅客，运输的货物应当符合核定的载重量，严禁超载；载物的长、宽、高不得违反装载要求。

违反前款规定的，由公安机关交通管理部门依照《中华人民共和国道路交通安全法》的有关规定进行处罚。

第三十五条 客运经营者、危险货物运输经营者应当分别为旅客或者危险货物投保承运人责任险。

第三章　道路运输相关业务

第三十六条 从事道路运输站（场）经营的，应当具备下列条件：

（一）有经验收合格的运输站（场）；

（二）有相应的专业人员和管理人员；

（三）有相应的设备、设施；

（四）有健全的业务操作规程和安全管理制度。

第三十七条 从事机动车维修经营的，应当具备下列条件：

（一）有相应的机动车维修场地；

（二）有必要的设备、设施和技术人员；

（三）有健全的机动车维修管理制度；

（四）有必要的环境保护措施。

国务院交通运输主管部门根据前款规定的条件，制定机动车维修经营业务标准。

第三十八条 从事机动车驾驶员培训的，应当具备下列条件：

（一）取得企业法人资格；

（二）有健全的培训机构和管理制度；

（三）有与培训业务相适应的教学人员、管理人员；

（四）有必要的教学车辆和其他教学设施、设备、场地。

第三十九条 申请从事道路旅客运输站（场）经营业务的，应当在依法向市场监督管理部门办理有关登记手续后，向所在地县级人民政府交通运输主管部门提出申请，并附送符合本条例第三十六条规定条件的相关材料。县级人民政府交通运输主管部门应当自受理申请之日起15日内审查完毕，作出许可或者不予许可的决定，并书面通知申请人。

从事道路货物运输站（场）经营、机动车维修经营和机动车驾驶员培训业务的，应当在依法向市场监督管理部门办理有关登记手续后，向所在地县级人民政府交通运输主管部门进行备案，并分别附送符合本条例第三十六条、第三十七条、第三十八条规定条件的相关材料。

第四十条 道路运输站（场）经营者应当对出站的车辆进行安全检查，禁止无证经营的车辆进站从事经营活动，防止超载车辆或者未经安全检查的车辆出站。

道路运输站（场）经营者应当公平对待使用站（场）的客运经营者和货运经营者，无正当理由不得拒绝道路运输车辆进站从事经营活动。

道路运输站(场)经营者应当向旅客和货主提供安全、便捷、优质的服务；保持站(场)卫生、清洁；不得随意改变站（场）用途和服务功能。

第四十一条 道路旅客运输站（场）经营者应当为客运经营者合理安排班次，公布其运输线路、起止经停站点、运输班次、始发时间、票价，调度车辆进站、发车，疏导旅客，维持上下车秩序。

道路旅客运输站(场)经营者应当设置旅客购票、候车、行李寄存和托运等服务设施，按照车辆核定载客限额售票，并采取措施防止携带危险品的人员进站乘车。

第四十二条 道路货物运输站（场）经营者应当按照国务院交通运输主管部门规定的业务操作规程装卸、储存、保管货物。

第四十三条 机动车维修经营者应当按照国家有关技术规范对机动车进行维修，保证维修质量，不得使用假冒伪劣配件维修机动车。

机动车维修经营者应当公布机动车维修工时定额和收费标准，合理收取费用，维修服务完成后应当提供维修费用明细单。

第四十四条 机动车维修经营者对机动车进行二级维护、总成修理或者整车修理的，应当进行维修质量检验。检验合格的，维修质量检验人员应当签发机动车维修合格证。

机动车维修实行质量保证期制度。质量保证期内因维修质量原因造成机动车无法正常使用的，机动车维修经营者应当无偿返修。

机动车维修质量保证期制度的具体办法，由国务院交通运输主管部门制定。

第四十五条 机动车维修经营者不得承修已报废的机动车，不得擅自改装机动车。

第四十六条 机动车驾驶员培训机构应当按照国务院交通运输主管部门规定的教学大纲进行培训，确保培训质量。培训结业的，应当向参加培训的人员颁发培训结业证书。

第四章 国际道路运输

第四十七条 国务院交通运输主管部门应当及时向社会公布中国政府与有关国家政府签署的双边或者多边道路运输协定确定的国际道路运输线路。

第四十八条 从事国际道路运输经营的，应当具备下列条件：

（一）依照本条例第十条、第二十四条规定取得道路运输经营许可证的企业法人；

（二）在国内从事道路运输经营满 3 年，且未发生重大以上道路交通责任事故。

第四十九条 申请从事国际道路旅客运输经营的，应当向省、自治区、直辖市人民政府交通运输主管部门提出申请并提交符合本条例第四十八条规定条件的相关材料。省、自治区、直辖市人民政府交通运输主管部门应当自受理申请之日起 20 日内审查完毕，作出批准或者不予批准的决定。予以批准的，应当向国务院交通运输主管部门备案；不予批准的，应当向当事人说明理由。

从事国际道路货物运输经营的，应当向省、自治区、直辖市人民政府交通运输主管部门进行备案，并附送符合本条例第四十八条规定条件的相关材料。

国际道路运输经营者应当持有关文件依法向有关部门办理相关手续。

第五十条 中国国际道路运输经营者应当在其投入运输车辆的显著位置，标明中国国籍识别标志。

外国国际道路运输经营者的车辆在中国境内运输，应当标明本国国籍识别标志，并按照规定的运输线路行驶；不得擅自改变运输线路，不得从事起止地都在中国境内的道路运输经营。

第五十一条 在口岸设立的国际道路运输管理机构应当加强对出入口岸的国际道路运输的监督管理。

第五十二条 外国国际道路运输经营者依法在中国境内设立的常驻代表机构不得从事经营活动。

第五章 执法监督

第五十三条 县级以上地方人民政府交通运输、公安、市场监督管理等部门应当建立信息共享和协同监管机制，按照职责分工加强对道路运输及相关业务的监督管理。

第五十四条 县级以上人民政府交通运输主管部门应当加强执法队伍建设，提高其工作人员的法制、业务素质。

县级以上人民政府交通运输主管部门的工作人员应当接受法制和道路运输管理业务培训、考核，考核不合格的，不得上岗执行职务。

第五十五条 上级交通运输主管部门应当对下级交通运输主管部门的执法活动进行监督。

县级以上人民政府交通运输主管部门应当建立健全内部监督制度，对其工作人员执法情况进行监督检查。

第五十六条 县级以上人民政府交通运输主管部门及其工作人员执行职务时，应当自觉接受社会和公民的监督。

第五十七条 县级以上人民政府交通运输主管部门应当建立道路运输举报制度，公开举报电话号码、通信地址或者电子邮件信箱。

任何单位和个人都有权对县级以上人民政府交通运输主管部门的工作人员滥用职权、徇私舞弊的行为进行举报。县级以上人民政府交通运输主管部门及其他有关部门收到举报后，应当依法及时查处。

第五十八条 县级以上人民政府交通运输主管部门的工作人员应当严格按照职责权限和程序进行监督检查，不得乱设卡、乱收费、乱罚款。

县级以上人民政府交通运输主管部门的工作人员应当重点在道路运输及相关业务经营场所、客货集散地进行监督检查。

县级以上人民政府交通运输主管部门的工作人员在公路路口进行监督检查时，不得随意拦截正常行驶的道路运输车辆。

第五十九条 县级以上人民政府交通运输主管部门的工作人员实施监督检查时，应当有2名以上人员参加，并向当事人出示执法证件。

第六十条 县级以上人民政府交通运输主管部门的工作人员实施监督检查时，可以向有关单位和个人了解情况，查阅、复制有关资料。但是，应当保守被调查单位和个人的商业秘密。

被监督检查的单位和个人应当接受依法实施的监督检查，如实提供有关资料或者情况。

第六十一条 县级以上人民政府交通运输主管部门的工作人员在实施道路运输监督

检查过程中，发现车辆超载行为的，应当立即予以制止，并采取相应措施安排旅客改乘或者强制卸货。

第六十二条 县级以上人民政府交通运输主管部门的工作人员在实施道路运输监督检查过程中，对没有车辆营运证又无法当场提供其他有效证明的车辆予以暂扣的，应当妥善保管，不得使用，不得收取或者变相收取保管费用。

第六章 法律责任

第六十三条 违反本条例的规定，有下列情形之一的，由县级以上地方人民政府交通运输主管部门责令停止经营，并处罚款；构成犯罪的，依法追究刑事责任：

（一）未取得道路运输经营许可，擅自从事道路普通货物运输经营，违法所得超过 1 万元的，没收违法所得，处违法所得 1 倍以上 5 倍以下的罚款；没有违法所得或者违法所得不足 1 万元的，处 3000 元以上 1 万元以下的罚款，情节严重的，处 1 万元以上 5 万元以下的罚款；

（二）未取得道路运输经营许可，擅自从事道路客运经营，违法所得超过 2 万元的，没收违法所得，处违法所得 2 倍以上 10 倍以下的罚款；没有违法所得或者违法所得不足 2 万元的，处 1 万元以上 10 万元以下的罚款；

（三）未取得道路运输经营许可，擅自从事道路危险货物运输经营，违法所得超过 2 万元的，没收违法所得，处违法所得 2 倍以上 10 倍以下的罚款；没有违法所得或者违法所得不足 2 万元的，处 3 万元以上 10 万元以下的罚款。

第六十四条 不符合本条例第九条、第二十二条规定条件的人员驾驶道路运输经营车辆的，由县级以上地方人民政府交通运输主管部门责令改正，处 200 元以上 2000 元以下的罚款；构成犯罪的，依法追究刑事责任。

第六十五条 违反本条例的规定，未经许可擅自从事道路旅客运输站（场）经营的，由县级以上地方人民政府交通运输主管部门责令停止经营；有违法所得的，没收违法所得，处违法所得 2 倍以上 10 倍以下的罚款；没有违法所得或者违法所得不足 1 万元的，处 2 万元以上 5 万元以下的罚款；构成犯罪的，依法追究刑事责任。

从事机动车维修经营业务不符合国务院交通运输主管部门制定的机动车维修经营业务标准的，由县级以上地方人民政府交通运输主管部门责令改正；情节严重的，由县级以上地方人民政府交通运输主管部门责令停业整顿。

从事道路货物运输站（场）经营、机动车驾驶员培训业务，未按规定进行备案的，由县级以上地方人民政府交通运输主管部门责令改正；拒不改正的，处 5000 元以上 2 万元以下的罚款。

从事机动车维修经营业务，未按规定进行备案的，由县级以上地方人民政府交通运输主管部门责令改正；拒不改正的，处 3000 元以上 1 万元以下的罚款。

备案时提供虚假材料情节严重的，其直接负责的主管人员和其他直接责任人员 5 年内不得从事原备案的业务。

第六十六条 违反本条例的规定，客运经营者、货运经营者、道路运输相关业务经营者非法转让、出租道路运输许可证件的，由县级以上地方人民政府交通运输主管部门责令停止违法行为，收缴有关证件，处 2000 元以上 1 万元以下的罚款；有违法所得的，没收违法所得。

第六十七条 违反本条例的规定，客运经营者、危险货物运输经营者未按规定投保承运人责任险的，由县级以上地方人民政府交通运输主管部门责令限期投保；拒不投保的，由原许可机关吊销道路运输经营许可证。

第六十八条 违反本条例的规定，客运经营者有下列情形之一的，由县级以上地方人民政府交通运输主管部门责令改正，处 1000 元以上 2000 元以下的罚款；情节严重的，由原许可机关吊销道路运输经营许可证：

（一）不按批准的客运站点停靠或者不按规定的线路、公布的班次行驶的；

（二）在旅客运输途中擅自变更运输车辆或者将旅客移交他人运输的；

（三）未报告原许可机关，擅自终止客运经营的。

客运经营者强行招揽旅客，货运经营者强行招揽货物或者没有采取必要措施防止货物脱落、扬撒等的，由县级以上地方人民政府交通运输主管部门责令改正，处 1000 元以上 3000 元以下的罚款；情节严重的，由原许可机关吊销道路运输经营许可证。

第六十九条 违反本条例的规定，客运经营者、货运经营者不按规定维护和检测运输车辆的，由县级以上地方人民政府交通运输主管部门责令改正，处 1000 元以上 5000 元以下的罚款。

违反本条例的规定，客运经营者、货运经营者擅自改装已取得车辆营运证的车辆的，由县级以上地方人民政府交通运输主管部门责令改正，处 5000 元以上 2 万元以下的罚款。

第七十条 违反本条例的规定，道路旅客运输站（场）经营者允许无证经营的车辆进站从事经营活动以及超载车辆、未经安全检查的车辆出站或者无正当理由拒绝道路运输车辆进站从事经营活动的，由县级以上地方人民政府交通运输主管部门责令改正，处1万元以上3万元以下的罚款。

道路货物运输站（场）经营者有前款违法情形的，由县级以上地方人民政府交通运输主管部门责令改正，处3000元以上3万元以下的罚款。

违反本条例的规定，道路运输站（场）经营者擅自改变道路运输站（场）的用途和服务功能，或者不公布运输线路、起止经停站点、运输班次、始发时间、票价的，由县级以上地方人民政府交通运输主管部门责令改正；拒不改正的，处3000元的罚款；有违法所得的，没收违法所得。

第七十一条 违反本条例的规定，机动车维修经营者使用假冒伪劣配件维修机动车，承修已报废的机动车或者擅自改装机动车的，由县级以上地方人民政府交通运输主管部门责令改正；有违法所得的，没收违法所得，处违法所得2倍以上10倍以下的罚款；没有违法所得或者违法所得不足1万元的，处2万元以上5万元以下的罚款，没收假冒伪劣配件及报废车辆；情节严重的，由县级以上地方人民政府交通运输主管部门责令停业整顿；构成犯罪的，依法追究刑事责任。

第七十二条 违反本条例的规定，机动车维修经营者签发虚假的机动车维修合格证，由县级以上地方人民政府交通运输主管部门责令改正；有违法所得的，没收违法所得，处违法所得2倍以上10倍以下的罚款；没有违法所得或者违法所得不足3000元的，处5000元以上2万元以下的罚款；情节严重的，由县级以上地方人民政府交通运输主管部门责令停业整顿；构成犯罪的，依法追究刑事责任。

第七十三条 违反本条例的规定，机动车驾驶员培训机构不严格按照规定进行培训或者在培训结业证书发放时弄虚作假的，由县级以上地方人民政府交通运输主管部门责令改正；拒不改正的，责令停业整顿。

第七十四条 违反本条例的规定，外国国际道路运输经营者未按照规定的线路运输，擅自从事中国境内道路运输的，由省、自治区、直辖市人民政府交通运输主管部门责令停止运输；有违法所得的，没收违法所得，处违法所得2倍以上10倍以下的罚款；没有违法所得或者违法所得不足1万元的，处3万元以上6万元以下的罚款。

外国国际道路运输经营者未按照规定标明国籍识别标志的，由省、自治区、直辖市人民政府交通运输主管部门责令停止运输，处200元以上2000元以下的罚款。

从事国际道路货物运输经营，未按规定进行备案的，由省、自治区、直辖市人民政府交通运输主管部门责令改正；拒不改正的，处 5000 元以上 2 万元以下的罚款。

第七十五条 县级以上人民政府交通运输主管部门应当将道路运输及其相关业务经营者和从业人员的违法行为记入信用记录，并依照有关法律、行政法规的规定予以公示。

第七十六条 违反本条例的规定，县级以上人民政府交通运输主管部门的工作人员有下列情形之一的，依法给予行政处分；构成犯罪的，依法追究刑事责任：

（一）不依照本条例规定的条件、程序和期限实施行政许可的；

（二）参与或者变相参与道路运输经营以及道路运输相关业务的；

（三）发现违法行为不及时查处的；

（四）违反规定拦截、检查正常行驶的道路运输车辆的；

（五）违法扣留运输车辆、车辆营运证的；

（六）索取、收受他人财物，或者谋取其他利益的；

（七）其他违法行为。

第七章 附 则

第七十七条 内地与香港特别行政区、澳门特别行政区之间的道路运输，参照本条例的有关规定执行。

第七十八条 外商可以依照有关法律、行政法规和国家有关规定，在中华人民共和国境内采用中外合资、中外合作、独资形式投资有关的道路运输经营以及道路运输相关业务。

第七十九条 从事非经营性危险货物运输的，应当遵守本条例有关规定。

第八十条 县级以上地方人民政府交通运输主管部门依照本条例发放经营许可证件和车辆营运证，可以收取工本费。工本费的具体收费标准由省、自治区、直辖市人民政府财政部门、价格主管部门会同同级交通运输主管部门核定。

第八十一条 出租车客运和城市公共汽车客运的管理办法由国务院另行规定。

第八十二条 本条例自 2004 年 7 月 1 日起施行。

农药管理条例

（2022 年修订，2022 年 5 月 1 日施行）

（1997 年 5 月 8 日中华人民共和国国务院令第 216 号发布　根据 2001 年 11 月 29 日《国务院关于修改〈农药管理条例〉的决定》第一次修订　2017 年 2 月 8 日国务院第 164 次常务会议修订通过　根据 2022 年 3 月 29 日《国务院关于修改和废止部分行政法规的决定》第二次修订）

第一章　总　则

第一条　为了加强农药管理，保证农药质量，保障农产品质量安全和人畜安全，保护农业、林业生产和生态环境，制定本条例。

第二条　本条例所称农药，是指用于预防、控制危害农业、林业的病、虫、草、鼠和其他有害生物以及有目的地调节植物、昆虫生长的化学合成或者来源于生物、其他天然物质的一种物质或者几种物质的混合物及其制剂。

前款规定的农药包括用于不同目的、场所的下列各类：

（一）预防、控制危害农业、林业的病、虫（包括昆虫、蜱、螨）、草、鼠、软体动物和其他有害生物；

（二）预防、控制仓储以及加工场所的病、虫、鼠和其他有害生物；

（三）调节植物、昆虫生长；

（四）农业、林业产品防腐或者保鲜；

（五）预防、控制蚊、蝇、蜚蠊、鼠和其他有害生物；

（六）预防、控制危害河流堤坝、铁路、码头、机场、建筑物和其他场所的有害生物。

第三条　国务院农业主管部门负责全国的农药监督管理工作。

县级以上地方人民政府农业主管部门负责本行政区域的农药监督管理工作。

县级以上人民政府其他有关部门在各自职责范围内负责有关的农药监督管理工作。

第四条 县级以上地方人民政府应当加强对农药监督管理工作的组织领导，将农药监督管理经费列入本级政府预算，保障农药监督管理工作的开展。

第五条 农药生产企业、农药经营者应当对其生产、经营的农药的安全性、有效性负责，自觉接受政府监管和社会监督。

农药生产企业、农药经营者应当加强行业自律，规范生产、经营行为。

第六条 国家鼓励和支持研制、生产、使用安全、高效、经济的农药，推进农药专业化使用，促进农药产业升级。

对在农药研制、推广和监督管理等工作中作出突出贡献的单位和个人，按照国家有关规定予以表彰或者奖励。

第二章 农药登记

第七条 国家实行农药登记制度。农药生产企业、向中国出口农药的企业应当依照本条例的规定申请农药登记，新农药研制者可以依照本条例的规定申请农药登记。

国务院农业主管部门所属的负责农药检定工作的机构负责农药登记具体工作。省、自治区、直辖市人民政府农业主管部门所属的负责农药检定工作的机构协助做好本行政区域的农药登记具体工作。

第八条 国务院农业主管部门组织成立农药登记评审委员会，负责农药登记评审。

农药登记评审委员会由下列人员组成：

（一）国务院农业、林业、卫生、环境保护、粮食、工业行业管理、安全生产监督管理等有关部门和供销合作总社等单位推荐的农药产品化学、药效、毒理、残留、环境、质量标准和检测等方面的专家；

（二）国家食品安全风险评估专家委员会的有关专家；

（三）国务院农业、林业、卫生、环境保护、粮食、工业行业管理、安全生产监督管理等有关部门和供销合作总社等单位的代表。

农药登记评审规则由国务院农业主管部门制定。

第九条 申请农药登记的，应当进行登记试验。

农药的登记试验应当报所在地省、自治区、直辖市人民政府农业主管部门备案。

第十条 登记试验应当由国务院农业主管部门认定的登记试验单位按照国务院农业主管部门的规定进行。

与已取得中国农药登记的农药组成成分、使用范围和使用方法相同的农药，免予残留、环境试验，但已取得中国农药登记的农药依照本条例第十五条的规定在登记资料保护期内的，应当经农药登记证持有人授权同意。

登记试验单位应当对登记试验报告的真实性负责。

第十一条 登记试验结束后，申请人应当向所在地省、自治区、直辖市人民政府农业主管部门提出农药登记申请，并提交登记试验报告、标签样张和农药产品质量标准及其检验方法等申请资料；申请新农药登记的，还应当提供农药标准品。

省、自治区、直辖市人民政府农业主管部门应当自受理申请之日起20个工作日内提出初审意见，并报送国务院农业主管部门。

向中国出口农药的企业申请农药登记的，应当持本条第一款规定的资料、农药标准品以及在有关国家（地区）登记、使用的证明材料，向国务院农业主管部门提出申请。

第十二条 国务院农业主管部门受理申请或者收到省、自治区、直辖市人民政府农业主管部门报送的申请资料后，应当组织审查和登记评审，并自收到评审意见之日起20个工作日内作出审批决定，符合条件的，核发农药登记证；不符合条件的，书面通知申请人并说明理由。

第十三条 农药登记证应当载明农药名称、剂型、有效成分及其含量、毒性、使用范围、使用方法和剂量、登记证持有人、登记证号以及有效期等事项。

农药登记证有效期为5年。有效期届满，需要继续生产农药或者向中国出口农药的，农药登记证持有人应当在有效期届满90日前向国务院农业主管部门申请延续。

农药登记证载明事项发生变化的，农药登记证持有人应当按照国务院农业主管部门的规定申请变更农药登记证。

国务院农业主管部门应当及时公告农药登记证核发、延续、变更情况以及有关的农药产品质量标准号、残留限量规定、检验方法、经核准的标签等信息。

第十四条 新农药研制者可以转让其已取得登记的新农药的登记资料；农药生产企业可以向具有相应生产能力的农药生产企业转让其已取得登记的农药的登记资料。

第十五条 国家对取得首次登记的、含有新化合物的农药的申请人提交的其自己所取得且未披露的试验数据和其他数据实施保护。

自登记之日起6年内，对其他申请人未经已取得登记的申请人同意，使用前款规定的数据申请农药登记的，登记机关不予登记；但是，其他申请人提交其自己所取得的数据的除外。

除下列情况外，登记机关不得披露本条第一款规定的数据：

（一）公共利益需要；

（二）已采取措施确保该类信息不会被不正当地进行商业使用。

第三章　农药生产

第十六条 农药生产应当符合国家产业政策。国家鼓励和支持农药生产企业采用先进技术和先进管理规范，提高农药的安全性、有效性。

第十七条 国家实行农药生产许可制度。农药生产企业应当具备下列条件，并按照国务院农业主管部门的规定向省、自治区、直辖市人民政府农业主管部门申请农药生产许可证：

（一）有与所申请生产农药相适应的技术人员；

（二）有与所申请生产农药相适应的厂房、设施；

（三）有对所申请生产农药进行质量管理和质量检验的人员、仪器和设备；

（四）有保证所申请生产农药质量的规章制度。

省、自治区、直辖市人民政府农业主管部门应当自受理申请之日起20个工作日内作出审批决定，必要时应当进行实地核查。符合条件的，核发农药生产许可证；不符合条件的，书面通知申请人并说明理由。

安全生产、环境保护等法律、行政法规对企业生产条件有其他规定的，农药生产企业还应当遵守其规定。

第十八条 农药生产许可证应当载明农药生产企业名称、住所、法定代表人（负责人）、生产范围、生产地址以及有效期等事项。

农药生产许可证有效期为5年。有效期届满，需要继续生产农药的，农药生产企业应当在有效期届满90日前向省、自治区、直辖市人民政府农业主管部门申请延续。

农药生产许可证载明事项发生变化的，农药生产企业应当按照国务院农业主管部门的规定申请变更农药生产许可证。

第十九条 委托加工、分装农药的，委托人应当取得相应的农药登记证，受托人应当取得农药生产许可证。

委托人应当对委托加工、分装的农药质量负责。

第二十条 农药生产企业采购原材料，应当查验产品质量检验合格证和有关许可证明文件，不得采购、使用未依法附具产品质量检验合格证、未依法取得有关许可证明文件的原材料。

农药生产企业应当建立原材料进货记录制度，如实记录原材料的名称、有关许可证明文件编号、规格、数量、供货人名称及其联系方式、进货日期等内容。原材料进货记录应当保存2年以上。

第二十一条 农药生产企业应当严格按照产品质量标准进行生产，确保农药产品与登记农药一致。农药出厂销售，应当经质量检验合格并附具产品质量检验合格证。

农药生产企业应当建立农药出厂销售记录制度，如实记录农药的名称、规格、数量、生产日期和批号、产品质量检验信息、购货人名称及其联系方式、销售日期等内容。农药出厂销售记录应当保存2年以上。

第二十二条 农药包装应当符合国家有关规定，并印制或者贴有标签。国家鼓励农药生产企业使用可回收的农药包装材料。

农药标签应当按照国务院农业主管部门的规定，以中文标注农药的名称、剂型、有效成分及其含量、毒性及其标识、使用范围、使用方法和剂量、使用技术要求和注意事项、生产日期、可追溯电子信息码等内容。

剧毒、高毒农药以及使用技术要求严格的其他农药等限制使用农药的标签还应当标注"限制使用"字样，并注明使用的特别限制和特殊要求。用于食用农产品的农药的标签还应当标注安全间隔期。

第二十三条 农药生产企业不得擅自改变经核准的农药的标签内容，不得在农药的标签中标注虚假、误导使用者的内容。

农药包装过小，标签不能标注全部内容的，应当同时附具说明书，说明书的内容应当与经核准的标签内容一致。

第四章 农药经营

第二十四条 国家实行农药经营许可制度，但经营卫生用农药的除外。农药经营者应当具备下列条件，并按照国务院农业主管部门的规定向县级以上地方人民政府农业主管部门申请农药经营许可证：

（一）有具备农药和病虫害防治专业知识，熟悉农药管理规定，能够指导安全合理使用农药的经营人员；

（二）有与其他商品以及饮用水水源、生活区域等有效隔离的营业场所和仓储场所，并配备与所申请经营农药相适应的防护设施；

（三）有与所申请经营农药相适应的质量管理、台账记录、安全防护、应急处置、

仓储管理等制度。

经营限制使用农药的，还应当配备相应的用药指导和病虫害防治专业技术人员，并按照所在地省、自治区、直辖市人民政府农业主管部门的规定实行定点经营。

县级以上地方人民政府农业主管部门应当自受理申请之日起20个工作日内作出审批决定。符合条件的，核发农药经营许可证；不符合条件的，书面通知申请人并说明理由。

第二十五条 农药经营许可证应当载明农药经营者名称、住所、负责人、经营范围以及有效期等事项。

农药经营许可证有效期为5年。有效期届满，需要继续经营农药的，农药经营者应当在有效期届满90日前向发证机关申请延续。

农药经营许可证载明事项发生变化的，农药经营者应当按照国务院农业主管部门的规定申请变更农药经营许可证。

取得农药经营许可证的农药经营者设立分支机构的，应当依法申请变更农药经营许可证，并向分支机构所在地县级以上地方人民政府农业主管部门备案，其分支机构免予办理农药经营许可证。农药经营者应当对其分支机构的经营活动负责。

第二十六条 农药经营者采购农药应当查验产品包装、标签、产品质量检验合格证以及有关许可证明文件，不得向未取得农药生产许可证的农药生产企业或者未取得农药经营许可证的其他农药经营者采购农药。

农药经营者应当建立采购台账，如实记录农药的名称、有关许可证明文件编号、规格、数量、生产企业和供货人名称及其联系方式、进货日期等内容。采购台账应当保存2年以上。

第二十七条 农药经营者应当建立销售台账，如实记录销售农药的名称、规格、数量、生产企业、购买人、销售日期等内容。销售台账应当保存2年以上。

农药经营者应当向购买人询问病虫害发生情况并科学推荐农药，必要时应当实地查看病虫害发生情况，并正确说明农药的使用范围、使用方法和剂量、使用技术要求和注意事项，不得误导购买人。

经营卫生用农药的，不适用本条第一款、第二款的规定。

第二十八条 农药经营者不得加工、分装农药，不得在农药中添加任何物质，不得采购、销售包装和标签不符合规定，未附具产品质量检验合格证，未取得有关许可证明文件的农药。

经营卫生用农药的，应当将卫生用农药与其他商品分柜销售；经营其他农药的，不得在农药经营场所内经营食品、食用农产品、饲料等。

第二十九条 境外企业不得直接在中国销售农药。境外企业在中国销售农药的，应当依法在中国设立销售机构或者委托符合条件的中国代理机构销售。

向中国出口的农药应当附具中文标签、说明书，符合产品质量标准，并经出入境检验检疫部门依法检验合格。禁止进口未取得农药登记证的农药。

办理农药进出口海关申报手续，应当按照海关总署的规定出示相关证明文件。

第五章 农药使用

第三十条 县级以上人民政府农业主管部门应当加强农药使用指导、服务工作，建立健全农药安全、合理使用制度，并按照预防为主、综合防治的要求，组织推广农药科学使用技术，规范农药使用行为。林业、粮食、卫生等部门应当加强对林业、储粮、卫生用农药安全、合理使用的技术指导，环境保护主管部门应当加强对农药使用过程中环境保护和污染防治的技术指导。

第三十一条 县级人民政府农业主管部门应当组织植物保护、农业技术推广等机构向农药使用者提供免费技术培训，提高农药安全、合理使用水平。

国家鼓励农业科研单位、有关学校、农民专业合作社、供销合作社、农业社会化服务组织和专业人员为农药使用者提供技术服务。

第三十二条 国家通过推广生物防治、物理防治、先进施药器械等措施，逐步减少农药使用量。

县级人民政府应当制定并组织实施本行政区域的农药减量计划；对实施农药减量计划、自愿减少农药使用量的农药使用者，给予鼓励和扶持。

县级人民政府农业主管部门应当鼓励和扶持设立专业化病虫害防治服务组织，并对专业化病虫害防治和限制使用农药的配药、用药进行指导、规范和管理，提高病虫害防治水平。

县级人民政府农业主管部门应当指导农药使用者有计划地轮换使用农药，减缓危害农业、林业的病、虫、草、鼠和其他有害生物的抗药性。

乡、镇人民政府应当协助开展农药使用指导、服务工作。

第三十三条 农药使用者应当遵守国家有关农药安全、合理使用制度，妥善保管农药，并在配药、用药过程中采取必要的防护措施，避免发生农药使用事故。

限制使用农药的经营者应当为农药使用者提供用药指导，并逐步提供统一用药服务。

第三十四条 农药使用者应当严格按照农药的标签标注的使用范围、使用方法和剂量、使用技术要求和注意事项使用农药，不得扩大使用范围、加大用药剂量或者改变使用方法。

农药使用者不得使用禁用的农药。

标签标注安全间隔期的农药，在农产品收获前应当按照安全间隔期的要求停止使用。

剧毒、高毒农药不得用于防治卫生害虫，不得用于蔬菜、瓜果、茶叶、菌类、中草药材的生产，不得用于水生植物的病虫害防治。

第三十五条 农药使用者应当保护环境，保护有益生物和珍稀物种，不得在饮用水水源保护区、河道内丢弃农药、农药包装物或者清洗施药器械。

严禁在饮用水水源保护区内使用农药，严禁使用农药毒鱼、虾、鸟、兽等。

第三十六条 农产品生产企业、食品和食用农产品仓储企业、专业化病虫害防治服务组织和从事农产品生产的农民专业合作社等应当建立农药使用记录，如实记录使用农药的时间、地点、对象以及农药名称、用量、生产企业等。农药使用记录应当保存 2 年以上。

国家鼓励其他农药使用者建立农药使用记录。

第三十七条 国家鼓励农药使用者妥善收集农药包装物等废弃物；农药生产企业、农药经营者应当回收农药废弃物，防止农药污染环境和农药中毒事故的发生。具体办法由国务院环境保护主管部门会同国务院农业主管部门、国务院财政部门等部门制定。

第三十八条 发生农药使用事故，农药使用者、农药生产企业、农药经营者和其他有关人员应当及时报告当地农业主管部门。

接到报告的农业主管部门应当立即采取措施，防止事故扩大，同时通知有关部门采取相应措施。造成农药中毒事故的，由农业主管部门和公安机关依照职责权限组织调查处理，卫生主管部门应当按照国家有关规定立即对受到伤害的人员组织医疗救治；造成环境污染事故的，由环境保护等有关部门依法组织调查处理；造成储粮药剂使用事故和农作物药害事故的，分别由粮食、农业等部门组织技术鉴定和调查处理。

第三十九条 因防治突发重大病虫害等紧急需要，国务院农业主管部门可以决定临时生产、使用规定数量的未取得登记或者禁用、限制使用的农药，必要时应当会同国务院对外贸易主管部门决定临时限制出口或者临时进口规定数量、品种的农药。

前款规定的农药，应当在使用地县级人民政府农业主管部门的监督和指导下使用。

第六章 监督管理

第四十条 县级以上人民政府农业主管部门应当定期调查统计农药生产、销售、使用情况，并及时通报本级人民政府有关部门。

县级以上地方人民政府农业主管部门应当建立农药生产、经营诚信档案并予以公布；发现违法生产、经营农药的行为涉嫌犯罪的，应当依法移送公安机关查处。

第四十一条 县级以上人民政府农业主管部门履行农药监督管理职责，可以依法采取下列措施：

（一）进入农药生产、经营、使用场所实施现场检查；

（二）对生产、经营、使用的农药实施抽查检测；

（三）向有关人员调查了解有关情况；

（四）查阅、复制合同、票据、账簿以及其他有关资料；

（五）查封、扣押违法生产、经营、使用的农药，以及用于违法生产、经营、使用农药的工具、设备、原材料等；

（六）查封违法生产、经营、使用农药的场所。

第四十二条 国家建立农药召回制度。农药生产企业发现其生产的农药对农业、林业、人畜安全、农产品质量安全、生态环境等有严重危害或者较大风险的，应当立即停止生产，通知有关经营者和使用者，向所在地农业主管部门报告，主动召回产品，并记录通知和召回情况。

农药经营者发现其经营的农药有前款规定的情形的，应当立即停止销售，通知有关生产企业、供货人和购买人，向所在地农业主管部门报告，并记录停止销售和通知情况。

农药使用者发现其使用的农药有本条第一款规定的情形的，应当立即停止使用，通知经营者，并向所在地农业主管部门报告。

第四十三条 国务院农业主管部门和省、自治区、直辖市人民政府农业主管部门应当组织负责农药检定工作的机构、植物保护机构对已登记农药的安全性和有效性进行监测。

发现已登记农药对农业、林业、人畜安全、农产品质量安全、生态环境等有严重危害或者较大风险的，国务院农业主管部门应当组织农药登记评审委员会进行评审，根据评审结果撤销、变更相应的农药登记证，必要时应当决定禁用或者限制使用并予以公告。

第四十四条 有下列情形之一的，认定为假农药：

（一）以非农药冒充农药；

（二）以此种农药冒充他种农药；

（三）农药所含有效成分种类与农药的标签、说明书标注的有效成分不符。

禁用的农药，未依法取得农药登记证而生产、进口的农药，以及未附具标签的农药，按照假农药处理。

第四十五条 有下列情形之一的，认定为劣质农药：

（一）不符合农药产品质量标准；

（二）混有导致药害等有害成分。

超过农药质量保证期的农药，按照劣质农药处理。

第四十六条 假农药、劣质农药和回收的农药废弃物等应当交由具有危险废物经营资质的单位集中处置，处置费用由相应的农药生产企业、农药经营者承担；农药生产企业、农药经营者不明确的，处置费用由所在地县级人民政府财政列支。

第四十七条 禁止伪造、变造、转让、出租、出借农药登记证、农药生产许可证、农药经营许可证等许可证明文件。

第四十八条 县级以上人民政府农业主管部门及其工作人员和负责农药检定工作的机构及其工作人员，不得参与农药生产、经营活动。

第七章　法律责任

第四十九条 县级以上人民政府农业主管部门及其工作人员有下列行为之一的，由本级人民政府责令改正；对负有责任的领导人员和直接责任人员，依法给予处分；负有责任的领导人员和直接责任人员构成犯罪的，依法追究刑事责任：

（一）不履行监督管理职责，所辖行政区域的违法农药生产、经营活动造成重大损失或者恶劣社会影响；

（二）对不符合条件的申请人准予许可或者对符合条件的申请人拒不准予许可；

（三）参与农药生产、经营活动；

（四）有其他徇私舞弊、滥用职权、玩忽职守行为。

第五十条 农药登记评审委员会组成人员在农药登记评审中谋取不正当利益的，由国务院农业主管部门从农药登记评审委员会除名；属于国家工作人员的，依法给予处分；构成犯罪的，依法追究刑事责任。

第五十一条 登记试验单位出具虚假登记试验报告的，由省、自治区、直辖市人民政府农业主管部门没收违法所得，并处 5 万元以上 10 万元以下罚款；由国务院农业主管部门从登记试验单位中除名，5 年内不再受理其登记试验单位认定申请；构成犯罪的，依法追究刑事责任。

第五十二条 未取得农药生产许可证生产农药或者生产假农药的，由县级以上地方人民政府农业主管部门责令停止生产，没收违法所得、违法生产的产品和用于违法生产的工具、设备、原材料等，违法生产的产品货值金额不足 1 万元的，并处 5 万元以上 10 万元以下罚款，货值金额 1 万元以上的，并处货值金额 10 倍以上 20 倍以下罚款，由发证机关吊销农药生产许可证和相应的农药登记证；构成犯罪的，依法追究刑事责任。

取得农药生产许可证的农药生产企业不再符合规定条件继续生产农药的，由县级以上地方人民政府农业主管部门责令限期整改；逾期拒不整改或者整改后仍不符合规定条件的，由发证机关吊销农药生产许可证。

农药生产企业生产劣质农药的，由县级以上地方人民政府农业主管部门责令停止生产，没收违法所得、违法生产的产品和用于违法生产的工具、设备、原材料等，违法生产的产品货值金额不足 1 万元的，并处 1 万元以上 5 万元以下罚款，货值金额 1 万元以上的，并处货值金额 5 倍以上 10 倍以下罚款；情节严重的，由发证机关吊销农药生产许可证和相应的农药登记证；构成犯罪的，依法追究刑事责任。

委托未取得农药生产许可证的受托人加工、分装农药，或者委托加工、分装假农药、劣质农药的，对委托人和受托人均依照本条第一款、第三款的规定处罚。

第五十三条 农药生产企业有下列行为之一的，由县级以上地方人民政府农业主管部门责令改正，没收违法所得、违法生产的产品和用于违法生产的原材料等，违法生产的产品货值金额不足 1 万元的，并处 1 万元以上 2 万元以下罚款，货值金额 1 万元以上的，并处货值金额 2 倍以上 5 倍以下罚款；拒不改正或者情节严重的，由发证机关吊销农药生产许可证和相应的农药登记证：

（一）采购、使用未依法附具产品质量检验合格证、未依法取得有关许可证明文件的原材料；

（二）出厂销售未经质量检验合格并附具产品质量检验合格证的农药；

（三）生产的农药包装、标签、说明书不符合规定；

（四）不召回依法应当召回的农药。

第五十四条 农药生产企业不执行原材料进货、农药出厂销售记录制度，或者不履行农药废弃物回收义务的，由县级以上地方人民政府农业主管部门责令改正，处 1 万元以上 5 万元以下罚款；拒不改正或者情节严重的，由发证机关吊销农药生产许可证和相应的农药登记证。

第五十五条 农药经营者有下列行为之一的，由县级以上地方人民政府农业主管部门责令停止经营，没收违法所得、违法经营的农药和用于违法经营的工具、设备等，违法经营的农药货值金额不足 1 万元的，并处 5000 元以上 5 万元以下罚款，货值金额 1 万元以上的，并处货值金额 5 倍以上 10 倍以下罚款；构成犯罪的，依法追究刑事责任：

（一）违反本条例规定，未取得农药经营许可证经营农药；

（二）经营假农药；

（三）在农药中添加物质。

有前款第二项、第三项规定的行为，情节严重的，还应当由发证机关吊销农药经营许可证。

取得农药经营许可证的农药经营者不再符合规定条件继续经营农药的，由县级以上地方人民政府农业主管部门责令限期整改；逾期拒不整改或者整改后仍不符合规定条件的，由发证机关吊销农药经营许可证。

第五十六条 农药经营者经营劣质农药的，由县级以上地方人民政府农业主管部门责令停止经营，没收违法所得、违法经营的农药和用于违法经营的工具、设备等，违法经营的农药货值金额不足 1 万元的，并处 2000 元以上 2 万元以下罚款，货值金额 1 万元以上的，并处货值金额 2 倍以上 5 倍以下罚款；情节严重的，由发证机关吊销农药经营许可证；构成犯罪的，依法追究刑事责任。

第五十七条 农药经营者有下列行为之一的，由县级以上地方人民政府农业主管部门责令改正，没收违法所得和违法经营的农药，并处 5000 元以上 5 万元以下罚款；拒不改正或者情节严重的，由发证机关吊销农药经营许可证：

（一）设立分支机构未依法变更农药经营许可证，或者未向分支机构所在地县级以上地方人民政府农业主管部门备案；

（二）向未取得农药生产许可证的农药生产企业或者未取得农药经营许可证的其他农药经营者采购农药；

（三）采购、销售未附具产品质量检验合格证或者包装、标签不符合规定的农药；

（四）不停止销售依法应当召回的农药。

第五十八条 农药经营者有下列行为之一的，由县级以上地方人民政府农业主管部门责令改正；拒不改正或者情节严重的，处 2000 元以上 2 万元以下罚款，并由发证机关吊销农药经营许可证：

（一）不执行农药采购台账、销售台账制度；

（二）在卫生用农药以外的农药经营场所内经营食品、食用农产品、饲料等；

（三）未将卫生用农药与其他商品分柜销售；

（四）不履行农药废弃物回收义务。

第五十九条 境外企业直接在中国销售农药的，由县级以上地方人民政府农业主管部门责令停止销售，没收违法所得、违法经营的农药和用于违法经营的工具、设备等，违法经营的农药货值金额不足 5 万元的，并处 5 万元以上 50 万元以下罚款，货值金额 5 万元以上的，并处货值金额 10 倍以上 20 倍以下罚款，由发证机关吊销农药登记证。

取得农药登记证的境外企业向中国出口劣质农药情节严重或者出口假农药的，由国务院农业主管部门吊销相应的农药登记证。

第六十条 农药使用者有下列行为之一的，由县级人民政府农业主管部门责令改正，农药使用者为农产品生产企业、食品和食用农产品仓储企业、专业化病虫害防治服务组织和从事农产品生产的农民专业合作社等单位的，处 5 万元以上 10 万元以下罚款，农药使用者为个人的，处 1 万元以下罚款；构成犯罪的，依法追究刑事责任：

（一）不按照农药的标签标注的使用范围、使用方法和剂量、使用技术要求和注意事项、安全间隔期使用农药；

（二）使用禁用的农药；

（三）将剧毒、高毒农药用于防治卫生害虫，用于蔬菜、瓜果、茶叶、菌类、中草药材生产或者用于水生植物的病虫害防治；

（四）在饮用水水源保护区内使用农药；

（五）使用农药毒鱼、虾、鸟、兽等；

（六）在饮用水水源保护区、河道内丢弃农药、农药包装物或者清洗施药器械。

有前款第二项规定的行为的，县级人民政府农业主管部门还应当没收禁用的农药。

第六十一条 农产品生产企业、食品和食用农产品仓储企业、专业化病虫害防治服务组织和从事农产品生产的农民专业合作社等不执行农药使用记录制度的，由县级人民政府农业主管部门责令改正；拒不改正或者情节严重的，处 2000 元以上 2 万元以下罚款。

第六十二条 伪造、变造、转让、出租、出借农药登记证、农药生产许可证、农药经营许可证等许可证明文件的，由发证机关收缴或者予以吊销，没收违法所得，并处 1 万元以上 5 万元以下罚款；构成犯罪的，依法追究刑事责任。

第六十三条 未取得农药生产许可证生产农药，未取得农药经营许可证经营农药，或者被吊销农药登记证、农药生产许可证、农药经营许可证的，其直接负责的主管人员 10 年内不得从事农药生产、经营活动。

农药生产企业、农药经营者招用前款规定的人员从事农药生产、经营活动的，由发证机关吊销农药生产许可证、农药经营许可证。

被吊销农药登记证的，国务院农业主管部门 5 年内不再受理其农药登记申请。

第六十四条 生产、经营的农药造成农药使用者人身、财产损害的，农药使用者可以向农药生产企业要求赔偿，也可以向农药经营者要求赔偿。属于农药生产企业责任的，农药经营者赔偿后有权向农药生产企业追偿；属于农药经营者责任的，农药生产企业赔偿后有权向农药经营者追偿。

第八章 附 则

第六十五条 申请农药登记的，申请人应当按照自愿有偿的原则，与登记试验单位协商确定登记试验费用。

第六十六条 本条例自 2017 年 6 月 1 日起施行。

放射性物品运输安全管理条例

国务院令 2009 年第 562 号

（2009 年 9 月公布，2010 年 1 月 1 日施行）

第一章 总 则

第一条 为了加强对放射性物品运输的安全管理，保障人体健康，保护环境，促进核能、核技术的开发与和平利用，根据《中华人民共和国放射性污染防治法》，制定本条例。

第二条 放射性物品的运输和放射性物品运输容器的设计、制造等活动，适用本条例。

本条例所称放射性物品，是指含有放射性核素，并且其活度和比活度均高于国家规定的豁免值的物品。

第三条 根据放射性物品的特性及其对人体健康和环境的潜在危害程度，将放射性物品分为一类、二类和三类。

一类放射性物品，是指Ⅰ类放射源、高水平放射性废物、乏燃料等释放到环境后对人体健康和环境产生重大辐射影响的放射性物品。

二类放射性物品，是指Ⅱ类和Ⅲ类放射源、中等水平放射性废物等释放到环境后对人体健康和环境产生一般辐射影响的放射性物品。

三类放射性物品，是指Ⅳ类和Ⅴ类放射源、低水平放射性废物、放射性药品等释放到环境后对人体健康和环境产生较小辐射影响的放射性物品。

放射性物品的具体分类和名录，由国务院核安全监管部门会同国务院公安、卫生、海关、交通运输、铁路、民航、核工业行业主管部门制定。

第四条 国务院核安全监管部门对放射性物品运输的核与辐射安全实施监督管理。

国务院公安、交通运输、铁路、民航等有关主管部门依照本条例规定和各自的职责，负责放射性物品运输安全的有关监督管理工作。

县级以上地方人民政府环境保护主管部门和公安、交通运输等有关主管部门，依照本条例规定和各自的职责,负责本行政区域放射性物品运输安全的有关监督管理工作。

第五条 运输放射性物品，应当使用专用的放射性物品运输包装容器（以下简称运输容器）。

放射性物品的运输和放射性物品运输容器的设计、制造，应当符合国家放射性物品运输安全标准。

国家放射性物品运输安全标准，由国务院核安全监管部门制定，由国务院核安全监管部门和国务院标准化主管部门联合发布。国务院核安全监管部门制定国家放射性物品运输安全标准，应当征求国务院公安、卫生、交通运输、铁路、民航、核工业行业主管部门的意见。

第六条 放射性物品运输容器的设计、制造单位应当建立健全责任制度，加强质量管理，并对所从事的放射性物品运输容器的设计、制造活动负责。

放射性物品的托运人（以下简称托运人）应当制定核与辐射事故应急方案，在放射性物品运输中采取有效的辐射防护和安全保卫措施，并对放射性物品运输中的核与辐射安全负责。

第七条 任何单位和个人对违反本条例规定的行为，有权向国务院核安全监管部门或者其他依法履行放射性物品运输安全监督管理职责的部门举报。

接到举报的部门应当依法调查处理，并为举报人保密。

第二章 放射性物品运输容器的设计

第八条 放射性物品运输容器设计单位应当建立健全和有效实施质量保证体系，按照国家放射性物品运输安全标准进行设计，并通过试验验证或者分析论证等方式，对设计的放射性物品运输容器的安全性能进行评价。

第九条 放射性物品运输容器设计单位应当建立健全档案制度，按照质量保证体系的要求，如实记录放射性物品运输容器的设计和安全性能评价过程。

进行一类放射性物品运输容器设计，应当编制设计安全评价报告书；进行二类放射性物品运输容器设计，应当编制设计安全评价报告表。

第十条 一类放射性物品运输容器的设计，应当在首次用于制造前报国务院核安全监管部门审查批准。

申请批准一类放射性物品运输容器的设计，设计单位应当向国务院核安全监管部门提出书面申请，并提交下列材料：

（一）设计总图及其设计说明书；

（二）设计安全评价报告书；

（三）质量保证大纲。

第十一条 国务院核安全监管部门应当自受理申请之日起 45 个工作日内完成审查，对符合国家放射性物品运输安全标准的，颁发一类放射性物品运输容器设计批准书，并公告批准文号；对不符合国家放射性物品运输安全标准的，书面通知申请单位并说明理由。

第十二条 设计单位修改已批准的一类放射性物品运输容器设计中有关安全内容的，应当按照原申请程序向国务院核安全监管部门重新申请领取一类放射性物品运输容器设计批准书。

第十三条 二类放射性物品运输容器的设计，设计单位应当在首次用于制造前，将设计总图及其设计说明书、设计安全评价报告表报国务院核安全监管部门备案。

第十四条 三类放射性物品运输容器的设计，设计单位应当编制设计符合国家放射性物品运输安全标准的证明文件并存档备查。

第三章 放射性物品运输容器的制造与使用

第十五条 放射性物品运输容器制造单位，应当按照设计要求和国家放射性物品运输安全标准，对制造的放射性物品运输容器进行质量检验，编制质量检验报告。

未经质量检验或者经检验不合格的放射性物品运输容器，不得交付使用。

第十六条 从事一类放射性物品运输容器制造活动的单位，应当具备下列条件：

（一）有与所从事的制造活动相适应的专业技术人员；

（二）有与所从事的制造活动相适应的生产条件和检测手段；

（三）有健全的管理制度和完善的质量保证体系。

第十七条 从事一类放射性物品运输容器制造活动的单位，应当申请领取一类放射性物品运输容器制造许可证（以下简称制造许可证）。

申请领取制造许可证的单位，应当向国务院核安全监管部门提出书面申请，并提交其符合本条例第十六条规定条件的证明材料和申请制造的运输容器型号。

禁止无制造许可证或者超出制造许可证规定的范围从事一类放射性物品运输容器的制造活动。

第十八条 国务院核安全监管部门应当自受理申请之日起45个工作日内完成审查，对符合条件的，颁发制造许可证，并予以公告；对不符合条件的，书面通知申请单位并说明理由。

第十九条 制造许可证应当载明下列内容：

（一）制造单位名称、住所和法定代表人；

（二）许可制造的运输容器的型号；

（三）有效期限；

（四）发证机关、发证日期和证书编号。

第二十条 一类放射性物品运输容器制造单位变更单位名称、住所或者法定代表人的，应当自工商变更登记之日起20日内，向国务院核安全监管部门办理制造许可证变更手续。

一类放射性物品运输容器制造单位变更制造的运输容器型号的，应当按照原申请程序向国务院核安全监管部门重新申请领取制造许可证。

第二十一条 制造许可证有效期为5年。

制造许可证有效期届满，需要延续的，一类放射性物品运输容器制造单位应当于制造许可证有效期届满6个月前，向国务院核安全监管部门提出延续申请。

国务院核安全监管部门应当在制造许可证有效期届满前作出是否准予延续的决定。

第二十二条 从事二类放射性物品运输容器制造活动的单位，应当在首次制造活动开始30日前，将其具备与所从事的制造活动相适应的专业技术人员、生产条件、检测手段，以及具有健全的管理制度和完善的质量保证体系的证明材料，报国务院核安全监管部门备案。

第二十三条 一类、二类放射性物品运输容器制造单位，应当按照国务院核安全监管部门制定的编码规则，对其制造的一类、二类放射性物品运输容器统一编码，并于每年 1 月 31 日前将上一年度的运输容器编码清单报国务院核安全监管部门备案。

第二十四条 从事三类放射性物品运输容器制造活动的单位，应当于每年 1 月 31 日前将上一年度制造的运输容器的型号和数量报国务院核安全监管部门备案。

第二十五条 放射性物品运输容器使用单位应当对其使用的放射性物品运输容器定期进行保养和维护，并建立保养和维护档案；放射性物品运输容器达到设计使用年限，或者发现放射性物品运输容器存在安全隐患的，应当停止使用，进行处理。

一类放射性物品运输容器使用单位还应当对其使用的一类放射性物品运输容器每两年进行一次安全性能评价，并将评价结果报国务院核安全监管部门备案。

第二十六条 使用境外单位制造的一类放射性物品运输容器的，应当在首次使用前报国务院核安全监管部门审查批准。

申请使用境外单位制造的一类放射性物品运输容器的单位，应当向国务院核安全监管部门提出书面申请，并提交下列材料：

（一）设计单位所在国核安全监管部门颁发的设计批准文件的复印件；

（二）设计安全评价报告书；

（三）制造单位相关业绩的证明材料；

（四）质量合格证明；

（五）符合中华人民共和国法律、行政法规规定，以及国家放射性物品运输安全标准或者经国务院核安全监管部门认可的标准的说明材料。

国务院核安全监管部门应当自受理申请之日起 45 个工作日内完成审查，对符合国家放射性物品运输安全标准的，颁发使用批准书；对不符合国家放射性物品运输安全标准的，书面通知申请单位并说明理由。

第二十七条 使用境外单位制造的二类放射性物品运输容器的，应当在首次使用前将运输容器质量合格证明和符合中华人民共和国法律、行政法规规定，以及国家放射性物品运输安全标准或者经国务院核安全监管部门认可的标准的说明材料，报国务院核安全监管部门备案。

第二十八条 国务院核安全监管部门办理使用境外单位制造的一类、二类放射性物品运输容器审查批准和备案手续，应当同时为运输容器确定编码。

第四章 放射性物品的运输

第二十九条 托运放射性物品的，托运人应当持有生产、销售、使用或者处置放射性物品的有效证明，使用与所托运的放射性物品类别相适应的运输容器进行包装，配备必要的辐射监测设备、防护用品和防盗、防破坏设备，并编制运输说明书、核与辐射事故应急响应指南、装卸作业方法、安全防护指南。

运输说明书应当包括放射性物品的品名、数量、物理化学形态、危害风险等内容。

第三十条 托运一类放射性物品的，托运人应当委托有资质的辐射监测机构对其表面污染和辐射水平实施监测，辐射监测机构应当出具辐射监测报告。

托运二类、三类放射性物品的，托运人应当对其表面污染和辐射水平实施监测，并编制辐射监测报告。

监测结果不符合国家放射性物品运输安全标准的，不得托运。

第三十一条 承运放射性物品应当取得国家规定的运输资质。承运人的资质管理，依照有关法律、行政法规和国务院交通运输、铁路、民航、邮政主管部门的规定执行。

第三十二条 托运人和承运人应当对直接从事放射性物品运输的工作人员进行运输安全和应急响应知识的培训，并进行考核；考核不合格的，不得从事相关工作。

托运人和承运人应当按照国家放射性物品运输安全标准和国家有关规定，在放射性物品运输容器和运输工具上设置警示标志。

国家利用卫星定位系统对一类、二类放射性物品运输工具的运输过程实行在线监控。具体办法由国务院核安全监管部门会同国务院有关部门制定。

第三十三条 托运人和承运人应当按照国家职业病防治的有关规定，对直接从事放射性物品运输的工作人员进行个人剂量监测，建立个人剂量档案和职业健康监护档案。

第三十四条 托运人应当向承运人提交运输说明书、辐射监测报告、核与辐射事故应急响应指南、装卸作业方法、安全防护指南，承运人应当查验、收存。托运人提交文件不齐全的，承运人不得承运。

第三十五条 托运一类放射性物品的，托运人应当编制放射性物品运输的核与辐射安全分析报告书，报国务院核安全监管部门审查批准。

放射性物品运输的核与辐射安全分析报告书应当包括放射性物品的品名、数量、运输容器型号、运输方式、辐射防护措施、应急措施等内容。

国务院核安全监管部门应当自受理申请之日起45个工作日内完成审查，对符合国家放射性物品运输安全标准的，颁发核与辐射安全分析报告批准书；对不符合国家放射性物品运输安全标准的，书面通知申请单位并说明理由。

第三十六条 放射性物品运输的核与辐射安全分析报告批准书应当载明下列主要内容：

（一）托运人的名称、地址、法定代表人；

（二）运输放射性物品的品名、数量；

（三）运输放射性物品的运输容器型号和运输方式；

（四）批准日期和有效期限。

第三十七条 一类放射性物品启运前，托运人应当将放射性物品运输的核与辐射安全分析报告批准书、辐射监测报告，报启运地的省、自治区、直辖市人民政府环境保护主管部门备案。

收到备案材料的环境保护主管部门应当及时将有关情况通报放射性物品运输的途经地和抵达地的省、自治区、直辖市人民政府环境保护主管部门。

第三十八条 通过道路运输放射性物品的，应当经公安机关批准，按照指定的时间、路线、速度行驶，并悬挂警示标志，配备押运人员，使放射性物品处于押运人员的监管之下。

通过道路运输核反应堆乏燃料的，托运人应当报国务院公安部门批准。通过道路运输其他放射性物品的，托运人应当报启运地县级以上人民政府公安机关批准。具体办法由国务院公安部门商国务院核安全监管部门制定。

第三十九条 通过水路运输放射性物品的，按照水路危险货物运输的法律、行政法规和规章的有关规定执行。

通过铁路、航空运输放射性物品的，按照国务院铁路、民航主管部门的有关规定执行。

禁止邮寄一类、二类放射性物品。邮寄三类放射性物品的，按照国务院邮政管理部门的有关规定执行。

第四十条 生产、销售、使用或者处置放射性物品的单位，可以依照《中华人民共和国道路运输条例》的规定，向设区的市级人民政府道路运输管理机构申请非营业性道路危险货物运输资质，运输本单位的放射性物品，并承担本条例规定的托运人和承运人的义务。

申请放射性物品非营业性道路危险货物运输资质的单位，应当具备下列条件：

（一）持有生产、销售、使用或者处置放射性物品的有效证明；

（二）有符合本条例规定要求的放射性物品运输容器；

（三）有具备辐射防护与安全防护知识的专业技术人员和经考试合格的驾驶人员；

（四）有符合放射性物品运输安全防护要求，并经检测合格的运输工具、设施和设备；

（五）配备必要的防护用品和依法经定期检定合格的监测仪器；

（六）有运输安全和辐射防护管理规章制度以及核与辐射事故应急措施。

放射性物品非营业性道路危险货物运输资质的具体条件，由国务院交通运输主管部门会同国务院核安全监管部门制定。

第四十一条 一类放射性物品从境外运抵中华人民共和国境内，或者途经中华人民共和国境内运输的，托运人应当编制放射性物品运输的核与辐射安全分析报告书，报国务院核安全监管部门审查批准。审查批准程序依照本条例第三十五条第三款的规定执行。

二类、三类放射性物品从境外运抵中华人民共和国境内，或者途经中华人民共和国境内运输的，托运人应当编制放射性物品运输的辐射监测报告，报国务院核安全监管部门备案。

托运人、承运人或者其代理人向海关办理有关手续，应当提交国务院核安全监管部门颁发的放射性物品运输的核与辐射安全分析报告批准书或者放射性物品运输的辐射监测报告备案证明。

第四十二条 县级以上人民政府组织编制的突发环境事件应急预案，应当包括放射性物品运输中可能发生的核与辐射事故应急响应的内容。

第四十三条 放射性物品运输中发生核与辐射事故的，承运人、托运人应当按照核与辐射事故应急响应指南的要求，做好事故应急工作，并立即报告事故发生地的县级以上人民政府环境保护主管部门。接到报告的环境保护主管部门应当立即派人赶赴现场，进行现场调查，采取有效措施控制事故影响，并及时向本级人民政府报告，通报同级公安、卫生、交通运输等有关主管部门。

接到报告的县级以上人民政府及其有关主管部门应当按照应急预案做好应急工作，并按照国家突发事件分级报告的规定及时上报核与辐射事故信息。

核反应堆乏燃料运输的核事故应急准备与响应，还应当遵守国家核应急的有关规定。

第五章　监督检查

第四十四条　国务院核安全监管部门和其他依法履行放射性物品运输安全监督管理职责的部门，应当依据各自职责对放射性物品运输安全实施监督检查。

国务院核安全监管部门应当将其已批准或者备案的一类、二类、三类放射性物品运输容器的设计、制造情况和放射性物品运输情况通报设计、制造单位所在地和运输途经地的省、自治区、直辖市人民政府环境保护主管部门。省、自治区、直辖市人民政府环境保护主管部门应当加强对本行政区域放射性物品运输安全的监督检查和监督性监测。

被检查单位应当予以配合，如实反映情况，提供必要的资料，不得拒绝和阻碍。

第四十五条　国务院核安全监管部门和省、自治区、直辖市人民政府环境保护主管部门以及其他依法履行放射性物品运输安全监督管理职责的部门进行监督检查，监督检查人员不得少于2人，并应当出示有效的行政执法证件。

国务院核安全监管部门和省、自治区、直辖市人民政府环境保护主管部门以及其他依法履行放射性物品运输安全监督管理职责的部门的工作人员，对监督检查中知悉的商业秘密负有保密义务。

第四十六条　监督检查中发现经批准的一类放射性物品运输容器设计确有重大设计安全缺陷的，由国务院核安全监管部门责令停止该型号运输容器的制造或者使用，撤销一类放射性物品运输容器设计批准书。

第四十七条　监督检查中发现放射性物品运输活动有不符合国家放射性物品运输安全标准情形的，或者一类放射性物品运输容器制造单位有不符合制造许可证规定条件情形的，应当责令限期整改；发现放射性物品运输活动可能对人体健康和环境造成核与辐射危害的，应当责令停止运输。

第四十八条　国务院核安全监管部门和省、自治区、直辖市人民政府环境保护主管部门以及其他依法履行放射性物品运输安全监督管理职责的部门，对放射性物品运输活动实施监测，不得收取监测费用。

国务院核安全监管部门和省、自治区、直辖市人民政府环境保护主管部门以及其他依法履行放射性物品运输安全监督管理职责的部门，应当加强对监督管理人员辐射防护与安全防护知识的培训。

第六章　法律责任

第四十九条　国务院核安全监管部门和省、自治区、直辖市人民政府环境保护主管部门或者其他依法履行放射性物品运输安全监督管理职责的部门有下列行为之一的，对直接负责的主管人员和其他直接责任人员依法给予处分；直接负责的主管人员和其他直接责任人员构成犯罪的，依法追究刑事责任：

（一）未依照本条例规定作出行政许可或者办理批准文件的；

（二）发现违反本条例规定的行为不予查处，或者接到举报不依法处理的；

（三）未依法履行放射性物品运输核与辐射事故应急职责的；

（四）对放射性物品运输活动实施监测收取监测费用的；

（五）其他不依法履行监督管理职责的行为。

第五十条　放射性物品运输容器设计、制造单位有下列行为之一的，由国务院核安全监管部门责令停止违法行为，处50万元以上100万元以下的罚款；有违法所得的，没收违法所得：

（一）将未取得设计批准书的一类放射性物品运输容器设计用于制造的；

（二）修改已批准的一类放射性物品运输容器设计中有关安全内容，未重新取得设计批准书即用于制造的。

第五十一条　放射性物品运输容器设计、制造单位有下列行为之一的，由国务院核安全监管部门责令停止违法行为，处5万元以上10万元以下的罚款；有违法所得的，没收违法所得：

（一）将不符合国家放射性物品运输安全标准的二类、三类放射性物品运输容器设计用于制造的；

（二）将未备案的二类放射性物品运输容器设计用于制造的。

第五十二条　放射性物品运输容器设计单位有下列行为之一的，由国务院核安全监管部门责令限期改正；逾期不改正的，处 1 万元以上 5 万元以下的罚款：

（一）未对二类、三类放射性物品运输容器的设计进行安全性能评价的；

（二）未如实记录二类、三类放射性物品运输容器设计和安全性能评价过程的；

（三）未编制三类放射性物品运输容器设计符合国家放射性物品运输安全标准的证明文件并存档备查的。

第五十三条 放射性物品运输容器制造单位有下列行为之一的，由国务院核安全监管部门责令停止违法行为，处 50 万元以上 100 万元以下的罚款；有违法所得的，没收违法所得：

（一）未取得制造许可证从事一类放射性物品运输容器制造活动的；

（二）制造许可证有效期届满，未按照规定办理延续手续，继续从事一类放射性物品运输容器制造活动的；

（三）超出制造许可证规定的范围从事一类放射性物品运输容器制造活动的；

（四）变更制造的一类放射性物品运输容器型号，未按照规定重新领取制造许可证的；

（五）将未经质量检验或者经检验不合格的一类放射性物品运输容器交付使用的。

有前款第（三）项、第（四）项和第（五）项行为之一，情节严重的，吊销制造许可证。

第五十四条 一类放射性物品运输容器制造单位变更单位名称、住所或者法定代表人，未依法办理制造许可证变更手续的，由国务院核安全监管部门责令限期改正；逾期不改正的，处 2 万元的罚款。

第五十五条 放射性物品运输容器制造单位有下列行为之一的，由国务院核安全监管部门责令停止违法行为，处 5 万元以上 10 万元以下的罚款；有违法所得的，没收违法所得：

（一）在二类放射性物品运输容器首次制造活动开始前，未按照规定将有关证明材料报国务院核安全监管部门备案的；

（二）将未经质量检验或者经检验不合格的二类、三类放射性物品运输容器交付使用的。

第五十六条 放射性物品运输容器制造单位有下列行为之一的，由国务院核安全监管部门责令限期改正；逾期不改正的，处 1 万元以上 5 万元以下的罚款：

（一）未按照规定对制造的一类、二类放射性物品运输容器统一编码的；

（二）未按照规定将制造的一类、二类放射性物品运输容器编码清单报国务院核安全监管部门备案的；

（三）未按照规定将制造的三类放射性物品运输容器的型号和数量报国务院核安全监管部门备案的。

第五十七条 放射性物品运输容器使用单位未按照规定对使用的一类放射性物品运输容器进行安全性能评价，或者未将评价结果报国务院核安全监管部门备案的，由国务院核安全监管部门责令限期改正；逾期不改正的，处 1 万元以上 5 万元以下的罚款。

第五十八条 未按照规定取得使用批准书使用境外单位制造的一类放射性物品运输容器的，由国务院核安全监管部门责令停止违法行为，处 50 万元以上 100 万元以下的罚款。

未按照规定办理备案手续使用境外单位制造的二类放射性物品运输容器的，由国务院核安全监管部门责令停止违法行为，处 5 万元以上 10 万元以下的罚款。

第五十九条 托运人未按照规定编制放射性物品运输说明书、核与辐射事故应急响应指南、装卸作业方法、安全防护指南的，由国务院核安全监管部门责令限期改正；逾期不改正的，处 1 万元以上 5 万元以下的罚款。

托运人未按照规定将放射性物品运输的核与辐射安全分析报告批准书、辐射监测报告备案的，由启运地的省、自治区、直辖市人民政府环境保护主管部门责令限期改正；逾期不改正的，处 1 万元以上 5 万元以下的罚款。

第六十条 托运人或者承运人在放射性物品运输活动中，有违反有关法律、行政法规关于危险货物运输管理规定行为的，由交通运输、铁路、民航等有关主管部门依法予以处罚。

违反有关法律、行政法规规定邮寄放射性物品的，由公安机关和邮政管理部门依法予以处罚。在邮寄进境物品中发现放射性物品的，由海关依照有关法律、行政法规的规定处理。

第六十一条 托运人未取得放射性物品运输的核与辐射安全分析报告批准书托运一类放射性物品的，由国务院核安全监管部门责令停止违法行为，处 50 万元以上 100 万元以下的罚款。

第六十二条 通过道路运输放射性物品，有下列行为之一的，由公安机关责令限期改正，处 2 万元以上 10 万元以下的罚款；构成犯罪的，依法追究刑事责任：

（一）未经公安机关批准通过道路运输放射性物品的；

（二）运输车辆未按照指定的时间、路线、速度行驶或者未悬挂警示标志的；

（三）未配备押运人员或者放射性物品脱离押运人员监管的。

第六十三条 托运人有下列行为之一的，由启运地的省、自治区、直辖市人民政府环境保护主管部门责令停止违法行为，处 5 万元以上 20 万元以下的罚款：

（一）未按照规定对托运的放射性物品表面污染和辐射水平实施监测的；

（二）将经监测不符合国家放射性物品运输安全标准的放射性物品交付托运的；

（三）出具虚假辐射监测报告的。

第六十四条 未取得放射性物品运输的核与辐射安全分析报告批准书或者放射性物品运输的辐射监测报告备案证明，将境外的放射性物品运抵中华人民共和国境内，或者途经中华人民共和国境内运输的，由海关责令托运人退运该放射性物品，并依照海关法律、行政法规给予处罚；构成犯罪的，依法追究刑事责任。托运人不明的，由承运人承担退运该放射性物品的责任，或者承担该放射性物品的处置费用。

第六十五条 违反本条例规定，在放射性物品运输中造成核与辐射事故的，由县级以上地方人民政府环境保护主管部门处以罚款，罚款数额按照核与辐射事故造成的直接损失的 20% 计算；构成犯罪的，依法追究刑事责任。

托运人、承运人未按照核与辐射事故应急响应指南的要求，做好事故应急工作并报告事故的，由县级以上地方人民政府环境保护主管部门处 5 万元以上 20 万元以下的罚款。

因核与辐射事故造成他人损害的，依法承担民事责任。

第六十六条 拒绝、阻碍国务院核安全监管部门或者其他依法履行放射性物品运输安全监督管理职责的部门进行监督检查，或者在接受监督检查时弄虚作假的，由监督检查部门责令改正，处 1 万元以上 2 万元以下的罚款；构成违反治安管理行为的，由公安机关依法给予治安管理处罚；构成犯罪的，依法追究刑事责任。

第七章 附 则

第六十七条 军用放射性物品运输安全的监督管理，依照《中华人民共和国放射性污染防治法》第六十条的规定执行。

第六十八条 本条例自 2010 年 1 月 1 日起施行。

危险货物道路运输安全管理办法

交通运输部、工业和信息化部、公安部、生态环境部、应急管理部、国家市场监督管理总局令 2019 年第 29 号

（2019 年 11 月公布，2020 年 1 月 1 日施行）

第一章 总 则

第一条 为了加强危险货物道路运输安全管理，预防危险货物道路运输事故，保障人民群众生命、财产安全，保护环境，依据《中华人民共和国安全生产法》《中华人民共和国道路运输条例》《危险化学品安全管理条例》《公路安全保护条例》等有关法律、行政法规，制定本办法。

第二条 对使用道路运输车辆从事危险货物运输及相关活动的安全管理，适用本办法。

第三条 危险货物道路运输应当坚持安全第一、预防为主、综合治理、便利运输的原则。

第四条 国务院交通运输主管部门主管全国危险货物道路运输管理工作。

县级以上地方人民政府交通运输主管部门负责组织领导本行政区域的危险货物道路运输管理工作。

工业和信息化、公安、生态环境、应急管理、市场监督管理等部门按照各自职责，负责对危险货物道路运输相关活动进行监督检查。

第五条 国家建立危险化学品监管信息共享平台，加强危险货物道路运输安全管理。

第六条 不得托运、承运法律、行政法规禁止运输的危险货物。

第七条 托运人、承运人、装货人应当制定危险货物道路运输作业查验、记录制度，以及人员安全教育培训、设备管理和岗位操作规程等安全生产管理制度。

托运人、承运人、装货人应当按照相关法律法规和《危险货物道路运输规则》（JT/T 617）要求，对本单位相关从业人员进行岗前安全教育培训和定期安全教育。未经岗前安全教育培训考核合格的人员，不得上岗作业。

托运人、承运人、装货人应当妥善保存安全教育培训及考核记录。岗前安全教育培训及考核记录保存至相关从业人员离职后 12 个月；定期安全教育记录保存期限不得少于 12 个月。

第八条 国家鼓励危险货物道路运输企业应用先进技术和装备，实行专业化、集约化经营。

禁止危险货物运输车辆挂靠经营。

第二章 危险货物托运

第九条 危险货物托运人应当委托具有相应危险货物道路运输资质的企业承运危险货物。托运民用爆炸物品、烟花爆竹的，应当委托具有第一类爆炸品或者第一类爆炸品中相应项别运输资质的企业承运。

第十条 托运人应当按照《危险货物道路运输规则》（JT/T 617）确定危险货物的类别、项别、品名、编号，遵守相关特殊规定要求。需要添加抑制剂或者稳定剂的，托运人应当按照规定添加，并将有关情况告知承运人。

第十一条 托运人不得在托运的普通货物中违规夹带危险货物，或者将危险货物匿报、谎报为普通货物托运。

第十二条 托运人应当按照《危险货物道路运输规则》（JT/T 617）妥善包装危险货物，并在外包装设置相应的危险货物标志。

第十三条 托运人在托运危险货物时，应当向承运人提交电子或者纸质形式的危险货物托运清单。

危险货物托运清单应当载明危险货物的托运人、承运人、收货人、装货人、始发地、目的地、危险货物的类别、项别、品名、编号、包装及规格、数量、应急联系电话等信息，以及危险货物危险特性、运输注意事项、急救措施、消防措施、泄漏应急处置、次生环境污染处置措施等信息。

托运人应当妥善保存危险货物托运清单，保存期限不得少于 12 个月。

第十四条 托运人应当在危险货物运输期间保持应急联系电话畅通。

第十五条 托运人托运剧毒化学品、民用爆炸物品、烟花爆竹或者放射性物品的，应当向承运人相应提供公安机关核发的剧毒化学品道路运输通行证、民用爆炸物品运输许可证、烟花爆竹道路运输许可证、放射性物品道路运输许可证明或者文件。

托运人托运第一类放射性物品的，应当向承运人提供国务院核安全监管部门批准的放射性物品运输核与辐射安全分析报告。

托运人托运危险废物（包括医疗废物，下同）的，应当向承运人提供生态环境主管部门发放的电子或者纸质形式的危险废物转移联单。

第三章 例外数量与有限数量危险货物运输的特别规定

第十六条 例外数量危险货物的包装、标记、包件测试，以及每个内容器和外容器可运输危险货物的最大数量，应当符合《危险货物道路运输规则》（JT/T 617）要求。

第十七条 有限数量危险货物的包装、标记，以及每个内容器或者物品所装的最大数量、总质量（含包装），应当符合《危险货物道路运输规则》（JT/T 617）要求。

第十八条 托运人托运例外数量危险货物的，应当向承运人书面声明危险货物符合《危险货物道路运输规则》（JT/T 617）包装要求。承运人应当要求驾驶人随车携带书面声明。

托运人应当在托运清单中注明例外数量危险货物以及包件的数量。

第十九条 托运人托运有限数量危险货物的，应当向承运人提供包装性能测试报告或者书面声明危险货物符合《危险货物道路运输规则》（JT/T 617）包装要求。承运人应当要求驾驶人随车携带测试报告或者书面声明。

托运人应当在托运清单中注明有限数量危险货物以及包件的数量、总质量（含包装）。

第二十条 例外数量、有限数量危险货物包件可以与其他危险货物、普通货物混合装载，但有限数量危险货物包件不得与爆炸品混合装载。

第二十一条 运输车辆载运例外数量危险货物包件数不超过1000个或者有限数量危险货物总质量（含包装）不超过8000千克的，可以按照普通货物运输。

第四章 危险货物承运

第二十二条 危险货物承运人应当按照交通运输主管部门许可的经营范围承运危险货物。

第二十三条 危险货物承运人应当使用安全技术条件符合国家标准要求且与承运危险货物性质、重量相匹配的车辆、设备进行运输。

危险货物承运人使用常压液体危险货物罐式车辆运输危险货物的，应当在罐式车辆罐体的适装介质列表范围内承运；使用移动式压力容器运输危险货物的，应当按照移动式压力容器使用登记证上限定的介质承运。

危险货物承运人应当按照运输车辆的核定载质量装载危险货物，不得超载。

第二十四条 危险货物承运人应当制作危险货物运单，并交由驾驶人随车携带。危险货物运单应当妥善保存，保存期限不得少于 12 个月。

危险货物运单格式由国务院交通运输主管部门统一制定。危险货物运单可以是电子或者纸质形式。

运输危险废物的企业还应当填写并随车携带电子或者纸质形式的危险废物转移联单。

第二十五条 危险货物承运人在运输前，应当对运输车辆、罐式车辆罐体、可移动罐柜、罐式集装箱（以下简称罐箱）及相关设备的技术状况，以及卫星定位装置进行检查并做好记录，对驾驶人、押运人员进行运输安全告知。

第二十六条 危险货物道路运输车辆驾驶人、押运人员在起运前，应当对承运危险货物的运输车辆、罐式车辆罐体、可移动罐柜、罐箱进行外观检查，确保没有影响运输安全的缺陷。

危险货物道路运输车辆驾驶人、押运人员在起运前，应当检查确认危险货物运输车辆按照《道路运输危险货物车辆标志》（GB 13392）要求安装、悬挂标志。运输爆炸品和剧毒化学品的，还应当检查确认车辆安装、粘贴符合《道路运输爆炸品和剧毒化学品车辆安全技术条件》（GB 20300）要求的安全标示牌。

第二十七条 危险货物承运人除遵守本办法规定外，还应当遵守《道路危险货物运输管理规定》有关运输行为的要求。

第五章　危险货物装卸

第二十八条　装货人应当在充装或者装载货物前查验以下事项；不符合要求的，不得充装或者装载：

（一）车辆是否具有有效行驶证和营运证；

（二）驾驶人、押运人员是否具有有效资质证件；

（三）运输车辆、罐式车辆罐体、可移动罐柜、罐箱是否在检验合格有效期内；

（四）所充装或者装载的危险货物是否与危险货物运单载明的事项相一致；

（五）所充装的危险货物是否在罐式车辆罐体的适装介质列表范围内，或者满足可移动罐柜导则、罐箱适用代码的要求。

充装或者装载剧毒化学品、民用爆炸物品、烟花爆竹、放射性物品或者危险废物时，还应当查验本办法第十五条规定的单证报告。

第二十九条　装货人应当按照相关标准进行装载作业。装载货物不得超过运输车辆的核定载质量，不得超出罐式车辆罐体、可移动罐柜、罐箱的允许充装量。

第三十条　危险货物交付运输时，装货人应当确保危险货物运输车辆按照《道路运输危险货物车辆标志》（GB 13392）要求安装、悬挂标志，确保包装容器没有损坏或者泄漏，罐式车辆罐体、可移动罐柜、罐箱的关闭装置处于关闭状态。

爆炸品和剧毒化学品交付运输时，装货人还应当确保车辆安装、粘贴符合《道路运输爆炸品和剧毒化学品车辆安全技术条件》（GB 20300）要求的安全标示牌。

第三十一条　装货人应当建立危险货物装货记录制度，记录所充装或者装载的危险货物类别、品名、数量、运单编号和托运人、承运人、运输车辆及驾驶人等相关信息并妥善保存，保存期限不得少于 12 个月。

第三十二条　充装或者装载危险化学品的生产、储存、运输、使用和经营企业，应当按照本办法要求建立健全并严格执行充装或者装载查验、记录制度。

第三十三条　收货人应当及时收货，并按照安全操作规程进行卸货作业。

第三十四条　禁止危险货物运输车辆在卸货后直接实施排空作业等活动。

第六章　危险货物运输车辆与罐式车辆罐体、可移动罐柜、罐箱

第三十五条　工业和信息化主管部门应当通过《道路机动车辆生产企业及产品公告》

危险货物和危险化学品
进出口合规管理及风险防控

公布产品型号，并按照《危险货物运输车辆结构要求》（GB 21668）公布危险货物运输车辆类型。

第三十六条 危险货物运输车辆生产企业应当按照工业和信息化主管部门公布的产品型号进行生产。危险货物运输车辆应当获得国家强制性产品认证证书。

第三十七条 危险货物运输车辆生产企业应当按《危险货物运输车辆结构要求》（GB 21668）标注危险货物运输车辆的类型。

第三十八条 液体危险化学品常压罐式车辆罐体生产企业应当取得工业产品生产许可证，生产的罐体应当符合《道路运输液体危险货物罐式车辆》（GB 18564）要求。

检验机构应当严格按照国家标准、行业标准及国家统一发布的检验业务规则，开展液体危险化学品常压罐式车辆罐体检验，对检验合格的罐体出具检验合格证书。检验合格证书包括罐体载质量、罐体容积、罐体编号、适装介质列表和下次检验日期等内容。

检验机构名录及检验业务规则由国务院市场监督管理部门、国务院交通运输主管部门共同公布。

第三十九条 常压罐式车辆罐体生产企业应当按照要求为罐体分配并标注唯一性编码。

第四十条 罐式车辆罐体应当在检验有效期内装载危险货物。

检验有效期届满后，罐式车辆罐体应当经具有专业资质的检验机构重新检验合格，方可投入使用。

第四十一条 装载危险货物的常压罐式车辆罐体的重大维修、改造，应当委托具备罐体生产资质的企业实施，并通过具有专业资质的检验机构维修、改造检验，取得检验合格证书，方可重新投入使用。

第四十二条 运输危险货物的可移动罐柜、罐箱应当经具有专业资质的检验机构检验合格，取得检验合格证书，并取得相应的安全合格标志，按照规定用途使用。

第四十三条 危险货物包装容器属于移动式压力容器或者气瓶的，还应当满足特种设备相关法律法规、安全技术规范以及国际条约的要求。

第七章 危险货物运输车辆运行管理

第四十四条 在危险货物道路运输过程中，除驾驶人外，还应当在专用车辆上配备

972

必要的押运人员，确保危险货物处于押运人员监管之下。

运输车辆应当安装、悬挂符合《道路运输危险货物车辆标志》（GB 13392）要求的警示标志，随车携带防护用品、应急救援器材和危险货物道路运输安全卡，严格遵守道路交通安全法律法规规定，保障道路运输安全。

运输爆炸品和剧毒化学品车辆还应当安装、粘贴符合《道路运输爆炸品和剧毒化学品车辆安全技术条件》（GB 20300）要求的安全标示牌。

运输剧毒化学品、民用爆炸物品、烟花爆竹、放射性物品或者危险废物时，还应当随车携带本办法第十五条规定的单证报告。

第四十五条 危险货物承运人应当按照《中华人民共和国反恐怖主义法》和《道路运输车辆动态监督管理办法》要求，在车辆运行期间通过定位系统对车辆和驾驶人进行监控管理。

第四十六条 危险货物运输车辆在高速公路上行驶速度不得超过每小时 80 公里，在其他道路上行驶速度不得超过每小时 60 公里。道路限速标志、标线标明的速度低于上述规定速度的，车辆行驶速度不得高于限速标志、标线标明的速度。

第四十七条 驾驶人应当确保罐式车辆罐体、可移动罐柜、罐箱的关闭装置在运输过程中处于关闭状态。

第四十八条 运输民用爆炸物品、烟花爆竹和剧毒、放射性等危险物品时，应当按照公安机关批准的路线、时间行驶。

第四十九条 有下列情形之一的，公安机关可以依法采取措施，限制危险货物运输车辆通行：

（一）城市（含县城）重点地区、重点单位、人流密集场所、居民生活区；

（二）饮用水水源保护区、重点景区、自然保护区；

（三）特大桥梁、特长隧道、隧道群、桥隧相连路段及水下公路隧道；

（四）坡长坡陡、临水临崖等通行条件差的山区公路；

（五）法律、行政法规规定的其他可以限制通行的情形。

除法律、行政法规另有规定外，公安机关综合考虑相关因素，确需对通过高速公路运输危险化学品依法采取限制通行措施的，限制通行时段应当在0时至6时之间确定。

公安机关采取限制危险货物运输车辆通行措施的，应当提前向社会公布，并会同交通运输主管部门确定合理的绕行路线，设置明显的绕行提示标志。

第五十条 遇恶劣天气、重大活动、重要节假日、交通事故、突发事件等，公安机关可以临时限制危险货物运输车辆通行，并做好告知提示。

第五十一条 危险货物运输车辆需在高速公路服务区停车的，驾驶人、押运人员应当按照有关规定采取相应的安全防范措施。

第八章 监督检查

第五十二条 对危险货物道路运输负有安全监督管理职责的部门，应当依照下列规定加强监督检查：

（一）交通运输主管部门负责核发危险货物道路运输经营许可证，定期对危险货物道路运输企业动态监控工作的情况进行考核，依法对危险货物道路运输企业进行监督检查，负责对运输环节充装查验、核准、记录等进行监管。

（二）工业和信息化主管部门应当依法对《道路机动车辆生产企业及产品公告》内的危险货物运输车辆生产企业进行监督检查，依法查处违法违规生产企业及产品。

（三）公安机关负责核发剧毒化学品道路运输通行证、民用爆炸物品运输许可证、烟花爆竹道路运输许可证和放射性物品运输许可证明或者文件，并负责危险货物运输车辆的通行秩序管理。

（四）生态环境主管部门应当依法对放射性物品运输容器的设计、制造和使用等进行监督检查，负责监督核设施营运单位、核技术利用单位建立健全并执行托运及充装管理制度规程。

（五）应急管理部门和其他负有安全生产监督管理职责的部门依法负责危险化学品生产、储存、使用和经营环节的监管，按照职责分工督促企业建立健全充装管理制度规程。

（六）市场监督管理部门负责依法查处危险化学品及常压罐式车辆罐体质量违法行为和常压罐式车辆罐体检验机构出具虚假检验合格证书的行为。

第五十三条 对危险货物道路运输负有安全监督管理职责的部门，应当建立联合执法协作机制。

第五十四条 对危险货物道路运输负有安全监督管理职责的部门发现危险货物托运、

承运或者装载过程中存在重大隐患，有可能发生安全事故的，应当要求其停止作业并消除隐患。

第五十五条 对危险货物道路运输负有安全监督管理职责的部门监督检查时，发现需由其他负有安全监督管理职责的部门处理的违法行为，应当及时移交。

其他负有安全监督管理职责的部门应当接收，依法处理，并将处理结果反馈移交部门。

第九章 法律责任

第五十六条 交通运输主管部门对危险货物承运人违反本办法第七条，未对从业人员进行安全教育和培训的，应当责令限期改正，可以处5万元以下的罚款；逾期未改正的，责令停产停业整顿，并处5万元以上10万元以下的罚款，对其直接负责的主管人员和其他直接责任人员处1万元以上2万元以下的罚款。

第五十七条 交通运输主管部门对危险化学品托运人有下列情形之一的，应当责令改正，处10万元以上20万元以下的罚款，有违法所得的，没收违法所得；拒不改正的，责令停产停业整顿：

（一）违反本办法第九条，委托未依法取得危险货物道路运输资质的企业承运危险化学品的；

（二）违反本办法第十一条，在托运的普通货物中违规夹带危险化学品，或者将危险化学品匿报或者谎报为普通货物托运的。

有前款第（二）项情形，构成违反治安管理行为的，由公安机关依法给予治安管理处罚。

第五十八条 交通运输主管部门对危险货物托运人违反本办法第十条，危险货物的类别、项别、品名、编号不符合相关标准要求的，应当责令改正，属于非经营性的，处1000元以下的罚款；属于经营性的，处1万元以上3万元以下的罚款。

第五十九条 交通运输主管部门对危险化学品托运人有下列情形之一的，应当责令改正，处5万元以上10万元以下的罚款；拒不改正的，责令停产停业整顿：

（一）违反本办法第十条，运输危险化学品需要添加抑制剂或者稳定剂，托运人未添加或者未将有关情况告知承运人的；

（二）违反本办法第十二条，未按照要求对所托运的危险化学品妥善包装并在外包装设置相应标志的。

第六十条 交通运输主管部门对危险货物承运人有下列情形之一的，应当责令改正，处 2000 元以上 5000 元以下的罚款：

（一）违反本办法第二十三条，未在罐式车辆罐体的适装介质列表范围内或者移动式压力容器使用登记证上限定的介质承运危险货物的；

（二）违反本办法第二十四条，未按照规定制作危险货物运单或者保存期限不符合要求的；

（三）违反本办法第二十五条，未按照要求对运输车辆、罐式车辆罐体、可移动罐柜、罐箱及设备进行检查和记录的。

第六十一条 交通运输主管部门对危险货物道路运输车辆驾驶人具有下列情形之一的，应当责令改正，处 1000 元以上 3000 元以下的罚款：

（一）违反本办法第二十四条、第四十四条，未按照规定随车携带危险货物运单、安全卡的；

（二）违反本办法第四十七条，罐式车辆罐体、可移动罐柜、罐箱的关闭装置在运输过程中未处于关闭状态的。

第六十二条 交通运输主管部门对危险货物承运人违反本办法第四十条、第四十一条、第四十二条，使用未经检验合格或者超出检验有效期的罐式车辆罐体、可移动罐柜、罐箱从事危险货物运输的，应当责令限期改正，可以处 5 万元以下的罚款；逾期未改正的，处 5 万元以上 20 万元以下的罚款，对其直接负责的主管人员和其他直接责任人员处 1 万元以上 2 万元以下的罚款；情节严重的，责令停产停业整顿。

第六十三条 交通运输主管部门对危险货物承运人违反本办法第四十五条，未按照要求对运营中的危险化学品、民用爆炸物品、核与放射性物品的运输车辆通过定位系统实行监控的，应当给予警告，并责令改正；拒不改正的，处 10 万元以下的罚款，并对其直接负责的主管人员和其他直接责任人员处 1 万元以下的罚款。

第六十四条 工业和信息化主管部门对作为装货人的民用爆炸物品生产、销售企业违反本办法第七条、第二十八条、第三十一条，未建立健全并严格执行充装或者装载查验、记录制度的，应当责令改正，处 1 万元以上 3 万元以下的罚款。

生态环境主管部门对核设施营运单位、核技术利用单位违反本办法第七条、第二十八条、第三十一条，未建立健全并严格执行充装或者装载查验、记录制度的，应当责令改正，处 1 万元以上 3 万元以下的罚款。

第六十五条 交通运输主管部门、应急管理部门和其他负有安全监督管理职责的部门对危险化学品生产、储存、运输、使用和经营企业违反本办法第三十二条，未建立健全并严格执行充装或者装载查验、记录制度的，应当按照职责分工责令改正，处 1 万元以上 3 万元以下的罚款。

第六十六条 对装货人违反本办法第四十三条，未按照规定实施移动式压力容器、气瓶充装查验、记录制度，或者对不符合安全技术规范要求的移动式压力容器、气瓶进行充装的，依照特种设备相关法律法规进行处罚。

第六十七条 公安机关对有关企业、单位或者个人违反本办法第十五条，未经许可擅自通过道路运输危险货物的，应当责令停止非法运输活动，并予以处罚：

（一）擅自运输剧毒化学品的，处 5 万元以上 10 万元以下的罚款；

（二）擅自运输民用爆炸物品的，处 5 万元以上 20 万元以下的罚款，并没收非法运输的民用爆炸物品及违法所得；

（三）擅自运输烟花爆竹的，处 1 万元以上 5 万元以下的罚款，并没收非法运输的物品及违法所得；

（四）擅自运输放射性物品的，处 2 万元以上 10 万元以下的罚款。

第六十八条 公安机关对危险货物承运人有下列行为之一的，应当责令改正，处 5 万元以上 10 万元以下的罚款；构成违反治安管理行为的，依法给予治安管理处罚：

（一）违反本办法第二十三条，使用安全技术条件不符合国家标准要求的车辆运输危险化学品的；

（二）违反本办法第二十三条，超过车辆核定载质量运输危险化学品的。

第六十九条 公安机关对危险货物承运人违反本办法第四十四条，通过道路运输危险化学品不配备押运人员的，应当责令改正，处 1 万元以上 5 万元以下的罚款；构成违反治安管理行为的，依法给予治安管理处罚。

第七十条 公安机关对危险货物运输车辆违反本办法第四十四条，未按照要求安装、悬挂警示标志的，应当责令改正，并对承运人予以处罚：

（一）运输危险化学品的，处 1 万元以上 5 万元以下的罚款；

（二）运输民用爆炸物品的，处 5 万元以上 20 万元以下的罚款；

（三）运输烟花爆竹的，处 200 元以上 2000 元以下的罚款；

（四）运输放射性物品的，处 2 万元以上 10 万元以下的罚款。

第七十一条 公安机关对危险货物承运人违反本办法第四十四条，运输剧毒化学品、民用爆炸物品、烟花爆竹或者放射性物品未随车携带相应单证报告的，应当责令改正，并予以处罚：

（一）运输剧毒化学品未随车携带剧毒化学品道路运输通行证的，处 500 元以上 1000 元以下的罚款；

（二）运输民用爆炸物品未随车携带民用爆炸物品运输许可证的，处 5 万元以上 20 万元以下的罚款；

（三）运输烟花爆竹未随车携带烟花爆竹道路运输许可证的，处 200 元以上 2000 元以下的罚款；

（四）运输放射性物品未随车携带放射性物品道路运输许可证明或者文件的，有违法所得的，处违法所得 3 倍以下且不超过 3 万元的罚款；没有违法所得的，处 1 万元以下的罚款。

第七十二条 公安机关对危险货物运输车辆违反本办法第四十八条，未依照批准路线等行驶的，应当责令改正，并对承运人予以处罚：

（一）运输剧毒化学品的，处 1000 元以上 1 万元以下的罚款；

（二）运输民用爆炸物品的，处 5 万元以上 20 万元以下的罚款；

（三）运输烟花爆竹的，处 200 元以上 2000 元以下的罚款；

（四）运输放射性物品的，处 2 万元以上 10 万元以下的罚款。

第七十三条 危险化学品常压罐式车辆罐体检验机构违反本办法第三十八条，为不符合相关法规和标准要求的危险化学品常压罐式车辆罐体出具检验合格证书的，按照有关法律法规的规定进行处罚。

第七十四条 交通运输、工业和信息化、公安、生态环境、应急管理、市场监督管理等部门应当相互通报有关处罚情况，并将涉企行政处罚信息及时归集至国家企业信用信息公示系统，依法向社会公示。

第七十五条 对危险货物道路运输负有安全监督管理职责的部门工作人员在危险货物道路运输监管工作中滥用职权、玩忽职守、徇私舞弊的，依法进行处理；构成犯罪的，依法追究刑事责任。

第十章 附 则

第七十六条 军用车辆运输危险货物的安全管理，不适用本办法。

第七十七条 未列入《危险货物道路运输规则》（JT/T 617）的危险化学品、《国家危险废物名录》中明确的在转移和运输环节实行豁免管理的危险废物、诊断用放射性药品的道路运输安全管理，不适用本办法，由国务院交通运输、生态环境等主管部门分别依据各自职责另行规定。

第七十八条 本办法下列用语的含义是：

（一）危险货物，是指列入《危险货物道路运输规则》（JT/T 617），具有爆炸、易燃、毒害、感染、腐蚀、放射性等危险特性的物质或者物品。

（二）例外数量危险货物，是指列入《危险货物道路运输规则》（JT/T 617），通过包装、包件测试、单证等特别要求，消除或者降低其运输危险性并免除相关运输条件的危险货物。

（三）有限数量危险货物，是指列入《危险货物道路运输规则》（JT/T 617），通过数量限制、包装、标记等特别要求，消除或者降低其运输危险性并免除相关运输条件的危险货物。

（四）装货人，是指受托运人委托将危险货物装进危险货物车辆、罐式车辆罐体、可移动罐柜、集装箱、散装容器，或者将装有危险货物的包装容器装载到车辆上的企业或者单位。

第七十九条 本办法自 2020 年 1 月 1 日起施行。

危险化学品登记管理办法

国家安全生产监督管理总局令 2012 年第 53 号

（2012 年 7 月公布，2012 年 8 月 1 日施行）

第一章 总 则

第一条 为了加强对危险化学品的安全管理，规范危险化学品登记工作，为危险化学品事故预防和应急救援提供技术、信息支持，根据《危险化学品安全管理条例》，制定本办法。

第二条 本办法适用于危险化学品生产企业、进口企业（以下统称登记企业）生产或者进口《危险化学品目录》所列危险化学品的登记和管理工作。

第三条 国家实行危险化学品登记制度。危险化学品登记实行企业申请、两级审核、统一发证、分级管理的原则。

第四条 国家安全生产监督管理总局负责全国危险化学品登记的监督管理工作。

县级以上地方各级人民政府安全生产监督管理部门负责本行政区域内危险化学品登记的监督管理工作。

第二章 登记机构

第五条 国家安全生产监督管理总局化学品登记中心（以下简称登记中心），承办全国危险化学品登记的具体工作和技术管理工作。

省、自治区、直辖市人民政府安全生产监督管理部门设立危险化学品登记办公室或者危险化学品登记中心（以下简称登记办公室），承办本行政区域内危险化学品登记的具体工作和技术管理工作。

第六条 登记中心履行下列职责：

（一）组织、协调和指导全国危险化学品登记工作；

（二）负责全国危险化学品登记内容审核、危险化学品登记证的颁发和管理工作；

（三）负责管理与维护全国危险化学品登记信息管理系统（以下简称登记系统）以及危险化学品登记信息的动态统计分析工作；

（四）负责管理与维护国家危险化学品事故应急咨询电话，并提供24小时应急咨询服务；

（五）组织化学品危险性评估，对未分类的化学品统一进行危险性分类；

（六）对登记办公室进行业务指导，负责全国登记办公室危险化学品登记人员的培训工作；

（七）定期将危险化学品的登记情况通报国务院有关部门，并向社会公告。

第七条 登记办公室履行下列职责：

（一）组织本行政区域内危险化学品登记工作；

（二）对登记企业申报材料的规范性、内容一致性进行审查；

（三）负责本行政区域内危险化学品登记信息的统计分析工作；

（四）提供危险化学品事故预防与应急救援信息支持；

（五）协助本行政区域内安全生产监督管理部门开展登记培训，指导登记企业实施危险化学品登记工作。

第八条 登记中心和登记办公室（以下统称登记机构）从事危险化学品登记的工作人员（以下简称登记人员）应当具有化工、化学、安全工程等相关专业大学专科以上学历，并经统一业务培训，取得培训合格证，方可上岗作业。

第九条 登记办公室应当具备下列条件：

（一）有3名以上登记人员；

（二）有严格的责任制度、保密制度、档案管理制度和数据库维护制度；

（三）配备必要的办公设备、设施。

第三章 登记的时间、内容和程序

第十条 新建的生产企业应当在竣工验收前办理危险化学品登记。

进口企业应当在首次进口前办理危险化学品登记。

第十一条 同一企业生产、进口同一品种危险化学品的，按照生产企业进行一次登记，但应当提交进口危险化学品的有关信息。

进口企业进口不同制造商的同一品种危险化学品的，按照首次进口制造商的危险化学品进行一次登记，但应当提交其他制造商的危险化学品的有关信息。

生产企业、进口企业多次进口同一制造商的同一品种危险化学品的，只进行一次登记。

第十二条 危险化学品登记应当包括下列内容：

（一）分类和标签信息，包括危险化学品的危险性类别、象形图、警示词、危险性说明、防范说明等；

（二）物理、化学性质，包括危险化学品的外观与性状、溶解性、熔点、沸点等物理性质，闪点、爆炸极限、自燃温度、分解温度等化学性质；

（三）主要用途，包括企业推荐的产品合法用途、禁止或者限制的用途等；

（四）危险特性，包括危险化学品的物理危险性、环境危害性和毒理特性；

（五）储存、使用、运输的安全要求，其中，储存的安全要求包括对建筑条件、库房条件、安全条件、环境卫生条件、温度和湿度条件的要求，使用的安全要求包括使用时的操作条件、作业人员防护措施、使用现场危害控制措施等，运输的安全要求包括对运输或者输送方式的要求、危害信息向有关运输人员的传递手段、装卸及运输过程中的安全措施等；

（六）出现危险情况的应急处置措施，包括危险化学品在生产、使用、储存、运输过程中发生火灾、爆炸、泄漏、中毒、窒息、灼伤等化学品事故时的应急处理方法，应急咨询服务电话等。

第十三条 危险化学品登记按照下列程序办理：

（一）登记企业通过登记系统提出申请；

（二）登记办公室在 3 个工作日内对登记企业提出的申请进行初步审查，符合条件的，通过登记系统通知登记企业办理登记手续；

（三）登记企业接到登记办公室通知后，按照有关要求在登记系统中如实填写登记内容，并向登记办公室提交有关纸质登记材料；

（四）登记办公室在收到登记企业的登记材料之日起 20 个工作日内，对登记材料和登记内容逐项进行审查，必要时可进行现场核查，符合要求的，将登记材料提交给登记中心；不符合要求的，通过登记系统告知登记企业并说明理由；

（五）登记中心在收到登记办公室提交的登记材料之日起 15 个工作日内，对登记材料和登记内容进行审核，符合要求的，通过登记办公室向登记企业发放危险化学品登记证；不符合要求的，通过登记系统告知登记办公室、登记企业并说明理由。

登记企业修改登记材料和整改问题所需时间，不计算在前款规定的期限内。

第十四条 登记企业办理危险化学品登记时，应当提交下列材料，并对其内容的真实性负责：

（一）危险化学品登记表一式 2 份；

（二）生产企业的工商营业执照，进口企业的对外贸易经营者备案登记表、中华人民共和国进出口企业资质证书、中华人民共和国外商投资企业批准证书或者台港澳侨投资企业批准证书复制件 1 份；

（三）与其生产、进口的危险化学品相符并符合国家标准的化学品安全技术说明书、化学品安全标签各 1 份；

（四）满足本办法第二十二条规定的应急咨询服务电话号码或者应急咨询服务委托书复制件 1 份；

（五）办理登记的危险化学品产品标准（采用国家标准或者行业标准的，提供所采用的标准编号）。

第十五条 登记企业在危险化学品登记证有效期内，企业名称、注册地址、登记品种、应急咨询服务电话发生变化，或者发现其生产、进口的危险化学品有新的危险特性的，应当在 15 个工作日内向登记办公室提出变更申请，并按照下列程序办理登记内容变更手续：

（一）通过登记系统填写危险化学品登记变更申请表，并向登记办公室提交涉及变更事项的证明材料 1 份；

（二）登记办公室初步审查登记企业的登记变更申请，符合条件的，通知登记企业提交变更后的登记材料，并对登记材料进行审查，符合要求的，提交给登记中心；不符合要求的，通过登记系统告知登记企业并说明理由；

（三）登记中心对登记办公室提交的登记材料进行审核，符合要求且属于危险化学品登记证载明事项的，通过登记办公室向登记企业发放登记变更后的危险化学品登记证并收回原证；符合要求但不属于危险化学品登记证载明事项的，通过登记办公室向登记企业提供书面证明文件。

第十六条 危险化学品登记证有效期为 3 年。登记证有效期满后，登记企业继续从事危险化学品生产或者进口的，应当在登记证有效期届满前 3 个月提出复核换证申请，并按下列程序办理复核换证：

（一）通过登记系统填写危险化学品复核换证申请表；

（二）登记办公室审查登记企业的复核换证申请，符合条件的，通过登记系统告知登记企业提交本规定第十四条规定的登记材料；不符合条件的，通过登记系统告知登记企业并说明理由；

（三）按照本办法第十三条第一款第三项、第四项、第五项规定的程序办理复核换证手续。

第十七条 危险化学品登记证分为正本、副本，正本为悬挂式，副本为折页式。正本、副本具有同等法律效力。

危险化学品登记证正本、副本应当载明证书编号、企业名称、注册地址、企业性质、登记品种、有效期、发证机关、发证日期等内容。其中，企业性质应当注明危险化学品生产企业、危险化学品进口企业或者危险化学品生产企业（兼进口）。

第四章 登记企业的职责

第十八条 登记企业应当对本企业的各类危险化学品进行普查，建立危险化学品管理档案。

危险化学品管理档案应当包括危险化学品名称、数量、标识信息、危险性分类和化学品安全技术说明书、化学品安全标签等内容。

第十九条 登记企业应当按照规定向登记机构办理危险化学品登记，如实填报登记内容和提交有关材料，并接受安全生产监督管理部门依法进行的监督检查。

第二十条 登记企业应当指定人员负责危险化学品登记的相关工作，配合登记人员在必要时对本企业危险化学品登记内容进行核查。

登记企业从事危险化学品登记的人员应当具备危险化学品登记相关知识和能力。

第二十一条 对危险特性尚未确定的化学品，登记企业应当按照国家关于化学品危险性鉴定的有关规定，委托具有国家规定资质的机构对其进行危险性鉴定；属于危险化学品的，应当依照本办法的规定进行登记。

第二十二条 危险化学品生产企业应当设立由专职人员24小时值守的国内固定服务电话，针对本办法第十二条规定的内容向用户提供危险化学品事故应急咨询服务，为危险化学品事故应急救援提供技术指导和必要的协助。专职值守人员应当熟悉本企业危险化学品的危险特性和应急处置技术，准确回答有关咨询问题。

危险化学品生产企业不能提供前款规定应急咨询服务的，应当委托登记机构代理应急咨询服务。

危险化学品进口企业应当自行或者委托进口代理商、登记机构提供符合本条第一款要求的应急咨询服务，并在其进口的危险化学品安全标签上标明应急咨询服务电话号码。

从事代理应急咨询服务的登记机构，应当设立由专职人员 24 小时值守的国内固定服务电话，建有完善的化学品应急救援数据库，配备在线数字录音设备和 8 名以上专业人员，能够同时受理 3 起以上应急咨询，准确提供化学品泄漏、火灾、爆炸、中毒等事故应急处置有关信息和建议。

第二十三条 登记企业不得转让、冒用或者使用伪造的危险化学品登记证。

第五章 监督管理

第二十四条 安全生产监督管理部门应当将危险化学品登记情况纳入危险化学品安全执法检查内容，对登记企业未按照规定予以登记的，依法予以处理。

第二十五条 登记办公室应当对本行政区域内危险化学品的登记数据及时进行汇总、统计、分析，并报告省、自治区、直辖市人民政府安全生产监督管理部门。

第二十六条 登记中心应当定期向国务院工业和信息化、环境保护、公安、卫生、交通运输、铁路、质量监督检验检疫等部门提供危险化学品登记的有关信息和资料，并向社会公告。

第二十七条 登记办公室应当在每年 1 月 31 日前向所属省、自治区、直辖市人民政府安全生产监督管理部门和登记中心书面报告上一年度本行政区域内危险化学品登记的情况。

登记中心应当在每年 2 月 15 日前向国家安全生产监督管理总局书面报告上一年度全国危险化学品登记的情况。

第六章 法律责任

第二十八条 登记机构的登记人员违规操作、弄虚作假、滥发证书，在规定限期内无故不予登记且无明确答复，或者泄露登记企业商业秘密的，责令改正，并追究有关责任人员的责任。

第二十九条 登记企业不办理危险化学品登记，登记品种发生变化或者发现其生产、进口的危险化学品有新的危险特性不办理危险化学品登记内容变更手续的，责令改正，可以处 5 万元以下的罚款；拒不改正的，处 5 万元以上 10 万元以下的罚款；情节严重的，责令停产停业整顿。

第三十条 登记企业有下列行为之一的，责令改正，可以处 3 万元以下的罚款：

（一）未向用户提供应急咨询服务或者应急咨询服务不符合本办法第二十二条规定的；

（二）在危险化学品登记证有效期内企业名称、注册地址、应急咨询服务电话发生变化，未按规定按时办理危险化学品登记变更手续的；

（三）危险化学品登记证有效期满后，未按规定申请复核换证，继续进行生产或者进口的；

（四）转让、冒用或者使用伪造的危险化学品登记证，或者不如实填报登记内容、提交有关材料的。

（五）拒绝、阻挠登记机构对本企业危险化学品登记情况进行现场核查的。

第七章 附 则

第三十一条 本办法所称危险化学品进口企业，是指依法设立且取得工商营业执照，并取得下列证明文件之一，从事危险化学品进口的企业：

（一）对外贸易经营者备案登记表；

（二）中华人民共和国进出口企业资质证书；

（三）中华人民共和国外商投资企业批准证书；

（四）台港澳侨投资企业批准证书。

第三十二条 登记企业在本办法施行前已经取得的危险化学品登记证，其有效期不变；有效期满后继续从事危险化学品生产、进口活动的，应当依照本办法的规定办理危险化学品登记证复核换证手续。

第三十三条 危险化学品登记证由国家安全生产监督管理总局统一印制。

第三十四条 本办法自 2012 年 8 月 1 日起施行。原国家经济贸易委员会 2002 年 10 月 8 日公布的《危险化学品登记管理办法》同时废止。

危险化学品经营许可证管理办法

（2015 年修正，2015 年 7 月 1 日施行）

（2012 年 7 月 17 日国家安全生产监督管理总局令第 55 号公布，自 2012 年 9 月 1 日起施行；根据 2015 年 5 月 27 日国家安全生产监督管理总局令第 79 号修正）

第一章 总 则

第一条 为了严格危险化学品经营安全条件，规范危险化学品经营活动，保障人民群众生命、财产安全，根据《中华人民共和国安全生产法》和《危险化学品安全管理条例》，制定本办法。

第二条 在中华人民共和国境内从事列入《危险化学品目录》的危险化学品的经营（包括仓储经营）活动，适用本办法。

民用爆炸物品、放射性物品、核能物质和城镇燃气的经营活动，不适用本办法。

第三条 国家对危险化学品经营实行许可制度。经营危险化学品的企业，应当依照本办法取得危险化学品经营许可证（以下简称经营许可证）。未取得经营许可证，任何单位和个人不得经营危险化学品。

从事下列危险化学品经营活动，不需要取得经营许可证：

（一）依法取得危险化学品安全生产许可证的危险化学品生产企业在其厂区范围内销售本企业生产的危险化学品的；

（二）依法取得港口经营许可证的港口经营人在港区内从事危险化学品仓储经营的。

第四条 经营许可证的颁发管理工作实行企业申请、两级发证、属地监管的原则。

第五条 国家安全生产监督管理总局指导、监督全国经营许可证的颁发和管理工作。

省、自治区、直辖市人民政府安全生产监督管理部门指导、监督本行政区域内经营许可证的颁发和管理工作。

设区的市级人民政府安全生产监督管理部门（以下简称市级发证机关）负责下列企业的经营许可证审批、颁发：

（一）经营剧毒化学品的企业；

（二）经营易制爆危险化学品的企业；

（三）经营汽油加油站的企业；

（四）专门从事危险化学品仓储经营的企业；

（五）从事危险化学品经营活动的中央企业所属省级、设区的市级公司（分公司）。

（六）带有储存设施经营除剧毒化学品、易制爆危险化学品以外的其他危险化学品的企业；

县级人民政府安全生产监督管理部门（以下简称县级发证机关）负责本行政区域内本条第三款规定以外企业的经营许可证审批、颁发；没有设立县级发证机关的，其经营许可证由市级发证机关审批、颁发。

第二章　申请经营许可证的条件

第六条　从事危险化学品经营的单位（以下统称申请人）应当依法登记注册为企业，并具备下列基本条件：

（一）经营和储存场所、设施、建筑物符合《建筑设计防火规范》（GB50016）、《石油化工企业设计防火规范》（GB50160）、《汽车加油加气站设计与施工规范》（GB50156）、《石油库设计规范》（GB50074）等相关国家标准、行业标准的规定；

（二）企业主要负责人和安全生产管理人员具备与本企业危险化学品经营活动相适应的安全生产知识和管理能力，经专门的安全生产培训和安全生产监督管理部门考核合格，取得相应安全资格证书；特种作业人员经专门的安全作业培训，取得特种作业操作证书；其他从业人员依照有关规定经安全生产教育和专业技术培训合格；

（三）有健全的安全生产规章制度和岗位操作规程；

（四）有符合国家规定的危险化学品事故应急预案，并配备必要的应急救援器材、设备；

（五）法律、法规和国家标准或者行业标准规定的其他安全生产条件。

前款规定的安全生产规章制度，是指全员安全生产责任制度、危险化学品购销管理制度、危险化学品安全管理制度（包括防火、防爆、防中毒、防泄漏管理等内容）、安全投入保障制度、安全生产奖惩制度、安全生产教育培训制度、隐患排查治理制度、安全风险管理制度、应急管理制度、事故管理制度、职业卫生管理制度等。

第七条 申请人经营剧毒化学品的，除符合本办法第六条规定的条件外，还应当建立剧毒化学品双人验收、双人保管、双人发货、双把锁、双本账等管理制度。

第八条 申请人带有储存设施经营危险化学品的，除符合本办法第六条规定的条件外，还应当具备下列条件：

（一）新设立的专门从事危险化学品仓储经营的，其储存设施建立在地方人民政府规划的用于危险化学品储存的专门区域内；

（二）储存设施与相关场所、设施、区域的距离符合有关法律、法规、规章和标准的规定；

（三）依照有关规定进行安全评价，安全评价报告符合《危险化学品经营企业安全评价细则》的要求；

（四）专职安全生产管理人员具备国民教育化工化学类或者安全工程类中等职业教育以上学历，或者化工化学类中级以上专业技术职称，或者危险物品安全类注册安全工程师资格；

（五）符合《危险化学品安全管理条例》、《危险化学品重大危险源监督管理暂行规定》、《常用危险化学品贮存通则》（GB15603）的相关规定。

申请人储存易燃、易爆、有毒、易扩散危险化学品的，除符合本条第一款规定的条件外，还应当符合《石油化工可燃气体和有毒气体检测报警设计规范》（GB50493）的规定。

第三章　经营许可证的申请与颁发

第九条 申请人申请经营许可证，应当依照本办法第五条规定向所在地市级或者县级发证机关（以下统称发证机关）提出申请，提交下列文件、资料，并对其真实性负责：

（一）申请经营许可证的文件及申请书；

（二）安全生产规章制度和岗位操作规程的目录清单；

（三）企业主要负责人、安全生产管理人员、特种作业人员的相关资格证书（复制件）和其他从业人员培训合格的证明材料；

（四）经营场所产权证明文件或者租赁证明文件（复制件）；

（五）工商行政管理部门颁发的企业性质营业执照或者企业名称预先核准文件（复制件）；

（六）危险化学品事故应急预案备案登记表（复制件）。

带有储存设施经营危险化学品的，申请人还应当提交下列文件、资料：

（一）储存设施相关证明文件（复制件）；租赁储存设施的，需要提交租赁证明文件（复制件）；储存设施新建、改建、扩建的，需要提交危险化学品建设项目安全设施竣工验收报告；

（二）重大危险源备案证明材料、专职安全生产管理人员的学历证书、技术职称证书或者危险物品安全类注册安全工程师资格证书（复制件）；

（三）安全评价报告。

第十条 发证机关收到申请人提交的文件、资料后，应当按照下列情况分别作出处理：

（一）申请事项不需要取得经营许可证的，当场告知申请人不予受理；

（二）申请事项不属于本发证机关职责范围的，当场作出不予受理的决定，告知申请人向相应的发证机关申请，并退回申请文件、资料；

（三）申请文件、资料存在可以当场更正的错误的，允许申请人当场更正，并受理其申请；

（四）申请文件、资料不齐全或者不符合要求的，当场告知或者在 5 个工作日内出具补正告知书，一次告知申请人需要补正的全部内容；逾期不告知的，自收到申请文件、资料之日起即为受理；

（五）申请文件、资料齐全，符合要求，或者申请人按照发证机关要求提交全部补正材料的，立即受理其申请。

发证机关受理或者不予受理经营许可证申请，应当出具加盖本机关印章和注明日期的书面凭证。

第十一条 发证机关受理经营许可证申请后，应当组织对申请人提交的文件、资料进行审查，指派 2 名以上工作人员对申请人的经营场所、储存设施进行现场核查，并自受理之日起 30 日内作出是否准予许可的决定。

发证机关现场核查以及申请人整改现场核查发现的有关问题和修改有关申请文件、资料所需时间，不计算在前款规定的期限内。

第十二条 发证机关作出准予许可决定的，应当自决定之日起 10 个工作日内颁发经营许可证；发证机关作出不予许可决定的，应当在 10 个工作日内书面告知申请人并说明理由，告知书应当加盖本机关印章。

第十三条 经营许可证分为正本、副本，正本为悬挂式，副本为折页式。正本、副本具有同等法律效力。

经营许可证正本、副本应当分别载明下列事项：

（一）企业名称；

（二）企业住所（注册地址、经营场所、储存场所）；

（三）企业法定代表人姓名；

（四）经营方式；

（五）许可范围；

（六）发证日期和有效期限；

（七）证书编号；

（八）发证机关；

（九）有效期延续情况。

第十四条 已经取得经营许可证的企业变更企业名称、主要负责人、注册地址或者危险化学品储存设施及其监控措施的，应当自变更之日起 20 个工作日内，向本办法第五条规定的发证机关提出书面变更申请，并提交下列文件、资料：

（一）经营许可证变更申请书；

（二）变更后的工商营业执照副本（复制件）；

（三）变更后的主要负责人安全资格证书（复制件）；

（四）变更注册地址的相关证明材料；

（五）变更后的危险化学品储存设施及其监控措施的专项安全评价报告。

第十五条 发证机关受理变更申请后，应当组织对企业提交的文件、资料进行审查，并自收到申请文件、资料之日起 10 个工作日内作出是否准予变更的决定。

发证机关作出准予变更决定的，应当重新颁发经营许可证，并收回原经营许可证；不予变更的，应当说明理由并书面通知企业。

经营许可证变更的，经营许可证有效期的起始日和截止日不变，但应当载明变更日期。

第十六条 已经取得经营许可证的企业有新建、改建、扩建危险化学品储存设施建设项目的，应当自建设项目安全设施竣工验收合格之日起 20 个工作日内，向本办法第五条规定的发证机关提出变更申请，并提交危险化学品建设项目安全设施竣工验收报告等相关文件、资料。发证机关应当按照本办法第十条、第十五条的规定进行审查，办理变更手续。

第十七条 已经取得经营许可证的企业，有下列情形之一的，应当按照本办法的规定重新申请办理经营许可证，并提交相关文件、资料：

（一）不带有储存设施的经营企业变更其经营场所的；

（二）带有储存设施的经营企业变更其储存场所的；

（三）仓储经营的企业异地重建的；

（四）经营方式发生变化的；

（五）许可范围发生变化的。

第十八条 经营许可证的有效期为 3 年。有效期满后，企业需要继续从事危险化学品经营活动的，应当在经营许可证有效期满 3 个月前，向本办法第五条规定的发证机关提出经营许可证的延期申请，并提交延期申请书及本办法第九条规定的申请文件、资料。

企业提出经营许可证延期申请时，可以同时提出变更申请，并向发证机关提交相关文件、资料。

第十九条 符合下列条件的企业，申请经营许可证延期时，经发证机关同意，可以不提交本办法第九条规定的文件、资料：

（一）严格遵守有关法律、法规和本办法；

（二）取得经营许可证后，加强日常安全生产管理，未降低安全生产条件；

（三）未发生死亡事故或者对社会造成较大影响的生产安全事故。

带有储存设施经营危险化学品的企业，除符合前款规定条件的外，还需要取得并提交危险化学品企业安全生产标准化二级达标证书（复制件）。

第二十条 发证机关受理延期申请后，应当依照本办法第十条、第十一条、第十二条的规定，对延期申请进行审查，并在经营许可证有效期满前作出是否准予延期的决定；发证机关逾期未作出决定的，视为准予延期。

发证机关作出准予延期决定的，经营许可证有效期顺延 3 年。

第二十一条 任何单位和个人不得伪造、变造经营许可证，或者出租、出借、转让其取得的经营许可证，或者使用伪造、变造的经营许可证。

第四章 经营许可证的监督管理

第二十二条 发证机关应当坚持公开、公平、公正的原则，严格依照法律、法规、规章、国家标准、行业标准和本办法规定的条件及程序，审批、颁发经营许可证。

发证机关及其工作人员在经营许可证的审批、颁发和监督管理工作中，不得索取或者接受当事人的财物，不得谋取其他利益。

第二十三条 发证机关应当加强对经营许可证的监督管理，建立、健全经营许可证审批、颁发档案管理制度，并定期向社会公布企业取得经营许可证的情况，接受社会监督。

第二十四条 发证机关应当及时向同级公安机关、环境保护部门通报经营许可证的发放情况。

第二十五条 安全生产监督管理部门在监督检查中，发现已经取得经营许可证的企业不再具备法律、法规、规章、国家标准、行业标准和本办法规定的安全生产条件，或者存在违反法律、法规、规章和本办法规定的行为的，应当依法作出处理，并及时告知原发证机关。

第二十六条 发证机关发现企业以欺骗、贿赂等不正当手段取得经营许可证的，应当撤销已经颁发的经营许可证。

第二十七条 已经取得经营许可证的企业有下列情形之一的，发证机关应当注销其经营许可证：

（一）经营许可证有效期届满未被批准延期的；

（二）终止危险化学品经营活动的；

（三）经营许可证被依法撤销的；

（四）经营许可证被依法吊销的。

发证机关注销经营许可证后，应当在当地主要新闻媒体或者本机关网站上发布公告，并通报企业所在地人民政府和县级以上安全生产监督管理部门。

第二十八条 县级发证机关应当将本行政区域内上一年度经营许可证的审批、颁发和监督管理情况报告市级发证机关。

市级发证机关应当将本行政区域内上一年度经营许可证的审批、颁发和监督管理情况报告省、自治区、直辖市人民政府安全生产监督管理部门。

省、自治区、直辖市人民政府安全生产监督管理部门应当按照有关统计规定，将本行政区域内上一年度经营许可证的审批、颁发和监督管理情况报告国家安全生产监督管理总局。

第五章 法律责任

第二十九条 未取得经营许可证从事危险化学品经营的，依照《中华人民共和国安全生产法》有关未经依法批准擅自生产、经营、储存危险物品的法律责任条款并处罚款；构成犯罪的，依法追究刑事责任。

企业在经营许可证有效期届满后，仍然从事危险化学品经营的，依照前款规定给予处罚。

第三十条 带有储存设施的企业违反《危险化学品安全管理条例》规定，有下列情形之一的，责令改正，处 5 万元以上 10 万元以下的罚款；拒不改正的，责令停产停业整顿；经停产停业整顿仍不具备法律、法规、规章、国家标准和行业标准规定的安全生产条件的，吊销其经营许可证：

（一）对重复使用的危险化学品包装物、容器，在重复使用前不进行检查的；

（二）未根据其储存的危险化学品的种类和危险特性，在作业场所设置相关安全设施、设备，或者未按照国家标准、行业标准或者国家有关规定对安全设施、设备进行经常性维护、保养的；

（三）未将危险化学品储存在专用仓库内，或者未将剧毒化学品以及储存数量构成重大危险源的其他危险化学品在专用仓库内单独存放的；

（四）未对其安全生产条件定期进行安全评价的；

（五）危险化学品的储存方式、方法或者储存数量不符合国家标准或者国家有关规定的；

（六）危险化学品专用仓库不符合国家标准、行业标准的要求的；

（七）未对危险化学品专用仓库的安全设施、设备定期进行检测、检验的。

第三十一条 伪造、变造或者出租、出借、转让经营许可证，或者使用伪造、变造的经营许可证的，处 10 万元以上 20 万元以下的罚款，有违法所得的，没收违法所得；构成违反治安管理行为的，依法给予治安管理处罚；构成犯罪的，依法追究刑事责任。

第三十二条 已经取得经营许可证的企业不再具备法律、法规和本办法规定的安全生产条件的，责令改正；逾期不改正的，责令停产停业整顿；经停产停业整顿仍不具备法律、法规、规章、国家标准和行业标准规定的安全生产条件的，吊销其经营许可证。

第三十三条 已经取得经营许可证的企业出现本办法第十四条、第十六条规定的情形之一，未依照本办法的规定申请变更的，责令限期改正，处 1 万元以下的罚款；逾期仍不申请变更的，处 1 万元以上 3 万元以下的罚款。

第三十四条 安全生产监督管理部门的工作人员徇私舞弊、滥用职权、弄虚作假、玩忽职守，未依法履行危险化学品经营许可证审批、颁发和监督管理职责的，依照有关规定给予处分。

第三十五条 承担安全评价的机构和安全评价人员出具虚假评价报告的，依照有关法律、法规、规章的规定给予行政处罚；构成犯罪的，依法追究刑事责任。

第三十六条 本办法规定的行政处罚，由安全生产监督管理部门决定。其中，本办法第三十一条规定的行政处罚和第三十条、第三十二条规定的吊销经营许可证的行政处罚，由发证机关决定。

第六章 附 则

第三十七条 购买危险化学品进行分装、充装或者加入非危险化学品的溶剂进行稀释，然后销售的，依照本办法执行。

本办法所称储存设施，是指按照《危险化学品重大危险源辨识》（GB18218）确定，储存的危险化学品数量构成重大危险源的设施。

第三十八条 本办法施行前已取得经营许可证的企业，在其经营许可证有效期内可以继续从事危险化学品经营；经营许可证有效期届满后需要继续从事危险化学品经营的，应当依照本办法的规定重新申请经营许可证。

本办法施行前取得经营许可证的非企业的单位或者个人，在其经营许可证有效期内可以继续从事危险化学品经营；经营许可证有效期届满后需要继续从事危险化学品经营的，应当先依法登记为企业，再依照本办法的规定申请经营许可证。

第三十九条 经营许可证的式样由国家安全生产监督管理总局制定。

第四十条 本办法自 2012 年 9 月 1 日起施行。原国家经济贸易委员会 2002 年 10 月 8 日公布的《危险化学品经营许可证管理办法》同时废止。

新化学物质环境管理登记办法

生态环境部令 2020 年第 12 号

（2020 年 4 月公布，2021 年 1 月 1 日施行）

第一章 总 则

第一条 为规范新化学物质环境管理登记行为，科学、有效评估和管控新化学物质环境风险，聚焦对环境和健康可能造成较大风险的新化学物质，保护生态环境，保障公众健康，根据有关法律法规以及《国务院对确需保留的行政审批项目设定行政许可的决定》，制定本办法。

第二条 本办法适用于在中华人民共和国境内从事新化学物质研究、生产、进口和加工使用活动的环境管理登记，但进口后在海关特殊监管区内存放且未经任何加工即全部出口的新化学物质除外。

下列产品或者物质不适用本办法：

（一）医药、农药、兽药、化妆品、食品、食品添加剂、饲料、饲料添加剂、肥料等产品，但改变为其他工业用途的，以及作为上述产品的原料和中间体的新化学物质除外；

（二）放射性物质。

设计为常规使用时有意释放出所含新化学物质的物品，所含的新化学物质适用本办法。

第三条 本办法所称新化学物质，是指未列入《中国现有化学物质名录》的化学物质。

已列入《中国现有化学物质名录》的化学物质，按照现有化学物质进行环境管理；但在《中国现有化学物质名录》中规定实施新用途环境管理的化学物质，用于允许用途以外的其他工业用途的，按照新化学物质进行环境管理。

《中国现有化学物质名录》由国务院生态环境主管部门组织制定、调整并公布，包括 2003 年 10 月 15 日前已在中华人民共和国境内生产、销售、加工使用或者进口的化学物质，以及 2003 年 10 月 15 日以后根据新化学物质环境管理有关规定列入的化学物质。

第四条 国家对新化学物质实行环境管理登记制度。

新化学物质环境管理登记分为常规登记、简易登记和备案。新化学物质的生产者或者进口者，应当在生产前或者进口前取得新化学物质环境管理常规登记证或者简易登记证（以下统称登记证）或者办理新化学物质环境管理备案。

第五条 新化学物质环境管理登记，遵循科学、高效、公开、公平、公正和便民的原则，坚持源头准入、风险防范、分类管理，重点管控具有持久性、生物累积性、对环境或者健康危害性大，或者在环境中可能长期存在并可能对环境和健康造成较大风险的新化学物质。

第六条 国务院生态环境主管部门负责组织开展全国新化学物质环境管理登记工作，制定新化学物质环境管理登记相关政策、技术规范和指南等配套文件以及登记评审规则，加强新化学物质环境管理登记信息化建设。

国务院生态环境主管部门组织成立化学物质环境风险评估专家委员会（以下简称专家委员会）。专家委员会由化学、化工、健康、环境、经济等方面的专家组成，为新化学物质环境管理登记评审提供技术支持。

设区的市级以上地方生态环境主管部门负责对本行政区域内研究、生产、进口和加工使用新化学物质的相关企业事业单位落实本办法的情况进行环境监督管理。

国务院生态环境主管部门所属的化学物质环境管理技术机构参与新化学物质环境管理登记评审，承担新化学物质环境管理登记具体工作。

第七条 从事新化学物质研究、生产、进口和加工使用的企业事业单位，应当遵守本办法的规定，采取有效措施，防范和控制新化学物质的环境风险，并对所造成的损害依法承担责任。

第八条 国家鼓励和支持新化学物质环境风险评估及控制技术的科学研究与推广应用，鼓励环境友好型化学物质及相关技术的研究与应用。

第九条 一切单位和个人对违反本办法规定的行为，有权向生态环境主管部门举报。

第二章 基本要求

第十条 新化学物质年生产量或者进口量 10 吨以上的，应当办理新化学物质环境管理常规登记（以下简称常规登记）。

新化学物质年生产量或者进口量 1 吨以上不足 10 吨的，应当办理新化学物质环境管理简易登记（以下简称简易登记）。

符合下列条件之一的，应当办理新化学物质环境管理备案（以下简称备案）：

（一）新化学物质年生产量或者进口量不足 1 吨的；

（二）新化学物质单体或者反应体含量不超过 2% 的聚合物或者属于低关注聚合物的。

第十一条 办理新化学物质环境管理登记的申请人，应当为中华人民共和国境内依法登记能够独立承担法律责任的，从事新化学物质生产或者进口的企业事业单位。

拟向中华人民共和国境内出口新化学物质的生产或者贸易企业，也可以作为申请人，但应当指定在中华人民共和国境内依法登记能够独立承担法律责任的企业事业单位作为代理人，共同履行新化学物质环境管理登记及登记后环境管理义务，并依法承担责任。

本办法第二条规定的医药、农药、兽药、化妆品、食品、食品添加剂、饲料、饲料添加剂、肥料等产品属于新化学物质，且拟改变为其他工业用途的，相关产品的生产者、进口者或者加工使用者均可以作为申请人。

已列入《中国现有化学物质名录》且实施新用途环境管理的化学物质，拟用于允许用途以外的其他工业用途的，相关化学物质的生产者、进口者或者加工使用者均可以作为申请人。

第十二条 申请办理新化学物质环境管理登记的，申请人应当向国务院生态环境主管部门提交登记申请或者备案材料，并对登记申请或者备案材料的真实性、完整性、准确性和合法性负责。

国家鼓励申请人共享新化学物质环境管理登记数据。

第十三条 申请人认为其提交的登记申请或者备案材料涉及商业秘密且要求信息保护的，应当在申请登记或者办理备案时提出，并提交申请商业秘密保护的必要性说明材料。对可能对环境、健康公共利益造成重大影响的信息，国务院生态环境主管部门可以依法不予商业秘密保护。对已提出的信息保护要求，申请人可以以书面方式撤回。

新化学物质名称等标识信息的保护期限自首次登记或者备案之日起不超过五年。

从事新化学物质环境管理登记的工作人员和相关专家，不得披露依法应当予以保护的商业秘密。

第十四条 为新化学物质环境管理登记提供测试数据的中华人民共和国境内测试机构，应当依法取得检验检测机构资质认定，严格按照化学物质测试相关标准开展测试工作；健康毒理学、生态毒理学测试机构还应当符合良好实验室管理规范。测试机构应当对其出具的测试结果的真实性和可靠性负责，并依法承担责任。

国务院生态环境主管部门组织对化学物质生态毒理学测试机构的测试情况及条件进行监督抽查。

出具健康毒理学或者生态毒理学测试数据的中华人民共和国境外测试机构应当符合国际通行的良好实验室管理要求。

第三章 常规登记、简易登记和备案

第一节 常规登记和简易登记申请与受理

第十五条 申请办理常规登记的，申请人应当提交以下材料：

（一）常规登记申请表；

（二）新化学物质物理化学性质、健康毒理学和生态毒理学特性测试报告或者资料；

（三）新化学物质环境风险评估报告，包括对拟申请登记的新化学物质可能造成的环境风险的评估，拟采取的环境风险控制措施及其适当性分析，以及是否存在不合理环境风险的评估结论；

（四）落实或者传递环境风险控制措施和环境管理要求的承诺书，承诺书应当由企业事业单位的法定代表人或者其授权人签字，并加盖公章。

前款第二项规定的相关测试报告和资料，应当满足新化学物质环境风险评估的需要；生态毒理学测试报告应当包括使用中华人民共和国的供试生物按照相关标准的规定完成的测试数据。

对属于高危害化学物质的，申请人还应当提交新化学物质活动的社会经济效益分析材料，包括新化学物质在性能、环境友好性等方面是否较相同用途的在用化学物质具有相当或者明显优势的说明，充分论证申请活动的必要性。

除本条前三款规定的申请材料外，申请人还应当一并提交其已经掌握的新化学物质环境与健康危害特性和环境风险的其他信息。

第十六条 申请办理简易登记的，申请人应当提交以下材料：

（一）简易登记申请表；

（二）新化学物质物理化学性质，以及持久性、生物累积性和水生环境毒性等生态毒理学测试报告或者资料；

（三）落实或者传递环境风险控制措施的承诺书，承诺书应当由企业事业单位的法定代表人或者其授权人签字，并加盖公章。

前款第二项规定的生态毒理学测试报告应当包括使用中华人民共和国的供试生物按照相关标准的规定完成的测试数据。

除前款规定的申请材料外，申请人还应当一并提交其已经掌握的新化学物质环境与健康危害特性和环境风险的其他信息。

第十七条 同一申请人对分子结构相似、用途相同或者相近、测试数据相近的多个新化学物质，可以一并申请新化学物质环境管理登记。申请登记量根据每种物质申请登记量的总和确定。

两个以上申请人同时申请相同新化学物质环境管理登记的，可以共同提交申请材料，办理新化学物质环境管理联合登记。申请登记量根据每个申请人申请登记量的总和确定。

第十八条 国务院生态环境主管部门收到新化学物质环境管理登记申请材料后，根据下列情况分别作出处理：

（一）申请材料齐全、符合法定形式，或者申请人按照要求提交全部补正申请材料的，予以受理；

（二）申请材料存在可以当场更正的错误的，允许申请人当场更正；

（三）所申请物质不需要开展新化学物质环境管理登记的，或者申请材料存在法律法规规定不予受理的其他情形的，应当当场或者在五个工作日内作出不予受理的决定；

（四）存在申请人及其代理人不符合本办法规定、申请材料不齐全以及其他不符合法定形式情形的，应当当场或者在五个工作日内一次性告知申请人需要补正的全部内容。逾期不告知的，自收到申请材料之日起即为受理。

第二节 常规登记和简易登记技术评审与决定

第十九条 国务院生态环境主管部门受理常规登记申请后，应当组织专家委员会和所属的化学物质环境管理技术机构进行技术评审。技术评审应当主要围绕以下内容进行：

（一）新化学物质名称和标识；

（二）新化学物质测试报告或者资料的质量；

（三）新化学物质环境和健康危害特性；

（四）新化学物质环境暴露情况和环境风险；

（五）列入《中国现有化学物质名录》时是否实施新用途环境管理；

（六）环境风险控制措施是否适当；

（七）高危害化学物质申请活动的必要性；

（八）商业秘密保护的必要性。

技术评审意见应当包括对前款规定内容的评审结论，以及是否准予登记的建议和有关环境管理要求的建议。

经技术评审认为申请人提交的申请材料不符合要求的，或者不足以对新化学物质的环境风险作出全面评估的，国务院生态环境主管部门可以要求申请人补充提供相关测试报告或者资料。

第二十条 国务院生态环境主管部门受理简易登记申请后，应当组织其所属的化学物质环境管理技术机构进行技术评审。技术评审应当主要围绕以下内容进行：

（一）新化学物质名称和标识；

（二）新化学物质测试报告或者资料的质量；

（三）新化学物质的持久性、生物累积性和毒性；

（四）新化学物质的累积环境风险；

（五）商业秘密保护的必要性。

技术评审意见应当包括对前款规定内容的评审结论，以及是否准予登记的建议。

经技术评审认为申请人提交的申请材料不符合要求的，国务院生态环境主管部门可以要求申请人补充提供相关测试报告或者资料。

第二十一条 国务院生态环境主管部门对常规登记技术评审意见进行审查，根据下列情况分别作出决定：

（一）未发现不合理环境风险的，予以登记，向申请人核发新化学物质环境管理常规登记证（以下简称常规登记证）。对高危害化学物质核发常规登记证，还应当符合申请活动必要性的要求；

（二）发现有不合理环境风险的，或者不符合高危害化学物质申请活动必要性要求的，不予登记，书面通知申请人并说明理由。

第二十二条 国务院生态环境主管部门对简易登记技术评审意见进行审查，根据下列情况分别作出决定：

（一）对未发现同时具有持久性、生物累积性和毒性，且未发现累积环境风险的，予以登记，向申请人核发新化学物质环境管理简易登记证（以下简称简易登记证）；

（二）不符合前项规定登记条件的，不予登记，书面通知申请人并说明理由。

第二十三条 有下列情形之一的，国务院生态环境主管部门不予登记，书面通知申请人并说明理由：

（一）在登记申请过程中使用隐瞒情况或者提供虚假材料等欺骗手段的；

（二）未按照本办法第十九条第三款或者第二十条第三款的要求，拒绝或未在六个月内补充提供相关测试报告或者资料的；

（三）法律法规规定不予登记的其他情形。

第二十四条 国务院生态环境主管部门作出登记决定前，应当对拟登记的新化学物质名称或者类名、申请人及其代理人、活动类型、新用途环境管理要求等信息进行公示。公示期限不得少于三个工作日。

第二十五条 国务院生态环境主管部门受理新化学物质环境管理登记申请后，应当及时启动技术评审工作。常规登记的技术评审时间不得超过六十日，简易登记的技术评审时间不得超过三十日。国务院生态环境主管部门通知补充提供相关测试报告或者资料的，申请人补充相关材料所需时间不计入技术评审时限。

国务院生态环境主管部门应当自受理申请之日起二十个工作日内，作出是否予以登记的决定。二十个工作日内不能作出决定的，经国务院生态环境主管部门负责人批准，可以延长十个工作日，并将延长期限的理由告知申请人。

技术评审时间不计入本条第二款规定的审批时限。

第二十六条 登记证应当载明下列事项：

（一）登记证类型；

（二）申请人及其代理人名称；

（三）新化学物质中英文名称或者类名等标识信息；

（四）申请用途；

（五）申请登记量；

（六）活动类型；

（七）环境风险控制措施。

对于高危害化学物质以及具有持久性和生物累积性，或者具有持久性和毒性，或者具有生物累积性和毒性的新化学物质，常规登记证还应当载明下列一项或者多项环境管理要求：

（一）限定新化学物质排放量或者排放浓度；

（二）列入《中国现有化学物质名录》时实施新用途环境管理的要求；

（三）提交年度报告；

（四）其他环境管理要求。

第二十七条 新化学物质环境管理登记申请受理后，国务院生态环境主管部门作出决定前，申请人可以依法撤回登记申请。

第二十八条 国务院生态环境主管部门作出新化学物质环境管理登记决定后，应当在二十个工作日内公开新化学物质环境管理登记情况，包括登记的新化学物质名称或者类名、申请人及其代理人、活动类型、新用途环境管理要求等信息。

第三节 常规登记和简易登记变更、撤回与撤销

第二十九条 对已取得常规登记证的新化学物质，在根据本办法第四十四条规定列入《中国现有化学物质名录》前，有下列情形之一的，登记证持有人应当重新申请办理登记：

（一）生产或者进口数量拟超过申请登记量的；

（二）活动类型拟由进口转为生产的；

（三）拟变更新化学物质申请用途的；

（四）拟变更环境风险控制措施的；

（五）导致环境风险增大的其他情形。

重新申请办理登记的，申请人应当提交重新登记申请材料，说明相关事项变更的理由，重新编制并提交环境风险评估报告，重点说明变更后拟采取的环境风险控制措施及其适当性，以及是否存在不合理环境风险。

第三十条 对已取得常规登记证的新化学物质，在根据本办法第四十四条规定列入《中国现有化学物质名录》前，除本办法第二十九条规定的情形外，登记证载明的其他信息发生变化的，登记证持有人应当申请办理登记证变更。

对已取得简易登记证的新化学物质，登记证载明的信息发生变化的，登记证持有人应当申请办理登记证变更。

申请办理登记证变更的，申请人应当提交变更理由及相关证明材料。其中，拟变更新化学物质中英文名称或者化学文摘社编号（CAS）等标识信息的，证明材料中应当充分论证变更前后的化学物质属于同一种化学物质。

国务院生态环境主管部门参照简易登记程序和时限受理并组织技术评审，作出登记证变更决定。其中，对于拟变更新化学物质中英文名称或者化学文摘社编号（CAS）等标识信息的，国务院生态环境主管部门可以组织专家委员会进行技术评审；对于无法判断变更前后化学物质属于同一种化学物质的，不予批准变更。

第三十一条 对根据本办法第四十四条规定列入《中国现有化学物质名录》的下列化学物质，应当实施新用途环境管理：

（一）高危害化学物质；

（二）具有持久性和生物累积性，或者具有持久性和毒性，或者具有生物累积性和毒性的化学物质。

对高危害化学物质，登记证持有人变更用途的，或者登记证持有人之外的其他人将其用于工业用途的，应当在生产、进口或者加工使用前，向国务院生态环境主管部门申请办理新用途环境管理登记。

对本条第一款第二项所列化学物质，拟用于本办法第四十四条规定的允许用途外其他工业用途的，应当在生产、进口或者加工使用前，向国务院生态环境主管部门申请办理新用途环境管理登记。

第三十二条 申请办理新用途环境管理登记的，申请人应当提交新用途环境管理登记申请表以及该化学物质用于新用途的环境暴露评估报告和环境风险控制措施等材料。对高危害化学物质，还应当提交社会经济效益分析材料，充分论证该物质用于所申请登记用途的必要性。

国务院生态环境主管部门收到申请材料后，按照常规登记程序受理和组织技术评审，根据下列情况分别作出处理，并书面通知申请人：

（一）未发现不合理环境风险的，予以登记。对高危害化学物质，还应当符合申请用途必要性的要求；

（二）发现有不合理环境风险，或者不符合高危害化学物质申请用途必要性要求的，不予登记。

国务院生态环境主管部门作出新用途环境管理登记决定后，应当在二十个工作日内公开予以登记的申请人及其代理人名称、涉及的化学物质名称或者类名、登记的新用途，以及相应的环境风险控制措施和环境管理要求。其中，不属于高危害化学物质的，在《中国现有化学物质名录》中增列该化学物质已登记的允许新用途；属于高危害化学物质的，该化学物质在《中国现有化学物质名录》中的新用途环境管理范围不变。

第三十三条 申请人取得登记证后，可以向国务院生态环境主管部门申请撤销登记证。

第三十四条 有下列情形之一的，为了公共利益的需要，国务院生态环境主管部门可以依照《中华人民共和国行政许可法》的有关规定，变更或者撤回登记证：

（一）根据本办法第四十二条的规定需要变更或者撤回的；

（二）新化学物质环境管理登记内容不符合国家产业政策的；

（三）相关法律、行政法规或者强制性标准发生变动的；

（四）新化学物质环境管理登记内容与中华人民共和国缔结或者参加的国际条约要求相抵触的；

（五）法律法规规定的应当变更或者撤回的其他情形。

第三十五条 有下列情形之一的，国务院生态环境主管部门可以依照《中华人民共和国行政许可法》的有关规定，撤销登记证：

（一）申请人或者其代理人以欺骗、贿赂等不正当手段取得登记证的；

（二）国务院生态环境主管部门工作人员滥用职权、玩忽职守或者违反法定程序核发登记证的；

（三）法律法规规定的应当撤销的其他情形。

第四节 备 案

第三十六条 办理新化学物质环境管理备案的，应当提交备案表和符合本办法第十条第三款规定的相应情形的证明材料，并一并提交其已经掌握的新化学物质环境与健康危害特性和环境风险的其他信息。

第三十七条 国务院生态环境主管部门收到新化学物质环境管理备案材料后，对完整齐全的备案材料存档备查，并发送备案回执。申请人提交备案材料后，即可按照备案内容开展新化学物质相关活动。

新化学物质环境管理备案事项或者相关信息发生变化时，申请人应当及时对备案信息进行变更。

国务院生态环境主管部门应当定期公布新化学物质环境管理备案情况。

第四章 跟踪管理

第三十八条 新化学物质的生产者、进口者、加工使用者应当向下游用户传递下列信息：

（一）登记证号或者备案回执号；

（二）新化学物质申请用途；

（三）新化学物质环境和健康危害特性及环境风险控制措施；

（四）新化学物质环境管理要求。

新化学物质的加工使用者可以要求供应商提供前款规定的新化学物质的相关信息。

第三十九条 新化学物质的研究者、生产者、进口者和加工使用者应当建立新化学物质活动情况记录制度，如实记录新化学物质活动时间、数量、用途，以及落实环境风险控制措施和环境管理要求等情况。

常规登记和简易登记材料以及新化学物质活动情况记录等相关资料应当至少保存十年。备案材料以及新化学物质活动情况记录等相关资料应当至少保存三年。

第四十条 常规登记新化学物质的生产者和加工使用者，应当落实环境风险控制措施和环境管理要求，并通过其官方网站或者其他便于公众知晓的方式公开环境风险控制措施和环境管理要求落实情况。

第四十一条 登记证持有人应当在首次生产之日起六十日内，或者在首次进口并向加工使用者转移之日起六十日内，向国务院生态环境主管部门报告新化学物质首次活动情况。

常规登记证上载明的环境管理要求规定了提交年度报告要求的，登记证持有人应当自登记的次年起，每年 4 月 30 日前向国务院生态环境主管部门报告上一年度获准登记新化学物质的实际生产或者进口情况、向环境排放情况，以及环境风险控制措施和环境管理要求的落实情况。

第四十二条 新化学物质的研究者、生产者、进口者和加工使用者发现新化学物质有新的环境或者健康危害特性或者环境风险的，应当及时向国务院生态环境主管部门报告；可能导致环境风险增加的，应当及时采取措施消除或者降低环境风险。

国务院生态环境主管部门根据全国新化学物质环境管理登记情况、实际生产或者进口情况、向环境排放情况，以及新发现的环境或者健康危害特性等，对环境风险可能持续增加的新化学物质，可以要求相关研究者、生产者、进口者和加工使用者，进一步提交相关环境或者健康危害、环境暴露数据信息。

国务院生态环境主管部门收到相关信息后，应当组织所属的化学物质环境管理技术机构和专家委员会进行技术评审；必要时，可以根据评审结果依法变更或者撤回相应的登记证。

第四十三条 国务院生态环境主管部门应当将新化学物质环境管理登记情况、环境风险控制措施和环境管理要求、首次活动情况、年度报告等信息通报省级生态环境主管部门；省级生态环境主管部门应当将上述信息通报设区的市级生态环境主管部门。

设区的市级以上生态环境主管部门，应当对新化学物质生产者、进口者和加工使用者是否按要求办理新化学物质环境管理登记、登记事项的真实性、登记证载明事项以及本办法其他相关规定的落实情况进行监督抽查。

新化学物质的研究者、生产者、进口者和加工使用者应当如实提供相关资料，接受生态环境主管部门的监督抽查。

第四十四条 取得常规登记证的新化学物质，自首次登记之日起满五年的，国务院生态环境主管部门应当将其列入《中国现有化学物质名录》，并予以公告。

对具有持久性和生物累积性，或者持久性和毒性，或者生物累积性和毒性的新化学物质，列入《中国现有化学物质名录》时应当注明其允许用途。

对高危害化学物质以及具有持久性和生物累积性，或者持久性和毒性，或者生物累积性和毒性的新化学物质，列入《中国现有化学物质名录》时，应当规定除年度报告之外的环境管理要求。

本条前三款规定适用于依照本办法第三十三条规定申请撤销的常规登记新化学物质。

简易登记和备案的新化学物质，以及依照本办法第三十四条、第三十五条规定被撤回或者撤销的常规登记新化学物质，不列入《中国现有化学物质名录》。

第四十五条 根据《新化学物质环境管理办法》（环境保护部令第 7 号）的规定取得常规申报登记证的新化学物质，尚未列入《中国现有化学物质名录》的，应当自首次生产或者进口活动之日起满五年或者本办法施行之日起满五年，列入《中国现有化学物质名录》。

根据《新化学物质环境管理办法》（国家环境保护总局令第 17 号）的规定，取得正常申报环境管理登记的新化学物质，尚未列入《中国现有化学物质名录》的，应当自本办法施行之日起六个月内，列入《中国现有化学物质名录》。

本办法生效前已列入《中国现有化学物质名录》并实施物质名称等标识信息保护的，标识信息的保护期限最长至 2025 年 12 月 31 日止。

第五章 法律责任

第四十六条 违反本办法规定，以欺骗、贿赂等不正当手段取得新化学物质环境管理登记的，由国务院生态环境主管部门责令改正，处一万元以上三万元以下的罚款，并依法依规开展失信联合惩戒，三年内不再受理其新化学物质环境管理登记申请。

第四十七条 违反本办法规定，有下列行为之一的，由国务院生态环境主管部门责令改正，处一万元以下的罚款；情节严重的，依法依规开展失信联合惩戒，一年内不再受理其新化学物质环境管理登记申请：

（一）未按要求报送新化学物质首次活动情况或者上一年度获准登记新化学物质的实际生产或者进口情况，以及环境风险控制措施和环境管理要求的落实情况的；

（二）未按要求报告新化学物质新的环境或者健康危害特性或者环境风险信息，或者未采取措施消除或者降低环境风险的，或者未提交环境或者健康危害、环境暴露数据信息的。

第四十八条 违反本办法规定，有下列行为之一的，由设区的市级以上地方生态环境主管部门责令改正，处一万元以上三万元以下的罚款；情节严重的，依法依规开展失信联合惩戒，一年内不再受理其新化学物质环境管理登记申请：

（一）未取得登记证生产或者进口新化学物质，或者加工使用未取得登记证的新化学物质的；

（二）未按规定办理重新登记生产或者进口新化学物质的；

（三）将未经国务院生态环境主管部门新用途环境管理登记审查或者审查后未予批准的化学物质，用于允许用途以外的其他工业用途的。

第四十九条 违反本办法规定，有下列行为之一的，由设区的市级以上地方生态环境主管部门责令限期改正，处一万元以上三万元以下的罚款；情节严重的，依法依规开展失信联合惩戒，一年内不再受理其新化学物质环境管理登记申请：

（一）未办理备案，或者未按照备案信息生产或者进口新化学物质，或者加工使用未办理备案的新化学物质的；

（二）未按照登记证的规定生产、进口或者加工使用新化学物质的；

（三）未办理变更登记，或者不按照变更内容生产或者进口新化学物质的；

（四）未落实相关环境风险控制措施或者环境管理要求的，或者未按照规定公开相关信息的；

（五）未向下游用户传递规定信息的，或者拒绝提供新化学物质的相关信息的；

（六）未建立新化学物质活动等情况记录制度的，或者未记录新化学物质活动等情况或者保存相关资料的；

（七）未落实《中国现有化学物质名录》列明的环境管理要求的。

第五十条 专家委员会成员在新化学物质环境管理登记评审中弄虚作假，或者有其他失职行为，造成评审结果严重失实的，由国务院生态环境主管部门取消其专家委员会成员资格，并向社会公开。

第五十一条 为新化学物质申请提供测试数据的测试机构出具虚假报告的，由国务院生态环境主管部门对测试机构处一万元以上三万元以下的罚款，对测试机构直接负责的主管人员和其他直接责任人员处一万元以上三万元以下的罚款，并依法依规开展失信联合惩戒，三年内不接受该测试机构出具的测试报告或者相关责任人员参与出具的测试报告。

第六章 附 则

第五十二条 本办法中下列用语的含义：

（一）环境风险，是指具有环境或者健康危害属性的化学物质在生产、加工使用、废弃及废弃处置过程中进入或者可能进入环境后，对环境和健康造成危害效应的程度和概率，不包括因生产安全事故、交通运输事故等突发事件造成的风险。

（二）高危害化学物质，是指同时具有持久性、生物累积性和毒性的化学物质，同时具有高持久性和高生物累积性的化学物质，或者其他具有同等环境或者健康危害性的化学物质。

（三）新化学物质加工使用，是指利用新化学物质进行分装、配制或者制造等生产经营活动，不包括贸易、仓储、运输等经营活动和使用含有新化学物质的物品的活动。

第五十三条 根据《新化学物质环境管理办法》（环境保护部令第 7 号）和《新化学物质环境管理办法》（国家环境保护总局令第 17 号）的规定已办理新化学物质环境管理登记的，相关登记在本办法施行后继续有效。

第五十四条 本办法由国务院生态环境主管部门负责解释。

第五十五条 本办法自 2021 年 1 月 1 日起施行，原环境保护部发布的《新化学物质环境管理办法》（环境保护部令第 7 号）同时废止。

道路危险货物运输管理规定

交通运输部令 2023 年第 13 号

（2023 年 11 月公布，2023 年 11 月 10 日施行）

第一章 总 则

第一条 为规范道路危险货物运输市场秩序，保障人民生命财产安全，保护环境，维护道路危险货物运输各方当事人的合法权益，根据《中华人民共和国道路运输条例》和《危险化学品安全管理条例》等有关法律、行政法规，制定本规定。

第二条 从事道路危险货物运输活动，应当遵守本规定。军事危险货物运输除外。

法律、行政法规对民用爆炸物品、烟花爆竹、放射性物品等特定种类危险货物的道路运输另有规定的，从其规定。

第三条 本规定所称危险货物，是指具有爆炸、易燃、毒害、感染、腐蚀等危险特性，在生产、经营、运输、储存、使用和处置中，容易造成人身伤亡、财产损毁或者环境污染而需要特别防护的物质和物品。危险货物以列入《危险货物道路运输规则》（JT/T 617）的为准，未列入《危险货物道路运输规则》（JT/T 617）的，以有关法律、行政法规的规定或者国务院有关部门公布的结果为准。

本规定所称道路危险货物运输，是指使用载货汽车通过道路运输危险货物的作业全过程。

本规定所称道路危险货物运输车辆，是指满足特定技术条件和要求，从事道路危险货物运输的载货汽车（以下简称专用车辆）。

第四条 危险货物的分类、分项、品名和品名编号应当按照《危险货物道路运输规则》（JT/T 617）执行。危险货物的危险程度依据《危险货物道路运输规则》（JT/T 617），分为Ⅰ、Ⅱ、Ⅲ等级。

第五条 从事道路危险货物运输应当保障安全，依法运输，诚实信用。

第六条 国家鼓励技术力量雄厚、设备和运输条件好的大型专业危险化学品生产企业从事道路危险货物运输，鼓励道路危险货物运输企业实行集约化、专业化经营，鼓励使用厢式、罐式和集装箱等专用车辆运输危险货物。

第七条 交通运输部主管全国道路危险货物运输管理工作。

县级以上地方人民政府交通运输主管部门（以下简称交通运输主管部门）负责本行政区域的道路危险货物运输管理工作。

第二章　道路危险货物运输许可

第八条 申请从事道路危险货物运输经营，应当具备下列条件：

（一）有符合下列要求的专用车辆及设备：

1.自有专用车辆（挂车除外）5辆以上；运输剧毒化学品、爆炸品的，自有专用车辆（挂车除外）10辆以上。

2.专用车辆的技术要求应当符合《道路运输车辆技术管理规定》有关规定。

3.配备有效的通讯工具。

4.专用车辆应当安装具有行驶记录功能的卫星定位装置。

5.运输剧毒化学品、爆炸品、易制爆危险化学品的，应当配备罐式、厢式专用车辆或者压力容器等专用容器。

6.罐式专用车辆的罐体应当经检验合格，且罐体载货后总质量与专用车辆核定载质量相匹配。运输爆炸品、强腐蚀性危险货物的罐式专用车辆的罐体容积不得超过20立方米，运输剧毒化学品的罐式专用车辆的罐体容积不得超过10立方米，但符合国家有关标准的罐式集装箱除外。

7.运输剧毒化学品、爆炸品、强腐蚀性危险货物的非罐式专用车辆，核定载质量不得超过10吨，但符合国家有关标准的集装箱运输专用车辆除外。

8.配备与运输的危险货物性质相适应的安全防护、环境保护和消防设施设备。

（二）有符合下列要求的停车场地：

1.自有或者租借期限为3年以上，且与经营范围、规模相适应的停车场地，停车场地应当位于企业注册地市级行政区域内。

2. 运输剧毒化学品、爆炸品专用车辆以及罐式专用车辆，数量为 20 辆（含）以下的，停车场地面积不低于车辆正投影面积的 1.5 倍，数量为 20 辆以上的，超过部分，每辆车的停车场地面积不低于车辆正投影面积；运输其他危险货物的，专用车辆数量为 10 辆（含）以下的，停车场地面积不低于车辆正投影面积的 1.5 倍；数量为 10 辆以上的，超过部分，每辆车的停车场地面积不低于车辆正投影面积。

3. 停车场地应当封闭并设立明显标志，不得妨碍居民生活和威胁公共安全。

（三）有符合下列要求的从业人员和安全管理人员：

1. 专用车辆的驾驶人员取得相应机动车驾驶证，年龄不超过 60 周岁。

2. 从事道路危险货物运输的驾驶人员、装卸管理人员、押运人员应当经所在地设区的市级人民政府交通运输主管部门考试合格，并取得相应的从业资格证；从事剧毒化学品、爆炸品道路运输的驾驶人员、装卸管理人员、押运人员，应当经考试合格，取得注明为"剧毒化学品运输"或者"爆炸品运输"类别的从业资格证。

3. 企业应当配备专职安全管理人员。

（四）有健全的安全生产管理制度：

1. 企业主要负责人、安全管理部门负责人、专职安全管理人员安全生产责任制度。

2. 从业人员安全生产责任制度。

3. 安全生产监督检查制度。

4. 安全生产教育培训制度。

5. 从业人员、专用车辆、设备及停车场地安全管理制度。

6. 应急救援预案制度。

7. 安全生产作业规程。

8. 安全生产考核与奖惩制度。

9. 安全事故报告、统计与处理制度。

第九条 符合下列条件的企事业单位，可以使用自备专用车辆从事为本单位服务的非经营性道路危险货物运输：

（一）属于下列企事业单位之一：

1. 省级以上应急管理部门批准设立的生产、使用、储存危险化学品的企业。

2. 有特殊需求的科研、军工等企事业单位。

（二）具备第八条规定的条件，但自有专用车辆（挂车除外）的数量可以少于5辆。

第十条 申请从事道路危险货物运输经营的企业，应当依法向市场监督管理部门办理有关登记手续后，向所在地设区的市级交通运输主管部门提出申请，并提交以下材料：

（一）《道路危险货物运输经营申请表》，包括申请人基本信息、申请运输的危险货物范围（类别、项别或品名，如果为剧毒化学品应当标注"剧毒"）等内容。

（二）拟担任企业法定代表人的投资人或者负责人的身份证明及其复印件，经办人身份证明及其复印件和书面委托书。

（三）企业章程文本。

（四）证明专用车辆、设备情况的材料，包括：

1. 未购置专用车辆、设备的，应当提交拟投入专用车辆、设备承诺书。承诺书内容应当包括车辆数量、类型、技术等级、总质量、核定载质量、车轴数以及车辆外廓尺寸；通讯工具和卫星定位装置配备情况；罐式专用车辆的罐体容积；罐式专用车辆罐体载货后的总质量与车辆核定载质量相匹配情况；运输剧毒化学品、爆炸品、易制爆危险化学品的专用车辆核定载质量等有关情况。承诺期限不得超过1年。

2. 已购置专用车辆、设备的，应当提供车辆行驶证、车辆技术等级评定结论；通讯工具和卫星定位装置配备；罐式专用车辆的罐体检测合格证或者检测报告及复印件等有关材料。

（五）拟聘用专职安全管理人员、驾驶人员、装卸管理人员、押运人员的，应当提交拟聘用承诺书，承诺期限不得超过1年；已聘用的应当提交从业资格证及其复印件以及驾驶证及其复印件。

（六）停车场地的土地使用证、租借合同、场地平面图等材料。

（七）相关安全防护、环境保护、消防设施设备的配备情况清单。

（八）有关安全生产管理制度文本。

第十一条 申请从事非经营性道路危险货物运输的单位，向所在地设区的市级交通运输主管部门提出申请时，除提交第十条第（四）项至第（八）项规定的材料外，还应当提交以下材料：

（一）《道路危险货物运输申请表》，包括申请人基本信息、申请运输的物品范围（类别、项别或品名，如果为剧毒化学品应当标注"剧毒"）等内容。

（二）下列形式之一的单位基本情况证明：

1. 省级以上应急管理部门颁发的危险化学品生产、使用等证明。

2. 能证明科研、军工等企事业单位性质或者业务范围的有关材料。

（三）特殊运输需求的说明材料。

（四）经办人的身份证明及其复印件以及书面委托书。

第十二条 设区的市级交通运输主管部门应当按照《中华人民共和国道路运输条例》和《交通行政许可实施程序规定》，以及本规定所明确的程序和时限实施道路危险货物运输行政许可，并进行实地核查。

决定准予许可的，应当向被许可人出具《道路危险货物运输行政许可决定书》，注明许可事项，具体内容应当包括运输危险货物的范围（类别、项别或品名，如果为剧毒化学品应当标注"剧毒"），专用车辆数量、要求以及运输性质，并在 10 日内向道路危险货物运输经营申请人发放《道路运输经营许可证》，向非经营性道路危险货物运输申请人发放《道路危险货物运输许可证》。

市级交通运输主管部门应当将准予许可的企业或单位的许可事项等，及时以书面形式告知县级交通运输主管部门。

决定不予许可的，应当向申请人出具《不予交通行政许可决定书》。

第十三条 被许可人已获得其他道路运输经营许可的，设区的市级交通运输主管部门应当为其换发《道路运输经营许可证》，并在经营范围中加注新许可的事项。如果原《道路运输经营许可证》是由省级交通运输主管部门发放的，由原许可机关按照上述要求予以换发。

第十四条 被许可人应当按照承诺期限落实拟投入的专用车辆、设备。

原许可机关应当对被许可人落实的专用车辆、设备予以核实，对符合许可条件的专用车辆配发《道路运输证》，并在《道路运输证》经营范围栏内注明允许运输的危险货物类别、项别或者品名，如果为剧毒化学品应标注"剧毒"；对从事非经营性道路危险货物运输的车辆，还应当加盖"非经营性危险货物运输专用章"。

被许可人未在承诺期限内落实专用车辆、设备的，原许可机关应当撤销许可决定，并收回已核发的许可证明文件。

第十五条 被许可人应当按照承诺期限落实拟聘用的专职安全管理人员、驾驶人员、装卸管理人员和押运人员。

被许可人未在承诺期限内按照承诺聘用专职安全管理人员、驾驶人员、装卸管理人员和押运人员的，原许可机关应当撤销许可决定，并收回已核发的许可证明文件。

第十六条 交通运输主管部门不得许可一次性、临时性的道路危险货物运输。

第十七条 道路危险货物运输企业设立子公司从事道路危险货物运输的，应当向子公司注册地设区的市级交通运输主管部门申请运输许可。设立分公司的，应当向分公司注册地设区的市级交通运输主管部门备案。

第十八条 道路危险货物运输企业或者单位需要变更许可事项的，应当向原许可机关提出申请，按照本章有关许可的规定办理。

道路危险货物运输企业或者单位变更法定代表人、名称、地址等工商登记事项的，应当在 30 日内向原许可机关备案。

第十九条 道路危险货物运输企业或者单位终止危险货物运输业务的，应当在终止之日的 30 日前告知原许可机关，并在停业后 10 日内将《道路运输经营许可证》或者《道路危险货物运输许可证》以及《道路运输证》交回原许可机关。

第三章 专用车辆、设备管理

第二十条 道路危险货物运输企业或者单位应当按照《道路运输车辆技术管理规定》中有关车辆管理的规定，维护、检测、使用和管理专用车辆，确保专用车辆技术状况良好。

第二十一条 设区的市级交通运输主管部门应当定期对专用车辆进行审验，每年审验一次。审验按照《道路运输车辆技术管理规定》进行，并增加以下审验项目：

（一）专用车辆投保危险货物承运人责任险情况；

（二）必需的应急处理器材、安全防护设施设备和专用车辆标志的配备情况；

（三）具有行驶记录功能的卫星定位装置的配备情况。

第二十二条 禁止使用报废的、擅自改装的、检测不合格的、车辆技术等级达不到一级的和其他不符合国家规定的车辆从事道路危险货物运输。

除铰接列车、具有特殊装置的大型物件运输专用车辆外，严禁使用货车列车从事危险货物运输；倾卸式车辆只能运输散装硫磺、萘饼、粗蒽、煤焦沥青等危险货物。

禁止使用移动罐体（罐式集装箱除外）从事危险货物运输。

第二十三条 罐式专用车辆的常压罐体应当符合国家标准《道路运输液体危险货物罐式车辆第 1 部分：金属常压罐体技术要求》（GB 18564.1）、《道路运输液体危险货物罐式车辆第 2 部分：非金属常压罐体技术要求》（GB 18564.2）等有关技术要求。

使用压力容器运输危险货物的，应当符合国家特种设备安全监督管理部门制订并公布的《移动式压力容器安全技术监察规程》（TSG R0005）等有关技术要求。

压力容器和罐式专用车辆应当在压力容器或者罐体检验合格的有效期内承运危险货物。

第二十四条 道路危险货物运输企业或者单位对重复使用的危险货物包装物、容器，在重复使用前应当进行检查；发现存在安全隐患的，应当维修或者更换。

道路危险货物运输企业或者单位应当对检查情况作出记录，记录的保存期限不得少于 2 年。

第二十五条 道路危险货物运输企业或者单位应当到具有污染物处理能力的机构对常压罐体进行清洗（置换）作业，将废气、污水等污染物集中收集，消除污染，不得随意排放，污染环境。

第四章　道路危险货物运输

第二十六条 道路危险货物运输企业或者单位应当严格按照交通运输主管部门决定的许可事项从事道路危险货物运输活动，不得转让、出租道路危险货物运输许可证件。

严禁非经营性道路危险货物运输单位从事道路危险货物运输经营活动。

第二十七条 危险货物托运人应当委托具有道路危险货物运输资质的企业承运。

危险货物托运人应当对托运的危险货物种类、数量和承运人等相关信息予以记录，记录的保存期限不得少于 1 年。

第二十八条 危险货物托运人应当严格按照国家有关规定妥善包装并在外包装设置标志，并向承运人说明危险货物的品名、数量、危害、应急措施等情况。需要添加抑制剂或者稳定剂的，托运人应当按照规定添加，并告知承运人相关注意事项。

危险货物托运人托运危险化学品的，还应当提交与托运的危险化学品完全一致的安全技术说明书和安全标签。

第二十九条 不得使用罐式专用车辆或者运输有毒、感染性、腐蚀性危险货物的专用车辆运输普通货物。

其他专用车辆可以从事食品、生活用品、药品、医疗器具以外的普通货物运输，但应当由运输企业对专用车辆进行消除危害处理，确保不对普通货物造成污染、损害。

不得将危险货物与普通货物混装运输。

第三十条 专用车辆应当按照国家标准《道路运输危险货物车辆标志》（GB 13392）的要求悬挂标志。

第三十一条 运输剧毒化学品、爆炸品的企业或者单位，应当配备专用停车区域，并设立明显的警示标牌。

第三十二条 专用车辆应当配备符合有关国家标准以及与所载运的危险货物相适应的应急处理器材和安全防护设备。

第三十三条 道路危险货物运输企业或者单位不得运输法律、行政法规禁止运输的货物。

法律、行政法规规定的限运、凭证运输货物，道路危险货物运输企业或者单位应当按照有关规定办理相关运输手续。

法律、行政法规规定托运人必须办理有关手续后方可运输的危险货物，道路危险货物运输企业应当查验有关手续齐全有效后方可承运。

第三十四条 道路危险货物运输企业或者单位应当采取必要措施，防止危险货物脱落、扬散、丢失以及燃烧、爆炸、泄漏等。

第三十五条 驾驶人员应当随车携带《道路运输证》。驾驶人员或者押运人员应当按照《危险货物道路运输规则》（JT/T 617）的要求，随车携带《道路运输危险货物安全卡》。

第三十六条 在道路危险货物运输过程中，除驾驶人员外，还应当在专用车辆上配备押运人员，确保危险货物处于押运人员监管之下。

第三十七条 道路危险货物运输途中，驾驶人员不得随意停车。

因住宿或者发生影响正常运输的情况需要较长时间停车的，驾驶人员、押运人员应当设置警戒带，并采取相应的安全防范措施。

运输剧毒化学品或者易制爆危险化学品需要较长时间停车的，驾驶人员或者押运人员应当向当地公安机关报告。

第三十八条 危险货物的装卸作业应当遵守安全作业标准、规程和制度，并在装卸管理人员的现场指挥或者监控下进行。

危险货物运输托运人和承运人应当按照合同约定指派装卸管理人员；若合同未予约定，则由负责装卸作业的一方指派装卸管理人员。

第三十九条 驾驶人员、装卸管理人员和押运人员上岗时应当随身携带从业资格证。

第四十条 严禁专用车辆违反国家有关规定超载、超限运输。

道路危险货物运输企业或者单位使用罐式专用车辆运输货物时，罐体载货后的总质量应当和专用车辆核定载质量相匹配；使用牵引车运输货物时，挂车载货后的总质量应当与牵引车的准牵引总质量相匹配。

第四十一条 道路危险货物运输企业或者单位应当要求驾驶人员和押运人员在运输危险货物时，严格遵守有关部门关于危险货物运输线路、时间、速度方面的有关规定，并遵守有关部门关于剧毒、爆炸危险品道路运输车辆在重大节假日通行高速公路的相关规定。

第四十二条 道路危险货物运输企业或者单位应当通过卫星定位监控平台或者监控终端及时纠正和处理超速行驶、疲劳驾驶、不按规定线路行驶等违法违规驾驶行为。

监控数据应当至少保存 6 个月，违法驾驶信息及处理情况应当至少保存 3 年。

第四十三条 道路危险货物运输从业人员必须熟悉有关安全生产的法规、技术标准和安全生产规章制度、安全操作规程，了解所装运危险货物的性质、危害特性、包装物或者容器的使用要求和发生意外事故时的处置措施，并严格执行《危险货物道路运输规则》（JT/T 617）等标准，不得违章作业。

第四十四条 道路危险货物运输企业或者单位应当通过岗前培训、例会、定期学习等方式，对从业人员进行经常性安全生产、职业道德、业务知识和操作规程的教育培训。

第四十五条 道路危险货物运输企业或者单位应当加强安全生产管理，制定突发事件应急预案，配备应急救援人员和必要的应急救援器材、设备，并定期组织应急救援演练，严格落实各项安全制度。

第四十六条 道路危险货物运输企业或者单位应当委托具备资质条件的机构，对本企业或单位的安全管理情况每 3 年至少进行一次安全评估，出具安全评估报告。

第四十七条 在危险货物运输过程中发生燃烧、爆炸、污染、中毒或者被盗、丢失、流散、泄漏等事故，驾驶人员、押运人员应当立即根据应急预案和《道路运输危险货物安全卡》的要求采取应急处置措施，并向事故发生地公安部门、交通运输主管部门和本运输企业或者单位报告。运输企业或者单位接到事故报告后，应当按照本单位危险货物应急预案组织救援，并向事故发生地应急管理部门和生态环境、卫生健康主管部门报告。

交通运输主管部门应当公布事故报告电话。

第四十八条 在危险货物装卸过程中，应当根据危险货物的性质，轻装轻卸，堆码整齐，防止混杂、撒漏、破损，不得与普通货物混合堆放。

第四十九条 道路危险货物运输企业或者单位应当为其承运的危险货物投保承运人责任险。

第五十条 道路危险货物运输企业异地经营（运输线路起讫点均不在企业注册地市域内）累计3个月以上的，应当向经营地设区的市级交通运输主管部门备案并接受其监管。

第五章 监督检查

第五十一条 道路危险货物运输监督检查按照《道路货物运输及站场管理规定》执行。

交通运输主管部门工作人员应当定期或者不定期对道路危险货物运输企业或者单位进行现场检查。

第五十二条 交通运输主管部门工作人员对在异地取得从业资格的人员监督检查时，可以向原发证机关申请提供相应的从业资格档案资料，原发证机关应当予以配合。

第五十三条 交通运输主管部门在实施监督检查过程中，经本部门主要负责人批准，可以对没有随车携带《道路运输证》又无法当场提供其他有效证明文件的危险货物运输专用车辆予以扣押。

第五十四条 任何单位和个人对违反本规定的行为，有权向交通运输主管部门举报。

交通运输主管部门应当公布举报电话，并在接到举报后及时依法处理；对不属于本部门职责的，应当及时移送有关部门处理。

第六章 法律责任

第五十五条 违反本规定，有下列情形之一的，由交通运输主管部门责令停止运输经营，违法所得超过 2 万元的，没收违法所得，处违法所得 2 倍以上 10 倍以下的罚款；没有违法所得或者违法所得不足 2 万元的，处 3 万元以上 10 万元以下的罚款；构成犯罪的，依法追究刑事责任：

（一）未取得道路危险货物运输许可，擅自从事道路危险货物运输的；

（二）使用失效、伪造、变造、被注销等无效道路危险货物运输许可证件从事道路危险货物运输的；

（三）超越许可事项，从事道路危险货物运输的；

（四）非经营性道路危险货物运输单位从事道路危险货物运输经营的。

第五十六条 违反本规定，道路危险货物运输企业或者单位非法转让、出租道路危险货物运输许可证件的，由交通运输主管部门责令停止违法行为，收缴有关证件，处 2000 元以上 1 万元以下的罚款；有违法所得的，没收违法所得。

第五十七条 违反本规定，道路危险货物运输企业或者单位有下列行为之一，由交通运输主管部门责令限期投保；拒不投保的，由原许可机关吊销《道路运输经营许可证》或者《道路危险货物运输许可证》，或者吊销相应的经营范围：

（一）未投保危险货物承运人责任险的；

（二）投保的危险货物承运人责任险已过期，未继续投保的。

第五十八条 违反本规定，道路危险货物运输企业或者单位以及托运人有下列情形之一的，由交通运输主管部门责令改正，并处 5 万元以上 10 万元以下的罚款，拒不改正的，责令停产停业整顿；构成犯罪的，依法追究刑事责任：

（一）驾驶人员、装卸管理人员、押运人员未取得从业资格上岗作业的；

（二）托运人不向承运人说明所托运的危险化学品的种类、数量、危险特性以及发生危险情况的应急处置措施，或者未按照国家有关规定对所托运的危险化学品妥善包装并在外包装上设置相应标志的；

（三）未根据危险化学品的危险特性采取相应的安全防护措施，或者未配备必要的防护用品和应急救援器材的；

（四）运输危险化学品需要添加抑制剂或者稳定剂，托运人未添加或者未将有关情况告知承运人的。

第五十九条 违反本规定，道路危险货物运输企业或者单位未配备专职安全管理人员的，由交通运输主管部门依照《中华人民共和国安全生产法》的规定进行处罚。

第六十条 违反本规定，道路危险化学品运输托运人有下列行为之一的，由交通运输主管部门责令改正，处10万元以上20万元以下的罚款，有违法所得的，没收违法所得；拒不改正的，责令停产停业整顿；构成犯罪的，依法追究刑事责任：

（一）委托未依法取得危险货物道路运输许可的企业承运危险化学品的；

（二）在托运的普通货物中夹带危险化学品，或者将危险化学品谎报或者匿报为普通货物托运的。

第六十一条 违反本规定，道路危险货物运输企业擅自改装已取得《道路运输证》的专用车辆及罐式专用车辆罐体的，由交通运输主管部门责令改正，并处5000元以上2万元以下的罚款。

第七章 附 则

第六十二条 本规定对道路危险货物运输经营未作规定的，按照《道路货物运输及站场管理规定》执行；对非经营性道路危险货物运输未作规定的，参照《道路货物运输及站场管理规定》执行。

第六十三条 道路危险货物运输许可证件和《道路运输证》工本费的具体收费标准由省、自治区、直辖市人民政府财政、价格主管部门会同同级交通运输主管部门核定。

第六十四条 交通运输部可以根据相关行业协会的申请，经组织专家论证后，统一公布可以按照普通货物实施道路运输管理的危险货物。

第六十五条 本规定自2013年7月1日起施行。交通部2005年发布的《道路危险货物运输管理规定》（交通部令2005年第9号）及交通运输部2010年发布的《关于修改〈道路危险货物运输管理规定〉的决定》（交通运输部令2010年第5号）同时废止。

船舶载运危险货物安全监督管理规定

交通运输部令 2018 年第 11 号

（2018 年 7 月公布，2018 年 9 月 15 日施行）

第一章 总 则

第一条 为加强船舶载运危险货物监督管理，保障水上人命、财产安全，防治船舶污染环境，依据《中华人民共和国海上交通安全法》《中华人民共和国港口法》《中华人民共和国内河交通安全管理条例》《中华人民共和国危险化学品安全管理条例》等法律、行政法规，制定本规定。

第二条 船舶在中华人民共和国管辖水域载运危险货物的活动，适用本规定。

第三条 交通运输部主管全国船舶载运危险货物的安全管理工作。

国家海事管理机构负责全国船舶载运危险货物的安全监督管理工作。

各级海事管理机构按照职责权限具体负责船舶载运危险货物的安全监督管理工作。

第二章 船舶和人员管理

第四条 从事危险货物运输的船舶所有人、经营人或者管理人，应当按照交通运输部有关船舶安全营运和防污染管理体系的要求建立和实施相应的体系或者制度。

从事危险货物运输的船舶经营人或者管理人，应当配备专职安全管理人员。

第五条 载运危险货物的船舶应当编制安全和防污染应急预案，配备相应的应急救护、消防和人员防护等设备及器材。

第六条 载运危险货物的船舶应当经国家海事管理机构认可的船舶检验机构检验合格，取得相应的检验证书和文书，并保持良好状态。

载运危险货物的船舶，其船体、构造、设备、性能和布置等方面应当符合国家船舶检验的法规、技术规范的规定；载运危险货物的国际航行船舶还应当符合有关国际公约的规定，具备相应的适航、适装条件。

第七条 载运危险货物的船舶应当按照规定安装和使用船舶自动识别系统等船载设备。船舶经营人、管理人应当加强对船舶的动态管理。

第八条 禁止通过内河封闭水域运输剧毒化学品以及国家规定禁止通过内河运输的其他危险化学品。其他内河水域禁止运输国家规定禁止通过内河运输的剧毒化学品以及其他危险化学品。

禁止托运人在普通货物中夹带危险货物，或者将危险货物谎报、匿报为普通货物托运。

取得相应资质的客货船或者滚装客船载运危险货物时，不得载运旅客，但按照相关规定随车押运人员和滚装车辆的司机除外。其他客船禁止载运危险货物。

第九条 船舶载运危险货物应当符合有关危险货物积载、隔离和运输的安全技术规范，并符合相应的适装证书或者证明文件的要求。船舶不得受载、承运不符合包装、积载和隔离安全技术规范的危险货物。

船舶载运包装危险货物，还应当符合《国际海运危险货物规则》的要求；船舶载运 B 组固体散装货物，还应当符合《国际海运固体散装货物规则》的要求。

第十条 从事危险货物运输船舶的船员，应当按照规定持有特殊培训合格证，熟悉所在船舶载运危险货物安全知识和操作规程，了解所运危险货物的性质和安全预防及应急处置措施。

第十一条 按照本规定办理危险货物申报或者报告手续的人员和集装箱装箱现场检查的人员，应当熟悉相关法规、技术规范和申报程序。

海事管理机构对危险货物申报或者报告人员以及集装箱装箱现场检查员日常从业情况实施监督抽查，并实行诚信管理制度。

第三章 包装和集装箱管理

第十二条 拟交付船舶载运的危险货物包装，其性能应当符合相关法规、技术规范以及国际公约规定，并依法取得相应的检验合格证明。

第十三条 拟交付船舶载运的危险货物使用新型或者改进的包装类型，应当符合《国际海运危险货物规则》有关等效包装的规定，并向海事管理机构提交该包装的性能检验报告、检验证书或者文书等资料。

第十四条 载运危险货物的船用集装箱、船用可移动罐柜等货物运输组件和船用刚性中型散装容器，应当经国家海事管理机构认可的船舶检验机构检验合格，方可用于船舶运输。

第十五条 拟交付船舶载运的危险货物包件、中型散装容器、大宗包装、货物运输组件，应当按照规定显示所装危险货物特性的标志、标记和标牌。

第十六条 拟载运危险货物的船用集装箱应当无损坏，箱内应当清洁、干燥、无污损，满足所装载货物要求。处于熏蒸状态下的船用集装箱等货物运输组件，应当符合相关积载要求，并显示熏蒸警告标牌。

第十七条 装入船用集装箱的危险货物及其包装应当保持完好，无破损、撒漏或者渗漏，并按照规定进行衬垫和加固，其积载、隔离应当符合相关安全要求。性质不相容的危险货物不得同箱装运。

第十八条 集装箱装箱现场检查员应当对船舶载运危险货物集装箱的装箱活动进行现场检查，在装箱完毕后，对符合《海运危险货物集装箱装箱安全技术要求》（JT672—2006）的签署《集装箱装箱证明书》。

第十九条 曾载运过危险货物的空包装或者空容器，未经清洁或者采取其他措施消除危险性的，应当视作盛装危险货物的包装或者容器。

第四章 申报和报告管理

第二十条 船舶载运危险货物进出港口，应当在进出港口24小时前（航程不足24小时的，在驶离上一港口前），向海事管理机构办理船舶载运危险货物申报手续，提交申请书和交通运输部有关规章要求的证明材料，经海事管理机构批准后，方可进出港口。

船舶在运输途中发生危险货物泄漏、燃烧或者爆炸等情况的，应当在办理船舶载运危险货物申报手续时说明原因、已采取的控制措施和目前状况等有关情况，并于抵港后送交详细报告。

定船舶、定航线、定货种的船舶可以办理定期申报手续。定期申报期限不超过30天。

第二十一条 海事管理机构应当在受理船舶载运危险货物进出港口申报后24小时内

做出批准或者不批准的决定；属于定期申报的，应当在 7 日内做出批准或者不批准的决定。不予批准的，应当告知申请人不予批准的原因。海事管理机构应当将有关申报信息通报所在地港口行政管理部门。

第二十二条 拟交付船舶载运的危险货物托运人应当在交付载运前向承运人说明所托运的危险货物种类、数量、危险特性以及发生危险情况的应急处置措施，提交以下货物信息，并报告海事管理机构：

（一）危险货物安全适运声明书；

（二）危险货物安全技术说明书；

（三）按照规定需要进出口国家有关部门同意后方可载运的，应当提交有效的批准文件；

（四）危险货物中添加抑制剂或者稳定剂的，应当提交抑制剂或者稳定剂添加证明书；

（五）载运危险性质不明的货物，应当提交具有相应资质的评估机构出具的危险货物运输条件鉴定材料；

（六）交付载运包装危险货物的，还应当提交下列材料：

1.包装、货物运输组件、船用刚性中型散装容器的检验合格证明；

2.使用船用集装箱载运危险货物的，应当提交《集装箱装箱证明书》；

3.载运放射性危险货物的，应当提交放射性剂量证明；

4.载运限量或者可免除量危险货物的，应当提交限量或者可免除量危险货物证明。

（七）交付载运具有易流态化特性的 B 组固体散装货物通过海上运输的，还应当提交具有相应资质的检验机构出具的货物适运水分极限和货物水分含量证明。

承运人应当对上述货物信息进行审核，对不符合船舶适装要求的，不得受载、承运。

第二十三条 船舶载运包装危险货物或者 B 组固体散装货物离港前，应当将列有所载危险货物的装载位置清单、舱单或者详细配载图向海事管理机构报告。

第二十四条 船用集装箱拟拼装运输有隔离要求的两种或者两种以上危险货物，应当符合《国际海运危险货物规则》的规定。危险货物托运人应当事先向海事管理机构报告。

第五章 作业安全管理

第二十五条 载运危险货物的船舶在装货前,应当检查货物的运输资料和适运状况。发现有违反本规定情形的不得装运。

第二十六条 从事散装危险货物装卸作业的船舶和码头,应当遵守安全和防污染操作规程,建立并落实船岸安全检查表制度,并严格按照船岸安全检查表的内容要求进行检查和填写。

载运散装液体危险货物的船舶装卸作业期间,禁止其他无关船舶并靠。使用的货物软管应当符合相关法规、技术规范的要求,并定期进行检验。

第二十七条 从事散装液化气体装卸作业的船舶和码头、装卸站应当建立作业前会商制度,并就货物操作、压载操作、应急等事项达成书面协议。

从事散装液化天然气装卸作业的船舶和码头、装卸站还应当采取装货作业期间在船上设置岸方应急切断装置控制点和卸货作业期间在岸上设置船方应急切断装置控制点等措施,确保在发生紧急情况时及时停止货物输送作业。

协助散装液化气船舶靠泊的船舶应当设置烟火熄灭装置及实施烟火管制。

禁止其他无关船舶在作业期间靠泊液化气码头、装卸站。

第二十八条 船舶进行危险货物水上过驳作业或者载运危险货物的船舶进行洗(清)舱、驱气、置换,应当符合国家水上交通安全和防治船舶污染环境的管理规定及技术规范,尽量远离船舶定线制区、饮用水地表水源取水口、渡口、客轮码头、通航建筑物、大型桥梁、水下通道以及内河等级航道和沿海设标航道,制定安全和防污染的措施和应急计划并保证有效实施。

第二十九条 载运危险货物的船舶进行洗(清)舱、驱气或者置换活动期间,不得检修和使用雷达、无线电发报机、卫星船站;不得进行明火、拷铲及其他易产生火花的作业;不得使用供应船、车进行加油、加水作业。

第三十条 载运危险货物的船舶在港口水域内从事危险货物过驳作业,应当由负责过驳作业的港口经营人依法向港口行政管理部门提出申请。港口行政管理部门在审批时,应当就船舶过驳作业的水域征得海事管理机构的同意,并将审批情况通报海事管理机构。

船舶在港口水域外从事内河危险货物过驳作业或者海上散装液体污染危害性货物过驳作业,应当依法向海事管理机构申请批准。

船舶进行水上危险货物和散装液体污染危害性货物过驳作业的水域，由海事管理机构发布航行警告或者航行通告。

第三十一条 船舶在港口水域外申请从事内河危险货物过驳作业或者海上散装液体污染危害性货物过驳作业的，申请人应当在作业前向海事管理机构提出申请，告知作业地点，并提交作业方案、作业程序、防治污染措施等材料。

海事管理机构自受理申请之日起，对单航次作业的船舶，应当在24小时内做出批准或者不批准的决定；对在特定水域多航次作业的船舶，应当在7日内做出批准或者不批准的决定。

第三十二条 船舶从事加注液化天然气及其他具有低闪点特性的气态燃料作业活动，应当遵守有关法规、标准和相关操作规程，落实安全措施，并在作业前将作业的种类、时间、地点、单位和船舶名称等信息向海事管理机构报告；作业信息变更的，应当及时补报。

通过船舶为液化天然气及其他具有低闪点特性的气态燃料水上加注船、趸船补给货物燃料的，应当执行本规定水上过驳的要求。

第三十三条 载运危险货物的船舶应当遵守海事管理机构关于航路、航道等区域性的特殊规定。

载运爆炸品、放射性物品、有机过氧化物、闪点28℃以下易燃液体和散装液化气的船舶，不得与其他驳船混合编队拖带。

第三十四条 散装液化天然气船舶应当在抵港72小时前（航程不足72小时的，在驶离上一港口时）向抵达港海事管理机构报告预计抵港时间。预计抵港时间有变化的，还应当在抵港24小时前（航程不足24小时的，在驶离上一港口时）报告抵港时间。

第三十五条 散装液化气船舶进出港口和在港停泊、作业，应当按照相关标准和规范的要求落实安全保障措施。在通航水域进行试气试验的，试气作业单位应当制定试验方案并组织开展安全风险论证，落实安全管理措施。

载运散装液化天然气船舶及载运其他具有低闪点特性的气态燃料的船舶，进出沿海港口和在港停泊、作业，应当通过开展专题论证，确定护航、安全距离、应急锚地、安全警示标志等安全保障措施。

载运散装液化天然气船舶及载运其他具有低闪点特性的气态燃料的船舶，在内河航行、停泊、作业时，应当落实海事管理机构公布的安全保障措施。海事管理机构根据当地实际情况评估论证，确定护航、合理安全距离、声光警示标志等安全保障措施，征求相关港航管理部门意见后向社会公布。在船舶吨位、载运货物种类、航行区域、航线相同，且周边通航安全条件没有发生重大变化的情况下，不再重新进行评估论证。

第三十六条 载运危险货物的船舶发生水上险情、交通事故、非法排放、危险货物落水等事件，应当按照规定向海事管理机构报告，并及时启动应急预案，防止损害、危害的扩大。

海事管理机构接到报告后，应当立即核实有关情况，按照相关应急预案要求向上级海事管理机构和县级以上地方人民政府报告，并采取相应的应急措施。

第三十七条 载运散装液体危险货物的内河船舶卸货完毕后，应当在具备洗舱条件的码头、专用锚地、洗舱站点等对货物处所进行清洗，洗舱水应当交付港口接收设施、船舶污染物接收单位或者专业接收单位接收处理。

载运散装液体危险货物的内河船舶，有以下情形之一的，可以免于前款规定的清洗：

（一）船舶拟装载的货物与卸载的货物一致；

（二）船舶拟装载的货物与卸载的货物相容，经拟装载货物的所有人同意；

（三）已经实施海事管理机构确认的可替代清洗的通风程序。

卸货港口没有接收能力，船舶取得下一港口的接收洗舱水书面同意，可以在下一港口清洗，并及时报告海事管理机构。

第三十八条 载运危险货物的船舶航行、装卸或者停泊，应当悬挂专用的警示标志，按照规定显示专用信号。

载运散装液化天然气的船舶在内河航行，应当事先确定航行计划和航线。

载运散装液化天然气的船舶由沿海进入内河水域的，应当向途经的第一个内河港口的海事管理机构报告航行计划和航线；始发地为内河港口的，船舶应当将航行计划和航线向始发地海事管理机构报告。

第六章 监督管理

第三十九条 海事管理机构依法对船舶载运危险货物实施监督检查。

海事管理机构发现船舶载运危险货物存在安全隐患的，应当责令立即消除或者限期消除隐患；有关单位和个人不立即消除或者逾期不消除的，海事管理机构可以依据法律、行政法规的规定，采取禁止其进港、离港，或者责令其停航、改航、停止作业等措施。

第四十条 船舶载运危险货物有下列情形之一的，海事管理机构应当责令当事船舶立即纠正或者限期改正：

（一）经核实申报或者报告内容与实际情况不符的；

（二）擅自在不具备作业条件的码头、泊位或者非指定水域装卸危险货物的；

（三）船舶或者其设备不符合安全、防污染要求的；

（四）危险货物的积载和隔离不符合规定的；

（五）船舶的安全、防污染措施和应急计划不符合规定的。

第七章 法律责任

第四十一条 载运危险货物的船舶和相关单位违反本规定以及国家水上交通安全的规定，应当予以行政处罚的，由海事管理机构按照有关法规执行。

涉嫌构成犯罪的，由海事管理机构依法移送国家司法机关。

第四十二条 违反本规定，危险货物水路运输企业的船员未取得特殊培训合格证的，由海事管理机构责令改正，属于危险化学品的处 5 万元以上 10 万元以下的罚款，属于危险化学品以外的危险货物的处 2000 元以上 2 万元以下的罚款；拒不改正的，责令整顿。

第四十三条 违反本规定，载运危险货物的船舶及船用集装箱、船用刚性中型散装容器和船用可移动罐柜等配载的容器未经检验合格而投入使用的，由海事管理机构责令改正，属于危险化学品的处 10 万元以上 20 万元以下的罚款，有违法所得的，没收违法所得，属于危险化学品以外的危险货物的处 1000 元以上 3 万元以下的罚款；拒不改正的，责令整顿。

第四十四条 违反本规定，有下列情形之一的，由海事管理机构责令改正，属于危险化学品的处 5 万元以上 10 万元以下的罚款，属于危险化学品以外的危险货物的处 500 元以上 3 万元以下的罚款；拒不改正的，责令整顿：

（一）船舶载运的危险货物，未按照规定进行积载和隔离的；

（二）托运人不向承运人说明所托运的危险货物种类、数量、危险特性以及发生危险情况的应急处置措施的；

（三）未按照国家有关规定对所托运的危险货物妥善包装并在外包装上设置相应标志的。

第四十五条 违反本规定，载运危险货物的船舶进出港口，未依法向海事管理机构办理申报手续的，在内河通航水域运输危险货物的，对负有责任的主管人员或者其他直接责任人员处 2 万元以上 10 万元以下的罚款；在我国管辖海域运输危险货物的，对船舶所有人或者经营人处 1 万元以上 3 万元以下的罚款。

第四十六条 违反本规定，在托运的普通货物中夹带危险货物，或者将危险货物谎报或者匿报为普通货物托运的，由海事管理机构责令改正，属于危险化学品的处 10 万元以上 20 万元以下的罚款，有违法所得的，没收违法所得，属于危险化学品以外的危险货物的处 1000 元以上 3 万元以下的罚款；拒不改正的，责令整顿。

第四十七条 违反本规定，对不符合《海运危险货物集装箱装箱安全技术要求》的危险货物集装箱签署《集装箱装箱证明书》的，由海事管理机构责令改正，对聘用该集装箱装箱现场检查员的单位处 1000 元以上 3 万元以下的罚款。

第四十八条 违反本规定，有下列情形之一的，由海事管理机构责令改正，处 500 元以上 3 万元以下的罚款：

（一）交付船舶载运的危险货物托运人未向海事管理机构报告的；

（二）船舶载运包装危险货物或者 B 组固体散装货物离港前，未按照规定将清单、舱单或者详细配载图报海事管理机构的；

（三）散装液化天然气船舶未按照规定向海事管理机构报告预计抵港时间的；

（四）散装液化天然气船舶在内河航行，未按照规定向海事管理机构报告航行计划和航线的。

第四十九条 海事管理机构的工作人员有滥用职权、徇私舞弊、玩忽职守等严重失职行为的，由其所在单位或者上级机关依法处理；情节严重构成犯罪的，由司法机关依法追究刑事责任。

第八章 附 则

第五十条 本规定所称船舶载运的危险货物，包括：

（一）《国际海运危险货物规则》（IMDG code）第 3 部分危险货物一览表中列明

的包装危险货物，以及未列明但经评估具有安全危险的其他包装货物；

（二）《国际海运固体散装货物规则》（IMSBC code）附录 1 中 B 组固体散装货物，以及经评估具有化学危险的其他固体散装货物；

（三）《国际防止船舶造成污染公约》（MARPOL 公约）附则 I 附录 1 中列明的散装油类；

（四）《国际散装危险化学品船舶构造和设备规则》（IBC code）第 17 章中列明的散装液体化学品，以及未列明但经评估具有安全危险的其他散装液体化学品；

（五）《国际散装液化气体船舶构造和设备规则》（IGC code）第 19 章列明的散装液化气体，以及未列明但经评估具有安全危险的其他散装液化气体；

（六）我国加入或者缔结的国际条约、国家标准规定的其他危险货物。

《危险化学品目录》中所列物质，不属于前款规定的危险货物的，应当按照《危险化学品安全管理条例》的有关规定执行。

第五十一条 本规定所称 B 组固体散装货物，是指在《国际海运固体散装货物规则》附录 1 "组别" 栏中列为 B 组货物或者同时列入 A 和 B 组货物。

第五十二条 本规定自 2018 年 9 月 15 日起施行。2003 年 11 月 30 日以交通部令 2003 年第 10 号发布的《船舶载运危险货物安全监督管理规定》、2012 年 3 月 14 日以交通运输部令 2012 年第 4 号发布的《关于修改〈船舶载运危险货物安全监督管理规定〉的决定》、1996 年 11 月 4 日以交通部令 1996 年第 10 号发布的《水路危险货物运输规则（第一部分 水路包装危险货物运输规则）》同时废止。

民用航空危险品运输管理规定

交通运输部令 2024 年第 4 号

（2024 年 1 月公布，2024 年 7 月 1 日施行）

第一章 总 则

第一条 为了加强民用航空危险品运输管理，规范危险品航空运输活动，保障民用航空运输安全，根据《中华人民共和国民用航空法》《中华人民共和国安全生产法》《中华人民共和国反恐怖主义法》《危险化学品安全管理条例》等法律、行政法规，制定本规定。

第二条 中华人民共和国境内的承运人、机场管理机构、地面服务代理人、危险品培训机构、从事民航安全检查工作的机构以及其他单位和个人从事民用航空危险品运输有关活动的，适用本规定。

外国承运人、港澳台地区承运人从事前款规定的活动，其航班始发地点、经停地点或者目的地点之一在中华人民共和国境内（不含港澳台，下同）的，适用本规定。

第三条 中国民用航空局（以下简称民航局）负责对民用航空危险品运输活动实施统一监督管理。

中国民用航空地区管理局（以下简称民航地区管理局）负责对本辖区内的民用航空危险品运输活动实施监督管理。

民航局和民航地区管理局统称为民航行政机关。

第四条 从事民用航空危险品运输有关活动的单位和个人应当遵守《国际民用航空公约》附件18《危险物品的安全航空运输》及《技术细则》的要求；法律、法规、规章另有规定的，还应当遵守其规定。

第五条 有关行业协会应当加强行业自律，推进诚信建设，促进会员依法开展公共航空危险品运输活动，提升服务质量。

第二章 运输限制

第六条 任何单位和个人不得在行李中携带或者通过货物、邮件托运、收运、载运《技术细则》中规定的在任何情况下禁止航空运输的危险品。

第七条 除运输安全水平符合要求并获得民航行政机关按《技术细则》给予批准或者豁免外，任何单位和个人不得在行李中携带或者通过货物、邮件托运、收运、载运下列危险品：

（一）《技术细则》中规定禁止在正常情况下航空运输的危险品；

（二）受到感染的活体动物。

第八条 托运、收运、载运含有危险品的邮件，应当符合相关邮政法律法规、本规定及《技术细则》的要求。

第九条符合下列情况的物品或者物质，按照《技术细则》的规定不受危险品航空运输的限制：

（一）已分类为危险品的物品或者物质，根据有关适航要求和运行规定，或者因《技术细则》列明的其他特殊原因需要装在民用航空器上时；

（二）旅客或者机组成员携带的《技术细则》规定范围内的特定物品或者物质。

运输前款第一项所述物品或者物质的替换物，或者被替换下来的所述物品或者物质，除《技术细则》准许外，应当遵守本规定。

第三章 运输许可

第一节 一般规定

第十条 承运人从事危险品货物、含有危险品的邮件（以下简称危险品货物、邮件）航空运输，应当取得危险品航空运输许可。

第十一条 境内承运人申请取得危险品航空运输许可的，应当具备下列条件：

（一）持有公共航空运输企业经营许可证；

（二）危险品航空运输手册符合本规定的要求；

（三）危险品培训大纲符合本规定的要求；

（四）按照危险品航空运输手册建立了危险品航空运输管理和操作程序、应急方案；

（五）危险品航空运输从业人员按照危险品培训大纲完成培训并考核合格；

（六）货物、邮件航空运输安全记录良好。

第十二条 港澳台地区承运人、外国承运人申请取得危险品航空运输许可的，应当具备下列条件：

（一）持有所在地区或者所在国民航主管部门颁发的危险品航空运输许可或者等效文件；

（二）持有所在地区或者所在国民航主管部门审查或者批准的危险品航空运输手册或者等效文件；

（三）持有所在地区或者所在国民航主管部门审查或者批准的危险品培训大纲或者等效文件；

（四）货物、邮件航空运输安全记录良好。

第十三条 民航地区管理局作出的危险品航空运输许可，应当包含下列内容：

（一）承运人按照本规定和《技术细则》开展危险品货物、邮件航空运输活动的经营范围；

（二）批准运输的危险品类（项）别；

（三）许可的有效期；

（四）必要的限制条件。

第二节 许可程序

第十四条 境内承运人申请危险品航空运输许可的，应当向其公共航空运输企业经营许可证载明的主运营基地机场所在地民航地区管理局提交下列材料，并确保其真实、完整、有效：

（一）申请书；

（二）危险品航空运输手册；

（三）危险品培训大纲。

第十五条 港澳台地区承运人、外国承运人申请危险品航空运输许可的，应当向民航局指定管辖的民航地区管理局提交下列材料，并确保其真实、完整、有效：

（一）申请书；

（二）承运人所在地区或者所在国民航主管部门颁发的危险品航空运输许可或者等效文件；

（三）承运人所在地区或者所在国民航主管部门对承运人危险品航空运输手册或者等效文件的审查或者批准的证明材料；

（四）承运人所在地区或者所在国民航主管部门对承运人危险品培训大纲或者等效文件的审查或者批准的证明材料。

前款规定的申请材料应当使用中文或者英文。使用译本的，申请人应当承诺保证译本和原件的一致性和等同有效性。

第十六条 经审查，境内承运人符合本规定第十一条、港澳台地区及外国承运人符合本规定第十二条要求的，由民航地区管理局为其颁发危险品航空运输许可。

经审查不符合要求的，由民航地区管理局书面作出不予许可决定，说明理由，并告知申请人享有依法申请行政复议或者提起行政诉讼的权利。

第十七条 民航地区管理局应当自受理申请之日起 20 个工作日内作出是否准予许可的决定。20 个工作日内不能作出决定的，经民航地区管理局负责人批准，可以延长 10 个工作日，并应当将延长期限的理由告知申请人。

民航地区管理局作出行政许可决定，需要进行检验、检测、鉴定和组织专家评审的，所需时间不计入前款所述期限。

第三节 许可管理

第十八条 危险品航空运输许可的有效期最长不超过 24 个月。

有下列情形之一的，作出行政许可决定的民航地区管理局应当依法办理危险品航空运输许可注销手续：

（一）被许可承运人书面申请办理注销手续的；

（二）许可依法被撤销、撤回、吊销的；

（三）许可有效期届满未延续的；

（四）法律、法规规定的其他情形。

第十九条 承运人要求变更许可事项的，应当向民航地区管理局提出申请，按照本章有关许可的规定办理。

第二十条 承运人申请许可有效期延续的，应当在许可有效期届满 30 日前向民航地区管理局提出申请。经审查，承运人满足本规定许可条件的，民航地区管理局应当在许可有效期届满前作出是否准予延续的决定；民航地区管理局逾期未作出决定的，视为准予延续。

第四章 运输手册管理

第二十一条 境内承运人、地面服务代理人应当制定符合本规定要求的危险品航空运输手册，并采取措施保持手册的实用性和有效性。

境内承运人应当在完成运行合格审定前向主运营基地机场所在地民航地区管理局备案危险品航空运输手册。手册内容发生变化的，境内承运人应当及时进行更新备案。

第二十二条 境内承运人、地面服务代理人的危险品航空运输手册应当至少包括下列适用的内容：

（一）危险品航空运输的总政策；

（二）危险品航空运输管理和监督机构及其职责；

（三）开展自查及对其代理人进行检查的要求；

（四）人员的培训要求及对危险品培训机构的要求；

（五）旅客、机组成员携带危险品的限制，以及将限制要求告知旅客、机组成员的措施；

（六）托运人及托运人代理人的诚信管理要求；

（七）行李、货物、邮件中隐含危险品的识别及防止隐含危险品的措施；

（八）向机长通知危险品装载信息的措施；

（九）危险品航空运输应急响应方案及应急处置演练的要求；

（十）危险品航空运输事件的报告程序；

（十一）重大、紧急或者其他特殊情况下危险品航空运输预案。

从事危险品货物、邮件航空运输的境内承运人、地面服务代理人的危险品航空运输手册，还应当包括危险品货物、邮件航空运输的技术要求及操作程序。

除单独成册外，危险品航空运输手册的内容可以按照专业类别编入企业运行、地面服务和客货运输业务等其他业务手册中。

第二十三条 承运人委托地面服务代理人代表其从事危险品航空运输地面服务的，

应当要求地面服务代理人按照承运人提供的危险品航空运输手册或者经承运人认可的地面服务代理人危险品航空运输手册，开展危险品航空运输地面服务。

港澳台地区及外国承运人提供的危险品航空运输手册应当使用中文或者英文，使用译本的，应当承诺保证译本和原件的一致性和等同有效性。

按照经承运人认可的地面服务代理人危险品航空运输手册开展活动的，承运人应当告知地面服务代理人其差异化要求，地面服务代理人应当采取措施确保相关操作满足承运人的差异化要求。

第二十四条 承运人、地面服务代理人应当采取必要措施，确保危险品航空运输有关人员在履行相关职责时，充分了解危险品航空运输手册中与其职责相关的内容。

承运人、地面服务代理人应当为危险品航空运输有关人员提供以其所熟悉的文字编写的危险品航空运输手册，以便相关人员履行危险品航空运输职责。

第二十五条 承运人、地面服务代理人应当按照危险品航空运输手册中规定的程序和要求，开展危险品航空运输相关活动。

第二十六条 运输机场管理机构应当制定机场危险品航空运输应急救援预案，将其纳入运输机场突发事件应急救援预案管理，并按照有关规定执行。

运输机场管理机构应当将机场危险品航空运输的管理和应急救援预案内容，纳入机场使用手册。

第五章 托运人责任

第二十七条 托运人应当确保办理危险品货物托运手续和签署危险品运输文件的人员，已按照本规定和《技术细则》的要求经过危险品培训并考核合格。

第二十八条 托运人将危险品货物提交航空运输前，应当按照本规定和《技术细则》的规定，确保该危险品不属于禁止航空运输的危险品，并正确地进行分类、识别、包装、加标记、贴标签。

托运法律、法规限制运输的危险品货物，应当符合相关法律、法规的要求。

第二十九条 托运人将货物提交航空运输时，应当向承运人说明危险品货物情况，并提供真实、准确、完整的危险品运输文件。托运人应当正确填写危险品运输文件并签字。

除《技术细则》另有规定外，危险品运输文件应当包括《技术细则》所要求的内容，以及经托运人签字的声明，表明已使用运输专用名称对危险品进行完整、准确地描述和该危险品已按照《技术细则》的规定进行分类、包装、加标记和贴标签，且符合航空运输的条件。

第三十条 托运人应当向承运人提供所托运危险品货物发生危险情况的应急处置措施，并在必要时提供所托运危险品货物符合航空运输条件的相关证明材料。

第三十一条 托运人应当确保航空货运单、危险品运输文件及相关证明材料中所列货物信息与其实际托运的危险品货物保持一致。

第三十二条 托运人应当保存一份危险品航空运输相关文件，保存期限自运输文件签订之日起不少于 24 个月。

前款所述危险品航空运输相关文件包括危险品运输文件、航空货运单以及承运人、本规定和《技术细则》要求的补充资料和文件等。

第三十三条 托运人代理人从事危险品货物航空运输活动的，应当持有托运人的授权书，并适用本规定有关托运人责任的规定。

第六章 承运人及其地面服务代理人责任

第一节 一般规定

第三十四条 境内承运人、地面服务代理人应当将危险品航空运输纳入其安全管理体系或者单独建立危险品航空运输安全管理体系，并确保体系持续有效运行。

第三十五条 境内承运人、地面服务代理人应当明确适当的机构，配置专职人员对危险品航空运输活动进行管理。

持有危险品航空运输许可的港澳台地区承运人、外国承运人应当指定专人负责对危险品航空运输活动进行管理。

第三十六条 承运人和地面服务代理人应当对从事公共航空危险品运输的协议方或者合作方加强诚信管理，建立并持续完善公共航空危险品运输托运人及托运人代理人诚信评价机制。

第二节 承运人责任

第三十七条 承运人应当按照危险品航空运输许可的要求和条件开展危险品货物、

邮件航空运输活动。

运输法律、法规限制运输的危险品，应当符合相关法律、法规的要求。

第三十八条 承运人接收危险品货物、邮件进行航空运输应当符合下列要求：

（一）确认办理托运手续和签署危险品运输文件的人员经危险品培训并考核合格，同时满足承运人危险品航空运输手册的要求；

（二）确认危险品货物、邮件附有完整的危险品航空运输相关文件，《技术细则》另有规定的除外；

（三）按照《技术细则》的要求对危险品货物、邮件进行检查。

第三十九条 承运人应当按照《技术细则》及民航行政机关的要求，收运、存放、装载、固定及隔离危险品货物、邮件。

第四十条 承运人应当按照《技术细则》及民航行政机关的要求，对危险品货物、邮件的损坏泄漏及污染进行检查和清除。

第四十一条 承运人应当按照《技术细则》及民航行政机关的要求，存放危险品货物、邮件，并及时处置超期存放的危险品货物、邮件。

承运人应当采取适当措施防止危险品货物、邮件被盗或者被不正当使用。

第四十二条 承运人应当在载运危险品货物、邮件的飞行终止后，将危险品航空运输相关文件保存不少于 24 个月。

前款所述文件包括危险品运输文件、航空货运单、收运检查单、机长通知单以及承运人、本规定和《技术细则》要求的补充资料和文件等。

第四十三条 委托地面服务代理人代表其从事危险品货物、邮件航空运输地面服务的承运人，应当同符合本规定要求的地面服务代理人签订包括危险品货物、邮件航空运输内容的地面服务代理协议，明确各自的危险品运输管理职责和应当采取的安全措施。

第四十四条 承运人应当采取措施防止货物、邮件、行李隐含危险品。

第四十五条 境内承运人应当对其地面服务代理人的危险品航空运输活动进行定期检查。

第三节 地面服务代理人责任

第四十六条 地面服务代理人应当按照与承运人签订的地面服务代理协议的相关要求，开展危险品货物、邮件航空运输活动。

第四十七条 在首次开展航空运输地面服务代理活动前，地面服务代理人应当向所在地民航地区管理局备案，并提交下列真实、完整、有效的备案材料：

（一）地面服务代理人备案信息表；

（二）法人资格证明；

（三）危险品航空运输手册；

（四）危险品培训大纲；

（五）按照本规定及备案内容开展危险品航空运输活动及确保危险品航空运输手册和危险品培训大纲持续更新的声明。

备案信息表中与危险品运输相关的地面服务代理业务范围发生变动的，地面服务代理人应当在开展相关新业务活动前备案。其他备案材料内容发生变化的，地面服务代理人应当及时对变化内容进行备案。

第四十八条 地面服务代理人开展危险品航空运输活动应当满足本规定及备案的危险品航空运输手册和危险品培训大纲的要求，并接受相关承运人的检查。

第四十九条 地面服务代理人代表承运人从事危险品航空运输活动的，适用本规定有关承运人责任的规定。

第七章 运输信息

第五十条 承运人在向旅客出售机票时，应当向旅客提供关于禁止航空运输的危险品种类的信息。

当通过互联网出售机票时，承运人应当以文字或者图像形式向旅客提供关于禁止旅客带上航空器的危险品种类的信息，且确保只有在旅客表示已经知悉行李中的危险品限制之后，方可完成购票手续。

第五十一条 在旅客办理乘机手续时，承运人或者地面服务代理人应当向旅客提供《技术细则》关于旅客携带危险品的限制要求信息。旅客自助办理乘机手续的，信息应当包括图像，并应当确保只有在旅客表示已经知悉行李中的危险品限制之后，方可完成办理乘机手续。

第五十二条 承运人、地面服务代理人或者机场管理机构应当在机场售票处、办理乘机手续处、安检处、登机处以及旅客可以办理乘机手续的其他地方醒目地张贴布告，告知旅客禁止航空运输危险品的种类。

前款要求的布告，应当包括禁止运输危险品的直观示例。

第五十三条 承运人或者地面服务代理人应当在货物、邮件收运处的醒目地点张贴布告，告知托运人及托运人代理人货物、邮件中可能含有的危险品以及危险品航空运输的相关规定和法律责任。

前款要求的布告，应当包括危险品的直观示例。

第五十四条 承运人、地面服务代理人、从事民航安全检查工作的机构以及机场管理机构应当向其从业人员提供相关信息，使其能够履行与危险品航空运输相关的职责，同时应当提供在出现涉及危险品的紧急情况时可供遵循的行动指南。

承运人应当在运行手册或者其他相关手册中向飞行机组成员提供与其履行职责相关的危险品信息及行动指南。

第五十五条 民用航空器上载运危险品货物、邮件时，承运人或者地面服务代理人应当在民用航空器起飞前向机长、民用航空器运行控制人员等提供《技术细则》规定的信息。

第五十六条 飞行中发生紧急情况时，如果情况允许，机长应当按照《技术细则》的规定立即将机上载有危险品货物、邮件的信息通报有关空中交通管制部门，以便通知机场。

第五十七条 承运人、地面服务代理人、机场管理机构应当按照《技术细则》及民航行政机关的要求，报告危险品航空运输事件信息。

第五十八条 承运人、地面服务代理人、从事民航安全检查工作的机构、危险品培训机构等相关单位，应当按照民航行政机关的要求报送危险品航空运输有关的信息和数据。

第八章 培训管理

第一节 一般规定

第五十九条 危险品货物托运人及托运人代理人、境内承运人、地面服务代理人、从事民航安全检查工作的机构、以及其他从事危险品航空运输活动的单位，应当确保其危险品航空运输从业人员按照本规定及《技术细则》的要求经过符合本规定要求的危险品培训机构培训并考核合格。

境内承运人、机场管理机构、地面服务代理人、从事民航安全检查工作的机构等单位分管危险品运输管理业务的负责人和安全管理人员，应当定期接受危险品航空运输管理知识培训。

本章所称危险品培训机构，包括境内承运人、机场管理机构、地面服务代理人、从事民航安全检查工作的机构、其他从事民用航空危险品运输有关活动的单位为其从业人员提供危险品培训所设立的培训机构，以及对外提供危险品培训的第三方机构。

第六十条 港澳台地区承运人、外国承运人，应当确保其相关人员的危险品培训符合本规定及《技术细则》的相关要求。

第六十一条 危险品货物托运人及托运人代理人、境内承运人、地面服务代理人、从事民航安全检查工作的机构、危险品培训机构，应当如实记录其危险品航空运输从业人员教育和培训情况，并保存不少于36个月，随时接受民航行政机关的检查。

第二节 培训大纲

第六十二条 下列单位应当制定并持有符合本规定及《技术细则》相关要求的危险品培训大纲，并按照大纲开展培训活动：

（一）境内承运人；

（二）地面服务代理人；

（三）从事民航安全检查工作的机构；

（四）危险品培训机构。

从事民航安全检查工作的机构，应当将其危险品培训大纲报所在地民航地区管理局备案。

第六十三条 危险品培训大纲应当根据受训人员的职责制定，并包括下列内容：

（一）符合本规定和《技术细则》规定的声明；

（二）符合要求的培训课程设置及评估要求；

（三）适用的受训人员范围及培训后应当达到的要求；

（四）实施培训的危险品培训机构及教员要求；

（五）培训使用教材的说明。

第六十四条 危险品培训大纲应当及时修订和更新，确保持续符合本规定及《技术细则》的要求。

第三节 培训机构

第六十五条 危险品培训机构应当在首次开展培训活动 30 日前向机构所在地民航地区管理局备案。

危险品培训机构终止培训的，应当自终止培训之日起 30 日内书面告知原备案民航地区管理局。

第六十六条 危险品培训机构应当在备案时提交下列材料，并确保其真实、完整、有效：

（一）危险品培训机构备案信息表；

（二）法人资格证明；

（三）危险品培训大纲；

（四）培训管理制度；

（五）3 名及以上符合要求的危险品培训教员的证明材料；

（六）按照本规定要求及备案内容开展危险品培训活动并保持危险品培训大纲持续更新的声明。

备案材料内容发生变化的，危险品培训机构应当及时对变化内容进行备案。

第六十七条 危险品培训机构应当按照备案的危险品培训大纲和培训管理制度开展培训，并遵守下列要求：

（一）定期开展自查，确保持续符合本规定及危险品培训管理制度的要求；

（二）实施培训时使用的危险品培训大纲及教员符合本规定的要求；

（三）实施的培训符合本规定的要求；

（四）建立并实施培训效果评估制度，定期组织教学研讨和教学质量评价活动。

危险品培训机构应当接受民航行政机关组织的教学质量评价。

第六十八条 危险品培训机构应当确保本机构的危险品教员持续满足本规定的要求。

第四节 培训教员

第六十九条 危险品培训机构应当使用符合以下要求的教员从事危险品培训工作：

（一）熟悉危险品航空运输法律法规、规章、规定和政策；

（二）从事民航相关业务 3 年以上；

（三）参加符合本规定及《技术细则》要求的危险品培训，并考核优秀；

（四）通过危险品教员培训，具备相应的授课技能。

第七十条 危险品培训机构的教员应当按照本规定开展培训活动，并持续符合下列要求：

（一）同时仅在一家培训机构备案且仅代表一家危险品培训机构开展培训活动；

（二）每 12 个月至少实施一次完整的危险品培训；

（三）每 24 个月至少参加一次危险品教员培训，且至少参加一次相应的危险品培训并考核合格；

（四）教学质量评价满足要求；

（五）每 12 个月至少参加一次危险品培训机构组织的教学研讨活动。

危险品培训机构的教员不满足前款规定的要求的，危险品培训机构应当及时更换教员，并重新组织培训。

第九章　监督管理

第七十一条 从事民用航空危险品运输活动的有关单位和个人对民航行政机关的监督检查人员依法履行监督检查职责，应当予以配合，不得拒绝、阻碍。

第七十二条 持有危险品航空运输许可的承运人，应当保证其运营条件持续符合颁发危险品航空运输许可的条件。

因运营条件发生变化等，承运人不再具备安全生产条件的，由民航地区管理局依照《中华人民共和国安全生产法》的规定撤销其危险品航空运输许可。

第七十三条 民航地区管理局应当自地面服务代理人、危险品培训机构备案之日起 30 日内，对备案的地面服务代理人、危险品培训机构进行现场核查，对相关材料进行核实，并定期开展日常检查，监督其持续符合规定要求。

第七十四条 托运人、托运人代理人有下列行为之一的，依法作为严重失信行为记入民航行业信用记录：

（一）伪造危险品航空运输相关文件的；

（二）违规托运危险品货物，造成危险品事故或者严重征候；

（三）违规托运危险品货物，12 个月内造成危险品一般征候两次以上的。

第十章 法律责任

第七十五条 承运人隐瞒有关情况或者提供虚假材料申请危险品航空运输许可的，民航地区管理局不予受理或者不予许可，并给予警告；自该行为发现之日起1年内承运人不得再次申请危险品航空运输许可。

承运人以欺骗、贿赂等不正当手段取得危险品航空运输许可的，由民航地区管理局撤销该危险品航空运输许可，处3万元以下的罚款，承运人在3年内不得再次申请危险品航空运输许可。

第七十六条 托运人或者托运人代理人有下列行为之一的，由民航地区管理局处2万元以上10万元以下的罚款；构成犯罪的，依法追究刑事责任：

（一）违反本规定第二章，托运禁止航空运输的危险品的；

（二）违反本规定第二章，托运限制航空运输的危险品未满足相关法律、法规、规章或者《技术细则》要求的。

第七十七条 托运人或者托运人代理人有下列行为之一的，由民航地区管理局处警告或者5万元以下的罚款；情节严重的，处5万元以上10万元以下的罚款：

（一）违反本规定第二十八条，未按要求对所托运的危险品货物正确地进行分类、识别、包装、加标记、贴标签的；

（二）违反本规定第二十九条，未向承运人说明危险品货物情况或者未提供符合要求的危险品运输文件的；

（三）违反本规定第三十条，未提供所托运危险品货物正确的应急处置举措的；

（四）违反本规定第三十一条，航空货运单、危险品运输文件及相关证明材料中所列货物信息与其实际托运的危险品货物不一致的。

托运人代理人违反本规定第三十三条，从事危险品货物航空运输活动未持有托运人授权书的，依照前款规定处罚。

第七十八条 承运人有下列行为之一的，由民航地区管理局处2万元以上10万元以下的罚款：

（一）违反本规定第十条，未取得危险品航空运输许可运输危险品的；

（二）违反本规定第三十七条，未按照危险品航空运输许可的要求运输危险品的。

第七十九条 承运人、地面服务代理人有下列行为之一的，由民航地区管理局依照《中华人民共和国反恐怖主义法》第八十五条的规定，处 10 万元以上 50 万元以下的罚款，并对其直接负责的主管人员和其他直接责任人员处 10 万元以下的罚款：

（一）违反本规定第六条，对《技术细则》中规定的在任何情况下禁止航空运输的物品或者物质予以运输的；

（二）违反本规定第三十八条第三项，未对运输的危险品货物、邮件进行检查的。

第八十条 承运人、地面服务代理人有下列行为之一的，由民航地区管理局处警告或者 5 万元以下的罚款；情节严重的，处 5 万元以上 10 万元以下的罚款：

（一）违反本规定第八条，未按照本规定及《技术细则》相关规定的要求收运、运输含有危险品邮件的；

（二）违反本规定第二十一条，未按要求制定或者更新危险品航空运输手册的；

（三）违反本规定第二十四条，未采取必要措施确保其危险品航空运输有关人员充分了解履职相关危险品航空运输手册内容的或者未按要求提供危险品航空运输手册的；

（四）违反本规定第二十五条，未按照危险品航空运输手册中规定的程序和要求开展危险品航空运输活动的；

（五）违反本规定第三十八条第一项、第二项，在接收危险品货物、邮件进行航空运输时未按照要求对危险品托运人员和运输相关文件进行确认的；

（六）违反本规定第三十九条，未确保危险品货物、邮件的收运、存放、装载、固定及隔离符合本规定及《技术细则》相关要求的；

（七）违反本规定第四十条，未确保危险品货物、邮件的损坏泄漏检查及污染清除符合本规定及《技术细则》相关要求的；

（八）违反本规定第四十一条，未妥善存放危险品货物、邮件或者未及时处置超期存放的危险品货物、邮件或者未采取适当措施防止危险品货物、邮件被盗、不正当使用的；

（九）违反本规定第四十四条，未对运输的货物、邮件、行李采取措施防止隐含危险品的。

第八十一条 承运人有下列行为之一的，由民航地区管理局责令限期改正，处警告或者 5 万元以下的罚款；情节严重或者逾期未改正的，处 5 万元以上 10 万元以下的罚款：

（一）违反本规定第二十三条，未按要求告知地面服务代理人有关危险品航空运输手册差异化要求的；

（二）违反本规定第四十三条，委托地面服务代理人未签订地面服务代理协议或者代理协议不符合要求的。

第八十二条 承运人、地面服务代理人违反本规定第三十四条、第三十五条，未按照规定建立有效运行的危险品航空运输安全管理体系或者设置机构、配备人员管理危险品航空运输活动的，由民航地区管理局依照《中华人民共和国安全生产法》第九十七条、第一百零一条的规定，责令限期改正，处 10 万元以下的罚款；逾期未改正的，责令停产停业整顿，并处 10 万元以上 20 万元以下的罚款，对其直接负责的主管人员和其他直接责任人员处 2 万元以上 5 万元以下的罚款。

第八十三条 地面服务代理人有下列行为之一的，由民航地区管理局责令限期改正，处警告或者 5 万元以下的罚款；情节严重或者逾期未改正的，处 5 万元以上 10 万元以下的罚款：

（一）违反本规定第二十三条第三款，未确保危险品航空运输相关操作满足承运人差异化要求的；

（二）违反本规定第四十六条，未按照地面服务代理协议的相关安全要求开展危险品货物、邮件航空运输活动的；

（三）违反本规定第四十七条，未按照要求向所在地民航地区管理局备案，或者提交虚假备案材料的；

（四）违反本规定第四十八条，未按照备案内容开展危险品航空运输活动的。

第八十四条 托运人、托运人代理人、承运人、地面服务代理人违反本规定第三十二条、第四十二条，未按照规定保存危险品航空运输相关文件的，由民航地区管理局处警告或者 5 万元以下的罚款；情节严重的，处 5 万元以上 10 万元以下的罚款。

第八十五条 托运人、托运人代理人、境内承运人、地面服务代理人、从事民航安全检查工作的机构以及危险品培训机构有下列行为之一的，由民航地区管理局依照《中华人民共和国安全生产法》第九十七条的规定，责令限期改正，处 10 万元以下的罚款；逾期未改正的，责令停产停业整顿，并处 10 万元以上 20 万元以下的罚款，对其直接负责的主管人员和其他直接责任人员处 2 万元以上 5 万元以下的罚款：

（一）违反本规定第五十九条，其危险品航空运输从业人员未按照规定经过培训并考核合格的；

（二）违反本规定第六十一条，未按照规定如实记录安全生产教育和培训情况的。

港澳台地区承运人、外国承运人违反本规定第六十条，未按照要求对其危险品航空运输活动相关人员进行培训的，依照前款规定予以处罚。

第八十六条 有下列行为之一的，由民航地区管理局责令限期改正，处警告或者 5 万元以下的罚款；情节严重或者逾期未改正的，处 5 万元以上 10 万元以下的罚款：

（一）承运人、地面服务代理人、机场管理机构违反本规定第五十二条，未按照要求在机场张贴危险品布告的；

（二）承运人、地面服务地理人、机场管理机构、从事民航安全检查工作的机构违反本规定第五十四条，未按照要求向其从业人员提供信息或者行动指南的；

（三）境内承运人、地面服务代理人、从事民航安全检查工作的机构、危险品培训机构违反本规定第六十二条、第六十三条、第六十四条，未持有符合要求的危险品培训大纲并及时修订更新或者未按照大纲开展培训活动的。

第八十七条 承运人、地面服务代理人、从事民航安全检查工作的机构、危险品培训机构等相关单位违反本规定第五十八条，未按照要求报送危险品航空运输有关信息或者数据的，由民航地区管理局责令限期改正，处警告或者 5 万元以下的罚款；情节严重或者逾期未改正的，处 5 万元以上 10 万元以下的罚款。

第八十八条 危险品培训机构有下列行为之一的，由民航地区管理局责令限期改正，处警告或者 5 万元以下的罚款；情节严重或者逾期未改正的，处 5 万元以上 10 万元以下的罚款：

（一）违反本规定第六十五条、第六十六条，未按时备案或者提交虚假备案材料的；

（二）违反本规定第六十七条，未按照要求开展危险品培训的；

（三）违反本规定第六十九条、第七十条，危险品培训教员未满足相关要求的。

第八十九条 违反本规定，有关危险物品的法律、行政法规对其处罚有明确规定的，从其规定。

第十一章 附则

第九十条 本规定中下列用语，除具体条款中另有规定外，含义如下：

（一）危险品，是指列在《技术细则》危险品清单中或者根据《技术细则》的归类，能对健康、安全、财产或者环境构成危险的物品或者物质。

（二）《技术细则》，是指根据国际民航组织理事会制定的程序而定期批准和公布的《危险物品安全航空运输技术细则》（Doc 9284 号文件）及其补篇、增编和更正。

（三）托运人，是指为货物运输与承运人订立合同，并在航空货运单或者货物记录上签字的人。

（四）托运人代理人，是指经托运人授权，代表托运人托运货物或者签署货物航空运输相关文件的人。

（五）承运人，是指以营利为目的，使用民用航空器运送旅客、行李、货物、邮件的公共航空运输企业。

（六）地面服务代理人，是指依照中华人民共和国法律成立的，与承运人签订地面代理协议，在中华人民共和国境内机场从事公共航空运输地面服务代理业务的企业。

（七）危险品航空运输事件，是指与危险品航空运输有关的不安全事件，包括危险品事故、危险品严重征候、危险品一般征候及危险品一般事件。

（八）危险品运输文件，是指托运人或者托运人代理人签署的，向承运人申报所运输危险品详细信息的文件。

第九十一条 本规定自 2024 年 7 月 1 日起施行。交通运输部于 2016 年 4 月 13 日以交通运输部令 2016 年第 42 号公布的《民用航空危险品运输管理规定》同时废止。

铁路危险货物运输安全监督管理规定

交通运输部令2022年第24号

（2022年9月公布，2022年12月1日施行）

第一章 总 则

第一条 为了加强铁路危险货物运输安全管理，保障公众生命财产安全，保护环境，根据《中华人民共和国安全生产法》《中华人民共和国铁路法》《中华人民共和国反恐怖主义法》《铁路安全管理条例》《危险化学品安全管理条例》《放射性物品运输安全管理条例》等法律、行政法规，制定本规定。

第二条 本规定所称危险货物，是指列入铁路危险货物品名表，具有爆炸、易燃、毒害、感染、腐蚀、放射性等危险特性，在铁路运输过程中，容易造成人身伤亡、财产损毁或者环境污染而需要特别防护的物质和物品。

未列入铁路危险货物品名表，依据有关法律、行政法规、规章或者《危险货物分类和品名编号》（GB6944）等标准确定为危险货物的，按照本规定办理运输。

第三条 禁止运输下列物品：

（一）法律、行政法规禁止生产和运输的危险物品；

（二）危险性质不明、可能存在安全隐患的物品；

（三）未采取安全措施的过度敏感物品；

（四）未采取安全措施的能自发反应而产生危险的物品。

高速铁路、城际铁路等客运专线及旅客列车禁止运输危险货物，法律、行政法规等另有规定的除外。

第四条 铁路危险货物运输安全管理坚持安全第一、预防为主、综合治理的方针。铁路危险货物运输相关单位（以下统称运输单位）为运输安全责任主体，应当依据有关法律、行政法规和标准等规定，落实运输条件，加强运输管理，确保运输安全。

本规定所称运输单位，包括铁路运输企业、托运人，专用铁路、铁路专用线产权单位、管理单位和使用单位等。

第五条 国家铁路局负责全国铁路危险货物运输安全监督管理工作。地区铁路监督管理局负责辖区内的铁路危险货物运输安全监督管理工作。

国家铁路局和地区铁路监督管理局统称铁路监管部门。

第六条 鼓励采用有利于提高安全保障水平的先进技术和管理方法，鼓励规模化、集约化、专业化和发展专用车辆、专用集装箱运输危险货物。支持开展铁路危险货物运输安全技术以及对安全、环保有重大影响的项目研究。

第二章 运输条件

第七条 运输危险货物应当在符合法律、行政法规和有关标准规定，具备相应品名办理条件的车站、专用铁路、铁路专用线间发到。

铁路运输企业应当将办理危险货物的车站名称、作业地点（包括货场、专用铁路、铁路专用线名称，下同）、办理品名及铁危编号、装运方式等信息及时向社会公布，并同时报送所在地的地区铁路监督管理局。前述信息发生变化的，应当重新公布并报送。

第八条 运输危险货物应当依照法律法规和国家其他有关规定使用专用的设施设备。

运输危险货物所使用的设施设备依法应当进行产品认证、检验检测的，经认证、检验检测合格方可使用。

第九条 危险货物装卸、储存场所和设施应当符合下列要求：

（一）装卸、储存专用场地和安全设施设备封闭管理并设立明显的安全警示标志。设施设备布局、作业区域划分、安全防护距离等符合有关技术要求。

（二）设置有与办理货物危险特性相适应，经相关部门验收合格的仓库、雨棚、场地等设施，配置相应的计量、检测、监控、通信、报警、通风、防火、灭火、防爆、防雷、防静电、防腐蚀、防泄漏、防中毒等安全设施设备，并进行经常性维护、保养和定期检测，保证设施设备的正常使用。维护、保养、检测应当作好记录，并由有关人员签字。

（三）装卸设备符合安全要求，易燃、易爆的危险货物装卸设备应当采取防爆措施，罐车装运危险货物应当使用栈桥、鹤管等专用装卸设施，危险货物集装箱装卸作业应当使用集装箱专用装卸机械。

（四）法律、行政法规、有关标准和安全技术规范规定的其他要求。

第十条 运输单位应当按照《中华人民共和国安全生产法》《危险化学品安全管理条例》等国家有关法律、行政法规的规定，对本单位危险货物装卸、储存作业场所和设施等安全生产条件进行安全评价。新建、改建危险货物装卸、储存作业场所和设施；在既有作业场所增加办理危险货物品类，以及危险货物新品名、新包装和首次使用铁路罐车、集装箱、专用车辆装载危险货物，改变作业场所和设施安全生产条件的，应当及时进行安全评价。

法律、行政法规规定需要委托相关机构进行安全评价的，运输单位应当委托符合国家规定的机构进行。

第十一条 装载和运输危险货物的铁路车辆、集装箱和其他容器应当符合下列要求：

（一）制造、维修、检测、检验和使用、管理符合有关标准和规定；

（二）牢固、清晰地标明危险货物包装标志和警示标志；

（三）铁路罐车、罐式集装箱以及其他容器应当封口严密，安全附件设置准确、起闭灵活、状态完好，能够防止运输过程中因温度、湿度或者压力的变化发生渗漏、洒漏；

（四）压力容器应当符合国务院负责特种设备安全监督管理的部门关于移动式压力容器、气瓶等安全监管要求；

（五）法律、行政法规、有关标准和安全技术规范规定的其他要求。

第十二条 运输危险货物包装应当符合下列要求：

（一）包装物、容器、衬垫物的材质以及包装型式、规格、方法和单件质量（重量），应当与所包装的危险货物的性质和用途相适应；

（二）包装能够抗御运输、储存和装卸过程中正常的冲击、振动、堆码和挤压，并便于装卸和搬运；

（三）所使用的包装物、容器，须按《中华人民共和国安全生产法》《中华人民共和国工业产品生产许可证管理条例》等国家有关规定，由专业生产单位生产，并经具有专业资质的检测、检验机构检测、检验合格；

（四）包装外表面应当牢固、清晰地标明危险货物包装标志和包装储运图示标志；

（五）法律、行政法规、有关标准和安全技术规范规定的其他要求。

第十三条 运输新品名、新包装或者改变包装、尚未明确安全运输条件的危险货物时，发送货物的铁路运输企业应当组织托运人、收货人和货物运输全程涉及的其他铁路运输企业共同商定安全运输条件，签订安全协议并组织试运，试运方案应当报所在地的地区铁路监督管理局。危险货物试运应当符合法律、行政法规、规章和有关标准的规定。

第三章 运输安全管理

第十四条 托运人应当按照铁路危险货物品名表确定危险货物的类别、项别、品名、铁危编号、包装等，遵守相关特殊规定要求。

需采取添加抑制剂或者稳定剂等特殊措施的危险货物，托运人应当采取相应措施，保证货物在运输过程中稳定，并将有关情况告知铁路运输企业。

第十五条 托运人应当在铁路运输企业公布办理相应品名的危险货物办理站办理危险货物托运手续。托运时，应当向铁路运输企业如实说明所托运危险货物的品名、数量（重量）、危险特性以及发生危险情况时的应急处置措施等。对国家规定实行许可管理、需凭证运输或者采取特殊措施的危险货物，托运人应当向铁路运输企业如实提交相关证明。不得将危险货物匿报或者谎报品名进行托运；不得在托运的普通货物中夹带危险货物，或者在危险货物中夹带禁止配装的货物。

托运人托运危险化学品的，还应当提交与托运的危险化学品相符的安全技术说明书，并在货物运输包装上粘贴或者涂打安全标签。

托运人托运危险废物的，应当主动向铁路运输企业告知托运的货物属于危险废物。运输时，还应当提交生态环境主管部门发放的电子或者纸质形式的危险废物转移联单。

第十六条 危险货物的运单应当载明危险货物的托运人、收货人，发送运输企业及发送站、装车场所，到达运输企业及到达站、卸车场所，货物名称、铁危编号、包装、装载数量（重量）、车种车号、箱型箱号，应急联系人及联系电话等信息。

运输单位应当妥善保存危险货物运单，保存期限不得少于 24 个月。

第十七条 托运人应当在危险货物运输期间保持应急联系电话畅通。

第十八条 铁路运输企业应当实行安全查验制度，对托运人身份进行查验，对承运的货物进行安全检查。不得在非危险货物办理站办理危险货物承运手续，不得承运未接受安全检查的货物，不得承运不符合安全规定、可能危害铁路运输安全的货物。

有下列情形之一的，铁路运输企业应当查验托运人提供的相关证明材料，并留存不少于24个月：

（一）国家对生产、经营、储存、使用等实行许可管理的危险货物；

（二）国家规定需要凭证运输的危险货物；

（三）需要添加抑制剂、稳定剂和采取其他特殊措施方可运输的危险货物；

（四）运输包装、容器列入国家生产许可证制度的工业产品目录的危险货物；

（五）法律、行政法规及国家规定的其他情形。

铁路运输企业应当告知托运人有关注意事项，并在网上受理页面、营业场所或者运输有关单据上明示违规托运的法律责任。

第十九条 运输单位应当建立托运人身份和运输货物登记制度，如实记录托运经办人身份信息和运输的危险货物品名及铁危编号、装载数量（重量）、发到站、作业地点、装运方式、车（箱）号、托运人、收货人、押运人等信息，并采取必要的安全防范措施，防止危险货物丢失或者被盗；发现爆炸品、易制爆危险化学品、剧毒化学品丢失或者被盗、被抢的，应当立即采取相应的警示措施和安全措施，按照《民用爆炸物品安全管理条例》《危险化学品安全管理条例》等国家有关规定及时报告。

第二十条 运输放射性物品时，托运人应当持有生产、销售、使用或者处置放射性物品的有效证明，配置必要的辐射监测设备、防护用品和防盗、防破坏设备。运输的放射性物品及其运输容器、运输车辆、辐射监测、安全保卫、应急响应、装卸作业、押运、职业卫生、人员培训、审查批准等应当符合《放射性物品运输安全管理条例》《放射性物品安全运输规程》等法律、行政法规和有关标准的要求。

托运时，托运人应当向铁路运输企业提交运输说明书、辐射监测报告、核与辐射事故应急响应指南、装卸作业方法、安全防护指南，铁路运输企业应当查验、收存。托运人提交文件不齐全的，铁路运输企业不得承运。托运人应当在运输中采取有效的辐射防护和安全保卫措施，对运输中的核与辐射安全负责。

第二十一条 铁路运输危险货物的储存方式、方法以及储存数量、隔离等应当符合规定。专用仓库、专用场地等应当由专人负责管理。运输单位应当按照《中华人民共和国安全生产法》《危险化学品安全管理条例》及国家其他有关规定建立重大危险源管理制度。剧毒化学品以及储存数量构成重大危险源的其他危险货物，应当单独存放，并实行双人收发、双人保管制度。

第二十二条 危险货物运输装载加固以及使用的铁路车辆、集装箱、其他容器、集装化用具、装载加固材料或者装置等应当符合有关标准和安全技术规范的要求。不得使用技术状态不良、未按规定检修（验）或者达到报废年限的设施设备，禁止超设计范围装运危险货物。

货物装车（箱）不得超载、偏载、偏重、集重。货物性质相抵触、消防方法不同、易造成污染的货物不得装载在同一铁路车辆、集装箱内。禁止将危险货物与普通货物在同一铁路车辆、集装箱内混装运输。

第二十三条 危险货物装卸作业应当遵守安全作业标准、规程和制度，并在装卸管理人员的现场指挥或者监控下进行。

第二十四条 运输危险货物时，托运人应当配备必要的押运人员和应急处理器材、设备和防护用品，并使危险货物始终处于押运人员监管之下。托运人应当负责对押运人员的培训教育。押运人员应当了解所押运货物的特性，熟悉应急处置措施，携带所需安全防护、消防、通讯、检测、维护等工具。

铁路运输企业应当告知托运人有关铁路运输安全规定，检查押运人员、备品、设施及押运工作情况，并为押运人员提供必要的工作、生活条件。

押运人员应当遵守铁路运输安全规定，检查押运的货物及其装载加固状态，按操作规程使用押运备品和设施。在途中发现异常情况时，及时采取可靠的应急处置措施，并向铁路运输企业报告。

第二十五条 铁路运输企业应当与办理危险货物运输的专用铁路、铁路专用线产权单位、管理单位和使用单位共同签订危险货物运输安全协议，明确各方的安全生产管理职责、作业内容及其安全保证措施等。

运输单位间应当按照约定的交接地点、方式、内容、条件和安全责任等办理危险货物交接。

第二十六条 危险货物车辆编组、调车等技术作业应当执行有关标准和管理办法。

运输危险货物的车辆途中停留时，应当远离客运列车及停留期间有乘降作业的客运站台等人员密集场所和设施，并采取安全防范措施。装运剧毒化学品、爆炸品、放射性物品和气体等危险货物的车辆途中停留时，铁路运输企业应当派人看守，押运人员应当加强看守。

第二十七条 装运过危险货物的车辆、集装箱，卸后应当清扫洗刷干净，确保不会对其他货物和作业人员造成污染、损害。洗刷废水、废物处理应当符合环保要求。

第二十八条 铁路运输企业应当按照《中华人民共和国反恐怖主义法》等的规定，通过定位系统对运营中的危险货物运输工具实行监控，对危险货物运输全程跟踪和实时查询，按照铁路监管部门的规定预留安全监管数据接口，并按时向铁路监管部门报送。

第二十九条 运输单位应当按照《中华人民共和国安全生产法》《中华人民共和国职业病防治法》《放射性物品运输安全管理条例》等关于劳动安全、职业卫生的规定，为从业人员配备符合国家标准或者行业标准的劳动防护用品等设施设备，建立从业人员职业健康监护档案，预防人身伤害。

第三十条 运输单位应当建立健全岗位安全责任、教育培训、安全检查、安全风险分级管控、隐患排查治理、安全投入保障、劳动保护、责任追究、应急管理等危险货物运输安全管理制度，完善危险货物包装、装卸、押运、运输等操作规程和标准化作业管理办法。

第三十一条 运输单位应当对本单位危险货物运输从业人员进行经常性安全、法制教育和岗位技术培训，经考核合格后方可上岗。开展危险货物运输岗位技术培训应当制定培训大纲，设置培训课程，明确培训具体内容、学时和考试要求并及时修订和更新。危险货物运输培训课程及教材、资料应当符合国家法律、行政法规、规章和有关标准的规定。

运输单位应当建立安全生产教育和培训档案，如实记录安全生产教育和培训的时间、内容、参加人员以及考核结果等情况，安全生产教育和培训记录应当保存36个月以上。

第三十二条 危险货物运输从业人员应当具备必要的安全知识，熟悉有关的安全规章制度和安全操作规程，掌握本岗位的安全操作技能，知悉自身在安全方面的权利和义务，掌握所运输危险货物的危险特性及其运输工具、包装物、容器的使用要求和出现危险情况时的应急处置方法。

第三十三条 运输单位应当经常性开展危险货物运输安全隐患排查治理，隐患排查治理情况应当如实记录，重大事故隐患排查治理情况要向所在地的地区铁路监督管理局报告。

第三十四条 运输单位在法定假日和传统节日等运输高峰期或者恶劣气象条件下，以及国家重大活动期间，应当采取安全应急管理措施，加强铁路危险货物运输安全检查，确保运输安全。

在特定区域、特定时间，国务院有关主管部门或者省级人民政府决定对危险化学品、民用爆炸物品等危险货物铁路运输实施管制的，铁路运输企业应当予以配合。

第三十五条 运输单位应当针对本单位危险货物运输可能发生的事故特点和危害，制定铁路危险货物运输事故应急预案，并与相应层级、相关部门预案衔接。应急预案应当按照国家有关规定进行评审或者论证、公布，并至少每半年组织 1 次应急演练。铁路危险货物运输事故应急预案及应急演练情况应当报送所在地的地区铁路监督管理局。

运输单位应当按照《中华人民共和国安全生产法》《生产安全事故应急条例》等规定建立应急救援队伍或者配备应急救援人员；配备必要的应急救援器材、设备和物资，并进行经常性维护、保养，保证正常运转；建立应急值班制度，配备应急值班人员。

第三十六条 危险货物运输过程中发生燃烧、爆炸、环境污染、中毒或者被盗、丢失、泄漏等情况，押运人员和现场有关人员应当按照国家有关规定及时报告，并按照应急预案开展先期处置。运输单位负责人接到报告后，应当迅速采取有效措施，组织抢救，防止事故扩大，减少人员伤亡和财产损失，并报告所在地的地区铁路监督管理局及其他有关部门，不得隐瞒不报、谎报或者迟报，不得故意破坏事故现场、毁灭有关证据。

第三十七条 铁路运输企业应当实时掌握本单位危险货物运输状况，并按要求向所在地的地区铁路监督管理局报告危险货物运量、办理站点、设施设备、安全等信息。

第四章　监督检查

第三十八条 铁路监管部门依法对运输单位执行有关危险货物运输安全的法律、行政法规、规章和标准的情况进行监督检查，重点监督检查下列内容：

（一）危险货物运输安全责任制、规章制度和操作规程的建立、完善情况；

（二）危险货物运输从业人员教育、培训及考核情况；

（三）保证本单位危险货物运输安全生产投入情况；

（四）危险货物运输安全风险分级管控和安全隐患排查治理情况；

（五）危险货物运输设施设备配置、使用、管理及检测、检验和安全评价情况；

（六）危险货物办理站信息公布情况；

（七）承运危险货物安全检查情况；

（八）危险货物运输作业环节安全管理情况；

（九）重大危险源安全管理措施落实情况；

（十）危险货物运输事故应急预案制定、应急救援设备和器材配置、应急救援演练等情况；

（十一）危险货物运输事故报告情况；

（十二）依法应当监督检查的其他情况。

第三十九条 铁路监管部门进行监督检查时，可以依法采取下列措施：

（一）进入铁路危险货物运输作业场所检查，调阅有关资料，向有关单位和人员了解情况；

（二）纠正或者要求限期改正危险货物运输安全违法违规行为；对依法应当给予行政处罚的行为，依照法律、行政法规、规章的规定作出行政处罚决定；

（三）责令立即排除危险货物运输事故隐患；重大事故隐患排除前或者排除过程中无法保证安全的，应当责令撤出危险区域内的作业人员，责令暂时停运或者停止使用相关设施、设备；

（四）责令立即停止使用不符合规定的设施、设备、装置、器材、运输工具等；

（五）依法查封或者扣押有根据认为不符合有关标准的设施、设备、器材，并作出处理决定；

（六）法律、行政法规规定的其他措施。

第四十条 铁路监管部门行政执法人员应当忠于职守、秉公执法，遵守执法规范；对监督检查过程中知悉的商业秘密负有保密义务。行政执法人员依法履行监督检查职责时，应当出示有效执法证件。

被监督检查单位和个人对铁路监管部门依法进行的监督检查应当予以配合，如实提供有关情况或者资料，不得拒绝、阻挠。

第四十一条 铁路监管部门应当建立健全危险货物运输安全监督检查制度，加强行政执法人员危险货物运输安全知识培训，配备必要的安全检查装备，应用信息化手段和先进技术，不断提高监管水平。

铁路监管部门监督检查时，可以聘请熟悉铁路危险货物运输、化学化工、安全技术管理、应急救援等的专家和专业人员提供技术支撑。

第四十二条 任何单位和个人均有权向铁路监管部门举报危险货物运输违法违规行为。

铁路监管部门接到举报，应当及时依法处理；对不属于本部门职责的，应当及时移送有关部门处理。

第四十三条 铁路监管部门应当建立危险货物运输违法行为信息库，如实记录运输单位的违法行为信息，并将行政处罚信息依法纳入全国信用信息共享平台、国家企业信用信息公示系统。对无正当理由拒绝接受监督检查、故意隐瞒事实或者提供虚假材料以及受到行政处罚等违法情节严重的单位及其有关从业人员依法予以公开。

第五章 法律责任

第四十四条 违反本规定，《中华人民共和国安全生产法》《中华人民共和国反恐怖主义法》《铁路安全管理条例》《放射性物品运输安全管理条例》等法律、行政法规对其处罚有明确规定的，从其规定。

违反法律、行政法规规定运输危险货物，造成铁路交通事故或者其他事故的，依法追究相关单位及其主要负责人、工作人员的行政责任；涉嫌犯罪的，依法移送司法机关处理。

第四十五条 铁路运输企业违反本规定运输危险货物，有下列行为之一的，由所在地的地区铁路监督管理局责令限期改正，可以处 1 万元以下的罚款；逾期未改正的，处 1 万元以上 3 万元以下的罚款：

（一）违反规定在高速铁路、城际铁路等客运专线及旅客列车运输危险货物的；

（二）办理危险货物的车站名称、作业地点、办理品名及铁危编号、装运方式等信息未按规定公布，或者未向所在地的地区铁路监督管理局报送的；

（三）运输新品名、新包装或者改变包装、尚未明确安全运输条件的危险货物，未按照规定组织开展试运，或者试运方案未报所在地的地区铁路监督管理局的；

（四）未按照规定对危险货物车辆途中停留采取安全防范措施的；

（五）未告知托运人有关托运注意事项，或者未在网上受理页面、营业场所或者运输有关单据上明示违规托运的法律责任的；

（六）未按照规定向所在地的地区铁路监督管理局报告危险货物运量、办理站点、设施设备、安全等信息的。

第四十六条 托运人违反本规定运输危险货物，有下列行为之一的，由所在地的地区铁路监督管理局责令限期改正，可以处1万元以下的罚款；逾期未改正或者情节严重的，处1万元以上3万元以下的罚款：

（一）在不具备相应品名危险货物办理条件的车站、专用铁路、铁路专用线间发到危险货物的；

（二）托运危险货物未如实说明所托运的货物的危险特性、采取添加抑制剂或者稳定剂等特殊措施情况、发生危险情况时的应急处置措施，或者未按规定提交相关证明材料，或者提交虚假证明材料的；

（三）未准确确定危险货物的类别、项别、品名、铁危编号等的；

（四）押运人员未检查押运的货物及其装载加固状态，或者未按操作规程使用押运备品和设施，或者在途中发现异常情况时，未及时采取可靠的应急处置措施并向铁路运输企业报告的。

第四十七条 运输单位有下列行为之一的，由所在地的地区铁路监督管理局责令限期改正，可以处1万元以下的罚款；逾期未改正或者情节严重的，处1万元以上3万元以下的罚款：

（一）因未按规定进行安全评价导致未及时发现安全生产条件存在的问题，或者未及时对有关问题进行整改，仍进行危险货物运输的；

（二）危险货物的运单未按规定载明相关信息，或者未按规定期限保存的；

（三）未按规定签订危险货物运输安全协议，或者未按照约定的交接地点、方式、内容、条件和安全责任等办理危险货物交接的；

（四）使用技术状态不良、未按规定检修（验）或者达到报废年限的设施设备，或者超设计范围装运危险货物的；

（五）货物装车（箱）违反本规定要求的；

（六）装运过危险货物的车辆、集装箱，卸后未按规定清扫洗刷干净的。

第四十八条 铁路监管部门工作人员在铁路危险货物运输监管工作中滥用职权、玩忽职守、徇私舞弊的，依法进行处理；构成犯罪的，依法追究刑事责任。

第六章　附　则

第四十九条 具有下列情形之一的物质或者物品，不属于本规定第二条规定的危险货物：

（一）根据铁路运输设备设施有关规定，作为铁路车辆或者集装箱的组成部分；

（二）根据铁路运输有关规定，对所运输货物进行监测或者应急处置的装置和器材。

第五十条 运输的危险货物有下列情形之一的，不受本规定的限制：

（一）运输时采取保证安全的措施，数量、包装、装载等符合相应技术条件，铁路危险货物品名表特殊规定不作为危险货物运输的；

（二）在紧急情况下，为保障国家安全和公共利益的需要，国家铁路局公布应急运输的危险货物。

第五十一条 军事运输危险货物依照国家有关规定办理。

第五十二条 本规定自 2022 年 12 月 1 日起施行。

船舶载运危险货物安全监督管理规定

交通运输部令 2018 年第 11 号

（2018 年 7 月公布，2018 年 9 月 15 日施行）

第一章 总 则

第一条 为加强船舶载运危险货物监督管理，保障水上人命、财产安全，防治船舶污染环境，依据《中华人民共和国海上交通安全法》《中华人民共和国港口法》《中华人民共和国内河交通安全管理条例》《中华人民共和国危险化学品安全管理条例》等法律、行政法规，制定本规定。

第二条 船舶在中华人民共和国管辖水域载运危险货物的活动，适用本规定。

第三条 交通运输部主管全国船舶载运危险货物的安全管理工作。

国家海事管理机构负责全国船舶载运危险货物的安全监督管理工作。

各级海事管理机构按照职责权限具体负责船舶载运危险货物的安全监督管理工作。

第二章 船舶和人员管理

第四条 从事危险货物运输的船舶所有人、经营人或者管理人，应当按照交通运输部有关船舶安全营运和防污染管理体系的要求建立和实施相应的体系或者制度。

从事危险货物运输的船舶经营人或者管理人，应当配备专职安全管理人员。

第五条 载运危险货物的船舶应当编制安全和防污染应急预案，配备相应的应急救护、消防和人员防护等设备及器材。

第六条 载运危险货物的船舶应当经国家海事管理机构认可的船舶检验机构检验合格，取得相应的检验证书和文书，并保持良好状态。

载运危险货物的船舶，其船体、构造、设备、性能和布置等方面应当符合国家船舶检验的法规、技术规范的规定；载运危险货物的国际航行船舶还应当符合有关国际公约的规定，具备相应的适航、适装条件。

第七条 载运危险货物的船舶应当按照规定安装和使用船舶自动识别系统等船载设备。船舶经营人、管理人应当加强对船舶的动态管理。

第八条 禁止通过内河封闭水域运输剧毒化学品以及国家规定禁止通过内河运输的其他危险化学品。其他内河水域禁止运输国家规定禁止通过内河运输的剧毒化学品以及其他危险化学品。

禁止托运人在普通货物中夹带危险货物，或者将危险货物谎报、匿报为普通货物托运。

取得相应资质的客货船或者滚装客船载运危险货物时，不得载运旅客，但按照相关规定随车押运人员和滚装车辆的司机除外。其他客船禁止载运危险货物。

第九条 船舶载运危险货物应当符合有关危险货物积载、隔离和运输的安全技术规范，并符合相应的适装证书或者证明文件的要求。船舶不得受载、承运不符合包装、积载和隔离安全技术规范的危险货物。

船舶载运包装危险货物，还应当符合《国际海运危险货物规则》的要求；船舶载运 B 组固体散装货物，还应当符合《国际海运固体散装货物规则》的要求。

第十条 从事危险货物运输船舶的船员，应当按照规定持有特殊培训合格证，熟悉所在船舶载运危险货物安全知识和操作规程，了解所运危险货物的性质和安全预防及应急处置措施。

第十一条 按照本规定办理危险货物申报或者报告手续的人员和集装箱装箱现场检查的人员，应当熟悉相关法规、技术规范和申报程序。

海事管理机构对危险货物申报或者报告人员以及集装箱装箱现场检查员日常从业情况实施监督抽查，并实行诚信管理制度。

第三章 包装和集装箱管理

第十二条 拟交付船舶载运的危险货物包装，其性能应当符合相关法规、技术规范以及国际公约规定，并依法取得相应的检验合格证明。

第十三条 拟交付船舶载运的危险货物使用新型或者改进的包装类型，应当符合《国际海运危险货物规则》有关等效包装的规定，并向海事管理机构提交该包装的性能检验报告、检验证书或者文书等资料。

第十四条 载运危险货物的船用集装箱、船用可移动罐柜等货物运输组件和船用刚性中型散装容器，应当经国家海事管理机构认可的船舶检验机构检验合格，方可用于船舶运输。

第十五条 拟交付船舶载运的危险货物包件、中型散装容器、大宗包装、货物运输组件，应当按照规定显示所装危险货物特性的标志、标记和标牌。

第十六条 拟载运危险货物的船用集装箱应当无损坏，箱内应当清洁、干燥、无污损，满足所装载货物要求。处于熏蒸状态下的船用集装箱等货物运输组件，应当符合相关积载要求，并显示熏蒸警告标牌。

第十七条 装入船用集装箱的危险货物及其包装应当保持完好，无破损、撒漏或者渗漏，并按照规定进行衬垫和加固，其积载、隔离应当符合相关安全要求。性质不相容的危险货物不得同箱装运。

第十八条 集装箱装箱现场检查员应当对船舶载运危险货物集装箱的装箱活动进行现场检查，在装箱完毕后，对符合《海运危险货物集装箱装箱安全技术要求》（JT672—2006）的签署《集装箱装箱证明书》。

第十九条 曾载运过危险货物的空包装或者空容器，未经清洁或者采取其他措施消除危险性的，应当视作盛装危险货物的包装或者容器。

第四章 申报和报告管理

第二十条 船舶载运危险货物进出港口，应当在进出港口24小时前（航程不足24小时的，在驶离上一港口前），向海事管理机构办理船舶载运危险货物申报手续，提交申请书和交通运输部有关规章要求的证明材料，经海事管理机构批准后，方可进出港口。

船舶在运输途中发生危险货物泄漏、燃烧或者爆炸等情况的，应当在办理船舶载运危险货物申报手续时说明原因、已采取的控制措施和目前状况等有关情况，并于抵港后送交详细报告。

定船舶、定航线、定货种的船舶可以办理定期申报手续。定期申报期限不超过30天。

第二十一条 海事管理机构应当在受理船舶载运危险货物进出港口申报后24小时内做出批准或者不批准的决定；属于定期申报的，应当在7日内做出批准或者不批准的决定。不予批准的，应当告知申请人不予批准的原因。海事管理机构应当将有关申报信息通报所在地港口行政管理部门。

第二十二条 拟交付船舶载运的危险货物托运人应当在交付载运前向承运人说明所托运的危险货物种类、数量、危险特性以及发生危险情况的应急处置措施，提交以下货物信息，并报告海事管理机构：

（一）危险货物安全适运声明书；

（二）危险货物安全技术说明书；

（三）按照规定需要进出口国家有关部门同意后方可载运的，应当提交有效的批准文件；

（四）危险货物中添加抑制剂或者稳定剂的，应当提交抑制剂或者稳定剂添加证明书；

（五）载运危险性质不明的货物，应当提交具有相应资质的评估机构出具的危险货物运输条件鉴定材料；

（六）交付载运包装危险货物的，还应当提交下列材料：

1. 包装、货物运输组件、船用刚性中型散装容器的检验合格证明；

2. 使用船用集装箱载运危险货物的，应当提交《集装箱装箱证明书》；

3. 载运放射性危险货物的，应当提交放射性剂量证明；

4. 载运限量或者可免除量危险货物的，应当提交限量或者可免除量危险货物证明。

（七）交付载运具有易流态化特性的B组固体散装货物通过海上运输的，还应当提交具有相应资质的检验机构出具的货物适运水分极限和货物水分含量证明。

承运人应当对上述货物信息进行审核，对不符合船舶适装要求的，不得受载、承运。

第二十三条 船舶载运包装危险货物或者B组固体散装货物离港前，应当将列有所载危险货物的装载位置清单、舱单或者详细配载图向海事管理机构报告。

第二十四条 船用集装箱拟拼装运输有隔离要求的两种或者两种以上危险货物，应当符合《国际海运危险货物规则》的规定。危险货物托运人应当事先向海事管理机构报告。

第五章 作业安全管理

第二十五条 载运危险货物的船舶在装货前，应当检查货物的运输资料和适运状况。发现有违反本规定情形的不得装运。

第二十六条 从事散装危险货物装卸作业的船舶和码头，应当遵守安全和防污染操作规程，建立并落实船岸安全检查表制度，并严格按照船岸安全检查表的内容要求进行检查和填写。

载运散装液体危险货物的船舶装卸作业期间，禁止其他无关船舶并靠。使用的货物软管应当符合相关法规、技术规范的要求，并定期进行检验。

第二十七条 从事散装液化气体装卸作业的船舶和码头、装卸站应当建立作业前会商制度，并就货物操作、压载操作、应急等事项达成书面协议。

从事散装液化天然气装卸作业的船舶和码头、装卸站还应当采取装货作业期间在船上设置岸方应急切断装置控制点和卸货作业期间在岸上设置船方应急切断装置控制点等措施，确保在发生紧急情况时及时停止货物输送作业。

协助散装液化气船舶靠泊的船舶应当设置烟火熄灭装置及实施烟火管制。

禁止其他无关船舶在作业期间靠泊液化气码头、装卸站。

第二十八条 船舶进行危险货物水上过驳作业或者载运危险货物的船舶进行洗（清）舱、驱气、置换，应当符合国家水上交通安全和防治船舶污染环境的管理规定及技术规范，尽量远离船舶定线制区、饮用水地表水源取水口、渡口、客轮码头、通航建筑物、大型桥梁、水下通道以及内河等级航道和沿海设标航道，制定安全和防污染的措施和应急计划并保证有效实施。

第二十九条 载运危险货物的船舶进行洗（清）舱、驱气或者置换活动期间，不得检修和使用雷达、无线电发报机、卫星船站；不得进行明火、拷铲及其他易产生火花的作业；不得使用供应船、车进行加油、加水作业。

第三十条 载运危险货物的船舶在港口水域内从事危险货物过驳作业，应当由负责过驳作业的港口经营人依法向港口行政管理部门提出申请。港口行政管理部门在审批时，应当就船舶过驳作业的水域征得海事管理机构的同意，并将审批情况通报海事管理机构。

船舶在港口水域外从事内河危险货物过驳作业或者海上散装液体污染危害性货物过驳作业，应当依法向海事管理机构申请批准。

船舶进行水上危险货物和散装液体污染危害性货物过驳作业的水域，由海事管理机构发布航行警告或者航行通告。

第三十一条 船舶在港口水域外申请从事内河危险货物过驳作业或者海上散装液体污染危害性货物过驳作业的，申请人应当在作业前向海事管理机构提出申请，告知作业地点，并提交作业方案、作业程序、防治污染措施等材料。

海事管理机构自受理申请之日起，对单航次作业的船舶，应当在 24 小时内做出批准或者不批准的决定；对在特定水域多航次作业的船舶，应当在 7 日内做出批准或者不批准的决定。

第三十二条 船舶从事加注液化天然气及其他具有低闪点特性的气态燃料作业活动，应当遵守有关法规、标准和相关操作规程，落实安全措施，并在作业前将作业的种类、时间、地点、单位和船舶名称等信息向海事管理机构报告；作业信息变更的，应当及时补报。

通过船舶为液化天然气及其他具有低闪点特性的气态燃料水上加注船、趸船补给货物燃料的，应当执行本规定水上过驳的要求。

第三十三条 载运危险货物的船舶应当遵守海事管理机构关于航路、航道等区域性的特殊规定。

载运爆炸品、放射性物品、有机过氧化物、闪点 28℃ 以下易燃液体和散装液化气的船舶，不得与其他驳船混合编队拖带。

第三十四条 散装液化天然气船舶应当在抵港 72 小时前（航程不足 72 小时的，在驶离上一港口时）向抵达港海事管理机构报告预计抵港时间。预计抵港时间有变化的，还应当在抵港 24 小时前（航程不足 24 小时的，在驶离上一港口时）报告抵港时间。

第三十五条 散装液化气船舶进出港口和在港停泊、作业，应当按照相关标准和规范的要求落实安全保障措施。在通航水域进行试气试验的，试气作业单位应当制定试验方案并组织开展安全风险论证，落实安全管理措施。

载运散装液化天然气船舶及载运其他具有低闪点特性的气态燃料的船舶，进出沿海港口和在港停泊、作业，应当通过开展专题论证，确定护航、安全距离、应急锚地、安全警示标志等安全保障措施。

载运散装液化天然气船舶及载运其他具有低闪点特性的气态燃料的船舶，在内河航行、停泊、作业时，应当落实海事管理机构公布的安全保障措施。海事管理机构根据当地实际情况评估论证，确定护航、合理安全距离、声光警示标志等安全保障措施，征求相关港航管理部门意见后向社会公布。在船舶吨位、载运货物种类、航行区域、航线相同，且周边通航安全条件没有发生重大变化的情况下，不再重新进行评估论证。

第三十六条 载运危险货物的船舶发生水上险情、交通事故、非法排放、危险货物落水等事件，应当按照规定向海事管理机构报告，并及时启动应急预案，防止损害、危害的扩大。

海事管理机构接到报告后，应当立即核实有关情况，按照相关应急预案要求向上级海事管理机构和县级以上地方人民政府报告，并采取相应的应急措施。

第三十七条 载运散装液体危险货物的内河船舶卸货完毕后，应当在具备洗舱条件的码头、专用锚地、洗舱站点等对货物处所进行清洗，洗舱水应当交付港口接收设施、船舶污染物接收单位或者专业接收单位接收处理。

载运散装液体危险货物的内河船舶，有以下情形之一的，可以免于前款规定的清洗：

（一）船舶拟装载的货物与卸载的货物一致；

（二）船舶拟装载的货物与卸载的货物相容，经拟装载货物的所有人同意；

（三）已经实施海事管理机构确认的可替代清洗的通风程序。

卸货港口没有接收能力，船舶取得下一港口的接收洗舱水书面同意，可以在下一港口清洗，并及时报告海事管理机构。

第三十八条 载运危险货物的船舶航行、装卸或者停泊，应当悬挂专用的警示标志，按照规定显示专用信号。

载运散装液化天然气的船舶在内河航行，应当事先确定航行计划和航线。

载运散装液化天然气的船舶由沿海进入内河水域的，应当向途经的第一个内河港口的海事管理机构报告航行计划和航线；始发地为内河港口的，船舶应当将航行计划和航线向始发地海事管理机构报告。

第六章　监督管理

第三十九条 海事管理机构依法对船舶载运危险货物实施监督检查。

海事管理机构发现船舶载运危险货物存在安全隐患的，应当责令立即消除或者限期消除隐患；有关单位和个人不立即消除或者逾期不消除的，海事管理机构可以依据法律、行政法规的规定，采取禁止其进港、离港，或者责令其停航、改航、停止作业等措施。

第四十条 船舶载运危险货物有下列情形之一的，海事管理机构应当责令当事船舶立即纠正或者限期改正：

（一）经核实申报或者报告内容与实际情况不符的；

（二）擅自在不具备作业条件的码头、泊位或者非指定水域装卸危险货物的；

（三）船舶或者其设备不符合安全、防污染要求的；

（四）危险货物的积载和隔离不符合规定的；

（五）船舶的安全、防污染措施和应急计划不符合规定的。

第七章　法律责任

第四十一条 载运危险货物的船舶和相关单位违反本规定以及国家水上交通安全的规定，应当予以行政处罚的，由海事管理机构按照有关法规执行。

涉嫌构成犯罪的，由海事管理机构依法移送国家司法机关。

第四十二条 违反本规定,危险货物水路运输企业的船员未取得特殊培训合格证的,由海事管理机构责令改正,属于危险化学品的处 5 万元以上 10 万元以下的罚款,属于危险化学品以外的危险货物的处 2000 元以上 2 万元以下的罚款;拒不改正的,责令整顿。

第四十三条 违反本规定,载运危险货物的船舶及船用集装箱、船用刚性中型散装容器和船用可移动罐柜等配载的容器未经检验合格而投入使用的,由海事管理机构责令改正,属于危险化学品的处 10 万元以上 20 万元以下的罚款,有违法所得的,没收违法所得,属于危险化学品以外的危险货物的处 1000 元以上 3 万元以下的罚款;拒不改正的,责令整顿。

第四十四条 违反本规定,有下列情形之一的,由海事管理机构责令改正,属于危险化学品的处 5 万元以上 10 万元以下的罚款,属于危险化学品以外的危险货物的处 500 元以上 3 万元以下的罚款;拒不改正的,责令整顿:

(一)船舶载运的危险货物,未按照规定进行积载和隔离的;

(二)托运人不向承运人说明所托运的危险货物种类、数量、危险特性以及发生危险情况的应急处置措施的;

(三)未按照国家有关规定对所托运的危险货物妥善包装并在外包装上设置相应标志的。

第四十五条 违反本规定,载运危险货物的船舶进出港口,未依法向海事管理机构办理申报手续的,在内河通航水域运输危险货物的,对负有责任的主管人员或者其他直接责任人员处 2 万元以上 10 万元以下的罚款;在我国管辖海域运输危险货物的,对船舶所有人或者经营人处 1 万元以上 3 万元以下的罚款。

第四十六条 违反本规定,在托运的普通货物中夹带危险货物,或者将危险货物谎报或者匿报为普通货物托运的,由海事管理机构责令改正,属于危险化学品的处 10 万元以上 20 万元以下的罚款,有违法所得的,没收违法所得,属于危险化学品以外的危险货物的处 1000 元以上 3 万元以下的罚款;拒不改正的,责令整顿。

第四十七条 违反本规定,对不符合《海运危险货物集装箱装箱安全技术要求》的危险货物集装箱签署《集装箱装箱证明书》的,由海事管理机构责令改正,对聘用该集装箱装箱现场检查员的单位处 1000 元以上 3 万元以下的罚款。

第四十八条 违反本规定,有下列情形之一的,由海事管理机构责令改正,处 500 元以上 3 万元以下的罚款:

(一)交付船舶载运的危险货物托运人未向海事管理机构报告的;

(二)船舶载运包装危险货物或者 B 组固体散装货物离港前,未按照规定将清单、舱单或者详细配载图报海事管理机构的；

（三）散装液化天然气船舶未按照规定向海事管理机构报告预计抵港时间的；

（四）散装液化天然气船舶在内河航行，未按照规定向海事管理机构报告航行计划和航线的。

第四十九条 海事管理机构的工作人员有滥用职权、徇私舞弊、玩忽职守等严重失职行为的，由其所在单位或者上级机关依法处理；情节严重构成犯罪的，由司法机关依法追究刑事责任。

第八章 附 则

第五十条 本规定所称船舶载运的危险货物，包括：

（一）《国际海运危险货物规则》（IMDG code）第 3 部分危险货物一览表中列明的包装危险货物，以及未列明但经评估具有安全危险的其他包装货物；

（二）《国际海运固体散装货物规则》（IMSBC code）附录 1 中 B 组固体散装货物，以及经评估具有化学危险的其他固体散装货物；

（三）《国际防止船舶造成污染公约》（MARPOL 公约）附则 I 附录 1 中列明的散装油类；

（四）《国际散装危险化学品船舶构造和设备规则》（IBC code）第 17 章中列明的散装液体化学品，以及未列明但经评估具有安全危险的其他散装液体化学品；

（五）《国际散装液化气体船舶构造和设备规则》（IGC code）第 19 章列明的散装液化气体，以及未列明但经评估具有安全危险的其他散装液化气体；

（六）我国加入或者缔结的国际条约、国家标准规定的其他危险货物。

《危险化学品目录》中所列物质，不属于前款规定的危险货物的，应当按照《危险化学品安全管理条例》的有关规定执行。

第五十一条 本规定所称 B 组固体散装货物，是指在《国际海运固体散装货物规则》附录 1 "组别"栏中列为 B 组货物或者同时列入 A 和 B 组货物。

第五十二条 本规定自 2018 年 9 月 15 日起施行。2003 年 11 月 30 日以交通部令 2003 年第 10 号发布的《船舶载运危险货物安全监督管理规定》、2012 年 3 月 14 日以交通运输部令 2012 年第 4 号发布的《关于修改〈船舶载运危险货物安全监督管理规定〉的决定》、1996 年 11 月 4 日以交通部令 1996 年第 10 号发布的《水路危险货物运输规则（第一部分 水路包装危险货物运输规则）》同时废止。

国际道路运输管理规定

（2023 年修正，2023 年 11 月 10 日施行）

（2022 年 9 月 26 日交通运输部公布　根据 2023 年 11 月 10 日《交通运输部关于修改〈国际道路运输管理规定〉的决定》修正）

第一章　总　则

第一条　为规范国际道路运输经营活动，维护国际道路运输市场秩序，保护国际道路运输各方当事人的合法权益，促进国际道路运输业发展，根据《中华人民共和国道路运输条例》和我国政府与有关国家政府签署的汽车运输协定，制定本规定。

第二条　从事中华人民共和国与相关国家间的国际道路运输经营活动的，应当遵守本规定。

本规定所称国际道路运输，包括国际道路旅客运输、国际道路货物运输。

第三条　国际道路运输应当坚持平等互利、公平竞争、共同发展的原则。

国际道路运输管理应当公平、公正、公开和便民。

第四条　交通运输部主管全国国际道路运输工作。

省级人民政府交通运输主管部门按照有关规定，负责组织领导本行政区域内的国际道路运输工作。

第二章　经营许可和备案

第五条　从事国际道路运输经营活动的，应当具备下列条件：

（一）已经取得国内道路运输经营许可证的企业法人；

（二）从事国内道路运输经营满 3 年，且近 3 年内未发生重大以上道路交通责任事故；

道路交通责任事故是指驾驶人员负同等或者以上责任的交通事故。

（三）驾驶人员和从事危险货物运输的装卸管理人员、押运员应当符合《道路运输从业人员管理规定》有关规定；

（四）拟投入国际道路运输经营的运输车辆技术要求应当符合《道路运输车辆技术管理规定》有关规定；

（五）有健全的安全生产管理制度。

第六条 申请从事国际道路旅客运输经营的，应当向所在地省级人民政府交通运输主管部门提出申请，并提交以下材料：

（一）国际道路旅客运输经营许可申请表（式样见附件1）；

（二）企业近3年内无重大以上道路交通责任事故证明或者承诺书；

（三）拟投入国际道路旅客运输经营的车辆的道路运输证和拟购置车辆承诺书，承诺书包括车辆数量、类型、技术性能、购车时间等内容；

（四）拟聘用驾驶员的机动车驾驶证、从业资格证；

（五）国际道路运输的安全管理制度：包括安全生产责任制度、安全生产业务操作规程、安全生产监督检查制度、驾驶员和车辆安全生产管理制度、道路运输应急预案等。

从事定期国际道路旅客运输的，还应当提交定期国际道路旅客班线运输的线路、站点、班次方案。

第七条 已取得国际道路旅客运输经营许可，申请新增定期国际旅客运输班线的，应当向所在地省级人民政府交通运输主管部门提出申请，提交下列材料：

（一）拟新增定期国际道路旅客班线运输的线路、站点、班次方案；

（二）拟投入国际道路旅客运输营运的车辆的道路运输证和拟购置车辆承诺书；

（三）拟聘用驾驶员的机动车驾驶证、从业资格证。

第八条 省级人民政府交通运输主管部门收到申请后，应当按照《交通行政许可实施程序规定》要求的程序、期限，对申请材料进行审查，并通过部门间信息共享、内部核查等方式获取申请人营业执照、已取得的道路客运经营许可、现有车辆等信息，作出许可或者不予许可的决定。

省级人民政府交通运输主管部门对符合法定条件的国际道路旅客运输经营申请作

出准予行政许可决定的，应当出具《国际道路旅客运输经营行政许可决定书》（式样见附件2），明确经营主体、经营范围、车辆数量及要求等许可事项，在作出准予行政许可决定之日起10日内向被许可人发放《道路运输经营许可证》。对符合法定条件的国际道路旅客运输班线经营申请作出准予行政许可决定的，还应当出具《国际道路旅客运输班线经营行政许可决定书》（式样见附件3）。

《道路运输经营许可证》应当注明经营范围；《国际道路旅客运输班线经营行政许可决定书》应当注明班线起讫地、线路、停靠站点、经营期限以及班次。

省级人民政府交通运输主管部门予以许可的，应当向交通运输部备案。

对国际道路旅客运输经营申请决定不予许可的，应当在受理之日起20日内向申请人送达《不予交通行政许可决定书》，并说明理由，告知申请人享有依法申请行政复议或者提起行政诉讼的权利。

第九条 从事国际道路货物运输经营的，最迟不晚于开始国际道路货物运输经营活动的15日内向所在地省级人民政府交通运输主管部门备案，提交《国际道路货物运输经营备案表》（式样见附件4），并附送符合本规定第五条规定条件的材料，保证材料真实、完整、有效。

第十条 省级人民政府交通运输主管部门收到国际道路货物运输经营备案材料后，对材料齐全且符合要求的，应当予以备案并编号归档；对材料不全或者不符合要求的，应当场或者自收到备案材料之日起5日内一次性书面通知备案人需要补充的全部内容。

省级人民政府交通运输主管部门应当向社会公布并及时更新已备案的国际道路货物运输经营者名单，便于社会查询和监督。

第十一条 非边境省、自治区、直辖市的申请人拟从事国际道路旅客运输经营的，应当向所在地省级人民政府交通运输主管部门提出申请。受理该申请的省级人民政府交通运输主管部门在作出许可决定前，应当与运输线路拟通过边境口岸所在地的省级人民政府交通运输主管部门协商；协商不成的，报交通运输部决定。交通运输部按照第八条第一款规定的程序作出许可或者不予许可的决定，通知所在地省级人民政府交通运输主管部门，并由所在地省级人民政府交通运输主管部门按照第八条第二款、第五款的规定颁发许可证件或者《不予交通行政许可决定书》。

第十二条 从事国际道路旅客运输的经营者应当按照承诺书的要求购置运输车辆。

购置的车辆和已有的车辆经省级人民政府交通运输主管部门核实符合条件的，省级人民政府交通运输主管部门向拟投入运输的车辆配发《道路运输证》。

第十三条 从事国际道路运输的经营者凭《道路运输经营许可证》等许可文件或者备案文件到外事、海关、边防检查等部门办理有关运输车辆、人员的出入境手续。

第十四条 国际道路旅客运输经营者变更许可事项、扩大经营范围的，应当按照本规定办理许可申请。

国际道路旅客运输经营者变更名称、地址等，应当向原许可机关备案。

国际道路货物运输经营者名称、经营地址、主要负责人和货物运输车辆等事项发生变化的，应当向原办理备案的交通运输主管部门办理备案变更。

第十五条 国际道路旅客运输经营者在取得经营许可后，应当在180日内履行被许可的事项。有正当理由在180日内未经营或者停业时间超过180日的，应当告知省级人民政府交通运输主管部门。

国际道路运输经营者需要终止经营的，应当在终止经营之日30日前告知省级人民政府交通运输主管部门，并按照规定办理有关注销手续。

第三章 运营管理

第十六条 国际道路运输线路由起讫地、途经地国家交通运输主管部门协商确定。

交通运输部及时向社会公布中国政府与有关国家政府确定的国际道路运输线路。

第十七条 从事国际道路运输的车辆应当按照规定的口岸通过，进入对方国家境内后，应当按照规定的线路运行。

从事定期国际道路旅客运输的车辆，应当按照规定的行车路线、班次及停靠站点运行。

第十八条 外国国际道路运输经营者的车辆在中国境内运输，应当具有本国的车辆登记牌照、登记证件。驾驶人员应当持有与其驾驶的车辆类别相符的本国或国际驾驶证件。

第十九条 从事国际道路运输的车辆应当标明本国的国际道路运输国籍识别标志。

省级人民政府交通运输主管部门按照交通运输部规定的《国际道路运输国籍识别标志》式样（见附件5），负责《国际道路运输国籍识别标志》的印制、发放、管理和监督使用。

第二十条 进入我国境内从事国际道路运输的外国运输车辆，应当符合我国有关运输车辆外廓尺寸、轴荷以及载质量的规定。

我国与外国签署有关运输车辆外廓尺寸、轴荷以及载质量具体协议的，按协议执行。

第二十一条 我国从事国际道路旅客运输的经营者，应当使用《国际道路旅客运输行车路单》（见附件6）。

我国从事国际道路货物运输的经营者，应当使用《国际道路货物运单》（见附件7）。

第二十二条 进入我国境内运载不可解体大型物件的外国国际道路运输经营者，车辆超限的，应当遵守我国超限运输车辆行驶公路的相关规定，办理相关手续后，方可运输。

第二十三条 进入我国境内运输危险货物的外国国际道路运输经营者，应当遵守我国危险货物运输有关法律、法规和规章的规定。

第二十四条 禁止外国国际道路运输经营者从事我国国内道路旅客和货物运输经营。

外国国际道路运输经营者在我国境内应当在批准的站点上下旅客或者按照运输合同商定的地点装卸货物。运输车辆要按照我国交通运输主管部门指定的停靠站（场）停放。

禁止外国国际道路运输经营者在我国境内自行承揽货物或者招揽旅客。

外国国际道路运输经营者依法在我国境内设立的常驻代表机构不得从事经营活动。

第二十五条 国际道路运输经营者应当使用符合国家规定标准的车辆从事国际道路运输经营，并按照国家有关规定进行运输车辆维护和定期检测。

国际道路运输经营者应当对所聘用的道路运输从业人员开展有关国际道路运输法规、外事规定、业务知识、操作规程的培训。

第二十六条 国际道路运输经营者应当制定境外突发事件的道路运输应急预案。应急预案应当包括报告程序、应急指挥、应急车辆和设备的储备以及处置措施等内容。

第二十七条 国际道路旅客运输的价格，按边境口岸所在地的省级人民政府交通运输主管部门与相关国家政府交通运输主管部门签订的协议执行。没有协议的，按边境口岸所在地省级物价部门核定的运价执行。

国际道路货物运输的价格，由国际道路货物运输的经营者自行确定。

第二十八条 对进出我国境内从事国际道路运输的外国运输车辆的费收，应当按照我国与相关国家政府签署的有关协定执行。

第四章 行车许可证管理

第二十九条 国际道路运输实行行车许可证制度。

行车许可证是国际道路运输经营者在相关国家境内从事国际道路运输经营时行驶的通行凭证。

我国从事国际道路运输的车辆进出相关国家，应当持有相关国家的国际汽车运输行车许可证。

外国从事国际道路运输的车辆进出我国，应当持有我国国际汽车运输行车许可证。

第三十条 我国国际汽车运输行车许可证分为《国际汽车运输行车许可证》和《国际汽车运输特别行车许可证》。

在我国境内从事国际道路旅客运输经营和普通货物运输经营的外国经营者，使用《国际汽车运输行车许可证》。

在我国境内从事国际道路危险货物运输经营的外国经营者，应当向拟通过边境口岸所在地的省级人民政府交通运输主管部门提出申请，由省级人民政府交通运输主管部门商有关部门批准后，向外国经营者的运输车辆发放《国际汽车运输特别行车许可证》。

第三十一条 《国际汽车运输行车许可证》《国际汽车运输特别行车许可证》的式样，由交通运输部与相关国家政府交通运输主管部门商定。边境口岸所在地的省级人民政府交通运输主管部门按照商定的式样，负责行车许可证的统一印制，并负责与相关国家交换。

交换过来的相关国家《国际汽车运输行车许可证》，由边境口岸所在地的省级人民政府交通运输主管部门负责发放和管理。

我国从事国际道路运输的经营者，向拟通过边境口岸所在地的省级人民政府交通运输主管部门申领《国际汽车运输行车许可证》。

第三十二条 《国际汽车运输行车许可证》《国际汽车运输特别行车许可证》实行一车一证，应当在有效期内使用。运输车辆为半挂汽车列车、中置轴挂车列车、全挂汽车列车时，仅向牵引车辆发放行车许可证。

危险货物和危险化学品———————

进出口合规管理及风险防控

第三十三条 禁止伪造、变造、倒卖、转让、出租《国际汽车运输行车许可证》《国际汽车运输特别行车许可证》。

第五章 监督检查

第三十四条 县级以上地方人民政府交通运输主管部门在本行政区域内依法实施国际道路运输监督检查工作。

口岸国际道路运输管理机构负责口岸地包括口岸查验现场的国际道路运输管理及监督检查工作。

口岸国际道路运输管理机构应当悬挂"中华人民共和国 XX 口岸国际道路运输管理站"标识牌；在口岸查验现场悬挂"中国运输管理"的标识，并实行统一的国际道路运输查验签章（式样见附件 8）。

县级以上地方人民政府交通运输主管部门和口岸国际道路运输管理机构工作人员在实施国际道路运输监督检查时，应当出示行政执法证件。

第三十五条 口岸国际道路运输管理机构在口岸具体负责如下工作：

（一）查验《国际汽车运输行车许可证》《国际汽车运输特别行车许可证》《国际道路运输国籍识别标志》和国际道路运输有关牌证等；

（二）记录、统计出入口岸的车辆、旅客、货物运输量以及《国际汽车运输行车许可证》《国际汽车运输特别行车许可证》，定期向省级人民政府交通运输主管部门报送有关统计资料；

（三）监督检查国际道路运输的经营活动；

（四）协调出入口岸运输车辆的通关事宜。

第三十六条 国际道路运输经营者应当接受当地县级以上地方人民政府交通运输主管部门和口岸国际道路运输管理机构的检查。

交通运输主管部门应当依据有关法规加强对失信企业和失信人员的监督管理，督促国际道路运输经营者落实安全生产主体责任。

第六章 法律责任

第三十七条 违反本规定，有下列行为之一的，由县级以上地方人民政府交通运输

1078

主管部门或者口岸国际道路运输管理机构责令停止经营；违法所得超过 2 万元的，没收违法所得，处违法所得 2 倍以上 10 倍以下的罚款；没有违法所得或者违法所得不足 2 万元的，处 1 万元以上 10 万元以下的罚款；构成犯罪的，依法追究刑事责任：

（一）未取得国际道路旅客运输经营许可，擅自从事国际道路旅客运输经营的；

（二）使用失效、伪造、变造、被注销等无效国际道路旅客运输经营许可证件从事国际道路旅客运输经营的；

（三）超越许可的事项，非法从事国际道路旅客运输经营的。

第三十八条 从事国际道路货物运输经营，未按规定进行备案的，由省级人民政府交通运输主管部门责令改正；拒不改正的，处 5000 元以上 2 万元以下的罚款。

第三十九条 违反本规定，非法转让、出租国际道路运输经营许可证件的，由县级以上地方人民政府交通运输主管部门或者口岸国际道路运输管理机构责令停止违法行为，收缴有关证件，处 2000 元以上 1 万元以下的罚款；有违法所得的，没收违法所得。

第四十条 违反本规定，非法转让、出租、伪造《国际汽车运输行车许可证》《国际汽车运输特别行车许可证》《国际道路运输国籍识别标志》的，由县级以上地方人民政府交通运输主管部门或者口岸国际道路运输管理机构责令停止违法行为，收缴有关证件，处 500 元以上 1000 元以下的罚款；有违法所得的，没收违法所得。

第四十一条 违反本规定，国际道路旅客运输经营者有下列情形之一的，由县级以上地方人民政府交通运输主管部门或者口岸国际道路运输管理机构责令改正，处 1000 元以上 3000 元以下的罚款；情节严重的，由原许可机关吊销道路运输经营许可证：

（一）不按批准的国际道路运输线路、站点、班次运输的；

（二）在旅客运输途中擅自变更运输车辆或者将旅客移交他人运输的；

（三）未报告原许可机关，擅自终止国际道路旅客运输经营的。

第四十二条 国际道路运输经营者违反道路旅客、货物运输有关规定的，按照相关规定予以处罚。

第四十三条 外国国际道路运输经营者有下列行为之一，由省级人民政府交通运输主管部门或者口岸国际道路运输管理机构责令改正；拒不改正的，责令停止运输，有违法所得的，没收违法所得，处违法所得 2 倍以上 10 倍以下的罚款，没有违法所得或者违法所得不足 1 万元的，处 3 万元以上 6 万元以下的罚款：

（一）未取得我国有效的《国际汽车运输行车许可证》或者《国际汽车运输特别行车许可证》，擅自进入我国境内从事国际道路运输经营或者运输危险货物的；

（二）从事我国国内道路旅客或货物运输的；

（三）在我国境内自行承揽货源或招揽旅客的；

（四）未按规定的运输线路、站点、班次、停靠站（场）运行的。

外国国际道路运输经营者未按照规定标明国籍识别标志的，由省级人民政府交通运输主管部门或者口岸国际道路运输管理机构责令停止运输，处 200 元以上 2000 元以下的罚款。

第四十四条 县级以上地方人民政府交通运输主管部门以及口岸国际道路运输管理机构有下列行为之一的，对负有责任的主管人员和责任人员，视情节轻重，依法给予行政处分；造成严重后果、构成犯罪的，依法追究其刑事责任：

（一）不按照本规定规定的条件、程序和期限实施国际道路运输行政许可或者备案的；

（二）参与或者变相参与国际道路运输经营的；

（三）发现未经批准的单位和个人擅自从事国际道路运输经营活动，或者发现国际道路运输经营者有违法行为不及时查处的；

（四）违反规定拦截、检查正常行驶的道路运输车辆的；

（五）违法扣留运输车辆、车辆营运证的；

（六）索取、收受他人财物，或者谋取其他利益的；

（七）违法实施行政处罚的；

（八）其他违法行为。

第七章 附 则

第四十五条 本规定自公布之日起施行。2005 年 4 月 13 日以交通部令 2005 年第 3 号公布的《国际道路运输管理规定》同时废止。

道路运输从业人员管理规定

（2022 年修正，2022 年 11 月 10 日施行）

（2006 年 11 月 23 日交通部发布 根据 2016 年 4 月 21 日《交通运输部关于修改〈道路运输从业人员管理规定〉的决定》第一次修正 根据 2019 年 6 月 21 日《交通运输部关于修改〈道路运输从业人员管理规定〉的决定》第二次修正 根据 2022 年 11 月 10 日《交通运输部关于修改〈道路运输从业人员管理规定〉的决定》第三次修正）

第一章 总 则

第一条 为加强道路运输从业人员管理，提高道路运输从业人员职业素质，根据《中华人民共和国安全生产法》《中华人民共和国道路运输条例》《危险化学品安全管理条例》以及有关法律、行政法规，制定本规定。

第二条 本规定所称道路运输从业人员是指经营性道路客货运输驾驶员、道路危险货物运输从业人员、机动车维修技术技能人员、机动车驾驶培训教练员、道路运输企业主要负责人和安全生产管理人员、其他道路运输从业人员。

经营性道路客货运输驾驶员包括经营性道路旅客运输驾驶员和经营性道路货物运输驾驶员。

道路危险货物运输从业人员包括道路危险货物运输驾驶员、装卸管理人员和押运人员。

机动车维修技术技能人员包括机动车维修技术负责人员、质量检验人员以及从事机修、电器、钣金、涂漆、车辆技术评估（含检测）作业的技术技能人员。

机动车驾驶培训教练员包括理论教练员、驾驶操作教练员、道路客货运输驾驶员从业资格培训教练员和危险货物运输驾驶员从业资格培训教练员。

其他道路运输从业人员是指除上述人员以外的道路运输从业人员，包括道路客运乘务员、机动车驾驶员培训机构教学负责人及结业考核人员、机动车维修企业价格结算员及业务接待员。

第三条 道路运输从业人员应当依法经营，诚实信用，规范操作，文明从业。

第四条 道路运输从业人员管理工作应当公平、公正、公开和便民。

第五条 交通运输部负责全国道路运输从业人员管理工作。

县级以上地方交通运输主管部门负责本行政区域内的道路运输从业人员管理工作。

第二章 从业资格管理

第六条 国家对经营性道路客货运输驾驶员、道路危险货物运输从业人员实行从业资格考试制度。其他实施国家职业资格制度的道路运输从业人员，按照国家职业资格的有关规定执行。

从业资格是对道路运输从业人员所从事的特定岗位职业素质的基本评价。

经营性道路客货运输驾驶员和道路危险货物运输从业人员必须取得相应从业资格，方可从事相应的道路运输活动。

鼓励机动车维修企业、机动车驾驶员培训机构优先聘用取得国家职业资格证书或者职业技能等级证书的从业人员从事机动车维修和机动车驾驶员培训工作。

第七条 道路运输从业人员从业资格考试应当按照交通运输部编制的考试大纲、考试题库、考核标准、考试工作规范和程序组织实施。

第八条 经营性道路客货运输驾驶员从业资格考试由设区的市级交通运输主管部门组织实施。

道路危险货物运输从业人员从业资格考试由设区的市级交通运输主管部门组织实施。

第九条 经营性道路旅客运输驾驶员应当符合下列条件：

（一）取得相应的机动车驾驶证 1 年以上；

（二）年龄不超过 60 周岁；

（三）3 年内无重大以上交通责任事故；

（四）掌握相关道路旅客运输法规、机动车维修和旅客急救基本知识；

（五）经考试合格，取得相应的从业资格证件。

第十条 经营性道路货物运输驾驶员应当符合下列条件：

（一）取得相应的机动车驾驶证；

（二）年龄不超过 60 周岁；

（三）掌握相关道路货物运输法规、机动车维修和货物装载保管基本知识；

（四）经考试合格，取得相应的从业资格证件。

第十一条 道路危险货物运输驾驶员应当符合下列条件：

（一）取得相应的机动车驾驶证；

（二）年龄不超过 60 周岁；

（三）3 年内无重大以上交通责任事故；

（四）取得经营性道路旅客运输或者货物运输驾驶员从业资格 2 年以上或者接受全日制驾驶职业教育的；

（五）接受相关法规、安全知识、专业技术、职业卫生防护和应急救援知识的培训，了解危险货物性质、危害特征、包装容器的使用特性和发生意外时的应急措施；

（六）经考试合格，取得相应的从业资格证件。

从事 4500 千克及以下普通货运车辆运营活动的驾驶员，申请从事道路危险货物运输的，应当符合前款第（一）（二）（三）（五）（六）项规定的条件。

第十二条 道路危险货物运输装卸管理人员和押运人员应当符合下列条件：

（一）年龄不超过 60 周岁；

（二）初中以上学历；

（三）接受相关法规、安全知识、专业技术、职业卫生防护和应急救援知识的培训，了解危险货物性质、危害特征、包装容器的使用特性和发生意外时的应急措施；

（四）经考试合格，取得相应的从业资格证件。

第十三条 机动车维修技术技能人员应当符合下列条件：

（一）技术负责人员

1.具有机动车维修或者相关专业大专以上学历，或者具有机动车维修或相关专业中级以上专业技术职称；

2.熟悉机动车维修业务，掌握机动车维修相关政策法规和技术规范。

（二）质量检验人员

1.具有高中以上学历;

2.熟悉机动车维修检测作业规范,掌握机动车维修故障诊断和质量检验的相关技术,熟悉机动车维修服务标准相关政策法规和技术规范。

(三)从事机修、电器、钣金、涂漆、车辆技术评估(含检测)作业的技术技能人员

1.具有初中以上学历;

2.熟悉所从事工种的维修技术和操作规范,并了解机动车维修相关政策法规。

第十四条 机动车驾驶培训教练员应当符合下列条件:

(一)理论教练员

1.取得机动车驾驶证,具有2年以上安全驾驶经历;

2.具有汽车及相关专业中专以上学历或者汽车及相关专业中级以上技术职称;

3.掌握道路交通安全法规、驾驶理论、机动车构造、交通安全心理学、常用伤员急救等安全驾驶知识,了解车辆环保和节约能源的有关知识,了解教育学、教育心理学的基本教学知识,具备编写教案、规范讲解的授课能力。

(二)驾驶操作教练员

1.取得相应的机动车驾驶证,符合安全驾驶经历和相应车型驾驶经历的要求;

2.年龄不超过60周岁;

3.熟悉道路交通安全法规、驾驶理论、机动车构造、交通安全心理学和应急驾驶的基本知识,了解车辆维护和常见故障诊断等有关知识,具备驾驶要领讲解、驾驶动作示范、指导驾驶的教学能力。

(三)道路客货运输驾驶员从业资格培训教练员

1.具有汽车及相关专业大专以上学历或者汽车及相关专业高级以上技术职称;

2.掌握道路旅客运输法规、货物运输法规以及机动车维修、货物装卸保管和旅客急救等相关知识,具备相应的授课能力;

3.具有2年以上从事普通机动车驾驶员培训的教学经历,且近2年无不良的教学记录。

(四)危险货物运输驾驶员从业资格培训教练员

1.具有化工及相关专业大专以上学历或者化工及相关专业高级以上技术职称;

2.掌握危险货物运输法规、危险化学品特性、包装容器使用方法、职业安全防护和应急救援等知识，具备相应的授课能力；

3.具有2年以上化工及相关专业的教学经历，且近2年无不良的教学记录。

第十五条 申请参加经营性道路客货运输驾驶员从业资格考试的人员，应当向其户籍地或者暂住地设区的市级交通运输主管部门提出申请，填写《经营性道路客货运输驾驶员从业资格考试申请表》（式样见附件1），并提供下列材料：

（一）身份证明；

（二）机动车驾驶证；

（三）申请参加道路旅客运输驾驶员从业资格考试的，还应当提供道路交通安全主管部门出具的3年内无重大以上交通责任事故记录证明。

第十六条 申请参加道路危险货物运输驾驶员从业资格考试的，应当向其户籍地或者暂住地设区的市级交通运输主管部门提出申请，填写《道路危险货物运输从业人员从业资格考试申请表》（式样见附件2），并提供下列材料：

（一）身份证明；

（二）机动车驾驶证；

（三）道路旅客运输驾驶员从业资格证件或者道路货物运输驾驶员从业资格证件或者全日制驾驶职业教育学籍证明（从事4500千克及以下普通货运车辆运营活动的驾驶员除外）；

（四）相关培训证明；

（五）道路交通安全主管部门出具的3年内无重大以上交通责任事故记录证明。

第十七条 申请参加道路危险货物运输装卸管理人员和押运人员从业资格考试的，应当向其户籍地或者暂住地设区的市级交通运输主管部门提出申请，填写《道路危险货物运输从业人员从业资格考试申请表》，并提供下列材料：

（一）身份证明；

（二）学历证明；

（三）相关培训证明。

第十八条 交通运输主管部门对符合申请条件的申请人应当在受理考试申请之日起30日内安排考试。

第十九条 交通运输主管部门应当在考试结束 5 日内公布考试成绩。实施计算机考试的，应当现场公布考试成绩。对考试合格人员，应当自公布考试成绩之日起 5 日内颁发相应的道路运输从业人员从业资格证件。

第二十条 道路运输从业人员从业资格考试成绩有效期为 1 年，考试成绩逾期作废。

第二十一条 申请人在从业资格考试中有舞弊行为的，取消当次考试资格，考试成绩无效。

第二十二条 交通运输主管部门应当建立道路运输从业人员从业资格管理档案，并推进档案电子化。

道路运输从业人员从业资格管理档案包括：从业资格考试申请材料，从业资格考试及从业资格证件记录，从业资格证件换发、补发、变更记录，违章、事故及诚信考核等。

第二十三条 交通运输主管部门应当向社会提供道路运输从业人员相关从业信息的查询服务。

第三章　从业资格证件管理

第二十四条 经营性道路客货运输驾驶员、道路危险货物运输从业人员经考试合格后，取得《中华人民共和国道路运输从业人员从业资格证》（纸质证件和电子证件式样见附件 3）。

第二十五条 道路运输从业人员从业资格证件全国通用。

第二十六条 已获得从业资格证件的人员需要增加相应从业资格类别的，应当向原发证机关提出申请，并按照规定参加相应培训和考试。

第二十七条 道路运输从业人员从业资格证件由交通运输部统一印制并编号。

经营性道路客货运输驾驶员、道路危险货物运输从业人员从业资格证件由设区的市级交通运输主管部门发放和管理。

第二十八条 交通运输主管部门应当建立道路运输从业人员从业资格证件管理数据库，推广使用从业资格电子证件。

交通运输主管部门应当结合道路运输从业人员从业资格证件的管理工作，依托信息化系统，推进从业人员管理数据共享，实现异地稽查信息共享、动态资格管理和高频服务事项跨区域协同办理。

第二十九条 道路运输从业人员从业资格证件有效期为 6 年。道路运输从业人员应当在从业资格证件有效期届满 30 日前到原发证机关办理换证手续。

道路运输从业人员从业资格证件遗失、毁损的，应当到原发证机关办理证件补发手续。

道路运输从业人员服务单位等信息变更的，应当到交通运输主管部门办理从业资格证件变更手续。道路运输从业人员申请转籍的，受理地交通运输主管部门应当查询核实相应从业资格证件信息后，重新发放从业资格证件并建立档案，收回原证件并通报原发证机关注销原证件和归档。

第三十条 道路运输从业人员办理换证、补证和变更手续，应当填写《道路运输从业人员从业资格证件换发、补发、变更登记表》（式样见附件 4）。

第三十一条 交通运输主管部门应当对符合要求的从业资格证件换发、补发、变更申请予以办理。

申请人违反相关从业资格管理规定且尚未接受处罚的，受理机关应当在其接受处罚后换发、补发、变更相应的从业资格证件。

第三十二条 道路运输从业人员有下列情形之一的，由发证机关注销其从业资格证件：

（一）持证人死亡的；

（二）持证人申请注销的；

（三）经营性道路客货运输驾驶员、道路危险货物运输从业人员年龄超过 60 周岁的；

（四）经营性道路客货运输驾驶员、道路危险货物运输驾驶员的机动车驾驶证被注销或者被吊销的；

（五）超过从业资格证件有效期 180 日未申请换证的。

凡被注销的从业资格证件，应当由发证机关予以收回，公告作废并登记归档；无法收回的，从业资格证件自行作废。

第三十三条 交通运输主管部门应当通过信息化手段记录、归集道路运输从业人员的交通运输违法违章等信息。尚未实现信息化管理的，应当将经营性道路客货运输驾驶员、道路危险货物运输从业人员的违章行为记录在《中华人民共和国道路运输从业人员从业资格证》的违章记录栏内，并通报发证机关。发证机关应当将相关信息作为道路运输从业人员诚信考核的依据。

第三十四条 道路运输从业人员诚信考核周期为 12 个月，从初次领取从业资格证件之日起计算。诚信考核等级分为优良、合格、基本合格和不合格，分别用 AAA 级、AA 级、A 级和 B 级表示。

省级交通运输主管部门应当将道路运输从业人员每年的诚信考核结果向社会公布，供公众查阅。

道路运输从业人员诚信考核具体办法另行制定。

第四章　从业行为规定

第三十五条 经营性道路客货运输驾驶员以及道路危险货物运输从业人员应当在从业资格证件许可的范围内从事道路运输活动。道路危险货物运输驾驶员除可以驾驶道路危险货物运输车辆外，还可以驾驶原从业资格证件许可的道路旅客运输车辆或者道路货物运输车辆。

第三十六条 道路运输从业人员在从事道路运输活动时，应当携带相应的从业资格证件，并应当遵守国家相关法规和道路运输安全操作规程，不得违法经营、违章作业。

第三十七条 道路运输从业人员应当按照规定参加国家相关法规、职业道德及业务知识培训。

经营性道路客货运输驾驶员和道路危险货物运输驾驶员诚信考核等级为不合格的，应当按照规定参加继续教育。

第三十八条 经营性道路客货运输驾驶员和道路危险货物运输驾驶员不得超限、超载运输，连续驾驶时间不得超过 4 个小时，不得超速行驶和疲劳驾驶。

第三十九条 经营性道路旅客运输驾驶员和道路危险货物运输驾驶员应当按照规定填写行车日志。行车日志式样由省级交通运输主管部门统一制定。

第四十条 经营性道路旅客运输驾驶员应当采取必要措施保证旅客的人身和财产安全，发生紧急情况时，应当积极进行救护。

经营性道路货物运输驾驶员应当采取必要措施防止货物脱落、扬撒等。

严禁驾驶道路货物运输车辆从事经营性道路旅客运输活动。

第四十一条 道路危险货物运输驾驶员应当按照道路交通安全主管部门指定的行车

时间和路线运输危险货物。

道路危险货物运输装卸管理人员应当按照安全作业规程对道路危险货物装卸作业进行现场监督，确保装卸安全。

道路危险货物运输押运人员应当对道路危险货物运输进行全程监管。

道路危险货物运输从业人员应当严格按照道路危险货物运输有关标准进行操作，不得违章作业。

第四十二条 在道路危险货物运输过程中发生燃烧、爆炸、污染、中毒或者被盗、丢失、流散、泄漏等事故，道路危险货物运输驾驶员、押运人员应当立即向当地公安部门和所在运输企业或者单位报告，说明事故情况、危险货物品名和特性，并采取一切可能的警示措施和应急措施，积极配合有关部门进行处置。

第四十三条 机动车维修技术技能人员应当按照维修规范和程序作业，不得擅自扩大维修项目，不得使用假冒伪劣配件，不得擅自改装机动车，不得承修已报废的机动车，不得利用配件拼装机动车。

第四十四条 机动车驾驶培训教练员应当按照全国统一的教学大纲实施教学，规范填写教学日志和培训记录，不得擅自减少学时和培训内容。

第四十五条 道路运输企业主要负责人和安全生产管理人员必须具备与本单位所从事的生产经营活动相应的安全生产知识和管理能力，由设区的市级交通运输主管部门对其安全生产知识和管理能力考核合格。考核不得收费。

道路运输企业主要负责人和安全生产管理人员考核管理办法另行制定。

第五章 法律责任

第四十六条 违反本规定，有下列行为之一的人员，由县级以上交通运输主管部门责令改正，处 200 元以上 2000 元以下的罚款：

（一）未取得相应从业资格证件，驾驶道路客运车辆的；

（二）使用失效、伪造、变造的从业资格证件，驾驶道路客运车辆的；

（三）超越从业资格证件核定范围，驾驶道路客运车辆的。

驾驶道路货运车辆违反前款规定的，由县级以上交通运输主管部门责令改正，处 200 元罚款。

第四十七条 违反本规定，有下列行为之一的人员，由设区的市级交通运输主管部门处 5 万元以上 10 万元以下的罚款：

（一）未取得相应从业资格证件，从事道路危险货物运输活动的；

（二）使用失效、伪造、变造的从业资格证件，从事道路危险货物运输活动的；

（三）超越从业资格证件核定范围，从事道路危险货物运输活动的。

第四十八条 道路运输从业人员有下列不具备安全条件情形之一的，由发证机关撤销其从业资格证件：

（一）经营性道路客货运输驾驶员、道路危险货物运输从业人员身体健康状况不符合有关机动车驾驶和相关从业要求且没有主动申请注销从业资格的；

（二）经营性道路客货运输驾驶员、道路危险货物运输驾驶员发生重大以上交通事故，且负主要责任的；

（三）发现重大事故隐患，不立即采取消除措施，继续作业的。

被撤销的从业资格证件应当由发证机关公告作废并登记归档。

第四十九条 道路运输企业主要负责人和安全生产管理人员未按照规定经考核合格的，由所在地设区的市级交通运输主管部门依照《中华人民共和国安全生产法》第九十七条的规定进行处罚。

第五十条 违反本规定，交通运输主管部门工作人员有下列情形之一的，依法给予行政处分：

（一）不按规定的条件、程序和期限组织从业资格考试的；

（二）发现违法行为未及时查处的；

（三）索取、收受他人财物及谋取其他不正当利益的；

（四）其他违法行为。

第六章 附 则

第五十一条 从业资格考试收费标准和从业资格证件工本费由省级以上交通运输主管部门会同同级财政部门、物价部门核定。

第五十二条 使用总质量4500千克及以下普通货运车辆的驾驶人员，不适用本规定。

第五十三条 本规定自2007年3月1日起施行。2001年9月6日公布的《营业性道路运输驾驶员职业培训管理规定》（交通部令2001年第7号）同时废止。

放射性物品道路运输管理规定

（2023 年修正，2023 年 11 月 10 日施行）

（2010年10月27日交通运输部发布 根据2016年9月2日《交通运输部关于修改〈放射性物品道路运输管理规定〉的决定》第一次修正 根据2023年11月10日《交通运输部关于修改〈放射性物品道路运输管理规定〉的决定》第二次修正）

第一章 总 则

第一条 为了规范放射性物品道路运输活动，保障人民生命财产安全，保护环境，根据《道路运输条例》和《放射性物品运输安全管理条例》，制定本规定。

第二条 从事放射性物品道路运输活动的，应当遵守本规定。

第三条 本规定所称放射性物品，是指含有放射性核素，并且其活度和比活度均高于国家规定的豁免值的物品。

本规定所称放射性物品道路运输专用车辆（以下简称专用车辆），是指满足特定技术条件和要求，用于放射性物品道路运输的载货汽车。

本规定所称放射性物品道路运输，是指使用专用车辆通过道路运输放射性物品的作业过程。

第四条 根据放射性物品的特性及其对人体健康和环境的潜在危害程度，将放射性物品分为一类、二类和三类。

一类放射性物品，是指Ⅰ类放射源、高水平放射性废物、乏燃料等释放到环境后对人体健康和环境产生重大辐射影响的放射性物品。

二类放射性物品，是指Ⅱ类和Ⅲ类放射源、中等水平放射性废物等释放到环境后对人体健康和环境产生一般辐射影响的放射性物品。

三类放射性物品，是指Ⅳ类和Ⅴ类放射源、低水平放射性废物、放射性药品等释放到环境后对人体健康和环境产生较小辐射影响的放射性物品。

放射性物品的具体分类和名录，按照国务院核安全监管部门会同国务院公安、卫生、海关、交通运输、铁路、民航、核工业行业主管部门制定的放射性物品具体分类和名录执行。

　　第五条 从事放射性物品道路运输应当保障安全，依法运输，诚实信用。

　　第六条 国务院交通运输主管部门主管全国放射性物品道路运输管理工作。

　　县级以上地方人民政府交通运输主管部门（以下简称交通运输主管部门）负责本行政区域放射性物品道路运输管理工作。

第二章　运输资质许可

　　第七条 申请从事放射性物品道路运输经营的，应当具备下列条件：

　　（一）有符合要求的专用车辆和设备。

　　1.专用车辆要求。

　　（1）专用车辆的技术要求应当符合《道路运输车辆技术管理规定》有关规定；

　　（2）车辆为企业自有，且数量为 5 辆以上；

　　（3）核定载质量在 1 吨及以下的车辆为厢式或者封闭货车；

　　（4）车辆配备满足在线监控要求，且具有行驶记录仪功能的卫星定位系统。

　　2.设备要求。

　　（1）配备有效的通讯工具；

　　（2）配备必要的辐射防护用品和依法经定期检定合格的监测仪器。

　　（二）有符合要求的从业人员。

　　1.专用车辆的驾驶人员取得相应机动车驾驶证，年龄不超过 60 周岁；

　　2.从事放射性物品道路运输的驾驶人员、装卸管理人员、押运人员经所在地设区的市级人民政府交通运输主管部门考试合格，取得注明从业资格类别为"放射性物品道路运输"的道路运输从业资格证（以下简称道路运输从业资格证）；

　　3.有具备辐射防护与相关安全知识的安全管理人员。

　　（三）有健全的安全生产管理制度。

　　1.有关安全生产应急预案；

　　2.从业人员、车辆、设备及停车场地安全管理制度；

　　3.安全生产作业规程和辐射防护管理措施；

　　4.安全生产监督检查和责任制度。

第八条 生产、销售、使用或者处置放射性物品的单位（含在放射性废物收贮过程中的从事放射性物品运输的省、自治区、直辖市城市放射性废物库营运单位），符合下列条件的，可以使用自备专用车辆从事为本单位服务的非经营性放射性物品道路运输活动：

（一）持有有关部门依法批准的生产、销售、使用、处置放射性物品的有效证明；

（二）有符合国家规定要求的放射性物品运输容器；

（三）有具备辐射防护与安全防护知识的专业技术人员；

（四）具备满足第七条规定条件的驾驶人员、专用车辆、设备和安全生产管理制度，但专用车辆的数量可以少于 5 辆。

第九条 国家鼓励技术力量雄厚、设备和运输条件好的生产、销售、使用或者处置放射性物品的单位按照第八条规定的条件申请从事非经营性放射性物品道路运输。

第十条 申请从事放射性物品道路运输经营的企业，应当向所在地设区的市级交通运输主管部门提出申请，并提交下列材料：

（一）《放射性物品道路运输经营申请表》，包括申请人基本信息、拟申请运输的放射性物品范围（类别或者品名）等内容；

（二）企业负责人身份证明及复印件，经办人身份证明及复印件和委托书；

（三）证明专用车辆、设备情况的材料，包括：

1. 未购置车辆的，应当提交拟投入车辆承诺书。内容包括拟购车辆数量、类型、技术等级、总质量、核定载质量、车轴数以及车辆外廓尺寸等有关情况；

2. 已购置车辆的，应当提供车辆行驶证、车辆技术等级评定结论及复印件等有关材料；

3. 对辐射防护用品、监测仪器等设备配置情况的说明材料。

（四）有关驾驶人员、装卸管理人员、押运人员的道路运输从业资格证及复印件，驾驶人员的驾驶证及复印件，安全管理人员的工作证明；

（五）企业经营方案及相关安全生产管理制度文本。

第十一条 申请从事非经营性放射性物品道路运输的单位，向所在地设区的市级交通运输主管部门提出申请时，除提交第十条第（三）项、第（五）项规定的材料外，还应当提交下列材料：

（一）《放射性物品道路运输申请表》，包括申请人基本信息、拟申请运输的放射性物品范围（类别或者品名）等内容；

（二）单位负责人身份证明及复印件，经办人身份证明及复印件和委托书；

（三）有关部门依法批准生产、销售、使用或者处置放射性物品的有效证明；

（四）放射性物品运输容器、监测仪器检测合格证明；

（五）对放射性物品运输需求的说明材料；

（六）有关驾驶人员的驾驶证、道路运输从业资格证及复印件；

（七）有关专业技术人员的工作证明，依法应当取得相关从业资格证件的，还应当提交有效的从业资格证件及复印件。

第十二条 设区的市级交通运输主管部门应当按照《道路运输条例》和《交通行政许可实施程序规定》以及本规定规范的程序实施行政许可。

决定准予许可的，应当向被许可人作出准予行政许可的书面决定，并在 10 日内向放射性物品道路运输经营申请人发放《道路运输经营许可证》，向非经营性放射性物品道路运输申请人颁发《放射性物品道路运输许可证》。决定不予许可的，应当书面通知申请人并说明理由。

第十三条 对申请时未购置专用车辆，但提交拟投入车辆承诺书的，被许可人应当自收到《道路运输经营许可证》或者《放射性物品道路运输许可证》之日起半年内落实拟投入车辆承诺书。做出许可决定的交通运输主管部门对被许可人落实拟投入车辆承诺书的落实情况进行核实，符合许可要求的，应当为专用车辆配发《道路运输证》。

对申请时已购置专用车辆，且按照第十条、第十一条规定提交了专用车辆有关材料的，做出许可决定的交通运输主管部门应当对专用车辆情况进行核实，符合许可要求的，应当在向被许可人颁发《道路运输经营许可证》或者《放射性物品道路运输许可证》的同时，为专用车辆配发《道路运输证》。

做出许可决定的交通运输主管部门应当在《道路运输证》有关栏目内注明允许运输放射性物品的范围（类别或者品名）。对从事非经营性放射性物品道路运输的，还应当在《道路运输证》上加盖"非经营性放射性物品道路运输专用章"。

第十四条 放射性物品道路运输企业或者单位终止放射性物品运输业务的，应当在终止之日 30 日前书面告知做出原许可决定的交通运输主管部门。属于经营性放射性物品道路运输业务的，做出原许可决定的交通运输主管部门应当在接到书面告知之日起 10 日内将放射性道路运输企业终止放射性物品运输业务的有关情况向社会公布。

放射性物品道路运输企业或者单位应当在终止放射性物品运输业务之日起 10 日内将相关许可证件缴回原发证机关。

第三章 专用车辆、设备管理

第十五条 放射性物品道路运输企业或者单位应当按照有关车辆及设备管理的标准和规定，维护、检测、使用和管理专用车辆和设备，确保专用车辆和设备技术状况良好。

第十六条 设区的市级交通运输主管部门应当按照《道路运输车辆技术管理规定》的规定定期对专用车辆是否符合第七条、第八条规定的许可条件进行审验，每年审验一次。

第十七条 设区的市级交通运输主管部门应当对监测仪器定期检定合格证明和专用车辆投保危险货物承运人责任险情况进行检查。检查可以结合专用车辆定期审验的频率一并进行。

第十八条 禁止使用报废的、擅自改装的、检测不合格的或者其他不符合国家规定要求的车辆、设备从事放射性物品道路运输活动。

第十九条 禁止专用车辆用于非放射性物品运输，但集装箱运输车（包括牵引车、挂车）、甩挂运输的牵引车以及运输放射性药品的专用车辆除外。

按照本条第一款规定使用专用车辆运输非放射性物品的，不得将放射性物品与非放射性物品混装。

第四章 放射性物品运输

第二十条 道路运输放射性物品的托运人（以下简称托运人）应当制定核与辐射事故应急方案，在放射性物品运输中采取有效的辐射防护和安全保卫措施，并对放射性物品运输中的核与辐射安全负责。

第二十一条 道路运输放射性物品的承运人（以下简称承运人）应当取得相应的放射性物品道路运输资质，并对承运事项是否符合本企业或者单位放射性物品运输资质许可的运输范围负责。

第二十二条 非经营性放射性物品道路运输单位应当按照《放射性物品运输安全管理条例》《道路运输条例》和本规定的要求履行托运人和承运人的义务，并负相应责任。

非经营性放射性物品道路运输单位不得从事放射性物品道路运输经营活动。

第二十三条 承运人与托运人订立放射性物品道路运输合同前，应当查验、收存托运人提交的下列材料：

（一）运输说明书，包括放射性物品的品名、数量、物理化学形态、危害风险等内容；

（二）辐射监测报告，其中一类放射性物品的辐射监测报告由托运人委托有资质的辐射监测机构出具；二、三类放射性物品的辐射监测报告由托运人出具；

（三）核与辐射事故应急响应指南；

（四）装卸作业方法指南；

（五）安全防护指南。

托运人将本条第一款第（四）项、第（五）项要求的内容在运输说明书中一并作出说明的，可以不提交第（四）项、第（五）项要求的材料。

托运人提交材料不齐全的，或者托运的物品经监测不符合国家放射性物品运输安全标准的，承运人不得与托运人订立放射性物品道路运输合同。

第二十四条 一类放射性物品启运前，承运人应当向托运人查验国务院核安全监管部门关于核与辐射安全分析报告书的审批文件以及公安部门关于准予道路运输放射性物品的审批文件。

二、三类放射性物品启运前，承运人应当向托运人查验公安部门关于准予道路运输放射性物品的审批文件。

第二十五条 托运人应当按照《放射性物质安全运输规程》（GB 11806）等有关国家标准和规定，在放射性物品运输容器上设置警示标志。

第二十六条 专用车辆运输放射性物品过程中，应当悬挂符合国家标准《道路运输危险货物车辆标志》（GB 13392）要求的警示标志。

第二十七条 专用车辆不得违反国家有关规定超载、超限运输放射性物品。

第二十八条 在放射性物品道路运输过程中，除驾驶人员外，还应当在专用车辆上配备押运人员，确保放射性物品处于押运人员监管之下。运输一类放射性物品的，承运人必要时可以要求托运人随车提供技术指导。

第二十九条 驾驶人员、装卸管理人员和押运人员上岗时应当随身携带道路运输从业资格证，专用车辆驾驶人员还应当随车携带《道路运输证》。

第三十条 驾驶人员、装卸管理人员和押运人员应当按照托运人所提供的资料了解所运输的放射性物品的性质、危害特性、包装物或者容器的使用要求、装卸要求以及发生突发事件时的处置措施。

第三十一条 放射性物品运输中发生核与辐射事故的，承运人、托运人应当按照核与辐射事故应急响应指南的要求，结合本企业安全生产应急预案的有关内容，做好事故应急工作，并立即报告事故发生地的县级以上人民政府生态环境主管部门。

第三十二条 放射性物品道路运输企业或者单位应当聘用具有相应道路运输从业资格证的驾驶人员、装卸管理人员和押运人员，并定期对驾驶人员、装卸管理人员和押运人员进行运输安全生产和基本应急知识等方面的培训，确保驾驶人员、装卸管理人员和押运人员熟悉有关安全生产法规、标准以及相关操作规程等业务知识和技能。

放射性物品道路运输企业或者单位应当对驾驶人员、装卸管理人员和押运人员进行运输安全生产和基本应急知识等方面的考核；考核不合格的，不得从事相关工作。

第三十三条 放射性物品道路运输企业或者单位应当按照国家职业病防治的有关规定，对驾驶人员、装卸管理人员和押运人员进行个人剂量监测，建立个人剂量档案和职业健康监护档案。

第三十四条 放射性物品道路运输企业或者单位应当投保危险货物承运人责任险。

第三十五条 放射性物品道路运输企业或者单位不得转让、出租、出借放射性物品道路运输许可证件。

第三十六条 交通运输主管部门应当督促放射性物品道路运输企业或者单位对专用车辆、设备及安全生产制度等安全条件建立相应的自检制度，并加强监督检查。

交通运输主管部门工作人员依法对放射性物品道路运输活动进行监督检查的，应当按照劳动保护规定配备必要的安全防护设备。

第五章 法律责任

第三十七条 拒绝、阻碍交通运输主管部门依法履行放射性物品运输安全监督检查，或者在接受监督检查时弄虚作假的，由交通运输主管部门责令改正，处1万元以上2万元以下的罚款；构成违反治安管理行为的，交由公安机关依法给予治安管理处罚；构成犯罪的，依法追究刑事责任。

第三十八条 违反本规定，未取得有关放射性物品道路运输资质许可，有下列情形之一的，由交通运输主管部门责令停止运输，违法所得超过2万元的，没收违法所得，处违法所得2倍以上10倍以下的罚款；没有违法所得或者违法所得不足2万元的，处3万元以上10万元以下的罚款。构成犯罪的，依法追究刑事责任：

（一）无资质许可擅自从事放射性物品道路运输的；

（二）使用失效、伪造、变造、被注销等无效放射性物品道路运输许可证件从事放射性物品道路运输的；

（三）超越资质许可事项，从事放射性物品道路运输的；

（四）非经营性放射性物品道路运输单位从事放射性物品道路运输经营的。

第三十九条 违反本规定，放射性物品道路运输企业或者单位擅自改装已取得《道路运输证》的专用车辆的，由交通运输主管部门责令改正，处 5000 元以上 2 万元以下的罚款。

第四十条 放射性物品道路运输活动中，由不符合本规定第七条、第八条规定条件的人员驾驶专用车辆的，由交通运输主管部门责令改正，处 200 元以上 2000 元以下的罚款；构成犯罪的，依法追究刑事责任。

第四十一条 违反本规定，放射性物品道路运输企业或者单位有下列行为之一，由交通运输主管部门责令限期投保；拒不投保的，由原许可的设区的市级交通运输主管部门吊销《道路运输经营许可证》或者《放射性物品道路运输许可证》，或者在许可证件上注销相应的许可范围：

（一）未投保危险货物承运人责任险的；

（二）投保的危险货物承运人责任险已过期，未继续投保的。

第四十二条 违反本规定，放射性物品道路运输企业或者单位非法转让、出租放射性物品道路运输许可证件的，由交通运输主管部门责令停止违法行为，收缴有关证件，处 2000 元以上 1 万元以下的罚款；有违法所得的，没收违法所得。

第四十三条 违反本规定，放射性物品道路运输企业或者单位已不具备许可要求的有关安全条件，存在重大运输安全隐患的，由交通运输主管部门依照《中华人民共和国安全生产法》的规定，给予罚款、停产停业整顿、吊销相关许可证件等处罚。

第四十四条 交通运输主管部门工作人员在实施道路运输监督检查过程中，发现放射性物品道路运输企业或者单位有违规情形，且按照《放射性物品运输安全管理条例》等有关法律法规的规定，应当由公安部门、核安全监管部门或者生态环境等部门处罚情形的，应当通报有关部门依法处理。

第六章 附 则

第四十五条 军用放射性物品道路运输不适用于本规定。

第四十六条 本规定自 2011 年 1 月 1 日起施行。

附录 14 国内外重要法规 / 标准目录及查看链接

本书在行文过程中引用了部分国内和国际有关危险货物或危险化学品的法规、标准、指南以及文献资料。为了方便读者查阅原文，以获得更加完整和丰富的资料，现将部分重要的国际和国内法规及标准原文查看链接汇总如下。

一、国际部分

1. 联合国《危险货物运输建议书 规章范本》（第 23 修订版）

https://unece.org/transport/dangerous-goods/un-model-regulations-rev-23

2. 联合国《全球化学品统一分类与标签制度》（第 10 修订版）

https://unece.org/transport/dangerous-goods/ghs-rev10-2023

3.《危险物品安全航空运输技术细则》(ICAO-TI，2023-2024 版)

https://store.icao.int/en/technical-instructions-for-the-safe-transport-of-dangerous-goods-by-air-doc-9284

4.《国际公路运输危险货物协定》(ADR，第 2023 版)

https://unece.org/transport/standards/transport/dangerous-goods/adr-2023-agreement-concerning-international-carriage

5.《欧洲国际内河运输危险货物协定》(ADN，第 2023 版)

https://unece.org/transport/dangerous-goods/adn-2023

6. 欧盟化学品管理署（ECHA）REACH 注册物质卷宗数据库

https://echa.europa.eu/information-on-chemicals/registered-substances

7. 欧盟 (EU)2023/707 法规修订解读

https://mp.weixin.qq.com/s/VaQi4hgo00I3IBktyhvkbg

8. 欧盟 UFI 和 PCN 合规要求解读

https://mp.weixin.qq.com/s/xNTQ3qW2GjVSTorzri2Ayw

9. 欧盟 (EU)2020/878 法规修订解读

https://mp.weixin.qq.com/s/xNTQ3qW2GjVSTorzri2Ayw

10. 欧盟 CLP 法规综合文本

https://echa.europa.eu/regulations/clp/legislation

11. 欧盟 REACH 法规综合文本

https://eur-lex.europa.eu/legal-content/en/TXT/HTML/?uri=CELEX:02006R1907-20221217

12. 欧盟 SDS 编写指南

https://echa.europa.eu/documents/10162/2324906/sds_en.pdf/01c29e23-2cbe-49c0-aca7-72f22e101e20

13. 欧盟 GHS 标签编写指南

https://echa.europa.eu/documents/10162/2324906/clp_labelling_en.pdf/89628d94-573a-4024-86cc-0b4052a74d65?t=1614699079965

14. 美国 HCS-2012 法规全文

https://www.osha.gov/laws-regs/regulations/standardnumber/1910/1910.1200

15. 美国 EPA Pesticide Registration Notice (PRN 2012-1)

https://www.epa.gov/pesticide-registration/prn-2012-1-material-safety-data-sheets-pesticide-labeling

16. 新西兰 EPA 的 HSNO 法规

https://legislation.govt.nz/act/public/2022/0057/latest/LMS522320.html#LMS522316

17. 新西兰 EPA 有关 GHS 标签编写指南

https://www.epa.govt.nz/assets/Uploads/Documents/Hazardous-Substances/GHS2/Consolidated_Hazardous_Substances_Labelling_Notice_2017.pdf

18. 新西兰 EPA 有关 SDS 编写指南

https://www.epa.govt.nz/assets/Uploads/Documents/Hazardous-Substances/EPA-Notices/Hazardous-Substances-Safety-Data-Sheets-Notice-2017-EPA-Consolidation-30-September-2022.pdf

19. 澳大利有关化学品 GHS 分类指南

https://www.safeworkaustralia.gov.au/sites/default/files/2023-06/classifying_hazardous_chemicals_national_guide.pdf

20. 澳大利亚有关 GHS 标签编写指南

https://www.safeworkaustralia.gov.au/sites/default/files/2023-06/model_code_of_practice_labelling_of_workplace_hazardous_chemicals.pdf

21. 澳大利亚有关 SDS 编写指南

https://www.safeworkaustralia.gov.au/sites/default/files/2023-06/model_code_of_

practice_preparation_safety_data_sheets_for_hazardous_chemicals.pdf

22. 加拿大《危险品法案》（Hazardous Products Regulations）

https://www.laws-lois.justice.gc.ca/eng/regulations/SOR-2015-17/

23. 菲律宾 SDS 编写依据 EMB MC 2015-011

https://chemical.emb.gov.ph/wp-content/uploads/2017/03/DAO-2015-09-Implementation-of-GHS.pdf

24. 德国 Gestis 的 International Limit Values 数据库

https://limitvalue.ifa.dguv.de/WebForm_gw2.aspx

25. 美国 DOT 编写的 Emergency Response Guidebook (ERG)

https://www.phmsa.dot.gov/training/hazmat/erg/emergency-response-guidebook-erg

二、国内部分

1.《船舶载运危险货物安全监督管理规定》（2018 年第 11 号令）

https://xxgk.mot.gov.cn/2020/jigou/fgs/202006/t20200623_3308041.html

2.《危险货物道路运输安全管理办法》（2019 年第 29 号令）

https://xxgk.mot.gov.cn/2020/jigou/fgs/202006/t20200623_3308239.html。

3.《铁路危险货物运输安全监督管理规定》（2022 年第 24 号令）

https://xxgk.mot.gov.cn/2020/jigou/fgs/202210/t20221019_3696995.html。

4.《民用航空危险品运输管理规定》（2024 年第 4 号令）

https://xxgk.mot.gov.cn/2020/jigou/fgs/202402/t20240204_4006984.html

5.《危险化学品安全管理条例》（国务院第 344 号令，已作废）

https://www.gov.cn/gongbao/content/2014/content_2695514.htm。

6.《危险化学品安全管理条例》（国务院第 591 号令，现行有效）

https://www.gov.cn/gongbao/content/2011/content_1825120.htm

7.GB30000 系列国家标准原文

https://openstd.samr.gov.cn/bzgk/gb/std_list?p.p1=0&p.p90=circulation_date&p.p91=desc&p.p2=30000

8.《中华人民共和国进出口商品检验法》

http://www.customs.gov.cn/customs/302249/302266/302267/2369445/index.html

9.《中华人民共和国进出口商品检验法实施条例》

http://www.customs.gov.cn//customs/302249/302266/302267/2369666/index.html

10.《危险货物道路运输规则》系列交通运输行业标准（JT/T 617.1 ~ JT/T 617.6）

第 1 号修改单（征求意见稿）

https://jtst.mot.gov.cn/zxd/seekPublicAdvice/pagePublishAdviceStdList/682

11.《铁路危险货物品名表》（TB/T 30006-2022）解读

https://mp.weixin.qq.com/s/rFBzpA_iZbsFE0JrsUdu9w

12. 海关总署《关于进出口危险化学品及其包装检验监管有关问题的公告》（2020
年第 129 号）

http://www.customs.gov.cn//customs/302249/302266/302267/3476363/index.html

13.《危险化学品登记管理办法》（第 53 号令）

https://www.gov.cn/gongbao/content/2012/content_2251664.htm

14.《新化学物质环境管理登记办法》（生态环境部第 12 号令）

https://www.mee.gov.cn/xxgk2018/xxgk/xxgk02/202005/t20200507_777913.html

15.《新化学物质环境管理登记指南》

https://www.mee.gov.cn/xxgk2018/xxgk/xxgk01/202011/t20201119_808843.html

16.《两用物项和技术进出口许可证管理办法》

http://www.mofcom.gov.cn/zfxxgk/article/xxyxgz/202112/20211203230735.shtml

17.《两用物项和技术进出口许可证管理目录》（2024 版）

http://www.mofcom.gov.cn/article/zwgk/gkzcfb/202312/20231203463916.shtml

18.《中华人民共和国监控化学品管理条例》

https://www.gov.cn/gongbao/content/2011/content_1860782.htm

19.《易制毒化学品进出口管理规定》

https://www.gov.cn/zhengce/2006-10/21/content_5712487.htm

20.《化学品首次进口及有毒化学品进出口环境管理规定》

https://www.mee.gov.cn/gzk/gz/202111/t20211129_962173.shtml

21.《危险化学品目录》（2015 版）

https://www.mem.gov.cn/gk/gwgg/201503/W020171101479508073559.doc

22.《危险化学品目录（2015 版）实施指南（试行）》

https://www.mem.gov.cn/gk/gwgg/agwzlfl/gfxwj/2015/201509/t20150902_242909.shtml

23.《工作场所安全使用化学品规定》（劳部发 [1996] 423 号令）

https://yjgl.ln.gov.cn/yjgl/wxhxpdj/gjfg/247DA8515A124757A2A2E471E0806644/